Aline de Miranda Valverde Terra
Anderson Motta
André Viana Bonan de Aguiar
Beatriz Capanema Young
Bruno Costa de Almeida
Diana Loureiro Paiva de Castro
Eduardo Nunes de Souza
Gisela Sampaio da Cruz Guedes
Gustavo Tepedino
Heloisa Helena Barboza
José Luiz de Moura Faleiros Júnior
Leonardo Fajngold
Luiza Azambuja Rodrigues
Luiza Lourenço Bianchini
Marcelo Bellizze
Marcelo Marques Cabral
Maria Carla Moutinho Nery
Michel Glatt
Milena Donato Oliva
Pedro Machado Bezerra
Rodrigo da Guia Silva
Rodrigo de Almeida Távora
Simone Cohn Dana
Victor Guita Campinho
Vladimir Mucury Cardoso

2024

Prefácio
GUSTAVO TEPEDINO

Apresentação do Homenageado
NELSON ROSENVALD

ANDERSON **MOTTA**

CARLA **MOUTINHO**

MARCELO **CABRAL**

ORGANIZADORES

RESPONSABILIDADE CIVIL E SEUS RUMOS CONTEMPORÂNEOS

Estudos em Homenagem ao
PROFESSOR CARLOS EDISON DO RÊGO MONTEIRO FILHO

Dados Internacionais de Catalogação na Publicação (CIP) de acordo com ISBD

R434

    Responsabilidade Civil e seus rumos contemporâneos: estudos em homenagem ao Professor Carlos Edison do Rêgo Monteiro Filho / Aline de Miranda Valverde Terra ... [et al.] ; organizado por Anderson Motta, Carla Moutinho, Marcelo Marques Cabral. - Indaiatuba, SP : Editora Foco, 2024.

    520 p. ; 17cm x 24cm.

    Inclui bibliografia e índice.
    ISBN: 978-65-5515-912-7

    1. Direito. 2. Direito civil. 3. Responsabilidade Civil. I. Terra, Aline de Miranda Valverde. II. Motta, Anderson. III. Aguiar, André Viana Bonan de. IV. Young, Beatriz Capanema. V. Almeida, Bruno Costa de. VI. Castro, Diana Loureiro Paiva de. VII. Souza, Eduardo Nunes de. VIII. Guedes, Gisela Sampaio da Cruz. IX. Tepedino, Gustavo. X. Barboza, Heloisa Helena. XI. Faleiros Júnior, José Luiz de Moura. XII. Fajngold, Leonardo. XIII. Rodrigues, Luiza Azambuja. XIV. Bianchini, Luiza Lourenço. XV. Bellizze, Marcelo. XVI. Cabral, Marcelo Marques. XVII. Nery, Maria Carla Moutinho. XVIII. Glatt, Michel. XIX. Oliva, Milena Donato. XX. Bezerra, Pedro Machado. XXI. Silva, Rodrigo da Guia. XXII. Távora, Rodrigo de Almeida. XXIII. Dana, Simone Cohn. XXIV. Campinho, Victor Guita. XXV. Cardoso, Vladimir Mucury. XXVI. Moutinho, Carla. XXVII. Título.

2023-2297   CDD 347   CDU 347

Elaborado por Vagner Rodolfo da Silva – CRB-8/9410
Índices para Catálogo Sistemático:
    1. Direito civil 347
    2. Direito civil 347

Aline de Miranda Valverde Terra
Anderson Motta
André Viana Bonan de Aguiar
Beatriz Capanema Young
Bruno Costa de Almeida
Diana Loureiro Paiva de Castro
Eduardo Nunes de Souza
Gisela Sampaio da Cruz Guedes
Gustavo Tepedino
Heloisa Helena Barboza
José Luiz de Moura Faleiros Júnior
Leonardo Fajngold
Luiza Azambuja Rodrigues
Luiza Lourenço Bianchini
Marcelo Bellizze
Marcelo Marques Cabral
Maria Carla Moutinho Nery
Michel Glatt
Milena Donato Oliva
Pedro Machado Bezerra
Rodrigo da Guia Silva
Rodrigo de Almeida Távora
Simone Cohn Dana
Victor Guita Campinho
Vladimir Mucury Cardoso

20
24

Prefácio
GUSTAVO TEPEDINO

Apresentação do Homenageado
NELSON ROSENVALD

ANDERSON **MOTTA**
CARLA **MOUTINHO**
MARCELO **CABRAL**

ORGANIZADORES

RESPONSABILIDADE CIVIL E SEUS RUMOS CONTEMPORÂNEOS

Estudos em Homenagem ao
PROFESSOR CARLOS EDISON DO RÊGO MONTEIRO FILHO

2024 © Editora Foco

Organizadores: Anderson Motta, Carla Moutinho e Marcelo Cabral

Autores: Aline de Miranda Valverde Terra, Anderson Luis Motta da Silva Junior, André Viana Bonan de Aguiar, Beatriz Capanema Young, Bruno Costa de Almeida, Diana Loureiro Paiva de Castro, Eduardo Nunes de Souza, Gisela Sampaio da Cruz Guedes, Gustavo Tepedino, Heloisa Helena Barboza, José Luiz de Moura Faleiros Júnior, Leonardo Fajngold, Luiza Azambuja Rodrigues, Luiza Lourenço Bianchini, Marcelo Bellizze, Marcelo Marques Cabral, Maria Carla Moutinho Nery, Michel Glatt, Milena Donato Oliva, Pedro Machado Bezerra, Rodrigo da Guia Silva, Rodrigo de Almeida Távora, Simone Cohn Dana, Victor Guita Campinho e Vladimir Mucury Cardoso

Diretor Acadêmico: Leonardo Pereira
Editor: Roberta Densa
Assistente Editorial: Paula Morishita
Revisora Sênior: Georgia Renata Dias
Capa Criação: Leonardo Hermano
Diagramação: Ladislau Lima e Aparecida Lima
Impressão miolo e capa: FORMA CERTA

DIREITOS AUTORAIS: É proibida a reprodução parcial ou total desta publicação, por qualquer forma ou meio, sem a prévia autorização da Editora FOCO, com exceção do teor das questões de concursos públicos que, por serem atos oficiais, não são protegidas como Direitos Autorais, na forma do Artigo 8º, IV, da Lei 9.610/1998. Referida vedação se estende às características gráficas da obra e sua editoração. A punição para a violação dos Direitos Autorais é crime previsto no Artigo 184 do Código Penal e as sanções civis às violações dos Direitos Autorais estão previstas nos Artigos 101 a 110 da Lei 9.610/1998. Os comentários das questões são de responsabilidade dos autores.

NOTAS DA EDITORA:

Atualizações e erratas: A presente obra é vendida como está, atualizada até a data do seu fechamento, informação que consta na página II do livro. Havendo a publicação de legislação de suma relevância, a editora, de forma discricionária, se empenhará em disponibilizar atualização futura.

Erratas: A Editora se compromete a disponibilizar no site www.editorafoco.com.br, na seção Atualizações, eventuais erratas por razões de erros técnicos ou de conteúdo. Solicitamos, outrossim, que o leitor faça a gentileza de colaborar com a perfeição da obra, comunicando eventual erro encontrado por meio de mensagem para contato@editorafoco.com.br. O acesso será disponibilizado durante a vigência da edição da obra.

Impresso no Brasil (08.2023) – Data de Fechamento (08.2023)

2024
Todos os direitos reservados à
Editora Foco Jurídico Ltda.
Rua Antonio Brunetti, 593 – Jd. Morada do Sol
CEP 13348-533 – Indaiatuba – SP

E-mail: contato@editorafoco.com.br
www.editorafoco.com.br

PREFÁCIO

A obra que o leitor tem em mãos constitui-se em justíssima e significativa homenagem ao Professor Carlos Edison do Rêgo Monteiro Filho, refinado jurista que, por suas obras, numerosos orientandos e discípulos, muitos dos quais reunidos neste volume, confirma-se, cada vez mais, como um dos grandes civilistas de sua geração.

Professor Titular de Direito Civil da Faculdade de Direito da Universidade do Estado do Rio de Janeiro – UERJ e Procurador do Estado do Rio de Janeiro, o Prof. Carlos Edison dedica-se com afinco ao magistério não somente na Graduação, exercendo também importante liderança como Professor Permanente e Coordenador da Linha de Direito Civil do Programa de Pós-Graduação *stricto sensu* (mestrado e doutorado) da UERJ.

Tive o privilégio de acompanhar Carlos Edison como seu professor durante os cinco anos da Graduação, quando se tornou meu primeiro bolsista de iniciação científica e assistente de pesquisa; e como seu orientador no mestrado e no doutorado. No início de sua carreira acadêmica, não posso deixar de registrar, com emoção e a título ilustrativo, o trabalho de revisão e atualização das aulas de Teoria Geral de Direito Civil ministradas pelo Professor San Tiago Dantas, singular marco teórico e didático de nossa Escola, publicado pela Editora Forense em 2001, que propiciou duradouro e animado grupo de estudos em torno das transformações do direito privado, das técnicas de argumentação, de retórica e da metodologia do ensino.

Sublinho ainda, de modo especial, pela enorme afinidade com que partilhamos sucessivos diálogos, ensaios e pesquisas ao longo de toda a nossa convivência acadêmica, seus festejados escritos dedicados aos direitos reais, além de relevantíssimos textos sobre a responsabilidade civil, que configura o eixo temático deste belo livro.

No que concerne ao direito das coisas, destaca-se seu livro "*Pacto comissório e pacto marciano no sistema brasileiro de garantias*", publicado pela Editora Processo em 2017, referência sobre o tema e que consagra construção teórica da qual o Prof. Carlos Edison foi um dos precursores e protagonista central. Por outro lado, primorosas mostraram-se as diversas edições de revisão e atualização do vol. IV – *Direitos Reais* – das "*Instituições de Direito Civil*" do Professor Caio Mário da Silva Pereira. Ainda no campo dos direitos reais, é de sua lavra, em coautoria com o Prof. Pablo Renteria e comigo, o volume 5 da coleção "*Fundamentos do Direito Civil*", já em 4ª edição pela Editora Forense.

Em matéria de responsabilidade civil, o Prof. Carlos Edison do Rêgo Monteiro Filho brindou seus leitores com obras que figuram como fontes de estudo e consulta para estudantes e estudiosos, como "*Responsabilidade contratual e extracontratual: contrastes e convergências no direito civil contemporâneo*", publicada pela Editora Processo em 2016; "*Problemas de responsabilidade civil*", publicado em 2016; e "*Elementos de responsabilidade civil por dano moral*", publicado pela Editora Renovar em 2000.

Em todo esse profícuo período de convivência, concomitante a quase três décadas de atividade docente, nosso homenageado primou pela seriedade científica, lhaneza de trato, perfeccionismo (formal e substancial) nos resultados alcançados e inflexibilidade nos princípios éticos, predicados que valorizam sobremaneira sua obra e se coadunam com a enorme dedicação institucional e esmero com que elabora o precioso conjunto de contribuições nos diversos setores do direito privado. Por tudo isso, a presente obra torna-se uma feliz celebração para o direito civil, para a renovação do ensino jurídico e para os princípios e valores que devem permear a vida universitária e o debate acadêmico.

Petrópolis, dezembro de 2022.

Gustavo Tepedino
Professor Titular de Direito Civil da Faculdade de Direito da Universidade do Estado do Rio de Janeiro(UERJ). Ex-diretor da Faculdade de Direito da Universidade do Estado do Rio de Janeiro (UERJ). Advogado.

APRESENTAÇÃO

Carlos Edison do Rêgo Monteiro Filho, carinhosamente apelidado de *Caé*, é o meu "mais novo velho amigo" (como costumamos brincar) desde 2018. Naquele momento o IBERC começava a sua caminhada. Em coerência com a sua trajetória acadêmica, Carlos Edison abraçou o projeto de um instituto dedicado ao estudo da Responsabilidade Civil. Neste lustro fizemos disto nossa missão e, em meio a tanta sintonia, forjou-se uma fraterna relação, daquelas em que podemos pensar em voz alta. Dessa vivência colho o privilégio de desfrutar da proximidade de uma pessoa generosa e íntegra, sobretudo um respeitado civilista, merecedor de todas as nossas homenagens, aqui incluída esta obra coletiva, na qual figuram amigos de jornada, professores, alunos e ex-alunos.

Assim como eu, Carlos Edison é carioca de Copacabana e foi aluno da UERJ, tendo se graduado em 1991. A sua veia acadêmica refletiu no mestrado e doutorado da mesma instituição, respectivamente em 1996 ("Da reparação do dano moral pela perda de ente querido") e 2005 ("Danos extrapatrimoniais na responsabilidade civil contratual"), ambos os títulos obtidos sob a orientação do Professor Gustavo Tepedino. Este percurso foi atravessado em concomitância ao exercício de sua profissão: primeiramente como advogado e, simultaneamente, após aprovação em certame público, como Procurador do Estado do Rio de Janeiro.

Pela envergadura do empreendimento que me foi gentilmente oferecido pelos coordenadores, optei por seccionar o trajeto de nosso homenageado – professor, advogado e parecerista – em três setores: O acadêmico, o autoral e o executivo. Perdoe-me Carlos Edison pela incompletude das informações, porém creio que apresento ao leitor um "briefing" de suas mais destacadas passagens profissionais.

Como professor e pesquisador, Carlos Edison dedicou os últimos 30 anos a Faculdade de Direito da Universidade do Estado do Rio de Janeiro. Ascendeu todos os degraus na carreira de docente, alcançando em 2017 a posição de Professor Titular de Direito Civil, após aprovação em concurso público, com a tese versando sobre "O Pacto Comissório e Pacto Marciano no Sistema Brasileiro de Garantias", diante de banca examinadora composta pelos professores Gustavo Tepedino, Heloisa Helena Barboza, Paulo Luiz Netto Lôbo, Luiz Edson Fachin e Paulo da Mota Pinto. Nos dias atuais, leciona na graduação, sendo ainda representante da linha de pesquisa de direito civil no Programa de Pós-Graduação em Direito da UERJ, coordenando grupos de pesquisa, tendo orientado um séquito de alunos, vários deles coautores desta obra. Em sua jornada professoral lecionou em várias instituições como a EMERJ, PUC/RJ, FGV/RJ e na Escola da PGE/RJ.

Na qualidade de escritor, emprestou ao direito civil brasileiro várias obras de vulto, com destaque para os campos da responsabilidade civil, direito contratual e direitos reais. Além das já realçadas publicações decorrentes de seu mestrado, doutorado e titularidade,

Carlos Edison, dentre outras obras, escreveu o livro "Os Rumos contemporâneos do Direito Civil em Perspectiva Civil-Constitucional" (2017) e "Responsabilidade contratual e extracontratual: contrastes e convergências no direito civil contemporâneo" (2016). Desde 2007 é atualizador da obra "Instituições de Direito Civil, Direitos Reais" de Caio Mário da Silva Pereira e, assina em coautoria com Pablo Renteria o tomo dedicado aos direitos reais na coleção "Fundamentos do direito civil" (a partir de 2020). Ademais, organiza e coordena um grande número de obras jurídicas – em algumas tive a felicidade de compartilhar a coordenação – tendo ainda redigido capítulos de destacadas obras jurídicas e uma portentosa variedade de artigos em livros e publicações.

Para completar a tríade, é louvável o perfil executivo do profissional a quem prestamos tributo. Carlos Edison é vice-Presidente do IBERC desde 2019; Como coordenador do PPGD da UERJ, efetuou a reestruturação acadêmica e de pesquisa da Graduação e Pós-Graduação da Faculdade de Direito; é membro da Comissão de Direito Civil da OAB-RJ; foi diretor jurídico do Procon-RJ (2011-2013) e Coordenador da comissão de eventos científicos do Instituto Brasileiro de Direito Civil (IBDCivil). Preside e participa em comissões de concurso da UERJ e PGE/RJ e atua como membro do corpo editorial de vários periódicos.

O jurista Carlos Edison é fruto bem acabado da conjugação destes fatores, aliada ao refinamento prático do profissional da advocacia, pública e privada. Como se não fosse suficiente, outra singularidade do celebrado civilista – refinada pela maturidade – é o espírito jovem, a curiosidade pelo aprendizado, aliado à sensibilidade da escuta, reflexo de sua educação e paixão pelo debate.

Parabenizo os coordenadores Anderson Motta, Carla Moutinho e Marcelo Marques Cabral por esta louvável iniciativa. Como já se disse em outra quadra, "onde reina o mais absoluto silêncio não cabem mais flores, perdão, homenagens ou agradecimentos. Onde tem vida, tem barulho, tem críticas e contradições e é lá que cabe toda a nossa gratidão". Esta obra coletiva é um tributo a Carlos Edison do Rêgo Monteiro Filho, escrito por uma constelação de mãos que ainda o cumprimentarão por muito tempo.

Belo Horizonte, dezembro de 2022.

Nelson Rosenvald

Procurador de Justiça do Ministério Público de Minas Gerais. Pós-Doutor em Direito Civil na *Università Roma Tre*. Pós-Doutor em Direito Societário na Universidade de Coimbra. *Visiting Academic* na Oxford University. Professor Visitante na Universidade Carlos III. Doutor e Mestre em Direito Civil pela PUC/SP. Presidente do Instituto Brasileiro de Estudos de Responsabilidade Civil (IBERC). Professor do corpo permanente do Doutorado e Mestrado do IDP/DF

SUMÁRIO

PREFÁCIO
Gustavo Tepedino V

APRESENTAÇÃO
Nelson Rosenvald VII

REVISITANDO O LUCRO DA INTERVENÇÃO: NOVAS REFLEXÕES PARA ANTIGOS PROBLEMAS
Aline de Miranda Valverde Terra e Gisela Sampaio da Cruz Guedes 1

A REPARAÇÃO DA LESÃO AO TEMPO PARA ALÉM DAS RELAÇÕES DE CONSUMO: O *BURNOUT* COMO RESULTADO DE UMA LESÃO AO TEMPO LIVRE DO TRABALHADOR
Anderson Luis Motta da Silva Junior 25

TAXATIVIDADE DO ROL DA ANS: A PERDA DA CHANCE DE CURA OU DE SOBREVIVÊNCIA PELO DESCUMPRIMENTO DE DECISÃO JUDICIAL DAS OPERADORAS DE SAÚDE
André Viana Bonan de Aguiar.. 41

A RESPONSABILIDADE CIVIL POR NASCIMENTO INDESEJADO: UM ESTUDO COMPARADO BRASIL-PORTUGAL
Beatriz Capanema Young 59

RESPONSABILIDADE DO CONTROLADOR POR ATO DO OPERADOR: DESAFIOS QUE SE APRESENTAM À EXPERIÊNCIA LUSO-BRASILEIRA EM PROTEÇÃO DE DADOS
Bruno Costa de Almeida 85

CLÁUSULAS DE NÃO INDENIZAR E LESÃO À PESSOA HUMANA
Diana Loureiro Paiva de Castro.. 107

DO PRAZO PRESCRICIONAL APLICÁVEL À PRETENSÃO INDENIZATÓRIA NA RESPONSABILIDADE CIVIL CONTRATUAL
Eduardo Nunes de Souza... 121

CONTROVÉRSIAS EM MATÉRIA DE NEXO DE CAUSALIDADE: DANO INDIRETO E CAUSALIDADE ALTERNATIVA NO DIREITO BRASILEIRO

Gustavo Tepedino 145

DESAFIOS APRESENTADOS PELAS NOVAS FACES DA RESPONSABILIDADE CIVIL

Heloisa Helena Barboza 161

RESPONSABILIDADE CIVIL, PUBLICIDADE ALGORÍTMICA E LESÃO AO TEMPO DO CONSUMIDOR

José Luiz de Moura Faleiros Júnior 177

NOTAS SOBRE A REPARAÇÃO DO DANO MORAL COLETIVO: O EMPREGO DA VIA NÃO PECUNIÁRIA NO ORDENAMENTO BRASILEIRO E A ATUAÇÃO DA CORTE INTERAMERICANA DE DIREITOS HUMANOS COMO REFERÊNCIA

Leonardo Fajngold 197

ALÉM DA CULPA: ANÁLISE DA RESPONSABILIDADE SUBJETIVA EM PERSPECTIVA COMPARADA COM OS MODELOS FRANCÊS E INGLÊS

Luiza Azambuja Rodrigues 221

OS DIREITOS DE VIZINHANÇA, A RESPONSABILIDADE CIVIL E A TUTELA DO MEIO AMBIENTE

Luiza Lourenço Bianchini 243

O PROBLEMA DO CONTRATO INTERVENTOR NO DIREITO BRASILEIRO: UMA HIPÓTESE DA TEORIA DO *EFFICIENT BREACH OF CONTRACT* EM ANÁLISE

Marcelo Bellizze 257

A REPARAÇÃO CIVIL DO DANO DA MORTE EM PORTUGAL E ESPANHA: CONTRIBUIÇÕES PARA DO DIREITO DA RESPONSABILIDADE CIVIL NO BRASIL

Marcelo Marques Cabral 279

TODO MUNDO ODEIA O CHRIS: O PEDIDO DE DESCULPAS COMO FORMA DE REPARAÇÃO NÃO PECUNIÁRIA DO DANO

Maria Carla Moutinho Nery 305

INTERESSE CONTRATUAL POSITIVO E INTERESSE CONTRATUAL NEGATIVO: NOTAS PARA A REPARAÇÃO DE DANOS NA RESPONSABILIDADE CIVIL POR RUPTURA DAS NEGOCIAÇÕES PRELIMINARES À LUZ DOS ORDENAMENTOS JURÍDICOS BRASILEIRO E PORTUGUÊS

Michel Glatt 323

DANO MORAL E INADIMPLEMENTO CONTRATUAL

Milena Donato Oliva 367

A RETRATAÇÃO NA ERA DIGITAL: POTENCIALIDADES E DESAFIOS SOB UMA PERSPECTIVA LUSO-BRASILEIRA

Pedro Machado Bezerra 383

REFLEXÕES ACERCA DA POLISSEMIA DA "RESPONSABILIDADE CONTRATUAL"

Rodrigo da Guia Silva.. 403

PREVENÇÃO E PRECAUÇÃO: O PROJETO DE REFORMA DO CÓDIGO CIVIL FRANCÊS COMO REFERÊNCIA PARA A RECONFIGURAÇÃO FUNCIONAL DA RESPONSABILIDADE CIVIL

Rodrigo de Almeida Távora 419

O "QUASE" NA VISÃO DO DIREITO BRASILEIRO E ITALIANO: OS CHAMADOS NOVOS DANOS E A CHANCE COMO BEM JURÍDICO PASSÍVEL DE TUTELA

Simone Cohn Dana 439

AS ESPÉCIES DE RESPONSABILIDADE CIVIL NO BRASIL E EM PORTUGAL – DIVERGÊNCIAS NA REGULAÇÃO DE CADA TIPO E A QUESTÃO DA RESPONSABILIDADE PRÉ-CONTRATUAL

Victor Guita Campinho 465

O TERMO INICIAL DOS JUROS DE MORA SOBRE A INDENIZAÇÃO POR DANOS MORAIS

Vladimir Mucury Cardoso 487

REVISITANDO O LUCRO DA INTERVENÇÃO: NOVAS REFLEXÕES PARA ANTIGOS PROBLEMAS[1]

Aline de Miranda Valverde Terra

Doutora e Mestre em Direito Civil pela Universidade do Estado do Rio de Janeiro – UERJ. Master of Laws em International Dispute Resolution pela Queen Mary University of London. Professora do Departamento de Direito Civil e Professora Permanente do Programa de Pós-Graduação em Direito (Mestrado e Doutorado) da UERJ. Professora do Departamento de Direito Civil e Professora Permanente do Programa de Pós-Graduação em Direito (Mestrado Profissional) da Pontifícia Universidade Católica do Rio de Janeiro – PUC-Rio. Árbitra e parecerista.

Gisela Sampaio da Cruz Guedes

Doutora e Mestre em Direito Civil pela Universidade do Estado do Rio de Janeiro – UERJ. Professora do Departamento de Direito Civil e Professora Permanente do Programa de Pós-Graduação em Direito (Mestrado e Doutorado) da UERJ. Professora dos cursos de Pós-Graduação da PUC-Rio, do Ceped/UERJ, da EMERJ, da EPM e da AASP. Advogada, parecerista e árbitra.

Sumário: 1. Introdução – 2. A incompatibilidade estrutural e funcional da responsabilidade civil com a exclusão do lucro ilícito do patrimônio do ofensor – 3. enriquecimento sem causa como o instituto funcionalmente apto a promover a exclusão do proveito econômico ilegítimo; 3.1 Aplicações práticas da teoria do lucro da intervenção como instrumento de exclusão do lucro ilícito do patrimônio do agente; 3.1.1 Violação de direitos da personalidade; 3.1.2 Violação do direito de propriedade; 3.1.3 Violação do direito de crédito. *Efficiente breach theory* – 4. Conclusão – 5. Referências.

1. INTRODUÇÃO

No campo da responsabilidade civil, pode-se afirmar como regra – sobretudo, quando se trata de danos patrimoniais – que o dano é o elemento que determina a medida da indenização, o que, aliás, está explícito na própria redação do art. 944 do Código Civil, cujo parágrafo único prevê, claramente, uma exceção. Chama a atenção, entretanto, o fato de o lucro obtido pelo ofensor ao causar dano, em algumas situações, ser levado em conta pela jurisprudência como critério para a reparação (especialmente, na esfera dos lucros cessantes).

De fato, não raro, a atuação ilícita ou ilegítima se afigura extremamente lucrativa para o agente. É o que ocorre, por exemplo, quando certa farmacêutica se utiliza de imagem de famosa atriz em campanha publicitária, sem sua autorização, para promover produto supostamente emagrecedor, incrementando consideravelmente suas vendas, ou

---

1. Este artigo foi originalmente publicado em TERRA, Aline de Miranda Valverde; GUEDES, Gisela Sampaio da Cruz. Revisitando o lucro da intervenção: novas reflexões para antigos problemas. *Revista Brasileira de Direito Civil – RBDCivil*, Belo Horizonte, v. 29, p. 281-305, jul./set. 2021.

quando alguém usa da propriedade alheia sem autorização do proprietário, poupando despesas em que incorreria se tivesse alugado outro imóvel para alcançar a finalidade desejada, ou ainda quando certo devedor opta deliberadamente por inadimplir contrato para celebrar outro mais lucrativo.

Nas três situações descritas, o suporte fático do incremento patrimonial do agente é a violação de bens ou direitos de terceiros: direito da personalidade, direito de propriedade e direito de crédito, respectivamente. Diante de tal constatação, afigura-se imprescindível investigar o instituto jurídico capaz de promover a exclusão de referidos proveitos econômicos do patrimônio do agente, a fim de impedir que a prática de condutas antijurídicas se revele, ao fim e ao cabo, lucrativa.[2]

Nessa esteira, divide-se este estudo em três partes: na primeira, verifica-se a responsabilidade civil é o instituto adequado à exclusão do lucro ilegitimamente obtido do patrimônio do agente, uma vez que este é o instrumento hodiernamente invocado pela jurisprudência para desempenhar tal finalidade; na segunda, identifica-se a teoria do enriquecimento sem causa como o instrumento vocacionado a promover referida função; e, por fim, na terceira parte, analisa-se a possibilidade de aplicação da referida teoria ao chamado *efficiente breach*.

2. A INCOMPATIBILIDADE ESTRUTURAL E FUNCIONAL DA RESPONSABILIDADE CIVIL COM A EXCLUSÃO DO LUCRO ILÍCITO DO PATRIMÔNIO DO OFENSOR

Costuma-se invocar a responsabilidade civil como o instrumento hábil a promover a retirada do lucro ilegitimamente auferido do patrimônio do ofensor, sem que se proceda à análise estrutural e funcional do instituto. Insta investigar, portanto, se o proveito econômico obtido de forma ilícita pelo agente pode ser considerado um novo dano (ou um critério para aferição do dano), e se é possível atribuir à responsabilidade civil a função de expurgar referido valor do patrimônio do ofensor.

No direito brasileiro, a responsabilidade civil percorreu virtuoso caminho em direção à consagração do conceito de dano injusto,[3] resultado da constatação de que há inúmeros danos provenientes de condutas que, a despeito de não se qualificarem como

---

2. Em 2015, as autoras publicaram artigo intitulado "Considerações acerca da exclusão do lucro ilícito do patrimônio do agente ofensor" (TERRA, Aline de Miranda Valverde; GUEDES, Gisela Sampaio da Cruz. Considerações acerca da exclusão do lucro ilícito do patrimônio do agente ofensor. *Revista da Faculdade de Direito da UERJ*, v. 28, p. 1-24, 2015). Àquela altura, a teoria do lucro da intervenção encontrava incipiente desenvolvimento, sendo escassas tanto a bibliografia especializada como as decisões judiciais que enfrentavam o tema. De lá para cá, o assunto ganhou destaque, passando a ser debatido no âmbito de programas de pós-graduação *stricto sensu*, em artigos científicos e obras específicas, bem como em decisões do Superior Tribunal de Justiça, que julgou o *leading case* que ficou conhecido como "o caso da Giovanna Antonelli". Nesse contexto, as autoras decidiram voltar ao tema, atualizando a pesquisa doutrinária e analisando as mais recentes decisões judiciais. Nesse processo, as posições anteriormente adotadas foram revisitadas e outros aspectos ainda não discutidos foram enfrentados.
3. Sobre o tema, seja consentido remeter a TEPEDINO, Gustavo; TERRA, Aline de Miranda Valverde; GUEDES, Gisela Sampaio da Cruz. *Fundamentos do direito civil*: responsabilidade civil. 4. ed. rev., atual. e ampl. Rio de Janeiro: Forense, 2023. v. 4. p. 30 *et seq.*

atos ilícitos, também exigem reparação.[4] O dano injusto não se identifica, portanto, com antijuridicidade, com violação de direito ou norma; a injustiça do dano está, sim, na lesão a interesse jurídico merecedor de tutela.[5]

Evidentemente, em cenário marcado pela expansão dos interesses juridicamente tutelados bem como pela configuração de novas situações lesivas, identifica-se verdadeira miríade de danos indenizáveis, que, sob diferentes designações e desígnios, espocam a cada instante, inaugurando o que se convencionou chamar de *era dos danos*.[6] Referida constatação, todavia, não autoriza sustentar a criação de "novos danos", que passariam a existir autonomamente ao lado das duas categorias tradicionais:[7] o dano moral, entendido como a lesão à dignidade da pessoa humana, a abarcar todos os danos extrapatrimoniais;[8] e o dano patrimonial, subdividido em dano emergente, relativo à efetiva diminuição do ativo ou incremento do passivo patrimonial, e lucro cessante, definido como o não aumento do ativo ou a não diminuição do passivo.[9] Portanto, *tertium non datur*: ou a lesão ocorre no patrimônio da vítima, a acarretar dano patrimonial, ou há lesão à dignidade da pessoa humana, a gerar dano moral.[10] Qualquer lesão, por conseguinte, reconduzir-se-á, necessariamente, a uma dessas duas espécies de dano, e apenas a análise do caso concreto poderá indicar se se trata de uma e/ou outra categoria.

---

4. "Uma reconstrução da teoria da responsabilidade civil e a revisão das normas que a institucionalizam começaram com a mudança de perspectiva que permite detectar outros danos ressarcíveis que não apenas aqueles que resultam da prática de um ato ilícito. Substitui-se, em síntese, a noção de *ato ilícito* pela de *dano injusto*, mais ampla e mais social" (GOMES, Orlando. Tendências modernas na teoria da responsabilidade civil. In: DI FRANCESCO, J. R. P. (Org.). *Estudos em homenagem ao Professor Sílvio Rodrigues*. São Paulo: Saraiva, 1980. p. 295).
5. Especificamente sobre o dano moral, remete-se a BODIN DE MORAES, Maria Celina. *Danos à pessoa humana*: uma leitura civil-constitucional dos danos morais. Rio de Janeiro: Renovar, 2003. p. 179; 181. Ainda, destaque-se a concepção de dano injusto segundo Stefano Rodotà, para quem a injustiça do dano surge a partir de uma violação à solidariedade social (RODOTÀ, Stefano. *Il problema della responsabilità civile*. Milano: Giuffrè, 1967. p. 89).
6. A expressão refere-se ao surgimento, no Brasil e alhures, de diversas espécies de demandas ressarcitórias.
7. Ressalte-se, no entanto, o entendimento do Superior Tribunal de Justiça, que concebe o chamado "dano estético" como espécie autônoma de dano, ao lado, portanto, do dano moral e do dano material, conforme consta expressamente da Súmula 387 do referido tribunal: "É lícita a cumulação das indenizações de dano estético e dano moral". Nesse sentido: STJ, 2ª T. AgInt no AREsp 1.787.248/DF. Rel. Min. Assuete Magalhães, j. 12.04.2021. *DJe*, 19 abr. 2021; STJ, 4ª T. AgInt no AREsp 1.637.993/RJ. Rel. Min. Antonio Carlos Ferreira, j. 29.03.2021. *DJe*, 6 abr. 2021. Para análise crítica acerca da pretensa autonomia do "dano estético", confira-se, por todos, MONTEIRO FILHO, Carlos Edison do Rêgo. *Elementos de responsabilidade civil por dano moral*. Rio de Janeiro: Renovar: 2000. p. 51.
8. Sobre o conceito de dano moral referido, consulte-se BODIN DE MORAES, Maria Celina *Danos à pessoa humana*: uma leitura civil-constitucional dos danos morais. Rio de Janeiro: Renovar, 2003. p. 132. O conceito de dano moral, no entanto, não é pacífico na doutrina brasileira; há autores que o definem como lesão a direitos da personalidade (GOMES, Orlando. *Obrigações*. 11. ed. Rio de Janeiro: Forense, 1996. p. 271), e outros que afirmam que o dano moral é o efeito não patrimonial da lesão (RODRIGUES, Silvio. *Direito civil*: responsabilidade civil. 13. ed. atual. São Paulo: Saraiva, 1993).
9. Art. 402 do Código Civil. Sobre o conceito de dano emergente e lucro cessante no direito brasileiro, confira-se GUEDES, Gisela Sampaio da Cruz. *Lucros cessantes*: do bom-senso ao postulado normativo da razoabilidade. São Paulo: Ed. RT, 2011.
10. MONTEIRO FILHO, Carlos Edison do Rêgo. *Elementos de responsabilidade civil por dano moral*. Rio de Janeiro: Renovar: 2000. p. 51. Ressalve-se, no entanto, o entendimento do STJ já referido em nota anterior.

Nessa esteira, afasta-se, em definitivo, a adoção, no direito brasileiro, de categoria autônoma de dano, a qual se poderia designar "dano decorrente de lucros ilegítimos",[11] cujo escopo residiria na retirada, do patrimônio do agente, dos lucros obtidos a partir da violação de bens ou direitos de terceiro, não já na compensação da vítima.

Além de não configurar espécie autônoma de dano, o chamado *disgorgement of profits* tampouco se enquadra em uma das duas categorias já referidas. Ora, se o dano patrimonial corresponde à efetiva diminuição do patrimônio da vítima ou ao seu não incremento por ato do ofensor, qualquer lucro obtido pelo agente que não corresponda, na mesma medida, a dano emergente ou lucro cessante, não repercute na extensão da lesão, pelo que não pode ser qualificado como dano patrimonial e, tampouco, pode servir como parâmetro para sua quantificação, salvo autorização legal expressa,[12] sob pena de violação do art. 402 do Código Civil. A função da indenização por dano patrimonial é reconduzir o patrimônio da vítima ao estado em que estaria se não houvesse ocorrido a lesão, e não retirar do patrimônio do ofensor qualquer benefício ilegitimamente auferido com a conduta danosa.

De outro lado, o lucro auferido ilegitimamente pelo agente em muito se distancia do conceito de dano moral, que nada tem a ver com aspectos patrimoniais e, muito menos, com repercussões da conduta lesiva na esfera jurídica do ofensor. A indenização por dano moral ostenta a precípua função de compensar a vítima pelos danos sofridos.

Por isso mesmo, todos os critérios para a quantificação do dano moral devem se reconduzir à repercussão da lesão na própria vítima considerando-se suas peculiares condições pessoais, não já a aspectos atinentes ao ofensor.

Com efeito, seja o dano patrimonial seja o moral, os critérios de quantificação hão sempre de convergir para o dano, e jamais para as circunstâncias do ofensor, a exemplo dos benefícios auferidos com a conduta lesiva. Se a função contemporânea da responsabilidade civil é a tutela prioritária da vítima por meio da reparação integral do dano, a indenização deve ser estabelecida na extensão do próprio dano, como expressamente reconhecido no art. 944 do Código Civil, revelando-se irrelevante qualquer consideração estranha à repercussão da lesão na vítima, seja no seu patrimônio, seja na sua esfera existencial.

A despeito da incompatibilidade do conceito de dano com a utilização do lucro auferido pelo ofensor como um dos parâmetros para a quantificação da indenização, o art. 210 da Lei de Propriedade Industrial (Lei 9.279/1996) permite, sob críticas de

---

11. Nos países em que é reconhecida, tal categoria é designada como *disgorgement damages* ou *gain – based damages*.
12. Acerca da necessidade de expressa autorização em lei para que se utilize o lucro do ofensor como parâmetro para aferição dos lucros cessantes, confira-se GUEDES, Gisela Sampaio da Cruz. *Lucros cessantes*: do bom-senso ao postulado normativo da razoabilidade. São Paulo: Ed. RT, 2011. p. 212. Sobre situação em que se autoriza expressamente a consideração dos ilegítimos lucros auferidos pelo sujeito como parâmetro de quantificação do dano patrimonial da vítima, remete-se o leitor para o item 3.3, *infra*.

parte da doutrina,[13] a utilização de referido critério para o cálculo dos lucros cessantes, a excepcionar o art. 402 do Código Civil.

Essa forma peculiar de calcular os lucros cessantes surge no âmbito da propriedade industrial como resultado da dificuldade, quase insuperável, de a vítima provar, violada a patente, o modelo de utilidade ou a marca, a extensão de seus lucros cessantes.[14] O dispositivo tem sido amplamente aplicado pela jurisprudência, como ocorreu nos autos do Recurso Especial 710.376/RS, em que certa fabricante de móveis e artigos mobiliários, titular da marca "ATTIVA", buscava indenização em face de empresa que, aproveitando-se de seu prestígio e tradição, colocou no mercado produtos concorrentes, utilizando-se da expressão "ACTIVA", a induzir o consumidor em erro e se locupletar com violação da marca da autora. O Superior Tribunal de Justiça determinou que se entregassem à lesada os lucros efetivamente percebidos pelo ofensor.[15]

O art. 210 encerra, todavia, norma peculiar à violação da propriedade industrial, aplicável nos exatos termos previstos em lei, pelo que não deve ser utilizada em outros cenários. Chega-se, assim, à inafastável conclusão segundo a qual, de regra, a responsabilidade civil não soluciona o problema dos lucros auferidos por meio de conduta lesiva a direitos. Se a atuação do agente causa, além de danos à vítima, o seu enriquecimento, a responsabilidade civil só conseguirá retirar do patrimônio do ofensor a parcela do lucro equivalente ao dano sofrido, restando incólume o que sobejar.

É preciso considerar, ademais, que em inúmeros casos a atuação do agente sequer causará danos ao titular do direito, como se verifica na situação em que o fazendeiro se utiliza, sem autorização, do trator do vizinho para arar a sua terra em período em que o proprietário não o utilizaria, repondo todo o combustível gasto na atividade. Em casos como esse, não havendo danos indenizáveis, a responsabilidade civil não teria qualquer espaço para atuação.

Em definitivo, a responsabilidade civil, voltada para a proteção da vítima, permite que o ofensor conserve em seu patrimônio os benefícios obtidos sempre que o dano se revelar inferior ao proveito embolsado ou mesmo quando não houver dano,[16] razão

---

13. "A função dos lucros cessantes na responsabilidade civil é flagrantemente reparatória, não sendo, portanto, recomendável introduzir na aferição desta faceta do dano patrimonial critérios que sequer são afeitos à responsabilidade civil, sob pena de a reparação dos lucros cessantes se transformar numa verdadeira *caixa de Pandora* que, embora incite a curiosidade, é sempre preferível não tocar" (GUEDES, Gisela Sampaio da Cruz. *Lucros cessantes*: do bom-senso ao postulado normativo da razoabilidade. São Paulo: Ed. RT, 2011. p. 223, grifos no original).
14. CERQUEIRA, João da Gama. *Tratado da propriedade industrial*. 2. ed. São Paulo: Ed. RT, 1982. p. 284. v. I.
15. STJ, 4ª T. REsp 710.376/RS. Rel. Min. Luís Felipe Salomão, j. 15.12.2009. Confira-se, ainda, na mesma direção: TJSP, 10ª CDP. AC 0159157-25.2008.8.26.0100. Rel. Des. Coelho Mendes, j. 29.11.2011.
16. "Aduz-se, ainda, que a maleabilidade dos instrumentos da responsabilidade civil, decorrente da utilização de conceitos indeterminados e cláusulas gerais, a torna apta para oferecer a primeira forma de tutela a interesses novos, considerados merecedores de tutela. Esse cenário torna especialmente convidativo unificar a solução para as diversas hipóteses de lucro da intervenção sob o manto da responsabilidade civil" (KONDER, Carlos Nelson. Dificuldades de uma abordagem unitária do lucro da intervenção. *Revista de Direito Civil Contemporâneo*, São Paulo, v. 13, p. 236, out./dez. 2017).

pela qual há de se identificar, no ordenamento jurídico brasileiro, outro instituto que permita a retirada dos lucros ilegitimamente auferidos pelo agente.

3. ENRIQUECIMENTO SEM CAUSA COMO O INSTITUTO FUNCIONALMENTE APTO A PROMOVER A EXCLUSÃO DO PROVEITO ECONÔMICO ILEGÍTIMO

Se, tecnicamente, a responsabilidade civil não se presta a retirar o lucro ilegitimamente obtido do patrimônio do ofensor, o enriquecimento sem causa é o instituto que se mostra apto para desempenhar referida função, presentes alguns requisitos.

O enriquecimento sem causa difere da responsabilidade civil não apenas pela diversidade de suporte fático, mas, sobretudo, pela função que desempenha. Enquanto a responsabilidade civil visa reparar o dano sofrido pela vítima, os casos de enriquecimento sem causa se situam no âmbito da reprovabilidade perante os princípios do sistema, e sua função ontológica é remover o enriquecimento do patrimônio do enriquecido.[17] Pouco importa, portanto, em sede de enriquecimento sem causa, a modificação do patrimônio daquele cuja situação jurídica fundamentou o locupletamento alheio, ou a existência, ou não, de dano, mas apenas o incremento do patrimônio do enriquecido.

Para a configuração do enriquecimento sem causa exige-se, em primeiro lugar, o *enriquecimento*, isto é, o incremento patrimonial do sujeito obrigado a restituir. Identificam-se duas formas de avaliação do enriquecimento: (i) o enriquecimento real, que se vincula ao objeto do enriquecimento e consiste na quantificação objetiva do valor de uso do bem ou direito, ou da vantagem adquirida; e (ii) o enriquecimento patrimonial, ligado ao sujeito enriquecido, e relativo à diferença entre a situação real e a hipotética, considerando-se hipotética a situação em que o agente se encontraria caso o fato gerador do enriquecimento não tivesse ocorrido. O parâmetro utilizado para fins de restituição é o enriquecimento patrimonial.[18]

O enriquecimento pode decorrer de atribuição patrimonial – vale dizer, de ato pelo qual alguém aumenta o patrimônio de outrem à sua custa, como no caso de pagamento indevido (art. 876, CC), ou na hipótese em que o proprietário recebe a coisa com benfeitorias realizadas pelo possuidor –, ou de exploração de bens, trabalho ou direitos

---

17. "É clara a distinção entre a responsabilidade civil e o enriquecimento sem causa: enquanto a primeira confere uma proteção dinâmica ao patrimônio a partir do princípio do *neminem laedere* e visa ao ressarcimento integral do dano sofrido pela vítima, o segundo oferece apenas uma proteção estática ao patrimônio que, posto menos intensa, abrange casos não cobertos pela responsabilidade civil, como quando não há ilicitude ou dano. Na aplicação do instituto do enriquecimento sem causa o objetivo não é reparar o dano, mas forçar o beneficiado a restituir o indevidamente locupletado" (TEPEDINO, Gustavo et al. *Código Civil interpretado conforme a Constituição da República*. Rio de Janeiro: Renovar, 2006. v. II. p. 754-755). No mesmo sentido: NORONHA, Fernando. *Direito das obrigações*. 4. ed. rev. e atual. São Paulo: Saraiva, 2013. p. 443.
18. KONDER, Carlos Nelson. Enriquecimento sem causa e pagamento indevido. In: TEPEDINO, Gustavo (Coord.). *Obrigações*. Estudos na perspectiva civil-constitucional. Rio de Janeiro: Renovar, 2005. p. 383; LINS, Thiago Drummond de Paula. *O lucro da intervenção e o direito à imagem*. Rio de Janeiro: Lumen Juris, 2016. p. 107 *et seq.*

alheios.[19] E é esta segunda modalidade de enriquecimento – por meio da exploração de bens, trabalho ou direitos alheios – designada enriquecimento por intervenção, ou lucro da intervenção, que viabiliza, de forma mais ampla, a retirada do lucro ilegitimamente auferido do patrimônio do agente.[20] O lucro da intervenção consiste, pois, no incremento patrimonial obtido por aquele que, sem autorização, interfere em situação jurídica subjetiva alheia,[21] e pode resultar tanto de efetivo aumento do ativo, quanto de diminuição do passivo ou poupança de certa despesa.[22] Nota-se, com efeito, que o lucro da intervenção não encerra propriamente um *instituto*, mas o suporte fático para a incidência do enriquecimento sem causa, este sim um *instituto* na acepção técnica do vocábulo.[23]

Necessário, ainda, à configuração do enriquecimento sem causa e, portanto, do lucro da intervenção, que o enriquecimento se dê *à custa de outrem*, o que não significa que o enriquecimento decorra do empobrecimento alheio. Algumas vezes a coincidência ocorrerá, e será possível identificar um deslocamento patrimonial do empobrecido para o enriquecido. Entretanto, nas hipóteses de enriquecimento por intervenção em que o titular do bem ou direito não o usa, o deslocamento patrimonial não se verifica: o proprietário que não usa a casa de veraneio e não pretende sequer a alugar ou lhe dar qualquer outro destino não deixa de auferir vantagem pecuniária alguma em razão da privação do uso e concomitante uso por terceiro.[24]

Por essa razão, a expressão "à custa de outrem" deve ser entendida como "a necessidade de que haja um *suporte do enriquecimento por outrem*, que se produza um *locupletamento à custa* alheia, ou seja, com bens jurídicos pertencentes a pessoa diversa",[25] não já como a imprescindibilidade de um correspondente empobrecimento.

---

19. KONDER, Carlos Nelson. Enriquecimento sem causa e pagamento indevido. In: TEPEDINO, Gustavo (Coord.). *Obrigações*. Estudos na perspectiva civil-constitucional. Rio de Janeiro: Renovar, 2005. p. 381.
20. "O enriquecimento sem causa traz a grande vantagem de se coadunar à mesma lógica por trás do lucro da intervenção, qual seja, a teoria da destinação dos bens. Trata-se da noção de que cabe ao titular de um direito as vantagens dele decorrentes e, portanto, não pode outrem reter para si essas vantagens sem autorização do titular ou outro fato idôneo a justificar essa retenção. Assim, o foco de ambos é a atribuição de uma vantagem àquele que é o verdadeiro titular do direito que deu origem àquela vantagem" (KONDER, Carlos Nelson. Dificuldades de uma abordagem unitária do lucro da intervenção. *Revista de Direito Civil Contemporâneo*, São Paulo, v. 13, p. 239, out./dez. 2017).
21. "De forma geral, qualquer ato de exploração ou aproveitamento, intencional ou não, de forma não autorizada, pode, em alguma medida, ser reconduzido à figura do lucro da intervenção" (KONDER, Carlos Nelson. Dificuldades de uma abordagem unitária do lucro da intervenção. *Revista de Direito Civil Contemporâneo*, São Paulo, v. 13, p. 2, out./dez. 2017). SAVI, Sérgio. *Responsabilidade civil e enriquecimento sem causa*. O lucro da intervenção. São Paulo: Atlas, 2011. p. 7.
22. NANNI, Giovanni Ettore. *Enriquecimento sem causa*. 3. ed. São Paulo: Saraiva, 2012. p. 258.
23. Para crítica à qualificação do lucro da intervenção como *instituto*, confira-se KONDER, Carlos Nelson. Dificuldades de uma abordagem unitária do lucro da intervenção. *Revista de Direito Civil Contemporâneo*, São Paulo, v. 13, p. 2, out./dez. 2017.
24. Sobre a privação do uso como suporte fático do enriquecimento por intervenção, seja consentido remeter a TERRA, Aline de Miranda Valverde. Privação do uso: dano ou enriquecimento por intervenção? *Revista Eletrônica Direito e Política*, v. 9, p. 1620-1644, 2014. Disponível em: http://www6.univali.br/seer/index.php/rdp/article/view/6753. Acesso em: 18 abr. 2023.
25. ALMEIDA COSTA, Mário Júlio de. *Direito das obrigações*. 8. ed. rev. e aum. Coimbra: Almedina, 2000. p. 446, grifos no original.

A teoria adotada, portanto, não é a da *deslocação patrimonial*, mas a do *conteúdo da destinação jurídica dos bens*, segundo a qual:

> tudo quanto estes bens sejam capazes de render ou produzir pertence, em princípio, de acordo com o conteúdo da destinação ou afectação de tais direitos, ao respectivo titular. A pessoa que, intrometendo-se nos bens jurídicos alheios, consegue uma vantagem patrimonial, obtém-na *à custa* do titular do respectivo direito, mesmo que este não estivesse disposto a praticar os actos donde a vantagem procede.[26]

O enriquecimento é ilícito precisamente porque, de acordo com a ordenação substancial dos bens aprovada pelo direito, ele deve, de regra, pertencer a seu titular.

O art. 885, por sua vez, exige que não haja causa justificadora do enriquecimento, ou seja, que não haja título jurídico, legal ou convencional, que justifique o incremento patrimonial. A este requisito se voltará mais adiante.

Por fim, há ainda o requisito da subsidiariedade do enriquecimento sem causa: é necessário que não haja, no ordenamento jurídico, qualquer outra pretensão à disposição do titular do direito que lhe permita obter resultado igual ou mais favorável do que aquele que alcançará por meio da pretensão de enriquecimento sem causa – exercida por meio da *actio in rem verso*.[27] Nos casos de lucro da intervenção, em que os benefícios econômicos auferidos pelo interventor são superiores aos danos eventualmente causados, a ação de responsabilidade civil não poderá ser considerada um "outro meio" capaz de obstar o exercício da *actio in rem verso*. Afinal, por intermédio da ação de responsabilidade civil, o titular do direito conseguirá obter apenas a compensação pelos danos sofridos, não já os lucros percebidos pelo interventor de forma integral, a permitir que o agente mantenha consigo parcela do proveito.[28]

De todo modo, por força da subsidiariedade do enriquecimento sem causa, se a intervenção do agente, além de lhe gerar lucros, também causar danos ao titular do direito objeto da intervenção, a quantificação do lucro efetivamente auferido dependerá, em primeiro lugar, que do valor total auferido pelo agente sejam abatidos os danos indenizados à vítima.[29] O lucro a ser restituído, com efeito, não se confunde com o montante total

---

26. ANTUNES VARELA, João de Matos. *Das obrigações em geral*. 10. ed. Coimbra: Almedina, 2005. v. I. p. 492-493.
27. Marcelo Trindade atenta que "com a regra da subsidiariedade visa-se à preservação da disciplina específica de um grande número de situações para as quais a lei adotará soluções múltiplas, estabelecendo requisitos para o cabimento da ação, exceções a seu cabimento ou limitações quantitativas da restituição, com isto impedindo ou limitando a reversão do enriquecimento". Alerta ainda que as disciplinas específicas de cada situação se tornariam "letra morta se fosse admitida a utilização da actio in rem verso nas hipóteses em que incidissem tais requisitos, exceções a seu cabimento ou limitações, impedindo ou restringindo a reversão do enriquecimento" (TRINDADE, Marcelo. Enriquecimento sem causa e repetição de indébito: observações à luz do Código Civil de 2002. *Revista Trimestral de Direito Civil*, n. 18, p. 235-261, abr./jun. 2004).
28. Afirmam que, nesses casos, o enriquecimento sem causa é o único instrumento disponível para a restituição do valor devido: SAVI, Sérgio. *Responsabilidade civil e enriquecimento sem causa*. O lucro da intervenção. São Paulo: Atlas, 2011. p. 92; MICHELON JR., Cláudio. O enriquecimento sem causa no Código Civil brasileiro. In: LOTUFO, Renan; NANNI, Giovanni Ettore (Coord.). *Obrigações*. São Paulo: Atlas, 2011. p. 199.
29. Se o interventor age de má-fé, violando deliberadamente bem ou direito alheio, responderá por todos os danos causados durante a intervenção, inclusive aqueles decorrentes de caso fortuito, salvo se provar que de igual modo se teriam dado se não tivesse havido a intervenção (art. 1.218).

obtido pelo agente com a intervenção, mas se restringe ao *quantum* que permanece em seu patrimônio após o pagamento da indenização devida à vítima, seja a título de dano patrimonial seja de dano moral. Pouco importa, para fins de quantificação do valor a ser retirado do patrimônio do agente, a que título eventuais quantias já foram removidas de seu patrimônio; o que releva é a identidade fática entre a situação lesiva e a situação locupletativa. Assim, se a situação lesiva e a situação locupletativa são as mesmas, se o evento gerador do enriquecimento é também o causador da lesão, todos os montantes pagos pelo agente a título de indenização devem ser considerados para a quantificação do montante a ser restituído.

E é precisamente este o aspecto mais complexo do lucro da intervenção: a quantificação do valor a ser restituído ao titular do direito.[30] Isso, porque diversas variáveis podem interferir na definição do *quantum* restitutório, entre as quais se destacam a boa ou má-fé do interventor bem como o nexo de causalidade entre o enriquecimento e o objeto da intervenção e o esforço do agente.[31]

Nessa direção, se o interventor agiu de boa-fé, a restituição deve se dar com base no enriquecimento real, isto é, no valor de mercado da vantagem obtida.[32] Ainda neste caso, não se pode desconsiderar o eventual esforço despendido pelo agente na obtenção do lucro; é certo que o lucro não teria sido obtido se não tivesse ocorrido a intervenção indevida, mas parte desse lucro também pode decorrer da atuação do agente de boa-fé, de um seu especial talento, esforço ou qualidade, ainda que configure um desdobramento da intervenção. Exatamente por isso, o lucro proveniente da intervenção deve ser, em alguma medida, repartido entre o interventor e o titular do direito. O desafio é definir o critério que deve guiar essa distribuição de lucros.

Embora exerçam funções distintas – a responsabilidade civil com o foco voltado para a vítima e o enriquecimento sem causa, para o interventor –, nesse caso o paralelo entre a responsabilidade civil e o enriquecimento sem causa pode ajudar na definição do critério a ser empregado.

Na responsabilidade civil, quando mais de um agente causa danos à vítima, aplica-se a regra do art. 942 do Código Civil, ficando todos responsáveis solidariamente perante a vítima. Diante da solidariedade, a vítima pode exercer sua pretensão indenizatória contra todos ou, se preferir, apenas contra um deles. Nesta última hipótese, o agente que tiver sido condenado a arcar com toda a indenização poderá exercer seu direito de regresso contra o outro. O prejuízo precisará, então, ser distribuído entre os corresponsáveis pelo dano. É nesse momento que os sistemas de distribuição do prejuízo são chamados a atuar.

---

30. Note-se que o emprego da palavra *restituição* não significa que o interventor deverá *devolver* algo que já existia no patrimônio do titular do direito antes da intervenção. A *restituição* se refere ao patrimônio do interventor, o qual deve ser, portanto, restituído ao *status quo ante*.
31. Sobre a quantificação do que deve ser restituído, confira-se SAVI, Sérgio. *Responsabilidade civil e enriquecimento sem causa*. O lucro da intervenção. São Paulo: Atlas, 2011. p. 122 *et seq*.
32. KONDER, Carlos Nelson. Dificuldades de uma abordagem unitária do lucro da intervenção. *Revista de Direito Civil Contemporâneo*, São Paulo, v. 13, p. 245, out./dez. 2017.

No Brasil, discutem-se três sistemas de distribuição do prejuízo: (i) o sistema da paridade, segundo o qual o prejuízo deve ser dividido em partes iguais; (ii) o sistema do grau de culpa, cujos defensores sustentam que a maior parcela do prejuízo deve ser atribuída ao agente que atuou com maior grau de culpa; e, finalmente, (iii) o sistema do nexo causal, para o qual deve arcar com a maior parcela da indenização o agente cuja conduta teve mais eficácia na causação do dano. Entre esses três sistemas, destaca-se o do nexo causal, porque é o que parece refletir melhor a função da responsabilidade civil, eminentemente reparatória.[33] Assim, no momento de distribuir o prejuízo entre os corresponsáveis pelo dano, o julgador deverá avaliar quanto cada conduta contribuiu para a produção do dano, isto é, qual foi a eficácia causal de cada conduta. Com base nesse critério, deve-se repartir o prejuízo, atribuindo-se ao agente cuja conduta teve mais eficácia causal uma parcela maior dos prejuízos. Os diplomas legislativos mais avançados seguem essa orientação, que é adotada também pelo Código de Defesa do Consumidor.[34]

Semelhante raciocínio poderia ser aplicado no campo do enriquecimento sem causa, no momento da distribuição dos lucros – agora não mais dos prejuízos, como na responsabilidade civil – entre o interventor e o titular do direito. Também aqui na seara do enriquecimento sem causa o nexo causal revela-se como importante elemento, apto a servir como critério para a distribuição dos lucros. Tal qual a responsabilidade civil, o enriquecimento sem causa não exerce função punitiva; baseia-se fundamentalmente na ideia de conservação estática dos patrimônios, exercendo função eminentemente restitutória.

Assim, se o interventor agiu de boa-fé, parte dos seus lucros devem ser entregues à vítima da intervenção, mas não todo o lucro. Com base no critério do grau de eficácia causal da conduta do interventor é que se deve calcular a parcela dos lucros que deve ser atribuída à vítima da intervenção.[35]

---

33. Nesse sentido, seja permitido remeter o leitor para: GUEDES, Gisela Sampaio da Cruz. *O problema do nexo causal na responsabilidade civil*. Rio de Janeiro: Renovar, 2008. p. 333 e seguintes. Na conclusão dessa obra, lê-se o seguinte: "O melhor sistema de distribuição do prejuízo é o que leva em conta não a gravidade da culpa de cada agente, mas, sim, sua eficácia causal, porque nem sempre o agente que atuou com maior grau de culpa foi o que teve maior participação no resultado nocivo" (p. 351).
34. Ao tratar da responsabilidade pelo fato do produto e do serviço, o Código de Defesa do Consumidor estabeleceu no parágrafo único do art. 13 que "aquele que efetivar o pagamento ao prejudicado poderá exercer o direito de regresso contra os demais responsáveis, segundo sua participação na causação do evento danoso".
35. Nesse sentido, explica-se que: "O critério do grau de contribuição mostra-se especialmente relevante no âmbito das hipóteses de enriquecimento por intervenção em que o interventor insere determinado bem ou direito em um complexo processo produtivo, no qual aquele é um dos muitos fatores que produz um determinado lucro. Essas hipóteses são, naturalmente, as mais complexas por envolver situação cuja quantificação deverá ser detalhadamente analisada pelo juiz de modo a se aferir o quanto cada uma das partes teve influência no lucro obtido. O montante do lucro auferido pode ter uma influência direta do *know how*, da expertise e da posição do interventor no mercado, o qual, por iniciativa própria, teria investido capital e trabalho essenciais para a configuração do lucro total, cuja parcela relevante, diante dessa contribuição, pode ser considerada não destinada ao titular do direito violado. Contudo, a relevância do bem ou direito usurpado pode ser tamanha para a configuração do lucro auferido no caso concreto, que a manutenção deste no patrimônio do interventor se mostraria totalmente irrazoável, tendo em vista a noção de conteúdo de destinação econômica do bem" (VAZ, Marcella Campinho. A obrigação de restituir o lucro obtido com a indevida intervenção em bem ou direito

Por outro lado, se o agente estiver de má-fé, consciente da intervenção em direito alheio, pratica conduta antijurídica,[36] pelo que a transferência dos lucros deverá ser total, vale dizer, a totalidade do enriquecimento patrimonial[37] será atribuída ao titular do direito, inclusive a parcela do lucro auferida a partir do esforço do agente, mas como desdobramento necessário da intervenção. Em definitivo, ainda que proveniente de esforço do próprio interventor, a má-fé original contamina todo o lucro obtido, tornando-o antijurídico na integralidade, pelo que não se pode conservá-lo no patrimônio do agente.

A situação do interventor de má-fé é bem diversa e, exatamente por isso, a lei também o trata de forma diferente, conferindo-lhe todo um regime diferenciado. O ordenamento jurídico brasileiro, em diversas situações, agrava a posição de quem está de má-fé, preterindo o fundamento da conservação estática dos patrimônios, em prol do titular do direito, vítima da intervenção indevida. E, de fato, a má-fé, em certas situações, chega mesmo a conferir "justa causa" ao enriquecimento do titular do direito.[38]

Apesar disso, embora não tenha direito aos benefícios provenientes da intervenção indevida, discute-se se o interventor deve ser reembolsado pelas despesas incorridas, realizadas junto ao direito alheio, ou se nem a isso ele teria direito, por ter procedido de má-fé. O ponto é controvertido, porque, embora o enriquecimento sem causa não exerça função punitiva, a má-fé do interventor pode justificar a última solução.

Com efeito, a repulsa do ordenamento pela má-fé impede que o interventor, em certas situações, tenha direito ao reembolso das despesas: na especificação, por exemplo, se impraticável a redução e a espécie nova tiver sido obtida de má-fé, pertencerá ao dono da matéria-prima, sem que o especificador tenha direito a qualquer tipo de reembolso ou indenização (art. 1.270, § 1º, c/c art. 1.271 – ambos do Código Civil). Da mesma forma, "[a]quele que semeia, planta ou edifica em terreno alheio perde, em proveito do proprietário, as sementes, plantas e construções" (art. 1.255 do Código Civil), sem qualquer direito a reembolso. Nessas hipóteses, o enriquecimento do titular do direito tem causa e é expressamente autorizado pelo ordenamento. A má-fé é, em uma palavra, a justa *causa* do enriquecimento.

---

alheio. In: TERRA, Aline de Miranda Valverde; GUEDES, Gisela Sampaio da Cruz. *Inexecução das obrigações*. Rio de Janeiro: Processo, 2020. v. 1. p. 444-445).

36. Se não há dano, o interventor de má-fé pratica conduta antijurídica, não já ato ilícito, cuja configuração não prescinde da configuração do dano. Nos termos do art. 187 do Código Civil, os elementos essenciais do ato ilícito são: (i) conduta culposa ou dolosa contrária à norma jurídica; (ii) dano; e (iii) nexo de causalidade entre a conduta e o dano.
37. KONDER, Carlos Nelson. Dificuldades de uma abordagem unitária do lucro da intervenção. *Revista de Direito Civil Contemporâneo*, São Paulo, v. 13, p. 245, out./dez. 2017.
38. Nesse sentido: "Como existe tendência do ordenamento jurídico de não reconhecer o benefício recebido pelo sujeito de má-fé – exceto em circunstâncias bastante extraordinárias –, o interventor que conhece a titularidade alheia sobre o direito não pode ser beneficiado pela intervenção realizada. Sob perspectiva sistemática, é preferível preterir a conservação estática dos patrimônios, evitando-se a concessão de benefício ao sujeito que agiu maliciosamente. Existem algumas hipóteses nas quais o ordenamento confere ao patrimônio a quem não possui justa causa para obtê-lo, mas são raras as normas que atribuem benefício a sujeito que agiu de má-fé" (MORAES, Renato Duarte Franco de. *O enriquecimento por intervenção*. Orientador: Francisco Marino. Tese (Doutorado) – Faculdade de Direito, Universidade de São Paulo, [s.d.]. p. 326).

Por outro lado, em outras situações, o Código Civil segue na direção oposta: no caso dos frutos colhidos e percebidos, o possuidor de má-fé responde, mas deve ser reembolsado pelas despesas de produção e custeio (art. 1.216 do Código Civil), assim como o sujeito que realiza a confusão, comissão ou adjunção de coisas deve ser reembolsado pela perda do material utilizado no trabalho (art. 1.273 do Código Civil). Assim, ao menos quando o legislador expressamente previu o direito ao reembolso das despesas, não há dúvida de que o interventor fará jus a esse valor, desde que, evidentemente, consiga comprovar a despesa efetuada. Essa ideia é inerente ao próprio conceito de lucro – que nada mais é do que o faturamento depois de subtraídas as despesas.

Há, ainda, quem defenda que, para além do reembolso das despesas, o interventor deveria ser remunerado pelo seu trabalho realizado no bojo da intervenção "dentro dos estritos limites dos trabalhos realizados".[39] Segundo Renato Duarte Franco de Moraes, "o interventor de má-fé não deve receber a parcela relativa à sua iniciativa no benefício originado pela intervenção, mas deve ser ressarcido pelo trabalho realizado, a partir de parâmetros de mercado".[40] Para o autor, "[a]dmitir hipótese contrária significa aceitar que o interventor seja penalizado em razão de sua conduta irregular, conferindo-se ao enriquecimento sem causa função punitiva que é incompatível com o instituto".[41]

3.1 Aplicações práticas da teoria do lucro da intervenção como instrumento de exclusão do lucro ilícito do patrimônio do agente

Verificada a possibilidade de a vedação ao enriquecimento sem causa, sob o viés do lucro da intervenção, servir à exclusão do lucro ilícito do patrimônio do agente, presentes os requisitos já mencionados, cumpre analisar algumas situações em que a teoria promoverá satisfatoriamente referida função.

3.1.1 Violação de direitos da personalidade

Não raro, a violação de direitos da personalidade promove considerável locupletamento do agente infrator. Nesses casos, embora a responsabilidade civil ofereça solução satisfatória para o ressarcimento dos danos sofridos pela vítima, quando o enriquecimento patrimonial do ofensor é superior ao dano causado, o instituto já não se mostra eficiente para oferecer, sozinho, solução satisfatória.

---

39. MORAES, Renato Duarte Franco de. *O enriquecimento por intervenção*. Orientador: Francisco Marino. Tese (Doutorado) – Faculdade de Direito, Universidade de São Paulo, [s.d.]. p. 327. E, na sequência, afirma o autor: "A repulsa do ordenamento pela má-fé impede que o interventor obtenha acréscimo de patrimônio pelo resultado originado do seu trabalho, mas não afasta o reequilíbrio patrimonial proporcionado pela remuneração devida pelo trabalho em si" (p. 327).
40. MORAES, Renato Duarte Franco de. *O enriquecimento por intervenção*. Orientador: Francisco Marino. Tese (Doutorado) – Faculdade de Direito, Universidade de São Paulo, [s.d.]. p. 327.
41. MORAES, Renato Duarte Franco de. *O enriquecimento por intervenção*. Orientador: Francisco Marino. Tese (Doutorado) – Faculdade de Direito, Universidade de São Paulo, [s.d.]. p. 327.

Diante dessa constatação, os tribunais utilizam a compensação por dano moral como mecanismo de eliminação do lucro ilícito do patrimônio do agente, considerando o montante como um dos parâmetros para a quantificação da indenização. Trata-se, a rigor, de atribuir caráter punitivo/pedagógico à responsabilidade civil, o que, por ir de encontro à sua função reparatória/compensatória,[42] requer expressa previsão legal, inexistente no direito positivo contemporâneo.[43]

Nesse sentido, seguiu a 16ª Câmara Cível do Tribunal de Justiça de Minas Gerais, em decisão proferida em setembro de 2020 nos autos da Apelação Cível 1.0388.11.003817-0/001, relatada pelo Des. Ramom Tácio.[44] No caso, discutia-se a publicação, em sítio eletrônico de empresa de agronegócio, do nome do autor, vinculando-o a artigos científicos que não eram de sua autoria e tinham por objetivo promover determinado produto.

O Tribunal entendeu que se tratava de intervenção indevida, já que a publicação se valeu do nome do pesquisador – referência no ramo –, com o objetivo de dar credibilidade científica aos produtos que comercializava, tendo a ré obtido vantagem patrimonial indevida a partir da exploração do direito alheio. Na decisão, o relator observou que a "vantagem patrimonial" deve ser extraída a partir de um balanço patrimonial do ofensor, isto é, "além do efetivo lucro (aumento de ativo), tem-se entendido que a vantagem patrimonial também abarca a diminuição de um passivo e a poupança de uma despesa", já que não se poderia entender como razoável que todo o produto das operações seja auferido por aquele que delas não era proprietário. Apesar de fazer referência à figura do lucro da intervenção, a solução dada pelo juízo foi simplesmente a de fixar, a título de dano moral, determinado *quantum* indenizatório, registrando que não seria necessária a produção de provas para demonstrar o dano.

Em outros casos, a indenização simplesmente é fixada com base nos lucros auferidos com a violação do direito da personalidade, sem sequer se fazer menção à figura do lucro da intervenção. Nessa linha, o Tribunal de Justiça de São Paulo fixou indenização, a título de danos morais, a cantor famoso – "símbolo sexual", segundo a decisão – que teve sua imagem vinculada a medicamento destinado a tratar impotência sexual masculina.[45] No caso, o autor pleiteou apenas uma indenização por danos morais, deixando de lado os danos materiais sofridos. O Tribunal entendeu que a utilização da imagem

---

42. Para crítica contundente à função punitiva do dano moral, confiram-se: BODIN DE MORAES, Maria Celina. *Danos à pessoa humana*: uma leitura civil-constitucional dos danos morais. Rio de Janeiro: Renovar, 2003. p. 258 et seq.; MULHOLLAND, Caitlin Sampaio. *A responsabilidade civil por presunção de causalidade*. Rio de Janeiro: GZ, 2009. p. 32-33.
43. A rigor, por mais de uma vez, o Poder Legislativo já teve a oportunidade de atribuir função punitiva ao instituto, mas não o fez. Quando da elaboração do Código de Defesa do Consumidor (Lei 8.078/1990), havia dispositivo que criava multa civil, cuja única função era penalizar o ofensor; a norma, contudo, foi excluída por veto presidencial. Posteriormente, por ocasião da edição do Código Civil de 2002, tentou-se atribuir ao dano moral função punitiva por meio do Projeto de Lei 6.960/2002, que previa a inclusão de um § 2º ao art. 944 do Código Civil, assim redigido: "A reparação do dano moral deve constituir-se em compensação ao lesado e adequado desestímulo ao lesante". O relatório que deu origem ao substitutivo ao referido projeto rejeitou a proposta, cujas razões estão disponíveis em: http://www.camara.gov.br/sileg/integras/196514.pdf.
44. TJMG, 16ª CC. AC 1.0388.11.003817-0/001. Rel. Des. Ramom Tácio, j. 02.09.2020.
45. TJSP, 7ª CDPriv. AC 1016796-15.2018.8.26.0068. Rel. Des. Mary Grün, j. 03.12.2020.

do cantor – "F.J." – tinha evidente fim lucrativo e, por isso, com fundamento na Súmula 403 do STJ, não seria necessária a prova do prejuízo, sendo cabível a aplicação da indenização por dano moral.

Ainda nessa linha, mais recentemente, o Tribunal de Justiça de São Paulo estipulou indenização a título de danos morais a jogador de futebol pela divulgação de sua imagem, com contexto lucrativo, em jogos de videogame comercializados pela Fifa.[46]

Em outra decisão, o Tribunal de Justiça de São Paulo entendeu que, apesar de a parte autora ter sustentado ser devido o lucro da intervenção, aplicá-lo no caso configuraria verdadeiro *bis in idem*, visto que o autor já havia sido indenizado anteriormente pela utilização indevida da sua imagem para fins comerciais.[47] O mesmo Tribunal de Justiça decidiu, em outra oportunidade, não ser cabível o lucro da intervenção em caso que versava sobre violação direta a direito de imagem do jogador de futebol por entender, com base no art. 886 do CC/02, que a restituição por enriquecimento indevido só pode ser aplicada quando inexistir outros meios para o ressarcimento.[48]

Em outras ocasiões, os tribunais utilizaram o lucro obtido com a violação de direitos da personalidade como critério de quantificação do dano material, indo, mais uma vez, de encontro ao próprio conceito de dano. A título exemplificativo, tome-se a decisão proferida pelo Superior Tribunal de Justiça, nos autos do Recurso Especial 521.697, em que as filhas de Garrincha pleiteavam danos morais e materiais pela publicação de biografia de seu pai, sem sua autorização, sob alegação de violação do direito de imagem, nome, intimidade, vida privada e honra. O Tribunal condenou a editora a pagar, além de danos morais, danos materiais correspondentes a cinco por cento sobre o preço de capa de cada livro vendido.[49]

Na mesma linha, ao julgar o caso em que se discutia a utilização da imagem do cantor Tim Maia por fabricante de roupas para estampar camisetas sem a necessária autorização de seus familiares, o Tribunal de Justiça do Rio de Janeiro decidiu que, "tendo o réu obtido proveito econômico na comercialização do produto, caracterizado está o dano material, que reside no lucro auferido, a ser apurado em liquidação de sentença. [...]".[50]

Semelhantes decisões, além de incompatíveis com a atual configuração da responsabilidade civil, não são capazes de promover a completa retirada dos lucros amealhados pelo ofensor.

Encontram-se, ainda, julgados que, diante da violação do direito de imagem, condenam o agente a pagar, a título de lucros cessantes, o valor que o titular do direito receberia caso houvesse cedido, regularmente, o direito. Foi justamente o que ocorreu

---

46. TJSP, 1ª CDPriv. AC 1003822-70.2020.8.26.0004. Rel. Des. Claudio Godoy, j. 22.01.2021.
47. TJSP, 10ª CDPriv. AC 1076338-28.2019.8.26.0100. Rel. Des. Ronnie Herbert Barros Soares, j. 20.10.2020.
48. TJSP, 1ª CDPriv. AC 1005889-08.2020.8.26.0004. Rel. Des. Francisco Loureiro, j. 09.03.2021.
49. STJ, 4ª T. REsp 521.697/RJ. Rel. Min. Cesar Asfor Rocha, j. 16.02.2006. Cumpre advertir que não se discute, nesta seara, o mérito da decisão, mas apenas se questiona a legitimidade do critério de quantificação do dano material utilizado pelo Tribunal.
50. TJRJ, 4ª CC. AC 0107626-90.2011.8.19.0001. Rel. Des. Paulo Maurício Pereira, j. 15.05.2013.

nos autos da Apelação Cível 20.737/00 julgada pela 9ª Câmara Cível do Tribunal de Justiça do Rio de Janeiro, em que famosa atriz pleiteava indenização diante da publicação, não autorizada, em jornal de grande circulação, de sua foto nua, extraída de cena de minissérie por ela protagonizada e veiculada em canal de televisão. O parâmetro adotado para fixar o valor da reparação a título de dano material foi a quantia que seria cobrada pela atriz para posar nua nas mesmas circunstâncias noticiadas pelo jornal.[51] Referido entendimento, contudo, não merece prosperar, uma vez que acaba por legitimar a expropriação de bens ao preço de mercado, além de não retirar do patrimônio do agente, de forma cabal, os ganhos granjeados.

Inexistindo instituto específico a ser aplicado a tais situações, e não sendo a responsabilidade civil apta a promover a remoção dos lucros obtidos por exploração de direitos alheios do patrimônio do ofensor, satisfeito está o requisito da subsidiariedade, a autorizar a aplicação da teoria do lucro da intervenção. E a resposta do direito restitutório é precisamente esta: obrigar o interventor a restituir os lucros obtidos, sempre que tais lucros se revelem superiores aos danos causados ao titular do direito.

Paradigmática, nesse sentido, foi a decisão proferida pelo Superior Tribunal de Justiça, no chamado "caso Giovanna Antonelli". Tratou-se de demanda pela qual a atriz pleiteou, em face de Dermo Formulações Farmácia de Manipulação Ltda., indenização bem como restituição de todos os benefícios econômicos auferidos com a venda dos produtos atrelados ao seu nome e imagem veiculados em campanha publicitária de suposto composto emagrecedor sem a sua autorização. Em primeiro grau, o magistrado condenou a ré a indenizar a autora no montante que lhe seria devido caso autorizasse a utilização de seu nome e sua imagem, e afastou a pretensão consistente na restituição de todos os benefícios econômicos obtidos com a venda do produto.

O Tribunal de Justiça do Rio de Janeiro, por sua vez, condenou

> a ré a restituir a autora o montante correspondente ao lucro da intervenção, este fixado no percentual que ora se arbitra em 5% (cinco por cento) sobre o volume de vendas do produto DETOX (DOC 02 – índices 6 e 7), baseado no seu preço de comercialização (preço de saída da mercadoria da fábrica), no período compreendido entre o início da lesão (associação do referido produto à imagem da demandante) e a cessação da circulação da propaganda indevida, tudo a ser apurado em fase de liquidação de sentença; bem como majorar o *quantum* reparatório a título de danos morais para R$50.000,00 (cinquenta mil reais).[52]

A decisão, que tem o mérito de reconhecer a ocorrência de lucro da intervenção, não ficou imune a críticas em razão de ter atribuído à autora percentual aleatório (cinco por cento) dos lucros auferidos pela ré com a venda do produto.

O caso chegou ao Superior Tribunal de Justiça, que se debruçou sobre os critérios de quantificação do montante do lucro da intervenção a ser restituído ao titular do direito. A 3ª Turma, após reconhecer a impossibilidade de qualificar o lucro da intervenção

---

51. TJRJ, 9ª CC. AC 20.737/00. Rel. Des. Marcus Tullus Alves, j. 13.03.2001.
52. TJRJ, 13ª CC. AC 0008927-17.2014.8.19.0209. Rel. Des. Fernando Fernandy Fernandes, j. 26.10.2016.

como verba indenizatória e a necessidade de tratá-lo no âmbito do enriquecimento sem causa,[53] decidiu que o lucro patrimonial a ser restituído deve ser apurado com base nos seguintes critérios:

> a) apuração do *quantum debeatur* com base no denominado lucro patrimonial; b) delimitação do cálculo ao período no qual se verificou a indevida intervenção no direito de imagem da autora; c) aferição do grau de contribuição de cada uma das partes mediante abatimento dos valores correspondentes a outros fatores que contribuíram para a obtenção do lucro, tais como a experiência do interventor, suas qualidades pessoais e as despesas realizadas, e d) distribuição do lucro obtido com a intervenção proporcionalmente à contribuição de cada partícipe da relação jurídica.[54]

O STJ, ao partir do enriquecimento patrimonial, reconhece a má-fé da ré, que usou o nome e a imagem da autora sabendo que não tinha autorização para tanto, violando deliberadamente direitos da personalidade.

No que tange ao critério temporal, a decisão delimitou o cálculo ao período durante o qual se verificou a indevida intervenção no direito de imagem da autora, isto é, ao período compreendido entre o início da intervenção, quando a imagem da autora foi indevidamente associada ao produto, e o momento em que a propaganda deixou de circular. Na maioria dos casos, o termo inicial do qual deve partir o cálculo realmente coincidirá com a data em que ocorreu a intervenção, e o termo final, com a data em que a intervenção cessou, exatamente como ocorreu nesse caso. No entanto, o julgador deve ficar sempre atento, porque, dependendo das circunstâncias do caso concreto, é possível que o marco temporal que define a fluência dos lucros esteja descolado da data em que ocorre a lesão ao interesse juridicamente tutelado, assim como o termo final pode não corresponder exatamente ao término da intervenção. O julgador deve, portanto, cuidar para que seja considerado o período correto no cálculo.

O terceiro e o quarto requisitos se referem ao nexo de causalidade, e perquirem o grau de contribuição de cada uma das partes para a obtenção dos lucros. Em casos como esse, em que a imagem de uma pessoa famosa – uma atriz – é atrelada à venda de um produto já existente no mercado, fica mais fácil aferir o grau de contribuição das

---

53. Nos termos da decisão: "[a] inclusão do lucro da intervenção na indenização devida àquele que tem o seu direito violado aparenta conflitar com o princípio da reparação integral e com o disposto no art. 944 do Código Civil [...] não se mostrando a responsabilidade civil o instituto mais apropriado para lhe dar guarida. [...] Tal obstáculo, contudo, é contornado pela doutrina que, afastando-se da aplicação das regras gerais de responsabilidade civil, fundamenta o dever de restituição do lucro da intervenção no enriquecimento sem causa. [...] [a] conjugação dos dois institutos, na espécie, em que se busca a reparação dos danos morais e patrimoniais pelo uso não autorizado da imagem de pessoa para fins comerciais, além da restituição do que o réu lucrou ao associar a imagem da autora ao produto por ele comercializado, é plenamente admitida, não sendo obstada pela subsidiariedade da ação de enriquecimento sem causa. Isso porque a responsabilidade civil não tutela nada além dos prejuízos efetivamente sofridos pela vítima do evento danoso, enquanto que o enriquecimento ilícito se encarrega apenas de devolver o lucro obtido em decorrência da indevida intervenção no direito de imagem de outrem ao seu verdadeiro titular" (STJ, 3ª T. REsp 1.698.701/RJ. Rel. Min. Ricardo Villas Bôas Cueva, j. 2.10.2018, v.u. *DJe*, 8 out. 2018).
54. STJ, 3ª T. REsp 1.698.701/RJ. Rel. Min. Ricardo Villas Bôas Cueva, j. 2.10.2018. Thiago Lins estabelece critérios específicos para o caso de violação do direito à imagem: LINS, Thiago Drummond de Paula. *O lucro da intervenção e o direito à imagem*. Rio de Janeiro: Lumen Juris, 2016. p. 199 *et seq*.

partes, adotando como parâmetro os lucros que o interventor normalmente auferia com a venda do produto antes de violar os direitos da personalidade da autora. A partir da comparação entre o que ele vinha auferindo e o que ele passou a auferir depois da intervenção, pode-se determinar qual é o efetivo grau de contribuição atribuível à atriz. A experiência pretérita do interventor ajuda, portanto, a delimitar qual é a parcela dos lucros que deve ser imputada à atriz. É evidente que, nessa conta, devem ser abatidas as despesas, mas essa ideia já é inerente ao próprio conceito de lucro.

3.1.2 Violação do direito de propriedade

Não há, no âmbito da violação do direito de propriedade, norma específica que promova a exclusão do benefício econômico ilegitimamente obtido do patrimônio do agente, razão pela qual o instituto da vedação ao enriquecimento sem causa poderá ser chamado a atuar.

Conforme já se afirmou, de acordo com a teoria da atribuição do conteúdo da destinação jurídica dos bens, tudo quanto estes bens sejam capazes de render ou produzir pertence ao seu respectivo titular. Todavia, por vezes, terceiros exploram propriedade alheia, auferindo os benefícios gerados pelo bem. Pode ocorrer de referida exploração gerar danos ao proprietário, a exemplo do que se verifica quando o titular se vê privado de bem que efetivamente usava, deixando, assim, de perceber as concretas vantagens por ele proporcionadas. Nesses casos em que a privação do uso causa danos ao proprietário do bem, a responsabilidade civil será capaz de ressarcir a lesão sofrida, mas não promoverá a retirada do lucro do patrimônio do ofensor se esse benefício se revelar superior ao dano sofrido pela vítima.

Outras vezes, todavia, a exploração de bens alheios não gera dano indenizável, como se passa na hipótese em que o titular do bem já não o usa e tampouco pretende fazê-lo, a afastar a incidência da responsabilidade civil. Isso, porque a mera potencialidade abstrata do uso não constitui interesse jurídico merecedor de tutela, e sua violação não gera, por si só, dano; o interesse jurídico tutelado é aquele, patrimonial ou não, que pode restar violado pela supressão de alguma vantagem específica que poderia ser auferida pelo uso efetivo do bem, e apenas a lesão a interesse juridicamente tutelado configura dano, passível de indenização.

O instituto capaz de excluir o proveito econômico ilegitimamente obtido pelo agente que explora o direito de propriedade alheio, ou seja, o lucro da intervenção, é o enriquecimento sem causa. Trata-se de mecanismo dinâmico de tutela, que garante ao proprietário o aproveitamento de toda a potencial riqueza gerada pelo bem.

Pense-se no sujeito que passa a explorar turisticamente cachoeira que, de boa-fé, pensa estar localizada em seu terreno. Ele realiza uma série de melhoramentos no local, constrói banheiros, área de piquenique, estacionamento, a fim de melhor atender os turistas. Evidentemente, não fosse a cachoeira, nenhum lucro obteria o interventor. Contudo, parte desse lucro se liga diretamente à atuação e ao esforço do agente, já que a estrutura oferecida aos usuários se revelou fundamental para o sucesso do empreendimento, pelo que deve ser mantida em seu patrimônio, ainda que seja desdobramento da intervenção. Imprescindível, portanto, analisar o liame de causalidade entre o enriquecimento e o objeto da intervenção e o esforço do agente, a fim de identificar o montante a ser restituído e aquele a ser retido pelo interventor de boa-fé.[55]

Em qualquer caso, esteja o interventor de boa ou de má-fé, o destino das construções seguirá as regras referentes à edificação em terreno alheio, nos termos do art. 1.255 e seguintes do Código Civil.

3.1.3   Violação do direito de crédito. Eficiente breach theory

A discussão acerca da remoção do lucro auferido pelo contratante com a deliberada violação do direito de crédito por meio do inadimplemento contratual é tarefa das mais tormentosas no direito brasileiro, primeiro, porque não há sequer consenso sobre a ilegitimidade da obtenção de lucros a partir de certos suportes fáticos de inadimplemento e, segundo, porque a legislação brasileira não cogita de qualquer instrumento específico para a eliminação do referido benefício econômico do patrimônio do inadimplente. De todo modo, o instituto por vezes invocado pelos Tribunais para desempenhar referida função é, mais uma vez, a responsabilidade civil contratual, cujos efeitos, todavia, ficam aquém do que se deseja quando o lucro auferido pelo contratante é superior aos danos causados à contraparte.

Descumprido o contrato, duas são as possibilidades: (i) se a prestação ainda for útil para o credor e possível para o devedor, haverá apenas mora (art. 394, CC) e o credor poderá exigir a execução específica da obrigação; (ii) se, todavia, a prestação se tornar inútil ou impossível de ser recebida pelo credor, haverá inadimplemento absoluto e o credor poderá optar entre resolver a relação obrigacional (art. 475, CC) ou pleitear a execução pelo equivalente pecuniário da prestação que lhe era devida, alterando o programa contratual originário por meio da sub-rogação objetiva.[56]

Qualquer que seja a tutela escolhida pelo credor, será sempre possível pleitear o pagamento de indenização por perdas e danos (art. 389, CC), que não abarcam, como já se observou, os lucros ilegitimamente auferidos pelo devedor com o inadimplemento. Portanto, uma vez mais, apenas nas hipóteses em que o benefício econômico do inadimplente coincidir ou for inferior ao dano sofrido pelo credor é que a responsabilidade civil será suficiente, ressarcindo o credor e removendo o lucro auferido pelo devedor com o inadimplemento. Por outro lado, nas hipóteses em que não se verifica tal coincidência, o instituto não será capaz de eliminar cabalmente o proveito econômico do devedor, e a teoria do enriquecimento sem causa deverá, uma vez mais, ser chamada a atuar.

---

55. Sobre a quantificação do que deve ser restituído, confira-se SAVI, Sérgio. *Responsabilidade civil e enriquecimento sem causa*. O lucro da intervenção. São Paulo: Atlas, 2011. p. 122 *et seq*.
56. Sobre execução pelo equivalente, seja consentido remeter à TERRA, Aline de Miranda Valverde. Execução pelo equivalente como alternativa à resolução: repercussões sobre a responsabilidade civil. *Revista Brasileira de Direito Civil – RBDCivil*, Belo Horizonte, v. 18, p. 49-73, out./dez. 2018.

Pense-se no fornecedor que, em vez de adequar a prestação do serviço aos padrões de qualidade exigidos, prefere prestá-lo de modo defeituoso, já que o total das indenizações eventualmente pagas aos consumidores é consideravelmente inferior ao valor que deveria ser despendido para a prestação do serviço de acordo com os parâmetros de qualidade exigidos.

Há, em casos assim, inegável lucro da intervenção, uma vez que o fornecedor interfere em direitos alheios e aufere vantagens ilegítimas. A dificuldade suscitada por essas hipóteses não está apenas na quantificação do valor a ser retirado do patrimônio do fornecedor, que corresponderia ao valor que deixou de gastar com a implementação do serviço qualitativamente adequado, mas também na identificação de quem deveria receber tal montante, uma vez que o serviço de má qualidade é prestado a todos os usuários, e não apenas àqueles que ajuízam ação.

Com efeito, a aplicação da teoria do enriquecimento sem causa em situações como essa só será possível se se admitir alguma flexibilização da exigência de identificação precisa do *quantum* do enriquecimento, que poderia ser alcançado por arbitramento. Quanto à dificuldade de identificar em favor de quem deveriam ser revertidos os lucros ilegítimos, é possível superá-la revertendo tais montantes em proveito de fundo específico, voltado para campanhas preventivas e educativas no âmbito do setor ao qual pertence o agente interventor, ou mesmo para o auxílio das vítimas dos eventuais danos causados pela atividade defeituosa. Tal solução não se afigura totalmente desconhecida no direito brasileiro, havendo previsão expressa no âmbito da responsabilidade civil, a exemplo da Lei 7.347/85, que regula as ações de responsabilidade por danos causados ao meio ambiente, ao consumidor e bens que especifica, cujo art. 13 dispõe:

> Havendo condenação em dinheiro, a indenização pelo dano causado reverterá a um fundo gerido por um Conselho Federal ou por Conselhos estaduais de que participarão necessariamente o Ministério Público e representantes da comunidade, sendo seus recursos destinados à reconstituição dos bens lesados.

Poder-se-ia pensar em solução semelhante para o lucro da intervenção.

De todo modo, no âmbito de atividades fiscalizadas por agências reguladoras, a aplicação de multas administrativas aos prestadores de serviços, embora não promova a cabal exclusão do lucro da esfera jurídica do fornecedor, tem servido de paliativo diante da dificuldade de manejar a *actio in rem verso*.

Outra situação em que se verifica o lucro da intervenção por violação do direito de crédito, e que tem suscitado intensa discussão, é o chamado *efficient breach*, ou inadimplemento eficiente, assim entendido o inadimplemento financeiramente vantajoso ao devedor inadimplente e "neutro" ao credor, que não receberá a prestação ajustada, mas será cabalmente indenizado pelas perdas e danos sofridas.[57] Trata-se, com efeito,

---

57. De acordo com José Eduardo Figueiredo de Andrade Martins, "a *efficient breach theory* diz que a quebra de um contrato é eficiente e desejável se o ganho da parte culpada pela inadimplência excede seu lucro esperado com o adimplemento, além de exceder os gastos que tem com a compensação pelas perdas e danos da parte contrária.

de hipóteses em que o devedor opta, deliberadamente, por inadimplir contrato anteriormente celebrado para firmar outro que lhe ofereça mais vantagens econômicas, mesmo após o pagamento da indenização devida ao credor insatisfeito. Nesse cenário, o inadimplemento e o segundo contrato proporcionam ao devedor ganhos superiores aos lucros que seriam percebidos caso adimplisse o primeiro contrato.

Imagine-se o mutuário que contraiu empréstimo em dinheiro para aplicar o valor em investimento financeiro e, no termo ajustado para a devolução da quantia, não o fez, pois o investimento lhe garantia maior retorno financeiro do que os juros de mora devidos ao seu credor pelo atraso no adimplemento. Nessa situação, a responsabilidade civil não será capaz de remover do patrimônio do devedor o lucro auferido com o inadimplemento, já que o valor da indenização pelas perdas e danos causadas ao credor será inferior ao proveito obtido com o segundo contrato.

Ademais, do ponto de vista meramente estrutural, a aplicação da teoria do enriquecimento sem causa enfrentaria dificuldades. Isso, porque, a rigor, há título jurídico legítimo justificador do incremento patrimonial: o segundo contrato. Não haveria, numa primeira análise meramente estrutural, lucro ilícito se o contratante cumprisse a lei e as disposições do contrato relativas às penalidades pelo inadimplemento. Assim, observadas a lei e as cláusulas contratuais incidentes em caso do inadimplemento, o descumprimento do contrato poderia resultar, ao fim e ao cabo, lucrativo para o inadimplente.

Semelhante raciocínio, todavia, não merece prosperar. Há de se superar análise exclusivamente formal e estrutural da teoria do enriquecimento sem causa em favor de concepção funcional, que abarque não apenas as situações em que o enriquecimento não está calcado em título jurídico, mas também aquelas em que, posto haja título jurídico, ele se afigura ilegítimo, já que a sua constituição só foi possível em razão do deliberado inadimplemento contratual, que não encontra respaldo no direito brasileiro.

Com efeito, os contratos se regem pelo princípio da obrigatoriedade, bem revelado no brocardo *pacta sunt servanda*. O devedor está adstrito ao cumprimento da prestação que lhe incumbe, não ostentando pretenso direito potestativo de optar entre o adimplemento e o inadimplemento com pagamento de perdas e danos. O inadimplemento é risco inerente ao contrato, e como todo risco, é evento incerto, que pode se implementar por ato culposo do devedor. Não pode, todavia, o devedor concretizá-lo dolosamente a fim de obter proveitos econômicos. Embora para fins de indenização não seja relevante se o devedor agiu com dolo ou culpa, para fins de enriquecimento sem causa a distinção assume importância, já que a atuação dolosa torna ilegítimo o lucro auferido, atraindo o regime mais gravoso que o direito civil aplica para quem age de má-fé.

Após todas as operações, ninguém fica em situação pior que a anterior e ao menos uma das partes se encontra em situação melhor" (MARTINS, José Eduardo Figueiredo de Andrade. Reflexões sobre a incorporação da teoria da quebra eficiente (efficient breach theory) no direito civil brasileiro. In: TEPEDINO, Gustavo et al. (Coord.). *Anais do IV Congresso do Instituto Brasileiro de Direito Civil*. Belo Horizonte: Fórum, 2019. p. 94).

Assim, revelar-se-ia ilegítimo o lucro obtido pelo mutuário com o investimento mantido durante sua mora. Nesse caso, referido montante deve ser restituído ao credor, conforme os critérios acima analisados.

4. CONCLUSÃO

No direito brasileiro, não há uma única figura genérica, capaz de excluir o lucro ilícito do patrimônio do agente em toda e qualquer situação. Identificam-se, por outro lado, várias normas cuja finalidade reside precisamente em evitar que a conduta ilegítima se revele lucrativa para o ofensor.

De todo modo, o instituto que melhor desempenha referida função de forma mais abrangente é o enriquecimento sem causa por lucro da intervenção, cujo escopo reside, precisamente, na retirada do lucro obtido a partir da intervenção injustificada em direitos ou bens alheios do patrimônio do interventor. Os Tribunais, contudo, ainda não assimilaram todas as possíveis aplicações da teoria, razão pela qual, na prática, muitas vezes, a conduta antijurídica resulta economicamente lucrativa para o ofensor.

Na tentativa de eliminar esse cenário, a jurisprudência, lastreada em parte da doutrina, lança mão da responsabilidade civil, e atribui ao dano moral caráter punitivo/pedagógico, utilizando o benefício ilegitimamente auferido pelo agente como um dos parâmetros para a quantificação da indenização. Referida solução, todavia, conquanto imbuída das melhores intenções, mostra-se incompatível com a estrutura e a função contemporâneas da responsabilidade civil no direito brasileiro.

A obrigação de restituir traduz-se, a bem da verdade, no próprio inverso ou avesso da ideia de indenização: não é na esfera patrimonial do lesado, mas na do lesante que se restabelece a situação que existiria sem a intervenção ilícita. Assim é que, ao se estender a obrigação de restituir a todo o lucro causado pela intromissão, reconduz-se o patrimônio do enriquecido – e não o da vítima – à situação próxima a que estaria se não tivesse praticado a ação que lhe trouxe a vantagem. O foco deixa, portanto, de ser a vítima para ser o enriquecido-ofensor, e é exatamente por isso que o tema foge ao campo da responsabilidade civil.

A análise de específicas situações em que a conduta ilegítima do agente se revela economicamente vantajosa permite concluir que a teoria do enriquecimento sem causa, sob o viés do lucro da intervenção, oferece solução satisfatória, de modo geral, para as hipóteses em que referido benefício decorre da violação de direitos da personalidade, de direitos transindividuais, do direito de propriedade e do *eficiente breach*, uma vez que não há norma específica a disciplinar tais situações. No que tange à violação da propriedade industrial, a própria lei excepciona a regra do art. 402 do Código Civil, e determina a utilização do benefício econômico granjeado pelo agente como parâmetro para a quantificação dos danos materiais (notadamente, dos lucros cessantes).

O grande desafio nessa matéria está em determinar o lucro a ser restituído, que não se confunde com o montante total obtido pelo agente com a intervenção. Além de considerar os montantes pagos pelo agente a título de indenização e as despesas eventualmente incorridas no curso da intervenção, o julgador deve avaliar outras variáveis que podem interferir na definição do *quantum* restitutório, entre as quais se destacam a boa ou má-fé do interventor e o nexo de causalidade entre o enriquecimento e o objeto da intervenção.

5. REFERÊNCIAS

ALMEIDA COSTA, Mário Júlio de. *Direito das obrigações*. 8. ed. rev. e aum. Coimbra: Almedina, 2000.

ANTUNES VARELA, João de Matos. *Das obrigações em geral*. 10. ed. Coimbra: Almedina, 2005. v. I.

BODIN DE MORAES, Maria Celina *Danos à pessoa humana*: uma leitura civil-constitucional dos danos morais. Rio de Janeiro: Renovar, 2003.

CERQUEIRA, João da Gama. *Tratado da propriedade industrial*. 2. ed. São Paulo: Ed. RT, 1982. v. I.

GOMES, Orlando. *Obrigações*. 11. ed. Rio de Janeiro: Forense, 1996.

GOMES, Orlando. Tendências modernas na teoria da responsabilidade civil. In: DI FRANCESCO, J. R. P. (Org.). *Estudos em homenagem ao Professor Sílvio Rodrigues*. São Paulo: Saraiva, 1980.

GUEDES, Gisela Sampaio da Cruz. *Lucros cessantes*: do bom-senso ao postulado normativo da razoabilidade. São Paulo: Ed. RT, 2011.

GUEDES, Gisela Sampaio da Cruz. *O problema do nexo causal na responsabilidade civil*. Rio de Janeiro: Renovar, 2008.

KONDER, Carlos Nelson. Dificuldades de uma abordagem unitária do lucro da intervenção. *Revista de Direito Civil Contemporâneo*, São Paulo, v. 13, p. 236, out./dez. 2017.

KONDER, Carlos Nelson. Enriquecimento sem causa e pagamento indevido. In: TEPEDINO, Gustavo (Coord.). *Obrigações*. Estudos na perspectiva civil-constitucional. Rio de Janeiro: Renovar, 2005.

LINS, Thiago Drummond de Paula. *O lucro da intervenção e o direito à imagem*. Rio de Janeiro: Lumen Juris, 2016.

MARTINS, José Eduardo Figueiredo de Andrade. Reflexões sobre a incorporação da teoria da quebra eficiente (efficient breach theory) no direito civil brasileiro. In: TEPEDINO, Gustavo et al. (Coord.). *Anais do IV Congresso do Instituto Brasileiro de Direito Civil*. Belo Horizonte: Fórum, 2019.

MICHELON JR., Cláudio. O enriquecimento sem causa no Código Civil brasileiro. In: LOTUFO, Renan; NANNI, Giovanni Ettore (Coord.). *Obrigações*. São Paulo: Atlas, 2011.

MONTEIRO FILHO, Carlos Edison do Rêgo. *Elementos de responsabilidade civil por dano moral*. Rio de Janeiro: Renovar: 2000.

MORAES, Renato Duarte Franco de. *O enriquecimento por intervenção*. Orientador: Francisco Marino. Tese (Doutorado) – Faculdade de Direito, Universidade de São Paulo, [s.d.].

MULHOLLAND, Caitlin Sampaio. *A responsabilidade civil por presunção de causalidade*. Rio de Janeiro: GZ, 2009.

NANNI, Giovanni Ettore. *Enriquecimento sem causa*. 3. ed. São Paulo: Saraiva, 2012.

NORONHA, Fernando. *Direito das obrigações*. 4. ed. rev. e atual. São Paulo: Saraiva, 2013.

RODOTÀ, Stefano. *Il problema dela responsabilità civile*. Milano: Giuffrè, 1967.

RODRIGUES, Silvio. *Direito civil*: responsabilidade civil. 13. ed. atual. São Paulo: Saraiva, 1993.

SAVI, Sérgio. *Responsabilidade civil e enriquecimento sem causa*. O lucro da intervenção. São Paulo: Atlas, 2011.

TEPEDINO, Gustavo et al. *Código Civil interpretado conforme a Constituição da República*. Rio de Janeiro: Renovar, 2006. v. II.

TEPEDINO, Gustavo; TERRA, Aline de Miranda Valverde; GUEDES, Gisela Sampaio da Cruz. *Fundamentos do direito civil*: responsabilidade civil. 4. ed. rev., atual. e ampl. Rio de Janeiro: Forense, 2023. v. 4.

TERRA, Aline de Miranda Valverde. Execução pelo equivalente como alternativa à resolução: repercussões sobre a responsabilidade civil. *Revista Brasileira de Direito Civil – RBDCivil*, Belo Horizonte, v. 18, p. 49-73, out./dez. 2018.

TERRA, Aline de Miranda Valverde. Privação do uso: dano ou enriquecimento por intervenção? *Revista Eletrônica Direito e Política*, v. 9, p. 1620-1644, 2014. Disponível em: http://www6.univali.br/seer/index.php/rdp/article/view/6753. Acesso em: 18 abr. 2023.

TERRA, Aline de Miranda Valverde; GUEDES, Gisela Sampaio da Cruz. Considerações acerca da exclusão do lucro ilícito do patrimônio do agente ofensor. *Revista da Faculdade de Direito da UERJ*, v. 28, p. 1-24, 2015.

TRINDADE, Marcelo. Enriquecimento sem causa e repetição de indébito: observações à luz do Código Civil de 2002. *Revista Trimestral de Direito Civil*, n. 18, p. 235-261, abr./jun. 2004.

VAZ, Marcella Campinho. A obrigação de restituir o lucro obtido com a indevida intervenção em bem ou direito alheio. In: TERRA, Aline de Miranda Valverde; GUEDES, Gisela Sampaio da Cruz. *Inexecução das obrigações*. Rio de Janeiro: Processo, 2020. v. 1.

A REPARAÇÃO DA LESÃO AO TEMPO PARA ALÉM DAS RELAÇÕES DE CONSUMO: O *BURNOUT* COMO RESULTADO DE UMA LESÃO AO TEMPO LIVRE DO TRABALHADOR

Anderson Luis Motta da Silva Junior

Bacharel e mestrando em Direito Civil pela Universidade do Estado do Rio de Janeiro. Assessor jurídico da Procuradoria Geral da UERJ.

Sumário: 1. Introdução – 2. O direito ao tempo livre e a qualificação de sua lesão – 3. A síndrome de *Burnout* como resultado de uma lesão ao tempo livre do trabalhador – 4. A Suécia como modelo a ser seguido – 5. Conclusões – 6. Referências.

1. INTRODUÇÃO

"Acho que uma das coisas mais sinistras da história da civilização ocidental é o famoso dito atribuído a Benjamim Franklin, 'tempo é dinheiro'. Isso é uma monstruosidade. Tempo não é dinheiro. Tempo é o tecido da nossa vida, é esse minuto que está passando. Daqui a 10 minutos eu estou mais velho, daqui a 20 minutos eu estou mais próximo da morte. Portanto, eu tenho direito a esse tempo. Esse tempo pertence a meus afetos. É para amar a mulher que escolhi, para ser amado por ela. Para conviver com meus amigos, para ler Machado de Assis. Isso é o tempo. E justamente a luta pela instrução do trabalhador é a luta pela conquista do tempo como universo de realização própria. A luta pela justiça social começa por uma reivindicação do tempo: 'eu quero aproveitar o meu tempo de forma que eu me humanize'".[1]

O texto do professor e sociólogo Antonio Candido denota a mudança na compreensão e valoração do tempo ao longo da história. Se por um longo período o tempo esteve associado a aspectos patrimoniais e a sua perda era vista como o esvaziar-se da chance de lucrar – "tempo é dinheiro" –, hoje percebe-se que o tempo passou a ser entendido também dentro de seu aspecto existencial, reconhecendo-se assim que a lesão ao tempo atinge aquilo que Domenico de Masi definia como "Ócio Criativo",[2] que se traduz no direito de escolher como e de que forma gastar o tempo livre que nos assiste.

Em sua obra, Domenico não se referia ao tempo livre como indolência ou preguiça, mas, ao revés, defendia a necessidade dos indivíduos terem direito ao lazer, cultura,

---

1. Obra de Antonio Candido, sociólogo e professor da Universidade de São Paulo (USP).
2. MASI, Domenico de. *O ócio criativo*. Rio de Janeiro: Sextante, 2000.

erotismo, esportes e a todas as coisas belas da vida, sugerindo assim uma harmônica combinação entre lazer, trabalho e estudo.[3]

O tempo é uma grandeza física que por muito tempo esteve associada à concepção de espaço. As civilizações antigas utilizavam o tempo como "uma régua" para medir o espaço como, por exemplo, a duração de uma viagem. Hoje, com o avanço das novas tecnologias, tornou-se possível, entre outras coisas, que o homem pudesse se locomover mais rápido e, inclusive, estar virtualmente em dois ou mais lugares no mesmo instante, conquistando assim o espaço.[4]

Se, por um lado, as referidas conquistas permitiram que os seres humanos alcançassem coisas que outrora eram inimagináveis, por outro, percebesse que quanto mais rápida é a sociedade, menos tempo tem-se.[5] Passa-se tanto tempo conectado que acaba-se sem tempo livre para refletir e criar. Surge assim o problema da chamada escassez do tempo, e vinte e quatro horas não são mais suficientes para lidarmos com os afazeres do dia a dia.

Com o advento da pandemia e a maximização do teletrabalho, que outrora era exceção e tornou-se regra, a carga horária de trabalho de diversos empregados aumentou exponencialmente, fazendo com que estes não conseguissem mais gozar de um direito constitucional, assegurado a todos como qualquer outro: o direito ao tempo livre.

Se por muito tempo a ideia de tempo livre foi mal vista pelo ser humano e esteve associada à noção de vadiagem, hoje, sobretudo em razão dos males decorrentes da subordinação a atividades laborais sob excessiva pressão física e emocional, percebe-se que o tempo é um bem de valor inestimável. É um recurso finito, escasso e precioso, haja vista que o tempo perdido não se recupera.

Nesse contexto, conseguimos vislumbrar duas reflexões iniciais que são extremamente importantes: (i) a primeira é de que o tempo tornou-se um bem jurídico e objeto de proteção do direito; (ii) a segunda, é de que a proteção ao tempo livre rompe as barreiras das relações de consumo e que, muito embora a doutrina comumente trate da temática no âmbito das relações consumeristas, como se verá adiante, o tempo livre será protegido sempre que estiver sob risco de sofrer uma lesão.

---

3. "Tempo livre significa viagem, cultura, erotismo, estética, repouso, esporte, ginástica, meditação e reflexão. (...) Em suma, [significa] dar sentido às coisas de todo dia, em geral lindas, sempre iguais e divertidas, e que infelizmente ficam depreciadas pelo uso cotidiano". (MASI, Domenico de. *O ócio criativo*. Rio de Janeiro: Sextante, 2000. p. 299-300).
4. "A concepção científica de tempo originou-se a partir de associações com o conceito de espaço. O tempo referia-se à grandeza física necessária para percorrer certo espaço; este último, por sua vez, era o que se podia percorrer em determinado intervalo de tempo. E, no decorrer da história, tempo e espaço, entrecruzados, assemelhavam-se como categorias rígidas e impassíveis de controle artificial pelo homem. As distâncias ligavam-se à capacidade física da vida biológica" (MONTEIRO FILHO, Carlos Edison do Rêgo. Lesão ao tempo: configuração e reparação nas relações de consumo. *Revista OAB/RJ*, Rio de Janeiro, Edição Especial – Direito Civil, p. 2. Disponível em: https://revistaeletronica.oabrj.org.br/wp-content/uploads/2018/05/LES%c3%83O-AO-TEMPO.pdf. Acesso em: 04 jun. 2022).
5. "Paradoxalmente, cria-se uma proporção inversa: quanto mais rápida a sociedade é, menos tempo tem" (ibidem, loc. cit.).

2. O DIREITO AO TEMPO LIVRE E A QUALIFICAÇÃO DE SUA LESÃO

Diversos são os fundamentos por meio dos quais se busca defender a reparação pela perda indevida do tempo. Para melhor adentrarmos nas discussões centrais deste trabalho, faz-se necessário, antes de tudo, entendermos como se qualifica a lesão ao tempo, destacando desde já não haver unanimidade na classificação.

Com o advento da Carta Magna de 1988 e de algumas legislações infraconstitucionais, percebe-se que, muito embora não tenhamos um dispositivo específico que tutele a reparação da lesão ao tempo, este passou a receber nova valoração, sendo entendido como objeto de proteção do Direito.[6]-[7]

Além da passagem do tempo se apresentar na sua perspectiva tradicional como influenciador de situações jurídicas subjetivas, como a prescrição e a decadência, por exemplo, o tempo passou a ser tutelado à luz do princípio da dignidade humana, tendo suas bases fincadas na liberdade individual (sob a ótica do ofendido) e na solidariedade social (sob a ótica do ofensor).[8]

Ao eleger a dignidade da pessoa humana como um dos valores que fundamentam a República Federativa do Brasil, a Constituição de 1988 passou a entender que toda e qualquer relação jurídica, seja ela pública ou privada, deve "ter como norte o fim único e exclusivo de proteção da pessoa humana, sob os consectários lógicos de liberdade, solidariedade, igualdade e integridade psicofísica".[9]

Neste novo cenário, passou-se a perceber a existência de importantes valores que não foram previstos pelo legislador, mas que por guardarem direta relação com a dignidade da pessoa humana são merecedores de tutela. Aqui se insere a proteção do tempo. Somos livres para decidirmos o que fazemos com o período que nos sobra. A possibilidade de escolha revela uma importante manifestação do direito à liberdade, garantido pela Constituição, devendo este ser respeitado por todos como expressão da solidariedade social que impõe a cada indivíduo o dever de não lesar a esfera jurídica de outrem.[10]

---

6. Gagliano bem destaca que "durante anos, a doutrina, especialmente aquela dedicada ao estudo da responsabilidade civil, não cuidou de perceber a importância do tempo como um bem jurídico merecedor de indiscutível tutela" (GAGLIANO, Pablo Stolze. Responsabilidade civil pela perda de tempo. *Revista Jurisvox*, Patos de Minas, v. 1, n. 14, p. 44, jul. 2013).
7. "Em verdade, toda essa miríade de danos indenizáveis, que, sob diferentes designações e desígnios, surgem a cada instante, aqui e alhures, pode ser atribuída à interação concomitante de alguns fatores, entre os quais se destacam a identificação de novos interesses juridicamente tutelados, bem como a configuração de novas situações lesivas, muitas delas decorrentes das inovações tecnológicas" (TEPEDINO, Gustavo; TERRA, Aline de Miranda Valverde; GUEDES, Gisela Sampaio da Cruz. *Fundamentos do Direito Civil*: Responsabilidade Civil. Rio de Janeiro: Forense, 2020, v. 4, p. 59).
8. "É ver-se, portanto, que tal interesse representa uma concretização da liberdade, no tocante ao ofendido, e um dever de respeito ao consumidor, imposto pela solidariedade social, com relação ao ofensor" (MONTEIRO FILHO, Carlos Edison do Rêgo. Lesão ao tempo: configuração e reparação nas relações de consumo. *Revista OAB/RJ*, Rio de Janeiro, Edição Especial – Direito Civil, p. 6. Disponível em: https://revistaeletronica.oabrj.org.br/wp-content/uploads/2018/05/LES%c3%83O-AO-TEMPO.pdf. Acesso em: 04 jun. 2022).
9. Ibidem, p. 4.
10. Nesse sentido, "A Constituição da República Federativa do Brasil de 1988, em alguns de seus fragmentos, embora tímida, demonstra alguma valoração ao tempo. Na Emenda Constitucional n. 45 de 2004, o legislador decidiu

Neste sentido, em abril deste ano (2022) foi promulgada, no Estado do Amazonas, a Lei 5.867, que reconhece o tempo do consumidor como um bem de valor jurídico. Entre importantes previsões, a legislação destaca em seu artigo terceiro que o tempo humano, bem integrante da personalidade humana, deve ser considerado para fins de reparação integral dos danos. Em seu artigo primeiro, a legislação vai além e destaca o tempo "como direito humano e direito fundamental decorrente da Constituição necessário para albergar a vida, a liberdade, a existência e outros direitos necessários à qualidade de vida digna e ao desenvolvimento sadio da personalidade".[11]

Resta claro, pelo exposto, que a lesão ao tempo livre é passível de reparação em nosso ordenamento. Por consequência, nos deparamos com importante controvérsia: estamos ou não diante de uma nova categoria autônoma?

Em primeiro lugar, há aqueles que entendem a lesão ao tempo livre como um novo dano autônomo ao lado do dano moral e do dano patrimonial. Para estes, a perda do tempo útil "poderá se consolidar como categoria autônoma de dano em decorrência do sistema aberto de tutela da dignidade humana, da tutela da liberdade e de responsabilização civil".[12-13]

---

incluir, no artigo 5º, inciso LXXVIII, o princípio da celeridade como norteador do devido processo legal, na seara jurisdicional e administrativa. Mais à frente, no âmbito dos direitos sociais, ao cidadão é garantido o acesso ao lazer, conforme disposto no artigo 6º da Carta Maior. É compreensível que para exercer o direito ao lazer faz se necessário o tempo disponível para o seu gozo. Na seara constitucional, impossível não invocar a pauta dos direitos humanos, no que tange à dignidade da pessoa humana e à liberdade. Ambas as garantias são direitos que foram conquistados por meio de reivindicações sociais." (LEANDRO, Rafael; BORGES, Gustavo Silveira. Dano temporal na relação de consumo: o diálogo das fontes como método para uma concretização de tutela jurídica autônoma. *Rev. de Direito, Globalização e Responsabilidade nas Relações de Consumo*, Goiânia, v. 5, n. 1, p. 1-23, jan./jun. 2019).

11. AMAZONAS. *Lei 5.867, de 29 de abril de 2022*. Reconhece o tempo do consumidor como bem de valor jurídico. Manaus: Governo do Estado, [2022]. Disponível em: https://www.legisweb.com.br/legislacao/?id=431042. Acesso em: 4 jun. 2022.
12. MAIA, Maurilio Casas. O dano temporal indenizável e o mero dissabor cronológico no mercado de consumo: quando o tempo é mais que dinheiro – é dignidade e liberdade. *Revista de Direito do Consumidor*, São Paulo: Ed. RT, v. 92, ano 23, p. 170, mar./abr. 2014.
13. Conforme já destacado por Aline de Miranda Valverde (TERRA, Aline de Miranda Valverde. Danos autônomos ou novos suportes fáticos de danos? Considerações acerca da privação do uso e da perda do tempo nas relações de consumo. In: KNOERR, Viviane Coêlho de Séllos; FERREIRA, Keila Pacheco; STELZER, Joana (Coord.). *Direito, globalização e responsabilidade nas relações de consumo*. Aracaju: CONPEDI/UFS, 2015), assim já decidiu o Tribunal de Justiça de São Paula, *in verbis*: "A reparação por danos morais tutela, no mais das vezes, nas situações corriqueiras, um ou alguns poucos direitos de personalidade. (...) Já, quando em jogo o desperdício de tempo produtivo, o consumidor é violado na sua essência imutável, de carregar consigo a possibilidade de sentir e viver as mudanças da vida, as mudanças da vida que só o desfrute do tempo poderá propiciar-lhe. É por isso que, ao contrário do que se passa na reparação dos danos morais, a reparação pelo desperdício de tempo produtivo envolverá, sempre, a conjugação de vários direitos da personalidade, indevidamente violados: liberdade, trabalho, lazer, às vezes saúde, convivência familiar, estudos. Assim, enquanto na reparação dos danos morais a violação de vários direitos da personalidade é contingente, pode ou não ocorrer, na reparação pelo tempo desperdiçado, ao contrário, é imanente, pois sempre envolverá o menoscabo a vários direitos da personalidade. (...) Daí que a autonomia do direito à reparação pelo tempo útil ou produtivo desperdiçado confere inegável realização do sistema de proteção do direito do consumidor. (TJSP, Comarca de Jales, Vara do Juizado Cível e Criminal, Juiz de Direito Dr. Fernando Antonio de Lima, Processo 0005804-43.2014.8.26.0297, j. 28.08.2014)".

Em sentido oposto, há aqueles que defendem que o desvio produtivo de tempo teria natureza de dano moral. Para estes, ao precisar enfrentar problemas de consumo potencial ou efetivamente lesivos ao tempo livre, "o consumidor sofre necessariamente um dano extrapatrimonial que tem efeitos individuais e potencial repercussão coletiva, que, sendo um dano certo, imediato e injusto, é indenizável *in re ipsa*".[14]

Muito embora as mencionadas correntes tenham seus signatários, não nos parecem ser as mais corretas, como veremos adiante. A lesão ao tempo livre não se afigura como nova modalidade de dano, ao lado dos já existentes, e tampouco se caracteriza como espécie de dano moral. Neste sentido, destacam Gustavo Tepedino, Gisela Sampaio e Aline Terra que:

> Não há que se falar propriamente em "novos danos", vale dizer em expansão das espécies autônomas de danos, que sempre se restringiram – e assim continua a ser – a duas categorias: o dano moral, entendido como lesão à dignidade da pessoa humana, a abarcar todos os danos extrapatrimoniais; e o dano patrimonial, subdividido em dano emergente, relativo à efetiva diminuição do ativo ou incremento do passivo patrimonial, e lucro cessante, definido como o não aumento do ativo ou a não diminuição do passivo. Portanto, *tertium non datur*: ou a lesão ocorre no patrimônio da vítima, a acarretar dano patrimonial, ou há lesão à dignidade da pessoa humana, a gerar dano moral. Qualquer lesão, por conseguinte, reconduzir-se-á, necessariamente, a uma dessas duas espécies de dano, e apenas a análise do caso concreto poderá indicar se se trata de uma e/ou outra categoria.[15]

Em oposição à primeira corrente, resta claro que não há que se falar em categoria autônoma, haja vista que, conforme supracitado, o dano se restringe, somente, a duas categorias: os danos patrimoniais e os extrapatrimoniais.

No que se refere à segunda linha de entendimento, verifica-se nítida confusão entre o conceito de dano e lesão. Fato é que devemos separar a conexão entre o dano e o bem jurídico tutelado. O bem jurídico tutelado pode ser patrimonial e de sua lesão pode decorrer um dano extrapatrimonial. O contrário também se opera, podendo haver um bem jurídico extrapatrimonial cuja lesão gera um dano patrimonial.[16] Neste sentido, per-

---

14. E continua, "na perspectiva da melhor doutrina atual, a lesão antijurídica ao tempo que dá suporte à vida, enquanto atributo da personalidade humana, caracteriza o dano moral, ao passo que a lesão antijurídica às atividades existenciais da pessoa consumidora configura o dano existencial. Ocorre que a vida, que dura certo tempo e nele se desenvolve, constitui-se das próprias atividades existenciais que nela se sucedem. Consequentemente, um evento de desvio produtivo traz como resultado para o consumidor, acima de tudo, um dano existencial" (DESSAUNE, Marcos. Teoria aprofundada do desvio produtivo do consumidor: um panorama. *Direito em Movimento*, Rio de Janeiro, v. 17, n. 1, p. 15-31, jan./jun. 2019).
15. TEPEDINO, Gustavo; TERRA, Aline de Miranda Valverde; GUEDES, Gisela Sampaio da Cruz. *Fundamentos do Direito Civil*: Responsabilidade Civil. Rio de Janeiro: Forense, 2020, v. 4, p. 60.
16. Na mesma linha: "Pela teoria dos efeitos da lesão, entende-se que a caracterização da natureza do dano (se material ou moral) decorre do efeito produzido in concreto na vítima, e não da natureza do interesse violado. (...) Nesse sentido, a teoria dos efeitos da lesão tem proposto que dano não configura sinônimo de lesão, mas sim efeito desta, de modo que a lesão à chance poderá gerar tanto dano patrimonial quanto extrapatrimonial ou, até mesmo, ambos, a depender dos efeitos gerados na vítima" (MONTEIRO FILHO, Carlos Edison do Rêgo; GUIMARÃES, Vynicius Pereira. Teoria da responsabilidade civil pela perda da chance: natureza do dano e aplicabilidade à seara médica. *Revista IBERC*, v.5, n.1, p. 29-59, jan./abr. 2022. Disponível em: https://revistaiberc.responsabilidadecivil.org/iberc/article/view/190/161. Acesso em: 04 jun. 2022).

cebe-se que, muito embora o tempo seja um bem jurídico de natureza extrapatrimonial, a natureza do dano passível de reparação dependerá dos efeitos decorrentes da lesão.

Conforme destaca Carlos Edison do Rêgo Monteiro Filho, "a *lesão* é a indevida interferência em bem jurídico tutelado, enquanto que o *dano* são os efeitos decorrentes dessa invasão ilegítima na esfera jurídica da vítima".[17] Portanto, não há que se falar que sempre e em todo caso a lesão ao tempo livre ensejará reparação extrapatrimonial, haja vista que a natureza da verba indenizatória dependerá dos efeitos decorrentes da lesão na esfera jurídica da vítima, o que dependerá da análise de cada caso concreto.

Naturalmente, não é qualquer perda do tempo que configurará uma lesão. Inúmeras são as atividades do dia a dia que acabam requerendo de nós mais tempo do que gostaríamos de gastar. A vida em grandes centros urbanos acaba por impor certos imprevistos que devem ser tolerados. É o que acontece quando esperamos na fila de um supermercado que encontra-se mais cheio que de costume, ou quando esperamos o atendimento em consultório médico. Trata-se de situações corriqueiras que não se originam de um dever de conduta, ou de deveres contratuais ou legais que foram expressamente imputados ao contratante.[18]

Em suma, o tempo livre pode ser entendido como um novo interesse jurídico merecedor de tutela[19] à luz da dignidade da pessoa humana, tendo suas bases fincadas na liberdade individual e na solidariedade social. Não há que se falar que a lesão a este bem configura categoria autônoma ao lado dos danos morais e patrimoniais, e, menos ainda, que a natureza da lesão em questão restringe- se apenas aos danos extrapatrimoniais. De fato, os danos sempre serão patrimoniais ou extrapatrimoniais, mas sua natureza dependerá dos efeitos decorrentes da lesão na esfera jurídica da vítima, razão pela qual há que se fazer uma minuciosa análise de cada caso concreto.

3. A SÍNDROME DE *BURNOUT* COMO RESULTADO DE UMA LESÃO AO TEMPO LIVRE DO TRABALHADOR

Muito embora a massiva parte da doutrina trate da temática da lesão ao tempo no âmbito das relações de consumo, o que é natural, já que o cenário consumerista é palco

---

17. MONTEIRO FILHO, Carlos Edison do Rêgo. Lesão ao tempo: configuração e reparação nas relações de consumo. *Revista OAB/RJ*, Rio de Janeiro, Edição Especial – Direito Civil, p. 19. Disponível em: https://revistaeletronica.oabrj.org.br/wp-content/uploads/2018/05/LES%c3%83O-AO-TEMPO.pdf. Acesso em: 04 jun. 2022.
18. TEPEDINO, Gustavo; TERRA, Aline de Miranda Valverde; GUEDES, Gisela Sampaio da Cruz. Op. cit., p. 71.
19. Em sentido oposto, defendendo não se tratar de novo interesse: "Não se trata, ademais, de novo interesse juridicamente tutelado, embora se reconheça a contemporânea ampliação qualitativa dos interesses dignos de tutela, sobretudo, daqueles existenciais,37 na esteira da ascensão da dignidade da pessoa humana a princípio fundamental da República brasileira.(...) Trata-se, portanto, de novo suporte fático de dano, vale dizer, de nova situação lesiva de interesse merecedor de tutela: ao violar seu dever contratual e impor ao consumidor dedicação de tempo extra à solução do problema, o fornecedor causa lesão à sua liberdade" (TERRA, Aline de Miranda Valverde. Danos autônomos ou novos suportes fáticos de danos? Considerações acerca da privação do uso e da perda do tempo nas relações de consumo, p. 215-216. In: KNOERR, Viviane Coêlho de Séllos; FERREIRA, Keila Pacheco; STELZER, Joana (Coord.). *Direito, globalização e responsabilidade nas relações de consumo*. Aracaju: CONPEDI/UFS, 2015).

para a maior quantidade de situações lesivas ao tempo, o presente trabalho tem, dentre outras, por finalidade demonstrar que o tempo sempre será protegido quando estiver diante de uma concreta ou potencial lesão.

Assim, na busca por tornar mais palpável a compreensão do entendimento retro, analisaremos a síndrome de *burnout* que, como veremos adiante, tem como uma de suas maiores causas a ausência de tempo livre e a grande dificuldade de "desligar-se" das atividades laborais.

O conceito de *burnout*, que em tradução literal quer dizer "combustão completa", foi elaborado pelo psicanalista norte-americano Hervert Freudenberger, por volta de 1970, para designar uma reação de esgotamento físico e mental experimentado por profissionais da área da saúde que estavam envolvidos na assistência a usuários de drogas. O referido quadro era identificado, inicialmente, nas áreas de cuidado/serviços (saúde, serviço social, assistência jurídica, atividade policial e de bombeiros) e da educação. Entretanto, com o advento e o desenvolvimento de pesquisas epidemiológicas do *burnout*, o referido conceito foi estendido a diversos países e amostras populacionais, passando a abarcar também a realidade de outras ocupações fora das tradicionais áreas da saúde e educação.[20]

Hoje, com o avanço científico e maior compreensão do seu conceito, passou-se a entender que a chamada Síndrome de *Burnout* (ou Síndrome do Esgotamento Profissional) caracteriza-se pela presença de:

> distúrbios emocionais e físicos, manifestações de exaustão vital extrema, estresse e esgotamento físico resultante de situações de trabalho desgastante, de muita pressão e de responsabilidades elevadas que desencadeiam sintomas que começam de forma leve e vão se agravando ao longo do tempo: sofrimentos psicológicos e problemas físicos, fadiga ou cansaço excessivo físico e mental, tonturas, dores de cabeça frequentes, alterações no apetite, insônia, dificuldades de concentração, sentimentos de fracasso e de insegurança, negatividade constante, sentimentos de derrota e de desesperança, alterações repentinas de humor, irritabilidade, isolamento, pressão alta, dores musculares, problemas gastrointestinais, nervosismo etc.[21]

Fato é que o paciente trabalha em um ambiente cujas exigências são tamanhas que o levam a um desgaste mental superior à sua capacidade de suportá-lo e geri-lo.[22] De acordo com a Organização Mundial da Saúde (OMS), a síndrome pode se caracterizar por três dimensões: (i) sentimentos de falta de energia ou exaustão; (ii) aumento da

---

20. VIEIRA, Isabela; RUSSO, Jane Araujo. Burnout e estresse: entre medicalização e psicogização. *Physis*: Revista de Saúde Coletiva, Rio de Janeiro, v. 29, n. 2, 2019. Disponível em: https://www.scielo.br/j/physis/a/57RLsw3NPS4YRKzMLHPGyTy/?lang=pt. Acesso em: 4 jun. 2022.
21. LEAL, Pastora do Socorro Teixeira. Burnout no contexto do teletrabalho na pandemia: um caso concreto. Migalhas de Responsabilidade Civil. *Migalhas*, [s.l.], 15 fev. 2022. Disponível em: https://www.migalhas.com.br/coluna/migalhas-de-responsabilidade-civil/359687/burnout-no-contexto-do-teletrabalho-na-pandemia-um-caso-concreto. Acesso em: 4 jun. 2022.
22. HARTMANN, Paula Benevenuto. Atualizações sobre burnout pela OMS e suas implicações. *PEBMED*, [s.l.], 10 fev. 2022. Disponível em: https://pebmed.com.br/cid-11-burnout-como-doenca-e-suas-implicacoes/#:~:text=Selecionados%20para%20voc%C3%AA-,CID%2D11,%2Dlo%20e%20geri%2Dlo. Acesso em: 4 jun. 2022.

distância mental do trabalho, ou sentimentos negativos ou cínicos sobre o trabalho; e (iii) sentimento de ineficácia e falta de realização.[23]

Desse modo, verifica-se que a Síndrome de *Burnout* refere-se especificamente a fenômenos no contexto de trabalho e não deve ser aplicada para descrever experiências em outras áreas da vida. Assim definiu a OMS que, em janeiro de 2022, através da CID11, tornou a Síndrome de *Burnout* uma doença ocupacional.[24-25]

Mas de que forma a Síndrome do esgotamento profissional se relaciona com a temática da lesão ao tempo livre? De fato, uma das maiores causas e elemento desencadeador da referida síndrome é a excessiva carga horária de trabalho a qual alguns trabalhadores são submetidos, o que por vezes rompe a jornada regulamentar de 44 horas semanais, sem que esses consigam se "desligar" das atividades laborais, restando pouco tempo para a família, lazer, esportes e para tantos outros valores essenciais à plena manifestação da dignidade humana.

Com a advento da pandemia do Covid-19, o teletrabalho, que era exceção, tornou-se regra. Inúmeras pessoas tiveram que se adaptar e desenvolver suas aptidões com aparatos tecnológicos com quais muitos nunca tiveram contato. Vídeo-aulas, *webinars*, portais eletrônicos, chamadas de vídeos, intensas trocas de e-mails, são alguns dos inúmeros exemplos de ferramentas cujo uso se expandiu ao longo desse período.

Se por um lado o avanço tecnológico nos propiciou inúmeros benefícios que há pouco tempo eram incapazes de se imaginar, por outro, o excesso de tecnologia somado ao medo da morte que nos assolou ao longo deste período, a tristeza pelas inúmeras despedidas e as grandes cargas de trabalho que impediam a desvinculação das atividades laborais, trouxe inúmeros problemas psicológicos e físicos, dentre os quais a Síndrome de *Burnout*.

---

23. OMS. *QD85 Síndrome de burnout ocupacional*. [S.l.]: OMS, 2022. Disponível em: https://icd.who.int/browse11/l-m/es#/http://id.who.int/icd/entity/129180281. Acesso em: 4 jun. 2022.
24. "A recente classificação altera o olhar sobre a síndrome de burnout colocando-a como uma patologia relacionada ao trabalho (decorre de fatores negativos do ambiente laboral.) e não ao estritamente ao trabalhador, o que provoca a necessidade de repensar a responsabilidade direta e indireta da empresa ou ente público com a saúde integral dos trabalhadores. Fato que traz algumas implicações jurídicas, dentre elas auxílio-doença por incapacidade, garantia no emprego (art. 118 da Lei 8.213/91) e direito à reparação. Assim, as empresas e entidades públicas devem ficar mais atentas a esse risco, não somente em decorrência de seus custos humanos mas também de impactos financeiros". (LEAL, Pastora do Socorro Teixeira. Burnout no contexto do teletrabalho na pandemia: um caso concreto. Migalhas de Responsabilidade Civil. *Migalhas*, [s.l.], 15 fev. 2022. Disponível em: https://www.migalhas.com.br/coluna/migalhas-de-responsabilidade-civil/359687/burnout-no-contexto-do-teletrabalho-na-pandemia-um-caso-concreto. Acesso em: 4 jun. 2022).
25. "A diferença aqui para o transtorno depressivo maior é que o burnout está presente apenas no que diz respeito à vida profissional, não chegando a afetar outras áreas da vida. A depressão, por sua vez, é capaz de afetar de forma mais profunda a vida do paciente, sendo comuns sintomas como alterações no sono, na atividade psicomotora, no peso e apetite; além de sentimentos de culpa, dificuldade para tomar decisões, diminuição da energia, pensamentos suicidas e necessariamente humor deprimido e/ou anedonia (incapacidade de sentir prazer com atividades antes prazerosas). (...) No entanto, cumpre destacar que, como continua a autora, "também é possível que o estresse crônico no trabalho possa levar a um quadro depressivo no futuro". (HARTMANN, Paula Benevenuto. Atualizações sobre burnout pela OMS e suas implicações. *PEBMED*, [s.l.], 10 fev. 2022. Disponível em: https://pebmed.com.br/cid-11-burnout-como-doenca-e-suas- implicacoes/#:~:text=Selecionados%20 para%20voc%C3%AA-,CID%2D11,%2Dlo%20e%20geri%2Dlo. Acesso em: 4 jun. 2022).

Em maio de 2022 a Forbes Brasil publicou artigo sobre a temática e trouxe à tona a pesquisa da *Women @ Work*, realizada anualmente pela consultoria Deloitte.[26] A pesquisa, que busca entender melhor como as experiências das mulheres no local de trabalho afetam seu engajamento e progressão na carreira, identificou em 2022 que o trabalho híbrido não deu conta de trazer todos os benefícios que poderia para as mulheres. No Brasil, verifica-se que cerca de 44% das trabalhadoras que laboram no regime híbrido se sentem mais esgotadas. O espantoso percentual torna-se ainda maior, e chega a 54% quando elas se identificam em minorias étnicas.[27]

Verifica-se que cerca de 49% das brasileiras, quase a metade, planejam deixar seus empregos atuais. Entre as mais variadas razões, o *burnout* representa 49% dos motivos, o que se segue pela remuneração inadequada (27%) e a escassez de oportunidades de crescimento na empresa (16%). Somente 9% das brasileiras pretendem ficar na mesma empresa por cinco anos ou mais.[28]

Com efeito, o esgotamento também tem atingido inúmeros homens, que estão tão propensos ao problema quanto às mulheres. No entanto, estatísticas mostram que o esgotamento e o estresse profissional têm afetado mais as mulheres que os homens e, em particular, mais as mães que trabalham fora de casa do que os pais que também o fazem.[29]-[30]

De fato, não é fácil administrar os cuidados com os filhos, os afazeres domésticos, as atividades de cunho pessoal, relacionamentos e a carreira. Essa dificuldade se potencializa quando os empregados não têm suas horas de trabalho respeitadas, sendo forçados a trabalharem mais do que deveriam, de modo que lhes é tirado o tempo livre que deveria ser dedicado ao ócio criativo, que é, em última análise, fundamental à plena manifestação da dignidade humana.

Bem se sabe que o teletrabalho, ao lado dos cargos de confiança e dos trabalhadores externos, por força do art. 62 da Consolidação das Leis Trabalhistas, não são abrangi-

---

26. Cf. https://www2.deloitte.com/global/en/pages/about-deloitte/articles/women-at-work-global-outlook.html. Acesso em: 4 jun. 2022.
27. COLAFEMINA, Martina. Trabalho híbrido exige que empresas criem "cultura do descanso" para evitar burnout. *Forbes Brasil*, [s.l.], 12 mai. 2022. Disponível em: https://forbes.com.br/carreira/2022/05/work-life-balance-e-chave-para-vencer-burnout-entre-as-mulheres/?utm_campaign=later-linkinbio-forbesbr&utm_content=later- 26800292&utm_medium=social&utm_source=linkin.bio. Acesso em: 4 jun. 2022.
28. COLAFEMINA, Martina. Trabalho híbrido exige que empresas criem "cultura do descanso" para evitar burnout. *Forbes Brasil*, [s.l.], 12 mai. 2022. Disponível em: https://forbes.com.br/carreira/2022/05/work-life-balance-e-chave-para-vencer-burnout-entre-as-mulheres/?utm_campaign=later-linkinbio-forbesbr&utm_content=later- 26800292&utm_medium=social&utm_source=linkin.bio. Acesso em: 4 jun. 2022.
29. POR QUE mulheres sofrem mais de síndrome de burnout do que homens? *G1*, [s.l.], 11 out. 2021. Disponível em: https://g1.globo.com/mundo/noticia/2021/10/11/por-que-mulheres-sofrem-mais-de-sindrome-de-burnout-do- que-homens.ghtml. Acesso em: 4 jun. 2022.
30. "As mulheres são mais propensas do que os homens a ficar doentes com exaustão – especialistas dizem que as mulheres ainda gastam mais tempo em tarefas domésticas, independentemente de terem filhos ou não, e estão super-representadas em trabalhos estressantes, baseados em cuidados, como a enfermagem e o trabalho social. Apesar disso, o aumento tem sido perceptível em ambos os sexos e em diferentes setores" (POR QUE cada vez mais jovens estão exaustos na Suécia, o 'paraíso' das leis trabalhistas? *BBC News*, [s.l.], 5 ago. 2019. Disponível em: https://www.bbc.com/portuguese/vert-cap-49211535. Acesso em: 4 jun. 2022).

dos pelo controle da jornada de trabalho, sob o argumento jurídico de que a jornada de trabalho desses empregados seria difícil de ser controlada.[31] Sem entrarmos nas discussões atinentes a este fundamento, fato é que a ausência de controle de horas não pode representar uma porta aberta para a imposição de uma carga horária de trabalho acima do razoável e esperada de qualquer trabalhador. Mas razoabilidade não é o que se observa. Inúmeros são os relatos de empregados que laboram cerca de dez, onze e até doze horas por dia. É de conhecimento comum o sujeito, por exemplo, que ao longo da pandemia se queixou por estar trabalhando mais do que quando suas atividades eram presenciais. Isso fere e representa uma nítida lesão ao tempo livre do trabalhador, que necessita de um período para descanso, lazer, para cuidar de sua família, de sua saúde e tantas outras coisas fundamentais ao ser humano.

A exposição a grandes jornadas de trabalho tem sido uma das maiores causas de *burnout*: um dano cujos efeitos são inimagináveis. Mas, para se configurar a síndrome, basta a subjetiva declaração do empregado?

A síndrome deve ser atestada por profissionais da saúde (psicólogos e psiquiatras), não sendo suficiente a declaração da pessoa eventualmente atingida por ela, a fim de que a questão não seja tratada meramente no aspecto subjetivo, o que poderia gerar insegurança quanto às necessárias medidas preventivas, protetivas e promocionais da saúde no ambiente de trabalho. Além do laudo médico diagnosticando a doença, o empregado poderá contar com seu histórico médico (prontuário) e profissional (geralmente com destacada performance), podendo, inclusive, ser realizada uma avaliação do ambiente de trabalho, que poderá contar com relatos testemunhais.[32]

Verificada a síndrome, que entre outros aspectos é resultado de uma lesão ao tempo livre, deverá o empregador, quer seja organização privada ou publica, ser responsabilizado pelos danos na esfera jurídica da vítima, a não ser que presente algumas das hipóteses excludentes de responsabilidade. Assim entendeu o Tribunal Superior do Trabalho, que negou provimento ao Recurso de Revista de número 1799400-44.2008.5.09.0010,[33] tendo confirmado o Acórdão proferido pelo Tribunal Regional do Trabalho da 9ª Região (PR).

O supracitado caso trata-se de reclamação trabalhista proposta por empregado bancário em face do HSBC Bank. Sendo bancário, por força do artigo 224 da CLT, o autor se sujeitava à duração do trabalho normal de seis horas nos dias úteis ou trinta horas por

---

31. "Art. 62. Não são abrangidos pelo regime previsto neste capítulo: I – os empregados que exercem atividade externa incompatível com a fixação de horário de trabalho, devendo tal condição ser anotada na Carteira de Trabalho e Previdência Social e no registro de empregados; II – os gerentes, assim considerados os exercentes de cargos de gestão, aos quais se equiparam, para efeito do disposto neste artigo, os diretores e chefes de departamento ou filial; III – os empregados em regime de teletrabalho que prestam serviço por produção ou tarefa".
32. LEAL, Pastora do Socorro Teixeira. Burnout no contexto do teletrabalho na pandemia: um caso concreto. Migalhas de Responsabilidade Civil. *Migalhas*, [s.l.], 15 fev. 2022. Disponível em: https://www.migalhas.com.br/coluna/migalhas-de-responsabilidade-civil/359687/burnout-no-contexto-do-teletrabalho-na-pandemia-um-caso-concreto. Acesso em: 4 jun. 2022.
33. Cf. inteiro teor em: https://tst.jusbrasil.com.br/jurisprudencia/1439506218/recurso-de-revista-rr-17994004420085090010/inteiro-teor-1439511253. Acesso em: 4 jun. 2022.

semana.[34] Ocorre que, conforme demonstrado nos autos, mediante prova testemunhal, o autor era subordinado a extensas jornadas de trabalho e, em grande parte do mês, cumpria expediente diário com duração superior a doze horas.

Por meio de laudo pericial, restou confirmado que, em face do regime de trabalho a que o autor era submetido no banco reclamado, o que inclui além das extensas jornadas, um ambiente de trabalho estressante, cobranças inatingíveis e excessivas metas, o mesmo desenvolveu diversas patologias de ordem psicológica, como a síndrome de *burnout*, além de transtorno de adaptação e transtorno depressivo. As referidas moléstias foram confirmadas tanto pelo laudo pericial produzido nos autos, quanto pelo teor da Ação de Conversão de Benefício Previdenciário, que fora ajuizada pelo autor, outrora, em face do INSS na Justiça Comum. Ambas as provas foram capazes de denotar a configuração de efetivo dano ao reclamante.

No que diz respeito ao ato ilícito dos reclamados e da sua culpa, o Tribunal Superior corretamente entendeu que, diante das demandas excessivas a que o autor era submetido, é fácil concluir que o empregador, como detentor do poder diretivo, foi negligente ao deixar de cumprir com o papel que lhe cabia na efetivação do direito do empregado à redução dos riscos inerentes ao trabalho, deixando de acatar, portanto, as normas de medicina do trabalho.

Em sede de condenação, o Tribunal Regional do Trabalho deu provimento ao pleito do autor para deferir-lhe indenização por danos materiais correspondentes aos lucros cessantes até o fim da convalescença, indenização consistente na importância que o trabalhador razoavelmente deixou de auferir em razão das doenças ocupacionais que contraiu. Para além, o autor recebeu o valor de R$ 50.000,00 (cinquenta mil reais) a título de danos morais.

Muito embora não tenha sido imposta no caso em análise, quando a síndrome de *burnout* provoca uma diminuição na capacidade de trabalho do ofendido, fazendo com que este não possa exercer sua profissão ou ofício, é muito comum que a indenização também inclua, por força do artigo 950 do Código Civil,[35] o arbitramento de uma pensão correspondente à importância do trabalho para que se inabilitou, quer seja a diminuição temporária ou parcial.[36]

Pelo exposto, é possível verificar como a ausência de tempo livre para dedicar-se a si, e a tantas outras coisas importantes, é capaz de produzir danos cujos efeitos são os mais diversos. Muito embora este não tenha sido o fundamento expresso da referida

---

34. Art. 224 da CLT – A duração normal do trabalho dos empregados em bancos, casas bancárias e Caixa Econômica Federal será de 6 (seis) horas contínuas nos dias úteis, com exceção dos sábados, perfazendo um "total de 30 (trinta) horas de trabalho por semana".
35. "Art. 950. Se da ofensa resultar defeito pelo qual o ofendido não possa exercer o seu ofício ou profissão, ou se lhe diminua a capacidade de trabalho, a indenização, além das despesas do tratamento e lucros cessantes até ao fim da convalescença, incluirá pensão correspondente à importância do trabalho para que se inabilitou, ou da depreciação que ele sofreu. Parágrafo único. O prejudicado, se preferir, poderá exigir que a indenização seja arbitrada e paga de uma só vez."
36. Assim decidiu o TST no julgamento do Recurso de Revista 746-74.2013.5.09.0020.

decisão, ele encontra-se implícito, vez que resta claro o nexo causal entre a lesão ao tempo livre do empregado e os danos causados, dentre os quais a Síndrome de *Burnout*. Certamente, se o referido empregado tivesse seu direito ao tempo livre respeitado, podendo assim cuidar das outras esferas de sua vida, muito provavelmente não sofreria os danos causados, ou no mínimo os teria, bruscamente, mitigado.

Desta forma, sempre que configurado nexo de causalidade entre a lesão ao tempo livre do empregado e os danos decorrentes dessa, dentre os quais, comumente, se insere a síndrome de *burnout*, deverá o empregador ser responsabilizado pelos danos causados, haja vista que é seu dever medir todos os esforços possíveis para diminuir os riscos inerentes ao trabalho.

4. A SUÉCIA COMO MODELO A SER SEGUIDO

Enquanto que no Brasil é cada vez mais frequente vivermos para trabalhar, a filosofia sueca é de trabalhar para viver. A jornada de seis horas de trabalho é uma realidade nas mais diversas empresas e municipalidades da Suécia. A flexibilidade no trabalho já está cosolidada: escolher o horário mais adequado para chegar no escritório, trabalhar de casa ou até mesmo reduzir sua carga horária de trabalho para cuidar de um filho ou familiar idoso é muito comum na Suécia.[37]

É sabido que a Suécia possui um dos mais generosos sistemas de direitos trabalhistas do mundo. Embora seja garantido aos trabalhadores uma ampla rede de benefícios, para os suecos isso é bom para os negócios, sendo a Suécia uma das mais pujantes economias mundiais.[38]

A lei sueca da jornada de trabalho (Arbetstidslagen[39]) estabelece quantas horas um empregado pode trabalhar por dia, por semana e por ano. A lei também regulamenta o direito do trabalhador a pausas durante o trabalho, bem como sua remuneração pelos períodos em que se encontra à disposição do empregador. Segundo a legislação, todos os empregados devem ter, no mínimo, 11 horas consecutivas de descanso a cada período de 24 horas.[40]

---

37. VALIN, Cláudia. Suécia: leis trabalhistas protetoras geram competitividade. *Central Única dos Trabalhadores*, [s.l.], 17 mai. 2017. Disponível em: https://www.cut.org.br/noticias/suecia-leis-trabalhistas-protetoras-geram--alta- competitividade- 1e7f#:~:text=Pela%20lei%2C%20todos%20os%20trabalhadores,carga%20de%2040%20horas%20semanais. Acesso em: 4 jun. 2022.
38. VALIN, Cláudia. Suécia: leis trabalhistas protetoras geram competitividade. *Central Única dos Trabalhadores*, [s.l.], 17 mai. 2017. Disponível em: https://www.cut.org.br/noticias/suecia-leis-trabalhistas-protetoras-geram--alta- competitividade- 1e7f#:~:text=Pela%20lei%2C%20todos%20os%20trabalhadores,carga%20de%2040%20horas%20semanais. Acesso em: 4 jun. 2022.
39. SUÉCIA. *Arbetstidslagen (Lei da jornada de trabalho)*. [S.l.]: Arbetsmarknadsdepartementet (Ministério do Trabalho), [2022]. Disponível em: https://www.riksdagen.se/sv/dokument-lagar/dokument/svensk- forfattningssamling/arbetstidslag-1982673_sfs-1982-673. Acesso em: 4 jun. 2022.
40. VALIN, Cláudia. Suécia: leis trabalhistas protetoras geram competitividade. *Central Única dos Trabalhadores*, [s.l.], 17 mai. 2017. Disponível em: https://www.cut.org.br/noticias/suecia-leis-trabalhistas-protetoras-geram--alta- competitividade- 1e7f#:~:text=Pela%20lei%2C%20todos%20os%20trabalhadores,carga%20de%2040%20horas%20semanais. Acesso em: 4 jun. 2022.

Os suecos trabalham, em média, cerca de 38 horas semanais, não podendo nenhuma jornada de trabalho exceder a carga de 40 horas por semana.[41]

O país foi um dos primeiros a descrever a síndrome de *burnout* e a aceitar seu diagnóstico. Embora muitos países não reconheçam a síndrome do esgotamento, este é um diagnóstico legítimo na Suécia desde 2003.[42]

A professora Marie Åsberg, psiquiatra do Instituto Karolinska, o maior centro acadêmico de pesquisa médica da Suécia, relata que o generoso sistema de bem-estar social do país tem desempenhado uma importante função no assunto do *burnout*. De acordo com seu relato, datado de 2019, as pessoas diagnosticadas com exaustão recebiam aproximadamente 80% de seu salário, limitado ao valor de 774 coroas suecas por dia, o equivalente a R$ 311 – o que corresponde a um salário de R$ 9,6 mil.[43]

Como o Estado paga, os cidadãos não sofrem economicamente caso estejam doentes. Marie Åsberg diz que o sistema de saúde da Suécia oferece uma série de tratamentos altamente subsidiados para pessoas com exaustão e, bem destaca, que os demais países poderiam aprender com essa experiência.[44]

Fato é que, na atual sociedade, nos tornamos escravos do trabalho. Conforme descreve Byung-Chul Han, a sociedade do trabalho e desempenho não é livre. Ela gera novas coerções. Nessa sociedade coercitiva carregamos conosco nosso campo de trabalho. Somos ao mesmo tempo prisioneiros e vigia, vítima e agressor. Mesmo sem senhorio, acabamos explorando a nós mesmos.[45] Não que o trabalho não seja importante, mas não podemos deixar que ele nos tire a vida em seu sentido mais amplo.

Deve-se ter claro que o presente artigo, de longe, não busca depreciar o valor do trabalho. Reconhece-se que o trabalho é fundamental a todo ser humano, e mais ainda, à dinâmica da vida em sociedade. É o trabalho humano que nos possibilita alcançar e ter as coisas que hoje existem. O que se busca, na verdade, é reconhecer que ao lado deste há

---

41. VALIN, Cláudia. Suécia: leis trabalhistas protetoras geram competitividade. *Central Única dos Trabalhadores*, [s.l.], 17 mai. 2017. Disponível em: https://www.cut.org.br/noticias/suecia-leis-trabalhistas-protetoras-geram--alta-competitividade-1e7f#:~:text=Pela%20lei%2C%20todos%20os%20trabalhadores,carga%20de%2040%20horas%20semanais. Acesso em: 4 jun. 2022.
42. POR QUE cada vez mais jovens estão exaustos na Suécia, o 'paraíso' das leis trabalhistas? *BBC News*, [s.l.], 5 ago. 2019. Disponível em: https://www.bbc.com/portuguese/vert-cap-49211535. Acesso em: 4 jun. 2022.
43. POR QUE cada vez mais jovens estão exaustos na Suécia, o 'paraíso' das leis trabalhistas? *BBC News*, [s.l.], 5 ago. 2019. Disponível em: https://www.bbc.com/portuguese/vert-cap-49211535. Acesso em: 4 jun. 2022.
44. POR QUE cada vez mais jovens estão exaustos na Suécia, o 'paraíso' das leis trabalhistas? *BBC News*, [s.l.], 5 ago. 2019. Disponível em: https://www.bbc.com/portuguese/vert-cap-49211535. Acesso em: 4 jun. 2022.
45. "Precisamente frente à vida desnuda, que acabou se tornando radicalmente transitória, reagimos com hiperatividade, com a histeria do trabalho e da produção. Também o aceleramento de hoje tem muito a ver com a carência de ser. A sociedade do trabalho e a sociedade do desempenho não são uma sociedade livre. Elas geram novas coerções. A dialética de senhor e escravo está, não em última instância, para aquela sociedade na qual cada um é livre e que seria capaz também de ter tempo livre para o lazer. Leva ao contrário a uma sociedade do trabalho, na qual o próprio senhor se transformou num escravo do trabalho. Nessa sociedade coercitiva, cada um carrega consigo seu campo de trabalho. A especificidade desse campo de trabalho é que somos ao mesmo tempo prisioneiro e vigia, vítima e agressor. Assim, acabamos explorando a nós mesmos. Com isso, a exploração é possível mesmo sem senhorio". (Han, Byung-Chul. *Sociedade do cansaço*. Trad. Enio Paulo Giachini. Petrópolis: Vozes, 2015, p. 25).

outros valores importantes, e que uma combinação harmônica entre eles é fundamental à garantia e plena manifestação da dignidade humana, norte da Constituição da República.

Na busca por essa harmonia, inúmeras são as empresas que, preocupadas com o bem estar de seus funcionários, tem adotado algumas medidas preventivas, a fim de evitar o esgotamento de seus empregados. Dentre elas, tem se destacado a política de redução da carga horária semanal, de 5 (cinco) dias para 4 (quatro) dias, sem que haja redução salarial ou a perda de benefícios. No fundo, isso demonstra o reconhecimento da importância que o tempo livre exerce em nossas vidas e, sobretudo, do dever que os empregadores têm de respeitar as jornadas de trabalho.

Desta feita, verifica-se que o respeito ao tempo livre não impede que um país deixe de se desenvolver e de alcançar o progresso. A Suécia é um dos países com melhor índice de desenvolvimento humano, e isso se aplica a diversas outras nações que reconhecem o direito ao tempo livre como uma garantia fundamental.

Mudar uma mentalidade tão enraizada não é tarefa fácil, mas espera-se que o presente trabalho, assim como tantos outros, consigam trazer importante reflexões sobre o tema, para que num futuro não tão distante possamos enxergar alguma mudança no atual cenário.

5. CONCLUSÕES

Por fim, percebe-se que a compreensão acerca do tempo mudou-se ao longo dos últimos anos. O tempo, que por um longo período era apenas uma grandeza física, passou a ser entendido como um recurso finito, escasso e precioso, tornando-se objeto de proteção do Direito.

A proteção ao chamado tempo livre tem suas bases fincadas na liberdade individual e na solidariedade social, sendo este direito protegido sempre que estiver diante de uma efetiva ou potencial lesão, quer seja nas relações de consumo ou fora delas.

Como se buscou demonstrar, muito embora diversas sejam as correntes, a lesão ao tempo livre não se afigura como modalidade autônoma de dano e tão pouco se restringe a categoria de dano moral, haja vista que, muito embora o tempo seja um bem jurídico de natureza extrapatrimonial, a natureza do dano em questão dependerá dos efeitos da lesão na esfera jurídica da vítima, o que dependerá da análise de cada caso concreto. Assim, a lesão ao tempo (bem jurídico) poderá ensejar, a depender dos efeitos da lesão, danos patrimoniais e extrapatrimoniais.

Muito embora a discussão da proteção ao tempo se dê no âmbito das relações de consumo, o que é comum tendo em vista que o cenário consumerista é palco para a maior quantidade de situações lesivas ao tempo, este direito será protegido sempre que estiver diante de uma efetiva ou potencial lesão e neste contexto se insere a discussão do *burnout* que, entre outras coisas, é resultado da subordinação a extensivas jornadas de trabalho.

Com o advento da pandemia e a maximização do teletrabalho, muitos trabalhadores passaram a ser subordinados a extensas jornadas de labor, o que somado aos diversos males trazidos pela pandemia, desencadeou no diagnóstico de diversos casos da síndrome de *burnout*.

O número de casos é assustador e o cenário atual reclama do Direito disciplina jurídica apta a reparar os danos que se deram, em grande parte, em razão da inobservância das normas de medicina do trabalho. Ocorre que o empregador é detentor do poder diretivo e compete a este a efetivação do direito dos empregados a redução dos riscos inerentes ao labor.

Assim, sempre que restar configurado o nexo de causalidade entre a conduta negligente do empregador e o diagnóstico de *burnout* de seu funcionário, consubstanciado na retirada do tempo livre inerente a plena manifestação da personalidade deste, poderá aquele ser responsabilizado, tanto na esfera patrimonial como extrapatrimonial.

Por fim, como demonstrado, o presente trabalho não busca, de longe, depreciar o valor do trabalho. Ao revés, se reconhece sua importância e essencialidade a vida humana, sem o qual pouca coisa se faz. O que se busca, na verdade, é uma relação harmônica entre lazer, trabalho e estudo, reconhecendo-se o tempo livre como aspecto essencial a vida humana, sem o qual não somos capazes de aproveitar "as coisas belas da vida".

6. REFERÊNCIAS

AMAZONAS. *Lei 5.867, de 29 de abril de 2022*. Reconhece o tempo do consumidor como bem de valor jurídico. Manaus: Governo do Estado, [2022]. Disponível em: https://www.legisweb.com.br/legislacao/?id=431042. Acesso em: 4 jun. 2022.

COLAFEMINA, Martina. Trabalho híbrido exige que empresas criem "cultura do descanso" para evitar burnout. *Forbes Brasil*, [s.l.], 12 maio 2022. Disponível em: https://forbes.com.br/carreira/2022/05/work-life-balance-e-chave-para-vencer-burnout-entre-as- mulheres/?utm_campaign=later-linkinbio-forbesbr&utm_content=later- 26800292&utm_medium=social&utm_source=linkin.bio. Acesso em: 4 jun. 2022.

DESSAUNE, Marcos. Teoria aprofundada do desvio produtivo do consumidor: um panorama. *Direito em Movimento*, Rio de Janeiro, v. 17, n. 1, p. 15-31, jan./jun. 2019.

GAGLIANO, Pablo Stolze. Responsabilidade civil pela perda de tempo. *Revista Jurisvox*, Patos de Minas, v. 1, n. 14, jul. 2013.

HAN, Byung-Chul. *Sociedade do cansaço*. Trad. Enio Paulo Giachini. Petrópolis: Vozes, 2015.

HARTMANN, Paula Benevenuto. Atualizações sobre burnout pela OMS e suas implicações. *PEBMED*, [s.l.], 10 fev. 2022. Disponível em: https://pebmed.com.br/cid-11-burnout-como-doenca-e-suas- implicacoes/#:~:text=Selecionados%20para%20voc%C3%AA-

,CID%2D11,%2Dlo%20e%20geri%2Dlo. Acesso em: 4 jun. 2022.

LEAL, Pastora do Socorro Teixeira. Burnout no contexto do teletrabalho na pandemia: um caso concreto. Migalhas de Responsabilidade Civil. *Migalhas*, [s.l.], 15 fev. 2022. Disponível em: https://www.migalhas.com.br/coluna/migalhas-de-responsabilidade-civil/359687/burnout-no-contexto- do-teletrabalho--na-pandemia-um-caso-concreto. Acesso em: 4 jun. 2022.

LEANDRO, Rafael; BORGES, Gustavo Silveira. Dano temporal na relação de consumo: o diálogo das fontes como método para uma concretização de tutela jurídica autônoma. *Rev. de Direito, Globalização e Responsabilidade nas Relações de Consumo*, Goiânia, v. 5, n. 1, p. 1-23, jan./jun. 2019.

MAIA, Maurilio Casas. O dano temporal indenizável e o mero dissabor cronológico no mercado de consumo: quando o tempo é mais que dinheiro – é dignidade e liberdade. *Revista de Direito do Consumidor*, São Paulo: RT, v. 92, ano 23, p. 162-176, mar./abr. 2014.

MASI, Domenico de. *O ócio criativo*. Rio de Janeiro: Sextante, 2000.

MONTEIRO FILHO, Carlos Edison do Rêgo. Lesão ao tempo: configuração e reparação nas relações de consumo. *Revista OAB/RJ*, Rio de Janeiro, Edição Especial – Direito Civil. Disponível em: https://revistaeletronica.oabrj.org.br/wp-content/uploads/2018/05/LES%c3%83O-AO-TEMPO.pdf. Acesso em: 04 jun. 2022.

MONTEIRO FILHO, Carlos Edison do Rêgo; GUIMARÃES, Vynicius Pereira. Teoria da responsabilidade civil pela perda da chance: natureza do dano e aplicabilidade à seara médica. *Revista IBERC*, v. 5, n. 1, p. 29-59, jan./abr. 2022. Disponível em: https://revistaiberc.responsabilidadecivil.org/iberc/article/view/190/161. Acesso em: 04 jun. 2022.

OMS. *QD85 Síndrome de burnout ocupacional*. [S.l.]: OMS, 2022. Disponível em: https://icd.who.int/browse11/l-m/es#/http://id.who.int/icd/entity/129180281. Acesso em: 4 jun. 2022.

POR QUE cada vez mais jovens estão exaustos na Suécia, o 'paraíso' das leis trabalhistas? *BBC News*, [s.l.], 5 ago. 2019. Disponível em: https://www.bbc.com/portuguese/vert-cap-49211535. Acesso em: 4 jun. 2022.

POR QUE mulheres sofrem mais de síndrome de burnout do que homens? *G1*, [s.l.], 11 out. 2021. Disponível em: https://g1.globo.com/mundo/noticia/2021/10/11/por-que-mulheres-sofrem-mais-de-sindrome-de-burnout-do-que-homens.ghtml. Acesso em: 4 jun. 2022.

SUÉCIA. *Arbetstidslagen (Lei da jornada de trabalho)*. [S.l.]: Arbetsmarknadsdepartementet (Ministério do Trabalho), [2022]. Disponível em: https://www.riksdagen.se/sv/dokument-lagar/dokument/svensk-forfattningssamling/arbetstidslag-1982673_sfs-1982-673. Acesso em: 4 jun. 2022.

TEPEDINO, Gustavo; TERRA, Aline de Miranda Valverde; GUEDES, Gisela Sampaio da Cruz. *Fundamentos do Direito Civil*: Responsabilidade Civil. Rio de Janeiro: Forense, 2020. v. 4.

TERRA, Aline de Miranda Valverde. Danos autônomos ou novos suportes fáticos de danos? Considerações acerca da privação do uso e da perda do tempo nas relações de consumo. In: KNOERR, Viviane Coêlho de Séllos; FERREIRA, Keila Pacheco; STELZER, Joana (Coord.). *Direito, globalização e responsabilidade nas relações de consumo*. Aracaju: CONPEDI/UFS, 2015.

VALIN, Cláudia. Suécia: leis trabalhistas protetoras geram competitividade. *Central Única dos Trabalhadores*, [s.l.], 17 mai. 2017. Disponível em: https://www.cut.org.br/noticias/suecia-leis-trabalhistas-protetoras-geram-alta-competitividade-1e7f#:~:text=Pela%20lei%2C%20todos%20os%20trabalhadores,carga%20de%2040%20horas%20se manais. Acesso em: 4 jun. 2022.

VIEIRA, Isabela; RUSSO, Jane Araujo. Burnout e estresse: entre medicalização e psicogização. *Physis*: Revista de Saúde Coletiva, Rio de Janeiro, v. 29, n. 2, 2019. Disponível em: https://www.scielo.br/j/physis/a/57RLsw3NPS4YRKzMLHPGyTy/?lang=pt. Acesso em: 4 jun. 2022.

TAXATIVIDADE DO ROL DA ANS: A PERDA DA CHANCE DE CURA OU DE SOBREVIVÊNCIA PELO DESCUMPRIMENTO DE DECISÃO JUDICIAL DAS OPERADORAS DE SAÚDE

André Viana Bonan de Aguiar

Mestrando em Direito da Cidade pela Universidade do Estado do Rio de Janeiro (UERJ). Especialista em Direito Processual Civil pela Escola da Magistratura do Estado do Rio de Janeiro (EMERJ). Graduado pela Universidade Federal Fluminense (UFF). Advogado.

Sumário: 1. Introdução – 2. Direito à saúde – 3. Marco regulatório do direito à saúde suplementar – 4. A taxatividade do rol da ANS – 5. A perda de uma chance de cura ou de sobrevivência pelo descumprimento de decisão judicial das operadoras de saúde – 6. Conclusão – 7. Referências.

1. INTRODUÇÃO

Multiplicam-se pelo Brasil demandas judiciais, em razão da negativa de cobertura de tratamentos médico-hospitalares por operadoras de saúde. Essa negativa, geralmente, se limita ao argumento de que o evento ou o procedimento médico, requerido em sede administrativa, não tem previsão no rol da ANS – Agência Nacional de Saúde Suplementar.

No entanto, recentemente, houve o advento da Lei 14.307/2022, que alterou o processo de atualização das coberturas no âmbito da saúde suplementar, bem como restou proferido o acórdão nos embargos de divergência no recurso especial 1.886.929/SP,[1] pacificando, em tese, a discussão sobre a natureza do rol da ANS, classificando-o como taxativo.

As ações judiciais envolvendo beneficiários e operadoras de saúde são muito parecidas, na medida em que se pleiteia, em caráter liminar, a obrigação de fazer consistente na autorização, fornecimento ou custeio de determinado tratamento médico-hospitalar, sob os fundamentos de tutela ao direito constitucional à saúde – sob o risco de lesão grave ou de difícil reparação, bem como na aplicação de disposições do Código de Defesa do Consumidor e na Lei 9.656.

Os argumentos mais recorrentes nas decisões sobre os pedidos de acesso às prestações de saúde foram o direito à vida, o direito à saúde e o princípio da dignidade humana.[2]

---

1. EResp 1.886.929/SP. Rel. Min. Luis Felipe Salomão. Segunda Seção. *DJ* 08.06.2022.
2. DUARTE, Luciana Gaspar Melquíades. *Direito à saúde*: Judicialização e pandemia do novo coronavírus. São Paulo: Ed. RT, 2020. p. 357.

Porém, como se desenvolverá ao logo deste artigo, a Segunda Seção do Superior Tribunal de Justiça julgou taxativo rol da ANS, limitando-se, portanto, à autorização das coberturas listadas pelo setor, sob o argumento de risco de insegurança jurídica e desequilíbrio econômico-financeiro-atuarial dos contratos.

No entanto, mesmo após a publicação deste acórdão paradigma sobre o rol da ANS, diversos Tribunais de Justiça Estaduais permanecem proferindo decisões, considerando o caráter exemplificativo do rol da ANS, com base em argumentos pautados na obrigação legal de cobertura, no direito constitucional à saúde, à vida e no princípio da dignidade da pessoa humana.[3]

Diante desse cenário controvertido – em que de um lado defende-se a taxatividade do rol da ANS e, por outro, o seu caráter exemplificativo – o fato é que há decisões judiciais, determinando a cobertura de determinado tratamento, sendo descumpridas pelas operadoras de saúde, gerando a perda de uma chance de cura ou de sobrevivência para o beneficiário.

Ainda que haja uma legítima discussão sobre a natureza do rol da ANS, no plano material, a decisão judicial implica em uma segurança jurídica para o caso concreto. Nesse sentido, eventual descumprimento de determinação judicial, consistente na autorização ou custeio de determinado tratamento, caracterizará a perda de uma chance de cura ou de sobrevivência para o segurado.

Sabe-se que a relação jurídica entre beneficiários e operadoras de saúde tem caráter interdisciplinar, aplicando-se institutos e princípios de natureza constitucional, regulatória, consumerista e cível, destacando-se algumas especificidades, dentre elas o mutualismo contratual, segundo a qual, os riscos e impactos nos contratos são sofridos coletivamente. Assim, o novo paradigma – legal e jurisprudencial – da saúde suplementar considera que o aumento extraordinário das despesas com a cobertura de tratamentos médicos atinge diretamente o fundo das operadoras de saúde, refletindo-se nas bases atuarias e, consequentemente, no desequilíbrio econômico-financeiro dos contratos.

Por outro lado, sustenta Pietro Perlingieri que a saúde, ainda que prevista autonomamente a nível constitucional (art. 32), deve ser considerada juntamente à norma que, como cláusula geral, reconhece e garante os direitos do homem, sem que possa qualifica-los como taxativos ou atípicos (arts. 2º e 3º, § 2º).[4]

Com efeito, a fim de melhor compreender as recentes alterações no âmbito da saúde suplementar, cumpre tecer algumas considerações a respeito do direito à saúde no Brasil, sobre os institutos e princípios que regem a matéria, bem como os marcos regulatórios da saúde suplementar.

---

3. Apelação Cível 1083225-57.2021.8.26.0100. Rel. Des. Carlos Alberto de Salles. 3ª Câmara de Direito Privado. TJSP. Segunda Seção. DJE 29.08.2022.
4. PERLINGIERI, Pietro. *Perfis do direito civil*. Trad. Maria Cristina De Circco. Rio de Janeiro. Renovar. 2007. p. 159.

Será apresentado a tema sob o aspecto constitucional, demonstrando o caráter essencial do direito à saúde e a sua previsão no artigo 6º – direitos sociais – bem como nos dispositivos relativos à assistência privada à saúde, quer de natureza complementar (art. 199), quer de natureza suplementar (art. 197).

Além disso, serão desenvolvidos os marcos regulatórios da saúde suplementar – a lei de criação da ANS e a Lei de Planos de Saúde – a fim de se caracterizar o microssistema que regula o setor, desde as competências da Agência Reguladora até as bases do mutualismo contratual e o sistema de cooperação dos beneficiários.

A etapa seguinte versará sobre a natureza do rol da ANS, mais precisamente, sobre as importantes novidades legislativas e jurisprudenciais sobre o tema no ano de 2022. Com efeito, serão mencionados os principais autores e os respectivos fundamentos para se atribuir ao rol da ANS o caráter taxativo, de modo a se proteger o interesse coletivo (dos beneficiários), em detrimento do interesse individual.

Nesse sentido, será tratado o instituto da perda de uma chance de cura ou de sobrevivência, por ocasião do descumprimento de decisão judicial, para autorização, fornecimento ou custeio de determinado procedimento ou evento de saúde, não se considerando o prejuízo final, mas a própria chance perdida.

2. DIREITO À SAÚDE

Como se sabe, a Constituição da República de 1988, conhecida como "Carta Cidadã", representa um marco na conquista dos direitos sociais, destacando-se o direito à saúde.[5] Após mais de 30 anos de sua promulgação, pode-se constatar uma gama de desafios para a sua efetividade, sendo necessário um aprimoramento dos instrumentos institucionais bem como uma sincronia entre o setor público e o privado, capaz de oferecer ao cidadão sistemas complementares e suplementares de saúde, que de fato atendam às necessidades e cumpram o mandamento constitucional.

No plano jurisdicional, o enquadramento da demanda como de primeira ou de segunda necessidade repercute na decisão judicial. Diante do descumprimento pelo Estado, das prestações atinentes ao núcleo essencial do direito à saúde, isto é, as demandas de primeira necessidade, cuja natureza é de norma-regra, não há alternativa senão a determinação da sua efetivação. O Poder Judiciário atuaria, nestas hipóteses, como controlador das políticas públicas estatais, e estaria corrigindo uma omissão estatal indevida. A demonstração cabal, pelo autor da demanda, da pertença do pedido formulado ao núcleo essencial do direito à saúde, que autoriza, inclusive, seu deferimento liminar, *inaudita altera pars*, sobretudo nos casos de urgência e emergência.[6]

---

5. Art. 6º. São direitos sociais a educação, a saúde, a alimentação, o trabalho, a moradia, o transporte, o lazer, a segurança, a previdência social, a proteção à maternidade e à infância, a assistência aos desamparados, na forma desta Constituição.
6. DUARTE, Luciana Gaspar Melquíades. *Direito à saúde*: Judicialização e pandemia do novo coronavírus. São Paulo: Ed. RT, 2020. p. 52.

Com efeito, a Constituição da República representa uma ruptura no modelo de prestação de serviço à saúde no país, até então pautado pela atividade privada e, quando garantido pelo Estado, limitado à uma mera contraprestação aos contribuintes da previdência social, ou seja, não havia previsão de assistência gratuita e universal à saúde.

Os artigos 6º e 196, da Constituição Federal de 1988, elevaram a saúde à condição de dever do Estado, que, como se extrai do texto, deve ser garantido mediante políticas sociais e econômicas que visem a redução do risco de doença e de outros agravos e ao acesso universal e igualitário às ações e serviços para sua promoção, proteção e recuperação.[7]

Mais adiante, o art. 198 estabelece que os serviços públicos de saúde constituem uma rede regionalizada e hierarquizada, com atendimento integral e financiada com recursos do orçamento da seguridade social, da União, dos Estados, do Distrito Federal e dos Municípios, caracterizando-se, portanto, o Sistema Único de Saúde.

O SUS foi, induvidosamente, fruto do encontro e interligação das áreas da saúde e do direito em nível teórico e prático. O mundo inteiro já percebeu que o isolamento rigoroso de áreas científicas em compartimentos estanques, bem ao gosto do positivismo do século dezenove, é altamente prejudicial, impedindo um intercâmbio sempre benéfico, que as últimas conquistas da ciência e da tecnologia tornaram necessário.[8]

Como o novo paradigma social, a assistência à saúde pelo Estado deixa de ser uma exceção, tornando-se regra, inclusive, por meio da Lei 8.080/90, que dispõe sobre o SUS e sobre o sistema de participação complementar, em seus artigos 24 e seguintes.

Cumpre esclarecer as três categorias de prestação de serviço a saúde: (i) a primeira é a natureza obrigatória, cabendo ao Estado o protagonismo na sua execução; (ii) em seguida, a complementar, segundo a qual, a iniciativa privada poderá, mediante contrato ou convênio, ofertar serviços à saúde, submetendo-se às normas técnicas administrativas e aos princípios e diretrizes do SUS; e, em terceiro lugar, (iii) a suplementar, regulada pela Lei 9.656/98 (Lei de Planos de Saúde) e pela Lei 9.961/2000 (Lei da ANS), que é objeto do presente estudo.

Mesmo na saúde suplementar, o Estado não perde o protagonismo, pois a ANS tem a atribuição de controlar os preços justamente porque se insere em sua missão institucional de planejar e assegurar a vigência do interesse público, e para isso foi dotada de estrutura administrativa.[9]

A Constituição Cidadã estabelece uma série de normas e instrumentos para a efetividade do direito à saúde, cabendo ao Poder Público dispor, nos termos da lei, sobre

---

7. DALLARI, Dalmo de Abreu. Apresentação". In: CARVALHO, Guido Ivan; SANTOS, Lenir. *Sistema único de saúde*. São Paulo. Hucitec, 1992, p. 10-11.
8. ROCHA, Luiz Carlos da. *O direito à saúde e o sistema suplementar*. São Paulo: Contracorrente, 2018. p. 22.
9. BARROSO. Luís Roberto. Direito intertemporal, competências funcionais e regime jurídico dos planos de saúde e seguros saúde. In: CARNEIRO. Luiz Augusto Ferreira. *Panos de saúde*: aspectos jurídicos e econômicos. Rio de Janeiro. Forense. 2012. p. 259.

sua regulamentação, fiscalização e controle. Já a execução, poderá ser feita tanto pelo Estado, quanto por terceiros e pessoas jurídicas de direito privado.

Neste contexto é que se afirma que a saúde suplementar não foi concebida para suplantar o principal, o sistema público estatal de saúde, é uma das tarefas que se coloca para a sociedade de evitar que este processo, que induz a um crescimento desmensurado da saúde privada no país, desonerando o Estado, venha a se tornar realidade.[10]

Constata-se, portanto, que a virada de página de um Estado liberal para um Estado social manteve a possibilidade de a iniciativa privada atuar como executor do direito constitucional à saúde, atribuindo efetividade à norma.

No entanto, para que a atividade privada funcionasse em consonância com o serviço público de saúde, foi necessária a criação da ANS – Agência Nacional de Saúde Suplementar (Lei 9.961/2000),[11] com expressa previsão constitucional (art. 174), na medida em que atribui ao Estado a função de agente normativo, regulador e executor subsidiário de atividades econômicas, permitindo-se, inclusive a transferência de serviços de sua exclusividade em favor da atividade privada (art. 3º da Lei da ANS), a exemplo da prestação de serviço à saúde.[12]

Até a década de 80 do século passado, o serviço à saúde era prestado basicamente por empresas privadas, cabendo ao setor público uma função coadjuvante – atendendo aos contribuintes da previdência social – ou em atuações pontuais, como no combate às moléstias graves, pandemias e endemias.

Com efeito, essa ruptura constitucional dependeria de uma mudança gradual no que tange ao direito à saúde. Afinal, um país com dimensões continentais precisaria de tempo considerável para a implantação de um serviço de saúde pública com qualidade e eficiência. Assim o constituinte foi estratégico na manutenção do setor privado, seja para atender às classes mais abastadas, seja para não inchar o incipiente Sistema Único de Saúde.

A participação privada, portanto, limita-se ao aspecto de execução do serviço de saúde, cabendo ao poder público a exclusividade sobre a regulamentação, fiscalização e controle. Diante desse novo cenário, surgiram os marcos regulatórios de saúde no Brasil: A Lei de Planos de Assistência à Saúde e a Lei da Agência Nacional de Saúde Suplementar.

---

10. ROCHA, Luiz Carlos da. *O direito à saúde e o sistema suplementar*. São Paulo. Contracorrente. 2018. p. 77.
11. Art. 1º É criada a Agência Nacional de Saúde Suplementar – ANS, autarquia sob o regime especial, vinculada ao Ministério da Saúde, com sede e foro na cidade do Rio de Janeiro – RJ, prazo de duração indeterminado e atuação em todo o território nacional, como órgão de regulação, normatização, controle e fiscalização das atividades que garantam a assistência suplementar à saúde. Parágrafo único. A natureza de autarquia especial conferida à ANS é caracterizada por autonomia administrativa, financeira, patrimonial e de gestão de recursos humanos, autonomia nas suas decisões técnicas e mandato fixo de seus dirigentes.
12. Art. 3º A ANS terá por finalidade institucional promover a defesa do interesse público na assistência suplementar à saúde, regulando as operadoras setoriais, inclusive quanto às suas relações com prestadores e consumidores, contribuindo para o desenvolvimento das ações de saúde no País.

3. MARCO REGULATÓRIO DO DIREITO À SAÚDE SUPLEMENTAR

São inúmeras as intercessões entre a Lei de Assistência à Saúde Suplementar e a Lei da ANS. No entanto, para os fins do presente artigo, deve-se ater às disposições relativas à cobertura dos tratamentos médicos, bem como ao equilíbrio econômico-financeiro dos contratos de assistência à saúde.

A Lei 9.961, de 2000, tal como a Lei 9.656, de 1998, referem-se ao consumidor de planos de assistência à saúde, em grande medida, pelo uso do termo "beneficiário". A razão para o uso deste termo é histórica e guarda relação com o surgimento dos planos de saúde no país. Sua origem está nas relações de trabalho, em que a assistência médica era oferecida por empregadores como forma de benefício trabalhista.[13] Frise-se, por oportuno, que o sistema de saúde suplementar já existia desde a década de 50, por ocasião do estímulo à indústria automobilística no governo Juscelino Kubitschek, sendo interessante aos empresários do setor a qualidade de vida e a proteção à saúde de seus operários. Assim, em 1956, foi criada a primeira empresa de plano de saúde no Brasil, a Policlínica Central.

A Lei de Assistência à Saúde Suplementar estabelece o plano de referência obrigatório a ser seguido nos contratos, com as exigências mínimas, bem como exceções de cobertura predefinidas em um rol taxativo.[14]

Pelo art. 10 dessa Lei, a operadora de plano privado aberto deverá oferecer plano-referência, que garanta atendimento ambulatorial hospitalar e obstétrico e dá cobertura a todas as moléstias físicas e mentais arroladas na Classificação Estatística Internacional de Doenças e Problemas Relacionados com a Saúde – CID, da Organização Mundial da Saúde.[15]

Por sua vez, a Lei 9.961/2000, ao criar a ANS, a define como órgão de regulação, normatização, controle e fiscalização das atividades que garantam à assistência suplementar à saúde, em todo o território nacional. Trata-se, portanto, de autarquia sob o regime especial, cuja finalidade institucional é promover a defesa do interesse público na assistência suplementar à saúde.

---

13. GREGORI, Maria Stella; GOUVEIA, Maria T. Carolina de Souza; *Agência Nacional de Saúde Suplementar – ANS: Lei 9.961, de 28 de janeiro de 2000*. São Paulo: Ed. RT, 2020. Coleção Solução de Direito Administrativo: Leis Comentadas; Série II – Regulação Econômica, v. 5, p. 65.
14. Art. 10. É instituído plano-referência de assistência à saúde, com cobertura assistencial médico-ambulatorial e hospitalar, compreendendo partos e tratamentos, realizados exclusivamente no Brasil, com padrão de enfermaria, centro de terapia intensiva, ou similar, quando necessária a internação hospitalar, das doenças listadas na Classificação Estatística Internacional de Doenças e Problemas Relacionados com a Saúde, da Organização Mundial de Saúde, respeitadas as exigências mínimas estabelecidas no art. 12 desta Lei, exceto: I – tratamento clínico ou cirúrgico experimental; II – procedimentos clínicos ou cirúrgicos para fins estéticos, bem como órteses e próteses para o mesmo fim; III – inseminação artificial; IV – tratamento de rejuvenescimento ou de emagrecimento com finalidade estética, V – fornecimento de medicamentos importados não nacionalizados; VI – fornecimento de medicamentos para tratamento domiciliar, ressalvado o disposto nas alíneas "c" do inciso I e "g" do inciso II do art. 12; VII – fornecimento de próteses, órteses, e seus acessórios não ligados ao ato cirúrgico; IX – tratamentos ilícitos ou antiéticos, assim definidos sob o aspecto médico, ou não reconhecidos pelas autoridades competentes; X – casos de cataclismos, guerras e comoções internas, quando declarados pela autoridade competente.
15. DINIZ, Maria Helena. *Tratado Teórico e Prático dos Contratos*. 6. ed. São Paulo: Saraiva, 2006. v. 2, p. 623.

Sua função específica é ser indutora de eficiência e qualidade na produção de saúde, chamando as operadoras de planos de assistência à saúde à responsabilidade não só pela manutenção, mas pela qualidade dos serviços de assistência médico-hospitalar e odontológicos oferecidos pelo mercado privado. Assim, como as agências que a antecederam, a ANS se investe no papel assumido pelo Estado como agente normativo e regulador da atividade econômica.[16]

Induvidoso que o Estado regulador tem a tarefa de proteger a massa de recursos financeiros geridos pelas operadoras e isso, inequivocamente, pelo fato de constituírem propriedade dos usuários do sistema, tal como está posto na dogmática do artigo 1º, inciso I, da Lei 9.656/98, dispondo que as operadoras pagam as contas médico-hospitalares, os exames laboratoriais e todas despesas com assistência à saúde, repita-se à exaustão, "por conta e ordem do consumidor".[17]

Cumpre destacar que a regulação do mercado de saúde suplementar atinge três categorias: (i) as operadoras de saúde; (ii) os beneficiários e (iii) os provedores de serviços à saúde. Ocorre que os interesses das operadoras e dos consumidores são antagônicos. Enquanto as operadoras almejam a manutenção de um equilíbrio econômico-financeiro – com maior rentabilidade – os consumidores buscam a cobertura mais ampla a um menor preço.

Nessa relação jurídica triangular, a regulação econômica envolve apenas as operadoras e os beneficiários, restando a classe dos provedores de serviço afastada de qualquer interferência na análise do equilíbrio econômico-financeiro dos contratos. Não há qualquer contribuição econômica dos prestadores de serviço na atividade de saúde suplementar. Portanto, não há que se falar, em regulação pela ANS aos agentes provedores de serviços de saúde. Essa classe é regulada e fiscalizada pelo seu respectivo conselho, a exemplo dos conselhos regionais de medicina.

É marcante nas relações entre os atores setoriais no campo da saúde o chamado dilema de agência (agente-principal), em que o consumidor (principal) se submete às indicações clínicas do profissional assistente (agente), ante a assimetria de informação decorrente do domínio técnico sobre as condições de saúde do beneficiário-paciente, assim como os meios de diagnóstico e tratamentos adequados.[18]

Nesse contexto, os gatilhos da famosa judicialização da saúde têm como elementos centrais o emprego de novas tecnologias e a indicação de tratamentos mais adequados pelo médico assistente, que, em sua maioria, não estão previstos no rol da ANS.

As intervenções cirúrgicas com materiais de última tecnologia e medicamentos de grandes investimentos são alguns exemplos de indicações de provedores de serviço

---

16. GREGORI, Maria Stella; GOUVEIA, Maria T. Carolina de Souza; *Agência Nacional de Saúde Suplementar – ANS: Lei 9.961, de 28 de janeiro de 2000.* São Paulo: Ed. RT, 2020. Coleção Solução de Direito Administrativo: Leis Comentadas; Série II – Regulação Econômica, v. 5, p. 36.
17. ROCHA, Luiz Carlos da. *O direito à saúde e o sistema suplementar.* São Paulo. Contracorrente. 2018. p. 78.
18. NISHIJIMA, Marislei; POSTALI, Fernando Antonio Slaibe; FAVA, Vera Lúcia. Consumo de serviços médicos e marco regulatório no mercado de seguro de saúde brasileiro. *Pesquisa e planejamento econômico*, v. 41, n. 3, p. 512.

(médicos) que impactam, sobremaneira, o fundo gerido pelas operadoras e, em última análise, os próprios consumidores, em razão da absorção de custos extraordinários.

Neste sentido, sustenta Angélica Lúcia Carlini que:

> A opinião médica adquire na atualidade outra dimensão quase desconhecida durante a trajetória histórica da prática médica: são decisões médicas que irão determinar os custos dos tratamentos de saúde. É a indicação médica para o uso de um medicamento ou para a realização de um exame específico de imagem que irá decretar a viabilidade econômica do serviço público ou privado (...) Quando apoiado em seu conhecimento, experiência clínica e autoridade da qual a profissão é revestida socialmente, o médico determina que somente um determinado produto medicamentoso deve ser utilizado por um paciente; ou, que somente a utilização de uma prótese poderá ser benéfica para outro paciente, ou, ainda, que somente um determinado equipamento fabricado por um produtor claramente identificado poderá ser utilizado no transplante do paciente, o médico transfere sua credibilidade historicamente construída para o produto ou o equipamento indicado que se tornam a partir de então, o único a merecer confiança do paciente, de seus familiares e por extensão, da sociedade.[19]

Cabe salientar que o foco de atuação da ANS não está em resolver conflitos pontuais, agindo sobre os agentes do mercado sob a perspectiva de solução de casos concretos, como os órgãos de defesa do consumidor. A regulação se processa sobre o mercado regulado como um todo, na busca de um modelo que privilegie a ética e as boas práticas empresariais, com respeito ao direito dos consumidores. Além das clássicas funções administrativas de intervenção do Estado sobre a atividade econômica, como a fiscalização, que lhe dá poder de polícia, ela detém poder normativo de regular o setor.[20]

Com efeito, o art. 4º da Lei da ANS se refere às suas competências, sendo as mais expressivas para este artigo, aquelas que se referem à elaboração de rol dos procedimentos e eventos em saúde; e à expedição de normas e padrões para o envio de informações de natureza econômico-financeira pelas operadoras, com vistas à homologação de reajustes e revisões.[21]

As empresas serão fiscalizadas pelo Ministério da Saúde e pela Agência Nacional de Saúde Suplementar, obrigando-se a lhes fornecer, periodicamente, informações estatísticas e cadastrais de seus consumidores, endereço e registro no Ministério da Fazenda, dados e cópias dos contratos celebrados, conforme disposto na Resolução 7/98 do Consu e, ainda, submeter anualmente suas contas à conferência e aprovação por auditores independentes registrados nos Conselhos de Contabilidade e na Comissão

---

19. CARLINI, Angélica Lúcia. Judicialização da saúde no Brasil. In: CARNEIRO, Luiz Augusto Ferreira (Coord.). *Planos de saúde*: aspectos jurídicos e econômicos. Rio de Janeiro: Forense, 2012, p. 27.
20. GREGORI, Maria Stella; GOUVEIA, Maria T. Carolina de Souza; *Agencia Nacional de Saúde Suplementar – ANS*: Lei 9.961, de 28 de janeiro de 2000. São Paulo: Ed. RT, 2020. Coleção Solução de Direito Administrativo: Leis Comentadas; Série II – Regulação Econômica, v. 5. p. 36.
21. Art. 4º Compete à ANS (...) III – elaborar o rol de procedimentos e eventos em saúde, que constituirão referência básica para os fins do disposto na Lei 9.656 de 3 de junho de 1998, e suas excepcionalidades; (...) XVIII – expedir normas e padrões para o envio de informações de natureza econômico-financeira pelas operadoras, com vistas à homologação de reajustes e revisões.

de Valores Mobiliários, publicando o parecer no Diário Oficial dos Estados e em jornal de grande circulação na sede da empresa.[22]

Essas competências da ANS, em tese, funcionariam como pesos e medidas de uma mesma balança, sendo necessário um conjunto de informações idôneo e verossímil prestado pelas operadoras, para se chegar a um resultado razoável e equilibrado, que não onere o consumidor, nem comprometa o mutualismo contratual.

Além do equilíbrio contratual, a relação entre operadoras de saúde e beneficiários devem atender ao princípio da função social do contrato, a fim de garantir um ajuste entre os interesses jurídicos e econômicos, permitindo que a operação representada no contrato não resguarde apenas os interesses do mercado, mas que represente uma situação de paridade própria da justiça nas relações contratuais.[23]

A análise econômica do direito em matéria de saúde suplementar tem uma peculiaridade: o contrato mutualístico. Nesse sentido, não há que se falar em polaridade, sendo o interesse de mercado de um lado e o interesse do indivíduo, de outro. A própria natureza da relação jurídica entre beneficiários e operadora, regulada pela ANS – ou seja, pelo Estado – caracteriza um equilíbrio contratual pautado em parâmetros preestabelecidos pela Agência Reguladora, o que não se confunde com uma suposta regulação do próprio mercado.

4. A TAXATIVIDADE DO ROL DA ANS

O ano de 2022 trouxe significativas alterações na amplitude de coberturas no setor da saúde suplementar, a exemplo da edição da Lei 14.307 e do julgamento do EREsp 1.886.929/SP, que pacificou a intensa discussão sobre a natureza do rol da ANS, caracterizando-o como taxativo.

Como já mencionado, o rol dos procedimentos e eventos em saúde é competência da ANS (art. 4º, III, da Lei 9.961), a fim de caracterizar referência básica para os objetivos da Lei de Assistência à Saúde Suplementar.

O rol determinado pela ANS constitui, assim, uma lista de procedimentos e eventos que as operadoras de planos de assistência à saúde estão obrigadas a garantir a seus beneficiários. O rol também traz as diretrizes de utilização, que são critérios baseados em evidência científica, que condicionam a obrigatoriedade da cobertura assistencial para procedimentos e eventos específicos; diretrizes clínicas, como orientações diagnósticas terapêuticas e preventivas, também baseadas em evidências científicas; e protocolos de utilização para alguns procedimentos e eventos de cobertura obrigatória.[24]

Neste sentido, ressalta Josiane Araújo Gomes:

---

22. SHAEFER, Fernanda. *Responsabilidade civil dos planos & seguros de saúde*. 2. ed. Curitiba: Juruá, 2009. p. 38.
23. FERREIRA, Keila Pacheco. *O abuso de direito nas relações contratuais*. Belo Horizonte. Del Rey. 2007. p. 200.
24. GREGORI, Maria Stella; GOUVEIA, Maria T. Carolina de Souza. *Agência Nacional de Saúde Suplementar – ANS: Lei 9.961, de 28 de janeiro de 2000*. São Paulo: Ed. RT, 2020. Coleção Solução de Direito Administrativo: Leis Comentadas; Série II – Regulação Econômica, v. 5, p. 73.

A Resolução Normativa 439/ 2018 – que dispõe sobre o processo de atualização periódica do Rol de Procedimentos e Eventos em Saúde – em seu art. 2º, traz o fundamento da existência do rol de procedimentos, *in verbis*: "O Rol garante e faz público o direito de cobertura assistencial dos beneficiários dos planos de saúde, contemplando procedimentos e eventos para a promoção da saúde, a prevenção, o diagnóstico, o tratamento, a recuperação e a reabilitação de todas as enfermidades que compõe a Classificação Estatística Internacional de Doenças e Problemas Relacionados com a Saúde – CID, da Organização Mundial de Saúde – OMS, em cumprimento ao disposto na Lei 9.656, de 1998, respeitando-se, em todos os casos, as segmentações assistenciais contratadas.[25]

Como o lapso temporal entre a Constituição da República e a Lei de Assistência à Saúde Suplementar foi de uma década, coube ao Código de Defesa do Consumidor (Lei 8.078/90) regular a relação entre os beneficiários e as operadoras de saúde. Assim, diante da ausência de legislação específica, o diploma consumerista restou aplicado aos contratos de saúde suplementar, conferindo ao beneficiário a qualidade de consumidor, enquanto à operadora, a de fornecedora.

Abre-se um parêntese para esclarecer que a aplicação do CDC aos contratos de operadoras de saúde persistiu, mesmo após o advento de lei específica sobre saúde suplementar e da lei de criação da ANS, como se observa na Súmula 608 do STJ.[26]

No entanto, ainda que se aplique o CDC às relações de saúde suplementar, cumpre observar a *ratio legis* da Lei 14.307/2022 e o fundamento do acórdão do EREsp 1.886.929/SP, para se constatar a prevalência do argumento pautado no contrato mutualístico, bem como no risco de insegurança jurídica das bases atuariais.

O fundo das operadoras corresponde a um patrimônio dos consumidores. Logo, a cobertura de eventos e procedimentos em saúde, por meio de decisão judicial, além de onerar o fundo, gera uma desigualdade entre os beneficiários, na medida em que o mesmo tratamento – para uns é negado administrativamente – enquanto para outros é autorizado (ou não), judicialmente.

Como desenvolvido no capítulo anterior, a participação do médico assistente impacta indiretamente no equilíbrio contratual, uma vez que a sua prescrição sobre o tratamento específico do paciente prepondera sobre a orientação da própria operadora. Como base nesse argumento, em 2019, restou editada a Súmula 211 pelo Tribunal de Justiça do Estado do Rio de Janeiro.[27]

Essa súmula serviu de fundamento para milhares de ações no TJRJ, gerando insegurança jurídica e desequilíbrio no mutualismo contratual, cujas coberturas, em última análise, eram arcadas pelos próprios consumidores.

Para ilustrar essa problemática, defende Aline Terra:

---

25. CARLINI, Angélica Lúcia. Judicialização da saúde no Brasil. In: CARNEIRO, Luiz Augusto Ferreira (Coord.). *Planos de saúde*: aspectos jurídicos e econômicos. Rio de Janeiro: Forense, 2012, p. 27.
26. Súmula 608 do STJ: Aplica-se o Código de Defesa do Consumidor aos contratos de plano de saúde, salvo os administrados por entidades de autogestão.
27. Súmula 211 do TJRJ: havendo divergência entre o seguro saúde contratado e o profissional responsável pelo procedimento cirúrgico, quanto à técnica e ao material a serem empregados, a escolha cabe ao médico incumbido de sua realização.

A ANS, ao contrário do médico-assistente, analisa os procedimentos e eventos sob perspectiva coletiva, tendo em mira a universalização do serviço, de modo a viabilizar o atendimento do maior número possível de usuários. A rápida evolução da medicina o desenvolvimento de equipamentos médicos cada vez mais modernos, graças ao galopante avanço tecnológico, torna o cálculo atuarial sempre mais sofisticado, a conduzir à maior complexidade também da gestão dos fundos mutualísticos. A elaboração precisa e cuidadosa de um rol taxativo de coberturas obrigatórias pelo plano-referência é imprescindível para a sobrevivência do sistema. Fosse o rol exemplificativo, a todo o momento poder-se-ia demandar a cobertura de novo procedimento ou evento, o que impediria o conhecimento, pela operadora, dos riscos a serem suportados e, consequentemente, a fixação prévia do preço a ser cobrado dos usuários, a gerar insuportável insegurança jurídica, senão a própria inviabilidade do setor. Por isso mesmo a decisão do Superior Tribunal de Justiça se revela auspiciosa não apenas para as operadoras, mas sobretudo, para toda coletividade de contratantes de planos privados de assistência à saúde.[28]

Nesse sentido, corrobora Gabriel Schulman:

O amplo desenvolvimento tecnológico, novos equipamentos, medicamentos e tratamentos, trazem, concomitantemente, novas esperanças e elevação de custos. Tanto no setor público quanto no setor privado, a preocupação com a escassez de recursos é justificada e deve se fazer acompanhar das reflexões acerca da lógica de custo/ benefício, incorporando a essa equação, no entanto, a incógnita do valor da vida. O cálculo se torna, sob esse enfoque, dos mais complexos, a requerer tempo de reflexão incompatível com a celeridade do deferimento de uma liminar.[29]

Diante desse cenário, foi editada a Lei 14.307/2022, cuja finalidade precípua foi a de alterar a Lei de Assistência à Saúde Suplementar, para dispor sobre o processo de atualização das coberturas no âmbito da saúde suplementar.

As principais mudanças estão relacionadas às normas segundo as quais: (i) a cobertura de procedimentos de alta complexidade será estabelecida exclusivamente pela ANS; (ii) a atualização do rol de procedimentos e eventos em saúde será concluído no prazo de 180 dias, a partir do protocolo do pedido; (iii) institui-se a Comissão de Atualização do Rol de Procedimentos e Eventos em Saúde Suplementar.[30]

---

28. TERRA. Aline de Miranda Valverde. Planos provados de assistência à saúde e boa- fé objetiva: natureza do rol de doenças estabelecido pela Agencia Nacional de Saúde para fins de cobertura contratual obrigatória. *Revista brasileira de Direito Civil* – RBDCivil. Belo Horizonte, v. 23, p. 188, jan. /mar. 2020.
29. SCHULMAN, Gabriel. *Planos de saúde* – saúde e contrato na contemporaneidade. Rio de Janeiro. Renovar. 2009. p. 254.
30. "Art. 10.(...) § 4º A amplitude das coberturas no âmbito da saúde suplementar, inclusive de transplantes e de procedimentos de alta complexidade, será estabelecida em norma editada pela ANS.§ 5º As metodologias utilizadas na avaliação de que trata o § 3º do art. 10-D desta Lei, incluídos os indicadores e os parâmetros de avaliação econômica de tecnologias em saúde utilizados em combinação com outros critérios, serão estabelecidas em norma editada pela ANS, assessorada pela Comissão de Atualização do Rol de Procedimentos e Eventos em Saúde Suplementar, e terão ampla divulgação.§ 6º As coberturas a que se referem as alíneas *c* do inciso I e *g* do inciso II do caput do art. 12 desta Lei são obrigatórias, em conformidade com a prescrição médica, desde que os medicamentos utilizados estejam registrados no órgão federal responsável pela vigilância sanitária, com uso terapêutico aprovado para essas finalidades, observado o disposto no § 7º deste artigo.§ 7º A atualização do rol de procedimentos e eventos em saúde suplementar pela ANS será realizada por meio da instauração de processo administrativo, a ser concluído no prazo de 180 (cento e oitenta) dias, contado da data em que foi protocolado o pedido, prorrogável por 90 (noventa) dias corridos quando as circunstâncias o exigirem.(...) 10-D. Fica instituída a Comissão de Atualização do Rol de Procedimentos e Eventos em Saúde Suplementar à qual compete assessorar a ANS nas atribuições de que trata o § 4º do art. 10 desta Lei.

Três meses após a publicação da supracitada lei, a Segunda Seção do Superior Tribunal de Justiça, proferiu acórdão nos autos dos embargos de divergência no recurso especial 1.886.929/SP, reconhecendo a taxatividade do rol da ANS, bem como determinando a impossibilidade de escolha de procedimento ou evento de saúde pelo médico assistente, cabendo a determinação da cobertura exclusivamente pela ANS.[31]

É possível constatar um alinhamento, entre a *mens legis* da lei sobre a atualização das coberturas no âmbito da saúde suplementar e o teor do acórdão proferido no mencionado EREsp 1.886.929/SP, que conferiu taxatividade ao rol da ANS e determinou a impossibilidade de escolha do tratamento ou evento de saúde pelo médico assistente, cabendo a escolha da cobertura, exclusivamente à ANS, que terá, inclusive, a criação de uma Comissão de Atualização do Rol de Procedimentos e Eventos em Saúde Suplementar.

Frise-se, por oportuno, que o julgamento do referido EREsp 1.886.929/SP foi acompanhado pelas Resolução Normativa da ANS 539/2022, que amplia as regras de cobertura assistencial para os usuários de plano de saúde com transtornos globais de desenvolvimento, entre os quais está incluído o transtorno de espectro autista.[32]

No entanto, é comum haver determinado tratamento médico-hospitalar – e. g. tratamento antineoplásico ambulatorial e domiciliar de uso oral – com previsão no art. 12 da Lei 9.656/98, e ao mesmo tempo excluído do rol da ANS. Assim, a decisão administrativa, que nega a cobertura com base da exclusão do rol da ANS (resolução normativa), contraria obrigação legal.

---

31. ERESP 1.886.929/SP. certidão de julgamento: Prosseguindo o julgamento, após o voto-vista antecipado do Sr. Ministro Villas Bôas Cueva acompanhando o Sr. Ministro Relator com acréscimo de parâmetros e o aditamento ao voto da Sra. Ministra Nancy Andrighi mantendo a tese do rol exemplificativo, o Sr. Ministro Relator ajustou seu voto acolhendo as proposições trazidas pelo Sr. Ministro Villas Bôas Cueva, e a Segunda Seção, por maioria, nos termos do voto do Sr. Ministro Relator, estabeleceu a tese quanto à taxatividade, em regra, nos seguintes termos: 1 – o Rol de Procedimentos e Eventos em Saúde Suplementar é, em regra, taxativo; 2 – a operadora de plano ou seguro de saúde não é obrigada a arcar com tratamento não constante do Rol da ANS se existe, para a cura do paciente, outro procedimento eficaz, efetivo e seguro já incorporado ao Rol; 3 – é possível a contratação de cobertura ampliada ou a negociação de aditivo contratual para a cobertura de procedimento extra Rol; 4 – não havendo substituto terapêutico ou esgotados os procedimentos do Rol da ANS, pode haver, a título excepcional, a cobertura do tratamento indicado pelo médico ou odontólogo assistente, desde que (i) não tenha sido indeferido expressamente, pela ANS, a incorporação do procedimento ao Rol da Saúde Suplementar; (ii) haja comprovação da eficácia do tratamento à luz da medicina baseada em evidências; (iii) haja recomendações de órgãos técnicos de renome nacionais (como CONITEC e NATJUS) e estrangeiros; e (iv) seja realizado, quando possível, o diálogo interinstitucional do magistrado com entes ou pessoas com expertise técnica na área da saúde, incluída a Comissão de Atualização do Rol de Procedimentos e Eventos em Saúde Suplementar, sem deslocamento da competência do julgamento do feito para a Justiça Federal, ante a ilegitimidade passiva ad causam da ANS. No caso concreto, a Segunda Seção, por unanimidade, negou provimento aos embargos de divergência, nos termos do voto do Sr. Ministro Relator. Vencidos quanto à tese da taxatividade os Srs. Ministros Nancy Andrighi, Paulo de Tarso Sanseverino e Moura Ribeiro. Os Srs. Ministros Raul Araújo, Maria Isabel Gallotti, Ricardo Villas Bôas Cueva, Marco Buzzi e Marco Aurélio Bellizze votaram com o Sr. Ministro Relator. Presidiu o julgamento o Sr. Ministro Antonio Carlos Ferreira.
32. Disponível em: https://dados.gov.br/organization/agencia-nacional-de-saude-suplementar- ans. Acesso em: 28 jun. 2022.

5. A PERDA DE UMA CHANCE DE CURA OU DE SOBREVIVÊNCIA PELO DESCUMPRIMENTO DE DECISÃO JUDICIAL DAS OPERADORAS DE SAÚDE

Como desenvolvido ao logo deste artigo, empresas prestadoras de serviço de assistência à saúde se recusam a cobrir determinado tratamento médico-hospitalar, ainda que tenha obrigação legal, fundamentando-se no argumento de ausência de previsão no rol da ANS. Trata-se do famoso "fora rol".

Diante desse cenário, os beneficiários de plano de saúde socorrem-se do judiciário, a fim de obter decisão liminar capaz de garantir o seu tratamento, de forma célere e satisfatória. Contudo, não é incomum que as operadoras de saúde, mesmo intimadas de decisão judicial – determinando a autorização, o fornecimento ou o custeio de determinado tratamento – se recusem ao cumprimento de medida judicial, impedindo-se, portanto, que o segurado tenha a oportunidade de realizar o tratamento adequado.

Esse quadro de recusa administrativa das seguradoras, sob a justificativa de a pretensão não ter previsão junto ao rol da ANS, ganhou maiores proporções em 2022, em razão do julgamento do acórdão proferido no EREsp 1.886.929/SP. Assim, as operadoras de saúde passaram a fundamentar a negativa de solicitação de cobertura com o famigerado "fora rol" tanto com base no caráter normativo das resoluções da ANS, quanto no referido julgado do STJ, que sedimentou a polêmica sobre a natureza do rol da ANS.

Trata-se, portanto, de um impacto na saúde suplementar, que pode comprometer a vida e a saúde de milhares de segurados, a quem são negados o direto de cobertura de determinado procedimento ou evento de saúde. Logo, considerando-se o iminente risco de vida ou de lesão grave ou de difícil reparação, resta aos segurados a opção pelo ajuizamento de ação de obrigação de fazer com pedido liminar, a fim de que seja proferida decisão determinando a cobertura do tratamento contratado.

Porém, mesmo com decisão liminar compelindo a cobrir determinado procedimento ou evento em saúde, sob pena de multa, as operadoras insistem em não proceder à cobertura do tratamento deferido judicialmente, em manifesto ato atentatório à dignidade da jurisdição e aos princípios norteadores da boa-fé processual.

Há, dessa forma, uma dupla penalidade do beneficiário quanto à negativa de cobertura, seja na seara administrativa, seja no âmbito jurisdicional.

Em razão dessa problemática, cumpre analisar a hipótese de responsabilidade civil das operadoras de saúde, em função da perda de uma chance de cura ou de sobrevivência do segurado pelo descumprimento de decisão judicial.

A liminar concessiva de tutela de urgência, ainda que de caráter sumário, caracteriza a certeza da probabilidade, ou seja, a chance de o segurado sobreviver ou ter a melhora no seu quadro de saúde.

A perda de uma chance representa um instrumento eficaz para valorar o dano a ser fixado, em conjunto com as circunstancias do caso concreto.

Normalmente, o simples fato de as chances de dano terem sido aumentadas por ação ou omissão faz apenas possível, mas não certa a ocorrência desse dano. Todavia tal fato pode ser contribuído, se outras circunstancias levarem a pensar que, na ausência das chances, o dano não teria ocorrido. Além do mais, a relação de causalidade sendo certo entre o fato alegado e a chance de dano criada, a vítima poderá ser indenizada do valor dessa chance, caso esse valor seja apreciável em dinheiro.[33]

Não se deve, todavia, olhar para a chance como perda de um resultado certo porque não se terá a certeza de que o evento se realizará. Deve-se olhar a chance como a perda da possibilidade de conseguir um resultado ou de se evitar um dano; devem-se valorar as possibilidades que o sujeito tinha de conseguir o resultado para ver se são ou não relevantes para o ordenamento. Não se exige a certeza do dano, mas sim a certeza da probabilidade. Situa-se nesse ponto a característica essencial da perda de uma chance: a certeza da probabilidade.[34]

Sobre o tema, Gustavo Tepedino apresenta a distinção entre a perda de uma chance de se obter uma vantagem e a perda de uma chance de se evitar um prejuízo:

> A primeira modalidade, também conhecida como teoria clássica, configura-se quando um processo aleatório em curso é interrompido pela ocorrência de um ato indevido de terceiro, que determina a perda da chance de a vítima obter uma vantagem legitimamente esperada. Nesta modalidade, em razão de determinado fato antijurídico, observa-se a interrupção de um processo que estava em curso e que poderia conduzir a um evento vantajoso, perdendo-se uma oportunidade séria e real de se obter uma vantagem futura.
>
> Já a segunda modalidade, referida como a perda de uma chance de evitar um prejuízo, se dá quando determinado processo aleatório chega ao fim e gera, de fato, um prejuízo exatamente pelo processo não ter sido interrompido quando e por quem poderia e deveria tê-lo feito. Por outras palavras, diante dessa modalidade, um dano final é verificado por força de determinada cadeia causal que não foi interrompida quando deveria ter sido. A análise das chances a serem reparadas aqui, ao contrário da teoria clássica, não está vinculada a um acontecimento que no futuro poderia ocorrer, mas sim a determinado ato que uma vez concretizado no passado poderia evitar o dano no presente. É no âmbito dessa modalidade que se sustenta a possibilidade de aplicação da teoria da perda de uma chance na seara médica, o que, no entanto, ainda é controvertido.[35]

Sobre a teoria clássica, em que um evento aleatório é interrompido por um ato indevido de terceiro, que determina a perda da chance de se obter uma vantagem legitimamente esperada, tem-se o exemplo do atleta Vanderlei Cordeiro de Lima, que, ao liderar a maratona nos Jogos Olímpicos de Atenas, sofreu um ataque do irlandês Cornelius Horan – que invadiu a área de prova e bloqueou o brasileiro por alguns segundos – impedindo o brasileiro de manter-se na primeira posição e, ato, contínuo, de subir no mais alto do pódio.

---

33. SAVATIER, René. *La Responsabilité Civile*. 2éme ed. Paris. 1951, t. II, p. 8.
34. CAVALIERI FILHO, Sergio. *Programa de Responsabilidade* Civil. São Paulo: GEN. 2021. p. 97.
35. TEPEDINO, Gustavo; Terra, Aline de Miranda Valverde; GUEDES, Gisela Sampaio da Cruz. *Fundamentos do Direito Civil*: Responsabilidade Civil. 3. ed. Rio de Janeiro. Forense. 2022. v. 4. p 142.

Já em relação à segunda categoria, em que determinado processo aleatório chega ao fim e gera um prejuízo pelo fato de não ter sido interrompido quando e por quem deveria tê-lo feito, pode-se mencionar o exemplo das operadoras de saúde que negam a cobertura para o tratamento de câncer de ovário – alegando tratar-se de evento fora do rol da ANS – quando, na realidade, há expressa obrigação legal (art. 12, I, "c", e II, "g" da Lei 9.656/98).

Um dos temas atrelados à perda de uma chance que mais desafia os operadores do direito é a sua mensuração, ou seja, a percentagem de chance perdida. Muito embora esta análise não seja o objeto deste artigo, cumpre reproduzir as lições de Sergio Savi:

> (...) A perda de uma chance, como visto, ao contrário do afirmado por alguns doutrinadores, deve ser considerada em nosso ordenamento uma subespécie de dano emergente. Ao inserir a perda de chance no conceito de dano emergente, elimina-se o problema da certeza do dano, tendo em vista que, ao contrário de se pretender indenizar o prejuízo decorrente da perda do resultado útil esperado (a vitória na ação judicial, por exemplo), indeniza-se a perda da chance de obter o resultado útil esperado (a possibilidade de ver o resultado examinado por outro órgão capaz de reformar a decisão prejudicial). Ou seja, não estamos diante da hipótese de lucros cessante em razão da impedida futura vitória, mas de um dano emergente em razão da atual possibilidade de vitória que restou frustrada. Assim, não se concede a indenização pela vantagem. Isto é, faz-se uma distinção entre resultado perdido e a chance de consegui-lo. Assim, ao proceder a indenização da perda de uma chance não se afasta a regra da certeza do dano, tendo em vista, que a possibilidade perdida, em si considerada, era efetivamente existente: perdida a chance, o dano é certo. Contudo, a aplicação da teoria encontra limites, pois, evidentemente, não é qualquer possibilidade perdida que obrigará o ofensor a ressarcir o dano. Nem todos os casos de perda de chance serão indenizáveis. Isto porque a chance para poder ser indenizada deverá ser considerada séria e real. Simples esperanças aleatórias não são passíveis de indenização.
>
> Somente será possível admitir a indenização da chance perdida quando a vítima demonstrar que a probabilidade de conseguir a vantagem era superior a 50%. Caso contrário deve-se considerar não produzida a prova da existência do dano, e o juiz será obrigado a julgar improcedente o pedido de indenização. Assim, feita a prova de que a vítima tinha mais de 50% de chances de conseguir a vantagem esperada, demonstrado estará o *debeatur*, faltando somente quantificar este dano.[36]

A responsabilidade civil decorrente da perda de uma chance é aquela na qual se reconhece a possibilidade de indenização nos casos em que alguém se vê privado da oportunidade de obter uma vantagem ou de evitar um prejuízo. Não se trata de qualquer evento, mas de uma chance real e legítima de impedir um dano certo e determinado.[37]

Constata-se, portanto, que a eventual indenização devida por danos morais leva em consideração a perda da chance de o segurado ter cura ou sobreviver, e não a reparação pela própria perda da vida.

---

36. SAVI, Sergio. *Responsabilidade Civil por Perda de Uma Chance*. Rio de Janeiro. Athas. 2006. p. 102.
37. Apelação Cível 0009970-18.2012.8.19.0028, rel. Des. Eduardo Gusmão Alves de brito Neto. 16ª Câmara Cível. TJRJ. DJe 20.04.2021.

6. CONCLUSÃO

Em vista do exposto, conclui-se o presente artigo, tendo como metodologia de investigação a revisão bibliográfica dos principais autores sobre o tema, a fim de se caracterizar o interesse social consistente na análise do direito dos beneficiários de planos de saúde, em razão da perda de uma chance de cura ou de sobrevivência, por ocasião do descumprimento de decisão judicial das operadoras de saúde.

Foi feita uma análise técnica e aprofundada da recente Lei 14.307, que alterou significativamente a Lei de Planos de Saúde, bem como do julgamento do EREsp 1.886.929/SP, que pacificou a intensa discussão sobre a natureza do rol da ANS, caracterizando-o como taxativo.

Os conceitos e institutos sobre o instigante tema relativo ao rol da ANS, se taxativo ou exemplificativo, despertam no aplicador do direito muitas reflexões e incertezas, na medida em que analisados sob a ótica do Estado regulador, o rol será taxativo, pois o que se busca é a segurança jurídica e o equilíbrio contratual e atuarial. Por outro lado, o ponto de vista do particular levará em consideração o caso concreto, as peculiaridades do tratamento ou do evento em saúde, bem como a manifestação do médico assistente – profissional que acompanha o seu paciente de perto.

A legislação consumerista tem papel de destaque nesta matéria, seja para se evitar o vício na informação prestada pelas operadoras de saúde, seja para coibir abusos e limitações de direitos, haja vista o caráter de ordem pública do CDC e a natureza objetiva da responsabilidade das empresas do setor.

Ademais, dois pontos foram desenvolvidos, para se concluir quanto à taxatividade do rol da ANS. O primeiro diz respeito ao aspecto objetivo da norma, que confere à ANS a competência de definir os tratamentos e eventos em saúde a serem inseridos no rol. Em seguida, foi abordada a essência mutualística do contrato de saúde, tendo como base a cooperação dos próprios beneficiários e o princípio norteador do equilíbrio financeiro e atuarial dos contratos.

Porém, como destacado, a ANS define o seu rol de eventos e procedimento em saúde, exercendo a sua função normativa, por meio de resoluções, caracterizando natureza infra legal.

Como se sabe, as resoluções normativas não se sobrepõem às regras previstas na legislação ordinária, a exemplo da Lei de Planos de Saúde.

Assim, os Tribunais de Justiça Estaduais vêm se posicionando no sentido de aplicação da obrigação legal (proveniente da lei específica), em detrimento de eventual restrição no rol da ANS.

Em outras palavras, ainda que o STJ tenha sedimentado o entendimento de que o rol da ANS tem natureza taxativa (EREsp 1.886.929/SP), há julgados de Tribunais de Justiça Estaduais decidindo em favor do beneficiário, determinado a cobertura de procedimento ou evento de saúde, por se tratar de cobertura obrigatória proveniente de lei, ainda que o referido tratamento não esteja previsto no rol da ANS.

Diante dessa conturbada discussão sobre a natureza do rol da ANS e eventuais coberturas, em razão de obrigação legal, torna-se relevante um estudo mais aprofundado sobre a responsabilidade civil das operadoras de saúde, em razão do descumprimento reiterado de decisões judicias consistentes na determinação de autorização, fornecimento ou custeio de determinado tratamento.

A decisão judicial, que determina a cobertura de procedimento ou evento em saúde específico, representa uma segurança jurídica no caso concreto quanto à chance de o beneficiário ter um tratamento. Há, portanto, a certeza da probabilidade.

Nesse sentido, foi apresentada a análise do Gustavo Tepedino, quanto à distinção entre a perda de uma chance de se obter uma vantagem e a perda de uma chance de se evitar um prejuízo, sendo esta a hipótese do presente estudo.

A perda de uma chance de cura ou de sobrevivência é a hipótese de responsabilidade civil médico-hospitalar e de operadoras de planos de saúde, na medida em que subtraem dos paciente-beneficiário a oportunidade de se evitar um prejuízo.

A pretensão deste estudo, portanto, não se estende aos critérios de fixação percentual da perda da chance ou da mensuração do prejuízo, mas se limita ao aspecto objetivo do descumprimento de decisão judicial por operadora de plano de saúde: a certeza da probabilidade.

Por fim, buscou-se investigar, estudar, e analisar a intercessão existente entre o recente julgado do STJ, que pacificou o entendimento sobre o rol da ANS, e a responsabilidade civil das operadoras de saúde, que insistem em descumprir decisão judicial consistente na cobertura de procedimento ou evento de saúde fora do rol da ANS, mas previsto na legislação ordinária específica. Trata-se, portanto, da perda de uma chance de cura ou de sobrevivência, caracterizada pela certeza da probabilidade.

7. REFERÊNCIAS

BARROSO. Luís Roberto. Direito intertemporal, competências funcionais e regime jurídico dos planos de saúde e seguros saúde. In: CARNEIRO. Luiz Augusto Ferreira. *Panos de saúde*: aspectos jurídicos e econômicos. Rio de Janeiro. Forense. 2012.

CARLINI, Angélica Lúcia. Judicialização da saúde no Brasil. In: CARNEIRO, Luiz Augusto Ferreira (Coord.). *Planos de saúde*: aspectos jurídicos e econômicos. Rio de Janeiro: Forense, 2012.

CAVALIERI FILHO, Sergio. *Programa de Responsabilidade Civil*. São Paulo. GEN. 2021.

DALLARI, Dalmo de Abreu. Apresentação. In: CARVALHO, Guido Ivan; SANTOS, Lenir. *Sistema único de saúde*. São Paulo: Hucitec, 1992.

DINIZ, Maria Helena. *Tratado Teórico e Prático dos Contratos*. 6. ed. São Paulo: Saraiva, 2006. v. 2.

DUARTE, Luciana Gaspar Melquíades. *Direito à saúde*: Judicialização e pandemia do novo coronavírus. São Paulo: Ed. RT, 2020.

FERREIRA, Keila Pacheco. *O abuso de direito nas relações contratuais*. Belo Horizonte. Del Rey. 2007.

GREGORI, Maria Stella; GOUVEIA, Maria T. Carolina de Souza; *Agência Nacional de Saúde Suplementar – ANS: Lei 9.961, de 28 de janeiro 2000*. São Paulo: Ed. RT, 2020. Coleção Solução de Direito Administrativo: Leis Comentadas; Série II – Regulação Econômica, v. 5.

NISHIJIMA, Marislei; POSTALI, Fernando Antonio Slaibe; FAVA, Vera Lúcia. Consumo de serviços médicos e marco regulatório no mercado de seguro de saúde brasileiro. *Pesquisa e planejamento econômico*, v. 41, n. 3.

PERLINGIERI, Pietro. *Perfis do direito civil*. Trad. Maria Cristina De Circco. Rio de Janeiro. Renovar. 2007.

ROCHA, Luiz Carlos da. *O direito à saúde e o sistema suplementar*. São Paulo. Contracorrente.2018.

SCHULMAN, Gabriel. *Planos de saúde* – saúde e contrato na contemporaneidade. Rio de Janeiro. Renovar. 2009.

SAVATIER, René. *La Responsabilité Civile*. 2éme ed. Paris. 1951. t. II.

SHAEFER, Fernanda. *Responsabilidade civil dos planos & seguros de saúde*. 2. ed. Curitiba: Juruá, 2009.

SAVI, Sergio. *Responsabilidade Civil por Perda de Uma Chance*. Rio de Janeiro. Athas. 2006.

TEPEDINO, Gustavo; Terra, Aline de Miranda Valverde; GUEDES, Gisela Sampaio da Cruz. *Fundamentos do Direito Civil*: Responsabilidade Civil. 3. ed. Rio de Janeiro. Forense. 2022. v. 4.

TERRA. Aline de Miranda Valverde. Planos provados de assistência à saúde e boa-fé objetiva: natureza do rol de doenças estabelecido pela Agência Nacional de Saúde para fins de cobertura contratual obrigatória. *Revista brasileira de Direito Civil* – RBDCivil. Belo Horizonte, v. 23.

A RESPONSABILIDADE CIVIL POR NASCIMENTO INDESEJADO: UM ESTUDO COMPARADO BRASIL-PORTUGAL

Beatriz Capanema Young

Doutoranda e Mestre em Direito Civil pela Universidade do Estado do Rio de Janeiro (UERJ).

Sumário: 1. Introdução – 2. Hipóteses de responsabilidade civil pelo nascimento indesejado – 3. O caso das pílulas de farinha e a gravidez indesejada por fato do produto – 4. A responsabilidade civil médica pela ineficácia de uma cirurgia de esterilização – 5. A composição do dano patrimonial e o nascimento indesejado como fato gerador do dever de alimentos – 6. A ponderação dos interesses contrapostos e o exame do nascimento indesejado como um dano moral passível de reparação – 7. Conclusão – 8. Referências.

1. INTRODUÇÃO

Uma das armadilhas da infância é que não é preciso se entender uma coisa para sentir. Quando a razão é capaz de entender o ocorrido, as feridas no coração já são profundas demais.
A Sombra do Vento – Carlos Ruiz Zafón

A proliferação e a diversificação de novos danos, antes inimagináveis, hoje passíveis de dar ensejo a pedidos de indenização, mostram que os desafios – e os paradoxos – que emergem da responsabilidade civil contemporânea não são poucos, e demandam da doutrina e jurisprudência conhecimentos que transbordam o saber jurídico, exigindo também reflexões de ordem ética e filosófica.[1] Dentre esses novos danos, encontram-se as hipóteses de responsabilidade civil por nascimento de um filho indesejado, tema que, embora seja pouco explorado na doutrina, tem se mostrado bastante presente na jurisprudência pátria.

A hipótese de maior repercussão nacional, que gerou a propositura de centenas de ações indenizatórias, ficou conhecida como 'o caso das pílulas de farinha' e ocorreu em 1998, quando um laboratório distribuiu por engano um lote de anticoncepcionais sem o princípio ativo, ocasionando a gravidez de várias mulheres que pensavam estar utilizando um método contraceptivo de grande eficiência. As numerosas ações propostas em face do Laboratório, levadas ao Judiciário, culminaram com a propositura de uma ação civil pública ajuizada pelo Estado de São Paulo juntamente com a Fundação

---

1. BODIN DE MORAES, Maria Celina. *Danos à pessoa humana*: uma leitura civil-constitucional dos danos morais. Rio de Janeiro: Renovar, 2003, p. 322.

de Proteção e Defesa do Consumidor (PROCON) em face da empresa, chegando ao Superior Tribunal de Justiça em 2007, o qual acabou por negar seguimento ao recurso de apelação interposto pelo laboratório.[2]

Atualmente já são variadas as hipóteses, que sob maior ou menor influência da jurisprudência estrangeira,[3] ganharam espaço nos tribunais brasileiros, por meio de ações que buscam indenizações pelo nascimento de um filho indesejado, fundadas também na ineficácia de cirurgias de esterilização (laqueadura e vasectomia), ou ainda na falha de outros métodos contraceptivos, tais como os implantes hormonais subcutâneos[4] e os preservativos masculinos.[5]

O debate rumo à solução destes casos remete a uma questão mais profunda: a importância da delimitação do papel que a responsabilidade civil vem desempenhando na atualidade. As transformações ocorridas no instituto,[6] bem como a variedade de funções que este vem exercendo, evidenciam a necessidade de se realizar uma análise da disciplina dentro do atual contexto histórico-valorativo que ela se insere.[7] Louis Josserand, em artigo publicado no Brasil em 1941, já afirmava que uma das causas essenciais das transformações constantes e aceleradas do direito da responsabilidade civil se deve ao

---

2. STJ, REsp 866.636/SP, Rel. Min. Nancy Andrighi, 3ª Turma, julgado em 29.11.2007.
3. Um caso de nascimento indesejado que ganhou grande repercussão mundialmente ocorreu na Alemanha, onde um médico foi condenado a sustentar até a maioridade um bebê gerado depois que o tratamento de contracepção que ele ministrava à mãe não funcionou. O editorial do jornal alemão *Die Welt* qualificou como "perversa" a simples ideia de considerar que o nascimento de uma criança seja um prejuízo. "Mais do que a sugestão de que ele não era desejado por seus pais, ele (o bebê) tem agora a confirmação oficial de que nasceu por um erro". Disponível em: http://www.bbc.co.uk/portuguese/reporterbbc/story/2006/11/061116_bebe_indenizacao_pu/. Acesso em: 20 mar. 2022.
4. Em acórdão proferido pelo Tribunal de Justiça de Minas Gerais que reformou a decisão de primeiro grau que condenou uma ginecologista por suposta imperícia ao executar o procedimento de implante subdérmico na paciente, o desembargador vogal, que acompanhou o voto vencedor, fez questão de consignar que "jamais poderia entender que ter um filho seria um dano. É assustador! (...) E tem mais, dano, acho que haveria se esse processo chegasse ao conhecimento dessa criança". Ressaltou ainda no voto vencedor que "os fundamentos alegados pela autora para que aferisse danos de natureza moral são eminentemente relativos aos prejuízos financeiros derivados de uma gravidez não esperada". (TJMG, Apelação Cível 8108249- 29.2002.8.13.0024, Rel. Des. Otávio Portes. Relator p/ o acórdão Des. Mauro Soares de Freitas. j. 12.07.2006).
5. O caso, que ficou conhecido como "o furo da camisinha", teve a sentença de 1º grau – que havia condenado uma empresa fabricante de preservativos a pagar aos pais 100 salários mínimos a título de danos morais, além de pensão mensal para ajuda no custeio de seu filho, até a criança completar 21 anos – reformada pela segunda instância. No acórdão, um dos desembargadores externou: "No meu ponto de vista ético e moral, o que arrebentou aí não foi só uma camisinha, mas a dignidade moral de um ser humano. Mas isso é apenas um desabafo que faço porque a lei permite que esse tipo de ação seja proposta e nós somos obrigados a acatar a vontade da lei". (TJMG. Ap. Cível 4146398-11.2000.8.13.0000, Rel. Eulina do Carmo Almeida. j. 27.05.2004).
6. Tais como a adoção da teoria do risco, a acepção normativa da culpa, as hipóteses de presunção do nexo e a avalanche de novos danos. Estas mudanças são exploradas de forma profunda por SCHREIBER, Anderson. *Novos paradigmas da responsabilidade civil*: da erosão dos filtros da reparação à diluição dos danos. São Paulo: Atlas, 2007.
7. Como destaca Pietro Perlingieri, seria um "grave erro pensar que, para todas as épocas e para todos os tempos, haverá sempre os mesmos instrumentos jurídicos. É justamente o oposto: cada lugar, em cada época terá os seus próprios mecanismos" (PERLINGIERI, Pietro. Normas constitucionais nas relações privadas. *Civilistica.com*. Rio de Janeiro, a. 8, n. 1, 2019. Disponível em: http://civilistica.com/normas- constitucionais-nas-relacoesprivadas/. Acesso em: 20 mar. 2022). No mesmo sentido HESPANHA, António Manuel. *Panorama histórico da cultura jurídica europeia*. 2. ed. Lisboa: Publicações Europa – América, 1998, p. 43 e ss.

fato de estarmos desprovidos de segurança material, o que nos faz procurarmos de mais a mais a segurança jurídica.[8]

Se, por um lado, as conquistas realizadas pelo direito da responsabilidade civil – uma primeira forma de tutela de interesses que se encontram à margem do direito positivado[9] – conferiram maior proteção à pessoa humana, por outro, a ausência de critérios na concessão dos pedidos de dano moral, possibilitando que qualquer interesse seja associado à dignidade humana para fins de indenização, acarretam a própria inversão dos valores constitucionais,[10] através da banalização do dano moral e da mercantilização das relações existenciais. Nesse sentido, assinala Gustavo Tepedino quanto à necessidade de se buscarem balizas que, fundadas nos princípios e valores constitucionais, "sirvam para unificar o sistema da responsabilidade, discriminando-se os chamados danos ressarcíveis e reconhecendo a irreparabilidade de inúmeros danos do cotidiano".[11]

Tal alerta não vem partindo apenas da doutrina, mas também do próprio Judiciário, que hoje admite grande dificuldade para estabelecer a equivalência entre o dano e o seu ressarcimento, principalmente diante do aumento exponencial da quantidade de processos com pedidos de indenização por dano moral, que "abarrotam", todos os dias, os tribunais brasileiros.[12]

Nesse contexto, importante mencionar que o presente artigo, que tem como marco teórico da constitucionalização do direito civil, tem também como objetivo despertar no leitor a consciência da necessidade de uma reflexão ético-jurídica mais aprofundada sobre o tema em questão. A consagração da proteção da dignidade da pessoa humana como centro da nova ordem jurídica impõe ao intérprete e ao aplicador do direito a necessidade de uma diferenciação entre a tutela das situações jurídicas patrimoniais das existenciais, de modo a evitar que a lógica de proteção daquelas seja diretamente transplantada para estas, acarretando uma inadequação valorativa com relação aos interesses envolvidos.[13]

---

8. JOSSERAND, Louis. Evolução da Responsabilidade Civil. *Revista Forense*, Rio de Janeiro, v. 86, n. 454, p. 52-53. 1941.
9. RODOTÀ, Stefano. Entrevista. *Revista Trimestral de Direito Civil*, n. 11, p. 287-288., jul.-set. 2002.
10. RODOTÀ, Stefano. *Il problema della responsabilità civile*. Milano: Giuffrè, 1967, p. 17.
11. TEPEDINO, Gustavo. O futuro da responsabilidade civil. Editorial. *Revista Trimestral de Direito Civil*, n. 24, out.-dez. 2005, p. v. Disponível em: http://www.tepedino.adv.br/wpp/wp-content/uploads/2012/09/ RTDC.Editorial.v.024.pdf. Acesso em: 20 mar. 2022.
12. Nesse sentido: "Depois de reconhecida a ocorrência do dano moral, segue-se a tarefa 'extremamente difícil para o julgador', nas palavras da ministra Nancy Andrighi, de quantificar o suficiente para compensar a vítima, sobretudo diante da ausência de critérios objetivos e específicos para o arbitramento de valores" (*O método bifásico para fixação de indenizações por dano moral*. Disponível em: https://www.stj.jus.br/sites/ portalp/Paginas/Comunicacao/Noticias-antigas/2018/2018-10-21_06-56_O-metodo-bifasico-para-fixacao-de- indenizacoes-por-dano-moral.aspx/. Acesso em: 20 mar. 2022).
13. Segundo Gustavo Tepedino "há que se diferenciar, em primeiro lugar, as relações jurídicas patrimoniais das relações jurídicas existenciais, já que fundadas em lógicas díspares. Tal diversidade valorativa deve preceder, como premissa metodológica, à atividade interpretativa. A pessoa humana é o centro do ordenamento, impondo – se assim tratamento diferenciado entre os interesses patrimoniais e os existenciais. Em outras palavras, as situações patrimoniais devem ser funcionalizadas às existenciais" (TEPEDINO, Gustavo. O Direito Civil-Constitucional e suas Perspectivas Atuais. *Direito Civil Contemporâneo*: Novos Problemas à Luz da Legalidade Constitucional,

Sob esse prisma, as ações de responsabilidade civil por nascimento de um filho indesejado exigem uma análise criteriosa quanto aos interesses merecedores de tutela reparatória à luz dos ditames constitucionais, a fim de se perquirir que danos existem, quais devem ser suportados pela própria vítima e quais merecem ser reparados por outrem, bem como a natureza e extensão dos danos envolvidos na questão. Trata-se de ponderar os direitos fundamentais envolvidos no caso concreto, para que deste mecanismo possa emergir a solução que melhor tutele a dignidade da pessoa humana, eis que tal princípio maior proíbe, em qualquer hipótese, seja a pessoa humana reduzida à condição de objeto ou, ainda que minimamente, seja admitida, de alguma forma, a sua instrumentalização.[14]

De plano, constata-se que a solução não é simples: pode parecer razoável um pedido de indenização pelo nascimento totalmente inesperado de um filho, tendo em vista que medidas foram adotadas, justamente, para evitar uma gravidez indesejada; todavia, uma vez ocorrido o nascimento, já que o ordenamento jurídico brasileiro não permite o aborto a não ser em hipóteses excepcionais,[15] seria razoável considerá-lo um dano e, sobretudo, um dano moral passível de reparação?

Ainda que a resposta seja afirmativa, também é imprescindível a identificação e ponderação, no caso concreto, de todos os interesses envolvidos na questão, uma vez que tais demandas não só abrangem os direitos dos pais, aos quais a Constituição brasileira conferiu o direito ao livre planejamento familiar, mas também os da criança já nascida, à qual o mesmo texto constitucional deu prioridade através de sua tutela integral, visando proteger sempre o seu melhor interesse (art. 227, CF).

Este estudo insere-se entre aqueles que visam contribuir para, a partir da análise dos problemas concretos, buscar traçar critérios fundados nos princípios constitucionais para a seleção dos interesses tuteláveis através do preenchimento de conteúdo valorativo de tais princípios e dos conceitos jurídicos, a fim de também alertar o Poder Judiciário da necessidade de se cumprir de forma efetiva a regra constitucional que determina a fundamentação das decisões judiciais. Daí reside, como ressalta Maria Celina Bodin de Moraes, a imprescindibilidade tanto dos estudos doutrinários acerca dos princípios como da fundamentação das decisões que deles se utilizam.[16]

---

p. 364-365). Isso não quer dizer que "sempre será possível afirmar que uma relação jurídica é existencial ou patrimonial, pois não é raro que ambos os interesses estejam nela envolvidos. As situações jurídicas podem refletir interesses existenciais e patrimoniais ao mesmo tempo" (MEIRELES, Rose Melo Vencelau. *Autonomia privada e dignidade humana*. Rio de Janeiro: Renovar, 2009, p. 47-48).

14. BODIN DE MORAES, Maria Celina. *Danos à pessoa humana*: uma leitura civil-constitucional dos danos morais. Rio de Janeiro: Renovar, 2003, p. 80.
15. "Art. 128. Não se pune o aborto praticado por médico: Aborto necessário I – se não há outro meio de salvar a vida da gestante; Aborto no caso de gravidez resultante de estupro II – se a gravidez resulta de estupro e o aborto é precedido de consentimento da gestante ou, quando incapaz, de seu representante legal". A decisão do STF em 2012 que julgou procedente o pedido, por maioria de votos, na ADPF n. 54 acrescentou nova modalidade que exclui a hipótese de crime de aborto quando se tratar de feto anencéfalos.
16. BODIN DE MORAES, Maria Celina. Perspectivas a partir do direito civil-constitucional. In: TEPEDINO, Gustavo (Org.). *Direito Civil Contemporâneo*: Novos problemas à luz da legalidade constitucional. São Paulo: Atlas, 2008, p. 41.

Só assim, a partir de um esforço conjunto da doutrina e da jurisprudência, cabendo a cada um desenvolver seu efetivo papel será possível evitar essa verdadeira "loteria forense"[17] que tem incentivado cada vez um maior número de ações baseadas na má-fé, na busca de um lucro fácil e no chamado "processo de vitimização".[18]

2. HIPÓTESES DE RESPONSABILIDADE CIVIL PELO NASCIMENTO INDESEJADO

Tendo em vista que este estudo se propõe a análise das demandas de responsabilidade civil por nascimento indesejado no direito brasileiro em comparativo com a experiência estrangeira de Portugal, parece oportuno, desde logo, distinguirmos as diferentes hipóteses existentes.

De plano, podemos dividir as hipóteses em dois grandes grupos. O primeiro, encontrado na jurisprudência estrangeira, em especial nos Tribunais de Portugal, França e Estados Unidos, é composto por hipóteses de nascimento de uma criança com deficiência em países onde o aborto terapêutico é permitido e a anomalia poderia ter sido detectada pelos exames disponíveis na época do aconselhamento pré-natal.[19] Já o segundo grupo engloba as demandas também presentes no direito brasileiro e é composto por hipóteses nas quais o nascimento de um filho indesejado decorre de uma falha do método contraceptivo adotado, que pode se dar em função de um defeito do produto utilizado (contraceptivos ineficazes ou preservativos defeituosos) ou da ineficiência de uma intervenção cirúrgica visando à esterilização.[20]

Assim, como no Brasil não se verifica as hipóteses mencionadas no primeiro grupo, uma vez que o ordenamento jurídico pátrio veda o aborto terapêutico, pois na legislação brasileira o aborto é tipificado penalmente, só sendo permitido, em caráter excepcional, quando a gravidez é resultado de estupro ou quando a continuidade da gestação implica risco de morte para a mãe[21] passamos à análise das hipóteses já encontradas no direito brasileiro, cujos fundamentos bastante diferem das hipóteses encontradas no primeiro grupo de demandas.[22]

---

17. BODIN DE MORAES, Maria Celina. *Danos à pessoa humana*: uma leitura civil-constitucional dos danos morais. Rio de Janeiro: Renovar, 2003, p. 52.
18. Esta ideia é explorada pelo filósofo TODOROV, Tzevan. *O homem desenraizado*. Rio de Janeiro: Record, 1999, p. 225. Ao visitar os Estados Unidos, afirmou: "Aqui podemos sempre procurar a responsabilidade dos outros por aquilo que não vai bem na vida. Se meu filho cai na rua, a culpa é da cidade, que não fez as calçadas planas o suficiente; se corto o dedo cortando a grama, a culpa é do fabricante de cortadores de grama. (...) Se não sou feliz hoje, a culpa é dos meus pais no passado, de minha sociedade no presente: eles não fizeram o necessário para o meu desenvolvimento. A única hesitação que posso ter é saber se para obter a reparação me volto para um advogado ou para um psicoterapeuta; mas, nos dois casos, sou uma pura vítima e minha responsabilidade não é levada em conta".
19. Ações de indenização por "nascimento indevido" (*wrongful birth*) e "vida indevida" (*wrongful life*).
20. Ações de indenização por "concepção indevida" (*wrongful conception*), reconhecido na jurisprudência portuguesa como um "dano de planeamento familiar".
21. Vide nota 16.
22. Nesse sentido, foi julgada improcedente uma ação fundada na teoria do nascimento indevido pelo Tribunal de São Paulo (TJSP; Apelação Cível 0003035-30.2008.8.26.0020; Relator (a): Reinaldo Miluzzi; Órgão Julgador:

No direito brasileiro as demandas propostas por nascimento de um filho indesejado têm como fundamento duas hipóteses diversas: a falha do produto adotado como método contraceptivo ou a ineficácia de cirurgia de esterilização realizada. Nesses casos, é importante observar que o pleito pela reparação dos danos decorre do nascimento de um filho saudável, porém não desejado naquele momento.

Ao examinar a jurisprudência brasileira, nota-se que, nas demandas propostas pelo nascimento de um filho indesejado, pleiteia-se, via de regra, a indenização pelos danos materiais suportados, que englobam não só os gastos realizados com a gravidez e com o parto, mas também os gastos futuros que a criação e sustento daquele filho não planejado irão acarretar. Postula-se, ainda, a reparação pelos danos morais sofridos em função do impacto causado por aquele nascimento não programado ao projeto de vida de quem julgava ter adotado métodos suficientemente eficazes para evitar uma gravidez.

Aqui também é importante diferenciar a hipótese do nascimento de um filho indesejado pela falha do produto, do nascimento de um filho indesejado em razão da ineficácia de uma cirurgia de esterilização, tendo em vista que a normativa aplicável difere em cada caso, influenciando a forma de responsabilização.

Já em Portugal, a questão da viabilidade das ações de indenização por "nascimento indevido" (*wrongful birth*), "vida indevida" (*wrongful life*) já foi analisada pelo Supremo Tribunal de Justiça em 2001,[23] 2013[24] e 2015,[25] no sentido de reconhecer a indenização aos pais pela frustração ao direito do aborto, porém sem indenizar o filho nascido com deficiência,[26] deixando de reconhecer o controvertido "direito de não nascer".[27]

3. O CASO DAS PÍLULAS DE FARINHA E A GRAVIDEZ INDESEJADA POR FATO DO PRODUTO

O "caso das pílulas de farinha", como mencionado, ficou conhecido em 1998 quando surgiram as primeiras denúncias sobre mulheres que engravidaram após utilizar o mesmo anticoncepcional. As vítimas haviam comprado pílulas *Microvlar* de um lote produzido pelo laboratório *Schering* apenas para teste sem qualquer princípio ativo.

6ª Câmara de Direito Público; Foro Central – Fazenda Pública/Acidentes – 3ª Vara de Fazenda Pública; Data do Julgamento: 30.07.2012; Data de Registro: 1º.08.2012).

23. STJ, de 19 jun. 2001 (Pinto Monteiro), Proc. 01A1008. Disponível em: http://www.dgsi.pt/. Ver comentários ao julgado em Pinto Monteiro, A., 2001/2002. Direito a Não Nascer? – Anotação ao Acórdão do STJ de 19.06.2001. *Revista de Legislação e Jurisprudência*, ano 134, p. 377 e ss.

24. STJ, de 17 jan. 2013 (Ana Paula Boularot), Proc. 9434/06.6TBMTS.P1.S1.

25. STJ, de 12 mar. 2015 (HELDER ROQUE), Proc. 1212/08.4TBBCL.G2.S1.

26. Inadmissibilidade da pretensão à "não existência" do filho, ou sua "existência indevida".

27. Ver mais em: CARNEIRO DA FRADA, Manuel. A própria vida como dano? Dimensões civis e constitucionais de uma questão limite, ano 68, v. I, 2008. Disponível em: http://www.oa.pt/Conteudos/ Artigos/detalhe_artigo; e MOTA PINTO, Paulo. Indemnização em caso de "nascimento indevido" e de "vida indevida" ("*wrongful birth*" e "*wrongful life*"). *Lex Medicinae* – Revista Portuguesa de Direito da Saúde, ano 4, n. 7, jan./jun. 2007.

A grande repercussão do caso na mídia nacional e as mais de 200 ações na época – propostas no Tribunal de Justiça de São Paulo[28] ensejaram a propositura de uma ação civil pública pelo Estado de São Paulo juntamente com o PROCON/SP em face do laboratório. O Tribunal de Justiça de São Paulo,[29] confirmou, por unanimidade de votos, a sentença que condenou o laboratório a pagar um milhão de reais pelos danos morais causados à coletividade. No caso em tela, ficou comprovado um defeito do produto, definido como um vício de qualidade, que atentou contra a saúde ou segurança das consumidoras, atingindo a sua integridade psicofísica.[30]

Os julgados aplicaram a normativa disposta no art. 12 do Código de Defesa do Consumidor que reconhece a responsabilidade objetiva do fornecedor do produto, adotando a teoria do risco, importando apenas, para assegurar o ressarcimento, a verificação da ocorrência do fato e se dele emanou o prejuízo, comprovando assim a existência do nexo de causalidade entre ambos.[31]

É de se notar que, nas hipóteses que se referem ao caso das pílulas de farinha, os julgadores, em muitos casos, adotam uma presunção de causalidade entre o fato alegado e a gravidez, aceitando os fatos alegados pela parte autora como prova suficiente para conclusão de que a gravidez tenha decorrido da ineficácia do produto. Tal entendimento tem se fundamentado na impossibilidade, muitas vezes, da comprovação de que autora tenha efetivamente ingerido o contraceptivo oriundo do lote produzido sem princípio ativo, na ocasião do evento danoso. A divergência nesse ponto é marcante no STJ, pois enquanto a Terceira Turma[32] vem adotando a flexibilização do nexo causal em suas decisões, a Quarta Turma vem sendo bem mais rigorosa, entendendo muitas vezes pela insuficiência de provas.[33]

---

28. TJ condena laboratório a indenizar vítimas de "pílulas de farinha". Disponível em: https://www1.folha.uol.com.br/folha/cotidiano/ult95u91830.shtml. Acesso em: 30 mar. 2022.
29. TJSP, Apelação Cível 9178823-09.2001.8.26.0000, 9ª Câmara de Direito Privado, Rel. Des. João Silveira Netto, j. 23.03.2004.
30. Esclarece Antônio Herman Benjamin: "Como reflexo do desmembramento, em duas esferas, com que idealizamos o direito do consumidor, a teoria da qualidade nos termos da formulação que propomos – comporta dois aspectos distintos: a proteção do patrimônio do consumidor (com o tratamento dos vícios de qualidade por inadequação) e a proteção da saúde do consumidor (com o tratamento dos vícios de qualidade por insegurança). Logo, a teoria da qualidade tem um pé na órbita da tutela da incolumidade físico-psíquica do consumidor e outro na tutela de sua incolumidade econômica" (GRINOVER, Ada Pelegrini; HERMAN BENJAMIN, Antonio. *Código Brasileiro de Defesa do Consumidor comentado pelos autores do Anteprojeto*. 6. ed. Rio de Janeiro: Forense, 2000, p. 40-41).
31. Art. 12 do CDC: "O fabricante, o produtor, o construtor, nacional ou estrangeiro, e o importador respondem, independentemente da existência de culpa, pela reparação dos danos causados aos consumidores por defeitos decorrentes de projeto, fabricação, construção, montagem, fórmulas, manipulação, apresentação ou acondicionamento de seus produtos, bem como por informações insuficientes ou inadequadas sobre sua utilização e riscos".
32. Ver por todos o comentário ao Resp. 1.096.325/SP – Terceira Turma – Rel. Min. Nancy Andrighi, j. 09.12.2008 de RUZYK, Carlos Eduardo Pianovski. O "caso das pílulas de farinha" como exemplo da construção jurisprudencial de um "direito de danos" e da violação positiva como "dano à pessoa". In: TEPEDINO, Gustavo; FRAZÃO, Ana. (Coord.). *O Superior Tribunal de Justiça e a reconstrução do Direito Privado*. São Paulo: Ed. RT, 2011, p. 273-302.
33. Nesse sentido ver STJ, REsp 798.803/BA, Rel. Ministro Aldir Passarinho Junior, Quarta Turma, j. 21.10.2010, DJe 11.11.2010.

Ademais, na maioria dos julgados, as autoras se limitam a apresentar como prova uma receita médica que prescrevia o uso daquele contraceptivo na época da ocorrência do evento danoso ou apenas uma prova testemunhal que confirmam que utilizavam produto com regularidade. Em decorrência da fragilidade das provas apresentadas, com frequência, constata-se nas decisões a presença de votos divergentes sobre a questão em julgamento.[34]

Outro ponto que merece ser destacado é a diversidade de entendimentos encontrada nas decisões, que variam entre a improcedência do pedido, à parcial procedência apenas para condenar o autor do dano ao ressarcimento dos danos materiais, até a total procedência de ambos os pedidos, com a condenação a título de danos morais e patrimoniais.

Os fundamentos também variam no âmbito das ações julgadas improcedentes, sendo encontrados os seguintes argumentos: ausência de nexo causal pela ausência de comprovação da utilização das pílulas desprovidas de efeito ativo,[35] o fato do contraceptivo utilizado não oferecer a segurança de não engravidar, o que não faz dele produto defeituoso, pois o risco é inerente ao produto,[36] ou ainda que o resultado prometido não depende apenas da eficácia do produto, mas do uso correto deste.[37]

Por outro lado, nas ações julgadas parcialmente procedentes para tão somente ressarciram os danos de natureza patrimonial, na sua grande maioria indeniza as despesas do parto, exames pré-natais, enxoval, além de pensão alimentícia para a criança até os 18 ou 21 anos completos. Já o argumento mais utilizado para a negativa da reparação dos danos morais refere-se à impossibilidade do nascimento de um filho, ainda que não desejado, gerar, por si só, um dano moral indenizável, mormente quando a única preocupação exposta pela parte autora reporta-se a questões de cunho patrimonial. Assim, alega-se que além das repercussões serem de ordem patrimonial, repugna a ética que o nascimento de um ser humano, ainda que indesejado, possa equivaler a uma dor moral.[38]

---

34. TJSP, Embargos Infringentes 9210419-40.2003.8.26.0000, Rel. Piva Rodrigues, 9ª Câmara de Direito Privado, j. 28.05.2007.
35. TJRJ, 0206063-26.1998.8.19.0001, 2ª Câmara Cível, Rel. Des. Heleno Ribeiro P Nunes, j. 18.02.2009; TJRJ, 0151258-26.1998.8.19.0001, 7ª Câmara Cível, Rel. Des. Carlos Eduardo Moreira Silva, j. 30.01.2008; TJSP, Apelação Cível 0002088-31.2009.8.26.0443, Rel. Galdino Toledo Júnior, 9ª Câmara de Direito Privado, j. 08.04.2014; TJSP, Apelação Cível 9191833-13.2007.8.26.0000, Rel. Antonio Vilenilson, 9ª Câmara de Direito Privado j. 22.05.2012; TJMG, Apelação Cível 2.0000.00.504771-0/000, Rel. Des. José Amancio, j. 19.10.2005; TJMG, Apelação Cível 1.0625.04.038154-7/001, Rel. Des. Alberto Vilas Boas, 10ª Câmara Cível, j. 03.10.2006, entre outros.
36. TJMG, Apelação Cível 1.0145.04.142863-5/001, Rel. Des. Elias Camilo, j. 06.09.2006.
37. TJMG, Apelação Cível 2.0000.00.415703-7/000, Rel. Des. José Flávio de Almeida, j. 12.02.2004; TJRJ, 0159547-74.2000.8.19.0001, 1ª Câmara Cível, Rel. Des. Camilo Ribeiro Ruliere, j. 28.07.2009; TJRJ, 0058898-33.2002.8.19.0001, 11ª Câmara Cível, Rel. Des. Valeria Dacheux, j. 10.08.2009 e TJSP, Apelação Cível 9070116-34.2007.8.26.0000, Rel. Des. Francisco Loureiro, 4ª Câmara de Direito Privado, j. 30.07.2009.
38. Assim, fundamentou o relator: "A chegada de um novo filho traz, inegavelmente, consequências de ordem material e relativas à subsistência digna da família – providência que se repara com a condenação das apeladas nos danos materiais-, mas não é fato natural que fragilize o grupo familiar ou o desintegre, de modo a criar conflitos insuportáveis entre os que o compõem, mormente quando a criança nasce com plenas condições de saúde, conforme a espécie. Repugna à ética que o indesejado nascimento do segundo filho possa equivaler a uma dor moral como o falecimento de algum ente da família. A concepção e nascimento são dádivas de que deve usufruir o ser humano e não podem, com a devida vênia, guardar similitude com a angústia, o sofrimento

Por fim, nas ações julgadas procedentes, o fundamento utilizado para a concessão da reparação dos danos morais requeridos, firma-se no entendimento de que não é o nascimento do filho indesejado que configura o dano moral, mas o impacto à liberdade de opção da mulher ou do casal que restou frustrada pela falha do produto utilizado.[39]

4. A RESPONSABILIDADE CIVIL MÉDICA PELA INEFICÁCIA DE UMA CIRURGIA DE ESTERILIZAÇÃO

Inúmeras também são as ações propostas em razão de uma gravidez indesejada em decorrência da ineficácia de uma cirurgia de esterilização (cirurgias de laqueadura e vasectomia). A demanda, dependendo do caso, vem sendo proposta em face do médico, do próprio estabelecimento médico ou de ambos. Tratando-se de responsabilidade civil médica, cumpre salientar que a jurisprudência, de forma majoritária, classifica as cirurgias de vasectomia e laqueadura como uma obrigação de meio,[40] sob o fundamento de que "a reversibilidade, ainda que em pequena porcentagem, pode ocorrer".[41]

Esta classificação revela-se importante na análise da responsabilidade civil do médico para definir a quem caberá a prova da culpa no caso concreto. Conforme esclarece Fábio Konder Comparato:

> Tratando-se de uma obrigação de meios, o devedor só será responsável na medida em que se provar não a falta de resultado (que não entra no âmbito da relação), mas a total ausência do comportamento exigido, ou um comportamento pouco diligente e leal. O ônus da prova incumbe, pois ao credor. (...) Já na obrigação de resultado, a problemática se simplifica, pois só se considera adimplida a prestação com a efetiva produção do resultado. A ausência deste constitui por si só o devedor em mora, cabendo-lhe o ônus da prova de caso fortuito ou força maior para se exonerar de responsabilidade.[42]

Modernamente, a doutrina vem temperando esta distinção, principalmente, em razão da aplicação do princípio da boa-fé objetiva ao direito obrigacional, que impõe tanto ao devedor como ao credor deveres de cooperação no sentido de facilitar o cumprimento da obrigação. Sob esse prisma, ressalta Gustavo Tepedino que "(...) o resultado

---

e tudo aquilo que fere a alma dos homens e mulheres atingidos por um ato ilícito. Não reconheço, portanto, a existência do dano moral" (TJMG, Ap. Cív. 1.0625.04.038154-7/001, Rel. Des. Alberto Vilas Boas, j. 03.01.2006). No mesmo sentido, TJPR, 4ª Câmara Cível, Ap. Civ. 112.552-2. Rel. Des. Sydney Zappa, j. 13.05.2002.

39. Em seu voto dispôs a Ministra Nancy Andrighi que: "A gravidez resultante da ineficácia do anticoncepcional trouxe, necessariamente, sentimentos positivos pelo surgimento de uma nova vida, porque o objeto dos autos não é discutir o dom da maternidade. Ao contrário, o produto em questão é um anticoncepcional, cuja única utilidade é a de evitar uma gravidez. A mulher que toma tal medicamento tem a intenção de utilizá-lo como meio a possibilitar sua escolha quanto ao momento de ter filhos, e a falha do remédio, ao frustrar a opção da mulher, dá ensejo à obrigação de compensação pelos danos morais" (STJ, REsp 866.636/SP. 3ª T. Rel. Min. Nancy Andrighi, j. 29.11.2007).

40. "A relação entre médico e paciente é contratual, e encerra, de modo geral (salvo cirurgias plásticas embelezadoras), obrigação de meio, e não de resultado (...)" (STJ, 3 T., REsp 1051674, Rel. Min. Massami Uyeda, j. 03.02.2009).

41. TJSP, 8ª Câmara de Direito Privado. Ap. Civ. 463.040-4/4-00. Rel. Des. Salles Rossij, j. 31.05.2007. No mesmo sentido, TJRJ, 0024746-17.2006.8.19.0001, Rel. Des. Jose Carlos Varanda, 10ª Câmara Cível, j. 28.01.2009.

42. COMPARATO, Fábio Konder. Obrigações de meios, de resultado e de garantia. *Revista dos Tribunais*, v. 386, p. 35. São Paulo: Ed. RT, dez. 1967.

esperado pelo credor, mesmo nas chamadas obrigações de meios, não pode ser alheio o devedor". E complementa:

> O insucesso na obtenção do fim proposto, nas chamadas obrigações de resultado, não pode acarretar a responsabilidade *tout court*, desconsiderando-se o denodo do devedor e os fatores supervenientes que, não raro, fazem gerar um desequilíbrio objetivo entre as prestações, tornando excessivamente oneroso o seu cumprimento pelo devedor.[43]

Nesse sentido, observam Carlos Nelson Konder e Pablo Rentería que "mesmo as obrigações de meios são direcionadas a produzir um resultado útil em favor do credor, idôneo a satisfazer o seu interesse em receber a prestação. O médico cumpre então a sua obrigação porque ofereceu um bom tratamento ao paciente".[44] Ocorre, no entanto, que nestas obrigações o resultado se confunde com o próprio desempenho da atividade prometida pelo devedor, ou seja, o resultado é o próprio conteúdo da obrigação.[45]

Parece importante ainda notar em sede de responsabilidade civil médica que "o regime das obrigações de meios não representa um enfraquecimento do vínculo obrigacional relativamente ao das obrigações resultado. O que sucede é que as primeiras comportam uma prestação cuja natureza é sensivelmente diferente da prestação das segundas".[46] Assim, ainda que a obrigação seja de resultado, restando comprovada que a intervenção médica foi realizada observando a prática adequada, não há dever de indenizar por inexistir conduta culposa do profissional, como exige o § 4º do art. 14 da legislação consumerista.[47]

Portanto, como ressaltado, a importância prática desta distinção está no ônus da prova da culpa, pois nas obrigações de resultado a culpa se presume sempre que o resultado não é alcançado. Assim sendo, cumpre ao médico fazer esta prova, podendo ser ela elidida com a comprovação de uma causa diversa para o resultado, que não o seu ato médico. Já nas obrigações de meios, como não há presunção de culpa, o ônus da prova cabe ao paciente, que deve provar a culpa do médico, demonstrando que este não agiu com a devida diligência.

Sob esse prisma, cabe destacar que a presunção de culpa adotada pelo regime de responsabilidade nas obrigações de resultado não se confunde com a responsabilidade objetiva, já que em termos práticos,

---

43. TEPEDINO, Gustavo. Responsabilidade médica na experiência brasileira contemporânea. *Revista Trimestral de Direito Civil*, Rio de Janeiro, ano 3, n. 10, p. 46, abr./jun. 2000.
44. KONDER, Carlos Nelson; RENTERÍA, Pablo. A funcionalização das relações obrigacionais: interesse do credor e patrimonialidade da prestação. *Civilistica.com*. Rio de Janeiro, a. 1, n. 2, jul.-dez./2012. Disponível em: https://civilistica.emnuvens.com.br/redc/article/view/45/31/. Acesso em: 1º abr. 2022.
45. CRUZ, Gisela Sampaio da. Obrigações alternativas e com faculdade alternativa. Obrigações de meio e de resultado. In: TEPEDINO, Gustavo (Org.). *Obrigações*: estudos na perspectiva civil-constitucional. Rio de Janeiro: Renovar, 2006, p. 170.
46. COMPARATO, Fábio Konder. Obrigações de meios, de resultado e de garantia. *Revista dos Tribunais*, v. 386, p. 33. São Paulo: Ed. RT, dez. 1967.
47. Art. 14, § 4º do CDC: "A responsabilidade pessoal dos profissionais liberais será apurada mediante a verificação de culpa".

(...) o médico, que assume obrigação de resultado, pode livrar-se de responder pelos danos oriundos do descumprimento – caracterizado pela não obtenção do resultado prometido ao paciente mediante prova da ausência de culpa, demonstrando, desse modo, que tenha procedido com a diligência e perícia requeridas no caso em espécie, o que seria inadmissível caso a sua responsabilidade fosse, de fato, objetiva.[48]

Nesse contexto, observa Miguel Kfouri Neto:

Na prova da culpa médica, consoante se depreende dos acórdãos dos nossos tribunais, parte-se quase sempre de uma premissa que assume visos de axioma: a obrigação assumida pelo médico é de meios, não de resultado. As consequências dessa afirmativa são as seguintes: a) o médico não se responsabiliza pelo insucesso da terapia, caso tenha utilizado todos os meios disponíveis e, ainda assim, a cura não tenha ocorrido; b) a prova da culpa do médico é atribuída àquele que busca a indenização (a própria vítima ou seus familiares) ; c) exatamente por se vincular a uma obrigação de meios , quase sempre milita em favor do médico uma presunção de que o dano teria ocorrido de qualquer modo , desencadeado por uma causa inteiramente alheia à vontade do profissional e superior às forças deste , para tentar evitá-la.[49]

Com efeito, o simples fato de a obrigação ser de meio, não significa que outros fatores não devam ser analisados no caso concreto para a caracterização do dever de indenizar, haja vista que sejam as obrigações de meios ou de resultado, ao médico são impostos deveres anexos pela incidência do princípio da boa-fé objetiva. É sob esse enfoque que nas cirurgias de vasectomia e laqueadura o médico vem sendo responsabilizado quando provado o descumprimento do dever de informação, ou seja, quando não há comprovação de que ao paciente foram esclarecidas todas as cautelas que seriam necessárias no período pós-operatório, uma vez que o êxito dessas cirurgias não é automático, requerendo um tempo para sua sedimentação durante o qual deverá ser adotado algum método contraceptivo.

Nesse sentido, o Superior Tribunal de Justiça já entendeu que o preenchimento de um simples questionário não é suficiente para advertir o paciente dos riscos e consequências do procedimento aceito, motivo pelo qual restou configurada a omissão do agente.[50] A luz dessas considerações, percebe-se a importância da definição dos deveres inerentes à atividade médica,[51] a fim de se objetivar os standards de conduta da atuação médica e nortear o julgador na investigação da culpa no caso concreto.

---

48. Como ressalta Pablo Renteria, "a confusão se reproduz, de modo preocupante, na jurisprudência, na qual se encontram decisões que, não obstante examinarem no caso concreto a culpa do devedor, invocam, como fundamento, o caráter objetivo da responsabilidade nas obrigações de resultado". Nesse sentido, destaca decisão do Superior Tribunal de Justiça adotada por unanimidade de votos que, ao examinar a responsabilidade do laboratório de exames médicos, declarou a natureza objetiva da responsabilidade, com base no Código de Defesa do Consumidor, muito embora tenha se baseado na existência de erro no diagnóstico fornecido ao paciente para conceder a indenizar ao paciente. (STJ, REsp 594.962, 3ª T., Rel. Min. Antônio de Pádua Ribeiro, j. 09.11.2004). (RENTERIA, Pablo. *Obrigações de meios e de resultado*: análise crítica. São Paulo: Método, 2011, p. 89).
49. KFOURI NETO, Miguel. *Culpa Médica e Ônus da Prova*. São Paulo: Ed. RT, 2002, p. 227-231.
50. STJ, 3ª T., REsp 675.288. Rel. Min. Carlos Alberto Menezes Direito. j. 03.06.2005.
51. Gustavo Tepedino enquadra os deveres inerentes ao médico em três categorias centrais: a) o dever de fornecer ampla informação quanto ao diagnóstico e ao prognóstico; b) o emprego de todas as técnicas disponíveis para a recuperação do paciente, aprovadas pela comunidade científica e legalmente permitidas; c) a tutela do melhor Interesse do enfermo em favor de sua dignidade e integridade física e psíquica (TEPEDINO, Gustavo. Responsabilidade médica na experiência brasileira contemporânea. *Revista Trimestral de Direito Civil*, Rio de Janeiro, ano 3, n. 10, p. 41-75, abr./jun. 2000).

Contudo, quando a falha do serviço tenha ocorrido unicamente em razão da má prestação dos serviços médicos, faz-se imprescindível a comprovação do erro médico do preposto da ré para que haja o dever de indenizar, cabendo a ela ação regressiva em face deste, quando a demanda for proposta somente em face do hospital, como vem prevalecendo na jurisprudência.[52]

Feita a análise das hipóteses de responsabilidade civil por nascimento indesejado, segue-se para a investigação quanto ao ressarcimento e natureza dos danos envolvidos na questão.

5. A COMPOSIÇÃO DO DANO PATRIMONIAL E O NASCIMENTO INDESEJADO COMO FATO GERADOR DO DEVER DE ALIMENTOS

Como se sabe, a noção jurídica de dano patrimonial envolve os danos emergentes e os lucros cessantes, empregando-se, assim, "um conceito comum para abranger estas duas realidades que constituem as chamadas 'facetas' do dano patrimonial".[53]

O art. 403 do Código Civil dispõe que na inexecução resultante de dolo do devedor, as perdas e danos só incluem o que se perdeu (dano emergente) e o que se deixou de ganhar (lucros cessantes) "por efeito dela direto e imediato, sem prejuízo do disposto na lei processual".

Normalmente o dano emergente é visto como o que efetivamente se perdeu. Mas, como alerta Judith Martins-Costa, "não é apenas isto, não é apenas a diminuição do ativo: é também o aumento do passivo, a ausência de ganhos da qual se ressente o lesado pelo efeito do dano injusto. (...) Portanto, a diminuição do ativo e o aumento do passivo integram a ideia de dano emergente".[54]

Já os lucros cessantes podem ser definidos como o não aumento do patrimônio, isto é, a frustração de um ganho. Pontes de Miranda destaca que na determinação dos lucros cessantes, "tem-se de considerar todo ganho ou lucro frustrado pela ocorrência do fato ilícito. Frustrado é o ganho ou lucro que seria de esperar-se, tomando-se por base o curso normal das coisas e as circunstâncias especiais, determináveis, do caso concreto".[55]

No ressarcimento dos danos patrimoniais nas ações de responsabilidade civil por nascimento indesejado, raramente tais verbas são definidas corretamente, pois embora, em regra, estas envolvam somente um dano emergente consistente nos gastos com a gravidez (exames pré-natais, enxoval e o parto propriamente dito); com frequência, há também a condenação definida como lucros cessantes, consistente na pensão destinada ao filho não programado, a título de alimentos.

---

52. TJSC, Ap. Civ. 2004.010866-4. Rel. Des. Vanderlei Romer, j. 24.06.2004; TJRJ, 0036778-45.2006.8.19.0004, Rel. Des. Ronaldo Rocha Passos, 3ª Câmara Cível, j. 18.11.2008.
53. GUEDES, Gisela Sampaio da Cruz. *Lucros Cessantes*: do bom-senso ao postulado normativo da razoabilidade. São Paulo: Ed. RT, 2012, p. 52-53.
54. MARTINS-COSTA, Judith. Do inadimplemento das obrigações (arts. 389 a 420). In: TEIXEIRA, Sálvio de Figueiredo (Coord.). *Comentários ao novo Código*. Rio de Janeiro: Forense, 2004, v. 5, t. II, p. 326.
55. PONTES DE MIRANDA, Francisco. *Tratado de direito privado*. Campinas: Bookseller, 2003, t. XXVI. p. 74.

Percebe-se que não obstante a quantificação do dano patrimonial se realizar através de uma simples operação de soma e diminuição, a questão referente à distinção entre 'dano emergente' e 'lucro cessante' ainda continua a desafiar a argúcia dos juristas. Nas hipóteses a seguir, constata-se que na verba fixada a título de danos patrimoniais, normalmente não há separação entre o dano emergente e os lucros cessantes, isto quando não englobam equivocadamente a obrigação alimentar dentro de uma dessas facetas. Aliás, em relação à pensão alimentícia fixada como ajuda de custo no sustento do filho não planejado, a situação parece ainda mais crítica, ficando ao puro arbítrio do julgador que, na ausência de critérios, acaba limitando-se ao tão esvaziado 'princípio da razoabilidade'.[56]

Ainda em relação à fixação de pensão destinada ao filho, cumpre destacar que, embora no Brasil a grande maioria das decisões que julga procedente o pedido de indenização pelos danos patrimoniais também determine o pagamento de pensão a título de alimentos, tal condenação é motivo de grandes controvérsias em outros países, pelo fato de se tratar de uma obrigação inerente ao poder familiar que, como tal, possui caráter irrenunciável e intransferível.[57]

Outra crítica que vem sendo feita pela jurisprudência estrangeira refere-se ao fato de a condenação ao pagamento de pensão alimentícia não poder ser fixada sem considerar como fator redutor os benefícios que este filho também proporcionará aos seus pais ao longo de sua vida. Nesse sentido, o Parlamento do Reino Unido já pronunciou o entendimento de que "diante da dificuldade de se valorar tais benefícios, deve-se optar pela negação da indenização referente pensão alimentícia à criança".[58]

É de se notar que embora tal obrigação seja decorrente nos casos de nascimento indesejado de um ato ilícito, não se pode ignorar que o dever de sustento dos filhos tem fundamento no poder familiar. De fato, o que importa é a finalidade a ser atingida, qual seja: o sustento do filho. Assim, levando-se em conta os princípios constitucionais informadores do direito de família, não tendo os pais condições de provê-lo sem sacrificar seu sustento e o de sua família, entende-se cabível, levando-se em conta a incidência dos princípios da solidariedade social e do melhor interesse da criança, a fixação de verba

---

56. Gisela Sampaio da Cruz Guedes destaca a necessidade da concretização do princípio da razoabilidade, desenvolvendo em seu estudo o postulado da razoabilidade em três vertentes: razoabilidade como equidade, razoabilidade como congruência, razoabilidade como equivalência (*Lucros Cessantes*, cit., p. 236-244). Adverte Maria Celina Bodin de Moraes que "o emprego puro e simples de um assim chamado princípio da razoabilidade, que, neste caso, pouco mais é do que um sinônimo para a expressão 'bom-senso', não é suficiente para fundamentar a reparação do dano". (*Danos à pessoa humana*, cit., p. 190).
57. Alguns países como a Espanha rechaçam este tipo de indenização ao argumento de que a obrigação alimentar possui um caráter irrenunciável e intransferível, inerente ao Poder Familiar. (CASALS, Miquel Martin; SOLÉ I FELIU, Josep. *Anticoncepciones fallidas e hijos no previstos*. Girona, julho de 2001. Disponível em: https://indret.com/anticoncepciones-fallidas-e-hijos-no-previstos/. Acesso em: 05 abr. 2022). Outros, como os Estados Unidos, levam em conta no cálculo da quantia indenizatória não só o custo dos alimentos gastos com o filho, mas também os benefícios que este filho poderá proporcionar aos seus pais ao longo de sua vida. (DOBBS, Dann W. *The Law of Torts*. West, St. Paul Minn., 2000, p. 796).
58. Disponível em: https://publications.parliament.uk/pa/ld199900/ldjudgmt/jd991125/macfar-6.htm. Acesso em: 05 abr. 2022.

alimentar para o filho. Por esse motivo, a análise do caso concreto é fundamental para se avaliar as necessidades da criança dentro do contexto familiar no qual ela se insere a fim de se perquirir as reais condições sociais em que vive sua família. Todavia, o que se constata na jurisprudência brasileira é a fixação de pensões sem qualquer critério, muitas vezes sequer há exigência de comprovação da impossibilidade dos pais ao cumprimento de tal obrigação inerente ao poder familiar.

Outro problema refere-se à verba destinada à mãe que deixou de trabalhar durante a gravidez e o período de amamentação, que embora tenha natureza de lucros cessantes, é muitas vezes embutida no âmbito da verba alimentar destinada à criança, o que dificulta sobremaneira a identificação das parcelas indenizatórias a título de danos patrimoniais, principalmente para fins de impugnação pela parte condenada.

É certo, que deveria o julgador atentar para o tipo de atividade desempenhada pela mãe, já que a referida verba só teria cabimento quando se tratar de profissionais liberais, que só auferem renda enquanto trabalham, ou ainda aqueles que transitam no mercado informal, bem como nas hipóteses em que o trabalhador não possui relação empregatícia regular. Nas demais hipóteses, tal verba destinada à mãe impossibilitada de exercer seu trabalho em razão da gravidez e da de amamentação, estaria garantida pelo direito à licença maternidade, não sendo, portanto, cabível tal condenação.

Tal equívoco foi cometido em decisões que, embora tenha dado apenas parcial provimento ao pedido, excluindo a verba requerida a título de danos morais ao argumento de que "o nascimento de um filho, ainda que não planejado, não caracteriza, por si só, o dano moral indenizável, mormente quando a única preocupação exposta se refere a questões financeiras",[59] manteve a condenação a título de danos materiais, confirmando a pensão mensal fixada em quatro salários mínimos. Confira-se:

> tal valor mostra-se adequado para os fins a que se destina, não se podendo levar em consideração somente os rendimentos atuais da família, mas permitir que o filho gerado contra a vontade dos pais tenha uma garantia de criação digna e sem grandes dificuldades financeiras. E, para o atendimento a todas as necessidades previstas na sentença, é bastante razoável o valor estabelecido, já que não é irrisório, como o proposto pela apelante (um salário mínimo), nem é excessivo, de modo a representar enriquecimento sem causa.[60]

Como se vê, limitam-se os julgadores a invocar a "razoabilidade" da verba arbitrada, não levando em conta a condição social da família em que a criança pertence, mesmo tendo a autora afirmado, como se verifica da leitura do relatório e do voto, que esta "não tinha intenção de ter mais filhos por causa da sua situação financeira, considerando que já tem um filho e seu companheiro também tem filhos a antiga companheira e ajuda no sustento destes".[61] Ou seja, sem demandar maiores esforços, poderiam os julgadores ter ao menos considerado os gastos que os autores despendem com seus outros filhos, já

---

59. TJPR, Ap. Civ. 112.552-2, Rel. Des. Sydney Zappa, j. 13.05.2002.
60. TJPR, Ap. Civ. 112.552-2, Rel. Des. Sydney Zappa, j. 13.05.2002.
61. TJPR, Ap. Civ. 112.552-2, Rel. Des. Sydney Zappa, j. 13.05.2002.

que possuíam parâmetros concretos para a fixação da verba alimentar de acordo com a condição social em que vivia a família.

Tal constatação demonstra que as decisões além de arbitrarem pensões sem qualquer relação com a realidade do caso concreto, fixam seu valor de forma arbitrária e sem preocupação com a extensão do dano sofrido, o que em matéria de dano patrimonial é inadmissível, já que sua finalidade é apenas recompor o efetivo prejuízo e nada mais, "já que indenizar, etimologicamente significa tornar sem dano".[62]

Dessa forma, ainda que se admita, a luz dos preceitos constitucionais, que a fixação de verba alimentar para o sustento da criança indesejada passa a ser de responsabilidade do causador do dano, quando os pais não possuam possibilidade de provê-la, tratando-se de verba alimentar é imprescindível a aplicação do que determina o parágrafo primeiro do art. 1.694 do Código Civil de 2002, que exige na fixação dos alimentos a comprovação das necessidades do reclamante.

6. A PONDERAÇÃO DOS INTERESSES CONTRAPOSTOS E O EXAME DO NASCIMENTO INDESEJADO COMO UM DANO MORAL PASSÍVEL DE REPARAÇÃO

Não obstante ser o dano considerado elemento essencial da responsabilidade civil,[63] não basta a sua existência para que haja o dever de indenizar, já que nem todos os danos são passíveis de reparação, o dano passa a agregar um elemento qualificador, necessitando, para que seja ressarcível, que seja também qualificado como injusto. A noção de injustiça do dano, segundo Massimo Bianca,[64] já foi objeto de debate doutrinário que se cindiu em duas correntes: de um lado, a que a identificava com a antijuridicidade, ligando-a a violação de um direito ou de uma norma, e, de outro, os que a associavam à lesão de um interesse merecedor de tutela.[65] A tese mais tradicional definia a injustiça do dano como a lesão aos direitos absolutos típicos, como os direitos reais e os direitos da personalidade. Posteriormente, tal opinião foi objeto de críticas, influenciada pela doutrina da tutela externa do crédito, no qual o termo "injusto" indicaria a lesão a qualquer direito, absoluto ou relativo.[66] Mais modernamente, procurou-se desvincular a ideia de injustiça da concepção de antijuridicidade, não mais pressupondo a lesão de um direito absoluto ou relativo, mas sim a lesão a um interesse de fato por meio de critérios amplos que englobassem também outros interesses dignos da tutela jurídica.

Neste contexto, a doutrina adotou diferentes critérios para averiguação dos interesses merecedores de tutela como forma de caracterização do dano como injusto, tais como: quando provocado por um ato não autorizado por uma norma, a lesão a um

---

62. MARTINS-COSTA, Judith. Entendendo problemas médico-jurídicos em ginecologia e obstetrícia. *Revista dos Tribunais*, v. 831, , p.113-114, jan. 2005.
63. AGUIAR DIAS, José de. *Da Responsabilidade Civil*. 11. ed. Rio de Janeiro: Renovar, 2006, p. 969.
64. BIANCA, Massimo. *Diritto Civile*. Milano: Giuffré, 1995, v. 5. p. 584.
65. BODIN DE MORAES, Maria Celina. *Danos à pessoa humana*. cit., p. 177-178.
66. BIANCA, Massimo. *Diritto Civile*. cit., p. 584-585.

princípio digno de tutela segundo o princípio da solidariedade social[67] e através da valoração comparativa entre os interesses em jogo, segundo os princípios constitucionais,[68] entre outros. Díez-Picazo assinala que para se delimitar os danos ressarcíveis, é preciso encontrar no ordenamento jurídico um sistema de proteção ou valoração de acordo com os bens constitucionalmente protegidos.[69] Em doutrina, percebe-se a ênfase conferida à importância da elaboração de critérios de seleção dos interesses merecedores de tutela reparatória, como esclarece Maria Celina Bodin de Moraes:

> (...) o dano será injusto quando, ainda que decorrente de conduta lícita, afetando aspecto fundamental da dignidade humana, não for razoável, ponderados os interesses contrapostos, que a vítima dele permaneça irressarcida.[70]

Nese contexto, assume grande relevância, na análise do caso concreto, avaliar se será razoável ou não que a vítima suporte os prejuízos causados, uma vez que a mudança de foco do ato ilícito para o dano injusto impõe uma releitura da obrigação de indenizar consoante a ótica personalista e solidarista estabelecida no texto constitucional.

Por outro lado, considerando-se os interesses contrapostos, pode-se concluir que, em determinadas hipóteses, seja mais razoável que a vítima suporte os prejuízos causados pelo dano em questão. Como se pode notar, o processo em torno do ressarcimento do dano envolve duas etapas: a identificação do evento danoso, visando perquirir se os interesses envolvidos na questão são merecedores de tutela reparatória à luz dos preceitos constitucionais; e a delimitação de sua natureza e extensão, para fins de quantificação.

Todavia, diante da instabilidade que ainda se encontram tanto a conceituação como o arbitramento do dano moral no direito brasileiro, a motivação das decisões judiciais assume nesses casos fundamental relevo, a fim de se reduzir o alto nível de subjetivismo ainda constante nas decisões. É certo que "quanto mais justificada for a sentença, menos distorções serão evidenciadas de tribunal para tribunal".[71] Sob esta perspectiva, adota-se neste trabalho a corrente capitaneada por Maria Celina Bodin de Moraes que conceitua o dano moral como "a lesão a qualquer dos aspectos da dignidade humana, que se encontra fundada em quatro substratos que, reunidos, a corporificam: os princípios da igualdade, da integridade psicofísica, da liberdade e da solidariedade".[72]

> Toda e qualquer circunstância que atinja o ser humano em sua condição humana, que (mesmo longinquamente) pretenda tê-lo como objeto, que negue sua qualidade de pessoa, será automaticamente considerada violadora de sua personalidade e, se concretizada, causadora de dano moral.[73]

---

67. RODOTA, Stefano. *Il problema della responsabilita civile*. Milano: Giuffrè, 1964, p. 79.
68. ALPA, Guido. *Il problema della atipicità dell'illecito*. Napoli: Jovene, 1979, p. 245.
69. DÍEZ-PICAZO, Luis. *Derecho de daños*. Madrid: Civitas, 1999, p. 296-297.
70. BODIN DE MORAES, Maria Celina. *Danos à pessoa humana*. cit., p. 179.
71. BODIN DE MORAES, Maria Celina. *Danos à pessoa humana*. cit., p. 333-334.
72. BODIN DE MORAES, Maria Celina. *Danos à pessoa humana*. cit., p. 327.
73. BODIN DE MORAES, Maria Celina. *Danos à pessoa humana*. cit., p. 188.

É preciso ainda ressaltar que os critérios adotados no arbitramento do dano moral devem se limitar às condições pessoais da vítima e à extensão do dano, o qual merece ser integral mente reparado, conforme dispõe o caput do art. 944 do Código Civil,[74] expressamente determina que a indenização seja medida pela extensão do dano e nada mais, demonstrando que para fins de quantificação o único critério adotado é o dano sofrido pela vítima.

Em relação ao caráter punitivo-pedagógico atribuído ao dano moral, assinala-se que embora se trate de uma figura que não faz parte da tradição dos países de ordenamento jurídico de origem romano-germânica, tem ela sido utilizada reiteradamente pela jurisprudência pátria como incremento da reparação do dano moral. Principalmente nas ações referentes ao "caso das pílulas de farinha". Essas decisões normalmente baseiam-se em dois principais fundamentos: reparar o dano moral sofrido pela mãe ou pelos pais, com fundamento na violação ao livre planejamento familiar do casal[75] e prevenir/punir o causador do dano, a fim de que ele não mais repita a conduta praticada.[76]

A importação dos *punitive damages* dos países da common Law para o direito brasileiro, deve ser levado em conta que tal instituto é aplicado como uma verba separada a título de punição, e não incorporada à verba para reparar o dano moral, como tem sido feito pela jurisprudência pátria. Este é um dos motivos que, em doutrina, tem-se ressaltado que a forma de aplicação dos *punitive damages* no Brasil vem acarretando mais problemas do que soluções,[77] pois ao arbitrar-se um valor com a intenção de punir o agente causador do dano, o que se faz é atribuir um *plus* ao dano realmente sofrido, desvirtuando a própria função da responsabilidade civil.

É certo que nas hipóteses aqui estudadas não se pode ignorar, uma vez que medidas foram adotadas para evitar uma indesejada gravidez, que o nascimento de um filho totalmente inesperado é capaz de causar transtornos na vida daqueles que pelo menos por ora não desejavam ser pais.[78] Contudo, não obstante ser facilmente

---

74. Art. 944, CC: "A indenização mede-se pela extensão do dano".
75. Nesse sentido ver por todos o comentário ao acórdão REsp 1.096.325/SP. RUZYK, Carlos Eduardo Pianovski. O "caso das pílulas de farinha" como exemplo da construção jurisprudencial de um "direito de danos" e da violação positiva como "dano à pessoa". In: TEPEDINO, Gustavo; FRAZÃO, Ana (Coord.). *O Superior tribunal de Justiça e a reconstrução do Direito Privado*. São Paulo: Ed. RT, 2011, p. 273-302.
76. Assim, fundamentou o Tribunal de Justiça de São Paulo que "O dano moral repousa em frustrar a opção dos pais em não ter filhos (ou mais filhos, como sucedeu aqui), e a gravidez não pretendida por eles traz, particularmente à mulher, grave interferência no seu campo psíquico, e de variados modos rompe a tranquilidade espiritual, certo ademais que a cominação de indenizar dano moral volta-se ainda a estimular o infrator a melhor conduta no futuro, não repetindo atos ilícitos como o dos presentes autos". (TJSP, Ap. Civ. 204.462.4/0. 9ª Câmara de Direito Privado. Rel. Des. Marco César. j. 23.03.2004).
77. Para uma abordagem profunda sobre a problemática da aplicação dos *punitive damages* no direito brasileiro ver BODIN DE MORAES, Maria Celina. *Punitive damages* em sistemas civilistas: problemas e perspectivas. *Revista Trimestral de Direito Civil*. Rio de Janeiro, v. 5. n. 18, p. 45-78, abr./jun. 2004. Ainda sobre o tema: TEPEDINO, Gustavo; SCHREIBER, Anderson. As penas privadas no direito brasileiro. In: SARMENTO, Daniel; GALDINO, Flávio (Org.). *Direitos fundamentais*: estudos em homenagem ao Professor Ricardo Lobo Torres. Rio de Janeiro: Renovar, 2006, p. 499-525.
78. LEWICKI, Bruno Costa. O homem construtível: Responsabilidade civil Reprodução Assistida. In: BARBOZA, Heloisa Helena; BARRETTO, Vicente de Paulo (Org.). *Temas de Bioética e Biodireito*. Rio de Janeiro: Renovar, 2001, p. 142-143.

demonstrável as consequências de ordem patrimonial relativas à subsistência da família,[79] advindas do nascimento de um filho não programado, não parece evidente que, ocorrido o nascimento, este possa, acriticamente, ser considerado um dano moral passível de reparação.[80]

A dificuldade em relação ao tema analisado neste estudo já fora destacada por Geneviève Viney, que a justifica no fato de a questão ser mais do que jurídica fundamentada em uma base ética e moral. Como ressalta a autora, o recurso à moral parece indispensável ao mesmo tempo para afirmar simbolicamente o valor intrínseco da vida e de sua superioridade sobre as razões pessoais da mãe e para poupar a criança, que poderá vir a descobrir a verdade mais tarde, constatando que para seus pais era nada mais que 'prejuízo' do qual procuraram ser indenizados depois de haver tentado em vão dele se desfazer.[81]

Constata Bruno Betellheim, em sua famosa obra 'Uma vida para seu filho', que a prática da psiquiatria tem como principal objetivo na atualidade "aliviar a angústia daqueles que sofrem por não terem experimentado essa solidariedade social dentro de sua família".[82] Ressalta o autor que apenas a solidariedade da família torna a individualização emocionalmente segura, destacando a incapacidade da segurança que a sociedade possa vir a propiciar como substituta da segurança adquirida pela solidariedade familiar, já que aquela "não pode nos dar segurança interior, nem calor emocional e bem-estar, nem respeito próprio, nem um sentimento de que as coisas valem a pena, pois somente os pais podem dar tudo isso ao filho. (...) Na exata medida em que nos sentimos valorizados por aqueles que são importantes em nossa vida, sentimo-nos verdadeiramente seguros".[83] Justamente por este motivo, ainda que no caso concreto possa vir a se entender quanto à

---

79. Nesse sentido, Paulo Mota Pinto exclui, nestes casos, os danos não patrimoniais sofridos pelos pais com o nascimento da criança indesejada. Se a criança é saudável, o desejo de não ter sido pai ou mãe não releva juridicamente. O "dano do planeamento familiar" abrange, para o autor, as perdas patrimoniais associadas ao sustento da vida indesejada (ainda que saudável). O que se excluiu são os danos não patrimoniais fundados "tão só no nascimento de uma criança saudável" (MOTA PINTO, Paulo. Indemnização em caso de "nascimento indevido" e de "vida indevida". (*wronful birth* e *wrongful life*), Direitos de Personalidade e Direitos Fundamentais – *Estudos*, 2018, 766 e ss.).
80. Mesmo porque a proteção dos interesses patrimoniais da família não se mostra suficiente para a configuração de um dano moral passível de reparação, já que, não raro, se verifica nas hipóteses de responsabilização por nascimento indesejado que o fundamento para a compensação pelos danos morais alegados se baseia em questões de ordem financeira, transpondo-se, equivocadamente, a lógica e a dogmática das relações patrimoniais às existenciais. Assim, Gustavo Tepedino observa: "Disto tudo decorre a necessidade de construção de uma nova dogmática do direito privado com coerência axiológica. Para tanto, na construção desta dogmática, há de se diferenciar, em primeiro lugar, as relações jurídicas patrimoniais das existenciais, já que fundadas em lógicas dispares. Tal diversidade valorativa deve preceder, como premissa metodológica, à atividade interpretativa. A pessoa humana é o centro do ordenamento, impondo-se assim tratamento diferenciado entre os interesses patrimoniais e os existenciais. Em outras palavras, as situações patrimoniais devem ser funcionalizadas à existenciais" (O Direito Civil-Constitucional e suas Perspectivas Atuais. In: TEPEDINO, Gustavo (Org.). *Direito Civil Contemporâneo*: Novos Problemas à Luz da Legalidade Constitucional, São Paulo: Atlas, 2008, p. 364-365).
81. VINEY, Genevieve; JOURDAIN, Patrice. *Traité de droit civil*. 2. ed. Paris: LGDJ, 1998, p. 13.
82. BETTELHEIM, Bruno. *Uma vida para seu filho*. Trad. Maura Sardinha e Maria Helena Geordene. Rio de Janeiro: Campus, 1988, p. 314-315.
83. BETTELHEIM, Bruno. *Uma vida para seu filho*. Trad. Maura Sardinha e Maria Helena Geordene. Rio de Janeiro: Campus, 1988, p. 314-315.

existência de um dano patrimonial indenizável, o mesmo não se pode afirmar de forma pacífica em relação à reparação do dano moral.[84]

O raciocínio que se verifica em algumas decisões de que o dano moral não é o nascimento do filho indesejado, mas o impacto ao projeto parental da mulher ou do casal, o que também não parece ser suficiente para pôr fim à problemática suscitada, destinando-se mais a encobrir do que descortinar todos os interesses envolvidos e que devem ser ponderados na questão. Nesses *hard cases*, é que o método subsuntivo mostra a sua insuficiência de forma mais evidente, especialmente quando uma situação concreta enseja a aplicação de normas de mesma hierarquia que, se consideradas isoladamente, poderiam gerar soluções diferenciadas, como na questão ora analisada.[85]

Por essa razão, aqui é fundamental destacar que a relação de tensão entre os bens garantidos constitucionalmente não pode ser resolvida priorizando absolutamente um em detrimento de outro, mas por meio de uma ponderação dos interesses opostos a fim de verificar qual o interesse de maior peso no caso concreto.[86]

Percebe-se que o grande desafio que a questão encerra é o de conciliar a tutela do direito ao livre planejamento familiar dos pais[87] com a proteção da integridade psíquica do filho gerado, o que só é possível mediante a técnica da ponderação, de grande utilidade nos casos de colisão de interesses fundados em princípios constitucionais, e que vem se mostrando essencial para se verificar que princípio concretamente deverá preponderar na promoção da dignidade humana.

A Constituição da República, em seu art. 226, § 7º, dispõe que o planejamento familiar é de livre decisão do casal, desde que pautado nos princípios da dignidade da pessoa humana e da paternidade responsável. Tal princípio impõe o dever de o Estado atuar na matéria relativa ao projeto parental, não como uma intromissão na vida do casal, mas promovendo políticas de saúde efetivas para que a paternidade e a maternidade responsáveis sejam exercidas, de forma livre, por todos aqueles que decidem trazer à vida, um novo ser.

Com efeito, é nesse âmbito que em regra se encontra a autonomia existencial que preenche a concepção de liberdade acerca do livre planejamento familiar tutelada pelo

---

84. Sobre a possibilidade de alguém pleitear indenização pelo simples fato de ter nascido, após ter proferido uma palestra na Universidade do Estado do Rio de Janeiro, o professor Pietro Perlingieri ao ser indagado respondeu: "Não acredito que isso possa ser considerado um dano. Mas temos de fazer um esforço maior ainda. (...) O dano também pode ser consequência de uma atividade lícita, porque ela cria grandes dificuldades, grandes problemas à vítima. (...) O interesse pode viver até prescindindo do titular de direitos, Daí é um valor. Precisamos, então, ver se este valor da pessoa tem que ser balanceado com outro valor". (Normas constitucionais nas relações privadas. *Revista da faculdade de direito da UERJ*, n. 6, p. 63-64, 1998).
85. BARROSO, Luís Roberto; BARCELLOS, Ana Paula de. O começo da história. A nova interpretação constitucional e o papel dos princípios no direito brasileiro. In: BARROSO, Luís Roberto (Org.). *A nova interpretação constitucional*: ponderação, direitos fundamentais e relações privadas. Rio de Janeiro: Renovar, 2003, p. 345-346.
86. ALEXY, Robert. *Teoria de los derechos fundamentales*. Madrid: Centro de Estudios Políticos y Constitucionales, 2002, p. 90.
87. Art. 226, § 7º, CF: "Fundado nos princípios da dignidade da pessoa humana e da paternidade responsável, o planejamento familiar é livre decisão do casal, competindo ao Estado propiciar recursos educacionais e científicos para o exercício desse direito, vedada qualquer forma coercitiva por parte de instituições oficiais ou privadas".

texto constitucional. Todavia, como qualquer direito, este não é absoluto, encontrando seu limite justamente nas hipóteses em que a sua tutela repercuta diretamente na esfera de terceiros, como nas demandas ora em análise, já que nessas não se pode ignorar a proteção dos direitos dos filhos, já envolvidos na questão.

A racionalidade da ponderação decorre da possibilidade de se fazer uma fundamentação racional das condições para a preferência de um princípio sobre outro, o que é feito por meio de restrições recíprocas. É sob esse prisma, que ao analisar o impacto ao projeto parental como um dano moral passível de reparação, faz-se necessário destacar não só os fundamentos do direito ao livre planejamento familiar, mas também os limites ao seu exercício.[88]

No caso em questão, como já se acentuou, não é suficiente apreciar somente a alegada lesão ao livre planejamento familiar, mas também os interesses do filho nascido fruto da indesejada gravidez. Assim, mediante uma análise lógico-sistemática, não parece possível 'descolar' o nascimento de uma criança da liberdade de procriar de seus pais,[89] uma vez que esta só foi atingida pela gravidez indesejada que, levada à frente, já que, em regra, não se permite o aborto na legislação brasileira, acarretou no nascimento do filho não programado, cujos interesses agora passar também a integrar o caso concreto.[90]

Não obstante, pondera-se que embora a ordem jurídica tempere a liberdade humana com as preocupações sociais, esta só deverá ser restringida pela aplicação direta dos princípios constitucionais nas relações privadas quando devidamente sopesada na ponderação dos interesses envolvidos no caso concreto. Como pondera Daniel Sarmento, "o intervencionismo estatal só se justifica nas relações privadas em duas situações: na proteção da parte mais fraca das relações jurídicas e na promoção de interesses gerais da coletividade".[91]

Em razão disso, o legislador constituinte dispôs que o princípio do livre planejamento familiar é norteado pelos princípios da paternidade responsável e da dignidade da pessoa humana, demonstrando que o exercício da parentalidade, como ressaltam Ana Carolina Brochado Teixeira e Maria Goreth Macedo Valadares "passa a abranger muito mais do que o aspecto voluntário de procriar, mas especialmente os aspectos posteriores

---

88. BODIN DE MORAES, Maria Celina. Ampliando os direitos da personalidade. Disponível em: https://www.academia.edu/9689598/Ampliando_os_direitos_da_personalidade?auto=download. Acesso em: 30 maio 2022.
89. Importante observar, que a doutrina diverge no sentido de ser ou não a procriação um direito, não obstante a disposição constitucional que confere a liberdade do planejamento familiar. Em sentido negativo ver Eduardo de Oliveira Leite (*Procriações artificiais e o direito: aspectos médicos, religiosos, psicológicos, éticos e jurídicos*. São Paulo: Ed. RT, 1995). Já para uma análise da corrente a favor ver Juliane Fernandes Queiroz (*Paternidade*: aspectos jurídicos e técnicas de inseminação artificial. Belo Horizonte: Del Rey, 2001, p. 123).
90. Sob tal perspectiva, verifica-se, como destacado por Anderson Schreiber, a necessidade, para qualificação do dano como passível de reparação, que o julgador assegure, "mesmo nas ações de responsabilidade objetiva, um espaço de seleção dos danos ressarcíveis, por meio da análise comparativa entre os interesses abstratamente tutelados à luz das circunstâncias concretas" (SCHREIBER, Anderson. *Novos paradigmas da responsabilidade civil*, cit., p. 241).
91. SARMENTO, Daniel. *Direitos fundamentais e relações privadas*. Rio de Janeiro: Lumen Juris, 2004, p. 328.

ao nascimento do filho, inerentes à responsabilidade parental, nas fases mais relevantes da formação e desenvolvimento da personalidade que são a infância e a adolescência".[92]

Ao determinar que a liberdade de procriar não exclui a responsabilidade, o legislador constituinte determinou o limite ao exercício do livre planejamento familiar por meio dos dois princípios acima mencionados, dispondo expressamente que ele jamais poderá ser exercido em contrariedade à parentalidade responsável e a dignidade humana.[93] É de se notar, que o exercício da parentalidade não diz respeito apenas à decisão de se tornar pai ou mãe, uma vez que gera responsabilidade para toda uma vida, o que vai muito além dos limites temporais impostos à autoridade parental.[94]

A incorporação do princípio do melhor interesse da criança e do adolescente no Direito brasileiro tornou imperiosa sua aplicação como uma cláusula geral em todos os casos que envolvam os interesses do menor. Como conclui Luiz Edson Fachin:

> Deduz-se, pois, que as disposições cuja aplicação contrariem os princípios consignados na Constituição, tornam-se, então, inconstitucionais. Ademais disso, sabe-se que os princípios constitucionais do Direito de Família têm eficácia jurídica direta e são, portanto, normas vinculativas e, que, igualmente, os preceitos relativos ao Direito de Família devem ser interpretados e integrados em conformidade com estes princípios (princípios de interpretação conforme a Constituição).[95]

Diante dessas considerações, percebe-se que o livre planejamento familiar encontra-se naquelas exceções em que o Estado deve atuar, não com a conotação de intromissão ou ingerência na vida do casal, mas em razão de também envolver interesses dos filhos, parte mais fraca e vulnerável na relação parental. Portanto, quanto maior a desigualdade fática presente no caso concreto, mais intensa será a proteção dos interesses em jogo da parte vulnerada e logo, menor a tutela da autonomia privada do casal.

7. CONCLUSÃO

O novo cenário redesenhado pelo texto constitucional conduz a uma releitura do direito ao livre planejamento familiar e, consequentemente, do direito à procriação, ao exercício da parentalidade, já que tais direitos encontram seu limite intrínseco nosização das opções e preferências de terceiros, ainda que seus pais.[96]

---

92. TEIXEIRA, Ana Carolina Brochado Teixeira; VALADARES, Maria Goreth Macedo. Anencefalia e projeto parental: uma decisão do casal? In: PEREIRA, Rodrigo da Cunha. Pereira; PEREIRA, Tânia da Silva (Org.). *A ética da convivência familiar e sua efetividade no cotidiano dos tribunais*. Rio de Janeiro: Forense, 2005, v. 1, p. 441-463.
93. PINHEIRO, Rosalice Fidalgo. Planejamento familiar e condição feminina. In: MATOS, Ana Carla Harmatiuk (Org.). *Construindo os novos direitos*. Porto Alegre: Núria Fabris, 2008, p. 321-346.
94. TEIXEIRA, Ana Carolina Brochado; VALADARES, Maria Goreth Macedo. Anencefalia e projeto parental: uma decisão do casal? In: PEREIRA, Tânia da Silva; PEREIRA, Rodrigo da Cunha (Org.). *A ética da convivência familiar e sua efetividade no cotidiano dos tribunais*. Rio de Janeiro: Forense, 2005, p. 441-463.
95. FACHIN, Luis Edson. *Averiguação e investigação da paternidade extramatrimonial*: comentários à Lei 8.560/92. Curitiba: Genesis, 1995, p. 11.
96. VILELA, Renata Dantas. Algumas reflexões sobre responsabilidade civil e nascimento indesejado. In: TEPEDINO, Gustavo; FACHIN, Luiz Edson (Coord.). *Diálogos sobre direito civil*. Rio de Janeiro: Renovar, 2007, v. II, p. 470-471.

Percebe-se, portanto, que o direito de família constitucionalizado reconhece ao filho a titularidade de direitos fundamentais próprios, ao qual a Constituição da República e o Estatuto da Criança e do Adolescente conferiram uma tutela prioritária, derivada justamente da posição que ocupam na relação familiar, restando superada a antiga visão do filho como objeto do poder familiar dos pais.

A doutrina da proteção integral além de ratificar o princípio do melhor interesse da criança como critério hermenêutico, também lhe conferiu natureza constitucional como cláusula genérica que se traduz no dever de proteção dos direitos fundamentais da criança e do adolescente expressos na Constituição Federal.[97] E aqui parece evidente que o exercício da liberdade individual de fundar uma família muda de aspecto na medida em que os interesses de uma criança estão em jogo, evocando a atuação do Estado que elevou sua proteção como um valor maior.

De fato, não se pode ignorar que ao se admitir que o nascimento de uma criança possa ser considerado um dano moral passível de reparação, não há como garantir que a integridade psíquica daquele filho permanecerá incólume, acabando, tais decisões, por deixar desprotegidos justamente aqueles a quem a Constituição da República e o Estatuto da Criança e do Adolescente conferiram uma tutela prioritária, derivada da posição vulnerável que ocupam na relação familiar.

Na análise concreta das hipóteses de dano por nascimento de um filho indesejado não se pode jamais perder de vista o papel que compete à responsabilidade civil, sempre de acordo com a realização daqueles preceitos normativos constitucionais, tendo como norte o valor fundamental da dignidade humana, elemento integrador de todo o ordenamento jurídico.

Daí porque não cabe ao direito da responsabilidade civil assumir outras funções que são de competência de esferas diversas. Ao privilegiar a tutela da liberdade individual, as decisões, com frequência não só objetivam promover uma tutela reparatória, mas também punitiva, pedagógica e assistencialista, baseando-se equivocadamente em critérios patrimoniais para compor o juízo de reparação de um dano existencial.

Sob esse prisma, parece inegável que o ordenamento jurídico brasileiro priorizou, tanto no âmbito constitucional como infraconstitucional, o interesse superior da criança que deve sempre ser assegurado acima de qualquer outro interesse, mesmo em conflito com os interesses de seus próprios pais. Nessa medida, considerar que o nascimento de um filho indesejado é capaz de gerar um dano moral ressarcível, viola os princípios basilares contemplados em nosso ordenamento jurídico, subvertendo as próprias escolhas ético-filosóficas presentes na tábua de valores estabelecida no texto constitucional, que priorizou os direitos da criança, através de uma proteção integral, justamente por se tratar de uma pessoa humana em desenvolvimento.

---

97. BARBOSA, Heloisa Helena. O Estatuto da Criança e do Adolescente e a disciplina da filiação no Código Civil. In: PEREIRA, Tânia da Silva (Coord.). *O melhor interesse da criança: um debate interdisciplinar*. Rio de Janeiro: Renovar, 2000, p. 112.

Ao observar os interesses contrapostos, é tarefa do intérprete e aplicador do direito não se esquivar de restringir ao mínimo os direitos constitucionalmente envolvidos no caso concreto, sempre levando em conta o dever de assegurar a aplicação do princípio da dignidade humana da forma mais ampla.

Por esse motivo, os princípios da dignidade da pessoa humana e da solidariedade social, aliados à doutrina da proteção integral, mostram-se suficientes para justificar a imposição de uma obrigação alimentar, inerente ao poder familiar a um terceiro, quando os pais se encontram impossibilitados de prestá-la, já que, não raro, a dificuldade financeira se mostra como um dos motivos determinantes que levam um casal ou uma mulher a evitar uma gravidez no Brasil.

Dessa forma, o grau de restrição ao livre planejamento familiar deve limitar-se ao ressarcimento dos danos patrimoniais, levando-se em conta os aspectos fáticos do caso concreto, repudiando, em regra, que o nascimento de um filho indesejado possa configurar um dano moral passível de reparação. Só assim, será possível compatibilizar os princípios envolvidos na justa medida que um deve ceder para a passagem do outro.

É certo que no estudo das hipóteses de responsabilidade civil pelo nascimento de um filho um alerta deve ser dado: as consequências de considerarmos qualquer dano passível de reparação são drásticas. Quando até mesmo fatos, como o nascimento de uma vida, passam a aparecer no campo do direito de danos, corre-se um sério risco de "a vida voltar a ser um capital humano e o sujeito um objeto no mercado de troca de equivalentes".

8. REFERÊNCIAS

AGUIAR DIAS, José de. *Da Responsabilidade Civil*. 11. ed. Rio de Janeiro: Renovar, 2006.

ALEXY, Robert. *Teoria de los derechos fundamentales*. Madrid: Centro de Estúdios Políticos y Constitucionales, 2002.

ALPA, Guido. *Il problema della atipicità dell'illecito*. Napoli: Jovene, 1979.

ANDRIGHI, Nancy. *O método bifásico para fixação de indenizações por dano moral*. Disponível em: https://www.stj.jus.br/sites/portalp/Paginas/Comunicacao/Noticias-antigas/2018/2018-10-21_06-56_O--metodo-bifasico-para-fixacao-de-indenizacoes-por-dano-moral.aspx/. Acesso em: 20 mar. 2022.

BARBOSA, Heloisa Helena. O Estatuto da Criança e do Adolescente e a disciplina da filiação no Código Civil. In: PEREIRA, Tânia da Silva (Coord.). *O melhor interesse da criança: um debate interdisciplinar*. Rio de Janeiro: Renovar, 2000.

BARROSO, Luís Roberto; BARCELLOS, Ana Paula de. O começo da história. A nova interpretação constitucional e o papel dos princípios no direito brasileiro. In: BARROSO, Luís Roberto (Org.). *A nova interpretação constitucional*: ponderação, direitos fundamentais e relações privadas. Rio de Janeiro: Renovar, 2003.

BETTELHEIM, Bruno. *Uma vida para seu filho*. Trad. Maura Sardinha e Maria Helena Geordene. Rio de Janeiro: Campus, 1988.

BIANCA, Massimo. *Diritto Civile*. Milano: Giuffré, 1995. v. 5.

BODIN DE MORAES, Maria Celina. Ampliando os direitos da personalidade. Disponível em: https://www.academia.edu/9689598/Ampliando_os_direitos_da_personalidade?auto=download. Acesso em: 30 maio 2022.

BODIN DE MORAES, Maria Celina. *Danos à pessoa humana*: uma leitura civil-constitucional dos danos morais. Rio de Janeiro: Renovar, 2003.

BODIN DE MORAES, Maria Celina. Perspectivas a partir do direito civil-constitucional. In: TEPEDINO, Gustavo (Org.). *Direito Civil Contemporâneo*: Novos problemas à luz da legalidade constitucional. São Paulo: Atlas, 2008.

BODIN DE MORAES, Maria Celina. *Punitive damages* em sistemas civilistas: problemas e perspectivas. *Revista Trimestral de Direito Civil*. Rio de Janeiro, v. 5. n. 18, p. 45-78, abr./jun. 2004.

CARNEIRO DA FRADA, Manuel. *A própria vida como dano?* Dimensões civis e constitucionais de uma questão limite, ano 68, v. I, 2008. Disponível em: /www.oa.pt/Conteudos/.

CASALS, Miquel Martin; SOLÉ I FELIU, Josep. *Anticoncepciones fallidas e hijos no previstos*. Girona, julho de 2001. Disponível em: https://indret.com/anticoncepciones-fallidas-e-hijos-no-previstos/. Acesso em: 05 abr. 2022.

COMPARATO, Fábio Konder. Obrigações de meios, de resultado e de garantia. *Revista dos Tribunais*, v. 386, p. 35. São Paulo: Ed. RT, dez. 1967.

CRUZ, Gisela Sampaio da. Obrigações alternativas e com faculdade alternativa. Obrigações de meio e de resultado. In: TEPEDINO, Gustavo (Org.). *Obrigações*: estudos na perspectiva civil-constitucional. Rio de Janeiro: Renovar, 2006.

DÍEZ-PICAZO, Luis. *Derecho de daños*. Madrid: Civitas, 1999.

DOBBS, Dann W. *The Law of Torts*. West, St. Paul Minn., 2000.

FACHIN, Luis Edson. *Averiguação e investigação da paternidade extramatrimonial*: comentários à Lei 8.560/92. Curitiba: Genesis, 1995.

GRINOVER, Ada Pelegrini; HERMAN BENJAMIN, Antonio. *Código Brasileiro de Defesa do Consumidor comentado pelos autores do Anteprojeto*. 6. ed. Rio de Janeiro: Forense, 2000.

GUEDES, Gisela Sampaio da Cruz. *Lucros Cessantes*: do bom-senso ao postulado normativo da razoabilidade. São Paulo: Ed. RT, 2012.

HESPANHA, António Manuel. *Panorama histórico da cultura jurídica europeia*. 2. ed. Lisboa: Publicações Europa – América, 1998.

JOSSERAND, Louis. Evolução da Responsabilidade Civil. *Revista Forense*, Rio de Janeiro, v. 86, n. 454, p. 52-53. 1941.

KFOURI NETO, Miguel. *Culpa Médica e Ônus da Prova*. São Paulo: Ed. RT, 2002.

KONDER, Carlos Nelson; RENTERÍA, Pablo. A funcionalização das relações obrigacionais: interesse do credor e patrimonialidade da prestação. *Civilistica.com*. Rio de Janeiro, a. 1, n. 2, jul.-dez./2012. Disponível em: https://civilistica.emnuvens.com.br/redc/article/view/45/31/. Acesso em: 1º abr. 2022.

LEITE, Eduardo de Oliveira. *Procriações artificiais e o direito: aspectos médicos, religiosos, psicológicos, éticos e jurídicos*. São Paulo: Ed. RT, 1995.

LEWICKI, Bruno Costa. O homem construtível: Responsabilidade civil Reprodução Assistida. In: BARBOZA, Heloisa Helena; BARRETTO, Vicente de Paulo (Org.). *Temas de Bioética e Biodireito*. Rio de Janeiro: Renovar, 2001.

MARTINS-COSTA, Judith. Do inadimplemento das obrigações (arts. 389 a 420). In: TEIXEIRA, Sálvio de Figueiredo (Coord.). *Comentários ao novo Código*. Rio de Janeiro: Forense, 2004. v. 5, t. II.

MARTINS-COSTA, Judith. Entendendo problemas médico-jurídicos em ginecologia e obstetrícia. *Revista dos Tribunais*, v. 831, p.113-114, jan. 2005.

MEIRELES, Rose Melo Vencelau. *Autonomia privada e dignidade humana*. Rio de Janeiro: Renovar, 2009.

MOTA PINTO, Paulo. Indemnização em caso de "nascimento indevido" e de "vida indevida" ("*wrongful birth*" e "*wrongful life*"). *Lex Medicinae* – Revista Portuguesa de Direito da Saúde, ano 4, n. 7, jan./jun. 2007.

PERLINGIERI, Pietro. Normas constitucionais nas relações privadas. *Civilistica.com*. Rio de Janeiro, a. 8, n. 1, 2019. Disponível em: http://civilistica.com/normas- constitucionais-nas-relacoesprivadas/. Acesso em: 20 mar. 2022.

PERLINGIERI, Pietro. Normas constitucionais nas relações privadas. *Revista da faculdade de direito da UERJ*, n. 6, p. 63-64, 1998.

PINHEIRO, Rosalice Fidalgo. Planejamento familiar e condição feminina. In: MATOS, Ana Carla Harmatiuk (Org.). *Construindo os novos direitos*. Porto Alegre: Núria Fabris, 2008.

PONTES DE MIRANDA, Francisco. *Tratado de direito privado*. Campinas: Bookseller, 2003, t. XXVI.

QUEIROZ, Juliane Fernandes. *Paternidade*: aspectos jurídicos e técnicas de inseminação artificial. Belo Horizonte: Del Rey, 2001.

RENTERIA, Pablo. *Obrigações de meios e de resultado*: análise crítica. São Paulo: Método, 2011.

RODOTÀ, Stefano. Entrevista. *Revista Trimestral de Direito Civil*, n. 11, p. 287-288. , jul.-set. 2002.

RODOTA, Stefano. *Il problema della responsabilita civile*. Milano: Giuffrè, 1964.

RODOTÀ, Stefano. *Il problema della responsabilità civile*. Milano: Giuffrè, 1967.

RUZYK, Carlos Eduardo Pianovski. O "caso das pílulas de farinha" como exemplo da construção jurisprudencial de um "direito de danos" e da violação positiva como "dano à pessoa". In: TEPEDINO, Gustavo; FRAZÃO, Ana (Coord.). *O Superior tribunal de Justiça e a reconstrução do Direito Privado*. São Paulo: Ed. RT, 2011.

SARMENTO, Daniel. *Direitos fundamentais e relações privadas*. Rio de Janeiro: Lumen Juris, 2004.

SCHREIBER, Anderson. *Novos paradigmas da responsabilidade civil*: da erosão dos filtros da reparação à diluição dos danos. São Paulo: Atlas, 2007.

TEIXEIRA, Ana Carolina Brochado Teixeira; VALADARES, Maria Goreth Macedo. Anencefalia e projeto parental: uma decisão do casal? In: PEREIRA, Rodrigo da Cunha. Pereira; PEREIRA, Tânia da Silva (Org.). *A ética da convivência familiar e sua efetividade no cotidiano dos tribunais*. Rio de Janeiro: Forense, 2005. v. 1.

TEPEDINO, Gustavo. O Direito Civil-Constitucional e suas Perspectivas Atuais. In: TEPEDINO, Gustavo (Org.). *Direito Civil Contemporâneo*: Novos Problemas à Luz da Legalidade Constitucional. São Paulo: Atlas, 2008.

TEPEDINO, Gustavo. O futuro da responsabilidade civil. Editorial. *Revista Trimestral de Direito Civil*, n. 24, out.-dez. 2005, p. v. Disponível em: http://www.tepedino.adv.br/wpp/wp-content/uploads/2012/09/RTDC.Editorial.v.024.pdf. Acesso em: 20 mar. 2022.

TEPEDINO, Gustavo. Responsabilidade médica na experiência brasileira contemporânea. *Revista Trimestral de Direito Civil*, Rio de Janeiro, ano 3, n. 10, p. 41-75, abr./jun. 2000.

TEPEDINO, Gustavo; SCHREIBER, Anderson. As penas privadas no direito brasileiro. In: SARMENTO, Daniel; GALDINO, Flávio (Org.). *Direitos fundamentais*: estudos em homenagem ao Professor Ricardo Lobo Torres. Rio de Janeiro: Renovar, 2006.

TODOROV, Tzevan. *O homem desenraizado*. Rio de Janeiro: Record, 1999.

VILELA, Renata Dantas. Algumas reflexões sobre responsabilidade civil e nascimento indesejado. In: TEPEDINO, Gustavo; FACHIN, Luiz Edson (Coord.). *Diálogos sobre direito civil*. Rio de Janeiro: Renovar, 2007, v. II.

VINEY, Genevieve; JOURDAIN, Patrice. *Traité de droit civil*. 2. ed. Paris: LGDJ, 1998.

RESPONSABILIDADE DO CONTROLADOR POR ATO DO OPERADOR: DESAFIOS QUE SE APRESENTAM À EXPERIÊNCIA LUSO-BRASILEIRA EM PROTEÇÃO DE DADOS

Bruno Costa de Almeida

Mestrando em Direito Civil pela Universidade do Estado do Rio de Janeiro (UERJ). Pós-graduado *Lato Sensu* no Programa LLM em Direito: Inovação e Tecnologia da Fundação Getulio Vargas (FGV/RJ). Advogado.

Sumário: 1. Introdução – 2. Os agentes responsáveis pelo tratamento de dados: a delimitação de quem é controlador e quem é operador – 3. Responsabilidade civil do controlador por ato do operador; 3.1 Responsabilidade aquiliana; 3.2 Responsabilidade negocial – 4. Considerações finais – 5. Referências.

1. INTRODUÇÃO

Stefano Rodotà inicia sua reflexão crítica à sociedade da vigilância com o destaque de que, na era agora vivida em que a informação carregada no dado pessoal vai se tornando cada vez mais valiosa à medida em que sua utilização se expande por força de interesses de mercado por novos modelos de negócios, da reorganização do aparato estatal e de exigências de segurança interna e internacional, a proteção de dados constitui o direito fundamental mais expressivo da condição humana contemporânea[1]. A consciência da importância da proteção de dados é uma necessidade que se estabelece na ordem do dia[2].

A relevância do interesse à proteção de dados se vê refletida na formatação de uma tutela jurídica abrangente em termos de reparação a lesões. O modelo adotado no Brasil, sob indelével inspiração no Regulamento Geral Europeu sobre Proteção de Dados (RGPD), confere ao ofendido[3] direito à reparação contra o controlador ou o operador (art. 42, *caput*,

---

1. RODOTÀ, Stefano. *A vida na sociedade da vigilância*: a privacidade hoje. Org., sel. e apr. Maria Celina Bodin de Moraes. Trad. Danilo Doneda e Luciana Cabral Doneda. Rio de Janeiro: Renovar, 2008, p. 21.
2. O reconhecimento dogmático de um direito fundamental à proteção de dados no Brasil, se já não era objetado enquanto inocorrente no texto constitucional uma expressa alusão na medida em que as transformações sociais sentidas na última década teriam acrescentado novas dimensões ao conceito de privacidade redesenhando o sentido da sua tutela constitucional de modo a também abranger a proteção de dados (MONTEIRO FILHO, Carlos Edison do Rêgo; CASTRO, Diana Paiva de. Potencialidades do direito de acesso na nova Lei Geral de Proteção de Dados pessoais (Lei 13.709/2018). TEPEDINO, Gustavo; FRAZÃO, Ana; OLIVA, Milena Donato. *Lei Geral de Proteção de Dados Pessoais e suas repercussões no direito brasileiro*. 2. ed. São Paulo: Thomson Reuters Brasil, 2020, p. 321-322), inclusive como chegou a indicar o Supremo Tribunal Federal em paradigmático julgamento (STF, ADI-MC 6.387/DF, Pleno, rel. Min. Rosa Weber, julg. 7.5.2020, publ. 12.11.2020), restou incontroversamente acatado diante da Emenda Constitucional 115/2022, que adicionou ao art. 5º da Constituição Federal o inciso LXXIX enunciando expressamente a proteção dos dados pessoais como direito fundamental.
3. A tutela jurídica prometida ao ofendido tem alcance amplo: acolhe não só o titular do dado, mas "qualquer pessoa" (art. 82/1 do RGPD) ou "outrem" (art. 42 da LGPD) atingido pelo tratamento, ainda que nessa relação jurídica não

da LGPD e art. 82/1 do RGPD), em amplitude permissiva a que se impute a quaisquer controladores diretamente envolvidos no tratamento e a quaisquer operadores que descumpram as instruções lícitas recebidas ou obrigações da lei a responsabilidade pela reparação (art. 42, § 1º, da LGPD e art. 82/2 do RGPD). O ofendido encontra tutela na imputação de responsabilidade pessoal a qualquer um daqueles agentes enquanto atuarem como causador direto da lesão, o que a rigor já assim estabelecia a cláusula geral de responsabilidade civil fundada no *neminem laedere* e no princípio informador da teoria da reparação.

A especificidade em matéria de proteção de dados está em acrescer àquela tutela o reforço de mecanismos de proteção adicional ao ofendido. O primeiro estaria na instituição de uma cláusula legal de solidariedade – que favorece o ofendido com a possibilidade de imputação de responsabilidade "pela totalidade dos danos" (art. 82/4 do RGPD) a qualquer responsável pelo dano causado pelo tratamento[4], transferindo-lhe o ônus da exercitação do regresso quando individualmente demandado pela integralidade da reparação (art. 42, § 4º, da LGPD e art. 82/5 do RGPD).

Outro se cogita em torno da consagração do regime objetivo de responsabilidade em substituição ao regime subjetivo[5], embora a ausência de expressa especificação legal nesse sentido mantenha sob acesa controvérsia o regime que a legislação de proteção de dados teria efetivamente abraçado para imputar responsabilidade por lesões nascidas do tratamento de dados[6].

---

figure como parte. Nesse sentido: CORDEIRO, A. Barreto Menezes. *Direito da proteção de dados*. Coimbra: Editora Almedina, 2020, p. 390; KONDER, Carlos Nelson; LIMA, Marco Antônio de Almeida. Responsabilidade civil dos advogados no tratamento de dados à luz da Lei 13.709/2018. In: EHRHARDT JUNIOR, Marcos; CATALAN, Marcos; MALHEIROS, Pablo. *Direito Civil e tecnologia*. Belo Horizonte: Fórum, 2020, p. 420.

4. No âmbito da LGPD, a cláusula de solidariedade incidiria em situações específicas, mas não como um regime geral de responsabilidade solidária entre os agentes de tratamento em quaisquer circunstâncias, segundo indicam: TEPEDINO, Gustavo; TERRA, Aline de Miranda Valverde; GUEDES, Gisela Sampaio da Cruz. *Fundamentos do direito civil: responsabilidade civil*. v. 4. 2.ed. Rio de Janeiro: Forense, 2021, p. 297.

5. O sistema reparatório vigente no ordenamento jurídico brasileiro consagra um modelo de dualidade de fontes, no qual hipóteses de responsabilidade objetiva convivem com aquelas derivadas da culpa. Relata Gustavo TEPEDINO que a introdução, ainda na vigência do Código Civil Brasileiro de 1916, de hipóteses específicas de responsabilidade objetiva foi recebida pela doutrina majoritária como fontes excepcionais e secundárias do dever de indenizar, manifestando sua compreensão divergente no sentido de que já àquela altura se delineava um modelo dualista, então consolidado com a edição do Código Civil Brasileiro de 2002 (A evolução da responsabilidade civil no direito brasileiro e suas controvérsias na atividade estatal. *Temas de direito civil*. 4.ed. Rio de Janeiro: Renovar, 2008, p. 205, nota 7). Nesse modelo dualista, já agora sedimentado, "a culpa, antes tida como centro do sistema, passa a ter índole subsidiária, aplicando-se todas as vezes em que não haja previsão em sentido contrário, ou seja, em que não se dispense a sua configuração" (MONTEIRO FILHO, Carlos Edison do Rêgo. *Responsabilidade contratual e extracontratual*: contrastes e convergências no direito civil contemporâneo. Rio de Janeiro: Processo, 2016, p. 29).

6. Posicionam-se favoravelmente à adoção como regra do regime subjetivo de responsabilidade: TEPEDINO, Gustavo; TERRA, Aline de Miranda Valverde; GUEDES, Gisela Sampaio da Cruz. *Fundamentos do direito civil: responsabilidade civil*. v. 4. 2.ed. Rio de Janeiro: Forense, 2021, p. 289; KONDER, Carlos Nelson; LIMA, Marco Antônio de Almeida. Responsabilidade civil dos advogados no tratamento de dados à luz da Lei 13.709/2018. In: EHRHARDT JUNIOR, Marcos; CATALAN, Marcos; MALHEIROS, Pablo. *Direito Civil e tecnologia*. Belo Horizonte: Fórum, 2020, p. 423; BLUM, Renato; MALDONADO, Viviane Nóbrega. *LGPD*: Lei Geral de Proteção de Dados comentada. São Paulo: Ed. RT, 2019, p. 327; também em Portugal: CORDEIRO, A. Barreto Menezes. *Direito da proteção de dados*. Coimbra: Editora Almedina, 2020, p. 394; BARBOSA, Mafalda Miranda. Data controllers e data processors: da responsabilidade pelo tratamento de dados à responsabilidade civil. *Revista de Direito Comercial*. Lisboa, n. 2, 2018, p. 440. Em sentido contrário, sustentando a incidência do regime objetivo

Também na perspectiva de reforçar a tutela jurídica prometida à reparação de lesões no âmbito da proteção de dados desponta a discussão em torno da imputação de responsabilidade indireta ao controlador por ações do operador. A discussão dos limites dessa imputação de responsabilidade indireta, encontrando aderência na movimentação contemporânea da responsabilidade civil, cuja proposta de reposicionar o centro das atenções na vítima[7] vai encurtando o paradigma da reparação condicionada à responsabilidade pessoal por culpa, dentre outros mecanismos, também através da ampliação da cobertura da responsabilidade indireta por fato de outrem, tem também importância quanto aos efeitos práticos: permitindo ao lesado demandar reparação quer do agente diretamente causador da lesão quer do agente indiretamente responsável, o benefício instituído em favor da vítima pode servir tanto ao melhor acautelamento do direito de indenização do lesado contra o risco da insolvabilidade do autor direto da lesão[8], quanto funcionar como remédio às dificuldades postas ao exercício do direito à reparação nos casos em que o agente diretamente causador da lesão estiver sediado em jurisdição estrangeira e o agente indiretamente responsável em jurisdição nacional, o que assume especial pertinência em vista da experiência em proteção de dados cuja dinâmica do fato relevante por vezes não se contem aos limites da jurisdição do território nacional.

A abordagem proposta para o tema da imputação ao controlador de responsabilidade indireta por ações do operador terá por itinerário primeiro abordar a qualificação dos agentes responsáveis pelo tratamento de dados, situando as dificuldades que rodeiam a delimitação de quem é controlador e quem é operador (item 2 *infra*), para então ingressar especificamente na análise da imputação de responsabilidade ao controlador pela lesão causada pelo tratamento irregular (item 3 *infra*). Essa análise será decomposta em duas perspectivas: a primeira compreende os tratamentos amparados em base negocial, que postularão a aplicação do regime de responsabilidade negocial; a segunda circunscreve

---

de responsabilidade em razão de um "risco intrínseco" da atividade de tratamento de dados pessoais: MENDES, Laura Schertel; DONEDA, Danilo. Reflexões iniciais sobre a nova Lei Geral de Proteção de Dados. *Revista de Direito do Consumidor*. São Paulo: Ed. RT, v. 120, ano 27, nov.-dez. 2018, p. 477. Há também quem vislumbre a intenção do legislador de criar um novo modelo de "responsabilidade proativa": BODIN DE MORAES, Maria Celina; QUEIROZ, João Quinelato de. Autodeterminação informativa e responsabilização proativa: novos instrumentos de tutela da pessoa humana na LGPD. *Cadernos Adenauer – Proteção de dados pessoais*: privacidade versus avanço tecnológico. Rio de Janeiro: Fundação Konrad Adenauer, ano XX, n. 3, 2019, p. 129. E quem entenda que ambos os regimes – subjetivo e objetivo – convivem na legislação de proteção de dados: SCHREIBER, Anderson. Responsabilidade civil na lei geral de proteção de dados pessoais. DONEDA, Danilo et al. *Tratado de proteção de dados*. Rio de Janeiro: Forense, 2019, p. 327.

7. A mudança de paradigma (a) redimensiona a responsabilidade subjetiva, estendendo a tutela da pessoa da vítima em detrimento do objetivo de punição do responsável e aumentando as hipóteses de dano indenizável, (b) acolhe a responsabilidade objetiva expandindo as hipóteses de sua ocorrência e (c) fortalece a responsabilidade civil como mecanismo capaz de oferecer a resposta do sistema aos novos interesses que ganham projeção. A propósito: BODIN DE MORAES, Maria Celina. A constitucionalização do direito civil e seus efeitos sobre a responsabilidade civil. *Na medida da pessoa humana*: estudos de direito civil-constitucional. Rio de Janeiro: Renovar, 2010, p. 317-342.

8. Como indica a doutrina, a responsabilidade indireta encontra fundamento legitimador "na necessidade de acautelar o direito de indenização do lesado contra o risco da irresponsabilidade ou da insolvabilidade do autor direto da lesão" (DIREITO, Carlos Alberto Menezes; CAVALIERI FILHO, Sergio. *Comentários ao novo Código Civil*, v. 8: da responsabilidade civil, das preferências e privilégios creditórios. 3. ed. TEIXEIRA, Sálvio de Figueiredo. Comentários ao novo Código Civil. Rio de Janeiro: Forense, 2011, p. 243).

os tratamentos amparados em outro suporte legal que não a base negocial, que postularão a aplicação do regime geral de responsabilidade civil ("responsabilidade aquiliana").

2. OS AGENTES RESPONSÁVEIS PELO TRATAMENTO DE DADOS: A DELIMITAÇÃO DE QUEM É CONTROLADOR E QUEM É OPERADOR

O desenho normativo oferecido pela legislação de proteção de dados foca no estabelecimento das condições para o tratamento lícito dos dados e investe em disposições que se dirigem aos agentes responsáveis pelas operações de tratamento[9]: uma série de diretrizes normativas lhes são dirigidas, a começar pela demarcação dos casos em que será considerado lícito o tratamento de dados pessoais, o tratamento de dados sensíveis e o tratamento de dados de crianças e adolescentes, passando ao estabelecimento de quando esse tratamento deverá cessar e ao delineamento de deveres a serem cumpridos sob sujeição a responsabilização civil e sanções administrativas[10].

O conceito de responsável pelo tratamento de dados desempenha "papel fundamental" na aplicação da legislação em proteção de dados[11]. A delimitação do agente que responde pela operação tem relevância prática em (ao menos) 2 (duas) perspectivas: (a) para a efetividade da legislação de proteção de dados na medida em que uma conceituação pobre em densidade e critérios auxiliares de concretização, no que favorece cenários de ambiguidades entre os agentes econômicos (*v.g.*, quando nenhum se reconhece incontroversamente responsável pelo tratamento ou nas situações em que se supõe em teoria serem todos responsáveis conjuntos pelo tratamento), agrava o risco de que pouco seja feito concretamente em termos de aderência à legislação de proteção de dados; e (b) para efeito de imputação de responsabilização no caso concreto em consequência da lesão a algum interesse protegido provocada pela operação de tratamento – foco de interesse da investigação aqui conduzida.

---

9. A definição de agente responsável está fornecida na legislação: enquanto o RGPD emprega a fórmula "responsável pelo tratamento" definindo-a como a pessoa que "determina as finalidades e os meios de tratamento de dados pessoais" (art. 4º/7) e a fórmula "subcontratante" como a pessoa "que trate os dados pessoais por conta do responsável pelo tratamento destes" (art. 4º/8), a LGPD fornece para os agentes de tratamento as definições de "controlador" como a pessoa "a quem competem as decisões referentes ao tratamento de dados pessoais" (art. 5º, inc. VI) e de "operador" como a pessoa "que realiza o tratamento de dados pessoais em nome do controlador" (art. 5º, inc. VII). A diferença em nomenclaturas não traduz diferença de conteúdo: as referências aqui feitas a "controlador" e "responsável pelo tratamento" serão tomadas por equivalentes, assim como as referências a "operador" e "subcontratante".
10. A arquitetura da Lei 13.709/2018 estabelece, com amplitude sobre "qualquer operação de tratamento realizada por pessoa natural ou por pessoa jurídica de direito público ou privado" nos termos delimitados no art. 3º, o desempenho do tratamento sempre conforme aos princípios cardeais enumerados no art. 6º e somente quando encontrar justificativa em alguma das bases legais relacionadas no art. 7º, com respeito aos requisitos e balizas demarcatórias da regularidade estabelecidos nos arts. 7 a 10 quando o tratamento envolver dados pessoais, nos arts. 11 a 13 quando envolver dados sensíveis e no art. 14 quando envolver de dados de crianças e adolescentes, e, por fim, com observância da demarcação de quando esse tratamento deverá cessar (art. 15).
11. Assim expressou, mais de 10 (dez) anos atrás, o Grupo de Trabalho constituído como órgão consultivo europeu independente em matéria de proteção de dados e de privacidade, nos termos do art. 29 da Diretiva 95/46/CE, no seu Parecer 1/2010 sobre os conceitos de "responsável pelo tratamento" e "subcontratante" (WP 169) (O Parecer encontra-se disponível em "https://ec.europa.eu/justice/article-29/documentation/opinion-recommendation/files/2010/wp169_pt.pdf". Acesso em: 31 out. 2022).

A estruturação de um conceito de responsável pelo tratamento postula, antes de tudo, consideração da premissa no sentido de que essa definição em concreto se empreende "para cada operação de tratamento de dados pessoais" que se realize num contexto ou situação de pluralidade de operações ocorrendo em paralelo[12]. Essa premissa implica reconhecer possível que um certo agente poderá ostentar a posição de responsável por um certo tipo de tratamento sem exclusão de uma participação em outra operação de tratamento (envolvendo ou não os mesmos dados pessoais), a qual lhe confere, a depender da atuação que nessa operação assumir, ou bem a condição de responsável pelo tratamento ou bem uma condição que lhe opõe por antítese de não responsável. A relevância da premissa está na percepção de que cada operação de tratamento é merecedora de uma própria qualificação, que identificará o agente responsável por esse tratamento especificamente considerado.

No que se refere aos seus elementos, o conceito de controlador responsável pelo tratamento é bem estruturado pela conjugação de (a) um elemento de natureza subjetiva[13]; (b) um elemento de natureza substantiva circunscrevendo a sua materialidade[14] e (c) outro elemento circunstancial atinente ao exercício do tratamento[15-16].

---

12. Guia Orientativo para Definições dos Agentes de Tratamento de Dados Pessoais e do Encarregado elaborado pela ANPD (em sua versão 2.0 divulgada em abril de 2022), p. 7.
13. O elemento de natureza subjetiva perquire quem pode em princípio ser responsável pelo tratamento. Essa investigação se conduz à luz da proposição elementar de que os agentes de tratamento se definem "a partir de seu caráter institucional" como adverte a ANPD (Guia Orientativo para Definições dos Agentes de Tratamento de Dados Pessoais e do Encarregado elaborado pela ANPD (em sua versão 2.0 divulgada em abril de 2022), p. 7). Não são considerados controladores (autônomos ou conjuntos), ou mesmo operadores, os indivíduos subordinados, tais como funcionários, colaboradores, os servidores públicos ou as equipes de trabalho de uma organização, já que atuam sob o poder diretivo do agente de tratamento". Em seguida, o guia da ANPD ressalta que "a definição legal de controlador não deve ser entendida como uma norma de distribuição interna de competências e responsabilidade." (Ibid., p. 9). A compreensão é compartilhada pela doutrina: PALHARES, Felipe; PRADO, Luis Fernando; VIDIGAL, Paulo. *Compliance digital e LGPD*. Coleção Compliance, v. 5. São Paulo: Thomson Reuters Brasil, 2021, p. 120-121.
14. O elemento de natureza substantiva diz respeito ao modo como o dado pessoal é materialmente manuseado; ele traduz, na dicção da LGPD definidora do conceito de controlador responsável pelo tratamento (art. 5º, VI), o predicativo do sujeito "a quem competem as decisões referentes ao tratamento" ao qual se liga a pessoa (natural ou jurídica). Não é elementar à qualificação atribuída pelo predicativo que a pessoa execute direta ou pessoalmente o tratamento (embora nada lhe impeça de fazê-lo); o que é fundamental é possuir a competência enquanto poder para deliberar e decidir sobre os aspectos essenciais do tratamento. O poder decisório a dirigir o tratamento se estabelece como o aspecto que polariza a conceituação de responsável pelo tratamento em termos a distinguir esse agente daqueles em condição carecedora de tal prerrogativa ou poder, como é o caso do agente operador e do terceiro (ANPD, Guia Orientativo para Definições dos Agentes de Tratamento de Dados Pessoais e do Encarregado (versão 2.0), p. 7, 11 e 17).
15. O terceiro elemento do conceito de responsável pelo tratamento diz respeito às circunstâncias como é exercida aquela influência na determinação dos aspectos essenciais do tratamento, se individual ou coletivamente. O RGPD definiu o responsável pelo tratamento como a pessoal que "individualmente ou em conjunto com outras" determina as finalidades e os meios de tratamento (art. 4º/7). Já a LGPD forneceu uma definição de controlador responsável pelo tratamento (art. 5º, VI) que não alude expressamente ao controle conjunto, mas inseriu no capítulo dedicado aos agentes de tratamento disposição estabelecendo que "os controladores que estiverem diretamente envolvidos no tratamento do qual decorreram danos ao titular dos dados respondem solidariamente" (inciso II, do § 1º, do art. 42), o que permite inferir que o conceito de controladoria conjunta "está contemplado no sistema jurídico de proteção de dados" (ANPD, Guia Orientativo para Definições dos Agentes de Tratamento de Dados Pessoais e do Encarregado da ANPD, p. 13).
16. No âmbito do Regulamento Europeu, o Comitê Europeu para a Proteção de Dados também indica os três elementos do conceito de controlador responsável pelo tratamento (Orientações 07/2020 sobre os conceitos de responsável

Duas importantes diretrizes se retiram das contribuições das comissões europeias dedicadas à aplicação de normas sobre tratamento de dados[17]. A primeira no sentido de indicar a insuficiência de um critério meramente formal de investidura do poder decisório: se é verdade que o poder decisório a respeito do tratamento pode encontrar investidura na definição de uma competência legal expressa[18], como também no exercício de uma competência implícita em que as atribuições de manuseio de dados derivam de um papel funcional e decorrem de disposições legais previstas em outras fontes como a lei civil e a lei trabalhista[19], o órgão europeu de proteção de dados aclarou que não se pode deixar de reconhecer uma investidura no poder decisório também em virtude de circunstâncias factuais que estabelecem uma influência concreta na determinação das finalidades e dos meios de tratamento[20].

A segunda no sentido de ressaltar que o conceito de responsável pelo tratamento requer compreensão baseada "numa análise factual e não formal"[21]. Assim é que as circunstâncias jurídicas de investidura em poderes decisórios a respeito do tratamento, na forma como elas se apresentam em cada caso concreto (seja expressamente indicando ou nomeando quem estaria sendo investido nos poderes decisórios, seja silenciando a esse propósito de modo que ninguém receba tal indicação), não excluem o reconhecimento, com base na avaliação das circunstâncias factuais do tratamento, do agente factualmente no exercício do poder decisório a respeito do tratamento de dados (a despeito da investidura jurídica de outrem ou de nenhum agente formalmente indicado)[22].

A predileção por uma análise factual implica estabelecer que a qualificação de responsável pelo tratamento não resulta da condição formal da organização em relação ao tratamento, mas das funções que concretamente assume no contexto específico[23]. A abordagem nesses termos empreendida consegue explicar que uma mesma organização

---

pelo tratamento e subcontratante no RGPD (versão 2.0), p. 11-20; disponível em: "https://edpb.europa.eu/system/files/2022-02/eppb_guidelines_202007_controllerprocessor_final_pt.pdf". Acesso em: 31 out. 2022).

17. Embora a ANPD não tenha no seu guia de orientação para definições dos agentes de tratamento dedicado especial atenção ao detalhamento do aspecto atinente ao poder decisório, as contribuições das comissões europeias não parecem incongruentes com o cenário normativo brasileiro a ponto de objetar o endereçamento do pensamento a respeito do tema segundo as diretrizes ali estabelecidas.
18. A lei nomeia o responsável pelo tratamento ou atribui-lhe uma tarefa ou um dever de coletar e tratar certos dados ainda que sem expressamente defini-lo como agente responsável.
19. À guisa de ilustração, seria o caso de sociedade empresária cuja atuação vocacionada pelo fim social pressupõe, implicitamente, que trate os dados de seus colaboradores no processamento da folha de pagamento e no cumprimento das correlatas obrigações tributárias e previdenciárias.
20. Parecer 1/2010 sobre os conceitos de "responsável pelo tratamento" e "subcontratante", do Grupo de Trabalho constituído como órgão consultivo europeu independente em matéria de proteção de dados, p. 13-15.
21. Comitê Europeu para a Proteção de Dados (EDPB), Orientações 07/2020 sobre os conceitos de responsável pelo tratamento e subcontratante no RGPD (versão 2.0), p. 12.
22. Nesse sentido aponta a ANPD, amparada no pronunciamento do Comitê Europeu para a Proteção de Dados, que "a efetiva atividade desempenhada por uma organização pode se distanciar do que estabelecem as disposições jurídicas formais, razão pela qual é de suma importância avaliar se o suposto controlador é, de fato, o responsável pelas principais decisões relativas ao tratamento." (Guia Orientativo para Definições dos Agentes de Tratamento de Dados Pessoais e do Encarregado da ANPD (versão 2.0), p. 8).
23. Comitê Europeu para a Proteção de Dados (EDPB), Orientações 07/2020 sobre os conceitos de responsável pelo tratamento e subcontratante no RGPD (versão 2.0), p. 13-14.

ou entidade atue como responsável pelo tratamento em relação a determinada operação, em virtude das funções relevantes que nela desempenha, e possa simultaneamente participar de outra operação de tratamento em contexto diferente, ali executando funções em escopo e extensão insuficientes a caracterizar influência na determinação dos aspectos relevantes essenciais desse outro tratamento.

Por outro lado, implica reconhecer que aquele quem o controlador responsável pelo tratamento investe em atribuições de manuseio sob uma finalidade especificamente delimitada ostenta a qualificação de *operador* enquanto desempenhar fielmente as instruções para realizar o tratamento "em nome do controlador"[24]. Ainda que tal qualificação de operador figure textualmente em instrumento contratual firmado, aquele agente assumirá a qualificação de *controlador* caso extrapole os limites das instruções e empregue os dados comunicados em uma atividade de tratamento diferente, especificamente no tocante a essa outra atividade de tratamento, sem prejuízo de cumular a qualificação de operador relativamente ao tratamento estipulado nas instruções.

A prevalência do aspecto funcional na qualificação do agente responsável estabelece um duplo desafio na delimitação de quem é controlador e quem é operador. O *primeiro* resulta da mobilidade que aquele conceito dinâmico atribui à qualificação. No âmbito do regulamento europeu (GDPR) aplicável em Portugal, essa mobilidade provém da adoção de uma qualificação do responsável pelo tratamento em abordagem funcional e dinâmica[25] (como estabelecido pelo órgão consultivo europeu independente em matéria de proteção de dados), o que dá guarida ao entendimento de que um operador incumbido de tratar dados "em nome do controlador" segundo instruções pode se converter em controlador quando estipular materialmente uma finalidade diferente para o tratamento, ou empregar outros meios que não os especificados nas instruções do controlador.

No Brasil, esse entendimento favorável à mobilidade da qualificação (em detrimento de uma conceituação estática) é abraçado em sede doutrinária[26] e vem reforçado no reconhecimento na LGPD de uma relevância jurídica idônea a dar ao operador a qualificação de controlador por equiparação "quando não tiver seguido as instruções lícitas do controlador" (inciso I, do § 1º do art. 42). É que a ampliação e/ou modificação do manuseio dos dados por iniciativa do operador estabelece uma atividade de tratamento diferente, mas que guarda conexão com o tratamento originário na medida em que dele deriva e somente se viabiliza pela delegação contratual que transmitiu os dados ao operador, sujeitando o titular dos dados a suportar efeitos nascidos de um contrato em que não foi parte.

---

24. LGPD, art. 5º, inciso VII.
25. BARBOSA, Mafalda Miranda. Data controllers e data processors: da responsabilidade pelo tratamento de dados à responsabilidade civil. *Revista de Direito Comercial*. Lisboa, n. 2, p. 424-494, 2018, p. 443: "a noção de controller é uma noção dinâmica, que não se deixa aprisionar por determinações abstratas formuladas a priori, antes procurando espelhar o efetivo controlo de facto sobre as finalidades e os meios de tratamento de dados.".
26. MALDONADO, Viviane Nóbrega; BLUM, Renato Opice. *LGPD*: lei geral de proteção de dados comentada. 2. ed. São Paulo: Thomson Reuters Brasil, 2019, p. 108 ("caso as empresas contratadas tomem a decisão – ilícita, diga-se de passagem – de utilizar os dados para outras finalidades, automaticamente elas também passam a ser controladoras a partir desse momento.").

Em razão disso – à semelhança do que ocorre em casos de coligação entre relações jurídicas em que a lei reconhece uma relevância jurídica para expandir o conceito de "parte" quando "surge a figura do 'contratante-terceiro', 'parte por equiparação', ou 'simples parte', que é aquele que, posto não configurar parte no sentido estrito oferecido pela análise do negócio isolado, constitui figura jurídica integrante do regulamento de interesses estabelecido por meio dos contratos conexos"[27] –, também a LGPD reconhece na conexão do tratamento secundário com o tratamento originário uma relevância jurídica para dar a esse operador a qualificação de controlador por equiparação. Esse operador – que antes figurava como "terceiro" na relação jurídica originariamente estabelecida entre o titular dos dados e o responsável pelas decisões referentes ao tratamento de dados pessoais (controlador) – é equiparado por efeito da lei ao controlador responsável pelo tratamento, assumindo a posição de "parte" de uma relação jurídica que se constitui com fundamento na existência da atividade de tratamento.

O *segundo* desafio, também tangenciando a qualificação fluida, se coloca nos casos envolvendo pluralidade de agentes de tratamento. O RGPD expressamente reconhece a possibilidade do controle conjunto, definindo o responsável pelo tratamento como a pessoa que "individualmente ou em conjunto com outras, determina as finalidades e os meios de tratamento de dados pessoais" (art. 4º/7) e estabelecendo a corresponsabilidade pelo tratamento "quando dois ou mais responsáveis pelo tratamento determinem conjuntamente as finalidades e os meios desse tratamento" (art. 26/1). A LGPD, embora forneça uma definição de controlador (art. 5º, inciso VI) sem referência expressa ao controle conjunto[28], não parece excluir o reconhecimento de tal possibilidade, que encontra justificativa em uma qualificação guiada por conceito dinâmico e funcional, focada em identificar em concreto quem *materialmente determina* a finalidade e os meios do tratamento feito dos dados pessoais.

Em termos de qualificação, a sofisticação dos modelos de negócios na era da Sociedade da Informação[29] torna cada vez mais tormentoso apartar os casos de controle conjunto – que ensejam corresponsabilidade pelo tratamento realizado sob finalidade e

---

27. KONDER, Carlos Nelson. *Contratos conexos*. Rio de Janeiro: Renovar, 2006, p. 246. O autor fornece o exemplo das relações de consumo, em que a lei estabelece relação direta do consumidor com quem lhe vendeu o produto, mas também com todos aqueles que participaram da cadeia de consumo, tornando responsáveis pelo fato do produto defeituoso "o fabricante, o produtor, o construtor, nacional ou estrangeiro, e o importador" (Lei 8.078/90, art. 12).
28. Embora não tenha – como o fez o RGPD – fornecido uma definição de controlador contendo expressa alusão ao controle conjunto, a LGPD inseriu no capítulo dedicado aos agentes de tratamento disposição estabelecendo que, "os controladores que estiverem diretamente envolvidos no tratamento do qual decorreram danos ao titular dos dados respondem solidariamente" (inciso II, do § 1º, do art. 42), o que indica a aceitação ao exercício compartilhado do controle.
29. Mafalda Miranda Barbosa, em didática lista de exemplos, explica que a participação de vários sujeitos numa operação de tratamento de dados pessoais não determina necessariamente um controle conjunto, sendo pressuposto de uma tal corresponsabilidade uma comunhão no domínio de fato que induza uma definição partilhada das finalidades e dos meios: "No fundo, para se falar de controle conjunto, haveremos de estar diante de uma hipótese em que os mesmos dados são partilhados por mais do que uma entidade, unidas pela prossecução de uma finalidade comum ou pela utilização de meios definidos em conjunto, de tal modo que só conseguimos antever uma atividade de tratamento de dados." (BARBOSA, Mafalda Miranda. Data controllers e data processors: da responsabilidade pelo tratamento de dados à responsabilidade civil. *Revista de Direito Comercial*. Lisboa, n. 2, 2018, p. 447).

meios conjuntamente definidos – dos casos em que dois (ou mais) agentes de tratamento, partilhando embora um mesmo conjunto de dados pessoais, dão-lhes tratamento sob finalidades diferentes e com emprego de meios distintos.

Distinguir os agentes envolvidos no tratamento dos dados permite identificar a quem se poderá em princípio imputar responsabilidade pela lesão ao interesse do titular à proteção de dados, considerando a previsão em lei de que a reparação do dano ao titular se pode *em abstrato* atribuir ao controlador ou ao operador (tal previsão consta do art. 42, *caput*, da LGPD e do art. 82/1 do RGPD). A afirmação *em concreto* da imputação de responsabilidade, porém, não prescinde de "analisar em que medida a lesão que ocorre se liga funcionalmente ao dever preterido"[30] e em que medida o atuar de outrem tem influência nessa imputação.

3. RESPONSABILIDADE CIVIL DO CONTROLADOR POR ATO DO OPERADOR

A permissão a que o tratamento de dados pessoais se desenvolva tanto com fundamento em base negocial quanto com suporte em outra base especificada em lei[31] desdobra em dois domínios a análise da imputação de responsabilidade por lesão ao interesse à proteção de dados. No *primeiro* estão situados os tratamentos amparados em base negocial, que colheram do titular aquiescência com a manipulação do dado pessoal para finalidade(s) especificada(s) e segundo os meios definidos no ato jurídico constituinte da relação jurídica e postularão a aplicação do regime de responsabilidade negocial[32] nas situações em que o tratamento infringir algum dever contratual; o *segundo* é ocupado pelos tratamentos amparados em outro suporte legal que não a base negocial – a exemplo do dado pessoal manipulado para o cumprimento de obrigação legal ou regulatória, para execução de políticas públicas ou para algum outro propósito que a lei identificou relevância jurídica para dispensar a obtenção de consentimento do titular –, que postularão a aplicação do regime geral de responsabilidade civil ("responsabilidade aquiliana") nas situações em que o tratamento infringir dever instituído em lei.

A distinção tem consequências na imputação de responsabilidade por fato próprio[33] e por fato de outrem, essa tomada como circunscrição do campo de abordagem a seguir empreendida a respeito dos limites da atribuição de responsabilidade ao controlador por ato do operador.

---

30. BARBOSA, Mafalda Miranda. Data controllers e data processors: da responsabilidade pelo tratamento de dados à responsabilidade civil. *Revista de Direito Comercial*. Lisboa, n. 2, p. 424-494, 2018, p. 427.
31. A LGPD e o RGPD adotam técnicas legislativas assemelhadas: enquanto a primeira enumera no art. 7º, além da base negocial, outras 9 (nove) bases legais autorizativas do tratamento lícito de dados pessoais, o segundo enumera no art. 6º outras 5 (cinco) bases legais, além da base negocial, para o tratamento lícito de dados pessoais.
32. A definição "responsabilidade negocial" é adotada no lugar da usualmente chamada "responsabilidade contratual", que não acomoda adequadamente obrigações nascidas de negócios jurídicos unilaterais (NORONHA, Fernando. *Direito das obrigações*. 4. ed. São Paulo: Saraiva, 2013, p. 454). Ressalva semelhante é feita por Perlingieri: a "responsabilidade dita contratual" compreende, "na verdade, responsabilidade decorrente do inadimplemento de qualquer relação obrigacional, qualquer que seja sua fonte, contratual ou não" (PERLINGIERI, Pietro. *O direito civil na legalidade constitucional*. Trad.: Maria Cristina de Cicco. Rio de Janeiro: Renovar, 2008, p. 894).
33. As consequências de tal distinção na imputação da responsabilidade por ato próprio não serão aqui abordadas por desbordar o escopo desse trabalho.

3.1 Responsabilidade aquiliana

Tomando primeiro por referência o regime geral de responsabilidade aquiliana, a problemática que se apresenta ao enfrentamento é determinar se (e em quais circunstâncias) a iniciativa do controlador de delegar a terceiro a execução de uma ou mais operações de tratamento dos dados pessoais permite imputar-lhe responsabilidade pela lesividade do manuseio realizado no âmbito da atuação do operador de quem se serve para tratar dados conforme instruções.

Uma indagação que logo se coloca é determinar se essa subcontratação seria por si só razão suficiente à imputação de responsabilidade ao controlador. Na medida em que a transmissão dos dados por efeito da subcontratação constitui em si mesma uma atividade de tratamento[34] que demanda respeito ao regulamento legal, se poderia em tese cogitar de emprestar a qualificação do tratamento "em violação à legislação de proteção de dados pessoais" (art. 42 da LGPD) aos casos em que o controlador elege um operador cuja atuação não atende às prescrições legais no sentido de adotar medidas técnicas e administrativas voltadas à proteção dos dados pessoais tratados[35]. Aqui se estaria a cogitar, a rigor, de responsabilidade por ato próprio do controlador no momento antecedente, não ingressando no domínio da responsabilidade indireta por ato praticado pelo operador em momento subsequente à delegação.

Outra situação que se abre é da lesão que se produz no âmbito das atividades desempenhadas pelo operador. No campo da responsabilidade aquiliana, o objeto da investigação em torno da imputação de uma responsabilidade indireta consiste em um problema de qualificação a perquirir a configuração de uma genuína relação de comissão[36], que permita imputar ao comitente a responsabilidade por atos do "comissário" nos termos do artigo 500 do Código Civil Português[37] e do "preposto" nos termos do artigo 932, inciso III, do Código Civil Brasileiro[38].

---

34. LGPD, art. 5º, inciso X.
35. A LGDP reúne preceitos endereçados aos agentes de tratamento no sentido de adotarem medidas técnicas e administrativas que tornem os dados pessoais ininteligíveis para terceiros, que previnam acessos desautorizados e eventos acidentais ou ilícitos de destruição, perda, alteração ou comunicação indesejada dos dados pessoais (art. 46), de investirem em boas práticas (art. 50) e em programas de governança em privacidade que demonstrem o comprometimento com a proteção de dados, implementem salvaguardas consideradas em estudo de impacto compatíveis com os riscos associados ao tratamento de dados pessoais promovido (§ 2º do art. 50) e adotem medidas técnicas que tornem os dados pessoais ininteligíveis para terceiros não autorizados a acessá-los.
36. "Comitente é aquele que incumbe – na letra da lei: 'encarrega' – alguém de qualquer tarefa – na letra da lei: 'comissão'. Quem manda alguém fazer alguma coisa fica, segundo o artigo 500º, responsável por aquilo que essa pessoa faça." (VASCONCELOS, Pedro Pais de. *Teoria geral do direito civil*. Coimbra: Almedina, 2012, p. 157).
37. Artigo 500º (Responsabilidade do comitente) 1. Aquele que encarrega outrem de qualquer comissão responde, independentemente de culpa, pelos danos que o comissário causar, desde que sobre este recaia também a obrigação de indemnizar. 2. A responsabilidade do comitente só existe se o facto danoso for praticado pelo comissário, ainda que intencionalmente ou contra as instruções daquele, no exercício da função que lhe foi confiada. 3. O comitente que satisfizer a indemnização tem o direito de exigir do comissário o reembolso de tudo quanto haja pago, excepto se houver também culpa da sua parte; neste caso será aplicável o disposto no nº 2 do artigo 497º.
38. Art. 932. São também responsáveis pela reparação civil: (...) III – o empregador ou comitente, por seus empregados, serviçais e prepostos, no exercício do trabalho que lhes competir, ou em razão dele.

Do lado de lá do Atlântico, a doutrina lusitana aponta que a imputação ao comitente de uma responsabilidade "independentemente de culpa" por ato do comissário tem como primeiro pressuposto a configuração de uma dupla imputação[39] (*i.e.*, para que o comitente responda, é necessário que sobre o comissário "recaia igualmente a obrigação de indemnizar"[40]), e como segundo pressuposto que o ato do comissário tenha sido praticado "no exercício da função que lhe foi confiada"[41]. Do lado de cá, a doutrina brasileira também acena para o pressuposto da dupla imputação indicando que o comitente só responde objetivamente[42] se uma responsabilidade também se puder imputar ao preposto enquanto agente causador direto do dano[43].

Para uma investigação que se empreenda no campo da proteção de dados acerca da imputação de responsabilidade indireta ao controlador, tem relevância nessa qualificação a sinalização doutrinária de que a relação de comissão "açambarca qualquer situação de direção, com subordinação hierárquica ou não"[44], também aquela que se imponha por ato de voluntariedade[45], podendo abranger tanto uma atividade duradoura como atos de caráter isolado[46], ou ainda uma subordinação "puramente transitória, ocasional, limitada

---

39. FRADA, Manuel A. Carneiro da. A responsabilidade objectiva por facto de outrem face à distinção entre responsabilidade obrigacional e aquiliana. Direito e Justiça: Revista da Faculdade de Direito da Universidade Católica Portuguesa. Lisboa: Universidade Católica Editora, v. 12, n. 1, p. 297-311, 1998, p. 301 ("tal significa que para a responsabilidade do comitente surgir torna-se necessária uma imputação primária do dano ao comissário, comprovada a qual é depois viável uma imputação secundária ou de segundo grau ao comitente".). No mesmo sentido: COSTA, Mário Júlio de Almeida. *Direito das obrigações*. 12.ed. 8. reimp. Coimbra: Editora Almedina, 2020, p. 617; LEITÃO, Luís Manuel Teles de Menezes. *Direito das obrigações*. 14. ed. Coimbra: Editora Almedina, 2017. v. I. p. 365.
40. PINTO, Carlos Alberto da Mota. *Teoria geral do direito civil*. 4.ed. Coimbra: Coimbra Editora, 2005, p. 323. Para o autor, é preciso "que tenha havido culpa da pessoa simples que praticou o acto ilícito causador do dano (art. 483), salvo se se tratar de matérias onde se responde sem culpa (acidentes causados por veículos: art. 501; danos causados por animais: art. 502; danos causados por instalações de energia ou gás: art. 509; acidentes de trabalho etc." (Ibid., p. 323). No mesmo sentido: VASCONCELOS, Pedro Pais de. *Teoria geral do direito civil*. Coimbra: Almedina, 2012, p. 157.
41. A amplitude da imputabilidade é controvertida na doutrina portuguesa. Para Antunes Varela, a fórmula "no exercício da função" tem o sentido de circunscrever a imputação de responsabilidade ao comitente aos atos praticados no quadro geral de competências funcionais atribuídas ao comissário; ficariam excluídas de tal imputação a lesão decorrente da atuação fora daquele quadro de competências, que encontrou no exercício da função a ocasião para sua produção (VARELA, João de Matos Antunes. *Das obrigações em geral*. 10. ed. 10. reimp. Coimbra: Editora Almedina, 2014. v. I. p. 643: "ainda que o comissário proceda intencionalmente ou contra as instruções dele, mostra-se que houve a intenção de abranger todos os actos compreendidos no quadro geral da competência ou dos poderes conferidos ao dito comissário"). De modo diverso, entendem que a fórmula abraçaria compreensão mais alargada para alcançar o evento danoso provocado no exercício da função confiada, e não por causa dela, Menezes Leitão (LEITÃO, Luís Manuel Teles de Menezes. *Direito das obrigações*. 14. ed. Coimbra: Editora Almedina, 2017. v. I. p. 364) e Menezes Cordeiro (CORDEIRO, Antônio Menezes. *Tratado de direito civil. v. VIII*: direito das obrigações – gestão de negócios, enriquecimento sem causa, responsabilidade civil. Coimbra: Editora Almedina, 2014, p. 614).
42. Conforme estipula o art. 933 do CCB mediante uso da fórmula "ainda que não haja culpa de sua parte".
43. DIREITO, Carlos Alberto Menezes; CAVALIERI FILHO, Sergio. *Comentários ao novo código civil*, v. 8: da responsabilidade civil, das preferências e privilégios creditórios. 3. ed. TEIXEIRA, Sálvio de Figueiredo. Comentários ao novo código civil. Rio de Janeiro: Forense, 2011, p. 245.
44. VENOSA, Sílvio de Salvo. *Código Civil interpretado*. 3.ed. São Paulo: Editora Atlas, 2013, p. 1142-1143.
45. DIAS, José de Aguiar. *Da responsabilidade civil*. 10. ed. Rio de Janeiro: Forense, 1995. v. I. p. 521.
46. LEITÃO, Luís Manuel Teles de Menezes. *Direito das obrigações*. 14. ed. Coimbra: Editora Almedina, 2017. v. I. p. 362.

a actos materiais ou jurídicos de curta duração"[47]. O importante na caracterização do vínculo de comissão é que se estabeleça na relação "uma dependência ou sujeição do preposto ao comitente, decorrente da autoridade deste, ou seja, o direito de dar ordens e instruções sobre o modo de cumprir as funções que são atribuídas ao preposto"[48].

Esse laço de subordinação é também encontrado na delegação que um controlador faz a agente externo aos seus quadros empresariais, na atribuição voluntária e ocasional da execução operacional de uma ou mais das atividades que compreendam o tratamento que propôs-se a fazer, na exata medida em que a atribuição dessa execução é circunscrita a instruções que especificam uma certa finalidade em obediência aos princípios cardeais da limitação das finalidades[49] e da minimização do tratamento[50]: não é consentido ao operador ir além das instruções para tratar os dados em vista de outros fins. Daí por que a relação constituída pelo negócio jurídico de delegação, no que se fia na subserviência a instruções, compreende também uma relação de comissão entre o controlador e aquele agente de quem se serve para realizar o tratamento em seu nome. Reforça essa qualificação a estipulação do direito de regresso na lei de proteção de dados (art. 42, §4º, da LGPD e art. 82/5 do RGPD), em sintonia com o regresso característico do regime jurídico da relação de comissão[51].

Entre o controlador e o operador se estabelece por efeito do ato negocial de delegação uma relação de comissão enquanto esse operador se mantiver atuando em conformidade com as instruções recebidas e em proveito da finalidade delimitadora da delegação. Não desnatura a subordinação que grava aquela relação de comissão eventual reserva ao operador de alguma margem de autonomia técnica acerca dos meios empregados no tratamento dirigido à finalidade especificada pelo controlador[52]. Em tais circunstâncias, uma responsabilidade indireta se pode imputar ao controlador caso a manipulação de dados pelo operador represente fonte de lesão ao titular do dado pessoal[53].

---

47. VARELA, João de Matos Antunes. *Das obrigações em geral*. 10. ed. 10. reimp. Coimbra: Editora Almedina, 2014. v. I. p. 640.
48. LIMA, Alvino. *A responsabilidade civil pelo fato de outrem*. 2.ed. Rio de Janeiro: Forense, 2000, p. 66. Nessa direção também segue a jurisprudência. A título de exemplo: Superior Tribunal de Justiça. AgRg no Recurso Especial 1.020.237. Órgão julgador: Quarta Turma. rel. Min. Luis Felipe Salomão, julg. em 21.06.2012.
49. "Este princípio possui grande relevância prática: com base nele, fundamenta-se a restrição da transferência de dados pessoais a terceiros, além do que pode-se, a partir dele, estruturar-se um critério para valorar a razoabilidade da utilização de determinados dados para uma certa finalidade (fora da qual haveria abusividade)." (DONEDA, Danilo. *Da privacidade à proteção de dados pessoais*: fundamentos da lei geral de proteção de dados. São Paulo: Thomson Reuters Brasil, 2019. p. 182).
50. RGPD, considerando 78 e art. 5º/1, alínea 'c'.
51. Art. 500/3 do Código Civil Português. Também a esse respeito: LIMA, Alvino. *A responsabilidade civil pelo fato de outrem*. 2.ed. Rio de Janeiro: Forense, 2000, p. 113-114.
52. A direção técnica nem sempre é necessária à subordinação. Alvino Lima já acenava para situações em que uma restrição ao poder de determinação pode decorrer "da situação pessoal do preposto como técnico ou profissional", sendo por vezes conveniente ao comitente "restringir a subordinação de seu preposto, cujos méritos e conhecimentos se coadunam às finalidades da empresa ou da sua organização econômica", assegurando-lhe "ampla e absoluta independência profissional, naquilo que se refere aos seus conhecimentos técnicos ou profissionais" (LIMA, Alvino. *A responsabilidade civil pelo fato de outrem*. 2. ed. Rio de Janeiro: Forense, 2000, p. 68).
53. A imputação de responsabilidade indireta ao comitente não prejudica e nem exclui a responsabilidade por ato próprio do causador direto do dano, a quem sempre se poderá imputar responsabilidade direta pela reparação.

Diferente parece ser o quadro pintado pelo operador que empreende manuseio dos dados para uma finalidade fora das instruções transmitidas no ato de delegação, fazendo desse outro tratamento a fonte da lesão ao titular do dado pessoal. Duas importantes percepções aqui se conectam: a primeira é no sentido de que esse operador incumbido de tratar dados segundo instruções, quando passa a estipular materialmente uma finalidade diferente, assume a qualificação de controlador de outra atividade de tratamento autônoma (item 2 *supra*), circunstância essa que realça a imputabilidade a si enquanto causador direto da lesão; a segunda é no sentido de que a manipulação dos dados em proveito de interesses estranhos ao comitente tem impacto na imputação de responsabilidade indireta – que tem sempre caráter excepcional[54] –, restando pela frente determinar se subsiste imputável ao agente garantidor uma responsabilidade que em essência se funda em obrigação de garantia[55].

Pontua Carlos Alberto da Mota Pinto que a estipulação normativa de que se mantém a responsabilidade do comitente pelas ações do comissário "ainda que intencionalmente ou contra as instruções daquele" (item 2 do art. 500) inclui os atos que, mesmo contrariando instruções, visaram exclusiva ou conjuntamente interesses da entidade representada, mas seria "ir longe demais responsabilizar (...) se o acto foi intencionalmente praticado para realizar um objectivo meramente pessoal [do comissário], sem conexão com os interesses da pessoa colectiva"[56].

Em situações em que o operador atua fora das instruções e desviando do interesse do controlador, Mafalda Miranda Barbosa propõe investigar nas especificidades do caso concreto se a delegação de funções (com a consequente comunicação dos dados) aumentou o risco de surgimento da lesão. Indicando por um lado que a responsabilidade não se poderia imputar ao controlador originário enquanto a subcontratação caracterizar mera ocasião de surgimento daquela lesão, que poderia ter lugar de igual modo mesmo sem a delegação, a civilista portuguesa cogita por outro lado que a imputação de responsabilidade indireta pelo novo tratamento feito pelo operador, mesmo que ele tenha contrariado as instruções recebidas, elegido uma nova finalidade e estipulado os meios próprios, subsistiria viável nos casos em que esse operador (convertido em controlador de uma nova operação de tratamento) "não o poderia fazer sem os meios que lhe foram facultados"[57] pelo ato de delegação.

---

54. PEREIRA, Caio Mário da Silva. *Responsabilidade civil*. Atual. Gustavo Tepedino. 10. ed. rev. atual. Rio de Janeiro: GZ Editora, 2012, p. 120.
55. VARELA, João de Matos Antunes. *Das obrigações em geral*. 10. ed. 10. reimp. Coimbra: Editora Almedina, 2014. v. I. p. 646; PEREIRA, Caio Mário da Silva. *Responsabilidade civil*. Atual. Gustavo Tepedino. 10. ed. rev. atual. Rio de Janeiro: GZ Editora, 2012, p. 122.
56. PINTO, Carlos Alberto da Mota. *Teoria geral do direito civil*. 4. ed. Coimbra: Coimbra Editora, 2005, p. 324.
57. BARBOSA, Mafalda Miranda. Data controllers e data processors: da responsabilidade pelo tratamento de dados à responsabilidade civil. *Revista de Direito Comercial*. Lisboa, n. 2, p. 424-494, 2018, p. 461. Em subsídio ao raciocínio empreendido, a autora fornece o exemplo da seguradora X que vem a contratar a empresa Y, prestadora de serviços de marketing direto, com o intuito de divulgação dos seus produtos, e a prestadora de serviços Y se aproveita dos dados que lhe foram comunicados para, além de cumprir com as obrigações da delegação (promover produtos da seguradora X), também promover produtos de outros clientes.

Somando-se à teoria geral da comissão, o próprio regulamento de proteção de dados, no que preconiza que o controlador não será responsabilizado "se provar que não é de modo algum responsável pelo evento que deu origem aos danos" (art. 82/3 do RGPD)[58], postula o estabelecimento de um *filtro* a distinguir as situações em que o agente indireto, pela sua "posição de garante da indemnização"[59] perante o lesado, será responsável por atos do agente causador direto da lesão daquelas situações em que não o será. Incumbirá ao intérprete, na particularidade de cada caso concreto, buscar a especificação adequada dessa filtragem que se impõe na delimitação dos casos em que se impõe recusar, no campo da responsabilidade civil aquiliana, a imputação ao controlador de responsabilidade indireta pela lesão ocasionada do manuseio de dados no âmbito da atuação do operador de quem se serviu para delegar uma específica operação de tratamento alicerçada em outra base que não a negocial.

Delimitados os contornos de um regramento geral acerca da responsabilidade indireta no campo da responsabilidade aquiliana, uma ressalva final desponta necessária: a regra geral cede em favor de outra especial nos casos de eventos lesivos no âmbito de relações jurídicas alcançadas por regulamento especial, a exemplo da responsabilidade civil do Estado (art. 37, § 6º, da CF/88), da responsabilidade do fornecedor de produtos e serviços no mercado de consumo (Lei 8.078/90), da responsabilidade por violação de direitos autorais (Lei 9.610/98), dentre outras tantas.

3.2 Responsabilidade negocial

A mudança da abordagem do campo aquiliano para o campo negocial reclama antes duas considerações iniciais. A primeira é no sentido de que, enquanto a responsabilidade aquiliana submete a afirmação do dever de reparação à demonstração da censurabilidade da conduta do ofensor pela contrariedade ao direito, no campo negocial a verificação da ausência ou imperfeição da prestação presume a culpa do devedor (salvo se associada a um evento fortuito ou de força maior) conduzindo em princípio ao dever de reparação,[60] de modo que uma diferenciação se revela não no plano ontológico, mas no plano procedimental-probatório[61].

---

58. Fórmula semelhante adotou a LGPD no art. 43 ao dispor que "Os agentes de tratamento só não serão responsabilizados quando provarem: I – que não realizaram o tratamento de dados pessoais que lhes é atribuído").
59. VARELA, João de Matos Antunes. *Das obrigações em geral*. 10. ed. 10. reimp. Coimbra: Editora Almedina, 2014. v. I. p. 646.
60. Na doutrina portuguesa, cf., por todos: FRADA, Manuel A. Carneiro da. "Vinho novo em odres velhos"? A responsabilidade civil das operadoras de Internet e a doutrina comum da imputação de danos. *Revista da Ordem dos Advogados*. Lisboa, v. 59, n. 2, p. 665-692, abr. 1999, p. 671.
61. PEREIRA, Caio Mário da Silva. *Responsabilidade civil*. Atual. Gustavo Tepedino. 10. ed. rev. atual. Rio de Janeiro: GZ Editora, 2012, p. 329. Carlos Edison do Rêgo MONTEIRO FILHO, em sua proposta de refletir criticamente sobre contrastes e convergências na responsabilidade aquiliana e contratual, indicou ser indagação não definida na doutrina "se à culpa devem-se atribuir diferentes conotações na responsabilidade civil contratual e na extracontratual" (*Responsabilidade contratual e extracontratual*: contrastes e convergências no direito civil contemporâneo. Rio de Janeiro: Processo, 2016, p. 29), acentuando na sequência que a potencial distinção pela presunção de culpa do devedor no inadimplemento, "sem embargos das controvérsias que encerra, é, no mínimo, posta em xeque em tempos de responsabilidade objetiva – cuja aplicação dá-se indistintamente em

Em segundo lugar, é preciso ter consciência de que o tratamento alicerçado em base negocial nem sempre encontrará o interesse à proteção de dados como o interesse motivador da constituição da relação jurídica, o que implica reconhecer que o regulamento negocial por vezes focará naquele interesse dito principal e na prestação dita primária (a exemplo de uma compra e venda) sem se ocupar, com igual detalhamento, de como se empreenderá o manuseio dos dados pessoais que serve a providências de execução daquela prestação primária. Ainda que falte nesse regulamento negocial estipulações respeitantes à proteção de dados, a boa-fé objetiva vem impor deveres fiduciários, de proteção e de cuidado cuja violação, porque reconduzidos ao núcleo da relação obrigacional em sua perspectiva complexa, enseja a responsabilidade negocial[62].

A problemática que então se apresenta, nas situações em que a base negocial do tratamento compreender consentimento à subcontratação, é determinar se (e em quais circunstâncias) se pode imputar ao controlador uma responsabilidade por danos e perdas produzidas a partir do manuseio realizado no âmbito da atuação do operador. Duas hipóteses logo se aventam.

A *primeira* engloba os casos em que a execução de uma ou mais operações foi delegada a terceiro a despeito do tratamento do dado pessoal ter sido consentido pelo titular sob estipulação de vedação à subcontratação e/ou ao compartilhamento de dados: tenha o operador atuado ou não em violação à legislação de proteção de dados, respeitando ou não as instruções lícitas do controlador, se pode imputar uma responsabilidade negocial ao controlador que infringiu o programa negocial entabulado com o titular do dado ao delegar o que não lhe era permitido fazer. Esse controlador, a rigor, responde pelo seu agir[63], em si mesmo caracterizador de um cumprimento imperfeito da prestação[64], e não pelo agir do terceiro em momento posterior.

A *segunda*, que configura também exemplo de responsabilidade pelo próprio agir antecedente ao agir do terceiro, retoma a situação já abordada no item anterior do controlador que elege um operador cuja atuação não atende às prescrições legais no sentido de adotar medidas técnicas e administrativas voltadas à proteção dos dados tratados: esse controlador, no que empreende operação de tratamento qualificável como irregular –

---

searas contratuais e extracontratuais – e de carga dinâmica da prova, consagrada pelo parágrafo 1º do artigo 373 do CPC/2015" (Ibid., p. 79-80).
62. NORONHA, Fernando. *Direito das obrigações*. 4. ed. São Paulo: Saraiva, 2013, p. 472.
63. DIAS, José de Aguiar. *Da responsabilidade civil*. 10. ed. Rio de Janeiro: Forense, 1995. v. I. p. 177 ("Aceitando a caracterização da responsabilidade por fato de outrem, cumpre acentuar que esta não pode configurar-se, se a obrigação contratual estava a cargo do responsável, pessoalmente. Neste caso, não há que falar em fato de outrem, porque o violador é o próprio responsável. (…) se o contrato lhe impõe o dever de executar, ele próprio, a obrigação, o simples fato de fazê-la executar por outrem constitui violação do contrato"). No mesmo sentido, LIMA, Alvino. *A responsabilidade civil pelo fato de outrem*. 2.ed. Rio de Janeiro: Forense, 2000, p. 66 ("Cumpre, porém, observar que se o devedor está obrigado a cumprir pessoalmente a prestação devida, ou se considerarmos que ele devia impedir a intervenção, verifica-se a responsabilidade do devedor; mas neste caso a responsabilidade não decorre do fato de outrem, mas se trata de responsabilidade por fato próprio").
64. O mesmo ocorre nos casos em que a delegação, consentida para uma específica operação de tratamento, compreender outro tipo de atividade que o controlador atribua extravasando os contornos do consentimento à subcontratação: em relação a essa outra operação, a execução terá sido atribuída sem consentimento à delegação.

não por faltar autorização, mas por implicar violação à legislação de proteção de dados pessoais (art. 42 da LGPD) –, executa com imperfeição a sua prestação e responderá então pela lesão ao titular.

A formulação sobre se o controlador (agora devedor de uma prestação ao tratamento de dados nos termos em que consentidos) responde perante o credor por atos lesivos do terceiro de quem se serviu para cumprir suas obrigações até aparenta se colocar em termos semelhantes àquela posta no tópico anterior. Sem embargos da tendencial aproximação, sutis desvios se manifestam a partir da premissa de partida: no campo da responsabilidade aquiliana, o que se tem é uma imputação de responsabilidade a quem não diretamente causou a lesão (estabelecendo-lhe como garante da obrigação de indenizar) funcionando para favorecer a reparação da lesão suportada pelo ofendido na medida em que ao comitente se atribui um dever de reparar, que subsistirá ao dever de reparar do preposto que diretamente lesionou o interesse juridicamente tutelado. Enquanto as disposições do artigo 932, inciso III, do Código Civil Brasileiro e do artigo 500 do Código Civil Português vêm estabelecer uma dilatação da esfera de responsabilidade do agente dito "responsável" para nela inserir uma responsabilidade objetiva por fato de outrem, no campo da responsabilidade negocial o devedor responde por atos de auxiliares, substitutos e subcontratados como se fosse ele próprio a atuar[65]. Conceitualmente, está-se aí diante de uma responsabilidade direta pela compreensão das ações dos auxiliares como se fossem ações do próprio devedor.

Enfrentando as diferenças na responsabilidade por ato de terceiro na responsabilidade aquiliana e na negocial à luz dos preceitos do art. 500 (Responsabilidade do comitente) e do art. 800 (Actos dos representantes legais ou auxiliares)[66] do Código Civil Português, Carneiro da Frada sinaliza que é estabelecida na responsabilidade negocial a ficção do comportamento causador do dano na pessoa do devedor: "a técnica da lei é distinta. O que ela faz é projetar logo a conduta do auxiliar na pessoa do devedor para verificar se desse modo o devedor incorreria ou não em responsabilidade"[67].

---

65. DIAS, José de Aguiar. *Da responsabilidade civil.* 10. ed. Rio de Janeiro: Forense, 1995. v. I. p. 179 ("Quando uma pessoa representa outra, toma o seu lugar, é o desenvolvimento, a irradiação de sua individualidade. Em face de terceiros, pois, quando o representante age, é como se agisse o próprio representado"). No mesmo sentido: LIMA, Alvino. *A responsabilidade civil pelo fato de outrem.* 2.ed. Rio de Janeiro: Forense, 2000, p. 229: "quando o dependente ou auxiliar executa mal o contrato, a situação do devedor é, consequentemente, idêntica àquela que seria se a má execução lhe fosse pessoalmente imputável; o devedor contratual responderá pelo fato de seus dependentes ou auxiliares, como responderá pelo fato próprio, pessoal"; e BARBOSA, Mafalda Miranda. Acerca da aplicação do artigo 800º CC a ilícitos extracontratuais – breve apontamento. *Revista Brasileira de Direito Comparado.* Rio de Janeiro, n. 47, p. 143-183, jul.-dez. 2014, p. 168.
66. "Artigo 800º (Actos dos representantes legais ou auxiliares) 1. O devedor é responsável perante o credor pelos actos dos seus representantes legais ou das pessoas que utilize para o cumprimento da obrigação, como se tais actos fossem praticados pelo próprio devedor. 2. A responsabilidade pode ser convencionalmente excluída ou limitada, mediante acordo prévio dos interessados, desde que a exclusão ou limitação não compreenda actos que representem a violação de deveres impostos por normas de ordem pública."
67. FRADA, Manuel A. Carneiro da. A responsabilidade objectiva por facto de outrem face à distinção entre responsabilidade obrigacional e aquiliana. Direito e Justiça: Revista da Faculdade de Direito da Universidade Católica Portuguesa. Lisboa: Universidade Católica Editora, v. 12, n. 1, p. 297-311, 1998, p. 301. Para um detalhamento de diferentes formulações que propõem explicação para tal ficção (presunção de culpa, risco, garantia tácita,

Tal distinção tem como desdobramento favorecer a vítima, no campo da responsabilidade negocial, com a dispensa da investigação da dupla imputação[68]. Aqui, nas situações em que o tratamento de dados pessoais se desenvolve sob a base negocial, não terá pertinência investigar[69] se o operador atuou estritamente conforme as instruções do controlador ou se atuou positivamente em proveito de uma outra operação de tratamento não especificada (seja em benefício ou não do interesse do controlador). Se o operador realiza o tratamento "em nome do controlador" como se fosse esse próprio a atuar, seria afrontoso aos imperativos de boa-fé que esse controlador buscasse na intencionalidade do agir de outrem justificativa para a si mesmo exonerar de responder perante o titular do dado pelo modo de cumprimento da prestação que lhe compete.

Os deveres anexos que circundam a relação jurídica do titular com o controlador subjugam a escolha de se servir de um auxiliar para executar a sua própria prestação: se o devedor decide delegar, por escolha e conveniência própria, há de assim fazer respeitando os deveres laterais de proteção à prestação e ao credor (titular do dado). Assim é que o negócio jurídico a instrumentalizar essa delegação vai postular a qualificação de contrato com eficácia de proteção para terceiro[70]: nesse contrato, os titulares de dados pessoais "não são partes contratuais (...), mas estão envolvidos, por força da sua situação relativamente ao credor e da sua "proximidade da prestação" (Leitungsnäbe), resultante das circunstâncias, no círculo do contrato"[71]. Esses titulares, porque têm sua esfera jurídica afetada pelo manuseio que o operador empreender a partir desse contrato, qualificam-se terceiros[72] a quem interessa

---

teoria da representação, teoria dos órgãos e teoria do resultado), cf.: DIAS, José de Aguiar. *Da responsabilidade civil*. 10. ed. Rio de Janeiro: Forense, 1995. v. I. p. 179-181.

68. FRADA, Manuel A. Carneiro da. A responsabilidade objectiva por facto de outrem face à distinção entre responsabilidade obrigacional e aquiliana. Direito e Justiça: *Revista da Faculdade de Direito da Universidade Católica Portuguesa*. Lisboa: Universidade Católica Editora, v. 12, n. 1, p. 297-311, 1998. p. 302: "o devedor responde perante o credor por um acto que corresponda ao incumprimento de uma obrigação, apesar de esse acto ter sido praticado apenas por um seu auxiliar, sem ser para isso necessário que o auxiliar tivesse, como tal, actuado também ilícita e culposamente". No mesmo sentido, BARBOSA, Mafalda Miranda. Data controllers e data processors: da responsabilidade pelo tratamento de dados à responsabilidade civil. *Revista de Direito Comercial*. Lisboa, n. 2, p. 424-494, 2018, p. 462: "O desenho estrutural do artigo 800º CC é, então, absolutamente díspar, quando comparado com o do artigo 500º CC. Desaparece, a este nível, a dupla imputação para se fazer responder o devedor pelos atos dos auxiliares que utilize no cumprimento da obrigação como se fossem os seus próprios atos".
69. "No terreno contratual, o devedor deve reparar todo o dano causado pelos seus auxiliares. Não há lugar para indagar se o autor material do dano agiu ou não com culpa. O fundamento jurídico da responsabilidade do devedor contratual está em que o ato culposo ou não do auxiliar, não sendo estranho ao mesmo devedor, não pode de nenhum modo ser considerado como caso fortuito ou de força maior, causa liberadora do devedor. Considera-se que há risco contratual a cargo do devedor." (LIMA, Alvino. *A responsabilidade civil pelo fato de outrem*. 2. ed. Rio de Janeiro: Forense, 2000, p. 231).
70. CORDEIRO, Antônio Manuel da Rocha Menezes. *Da boa fé no direito civil*. 5.reimp. Coimbra: Almedina, 2013, p. 619: "pode-se enunciar-se o sentido da eficácia protectora de terceiros: certos contratos compreenderiam, entre os seus efeitos, determinados deveres a cumprir perante pessoas estranhas à sua celebração."
71. PINTO, Carlos Alberto da Mota. *Cessão da posição contratual*. Coimbra: Almedina Editora, 2003, p. 420.
72. Pontua Carneiro da Frada que a relação de proteção se faz compor de deveres (não destinados à realização do interesse de prestação da outra parte da relação, mas que visam a proteção dela) que podem beneficiar terceiros ou a eles impor-se, independentemente da vontade negocial e de invalidade ou ineficácia originária ou subsequente (FRADA, Manuel A. Carneiro da. *Teoria da confiança e responsabilidade civil*. Coimbra: Almedina, 2005, p. 91).

tanto que não se violem os deveres de proteção, como o próprio cumprimento da prestação que é objeto desse contrato[73].

A natureza desse contrato entre controlador e operador, que situa as pessoas a que se referem os dados pessoais "de tal forma próximas do credor que este, em termos cognoscíveis pelo devedor, "confia na segurança dessas pessoas tanto como não sua"[74], vem reforçar o descabimento de uma investigação a respeito dos limites de atuação do operador, o qual já resultava dos deveres anexos da relação jurídica do titular com o controlador que condicionam e valoram a escolha de executar a prestação, não pessoalmente, mas através de um terceiro. Se delegou a execução de operações de tratamento além dos limites autorizados pelos titulares, ou se o fez dentro dos limites, mas deles o operador por conta própria se excedeu, o controlador de igual modo falhou em cumprir a sua prestação perante os titulares ao escolher confiar a execução quando não poderia ou em quem não deveria.

Tal distinção implica em consequências práticas. Na medida em que a dupla imputação, no campo da responsabilidade aquiliana, funciona como filtro da imputabilidade de uma responsabilidade indireta ao comitente que se serviu de um terceiro, a impertinência de investigar se o operador atuou estritamente no cumprimento das instruções do controlador e em proveito do seu interesse, nas situações em que o tratamento de dados pessoais se desenvolve sob a base negocial, estabelece uma abrangência potencialmente maior da imputação àquele controlador de um dever de reparar uma lesão nascida do tratamento executado pelo operador em comparação com a imputação que a ele se pode estabelecer nas situações em que o tratamento de dados pessoais se desenvolva sob outra base legal[75].

4. CONSIDERAÇÕES FINAIS

O conteúdo do direito fundamental à proteção de dados, somado à exposição a que ele está submetido em uma Sociedade da Informação cada vez mais interessada na coleta e utilização de dados pessoais, justificam a formatação de uma tutela jurídica abrangente em termos de reparação a lesões e sempre atenta aos novos desafios que lhe rodeiam. É nesse contexto que releva colocar[76] também a discussão da possibilidade

---

73. Para a qualificação do contrato com eficácia protetiva para terceiro, é desimportante que o interesse do terceiro recaia sobre os deveres de proteção ou o cumprimento de deveres específicos do objeto principal do contrato (PENTEADO, Luciano de Camargo. *Efeitos contratuais perante terceiros*. São Paulo: Quartier Latin, 2007, p. 192).
74. PINTO, Carlos Alberto da Mota. *Cessão da posição contratual*. Coimbra: Almedina Editora, 2003, p. 423.
75. Pelo ato do operador que, tendo recebido do controlador instrução para interromper o tratamento e eliminar os dados armazenados diante da revogação da autorização do titular para o tratamento sob base negocial, mesmo assim dá seguimento na atividade de tratamento, tem o controlador responsabilidade negocial pelo cumprimento imperfeito da prestação. Da mesma forma terá responsabilidade negocial o controlador por ato do operador que extrapolar os limites das instruções para executar outra atividade de tratamento, em conexão ou não com os interesses do controlador.
76. Ao lado de outras importantes questões, *v.g.*, amplitude dos danos indenizáveis, titularidade da pretensão à reparação, regimes de responsabilidade e de solidariedade.

de uma imputação ao controlador da lesividade do manuseio realizado no âmbito da atuação do operador.

A virtude em tal imputação (nos limites que se lhe admitirem), assim como ocorre em hipóteses outras de imputação por fato de outrem, está em favorecer o ofendido e a reparação da lesão mediante o estabelecimento de um dever de reparar adicional ao dever de reparar que a cláusula geral de responsabilidade civil fundada no *neminem laedere* já impõe pessoalmente ao causador direto da lesão. Esse favorecimento se expressa na faculdade conferida ao lesado de dirigir a demanda a quem melhor lhe aprouver[77] e na ampliação da chance de obter a merecida reparação com a mitigação do risco de eventual insolvência "na medida em que se ajuntam dois patrimônios para suportar"[78] aquela reparação.

A trajetória proposta para o tema identificou que a qualificação do agente de tratamento é governada por um conceito dinâmico e funcional, focado em identificar em concreto quem *materialmente determina* os elementos essenciais do tratamento, e tem pela frente dificuldades relacionadas à sua mobilidade e ao possível envolvimento de uma pluralidade de agentes de tratamento, que tornam por vezes tormentosa a tarefa de distinguir quem é controlador e quem é operador do tratamento causador da lesão. E identificou que essa qualificação é ponto de partida, mas não de chegada: para afirmar em concreto a imputação de responsabilidade, é necessário prosseguir examinando em que medida a lesão que ocorre se liga funcionalmente ao dever preterido e em que medida o atuar de outrem tem influência nessa imputação.

Esse exame pode ser desdobrado em dois domínios a depender se o tratamento de dados pessoais se desenvolve com fundamento em base negocial ou com suporte em outra base especificada em lei, com consequências na imputação ao controlador de responsabilidade por ato do operador. No campo da responsabilidade aquiliana, a problemática se apresenta em termos a determinar em quais circunstâncias fica justificado imputar uma responsabilidade indireta ao agente investido numa função de garante da obrigação de indenizar. Tal determinação enfrenta dificuldades relacionadas à especificação, na particularidade de cada caso concreto, da separação entre as situações em que ao controlador se poderá imputar a lesão nascida de ato do seu preposto (operador), sem que resulte afastado o dever que sobre esse recai de responder pessoalmente pelo dano que causou, e as situações em que não será imputável ao controlador um dever de responder pelo ato do operador.

Já no campo da responsabilidade negocial, a problemática se apresenta na perspectiva da compreensão, como um agir próprio do controlador, das ações do auxiliar (*i.e.*, o operador) de quem se serviu para executar a prestação de que era devedor. Tal

---

77. PEREIRA, Caio Mário da Silva. *Responsabilidade civil*. Atual. Gustavo Tepedino. 10. ed. rev. atual. Rio de Janeiro: GZ Editora, 2012, p. 134.
78. MONTEIRO FILHO, Carlos Edison do Rêgo; BIANCHINI, Luiza Lourenço. A responsabilidade civil do terceiro que viola o contrato. MONTEIRO FILHO, Carlos Edison do Rêgo. *Problemas de responsabilidade civil*. Rio de Janeiro: Editora Revan, p. 15-31, 2016, p. 27.

distinção repercute no plano procedimental-probatório[79], para além da inversão do *onus probandi* em benefício da vítima, também implicando a dispensa da investigação da dupla imputação, que já não terá pertinência examinar para a afirmação da responsabilidade indireta por atos do operador.

No enfrentamento da problemática posta de determinar quando se pode imputar ao controlador uma responsabilidade por lesão produzida a partir do manuseio realizado pelo operador, não são poucos os desafios e dificuldades que se apresentam ao intérprete. Nem por isso servirão de justificativa legítima à construção de uma hermenêutica setorizada baseada em "lógicas próprias"[80] e nem tampouco à entorse da dogmática da responsabilidade civil. Da mesma forma como ponderou Carneiro da Frada a respeito da responsabilidade civil no âmbito das operadoras de internet, em reflexão que empreendeu fiada na valia do pensamento sistemático, também aqui no domínio da proteção de dados a unidade e a totalidade do sistema parecem igualmente confortarem o intérprete de que "encontrará via de regra, no tesouro da dogmática comum da imputação de danos depositado à sua guarda, as soluções mais adequadas para a responsabilidade civil"[81].

5. REFERÊNCIAS

BARBOSA, Mafalda Miranda. Acerca da aplicação do artigo 800º CC a ilícitos extracontratuais – breve apontamento. *Revista Brasileira de Direito Comparado*. Rio de Janeiro, n. 47, p. 143-183, jul.-dez. 2014.

BARBOSA, Mafalda Miranda. Data controllers e data processors: da responsabilidade pelo tratamento de dados à responsabilidade civil. *Revista de Direito Comercial*. Lisboa, n. 2, p. 424-494, 2018.

BRASIL. Agência Nacional de Proteção de Dados. *Guia Orientativo para Definições dos Agentes de Tratamento de Dados Pessoais e do Encarregado*. Versão 2.0. abr.2022.

BLUM, Renato; MALDONADO, Viviane Nóbrega. *LGPD*: Lei Geral de Proteção de Dados comentada. São Paulo: Ed. RT, 2019.

BODIN DE MORAES, Maria Celina. A constitucionalização do direito civil e seus efeitos sobre a responsabilidade civil. *Na medida da pessoa humana*: estudos de direito civil-constitucional. Rio de Janeiro: Renovar, p. 317-342, 2010.

BODIN DE MORAES, Maria Celina; QUEIROZ, João Quinelato de. Autodeterminação informativa e responsabilização proativa: novos instrumentos de tutela da pessoa humana na LGPD. *Cadernos Adenauer – Proteção de dados pessoais:* privacidade versus avanço tecnológico. Rio de Janeiro: Fundação Konrad Adenauer, ano XX, n. 3, p. 113-135, 2019.

---

79. Sem prejuízo de diferenças que se podem revelar no plano procedimental-probatório, já se notou que o delineamento de dois regimes, um próprio à responsabilidade contratual e outro à responsabilidade aquiliana, parece defluir mais da força da tradição do que do desalinhamento dos efeitos de cada qual: "no direito civil brasileiro, as semelhanças são quantitativamente maiores do que as diferenças de regime que se possam identificar entre as espécies de responsabilidade em cotejo" (MONTEIRO FILHO, Carlos Edison do Rêgo. *Responsabilidade contratual e extracontratual*: contrastes e convergências no direito civil contemporâneo. Rio de Janeiro: Processo, 2016, p. 78).
80. SCHREIBER, Anderson. Direito civil e Constituição. *Revista Trimestral de Direito Civil*, v. 48, out.-dez./2012, p. 14.
81. FRADA, Manuel A. Carneiro da. "Vinho novo em odres velhos"? A responsabilidade civil das operadoras de Internet e a doutrina comum da imputação de danos. *Revista da Ordem dos Advogados*. Lisboa, v. 59, n. 2, p. 665-692, abr. 1999, p. 692.

CORDEIRO, A. Barreto Menezes. *Direito da proteção de dados*. Coimbra: Editora Almedina, 2020.

CORDEIRO, Antônio Menezes. *Da boa fé no direito civil*. 5. reimp. Coimbra: Almedina, 2013.

CORDEIRO, Antônio Menezes. *Tratado de direito civil*. Volume VIII: direito das obrigações – gestão de negócios, enriquecimento sem causa, responsabilidade civil. Coimbra: Editora Almedina, 2014.

COSTA, Mário Júlio de Almeida. *Direito das obrigações*. 12. ed. 8. reimp. Coimbra: Editora Almedina, 2020.

DIAS, José de Aguiar. *Da responsabilidade civil*. 10.ed. Rio de Janeiro: Forense, 1995. v. I.

DIREITO, Carlos Alberto Menezes; CAVALIERI FILHO, Sergio. *Comentários ao novo código civil, v. 8*: da responsabilidade civil, das preferências e privilégios creditórios. 3. ed. TEIXEIRA, Sálvio de Figueiredo. Comentários ao novo Código Civil. Rio de Janeiro: Forense, 2011.

DONEDA, Danilo. *Da privacidade à proteção de dados pessoais*: fundamentos da lei geral de proteção de dados. São Paulo: Thomson Reuters Brasil, 2019.

EUROPEAN UNION. Article 29 Working Party. Parecer 1/2010 dirigido ao esclarecimento dos conceitos de "responsável pelo tratamento" e "subcontratante" (WP 169).

EUROPEAN UNION. European Data Protection Board. Orientações 07/2020 sobre os conceitos de responsável pelo tratamento e subcontratante no RGPD. Versão 2.0. jul. 2021.

FRADA, Manuel A. Carneiro da. A responsabilidade objectiva por facto de outrem face à distinção entre responsabilidade obrigacional e aquiliana. Direito e Justiça: *Revista da Faculdade de Direito da Universidade Católica Portuguesa*. Lisboa: Universidade Católica Editora, v. 12, n. 1, p. 297-311, 1998.

FRADA, Manuel A. Carneiro da. "Vinho novo em odres velhos»? A responsabilidade civil das operadoras de Internet e a doutrina comum da imputação de danos. *Revista da Ordem dos Advogados*. Lisboa, v. 59, n. 2, p. 665-692, abr. 1999.

FRADA, Manuel A. Carneiro da. *Teoria da confiança e responsabilidade civil*. Coimbra: Almedina, 2005.

KONDER, Carlos Nelson. *Contratos conexos*. Rio de Janeiro: Renovar, 2006.

KONDER, Carlos Nelson; LIMA, Marco Antônio de Almeida. Responsabilidade civil dos advogados no tratamento de dados à luz da Lei 13.709/2018. EHRHARDT JUNIOR, Marcos; CATALAN, Marcos; MALHEIROS, Pablo. *Direito Civil e tecnologia*. Belo Horizonte: Fórum, p. 413-429, 2020.

LEITÃO, Luís Manuel Teles de Menezes. *Direito das obrigações*. 14.ed. Coimbra: Editora Almedina, 2017. v. I.

LIMA, Alvino. *A responsabilidade civil pelo fato de outrem*. 2. ed. Rio de Janeiro: Forense, 2000.

MENDES, Laura Schertel; DONEDA, Danilo. Reflexões iniciais sobre a nova Lei Geral de Proteção de Dados. *Revista de Direito do Consumidor*. São Paulo: Ed. RT, v. 120, ano 27, p. 469-483. nov.-dez. 2018.

MONTEIRO FILHO, Carlos Edison do Rêgo. *Responsabilidade contratual e extracontratual*: contrastes e convergências no direito civil contemporâneo. Rio de Janeiro: Processo, 2016.

MONTEIRO FILHO, Carlos Edison do Rêgo. Tutela dos dados pessoais e sua efetividade no ordenamento jurídico brasileiro: direito de acesso, reparação e prevenção de danos. *Revista de Direito da Responsabilidade*. Coimbra, ano 3, p. 298-315, 2021.

MONTEIRO FILHO, Carlos Edison do Rêgo; BIANCHINI, Luiza Lourenço. A responsabilidade civil do terceiro que viola o contrato. MONTEIRO FILHO, Carlos Edison do Rêgo. *Problemas de responsabilidade civil*. Rio de Janeiro: Editora Revan, p. 15-31, 2016.

MONTEIRO FILHO, Carlos Edison do Rêgo; CASTRO, Diana Paiva de. Potencialidades do direito de acesso na nova Lei geral de proteção de dados pessoais (Lei 13.709/2018). TEPEDINO, Gustavo; FRAZÃO, Ana; OLIVA, Milena Donato. *Lei Geral de Proteção de Dados Pessoais e suas repercussões no direito brasileiro*. 2. ed. São Paulo: Thomson Reuters Brasil, p. 319-342, 2020.

NORONHA, Fernando. *Direito das obrigações*. 4. ed. São Paulo: Saraiva, 2013.

PALHARES, Felipe; PRADO, Luis Fernando; VIDIGAL, Paulo. *Compliance digital e LGPD*. Coleção Compliance. São Paulo: Thomson Reuters Brasil, 2021. v. 5.

PENTEADO, Luciano de Camargo. *Efeitos contratuais perante terceiros*. São Paulo: Quartier Latin, 2007.

PEREIRA, Caio Mário da Silva. *Responsabilidade civil*. Atual. Gustavo Tepedino. 10. ed. rev. atual. Rio de Janeiro: GZ Editora, 2012.

PERLINGIERI, Pietro. *O direito civil na legalidade constitucional*. Trad. Maria Cristina de Cicco. Rio de Janeiro: Renovar, 2008.

PINTO, Carlos Alberto da Mota. *Cessão da posição contratual*. Coimbra: Almedina Editora, 2003.

PINTO, Carlos Alberto da Mota. *Teoria geral do direito civil*. 4. ed. Coimbra: Coimbra Editora, 2005.

RODOTÀ, Stefano. *A vida na sociedade da vigilância – a privacidade hoje*. Org., sel. e apr. Maria Celina Bodin de Moraes. Trad. Danilo Doneda e Luciana Cabral Doneda. Rio de Janeiro: Renovar, 2008.

SCHREIBER, Anderson. Direito civil e Constituição. *Revista Trimestral de Direito Civil*, v. 48, p. 3-26, out.--dez. 2012.

SCHREIBER, Anderson. Responsabilidade civil na Lei Geral de Proteção de Dados pessoais. DONEDA, Danilo et al. *Tratado de proteção de dados*. Rio de Janeiro: Forense, p. 319-328, 2019.

TEPEDINO, Gustavo. A evolução da responsabilidade civil no direito brasileiro e suas controvérsias na atividade estatal. *Temas de direito civil*. 4. ed. Rio de Janeiro: Renovar, p. 201-227, 2008.

TEPEDINO, Gustavo.; TERRA, Aline de Miranda Valverde; GUEDES, Gisela Sampaio da Cruz. *Fundamentos do direito civil: responsabilidade civil*. 2. ed. Rio de Janeiro: Forense, 2021. v. 4.

VARELA, João de Matos Antunes. *Das obrigações em geral*. 10. ed. 10. reimp. Coimbra: Editora Almedina, 2014. v. 1.

VASCONCELOS, Pedro Pais de. *Teoria geral do direito civil*. Coimbra: Almedina, 2012.

VENOSA, Sílvio de Salvo. *Código Civil interpretado*. 3. ed. São Paulo: Editora Atlas, 2013.

CLÁUSULAS DE NÃO INDENIZAR E LESÃO À PESSOA HUMANA

Diana Loureiro Paiva de Castro

Mestre em Direito Civil pela Universidade do Estado do Rio de Janeiro (UERJ). Procuradora do Estado de São Paulo.

Sumário: 1. Introdução – 2. As cláusulas de não indenizar como instrumentos para a gestão contratual de riscos e o requisito de validade do respeito à ordem pública – 3. A invalidade das cláusulas de não indenizar em caso de lesão à pessoa humana – 4. A necessidade de interpretação sistemática para as cláusulas de não indenizar, as cláusulas penais e as cláusulas limitativas do objeto contratual – 5. Notas conclusivas – 6. Referências.

1. INTRODUÇÃO

> *"Se não chegam a ser antagônicas, as fórmulas empregadas (...) mostram-se bem distintas. Isto é, dizer-se dano=lesão é bem diferente de se afirmar dano=efeito da lesão".*[1]
>
> Carlos Edison do Rêgo Monteiro Filho

Na sociedade contemporânea, marcada por riscos progressivamente maiores relacionados ao tráfego negocial, a discussão sobre a matriz de riscos ganha destaque na mesa de negociações. Nesse cenário, o objeto deste trabalho se refere à gestão de riscos pelas partes mediante a inclusão, no contrato, de cláusula que exclui a reparação por perdas e danos decorrentes do inadimplemento (cláusula de exoneração) ou que fixa valor máximo de reparação pecuniária (cláusula de limitação).

O tema das cláusulas de não indenizar[2] não conta com normativa específica no Código Civil brasileiro. Os tribunais, a seu turno, não assumiram postura ativa na construção da disciplina incidente. Como resultado, delineia-se quadro de incertezas na prática negocial. Diante da aludida omissão legislativa e jurisprudencial, assume a doutrina importante atribuição[3] de elucidar os parâmetros de interpretação-aplicação desses ajustes.

---

1. MONTEIRO FILHO, Carlos Edison do Rêgo. *Responsabilidade contratual e extracontratual*: contrastes e convergências no direito civil contemporâneo. Rio de Janeiro: Processo, 2016, p. 130.
2. Neste trabalho, a expressão "cláusulas de não indenizar" será utilizada para se referir conjuntamente às cláusulas limitativas e excludentes do dever de indenizar. Ademais, serão utilizados como sinônimos os vocábulos "cláusula", "convenção", "ajuste" e "pacto".
3. MONTEIRO FILHO, Carlos Edison do Rêgo. Reflexões metodológicas: a construção do observatório de jurisprudência no âmbito da pesquisa jurídica. *Revista Brasileira de Direito Civil*, v. 9, 2016, p. 8.

Dentre os possíveis campos de aplicação dessas cláusulas, o presente trabalho analisa a sua incidência na reparação de danos decorrentes de lesão à pessoa humana. Imagine-se a pactuação de cláusula de não indenizar na hipótese de lesão à integridade psicofísica do passageiro no contrato de transporte ou do paciente na atividade médica. Busca-se investigar se será admissível a limitação ou a exclusão da reparação de danos nesses casos.

Analisa-se, ademais, se a solução se altera a depender de se o efeito da lesão à pessoa humana consistir em dano material ou em dano moral. Por fim, examina-se a interpretação se modifica a depender da natureza da cláusula contratual em questão: se cláusula de não indenizar, se cláusula penal ou se cláusula limitativa do objeto contratual.

2. AS CLÁUSULAS DE NÃO INDENIZAR COMO INSTRUMENTOS PARA A GESTÃO CONTRATUAL DE RISCOS E O REQUISITO DE VALIDADE DO RESPEITO À ORDEM PÚBLICA

Os contratos, ao darem roupagem jurídica a interesses particulares, estabelecem as regras para a relação negocial e equacionam os riscos econômicos entre as partes. Na celebração do ajuste, os contratantes preveem os infortúnios que podem atingir aquela relação e alocam entre si as consequências de tais eventos. A distribuição contratual de riscos pode se dar de duas maneiras: (i) por meio da *gestão negativa*, quando as partes optam por deixar em branco determinado elemento contratual, que será definido posteriormente, conforme o procedimento contratualmente previsto e (ii) por meio da *gestão positiva*, na qual se aloca determinado risco a uma das partes, a partir de cláusula contratual expressa. Destaca-se como exemplo da gestão negativa de riscos o contrato incompleto e como ilustrações da gestão positiva de riscos a cláusula resolutiva expressa e as cláusulas de não indenizar.[4]

A alocação de riscos constitui expressão de exercício merecedor de tutela da autonomia negocial. Por esse mecanismo, assegura-se previsibilidade à relação contratual, em importante garantia de segurança jurídica. Considerando-se que risco e preço são fatores relacionados, a redução do primeiro pode gerar, em consequência, a diminuição do segundo, permitindo-se a ampliação do acesso a bens e serviços e o desenvolvimento da atividade empresarial no bojo do sistema econômico, com participação de novos agentes, incentivo à livre concorrência e garantia de condições mais vantajosas de contratação.[5]

Em tema de potencialidades funcionais, as cláusulas de não indenizar, objeto deste trabalho, viabilizam operações econômicas que poderiam não ser exequíveis sem a sua inclusão, facilitam a contratação de seguros por prêmios menos custosos e permitem ao credor a obtenção de vantagem em contrapartida, não arcando este (ou arcando em

---

4. TERRA, Aline de Miranda Valverde; BANDEIRA, Paula Greco. A cláusula resolutiva expressa e o contrato incompleto como instrumentos de gestão de risco nos contratos. *Revista Brasileira de Direito Civil*, v. 6, 2015, p. 10-14.
5. MALINVAUD, Philippe; FENOUILLET, Dominique; MEKKI, Mustapha. *Droit des obligations*. Paris: LexisNexis, 2014, p. 620.

menor extensão), ilustrativamente, com o potencial impacto no preço causado pelo grau de assunção de riscos pelo devedor.[6]

Como leciona Carlos Edison do Rêgo Monteiro Filho, "a matéria de riscos, responsabilidades e sua gestão encontra-se no seio da autonomia privada, cabendo precipuamente às partes contraentes o modo pelo qual decidem se autorregular". Desta feita, "a quem se imputarão riscos, a troco de que, é decisão que compete aos autores de cada negócio, na elaboração do concreto regulamento de interesses". Todavia, tal processo "não se dá ao alvedrio absoluto das partes". Nessa direção, a gestão de riscos não poderá "afastar normas de ordem pública".[7]

Assim, "apenas os riscos patrimoniais" poderão "ser distribuídos pela autonomia privada". Afinal, "admitir que a vítima assuma potenciais riscos existenciais que fossem objeto de barganha durante a negociação representaria manifesta violação à dignidade da pessoa humana".[8]

Nessa toada, foi concebido como um dos requisitos de validade das cláusulas de não indenizar o respeito à *ordem pública*. Consoante tal requisito, não se admitiria que as partes estipulassem a exclusão ou a limitação da reparação por perdas e danos diante de direitos indisponíveis.[9]

A bem da verdade, no ordenamento jurídico brasileiro, o requisito do respeito à *ordem pública* constitui pressuposto de validade de toda cláusula contratual. Nesse sentido, prevê o artigo 2.035, parágrafo único, do Código Civil que "nenhuma convenção prevalecerá se contrariar preceitos de ordem pública".[10]

À luz da metodologia civil-constitucional, o requisito de ordem pública deve ser compreendido como o juízo de merecimento de tutela *lato sensu* a que se submetem todos

---

6. A respeito das vantagens decorrentes da estipulação de cláusula de não indenizar, cf. STARCK, Boris. *Droit civil*: obligations. Paris: Librairies Techniques, 1972, p. 634.
7. MONTEIRO FILHO, Carlos Edison do Rêgo. Contratos em tempos de pandemia: descumprimento e força maior. *Actualidad Jurídica Iberoamericana*, n. 12, 2020, p. 296-297.
8. Seja consentido remeter a MONTEIRO FILHO, Carlos Edison do Rêgo; CASTRO, Diana Loureiro Paiva de. Alocação de riscos contratuais entre a Lei de Liberdade Econômica e a boa-fé objetiva. In: COELHO, Fábio Ulhoa; TEPEDINO, Gustavo; LEMES, Selma Ferreira. *A evolução do direito no século XXI*: seus princípios e valores (ESG, Liberdade, Regulação, Igualdade e Segurança Jurídica. Homenagem ao Professor Arnoldo Wald). São Paulo: IASP, 2022, p. 119.
9. Tradicionalmente, foram concebidos como requisitos de validade das cláusulas de não indenizar: (i) não incidência da convenção sobre a obrigação principal do negócio jurídico; (ii) impossibilidade de referência ao dolo ou à culpa grave e (iii) respeito à ordem pública. De acordo com o primeiro requisito, o ajuste só poderia dizer respeito a obrigações acessórias, sob pena de privar o negócio jurídico de efeitos. Conforme o segundo requisito, considerar-se-ia inaplicável o pacto relativo ao inadimplemento doloso ou gravemente culposo, diante do perigo de desnaturação do ajuste em condição puramente potestativa. Consoante o terceiro requisito, como visto, não se admitiria que as partes pactuassem cláusulas de não indenizar diante de direitos indisponíveis. A respeito da releitura de tais requisitos tradicionais de validade, seja consentido remeter a CASTRO, Diana Loureiro Paiva de. *Potencialidades funcionais das cláusulas de não indenizar*: releitura dos requisitos tradicionais de validade. Dissertação (Mestrado em Direito). Universidade do Estado do Rio de Janeiro, Rio de Janeiro, 2018.
10. Art. 2.035, CC. "A validade dos negócios e demais atos jurídicos, constituídos antes da entrada em vigor deste Código, obedece ao disposto nas leis anteriores, referidas no art. 2.045, mas os seus efeitos, produzidos após a vigência deste Código, aos preceitos dele se subordinam, salvo se houver sido prevista pelas partes determinada forma de execução. Parágrafo único. Nenhuma convenção prevalecerá se contrariar preceitos de ordem pública, tais como os estabelecidos por este Código para assegurar a função social da propriedade e dos contratos".

os institutos do ordenamento jurídico. Nesse processo, ou bem haverá contrariedade estrutural à regra de regência (ilicitude), ou bem, embora não haja violação direta à lei, o exercício da situação jurídica se revelará contrário à sua função (abusividade),[11] ou, finalmente, ambas as situações jurídicas se configurarão igualmente lícitas e não abusivas, a atrair a incidência da razoabilidade para a ponderação de interesses e a conformação dos valores do ordenamento jurídico (juízo de merecimento de tutela em sentido estrito).[12]

Nessa toada, destaca-se como uma das principais concretizações do requisito do respeito à ordem pública, em tema de cláusulas de não indenizar, a aferição da validade de tais ajustes quando referentes a lesão à pessoa humana (geradora de danos morais ou materiais). Averiguar se as cláusulas excludentes e limitativas ferem a ordem pública significa investigar, dentre outras hipóteses,[13] se a convenção vai de encontro ao princípio da dignidade da pessoa humana ao se referir à reparação de danos materiais ou morais a esta causada. É o que se passa a ver.

3. A INVALIDADE DAS CLÁUSULAS DE NÃO INDENIZAR EM CASO DE LESÃO À PESSOA HUMANA

Não se admite a exoneração ou a limitação do dever de reparar danos resultantes de lesão à pessoa. Caso contrário, colocar-se-ia em xeque o princípio da dignidade da pessoa humana, fundamento do sistema jurídico.

Como visto, a ordem pública figura entre os tradicionais requisitos de validade das cláusulas de não indenizar. No entanto, ao tratar desse pressuposto, a doutrina brasileira se refere, recorrentemente, apenas à proibição das cláusulas em face da reparação de *dano moral*.

À luz da *teoria dos efeitos da lesão*, formulada por Carlos Edison do Rêgo Monteiro Filho,[14] deve-se incluir na proibição também a indenização de *danos materiais* decorrentes de lesão à pessoa humana, uma vez que, nesse caso, a limitação ou a exclusão violam a mesma prioridade valorativa. Em outras palavras, por esse raciocínio, não se admite a limitação ou a exclusão da reparação de danos decorrentes de lesão à pessoa humana, sejam materiais, sejam morais.

---

11. SOUZA, Eduardo Nunes de. Abuso do direito: novas perspectivas entre a licitude e o merecimento de tutela. *Revista Trimestral de Direito Civil*, v. 50, 2012, p. 71-72.
12. TEPEDINO, Gustavo. A razoabilidade e a sua adoção à moda do jeitão. *Revista Brasileira de Direito Civil*, v. 8, 2016, p. 6.
13. O requisito do respeito à ordem pública pode ser concretizado como referente a três principais hipóteses de aferição de validade das cláusulas de não indenizar: (i) diante de patente vulnerabilidade do credor, como em relações de consumo; (ii) quando relativa à lesão à pessoa humana (geradora de danos morais ou materiais) e (iii) se em violação a regras que disciplinam o tema, de que é exemplo o mosaico normativo na disciplina do contrato de transporte. Sobre o tema, seja consentido remeter a CASTRO, Diana Loureiro Paiva de. *Potencialidades funcionais das cláusulas de não indenizar*: releitura dos requisitos tradicionais de validade. Dissertação (Mestrado em Direito). Universidade do Estado do Rio de Janeiro, Rio de Janeiro, 2018.
14. A respeito da teoria, v. MONTEIRO FILHO, Carlos Edison do Rêgo. *Elementos de responsabilidade civil por dano moral*. Rio de Janeiro: Renovar, 2000, p. 40 e ss.; MONTEIRO FILHO, Carlos Edison do Rêgo. *Responsabilidade contratual e extracontratual*: contrastes e convergências no direito civil contemporâneo. Rio de Janeiro: Processo, 2016, p. 130-131.

A *teoria dos efeitos da lesão* sustenta a superação da identidade entre dano e lesão. O dano é o *efeito* da lesão. Veja-se que, "se não chegam a ser antagônicas, as fórmulas empregadas" se mostram "bem distintas". Com efeito, "dizer-se que *dano = lesão* é bem diferente de afirmar-se que *dano = efeito da lesão*". A lesão à pessoa humana "pode gerar também efeitos patrimoniais", "na forma de danos emergentes e lucros cessantes". Assim, a *lesão à pessoa humana* não pode ser "sinônima" ou "núcleo de definição" do conceito de *dano moral*.[15] Na síntese de Carlos Edison do Rêgo Monteiro Filho:

> "Trata-se, a rigor, de concretização da teoria dos efeitos da lesão. (...) Nesse sentido, impõe-se ressaltar que a caracterização do dano como patrimonial ou extrapatrimonial decorre do efeito produzido na vítima (...). Assim, em vista do menoscabo (lesão), passa-se a perquirir os reflexos, os efeitos provocados na pessoa do ofendido: se houver reflexos patrimoniais, prejuízos experimentados em virtude da lesão, estes devem ser cabalmente indenizados, tanto naquilo que se efetivamente perdeu, como no que se razoavelmente deixou de ganhar (danos emergentes e lucros cessantes, respectivamente); e, caso o reflexo seja extrapatrimonial, configurado estará o dano moral".[16]

Seja o efeito patrimonial, seja o efeito extrapatrimonial, a lesão é, de toda forma, à pessoa humana, o que justifica a inadmissibilidade de cláusulas limitativas ou excludentes nessas circunstâncias. Portanto, como a lesão à pessoa pode suscitar variados efeitos, a interpretação proposta pela *teoria dos efeitos da lesão* permite a construção da invalidade da cláusula tanto para danos morais quanto para danos materiais.

Assim, mesmo quando a consequência (dano) é material, a lesão em jogo é existencial (à pessoa humana). Violaria a ordem pública na legalidade constitucional a exoneração ou a limitação da reparação em face de tais eventos. A título ilustrativo, não se admite cláusula de não indenizar na hipótese de lesão à integridade psicofísica de passageiro no contrato de transporte ou de paciente por intervenção médica.

Note-se que a Constituição de 1988, ao definir, no artigo 1º, III, CRFB/88,[17] a dignidade da pessoa humana como fundamento do sistema, promoveu a funcionalização[18] dos institutos jurídicos a este vetor axiológico.[19] A partir deste alicerce da ordem democrática, "toda e qualquer relação jurídica, seja pública ou privada, patrimonial ou

---

15. MONTEIRO FILHO, Carlos Edison do Rêgo. O conceito de dano moral e as relações de trabalho. *Civilistica.com*, a. 3, n. 1, 2014, p. 11.
16. MONTEIRO FILHO, Carlos Edison do Rêgo. Limites ao princípio da reparação integral no direito brasileiro. *Civilistica.com*, a. 7, n. 1, 2018, p. 21-22.
17. Art. 1º, CRFB/88. "A República Federativa do Brasil, formada pela união indissolúvel dos Estados e Municípios e do Distrito Federal, constitui-se em Estado Democrático de Direito e tem como fundamentos: (...) III – a dignidade da pessoa humana".
18. "Nesse panorama, o intérprete que se vê diante de uma situação jurídica qualquer deve perquirir, para além de seus elementos constitutivos (o que ela é), a sua razão teleologicamente justificadora: para que serve? Ou seja, os institutos jurídicos, partes integrantes da vida de relação, passam a ser estudados não apenas em seus perfis estruturais (sua constituição e seus elementos essenciais), como também – e principalmente – em seus perfis funcionais (sua finalidade, seus objetivos) (...)" (MONTEIRO FILHO, Carlos Edison do Rêgo. Usucapião imobiliária urbana independente de metragem mínima: uma concretização da função social da propriedade. In: MONTEIRO FILHO, Carlos Edison do Rêgo. *Direito das relações patrimoniais*: estrutura e função na contemporaneidade. Curitiba: Juruá Editora, 2014, p. 17).
19. PERLINGIERI, Pietro. *Perfis do direito civil*: introdução ao direito civil constitucional. Rio de Janeiro: Renovar, 2007, p. 276.

extrapatrimonial, terá como norte a proteção dos interesses da pessoa humana". Nessa toada, os valores existenciais são "erguidos ao ápice de tutela do ordenamento".[20]

Disso decorre a "distinção e prevalência, nas situações de conflito, dos valores não patrimoniais sobre os patrimoniais, por opção, democrática, do Poder Constituinte". As situações jurídicas passam a ser submetidas ao controle de merecimento de tutela, com base na legalidade constitucional. Assegura-se a "abertura do sistema aos valores constitucionalmente assegurados, a permitir a unidade interpretativa do ordenamento jurídico". Dá-se, ainda, passo fundamental no sentido da "valorização da situação concreta e de suas especificidades sob a perspectiva da isonomia substancial, buscando-se tutelar, ao máximo, as diferenças".[21] O ordenamento jurídico assume, assim, importante função promocional.[22]

Nesse cenário, as situações existenciais passam a gozar de prioridade valorativa,[23] não se afigurando possível, sob pena de subversão hermenêutica, a prefixação de valor máximo ou a exclusão de reparação pecuniária por lesão à pessoa humana.[24] Seja o dano material, seja o dano moral, a solução é a mesma.

Torna-se necessária, assim, interpretação ampliativa no sentido de serem proibidas cláusulas que limitem ou excluam a reparação de danos *materiais ou morais* decorrentes de lesão à pessoa humana. Em síntese, a pessoa humana, vítima da lesão existencial, deverá ter assegurado o direito à reparação integral dos danos sofridos.[25]

4. A NECESSIDADE DE INTERPRETAÇÃO SISTEMÁTICA PARA AS CLÁUSULAS DE NÃO INDENIZAR, AS CLÁUSULAS PENAIS E AS CLÁUSULAS LIMITATIVAS DO OBJETO CONTRATUAL

Passo adiante, se não se admitem cláusulas de não indenizar em caso de lesão à pessoa humana, também não se pode permitir que as cláusulas penais e as cláusulas

---

20. MONTEIRO FILHO, Carlos Edison do Rêgo. *Pacto comissório e pacto marciano no sistema brasileiro de garantias*. Rio de Janeiro: Processo, 2017, p. 250.
21. MONTEIRO FILHO, Carlos Edison do Rêgo. Rumos cruzados do direito civil pós-1988 e do constitucionalismo de hoje. In: MONTEIRO FILHO, Carlos Edison do Rêgo. *Rumos contemporâneos do direito civil*: estudos em perspectiva civil-constitucional. Belo Horizonte: Fórum, 2017, p. 20-21. O autor prossegue e identifica, ainda: (i) "ocaso da subsunção, diante da indivisibilidade do processo de interpretação-aplicação do ordenamento jurídico, em perspectiva sistemático-axiológica, a superar a obrigatoriedade da existência de norma infraconstitucional para o deslinde do caso prático"; (ii) "consagração da historicidade-relatividade dos institutos jurídicos, que assim podem desempenhar distintas funções, a depender do contexto histórico, geográfico, cultural e social em que se inserem"; (iii) "superação definitiva da dicotomia público-privado, proporcionando a interpenetração das searas e a redefinição permanente da noção de ordem pública"; (iv) "consagração da função social das instituições jurídicas, notadamente o contrato e a propriedade".
22. BOBBIO, Norberto. A função promocional do direito. In: BOBBIO, Norberto. *Da estrutura à função*: novos estudos de teoria do direito. Rio de Janeiro: Manole, 2007, p. 13.
23. PERLINGIERI, Pietro. *O direito civil na legalidade constitucional*. Rio de Janeiro: Renovar, 2008, p. 122.
24. MONTEIRO, António Pinto. *Cláusulas limitativas e de exclusão de responsabilidade civil*. Coimbra: Almedina, 2003, p. 307-310.
25. "A reparação integral, objetivo central da responsabilidade civil contemporânea, traduz conquista recente do direito brasileiro. (...) Mesmo descrevendo trajetória não linear, o fato é que, após décadas de desencontros, pode-se identificar um sentido evidente para o qual aponta a evolução da matéria: garantir a cada vítima o correspondente ressarcimento, capaz de cobrir toda a extensão dos efeitos danosos sofridos, e nada além disso" (MONTEIRO FILHO, Carlos Edison do Rêgo. Limites ao princípio da reparação integral no direito brasileiro. *Civilistica.com*, a. 7, n. 1, 2018, p. 2).

limitativas do objeto contratual gerem o mesmo efeito vedado. É dizer: diante de lesão existencial, nenhuma cláusula contratual poderá restringir a reparação integral da vítima.

Como visto, se, do próprio comando do artigo 2.035, parágrafo único, do Código Civil, se extrai que as cláusulas contratuais não poderão violar a ordem pública, todas as cláusulas disciplinadoras da responsabilidade civil, sejam cláusulas de não indenizar, cláusulas penais ou cláusulas limitativas do objeto contratual, deverão se submeter ao juízo de merecimento de tutela.

Abra-se breve parêntese para que sejam compreendidos os efeitos das cláusulas de não indenizar diante do inadimplemento contratual. Como se sabe, configurando-se a mora do devedor, põe-se ao credor a possibilidade de obter coercitivamente a exata prestação devida, bem como pleitear perdas e danos.[26] Se presente, na relação negocial, cláusula de não indenizar, esta atuará apenas com relação ao segundo efeito (perdas e danos), permanecendo hígido o direito do credor à exata prestação devida. Por outro lado, nos casos de inadimplemento absoluto, afiguram-se cabíveis os instrumentos (i) da resolução contratual[27] e (ii) da execução pelo equivalente,[28] sendo possível, em ambas as situações, o pleito indenizatório. Observe-se que, se pactuada cláusula de não indenizar, apenas a reparação por perdas e danos sofrerá constrição, permanecendo hígido o direito do credor ao equivalente à prestação devida, na hipótese de execução pelo equivalente, bem como à restituição da prestação já cumprida, no caso de resolução contratual.[29]

Fechando-se o parêntese aberto para a compreensão dos efeitos e retornando-se à delimitação de fronteiras, cabe sublinhar que as cláusulas de não indenizar se diferenciam das cláusulas penais que exercem a função de fixar, previamente, o montante de perdas e danos.[30] Em primeiro lugar, enquanto a cláusula penal estipula valor fixo, a cláusula limitativa estabelece teto de reparação e a cláusula excludente priva o credor do recebimento da indenização.[31] Há duas outras distinções entre as cláusulas de não indenizar e as cláusula penais referidas: enquanto as segundas podem gerar como consequência que o valor pago pelo devedor supere a extensão do dano, nas primeiras isso não acontece, já que a função do ajuste é justamente a de limitar ou excluir (nunca aumentar) a reparação por perdas e danos.[32] Além disso, enquanto a cláusula penal dispensa a comprovação dos prejuízos, tal prova se faz necessária para as cláusulas de não indenizar.[33]

---

26. VINEY, Geneviève; JOURDAIN, Patrice. *Traité de droit civil*: les effets de la responsabilité. Paris: L.G.D.J, 2001, p. 29.
27. CHEVALLIER, Jean; BACH, Louis. *Droit civil*. t. 1. Paris: Sirey, 1995, p. 532-533.
28. TERRA, Aline de Miranda Valverde. *Cláusula resolutiva expressa*. Belo Horizonte: Fórum, 2017, p. 136.
29. Seja consentido remeter a CASTRO, Diana Loureiro Paiva de. Cláusulas limitativas e excludentes do dever de indenizar: espécies, efeitos e controle valorativo. In: TERRA, Aline de Miranda Valverde; GUEDES, Gisela Sampaio da Cruz. *Inexecução das obrigações*: pressupostos, evolução e remédios. Rio de Janeiro: Processo, 2020. v. 1. p. 339-368.
30. THUR, A. von. *Tratado de las obligaciones*. t. I. Madrid: Editorial Reus, 1934, p. 235.
31. CHEVALLIER, Jean; BACH, Louis. *Droit civil*. t. 1. Paris: Sirey, 1995, p. 526; MALAURIE, Philippe; AYNÈS, Laurent. *Cours de droit civil*. t. VI. Paris: Cujas, 1995, p. 503.
32. CARBONNIER, Jean. *Droit civil*. t. 4. Paris: Presses Universitaires de France, 1956, p. 332.
33. A respeito da aproximação entre a cláusula limitativa e a cláusula penal, v. PLANIOL, Marcel; RIPERT, Georges. *Traité pratique de droit civil français*. t. VI. Paris: Librairie générale de droit et de jurisprudence, 1952, p. 549.

Ainda que não se confundam tais convenções, a cláusula penal pode gerar, no caso concreto, efeito idêntico ao da cláusula limitativa do dever de indenizar: a restrição da reparação por perdas e danos[34] Nesse ponto, cabe relembrar a regra do artigo 416, parágrafo único, do Código Civil, de que o credor não poderá pleitear indenização suplementar, se a extensão do dano causado for maior do que o montante fixado na cláusula penal, salvo se assim for convencionado pelas partes.[35] Portanto, nas hipóteses em que não for previsto o direito do credor de pleitear os prejuízos excedentes, a cláusula penal também poderá exercer, no caso prático, o efeito de limitação da reparação.[36] Adota-se, neste trabalho, a terminologia cláusulas penais *de perfil limitativo* para caracterizar os ajustes penais nesses casos de restrição à reparação integral.

De outro ângulo, as cláusulas limitativas e excludentes do dever de indenizar se distinguem das cláusulas limitativas do objeto contratual. Isso porque estas atuam no momento fisiológico, enquanto aquelas versam sobre o momento patológico da relação obrigacional.[37]

Assim, a cláusula limitativa do objeto contratual se refere à não assunção de determinada obrigação por parte do devedor. Já nas cláusulas de não indenizar, o devedor assume a obrigação, mas um dos efeitos de seu inadimplemento, o de reparar pecuniariamente o credor, é limitado ou excluído. Permanecem hígidos, portanto, neste último caso, os outros direitos do credor diante do descumprimento: à exata prestação devida, ao equivalente ao devido e à restituição do já cumprido.

Embora não se confundam tais convenções, a cláusula limitativa do objeto contratual gera, no caso prático, efeito idêntico ao da cláusula excludente: a exoneração do dever de indenizar por perdas e danos.[38] No entanto, causa outras consequências ainda mais gravosas, relativas à exclusão dos referidos direitos à exata prestação devida, ao equivalente ao devido e à restituição do já cumprido. Denota-se, assim, a necessidade de controle funcional até mais rigoroso para as cláusulas limitativas do objeto contratual.

Por último, diante dessas aproximações de efeitos, faz-se necessária *interpretação sistemática dos requisitos de validade para essas quatro cláusulas* que disciplinam a responsabilidade civil: (i) penal de perfil limitativo; (ii) limitativa do dever de indenizar; (iii) excludente do dever de indenizar; (iv) limitativa do objeto contratual. Inicia-se a explicação pelo paralelo entre a cláusula penal de perfil limitativo e a cláusula limitativa do dever de indenizar. Depois, passa-se para o cotejo entre a cláusula de exoneração do dever de indenizar e a cláusula limitativa do objeto contratual.

---

34. Sobre o tema da cláusula penal, cf. ROSENVALD, Nelson. *Cláusula penal*: a pena privada nas relações negociais. Indaiatuba: Editora Foco, 2020, p. 117.
35. Art. 416, CC. "Parágrafo único. Ainda que o prejuízo exceda ao previsto na cláusula penal, não pode o credor exigir indenização suplementar se assim não foi convencionado. Se o tiver sido, a pena vale como mínimo da indenização, competindo ao credor provar o prejuízo excedente".
36. TOURNEAU, Philippe le. *La responsabilité civile*. Paris: Dalloz, 1976, p. 119.
37. MALAURIE, Philippe; AYNÈS, Laurent. *Cours de droit civil*. t. VI. Paris: Cujas, 1995, p. 494-495.
38. MALINVAUD, Philippe; FENOUILLET, Dominique; MEKKI, Mustapha. *Droit des obligations*. Paris: LexisNexis, 2014, p. 619-620.

A afinidade funcional entre as cláusulas penais de perfil limitativo e as cláusulas limitativas do dever de indenizar se fundamenta, primeiramente, no entendimento de que estruturas diversas podem gerar, concretamente, o mesmo efeito, caso em que receberão normativa equivalente. Assim, causando tanto as cláusulas penais quanto as cláusulas limitativas o efeito de restrição do dever de reparar por perdas e danos, os requisitos tradicionais de validade deverão ser interpretados sistematicamente para os dois ajustes.[39]

Além disso, o avizinhamento funcional se justifica para evitar a burla à lei por parte do devedor. Se as cláusulas penais de perfil limitativo não fossem inválidas nos casos em que os as cláusulas limitativas do dever de indenizar o são, bastaria a fixação contratual de cláusula penal em baixo montante, sem previsão de possibilidade de indenização suplementar, para que o credor escapasse da proibição legal, obtendo justamente o efeito vedado, isto é, a restrição do dever de indenizar.

Na ponderação entre a autonomia negocial e o princípio da reparação integral,[40] observa-se que as convenções em análise produzem concretamente semelhante grau de restrição a este princípio. Desse modo, nas hipóteses em que o prato da balança da ponderação se inclina para a prevalência do princípio da reparação integral, invalidando-se as cláusulas limitativas, não devem ser também admitidas as cláusulas penais de perfil limitativo.[41] A explicação é simples, insista-se: incide idêntica prioridade valorativa.[42]

Assim, em termos práticos, se a extensão do dano causado em decorrência de lesão à pessoa humana for maior do que o montante de perdas e danos fixado previamente na cláusula penal, deverá ser assegurado o direito da vítima aos prejuízos excedentes, mesmo se assim não tiver sido pactuado expressamente. Afasta-se a incidência do artigo 416, parágrafo único, do Código Civil.

Imaginem-se três cláusulas previstas em contratos distintos, todas justamente para as hipóteses de reparação de danos decorrentes de lesão à pessoa humana: (a) uma primeira, penal, que fixa, previamente, o montante de perdas e danos em 500 unidades, sem previsão de possibilidade de indenização suplementar; (b) uma segunda, limitativa, que estabelece o teto de 500 unidades; e (c) uma terceira, de exoneração, que exclui o dever de indenizar. Suponha-se que seja causado, concretamente, dano na extensão de 1.000 unidades. *Tratando-se de lesão à pessoa humana*, não se admitirá o efeito de limitação ou de exclusão do dever de reparar por perdas e danos para nenhuma das três cláusulas, independentemente de ser cláusula penal ou cláusula de não indenizar. A reparação será integral para as três hipóteses, ou seja, na extensão de 1.000 unidades.

---

39. PERLINGIERI, Pietro. *O direito civil na legalidade constitucional*. Rio de Janeiro: Renovar, 2008, p. 118.
40. PEREIRA, Vinicius. *Cláusula de não indenizar*: entre riscos e equilíbrio. Rio de Janeiro: Lumen Juris, 2015, p. 40.
41. OLIVA, Milena Donato; ABÍLIO, Vivianne da Silveira. A cláusula penal compensatória estipulada em benefício do consumidor e o direito básico à reparação integral. *Revista de Direito do Consumidor* (Revista dos Tribunais Online), v. 105, 2016, p. 7.
42. MONTEIRO FILHO, Carlos Edison do Rêgo. Rumos cruzados do direito civil pós-1988 e do constitucionalismo de hoje. In: MONTEIRO FILHO, Carlos Edison do Rêgo. *Rumos contemporâneos do direito civil*: estudos em perspectiva civil-constitucional. Belo Horizonte: Fórum, 2017, p. 20.

Demais disso, os mesmos fundamentos se aplicam para o paralelo entre as cláusulas excludentes do dever de indenizar e as cláusula limitativas do objeto contratual. Estas se aproximam daquelas ao também excluírem a reparação por perdas e danos, mas, a rigor, revelam-se ainda mais gravosas aos interesses do credor, na medida em que eliminam outros direitos diante do descumprimento.[43]

Nesse sentido, sob pena de fraude à lei, não se admite que a exoneração do dever de indenizar, quando vedada, seja obtida por meio da pactuação de cláusula limitativa do objeto contratual, sob o argumento de que o credor estaria apenas definindo o conteúdo negocial. Como consequência, também as cláusulas limitativas do objeto contratual deverão se submeter ao juízo de merecimento de tutela que faz prevalecer a reparação integral diante de lesão à pessoa humana. Desse modo, é proibido que cláusula limitativa do objeto contratual exclua obrigação que, uma vez inobservada, gerará lesão à pessoa humana.

Cabe ilustrar as premissas elencadas com o exemplo da inadmissibilidade da limitação e da exclusão da reparação de danos decorrentes de incidente de segurança no tratamento de dados pessoais. Como observado em outra sede[44], constitui direito fundamental a proteção dos dados pessoais (art. 5º, LXXIX, CRFB/88[45]), o que está essencialmente vinculado ao princípio da dignidade da pessoa humana[46], alicerce do sistema jurídico (art. 1º, III, CRFB/88).

Assim, não se pode admitir que a pactuação de cláusula de não indenizar pretenda exonerar ou limitar a reparação de danos morais ou materiais resultantes de incidentes de segurança, sob pena de se pôr em xeque o referido princípio fundamental. Do mesmo modo, a estipulação de cláusula penal não poderá gerar como efeito a limitação da reparação por perdas e danos decorrentes de incidentes de segurança com dados pessoais, seja o dano moral, seja o dano material. Ainda, não se permite que, por intermédio de cláusula limitativa do objeto contratual, o credor deixe de assumir as obrigações de segurança e de proteção de dados pessoais nos tratamentos realizados.

---

43. V. MONTEIRO, António Pinto. *Cláusulas limitativas e de exclusão de responsabilidade civil*. Coimbra: Almedina, 2003, p. 116-121; ADRIANO, Germana Carlotta. *Clausole di esonero e di limitazione della responsabilità civile*. Roma: Aracne Editrice, 2009, p. 86-88; PRATA, Ana. *Cláusulas de exclusão e de limitação da responsabilidade contratual*. Coimbra: Almedina, 1985, p. 519.
44. MONTEIRO FILHO, Carlos Edison do Rêgo; CASTRO, Diana Loureiro Paiva de. Proteção de dados pessoais e cláusulas de não indenizar em relações de consumo: tutela da vulnerabilidade do consumidor e teoria dos efeitos da lesão. In: MONTEIRO FILHO, Carlos Edison do Rêgo; MARTINS, Guilherme Magalhães; ROSENVALD, Nelson; DENSA, Roberta. *Responsabilidade civil nas relações de consumo*. Indaiatuba, SP: Foco, 2022, p. 357.
45. Art. 5º, CRFB/88. "Todos são iguais perante a lei, sem distinção de qualquer natureza, garantindo-se aos brasileiros e aos estrangeiros residentes no País a inviolabilidade do direito à vida, à liberdade, à igualdade, à segurança e à propriedade, nos termos seguintes: (...) LXXIX – é assegurado, nos termos da lei, o direito à proteção dos dados pessoais, inclusive nos meios digitais".
46. RODOTÀ, Stefano. *A vida na sociedade de vigilância*: privacidade hoje. Rio de Janeiro: Renovar, 2008, p. 68; DONEDA, Danilo. A proteção dos dados pessoais como um direito fundamental. *Espaço jurídico*, v. 12, n. 2, 2011, p. 91-108.

5. NOTAS CONCLUSIVAS

À luz do princípio da dignidade da pessoa humana, ápice axiológico do sistema jurídico, não se admite a limitação ou a exclusão do dever de reparar danos decorrentes de lesão à pessoa. Disso resulta, ilustrativamente, a impossibilidade de pactuação de cláusula de não indenizar diante de lesão à integridade psicofísica do passageiro no contrato de transporte ou do paciente na atividade médica, bem como na hipótese de incidente de segurança no tratamento de dados pessoais.

A proscrição deve alcançar não apenas a reparação de danos morais, mas também a indenização de danos materiais decorrentes de lesão à pessoa humana. Isso porque, à luz da *teoria dos efeitos da lesão*, conquanto a consequência seja patrimonial, a lesão em jogo é existencial (à pessoa humana), de modo que admitir a limitação ou a exoneração violaria a mesma prioridade valorativa incidente para a compensação de danos morais.

Além disso, se são vedadas as cláusulas excludentes do dever de indenizar diante de lesão existencial, também não se admitirá que cláusula limitativa do objeto contratual exclua obrigação que, uma vez inobservada, gere lesão à pessoa humana. Ademais, se não se afiguram admitidas, em face de lesão existencial, as cláusulas limitativas do dever de indenizar, será igualmente proibido que cláusulas penais gerem concretamente o mesmo efeito de restrição à reparação integral da vítima em tais circunstâncias.

Em síntese, diante de lesão à pessoa humana, não será admitido limitar ou excluir a reparação de danos materiais ou morais dela decorrentes, seja por intermédio de cláusula de não indenizar, de cláusula penal ou de cláusula limitativa do objeto contratual. A gestão negocial não poderá recair, portanto, sobre tais riscos. Para qualquer caso de lesão à pessoa humana, deve ser integral a reparação dos efeitos dessa lesão.

6. REFERÊNCIAS

ADRIANO, Germana Carlotta. *Clausole di esonero e di limitazione della responsabilità civile*. Roma: Aracne Editrice, 2009.

BOBBIO, Norberto. A função promocional do direito. In: BOBBIO, Norberto. *Da estrutura à função*: novos estudos de teoria do direito. Rio de Janeiro: Manole, 2007.

CARBONNIER, Jean. *Droit civil*. Paris: Presses Universitaires de France, 1956. t. 4.

CASTRO, Diana Loureiro Paiva de. *Potencialidades funcionais das cláusulas de não indenizar*: releitura dos requisitos tradicionais de validade. Dissertação (Mestrado em Direito). Universidade do Estado do Rio de Janeiro, Rio de Janeiro, 2018.

CASTRO, Diana Loureiro Paiva de. Cláusulas limitativas e excludentes do dever de indenizar: espécies, efeitos e controle valorativo. In: TERRA, Aline de Miranda Valverde; GUEDES, Gisela Sampaio da Cruz. *Inexecução das obrigações*: pressupostos, evolução e remédios. Rio de Janeiro: Processo, 2020. v. 1.

CHEVALLIER, Jean; BACH, Louis. *Droit civil*. Paris: Sirey, 1995. t. 1.

MALAURIE, Philippe; AYNÈS, Laurent. *Cours de droit civil*. Paris: Cujas, 1995. t. VI.

MALINVAUD, Philippe; FENOUILLET, Dominique; MEKKI, Mustapha. *Droit des obligations*. Paris: LexisNexis, 2014.

MALINVAUD, Philippe; FENOUILLET, Dominique; MEKKI, Mustapha. *Droit des obligations*. Paris: LexisNexis, 2014.

MONTEIRO FILHO, Carlos Edison do Rêgo. Contratos em tempos de pandemia: descumprimento e força maior. *Actualidad Jurídica Iberoamericana*, n. 12, 2020.

MONTEIRO FILHO, Carlos Edison do Rêgo. *Elementos de responsabilidade civil por dano moral*. Rio de Janeiro: Renovar, 2000.

MONTEIRO FILHO, Carlos Edison do Rêgo. Usucapião imobiliária urbana independente de metragem mínima: uma concretização da função social da propriedade. In: MONTEIRO FILHO, Carlos Edison do Rêgo. *Direito das relações patrimoniais*: estrutura e função na contemporaneidade. Curitiba: Juruá Editora, 2014.

MONTEIRO FILHO, Carlos Edison do Rêgo. O conceito de dano moral e as relações de trabalho. *Civilistica.com,* a. 3, n. 1, 2014.

MONTEIRO FILHO, Carlos Edison do Rêgo. Reflexões metodológicas: a construção do observatório de jurisprudência no âmbito da pesquisa jurídica. *Revista Brasileira de Direito Civil*, v. 9, 2016.

MONTEIRO FILHO, Carlos Edison do Rêgo. *Responsabilidade contratual e extracontratual*: contrastes e convergências no direito civil contemporâneo. Rio de Janeiro: Processo, 2016.

MONTEIRO FILHO, Carlos Edison do Rêgo. *Pacto comissório e pacto marciano no sistema brasileiro de garantias*. Rio de Janeiro: Processo, 2017.

MONTEIRO FILHO, Carlos Edison do Rêgo. Limites ao princípio da reparação integral no direito brasileiro. *Civilistica.com,* a. 7, n. 1, 2018.

MONTEIRO FILHO, Carlos Edison do Rêgo. Rumos cruzados do direito civil pós-1988 e do constitucionalismo de hoje. In: MONTEIRO FILHO, Carlos Edison do Rêgo. *Rumos contemporâneos do direito civil*: estudos em perspectiva civil-constitucional. Belo Horizonte: Fórum, 2017.

MONTEIRO FILHO, Carlos Edison do Rêgo; CASTRO, Diana Loureiro Paiva de. Alocação de riscos contratuais entre a Lei de Liberdade Econômica e a boa-fé objetiva. In: COELHO, Fábio Ulhoa; TEPEDINO, Gustavo; LEMES, Selma Ferreira. *A evolução do direito no século XXI*: seus princípios e valores (ESG, Liberdade, Regulação, Igualdade e Segurança Jurídica. Homenagem ao Professor Arnoldo Wald). São Paulo: IASP, 2022.

MONTEIRO FILHO, Carlos Edison do Rêgo; CASTRO, Diana Loureiro Paiva de. Proteção de dados pessoais e cláusulas de não indenizar em relações de consumo: tutela da vulnerabilidade do consumidor e teoria dos efeitos da lesão. In: MONTEIRO FILHO, Carlos Edison do Rêgo; MARTINS, Guilherme Magalhães; ROSENVALD, Nelson; DENSA, Roberta. *Responsabilidade civil nas relações de consumo*. Indaiatuba, SP: Foco, 2022.

MONTEIRO, António Pinto. *Cláusulas limitativas e de exclusão de responsabilidade civil*. Coimbra: Almedina, 2003.

OLIVA, Milena Donato; ABÍLIO, Vivianne da Silveira. A cláusula penal compensatória estipulada em benefício do consumidor e o direito básico à reparação integral. *Revista de Direito do Consumidor* (Revista dos Tribunais Online), v. 105, 2016.

PEREIRA, Vinicius. *Cláusula de não indenizar*: entre riscos e equilíbrio. Rio de Janeiro: Lumen Juris, 2015.

PERLINGIERI, Pietro. *Perfis do direito civil*: introdução ao direito civil constitucional. Rio de Janeiro: Renovar, 2007.

PERLINGIERI, Pietro. *O direito civil na legalidade constitucional*. Rio de Janeiro: Renovar, 2008.

PLANIOL, Marcel; RIPERT, Georges. *Traité pratique de droit civil français*. Paris: Librairie générale de droit et de jurisprudence, 1952. t. VI.

PRATA, Ana. *Cláusulas de exclusão e de limitação da responsabilidade contratual*. Coimbra: Almedina, 1985.

RODOTÀ, Stefano. *A vida na sociedade de vigilância*: privacidade hoje. Rio de Janeiro: Renovar, 2008, p. 68; DONEDA, Danilo. A proteção dos dados pessoais como um direito fundamental. *Espaço jurídico*, v. 12, n. 2, 2011.

ROSENVALD, Nelson. *Cláusula penal*: a pena privada nas relações negociais. Indaiatuba: Editora Foco, 2020.

SOUZA, Eduardo Nunes de. Abuso do direito: novas perspectivas entre a licitude e o merecimento de tutela. *Revista Trimestral de Direito Civil*, v. 50, 2012.

STARCK, Boris. *Droit civil*: obligations. Paris: Librairies Techniques, 1972.

TEPEDINO, Gustavo. A razoabilidade e a sua adoção à moda do jeitão. *Revista Brasileira de Direito Civil*, 2016. v. 8.

TERRA, Aline de Miranda Valverde. *Cláusula resolutiva expressa*. Belo Horizonte: Fórum, 2017.

TERRA, Aline de Miranda Valverde; BANDEIRA, Paula Greco. A cláusula resolutiva expressa e o contrato incompleto como instrumentos de gestão de risco nos contratos. *Revista Brasileira de Direito Civil*, 2015. v. 6.

THUR, A. von. *Tratado de las obligaciones*. Madrid: Editorial Reus, 1934. t. I.

TOURNEAU, Philippe le. *La responsabilité civile*. Paris: Dalloz, 1976.

VINEY, Geneviève; JOURDAIN, Patrice. *Traité de droit civil*: les effets de la responsabilité. Paris: L.G.D.J, 2001.

DO PRAZO PRESCRICIONAL APLICÁVEL À PRETENSÃO INDENIZATÓRIA NA RESPONSABILIDADE CIVIL CONTRATUAL

Eduardo Nunes de Souza

Doutor e Mestre em Direito Civil pela Universidade do Estado do Rio de Janeiro (UERJ). Professor associado de Direito Civil da Faculdade de Direito da UERJ e professor permanente dos cursos de Mestrado e Doutorado em Direito Civil do Programa de Pós-Graduação em Direito da UERJ.

Sumário: 1. À guisa de introdução: responsabilidade civil contratual e aquiliana – um problema de prescrição? – 2. Prescrição, formalismo e isonomia na responsabilidade contratual – 3. Uma possível chave de leitura: o problema do termo inicial da prescrição – 4. Conclusão – 5. Referências bibliográficas.

1. À GUISA DE INTRODUÇÃO: RESPONSABILIDADE CIVIL CONTRATUAL E AQUILIANA – UM PROBLEMA DE PRESCRIÇÃO?

Na tradição romano-germânica, como se sabe, a principal consequência da distinção entre os regimes contratual e extracontratual de responsabilidade civil costuma ser identificada na regra segundo a qual se presume a culpa do causador do dano na primeira hipótese, a inverter o ônus probatório em favor do lesado, o que não ocorre, em regra, no regime aquiliano.[1] Com efeito, no âmbito contratual, afirma-se tradicionalmente que o simples fato do inadimplemento já permite presumir (ainda que relativamente) que o devedor da obrigação descumprida agiu culposamente, a justificar sua responsabilização por perdas e danos se caracterizado o inadimplemento absoluto.[2] Além dessa relevante peculiaridade, também se considera que a natureza da responsabilidade atrai a incidência de regras específicas, por exemplo, quanto à determinação do termo inicial de incidência de juros moratórios e correção monetária sobre o montante indenizatório (em geral, fixado na data do evento lesivo ou na data da citação do réu).[3] A dicotomia determina,

---

1. Leciona Caio Mário da Silva PEREIRA: "Na culpa extracontratual, incumbe ao queixoso demonstrar todos os elementos etiológicos da responsabilidade: o dano, a infração da norma e o nexo de causalidade entre um e outra. Na culpa contratual inverte-se o *onus probandi*, o que torna a posição do lesado mais vantajosa" (*Responsabilidade civil*. Rio de Janeiro: GZ, 2011, p. 329).
2. Assim já se afirmava na clássica lição de PLANIOL e RIPERT: "a conduta culposa contratual seria presumida; a conduta culposa delitual não o seria" (*Traité élémentaire de droit civil*. Tome 2ème. Paris: Librairie Générale de Droit et de Jurisprudence, 1907, p. 286). Concluíam os irmãos MAZEAUD: "a vítima de uma *faute* contratual estaria então em uma situação bem melhor do que a vítima de uma *faute* delitual ou quase-delitual. Diz-se correntemente que a conduta culposa é presumida em matéria contratual e não em matéria delitual" (*Traité théorique et pratique de la responsabilité civile délictuelle et contractuelle*, t. I. Paris: Recueil Sirey, 1947, pp. 643-644). Na doutrina brasileira, v. Caio Mário da Silva PEREIRA. *Responsabilidade civil*, cit., p. 329.
3. Para um detalhado estudo dessas regras, em grande parte construídas pela jurisprudência e não isentas de assistematicidades, cf. MONTEIRO FILHO, Carlos Edison do Rêgo. *Responsabilidade contratual e extracontratual*: contrastes e convergências no direito civil contemporâneo. Rio de Janeiro: Processo, 2016, item 1.6.

ainda, a aplicação de regras procedimentais específicas. Assim, ilustrativamente, na responsabilidade extracontratual, consideram-se competentes para a ação indenizatória os foros do local do dano ou, em certos casos, também o do domicílio do autor, que não se aplicam, em princípio, à responsabilidade contratual.[4] E outras distinções são por vezes acrescentadas por cada autor que se dedica ao tema.[5]

A antiga distinção entre os dois grandes regimes de responsabilidade civil, contudo, parece ter decrescido em notoriedade na experiência brasileira ao longo dos anos, por força de uma série de fatores. Em primeiro lugar, basta pensar na incidência do Código de Defesa do Consumidor sobre um número extremamente expressivo de relações sociais, regulando todos os principais aspectos da responsabilidade por danos produzidos nessas relações de forma deliberadamente independente da referida dicotomia.[6] Mais do que isso, a expansão das hipóteses de responsabilidade civil objetiva em geral no ordenamento brasileiro, inclusive com a previsão da cláusula geral da responsabilidade fundada no risco pelo parágrafo único do art. 927 do Código Civil de 2002, direcionou as atenções do jurista à responsabilidade independente de culpa,[7] obscurecendo aquela que era, provavelmente, a mais conspícua diferença entre os regimes contratual e aquiliano (a presunção do elemento culposo).[8] O codificador atual, aliás, como é notório, converteu boa parte dos casos que eram de presunção de culpa do regime anterior (particularmente na responsabilidade indireta) em casos de responsabilidade objetiva.[9]

---

4. Dispõe o Código de Processo Civil: "Art. 100. É competente o foro: [...] IV – do lugar do ato ou fato para a ação: a) de reparação de dano; [...] V – de domicílio do autor ou do local do fato, para a ação de reparação de dano sofrido em razão de delito ou acidente de veículos, inclusive aeronaves". Segundo Fredie DIDIER, a alínea "a" ora transcrita "estabelece o *forum comissi delicti* – foro para a ação de responsabilidade civil extracontratual: é o foro do lugar do fato ou ato. Justifica-se a regra como medida de economia, tendo em vista a possibilidade de se fazerem perícias no local do dano, com menos custos" (*Curso de direito processual civil*. Salvador: JusPodium, 2015. v. I. p. 224).
5. Ilustrativamente, a mais autorizada doutrina afirma, com frequência, que a capacidade do agente como requisito do dever de indenizar seria distinta na responsabilidade civil contratual e na aquiliana (cf., por todos, DANTAS, F. C. de San Tiago. *Programa de direito civil*. Rio de Janeiro: Editora Rio, 1975, v. II. pp. 105-106; e, mais recentemente, MARTINS-COSTA, Judith. In: TEIXEIRA, Sálvio de Figueiredo (Coord.). *Comentários ao novo Código Civil*. Rio de Janeiro: Forense, 2003. v. V. t. II. pp. 100-101). Aqui parece haver, porém, uma confusão entre capacidade civil para fins de validade do contrato e imputabilidade do agente para a responsabilidade por danos decorrentes do inadimplemento. São comuns, ainda, as referências à possibilidade de a vontade convencional interferir na configuração do dever de indenizar contratual ou na extensão da indenização pelo inadimplemento, o que apenas ocorreria na responsabilidade contratual; essa distinção, contudo, parece confiar demasiadamente na ideia de que as partes não manteriam qualquer relação prévia na responsabilidade aquiliana, o que pode não ocorrer na prática – basta pensar nos múltiplos casos de danos que podem ser produzidos na fase de tratativas e que ensejam, para boa parte da doutrina, responsabilidade aquiliana, mas cuja modulação convencional não pode ser de plano descartada.
6. Sobre o ponto, permita-se remeter a SOUZA, Eduardo Nunes de. *Do erro à culpa na responsabilidade civil do médico*. Rio de Janeiro: Renovar, 2015, item 2.4.
7. Sobre as dificuldades de prova da culpa que conduziram ao desenvolvimento da responsabilidade objetiva, cf. BODIN DE MORAES, Maria Celina. Risco, solidariedade e responsabilidade objetiva. *Revista dos Tribunais*, v. 854, dez./2006, item 1.
8. Segundo SAN TIAGO DANTAS, a presunção de culpa na responsabilidade contratual é a diferença "de maior importância do que todas as outras" em face do regime aquiliano (*Programa de direito civil*, v. II, cit., p. 106).
9. Uma análise desse processo foi realizada em SOUZA, Eduardo Nunes de. Em defesa do nexo causal: culpa, imputação e causalidade na responsabilidade civil brasileira. In: SOUZA, Eduardo Nunes de; SILVA, Rodrigo da Guia (Coord.). *Controvérsias atuais em responsabilidade civil*. São Paulo: Almedina, 2018, item 4.

Mais do que isso, considera-se, em geral, que a expansão da responsabilidade civil independente de culpa consistiu em uma decorrência do processo que, em célebre lição, Orlando Gomes designou por *giro conceitual do ato ilícito para o dano injusto*.[10] Vale dizer: o dever de indenizar, antes visto como efeito em certa medida automático daquela unidade conceitual (não desprovida de muitas controvérsias)[11] conhecida como ato ilícito, passou a ser compreendido como a consequência de um sofisticado juízo valorativo sobre a injustiça do dano – em outras palavras, sobre o maior ou menor merecimento de tutela dos interesses concretamente lesados da vítima.[12] No plano valorativo, como consignou autorizada doutrina, a mudança paradigmática atendeu ao imperativo constitucional da solidariedade social.[13] No que diz respeito à sistematização teórica da matéria, por seu turno, parece razoável dizer que a responsabilidade civil unificou-se em torno de um perfil funcional bastante demarcado (a reparação do dano).[14] Perderam, assim, a sua hegemonia na identificação da natureza indenizatória da obrigação a figura do ato ilícito e, por conseguinte, a vetusta distinção entre os chamados ilícito absoluto e relativo.

A insistência doutrinária na qualificação da responsabilidade civil entre contratual e aquiliana parece, assim, filiar-se mais à força da tradição que à sua utilidade prática nos dias atuais. Assiste-se, de fato, a um arrefecimento da distinção, que não reflete nenhuma diferença ontológica, mas apenas peculiaridades esporádicas de regime normativo.[15] Criticam-se as bases teóricas da distinção, ao menos, em duas frentes distintas: as funções e as fontes da responsabilidade contratual. De um lado, tradicional doutrina afirmava que a responsabilidade pelo inadimplemento contratual não seria um verdadeiro mecanismo reparatório, mas sim um simples instrumento de execução obrigacional, alternativo à

---

10. Cf. GOMES, Orlando. Tendências modernas na teoria da responsabilidade civil. In FRANCESCO, José Roberto Pacheco di (Org.). *Estudos em homenagem ao professor Silvio Rodrigues*. São Paulo: Saraiva, 1989.
11. Uma crítica aos problemas conceituais oriundos da confusão entre a noção de ato ilícito e os seus requisitos de configuração foi desenvolvida em SOUZA, Eduardo Nunes de. *Em defesa do nexo causal*, cit., item 2.
12. Sobre a noção de dano injusto como um problema de merecimento de tutela, isto é, como juízo valorativo, cf., na doutrina italiana, BUSNELLI, Francesco. *La lesione del credito da parte di terzi*. Milano: Giuffrè, 1964, p. 88; mais contemporaneamente, TRIMARCHI, Pietro. *Istituzioni di diritto privato*. Milano: Giuffrè, 2016, p. 110; e, na doutrina brasileira, SOUZA, Eduardo Nunes de. Merecimento de tutela: a nova fronteira do direito privado no direito civil. *Revista de Direito Privado*, v. 58. São Paulo: Ed. RT, abr.-jun./2014, item 5.
13. Nessa direção, vejam-se as paradigmáticas lições, na doutrina italiana, de RODOTÀ, Stefano. *Il problema della responsabilità civile*. Milano: Giuffrè, 1967: "A violação do limite da solidariedade, implícita no verificar-se um dano injusto, exige [...] uma qualificação em direção subjetiva, para que se possa dar lugar à imputação da responsabilidade a título de culpa (com base no critério da culpa). [...] Essa afirmação é possível enquanto o limite da solidariedade se apresenta também como medida do agir, *standard* operante sempre que um contato social especifica em concreto a exigência de apreciar o componente objetivo do comportamento" (pp. 173-174. Tradução livre); e, na doutrina brasileira, de BODIN DE MORAES, Maria Celina. *Risco, solidariedade e responsabilidade objetiva*, cit., p. 26.
14. Como pondera Carlos Edison do Rêgo MONTEIRO FILHO, "no que tange à natureza dos institutos [da responsabilidade civil contratual e extracontratual], dúvidas já não prevalecem sobre a identidade de *ratio* que preside a temática em apreço, daí poder-se afirmar a *unidade essencial da responsabilidade civil*. De fato, tanto num caso como noutro, o que se verifica é que há sempre um dano a clamar por reparação" (*Responsabilidade contratual e extracontratual*, cit., p. 80).
15. Constata Judith MARTINS-COSTA: "O fato de a responsabilidade contratual e a extracontratual encontrarem identidade de fundamento, identidade ontológica e mesmo principiológica, não significa que seja o mesmo o seu regime jurídico, o que é questão de política legislativa". A autora, porém, considera que as duas modalidades "têm, quanto ao regime, distinções importantes" (*Comentários ao novo Código Civil*, v. V, t. II, cit., p. 100).

execução específica (sempre que esta não fosse mais possível, ou não interessasse mais ao credor).[16] Justamente por isso, há quem afirme que não caberia falar nem mesmo em culpa ou em responsabilidade: as perdas e danos contratuais corresponderiam a simples pagamento genérico da obrigação contraída – que, inadimplida, nelas se resolveria.[17]

Não parece difícil identificar que essa perspectiva mostrava-se compatível com um momento histórico em que a responsabilidade civil era estudada por um viés prioritariamente estrutural. Ausente a necessidade de se qualificarem as categorias e institutos jurídicos à luz da finalidade precípua que atendem e dos efeitos que produzem, parecia razoável à doutrina cogitar de dois regimes de responsabilidade com perfis tão distintos. No momento atual, caso se reconheça (como propõe a metodologia civil-constitucional) que o dever de indenizar, como qualquer outro instituto, distingue-se e identifica-se a partir de um perfil funcional que lhe é peculiar,[18] uma modalidade de indenização que não tem o papel de reparar danos aparenta resultar em uma completa contradição em termos.[19]

De outra parte, alega-se que um dos principais critérios distintivos entre responsabilidade contratual e aquiliana estaria na fonte da obrigação de indenizar (convencional ou legal). Esse, contudo, também parece ser um critério pouco confiável no momento atual. Com efeito, no passado, era perfeitamente plausível afirmar que o ilícito genérico decorria de uma infração à lei, ao passo que o contratual adviria do descumprimento da convenção entre as partes;[20] hodiernamente, porém, conforme um número cada vez maior de princípios de ordem pública ingressam no âmbito da autonomia privada (criando para ambos os contratantes deveres que, embora inseridos no contrato, decorrem da lei),[21] não parece mais possível considerar a fonte do dever de indenizar como critério

---

16. No direito francês, leciona Patrice JOURDAIN: "Os negadores da responsabilidade contratual pretendem que a obrigação de reparar não é distinta da obrigação inicial, que não há novação da obrigação pelo fato da inexecução. Para eles, as perdas e danos concedidas ao credor não são na verdade nada mais que uma execução pelo equivalente, o que os conduz por vezes a negar a noção mesma de reparação contratual" (Réflexion sur la notion de responsabilité contractualle. *Les métamorphoses de la responsabilité*. Paris: Presses Universitaires de France, 1997, p. 68. Tradução livre).
17. O entendimento, amplamente difundido na doutrina brasileira, é sufragado, entre muitos outros, por DANTAS, F. C. de San Tiago. *Programa de direito civil*, v. II, cit., pp. 97-98.
18. A respeito do perfil funcional da responsabilidade civil e sua relevância para a autonomia dogmática e normativa do instituto, cf. a análise desenvolvida na comparação entre responsabilidade civil e restituição do enriquecimento injusto em SOUZA, Eduardo Nunes de; SILVA, Rodrigo da Guia. Considerações sobre a autonomia funcional da responsabilidade civil no direito brasileiro. *Revista da AGU*, v. 21, n. 3, jul.-set./2022, *passim*.
19. Afinal, abandonado o modelo tradicional, "as atenções começaram a se voltar para o objetivo da 'reparação', em detrimento do objetivo anterior de 'responsabilização', radicando-se na consciência coletiva a ideia de justiça diante da reparação de todos os danos injustificados, independentemente de conduta ilícita" (BODIN DE MORAES, Maria Celina. A constitucionalização do direito civil e seus efeitos sobre a responsabilidade civil. *Direito, Estado e Sociedade*, v. 9, n. 29, jul.-dez./2006, p. 254).
20. Segundo Caio Mário da SILVA PEREIRA, "Na culpa contratual há um dever positivo de adimplir o que é objeto da avença. Na culpa aquiliana, é necessário invocar o dever negativo ou obrigação de não prejudicar [...]" (*Responsabilidade civil*, cit., p. 330).
21. Pertinente, no ponto, a síntese de Stefano RODOTÀ sobre o fenômeno da heterointegração dos contratos: "De fato, com a heterointegração [...] se alude a formas de intervenção sobre o contrato que vão além do amplo desenvolvimento da lógica da declaração e que, portanto, se acrescentam à atividade das partes na construção do definitivo regulamento contratual" (*Le fonti di integrazione del contratto*. Milano: Giuffrè, 1969, p. 9. Tradução livre).

definitivo.[22] Assim ocorre, por exemplo, com os deveres anexos decorrentes da boa-fé objetiva.[23] Alega-se, ainda, que a própria flexibilização do princípio da relatividade dos pactos, a permitir que terceiros se valham da responsabilidade contratual diante de prejuízos decorrentes do inadimplemento de contratos dos quais não são partes, exemplificaria a tendência à absorção, pelo contrato, da técnica da responsabilidade aquiliana.[24]

Não se pode, contudo, afirmar que a distinção entre responsabilidade contratual e aquiliana esteja atualmente superada no direito brasileiro – sobretudo diante de sua aparente adoção pelo próprio legislador e de sua ampla aceitação doutrinária. Já se afirmou que a distinção, se pouco contribui, em nada prejudica[25] – como a relegar a discussão ao âmbito prioritariamente acadêmico ou teórico, sem, contudo, se lhe negar a procedência. A controvérsia, como se sabe, é particularmente preferida pelos autores que se dedicaram ao estudo da chamada responsabilidade pré-contratual[26] – justamente um

---

22. Afirma Patrice JOURDAIN: "o que convém sublinhar, é que, mesmo a respeito do fato gerador da responsabilidade, existe uma aproximação muito clara dos regimes. As diferenças pareciam, no entanto, irredutíveis porque elas exprimem o dualismo das fontes de responsabilidade, que comanda ele próprio a dualidade dos regimes. Elas estão prestes a ceder. Em se tratando do fato pessoal do devedor, não se poderia *a priori* negar a incidência do contrato sobre a apreciação da inexecução e da conduta culposa contratual. No entanto, a inserção no contrato de obrigações não especificamente contratuais tende a enfraquecer sensivelmente essa originalidade da responsabilidade contratual: a conduta culposa contratual quase não difere mais da conduta culposa delitual quando ela consiste na violação de uma norma geral que se impõe a todos" (*Réflexion sur la notion de responsabilité contractuelle*, cit., p. 77. Tradução livre).
23. "Nesse cenário, já não se pode afirmar que a responsabilidade contratual nasce necessariamente da violação de dever preexistente específico, estipulado por convenção entre as partes, em contraposição à responsabilidade extracontratual, que se originaria da infração à lei ou a princípio geral de direito. Se assim fosse, a violação, pelo contratante, de deveres de conduta impostos pela boa-fé objetiva encerraria hipótese de responsabilidade extracontratual, o que não se sustenta" (TEPEDINO, Gustavo et al. *Fundamentos do direito civil*. Rio de Janeiro: GEN, 2020. v. IV. p. 12).
24. Segundo Patrice JOURDAIN, "a jurisprudência tende a negar a relatividade da culpa contratual, que exprimiria, no entanto, o particularismo da responsabilidade contratual". No entanto, essa lógica não procede "quando se autoriza a um terceiro que invoque a violação de uma obrigação puramente contratual para estabelecer uma culpa [*faute*] delitual. O princípio do efeito relativo das convenções encontra-se então afetado" (*Réflexion sur la notion de responsabilité contractuelle*, cit., p. 77). Sobre o tema, no direito brasileiro, cf. KONDER, Carlos Nelson. A "relativização da relatividade": aspectos da mitigação da fronteira entre partes e terceiros nos contratos. *Scientia Juris*, v. 23, n. 1, mar./2019; MONTEIRO FILHO; Carlos Edison do Rêgo; BIANCHINI, Luiza Lourenço. Breves considerações sobre a responsabilidade civil do terceiro que viola o contrato (tutela externa do crédito). In: TEPEDINO; Gustavo; FACHIN, Luiz Edson (Coord.). *Diálogos sobre direito civil*. Rio de Janeiro: Renovar, 2012. v. 3.
25. Afirma-o Patrice JOURDAIN, segundo o qual, por outro lado, recusar a noção de culpa "vai manifestamente e de forma totalmente gratuita de encontro ao uso mais difundido tanto em doutrina quanto em jurisprudência: o conceito de conduta culposa contratual é um fato, uma realidade sociológica, não desmentida aliás pela História, porque a conduta culposa sempre teve um papel essencial a desempenhar em matéria contratual, e bem antes do Código Civil" (*Réflexion sur la notion de responsabilité contractuelle*, cit., p. 71. Tradução livre).
26. Embora considere que a responsabilidade pré-contratual no Brasil ostenta natureza aquiliana, afirma Judith MARTINS-COSTA que, no sistema brasileiro, "trata-se, em grande medida, de um falso problema, seja porque no âmbito do CDC verifica-se a unificação dos regimes jurídicos, seja porque no regime geral, do Código Civil, é tradicionalmente forte a aproximação entre os regimes, embora não chegue a haver a unificação" (*A boa-fé no direito privado*: critérios para a sua aplicação. São Paulo: Marcial Pons, 2015, p. 418). Em favor da possibilidade de se aplicar ao tema o regime da responsabilidade contratual em determinados casos, cf. TEPEDINO, Gustavo et al. *Fundamentos do direito civil*, v. IV, cit., p. 21). Ainda a respeito da responsabilidade por danos produzidos na fase de formação do negócio jurídico, na doutrina recente, cf. a análise da natureza da responsabilidade por

tema em que as fronteiras entre fonte legal e fonte convencional dos deveres existentes entre as partes e os graus de vinculatividade desses próprios deveres na fase de formação do contrato são particularmente tormentosos.

Pondo-se de lado o campo do dano pré-contratual, o interesse doutrinário e jurisprudencial em torno dessa dicotomia que, embora amplamente reconhecida, não aparentava estar destinada a um papel decisivo no direito de danos atual ressurgiu nos últimos anos em um campo de disputa inesperado: o da prescrição extintiva. De fato, cresceram recentemente os argumentos no sentido de que a distinção entre responsabilidade civil contratual e aquiliana autorizaria a incidência de prazos prescricionais diversos sobre a pretensão indenizatória. O presente estudo versará sobre essa controvérsia específica, possivelmente o mais contemporâneo objeto de disputa entre os estudiosos dos dois regimes de responsabilidade. Estaria a clássica dicotomia reduzida, nos dias atuais, a simples critério de determinação do prazo prescricional aplicável?

2. PRESCRIÇÃO, FORMALISMO E ISONOMIA NA RESPONSABILIDADE CONTRATUAL

Como se sabe, o Código Civil atual inovou em relação ao anterior, que, não cuidando das pretensões atinentes à responsabilidade civil expressamente, submetia-as ao prazo geral vintenário de prescrição. No regime atual, essas pretensões estão sujeitas ao prazo trienal do art. 206, §3º, V. A despeito da clara escolha legislativa, certo setor da doutrina começou a sustentar, com o passar do tempo, a inaplicabilidade do prazo de três anos, especificamente em matéria de responsabilidade contratual. O entendimento chegou ao STJ, onde se instaurou divergência entre as Turmas de direito privado. A controvérsia culminou no julgamento, pela 2ª Seção, dos EREsp. 1.280.825, em 27.6.2018, sob relatoria da Min. Nancy Andrighi. Na ocasião, a Corte alcançou a surpreendente conclusão de que seria aplicável o prazo geral de dez anos à responsabilidade contratual. O dissídio jurisprudencial, porém, persistiu mesmo após a tentativa de pacificação do tema. Proferiu-se, assim, novo julgamento, desta vez pela Corte Especial do STJ, dos EREsp. 1.281.594, em 15.5.2019, sob a relatoria originária do Min. Benedito Gonçalves, que votou favoravelmente à incidência do prazo de três anos. Aberta divergência por voto-vista do Min. Felix Fischer, contudo, foi este acompanhado pela maioria. Decidiu-se, então, pelo prazo decenal, em entendimento *contra legem*,[27] com base em fundamentação que examinou o mérito em cerca de cinco laudas, citando apenas três textos doutrinários (nenhum contrário à tese vencedora) e a decisão anterior da 2ª Seção.

---

danos decorrentes do dolo (vício do consentimento) desenvolvida por BENETTI, Giovana. *Dolo no direito civil*: uma análise da omissão de informações. São Paulo: Quartier Latin, 2019, item 10.2.1.

27. Nesse sentido, sustentando que o prazo legal se refere a ambas as modalidades de responsabilidade civil, cf., entre outros: BARBOZA, Heloisa Helena; BODIN DE MORAES, Maria Celina; TEPEDINO, Gustavo et al. *Código Civil interpretado conforme a Constituição da República*. Rio de Janeiro: Renovar, 2014. v. I. p. 411; MONTEIRO FILHO, Carlos Edison do Rêgo. *Responsabilidade contratual e extracontratual*, cit., p. 71.

A reversão da jurisprudência do STJ surpreende, em primeiro lugar, por contrariar a disposição expressa do Código Civil justamente em um dos pontos nos quais o codificador de 2002 optou por afastar o prazo geral vigente no regime anterior. Talvez ainda mais impactante, porém, seja o critério flagrantemente formalista que se tornou o argumento central adotado pela Corte:[28] o de que o termo "reparação civil" empregado pelo inciso V do §3º do art. 206 do Código Civil apenas seria utilizado pela lei em disposições nas quais trata da responsabilidade aquiliana e não quando se refere à responsabilidade contratual.[29] Fosse semelhante linha de argumentação procedente, seria igualmente possível concluir, por exemplo, que o caso fortuito apenas interromperia o nexo causal em sede de responsabilidade contratual, na medida em que o dispositivo normativo que o prevê (art. 393) utiliza a palavra "devedor" e, portanto, não aludiria ao ilícito aquiliano; ou, ainda, que o direito às perdas e danos contratuais seria insuscetível de transmissão *mortis causa*, já que o art. 943 só prevê que o direito à "reparação" se transfere por herança.[30] Com efeito, para o intérprete excessivamente apegado à literalidade ou à disposição topográfica das normas,[31] o tratamento fragmentado entre responsabilidade contratual e aquiliana pode fomentar conclusões desastrosas não apenas em sede de prescrição, agravando a incompreensão que já paira sobre a matéria.[32]

Seria de se esperar que a práxis brasileira já houvesse superado esse tipo de formalismo excessivo. O entendimento jurisprudencial, porém, foi intensamente influenciado pela tese, sustentada por alguns dos partidários do prazo decenal, de que o termo "reparação civil" seria tradicionalmente reservado pela própria doutrina civilista à responsabilidade delitual. A alegação, não é difícil constatar, não encontra eco na dogmática brasileira, sendo certo que eminentes civilistas sempre utilizaram termos como *reparação*, *indenização* ou mesmo *perdas e danos* indistintamente.[33] Nessa

---

28. Sobre a fragilidade das interpretações que adotam como argumento central o pressuposto de que o legislador faria um uso rigoroso das palavras na lei, cf. BOBBIO, Norberto. O bom legislador. Trad. Eduardo Nunes de Souza. *Civilistica.com*, a. 10, n. 3, 2021, item 6.
29. Segundo restou consignado no voto vencedor do julgamento, "a expressão 'reparação civil', empregada pelo art. 206, § 3º, V, do Código, restringe-se aos danos decorrentes do ato ilícito não contratual" (STJ, EREsp. 1.281.594, Corte Especial, julg. 15.5.2019, voto do rel. p/ ac. Min. Félix Fischer). A tese é sustentada em doutrina, entre outros, por MARTINS-COSTA, Judith; ZANETTI, Cristiano de Sousa. Responsabilidade contratual: prazo prescricional de dez anos. *Revista dos Tribunais*, v. 979. São Paulo: Ed. RT, maio/2017, item 2; e THEODORO JÚNIOR, Humberto. In: TEIXEIRA, Sálvio de Figueiredo (Coord.). *Comentários ao Novo Código Civil*. Rio de Janeiro: Forense, 2005. v. III. t. 2. p. 333. O argumento fora refutado no próprio voto do relator originário, que destacou, por exemplo, que o uso da mesma expressão no art. 1.510-E do Código Civil pode dizer respeito tanto à responsabilidade contratual quanto à aquiliana, mas esse ponto não foi sequer considerado quando proferido o voto vencedor.
30. Este último exemplo é citado inclusive pelo voto do relator originário, mas tampouco foi lembrado no momento em que proferido o voto vencedor.
31. Sobre a fragilidade das interpretações centradas na *sedes materiae*, cf. BOBBIO, Norberto. *O bom legislador*, cit., item 6.
32. Algumas das quais foram examinadas em SOUZA, Eduardo Nunes de; SILVA, Rodrigo da Guia. O oxímoro da responsabilidade civil brasileira. In: SOUZA, Eduardo Nunes de; SILVA, Rodrigo da Guia (Coord.). *Controvérsias atuais em responsabilidade civil*. São Paulo: Almedina, 2018.
33. A título meramente ilustrativo, utilizam o termo "reparação" para se referir às perdas e danos em sede de responsabilidade contratual, entre muitos outros: PEREIRA, Caio Mário da Silva. *Instituições de direito civil*, v. III. Rio de Janeiro: GEN, 2016, § 214; GOMES, Orlando. *Contratos*. Rio de Janeiro: Forense, 2007, p. 208;

mesma linha, igualmente inadequado parece ser o argumento de que o tratamento legislativo diferenciado para a prescrição nas responsabilidades contratual e aquiliana seria tradicional nos ordenamentos da família romano-germânica. A alegação é contraditada justamente pelos países paradigmáticos em matéria de responsabilidade civil em nosso sistema – a saber, a Alemanha (como modelo de sistema tipificado de danos indenizáveis) e a França (como modelo de sistema atípico).[34] Afinal, ambos os sistemas preveem um prazo comum para a responsabilidade civil contratual e aquiliana, apenas estipulando prazos específicos para certas *fattispecie* danosas.[35] Mais do que isso, ambos passaram por reformas relativamente recentes de seus regimes legais de prescrição,[36] a evidenciar a atualidade da escolha legislativa pela unicidade de prazo nos dois sistemas.

Particularmente no que diz respeito à Itália, outro ordenamento com influência marcante para o direito brasileiro, a opção legislativa deliberada de apartar os prazos prescricionais para os dois regimes de responsabilidade civil[37] parece refletir as idiossincrasias daquele próprio sistema.[38] De fato, a atribulada trajetória de expansão (e, por vezes, retração) do dano aquiliano no direito italiano, se comparada com um tratamento relativamente mais estável conferido ao dano contratual,[39] confirma que a separação entre os dois regimes de responsabilidade civil experimentou, naquele país, um grau muito mais elevado do que na experiência brasileira. Por outro lado, o desenvolvimento

---

DANTAS, Francisco Clementino de San Tiago. *Programa de direito civil*, v. II, cit., p. 117; SANTOS, João Manuel de Carvalho. *Código Civil brasileiro interpretado*. Rio de Janeiro: Freitas Bastos, 1986. v. XIV. p. 176; ALVIM, Agostinho. *Da inexecução das obrigações e suas consequências*. São Paulo: Saraiva, 1949, p. 174.

34. Sobre a distinção entre os dois modelos, cf. SACCO, Rodolfo. *Introdução ao direito comparado*. São Paulo: Ed. RT, 2001, p. 137. Como já analisou a doutrina especializada, os modelos acabaram convergindo, na prática, para soluções semelhantes quanto às hipóteses de dano ressarcível, em grande parte graças ao trabalho hermenêutico (nesse sentido, entre outros, TRIMARCHI, Pietro. *La responsabilità civile*: atti illeciti, rischio, danno. Milano: Giuffrè, 2017, p. 14; VISINTINI, Giovanna. *Trattato breve della responsabilità civile*. Padova: CEDAM, 2005, p. 422).
35. No sistema francês, cf. arts. 2.224 e ss., que preveem um prazo geral quinquenal para as ações pessoais e prazos específicos para certas hipóteses indenizatórias, sem distinguir entre os regimes contratual e aquiliano. No sistema alemão, cf. §§195 e 197 do BGB, que preveem o prazo prescricional geral de três anos e o prazo trintenal para algumas pretensões reparatórias específicas, sem tampouco realizar a referida distinção.
36. Na França, a reforma foi promovida pela Lei n. 2008-561 (*JORF* n. 0141) de 17.6.2008, que tratou da prescrição em matéria civil. Na Alemanha, pela Lei para Modernização do Direito das Obrigações (*Gesetz sur Modernisierung des Schuldrechts, Bundesgesetzblatt* 2001, I, 3138), de 26.11.2001.
37. O *Codice civile* prevê o prazo quinquenal para o "direito ao ressarcimento do dano derivante de fato ilícito" no art. 2.947, sendo pacífico que a expressão "*fato illecito*" se refere ao art. 2.043, que trata do ilícito aquiliano. A prescrição na responsabilidade contratual, por sua vez, segue submetida ao prazo prescricional geral de dez anos do art. 2.946.
38. Nesse sentido, cf. o comentário de TEPEDINO, Gustavo. Prescrição aplicável à responsabilidade contratual: crônica de uma ilegalidade anunciada. *Revista Trimestral de Direito Civil*, v. 27, Rio de Janeiro: Padma, jan.-mar./2009.
39. Sobre a evolução do conceito de dano injusto na responsabilidade civil aquiliana da Itália, cf., por todos, a análise recente de SIRENA, Pietro. O conceito de dano na disciplina italiana e francesa da responsabilidade civil. *Revista da Ajuris*, v. 47, n. 149. Porto Alegre: dez./2020, *passim*. A despeito do desenvolvimento tumultuado do dano aquiliano, o autor destaca que a reparação do dano contratual foi eventualmente aproximada, pela via hermenêutica, da reparação do extracontratual (Ibid., p. 395, nota 18), à semelhança do que ocorreu na experiência francesa e brasileira.

da noção de dano injusto pelo direito italiano (com repercussões também na doutrina pátria), acarretou justamente como um de seus corolários uma progressiva mitigação do rigor excessivo com que até então se apartavam as esferas contratual e aquiliana sob um regime codificado que já conta com oito décadas de vigência.[40]

Não se descartam, evidentemente, as já mencionadas diferenças de regime jurídico entre os ilícitos contratual e extracontratual. Ao contrário do que os partidários do prazo decenal costumam alegar, a defesa de um prazo prescricional unitário não implica uma perspectiva "monista" da responsabilidade civil, alheia às peculiaridades dos dois regimes. O que se põe em dúvida é a legitimidade da criação de novas diferenças de regime onde o legislador não distinguiu e sem que haja uma justificativa sistemática plausível para tanto. A rigor, sobretudo sob um prisma funcional, a divisão verdadeiramente essencial do direito das obrigações não reside no interior da responsabilidade civil, mas sim fora dela, na articulação entre as três grandes fontes de obrigações: a responsabilidade civil, o enriquecimento injusto e a autonomia negocial.[41]

No plano dinâmico, portanto, todas as hipóteses de reparação civil correspondem a uma fonte obrigacional única, estando voltadas à promoção dos mesmos valores e à consecução dos mesmos fins, na medida em que a noção de dano injusto em sede contratual não difere dessa mesma noção no campo aquiliano.[42] A reparação do dano material, aliás, é disciplinada pelo codificador somente em matéria de inadimplemento obrigacional (art. 402 do Código Civil), ao passo que o dano moral apenas é referido no art. 186, sem que, porém, subsista hoje controvérsia relevante sobre a possibilidade de danos patrimoniais e extrapatrimoniais decorrerem de lesões tanto a situações jurídicas relativas quanto a situações absolutas.[43] E, na medida em que não parece haver diferença de jaez valorativo entre o dano contratual e o aquiliano, não se afigura lícito ao intérprete privilegiar as vítimas de um e não as do outro, com prazos drasticamente díspares para o exercício da pretensão reparatória.[44]

---

40. No ponto, remeta-se ao já mencionado estudo seminal de GOMES, Orlando. *Tendências modernas na teoria da responsabilidade civil*, cit., que destaca os impactos da noção de dano injusto para a objetivação da responsabilidade civil, a indenização do dano moral, a tutela externa do crédito e outras consequências.
41. Nesse sentido: NORONHA, Fernando. *Direito das obrigações*. São Paulo: Saraiva, 2013, p. 440; SILVA, Rodrigo da Guia. *Enriquecimento sem causa*: as obrigações restitutórias no direito civil. São Paulo: Thomson Reuters, 2019, item 1.2. A tripartição, por evidente, embora comporte a grande maioria dos deveres obrigacionais, admite exceções: existem certas obrigações que, como o dever de indenizar e o dever de restituir, derivam da lei, mas cujos perfis funcionais destoam dos três grandes grupos apresentados. Assim ocorre, por exemplo, com a obrigação alimentar.
42. Nessa direção, por todos, TEPEDINO, Gustavo et al. *Fundamentos do direito civil*, v. IV, cit., p. 13. No sentido diametralmente oposto, sustentando que as lesões a direitos absolutos e relativos são "fontes de obrigações" absolutamente distintas, cf. MARTINS-COSTA, Judith; ZANETTI, Cristiano de Sousa. Responsabilidade contratual, cit., item 4.
43. Sobre a superação da controvérsia, cf. OLIVA, Milena Donato. Dano moral e inadimplemento contratual nas relações de consumo. *Revista de Direito do Consumidor*, v. 93. São Paulo: Ed. RT, maio/2014, item 1.
44. "Com efeito, não há qualquer razão para que a vítima de ilícito contratual [...] venha a receber, no que tange ao prazo prescricional, tratamento diferenciado daquele que se reserva a quem sofre danos decorrentes de ato ilícito de natureza extracontratual" (TEPEDINO, Gustavo. Prazo prescricional aplicável à reparação civil por inadimplemento contratual. *Soluções práticas de direito*, v. I. São Paulo: RT, 2012, p. 567).

O atual entendimento do STJ, realmente, parece suscitar, antes de tudo, graves problemas de isonomia. Fosse o caso de se trabalhar, no direito brasileiro, com mais de um prazo para a pretensão à reparação civil, a distinção talvez resultasse mais razoável se estabelecida entre as indenizações voltadas à tutela de interesses existenciais e aquelas dirigidas à proteção de interesses patrimoniais,[45] não havendo, por outro lado, nenhuma gradação de tutela entre interesses contratuais ou extracontratuais que justifique semelhante discrímen.[46] Mais do que isso: se, nas relações de consumo, que gozam de um regime deliberadamente mais protetivo do que o do Código Civil, o prazo da reparação civil é quinquenal (art. 27 do CDC), resta evidente a quebra de isonomia criada pelo STJ no cotejo com as relações contratuais paritárias.[47]

Com efeito, embora a lei consumerista não distinga entre responsabilidade contratual e aquiliana, a existência de situações de genuíno dano contratual nas relações de consumo é evidente. A operadora de plano de saúde, por exemplo, que recusar indevidamente a internação de um paciente pode acarretar danos irreversíveis à saúde dele, incorrendo em inadimplemento e produzindo dano contratual, ainda que a lei consumerista conceba apenas as categorias do fato e do vício do produto ou serviço. Nesse cenário, a pessoa natural que sofresse sequela irreversível oriunda da recusa indevida de cobertura disporia de cinco anos para reclamar a indenização respectiva, ao passo que uma sociedade empresária de grande porte e assistida por portentoso setor jurídico que sofresse lucros cessantes pelo atraso de alguns dias na entrega de um produto por sua parceira comercial contaria com uma década para deduzir sua pretensão.

Se a tutela ao consumidor deveria ser, em princípio, mais intensa do que a proteção conferida aos contratantes nas relações paritárias, impende questionar qual teria sido a lógica seguida pelo legislador caso houvesse, de fato, disposto que, nestas, o prazo para

---

45. Sobre o ponto, cf. as ponderações de BODIN DE MORAES, Maria Celina. Prescrição, efetividade dos direitos e danos à pessoa humana. Editorial à *Civilistica.com*, a. 6, n. 1, 2017, *passim*; e MONTEIRO FILHO, Carlos Edison do Rêgo. *Responsabilidade contratual e extracontratual*, cit., pp. 84 e ss.
46. A própria distinção entre direitos patrimoniais absolutos e relativos, aliás, tem sido cada vez menos valorizada pela doutrina civil-constitucional. A respeito, cf. PERLINGIERI, Pietro. *O direito civil na legalidade constitucional*. Rio de Janeiro: Renovar, 2008, pp. 892-895, que esclarece que a distinção era fundada em critérios prioritariamente estruturais, os quais, no passado, de fato determinavam níveis distintos de tutela para direitos absolutos e relativos, mas não no cenário atual, em que, "sob o fundamento do dever de solidariedade e da consequente responsabilidade, cada um deve respeitar qualquer situação e o titular da mesma tem uma pretensão à sua conservação perante todos" (p. 895). No sentido oposto, Judith MARTINS-COSTA e Cristiano de Sousa ZANETTI (Responsabilidade contratual, cit., item 4) sustentam, com base na teoria do contato social de Clóvis do Couto e Silva, que os direitos relativos gozariam de tutela mais intensa, na medida em que a responsabilidade contratual protege uma "relação especial de confiança legítima". Como se percebe, esta concepção contraria até mesmo a civilística mais tradicional, na qual são os direitos reais que gozam, historicamente, de tutela mais intensa por parte do ordenamento jurídico.
47. Como pondera Gustavo TEPEDINO: "É natural que o consumidor disponha de prazo prescricional mais amplo do que a vítima de danos do Código Civil. A codificação, nesse particular, corrigiu a anomalia surgida após a promulgação do Código de Defesa do Consumidor, em que o prazo quinquenal ali previsto, em homenagem à vulnerabilidade da vítima do acidente de consumo, destoava do prazo prescricional vintenário do Código Civil [de 1916], a desafiar o princípio constitucional da igualdade. Tal descompasso, atribuível à significativa diferença de idade entre as duas leis, seria corrigido em 2002, não fosse o verdadeiro malabarismo interpretativo em voga [...]" (*Prescrição aplicável à responsabilidade contratual*, cit.).

a reparação do dano contratual seria o dobro do prazo das relações de consumo. Presume-se que a atividade legislativa é orientada por um juízo de razoabilidade e que as disposições normativas, assim, devem ser interpretadas no sentido de guardarem entre si certa coerência.[48] Sem dúvida, o consumidor conta com uma série de prerrogativas nem sempre abertas ao contratante comum: a responsabilidade objetiva do fornecedor, a facilitada inversão do ônus da prova, uma maior liberdade de controle judicial das cláusulas contratuais, entre outras. Tais prerrogativas, porém, se facilitam sua defesa em juízo, não parecem afetar a possibilidade de exercício da pretensão indenizatória. Não autorizam, portanto, a ilação de que o consumidor precisaria de menos tempo do que contratantes paritários para exercer sua pretensão.

3. UMA POSSÍVEL CHAVE DE LEITURA: O PROBLEMA DO TERMO INICIAL DA PRESCRIÇÃO

A preexistência de relação jurídica entre as partes na responsabilidade contratual é, por vezes, apontada como um possível fundamento para um prazo mais longo da pretensão reparatória.[49] O mesmo argumento, porém, presta-se a sustentar o posicionamento inverso: se as partes já se conhecem previamente à produção do dano, não seria essa circunstância um elemento facilitador do exercício da pretensão indenizatória, na medida em que descaracteriza a falta de ciência pelo credor e a impossibilidade de fato que muitas vezes justificam a postergação do prazo prescricional? Neste ponto coloca-se um argumento adicional muito valorizado, tanto na doutrina quanto na jurisprudência, em prol do prazo decenal na responsabilidade contratual: o de que "careceria de sentido"[50] que o credor disponha de cinco a dez anos para exigir o cumprimento específico da obrigação contratual (nos termos dos arts. 206, § 5º, I e 205 do Código Civil, a depender da liquidez do débito e do seu título constitutivo), mas de apenas três anos para demandar a outra parte por eventuais danos decorrentes da inexecução. O argumento parece partir do pressuposto de que, se adotada a unicidade da prescrição contratual e aquiliana, restaria configurado um cenário em que, nos três primeiros anos, o credor poderia exigir tanto as perdas e danos quanto o cumprimento da obrigação (execução

---

48. Cf. a célebre lição de BOBBIO, Norberto. *O bom legislador*, cit., p. 3.
49. Nesse sentido entendem Judith MARTINS-COSTA e Cristiano de Sousa ZANETTI (*Responsabilidade contratual*, cit., item 4), que ponderam: "Na responsabilidade civil extracontratual protegem-se bens jurídicos gerais, em atenção ao comando *neminem laedere*. O contato entre ofensor e ofendido tende a ser efêmero, surgindo, no mais das vezes, de uma circunstância fortuita, não resultante de um escopo compartilhado pelos sujeitos envolvidos de regrarem seus mútuos interesses patrimoniais. [...] Diversamente, na responsabilidade negocial, a relação entre os sujeitos se protrai no tempo e costuma decorrer de uma sucessão de condutas voltadas à obtenção do fim comum, voluntariamente buscado pelos que se colocam como partes de um negócio jurídico, correspondendo o escopo ao adimplemento do pactuado. [...] As relações derivadas de um negócio jurídico, ademais, podem se estender longamente no tempo, gerando, em razão de sua duração, um grau de pessoalidade no vínculo e uma confiança qualificada entre as partes".
50. A expressão é de Judith MARTINS-COSTA e Cristiano de Sousa ZANETTI (Responsabilidade contratual, cit., item 3), que explicam: "carece de sentido afirmar que o credor tem um prazo para exigir o cumprimento e outro para o pagamento da indenização. Se a pretensão ao adimplemento ainda não foi encoberta pela eficácia da prescrição e, portanto, o contratante pode exigir a observância ao avençado, a lógica reclama que também lhe seja possível, no mesmo lapso temporal, responsabilizar o devedor pelos danos decorrentes do descumprimento".

específica), ao passo que, após o prazo trienal, ainda seria possível o exercício da pretensão indenizatória, mas não mais o pedido de cumprimento específico.[51]

Se esse, porém, é o ponto controverso, logo se percebe que o problema se deve, em grande parte, à aparente incompreensão do termo inicial aplicável à prescrição de cada uma dessas duas pretensões. Não causa surpresa, aliás, que justamente esse problema se situe na raiz da discussão ora em apreço. Como se sabe, as regras para a determinação desse marco temporal variam entre os diversos sistemas, mas, em geral, todos eles demonstram algum nível de preocupação com circunstâncias concretas que podem influenciar o exercício da pretensão. Alguns países adotam parâmetros subjetivos para determinar o começo da fluência do prazo (como o momento em que o titular do direito tem ciência, ou poderia tê-la, do fato que originou a pretensão ou da pessoa que violou seu direito),[52] ao passo que outros adotam critérios mais objetivos (como a inexistência de óbice fático ou jurídico ao exercício).[53] Embora cada país siga um critério distinto,

---

51. Segundo Humberto THEODORO JÚNIOR (*Comentários ao novo Código Civil*, cit., p. 333), "Enquanto não prescrita a pretensão principal (a referente à obrigação contratual), não pode prescrever a respectiva sanção (a obrigação pelas perdas e danos). Daí que, enquanto se puder exigir a prestação contratual (porque não prescrita a respectiva pretensão), subsistirá a exigibilidade do acessório [...]". No mesmo sentido, Judith MARTINS-COSTA e Cristiano de Sousa ZANETTI (*Responsabilidade contratual*, cit., item 3): "A coerência reclama que o credor esteja sujeito ao mesmo prazo para exercer as três pretensões que a lei põe à sua disposição para reagir diante do inadimplemento", a saber, a execução específica, as perdas e danos e aquilo que os autores denominam, citando Pontes de Miranda, como "execução pelo equivalente". Os autores exemplificam: "A hipótese de mora é ilustrativa. Nesse caso, o credor teria dez anos para exigir o cumprimento da prestação, mas apenas três para exigir a indenização decorrente da inobservância do tempo, lugar ou modo pactuados por parte do devedor. Passados três anos, o devedor poderia, assim, obter o efeito equivalente à purgação da mora sem, todavia, ressarcir os prejuízos causados ao credor, o que contrastaria com a regra constante do artigo 401, inciso I [...]".
52. Dispõe o § 199 do BGB: "[...] O prazo prescricional regular começa, desde que nenhum outro prazo prescricional seja definido, com o fim do ano em que: 1. a pretensão surge e 2. o credor toma conhecimento ou deveria tomar conhecimento, sem negligência grave, das circunstâncias motivadoras da pretensão e da pessoa do devedor" (Tradução livre). Assim também o artigo 2.224 do *Code* francês: "As ações pessoais ou mobiliárias prescrevem em cinco anos a contar do dia em que o titular de um direito conheceu ou deveria conhecer os fatos que lhe permitiram exercê-lo" (tradução livre). Particularmente quanto ao sistema francês, afirma-se que, após uma progressiva valorização, pela jurisprudência, da ignorância do direito como causa obstativa (quando decorrente de causa razoável), a tese foi apoiada também legislativamente, embora se leve em conta mais "uma impossibilidade objetiva de conhecer do que a ignorância pessoal do credor" (CARBONNIER, Jean. *Droit civil*, v. II. Paris: PUF, 2004, p. 2522. Tradução livre). A redação atual do art. 2.224 decorre da reforma legislativa de 2008, que uniformizou a tendência normativa anterior ao estipular um "*point de départ 'glissant'*", como afirma a doutrina: "Ao dizer '*aurait dû connaître*', a lei recua ainda mais o ponto de partida, a fim de moralizar a prescrição em face da brevidade do novo prazo de prescrição extintiva do direito comum, mas tendo por inconveniente um risco de discussão interminável perante os tribunais" (MALAURIE, Philippe; AYNÈS, Laurent; STOFFEL-MUNCK, Philippe. Droit des *obligations*. Paris: LGDJ, 2016, p. 711. Tradução livre).
53. Dispõe o art. 306º do Código Civil português: "1. O prazo da prescrição começa a correr quando o direito puder ser exercido; se, porém, o beneficiário da prescrição só estiver obrigado a cumprir decorrido certo tempo sobre a interpelação, só findo esse tempo se inicia o prazo da prescrição [...]". O art. 251 do Código Civil grego também exige a possibilidade de exigir o cumprimento em juízo. No caso de ordenamentos como o chileno, o espanhol e o suíço, ao lado de regras especiais, a lei estipula como princípio geral que o termo inicial será o momento em que o direito "se torna exigível" ou "pode ser exercido" (art. 2.514 do Código Civil chileno, arts. 1.694 – reformado em 2015 – e 1.699 do Código Civil espanhol e art. 130 do Código das Obrigações suíço). O *Codice* italiano prevê em seu art. 2.935: "A prescrição começa a correr a partir do dia em que o direito pode ser feito valer" (Tradução livre). Particularmente quanto ao direito italiano, afirma-se que "a possibilidade jurídica de exercício do direito determina a decorrência da prescrição, ao passo que não releva a simples

quase nenhum parece reputar a mera lesão ao direito como critério bastante e suficiente para a deflagração do prazo.

O art. 189 do Código Civil brasileiro, porém, rompe com essa tendência ao referir-se única e exclusivamente à lesão do direito. Abre margem, com isso, à crença de que o termo inicial da prescrição coincidiria sempre com o surgimento da pretensão.[54] Embora tal escolha pareça simplificar o caminho, na verdade apenas fomenta maior confusão. Isso porque, como facilmente se constata, a violação do direito, o surgimento da pretensão e o termo inicial do prazo prescricional podem corresponder a momentos cronológicos distintos, e, a rigor, apenas o último é capaz de operar uma valoração (e, consequentemente, uma tutela) efetiva dos interesses das partes em matéria de prescrição.[55]

Analise-se, sob esse viés, o termo inicial de fluência da prescrição da pretensão indenizatória pelo descumprimento contratual. Caso os danos decorram de inadimplemento absoluto, presume-se que o credor não pode legitimamente exercer a pretensão voltada à execução específica ao mesmo tempo que a pretensão reparatória, pois o exercício desta pressupõe a perda de qualquer interesse útil na prestação (art. 475 do Código Civil).[56] Portanto, a própria configuração do inadimplemento absoluto (hábil a justificar o pedido de perdas e danos) acarreta a impossibilidade lógica do exercício da pretensão de execução específica. Como a existência ou não de interesse útil do credor é justamente o parâmetro que autoriza uma ou outra pretensão, seria conceitualmente

---

impossibilidade de fato (por exemplo, a ignorância inculpável do próprio crédito, ou então o fato de que os pressupostos do direito sejam objeto de contestação judicial [...]). Esta pode apenas suspender o decurso do termo nos casos taxativamente previstos pelos arts. 2.941 e 2.942, ou por leis especiais" (ROSELLI, Frederico. In: LIPARI, Nicolò; RESCIGNO, Pietro. *Diritto civile*, v. IV, t. II. Milano: Giuffrè, 2009, p. 494. Tradução livre). Registre-se, no ponto, que a previsão da suspensão da prescrição contra menores e interditos no referido art. 2.942 do *Codice* de 1942 representou um avanço em relação ao anterior Código de 1865 (art. 2.145), o qual somente assegurava o direito de regresso (em crítica à previsão anterior, cf. PUGLIESE, Giuseppe. *La prescrizione nel diritto civile*. Parte Seconda: la prescrizione estintiva. Torino: UTET, 1924, pp. 134-138). Embora boa parte da doutrina italiana afaste a relevância das impossibilidades de fato para o exercício, ressalvam-se certos casos que se tornam juridicamente relevantes, como a coação perpetrada contra o titular (GAZZONI, Francesco. *Manuale di diritto privato*. Napoli: ESI, 2015, p. 114). Muitos autores criticam essa restrição às impossibilidades de fato (TESCARO, Mauro. *Decorrenza della prescrizione e autoresponsabilità*: la rilevanza civilistica del principio *contra non valentem agere non currit praescriptio*. Padova: CEDAM, 2006, p. 11), enquanto outros equiparam à impossibilidade a "extrema dificuldade" de exercício (PERLINGIERI, Pietro. *Manuale di diritto civile*. Napoli: ESI, 2014, p. 429). Por sua vez, o Código Civil e Comercial argentino de 2014, na esteira do art. 3.980 do Código Civil anterior, prevê a regra da "dispensa da prescrição" em seu art. 2.550: "O juiz pode dispensar da prescrição já verificada o titular da ação, se dificuldades de fato ou manobras dolosas obstacularizaram temporalmente o exercício da ação e o titular faz valer seus direitos dentro dos seis meses seguintes da cessação dos obstáculos [...]" (Tradução livre).

54. Este, aliás, foi o objetivo deliberado do Projeto do Código Civil ao tratar da pretensão, tendo-se rejeitado as emendas em contrário, como registra MOREIRA ALVES (*A Parte Geral do Projeto de Código Civil brasileiro*. São Paulo: Saraiva, 1986, pp. 151-152).
55. "O elemento fundamental [...] para o cômputo do prazo prescricional deve ser a possibilidade de que o direito seja exercido, e não a sua violação pura e simples" (GUEDES, Gisela Sampaio da Cruz; LGOW, Carla. Prescrição extintiva: questões controversas. *Revista do Instituto do Direito Brasileiro*, a. 3, n. 3, 2014, p. 1855).
56. Sobre a noção de interesse útil e a consequente determinação funcional do inadimplemento absoluto, permita-se a remissão, com ampla referência à doutrina civil-constitucional, a SOUZA, Eduardo Nunes de. De volta à causa contratual: aplicações da função negocial nas invalidades e nas vicissitudes supervenientes do contrato. *Civilistica.com*. Rio de Janeiro, a. 8, n. 2, 2019, item 4, pp. 53 e ss.

impossível que ambas pudessem ser exercidas ao mesmo tempo.[57] Apenas o intérprete que considere a escolha entre execução específica e perdas e danos uma opção totalmente arbitrária do credor, infensa a qualquer controle funcional, cogitaria de um termo inicial comum para ambas.[58]

Por outro lado, caso os danos contratuais sejam produzidos por ocasião da mora do devedor, tampouco se deveria conceber um termo inicial comum para a prescrição da pretensão indenizatória e da executória. De fato, durante a mora do devedor, o prazo para exercício da pretensão indenizatória começará a fluir a partir da data da verificação do dano (não necessariamente idêntica ao início do inadimplemento), e a cada novo dano produzido durante a mora um novo prazo prescricional será iniciado para a respectiva pretensão indenizatória. O prazo para o exercício da pretensão de execução específica, por sua vez, inicia-se com o descumprimento e se estende até a purga da mora, o decurso total da prescrição, o desaparecimento absoluto do interesse útil na prestação ou qualquer outra vicissitude que extinga ou esvazie essa pretensão.[59]

Nos danos produzidos durante a mora, portanto, é apenas possível, mas definitivamente não necessário, que o prazo trienal da reparação se esgote antes do prazo aplicável à cobrança da prestação contratual descumprida. Isso não deveria causar surpresa: é justamente a execução específica que, gozando de maior prestígio no ordenamento, deve contar com prazo mais longo; a pretensão indenizatória, que se pretende cada vez mais excepcional, como tutela genérica que é, parece se coadunar, nesse sentido, com

---

57. Esta é justamente uma das premissas essenciais da qual costuma divergir o setor da doutrina que sustenta a aplicação do prazo decenal à responsabilidade contratual. Ilustrativamente, Judith MARTINS-COSTA e Cristiano de Sousa ZANETTI (*Responsabilidade contratual*, cit., item 3) afirmam não existir uma "cronologia necessária" entre execução específica e indenização. No caso particular do inadimplemento absoluto, afirmam que, se o descumprimento for de tal monta que não dê nenhum ensejo à mora (por exemplo, na hipótese de inobservância de termo essencial), a pretensão indenizatória surgirá sem que tenha sido antecedida pela pretensão à execução específica – com o que se concorda plenamente. Aduzem, porém, que essa pretensão indenizatória seria concomitante à pretensão que denominam como "execução pelo equivalente", a qual representaria uma forma de execução do contrato e estaria sujeita, assim, ao prazo decenal (motivo pelo qual reafirmam a tese de uma "incongruência" com o prazo trienal da reparação). É dessa concepção que ora se diverge, mesmo porque, aparentemente, a tese da chamada "execução pelo equivalente" contraria a própria definição de inadimplemento absoluto, como já se pôde criticar em SOUZA, Eduardo Nunes de. *De volta à causa contratual*, cit., item 5.
58. A respeito, critica Gustavo TEPEDINO: "Mostra-se, assim, evidente que o prazo prescricional aplicável à pretensão reparatória do devedor não pode variar discricionariamente, reabrindo-se, segundo o alvedrio do credor, o prazo prescricional para o adimplemento, sempre que sua pretensão se dirigir à execução específica. Se assim não fosse, caso se permitisse ao credor optar pelo prazo que lhe conviesse, far-se-ia tábua rasa do sistema, facultando-se aos titulares de pretensão derivada de inadimplemento a, uma vez perdido o prazo prescricional, requerer, cândida e astutamente, o adimplemento, burlando as normas imperativas do Código Civil [...]" (*Prazo prescricional aplicável à reparação civil por inadimplemento contratual*, cit., p. 570).
59. Os defensores do prazo prescricional decenal para a responsabilidade contratual não comentam, em geral, a possibilidade de termos iniciais distintos para as perdas e danos e a execução específica durante a mora, simplesmente afirmando que ambas as pretensões surgem concomitantemente com a inexecução (nesse sentido, aparentemente, MARTINS-COSTA, Judith; ZANETTI, Cristiano de Sousa. *Responsabilidade contratual*, cit., item 3). Assim, embora sustentem a necessidade de prazos idênticos para a execução específica e as perdas e danos durante a mora, não elucidam como seria possível igualar esses prazos nos casos em que a pretensão indenizatória surge em momento posterior ao início do descumprimento.

um prazo mais exíguo.[60] A antiquada noção de que as perdas e danos corresponderiam a uma "obrigação secundária" na qual a obrigação primitiva "se transforma", embora onipresente na doutrina tradicional,[61] tampouco deve servir de óbice para essa conclusão.[62]

Afirme-se ainda uma vez: a rigor, do ponto de vista funcional, toda hipótese de responsabilidade civil volta-se à reparação de um dano preexistente. Assim, o direito às perdas e danos não surge a partir de nenhuma "transformação" da obrigação contratual descumprida, e sim a partir de um fato jurídico novo: a produção efetiva de dano ao credor (fato este que pode ou não ocorrer, que pode ou não ser concomitante ao fato do descumprimento e que pode ou não ser imputável ao devedor).[63] Não por outro motivo, aliás, deve-se evitar a noção cada vez mais difundida de que o inadimplemento contratual ou a resolução daí decorrente teriam um "efeito indenizatório",[64] já que a pretensão reparatória não deriva automaticamente da inexecução, nem surgirá em todos os casos.[65]

---

60. Aduz Gustavo TEPEDINO que o Código Civil dá preferência "à execução específica das obrigações, sendo inteiramente coerente com o sistema atribuir-se o prazo quinquenal para o seu cumprimento, quando ainda há interesse útil do credor; e reservando-se o prazo trienal para o credor que, uma vez frustrada a possibilidade de cumprimento específico [...], se encontra apto a promover, imediatamente, a ação de ressarcimento de danos. [...]. O legislador prestigia e incentiva, por diversos expedientes, o adimplemento ainda plausível. Daí o prazo quinquenal nessa hipótese. Uma vez, contudo, caracterizado o inadimplemento, não interessa ao sistema e à segurança jurídica postergar a desavença" (*Prescrição aplicável à responsabilidade contratual*, cit.).
61. A construção está presente na mais autorizada doutrina, sendo explicitada, por exemplo, na já citada obra de SAN TIAGO DANTAS, segundo o qual, sendo a inexecução da obrigação imputável ao devedor, seus efeitos "transformam a obrigação originária, que não foi cumprida, na responsabilidade, ou seja, na obrigação sucessiva que tem por conteúdo uma prestação de perdas e danos" (*Programa de direito civil*, v. II, cit., p. 96).
62. O caráter supostamente "sucessivo" ou "acessório" das perdas e danos, que seriam substitutivas da obrigação contratual, costuma ser invocado pelos defensores do prazo decenal para a responsabilidade contratual. Ilustrativamente: "sendo o dever de indenizar pelo inadimplemento substitutivo ao cumprimento contratual (consistindo no 'segundo momento' da relação obrigacional), participa ontológica e funcionalmente do mesmo fenômeno, razão pela qual, logicamente, há de ser seguido o mesmo prazo previsto para as ações de cumprimento do negócio" (THEODORO JÚNIOR, Humberto. *Comentários ao Novo Código Civil*, cit., p. 333). Também Judith MARTINS-COSTA e Cristiano de Sousa ZANETTI (*Responsabilidade contratual*, cit., item 3) afirmam que o dever de reparação civil é "secundário e substitutivo ao cumprimento do dever de prestação". No mesmo sentido, o voto vencedor no julgamento dos EREsp. 1.281.594: "a natureza secundária das perdas e danos decorrentes do inadimplemento contratual tem notória importância, devendo necessariamente seguir a sorte da relação obrigacional preexistente. Nesse diapasão, não se mostra coerente ou lógico admitir que a prestação acessória prescreva em prazo próprio diverso da obrigação principal".
63. A exigência de prova de algum dano concreto e efetivo para que surja a responsabilidade contratual sempre foi reconhecida pela doutrina, mesmo entre os autores que sustentam a tese da "transformação" da obrigação original em perdas e danos. No direito pátrio, cf., entre muitos outros, DANTAS, F.C. de San Tiago. *Programa de direito civil*, v. II, cit., p. 45; e, contemporaneamente, BARBOZA, Heloisa Helena; BODIN DE MORAES, Maria Celina; TEPEDINO, Gustavo et al. *Código Civil interpretado conforme a Constituição da República*, v. I, cit., pp. 731-732.
64. Ilustrativamente, a ideia de que a indenização seria um *efeito* da resolução, que se tem popularizado na doutrina recente, já podia ser encontrada, entre outros, na célebre obra de AGUIAR JÚNIOR, Ruy Rosado. *Extinção dos contratos por incumprimento do devedor*: resolução. Rio de Janeiro: AIDE, 2004, p. 266.
65. Interessante destacar que Caio Mário da Silva PEREIRA, embora sustente expressamente que a obrigação contratual descumprida sofre "mutação objetiva" e se converte em perdas e danos, coloca temperamentos a tal afirmação, não por reconhecer que as perdas e danos dependem da ocorrência de prejuízo efetivo, mas sim porque, em diversos casos, resta evidente que a obrigação contratual subsiste e passa a ser exigível cumulativamente às perdas e danos surgidas durante a mora do devedor (*Instituições de direito civil*. Rio de Janeiro: GEN, 2016. v. II. § 174).

Os defensores do prazo decenal propõem ainda um argumento final: o de que a atividade contratual existente entre as partes, por vezes muito longeva ou altamente complexa, pode inibir ou prejudicar o exercício da pretensão indenizatória pelo contratante lesado – que, receoso em prejudicar sua relação com a outra parte, ou atribulado em meio a demoradas negociações voltadas à tentativa de evitar um litígio, precisaria de um prazo mais extenso para pugnar pela indenização, igual ou superior ao prazo máximo para a execução do contrato.[66] A alegação parece ocultar uma busca de se travestir a lógica do mercado como se integrante da axiologia do sistema,[67] sendo no mínimo duvidoso que o comportamento do credor lesado que aguarda até o término de uma década para interpelar a outra parte, buscando não abalar a atividade contratual com ela se e enquanto forem atendidos seus interesses econômicos, seja considerado mais merecedor de tutela do que o pedido reparatório cronologicamente próximo à produção do dano.

Ainda, porém, que assistisse razão à tese, sobretudo em deferência a louváveis tentativas de negociação entre as partes, o problema seria mais bem compreendido a partir do exame do termo inicial da prescrição – e não da duração do prazo prescricional. De fato, se o que se pretende é promover um juízo valorativo amplo sobre a relação jurídica, capaz de produzir soluções mais adequadas às peculiaridades do caso concreto, é o termo inicial de fluência da prescrição (e não o prazo de duração desta) que ostenta o potencial de oferecer melhores recursos ao intérprete. Para a adequada compreensão dessa afirmativa, impõe-se analisar, ainda que brevemente, a drástica releitura funcional por que tem passado o inteiro instituto da prescrição extintiva – ao qual, como se sabe, tradicionalmente se costumava atribuir uma função de punição da inércia do titular de um direito em exercê-lo.[68]

Eminentes vozes já se insurgiram, no direito brasileiro e alhures, contra o entendimento que identificava na prescrição uma sanção civil. Afinal, a simples inércia no exercício de um direito não pode ser reputada propriamente antijurídica,[69] ao mesmo tempo em que o descumprimento do dever, com o passar do tempo, assume ares de

---

66. Em particular, a necessidade de negociação entre as partes, com vistas a evitar um possível litígio judicial, sobretudo em contratos duradouros, é destacada por MARTINS-COSTA, Judith; ZANETTI, Cristiano de Sousa. *Responsabilidade contratual*, cit., item 4.
67. Cf., a propósito, a crítica de Gustavo TEPEDINO, anterior ao atual posicionamento do STJ: "Contornar a previsão legal, ou selecionar do sistema alguns dispositivos (que melhor atendam ao autor da ação) em detrimento de outros, ameaça a segurança jurídica, a igualdade constitucional e prejudica, em última análise, a própria vítima de danos, sem saber, ao certo, de qual prazo afinal dispõe para o ajuizamento da ação indenizatória. [...] É preciso resistir a este conjunto de interesses que convergem para a consagração deste equívoco anunciado" (*Prescrição aplicável à responsabilidade contratual*, cit.).
68. Como exemplo do entendimento tradicional, cf., por todos, DANTAS, F. C. de San Tiago. *Programa de direito civil*. ed. Rio de Janeiro: Forense, 2001 [1977]. v. I. 3. p. 342.
69. Na doutrina italiana, aduz MONATERI: "A teoria da inércia pressuporia um alcance moralístico que parece estranho ao tratamento científico da matéria, mesmo porque, se coerentemente assumida, ela colocaria os efeitos da prescrição entre as sanções civis. Diversamente, tanto o campo da prescrição quanto aquele da decadência ou da nulidade em linguagem sancionatória ('sob pena de decadência', 'sob pena de nulidade'), refletem agora posições em desuso, e só podem ser tidos como metáfora de efeitos que não são mais cientificamente considerados como sanções" (*La prescrizione*. In: SACCO, Rodolfo (diretto da). *Trattato di diritto civile*. La Parte Generale del Diritto Civile. Torino: UTET, 2009. v. V. p. 28. Tradução livre). No direito pátrio, aduz Caio Mário da Silva PEREIRA: "nosso direito pré-codificado via [na prescrição] uma punição ao credor negligente, o que não é de boa juridicidade, pois que punível deve ser o comportamento contraveniente à ordem constituída,

situação consolidada e passível de certo grau de tutela.[70] Diante de tais constatações, passa o intérprete contemporâneo a atentar, prioritariamente, para a ponderação entre os interesses das partes, buscando identificar qual deles merecerá a proteção prioritária do sistema.[71] Essa equação, embora quase sempre bem resolvida em abstrato, a partir do juízo valorativo realizado pelo legislador sobre a generalidade das situações de não exercício, sempre demandará a análise, à luz das peculiaridades do caso concreto, de sua adequação à axiologia do sistema – como não poderia deixar de ser em uma abordagem civil-constitucional.[72] Com efeito, esse movimento crítico parece crescer de forma proporcional à progressiva constitucionalização do direito civil, que, como é notório, provocou relevantes repercussões sobre a própria noção de legalidade, cada vez mais permeada pela ideia de merecimento de tutela.[73]

A qualificação da prescrição extintiva como um problema de merecimento de tutela parece responder a um antigo incômodo teórico, que entrevia no instituto um reflexo do perene embate entre certo sentido de "justiça" (aqui entendida como a tutela de prerrogativas particulares revestidas da força vinculante de direitos subjetivos) e a estabilidade das relações sociais normalmente associada à ideia de segurança jurídica.[74] Se, de fato, o primeiro sugere a proteção do titular do direito e a segunda parece amparar a contraparte

---

e nada comete contra ela aquele que mais não fez do que cruzar os braços contra os seus próprios interesses" (*Instituições de direito civil*. Rio de Janeiro: GEN, 2016. v. I. p. 572).

70. Uma constatação bem ilustrada, por exemplo, pela conhecida figura da *suppressio*, mas também aplicável a outros casos de não exercício, independentemente de mediação pela boa-fé objetiva. Assim, por exemplo, leciona Menezes CORDEIRO, com base nos estudos do alemão Jürgen Schmidt, que "na base do problema [da *suppressio*] está a possibilidade de discrepância entre o sentido social de uma regulação jurídica e a efetividade social" e que, para eliminar a discrepância, pode ocorrer que o Direito adapte a norma ao influxo da realidade social – uma via que "é servida pela prescrição e, ainda, por outros institutos, como seja certos prazos legais e a usucapião" (*Da boa-fé no direito civil*. Coimbra: Almedina, 2007, p. 816). O autor, porém, destaca que "a boa-fé, vocacionada para intervir nas situações de relação, não se liga, diretamente, à problemática do tempo nas situações jurídicas", de modo que a *suppressio* não trata propriamente do problema do não exercício, mas sim da confiança que esse não exercício gera na contraparte (Ibid., p. 820).

71. Nesse sentido, aduz-se que "os próprios objetivos de tutela das normas sobre a prescrição estão hoje se movendo progressivamente do interesse público e abstrato da certeza das relações à ponderação funcional dos interesses das partes" (LONGOBUCCO, Francesco. La prescrizione come "rimedio civile": profili di ragionevolezza dell'istituto. *I contratti*. Número 11, 2012, p. 952. Tradução livre).

72. Sobre a insuficiência da mera subsunção da norma sem um necessário exame de adequação dos resultados à axiologia do sistema e às peculiaridades do caso concreto, um ponto já analisado por todos os autores da escola civil-constitucional, permita-se a remissão às considerações específicas desenvolvidas em SOUZA, Eduardo Nunes de. Índices da aderência do intérprete à metodologia do direito civil-constitucional. *Revista da Faculdade de Direito da UERJ*, n. 41, 2022, item 3 e, ainda, em SOUZA, Eduardo Nunes de. *Teoria geral das invalidades do negócio jurídico*: nulidade e anulabilidade no direito civil contemporâneo. São Paulo: Almedina, 2017, p. 281, onde se destaca que o simples fato de o método ora sustentado, fundado nos valores do ordenamento e nas características do caso concreto, levar frequentemente aos mesmos resultados práticos da mera aplicação da técnica subsuntiva não afasta sua imprescindibilidade para a garantia da coerência e da unidade do sistema.

73. O sentido estrito de merecimento de tutela ora adotado, como instância de controle valorativo positivo da autonomia privada embasada na função promocional do direito, foi desenvolvido em SOUZA, Eduardo Nunes de. *Merecimento de tutela*, cit., item 3.

74. Leciona SAN TIAGO DANTAS: "Como se explica esta restrição em que as próprias sanções jurídicas introduzem a instabilidade dos direitos subjetivos? [...] Esta influência do tempo consumido pelo direito pela inércia do titular serve a uma das finalidades supremas da ordem jurídica que é estabelecer a segurança das relações sociais" (*Programa de direito civil*, v. I, cit., p. 342).

na relação jurídica, seria ingênuo considerar que o problema se resolve em termos absolutos a favor ou contra um desses valores, como se eles fossem excludentes. Não se trata mais, portanto, de punir a inércia do titular (que, por si só, não é avaliada nem positiva, nem negativamente).[75] Nessa perspectiva, a fluência do prazo prescricional (tradicionalmente associada à punição da inércia) e as suas causas obstativas (usualmente vistas como mecanismos excepcionais de proteção dos interesses do titular do direito) deixam de configurar questões apartadas.[76] O inteiro regime da prescrição passa a ser entendido como um esforço legislativo unitário de conciliar exercícios (e interesses) potencialmente contraditórios, buscando definir qual deles será mais merecedor de tutela.[77]

Nesse cenário, as causas suspensivas, interruptivas e impeditivas do prazo prescricional, geralmente consideradas questões menores no regime jurídico do instituto, revelam-se, em verdade, seu ponto nodal: de fato, muito mais importante do que conhecer a extensão do prazo prescricional aplicável é identificar a partir de quando ele corre e quais valores jurídicos determinam que, sob certas circunstâncias, seja ele interrompido ou obstado.[78] O grande potencial funcional da prescrição, assim, parece estar nas causas suspensivas, interruptivas e impeditivas (isto é, no termo inicial do prazo prescricional e nas vicissitudes da sua contagem), que tendem a tornar-se, no futuro breve, as protagonistas do fenômeno prescricional, como instrumentos privilegiados para a promoção de interesses merecedores de tutela em cada caso concreto.[79]

Tendo o tema sido tratado de forma tão insuficiente no Código Civil brasileiro, são frequentes as referências a recursos interpretativos tradicionais que buscam, à

---

75. Afirma, no direito italiano, Pier Giuseppe MONATERI: "é opinião unânime que a inércia deva ser valorada objetivamente, a prescindir dos motivos e das intenções de quem não exerce o próprio direito. [...] Em substância, no nosso ordenamento, a inércia do titular se reduz à falta do exercício do direito, sem qualquer outra consideração dos seus motivos ou do seu comportamento" (*La prescrizione*, cit., pp. 22-23. Tradução livre).
76. Sobre a correlação entre a inércia do titular como requisito do curso prescricional e as causas obstativas da prescrição cf., entre outros, PERLINGIERI, Pietro. *Manuale di diritto civile*, cit., p. 429.
77. A esse propósito, já se observou a tendência, nas Cortes europeias, de se construir "um modelo de prescrição todo peculiar no qual os prazos de prescrição e decadência são concebidos como legítimos, mas também como potenciais obstáculos ao acesso dos indivíduos a uma tutela efetiva, com a consequente necessidade para os juízes nacionais de proceder caso a caso a uma aplicação dos próprios prazos prescricionais e decadenciais respeitosa ao parâmetro da razoabilidade" (LONGOBUCCO, Francesco. *La prescrizione come "rimedio civile"*, cit., pp. 953-954. Tradução livre). Frise-se, ainda, a advertência de Mauro TESCARO sobre a necessidade de se reconstruírem as regras sobre o curso prescricional "do modo mais coerente possível não apenas com a complexa regulamentação em tema de prescrição, mas também com os princípios gerais do ordenamento nos quais tal regulamentação pareça suscetível de interferir, como, em especial, o da autorresponsabilidade" (*Decorrenza della prescrizione e autoresponsabilità*, cit., p. 7). Afirma-se mesmo que a prescrição corresponderia a um mecanismo para se conferir maior efetividade de direitos fundamentais. A respeito, cf. BODIN DE MORAES, Maria Celina. *Prescrição, efetividade dos direitos e danos à pessoa humana*, cit., *passim*.
78. Como destaca Mauro TESCARO no direito italiano, "as questões relativas ao início e à suspensão do decurso da prescrição [...] mereceriam – a nosso ver – atenção bem diversa daquela que lhes é dedicada, dada a sua fundamental importância para a economia do instituto, tanto sob o perfil prático quanto sob aquele teórico" (*Decorrenza della prescrizione e autoresponsabilità*, cit., p. 5). Por sua vez, Pier Giuseppe MONATERI sustenta que o requisito da inércia "não é elemento autônomo da hipótese fática [da prescrição], mas se identifica com a falta de um dos atos de interrupção [...]" (*La prescrizione*, cit., p. 26. Tradução livre).
79. Posição sustentada em SOUZA, Eduardo Nunes de. Problemas atuais de prescrição extintiva no direito civil: das vicissitudes do prazo ao merecimento de tutela. *Civilistica.com*. Rio de Janeiro, a. 10, n. 3, 2021.

semelhança dos sistemas estrangeiros, modular o início do curso do prazo prescricional. A mais conhecida delas é, provavelmente, a teoria da *actio nata*,[80] embora muito modificada em relação ao seu sentido original.[81] Costuma-se aludir, ainda, ao brocardo *contra non valentem agere non currit praescriptio* ("contra quem não pode agir não corre a prescrição").[82] Com o tempo, muitos autores passaram a compreender que o adágio faria referência a motivos de força maior que impediriam o ajuizamento da ação pelo titular do direito; alguns ainda admitem que tanto certos impedimentos de fato quanto alguns óbices de direito, a teor do brocardo, justificariam a não fluência do prazo prescricional.[83] A reforma de 2008 ocorrida no Código Civil francês adotou o princípio em acepção ampla, positivando tendência jurisprudencial desenvolvida mesmo à míngua de previsão legal.[84]

---

80. Trata-se de teoria atribuída a Savigny, que a desenvolve associando-a à própria lesão do direito. Para que haja prescrição, afirma Savigny, é preciso "um direito sério, atual e suscetível de ser reclamado na justiça"; é preciso, ainda, "uma violação do direito, que determina uma ação do titular" (SAVIGNY, F. K. von. *Traité de droit romain*. Tome 5ème. Paris: Firmin Didot Frères, 1858, p. 288).
81. Sobre o ponto, permita-se remeter, ainda uma vez, a SOUZA, Eduardo Nunes de. Problemas atuais de prescrição extintiva no direito civil, cit., item 2.
82. Como relata Mauro TESCARO, a autoria do brocardo costuma ser atribuída a Bartolo de Sassoferrato, o qual, diversamente dos demais juristas medievais, tratou da matéria aludindo não apenas a impedimentos particulares do exercício dos direitos, mas em termos mais gerais; destaca-se, ainda, a relevância da doutrina canonística na elaboração do princípio, pois se considerava, então, "imoral" que o sujeito pudesse ser prejudicado pelo mero lapso temporal (*odiosa praescriptio*), e "inadmissível" que essa perda se produzisse sem que o titular tivesse tido a possibilidade, não apenas jurídica, mas também de fato, de fazer valer a pretensão (*item non currit praescriptio ubi ius non redditur propter defectum iuris vel rei*)" (*Decorrenza della prescrizione e autoresponsabilità*, cit., pp. 28-29).
83. Leciona SERPA LOPES sobre o princípio *contra non valentem*: "As objeções feitas a esse apotegma fundam-se em não ter sido ele contemplado no elenco das causas suspensivas ou impeditivas da prescrição. Quando há disposição expressa de direito positivo, a regra '*contra non valentem*' não oferece dificuldades. [...]. Nos países obedientes à norma [original] do Código Civil francês, diverge a doutrina, no tocante à aplicação da regra '*contra non valentem*'. Destacam-se, então, três correntes: 1ª) a dos negativistas, isto é, os que acham motivos ponderosos para não aplicá-la por analogia; 2ª) os que a aceitam, tanto quanto se caracterize a força maior; 3ª) os que consagram a regra, se o impedimento versar sobre matéria de direito, repelindo-a, se consistir em matéria de fato" (*Curso de direito civil*. Rio de Janeiro: Freitas Bastos, 1996. v. I. pp. 581-582).
84. À luz da redação original do *Code*, já lecionavam AUBRY e RAU que o antigo artigo 2.251 não impedia a aplicação da máxima *Agere non valenti, non currit praescriptio* para suspender a prescrição diante de obstáculos jurídicos ao exercício; o dispositivo significaria tão somente que "a condição pessoal de um indivíduo e as circunstâncias particulares de fato em que ele se encontra não podem jamais autorizar a admitir uma suspensão de prescrição que não tenha sido estabelecida por lei"; mesmo assim, os autores reconheciam ao juiz o poder de relevar os efeitos da prescrição consumada durante um obstáculo de fato (tal como uma inundação, uma invasão ou um cerco militar) se, após sua cessação, o titular tenha exercido imediatamente o direito (*Cours de droit civil français d'après la méthode de Zachariae*. Tome 2ème. Paris: ILGJ, 1897, pp. 499-500). No mesmo sentido, afirma-se que, "inspirada no adágio '*Contra non valentem agere non currit praescriptio*' e no princípio da equidade, a jurisprudência se permitira dar a essa ideia um alcance mais geral, a despeito da disposição do artigo 2.251 (antigo) do Código Civil, que parecia reservar à lei a edição de causas de suspensão [...]. A lei de 17 de junho de 2008 fez do adágio uma regra de direito positivo" (TERRÉ, François; SIMLER, Philippe; LEQUETTE, Yves. *Droit civil*: les obligations. Paris: Dalloz, 2013, p. 1529. Tradução livre). De fato, após a reforma, passou a dispor o Código Civil francês: "Artigo 2.234. A prescrição não corre ou é suspensa contra aquele que está na impossibilidade de agir por força de um impedimento resultante da lei, da convenção ou da força maior" (Tradução livre). Analisando o dispositivo, afirmam MALAURIE et al. que "as causas de suspensão têm uma história cíclica", e que, embora o *Code* tenha buscado, originalmente, restringir os poderes do juiz, a jurisprudência, "quase desde o alvorecer do Código, tinha restituído ao juiz um poder moderador ressuscitando a velha regra *Contra non valentem agere non currit praescriptio* [...], que o novo artigo 2.234 retoma quase literalmente" (*Droit des obligations*, cit., p. 714. Tradução livre).

E a doutrina pátria também afirma ser necessário adicionar a cláusula *contra non valentem* ao rol de causas obstativas.[85] Qual seria, no entanto, o fundamento do princípio no direito brasileiro? Para além de sua ampla aceitação doutrinária,[86] o adágio pode ser extraído, como diretriz geral, da própria lógica que inspira as causas impeditivas e suspensivas do prazo prescricional, como já se reconhece em outros países.[87] Parece aplicável, portanto, mesmo a casos não previstos, por analogia das normas que regem essas causas.[88] A muito defendida taxatividade desse rol, nesse particular, não aparenta servir de obstáculo à aplicação da máxima,[89] eis que o próprio rol, se apreciado funcionalmente, compreende, do ponto de vista lógico, os seus próprios princípios justificadores.[90] Vale dizer: ainda que se considere insuperável a reserva legal para a estipulação das causas suspensivas e impeditivas, isso não impede que se extraia o princípio a partir do próprio rol normativo, como uma das diretrizes orientadoras dessas causas.[91]

De volta ao problema da pretensão indenizatória na responsabilidade contratual, diante do argumento de que as partes precisariam de um prazo superior ao trienal para

---

[85]. Leciona Caio Mário da Silva PEREIRA: "Deve-se acrescentar uma outra regra que preside a suspensão da prescrição, dizendo-se que não corre na pendência de um acontecimento que impossibilite alguém de agir, seja como consequência de uma determinação legal, seja por um motivo de força maior, seja por uma convenção, regra que a jurisprudência francesa tem adotado, e que o velho adágio já traduzia: '*contra non valentem agere non currit praescriptio*'" (*Instituições de direito civil*, v. I, cit., p. 584).

[86]. Nesse sentido: PEREIRA, Caio Mário da Silva. *Instituições de direito civil*, v. I, cit., p. 584; LOPES, Miguel Maria de Serpa. *Curso de direito civil*, v. I, cit., p. 584; e, na doutrina mais recente, GUEDES, Gisela Sampaio da Cruz; LGOW, Carla. Prescrição extintiva, cit., p. 1855.

[87]. Como Leciona Reinhard ZIMMERMANN em perspectiva comparatista europeia, a regra "'*agere non valenti non currit praescriptio*' também requer que a prescrição não corra contra um credor que esteja sujeito a uma incapacidade. O exemplo paradigmático é o menor. [...] As considerações a seguir aplicam-se, *mutatis mutandis*, a pessoas que carecem da capacidade de ingressarem em relações jurídicas porque são enfermas da mente" (*Comparative Foundations of a European Law of Set-Off and Prescription*. Cambridge: Cambridge University Press, 2004, p. 134. Tradução livre).

[88]. Em perspectiva civil-constitucional, pouco importa a diferença entre *analogia legis* e *juris*: "a interpretação é sempre analógica, vez que, a rigor, não se procede por identidade entre norma e fato, mas por semelhança entre as *fattispecie* abstratas previstas nas normas e o fato concreto. [...] com frequência, a normativa a aplicar é fruto de coligações entre mais disposições, ou entre fragmentos de disposições, de modo que não se saberia falar de 'precisa disposição' ou de *analogia legis* ou ainda de *analogia iuris*" (PERLINGIERI, Pietro. *Manuale di diritto civile*, cit., p. 114. Tradução livre).

[89]. Para SERPA LOPES, "a regra *contra non valentem agere* inspira-se numa ideia humana, um princípio de equidade, e não pode deixar de ser reconhecida pelo juiz. Cabe, portanto, a aplicação analógica. Mesmo entendida como uma exceção à regra geral, esta não é de molde a encerrar num *numerus clausus* os casos de suspensão da prescrição, sobretudo quando se impõe interpretá-la com o espírito de equidade" (*Curso de direito civil*, v. I, cit., p. 584). Na doutrina italiana, pondera Massimo BIANCA não haver óbice à aplicação analógica das causas suspensivas, pois a tese contrária poderia ocasionar "um problema de constitucionalidade da norma onde esta não compreende casos nos quais a suspensão da prescrição parece igualmente justificada" (*Diritto civile*. Milano: Giuffrè, 2012. v. VII. p. 580. Tradução livre).

[90]. Cite-se, ainda uma vez, a lição de SERPA LOPES: "Sendo a matéria omissa em nossa lei, deve o juiz buscá-la através das legislações dos povos cultos, e, a nosso ver, o Código Civil alemão, bem como o recente Código Civil grego, trazem princípios justos [...]. Com isto, evita-se o exagero do passado, com a aplicação abusiva da regra *contra non valentem agere*, e o exagero do extremo oposto presente, negando-a de um modo absoluto, ou recusando-a aos motivos de fato, que são tão imperativos e justos como os obstáculos de ordem jurídica" (*Curso de direito civil*, v. I, cit., p. 584).

[91]. No ponto, permita-se remeter a SOUZA, Eduardo Nunes de; SILVA, Rodrigo da Guia. Influências da incapacidade civil e do discernimento reduzido em matéria de prescrição e decadência. *Pensar*, v. 22, Fortaleza: UNIFOR, 2017, *passim*; SOUZA, Eduardo Nunes de. *Problemas atuais de prescrição extintiva no direito civil*, cit., item 2.

buscarem a preservação de sua relação jurídica, talvez fosse mais razoável, em lugar de se sustentar a incidência de um prazo decenal que claramente não foi destinado àquela *fattispecie* pelo legislador, simplesmente reconhecer que a prescrição não corre durante as tentativas de autocomposição entre as partes, por aplicação analógica das causas impeditivas legais. Sem dúvida, a solução desafiaria a amplamente afirmada taxatividade destas últimas. Ainda assim, ter-se-ia, provavelmente, uma proposta menos assistemática do que a de distinguir entre responsabilidade contratual e aquiliana onde a lei não o fez.

4. CONCLUSÃO

Para o problema ora descrito parece restar apenas uma esperança no curto prazo: a de uma nova reversão da jurisprudência do STJ no futuro. Do ponto de vista funcional, o dever de indenizar se presta rigorosamente ao mesmo propósito, seja em matéria contratual, seja em matéria aquiliana: a reparação integral da vítima. Se é verdade que há diferenças nos interesses em jogo em cada um dos âmbitos de responsabilidade, essas diferenças são, a rigor, tão variadas quantas as infinitas *fattispecie* danosas podem ser. Não há, porém, entre esses múltiplos interesses uma clara hierarquia valorativa, não sendo possível afirmar que a vítima de dano oriundo de inadimplemento contratual seja mais merecedora de tutela do que a vítima do dano aquiliano. Não parece evidente, em outras palavras, que a simples distinção estrutural entre relações contratuais e delituais traduza uma diferenciação significativa no plano axiológico. Este é, em última análise, o juízo que deveria ter sido empreendido pela jurisprudência: o quão distantes se encontram, do ponto de vista valorativo, os dois âmbitos de responsabilidade civil?

Ainda que fosse possível alcançar, com a cuidadosa fundamentação que o tema demanda, a mesma resposta hoje endossada pelo STJ, a coerência e a unidade do sistema jurídico restariam preservadas caso o debate se houvesse aprofundado no plano funcional, sem se prender ao tom de suposta obviedade com que se tem defendido, a partir de sumária fundamentação e argumentos predominantemente formalistas, a adoção do prazo decenal para a responsabilidade contratual. Conforme leciona Carlos Edison do Rêgo Monteiro Filho em oportuna síntese sobre o tema, as diferenças de regime entre responsabilidade contratual e extracontratual devem ser "justificáveis à luz dos valores maiores que estruturam o ordenamento jurídico", cabendo ao intérprete construir soluções "aptas a compatibilizar o regime legal da responsabilidade aos valores constitucionais em jogo".[92]

5. REFERÊNCIAS BIBLIOGRÁFICAS

AGUIAR JÚNIOR, Ruy Rosado. *Extinção dos contratos por incumprimento do devedor*: resolução. Rio de Janeiro: AIDE, 2004.

ALVIM, Agostinho. *Da inexecução das obrigações e suas consequências*. São Paulo: Saraiva, 1949.

---

92. MONTEIRO FILHO, Carlos Edison do Rêgo. *Responsabilidade contratual e extracontratual*, cit., p. 85.

AUBRY, Charles; RAU, Charles. *Cours de droit civil français d'après la méthode de Zachariae*. Tome 2ème. Paris: ILGJ, 1897.

BARBOZA, Heloisa Helena; BODIN DE MORAES, Maria Celina; TEPEDINO, Gustavo et al. *Código Civil interpretado conforme a Constituição da República*. Rio de Janeiro: Renovar, 2014. v. I.

BENETTI, Giovana. *Dolo no direito civil*: uma análise da omissão de informações. São Paulo: Quartier Latin, 2019.

BIANCA, Massimo. *Diritto civile*. Milano: Giuffrè, 2012. v. VII.

BOBBIO, Norberto. *O bom legislador*. Trad. Eduardo Nunes de Souza. *Civilistica.com*, a. 10, n. 3, 2021.

BODIN DE MORAES, Maria Celina. A constitucionalização do direito civil e seus efeitos sobre a responsabilidade civil. *Direito, Estado e Sociedade*, v. 9, n. 29, jul.-dez./2006.

BODIN DE MORAES, Maria Celina. Risco, solidariedade e responsabilidade objetiva. *Revista dos Tribunais*, v. 854, dez./2006.

BODIN DE MORAES, Maria Celina. Prescrição, efetividade dos direitos e danos à pessoa humana. Editorial à *Civilistica.com*, a. 6, n. 1, 2017.

BUSNELLI, Francesco. *La lesione del credito da parte di terzi*. Milano: Giuffrè, 1964.

CARBONNIER, Jean. *Droit civil*. Paris: PUF, 2004. v. II.

CORDEIRO, António Menezes. *Da boa-fé no direito civil*. Coimbra: Almedina, 2007.

DANTAS, F. C. de San Tiago. *Programa de direito civil*. 3. ed. Rio de Janeiro: Forense, 2001 [1977]. v. I.

DANTAS, F. C. de San Tiago. *Programa de direito civil*. Rio de Janeiro: Editora Rio, 1975. v. II.

DIDIER, Fredie. *Curso de direito processual civil*. Salvador: JusPodium, 2015. v. I.

GAZZONI, Francesco. *Manuale di diritto privato*. Napoli: ESI, 2015.

GOMES, Orlando. Tendências modernas na teoria da responsabilidade civil. In: FRANCESCO, José Roberto Pacheco di (Org.). *Estudos em homenagem ao professor Silvio Rodrigues*. São Paulo: Saraiva, 1989.

GOMES, Orlando. *Contratos*. Rio de Janeiro: Forense, 2007.

GUEDES, Gisela Sampaio da Cruz; LGOW, Carla. Prescrição extintiva: questões controversas. *Revista do Instituto do Direito Brasileiro*, a. 3, n. 3, 2014.

JOURDAIN, Patrice. Réflexion sur la notion de responsabilité contractualle. *Les métamorphoses de la responsabilité*. Paris: Presses Universitaires de France, 1997.

KONDER, Carlos Nelson. A "relativização da relatividade": aspectos da mitigação da fronteira entre partes e terceiros nos contratos. *Scientia Juris*, v. 23, n. 1, mar./2019.

LONGOBUCCO, Francesco. La prescrizione come "rimedio civile": profili di ragionevolezza dell'istituto. *I contratti*. Número 11, 2012.

LOPES, Miguel Maria de Serpa. *Curso de direito civil*. Rio de Janeiro: Freitas Bastos, 1996. v. I.

MALAURIE, Philippe; AYNÈS, Laurent; STOFFEL-MUNCK, Philippe. Droit des *obligations*. Paris: LGDJ, 2016.

MARTINS-COSTA, Judith. In: TEIXEIRA, Sálvio de Figueiredo (Coord.). *Comentários ao novo Código Civil*. Rio de Janeiro: Forense, 2003. v. V. t. II.

MARTINS-COSTA, Judith. *A boa-fé no direito privado*: critérios para a sua aplicação. São Paulo: Marcial Pons, 2015.

MARTINS-COSTA, Judith; ZANETTI, Cristiano de Sousa. Responsabilidade contratual: prazo prescricional de dez anos. *Revista dos Tribunais*, v. 979. São Paulo: Ed. RT, maio/2017.

MAZEAUD, Henri; MAZEAUD, Léon. *Traité théorique et pratique de la responsabilité civile délictuelle et contractuelle*. Paris: Recueil Sirey, 1947. t. I.

MONATERI, Pier Giuseppe. *La prescrizione*. In: SACCO, Rodolfo (diretto da). *Trattato di diritto civile*. La Parte Generale del Diritto Civile. Torino: UTET, 2009. v. V.

MONTEIRO FILHO; Carlos Edison do Rêgo; BIANCHINI, Luiza Lourenço. Breves considerações sobre a responsabilidade civil do terceiro que viola o contrato (tutela externa do crédito). In: TEPEDINO; Gustavo; FACHIN, Luiz Edson (Coord.). *Diálogos sobre direito civil*. Rio de Janeiro: Renovar, 2012. v. 3.

MONTEIRO FILHO, Carlos Edison do Rêgo. *Responsabilidade contratual e extracontratual*: contrastes e convergências no direito civil contemporâneo. Rio de Janeiro: Processo, 2016.

MOREIRA ALVES, José Carlos. *A Parte Geral do Projeto de Código Civil brasileiro*. São Paulo: Saraiva, 1986.

NORONHA, Fernando. *Direito das obrigações*. São Paulo: Saraiva, 2013.

OLIVA, Milena Donato. Dano moral e inadimplemento contratual nas relações de consumo. *Revista de Direito do Consumidor*, v. 93. São Paulo: Ed. RT, maio/2014.

PEREIRA, Caio Mário da Silva. *Responsabilidade civil*. Rio de Janeiro: GZ, 2011.

PEREIRA, Caio Mário da Silva. *Instituições de direito civil*. Rio de Janeiro: GEN, 2016. v. I.

PEREIRA, Caio Mário da Silva. *Instituições de direito civil*. Rio de Janeiro: GEN, 2016. v. II.

PEREIRA, Caio Mário da Silva. *Instituições de direito civil*. Rio de Janeiro: GEN, 2016. v. III.

PERLINGIERI, Pietro. *O direito civil na legalidade constitucional*. Rio de Janeiro: Renovar, 2008.

PERLINGIERI, Pietro. *Manuale di diritto civile*. Napoli: ESI, 2014.

PLANIOL, Marcel; RIPERT, Georges. *Traité élémentaire de droit civil*. Tome 2ème. Paris: Librairie Générale de Droit et de Jurisprudence, 1907.

RODOTÀ, Stefano. *Il problema della responsabilità civile*. Milano: Giuffrè, 1967.

RODOTÀ, Stefano. *Le fonti di integrazione del contratto*. Milano: Giuffrè, 1969.

ROSELLI, Frederico. In: LIPARI, Nicolò; RESCIGNO, Pietro. *Diritto civile*. Milano: Giuffrè, 2009. v. IV, t. II.

SACCO, Rodolfo. *Introdução ao direito comparado*. São Paulo: Ed. RT, 2001.

SANTOS, João Manuel de Carvalho. *Código Civil brasileiro interpretado*. Rio de Janeiro: Freitas Bastos, 1986. v. XIV.

SAVIGNY, F. K. von. *Traité de droit romain*. Tome 5ème. Paris: Firmin Didot Frères, 1858.

SILVA, Rodrigo da Guia. *Enriquecimento sem causa*: as obrigações restitutórias no direito civil. São Paulo: Thomson Reuters, 2019.

SIRENA, Pietro. O conceito de dano na disciplina italiana e francesa da responsabilidade civil. *Revista da Ajuris*, v. 47, n. 149. Porto Alegre: dez./2020.

SOUZA, Eduardo Nunes de. Merecimento de tutela: a nova fronteira do direito privado no direito civil. *Revista de Direito Privado*, v. 58. São Paulo: Ed. RT, abr.-jun./2014.

SOUZA, Eduardo Nunes de. *Do erro à culpa na responsabilidade civil do médico*. Rio de Janeiro: Renovar, 2015.

SOUZA, Eduardo Nunes de. *Teoria geral das invalidades do negócio jurídico*: nulidade e anulabilidade no direito civil contemporâneo. São Paulo: Almedina, 2017.

SOUZA, Eduardo Nunes de. Em defesa do nexo causal: culpa, imputação e causalidade na responsabilidade civil brasileira. In: SOUZA, Eduardo Nunes de; SILVA, Rodrigo da Guia (Coord.). *Controvérsias atuais em responsabilidade civil*. São Paulo: Almedina, 2018.

SOUZA, Eduardo Nunes de. De volta à causa contratual: aplicações da função negocial nas invalidades e nas vicissitudes supervenientes do contrato. *Civilistica.com*. Rio de Janeiro, a. 8, n. 2, 2019.

SOUZA, Eduardo Nunes de. Problemas atuais de prescrição extintiva no direito civil: das vicissitudes do prazo ao merecimento de tutela. *Civilistica.com*. Rio de Janeiro, a. 10, n. 3, 2021.

SOUZA, Eduardo Nunes de. Índices da aderência do intérprete à metodologia do direito civil-constitucional. *Revista da Faculdade de Direito da UERJ*, n. 41, 2022.

SOUZA, Eduardo Nunes de; SILVA, Rodrigo da Guia. Influências da incapacidade civil e do discernimento reduzido em matéria de prescrição e decadência. *Pensar*, v. 22, Fortaleza: UNIFOR, 2017.

SOUZA, Eduardo Nunes de; SILVA, Rodrigo da Guia. O oxímoro da responsabilidade civil brasileira. In: SOUZA, Eduardo Nunes de; SILVA, Rodrigo da Guia (Coord.). *Controvérsias atuais em responsabilidade civil*. São Paulo: Almedina, 2018.

SOUZA, Eduardo Nunes de; SILVA, Rodrigo da Guia. Considerações sobre a autonomia funcional da responsabilidade civil no direito brasileiro. *Revista da AGU*, v. 21, n. 3, jul.-set./2022.

TEPEDINO, Gustavo. Prescrição aplicável à responsabilidade contratual: crônica de uma ilegalidade anunciada. *Revista Trimestral de Direito Civil*, v. 27. Rio de Janeiro: Padma, jan.-mar./2009.

TEPEDINO, Gustavo. *Prazo prescricional aplicável à reparação civil por inadimplemento contratual. Soluções práticas de direito*. São Paulo: Ed. RT, 2012. v. I.

TEPEDINO, Gustavo et al. *Fundamentos do direito civil*. Rio de Janeiro: GEN, 2020. v. IV.

TERRÉ, François; SIMLER, Philippe; LEQUETTE, Yves. *Droit civil*: les obligations. Paris: Dalloz, 2013.

TESCARO, Mauro. *Decorrenza della prescrizione e autoresponsabilità*: la rilevanza civilistica del principio contra non valentem agere non currit praescriptio. Padova: CEDAM, 2006.

THEODORO JÚNIOR, Humberto. In: TEIXEIRA, Sálvio de Figueiredo (Coord.). *Comentários ao Novo Código Civil*. Rio de Janeiro: Forense, 2005. v. III. t. 2.

TRIMARCHI, Pietro. *Istituzioni di diritto privato*. Milano: Giuffrè, 2016.

TRIMARCHI, Pietro. *La responsabilità civile*: atti illeciti, rischio, danno. Milano: Giuffrè, 2017.

VISINTINI, Giovanna. *Trattato breve della responsabilità civile*. Padova: CEDAM, 2005.

ZIMMERMANN, Reinhard. *Comparative Foundations of a European Law of Set-Off and Prescription*. Cambridge: Cambridge University Press, 2004.

CONTROVÉRSIAS EM MATÉRIA DE NEXO DE CAUSALIDADE: DANO INDIRETO E CAUSALIDADE ALTERNATIVA NO DIREITO BRASILEIRO[1]

Gustavo Tepedino

Professor Titular de Direito Civil da Faculdade de Direito da Universidade do Estado do Rio de Janeiro(UERJ). Ex-diretor da Faculdade de Direito da Universidade do Estado do Rio de Janeiro (UERJ). Advogado.

Sumário: 1. Introdução – 2. As teorias sobre o nexo de causalidade e o dano indireto – 3. O nexo de causalidade na jurisprudência brasileira – 4. Reconhecimento do dano indireto pelo Supremo Tribunal Federal – 5. A teoria da causalidade alternativa e sua aplicação prática – 6. Notas conclusivas – 7. Referências bibliográficas.

1. INTRODUÇÃO

O estudo da responsabilidade civil atrai de modo particular a doutrina por sua visceral inserção no cotidiano da vida social.[2] Especialmente diante do desenvolvimento de novas tecnologias e de modelos de negócios inovadores, e pelo consequente eclodir da potencialidade danosa e da extensão desmesurada dos danos, o desafio da atividade interpretativa consiste em garantir resposta rápida e eficaz ao ofendido. Para tanto, a construção hermenêutica deve levar em conta, na feliz lição de Carlos Edison do Rêgo Monteiro Filho, a integralidade dos interesses e valores em jogo, bem como a hipótese dramática de irreversibilidade da lesão, sempre à luz das normas e princípios que inspiram o ordenamento.[3] Nessa linha, diante da tendência à objetivação do dever de reparar, e à medida em que por vezes até mesmo a extensão do dano somente pode ser mensurada de forma indireta, expandem-se os danos ressarcíveis e a dificuldade para identificação da causalidade.[4]

---

1. O autor agradece vivamente à Profa. Danielle Tavares Peçanha, Mestranda em Direito Civil no Programa de Pós-graduação da UERJ, pela pesquisa, profícua reflexão conjunta e revisão dos originais.
2. LOTUFO, Renan. A responsabilidade civil e o papel do juiz no Código Civil de 2002, p. 449. In: *Responsabilidade Civil*: estudos em homenagem ao Professor Rui Geraldo Camargo Viana. São Paulo: Ed. RT, 2009, pp. 448-462.
3. MONTEIRO FILHO, Carlos Edison do Rêgo. *Responsabilidade contratual e extracontratual*: contrastes e convergências no direito civil contemporâneo, Rio de Janeiro: Processo, 2016.
4. Permita-se remeter, sobre o tema, a TEPEDINO, Gustavo. Notas sobre o nexo de causalidade. In: *Revista Trimestral de Direito Civil (RTDC)*, n. 6, 2001. Na mesma direção, v., também SCHREIBER, Anderson. *Novos Paradigmas da Responsabilidade Civil: da erosão dos filtros de reparação à diluição dos danos*, São Paulo: Atlas, 2007, p. 4 e ss. Entendendo que o estudo epistemológico dos elementos mais tradicionais – conduta, dano e causalidade – passa por um momento de reconstrução, cfr. MENEZES, Joyceane Bezerra de; LIMA, Martonio Mont'Alverne Barreto; COSTA, Adriano Pessoa da. Análise epistemológica da responsabilidade civil na contemporaneidade. In: *Revista Brasileira de Direito Civil* – RBDCivil, Belo Horizonte, v. 21, jul./set. 2019, pp. 17-37.

A atualidade da matéria mostra-se ainda mais evidente em face das hipóteses de causalidade múltipla, tecnicamente denominadas concausas. Na complexidade da vida contemporânea, mostra-se difícil estabelecer uma única causa para os danos considerados injustos, e, portanto, ressarcíveis, sendo comum a associação de determinado evento danoso a múltiplas fontes possíveis.[5] Por consequência, afigura-se indispensável estabelecer a relação de causa e efeito entre o evento ao qual se pretenda imputar o dever de reparação e o dano.

Na esteira de tais anotações, verificam-se numerosas teorias que, ao longo do tempo, pretenderam estabelecer, para a imputação do dever de reparar a certo agente, os limites do nexo causal, definido em página clássica por Adriano De Cupis como "vínculo que se interpõe entre dois fenômenos distintos, assumindo um a posição de efeito em relação ao outro: quando um fenômeno existe em razão da existência de um outro fenômeno, aquele se diz 'causado' por esse, a indicar que uma relação de causalidade se estabelece entre ambos. Mais precisamente, relação de causalidade é o nexo etiológico material (ou seja, objetivo e externo) que liga um fenômeno a outro; no que concerne ao dano, esse se constitui no fator da sua imputação material ao sujeito humano".[6]

A clareza da definição contrasta, contudo, com as tormentosas dificuldades práticas que surgem em sua aferição, notadamente nos casos de dano indireto,[7] objeto de conhecida decisão proferida pelo Tribunal Pleno do STF, quando da análise do RE 608.880/MT, e de causalidade alternativa, que agita a jurisprudência, sem consenso, quando não é possível identificar com precisão o agente responsável pelo dano, mas apenas o grupo de pessoas associadas ao fato que lhe deu origem.

2. AS TEORIAS SOBRE O NEXO DE CAUSALIDADE E O DANO INDIRETO

Com o escopo de estabelecer os limites da noção jurídica de causa do dever de reparar, desenvolveram-se ao longo dos tempos distintas teorias, de maior ou menor

---

5. Cite-se, à guisa de exemplo, hipótese elaborada pelo Professor Caio Mário da Silva Pereira: "Quando um indivíduo vai desmontar um revólver e o detona, ferindo alguém, ocorre um fato simples, e a relação causal é estabelecida da maneira direta, entre o fato e o dano. Mas nem sempre as coisas se passam de maneira tão singela. O dono da arma retira-a da gaveta, e a empresta a outrem que a deixa sobre a mesa; um terceiro a encontra e, supondo-a descarregada, vai manuseá-la; o cômodo está vazio, porém um quarto personagem entra inopinadamente e pretende assustar o que está segurando o revólver; este se volta e no momento aciona o gatilho; a arma dispara e o projétil, através da porta, vai ferir a sua secretária na sala ao lado". (PEREIRA, Caio Mário da Silva. *Responsabilidade Civil*. 12. ed. (revista, atualizada e ampliada por Gustavo Tepedino). Rio de Janeiro: Forense, 2018, p. 108).
6. DE CUPIS, Adriano. *Il Danno*. Milano: Giuffrè, 1979. v. I. p. 215, tradução livre. No original: "(...) *il legame che intercede tra due diversi fenomeni, per cui l'uno assume figura di effetto rispetto all'altro: quando un fenomeno sussiste in ragione dell'esistenza di un altro fenomeno, esso si dice 'causato' da questo, ad indicare che un rapporto di causalità si inserisce tra entrambi. Più precisamente, rapporto di causalità è il nesso eziologico materiale (ovverosia, oggettivo od esterno) che lega un fenomeno ad un altro; esso, per quanto concerne il danno, costituisce il fattore della sua imputazione materiale al soggetto umano*".
7. A respeito da matéria, advertiu Caio Mário da Silva Pereira que o nexo de causalidade consiste no "mais delicado dos elementos da responsabilidade civil e o mais difícil de ser determinado". (PEREIRA, Caio Mário da Silva. *Responsabilidade Civil*, cit., 2018, p. 105). Nessa esteira: "Não é fácil a determinação do *nexo causal*. Em muitos casos, torna-se penoso saber até onde vai. Daí o esforço da doutrina para oferecer uma solução que facilite a tarefa do aplicador da lei quando se apresentam *causas sucessivas*." (GOMES, Orlando. *Responsabilidade civil*. Rio de Janeiro: Forense, 2011, p. 79).

aplicação prática, dentre as quais se destacam: (i) a teoria da equivalência das condições; (ii) a teoria da causalidade adequada; (iii) a teoria da causalidade eficiente; e (iv) a teoria da causa direta e imediata, também denominada teoria da interrupção do nexo causal que, sob a vertente da subteoria da necessariedade, prevalece na jurisprudência brasileira.[8]

Pela teoria da equivalência das condições, formulada pelo penalista alemão Von Buri, em 1860 e invocada implicitamente pelo acórdão da Corte Estadual, reputava-se como causa, para fins de responsabilização, qualquer evento considerado, por si só, capaz de gerar o dano. De acordo com esta teoria, entende-se que o dano não teria ocorrido se não existisse cada uma das condições que foram identificadas anteriormente ao resultado danoso (*conditio sine qua non*).[9] Não se considera a maior ou a menor proximidade ou importância de todas as condições das quais dependeram a produção do resultado, haja vista que todas são consideradas, para fins de responsabilidade, equivalentes. Dentre as diversas críticas dirigidas a essa teoria, afirma-se, com razão, que dá ensejo à ilimitada ampliação da cadeia causal, em infinita espiral de concausas, por ela gerada, de maneira a imputar a um sem-número de agentes o dever de reparar, levando a exageros inaceitáveis e soluções injustas.[10] Nesta direção, afirmou-se, com fina ironia, que a fórmula tenderia a tornar *cada homem responsável por todos os males que atingem a humanidade*.[11]

Já nos termos da teoria da causalidade adequada, concebida no final do século XIX pelo filósofo alemão Von Kries, procura-se identificar, na presença de mais de uma possível causa, qual delas, em abstrato, independentemente das demais circunstâncias que operam em favor do mesmo resultado, faz-se potencialmente apta a produzir o efeito danoso. Como observa Agostinho Alvim,[12] para saber se a causa se mostra adequada a produzir determinado efeito, questiona-se se a relação de causa e efeito exsurge em todos os casos da mesma espécie, ou se existiu apenas naquele caso concreto, por força da reunião contingente de circunstâncias específicas. Se a relação de causalidade existir sempre, considerar-se-á que a causa foi adequada a produzir o efeito. Se, ao contrário, somente uma circunstância intercorrente singularmente identificada pode explicar a causalidade, dir-se-á que a causa não era adequada.[13] A construção, embora reduza consideravelmente o espectro de causas a ser considerado pelo magistrado, acabou igualmente rechaçada, já que nem sempre a causa que, em abstrato, se mostra apta à produção do resultado danoso revela-se, na espécie, a geradora do dano. O caráter

---

8. Para ampla análise das teorias, cfr. também TEPEDINO, Gustavo; TERRA, Aline de Miranda Valverde; GUEDES, Gisela Sampaio da Cruz. *Fundamentos do Direito Civil*, v. 4: responsabilidade civil. 3. ed. Rio de Janeiro: Forense, 2022, pp. 86-94.
9. DE CUPIS, Adriano. *Il Danno*, v. I, cit., p. 78.
10. Sobre o tema, v. CRUZ, Gisela Sampaio da. *O problema do nexo causal na responsabilidade civil*. Rio de Janeiro: Renovar, 2005, pp. 37-47.
11. ALVIM, Agostinho. *Da inexecução das obrigações e suas conseqüências*. 4. ed. São Paulo: Saraiva, 1972, pp. 369-370.
12. ALVIM, Agostinho. *Da inexecução das obrigações e suas conseqüências*, cit., p. 345.
13. ALVIM, Agostinho. *Da inexecução das obrigações e suas conseqüências*, cit., p. 345.

adequado da causalidade associa-se ao grau de probabilidade do dano, não traduzindo certeza para fins de imposição do dever de reparar.[14]

Na tradição jurídica brasileira prevalece a *teoria da causalidade direta e imediata* ou teoria da interrupção do nexo de causalidade, consagrada pelo art. 403 do Código Civil,[15] que reproduziu a redação do art. 1.060 do Código Civil de 1916. Embora topograficamente relacionados à responsabilidade contratual, os dispositivos foram estendidos pela doutrina também à responsabilidade extracontratual.[16] De acordo com a citada teoria, somente se consideram causas suficientes a deflagrarem o dever de reparar aquelas vinculadas ao dano *direta e imediatamente*. Nessa direção, é de se considerar que estaria excluído o dever de indenizar pelo chamado "dano indireto" ou "dano por ricochete".

A interpretação literal dos mencionados artigos, destarte, afastaria do dever de reparar as causas que não fossem vinculadas ao dano *direta e imediatamente*, mediante a interferência de qualquer causa sucessiva. Nesta perspectiva, encontra-se excluída, em regra, a ressarcibilidade do chamado dano indireto ou *dano por ricochete*. Sabe-se, contudo, que os danos reflexos se encontram reconhecidos pela legislação e jurisprudência em algumas hipóteses específicas, especialmente no caso da condenação do responsável por homicídio à prestação de alimentos aos alimentandos da vítima, conforme expressamente previsto no art. 948, II, do Código Civil.[17] Trata-se, portanto, de hipótese de dano indireto ressarcível, considerando-se o dependente econômico vítima indireta do homicídio.[18-19] Em perspectiva semelhante, o Superior Tribunal de Justiça entendeu

---

14. PEREIRA, Caio Mário da Silva Pereira. *Responsabilidade civil*, cit., p. 109.
15. CC/2002, "Art. 403. Ainda que a inexecução resulte de dolo do devedor, as perdas e danos só incluem os prejuízos efetivos e os lucros cessantes por efeito dela direto e imediato, sem prejuízo do disposto na lei processual."
16. Sobre o ponto, v. TEPEDINO, Gustavo; SCHREIBER, Anderson. *Fundamentos do direito civil, v. 2*: obrigações. 3. ed. Rio de Janeiro: Forense, 2022, p. 374.
17. CC/2002, "Art. 948. No caso de homicídio, a indenização consiste, sem excluir outras reparações: (...) II – na prestação de alimentos às pessoas a quem o morto os devia, levando-se em conta a duração provável da vida da vítima."
18. Confira-se decisão sobre o tema: "No caso de homicídio o responsável deve pagar os alimentos a quem o defunto os devia, sendo razoabilíssima a fixação em 0,75% de 1 (um) salário mínimo, que como o próprio nome indica é a quantia de menor limite a permitir a sobrevivência humana." (TJRJ, 10ª CC, Ap. Cív. 1999.001.10545, rel. Des. Luiz Fux, julg. 11.4.2000, publ. DJ 29.5.2000). Em outro julgado, a mesma Corte afirmou que "Incidência do art. 948 do CC que dentre outras obrigações, determina a prestação de alimentos às pessoas a quem o morto os devia, levando-se em conta duração provável da vida da vítima." (TJRJ, 17ª C.C., Ap. Cív. 0063091-39.2012.8.19.0002, rel. Des. Flávia Romano de Rezende, julg. 8.5.2019, publ. DJ 10.5.2019).
19. Sobre o dispositivo, remeta-se ao Enunciado n. 560 aprovado na VI Jornada de Direito Civil do CJF, que assinala que: "No plano patrimonial, a manifestação do dano reflexo ou por ricochete não se restringe às hipóteses previstas no art. 948 do Código Civil." Vale transcrever a justificativa do verbete: "A possibilidade de reconhecimento do ressarcimento de dano patrimonial reflexo em situações que destoam das hipóteses previstas no art. 948 do Código Civil pode ser notada no ordenamento brasileiro. Existem hipóteses defendidas pela mais abalizada doutrina, como ocorre com o caso positivado no art. 945 do Código Civil português, admitido pelo Ministro Paulo de Tarso Sanseverino. Outras hipóteses foram recepcionadas pela jurisprudência nacional, a exemplo do que ocorreu no interessante caso julgado pelo Superior Tribunal de Justiça em que uma empresa de promoções artísticas pleiteava o dano patrimonial por ricochete sofrido pelo extravio das bagagens de um maestro que contratara para participar de espetáculos artísticos (REsp 753.512, julgamento em 2/3/2010, relator para o acórdão Ministro Luis Felipe Salomão)." Em doutrina, examinando o conteúdo do enunciado, exemplificam e advertem Andrea Zanetti e Erik Frederico Gramstrup: "Quanto ao tema, podem-se cogitar como dano patrimonial reflexo as despesas que uma família necessita realizar para adaptação do lar, ou mesmo mudança

tratar-se de dano indireto passível de indenização aquele decorrente da veiculação de notícia em programa de televisão de cunho ofensivo à vítima direta que atinja pessoas que, sendo muito próximas afetivamente ao ofendido, se sintam atingidas pelo evento danoso,[20] bem como o dano sofrido em decorrência da morte de familiar próximo.[21] Assim também em outras hipóteses, como no dano ambiental, a legislação especial admite os danos indiretos (art. 3º, III, da Lei 6.938/81).[22]

A preocupação com a higidez do nexo causal, a um só tempo capaz de afastar causas interruptivas e abranger tal hipótese de *ricochete*, pavimentou a construção evolutiva da teoria da relação causal imediata. Diante de tal constatação, tem-se considerado, em complemento à doutrina da responsabilidade direta e imediata, a construção evolutiva da *subteoria da necessidade da causa*, a qual admite a imputação do dever de reparar à causa que, próxima ou remota, tenha vínculo de necessariedade com o dano injusto. Segundo a subteoria da necessariedade da causa, "suposto certo

---

de residência, a fim de melhorar a vivência do parente ou amigo vitimado em acidente de trânsito com sequela grave e irreversível. Mesmo assim, trata-se de uma matéria que necessita de cautelosa construção no Brasil, sobretudo para compreender a noção do dano indireto indenizável no contexto que extrapola as situações de morte e lesão corporal grave com reflexos de danos patrimonial e extrapatrimonial na esfera dos lesados indiretos que se vinculam à vítima (pessoa natural) por elos assistenciais ou afetivos. Daí a relevância dos estudos e das pesquisas sobre as hipóteses de ressarcimento de dano indireto ou reflexo." (ZANETTI, Andrea; GRAMSTRUP, Erik Frederico. Dano indireto indenizável e reflexões sobre o Enunciado 560 da VI Jornada de Direito Civil do CJF. In: *Migalhas de Responsabilidade Civil*, publ. 14.06.2022. Disponível em: https://www.migalhas.com.br/coluna/migalhas-de-responsabilidade-civil/367902/dano-indireto-indenizavel-e-reflexoes-sobre-a-jornada-de-direito. Acesso em 22.11.2022).

20. STJ, 4ª T., REsp 1.119.632/RJ, rel. Min. Raul Araújo, julg. 15.8.2017, publ. DJ 12.9.2017, em que se lê: "Conquanto a legitimidade para pleitear a reparação por danos morais seja, em princípio, do próprio ofendido, titular do bem jurídico tutelado diretamente atingido (CC/2002, art. 12; CC/1916, arts. 75 e 76), tanto a doutrina como a jurisprudência têm admitido, em certas situações, como colegitimadas também aquelas pessoas que, sendo muito próximas afetivamente ao ofendido, se sintam atingidas pelo evento danoso, reconhecendo-se, em tais casos, o chamado dano moral reflexo ou em ricochete. Mesmo em se tratando de dano moral puro, sem nenhum reflexo de natureza patrimonial, é possível reconhecer que, no núcleo familiar formado por pai, mãe e filhos, o sentimento de unidade que permeia tais relações faz presumir que a agressão moral perpetrada diretamente contra um deles repercutirá intimamente nos demais, atingindo-os em sua própria esfera íntima ao provocar-lhes dor e angústia decorrentes da exposição negativa, humilhante e vexatória imposta, direta ou indiretamente, a todos."

21. STJ, 4ª T., REsp 1.734.536/RS, rel. Min. Luis Felipe Salomão, julg. 6.8.2019, publ. DJ 24.9.2019, de cuja ementa se extrai o seguinte trecho: "Recurso Especial. Responsabilidade civil. Dano moral reflexo ou por ricochete. Morte da vítima. Prescindibilidade para a configuração do dano. Legitimidade ativa para ação de indenização. Núcleo familiar. Irmãos. Avós. Ilegitimidade passiva dos genitores de filhos maiores de idade. (...) São características do dano moral por ricochete a pessoalidade e a autonomia em relação ao dano sofrido pela vítima direta do evento danoso, assim como a independência quanto à natureza do incidente, conferindo, desse modo, aos sujeitos prejudicados reflexamente o direito à indenização por terem sido atingidos em um de seus direitos fundamentais. 3. O evento morte não é exclusivamente o que dá ensejo ao dano por ricochete. Tendo em vista a existência da cláusula geral de responsabilidade civil, todo aquele que tem seu direito violado por dano causado por outrem, de forma direta ou reflexa, ainda que exclusivamente moral, titulariza interesse juridicamente tutelado (art. 186, CC/2002). 4. O dano moral reflexo pode se caracterizar ainda que a vítima direta do evento danoso sobreviva. É que o dano moral em ricochete não significa o pagamento da indenização aos indiretamente lesados por não ser mais possível, devido ao falecimento, indenizar a vítima direta. É indenização autônoma, por isso pode ocorrer independentemente do falecimento da vítima direta". Na mesma direção, cfr. STJ, 3ª T., AgInt nos EDcl no REsp 1.697.400/MG, rel. Min. Ricardo Villas Bôas Cueva, julg. 12.9.2022, publ. DJ 19.9.2022.

22. O art. 3º, III, da Lei 6.938/81 prevê a reparação por "degradação da qualidade ambiental resultante de atividades que direta ou indiretamente" causem danos à qualidade de vida ou ao ecossistema, respeitada a necessariedade causal entre o sinistro ambiental e os efeitos danosos.

dano, considera-se causa dele a que lhe é próxima ou remota, mas, com relação a esta última, é mister que ela se ligue ao dano diretamente. Ela é causa necessária desse dano, porque ele a ela se filia necessariamente; é causa única, porque opera por si, dispensadas outras causas. Assim, é indenizável todo o dano que se filia a uma causa, ainda que remota, desde que ela lhe seja causa necessária, por não existir outra que explique o mesmo dano".[23] Atribui-se a certa causa o dever de reparar se (e somente se) o evento danoso é dela efeito necessário. Vale dizer, se o resultado danoso resultou necessariamente do comportamento ou atividade que, assim, é considerado seu deflagrador causal. O dever de reparar, em última análise, surge exatamente quando o evento danoso é efeito necessário de certa causa.

Em tal perspectiva, o rompimento do nexo causal, capaz de afastar a reparação, ocorre não pela distância temporal, em si considerada, mas pela interferência de outra causa independente. Os desdobramentos do evento danoso que, temporariamente, estão distantes da conduta do agente, em geral não são ressarcíveis. Entretanto, podem sê-lo, a despeito do lapso temporal, desde que consequência *necessária* do ato ilícito ou de atividade de risco objetivamente considerada. No mais das vezes, portanto, os danos remotos não serão indenizáveis, porque (quase sempre) deixam de ser efeito necessário, em decorrência do aparecimento de concausas ao longo do tempo; todavia, se isso não ocorrer, eles devem ser indenizáveis.

No elucidativo exemplo proposto por Agostinho Alvim, identificando caso de dano que, não obstante remoto, é consequência necessária do inadimplemento da obrigação, visto não haver interveniência de nenhuma outra causa, veja-se: "Alguém dá em arrendamento uma casa, permitindo a sublocação. Mas o senhorio é vencido, posteriormente, em ação reivindicatória; e o contrato de locação, como consequência, deixa de subsistir. Surge, para o locador, a obrigação de indenizar. Seria dano direto do locatário, indiscutivelmente, a diferença a mais que tivesse que pagar por uma casa semelhante, por ter havido alta de alugueres. Mas, se o locatário subalugasse cômodos dessa pensão, e, por força da rescisão, tivesse que indenizar hóspedes e empregados? Estes danos, é certo, não se ligam imediatamente à primeira causa. Todavia, como para o seu aparecimento não concorreu nenhuma outra causa, a consequência é que o dano será indenizável, dada a absoluta ligação entre a primeira causa e o último dano".[24]

3. O NEXO DE CAUSALIDADE NA JURISPRUDÊNCIA BRASILEIRA

Na jurisprudência brasileira, a despeito de certa confusão terminológica que resgata nomenclaturas próprias de outras teorias, como a da causalidade adequada e a da equivalência das condições, as decisões se revelam substancialmente fundamentadas na teoria da necessariedade da causa, por vezes chamada de causa eficiente, ou causa adequada eficiente e determinante para a deflagração do dever de reparar. Ilustrativamente,

---

23. ALVIM, Agostinho. *Da inexecução das obrigações*, cit., p. 356.
24. ALVIM, Agostinho. *Da inexecução das obrigações*, cit., pp. 389-390.

cite-se o REsp 1.615.971, julgado pela 3ª Turma do Superior Tribunal de Justiça,[25] em que se invocou a teoria da causalidade adequada associada, em sua fundamentação, à investigação da causa direta e imediata (e da subteoria da necessariedade), na análise de responsabilidade diante de vazamento de gasolina que gerou danos ambientais de larga proporção. Afirmou-se naquela ocasião que "o nexo de causalidade deve ser aferido com base na teoria da causalidade adequada, adotada explicitamente pela legislação civil brasileira (...), segundo a qual somente se considera existente o nexo causal quando a ação ou omissão do agente for determinante e *diretamente ligada ao prejuízo*. A adoção da aludida teoria da causalidade adequada pode ensejar que, na aferição do nexo de causalidade, chegue-se à conclusão de que várias ações ou omissões perpetradas por um ou diversos agentes sejam *causas necessárias* e determinantes à ocorrência do dano".

Na práxis judiciária tem-se invocado a causalidade adequada não em termos de probabilidade ou de maneira abstrata, como doutrinariamente formulada, mas em concreto, como a causa adequada eficiente para a produção do dano, distanciando-se, portanto, inteiramente, da construção teórica antes exposta relativamente à causalidade adequada.[26] O entendimento acaba por convergir com a noção de causalidade necessária, suscitando a pesquisa acerca da causa da qual necessariamente decorreu o dano.

A título exemplificativo, observe-se o REsp 2.821, em que o Superior Tribunal de Justiça,[27] ao declarar a inexistência de *causalidade adequada*, investigou qual a causa direta e imediata de determinado dano. No caso, uma montadora de veículos foi acionada por vítima de acidente automobilístico que buscou responsabilizá-la pela utilização de *vidro temperado* no para-brisa de seu veículo, não já de *vidro laminado*. O *vidro tempe-*

---

25. STJ, 3ª T., REsp 1.615.971/DF, rel. Min. Marco Aurélio Bellizze, julg. 27.9.2016, publ. DJ 7.10.2016 em cuja ementa se lê: "A doutrina endossada pela jurisprudência desta Corte é a de que o nexo de causalidade deve ser aferido com base na teoria da causalidade adequada, adotada explicitamente pela legislação civil brasileira (CC/1916, art. 1.060 e CC/2002, art. 403), segundo a qual somente se considera existente o nexo causal quando a ação ou omissão do agente for determinante e diretamente ligada ao prejuízo." Na mesma direção, v. STJ, 3ª T., EDcl. no AgRg. no AREsp 790.643/DF, rel. Min. Marco Aurélio Bellizze, julg. 23.6.2016, publ. DJ 1.7.2016, em que se afirma: "o ordenamento pátrio adotou a teoria da causalidade adequada, segundo a qual devem ser considerados os fatos e condições que concorreram para o evento danoso, selecionando aqueles que contribuíram de forma necessária e determinante para a ocorrência do prejuízo".
26. No mesmo sentido coloca-se a jurisprudência do Supremo Tribunal Federal: "Quer se adote esta teoria, do dano direto e imediato, quer a da causalidade adequada, não é possível, *data venia*, concluir-se que a morte do marido da autora, resultante do tiroteio que ele manteve com os assaltantes do ônibus, constitua dano direto e imediato do contrato de transporte" (STF, Tribunal Pleno, RE 88.407/RJ, rel. Min. Thompson Flores, julg. 7.8.1980, publ. DJ 6.3.1981). Em outra ocasião, o Supremo Tribunal Federal evidenciou que a teoria permanece sendo aplicada: "A responsabilidade objetiva não restou caracterizada no presente caso, dado que não demonstrado o nexo de causalidade entre o fato danoso e o ato omissivo atribuído ao Estado de Minas Gerais. O homicídio foi praticado em concurso de pessoas, sendo um dos autores fugitivos da Delegacia Estadual de Ibirité – MG. O crime não teve como *causa necessária* a fuga, vez que resultou da formação de concurso de pessoas com o objetivo de matar e ocorreu aproximadamente 20 (vinte) dias após a evasão" (STF, 2ª T., RE no AgR. 460.812, rel. Min. Eros Grau, julg. 8.5.2007, publ. DJ 25.5.2007, grifou-se).
27. STJ, 3ª T., REsp 2.821/RJ, rel. Min. Gueiros Leite, julg. 16.10.1990, publ. DJ 10.12.1990. Veja-se excerto da ementa da decisão: "Acidente caracterizado por violenta colisão de automóvel com anteparo fixo. O recorrente ressalta a conduta do fabricante do veículo em face da relação de causalidade no campo da responsabilidade objetiva, fato irrelevante para a produção do evento por inexistência de causalidade adequada". No mesmo sentido, ainda, STJ, 2ª T., REsp 776.732/RJ, rel. Min. Humberto Martins, julg. 8.5.2007, publ. DJ 21.5.2007.

rado rompeu-se com o acidente, ferindo gravemente o motorista, e, segundo o autor, o *vidro laminado* lhe teria sido menos danoso. Entendeu-se pela não responsabilização da empresa ré em razão da inexistência de liame causal de necessariedade entre a utilização de *vidro laminado* (fato) e os danos sofridos pela vítima do acidente automobilístico (evento danoso). A utilização daquela espécie de vidro, conquanto potencialmente apta a produzir o dano, não foi a causa necessária dos danos sofridos pela vítima, para os quais concorreram fatores humanos imprescindíveis e decisivos na deflagração do evento danoso. No julgamento, o Ministro Nilson Naves assinalou, em seu voto: "(...) torna-se difícil, senão impossível, o estabelecimento da causalidade; a propósito, disse, e corretamente, o acórdão recorrido: a conduta do fabricante do veículo está muito longe de uma relação de causalidade mercê da qual, mesmo no campo da responsabilidade objetiva (não é o caso) se justificasse o dever de reparação".

Nota-se, assim, a prevalência da subteoria da necessariedade, difundida também em diversas outras decisões que, invocando a teoria da causa direta e imediata, referem-se expressamente à causalidade necessária. Nessa direção, o voto do Ministro Teori Albino Zavascki, no julgamento do Recurso Especial 858.511, em que se discutia a responsabilidade do Estado pela morte de criança atingida por bala perdida disparada por menor evadido de casa de custódia.[28] Naquela situação concreta, portanto, entendeu-se que a morte não decorrera *necessária*, *direta* e *imediatamente* da fuga. Assim, o Distrito Federal não foi condenado ao pagamento de indenização pela morte, ao demonstrar-se a inexistência de nexo causal direto e imediato entre esta e a fuga.

Em sentido semelhante, a 2ª Turma do STJ afastou a responsabilidade do Estado do Rio de Janeiro por acidente automobilístico causado por detento que, no momento da colisão, deveria se encontrar recluso. No caso, os agentes da prisão-albergue em que

---

28. STJ, 1ª T., REsp 858.511/DF, rel. Min. Luiz Fux, Rel. para Acórdão Min. Teori Albino Zavascki, julg. 19.8.2008, publ. DJ 15.9.2008 (grifou-se). Nas palavras do Ministro relator: "Um menor, que estava cumprindo medida sócio-educativa em regime de semi-liberdade (podendo ausentar-se durante o dia, desde que autorizado, devendo retornar no período noturno), evadiu-se do estabelecimento em que estava custodiado (Casa de Semi-liberdade de Taguatinga). Esse o primeiro fato. O outro fato é o que produziu o dano: oito dias após a evasão, o mesmo menor envolveu-se em tiroteio com um desafeto, sendo que um disparo por ele desferido atingiu uma criança de quatro anos, filho dos recorrentes, causando-lhe a morte (e, portanto, os danos aqui reclamados). Pergunta-se: *o primeiro fato pode ser tido como causa direta e imediata do segundo*? Ou, visto pelo outro ângulo: *o segundo fato pode ser tido como efeito necessário do primeiro*? A resposta, induvidosamente, é negativa. É inequívoca a ausência de nexo causal". Em conclusão, afirma que "nem a negligência do serviço foi *causa direta e imediata* do evento danoso (o tiroteio e a "bala perdida"), nem o dano foi *efeito necessário* daquela deficiência". Acontecimentos similares ensejam amplo debate no âmbito do Supremo Tribunal Federal, resultando, por diversas vezes, na invocação da teoria da causalidade direta e imediata. Nesse sentido, veja-se STF, 2ª T., RE 409.203/RS, rel. Min. Carlos Velloso, rel. p/ Acórdão Min. Joaquim Barbosa, julg. 7.3.2006, publ. DJ 20.4.2007 em que se discute a responsabilidade estatal decorrente de estupro praticado por indivíduo que, por desídia do Estado, ainda desfrutava de regime prisional aberto, apesar de sete evasões consecutivas. Na hipótese, entendeu o Tribunal, nos termos do voto vencedor, pela responsabilização do Estado, pois, ao contrário do caso acima aludido (RE 130.764-1/PR), não se verificou nenhum elemento capaz de descaracterizar a causalidade direta. Assim, reconheceu-se "a imediatidade da conexão entre o ato omissivo dos agentes estatais e o grave episódio danoso (...). Aqui, se os agentes do poder público houvessem antecipadamente cumprido com suas atribuições, o apenado deveria estar encarcerado na noite em que agrediu mãe e filha. A omissão se coloca, portanto, como causa material suficiente a permitir que o evento danoso ocorresse".

cumpria pena no regime semiaberto permitiam, cotidianamente, que o preso dormisse fora do estabelecimento prisional. Os julgadores entenderam correta a conclusão do acórdão recorrido, segundo a qual "somente o fato idôneo ou adequado para produzir o dano é de ser levado em consideração para o estabelecimento de responsabilidade", a afastar dever de reparação por parte do estado. Buscou-se, pois, a despeito da gravidade da evasão e de seu potencial de nocividade, a *causa necessária* para a configuração do dano, não obstante se mencionar a teoria da causalidade adequada.[29]

Tal construção jurisprudencial foi sendo progressivamente consolidada, sob a liderança do Superior Tribunal de Justiça, especialmente nas hipóteses de concurso de causas, as quais se poderiam dividir em concausas sucessivas e concausas concomitantes.

Na pluralidade de causas concomitantes, reunidas simultaneamente, portanto, para a produção do evento danoso, resulta implícito o vínculo de necessariedade entre todas as causas e o evento danoso. Diante de múltiplas causas concomitantes, ao juiz caberá: (i) determinar o vínculo de necessariedade entre todas e o dano, estabelecendo, assim, o dever de reparar em face de todos os agentes envolvidos; ou i) identificar se dentre essas causas, posto jungidas pelo vínculo de necessariedade, há preponderância de alguma ou de algumas delas, de modo a excluir as demais. Nesta última hipótese, quando mais de uma causa tiver relevância decisiva para a produção do resultado, ou quando se mostrar impossível a determinação de qual delas foi verdadeiramente preponderante, o dever de indenizar há de ser repartido entre todas as concausas, ocorrendo então o que se convencionou denominar de *culpa concorrente*.

Na hipótese de concausas sucessivas, ressalte-se a jurisprudência do STJ, caso no qual foi movida ação de reparação de danos em face de administradora do estacionamento de um aeroporto, sob a alegação de inadimplemento contratual, vez que o filho da proprietária do veículo estacionado conseguiu retirá-lo sem a apresentação do comprovante contratual, que ficara em poder da autora. Dias depois, em outra cidade, o filho, que retirara o veículo após convencer o funcionário quanto à perda do comprovante, acidentou-se na estrada, causando lesões físicas nos passageiros e no veículo, suportadas pela autora. Nesse caso, parece inegável que, sem a liberação irregular do veículo, o acidente não teria ocorrido. No entanto, do inadimplemento contratual, causa remota, não decorre necessariamente o dano, para o qual concorreram fatores supervenientes e decisivos para o acidente.

Como se percebe, a jurisprudência procurou, em face de situações de difícil solução no campo da responsabilidade civil, adotar critérios para delimitar a verificação do nexo de causalidade, a obstar que, no louvável intuito de assegurar a efetividade da reparação, se abandonem os pressupostos técnicos indispensáveis ao dever de reparar, notadamente o dano e o nexo de causalidade. Impede-se, assim, a adoção de soluções que no afã de assegurar a reparação, ameaçam a segurança jurídica e a iniciativa econômica privada, além de banalizarem a responsabilidade civil.

---

29. STJ, 2ª T., REsp 669.258, rel. Min. Humberto Martins, julg. 22.2.2007, publ. DJ 25.3.2009.

4. RECONHECIMENTO DO DANO INDIRETO PELO SUPREMO TRIBUNAL FEDERAL

O tema voltou ao debate com a decisão proferida pelo Supremo Tribunal Federal, por maioria de votos, em julgamento sob a sistemática de Repercussão Geral, em que se negou o dever de reparação do Estado por danos causados por foragido do sistema carcerário. No julgamento do RE 608.880, sob relatoria do Ministro Marco Aurélio,[30] a Corte reformou decisão do Tribunal de Justiça de Mato Grosso que condenara o Estado à indenização por danos morais e materiais em razão de latrocínio praticado por criminoso que, cumprindo pena em regime fechado, evadira do presídio três meses antes do crime.

Afirmou-se naquela ocasião que, "nos termos do artigo 37, § 6º da Constituição Federal, não se caracteriza a responsabilidade civil objetiva do Estado por danos decorrentes de crime praticado por pessoa foragida do sistema prisional, quando não demonstrado o nexo causal direto entre o momento da fuga e a conduta praticada." No caso, o Ministro Alexandre de Moraes, abrindo divergência, entendeu que o conjunto dos fatos e das provas sedimentado nas instâncias ordinárias não permitiria imputar responsabilidade por omissão ao Estado pela conduta levada a cabo por terceiros que deveriam estar sob sua custódia.[31]

Embora sem consenso semântico quanto às categorias dogmáticas adotadas por cada um dos julgadores, o Supremo Tribunal Federal manteve acertadamente o entendimento jurisprudencial que consagra a responsabilidade objetiva do Estado, prevista no art. 37, § 6º, da Constituição, mesmo na hipótese de comportamento omisso. Além disso, reafirmou-se, em linha com o célebre precedente do RE 130.764, de 7 de agosto de 1992, da Relatoria do Ministro Moreira Alves,[32] a teoria da causalidade necessária para

---

30. STF, Tribunal Pleno, RE 608.880/MT, rel. Min. Marco Aurélio, julg. 8.9.2020, publ. 1.10.2020.
31. Nesse sentido, afirmou o Min. Alexandre de Moraes em seu voto condutor: "Não há, portanto, como reconhecer nexo causal entre uma suposta omissão genérica do Poder Público e o dano causado, e, consequentemente, não é possível imputar responsabilidade objetiva ao Estado, como bem salientado no emblemático RE 130.764 (rel. Min. Moreira Alves, DJ de 7/8/1992), que, em síntese, demonstra a necessária exigência que o dano provocado por terceiro deve ter estrita relação com a omissão estatal, sem interrupção do nexo causal, consideradas as várias circunstâncias concorrendo para o resultado. (...) Infere-se que (*i*) o intervalo entre fato administrativo e o fato típico (critério cronológico) e (*ii*) o surgimento de causas supervenientes independentes (v.g., formação de quadrilha), que deram origem a novo nexo causal, contribuíram para suprimir a relação de causa (evasão do apenado do sistema penal) e efeito (fato criminoso). Nesse sentido, a fuga de presidiário e o cometimento de crime (elementos fáticos), sem qualquer relação lógica com sua evasão, extirpa o elemento normativo, "segundo o qual a responsabilidade civil só se estabelece em relação aos efeitos diretos e imediatos causados pela conduta do agente. A incorreta visualização do nexo causal pode levar à distorção de rumos, fazendo alguém responder pelo que não fez", adverte SERGIO CAVALIERI FILHO (*Programa de Responsabilidade Civil*.13. ed. São Paulo: Atlas, 2019)." (STF, Tribunal Pleno, RE 608.880/MT, rel. Min. Marco Aurélio, julg. 8.9.2020, publ. 1.10.2020).
32. "Ora, em nosso sistema jurídico, como resulta do disposto no artigo 1.060 do Código Civil [de 1916], a teoria adotada quanto ao nexo de causalidade é a teoria do dano direto e imediato, também denominada teoria da interrupção do nexo causal. Não obstante aquele dispositivo da codificação civil diga respeito a impropriamente denominada responsabilidade contratual, aplica-se ele também a responsabilidade extracontratual, inclusive a objetiva, até por ser aquela que, sem quaisquer considerações de ordem subjetiva, afasta os inconvenientes das outras duas teorias existentes: a da equivalência das condições e a da causalidade adequada. - No caso, em face dos fatos tidos como certos pelo acórdão recorrido, e com base nos quais reconheceu ele o nexo de causalidade indispensável para o reconhecimento da responsabilidade objetiva constitucional, e inequívoco que o

a deflagração da responsabilidade civil. Na paradigmática decisão, já em 1992, restou consagrado o entendimento segundo o qual "o dano decorrente do assalto por uma quadrilha de que participava um dia evadidos da prisão não foi o efeito necessário da omissão da autoridade pública que o acórdão recorrido teve como causa da fuga dele, mas resultou de concausas, como a formação da quadrilha, e o assalto ocorrido cerca de vinte e um meses após a evasão".

No caso em tela, prevaleceu então o entendimento de que, embora fossem incontroversos a quebra do dever de custódia do apenado e o crime por ele praticado, outras causas intercorreram na preparação do assalto, na definição do plano criminoso com outros comparsas e na aquisição de armas, interrompendo, assim, o nexo de causalidade entre a fuga e o latrocínio. Segundo tal orientação, portanto, mesmo havendo muitas causas potencialmente danosas, somente deve ser imputado o dever de reparar ao agente cujo comportamento ou atividade acarretou necessariamente o resultado danoso.

Com isso, reitera-se, em boa hora, a necessidade de análise criteriosa do nexo causal, independentemente da imputação subjetiva ou objetiva do dever de reparar. Nessa perspectiva, convém repisar, não é a distância temporal entre o dano e a conduta do agente que rompe o nexo de causalidade, mas a interferência de outra cadeia causal independente. A interrupção do nexo pode decorrer de fato exclusivo de terceiro, da própria vítima ou por evento de caso fortuito ou de força maior. Assim, os desdobramentos do evento danoso que, temporalmente, estão distantes da conduta do agente são também passíveis de ressarcimento, desde que sejam consequência direta e imediata do ato ilícito ou da atividade perigosa objetivamente considerada, isto é, contanto que estejam ligados à conduta do agente por cadeia causal que não tenha sofrido qualquer interrupção.

5. A TEORIA DA CAUSALIDADE ALTERNATIVA E SUA APLICAÇÃO PRÁTICA

Outro aceso debate no âmbito do nexo de causalidade refere-se à aplicação, pelos tribunais, da causalidade alternativa, que paulatinamente ganha espaço diante de hipóteses nas quais não é possível identificar o agente responsável pelo dano, mas apenas o grupo de pessoas de onde se originou o fato que o produziu.[33] Contudo, para que se

---

nexo de causalidade inexiste, e, portanto, não pode haver a incidência da responsabilidade prevista no artigo 107 da Emenda Constitucional 1/69, a que corresponde o parágrafo 6. do artigo 37 da atual Constituição. Com efeito, o dano decorrente do assalto por uma quadrilha de que participava um dos evadidos da prisão não foi o efeito necessário da omissão da autoridade pública que o acórdão recorrido teve como causa da fuga dele, mas resultou de concausas, como a formação da quadrilha, e o assalto ocorrido cerca de vinte e um meses após a evasão. Recurso extraordinário conhecido e provido." (STF, 1ª T., RE 130.764, rel. Min. Moreira Alves, publ. DJ 7.8.1992).

33. Ana Mafalda Castanheira Neves de Miranda Barbosa, na experiência portuguesa, trata da questão sob a denominação "causalidade alternativa incerta", no cenário das hipóteses de causalidade múltipla (BARBOSA, Ana Mafalda Castanheira Neves de Miranda, *Lições de responsabilidade civil*, Cascais: Princípia, 2017, pp. 276-284). Na arguta percepção da autora, "o dilema é, então, claro: ou se nega a imputação, pela falência da prova do que tradicionalmente ia pensado como causalidade, deixando a vítima entregue à sua sorte; ou se transforma a incerteza em verdade, correndo-se o risco da condenação de inocentes, com a consequente repristinação da pena privada". Anderson Schreiber, a seu turno, afirma que a expressão *causalidade alternativa* encerraria "certa

possa atribuir responsabilidade a determinado grupo, afigura-se imprescindível a demonstração de que o dano decorreu efetivamente da atividade por ele desenvolvida.[34]

Exemplo eloquente de causalidade alternativa se traduz no art. 938 do Código Civil, o qual dispõe que "aquele que habitar prédio, ou parte dele, responde pelo dano proveniente das coisas que dele caírem ou forem lançadas em lugar indevido". Outra situação, não raro, levantada nos manuais para exemplificar, com enorme repercussão prática, é aquela decorrente da reunião de pessoas compondo grupos políticos ou torcidas de times,[35] muitas vezes de forma organizada, da qual resulta dano aos direitos de outrem, sem que se possa identificar, com precisão, qual foi (ou quais foram) o(s) autor(es) do ilícito.[36]

Tornou-se emblemático do acolhimento da teoria pela jurisprudência brasileira[37] o evento ocorrido em desfile de carros alegóricos na cidade gaúcha de Flores da Cunha.

---

imprecisão linguística: a causalidade é única, embora imprecisável, sendo alternativa, a rigor, a imputação de responsabilidade aos agentes, justamente pelo fato de não se lograr determinar qual deles, individualmente, produziu o dano." (SCHREIBER, Anderson. *Novos paradigmas da responsabilidade civil*: da erosão dos filtros da reparação à diluição dos danos. 6. ed. São Paulo: Atlas, 2015, p. 75).

34. A título ilustrativo, cita a doutrina exemplo no qual alguém é ferido por tiro proveniente de determinado grupo de caçadores, sem que se possa precisar, com segurança, qual arma efetuou o disparo. Em casos como este, divergem os autores quanto à atribuição da responsabilidade, já que, se, por um lado, tem-se certeza de que o projétil partiu do grupo de caçadores, por outro, há incerteza quanto à autoria do disparo. Aqueles que propugnam pela liberação de todos os caçadores, entendem ser a individualidade característica essencial da responsabilidade, sendo, portanto, mais razoável não reparar o dano a condenar quem para ele não concorreu. Em contrapartida, propõe-se a responsabilidade solidária de todos os caçadores, valorizando a injustiça sofrida pela vítima, à luz do princípio da solidariedade social. Para aprofundamento da discussão, v., dentre outros, GUEDES, Gisela Sampaio da Cruz. *O problema do nexo causal na responsabilidade civil*, cit., 2005, pp. 269-271.
35. O Superior Tribunal de Justiça analisou caso que envolveu a morte de torcedor após partida de futebol por grupo do time rival: "Caso em que a prova dos autos, como reconhecido pelas instâncias ordinárias – em 1º grau até antes da decisão criminal – mostra a participação dos réus na agressão a um grupo rival de torcedores que levou à morte do esposo e pai dos autores, após partida de futebol. Demonstrada a existência material do fato na esfera criminal e a ilicitude do comportamento, no âmbito civil, procede o pedido indenizatório relativamente aos responsáveis. IV. Recurso especial não conhecido" (STJ, 4ª T., REsp 26.975/RS, rel. Min. Aldir Passarinho Junior, julg. 18.12.2001, publ. DJ 20.05.2002). Do inteiro teor se extrai ainda: "Essa é a ideia da causalidade alternativa ou da responsabilidade de grupo, que, mais uma vez ressalvo, seria perigoso transportar para o terreno do Direito Penal. Entretanto, no Direito Civil, ganha corpo, e parece que a tendência é ganhar cada vez mais aceitação, na medida em que as atividades coletivas de caráter perigoso tendem a aumentar na sociedade massificada. (...) A ideia que me parece deva ser estabelecida no caso concreto é esta, a de que basta à fixação da responsabilidade civil dos demandados, a demonstração de haverem eles participado do conflito do qual resultou a morte do marido e pai dos ora autores apelados."
36. Tratando sobre danos causados por membro indeterminado em manifestações públicas, há quem defenda a responsabilização dos organizadores e, apenas quando estes não existirem, dos membros da manifestação. Nesse sentido: "A aplicação dessa teoria permite a concretização da função reparatória da responsabilidade civil na medida em que permite soluções jurídicas para o ressarcimento da vítima de danos gerados no âmbito de manifestações públicas quando impossível individualizar o agente causador. Assim, sustenta-se a imputação do dever de reparação aos promotores e organizadores ou, quando estes inexistem, aos membros identificados, salvo quando produzirem prova cabal de ausência do liame causal." (MEIRELES, Edilton; SILVA, Alana Gonçalvez Cardoso da. A responsabilidade civil por danos causados por membro indeterminado em manifestações públicas pela aplicação da teoria da causalidade alternativa. In: *Revista de Direito Privado*, v. 89, maio 2018, p. 17-40).
37. Abstratamente sobre a absorção da teoria, já se afirmou na jurisprudência: "Como exemplos dessas novas ideias e práticas jurisprudenciais que estão apontando, há décadas, para uma tal flexibilização da prova do nexo de causalidade, citam-se a doutrina da market share liability, a doutrina da perda de uma chance (perte d'une chance), a doutrina da res ipsa loquitur; a doutrina da causalidade alternativa; (...). Essas teorias/doutrinas/práticas jurisprudenciais não constituem simples construções subjetivas que expressam um desejo íntimo e

Um dos carros do desfile trazia pessoas portando espingardas, com o propósito de alvejar pombos, na encenação de uma caçada, com balas de festim. Contudo, um dos integrantes utilizou balas verdadeiras, de chumbo, e atingiu um espectador, causando-lhe perda de visão e problemas pulmonares. O Tribunal de Justiça do Rio Grande do Sul responsabilizou todo o grupo que portava espingardas pelo dano.[38] Neste caso, mostrou-se possível a configuração da causalidade alternativa, por restar evidenciado que o disparo se originou do carro alegórico. Também merece menção hipótese em que várias empresas especializadas em corte de pinheiros operavam, sucessivamente, na mesma região. O problema ocorreu porque uma quantidade muito superior àquela prevista no contrato foi abatida, sem que se pudesse saber qual das empresas contratadas era a responsável pelo excedente. A Terceira Câmara Cível do Tribunal de Justiça do Rio Grande do Sul entendeu que, "desconhecendo-se qual dos réus praticou o ilícito, há solidariedade".[39]

Do mesmo Tribunal colhe-se ainda julgado em que se aplicou expressamente a teoria da causalidade alternativa. No caso, a autora postulava reparação por danos morais em virtude da divulgação na internet de vídeo íntimo em que fora filmada mantendo relações sexuais com um dos réus, tendo sido realizada a gravação "em aparelho celular de um dos réus e partícipe do malsinado evento". Sendo inviável a comprovação quanto a qual dos rapazes envolvidos havia divulgado o vídeo, causando danos morais à autora,[40] afirmou o TJRS: "a causalidade alternativa remete à responsabilização solidária de todos os integrantes de determinado grupo de agentes que tenham causado um dano injusto a outrem, prescindindo-se da análise da ação individualizada de cada um no evento e da perfeita identificação do causador do ilícito, quando todos participaram da atividade de que resultou o evento lesivo. Nesse contexto, (...) ainda que a tentativa de ato sexual tenha sido consentida, todos os réus participaram ou contribuíram de algum modo aos eventos que culminaram na exposição indevida da imagem da autora, em face da divulgação do vídeo contendo a cena de sexo explícito. Desimporta para o deslinde da causa, portanto, identificar precisamente a conduta específica de cada um dos réus.

---

imperscrutável do julgador, mas sim construtos que guardam uma lógica e uma racionalidade que resistem ao diálogo intersubjetivo. Boa parte dessas construções teóricas e jurisprudenciais são conhecidas pela nossa doutrina e aplicadas pela nossa jurisprudência." (TJRS, 9ª C., Ap. Cív. 70059502898, rel. Eugênio Facchini Neto, julg. 18.12.2018, publ. DJ 22.1.2019).
38. TJRS, 1ª Câm. Esp. Cív., Ap. Cív. 11.195, rel. Oscar Gomes Nunes, julg. 25.11.1970.
39. TJRS, 3ª Câm. Cív., Ap. Cív. 21.062, rel. Antônio Vilela Amaral Braga, julg. 8.11.1973. Confira-se, ainda: TJRS, 6ª Câm. Cív., Ap. Cív. 591047451, rel. Adroaldo Furtado Fabrício, julg. 10.12.1991, em cuja ementa se lê: "Causalidade alternativa. Forma suposta de causalidade, inadmissível para efeitos penais, mas suficiente para a fixação da responsabilidade civil. Falta de prova suficiente de haver qualquer dos demandados, individualmente, golpeado a vítima de modo a concorrer efetivamente para causar-lhe a morte, fundamento da absolvição criminal, sem força, entretanto, para afastar a responsabilização civil, a cuja configuração basta a prova de integrarem os réus o grupo participante da briga durante a qual tais golpes foram desferidos".
40. Destacou-se no acórdão que "a filmagem do ato sexual e posterior propagação do vídeo, por iniciativa de um dos corréus partícipes do evento danoso, causou grave constrangimento à demandante, menor com 15 anos de idade, sendo o fato divulgado na pequena comunidade interiorana onde reside. Natural a situação vexatória a que submetida, bem como os seus familiares. (...). A prova carreada aos autos indica que a filmagem do ato sexual foi realizada pelo codemandado R., com seu próprio aparelho celular, e a divulgação do vídeo igualmente foi ato de iniciativa dele ou de um de seus parceiros nessa 'empreitada' de divertimento à custa do sofrimento alheio" (TJRS, 9ª Câm. Cív., Ap. Cív. 70058941691, rel. Miguel Ângelo da Silva, julg. 25.11.2015).

Todos respondem pelas consequências do evento danoso, pelo vazamento das imagens da cena sexual constrangedora na internet, porque participaram dos fatos".[41]

Outra situação comumente associada à teoria da causalidade alternativa diz respeito às hipóteses de infecção hospitalar de paciente, por negligência de algum ou alguns membros da equipe, não se podendo identificar com precisão qual foi o agente causador do dano. Ilustrativamente, no TJRS considerou-se solidária, por aplicação da teoria, a responsabilidade da equipe médico-hospitalar pelo dano causado ao paciente hemofílico contaminado em transfusão de sangue pelo vírus da AIDS.[42] No Tribunal de Justiça do Rio de Janeiro, em situação análoga, entendeu-se aplicável a teoria da causalidade alternativa no caso de infecção hospitalar de paciente por microbactéria não tuberculosa, o qual se submetera a cirurgias em hospitais diversos, não sendo possível identificar com precisão onde ocorreu o acidente de consumo.[43]

Há de se aplaudir, assim, a construção da causalidade alternativa por permitir a reparação da vítima do dano injusto em cenário de indeterminação do agente causador, imputando-se o dever de reparar solidariamente aos agentes que participaram da atividade que necessariamente causou o dano.[44] Por outro lado, há de se ter cautela ao se admitir a causalidade alternativa, que poderá ser cogitada se (e somente se) ficar demonstrada a necessariedade entre a atividade jurídica na qual se inserem a conduta

---

41. TJRS, 9ª Câm. Cív. Ap. Cív. 70058941691, rel. Miguel Ângelo da Silva, julg. 25.11.2015. Na mesma linha, em caso envolvendo o vazamento de vídeos do autor mantendo relações sexuais, cfr. TJRS, 9ª Câm. Cív., Ap. Cív. 70082247164, rel. Eugênio Facchini Neto, julg. 16.10.2019, publ. DJ 18.10.2019, de cuja ementa se extrai que "ainda que não seja possível precisar exatamente qual dos integrantes do grupo ao qual os réus integravam foi o responsável por vazar o vídeo, a condenação mostra-se possível, à luz da teoria da causalidade alternativa." Em doutrina, relativamente aos danos ocorridos no ambiente da internet, especialmente envolvendo relações de consumo: "No caso da responsabilidade por danos causados pela Internet, a par das situações em que se apliquem as regras do Código de Defesa do Consumidor que expressamente consagra a teoria e a solidariedade da cadeia de fornecimento (caput do art. 14, CDC), a causalidade alternativa tem utilidade quando não for possível identificar quais sejam todos os membros de um grupo, assim também quando não for possível demonstrar tecnicamente a presença de todos na cadeia causal, 99 hipótese em que a adoção da teoria da causalidade alternativa permite a inversão do ônus da prova para que incumba ao suposto ofensor a demonstração de que não atuou ilicitamente, não tendo, assim, contribuído com os danos causados à vítima." (MIRAGEM, Bruno. Responsabilidade por danos na sociedade de informação e proteção do consumidor: desafios atuais da regulação jurídica da internet. In: *Doutrinas Essenciais de Direito do Consumidor*, v. 3, abr. 2011, p. 1161-1209).
42. TJRS, 5ª Câm. Cív., Ap. Cív. 593008808, rel. Alfredo Guilherme Englert, julg. 1.4.1993.
43. "Em prestígio ao valor da dignidade da pessoa humana e aos princípios da reparação integral do consumidor, da solidariedade e da boa-fé objetiva, mostra-se conveniente aplicar a teoria da causalidade alternativa – a qual possui previsão legal nos arts. 938 e 942, parágrafo único, ambos do CC e vem sendo adotada pela jurisprudência em hipóteses análogas, em que não é possível determinar com precisão o nexo de causalidade dos potenciais autores do dano –, reconhecendo-se, assim, a solidariedade dos nosocômios envolvidos." (TJRJ, 27ª C.C.C., Ap. Cív. 0327063-65.2013.8.19.0001, rel. Des. Marcos Alcino de Azevedo Rorres, julg. 12.6.2019, publ. DJ 18.6.2019).
44. A construção remete à proposta de Ana Mafalda Castanheira Neves de Miranda Barbosa quanto ao nexo de imputação objetiva. Segundo a autora, "a imputação objetiva, distando da imputação subjetiva, deve ser entendida à luz da pressuposição ético-axiológica da juridicidade e das exigências de sentido comunicadas pela intencionalidade problemática de cada caso concreto", partindo-se da concepção da conformação societária como "comunidade de risco" e considerando que, sendo o risco "imanente ao *modus vivendi*, não será possível ajuizar causalmente abstraindo do contexto relacional de esferas que se cruzam". Desse modo, sustenta a autora que "será com base na assunção de uma esfera de risco e no cotejo dela com outras esferas de risco (tituladas pelo lesado, por um terceiro ou pela própria realidade natural e social) que conseguiremos dizer quando deve haver imputação objetiva do dano-lesão ao comportamento do agente" (*Responsabilidade civil*, cit., 2014, p. 286).

dos múltiplos autores (alternativamente tratados), apta a unificar seus comportamentos e o evento danoso.[45]

Além disso, não haverá que aplicar a construção quando for indene de dúvidas o autor ou os autores do dano. A título de exemplo, a 3ª Turma do Superior Tribunal de Justiça afastou a aplicação da teoria da causalidade alternativa no julgamento de pretensão indenizatória por danos materiais e morais decorrente de tentativa de roubo a joalheria, em que a vítima, então com 12 (doze) anos de idade, foi baleada e ficou tetraplégica, quando passava pela rua em frente ao local do crime, quando teve início um tiroteio provocado pela reação dos seguranças contratados pelos lojistas. A Corte entendeu não haver "nenhuma dúvida acerca dos reais causadores do evento danoso, não se tratando, portanto, de autoria singular que vem a ser estendida aos demais partícipes de um grupo, mas, de causalidade concorrente ou comum, na medida em que os agentes atuaram coletivamente ou mediante coparticipação para a produção do resultado lesivo, advindo o liame causal não dos disparos em si, mas, da ação que desencadeou o confronto armado".[46]

6. NOTAS CONCLUSIVAS

Com o retorno da matéria à pauta do Supremo Tribunal Federal, reitera-se a prevalência da teoria na necessariedade da causa no direito brasileiro, pela qual, em regra, somente os danos diretos e imediatos acarretam o dever de reparar, embora o legislador admita algumas hipóteses de reparação de danos indiretos, tanto no sistema de responsabilidade subjetiva quanto objetiva. Nestes casos, havendo muitas causas potencialmente danosas, somente deve ser imputado o dever de reparar ao agente de cujo comportamento ou atividade decorreu necessariamente o resultado danoso.

Tais noções demonstram a importância do nexo de causalidade na dogmática atual da responsabilidade civil e a imprescindibilidade do delineamento de parâmetros homogêneos para o seu estabelecimento no sistema jurídico brasileiro. Como se procurou demonstrar, a jurisprudência vem contribuindo significativamente para essa delimitação. Nessa direção, fiel à legalidade constitucional, o intérprete assume papel de destaque na solução dos renovados problemas suscitados pela responsabilidade civil, sendo seu grande desafio identificar o conjunto de circunstâncias que, em concreto, compõem a tensão dialética entre norma e realidade, em detrimento da análise das normas em abstrato, em uma espécie de hermenêutica de apriorismos. Conforme antevisto pelo Professor Carlos Edison do Rêgo Monteiro Filho, "do jogo do poder político à alteridade, do doutrinador *voyeur* ao colaborativo, do magistrado *bouche de la loi* ao dialógico, da subsunção ao desenvolvimento de uma cultura hermenêutica, da prática da peça judicial superlativa ao rigor metodológico, (...) somente por meio de privilegiada integração, é possível se falar na nova perspectiva em que se pretende inserir os operadores do direito, em linha de

---

45. A causalidade alternativa não deve, portanto, ser concebida como nova teoria que afasta a teoria da causalidade necessária, sendo, a rigor, "insuscetível de generalizações" (RODRIGUES JUNIOR, Otavio Luiz, Nexo causal probabilístico: elementos para a crítica de um conceito. In: *Revista de Direito Civil Contemporâneo*, n. 8, 2016, 135).
46. STJ, 3ª T., REsp 1732398/RJ, rel. Min. Marco Aurélio Bellizze, julg. 22.5.2018, publ. DJe 1.6.2018.

superação das desavenças e disputas de poder, por meio da força transformadora ínsita aos processos de educação. Ensino e pesquisa deverão atuar como agentes indutores da intercomunicação entre os protagonistas do universo jurídico, a caminho da superação das dificuldades na realização dos valores supremos do ordenamento. Com a concepção do observatório de jurisprudência, dá-se o primeiro passo."[47]

7. REFERÊNCIAS BIBLIOGRÁFICAS

ALVIM, Agostinho. *Da inexecução das obrigações e suas conseqüências*. 4. ed. São Paulo: Saraiva, 1972.

BARBOSA, Ana Mafalda Castanheira Neves de Miranda. *Lições de responsabilidade civil*. Cascais: Princípia, 2017.

CRUZ, Gisela Sampaio da. *O problema do nexo causal na responsabilidade civil*. Rio de Janeiro: Renovar, 2005.

CRUZ, Gisela Sampaio da. *Lucros cessantes*. São Paulo: Ed. RT, 2011.

DE CUPIS, Adriano. *Il Danno*. Milano: Giuffrè, 1979. v. I.

GOMES, Orlando. *Responsabilidade civil*. Rio de Janeiro, Forense, 2011.

LOTUFO, Renan. A responsabilidade civil e o papel do juiz no Código Civil de 2002. In: *Responsabilidade Civil*: estudos em homenagem ao Professor Rui Geraldo Camargo Viana, São Paulo: Ed. RT, 2009.

MEIRELES, Edilton; SILVA, Alana Gonçalvez Cardoso da. A responsabilidade civil por danos causados por membro indeterminado em manifestações públicas pela aplicação da teoria da causalidade alternativa. In: *Revista de Direito Privado*, v. 89, maio 2018.

MENEZES, Joyceane Bezerra de; LIMA, Martonio Mont'Alverne Barreto; COSTA, Adriano Pessoa da. Análise epistemológica da responsabilidade civil na contemporaneidade. In: *Revista Brasileira de Direito Civil – RBDCivil*. Belo Horizonte, v. 21, jul./set. 2019.

MIRAGEM, Bruno. Responsabilidade por danos na sociedade de informação e proteção do consumidor: desafios atuais da regulação jurídica da internet. In: *Doutrinas Essenciais de Direito do Consumidor*, v. 3, abr.2011.

MONTEIRO FILHO, Carlos Edison do Rêgo. *Responsabilidade contratual e extracontratual*: contrastes e convergências no direito civil contemporâneo, Rio de Janeiro: Processo, 2016.

MONTEIRO FILHO, Carlos Edison, Reflexões metodológicas: a construção do observatório de jurisprudência no âmbito da pesquisa jurídica. In: *Revista Brasileira de Direito Civil – RBDCivil*, v. 9, 2016.

PEREIRA, Caio Mário da Silva. *Responsabilidade Civil*. 12. ed. (revista, atualizada e ampliada por Gustavo Tepedino). Rio de Janeiro: Forense, 2018.

RODRIGUES JUNIOR, Otavio Luiz, Nexo causal probabilístico: elementos para a crítica de um conceito. In: *Revista de Direito Civil Contemporâneo*, n. 8, 2016.

SCHREIBER, Anderson. *Novos paradigmas da responsabilidade civil*: da erosão dos filtros da reparação à diluição dos danos. 6. ed. São Paulo: Atlas, 2015.

TEPEDINO, Gustavo. Notas sobre o nexo de causalidade. In: *Revista Trimestral de Direito Civil (RTDC)*, n. 6, 2001.

TEPEDINO, Gustavo; SCHREIBER, Anderson. *Fundamentos do Direito Civil, v. 2*: obrigações. 3. ed. Rio de Janeiro: Forense, 2022.

TEPEDINO, Gustavo; TERRA, Aline de Miranda Valverde; GUEDES, Gisela Sampaio da Cruz. *Fundamentos do Direito Civil, v. 4*: Responsabilidade Civil. 3. ed. Rio de Janeiro: Forense, 2022.

---

47. MONTEIRO FILHO, Carlos Edison, Reflexões metodológicas: a construção do observatório de jurisprudência no âmbito da pesquisa jurídica. In: *Revista Brasileira de Direito Civil – RBDCivil*, v. 9, 2016, p. 24.

DESAFIOS APRESENTADOS PELAS NOVAS FACES DA RESPONSABILIDADE CIVIL

Heloisa Helena Barboza

Professora Titular de Direito Civil da Faculdade de Direito da Universidade do Estado do Rio de Janeiro (UERJ). Livre-Docente e Doutora em Direito pela UERJ e Doutora em Ciências pela ENSP/Fiocruz. Diretora da Faculdade de Direito da UERJ. Procuradora de Justiça do Estado do Rio de Janeiro (aposentada). Advogada.

Sumário: 1. Breve memória de uma longa trajetória – 2. Desafios existentes: soluções antigas para novas questões – 3. Responsabilidade civil dos incapazes – 4. Considerações finais – 5. Referências.

A responsabilidade civil é um dos institutos do Direito Civil de maior alcance social, se não um dos mais democráticos, na medida em que alcança indistintamente todas as pessoas físicas e jurídicas, públicas ou privadas. Sua função precípua é a reparação do dano, na forma prevista pelo Código Civil e demais normas especiais que regem a matéria. Desde sua remota origem, a responsabilização civil se revela como tema complexo e dinâmico. Tome-se como exemplo dessas características os questionamentos relativos à obrigação de reparação do dano, os quais envolvem não apenas debates sobre o seu fundamento, como também o quê e o quanto reparar, especialmente diante de lesões de natureza existencial, sendo de se indagar em diversos casos se há possibilidade de alguma reparação.

Nesse último campo de indagações se inscrevem as diversificadas e múltiplas interferências médico-científicas nos processos do ciclo da vida humana, a saber: nascer, desenvolver e o morrer, provocando situações inusitadas, que não raro geram danos existenciais e patrimoniais.

Paralelamente, mas não menos numerosos e variados, se encontram todos os avanços das ciências da informação e da computação, as quais recolhem, armazenam, processam, transferem e difundem dados digitais que acabam por permitir o controle e novas formas de interferência na vida humana.

As interferências acima referidas, embora impulsionem o desenvolvimento e o progresso humanos, provocam também danos existenciais e patrimoniais não cogitados até então, os quais muitas vezes não encontram no ordenamento jurídico vigente soluções adequadas. Essas novas situações jurídicas constituem, em verdade, novas faces da responsabilidade civil que têm exigido grande esforço interpretativo da doutrina e jurisprudência para seu enfrentamento.

Sob outro ângulo, cabe lembrar que, além do dano, elemento essencial que dá origem à obrigação de reparação, amplo é o debate em relação a quem cabe o adimplemento dessa obrigação, em particular quando terceiro, que não o agente causador do dano, é chamado a responder, como ocorre nas hipóteses previstas no artigo 932, do Código Civil.[1] Observe-se que o terceiro em tais casos responderá ainda que não haja culpa de sua parte, nos termos do artigo 933, do mesmo Código.[2]

Nessa linha, destaca-se o disposto no artigo 928, da Lei Civil, segundo o qual o incapaz responde pelos prejuízos que causar, se as pessoas por ele responsáveis não tiverem obrigação de fazê-lo ou não dispuserem de meios suficientes.[3] Embora o disposto no artigo 928 seja matéria que já mereceu dedicados estudos da doutrina e da jurisprudência, a partir da edição do Código Civil de 2002, que inovou ao dispor sobre a responsabilidade subsidiária do incapaz, o citado dispositivo legal ganhou novas cores por força das profundas alterações do regime de capacidade civil, promovidas pela Lei 13.146/2015, Estatuto da Pessoa com Deficiência (EPD).

O novo perfil da capacidade contido na Lei Civil, segundo o qual apenas os menores de dezesseis anos são absolutamente incapazes, sem dúvida constitui mais uma nova face da responsabilidade civil, senão um desafio para doutrina e jurisprudência.

O presente artigo procura, a partir de pesquisa bibliográfica, apresentar, através de cortes históricos, uma breve reflexão sobre o desenvolvimento da responsabilidade civil e indicar algumas das novas faces mencionadas acima e alguns dos seus desafios, como modesta colaboração no estudo de tão instigantes questões.

1. BREVE MEMÓRIA DE UMA LONGA TRAJETÓRIA

A existência de lesão ou dano patrimonial é inerente ao convívio humano. Diante do ataque a sua pessoa e/ou bens, reagia o ser humano inicialmente de forma natural e espontânea, retribuindo o mal com o mal. A vingança, em sua modalidade mais pura e, portanto, sem qualquer senso de proporcionalidade, era a resposta ao dano.[4] Inicialmente este era o modo de punir o culpado ou causador do mal, embora se encontre na Bíblia a noção de restituição, como forma justa de compensar o que foi perdido, não raro recebendo o lesado em dobro o que lhe foi tirado.[5] A ideia de reparação do dano, ainda

---

1. Art. 932. São também responsáveis pela reparação civil: I – os pais, pelos filhos menores que estiverem sob sua autoridade e em sua companhia; II – o tutor e o curador, pelos pupilos e curatelados, que se acharem nas mesmas condições; III – o empregador ou comitente, por seus empregados, serviçais e prepostos, no exercício do trabalho que lhes competir, ou em razão dele; IV – os donos de hotéis, hospedarias, casas ou estabelecimentos onde se albergue por dinheiro, mesmo para fins de educação, pelos seus hóspedes, moradores e educandos; V – os que gratuitamente houverem participado nos produtos do crime, até a concorrente quantia.
2. Art. 933. As pessoas indicadas nos incisos I a V do artigo antecedente, ainda que não haja culpa de sua parte, responderão pelos atos praticados pelos terceiros ali referidos.
3. Art. 928. O incapaz responde pelos prejuízos que causar, se as pessoas por ele responsáveis não tiverem obrigação de fazê-lo ou não dispuserem de meios suficientes. Parágrafo único. A indenização prevista neste artigo, que deverá ser equitativa, não terá lugar se privar do necessário o incapaz ou as pessoas que dele dependem.
4. Dessa modalidade desproporcionada de retribuição do dano, veio o uso a consagrar a aplicação de pena igual à ofensa, ou seja, tal ofensa, tal pena, que dá origem da palavra latina "*talis*" – igual, semelhante, tal – gerou o vocábulo "talião".
5. Se alguém entregar ao seu próximo prata ou bens para serem guardados e estes forem roubados da casa deste, o ladrão, se for encontrado, terá que restituí-los em dobro. Êxodo 22:7. No mesmo sentido, Êxodo 22:9. Disponível: https://www.bibliaon.com/restituicao/. Acesso em: 10 nov. 2022.

que apartada de proporcionalidade, é certamente tão ou mais antiga do que as próprias penas aflitivas que deveriam ser aplicadas aos culpados.[6] Constata-se que o direito à retaliação, sedimentado pelo uso, acabou por ser regulamentado pela Lei das XII Tábuas.[7]

A despeito de ser rejeitada a possibilidade de compensação do mal com o mal, de certa forma, a adoção do princípio do talião na verdade não deixou de ser uma evolução do comportamento diante do dano, na medida em que se estabeleceu o princípio da proporcionalidade entre a ofensa e o dano, mesmo que de forma rudimentar. Desde então a proporcionalidade se revela como a melhor forma de justa reparação do dano.

Não obstante, é surpreendente a sobrevivência da retaliação, ainda que não física, em pleno século vinte e um, como tristemente se constata das frequentes retaliações políticas e econômicas, não raro até entre pessoas físicas e jurídicas, que procuram retribuir agravos "pagando na mesma moeda".

Fato é que ao longo do tempo, tem o direito se preocupado com o dano desde Roma, marco da sistematização jurídica. A pena de talião inscrita na Lei das XII Tábuas foi aos poucos substituída, visto que a retaliação em lugar de reparar o dano, nenhum benefício trazia ao prejudicado, dando origem em verdade a um duplo dano.

Novamente o uso trouxe a solução para o caso: da composição que consistia na prestação de uma "*poena*", como meio de resgate da culpa, passou-se a reconhecer ao ofensor o direito ao resgate da culpa. A vingança não fora de todo abolida, subsistindo como fundamento ou forma de reintegração do dano sofrido. A composição só se daria a critério da vítima.[8]

Consagrada a composição voluntária, que representa a primeira forma de "reparação" do dano, culminou essa por ser regulamentada legalmente, pondo-se fim à retaliação. Deve-se ressaltar que não havia na indenização paga em decorrência da composição o caráter de reparação, mas de pena aplicada ao ofensor. Como esclarece a doutrina, o efetivo estabelecimento do princípio regulador da reparação do dano se deu com a *Lex Aquilia*, possivelmente no século III a.C.[9]

---

6. A pena de talião era usada por povos que antecederam os romanos, como os hebreus, ainda que sem essa designação, como comprovam passagens bíblicas (Livro do Êxodo, 21-23 a 25). Disponível: https://www.bibliaon.com/. Acesso em: 10 nov. 2022.
7. Sobre a Lei das XII Tábuas ver MEIRA, Silvio. *A lei das XII tábuas: fonte do direito público e privado*. 3. ed. Rio de Janeiro: Forense, 1972.
8. Nesse sentido esclarece a doutrina que a Lei das XII Tábuas punia o delito de "injúria" com a pena de talião na hipótese de "*membrum ruptum*" (que para uns seria a perda ou amputação total de um membro e para outros, qualquer lesão corporal que não seja fratura de osso, pois nesse caso ocorria os "*fractum*"), mas admitia tal pena pudesse ser afastada se a vítima concordasse em receber do ofensor uma indenização. MOREIRA ALVES, José Carlos. *Direito Romano*. 3. ed. Rio de Janeiro: Editora Forense, 1986. v. II. p. 240-241.
9. À unanimidade, apontam os estudiosos da matéria como o efetivo estabelecimento do princípio regulador da reparação do dano a LEX AQUILIA que é um plebiscito votado por proposta de certo desconhecido tribuno da plebe, chamado Aquilius. Essa lei de três capítulos conferiu, de forma inequívoca, autonomia ao delito de *damnum*, tornando-se fonte direta da moderna concepção da culpa aquiliana, que tomou da lei a sua denominação característica. AGUIAR DIAS, José. *Da Responsabilidade Civil*. 7. ed. Rio de Janeiro: Editora Forense, 1983. v. 1. p. 21.

Salienta José Carlos Moreira Alves que, a despeito da generalização da *actio legis Aquilae* como remédio jurídico para os danos causados em coisas alheias, deve-se aos autores intermédios a construção, com base em texto romanos, da figura autônoma do ato ilícito, tal qual se vê estampada no artigo 159, do Código Civil Brasileiro de 1916.[10] Separadas que foram em data anterior à codificação as responsabilidades civil e criminal, veio a matéria a ser tratada na referida codificação no Livro III, do Direito das Obrigações, no título VII dedicado às Obrigações por Atos ilícitos (os artigos 1.518 a 1.532). A culpa, elemento essencial do ato ilícito, constituía o fundamento predominante para a responsabilização civil, característica que se mantém no século XXI, embora não mais de modo soberano como anteriormente.

A preocupação do direito com o dano buscava de início punir seu causador, e posteriormente repará-lo ou recompor na medida do possível a situação anterior do prejudicado. Contudo, ao longo do tempo sucessivos e diversificados têm sido os questionamentos em torno da responsabilidade civil que promoveram alterações importantes em sua concepção originária, muitas das quais acolhidas pelo legislador e tribunais.

Durante muito tempo, prevaleceu o entendimento de caber ao particular restabelecer-se por iniciativa própria, devendo a sociedade promover a punição do causador do dano apenas quando afetada diretamente. Contudo, constatou-se que, sob o ponto de vista da ordem social, todo dano atinge a sociedade, eis que o prejuízo imposto ao particular afeta o equilíbrio do grupo, sendo mesmo impossível isolar-se um determinado indivíduo no grupo a que pertence.

Ainda que não resolvendo o problema de modo integral, muito se caminhou na tutela de situações em que há lesão social, como demonstra a edição em 1985 da lei que disciplina a ação civil pública de responsabilidade por danos causados ao meio-ambiente, ao consumidor, a bens e direitos de valor artístico, estético, histórico, turístico e paisagístico.[11] A importância da matéria não escapou ao legislador constituinte de 1988, que cometeu ao Ministério Público a proteção dos interesses difusos e coletivos.[12] Em 1990, o Código de Defesa do Consumidor expressamente reconheceu os direitos básicos do consumidor à efetiva prevenção e reparação de danos patrimoniais e morais, individuais, coletivos e difusos e ao acesso aos órgãos judiciários e administrativos com vistas à prevenção ou reparação de danos patrimoniais e morais, individuais, coletivos ou difusos, assegurada a proteção Jurídica, administrativa e técnica aos necessitados.[13]

Grande avanço se constata igualmente no tocante ao dano moral, visto que franco passou a ser seu acolhimento, ao ponto de gerar questões importantes e complexas não apenas quanto à sua concepção, função e fundamento, como também quanto à forma e dimensão de sua reparação.

---

10. MOREIRA ALVES, José Carlos. *Direito Romano*. 3. ed. Rio de Janeiro: Editora Forense, 1986. v. II. p. 244.
11. Lei 7.347, de 24.07.1985.
12. Constituição da República de 1988, art. 129, III.
13. Lei 8.078, de 11.11.1990, art. 6º, VI e VII.

Na verdade, a Constituição da República de 1988 pôs fim aos debates existentes a respeito do cabimento ou não da reparação do dano não patrimonial, ao assegurar a indenização por dano moral ou à imagem.[14] Nessa esteira alargou-se o tratamento jurídico dos danos não patrimoniais,[15] os quais se expandem exponencialmente na contemporaneidade, com adiante indicado.

A demonstrar a complexidade ínsita a vários, se não a todos os aspectos da responsabilidade civil, formaram-se três correntes principais sobre o conceito de "lesão a aspectos pertencentes à esfera não patrimonial da pessoa", que vão da concepção negativa, que abrange tudo que não é patrimonial, àquelas conformadas pelos tribunais que oscilam entre lesão a direito da personalidade e o "direito subjetivo a dignidade", como esclarece Maria Celina Bodin de Moraes.[16]

De acordo com a mesma autora, a Constituição ao garantir expressamente a reparação do dano moral revelou "um dos mais importantes mecanismos de concreta proteção dos direitos fundamentais da pessoa humana em nosso ordenamento jurídico."[17] Efetivamente é o que se constata, visto que os tribunais têm concedido indenização por dano moral em diversificados casos, como a inscrição indevida em cadastro de inadimplentes,[18] assédio sexual a passageira de ônibus,[19] dano à pessoa jurídica[20] e diferentes tipos de lesão não patrimonial,[21] ainda que sob diversos fundamentos como o de dor moral, situação de aflição psicológica e de angústia, sofrimento, e dano *in re ipsa*, em situações variadas.[22]

O desenvolvimento verificado em relação ao dano moral não ocorreu, porém, em relação à predominância da culpa como fundamento principal da responsabilidade civil, que ainda encontra defensores, e como necessária à função da indenização. Seu histórico caráter de punição do causador do dano ainda permanece, ainda que sob novas roupagens.

---

14. Constituição da República, art. 5º, V.
15. MORAES, Maria Celina Bodin de. Conceito, função e quantificação do dano moral. In: *Revista IBERC*, Minas Gerais, v. 1, n. 1, p. 01-24, nov.-fev./2019, p. 2. Disponível: file:///C:/Users/heloi/Downloads/4-Texto%20do%20 artigo-5-1-10-20190522.pdf. Acesso em: 27 nov. 2022.
16. MORAES, Maria Celina Bodin de. Conceito, função e quantificação do dano moral. In: *Revista IBERC*, Minas Gerais, v. 1, n. 1, p. 01-24, nov.-fev./2019, p. 4. Disponível: file:///C:/Users/heloi/Downloads/4-Texto%20do%20 artigo-5-1-10-20190522.pdf. Acesso em: 27 nov. 2022.
17. MORAES, Maria Celina Bodin de. Conceito, função e quantificação do dano moral. In: *Revista IBERC*, Minas Gerais, v. 1, n. 1, p. 01-24, nov.-fev./2019, p. 2. Disponível: file:///C:/Users/heloi/Downloads/4-Texto%20do%20 artigo-5-1-10-20190522.pdf. Acesso em: 27 nov. 2022.
18. STJ, Jurisprudência em Teses – Edição 59. Disponível: https://www.stj.jus.br/internet_docs/jurisprudencia/ jurisprudenciaemteses/Jurisprud%C3%AAncia%20em%20teses%2059%20-%20Cadastro%20de%20Inadimplentes.pdf. Acesso em: 18 nov. 2022.
19. STJ, REsp 1.662.551-SP, rel. Min. Nancy Andrighi, por maioria, julgado em 15.05.2018.
20. STJ, súmula 227.
21. Ver O Dano Moral sob a ótica do STJ – (9 Súmulas e 52 Teses). Disponível: https://advogado1965.jusbrasil.com. br/artigos/668481398/o-dano-moral-sob-a-otica-do-stj-9-sumulas-e-52-teses. Acesso em: 18 nov. 2022.
22. Sobre o tema ver https://www.stj.jus.br/sites/portalp/Paginas/Comunicacao/Noticias/2022/11092022-In-re--ipsa-os-entendimentos-mais-recentes-do-STJ-sobre-a-configuracao-do-dano-presumido.aspx. Acesso em: 18 nov. 2022.

Como destacam Gustavo Tepedino, Aline Terra, e Gisela Sampaio, o reconhecimento do risco, além da culpa, como fundamento para a responsabilização civil, enfraqueceu em muitos casos a necessidade de identificação do culpado ou responsável, tornando inadequado o caráter punitivo. Além disso, a nova compreensão de "acidente" não mais vinculada ao acaso ou à fatalidade, fez com que se abandonasse a responsabilização como sanção para o agente causador do dano.[23]

A função punitiva não encontra, na contemporaneidade, amparo sequer na culpa, a ser entendida como erro de conduta ou descumprimento do dever de cautela, que autoriza e justifica a responsabilização do agente pela reparação ou composição possível do dano. A convocação do responsável se dá não para sua "punição", "correção" ou fim "pedagógico", mas – por força das diretrizes constitucionais – no interesse do prejudicado, para que se restaure o quanto possível a lesão sofrida. Nesse sentido, merece transcrição o entendimento dos autores acima citados:

> Na atualidade, o afastamento da função sancionatória da responsabilidade civil se torna ainda mais contundente à luz da Constituição da República de 1988 que, além de ratificar sua função reparatória, consolida o papel central da reparação civil na proteção à vítima ao prever, em seu art. 1º, III, a dignidade da pessoa humana como fundamento da República Federativa do Brasil, e consagrar, no art. 3º, I, o princípio da solidariedade social. Desloca-se, em definitivo, o foco da responsabilidade civil do agente causador do dano para a vítima, revelando que seu escopo fundamental não é a repressão de condutas negligentes, mas a reparação de danos.[24]

De há muito ORLANDO GOMES[25] esclarecia que, no direito de então, o ato ilícito representa a unificação do delito civil, compreendendo a violação culposa em sentido amplo do dever jurídico de não prejudicar outrem – *alterum nan laedere* ou *neminem laedere*. Segundo o autor, eram perfeitamente distintos o delito civil e o delito penal: consiste o primeiro na infração de norma de tutela do interesse privado e o segundo de preceito instituído em defesa da sociedade. Não havia necessidade de serem fixados legislativamente os elementos materiais do delito civil, visto resultarem de toda violação de um interesse privado tutelado pelo direito.

Como observam Gustavo Tepedino, Aline Terra, e Gisela Sampaio em lugar da punição do agente ofensor, a responsabilização se vincula ao "princípio elementar de que o dano injusto, assim entendida a lesão a interesse jurídico merecedor de tutela, deve ser reparado, consagrando a função precípua que se passou a atribuir ao instituto: a reparação patrimonial do dano sofrido."[26] Com maior razão e fundamento constitucional, é de se aplicar o citado princípio à lesão não patrimonial.

---

23. TEPEDINO, Gustavo; TERRA, Aline de Miranda Valverde; GUEDES, Gisela Sampaio da Cruz. *Fundamentos do direito civil*: responsabilidade Civil – v. 4 (p. 35). Editora Forense. Edição do Kindle.
24. TEPEDINO, Gustavo; TERRA, Aline de Miranda Valverde; GUEDES, Gisela Sampaio da Cruz. *Fundamentos do Direito civil*: responsabilidade civil – v. 4 (p. 34). Editora Forense. Edição do Kindle.
25. GOMES, Orlando. *Obrigações*. 6. ed. Rio de Janeiro: Editora Forense, 1981, p. 315-316.
26. TEPEDINO, Gustavo; TERRA, Aline de Miranda Valverde; GUEDES, Gisela Sampaio da Cruz. *Fundamentos do Direito civil*: responsabilidade civil – v. 4 (pp. 33-34). Editora Forense. Edição do Kindle.

Contudo, no que se refere à função punitiva da reparação, constata-se a oscilação do entendimento do Superior Tribunal de Justiça – STJ, ora para rejeitá-la, ora para aceitá-la sob o argumento de que a indenização deve abranger a totalidade dos danos causados, "sob pena de frustrar o caráter pedagógico-punitivo da sanção e incentivar a impunidade de empresa infratora."[27] Nessa linha, é comum a aplicação com caráter "corretivo" pelos Tribunais estaduais, mantida pelo STJ, sob diversos fundamentos que não inibem seu perfil sancionatório, cogitado como influente na eficácia da decisão judicial, no caso de haver reparação fluida (*fluid recovery*).[28]

Como observa Maria Celina Bodin de Moraes, doutrina e jurisprudência, majoritariamente entendem que a compensação do dano moral tem função, que é a um só tempo, compensatória e punitiva, encontrando-se o fulcro do conceito ressarcitório "deslocado para a convergência de duas forças".[29]

Como se vê, muito se caminhou na matéria. Todavia, talvez mais numerosas sejam as demandas existentes no século XXI.

2. DESAFIOS EXISTENTES: SOLUÇÕES ANTIGAS PARA NOVAS QUESTÕES

Neste cenário dinâmico da responsabilidade civil, situações jurídicas novas, muitas inéditas, algumas jamais cogitadas, de natureza não patrimonial e algumas de natureza dúplice[30], se apresentam e demandam solução da normativa existente, elaborada sob diferentes perspectivas jurídicas, de cunho notadamente patrimonialista, para uma sociedade bastante diversa da atual.

Diante dessas "novidades" Gustavo Tepedino, Aline Terra, e Gisela Sampaio entendem não haver dúvidas "de que se vive a era dos danos," e se assiste "ao surgimento

---

27. Servem de exemplo as decisões nos seguintes recursos: AgInt no AREsp 2.105.005 / AL; AgInt no AREsp 2.149.017 / RJ; REsp 1.923.855/SC, rel. Min. Francisco Falcão, julg. 26/04/2022.
28. REsp 1.927.098 / RJ, Min. Nancy Andrighi, julg, 22.11.2022. Merecem destaque os seguintes itens do acórdão: 4. A lesão a interesses individuais homogêneos reconhecida em sentença pode não ser liquidada e executada pelos interessados diretos, pois essas lesões podem não ser individualmente significantes ou pode haver dificuldade na identificação dos beneficiários da decisão. Em vista dessa situação, o CDC previu, em seu art. 100, a possibilidade de os legitimados do rol do art. 82 do CDC, entre eles o Ministério Público, liquidarem e executarem as indenizações não reclamadas pelos titulares do direito material, por meio da denominada reparação fluida (*fluid recovery*), hipótese na qual o produto da indenização reverterá para o Fundo de que trata a Lei de Ação Civil Pública (art. 100, parágrafo único, do CDC). O seu objetivo consiste, sobretudo, em impedir o enriquecimento sem causa daquele que praticou o ato ilícito. 5. Não é possível definir, *a priori*, a natureza jurídica desse instituto, que poderá variar a depender das circunstâncias da hipótese concreta. Se for viável definir a quantidade de beneficiários da sentença coletiva, bem como o montante exato do prejuízo sofrido individualmente por cada um deles, a *fluid recovery* terá caráter residual. De outro lado, se esses dados forem inacessíveis, a reparação fluida assumirá natureza sancionatória, evitando-se, com isso, a ineficácia da sentença e a impunidade do autor do ilícito.
29. MORAES, Maria Celina Bodin de. Conceito, função e quantificação do dano moral. In: *Revista IBERC*, Minas Gerais, v. 1, n. 1, p. 01-24, nov.-fev./2019, p. 6. Disponível: file:///C:/Users/heloi/Downloads/4-Texto%20do%20artigo-5-1-10-20190522.pdf. Acesso em: 27 nov. 2022.
30. Sobre o tema ver TEIXEIRA, Ana Carolina Brochado; KONDER, Carlos Nelson. Situações jurídicas dúplices: continuando o debate sobre a nebulosa fronteira entre patrimonialidade e extrapatrimonialidade. In: *Contratos, famílias e sucessões: diálogos interdisciplinares*. Indaiatuba: Foco, 2019, p. 135-160.

de formidável tipologia de novos danos, travando-se verdadeira 'guerra de etiquetas'". Formulam os autores interessante indagação: há novos danos?[31]

Após elencarem a "miríade de danos indenizáveis", que surgem a cada momento sob diversificada nomenclatura, concluem Gustavo Tepedino, Aline Terra, e Gisela Sampaio, com propriedade, que tal fato se deve principalmente à interação de fatores diferentes, a saber: a identificação de novos interesses juridicamente tutelados e à configuração de novas situações lesivas, muitas decorrentes das inovações tecnológicas. Expõem, em sequência, algumas importantes "observações". A primeira diz respeito à insuficiência das normas do Código Civil como fonte exclusiva das soluções demandas pelos "novos danos".[32]

Assiste inteira razão aos mencionados autores. De há muito o vigente Código Civil não se revela apto a resolver as demandas de responsabilização civil postas pelo século XXI. Ressalte-se, porém, que a codificação de 2002 trouxe importantes disposições relativas à obrigação de indenizar, dentre as quais merece destaque o expresso acolhimento da responsabilidade sem culpa, inclusive com fundamento no risco, nos termos do parágrafo único, do artigo 927, e a responsabilização subsidiária do incapaz, conforme artigo 928, a qual está a exigir detida reflexão com adiante apontado.

Em sua segunda observação os três citados autores defendem a unificação do sistema de responsabilidade, para que sejam discriminados "os chamados danos ressarcíveis" e reconhecida "a irreparabilidade de inúmeros danos do cotidiano"[33]. A última observação merece algumas considerações.

Gustavo Tepedino, Aline Terra, e Gisela Sampaio entendem, com acerto, ser indispensável que a unificação proposta deva ser fundada nos princípios e valores da Constituição da República de 1988, a qual definitivamente consolidou a perspectiva solidarista da responsabilidade civil. Em consequência, os princípios da solidariedade social e da justiça distributiva "passam a moldar os novos contornos da responsabilidade civil." Indicam, nessa linha, a tendência à "intensificação dos critérios objetivos de reparação e do desenvolvimento de novos mecanismos de seguro social, dirigidos à socialização, à repartição dos riscos entre todos os beneficiários da atividade".[34]

Embora a indicação mencionada tenha se referido às atividades produtivas, parar garantir "a indenização da vítima, sem obstaculizar o exercício da atividade", parece razoável que se incluam nessa possibilidade danos de outra natureza, inclusive os não patrimoniais. Observe-se nesse sentido que, ao concluir, com todo acerto, que "não há que se falar propriamente em "novos danos", defendem os três autores a continuidade das

---

31. TEPEDINO, Gustavo; TERRA, Aline de Miranda Valverde; GUEDES, Gisela Sampaio da Cruz. *Fundamentos do Direito Civil*: responsabilidade civil – v. 4 (p. 135-136). Editora Forense. Edição do Kindle.
32. TEPEDINO, Gustavo; TERRA, Aline de Miranda Valverde; GUEDES, Gisela Sampaio da Cruz. *Fundamentos do Direito Civil*: responsabilidade civil – v. 4 (p. 136). Editora Forense. Edição do Kindle.
33. TEPEDINO, Gustavo; TERRA, Aline de Miranda Valverde; GUEDES, Gisela Sampaio da Cruz. Fundamentos do Direito Civil: responsabilidade civil – v. 4 (p. 137). Editora Forense. Edição do Kindle.
34. TEPEDINO, Gustavo; TERRA, Aline de Miranda Valverde; GUEDES, Gisela Sampaio da Cruz. *Fundamentos do Direito Civil*: responsabilidade civil – v. 4 (p. 40). Editora Forense. Edição do Kindle.

duas categorias existentes de dano patrimonial, que compreende a lesão patrimonial, e o "dano moral, entendido como a lesão à dignidade da pessoa humana, a abarcar todos os danos extrapatrimoniais".[35]

Considerados os fundamentos constitucionais que moldam os novos contornos da responsabilidade civil, parece razoável sustentar que a noção de irreparabilidade não se harmoniza com esses fundamentos. Em outras palavras, o novo perfil da responsabilização civil não acolhe a irreparabilidade de qualquer dano injusto, entendido como a lesão a interesse jurídico merecedor de tutela,[36] desde que presentes estejam os demais elementos para a responsabilização.

A reafirmação da possibilidade e/ou da necessidade de reparação de qualquer dano cresce em importância diante dos incontáveis exemplos de "novos danos" ressarcíveis, como os citados por Maria Celina Bodin de Moraes[37], que decorrem de situações cotidianas que não podem ser preteridas.

Maior complexidade se constata nos danos decorrentes dos avanços biotecnocientíficos, especialmente dos que interferem diretamente nas diferentes dimensões da vida humana, assim entendidos os processos do nascimento, do desenvolvimento da vida humana e da morte. Esses processos, originariamente fisiológicos, encontram-se medicalizados. Nascer, viver e morrer passaram a ser orientados e controlados pelo saber médico, que determina o que é melhor para o ser humano. O saber médico-científico desenvolveu-se ao ponto de criar embriões humanos em laboratório, promover a procriação humana através das técnicas de reprodução assistida, e de retardar a morte, mediante procedimentos que vão de tratamentos medicamentosos até transplantes de órgãos. Durante o desenvolvimento da vida, inúmeras são as ações médicas que buscam a prevenção e/ou tratamento de doenças, a melhoria e/ou potencialização de funções do corpo, melhor qualidade de vida durante o processo de envelhecimento e até o atendimento de desejos individuais, que compreendem desde cirurgias com fins meramente estéticos até profundas modificações corporais, inclusive cirúrgicas, para mudança do sexo.

Todas as citadas interferências pouco a pouco entraram na pauta acadêmica e, mais lentamente, na dos tribunais. Salvo no que se refere à medicina legal, as questões médicas entraram no âmbito jurídico e mais precisamente no do Direito Privado através da responsabilidade civil, que durante longo tempo cuidou precipuamente da reparação

---

35. TEPEDINO, Gustavo; TERRA, Aline de Miranda Valverde; GUEDES, Gisela Sampaio da Cruz. *Fundamentos do Direito Civil*: responsabilidade civil – v. 4 (pp. 137-138). Editora Forense. Edição do Kindle.
36. TEPEDINO, Gustavo; TERRA, Aline de Miranda Valverde; GUEDES, Gisela Sampaio da Cruz. *Fundamentos do Direito Civil*: responsabilidade civil – v. 4 (p. 34). Editora Forense. Edição do Kindle.
37. Menciona a autora como danos ressarcíveis: dano ao projeto de vida, dano hedonístico, dano consistente no nascimento de filho indesejado, dano consistente na perturbação da serenidade pessoal, dano de férias frustradas, de *mobbing* ou assédio moral, de *bullying*, de processo lento, dano decorrente do rompimento de noivado, da separação após a notícia da gravidez, do descumprimento de deveres conjugais, em particular, do descumprimento do débito conjugal. MORAES, Maria Celina Bodin de. Conceito, função e quantificação do dano moral. In: *Revista IBERC*, Minas Gerais, v. 1, n. 1, p. 01-24, nov.-fev./2019, p.2-3. Disponível: file:///C:/Users/heloi/Downloads/4-Texto%20do%20artigo-5-1-10-20190522.pdf. Acesso em: 27 nov. 2022.

do denominado "erro médico". Contudo, desde meados do século XX, as mencionadas interferências nos processos de nascimento e morte se tornaram cada vez mais comuns. Paulatinamente houve um significativo aumento da complexidade das questões jurídicas, em particular das que dizem respeito às relações familiares e sucessórias, bem como das pertinentes à responsabilidade civil. As dificuldades são crescentes, visto que o legislador tem se mantido silente e resistente em relação aos temas mencionados, que carecem de legislação formal, de há muito reclamada.

A utilização das técnicas de reprodução assistida, que se tornou comum, envolve um complexo de relações entre os pacientes,[38] clínicas e laboratórios de reprodução humana, médicos, doadores de gametas e gestantes substitutas, que enseja a ocorrência de danos patrimoniais e existenciais. Observe-se que as técnicas diversos procedimentos tais como: tratamento hormonal de pacientes, guarda de gametas e embriões humanos crioconservados, seleção de embriões para fins de diagnóstico pré-implantacional e gestação de substituição (cessão temporária de útero). Expressamente, de acordo com o item III, da Resolução do CFM 2320/2022, as clínicas, centros ou serviços que aplicam técnicas de reprodução assistida são responsáveis pelo controle de doenças infectocontagiosas, pela coleta, pelo manuseio, pela conservação, pela distribuição, pela transferência e pelo descarte de material biológico humano dos pacientes submetidos às técnicas de reprodução assistida.

Contudo, demandas dessa natureza não são comuns por razões que merecem análise, a qual não é comportada nos limites do presente. Muito se discutiu sobre a obrigatoriedade de os planos de saúde darem cobertura à utilização da técnica de fertilização *in vitro*. O STJ acabou firmando a tese nº 1067, segundo a qual "Salvo disposição contratual expressa, os planos de saúde não são obrigados a custear o tratamento médico de fertilização in vitro."[39]

Paralelamente à reprodução assistida realizada por médicos e clínicas especializadas, ocorre não raro o que se denomina "inseminação caseira" expressão que traduz o método empregado: trata-se de inseminação feita sem qualquer assistência ou orientação médica, entre pessoas leigas e em ambientes domésticos ou em hotéis[40]. A prática envolve basicamente a coleta do sêmen de um doador e sua inseminação imediata em uma mulher com uso de seringa ou outros instrumentos, como cateter. Encontram-se no *YouTube* vídeos com orientação sobre como proceder para obter sucesso na inseminação caseira.[41] Além de possíveis questões relativas à parentalidade, o eventual pedido de responsabilização não causará surpresa.

---

38. A Resolução CFM 2.320/2022, no item II, 1, define paciente como: 1. Todas as pessoas capazes que tenham solicitado o procedimento e cuja indicação não se afaste dos limites desta resolução podem ser receptoras das técnicas de reprodução assistida, desde que os participantes estejam de inteiro acordo e devidamente esclarecidos, conforme legislação vigente.
39. Disponível: https://processo.stj.jus.br/repetitivos/temas_repetitivos/pesquisa.jsp?novaConsulta=true&tipo_pesquisa=T&cod_tema_inicial=1067&cod_tema_final=1067. Acesso em: 10 nov. 2022.
40. Disponível em: http://www.blog.saude.gov.br/index.php/53303-inseminacao-artificial-caseira-riscos-e-cuidados. Acesso em: 15 dez. 2019.
41. Ver como exemplo: https://www.youtube.com/watch?v=fTbjdmNYeNE. Acesso em: 15 dez. 2009.

Carente de regulamentação específica, a matéria se encontra submetida ao direito comum, no caso ao Código Civil, e às normas deontológicas do Conselho Federal de Medicina – CFM.[42] Embora as Resoluções do CFM sejam um grande auxílio na busca de soluções, não têm força normativa diante dos problemas jurídicos que não encontram resposta no Código Civil e exigem esforço interpretativo da doutrina e dos tribunais, os quais, de modo geral, não estão afeitos a essas questões.

Nessa linha se encontram as situações relativas ao fim da vida, que se estendem da decisão sobre a adoção de determinado tratamento até seu término, como ocorre em relação, por exemplo, ao desligamento de aparelhos de manutenção artificial da vida.[43]

Embora tais situações não sejam novas, a dificuldade prática reside na configuração do dano e no estabelecimento de nexo de causalidade em casos submetidos ao saber médico-científico, inclusive para fins de apuração pericial. Somem-se a esses aspectos os relativos à indenização, que deve ser medida pela extensão do dano, a teor do art. 944, do Código Civil. Emergem com clareza intrincadas questões, notadamente quando se trata de dano moral, as quais foram analisadas em profundidade por Maria Celina Bodin de Moraes. A afirmativa inicial da autora merece apoio e transcrição: "A quantificação dos valores é, provavelmente, o aspecto mais problemático da compensação do dano moral. Ninguém sabe quanto vale o quê, embora tudo possa valer alguma coisa."[44]

Segundo o artigo 186, do Código Civil, comete ato ilícito aquele que, por ação ou omissão voluntária, negligência ou imprudência, viola direito e causa dano a outrem, ainda que exclusivamente moral. Nos termos do artigo 927, do CC, o causador do dano fica obrigado a repará-lo. Não obstante a expressa menção ao dano "exclusivamente moral", constata-se que o regime de responsabilização civil foi estruturado e destinado à indenização de danos patrimoniais, como se vê da codificação civil atual e anterior. Regidas por vocação e princípios distintos, as normas existentes não se amoldam às novas situações lesivas, especialmente as de natureza existencial, vinculadas a interesses juridicamente protegidos não cogitados pelo Código Civil.

A necessidade de se repensar o próprio regime de restituição ou reparação[45] dos danos foi destacada há décadas por Orlando Gomes[46], diante de realidade diversa da atual e em razão da multiplicidade e diversidade então alcançada pelos danos, os quais já à época reclamavam melhor solução. Certamente a securitização, já existente para determinadas atividades, é um dos caminhos.

---

42. Atualmente regulamenta a matéria a Resolução CFM 2.320, de 20/09/2022.
43. Sobre o tema ver Resolução CFM 1.995/2012, que dispõe sobre as diretivas antecipadas de vontade dos pacientes. Disponível: https://sistemas.cfm.org.br/normas/visualizar/resolucoes/BR/2012/1995. Acesso em: 20 nov. 2022.
44. MORAES, Maria Celina Bodin de. Conceito, função e quantificação do dano moral. In: *Revista IBERC*, Minas Gerais, v.1, n.1, p. 01-24, nov.-fev./2019, p. 15. Disponível: file:///C:/Users/heloi/Downloads/4-Texto%20do%20artigo-5-1-10-20190522.pdf. Acesso em: 27 nov. 2022.
45. Etimologicamente, indenização é o ato ou efeito de indenizar, de tornar sem dano ou prejuízo, através de restituição. Juridicamente a recomposição natural deve se dar pela restituição ou reparação. Não sendo esta possível, presta-se o equivalente.
46. GOMES, Orlando. *Obrigações*. 6. ed. Rio de Janeiro: Editora Forense, 1981, p. 337-378.

Na contemporaneidade, a multiplicidade e diversidade dos danos tem crescimento exponencial, mormente diante de situações mais recentes e desafiadoras que estão presentes no exterior e no Brasil e tornam as interferências nos processos de nascimento e morte acima mencionadas antigas novidades. Vistas ainda como curiosidades científicas pelo direito brasileiro, não obstante já estejam há algum tempo em estudo por outros campos do saber, novas interferências no ser humano, fruto dos progressos da biotecnociência, atingem sua própria constituição biológica, de modo potencializado, ou pelo menos que possibilita a superação dos limites biológicos até então conhecidos. Não parece haver no Brasil preocupação com esses efeitos para o ser humano, especialmente os atinentes a sua proteção jurídica, que exige profunda reflexão.

Três exemplos das mencionadas interferências biológicas podem demonstrar a dimensão das questões que estão postas,[47] a saber: a denominada edição genética;[48] os híbridos humanos;[49] os transumanos, provavelmente os mais preocupantes.[50] Embora ainda se encontrem no campo experimental, seu debate se impõe, especialmente quando o tempo de transição do campo de pesquisa para a sociedade se encurta a cada dia. A análise dessas questões escapa aos estreitos limites do presente, mas sua menção se impõe por indicar certamente o surgimento de novas situações lesivas.

3. RESPONSABILIDADE CIVIL DOS INCAPAZES

Os avanços da biotecnociência certamente poderão, em algum momento, trazer questionamentos no que se refere ao agente ou causador do dano, como se verificou em relação aos danos decorrentes do denominado "fato da coisa".[51] No regime vigente, pode

---

47. Sobre o tema ver: BARBOZA, Heloisa Helena. In: Direito Civil e Biotecnologia: Vivendo o Futuro. *Revista Brasileira de Direito Civil*, 26 (04):283. Disponível: https://rbdcivil.ibdcivil.org.br/rbdc/article/view/701. Acesso em: 20 nov. 2022.
48. Notícia divulgada em novembro de 2018 sobre o nascimento das gêmeas chinesas Lulu e Nana abalou o mundo científico, em razão de terem sido submetidas à denominada "edição genética do genoma", para que nascessem imunizadas contra a AIDS. Embora tenham nascido saudáveis, há grande probabilidade de encurtamento de sua expectativa de vida. O procedimento foi muito criticado, porque não se conhecem as consequências dele decorrentes. Disponível em: https://brasil.elpais.com/brasil/2018/11/26/ciencia/1543224768_174686.html#:~:text=Em%20um%20v%C3%ADdeo%20postado%20no,e%20do%20pai%2C%20Mark%E2%80%9D. Acesso em: 20 out. 2022.
49. Como noticiado, em 2019 cientistas espanhóis criaram 132 embriões híbridos de humano e macaco na China. As criaturas não chegaram a nascer pois a gestação foi interrompida pelos próprios cientistas. As denominadas quimeras, resultantes da junção de células humanas e de animais para fins de reprodução, até então consideradas não viáveis. Disponível:
https://brasil.elpais.com/ciencia/2021-04-15/cientistas-criam-132-embrioes-com-uma-combinacao-entre--macaco-e-humano-na-china.html. Acesso em: 20 out. 2022.
50. O termo transumano se refere à possibilidade de integração biológica do homem com a máquina. O "transumano é uma concepção de um ser humano melhorado e aperfeiçoado, ou de um ser *pós-humano* e *pós-sapiens* [...]. Fruto de genética, nanotecnologia, robótica e neurociência, que possibilitarão ultrapassar "os limites impostos ao ser humano por seu próprio corpo biológico natural". Disponível em: http://www.ihu.unisinos.br/78-noticias/572333-transumano-a-uniao-do-ser-humano-com-os-robos-e-a-inteligencia-artificial. Acesso em: 20 out. 2022.
51. Como esclarece a doutrina: "A responsabilidade pelo fato da coisa emerge da necessidade de disciplinar aquelas situações em que o dano não decorre diretamente da conduta do agente, mas de acontecimentos ou fatos ligados a objetos inanimados ou seres irracionais [...]". Ver: TEPEDINO, Gustavo; TERRA, Aline de Miranda Valverde;

ser responsabilizado o causador do dano ou a pessoa indicada em lei como responsável por ato de terceiros, ainda que não haja culpa de sua parte, como dispõe o artigo 932 do Código Civil.[52]

De acordo com o artigo 942, do CC, os bens da pessoa responsável ficam sujeitos à reparação do dano causado e havendo mais de um autor, todos responderão solidariamente pela reparação. As pessoas designadas no artigo 932 respondem solidariamente com os autores ou coautores, conforme o prevê o parágrafo único do citado artigo 942, configurando o que se convencionou denominar responsabilidade por fato de terceiro.

Durante muito tempo se debateu sobre a responsabilidade civil das pessoas incapazes, em razão da predominância da culpa como fundamento da obrigação de reparar o dano. Faltando aos incapazes idoneidade psíquica para querer e entender, vale dizer voluntariedade juridicamente reconhecível ou imputabilidade, seriam eles irresponsáveis, visto que inaptos a ocupar o polo passivo da relação obrigacional. Em consequência terceiros, como mencionado, são chamados a responder pelos atos danosos que pratiquem.

O Código Civil de 1916, nos termos do artigo 156, admitia que o menor entre 16 (dezesseis) e 21 (vinte e um) anos, portanto relativamente incapaz, fosse equiparado ao maior quanto às obrigações resultantes de atos ilícitos, pelos quais fosse for culpado. Esclarecia o autor do Código Civil de 1916[53] que a locução *em que for culpado* era usada, não para fazer depender a responsabilidade da culpa, mas para estabelecer o nexo de causalidade, porquanto se o menor não tem capacidade para agir licitamente, não a deve ter, em regra, para agir ilicitamente. Portanto, uma vez rompido o nexo de causalidade entre o ato do menor e o dano, não haveria a obrigação de reparar o dano,[54] por falta de um dos requisitos para a responsabilização.

Pontes de Miranda, diante do estado da ciência jurídica do século XX, admitia a reparação de danos causados pelos incapazes, se não coubesse ou não bastasse a responsabilidade daqueles que por eles zelam. Considerava o autor razoável conferir a essa responsabilidade caráter subsidiário, ou seja, o ofendido somente poderia exigir a reparação pelo incapaz no caso de falta ou de insuficiência da indenização pela pessoa encarregada do incapaz.[55]

GUEDES, Gisela Sampaio da Cruz. *Fundamentos do Direito Civil*: responsabilidade civil – v. 4 (p. 343). Editora Forense. Edição do Kindle.

52. Art. 932. São também responsáveis pela reparação civil: I – os pais, pelos filhos menores que estiverem sob sua autoridade e em sua companhia; II – o tutor e o curador, pelos pupilos e curatelados, que se acharem nas mesmas condições; III – o empregador ou comitente, por seus empregados, serviçais e prepostos, no exercício do trabalho que lhes competir, ou em razão dele; IV – os donos de hotéis, hospedarias, casas ou estabelecimentos onde se albergue por dinheiro, mesmo para fins de educação, pelos seus hóspedes, moradores e educandos; V – os que gratuitamente houverem participado nos produtos do crime, até a concorrente quantia.
53. BEVILÁQUA, Clóvis. *Código Civil Comentado*. Rio de Janeiro: Livraria Francisco Alves, 1954. v. 1. p. 341.
54. O CC de 1916, no art. 1.521, I, previa a responsabilidade dos pais pelos filhos menores que estiverem sob seu poder e em sua companhia, portanto, por culpa *in vigilando*.
55. MIRANDA, Pontes de. *Tratado de Direito Privado*. 4. ed. São Paulo: Ed. RT, 1983, Tomo LIII, p. 270-271.

O Código Civil de 2002 caminhou nesse sentido, ao dispor no artigo 928 que o incapaz responde pelos prejuízos que causar, se as pessoas por ele responsáveis não tiverem obrigação de fazê-lo ou não dispuserem de meios suficientes. A teor do parágrafo único, a indenização ali prevista deve ser equitativa e não terá lugar se privar do necessário o incapaz ou as pessoas que dele dependem.

Como regra geral, a lei afasta os incapazes das atividades jurídicas, com o intuito de protegê-los e indica as pessoas por eles responsáveis. Como acima assinalado, a reparação do dano produzido por pessoa incapaz recairá sobre o patrimônio daquele que a lei indica como seu responsável. Na vigência do Código Civil de 1916, de modo diverso, caso o responsável não tivesse meios de reparar o dano, a lesado permaneceria sem reparação.

O legislador optou por amparar a vítima do dano injusto, buscando no patrimônio do incapaz a reparação do dano, caso o seu responsável não tenha capacidade econômica para tanto. Assim sendo, o patrimônio do incapaz é atingido subsidiariamente, arcando com o que faltar ou, se necessário, com o valor integral da indenização. Considerando que, como assinalado, a indenização deve ser equitativa e não terá lugar se privar do necessário o incapaz ou as pessoas que dele dependem, o incapaz restará o quanto possível protegido.

Tendo em vista que o conceito de incapaz abrange crianças e adolescentes, contata-se que a orientação do Código Civil não colide com o Estatuto da Criança e do Adolescente,[56] que estabelece a possibilidade de o adolescente, portanto da pessoa de doze a dezoito anos, reparar o dano patrimonial decorrente de ato infracional, nos termos do artigo 116.[57] Trata-se de responsabilidade objetiva[58] e que se restringe, em princípio, a danos patrimoniais nos expressos termos do citado artigo.

As profundas transformações promovidas no regime de (in)capacidade civil por força do Estatuto da Pessoa com Deficiência (EPD)[59] impactam de modo direto a responsabilidade subsidiária do incapaz, a partir do momento em que apenas os menores de dezesseis anos são absolutamente incapazes[60]. Fato é que a incapacidade das pessoas com deficiência (PcD), em particular as com deficiência mental ou intelectual, era "presumida" pelo Código Civil, que lhes concedeu tratamento francamente discriminatório. As curatelas dessas pessoas resultavam na interdição ampla da prática de atos patrimoniais e existenciais.

Contudo, a partir da vigência do EPD em 2016, é assegurado a toda pessoa com deficiência o direito ao exercício de sua capacidade legal em igualdade de condições com as demais pessoas. Nos expressos termos do artigo 6º do EPD, a deficiência não afeta a

---

56. Lei 8.069, de 13/07/1969.
57. Lei 8.069, de 13/07/1969: Art. 116. Em se tratando de ato infracional com reflexos patrimoniais, a autoridade poderá determinar, se for o caso, que o adolescente restitua a coisa, promova o ressarcimento do dano, ou, por outra forma, compense o prejuízo da vítima. Parágrafo único. Havendo manifesta impossibilidade, a medida poderá ser substituída por outra adequada.
58. Sobre o assunto ver TEPEDINO, Gustavo, BARBOZA, Heloisa Helena e MORAES, Maria Celina Bodin de. *Código Civil Interpretado Conforme a Constituição da República*. 2 ed. Rio de Janeiro: Renovar, 2012. v. II. p. 824-825.
59. Lei 13.146, de 06/07/2015.
60. Código Civil de 2002: Art. 3º São absolutamente incapazes de exercer pessoalmente os atos da vida civil os menores de 16 (dezesseis) anos.

plena capacidade civil da pessoa, sendo a curatela medida excepcional que só afeta os atos relacionados aos direitos de natureza patrimonial e negocial.[61] O citado dispositivo compreende qualquer tipo de deficiência física, sensorial, mental ou intelectual.

Considerando que, como destacado, apenas os menores de dezesseis anos são absolutamente incapazes e que a curatela das PcD constitui medida excepcional, é de se concluir que as crianças e os relativamente incapazes indicados no artigo 4º, do Código Civil têm responsabilidade subsidiária nos termos do artigo 928 do Código Civil. Em consequência, estão excluídas do âmbito do artigo 928 todas as PcDs. Cabe lembrar que a eventual curatela tem, nos termos do EPD, apenas efeitos patrimoniais, sendo de se questionar se há cabimento para aferição de culpa dessas pessoas, em qualquer caso, para fins de responsabilidade civil subjetiva.

Mas não é só. Tendo em vista que a Convenção Internacional sobre os Direitos das Pessoas com Deficiência tem como um de seus propósitos proteger todas as pessoas com deficiência e promover o respeito pela sua dignidade inerente,[62] e que a deficiência, em qualquer de suas modalidades, não é mais causa para a incapacidade, ainda que relativa, impõe-se aprofundar o entendimento a ser dado ao artigo 928, do Código Civil, para que não se desamparem as PcDs. O tema é, todavia, complexo e escapa dos estreitos limites do presente trabalho.

Embora a definição do responsável pela reparação do dano fosse matéria aparentemente pacificada, novas questões se apresentam a comprovar a dinâmica que é inerente à responsabilidade civil.

4. CONSIDERAÇÕES FINAIS

A breve incursão na esfera da responsabilidade civil acima feita procura demonstrar como vão se delineando novas faces da responsabilidade civil, que se constituem a partir de acréscimos em seus elementos constitutivos, que, contudo, preservam sua estrutura original e sem modificar sua função e vocação constitucional. O surgimento de novas situações lesivas não modifica o conceito de unitário dano, como a lesão injusta a um interesse juridicamente protegido, seja patrimonial ou moral, entendido este como a lesão à dignidade da pessoa humana, a abarcar todos os danos extrapatrimoniais. Também não exclui a culpa como fundamento para a responsabilização civil, que se mantém sem a predominância anterior.

Efetivamente, como já destacou a doutrina, a responsabilização civil constitui um dos mais relevantes fenômenos jurídico-sociais da atualidade.[63] A unificação do sistema de responsabilidade civil deve ser buscada, o quanto possível, para que se atenda a determinação constitucional maior de proteção do prejudicado em sua dignidade e se cumpra sua função reparatória, à luz do princípio da solidariedade social.

---

61. Lei 13.246/2015, artigos 84 e 85.
62. Promulgada pelo Decreto 6.949, de 25.08.2009.
63. MORAES, Maria Celina Bodin de. Conceito, função e quantificação do dano moral. In: *Revista IBERC*, Minas Gerais, v. 1, n. 1, p. 01-24, nov.-fev./2019, p. 2. Disponível: file:///C:/Users/heloi/Downloads/4-Texto%20do%20artigo-5-1-10-20190522.pdf. Acesso em: 27 nov.2022.

5. REFERÊNCIAS

AGUIAR DIAS, José. *Da responsabilidade civil*. 7. ed. Rio de Janeiro: Editora Forense, 1983. v. I.

BARBOZA, Heloisa Helena. In: Direito civil e biotecnologia: vivendo o futuro. *Revista Brasileira de Direito Civil*, 26 (04):283.

BEVILÁQUA, Clóvis. *Código Civil comentado*. Rio de Janeiro: Livraria Francisco Alves, 1954. v. 1.

GOMES, Orlando. *Obrigações*. 6. ed. Rio de Janeiro: Editora Forense, 1981.

MEIRA, Silvio. *A Lei das XII tábuas: fonte do direito público e privado*, 3 ed. Rio de Janeiro: Forense, 1972.

MORAES, Maria Celina Bodin de. *Conceito, função e quantificação do dano moral*. In: *Revista IBERC*, Minas Gerais, v. 1, n. 1, p. 01-24, nov.-fev./2019.

MOREIRA ALVES, José Carlos. *Direito romano*. 3. ed. Rio de Janeiro: Editora Forense, 1986. v. II.

MIRANDA, Pontes de. *Tratado de Direito Privado*. 4. ed. São Paulo: Ed. RT, 1983, Tomo LIII.

TEIXEIRA, A. C. B.; KONDER, C. N. Situações jurídicas dúplices: continuando o debate sobre a nebulosa fronteira entre patrimonialidade e extrapatrimonialidade. In: *Contratos, famílias e sucessões: diálogos interdisciplinares*. Indaiatuba: Foco, 2019. p. 135-160.

TEPEDINO, Gustavo, BARBOZA, Heloisa Helena e MORAES, Maria Celina Bodin de. *Código Civil interpretado conforme a Constituição da República*. 2. ed. Rio de Janeiro: Renovar, 2012. v. II.

TEPEDINO, Gustavo; TERRA, Aline de Miranda Valverde; GUEDES, Gisela Sampaio da Cruz. *Fundamentos do Direito Civil: responsabilidade civil* – v. 4 (p. 35). Editora Forense. Edição do Kindle.

RESPONSABILIDADE CIVIL, PUBLICIDADE ALGORÍTMICA E LESÃO AO TEMPO DO CONSUMIDOR

José Luiz de Moura Faleiros Júnior

Doutorando em Direito Civil pela Universidade de São Paulo – USP/Largo de São Francisco. Doutorando em Direito, na área de estudo 'Direito, Tecnologia e Inovação', pela Universidade Federal de Minas Gerais – UFMG. Mestre e Bacharel em Direito pela Universidade Federal de Uberlândia – UFU. Especialista em Direito Digital. Especialista em Direito Civil e Empresarial. Associado Fundador do Instituto Avançado de Proteção de Dados – IAPD. Membro do Instituto Brasileiro de Estudos de Responsabilidade Civil – IBERC. Advogado e Professor. E-mail: jfaleiros@usp.br

Sumário: 1. Introdução – 2. Publicidade algorítmica persuasiva e o tempo do consumidor como bem jurídico tutelável na sociedade da informação – 3. Responsabilidade civil por lesão ao tempo e sua significação atemporal – 4. Conclusão – 5. Referências.

1. INTRODUÇÃO

Debates sobre a chamada "lesão ao tempo" têm revelado novos horizontes para a responsabilidade civil por eventos que maculam o tempo do consumidor na sociedade da informação. Mais do que a escassez, a irreversibilidade, a ininterruptibilidade e a intangibilidade desse valor jurídico, o que se nota é o dispêndio incessante do tempo em tentativas de solucionar problemas cotidianos que extrapolam o mero aborrecimento.

Propostas para a superação desse paradigma foram desenvolvidas a partir de construções inovadoras, que reconhecem a complexidade da sociedade contemporânea e buscam atribuir tutela adequada às suas novas configurações. Modelos específicos, como a teoria do desvio produtivo do consumidor, se consolidaram na jurisprudência e despertam discussões acadêmicas até os dias atuais. Todavia, a estruturação teórica da lesão ao tempo, na visão do Professor Carlos Edison do Rêgo Monteiro Filho, é modelo teórico sólido e de repercussões multifacetadas para a compreensão da dinâmica que passou a impor outros olhares para a tutela do tempo do consumidor, especialmente em razão da aceleração da vida e, para os fins deste texto, do incremento publicitário viabilizado por modelos algorítmicos.

Superando os exemplos corriqueiros, como as longas esperas em filas, a espera em demasia por atendimento em serviços on-line ou por telefone, além de outros, surgem situações diversas e que demandam cautelosa aferição em razão de se manifestarem nos mercados ricos em dados, nos quais esse mesmo elemento finito – o tempo – passa a ser consumido por intrusões comissivas, usualmente de natureza publicitária.

O tempo, em si, parece não ser propriamente o elemento configurador de dano nas práticas levadas a efeito em mercados que se sofisticam constantemente. A ideia de lesão ao tempo, por sua vez, passa a demandar releituras para viabilizar a responsabilização de agentes que exploram atividades econômicas capazes de gerar tais distorções, mas se mantém sólida, e esse é um dos grandes méritos da pesquisa desenvolvida pelo Professor Carlos Edison.

Nesse momento de júbilo, ao celebrar os 25 anos de magistério do professor, o citado tema-problema se mostra mais atual do que nunca, demandando reanálise específica, haja vista a necessidade de sua adequada compreensão para que se considere as múltiplas formas de tutela jurídica de intrusões que lesam o tempo do consumidor.

2. PUBLICIDADE ALGORÍTMICA PERSUASIVA E O TEMPO DO CONSUMIDOR COMO BEM JURÍDICO TUTELÁVEL NA SOCIEDADE DA INFORMAÇÃO

Elemento complexo que é, o tempo pode ser identificado como marca da existência de cada pessoa[1]. Também é fonte de reflexões sobre a escassez e os limites da própria vida, inclusive do ponto de vista fenomenológico[2] e em função das inúmeras tentativas de sistematização de alguma espécie de "contagem inexata" a partir da ideia de continuidade[3], a justificar reverberações sobre todos os campos do pensamento humano[4].

Não se limitando à compreensão que lhe é atribuída pela temporalidade durável (que justifica a preservação da memória, a construção da História e o delineamento de projetos e metas de grupos ou coletividades[5]), o tempo individual se caracteriza exatamente pela impermanência, pela suscetibilidade, pela mudança e pela liberdade.

---

1. Várias passagens deste texto são releituras e atualizações originalmente apresentadas em artigo que escrevi com Guilherme Magalhães Martins, publicado em 2022, e cuja reprodução foi autorizada pelo coautor. Para consulta, conferir MARTINS, Guilherme Magalhães; FALEIROS JÚNIOR, José Luiz de Moura. Responsabilidade civil e o tempo do consumidor: do desvio produtivo à intrusão publicitária. *Revista de Direito do Consumidor*, São Paulo, v. 141, p. 281-308, maio/jun. 2022.
2. BERARDI, Franco. *Fenomenología del fin*: sensibilidad y mutación conectiva. Tradução do italiano para o espanhol de Alejandra López Gabrielidis. Buenos Aires: Caja Negra, 2017. p. 348. Anota: "La subsunción es interminable debido a la distancia insalvable que existe entre la dimensión cero y la información atemporal y el cuerpo como algo multidimensional que evoluciona en el tiempo. El juego terminó, pero aun así se renueva continuamente".
3. ELIAS, Norbert. *Sobre o tempo*. Tradução de Vera Ribeiro e revisão de Andréa Daher. Rio de Janeiro: Jorge Zahar, 1998. p. 64 *et seq.*
4. A busca por um delineamento conceitual para fenômenos complexos é desafio tipicamente enfrentado no estudo histórico. O termo *Begriffsgeschichte*, de Koselleck, denota exatamente a estruturação metodológica da busca por formulações conceituais que permitam ao intérprete ultrapassar os desafios impostos pela mutabilidade dos fenômenos complexos. Cf. KOSELLECK, Reinhart. *Estratos do tempo*: estudos sobre história. Tradução de Markus Hediger. Rio de Janeiro: Contraponto/PUC-Rio, 2014. Para uma análise do referido conceito no âmbito jurídico, conferir VILLAS BÔAS FILHO, Orlando. A historicidade da dogmática jurídica: uma abordagem a partir da *Begriffsgeschichte* de Reinhart Koselleck. In: RODRIGUEZ, José Rodrigo; COSTA, Carlos Eduardo Batalha da Silva; BARBOSA, Samuel Rodriguez Barbosa (Org.). *Nas fronteiras do formalismo*: a função da dogmática jurídica hoje. São Paulo: Saraiva, 2010.
5. OST, François. *O tempo do direito*. Tradução de Élcio Fernandes. Bauru: Edusc, 2005. p. 25-27.

Tal constatação, se transposta à contemporaneidade, passa a se imiscuir à ampla conectividade que marca a transformação digital. Vidas aceleradas pela disrupção tecnológica[6] são matrizes essenciais para a reconfiguração social, no apogeu da Quarta Revolução Industrial. Da mesma forma como os aspectos históricos da consolidação normativa da defesa de consumidores e das relações de consumo denotam ter havido importantes reflexos da transformação econômica, social, cultural e política que marcou o século XX[7], conclui-se que "[a] norma não pode ser compreendida fora da sociedade, historicamente determinada, e a relevância da sociedade civil não pode ser valorada separadamente da norma"[8].

Diversos debates jurídicos já se elasteceram para conjugar bem mais do que as regras contidas no Código de Defesa do Consumidor (Lei nº 8.078/1990), haja vista ser evidente que o ritmo irrefreável da inovação tecnológica acarreta mudanças profundas nos modelos tradicionais de regulação pela lei e de engessamento das estruturas econômicas[9]. O comércio eletrônico é exemplo disso, pois reflete a rapidez dessas mudanças e a pujança de novas estruturas mercantis que são viáveis devido a novas práticas que desafiam a Ciência do Direito à apresentação de respostas para as contingências que geram.

Em linhas gerais, trabalha-se com a perspectiva dos entrelaçamentos sofisticados entre 'poder', 'saber' e 'ser', mas em um ambiente mais sofisticado, no qual as Tecnologias de Informação e Comunicação, essencialmente baseadas no implemento de algoritmos e sistemas de inteligência artificial[10], têm favorecido a consolidação de um novo modelo de capitalismo (de vigilância) – densamente explorado nos escritos de Shoshana Zuboff[11] –, que traz à tona os traços de uma nova estruturação dos mercados que considera a experiência humana fonte de informações e alimenta algoritmos

---

6. MUNTADAS, Borja. La prisión de Cronos. Aspectos sociopolíticos del malestar contemporáneo. In: *La jaula del tiempo*: aspectos sociopolíticos y jurídicos de la aceleración contemporánea. Uberlândia: LAECC, 2020. p. 23-73.
7. A gênese do direito do consumidor remonta às sociedades capitalistas centrais, visualizadas em países como Estados Unidos da América, Inglaterra, Alemanha e França. (MIRAGEM, Bruno. *Curso de direito do consumidor*. 5. ed. São Paulo: Ed. RT, 2014. p. 38.) No entanto, seu recrudescimento se deu em compasso com os anseios por justiça social que simbolizaram o século XX, tendo na mensagem proferida por John F. Kennedy ao Congresso norte-americano, em 15 de março de 1962, seu marco simbólico de maior proeminência normativa: "Consumidores, por definição, somos todos nós. Eles são o maior grupo econômico, e influenciam e são influenciados por quase toda decisão econômica pública ou privada. Apesar disso, eles são o único grupo importante, cujos pontos de vista, muitas vezes, não são considerados". (AMARAL, Luiz Otávio de Oliveira. *Teoria geral do direito do consumidor*. São Paulo: Ed. RT, 2010. p. 19.) Alguns anos depois, em 1973, a Assembleia Consultiva da Comunidade Europeia aprovou a Resolução 543, que deu ensejo à edição da Carta Europeia de Proteção ao Consumidor. Por sua vez, a Resolução 39/248, de 16 de abril de 1985, fruto das discussões do Conselho Social Econômico da Assembleia Geral das Nações Unidas, foi o marco fundamental do direito do consumidor, tendo denotado a adesão internacional a uma série de normas dedicadas à proteção aos consumidores. STIGLITZ, Gabriel. *Protección jurídica del consumidor*. 2. ed. Buenos Aires: De Palma, 1988. p. 54 *et seq*.
8. PERLINGIERI, Pietro. *O direito civil na legalidade constitucional*. Tradução de Maria Cristina de Cicco. Rio de Janeiro: Renovar, 2008. p. 7.
9. MARTINS, Guilherme Magalhães. *Contratos eletrônicos de consumo*. 3. ed. São Paulo: Atlas, 2016. p.63.
10. SADIN, Éric. *La vie algorithmique*: critique de la raison numérique. Paris: Éditions L'Échappée, 2015. p. 79.
11. ZUBOFF, Shoshana. *The age of surveillance capitalism*: the fight for a human future at the new frontier of power. Nova York: PublicAffairs, 2019. p. 4. Diz: "Entanglements of knowledge, authority and power are no longer confined to workplaces as they were in the 1980s. Now their roots run deep through the necessities of daily life, mediating nearly every form of social participation".

de aplicação comercial usualmente sutil (e muitas vezes imperceptível), geralmente voltados à oferta de serviços supostamente gratuitos para pessoas que sequer sabem quais são os riscos envolvidos.

A fim de monitorar comportamentos com um nível muito alto de detalhamento, priorizam-se os 'leads' em detrimento das pessoas, uma vez que lucros são potencializados a partir da apropriação de dados capturados por algoritmos e técnicas desumanizantes de perfilização e estigmatização[12].

Omissões regulatórias decorrentes do descompasso (anunciado) entre a inovação tecnológica e a edição de leis escritas não podem representar *gaps* em ordenamentos que consagram diversas dimensões para a proteção dos direitos humanos, em suas inúmeras vertentes. São criados os 'mercados ricos em dados' (*data-rich markets*), ambientes nos quais o usuário se torna espectador de suas próprias preferências, posto que seus dados são utilizados para mapear seus interesses e predizer suas decisões[13]. Tudo é funcionalizado a partir de uma nova *commodity*: a atenção[14]. O tema, por isso, acaba reverberando sobre as relações de consumo e o direito do consumidor com intensidade, afetando também o tempo.

As contratações mudaram. Newton De Lucca anota que se, antes, o escopo de proteção do artigo 49 do Código de Defesa do Consumidor, que cuida do direito de arrependimento na compra e venda realizada fora do estabelecimento, remontava à ideia dos catálogos de produtos enviados para a residência do consumidor, agora tais catálogos estão nas telas dos computadores[15]. Todavia, as mudanças já se tornaram mais acentuadas e densas.

Assim, propostas voltadas à compreensão desse valor jurídico devem ser estruturadas e debatidas conforme o ritmo de desenvolvimento social, revelando adequação aos percalços do presente, mas sem desconsiderar os desafios do futuro. Na sociedade da informação, tem-se a falta impressão de que tudo é válido para 'seduzir'[16] o consumidor à contratação e, muito embora a publicidade seja uma atividade lícita, é utilizada cada vez mais em detrimento do discernimento do consumidor[17]. Com frequência são percebidas práticas que podem ser consideradas abusivas, como a publicidade indutiva,

---

12. FALEIROS JÚNIOR, José Luiz de Moura; MEDON, Filipe. Discriminação algorítmica de preços, perfilização e responsabilidade civil nas relações de consumo. *Revista de Direito da Responsabilidade*, Coimbra, ano 3, p. 947-969, 2021. p. 948.
13. MAYER-SCHÖNBERGER, Viktor; RAMGE, Thomas. *Reinventing capitalism in the age of Big Data*. Nova York: Basic Books, 2018. p. 7.
14. Cf. WU, Tim. *The attention merchants*: the epic scramble to get inside our heads. Nova York: Vintage, 2016.
15. DE LUCCA, Newton. *Aspectos jurídicos da contratação informática e telemática*. São Paulo: Saraiva, 2003. p. 111.
16. LIPOVETSKY, Gilles. Sedução, publicidade e pós-modernidade. In: MARTINS, Francisco Menezes; SILVA, Juremir Machado. *A genealogia do virtual*: comunicação, cultura e tecnologias do imaginário. Porto Alegre: Sulina, 2008. p. 35. E o autor ainda destaca que: "Com a morte do discurso de autoridade, a afirmação de um parâmetro tornou-se um jogo em que sedução, publicidade e marketing desempenham papéis fundamentais, mas em constante movimento. Ou seja, nada é intacável ou perene. A posteridade é como o horizonte, uma linha que se afasta à medida que o indivíduo se aproxima. Se existe, permanece um mistério. Não se pode estipular os critérios de acesso a ela. Como a moda, tudo é passageiro".
17. Conferir, sobre o tema, EFING, Antônio Carlos; BERGSTEIN, Laís Gomes; GIBRAN, Fernanda Mara. A ilicitude da publicidade invisível sob a perspectiva da ordem jurídica de proteção e defesa do consumidor. *Revista de Direito do Consumidor*, São Paulo, n. 81, p. 91-115, jan./mar. 2012.

as distorções de informações sobre produtos e serviços, a incitação às superstições, a violação de valores morais, da desejada segurança, as vendas casadas, dentre outras[18].

É preciso ressaltar que "publicidade e propaganda não se confundem. A publicidade tem um objetivo comercial, enquanto a propaganda possui um fim ideológico, religioso, filosófico, político, econômico ou social"[19]. Isto conduz à conclusão de Walter Ceneviva: "Pretendida que fosse uma distinção terminológica, a propaganda seria espécie do gênero publicidade, consistente em arte ou ciência de indução do consumidor a preferir produto ou serviço cujas qualidades proclama"[20].

A par desta conceituação, torna-se mais claro o escopo da utilização da publicidade na internet, na medida em que o *e-commerce* é repensado pela presença de novos instrumentos de *marketing*[21], como o uso de áudio e vídeo, a revisão da semiótica aplicada aos anúncios, a utilização de páginas interativas e animadas e até mesmo a contratação de personalidades da internet ('influenciadores digitais'), além de outros, como: *micro-sites*; *host sites*; *jumppages*; *pop-ups*; *floaters*; *banners*; *adverlogs*; *rich media*; *webisodes*; *marketing* viral; *e-auctions*; *gross rating points*; *bluecasting* e *e-mail marketing*[22].

Frente a isso, o Código de Defesa do Consumidor assume posição de proteção em virtude da vulnerabilidade (e da hipossuficiência) do consumidor, elencando diversos princípios relevantes, a saber: (i) identificação da publicidade (artigo 36); (ii) vinculação contratual da publicidade (artigos 30 e 35); (iii) veracidade (artigo 37, § 1º); (iv) não abusividade da publicidade (artigo 37, § 2º); (v) inversão do ônus da prova (artigo 38); (vi) transparência da fundamentação publicitária (artigo 36, parágrafo único); (vii) correção do desvio publicitário (artigo 56, XII).

Para que se reafirme a dimensão de controle que é desejável em relações de consumo, é preciso que seja consagrado um modelo de gestão do tempo a partir da retomada, pelos consumidores, dos mecanismos de controle que lhes são disponibilizados pelo ordenamento jurídico. A expressão *habeas mente*, colhida dos escritos de Fernando Rodrigues Martins, sintetiza tal ideia: "pode-se até buscar a metáfora do *habeas mente* como garantia contra *spams* que abordem os dados sensíveis do usuário da rede"[23].

Ademais, nesses mercados, haja vista a pujança informacional que lhes é inerente, debater algum grau de controle pressupõe reconhecer a proteção que deve ser conferida ao direito ao sossego[24], ainda que com novos contornos[25]. A expressão "placidez digital"

---

18. LORENZETTI, Ricardo Luis. *Comércio eletrônico*. Tradução de Fabiano Menke. São Paulo: Ed. RT, 2004. p. 390.
19. FINKELSTEIN, Maria Eugênia. *Aspectos jurídicos do comércio eletrônico*. Porto Alegre: Síntese, 2004. p. 254.
20. CENEVIVA, Walter. *Publicidade e direito do consumidor*. São Paulo: Ed. RT, 1991. p. 20-24.
21. Cf. PASQUALOTTO, Adalberto. *Os efeitos obrigacionais da publicidade no Código de Defesa do Consumidor*. São Paulo: Ed. RT, 1997.
22. LIMEIRA, Tânia Vidigal. *E-marketing na Internet com casos brasileiros*. São Paulo: Saraiva, 2003. p. 166-186.
23. MARTINS, Fernando Rodrigues. Sociedade da Informação e proteção da pessoa. *Revista da Associação Nacional do Ministério Público do Consumidor*, Brasília, v. 2, n. 2. 2016. p. 20.
24. Cf. MARTINS, Guilherme Magalhães; FALEIROS JÚNIOR, José Luiz de Moura; BASAN, Arthur Pinheiro. A responsabilidade civil pela perturbação do sossego na internet. *Revista de Direito do Consumidor*, São Paulo, n. 128, p. 239-265, mar./abr. 2020.
25. Com efeito: "Pelo exposto, é possível defender que a tutela do sossego se materializa na responsabilidade civil das empresas que se aproveitam dos dados pessoais e da vulnerabilidade do consumidor conectado para lhe

talvez seja representativa não de um novo dano – e tampouco se pretende que o seja –, mas de uma nova categorização fática que contribui para melhor delinear um problema sintomático da sociedade contemporânea: não se está mais a perder tempo; o tempo – e sua finitude – são explorados e manejados em razão do controle sutil do foco e da atenção a partir de práticas intrusivas e perturbadoras que merecem tutela.

Sabe-se que a vulnerabilidade do consumidor é qualidade presumida e distintiva (art. 4º, do CDC), razão pela qual deve o fornecedor valer-se de práticas comerciais que respeitem esta especial condição do consumidor, deixando de levar a efeito estratégias que o manipulem ou explorem. Porém, mercados que recorrem à atenção para alimentar algoritmos complexos – que "reinventam" as estratégias de *marketing* mais corriqueiras e passam a se imiscuir à racionalidade humana – impõem desafio nunca antes vislumbrado para os tradicionais instrumentos de tutela postos à disposição do operador do Direito.

3. RESPONSABILIDADE CIVIL POR LESÃO AO TEMPO E SUA SIGNIFICAÇÃO ATEMPORAL

Novos mercados representam novas possibilidades e a violação ao tempo já não é mais considerada apenas como resposta à falta de punição por eventos que, antes, geravam o chamado mero aborrecimento. Intromissões geradoras de dano existem e se tornam mais corriqueiras em razão de atividades publicitárias[26] – usualmente envolvendo dados[27] e que se direcionam a grupos hipervulneráveis[28] –, o que passa a indicar a

---

impingir publicidades de consumo não solicitadas. Fora a violação do tempo que a pessoa gasta para eliminar as publicidades indesejadas que lhe são direcionadas, é evidente que a importunação de sossego também é capaz de gerar outros danos aos usuários, em especial diante das técnicas agressivas de *marketing* que promovem o assédio de consumo". BASAN, Arthur Pinheiro; FALEIROS JÚNIOR, José Luiz de Moura. A proteção de dados pessoais e a concreção do direito ao sossego no mercado de consumo. *Civilistica.com: Revista Eletrônica de Direito Civil*, Rio de Janeiro, ano 9, n. 3, 2020. p. 20.

26. BERGSTEIN, Laís. Internet das Coisas e *'target advertising'*: riscos e possibilidades do uso de dados pessoais. In: OLIVEIRA, Júlio Moraes (Org.). *Direito do consumidor contemporâneo*. Belo Horizonte: D'Plácido, 2019. p. 133-146.
27. A doutrina italiana vem sinalizando tal propensão de violação a direitos em razão da malversação de dados: "La tutela della *privacy* di ciascun individuo è tema sempre ampiamente dibattuto ed oggetto di continui aggiornamenti normativi, non solo all'interno del territorio italiano ma anche a livello transnazionale. Possiamo anzi con certezza affermare che l'attuale disciplina legislativa presente in Italia è frutto di quelle che sono state le disposizioni normative radicatesi dapprima nella comunità internazionale. Il processo di costituzionalizzazione del diritto alla *privacy* non è infatti rimasto confinato alle singole esperienze nazionali, ma ha avuto riscontri significativi altresì a livello sovranazionale e comunitario". PALO, Fabio. Il danno per la violazione della privacy del consumatore. In: CENDON, Paolo; PONCIBÒ, Cristina (a cura di). *Il risarcimento del danno al consumatore*. Milão: Giuffrè, 2014. p. 185. Ainda sobre o tema e trazendo ao debate algumas reflexões sobre a privacidade no direito italiano, conferir, por todos, COLOMBO, Cristiano; BERNI, Duílio Landell de Moura. Privacy no direito italiano: tríade de decisões judiciais rumo a insights sobre limites conceituais, deslocamento geográfico e transparência do corpo eletrônico. *Revista IBERC*, Belo Horizonte, v. 5, n. 1, p. 112-131, jan./abr. 2022.
28. Conferir, por exemplo, estudo crítico de Arthur Basan sobre idosos: BASAN, Arthur Pinheiro. Do idoso sossegado ao aposentado telefonista: a responsabilidade civil pelo assédio do telemarketing de crédito. *Revista IBERC*, Belo Horizonte, v. 4, n. 3, p. 53-66, set./dez. 2021; conferir, também, sobre novas práticas abusivas em mercados digitais dedicados preponderantemente a crianças e adolescentes, o seguinte estudo: FALEIROS JÚNIOR, José Luiz de Moura; DENSA, Roberta. Para além das 'loot boxes': responsabilidade civil e novas práticas abusivas no mercado de games. In: FALEIROS JÚNIOR, José Luiz de Moura; LONGHI, João Victor Rozatti; GUGLIARA, Rodrigo (Coord.). *Proteção de dados pessoais na sociedade da informação*: entre dados e danos. Indaiatuba: Foco, 2021. p. 333-356.

ressignificação do objeto afetado; mais do que o tempo (ou o tempo 'útil'), considera-se a atenção[29] – que demanda tempo – do consumidor. Meios intrusivos de perturbação do sossego são as principais razões para que distúrbios ocorram, gerando eventuais danos.

Segundo Byung-Chul Han, "a crescente carga de trabalho torna necessária a adoção de disposições específicas em relação ao tempo e à atenção (*Zeitund Aufmerksamkeitstechnik*); isso, por sua vez, afeta a estrutura de atenção e cognição"[30]. O problema já era apontado, por exemplo, por Jean Baudrillard, muito antes do atingimento do grau de desenvolvimento tecnológico do século XXI e do desenvolvimento de teorias mais contemporâneas para o fenômeno[31].

Nos dizeres de Arthur Basan, "apesar de a publicidade derivar da livre iniciativa econômica e da livre concorrência, a imposição de limites publicitários é claramente legal, principalmente ao se considerar a necessidade de preservação da autonomia dos consumidores que a recebem"[32]; por outro lado, a pujança dos dados faz emanar uma ideia recentemente analisada por Cass Sunstein: a de que se está a viver no limiar de um novo paradigma social, no qual governantes e agentes reguladores deverão lidar com oportunidades únicas para o trato da informação.

Analisando como os mercados migraram, continuam migrando e ainda migrarão para a internet, não há dúvidas de que perturbações que "tomam tempo" passam a decorrer de intrusões comissivas, e não de omissões. Como foi dito, mesmo nas relações de consumo, atividades baseadas em publicidade algorítmica intrusiva passam a demandar a atenção do consumidor, que é outro substrato igualmente limitado e comumente confundido com o tempo.

O mercado mudou, os consumidores são cada vez mais exigentes e apresentam novos comportamentos que mudam frequentemente a eficácia do *marketing* praticado na rede. Para Rafael Sampaio, os consumidores estão cada vez mais sofisticados, sensíveis, seletivos e céticos[33], o que desafia as empresas – especialmente quando operam na internet – a revisitarem suas práticas comerciais e publicitárias de modo que possam

---

29. A explicação é de Tim Wu: "Since its inception, the attention industry, in its many forms, has asked and gained more and more of our waking moments, albeit always, in exchange for new conveniences and diversions, creating a grand bargain that has transformed our lives". WU, Tim. *The attention merchants*: the epic scramble to get inside our heads. Nova York: Vintage, 2016. p. 5.
30. HAN, Byung-Chul. *The burnout society*. Tradução do alemão para o inglês de Erik Butler. Stanford: Stanford Briefs, 2015. p. 12 Tradução livre. No original: "the mounting burden of work makes it necessary to adopt particular dispositions toward time and attention [*Zeitund Aufmerksamkeitstechnik*]; this in turn affects the structure of attention and cognition".
31. BAUDRILLARD, Jean. *La société de consommation*: ses mythes, ses structures. Paris: Éditions Denoël, 1970. p. 291. Anota: "Il y a désormais un problème mondial de la fatigue comme il y a un problème mondial de la faim. (...) La fatigue, comme syndrome collectif des sociétés post-industrielles, rentre ainsi dans le champ des anomalies profondes, des «dysfonctions» du bien-être. «Nouveau mal du siècle», elle est à analyser en conjonction avec les autres phénomènes anomiques, dont la recrudescence marque notre époque, alors que tout devrait contribuer à les résoudre."
32. BASAN, Arthur Pinheiro. *Publicidade digital e proteção de dados pessoais*: o direito ao sossego. Indaiatuba, Foco, 2021. p. 211.
33. SAMPAIO, Rafael. *Propaganda de A a Z*. Rio de Janeiro: Campus, 2003. p. 232-235. O autor salienta que "os recursos tecnológicos e produtivos são cada vez mais parecidos e possibilitam às empresas atingir padrões de qualidade semelhantes".

ser verdadeiramente competitivas em face da grande concorrência e, ainda, para que estejam realmente aptas a assumir e explicitar um "perfil de confiabilidade, praticidade e qualidade, um dos motivos que fazem o consumidor investir em determinado produto"[34].

Para cumprir tal meta, as empresas recorrem a recursos tecnológicos que permitam o exercício do chamado *marketing* segmentado, pelo qual as estratégias empresariais são remodeladas para que se faça determinado anúncio ser apresentado ao consumidor que se sabe ter a necessidade de consumir o produto ou serviço respectivo[35] – e isto se faz com técnicas de *machine learning* que robustecem algoritmos.

Situações do cotidiano que geravam repercussões relacionadas ao tempo do consumidor eram usualmente qualificadas doutrinária e jurisprudencialmente como eventos aptos a gerar chateações e dissabores, mas sem ultrapassar os limites do "mero aborrecimento", ou seja, não seriam situações efetivamente danosas, suficientemente graves, com aptidão à configuração de dano[36].

Foi delongada a construção dogmática que consagrou a possibilidade de reparação do dano moral. Como lembra Zenun, "razão não têm os que só admitem a reparação do dano moral quando há repercussão econômica, porque não se trata de pagar a dor, os sofrimentos, mas de dar ao lesado os meios para-derivativos, com que se aplacam ou afugentam esses males"[37].

A paulatina diminuição da relevância da ilicitude na aferição do dano, somada à crescente preocupação com a vítima (e com a reparação de lesões porventura sofridas), e não com o ofensor (e sua reprovação)[38], conduziu a reestruturação dogmática da responsabilidade civil para a identificação do dano a partir da lesão a interesse juridicamente tutelado e digno de proteção pelo ordenamento jurídico.

Separou-se a noção de dano injusto do ato ilícito e, para permitir sua tutela jurídica *ex post*, evitando que todo e qualquer dano fosse objetivamente indenizável, os atributos de certeza e atualidade passaram a importar ainda mais. A expressão 'direito de danos'[39] foi adotada, então, para simbolizar novo plexo de situações merecedoras de

---

34. PRATES, Cristina Cantú. *Publicidade na Internet*: consequências jurídicas. Curitiba: Juruá, 2015. p. 42.
35. LIMEIRA, Tânia Vidigal. *E-marketing na Internet com casos brasileiros*. São Paulo: Saraiva, 2003. p. 9.
36. O dano moral, historicamente, sempre foi analisado pela doutrina a partir de tentativas variadas de sistematização de seus elementos concretizadores. Wilson Melo da Silva, aprofundando-se no estudo da questão, destaca oito requisitos: "1ª) Falta de um efeito penoso durável; 2ª) A incerteza, nessa espécie de danos, de um verdadeiro direito violado; 3ª) A dificuldade de descobrir-se a existência do dano; 4ª) A indeterminação do número de pessoas lesadas; 5ª) A impossibilidade de uma rigorosa avaliação em dinheiro; 6ª) A imoralidade de compensar uma dor com dinheiro; 7ª) O ilimitado poder que se tem de conferir ao juiz; 8ª) A impossibilidade jurídica de se admitir tal reparação." SILVA, Wilson Melo da. *O dano e sua reparação*. 3. ed. Rio de Janeiro: Forense, 1983. p. 337.
37. ZENUN, Augusto. *Dano moral e sua reparação*. 3. ed. Rio de Janeiro: Forense, 1995. p. 73.
38. MORAES, Maria Celina Bodin de. *Danos à pessoa humana*: uma leitura civil-constitucional dos danos morais. Rio de Janeiro: Renovar, 2003. p. 177. Anota: "Daí porque, há mais de duas décadas, O. GOMES qualificava como 'a mais interessante mudança' na teoria da responsabilidade civil o que ele chamou de 'giro conceitual do ato ilícito para o dano injusto', que permite 'detectar outros danos ressarcíveis que não apenas aqueles que resultam da prática de um ato ilícito'. Substitui-se, em síntese, a noção de ato ilícito pela de dano injusto, mais amplo e mais social".
39. DÍEZ-PICAZO, Luis. *Derecho de daños*. Madri: Civitas, 1999. p. 314. Anota: "Para que un daño sea indemnizable, además de concurrir necesariamente un título de imputación subjetiva de la responsabilidad por apreciación

tutela jurídica, para além da tradicional concepção identificadora do dano em sentido material (a partir do prejuízo econômico ou mesmo emocional)[40].

Fato é que, por volta de 2005, o advogado Marcos Dessaune lançou a expressão "desvio produtivo do consumidor" para denominar o fenômeno socioeconômico que percebia na práxis forense, sendo desafiado por novas demandas de consumo que versavam sobre questões relacionadas a algo que o autor identificava como um novo e relevante dano[41], distinto do dano moral clássico[42].

Claramente, o que se percebe é que a experiência prática de Dessaune com ações que discutiam eventos geradores de 'meros aborrecimentos' demonstrava, na verdade, haver interferência na qualidade de vida dos consumidores demandantes, ultrapassando os limites tradicionalmente definidos pela jurisprudência para a não configuração de um dano[43]. Noutros termos, a complexidade da vida em sociedade – cuja constante metamorfose impõe a superação de novos desafios[44] – também indicaria a necessidade de se reconhecer valor jurídico ao que era visto, até então, como mero aborrecimento[45].

Não se nega que "a intangibilidade, a ininterruptibilidade e a irreversibilidade são características do tempo que lhe tornam inacumulável e irrecuperável, ou seja, diferentemente dos bens materiais, trata-se de um recurso que não se pode acumular, tampouco recuperar durante a vida"[46]. As necessidades humanas[47] mudam tanto quanto mudam os limites de aplicação das normas jurídicas às relações jurídicas estabelecidas em razão dessas mudanças.

---

de culpa o, en virtud de una norma jurídica, por el riesgo creado, es preciso que en el daño mismo concurran algunas condiciones o algunos requisitos. De esta suerte, trata el ordenamiento de limitar, por una parte, las consecuencias ulteriores de las acciones humanas y, por otra, el derecho al resarcimiento del perjudicado cuando pueden encontrarse serias razones para ello".

40. SCHREIBER, Anderson. *Novos paradigmas da responsabilidade civil*: da erosão dos filtros da reparação à diluição dos danos. 5. ed. São Paulo: Atlas, 2013. p. 108 *et seq.*
41. O desvio produtivo seria caracterizado conceitualmente, em sua primeira construção teórica, pela necessidade de o consumidor "desperdiçar" o seu tempo e desviar as suas competências para tentar resolver um problema criado pelo fornecedor, a um custo de oportunidade indesejado, de natureza irrecuperável, diante de uma situação de mau atendimento pelo fornecedor. Cf. DESSAUNE, Marcos. *Desvio produtivo do consumidor*: o prejuízo do tempo desperdiçado. São Paulo: Ed. RT, 2011. p. 88. O autor, em 2017, lançou a segunda edição da sua obra, intitulada "Teoria aprofundada do desvio produtivo do consumidor; o prejuízo do tempo desperdiçado e da vida alterada, com grande difusão. DESSAUNE, Marcos. *Teoria aprofundada do desvio produtivo do consumidor*; o prejuízo do tempo desperdiçado e da vida alterada. 2. ed. Vitória, 2017.
42. DESSAUNE, Marcos. Apresentação. In: BORGES, Gustavo; VOGEL, Joana Just. *O dano temporal e sua autonomia na responsabilidade civil*. Belo Horizonte: D'Plácido, 2021. p. 20.
43. Segundo Aguiar Dias, "a unanimidade dos autores convém em que não pode haver responsabilidade sem a existência de um dano, e é verdadeiro truísmo sustentar esse princípio, porque, resultando a responsabilidade civil em obrigação de ressarcir, logicamente não pode concretizar-se onde não há que reparar". DIAS, José de Aguiar. *Da responsabilidade civil*. 11. ed. Rio de Janeiro: Renovar, 2006. p. 393.
44. Neste sentido, aliás, descreve o Enunciado 445, da V Jornada de Direito Civil, que "o dano moral indenizável não pressupõe necessariamente a verificação de sentimentos humanos desagradáveis como dor ou sofrimento". Essa é a posição que prevalece na doutrina.
45. MENDONÇA, Rodrigo Palomares Maiolino de. O mero aborrecimento tem valor. In: OLIVEIRA, Júlio Moraes (Org.). *Direito do consumidor contemporâneo*. Belo Horizonte: D'Plácido, 2019. p. 295 *et seq.*
46. DESSAUNE, Marcos. *Desvio produtivo do consumidor*: o prejuízo do tempo desperdiçado. São Paulo: Ed. RT, 2011. p. 108.
47. Cf. MASLOW, Abraham Harold. *Motivation and personality*. 2. ed. Nova Iorque: Harper & Row, 1970.

Cada novo contexto permite que se investigue a efetividade da norma jurídica para a tutela de valores, conceitos, bens e serviços que integram a sociedade de consumo na chamada pós-modernidade, haja vista que passam a afetar a coletividade de usuários que, direta ou indiretamente, estão em contato com a nova realidade na qual se estabelece um propósito. Com efeito, "essa é a agenda do ser humano: caminhar com tranquilidade, no ambiente em que sua vida se manifesta rumo ao seu projeto de vida"[48]. Essa reflexão, claramente alinhada à percepção de que situações existenciais orbitam a construção dogmática do dano por perda de tempo útil, foi que levou Marcos Dessaune a revisitar a teoria do desvio produtivo do consumidor, em 2017, para deixar de identificar a autonomia do dano que lhe era correlato, reconhecendo-o, a partir de então, como "dano extrapatrimonial de natureza existencial pela lesão ao tempo vital e às atividades existenciais do consumidor, podendo ainda lhe causar outros danos"[49].

Talvez o desvio produtivo não indique um novo dano, mas seja uma representação do dano extrapatrimonial, agora identificado a partir de suporte fático diverso[50]. Não obstante, a teoria permanece viva no âmbito jurisprudencial, já tendo sido objeto de inúmeros enfrentamentos, em especial pelo Superior Tribunal de Justiça. Para exemplificar o tipo de situação usualmente observada em demandas de consumo que desvelam a incidência da referida teoria, cita-se precedente de 2018, no qual a referida Corte assentou que, "pelo fato de ter sido submetida, por longo período [por mais de três anos, desde o início da cobrança e até a prolação da sentença], a verdadeiro calvário para obter o estorno alvitrado, cumprindo prestigiar no caso a teoria do Desvio Produtivo do Consumidor"[51], uma consumidora deveria ser indenizada, tendo sido arbitrada indenização a título de dano moral – sem o reconhecimento de um dano independente –, embora a teoria de Marcos Dessaune tenha sido expressamente mencionada.

Para além de situações indesejadas e geradoras de verdadeiro "calvário", como mencionado pelo julgador no aresto anterior, também se nota que a jurisprudência

---

48. DESSAUNE, Marcos. *Desvio produtivo do consumidor*: o prejuízo do tempo desperdiçado. São Paulo: Ed. RT, 2011. p. 140-141.
49. DESSAUNE, Marcos. Apresentação. In: BORGES, Gustavo; VOGEL, Joana Just. *O dano temporal e sua autonomia na responsabilidade civil*. Belo Horizonte: D'Plácido, 2021. p. 22.
50. TERRA, Aline de Miranda Valverde. Danos autônomos ou novos suportes fáticos de danos? Considerações acerca da privação do uso e da perda do tempo nas relações de consumo. In: KNOERR, Viviane Coêlho de Séllos; FERREIRA, Keila Pacheco; STELZER, Joana (Org.). *Direito, globalização e responsabilidade nas relações de consumo*. Florianópolis: Conpedi, 2015. p. 1-17.
51. Confira-se trecho mais detalhado do voto condutor do referido julgamento: "Com efeito, tem-se como absolutamente injustificável a conduta da instituição financeira em insistir na cobrança de encargos fundamentadamente impugnados pela consumidora, notório, portanto, o dano moral por ela suportado, cuja demonstração evidencia-se pelo fato de ter sido submetida, por longo período [por mais de três anos, desde o início da cobrança e até a prolação da sentença], a verdadeiro calvário para obter o estorno alvitrado, cumprindo prestigiar no caso a teoria do Desvio Produtivo do Consumidor, por meio da qual sustenta Marcos Dessaune (...) Com efeito, a abusiva cobrança de encargos bancários indevidos e a recalcitrância injustificada por tempo expressivo [três anos] do réu em proceder a cessação desta exação e o espontâneo ressarcimento à correntista, constitui injusta agressão, porquanto privou a autora de utilizar o seu tempo disponível na forma que melhor lhe aprouvesse, de molde a provocar sofrimento psíquico que molesta direitos inerentes à personalidade, vulnerando seu patrimônio moral, a justificar a reparação almejada". BRASIL. Superior Tribunal de Justiça, *Recurso Especial 1.260.458/SP*, rel. Min. Marco Aurélio Bellizze, DJ 25/04/2018.

usualmente reafirma a ocorrência de vício (do produto ou do serviço) para diagnosticar descumprimento contratual que extrapola os limites do tolerável[52].

Mais recentemente, em acórdão publicado em 24 de fevereiro de 2022, o Superior Tribunal de Justiça voltou a enfrentar a questão em ação civil pública ajuizada pelo Ministério Público do Estado de Tocantins contra instituições financeiras por ineficiência lastreada no desabastecimento de terminais de autoatendimento ('caixas eletrônicos') e por não solucionarem longas filas de espera. Destacando a amplitude da violação, no voto condutor, relatado pela Ministra Nancy Andrighi, reconheceu-se que "não se está a tratar de simples espera em filas de agências bancárias, tampouco de dano moral individual, mas sim de dano moral coletivo, figura autônoma com funções e requisitos próprios"; ainda, a relatora destacou que "a teoria do desvio produtivo preceitua a responsabilização do fornecedor pelo dispêndio de tempo vital do consumidor prejudicado, desviando-o de atividades existenciais" e, com isso, reconheceu a aptidão das omissões das instituições financeiras quanto à caracterização do dano moral coletivo[53].

---

52. Nem sempre é mencionada a expressão "desvio produtivo do consumidor", embora um mesmo fenômeno perturbador seja recorrentemente identificado como elemento central para a fixação de indenização, não por dano decorrente da perda de tempo, mas a título de dano moral. Nos tribunais estaduais, há inúmeros precedentes sobre o tema, com enfrentamentos de pedidos relacionados a supostas situações de desvio produtivo do consumidor, mas que, na verdade, acabam se imiscuindo a outras discussões. Apenas a título exemplificativo, podem ser elencados os seguintes arestos jurisprudenciais: (i) no TJ/BA, Ap. Cível 0000791-97.2014.8.05.0216; (ii) no TJ/PB, Ap. Cível 0000882-61.2014.8.15.0071; (iii) no TJ/GO, Ap. Cível 5415178-58.2017.8.09.0051; (iv) no TJ/MG, Ap. Cível 1.0637.17.001522-5/001; (v) no TJ/SC, Ap. Cível 0300847-64.2017.8.24.0041; (vi) no TJ/SP, Ap. Cível 1001545-85.2015.8.26.0318; (vii) no TJ/AM, Ap. Cível 0255718-32.2008.8.04.0001; (viii) no TJ/RJ, Ap. Cível 0053950-27.2016.8.19.0205; (ix) no TJ/RS, Ap. Cível 0016980-75.2013.8.21.9000.

53. Acompanharam a relatora os Ministros Paulo de Tarso Sanseverino, Ricardo Villas Bôas Cueva e Moura Ribeiro, restando vencido o Ministro Marco Aurélio Bellizze. Da ementa do acórdão, destacam-se os seguintes trechos: "(...) 2 – Os propósitos recursais consistem em dizer se: a) o acórdão recorrido conteria omissão; b) é possível a condenação ao pagamento de danos morais coletivos em demanda em que se discute direitos individuais homogêneos; c) em demanda em que se discute a caracterização de dano moral coletivo é necessária a prova concreta do dano; d) a reiterada existência de caixas eletrônicos inoperantes, sobretudo por falta de numerário, e o consequente excesso de espera em filas de agências bancárias por tempo superior ao estabelecido em legislação municipal são causas suficientes de dano moral coletivo; e) o valor arbitrado a título de compensação pelos danos morais coletivos é excessivo; f) os juros de mora devem incidir a partir da sentença que constituiu a obrigação de compensar os danos morais coletivos ou da citação para a ação civil pública; g) a imposição de multa diária configura *bis in idem*, tendo em vista que a Lei Municipal 2.111/2002, da cidade de Araguaína/TO, já estabelece punição para a hipótese de vício de qualidade no serviço bancário prestado; e h) o valor fixado a título de multa diária seria excessivo. (...) 4 – Não bastasse ser possível cumular, na mesma ação coletiva, pretensões relativas a diversos interesses transindividuais, é forçoso concluir que, na espécie, não se está a tratar de ofensa a direitos individuais homogêneos, mas sim a direitos difusos com a imposição de obrigação de fazer e de compensar os danos morais coletivos perpetrados. 5 – Ao contrário do que argumentam as recorrentes, a responsabilização por dano moral coletivo se verifica pelo simples fato da violação, isto é, *in re ipsa*, não havendo que se falar, portanto, em ausência de prova do dano na hipótese em apreço. 6- A inadequada prestação de serviços bancários, caracterizada pela reiterada existência de caixas eletrônicos inoperantes, sobretudo por falta de numerário, e pelo consequente excesso de espera em filas por tempo superior ao estabelecido em legislação municipal, é apta a caracterizar danos morais coletivos. 7- Na hipótese, não se evidencia a exorbitância apta a permitir a redução do valor fixado pela Corte de origem a título de compensação pelos danos morais coletivos, porquanto entende-se razoável o quantum fixado correspondente a R$ R$ 500.000,00 (quinhentos mil reais) para cada instituição financeira. (...)". BRASIL. Superior Tribunal de Justiça, *Recurso Especial 1.9292.288/TO*, rel. Min. Nancy Andrighi, DJ 24/02/2022.

É conveniente registrar que, desde que a teoria do desvio produtivo do consumidor se popularizou, parte da doutrina passou a sinalizar a possibilidade de estruturação de um novo dano decorrente da perda de tempo, útil ou não, a partir de suas clássicas formulações. Em 2013, o argentino Sergio Sebastián Barocelli sustentou que a perda de tempo poderia se convolar em dano emergente[54] ou em lucro cessante[55]. Essa constatação, tendo em vista a época em que o artigo do autor foi publicado, coincidiu com o período em que o desvio produtivo do consumidor ainda estava em processo de construção.

O dano emergente é aquele que mais se nota à primeira vista; é o chamado dano positivo, que representa aquilo que, de imediato, efetivamente se perdeu, sendo de mais fácil avaliação do que o lucro cessante, que utiliza a projeção contábil do dano em relação ao patrimônio da vítima, a qual não é facilmente avaliada, podendo abranger prejuízos futuros, dependendo do desenrolar dos acontecimentos[56-57]. No Brasil, adota-se a teoria da causa direta e imediata, por expressa disposição do art. 403 do Código Civil de 2002: "Art. 403. Ainda que a inexecução resulte de dolo do devedor, as perdas e danos só incluem os prejuízos efetivos e os lucros cessantes por efeito dela direto e imediato, sem prejuízo do disposto na lei processual".

Como argumenta Carlos Edison do Rêgo Monteiro Filho, "no exemplo genérico da injustificada perda do tempo na fila de agência bancária, é bem crível que, para além da questão extrapatrimonial, decorram do inesperado atraso efeitos de ordem patrimonial na vítima, como a perda de compromissos profissionais (...)"[58]. Uma situação dessa estirpe teria repercussões simultaneamente patrimoniais e não patrimoniais.

Logo, admitir-se a reparação tanto de danos emergentes, quanto de lucros cessantes, sendo ambos decorrentes da lesão causada em uma relação de consumo, não representa argumento suficiente para que se qualifique o desvio produtivo como um novo dano. De fato, nunca houve completa assertividade sobre as bases estruturais da teoria do desvio produtivo do consumidor, especialmente quando os primeiros trabalhos que a anali-

---

54. O autor explica: "La pérdida de tiempo puede vislumbrase en un daño emergente: un daño a la salud o integridad física ante la tardanza en la atención sanitaria, la pérdida de un servicio de transporte (aéreo, terrestre, marítimo etc.). [...] Pero también em los supuestos que analizamos en este trabajo (defecto de producto, deficiencias en la prestación de servicios etc.) pueden generar gastos que configuran un daño emergente: llamadas telefónicas, procuración de copias para denuncias y reclamaciones, traslado y viáticos, entre otros, que merecen ser compensados". BAROCELLI, Sergio Sebastián. Cuantificación de daños al consumidor por tiempo perdido. *Revista de Direito do Consumidor*, São Paulo, n. 90, p. 119-140, nov./dez. 2013. p. 119.
55. "En segundo término, la pérdida de tiempo puede encuadrarse en un supuesto de lucro cesante. Tiempo que, por ser escaso, el consumidor le resta a sus actividades económicas, caso que implicaría un lucro cesante (actividad laboral, productiva, profesional etc.) o, en sentido más técnico, al desarrollo de actividades esenciales para la vida (descanso, ocio, vida familiar y de relación) o de su personalidad (actividades educativas, culturales, deportivas, espirituales, recreativas etc.)". BAROCELLI, Sergio Sebastián. Cuantificación de daños al consumidor por tiempo perdido. *Revista de Direito do Consumidor*, São Paulo, n. 90, p. 119-140, nov./dez. 2013. p. 119.
56. ALVIM, Agostinho. *Da inexecução das obrigações e suas consequências*. 3. ed. Rio de Janeiro: Editora Jurídica e Universitária, 1965. p. 174.
57. TEPEDINO, Gustavo. Notas sobre o nexo de causalidade. In: TEPEDINO, Gustavo. *Temas de Direito Civil*. Rio de Janeiro: Renovar, 2006. t. II, p.64.
58. MONTEIRO FILHO, Carlos Edison do Rêgo. Lesão ao tempo: configuração e reparação nas relações de consumo. *Revista da Ajuris*, Porto Alegre, v. 43, n. 141, p. 87-113, dez. 2016. p. 107.

saram foram escritos. Todavia, isso não significa dizer que a teoria não tenha seu valor. Bem ao contrário, foi importante marco jurídico para as discussões que se seguiram.

Uma dessas discussões envolve a suposta repercussão pedagógica da responsabilidade civil por perda de tempo útil, analisada por Maurilio Casas Maia em razão do argumento de que "o tempo humano passará a ter valor em si mesmo considerado, e não por eventuais consequências econômicas ou morais de sua violação"[59]. No direito brasileiro, uma leitura superficial do *caput* do artigo 944 do Código Civil permitiria concluir que é descabida a imposição de pena privada. Todavia, seu parágrafo único descreve que, "se houver excessiva desproporção entre a gravidade da culpa e o dano, poderá o juiz reduzir, equitativamente, a indenização". Medindo-se a indenização pela extensão do dano, como indica o *caput*, o tema sempre suscitou controvérsias[60], culminando na edição do Enunciado 379, da IV Jornada de Direito Civil, que prevê o seguinte: "O art. 944, *caput*, do Código Civil não afasta a possibilidade de se reconhecer a função punitiva ou pedagógica da responsabilidade civil".

O tema é polêmico, especialmente quando analisado sob o prisma da responsabilidade civil objetiva[61] – que é a regra nas relações de consumo, em razão da incorporação da teoria do risco da atividade[62] nos artigos 12 e 14 do CDC –, tendo em vista que se torna bastante opaco o critério "gravidade da culpa" para a aferição da extensão do dano[63]. Entretanto, a responsabilidade civil caminha rumo à promoção da *accountability*, mais robusta e alicerçada em múltiplas funções, especialmente a precaucional[64].

---

59. MAIA, Maurilio Casas. O dano temporal indenizável e o mero dissabor cronológico no mercado de consumo: quando o tempo é mais que dinheiro – é dignidade e liberdade. *Revista de Direito do Consumidor*, São Paulo, n. 92, p. 161-176, mar./abr. 2014. p. 162.
60. PIRES, Fernanda Ivo. *Responsabilidade civil e o caráter punitivo da reparação*. Curitiba: Juruá, 2014. p. 163 *et seq*.
61. Mister recordar que, na I Jornada de Direito Civil, foi aprovado o Enunciado 46, posteriormente reformado, na IV Jornada, pelo Enunciado 380. O primeiro descrevia que "[a] possibilidade de redução do montante da indenização em face do grau de culpa do agente, estabelecida no parágrafo único do art. 944 do novo Código Civil, deve ser interpretada restritivamente, por representar uma exceção ao princípio da reparação integral do dano, não se aplicando às hipóteses de responsabilidade objetiva". O segundo, por sua vez, cuidou de especificar a ampliação do escopo do primeiro, na medida que, segundo restou definido em seu comando, "[a]tribui-se nova redação ao Enunciado n. 46 da I Jornada de Direito Civil, pela supressão da parte final: não se aplicando às hipóteses de responsabilidade objetiva".
62. Referida teoria se fundamenta no princípio "*ubi emolumentum ibi ônus*", que se traduz na responsabilidade daquele que extrai vantagem ou proveito do fato causador do dano, tornando-se obrigado, por conseguinte, a repará-lo. A lógica desta concepção se situa na ideia de que, se a atividade econômica desenvolvida propicia enriquecimento ao seu empreendedor, e, paralelamente, a possibilidade de dano a quem executa o serviço, nada mais justo que, no caso de dano, ainda que ausente a culpa ou o dolo, se responsabilize o explorador da atividade. Em simples palavras, quem cria riscos potenciais de dano para outrem deve suportar os ônus correspondentes.
63. DAL PIZZOL, Ricardo. *Responsabilidade civil*: funções punitiva e preventiva. Indaiatuba: Foco, 2020. p. 196. Anota: "Parece-nos, todavia, que deveria ser aplicado no Brasil, em relação às funções punitiva e dissuasiva dos danos extrapatrimoniais, o mesmo raciocínio em "dois níveis" empregado em relação aos *punitive damages* nos países de *common law*: mesmo nas hipóteses em que a compensação do dano não exija culpa (responsabilidade objetiva) ou seja suficiente a culpa leve ou levíssima, a punição e a dissuasão pressupõem sempre culpa grave ou dolo."
64. Nesse cenário, quando se cogita de uma pena civil, "a função punitiva da responsabilidade civil equivale a uma responsabilidade civil sem dano, não tanto por se presumir o dano, mas por conceder exclusiva atenção à esfera jurídica do lesante, a jamais se presumir a reprovabilidade do comportamento e a intencionalidade da conduta antijurídica". ROSENVALD, Nelson. *As funções da responsabilidade civil*: a reparação e a pena civil. São Paulo: Atlas, 2013. p. 218-219.

O tempo, assim como o sossego, é tema de suma importância para a pessoa humana. O seu dano é juridicamente valorável e economicamente quantificável[65], afinal, o tempo do consumidor compõe o dano ressarcível nas relações jurídicas de consumo, assim como os danos psicológicos e os contratempos (plenamente evitáveis) da sociedade atual[66]. Assim, "(...) tendo em vista que o menoscabo incide sobre o bem jurídico *tempo*, parece mais adequado designar-se a situação objeto da presente análise como *lesão ao tempo*, evitando-se a confusão entre a lesão e seus efeitos, os prejuízos patrimoniais e/ou morais dela decorrentes, quer dizer, os danos"[67].

A teoria do desvio produtivo do consumidor é uma das respostas da doutrina a esse tipo de ingerência na esfera existencial dos consumidores, pois envolve valores como o trabalho, o lazer, o descanso e o convívio pessoal[68]. Mas a sociedade de massas muitas vezes traz como efeito o fato de o tempo perdido pelo outro ser menosprezado, considerado um aborrecimento que deve ser tolerado. Não obstante e ao revés disso, o tempo já é reconhecido como bem juridicamente tutelável, mesmo fora das relações de consumo[69], a demandar consideração de sua inerência à dignidade humana.

Sem embargo, o tempo pode ser definido como "o suporte indispensável ao exercício e à manifestação da personalidade de cada indivíduo. Como condição de promoção e realização da dignidade humana. Como recurso humano escasso, finito e irreparável e, por essa razão, inviolável"[70]. Então, identificá-lo (bem como alguma violação) não basta para justificar qualquer representação danosa. Portanto, as denominações "desvio produtivo do consumo" ou, tão somente, "perda do tempo útil" revelam-se, no rigor técnico, inapropriadas, pois parecem conter carga predominantemente patrimonialista e utilitarista"[71].

A doutrina se mostra, portanto, muito dividida quanto à natureza do dano em questão. Como se viu, Marcos Dessaune defende, desde 2017, que o desvio produtivo tem natureza jurídica de dano extrapatrimonial de natureza existencial pela lesão ao tempo vital e às atividades existenciais do consumidor, podendo causar-lhe outros danos; já Carlos Edison do Rêgo Monteiro Filho aduz que sua qualificação varia conforme os reflexos da lesão ao interesse juridicamente tutelado; por outro lado, Maurilio

---

65. MONTEIRO FILHO, Carlos Edison do Rêgo. Lesão ao tempo do consumidor no direito brasileiro. *Revista de Direito da Responsabilidade*, Coimbra, ano 2, p. 158-176, 2020.
66. BERGSTEIN, Laís. A consolidação do dano pela perda do tempo do consumidor no Brasil e o duplo critério para sua compensação: o menosprezo planejado. In: BORGES, Gustavo; MAIA, Maurilio Casas (Org.). *Dano temporal*: o tempo como valor jurídico. 2. ed. São Paulo: Tirant lo Blanch, 2019. p. 79-100.
67. MONTEIRO FILHO, Carlos Edison do Rêgo. Lesão ao tempo: configuração e reparação nas relações de consumo. *Revista da Ajuris*, Porto Alegre, v. 43, n. 141, p. 87-113, dez. 2016. p. 107.
68. DESSAUNE, Marcos. *Desvio produtivo do consumidor*: o prejuízo do tempo desperdiçado. São Paulo: Ed. RT, 2011. p. 200-218.
69. MONTEIRO FILHO, Carlos Edison do Rêgo. Lesão ao tempo: configuração e reparação para além das relações de consumo. In: BARBOZA, Heloisa Helena; TEPEDINO, Gustavo; MONTEIRO FILHO, Carlos Edison do Rêgo (Coord.). *Direito civil*: o futuro do direito. Rio de Janeiro: Processo, 2022, v. 2, p. 69-98.
70. AMORIM, Bruno de Almeida Lewer. *Responsabilidade civil pelo tempo perdido*. Belo Horizonte: D'Plácido, 2018. p. 65.
71. MONTEIRO FILHO, Carlos Edison do Rêgo. Lesão ao tempo: configuração e reparação nas relações de consumo. *Revista da Ajuris*, Porto Alegre, v. 43, n. 141, p. 87-113, dez. 2016. p. 107.

Casas Maia afirma que se trata de categoria jurídica autônoma relativamente aos danos material e moral.

Entretanto, propostas diversas já foram estruturadas para o tema, a exemplo da tese doutoral de Laís Bergstein, que explora um contexto mais específico do que o do desvio produtivo do consumidor. A autora chama de "menosprezo planejado" o contexto de inércia do fornecedor que deixa de empreender quaisquer esforços para solucionar o problema concreto do consumidor. A autora, embora reconheça a possibilidade de reparação autônoma do dano decorrente da perda de tempo útil do consumidor, destaca que "a necessidade de se individualizar um percentual ou uma parcela da indenização pelo dano extrapatrimonial cumpre duas funções: didática e preventiva"[72].

Para Laís Bergstein, é preciso que haja efetivo menosprezo do fornecedor (falta de iniciativa para a resolução do problema) e a demonstração da possibilidade de que o tempo desperdiçado poderia ter sido poupado pela empresa, se houvesse planejamento, para que se reconheça dano indenizável. O tempo, nesse contexto, não é facilmente quantificável. Em seus dizeres, "é preciso construir uma nova e equitativa distribuição do tempo nas relações de consumo, restituir ao consumidor o controle do seu próprio tempo, torná-lo o senhor da sua própria vida, o protagonista de sua própria história"[73].

A tendência de estruturação de um *tertium genus* que sinalize a emancipação desse tipo de ofensa é o ponto mais criticado pela doutrina[74]. Há enorme resistência doutrinária à intenção de popularizar novas espécies autônomas de danos[75].

4. CONCLUSÃO

Em linhas conclusivas, o que se percebe a existência de uma pluralidade de construções doutrinárias em torno da tutela jurídica do tempo. Estas, embora sejam conjecturadas por variações terminológicas (desvio produtivo, lesão ao tempo, perda de tempo

---

72. BERGSTEIN, Laís. *O tempo do consumidor e o menosprezo planejado:* o tratamento jurídico do tempo perdido e a superação das suas causas. São Paulo: Thomson Reuters Brasil, 2019. p. 274.
73. BERGSTEIN, Laís. *O tempo do consumidor e o menosprezo planejado:* o tratamento jurídico do tempo perdido e a superação das suas causas. São Paulo: Thomson Reuters Brasil, 2019. p. 275.
74. Ainda sobre o tema, confira-se: SCRAMIM, Umberto Cassiano Garcia. Da responsabilidade civil pela frustração do tempo disponível. *Revista dos Tribunais*, São Paulo, n. 968, p. 83-99, jun. 2016; SILVA NETO, Orlando Celso da. Responsabilidade civil pela perda do tempo útil: tempo é um ativo indenizável? *Revista de Direito Civil Contemporâneo*, São Paulo, n. 2, v. 4, p. 139-162, jul./set. 2015.
75. Daniel Deggau Bastos e Rafael Peteffi da Silva lembram que duas objeções foram apresentadas à referida proposta de autonomia: "Primeiramente, notou-se a obrigação de se observar que as categorias de indenização, dano patrimonial e extrapatrimonial, devem ser respeitadas em todas as situações em que a tutela indenizatória se imponha. Eventual autonomia de algum tipo de direito tutelado pelo ordenamento jurídico não pode ter como consequência a aceitação uma categoria indenizatória igualmente autônoma. A crítica da mais abalizada doutrina alemã em relação à categoria de *injury as such*, plasmada no *DCFR* [*Draft Common Frame of Reference*], mostra que o Direito Italiano se viu obrigado a trabalhar com categorias pouco ortodoxas em função de uma limitação extrema que as modalidades de dano extrapatrimonial encontrada em sua estrutura sistemática. Em relação aos sistemas que não se caracterizam por estas mesmas restrições, nenhuma razão há para se sustentar a existência de um *tertium genus*." BASTOS, Daniel Deggau; SILVA, Rafael Peteffi da. A busca pela autonomia do dano pela perda do tempo e a crítica ao 'compensation for injury as such'. *Civilistica.com: Revista Eletrônica de Direito Civil*, Rio de Janeiro, ano 9, n. 2, 2020. p. 24.

útil etc.), costumeiramente podem ser compreendidas em função de um pressuposto central da responsabilidade civil: a natureza omissiva da ação.

É frequente a criação de embaraços à solução de uma típica demanda consumerista por desídia, inércia, desinteresse, burocratização no atendimento, enfim, por omissão do fornecedor. Ainda que não se possa desconsiderar as valiosas inferências doutrinárias que procuram corroborar ou refutar a tese de que o dano por perda de tempo útil goza de autonomia, também não se pode deixar de analisar a predominância desse outro pressuposto da responsabilidade civil sob tal formato, e uma nova discussão se abre: seria possível o contraponto? A se considerar o tempo como recurso vilipendiado por atuação indevida do fornecedor, seria de se cogitar uma situação em que a proteção jurídica do consumidor seja garantida pela identificação de ato comissivo gerador de "lesão ao tempo", ainda que sem a autonomia pretendida por alguns?

Se o conceito de desvio produtivo do consumidor se entrelaça à casuística e denota algum grau de aferição subjetiva quanto ao tempo "não investido" pelo consumidor, quanto ao fornecedor, o que subjaz a esse fenômeno é que as condutas geradoras de desvio são tipicamente omissivas ou de retardamento. Por faltar clareza acerca dos critérios de aferição de danos decorrentes da alegação de lesão ao tempo, certos eventos se confundem e geram desdobramentos mais complexos, por vezes permitindo que se amplie o espectro de situações que geram máculas ao elemento em questão (o 'tempo').

O mérito de propostas doutrinárias como a teoria do desvio produtivo do consumidor – e mesmo sua versão 'aprofundada' – está na originalidade terminológica e no fato de buscar reconhecimento de valor jurídico ao 'mero aborrecimento'. Situações do cotidiano que eram vistas como dissabores insuficientes para gerar dano, passaram a ser revistas em virtude de abusos e da extrapolação dos limites do tolerável.

Porém, grandes avanços foram percebidos na doutrina especializada a partir de outras discussões, como a lesão ao tempo, especialmente a partir dos escritos do Professor Carlos Edison do Rêgo Monteiro Filho.

Tal proposta permitiu que se traduzisse um problema mais amplo e complexo que a sociedade da informação, com seus traços mais contemporâneos, acarreta: a transmutação do tempo. Relações de consumo, hoje, geram abusos violadores do tempo do consumidor por práticas intrusivas comissivas e não apenas pela omissão desidiosa ou pelo menosprezo planejado. Entre ambas as modalidades de perturbação do equilíbrio dessas relações, há um traço comum: as duas concernem ao tempo. Não como dano, mas como objeto de configuração fática, usualmente extraída de situações lesivas concretizadas no ecossistema publicitário, que, a seu turno, é catalisado por práticas algorítmicas sofisticadas.

Portanto, seja do ponto de vista da conduta omissiva do fornecedor que deixa de atender a uma pretensão legítima de um consumidor, seja do ponto de vista da atuação comissiva do fornecedor que, especialmente na veiculação publicitária, pratica ato intrusivo desmedido, se houver exacerbação dos limites de perturbação considerados toleráveis, haverá que se cogitar de dano – que poderá ser emergente ou lucro cessante –

e sua natureza poderá ser patrimonial ou extrapatrimonial. A reparação, contudo, será categorizada em razão da estruturação da ofensa que gera lesão ao tempo do consumidor e não pelo reconhecimento de um dano autônomo, do qual ainda é possível prescindir, mesmo diante da complexidade da sociedade contemporânea e de suas idiossincrasias.

5. REFERÊNCIAS

ALVIM, Agostinho. *Da inexecução das obrigações e suas consequências*. 3. ed. Rio de Janeiro: Editora Jurídica e Universitária, 1965.

AMARAL, Luiz Otávio de Oliveira. *Teoria geral do direito do consumidor*. São Paulo: Ed. RT, 2010.

AMORIM, Bruno de Almeida Lewer. *Responsabilidade civil pelo tempo perdido*. Belo Horizonte: D'Plácido, 2018.

BAROCELLI, Sergio Sebastián. Cuantificación de daños al consumidor por tiempo perdido. *Revista de Direito do Consumidor*, São Paulo, n. 90, p. 119-140, nov./dez. 2013.

BASAN, Arthur Pinheiro. Do idoso sossegado ao aposentado telefonista: a responsabilidade civil pelo assédio do telemarketing de crédito. *Revista IBERC*, Belo Horizonte, v. 4, n. 3, p. 53-66, set./dez. 2021.

BASAN, Arthur Pinheiro. *Publicidade digital e proteção de dados pessoais*: o direito ao sossego. Indaiatuba, Foco, 2021.

BASAN, Arthur Pinheiro; FALEIROS JÚNIOR, José Luiz de Moura. A proteção de dados pessoais e a concreção do direito ao sossego no mercado de consumo. *Civilistica.com: Revista Eletrônica de Direito Civil*, Rio de Janeiro, ano 9, n. 3, 2020.

BASTOS, Daniel Deggau; SILVA, Rafael Peteffi da. A busca pela autonomia do dano pela perda do tempo e a crítica ao 'compensation for injury as such'. *Civilistica.com: Revista Eletrônica de Direito Civil*, Rio de Janeiro, ano 9, n. 2, 2020.

BAUDRILLARD, Jean. *La société de consommation*: ses mythes, ses structures. Paris: Éditions Denoël, 1970.

BERARDI, Franco. *Fenomenología del fin*: sensibilidad y mutación conectiva. Tradução do italiano para o espanhol de Alejandra López Gabrielidis. Buenos Aires: Caja Negra, 2017.

BERGSTEIN, Laís. A consolidação do dano pela perda do tempo do consumidor no Brasil e o duplo critério para sua compensação: o menosprezo planejado. In: BORGES, Gustavo; MAIA, Maurilio Casas (Org.). *Dano temporal*: o tempo como valor jurídico. 2. ed. São Paulo: Tirant lo Blanch, 2019.

BERGSTEIN, Laís. Internet das Coisas e 'target advertising': riscos e possibilidades do uso de dados pessoais. In: OLIVEIRA, Júlio Moraes (Org.). *Direito do consumidor contemporâneo*. Belo Horizonte: D'Plácido, 2019.

BERGSTEIN, Laís. *O tempo do consumidor e o menosprezo planejado*: o tratamento jurídico do tempo perdido e a superação das suas causas. São Paulo: Thomson Reuters Brasil, 2019.

CENEVIVA, Walter. *Publicidade e direito do consumidor*. São Paulo: Ed. RT, 1991.

COLOMBO, Cristiano; BERNI, Duílio Landell de Moura. Privacy no direito italiano: tríade de decisões judiciais rumo a insights sobre limites conceituais, deslocamento geográfico e transparência do corpo eletrônico. *Revista IBERC*, Belo Horizonte, v. 5, n. 1, p. 112-131, jan./abr. 2022.

DAL PIZZOL, Ricardo. *Responsabilidade civil*: funções punitiva e preventiva. Indaiatuba: Foco, 2020.

DE LUCCA, Newton. *Aspectos jurídicos da contratação informática e telemática*. São Paulo: Saraiva, 2003.

DESSAUNE, Marcos. *Desvio produtivo do consumidor*: o prejuízo do tempo desperdiçado. São Paulo: Ed. RT, 2011.

DESSAUNE, Marcos. *Teoria aprofundada do desvio produtivo do consumidor*; o prejuízo do tempo desperdiçado e da vida alterada. 2. ed. Vitória, 2017.

DESSAUNE, Marcos. Apresentação. In: BORGES, Gustavo; VOGEL, Joana Just. *O dano temporal e sua autonomia na responsabilidade civil*. Belo Horizonte: D'Plácido, 2021.

DIAS, José de Aguiar. *Da responsabilidade civil.* 11. ed. Rio de Janeiro: Renovar, 2006.

DÍEZ-PICAZO, Luis. *Derecho de daños.* Madri: Civitas, 1999.

EFING, Antônio Carlos; BERGSTEIN, Laís Gomes; GIBRAN, Fernanda Mara. A ilicitude da publicidade invisível sob a perspectiva da ordem jurídica de proteção e defesa do consumidor. *Revista de Direito do Consumidor*, São Paulo, n. 81, p. 91-115, jan./mar. 2012.

ELIAS, Norbert. *Sobre o tempo.* Tradução de Vera Ribeiro e revisão de Andréa Daher. Rio de Janeiro: Jorge Zahar, 1998.

FALEIROS JÚNIOR, José Luiz de Moura; DENSA, Roberta. Para além das 'loot boxes': responsabilidade civil e novas práticas abusivas no mercado de games. In: FALEIROS JÚNIOR, José Luiz de Moura; LONGHI, João Victor Rozatti; GUGLIARA, Rodrigo (Coord.). *Proteção de dados pessoais na sociedade da informação*: entre dados e danos. Indaiatuba: Foco, 2021.

FALEIROS JÚNIOR, José Luiz de Moura; MEDON, Filipe. Discriminação algorítmica de preços, perfilização e responsabilidade civil nas relações de consumo. *Revista de Direito da Responsabilidade*, Coimbra, ano 3, p. 947-969, 2021.

FINKELSTEIN, Maria Eugênia. *Aspectos jurídicos do comércio eletrônico.* Porto Alegre: Síntese, 2004.

HAN, Byung-Chul. *The burnout society.* Tradução do alemão para o inglês de Erik Butler. Stanford: Stanford Briefs, 2015.

KOSELLECK, Reinhart. *Estratos do tempo*: estudos sobre história. Tradução de Markus Hediger. Rio de Janeiro: Contraponto/PUC-Rio, 2014.

LIMEIRA, Tânia Vidigal. *E-marketing na Internet com casos brasileiros.* São Paulo: Saraiva, 2003.

LIPOVETSKY, Gilles. Sedução, publicidade e pós-modernidade. In: MARTINS, Francisco Menezes; SILVA, Juremir Machado. *A genealogia do virtual*: comunicação, cultura e tecnologias do imaginário. Porto Alegre: Sulina, 2008.

LORENZETTI, Ricardo Luis. *Comércio eletrônico.* Trad. Fabiano Menke. São Paulo: Ed. RT, 2004.

MAIA, Maurilio Casas. O dano temporal indenizável e o mero dissabor cronológico no mercado de consumo: quando o tempo é mais que dinheiro – é dignidade e liberdade. *Revista de Direito do Consumidor*, São Paulo, n. 92, p. 161-176, mar./abr. 2014.

MARTINS, Fernando Rodrigues. Sociedade da Informação e proteção da pessoa. *Revista da Associação Nacional do Ministério Público do Consumidor*, Brasília, v. 2, n. 2. 2016.

MARTINS, Guilherme Magalhães. *Contratos eletrônicos de consumo.* 3. ed. São Paulo: Atlas, 2016

MARTINS, Guilherme Magalhães; FALEIROS JÚNIOR, José Luiz de Moura; BASAN, Arthur Pinheiro. A responsabilidade civil pela perturbação do sossego na internet. *Revista de Direito do Consumidor*, São Paulo, n. 128, p. 239-265, mar./abr. 2020.

MARTINS, Guilherme Magalhães; FALEIROS JÚNIOR, José Luiz de Moura. Responsabilidade civil e o tempo do consumidor: do desvio produtivo à intrusão publicitária. *Revista de Direito do Consumidor*, São Paulo, v. 141, p. 281-308, maio/jun. 2022.

MASLOW, Abraham Harold. *Motivation and personality.* 2. ed. Nova Iorque: Harper & Row, 1970.

MAYER-SCHÖNBERGER, Viktor; RAMGE, Thomas. *Reinventing capitalism in the age of Big Data.* Nova York: Basic Books, 2018.

MENDONÇA, Rodrigo Palomares Maiolino de. O mero aborrecimento tem valor. In: OLIVEIRA, Júlio Moraes (Org.). *Direito do consumidor contemporâneo.* Belo Horizonte: D'Plácido, 2019.

MIRAGEM, Bruno. *Curso de direito do consumidor.* 5. ed. São Paulo: Ed. RT, 2014.

MONTEIRO FILHO, Carlos Edison do Rêgo. Lesão ao tempo: configuração e reparação nas relações de consumo. *Revista da Ajuris*, Porto Alegre, v. 43, n. 141, p. 87-113, dez. 2016.

MONTEIRO FILHO, Carlos Edison do Rêgo. Lesão ao tempo do consumidor no direito brasileiro. *Revista de Direito da Responsabilidade*, Coimbra, ano 2, p. 158-176, 2020.

MONTEIRO FILHO, Carlos Edison do Rêgo. Lesão ao tempo: configuração e reparação para além das relações de consumo. In: BARBOZA, Heloisa Helena; TEPEDINO, Gustavo; MONTEIRO FILHO, Carlos Edison do Rêgo (Coord.). *Direito civil*: o futuro do direito. Rio de Janeiro: Processo, 2022. v. 2.

MORAES, Maria Celina Bodin de. *Danos à pessoa humana*: uma leitura civil-constitucional dos danos morais. Rio de Janeiro: Renovar, 2003.

MUNTADAS, Borja. La prisión de Cronos. Aspectos sociopolíticos del malestar contemporáneo. In: *La jaula del tiempo*: aspectos sociopolíticos y jurídicos de la aceleración contemporánea. Uberlândia: LAECC, 2020.

OST, François. *O tempo do direito*. Tradução de Élcio Fernandes. Bauru: Edusc, 2005.

PALO, Fabio. Il danno per la violazione della privacy del consumatore. In: CENDON, Paolo; PONCIBÒ, Cristina (a cura di). *Il risarcimento del danno al consumatore*. Milão: Giuffrè, 2014.

PASQUALOTTO, Adalberto. *Os efeitos obrigacionais da publicidade no Código de Defesa do Consumidor*. São Paulo: Ed. RT, 1997.

PERLINGIERI, Pietro. *O direito civil na legalidade constitucional*. Trad. Maria Cristina de Cicco. Rio de Janeiro: Renovar, 2008.

PIRES, Fernanda Ivo. *Responsabilidade civil e o caráter punitivo da reparação*. Curitiba: Juruá, 2014.

PRATES, Cristina Cantú. *Publicidade na Internet*: consequências jurídicas. Curitiba: Juruá, 2015.

ROSENVALD, Nelson. *As funções da responsabilidade civil*: a reparação e a pena civil. São Paulo: Atlas, 2013.

SADIN, Éric. *La vie algorithmique*: critique de la raison numérique. Paris: Éditions L'Échappée, 2015

SAMPAIO, Rafael. *Propaganda de A a Z*. Rio de Janeiro: Campus, 2003.

SCHREIBER, Anderson. *Novos paradigmas da responsabilidade civil*: da erosão dos filtros da reparação à diluição dos danos. 5. ed. São Paulo: Atlas, 2013.

SCRAMIM, Umberto Cassiano Garcia. Da responsabilidade civil pela frustração do tempo disponível. *Revista dos Tribunais*, São Paulo, n. 968, p. 83-99, jun. 2016.

SILVA NETO, Orlando Celso da. Responsabilidade civil pela perda do tempo útil: tempo é um ativo indenizável? *Revista de Direito Civil Contemporâneo*, São Paulo, n. 2, v. 4, p. 139-162, jul./set. 2015.

SILVA, Wilson Melo da. *O dano e sua reparação*. 3. ed. Rio de Janeiro: Forense, 1983.

STIGLITZ, Gabriel. *Protección jurídica del consumidor*. 2. ed. Buenos Aires: De Palma, 1988.

TEPEDINO, Gustavo. Notas sobre o nexo de causalidade. In: TEPEDINO, Gustavo. *Temas de Direito Civil*. Rio de Janeiro: Renovar, 2006. t. II.

TERRA, Aline de Miranda Valverde. Danos autônomos ou novos suportes fáticos de danos? Considerações acerca da privação do uso e da perda do tempo nas relações de consumo. In: KNOERR, Viviane Coêlho de Séllos; FERREIRA, Keila Pacheco; STELZER, Joana (Org.). *Direito, globalização e responsabilidade nas relações de consumo*. Florianópolis: Conpedi, 2015.

VILLAS BÔAS FILHO, Orlando. A historicidade da dogmática jurídica: uma abordagem a partir da *Begriffsgeschichte* de Reinhart Koselleck. In: RODRIGUEZ, José Rodrigo; COSTA, Carlos Eduardo Batalha da Silva; BARBOSA, Samuel Rodriguez Barbosa (Org.). *Nas fronteiras do formalismo*: a função da dogmática jurídica hoje. São Paulo: Saraiva, 2010.

WU, Tim. *The attention merchants*: the epic scramble to get inside our heads. Nova York: Vintage, 2016.

ZENUN, Augusto. *Dano moral e sua reparação*. 3. ed. Rio de Janeiro: Forense, 1995.

ZUBOFF, Shoshana. *The age of surveillance capitalism*: the fight for a human future at the new frontier of power. Nova York: PublicAffairs, 2019.

NOTAS SOBRE A REPARAÇÃO DO DANO MORAL COLETIVO: O EMPREGO DA VIA NÃO PECUNIÁRIA NO ORDENAMENTO BRASILEIRO E A ATUAÇÃO DA CORTE INTERAMERICANA DE DIREITOS HUMANOS COMO REFERÊNCIA

Leonardo Fajngold

Doutorando e Mestre em direito civil pela Universidade do Estado do Rio de Janeiro (UERJ). Pós-graduado em direito civil constitucional pela UERJ. Especialista em direito dos contratos pelo Instituto Brasileiro de Direito Civil (IBDCivil). Pesquisador da Clínica de Responsabilidade Civil da Faculdade de Direito da UERJ. Integrou o Conselho Assessor da Revista Brasileira de Direito Civil (RBDCivil). Advogado.

Sumário: 1. Introdução – 2. A adoção da reparação não pecuniária do dano moral no direito brasileiro; 2.1 Notas gerais sobre a sistemática; 2.2 A primazia da via não pecuniária na reparação do dano moral – 3. A reparação não pecuniária de danos morais coletivos e a possibilidade de utilização da via para a tutela coletiva das vítimas de danos morais individuais – 4. Ilustrações de uma atuação paradigmática: a corte interamericana de direitos humanos em foco – 5. Conclusão – 6. Referências.

1. INTRODUÇÃO

Muito embora a temática do dano moral apareça, ano após ano, no topo dos assuntos mais demandados no Brasil,[1] a comunidade jurídica – seguindo à risca a lógica de que o dinheiro funcionaria como a "lâmpada de Aladim", pois "pode substituir qualquer outra riqueza e basta alguém possuí-lo para que se possa proporcionar tudo o que deseja"[2] –, pouco tem criado em termos de proposições nesse campo existencial, relegando os interesses relacionados, individuais ou coletivos, a respostas com baixa efetividade, distantes de uma esperada tutela qualitativamente diversa daquela conferida aos danos patrimoniais.[3]

A questão, é verdade, ganhou novos contornos no país a partir do célebre litígio entre o Leonel Brizola e a TV Globo na década de noventa. Com a vitória na esfera

---

[1]. É o que indica o relatório "Justiça em números 2021", divulgado pelo CNJ. Na seção "Demandas mais recorrentes segundo as classes e os assuntos", consta o seguinte: "Além desses, o assunto indenização por dano moral (direito civil/responsabilidade civil) é um nó presente em diversos tribunais. Os assuntos responsabilidade do fornecedor/indenização por dano moral e obrigações/espécies de contratos são nós centrais dentro do mapa, o que significa que, em quase todos os tribunais é uma causa frequentemente acionada na Justiça". Disponível em: <https://www.cnj.jus.br/wp-content/uploads/2021/09/relatorio-justica-em-numeros2021-12.pdf>. Acesso em: 12 nov. 2022.

[2]. GIDE, Carlos. *Compendio d'Economia Política*. 2. ed. Trad. F. Contreiras Rodrigues. Livraria do Globo: Porto Alegre, 1931, p. 206.

[3]. PERLINGIERI, Pietro. *Perfis do Direito Civil*: introdução ao Direito Civil Constitucional. 3. ed. Trad. Maria Cristina De Cicco. Rio de Janeiro: Renovar, 2007, p. 34.

judicial, o então político obteve um direito de resposta e o seu discurso, marcado por duros comentários contra as Organizações Globo e o seu personagem maior, Roberto Marinho,[4] foi lido, ao vivo, durante três minutos no Jornal Nacional.[5]

O litígio colocou luzes sobre outras formas de lidar com danos extrapatrimoniais, abrindo caminho para decisões do gênero que surgiram nas últimas décadas.[6] No entanto, o desenvolvimento da temática ainda tem sido bastante tímido, sobretudo em sede coletiva, com desperdício do grande potencial da sistemática não pecuniária para atuar sobre as mais diversas lesões existenciais geradas em sociedade.

Pretende-se, dessa maneira, explicar o lugar ocupado por esse modelo reparatório no ordenamento jurídico para, em seguida, demonstrar como esse expediente, além de tecnicamente adequado, pode ser especialmente útil em caso de dano moral coletivo ou, ainda, à tutela coletiva das vítimas de danos morais individuais, atuando de forma bem mais eficiente do que a costumeira fixação de valores.

2. A ADOÇÃO DA REPARAÇÃO NÃO PECUNIÁRIA DO DANO MORAL NO DIREITO BRASILEIRO

2.1 Notas gerais sobre a sistemática

Em boa medida, já se relega ao passado a afirmação de que "pelo consenso dos civilistas, conforme ensina Gasperi o dinheiro é o modo, único aliás, de reparação dos danos extrapatrimoniais".[7] Ainda que, de fato, a reparação do dano moral apenas permita uma *aproximação possível* com relação ao estado anterior,[8] crescem as referências, na doutrina[9] e na jurisprudência,[10] sobre os meios efetivamente destinados à reparação no

---

4. O texto possui passagens como "tudo na Globo é tendencioso e manipulado" e "fui acusado na minha honra e, pior, apontado como alguém de mente senil. Ora, tenho 70 anos, 16 a menos que o meu difamador, Roberto Marinho, que tem 86 anos. Se esse é o conceito que tem sobre os homens de cabelo branco, que o use para si".
5. A íntegra do vídeo está disponível em: <https://www.youtube.com/watch?v=dVln407XqH4&t=>. Acesso em: 12 nov. 2022.
6. Expediente similar foi utilizado em: TJSP, 7ª C.D.P., Ap. Cív. 9126394-26.2005.8.26.0000, rel. Des. José Carlos Ferreira Alves, j. 30/03/2007. Também merecem referência, a título ilustrativo, outros precedentes: STJ, 4ª T., REsp 1.440.721/GO, Rel. Min. Maria Isabel Gallotti, j. 11/10/2016; STJ, 3ª T., REsp 1.771.866/DF, rel. Min. Marco Aurélio Bellizze, j. 12/02/2019; e TJSP, 2ª C.D.P., Ap. Cív. 0004371-28.2009.8.26.0281, rel. Des. Fabio Tabosa, j. 19/10/2010.
7. REIS, Clayton. *Dano moral*. 4. ed. Rio de Janeiro: Forense, 1998, p. 89.
8. MARTINS-COSTA, Judith. *Comentários ao novo Código Civil*: do inadimplemento das obrigações. v. V, t. II. Rio de Janeiro: Forense, 2003, p. 323; SANSEVERINO, Paulo de Tarso Vieira. *Princípio da reparação integral*: indenização no Código Civil. 2. ed. São Paulo: Saraiva, 2010, p. 35; e GHERSI, Carlos Alberto. *Cuantificación económica*: valor de la vida humana. Buenos Aires: Astrea, 2002, p. 23.
9. Servem de exemplo: SCHREIBER, Anderson. Reparação não pecuniária dos danos morais. In: SCHREIBER, Anderson. *Direito Civil e Constituição*. São Paulo: Atlas, 2013, p. 205-219; DANTAS BISNETO, Cícero. *Formas não monetárias de reparação do dano moral*: uma análise do dano extrapatrimonial à luz do princípio da reparação adequada. Florianópolis: Tirant Lo Blanch, 2019; MAGALHÃES, Fabiano Pinto de. *A reparação não pecuniária dos danos morais*. Dissertação de Mestrado em Direito Civil. Universidade do Estado do Rio de Janeiro, Rio de Janeiro, 2015; e FAJNGOLD, Leonardo. *Dano moral e reparação não pecuniária*: sistemática e parâmetros. São Paulo: Thomson Reuters Brasil, 2021.
10. Por todos, confira-se: STF, Tribunal Pleno, RE 580.252/MS, rel. Min Teori Zavascki, rel. p/ acórdão Min. Gilmar Mendes, j. 16/02/2017.

plano existencial, que não consistem na mera transferência de dinheiro à vítima com o objetivo de incremento do seu capital.[11]

Não se trata de uma trajetória simples. Mesmo depois do reconhecimento definitivo da reparabilidade do dano moral, a partir da promulgação da Constituição de 1988,[12] as atenções se voltaram à formulação de critérios à fixação do valor devido, como se o prejuízo extrapatrimonial somente pudesse ensejar, por decorrência lógica, um efeito em termos de reparação: a entrega de uma cifra.[13]

Posteriormente, quando introduzido o debate sobre mecanismos de reparação específica, supostos obstáculos foram apresentados, em especial os seguintes: (i) pressuposição de impossibilidade de reparação natural dos danos morais; (ii) incompatibilidade da sistemática com a regra da execução patrimonial dos danos; (iii) complexidade de valoração do dano moral e de fixação do mecanismo não monetário; e (iv) temor a um excessivo arbítrio judicial.[14]

No entanto, quanto ao primeiro, embora a reconstrução do *status quo ante* se mostre mesmo inviável quando se cuida de um dano moral, a menção a essa conjuntura não parece afastar a via não monetária,[15] seja porque tampouco o dinheiro serve, sequer minimamente, ao retorno ao estado anterior, seja porque uma medida não pecuniária pode ter maior aptidão reparatória do que o recebimento de determinada quantia (como comumente acontece na hipótese de dano moral por ofensa à honra). Dessa forma, a despeito de não se poder recorrer a uma "reparação natural" em sentido literal, é plenamente possível que se mostre aplicável a "reparação não pecuniária".[16]

---

11. "*No hay un concepto que pueda expresar mejor la variedad de formas que es susceptible de abarcar la reintegración en forma específica, que su determinación en vía negativa [...] La determinación más eficaz de los modos en que puede producirse, está en su carácter negativo, para comprender todos aquellos que no tienen naturaleza resarcitoria, o sea, que se presentan como contrapuestos al resarcimiento (es decir, a la subrogación del equivalente dinerario)*" (DE CUPIS, Adriano. *El daño*: teoria general de la responsabilidad civil. Trad. Ángel Martínez Sarrión. Barcelona: BOSCH, 1975, p. 826). Sobre um outro ponto de vista quanto a essa distinção: "*no es otro que el modo a través del cual se produce el restablecimiento de la situación ex ante, pues mientras que la reparación por equivalente lo consigue por medio de la atribución al perjudicado de utilidades diferentes a las perdidas (dinero), la reparación in natura lo logra proporcionando a aquél las mismas utilidades que habría obtenido en ausencia del evento danoso*" (ZARRA, Maita María Naveira. *El resarcimiento del daño en la responsabilidad civil extracontractual*. Tese de doutorado em Direito. Universidade da Coruña, Coruña, 2004, p. 212).
12. THEODORO JÚNIOR, Humberto. *Dano moral*. 2. ed. São Paulo: Juarez de Oliveira, 1999, p. 6.
13. *Ibid.*, p. 33. Em tempos recentes, diversos trabalhos ainda se dedicam a avaliar a lesão de ordem existencial sob um viés monetário, tais como: DELGADO, Rodrigo Mendes. *O valor do dano moral*: como chegar até ele. São Paulo: JH Mizuno, 2011; e CIANCI, Mirna. *O valor da reparação moral*. 4. ed. São Paulo: Saraiva, 2013. Na cena judicial, também era comum esse entendimento, conforme voto do Ministro Francisco Rezek no RE 172.720/RJ: "Penso que o que o constituinte brasileiro qualifica como dano moral é aquele dano que se pode depois neutralizar com uma indenização de índole civil, traduzida em dinheiro, embora a sua própria configuração não seja material" (STF, 2ª T., RE 172.720/RJ, rel. Min. Marco Aurélio, j. 06/02/1996).
14. MAGALHÃES, Fabiano Pinto de. *A reparação não pecuniária dos danos morais*, cit., p. 24.
15. *Ibid.*, p. 47-48.
16. Segundo Karl Larenz, "*también un daño inmaterial puede ser resarcido en cuanto ello sea posible por la restitución 'in natura'. Esto tiene lugar sobre todo en caso de publica retractación de declaraciones publicas*" (LARENZ, Karl. *Derecho de obligaciones*. t. 1. Trad. Jaime Santos Briz. Madrid: Revista de Derecho Privado, 1958, p. 229). É o que também prevê o art. 10:104 dos *Principles of European Tort Law*: "Reconstituição natural. Em alternativa a uma indemnização em dinheiro, o lesado pode exigir a reconstituição natural, desde que esta seja possível e não demasiado onerosa para a outra parte". Disponível em: <http://www.egtl.org/PETLPortuguese.html>. Acesso em: 12 nov. 2022.

Sobre a alegação de que o direito brasileiro estaria pautado pela ideia da execução patrimonial, esbarra na precisa observação feita por Pontes de Miranda de que "em nenhum lugar do Código Civil ou do Código Comercial se diz que a indenização há de ser *precipuamente* em dinheiro".[17] Em rigor, como se aprofundará adiante, a conclusão é no sentido inverso, sobretudo à luz do art. 947 do Código Civil,[18] da necessidade de reparação da vítima e da tutela prioritária das situações jurídicas existenciais no ordenamento pátrio.[19] Por isso, conforme dizeres da doutrina,[20] do Superior Tribunal de Justiça[21] e do Supremo Tribunal Federal,[22] justifica-se a busca por medidas específicas orientadas à plena satisfação do interesse do lesado no caso concreto, ainda que não haja típica previsão na legislação.[23]

Com relação ao terceiro argumento, acerca da dificuldade de valoração do dano moral e de definição da medida reparatória apropriada, nota-se que, assim como ocorre na via pecuniária, o grande problema envolve a intricada tarefa de aferição do dano quando ocorre uma lesão à esfera existencial.[24] De todo modo, a realidade vem obrigando a que a questão seja enfrentada com frequência impressionante, à conta dos milhões de litígios no país que apresentam pretensão de reparação de um dano extrapatrimonial.[25]

---

17. MIRANDA, Francisco Cavalcanti Pontes de. *Tratado de Direito Privado*. t. XXVI. Rio de Janeiro: Borsoi, 1959, p. 27, grifos no original. E continua o autor: "Pelo contrário: no art. 1.543 do Código Civil, que se refere à restituição, põe-se a restituição em natura antes da indenização em dinheiro" (*Ibid.*, p. 27).
18. "Art. 947. Se o devedor não puder cumprir a prestação na espécie ajustada, substituir-se-á pelo seu valor, em moeda corrente".
19. MORAES, Maria Celina Bodin de. O direito civil constitucional. In: CAMARGO, Margarida Maria Lacombe (Org.). *1988-1998*: uma década de Constituição. Rio de Janeiro: Renovar, 1998, p. 127.
20. BITTAR, Carlos Alberto. *Reparação civil por danos morais*. 4. ed. São Paulo: Saraiva, 2015, p. 212; e FRANÇA, Rubens Limongi. Reparação do dano moral. *Revista dos Tribunais*, v. 631, maio 1988, p. 33.
21. "O direito de resposta, de esclarecimento da verdade, retificação de informação falsa ou à retratação, com fundamento na Constituição e na Lei Civil, não foi afastado; ao contrário, foi expressamente ressalvado pelo acórdão do Supremo Tribunal Federal na ADPF 130. Trata-se da tutela específica, baseada no princípio da reparação integral, para que se preserve a finalidade e a efetividade do instituto da responsabilidade civil (Código Civil, arts. 927 e 944)" (STJ, 4ª T., REsp 1.440.721/GO, rel. Min. Isabel Gallotti, j. 11/10/2016).
22. "Essa espécie de reparação é plenamente compatível com a Constituição, que assegura a indenização pelos danos morais (art. 5º, V e X, CF), mas não elege um meio determinado para seu ressarcimento. Mais do que isso, a busca de mecanismos que assegurem a tutela específica dos interesses extrapatrimoniais constitui um imperativo constitucional, que decorre do princípio da reparação integral dos danos sofridos e da prioridade conferida pela Carta de 88 à dignidade da pessoa humana. Afinal, os mecanismos de reparação *in natura* permitem a tutela mais efetiva dos direitos fundamentais, impedindo que sua satisfação fique exclusivamente a cargo da pecúnia" (STF, Tribunal Pleno, RE 580.252/MS, rel. Min Teori Zavascki, rel. p/ acórdão Min. Gilmar Mendes, j. 16/02/2017). Entre outros, v., ainda: STF, 2ª T., AgR na Rcl 16.492/SP, rel. Min. Celso de Mello, j. 02/09/2014.
23. Nessa linha é a taxativa lição de Pietro Perlingieri: "não se pode esconder-se atrás do fato de que não existe o instrumento típico, previsto expressamente para tutelar aquele interesse" (PERLINGIERI, Pietro. *Perfis do Direito Civil*: introdução ao Direito Civil Constitucional, cit., p. 157). Em outra obra, afirma, categoricamente: "Acabou-se a época da taxatividade dos remédios" (*Id.*, Riflessioni finali sul danno risarcibile. In: GIANDOMENICO, Giovanni di (Coord.). *Il danno risarcibile per lesione di interessi legittimi*. Nápoles: ESI, 2004, p. 288).
24. Tanto assim que não é rara a indicação de "loteria judicial" nesse particular (VINEY, Geneviève. *Traité de droit civil* – les obligations, la responsabilité: conditions. Paris: L.G.D.J., 1982, p. 206-207). Igualmente, v. SEVERO, Sérgio. *Os danos extrapatrimoniais*. São Paulo: Saraiva, 1996, p. 197.
25. A situação não passou despercebida pelo Ministro Luís Roberto Barroso no voto-vista proferido no RE 580.252/MS: "Eventual dificuldade no arbitramento do quociente de remição da pena em cada caso concreto não será, por evidente, uma peculiaridade deste mecanismo de reparação de danos. Na verdade, a dificuldade está na própria mensuração dos atributos humanos, ou seja, na necessidade de 'quantificar o inquantificável' que é inerente

A quarta contraindicação, centrada na preocupação com o arbítrio judicial, pode ser desmistificada não apenas pelo risco também existente nas estipulações em dinheiro – a exemplo dos diversos casos de indenizações exorbitantes ou, em sentido oposto, marcadamente irrisórias –, mas também pela imposição de fundamentação ao julgador (art. 93, IX, da Constituição da República[26] e art. 489, § 1º, do Código de Processo Civil),[27] assim como pelo vasto rol de medidas e recursos conferidos às partes, sobretudo em função dos princípios do contraditório e da ampla defesa.[28] Ainda, o emprego de parâmetros descomplicados e adequados a essa atividade, anunciados, de forma detalhada, em outra sede,[29] permite afugentar eventual receio.

Portanto, a evolução do assunto induz à superação dos hipotéticos obstáculos e ao prestígio aos mecanismos específicos, que já se constatou serem "valorizados pela melhor doutrina como meios mais adequados de satisfazer os anseios das vítimas e como forma de fazer frente ao processo de mercantilização das relações existenciais".[30]

A dissipação dos discursos contrários a essa sistemática reparatória advém, sem dúvida, de um processo gradual de despatrimonialização do direito civil como um todo[31] e da percepção de relevantes objeções à utilização do dinheiro como resposta ao dano moral. Sobre o último ponto, Anderson Schreiber assim lista alguns dos inconvenientes existentes: "(i) a propagação da lógica de que os danos morais podem ser causados desde que seja possível pagar por eles; (ii) o estímulo ao 'tabelamento' judicial das indenizações; (iii) a crescente 'precificação' dos atributos humanos; (iv) o incentivo a demandas frívolas".[32] A eles se agregam os casos nos quais a vítima dispõe de elevada fortuna, pelo que a indenização não representará conforto algum, e aqueles em que a vítima, mesmo

---

ao dano moral e está presente de igual modo (e mesmo de forma mais grave) na reparação pecuniária" (STF, Tribunal Pleno, RE 580.252/MS, rel. Min Teori Zavascki, rel. p/ acórdão Min. Gilmar Mendes, j. 16/02/2017).

26. "Art. 93. [...] IX – todos os julgamentos dos órgãos do Poder Judiciário serão públicos, e fundamentadas todas as decisões, sob pena de nulidade, podendo a lei limitar a presença, em determinados atos, às próprias partes e a seus advogados, ou somente a estes, em casos nos quais a preservação do direito à intimidade do interessado no sigilo não prejudique o interesse público à informação".
27. "Art. 489. [...] § 1º Não se considera fundamentada qualquer decisão judicial, seja ela interlocutória, sentença ou acórdão, que: I – se limitar à indicação, à reprodução ou à paráfrase de ato normativo, sem explicar sua relação com a causa ou a questão decidida; II – empregar conceitos jurídicos indeterminados, sem explicar o motivo concreto de sua incidência no caso; III – invocar motivos que se prestariam a justificar qualquer outra decisão; IV – não enfrentar todos os argumentos deduzidos no processo capazes de, em tese, infirmar a conclusão adotada pelo julgador; V – se limitar a invocar precedente ou enunciado de súmula, sem identificar seus fundamentos determinantes nem demonstrar que o caso sob julgamento se ajusta àqueles fundamentos; VI – deixar de seguir enunciado de súmula, jurisprudência ou precedente invocado pela parte, sem demonstrar a existência de distinção no caso em julgamento ou a superação do entendimento".
28. Quanto ao tema, v. CABRAL, Antonio do Passo. *Nulidades no processo moderno*: contraditório, proteção da confiança e validade prima facie dos atos processuais. 2. ed. Rio de Janeiro: Forense, 2010, p. 207-229.
29. Permita-se remeter a: FAJNGOLD, Leonardo. *Dano moral e reparação não pecuniária*: sistemática e parâmetros, cit., p. 125-164.
30. KONDER, Carlos Nelson; RENTERÍA, Pablo. A funcionalização das relações obrigacionais: interesse do credor e patrimonialidade da prestação. *Civilistica.com*, Rio de Janeiro, a. 1, n. 2, 2012, p. 16. Disponível em: <https://civilistica.emnuvens.com.br/redc/article/view/45>. Acesso em: 13 nov. 2022.
31. MORAES, Maria Celina Bodin de. A caminho de um direito civil constitucional. *Revista dos Tribunais*, a. 17, jul./set. 1993, p. 26.
32. SCHREIBER, Anderson. *Reparação não pecuniária dos danos morais*, cit., p. 210.

vitoriosa na demanda judicial, não alcança a reparação, por ausência de recursos do ofensor[33] ou por conta de engenhosa blindagem patrimonial.

Esse panorama recomenda, por si só, uma maior adoção de medidas específicas no caso concreto, o que não se limita à seara do dano à honra, ambiente em que a sistemática é tradicionalmente considerada, nas suas múltiplas formas.[34] Tudo em razão da vocação expansiva dessa via reparatória, comprovada pela referência esparsa em diversos diplomas normativos, até mesmo de longa data,[35] e pelo emprego jurisprudencial diante de lesões extrapatrimoniais graves, como as que envolvem presos em situações carcerárias indignas,[36] desaparecimento de restos mortais em cemitério público[37] e cerceamento de liberdade religiosa.[38]

De fato, apesar da pouca atenção à aparição dessa rota reparatória em diversas frentes – possivelmente por conta da alta plasticidade dos mecanismos específicos,[39] que, diferentemente da resposta pecuniária, assumem feições distintas para cada hipótese (como uma massa de modelar à espera do formato que surgirá do seu manuseio) –, verifica-se que não há razão para subestimar a capacidade da sistemática de tutelar, por inúmeros meios, os interesses existenciais em disputa.

O que poderia ser visto apenas como um estímulo à consideração de soluções não monetárias deve, à conta das prescrições e do conjunto valorativo do sistema jurídico, ganhar contornos mais técnicos e precisos nesse momento, destinados a ressignificar a atuação dos envolvidos em debate do gênero: trata-se da via prioritária ao tratamento dos danos morais no direito nacional.

---

33. COSTA, Adriano Pessoa da; POMPEU, Gina Vidal Marcílio. Corte Interamericana de Direitos Humanos e desmonetarização da responsabilidade civil. *Civilistica.com*, Rio de Janeiro, a. 5, n. 2, 2016, p. 10. Disponível em: <https://civilistica.emnuvens.com.br/redc/article/view/257>. Acesso em: 13 nov. 2022.
34. A título ilustrativo: STJ, 3ª T., REsp 1.771.866/DF, rel. Min. Marco Aurélio Bellizze, j. 12/02/2019; STJ, 4ª T., REsp 1.440.721/GO, rel. Min. Maria Isabel Gallotti, j. 11/10/2016; e TJRJ, 13ª C.C., Ap. Cív. 0034390-66.2015.8.19.0001, Rel. Des. Mauro Pereira Martins, j. 26/07/2017.
35. A esse respeito, v. art. 35 da Lei de 20 de setembro de 1830; art. 35 do Decreto 24.776/1934; arts. 29 a 36 da Lei 5.250/67; art. 5º, V, da Constituição da República de 1988; arts. 58 e 58-A da Lei 9.504/97; Lei 13.188/15; art. 19 da Lei 12.965/2014; art. 18 da Lei 13.709/2018; e art. 60 do Código de Defesa do Consumidor.
36. Eis a tese sugerida pelo Ministro Luís Roberto Barroso no voto-vista relacionado ao julgamento do RE 580.252/MS: "*O Estado é civilmente responsável pelos danos, inclusive morais, comprovadamente causados aos presos em decorrência de violações à sua dignidade, provocadas pela superlotação prisional e pelo encarceramento em condições desumanas ou degradantes. Em razão da natureza estrutural e sistêmica das disfunções verificadas no sistema prisional, a reparação dos danos morais deve ser efetivada preferencialmente por meio não pecuniário, consistente na remição de 1 dia de pena por cada 3 a 7 dias de pena cumprida em condições atentatórias à dignidade humana, a ser postulada perante o Juízo da Execução Penal. Subsidiariamente, caso o detento já tenha cumprido integralmente a pena ou não seja possível aplicar-lhe a remição, a ação para ressarcimento dos danos morais será fixada em pecúnia pelo juízo cível competente*" (STF, Tribunal Pleno, RE 580.252/MS, rel. Min Teori Zavascki, rel. p/ acórdão Min. Gilmar Mendes, j. 16/02/2017).
37. No Tribunal de Justiça de Santa Catarina, diante de demanda cuja alegação central era a violação de túmulo de um ente querido, o Judiciário impôs à municipalidade o dever de "localizar e guardar em um terreno no Cemitério de Barreiros (Nossa Senhora das Dores) os restos mortais de Gildo Antonio José Alexandre" (TJSC, 1ª C.D.P., Ap. Cív. 0000132-75.2007.8.24.0064, rel. Des. Carlos Adilson Silva, j. 21/03/2017).
38. Trata-se do seguinte precedente: TRF-3ª R., 6ª T., Ap. Cív. 0034549-11.2004.4.03.6100/SP, rel. Des. Consuelo Yoshida, j. 05/04/2018. Sua análise será aprofundada no item 3 deste trabalho.
39. É o que esclarece Adriano De Cupis, ao indicar que, diferentemente da via pecuniária, a reparação específica *oferece a mais variada gama de figuras* (DE CUPIS, Adriano. *El daño*: teoria general de la responsabilidad civil, cit., p. 824).

2.2 A primazia da via não pecuniária na reparação do dano moral

Para constatar a preferência do sistema pelos mecanismos específicos, um primeiro ponto fundamental é o dado normativo, mais precisamente o teor do art. 947 do atual Código Civil, com redação praticamente idêntica à do antigo art. 1.534 do Código Civil de 1916. E, por mais que se tenha conferido à previsão o caráter de diretriz geral à inexecução de uma obrigação,[40] atualmente a interpretação se estende também ao ambiente da responsabilidade civil extracontratual.[41] Em reforço, o enunciado 589, aprovado na VII Jornada de Direito Civil, promovida pelo CJF, registra que "a compensação pecuniária não é o único modo de reparar o dano extrapatrimonial, sendo admitida a reparação *in natura*, na forma de retratação pública ou outro meio".[42]

Essa opção legislativa adotada pelo Brasil e alinhada à cena jurídica de diversos países[43] se mostra propícia a uma reflexão acerca dos mecanismos de reparação do dano extrapatrimonial, sobretudo quando se admite que, embora o sistema tenha sido pensado a partir da subsidiariedade do método monetário, não é isso que demonstram os dados de realidade, posto que é a "indenização em dinheiro, não a restituição *in natura* que está a ocupar o 'papel central nas modalidades de reparação'".[44]

---

40. BEVILÁQUA, Clóvis. *Código Civil dos Estados Unidos do Brasil*. v. 5, t. 2, Rio de Janeiro: Francisco Alves, 1926, p. 315.
41. Clóvis do Couto e Silva, por exemplo, indica, inicialmente, que "apesar da inexistência em certos casos de uma disposição a respeito, a obrigação primeira é de realizar a reparação *in natura* [...] observe-se que o princípio da reparação *in natura* é muito importante em matéria de dano 'extrapatrimonial'" para depois concluir com a afirmação taxativa de que "o Código Civil brasileiro adotou o princípio da reparação *in natura* no art. 1.534" (SILVA, Clóvis Veríssimo do Couto e. O conceito de dano no direito brasileiro e comparado. *Revista de Direito Civil Contemporâneo*, v. 2, jan./mar. 2015, p. 334). Em sentido análogo, Pontes de Miranda declara que "a pretensão à indenização, se a reparação em natura não pode ser feita, ou não seria satisfatória, exerce-se para se haver a quantia em dinheiro que valha o dano sofrido, material ou imaterial" e que o "pedido pode dirigir-se à restauração em natura, e somente quando haja dificuldade extrema ou impossibilidade de se restaurar em natura, é que, em lugar disso, se há de exigir a indenização em dinheiro" (MIRANDA, Francisco Cavalcanti Pontes de. *Tratado de Direito Privado*, cit., p. 27-28). Já na vigência da codificação de 2002, Paulo de Tarso Vieira Sanseverino, menciona que "o enunciado do art. 947 refere-se precipuamente à execução específica de obrigações nascidas de negócio jurídico, embora possa ser aplicado também na responsabilidade extracontratual". E, apesar de ressaltar as dificuldades de materialização da previsão, reconhece as qualidades do sistema de reparação específica, que consistiria, "em um plano ideal, como mais perfeito e completo do que o da indenização pecuniária" (SANSEVERINO, Paulo de Tarso Vieira. *Princípio da reparação integral*: indenização no Código Civil, cit., p. 37-39). Também é o que menciona Paulo Mota Pinto: "é justamente por a indemnização em via específica facultar ao lesado uma tutela mais perfeita, que se prevê a sua *prioridade em relação à indemnização por equivalente*" (PINTO, Paulo Mota. *Interesse contratual negativo e interesse contratual positivo*. v. 2. Coimbra: Coimbra, 2008, p. 1.489). Ainda, v. AMORIM, José Roberto Neves et al. *Código Civil comentado*: doutrina e jurisprudência. 4. ed. Barueri: Manole, 2010, p. 946-947; e BARBOZA, Heloisa Helena; MORAES, Maria Celina Bodin de; TEPEDINO, Gustavo (Orgs.). *Código Civil Interpretado Conforme a Constituição da República*. v. II. 2. ed. Rio de Janeiro: Renovar, 2012, p. 873.
42. Disponível em: <https://www.cjf.jus.br/enunciados/enunciado/834>. Acesso em: 14 nov. 2022.
43. Servem como ilustração o art. 566 do Código Civil de Portugal; o art. 1.803 do *Código Civil* da Argentina; o § 249 do BGB, na Alemanha; e o § 1.323, primeira parte, do ABGB, na Áustria. Em realidade, mesmo na hipótese de países que não contam com disposição explícita a respeito, como a Espanha, não é incomum a admissão do recurso à via específica: "*nuestro sistema legal, aun sin previsión expresa alguna por parte del legislador, con carácter general, tradicionalmente admite que la reparación del daño se puede llevar a cabo de dos formas: en forma específica o por equivalente económico*" (GUTIÉRREZ, Paloma Tapia. *La reparación del daño en forma específica*: el puesto que ocupa entre los medios de tutela del perjudicado. Madrid: Dykinson, 2013, p. 27-28).
44. MARTINS-COSTA, Judith. *Comentários ao novo Código Civil*: do inadimplemento das obrigações, cit., p. 95-96. Na mesma linha, Paulo de Tarso Vieira. *Princípio da reparação integral*: indenização no Código Civil, cit., p. 40.

Sob um segundo enfoque, o movimento de "universal ampliação da ressarcibilidade",[45] com reconhecimento de diversos *novos danos*, coloca em discussão se o remédio corriqueiramente empregado, ou seja, o arbitramento em dinheiro para qualquer hipótese, seria adequado ao atendimento dessa gama de interesses jurídicos admitidos pelo ordenamento.

Como consequência dessa avaliação, tem-se que a preocupação maior com a tutela da vítima, que vem pautando a seara da responsabilidade civil no direito nacional,[46] orienta à necessidade de uma correlata expansão dos meios reparatórios,[47] capaz de superar a indistinta fórmula de fixação de uma quantia no caso concreto e atuar direta e efetivamente sobre a lesão gerada.[48]

A terceira e última perspectiva essencial para se compreender a via não pecuniária como preferencial no sistema jurídico em matéria de dano moral, passa pela identificação da função reparatória como central na responsabilidade civil,[49] ainda que, nos últimos anos, muito se tenha discutido sobre outras funções que viriam a operar nesse campo.[50] Mais: tendo em vista o teor do art. 944, *caput*, do Código Civil,[51] a exigência é a reparação integral do dano promovido, o que também alcança, de forma plena[52] ou, ao menos, mitigada,[53] as lesões extrapatrimoniais.

Apesar dessa terminante prescrição de busca por uma solução que propicie a reparação do dano moral, inclusive em linha com o disposto no art. 947 do Código

---

45. SCHREIBER, Anderson. *Novos paradigmas da Responsabilidade Civil*: da erosão dos filtros da reparação à diluição dos danos. 2. ed. São Paulo: Atlas, 2009, p. 81.
46. ANDRIGHI, Fátima Nancy. Fundamentos atuais da responsabilidade na ordem civil-constitucional: o papel da jurisprudência na concretização das cláusulas gerais. In: MARTINS, Guilherme (Coord.). *Temas de responsabilidade civil*. Rio de Janeiro: Lumen Juris, 2012, p. 158.
47. "Durante os últimos dois séculos, a responsabilidade civil foi aprimorada e remodelada sempre a partir das suas causas (culpa e risco). É hora de repensar as suas consequências" (SCHREIBER, Anderson. Reparação não pecuniária dos danos morais, cit., p. 219).
48. V., nesse mesmo sentido, DANTAS BISNETO, Cícero. A insuficiência do modelo reparatório exclusivamente pecuniário no âmbito das lides familiares. *Revista Nacional de Direito de Família e Sucessões*, n. 31, jul./ago. 2019, p. 22.
49. "Os modos de reparação dos prejuízos ligam-se à função primordial da responsabilidade civil, devendo-se tentar, na medida do possível, recolocar o prejudicado, ainda que de forma apenas aproximativa, na situação em que se encontraria caso o ato danoso não houvesse ocorrido" (SANSEVERINO, Paulo de Tarso Vieira. *Princípio da reparação integral*: indenização no Código Civil, cit., p. 34). De igual modo, SEVERO, Sérgio. *Os danos extrapatrimoniais*, cit., p. 187; NORONHA, Fernando. *Direito das obrigações*. São Paulo: Saraiva, 2003 v. 1. p. 437; e VINEY, Geneviève. As tendências do Direito da Responsabilidade Civil. In: TEPEDINO, Gustavo (Org.). *Direito civil contemporâneo*: novos problemas à luz da legalidade constitucional – Anais do Congresso Internacional de Direito Civil-Constitucional da Cidade do Rio de Janeiro. São Paulo: Atlas, 2008, p. 54-55.
50. V., por todos, ROSENVALD, Nelson. *As funções da responsabilidade civil*: a reparação e a pena civil. 3. ed. São Paulo: Saraiva, 2017.
51. "Art. 944. A indenização mede-se pela extensão do dano".
52. Sobre o ponto, Carlos Edison do Rêgo Monteiro Filho, à luz da necessidade de uma tutela qualitativamente diversa em relação às situações existenciais, defende que tanto o dano material, como o dano moral deverão ser objeto de uma integral reparação, mas sob fundamentos distintos. Enquanto o primeiro surgiria, em essência, em razão do direito de propriedade, o segundo derivaria do preceito nuclear de cuidado com a dignidade da pessoa humana em seus variados aspectos (MONTEIRO FILHO, Carlos Edison do Rêgo. Limites ao princípio da reparação integral no direito brasileiro. *Civilistica.com*, Rio de Janeiro, a. 7, n. 1, 2018, p. 3. Disponível em: <http://civilistica.com/limites-ao-principio-da-reparacao-integral/>. Acesso em: 14 nov. 2022). Ainda, v. GHERSI, Carlos Alberto. *Teoría general de la reparación de daños*. Buenos Aires: Astrea, 1997, p. 384.
53. SANSEVERINO, Paulo de Tarso Vieira. *Princípio da reparação integral*: indenização no Código Civil, cit., p. 269-270.

Civil, doutrina e jurisprudência têm se contentado com um expediente de "'caráter compensatório' para a vítima, que receberá uma soma que lhe proporcione prazeres como contrapartida do mal sofrido".[54] Com impressionante serenidade, aceita-se o fato de que o remédio empregado confessadamente não se presta a reparar o dano (sequer se relaciona a essa situação), servindo, em verdade, à satisfação de *outros* eventuais interesses do ofendido.

Embora chame a atenção o fato de, em pouquíssimo tempo, a negação ao pagamento de valores ter sido substituída pela irrestrita adoção da pecúnia como resposta aos casos de dano moral,[55] alguns autores, em âmbito nacional[56] e estrangeiro,[57] têm acusado a desconfortável falta de paralelismo entre a lesão e o remédio. Mesmo assim, costuma encontrar coro a tese de que "*a falta de cosa mejor, el dinero sirve en esta vida para curar muchas heridas*".[58]

A visão, em alguma medida, amoldava-se à concepção de dano moral de ordem subjetiva, pela impossibilidade de se cogitar uma reparação para a *dor na alma*. Todavia, sob viés atual, em que o instituto assume traços mais objetivos,[59] ainda que subsista o impedimento ao retorno à fase pré-lesão, é plenamente possível que a *aproximação* com vistas a reparar a ofensa, em prol do cuidado com a dignidade humana e dos interesses existenciais em análise, ocorra melhor com uma medida não pecuniária do que com a entrega de um capital.

Em suma, diante da previsão do art. 947 do Código Civil, da ampliação dos danos ressarcíveis e da função reparatória como central na esfera da responsabilidade civil, justifica-se o recurso a um efetivo mecanismo de reparação, em vez de um mero produtor de *status, bem-estar e felicidade*.[60]

Como última observação, longe de se pretender qualquer inovação no sistema, a proposta é de mudança da cultura jurídica: deve o operador do direito garantir a aplicação da sistemática que se encontra conforme as premissas e os valores do ordenamento, e não desconsiderar essa diretriz em função de velhos e injustificados temores, que

---

54. PEREIRA, Caio Mário da Silva. *Responsabilidade Civil*. 11. ed. Rio de Janeiro: Forense, 2016, p. 75. Em sentido análogo: LÔBO, Paulo. *Direito civil*: obrigações. v. 2. 7. ed. São Paulo: Saraiva, 2019, p. 362; NORONHA, Fernando. *Direito das obrigações*, cit., p. 437-438 e 569; CAVALIERI FILHO, Sergio. *Programa de Responsabilidade Civil*. 10. ed. São Paulo: Atlas, 2012, p. 91; e REIS, Clayton. *Dano moral*, cit., p. 88.
55. A questão já foi notada na esfera jurisprudencial, conforme consta no seguinte julgado: TJSP, 2ª C.D.P., Ap. Cív. 0004371-28.2009.8.26.0281, rel. Des. Fabio Tabosa, j. 19/10/2010.
56. GOMES, Orlando. Tendências modernas na teoria da responsabilidade civil. In: DI FRANCESCO, José Roberto Pacheco (Org.). *Estudos em homenagem ao Professor Silvio Rodrigues*. São Paulo: Saraiva, 1989, p. 298; SILVA, Wilson Melo da. *O dano moral e sua reparação*. 3. ed. Rio de Janeiro: Forense, 1983, p. 584; BRAGA NETTO, Felipe Peixoto; FARIAS, Cristiano Chaves de; ROSENVALD, Nelson. *Curso de direito civil*: responsabilidade civil. v. 3. 4. ed. Salvador: JusPodivm, 2017, p. 276; e ROSENVALD, Nelson. Responsabilidade civil: compensar, punir e restituir. *Revista IBERC*, Minas Gerais, v. 2, n. 2, abr./jun. 2019, p. 1. Disponível em: <https://revistaiberc.emnuvens.com.br/iberc/article/view/48>. Acesso em: 14 nov. 2022.
57. DE CUPIS, Adriano. *El daño*: teoria general de la responsabilidad civil, cit., p. 766.
58. CAPITANT, Henri; COLIN, Ambrosio. *Curso elemental de derecho civil*. t. 3. 2. ed. Madrid: Reus, 1943, p. 818.
59. MORAES, Maria Celina Bodin de. *Danos à pessoa humana*: uma leitura civil-constitucional dos danos morais. 2. ed. Rio de Janeiro: Processo, 2017, p. 183-184.
60. SCHREIBER, Anderson. Reparação não pecuniária dos danos morais, cit., p. 207.

conduzem ao emprego de medida alheia à tutela adequada da vítima – seja a do dano moral individual, seja, conforme se verá, a do dano moral coletivo.

3. A REPARAÇÃO NÃO PECUNIÁRIA DE DANOS MORAIS COLETIVOS E A POSSIBILIDADE DE UTILIZAÇÃO DA VIA PARA A TUTELA COLETIVA DAS VÍTIMAS DE DANOS MORAIS INDIVIDUAIS

Ainda que o dano moral coletivo seja tema recente no direito brasileiro, os debates acerca das diversas controvérsias que pairam sobre a matéria têm sido frequentes nas últimas décadas,[61] como parte de uma caminhada que muito se assemelha àquela, permeada de obstáculos, havida com o dano moral individual.[62]

Aos poucos, em virtude da intensa tutela constitucional reservada a interesses transindividuais e da previsão de dispositivos como o art. 1°, *caput* e IV, da Lei 7.347/85[63] e o art. 6°, VI, do Código de Defesa do Consumidor,[64] que expressamente retratam a necessidade de reparação do prejuízo extrapatrimonial de caráter coletivo, houve evolução do assunto capaz de arrefecer o movimento contrário à admissão do dano moral coletivo no ordenamento nacional, que se observava inclusive na esfera jurisprudencial.[65] Sua existência passou a ser majoritariamente acolhida, dentro e fora do Judiciário,[66] o que fez a discussão atualmente se deslocar à qualificação e ao estabelecimento dos efeitos produzidos a partir da sua configuração no caso concreto.[67]

Considerando que os desafios se iniciam a partir do aspecto conceitual, é necessário, antes de tudo, compreender que o dano moral coletivo não surge como espécie de somatório dos danos morais individuais.[68] Em realidade, do ponto de vista material, o

---

61. Entre os escritos precursores, cite-se: BITTAR FILHO, Carlos Alberto. Do dano moral coletivo no atual contexto jurídico brasileiro. *Revista de Direito do Consumidor*, v. 12, out./dez. 1994, p. 44-62.
62. MARTINS, Guilherme Magalhães. A dimensão coletiva do dano moral nas relações de consumo. In: OLIVEIRA, Andressa Jarletti Gonçalves de; XAVIER, Luciana Pedroso (Orgs.). *Repensando o Direito do Consumidor III – 25 anos de CDC: conquistas e desafios*. Curitiba: OABPR, 2015, p. 114.
63. "Art. 1° Regem-se pelas disposições desta Lei, sem prejuízo da ação popular, as ações de responsabilidade por danos morais e patrimoniais causados: [...] IV – a qualquer outro interesse difuso ou coletivo".
64. "Art. 6° São direitos básicos do consumidor: [...] VI – a efetiva prevenção e reparação de danos patrimoniais e morais, individuais, coletivos e difusos".
65. STJ, 1ª T., REsp 598.281/MG, rel. Min. Luiz Fux, Rel. p/ Acórdão Min. Teori Albino Zavascki, j. 02/05/2006.
66. SCHREIBER, Anderson. *Manual de direito civil contemporâneo*. São Paulo: Saraiva, 2018, p. 634-635; CARPENA, Heloisa. Questões atuais sobre o ressarcimento do dano moral coletivo. In: MARTINS, Guilherme Magalhães (Coord.). *Temas de responsabilidade civil*. Rio de Janeiro: Lumen Juris, 2012, p. 224-235; LÔBO, Paulo. *Direito civil*: obrigações, cit., p. 352. Nos tribunais, é possível ilustrar com os seguintes precedentes: STJ, 3ª T., REsp 1.929.288/TO, Rel. Min. Nancy Andrighi, j. 22/02/2022; STJ, 4ª T., REsp 1.610.821/RJ, rel. Min. Luis Felipe Salomão, j. 15/12/2020; STJ, 1ª T., AgInt no REsp 1.542.272/RJ, rel. Min. Benedito Gonçalves, j. 13/10/2020; e STJ, 3ª T., REsp 1.737.428/RS, rel. Min. Nancy Andrighi, j. 12/03/2019.
67. BARBOSA, Fernanda Nunes; MULTEDO, Renata Vilela. Reflexões sobre os chamados danos morais coletivos. In: ROSENVALD, Nelson; TEIXEIRA NETO, Felipe (Coords.). *Dano moral coletivo*. Indaiatuba: Foco, 2018, p. 130-131.
68. Essa relevante observação inclusive já foi feita pelo Superior Tribunal de Justiça, em ação civil pública, como forma de indicar a possibilidade de cumulação de pleitos reparatórios referentes a danos morais coletivos e a danos extrapatrimoniais ligados a direitos individuais homogêneos (STJ, 3ª T., REsp 1.929.288/TO, rel. Min. Nancy Andrighi, j. 22/02/2022).

instituto dialoga apenas com as categorias dos interesses difusos e coletivos *stricto sensu* (art. 81, parágrafo único, I e II, do Código de Defesa do Consumidor),[69] já que os danos morais envolvendo interesses individuais homogêneos (art. 81, parágrafo único, III, do Código de Defesa do Consumidor)[70] possuem natureza substancialmente individual, restringindo-se o caráter coletivo ao tratamento processual.[71]

Com base nessas noções preliminares, o instituto pode ser tido como "a lesão a um interesse difuso ou coletivo, de cunho extrapatrimonial, tutelado pelo ordenamento jurídico".[72] Ainda que a questão venha sendo objeto de desdobramentos por parte da doutrina, especialmente quanto à denominação da figura[73] e se seria gênero apartado do que se entende por dano moral na responsabilidade civil,[74] o que importa, para efeito do presente trabalho, é a natureza do remédio empregado contra prejuízo dessa ordem.

Sobre esse ponto, alguns autores vêm sustentando que a resposta ao dano moral coletivo, por suas peculiaridades, teria feição de pena civil,[75] com destaque ao argumento de que as lesões existenciais metaindividuais não poderiam ser vistas de forma autônoma

---

69. "Art. 81. A defesa dos interesses e direitos dos consumidores e das vítimas poderá ser exercida em juízo individualmente, ou a título coletivo. Parágrafo único. A defesa coletiva será exercida quando se tratar de: I – interesses ou direitos difusos, assim entendidos, para efeitos deste código, os transindividuais, de natureza indivisível, de que sejam titulares pessoas indeterminadas e ligadas por circunstâncias de fato; II – interesses ou direitos coletivos, assim entendidos, para efeitos deste código, os transindividuais, de natureza indivisível de que seja titular grupo, categoria ou classe de pessoas ligadas entre si ou com a parte contrária por uma relação jurídica base".
70. "Art. 81. [...] III – interesses ou direitos individuais homogêneos, assim entendidos os decorrentes de origem comum".
71. GRINOVER, Ada Pellegrini; NERY JUNIOR, Nelson; WATANABE, Kazuo. *Código Brasileiro de Defesa do Consumidor*: comentado pelos autores do anteprojeto. 10. ed. Rio de Janeiro: Forense, 2011. v. II. p. 70.
72. SCHREIBER, Anderson. Notas sobre o dano moral coletivo. In: SCHREIBER, Anderson. *Direito Civil e Constituição*. São Paulo: Atlas, 2013, p. 459. Em sentido próximo: LÔBO, Paulo. *Direito civil*: obrigações, cit., p. 352; MEDEIROS NETO, Xisto Tiago. O dano moral coletivo e o valor da sua reparação. *Revista do Tribunal Superior do Trabalho*, v. 78, n. 4, out./dez. 2012, p. 289; e STJ, 3ª T., REsp 1.799.346/SP, rel. Min. Nancy Andrighi, j. 03/12/2019. A bem da verdade, a ideia não difere muito da referência ao dano moral, no plano individual, como "*lesão a um interesse existencial concretamente merecedor de tutela*" (BRAGA NETTO, Felipe Peixoto; FARIAS, Cristiano Chaves de; ROSENVALD, Nelson. *Curso de direito civil*: responsabilidade civil, cit., p. 301, grifos no original).
73. É o caso de Leonardo Roscoe Bessa, ao advogar pela substituição da expressão dano moral coletivo por dano extrapatrimonial coletivo (BESSA, Leonardo Roscoe. Dano moral coletivo. *Revista da Direito e Liberdade*, v. 7, n. 3, jul./dez. 2007, p. 267-268). A questão, todavia, parece ser de menor relevo, eis que o "direito positivo brasileiro consagrou a utilização de *dano moral* como sinônimo de *dano extrapatrimonial*, no sentido de categoria contraposta à do *dano patrimonial*" (SILVA, Rodrigo da Guia; TEPEDINO, Gustavo. Notas sobre o dano moral no direito brasileiro. *Revista Brasileira de Direito Civil*, v. 30, out./dez. 2021, p. 48, grifos no original).
74. Essa ponderação sobre um "terceiro gênero" na responsabilidade civil, não ajustado à dicotomia entre danos materiais e danos morais, consta em: CARRÁ, Bruno Leonardo Câmara. A (in)viabilidade jurídica do dano moral coletivo. In: ROSENVALD, Nelson; TEIXEIRA NETO, Felipe (Coords.). *Dano moral coletivo*. Indaiatuba: Foco, 2018, p. 70; e BARBOSA, Fernanda Nunes; MULTEDO, Renata Vilela. Reflexões sobre os chamados danos morais coletivos, cit., p. 143. No entanto, a tentativa de fragmentação é digna de questionamentos, diante da abertura do direito brasileiro (sobre o tema, v. SILVA, Rodrigo da Guia; TEPEDINO, Gustavo. Notas sobre o dano moral no direito brasileiro, cit., p. 40-41) – o que, evidentemente, não impede a lapidação do conceito de dano moral, para melhor contemplar todas as suas hipóteses de configuração.
75. ROSENVALD, Nelson. O dano moral coletivo como uma pena civil. In: ROSENVALD, Nelson; TEIXEIRA NETO, Felipe (Coords.). *Dano moral coletivo*. Indaiatuba: Foco, 2018, p. 119. De forma similar, confira-se: BESSA, Leonardo Roscoe. Dano moral coletivo, cit., p. 267-270; e AZEVEDO, Antonio Junqueira de. Por uma nova categoria na responsabilidade civil: o dano social. In: AZEVEDO, Antonio Junqueira de. *Novos estudos e pareceres de direito privado*. São Paulo: Saraiva, 2009, p. 377-384.

em relação às provocadas individualmente aos integrantes da coletividade.[76] Segundo alegam, a lógica reparatória já lidaria com essas últimas, pelo que qualquer resposta no plano coletivo encerraria qualidade diversa, de viés punitivo, sob o enfoque de que o "direito penal ergue os olhos para o futuro, pois ao aplicar a sanção punitiva, deseja desencorajar o autor do ilícito a reincidir".[77]

Apesar de o presente trabalho adotar linha diversa, por se entender que as violações a interesses existenciais individuais não se confundem com as de cunho coletivo[78] e que a defesa da punição como mecanismo de prevenção de danos contrasta com os dados de realidade,[79] a questão parece ir além. Uma perspectiva mais abrangente mostra que, afora a tese colidir com a diretriz da *reparação* de danos na cláusula geral do art. 927 do Código Civil,[80] atrai praticamente todas as objeções que já haviam sido levantadas contra a função punitiva na esfera do dano moral individual[81] e abre perigoso caminho para uma antiga ideia de *vingança*,[82] ainda que travestida monetariamente.[83]

---

76. ROSENVALD, Nelson. *O dano moral coletivo como uma pena civil*, cit., p. 117 e ss.
77. *Ibid.*, p. 105.
78. A propósito: "Em conclusão: o fato de o dano moral vir sendo conceitualmente remetido à dignidade da pessoa humana não exclui nem inviabiliza a reparação de lesões a interesses extrapatrimoniais de titularidade difusa ou coletiva que o próprio Constituinte e o legislador reconhecem nitidamente [...] Chamemos a isso dano moral coletivo, reformulando nosso conceito de dano moral para adequá-lo aos dispositivos legais, ou tratemos dessas situações em outra categoria conceitual (danos extrapatrimoniais coletivos e difusos), pouco importa. O importante é que superemos uma polêmica artificial, de laboratório, que tem obstado a aplicação do instrumento compensatório em defesa de interesses supraindividuais que o ordenamento jurídico brasileiro expressamente reconhece, sem qualquer ressalva, como merecedoras de tutela" (SCHREIBER, Anderson. *Notas sobre o dano moral coletivo*, cit., p. 462-463).
79. "O elevado índice de reincidência criminal no país apenas corrobora essa afirmação. Segundo estimativas do CNJ, 70% dos presos voltam a cometer delitos após saírem das prisões. É, assim, fora de dúvida que o sistema punitivo no Brasil não realiza adequadamente qualquer das funções próprias da pena criminal: além de não prever retribuição na medida certa, não previne, nem ressocializa" (STF, Tribunal Pleno, RE 580.252/MS, rel. Min Teori Zavascki, rel. p/ acórdão Min. Gilmar Mendes, j. 16/02/2017).
80. "Art. 927. Aquele que, por ato ilícito (arts. 186 e 187), causar dano a outrem, fica obrigado a repará-lo. Parágrafo único. Haverá obrigação de reparar o dano, independentemente de culpa, nos casos especificados em lei, ou quando a atividade normalmente desenvolvida pelo autor do dano implicar, por sua natureza, risco para os direitos de outrem".
81. Para citar algumas delas: "(i) uma vez que não prevista em lei, a indenização punitiva implicaria em punição sem prévia cominação legal, conferindo um cheque em branco para o juiz cível ferir o princípio da tipicidade (*nullum crimen, nulla poena sine lege*); (ii) vários atos geradores de dano moral também são crimes, o que acarretaria um *bis in idem*, especialmente com a previsão de sanção pecuniária no direito penal (Lei 9.714/98); (iii) tramitando na vara cível, a ação segue os mecanismos processuais/recursais do direito processual civil, sem as garantias típicas do procedimento penal; (iv) o efeito punitivo é mitigado no âmbito civil porque nem sempre o responsável é o culpado (como nos casos de seguro de dano) e, nestes casos, o verdadeiro culpado não será punido" (SAVI, Sérgio. *Responsabilidade civil e enriquecimento sem causa*. O lucro da intervenção. São Paulo: Atlas, 2012, p. 82). A respeito, v. MORAES, Maria Celina Bodin de. *Danos à pessoa humana*: uma leitura civil-constitucional dos danos morais, cit., p. 193-264; SCHREIBER, Anderson. *Novos paradigmas da responsabilidade civil*: da erosão dos filtros da reparação à diluição dos danos, cit., p. 203-209; SCHREIBER, Anderson; TEPEDINO, Gustavo. As penas privadas no direito brasileiro. In: GALDINO, Flavio; SARMENTO, Daniel (Orgs.). *Direitos fundamentais*: estudos em homenagem ao professor Ricardo Lobo Torres. Rio de Janeiro: Renovar, 2006, p. 521-522.
82. "[...] a par desse seu poder indireto de provocar alegrias, o dinheiro pago pelo ofensor não deixaria, até certo ponto, de constituir um castigo para ele, castigo esse que, no entender de Von Tuhr, não perderia um pouco do seu caráter vingativo, contribuindo, também, para o melhor aplacamento da justa indignação do ofendido" (SILVA, Wilson Melo da. *O dano moral e sua reparação*, cit., p. 616). Também a respeito: "No meu entendimento, a pecúnia constitui-se em uma penalidade das mais significativas ao lesionador em nosso mundo capitalista e consumista, já que o bolso é a 'parte mais sensível do corpo humano'" (REIS, Clayton. *Dano moral*, cit., p. 90-91).

Por fim, em uma abordagem ainda mais específica – e essencial à matéria – não se pode ignorar o Decreto 1.306/94, que "Regulamenta o Fundo de Defesa de Direitos Difusos", e, mais precisamente, o seu art. 7º, orientando que os valores arrecadados com a ação, a serem revertidos ao Fundo, deverão servir à reparação específica do dano.[84] O sistema jurídico está, portanto, centrado na intenção de reparar o dano, e não na punição de quem quer que seja.

Como se nota, o dispositivo que regulamenta o procedimento das ações coletivas indica, explicitamente, ser a reparação *específica* a resposta às violações a interesses transindividuais. Em outras palavras, mesmo quando há condenação em dinheiro, direcionada ao Fundo de Defesa de Direitos Difusos com base no art. 13 da Lei 7.347/85,[85] o taxativo comando é a reversão da verba a medidas destinadas à reparação não monetária do dano gerado.

A isso se agrega o disposto nos arts. 3º e 11 da Lei 7.347/85,[86] que permitem a formulação de pedido de obrigação de fazer ou não fazer, encurtando o caminho ao atendimento da prescrição legal, mediante emprego direto das medidas na demanda coletiva proposta. Não à toa, o recurso a obrigações dessa natureza tem sido encorajado pela doutrina especializada.[87]

Por isso, não é de hoje o anúncio de que "ocorrido o dano moral coletivo [...] surge automaticamente uma relação jurídica obrigacional que pode ser assim destrinchada: [...]; c) objeto: a reparação - que pode ser tanto pecuniária quanto não-pecuniária".[88] Também são valiosos os comentários dos autores Sérgio Cruz Arenhart, Andreia Cristina Bagatin, Marcella Pereira Ferraro e Egon Bockmann Moreira, em obra dedicada à lei da ação civil pública:

---

83. "É imperioso, pois, que o lesante apreenda, pela imposição da parcela pecuniária fixada judicialmente, a força da reprovação social e dos efeitos deletérios decorrentes da sua conduta" (MEDEIROS NETO, Xisto Tiago. O dano moral coletivo e o valor da sua reparação, cit., p. 297).
84. "Art. 7º Os recursos arrecadados serão distribuídos para a efetivação das medidas dispostas no artigo anterior e suas aplicações deverão estar relacionadas com a natureza da infração ou de dano causado. Parágrafo único. Os recursos serão prioritariamente aplicados na reparação específica do dano causado, sempre que tal fato for possível".
85. "Art. 13. Havendo condenação em dinheiro, a indenização pelo dano causado reverterá a um fundo gerido por um Conselho Federal ou por Conselhos Estaduais de que participarão necessariamente o Ministério Público e representantes da comunidade, sendo seus recursos destinados à reconstituição dos bens lesados".
86. "Art. 3º A ação civil poderá ter por objeto a condenação em dinheiro ou o cumprimento de obrigação de fazer ou não fazer".
"Art. 11. Na ação que tenha por objeto o cumprimento de obrigação de fazer ou não fazer, o juiz determinará o cumprimento da prestação da atividade devida ou a cessação da atividade nociva, sob pena de execução específica, ou de cominação de multa diária, se esta for suficiente ou compatível, independentemente de requerimento do autor".
87. "Esta imposição judicial de fazer ou não fazer é mais racional que a condenação pecuniária, porque, na maioria dos casos, o interesse público é mais o de obstar a agressão ao meio ambiente ou obter a reparação direta e *in specie* do dano do que de receber qualquer quantia em dinheiro para sua recomposição [...]" (MEIRELLES, Hely Lopes. *Mandado de segurança*. 29. ed. São Paulo: Malheiros, 2006, p. 196). Também: "A responsabilidade civil, em geral, e não é diferente na seara da tutela de direitos difusos e coletivos; objetiva, primordialmente, assegurar, em virtude de um dano a um bem juridicamente tutelado, a restauração deste ao seu *status quo ante*. Daí a prioridade para a chamada reparação *in natura*, como se extrai claramente do art. 947 do Código Civil: [...]" (VENZON, Fábio Nesi. Fundo de Defesa de Direitos Difusos: descompasso com a garantia da tutela adequada e efetiva dos direitos coletivos. *Boletim Científico ESMPU*, a. 16, n. 50, jul./dez. 2017, p. 128-129).
88. BITTAR FILHO, Carlos Alberto. *Do dano moral coletivo no atual contexto jurídico brasileiro*, cit., versão eletrônica.

Porém, como anota Arenhart (2009c, p. 158), [...] "Novos direitos foram concebidos, e a sociedade passa a dar importância para elementos não patrimoniais, a exemplo dos interesses metaindividuais que, normalmente, não podem ser traduzidos de forma adequada em expressão monetária. Para esses interesses, a execução pecuniária é, assim, francamente insuficiente e inadequada" [...] Aliás, como já salientado, uma vez ocorrido o dano, há precedência da tutela reparatória *in natura* em relação à ressarcitória em dinheiro, conforme previsão do art. 84 do CDC, aplicável a todos os direitos tutelados pela LACP, nos termos do seu art. 21: somente se não for possível a reparação específica dos danos é que deve haver seu ressarcimento pelo equivalente em pecúnia [...] Tanto para inibir e remover o ilícito, quanto para reparar os danos porventura ocorridos, a preferência - já antecipada nos idos 1985 por este dispositivo [art. 11] e reforçada posteriormente, em 1990, pelo art. 84 do CDC (e pela subsequente reprodução deste, em 1994, no art. 461 do CPC/1973) – é pela tutela específica, especialmente por meio da imposição de um fazer ou não fazer (ou mesmo de entrega de coisa). Tal preferência existe igualmente na hipótese de reparação de danos, que é possível não somente por meio do pagamento de quantia equivalente ao prejuízo sofrido, mas também – e precipuamente – *in natura*".[89]

Pode-se concluir, desse modo, que a reparação não monetária é a via adequada na hipótese de dano moral coletivo.[90] E, a despeito de isso já se mostrar suficiente à sua utilização no caso concreto, há um elemento prático que também reforça esse raciocínio. Conforme exposto, o art. 13 da Lei 7.347/85 ordena que as quantias pagas sejam destinadas ao Fundo de Defesa de Direitos Difusos. Ocorre que são muitas e justificadas as críticas à gestão desses recursos, seja pela obscuridade, seja pela ineficácia.[91] Logo, também esse dado inclina à primazia da tutela específica, devendo o encaminhamento de valores ao Fundo figurar como *ultima ratio*, como se tem afirmado.[92]

---

89. ARENHART, Sérgio Cruz et al. *Comentários à Lei de Ação Civil Pública*. 2. ed. São Paulo: Thomson Reuters Brasil, 2019, versão eletrônica, grifos no original.
90. Sobre a prevalência dessa forma de reparação na esfera coletiva, confira-se: CAPUCHO, Fábio Jun. Reparação não pecuniária do dano coletivo. *Migalhas*, 16 nov. 2021. Disponível em: <https://www.migalhas.com.br/coluna/migalhas-de-responsabilidade-civil/354897/reparacao-nao-pecuniaria-do-dano-coletivo>. Acesso em: 15 nov. 2022.
91. "No ano de 2016, a situação foi ainda pior, pois, arrecadados R$ 775.034.487,75, foram executados apenas oito projetos em valores que não superam, cada um, R$ 350.000,00, conforme consta do Edital de Chamamento Público CFDD n. 01, de 13 de maio de 2015 (Brasil, 2015), destinado a selecionar projetos para 2016. [....] Além disso, mesmo os recursos que são aplicados em projetos não possuem qualquer vinculação com as ações civis públicas, cujas condenações em dinheiro foram destinadas ao FDD" (VENZON, Fábio Nesi. *Fundo de Defesa de Direitos Difusos*: descompasso com a garantia da tutela adequada e efetiva dos direitos coletivos, cit., p. 135-140). Ainda, v. VENTURI, Elton; VENTURI, Thaís G. Pascoaloto. O dano moral em suas dimensões coletiva e acidentalmente coletiva. In: ROSENVALD, Nelson; TEIXEIRA NETO, Felipe (Coords.). *Dano moral coletivo*. Indaiatuba: Foco, 2018, p. 409; FERRAZ, Álvaro; MARINO, Bruno Di. A saga jurisprudencial do dano moral coletivo: tinha razão o ministro Teori. *Conjur*, 31 mar. 2019. Disponível em: <https://www.conjur.com.br/2019-mar-31/opiniao-saga-jurisprudencial-dano-moral-coletivo>. Acesso em: 15 nov. 2022. Por fim, veja-se a conclusão do Relatório de Avaliação elaborado pela Controladoria Geral da União, referente ao exercício de 2017, ao examinar o emprego dos recursos do Fundo: "As avaliações realizadas permitiram identificar que a destinação dos recursos financeiros do Fundo de Defesa de Direitos Difusos (FDD) não guarda correlação com a natureza dos valores arrecadados, em infringência ao art. 7º do Decreto 1.306/1994, o qual prescreve que as aplicações dos recursos deverão estar relacionadas com a natureza da infração ou do dano causado". Disponível em: <https://www.justica.gov.br/Acesso/auditorias/arquivos_auditoria/senacon>. Acesso em: 16 abr. 2022.
92. VENTURI, Elton; VENTURI, Thaís G. Pascoaloto. *O dano moral em suas dimensões coletiva e acidentalmente coletiva*, cit., p. 410; e VENZON, Fábio Nesi. *Fundo de Defesa de Direitos Difusos*: descompasso com a garantia da tutela adequada e efetiva dos direitos coletivos, cit., p. 127-128.

Assim, se o objetivo legal é a reparação específica do dano sofrido, conforme expressa previsão do art. 7º do Decreto 1.306/94, entende-se ser o caso de já se buscar, prioritariamente na ação, por meio de pedido próprio (art. 3º da Lei 7.347/85, art. 84, *caput*, do Código de Defesa do Consumidor[93] e art. 497, *caput*, do Código de Processo Civil),[94] essa forma de reparação, inclusive para evitar que eventual medida não monetária fique à mercê da problemática utilização posterior dos valores injetados no Fundo.

Alguns interessantes exemplos servem para demonstrar a rica capacidade reparatória da sistemática. Os dois primeiros estão relacionados à assinatura de Termo de Ajustamento de Conduta em função de vazamento de dados. No caso envolvendo a Netshoes, definiu-se que a infratora iria, entre outros, "realizar esforços de orientação de consumidores, a aumentar o nível de conhecimento sobre os riscos cibernéticos e medidas de proteção de seus dados pessoais, por meio de campanha de conscientização".[95] Já no incidente de segurança ligado ao Banco Inter, foram estipuladas medidas como a doação de valores a instituições públicas que combatem crimes cibernéticos.[96]

Também merece registro a ação civil pública movida em face de uma rede de supermercados em que se requereu, à conta de alegado ato racista praticado pelos seus representantes, a condenação da parte ré à realização de mais de uma dezena de medidas para reparar o dano moral coletivo, tais como a inserção de "cláusulas antirracistas em todos os contratos com fornecedores e prestadores de serviço", a "expressa permissão a todos os clientes e terceiros para que filmem abordagens realizadas no interior ou nas imediações dos prédios da empresa demandada" e a "revisão imediata dos protocolos de abordagem de segurança no interior das lojas".[97]

Uma outra ilustração envolve hipótese de maus-tratos a animais relacionada ao Circo Hermanos Rodrigues, com acusação de falta de fiscalização por parte do IBAMA. Proposta uma ação civil pública em desfavor de ambos, a sentença, confirmada pelo Tribunal Regional Federal da 4ª Região, ordenou que o IBAMA promovesse palestras educativas sobre a temática e que as apresentações circenses passassem a ser iniciadas por um discurso fixo presente na decisão, que comunica a condenação, destaca a im-

---

93. "Art. 84. Na ação que tenha por objeto o cumprimento da obrigação de fazer ou não fazer, o juiz concederá a tutela específica da obrigação ou determinará providências que assegurem o resultado prático equivalente ao do adimplemento".
94. "Art. 497. Na ação que tenha por objeto a prestação de fazer ou de não fazer, o juiz, se procedente o pedido, concederá a tutela específica ou determinará providências que assegurem a obtenção de tutela pelo resultado prático equivalente".
95. A situação teve origem no Inquérito Civil Público n. 08190.044813/18-44 promovido pelo Ministério Público do Distrito Federal e Territórios. Disponível em: <https://www.mpdft.mp.br/portal/pdf/tacs/espec/TAC_Espec_2019_001.pdf>. Acesso em: 15 nov. 2022.
96. O TAC foi firmado no curso da ação civil pública n. 0721831-64.2018.8.07.0001, que tramitou perante o Tribunal de Justiça do Distrito Federal e dos Territórios. Disponível em: <https://www.mpdft.mp.br/portal/index.php/comunicacao-menu/sala-de-imprensa/noticias/noticias-2018/10524-2018-12-19-10-27-31>. Acesso em: 15 nov. 2022.
97. Trata-se da ação civil pública 1009099-55.2021.8.26.0320, com trâmite perante o Tribunal de Justiça de São Paulo.

portância do respeito aos animais e indica aos presentes que "o uso de animais não é necessário para que se faça um excelente espetáculo".[98]

O quinto e último exemplo diz respeito a um direito de resposta coletivo solicitado em ação movida em face da Rede Record de Televisão e da Rede Mulher de Televisão, diante de ofensas que teriam sido perpetradas contra religiões de origem africana. Houve confirmação da sentença prolatada em 1ª instância, que submeteu cada uma das rés à exibição de quatro programas televisivos em duas oportunidades distintas (um total de oito transmissões com intervalo de sete dias entre elas), em horários equivalentes aos dos programas em que praticadas as lesões e sempre precedidos de três chamadas aos telespectadores.[99]

Por mais que todas essas instigantes referências estejam voltadas à reparação não pecuniária de danos morais coletivos, como complemento às considerações de ordem teórica anteriormente apresentadas, importante que se diga que nada impede a adoção da sistemática para a reparação, em ações coletivas, dos danos extrapatrimoniais individuais (tutela de interesses individuais homogêneos).

Naturalmente, deverá ser considerada a distinção procedimental entre a defesa de interesses individuais homogêneos e a de interesses difusos e coletivos *stricto sensu*, como o fato de que as vítimas poderão promover a habilitação nos autos para que a reparação seja efetivada (art. 97 do Código de Defesa do Consumidor).[100] E, em que pese a maior complexidade para concretização simultânea de mecanismos de reparação específica (como, em rigor, também ocorre com a indenização em pecúnia), isso não obsta a efetividade de solução dessa natureza, o que se exemplifica com a imposição de retratação pública perante um determinado contingente de ofendidos.

Em suma, configurado o dano extrapatrimonial, coletivo ou individual (a ser processualmente tutelado, nesta última hipótese, de modo individual ou coletivo), a preferência do ordenamento brasileiro é pela sua reparação e de forma não pecuniária, que deverá ser estruturada com amparo em parâmetros técnicos, ponderados e seguros a esse fim.[101]

4. ILUSTRAÇÕES DE UMA ATUAÇÃO PARADIGMÁTICA: A CORTE INTERAMERICANA DE DIREITOS HUMANOS EM FOCO

Por mais que haja, em solo nacional, decisões emblemáticas sobre a conveniência e a eficácia da reparação específica dos danos morais coletivos e dos danos morais individuais na rota coletiva, como as mencionadas no tópico anterior, esse cenário ganha especial reforço se considerado o trabalho desenvolvido pela Corte Interamericana de

---

98. TRF-4ª R., 4ª T., Ap. Cív. 5003718-57.2013.404.7002/PR, rel. Des. Loraci Flores de Lima, j. 24/02/2015.
99. TRF-3ª R., 6ª T., Ap. Cív. 0034549-11.2004.4.03.6100/SP, rel. Des. Consuelo Yoshida, j. 05/04/2018.
100. "Art. 97. A liquidação e a execução de sentença poderão ser promovidas pela vítima e seus sucessores, assim como pelos legitimados de que trata o art. 82".
101. Quanto à temática, seja consentido remeter a: FAJNGOLD, Leonardo. *Dano moral e reparação não pecuniária*: sistemática e parâmetros, cit., p. 125-164.

Direitos Humanos, que, diante de questões sociais de grande sensibilidade, não tem se furtado a ordenar medidas não pecuniárias das mais diversas, sempre considerando a aptidão reparatória no caso concreto.

Em síntese, criado com a finalidade de figurar como instância judiciária autônoma, voltada à interpretação e à aplicação da Convenção Americana sobre Direitos Humanos de 1969 ("Pacto de San José da Costa Rica"), o tribunal possui várias sentenças que se prestam a confirmar esse dado, como tem sido referido em sede doutrinária:

> Por exemplo, o custeio de uma bolsa de estudos; o fornecimento de serviços de saúde gratuitos; a publicação de declaração escrita formal de reconhecimento da responsabilidade e pedido de desculpas; a anulação de prévia condenação penal e a retirada do nome da vítima dos registros públicos de antecedentes criminais. [...] À guisa de exemplo, o Tribunal incluiu nas sentenças medidas como a construção de um monumento às vítimas e o descerramento de placa com sua identificação na presença dos respectivos familiares; a atribuição de seus nomes a centros educativos; a criação de disciplina ou curso de direitos humanos com o nome do lesado; a designação de rua, praça ou escola em homenagem à vítima.[102]

Além disso, ainda que se cuide de um tribunal regional de proteção de Direitos Humanos (como também ocorre com a Corte Europeia de Direitos Humanos e com a Corte Africana de Direitos Humanos e dos Povos), o impacto das suas decisões é amplo, já que as sentenças prolatadas, além de inapeláveis (art. 67 da Convenção),[103] vinculam os países signatários (art. 68, 1, da Convenção)[104] e são submetidas a mecanismos próprios de supervisão quanto ao regular cumprimento pelos Estados condenados (art. 65 da Convenção).[105]

No caso do Brasil, a adesão à Convenção ocorreu em 1992, a despeito de a Constituição da República de 1988 já registrar, no seu art. 4º, II, a necessidade de "prevalência dos direitos humanos" nas relações internacionais.[106] Ainda assim, apenas em 1998 foi reconhecida "como obrigatória e de pleno direito a competência da Corte Interamericana de Direitos Humanos, em todos os casos relacionados com a interpretação ou aplicação da Convenção Americana sobre Direitos Humanos".[107] De todo modo, a partir daquele momento, algumas lesões praticadas pelo Estado brasileiro foram objeto de debate pela Corte, com condenações dignas de menção, justamente pelo tratamento conferido aos danos morais coletivos e individuais.

---

102. COSTA, Adriano Pessoa da; POMPEU, Gina Vidal Marcílio. *Corte Interamericana de Direitos Humanos e desmonetarização da responsabilidade civil*, cit., p. 14-17.
103. "Art. 67. A sentença da Corte será definitiva e inapelável. Em caso de divergência sobre o sentido ou alcance da sentença, a Corte interpretá-la-á, a pedido de qualquer das partes, desde que o pedido seja apresentado dentro de noventa dias a partir da data da notificação da sentença".
104. "Art. 68. 1. Os Estados Partes na Convenção comprometem-se a cumprir a decisão da Corte em todo caso em que forem partes".
105. "Art. 65. A Corte submeterá à consideração da Assembléia Geral da Organização, em cada período ordinário de sessões, um relatório sobre suas atividades no ano anterior. De maneira especial, e com as recomendações pertinentes, indicará os casos em que um Estado não tenha dado cumprimento a suas sentenças".
106. Cuida-se do Decreto 678/1992.
107. Disponível em: <https://www.cidh.oas.org/basicos/portugues/d.Convencao_Americana_Ratif..htm>. Acesso em: 18 nov. 2022.

Tome-se como exemplo aquela ocorrida no caso "Povo indígena Xucuru e seus membros *vs.* Brasil", acerca do atraso, de muitos anos, não somente para reconhecimento, titulação, demarcação e delimitação de suas terras e territórios, como também para a retirada de ocupantes ilegais do local (desintrusão).[108] Decidiu-se, então, de um lado, que o Brasil precisaria garantir "o direito de propriedade coletiva do Povo Indígena Xucuru sobre seu território, de modo que não sofram nenhuma invasão, interferência ou dano", e, de outro, que o Estado estaria obrigado a "concluir o processo de desintrusão do território indígena Xucuru, com extrema diligência".

Os atos promovidos durante o regime militar brasileiro também já estiveram em pauta. No caso "Gomes Lund e outros ('Guerrilha do Araguaia') *vs.* Brasil", discutiu-se sobre a "responsabilidade [do Estado] pela detenção arbitrária, tortura e desaparecimento forçado de 70 pessoas", entre membros do Partido Comunista do Brasil e camponeses, no bojo das operações do exército, realizadas de 1972 a 1975, para erradicar a Guerrilha do Araguaia.[109]

A despeito da vigência da Lei de Anistia no país (Lei 6.683/1979), a Corte ordenou a adoção das seguintes posturas: (i) conduzir uma investigação penal para esclarecer os fatos e punir os responsáveis; (ii) reunir esforços para localizar o paradeiro das vítimas e, se o caso, identificar e encaminhar os restos mortais aos familiares; (iii) oferecer tratamento médico, psicológico ou psiquiátrico, caso as vítimas requeiram; (iv) publicar a sentença em jornal e sítio eletrônico; (v) realizar ato público de reconhecimento de responsabilidade internacional; (vi) "implementar, em um prazo razoável, um programa ou curso permanente e obrigatório sobre direitos humanos, dirigido a todos os níveis hierárquicos das Forças Armadas"; (vii) promover os atos necessários para "tipificar o delito de desaparecimento forçado de pessoas em conformidade com os parâmetros interamericanos"; (viii) seguir "desenvolvendo as iniciativas de busca, sistematização e publicação de toda a informação sobre a Guerrilha do Araguaia, assim como da informação relativa a violações de direitos humanos ocorridas durante o regime militar".

Ainda, a Corte apontou, expressamente, que "valora a iniciativa de criação da Comissão Nacional da Verdade e exorta o Estado a implementá-la". Pouco tempo depois, passou a viger no país a Lei 12.528/2011, que "Cria a Comissão Nacional da Verdade no âmbito da Casa Civil da Presidência da República".[110] Tudo isso demonstra que, frente a atos praticados em governos ditatoriais, com "verdadeiro rosário de lesões autônomas a clamar por reparação: perseguições políticas, prisões indevidas, agressões físicas,

---

108. Disponível em: <http://www.corteidh.or.cr/docs/casos/articulos/seriec_346_por.pdf>. Acesso em: 18 nov. 2022.
109. Disponível em: <http://www.corteidh.or.cr/docs/casos/articulos/seriec_219_por.pdf>. Acesso em: 18 nov. 2022.
110. A propósito, no *site* da Comissão Nacional da Verdade consta seção denominada "A instalação da Comissão Nacional da Verdade" e, apesar do curto texto, há específica referência a essa decisão da Corte Interamericana de Direitos Humanos, a confirmar a correlação entre a sentença prolatada e a providência tomada em âmbito nacional. Disponível em: <http://cnv.memoriasreveladas.gov.br/institucional-acesso-informacao/a-cnv/57-a--instalacao-da-comissao-nacional-da-verdade.html>. Acesso em: 18 nov. 2022.

perda de entes queridos, enfim, tortura",[111] ocupam lugar de destaque, por sua capacidade reparatória, as medidas não pecuniárias, como vêm sustentando alguns juristas, a exemplo de Stefano Rodotà.[112]

Em outro caso, denominado "Favela Nova Brasília *vs*. Brasil", a situação submetida ao crivo da Corte dizia respeito a afirmadas falhas e demora quanto à investigação e à punição dos responsáveis pela execução de dezenas de pessoas e por atos de violência sexual contra mulheres, em incursões policiais realizadas na Favela Nova Brasília.[113] Houve condenação do Estado e, no vasto rol de providências ordenadas, consta a necessidade de implementação de "um programa ou curso permanente e obrigatório sobre atendimento a mulheres vítimas de estupro, destinado a todos os níveis hierárquicos das Polícias Civil e Militar do Rio de Janeiro e a funcionários de atendimento de saúde", além da determinação de publicação anual de um "relatório oficial com dados relativos às mortes ocasionadas durante operações da polícia em todos os estados do país".

Também já foi alvo da Corte a discriminação sofrida pela população negra. Basicamente, no "Caso das comunidades afrodescendentes deslocadas da bacia do rio Cacarica (Operação Genesis) *vs*. Colômbia", foram reportadas as violações sofridas a partir da morte de Marino López Mena e do deslocamento forçado de centenas de pessoas que integravam comunidades negras nas margens do rio Cacarica.[114] Na definição do litígio, a declarada responsabilidade do Estado foi acompanhada de variados expedientes voltados à reparação do dano, inclusive a restituição dos territórios ao efetivo uso, gozo e posse das comunidades afrodescendentes.

Outro tema recorrente é a questão migratória. No "Caso das pessoas dominicanas e haitianas expulsas *vs*. República Dominicana", afirmou-se a detenção arbitrária e a expulsão massiva de haitianos e dominicanos com ascendência haitiana, inclusive crianças, sem que houvesse observância ao procedimento de expulsão previsto no

---

111. MONTEIRO FILHO, Carlos Edison do Rêgo. Subversões hermenêuticas: a Lei da Comissão da Anistia e o direito civil-constitucional. *Civilistica.com*, Rio de Janeiro, a. 5, n. 1, 2016, p. 16. Disponível em: <https://civilistica.com/subversoes-hermeneuticas/>. Acesso em: 18 nov. 2022.
112. "O direito à reparação, aliás, não se encontra fechado no esquema clássico do ressarcimento do dano mediante a atribuição de uma soma em dinheiro. Em um eficaz documento das mães e dos parentes dos uruguaios desaparecidos diz-se expressamente que 'a reparação começa com a verdade dos fatos. Por isso, quer no que se refere às próprias vítimas, quer aos familiares dos desaparecidos, o estabelecimento da verdade e seu reconhecimento oficial estão na base de qualquer forma de reparação, além de se constituir na própria reparação'. De fato, mais do que qualquer ressarcimento pecuniário, assumiu relevância, por exemplo, a atribuição do nome de uma vítima a uma escola, uma estrada, um edifício, uma instituição. A comunicação pública da verdade, pois, não apenas como ressarcimento da memória individual, mas como construção de uma memória coletiva que pode mitigar o ressentimento. Pode-se recordar, em sintonia, o convite dirigido aos 'companheiros' que restaram das vítimas da expulsão da Suíça no canto *Addio Lugano bella*: 'As verdades sociais pelos fortes propagada/é esta a vingança que nós lhes demandamos'" (RODOTÀ, Stefano. O direito à verdade. Trad. Maria Celina Bodin de Moraes e Fernanda Nunes Barbosa. *Civilistica.com*, Rio de Janeiro, a. 2, n. 3, jul./set. 2013. Disponível em: <http://civilistica.com/o-direito-a-verdade/>. Acesso em: 18 nov. 2022).
113. Disponível em: <https://www.gov.br/mdh/pt-br/navegue-por-temas/atuacao-internacional/editais-2018-1/copy_of_FavelaNovaBrasiliaSentenca.pdf>. Acesso em: 18 nov. 2022.
114. Disponível em: <https://www.corteidh.or.cr/docs/casos/articulos/seriec_270_esp.pdf>. Acesso em: 18 nov. 2022.

ordenamento local.[115] Também foi relatada a prática de diversos atos para impedir a obtenção da cidadania dominicana por pessoas com ascendência haitiana. À vista desse contexto, várias diligências foram determinadas pela Corte, valendo destacar a ordem de emprego das medidas necessárias à instituição de um procedimento simples e acessível destinado ao imediato registro de nascimento de pessoas nascidas em solo dominicano, independentemente de suas origens.

Como última e simbólica decisão, tem-se a sentença prolatada no caso "González e outras (Campo Algodoeiro) *vs.* México", cuja narrativa era a de um padrão de violência de gênero não combatida em Ciudad Juárez, com larga comprovação de feminicídios naquela área.[116] Para além da fixação de mecanismos vinculados à investigação e à punição dos envolvidos, anunciou-se que o "Estado deverá, no prazo de um ano a partir da notificação desta sentença, erigir um monumento em memória das mulheres vítimas de homicídio por razões de gênero em Ciudad Juárez".

Por tudo que se viu, o conjunto de julgados comentados, além de confirmar a destacada atuação da Corte Interamericana de Direitos Humanos, serve para evidenciar a infinidade de medidas que podem ser estipuladas com vistas a uma enérgica e eficiente reparação do dano moral coletivo ou do dano moral individual (apreciado por meio de instrumental coletivo).

5. CONCLUSÃO

Se já não se pode negar o "amplo desenvolvimento das chamadas ações coletivas",[117] com particularidades e virtudes que fomentam a utilização cada vez maior desse canal – em benefício das vítimas das múltiplas lesões existenciais verificadas nas relações sociais[118] –, é de se exigir, por outro lado, uma cuidadosa reflexão sobre as soluções que daí advirão.

Nesse sentido, a prioridade da reparação específica do dano moral na esfera individual, que considera as contraindicações à pecúnia como resposta aos prejuízos gerados e a necessidade de busca por expedientes efetivamente reparatórios, à luz das

---

115. Disponível em: <https://corteidh.or.cr/docs/casos/articulos/seriec_282_esp.pdf>. Acesso em: 18 nov. 2022.
116. Disponível em: <http://www.corteidh.or.cr/docs/casos/articulos/seriec_205_por.pdf>. Acesso em: 18 nov. 2022.
117. SCHREIBER, Anderson. *Novos paradigmas da responsabilidade civil*: da erosão dos filtros da reparação à diluição dos danos, cit., p. 84.
118. "A proteção de interesses transindividuais, sem dúvida, sobretudo após as evoluções científicas e industriais do último século, as quais majoraram o potencial danoso das atividades econômicas sobre a sociedade, se liga de forma direta à tutela da dignidade da pessoa humana. A partir do substrato da solidariedade, estabelece-se não só o direito de respeito à coletividade, como também o dever de cooperação entre as gerações presentes para com as gerações futuras. O cuidado com o meio ambiente, entendido como bem jurídico coletivo intergeracional, ou com o consumidor, o idoso, a comunidade indígena, entre outros, passa a ser um importante instrumento para a tutela da dignidade da pessoa humana" (MONTEIRO FILHO, Carlos Edison do Rêgo. Lesão ao tempo do consumidor no direito brasileiro. *Revista de Direito da Responsabilidade*, a. 2, 2020, p. 160. Disponível em: <https://revistadireitoresponsabilidade.pt/2020/lesao-ao-tempo-do-consumidor-no-direito-brasileiro-carlos-edison-do-rego-monteiro-filho/>. Acesso em: 19 nov. 2022).

premissas do ordenamento, pode e deve ser transposta à esfera transindividual. É dizer, o mesmo movimento de despatrimonialização da reparação que se anuncia em âmbito individual[119] precisa ser estendido ao universo coletivo.

De fato, superadas algumas das desnecessárias controvérsias que ainda pairam sobre esse campo e que vêm dificultando, em especial, a compreensão adequada dos contornos do dano moral coletivo e o avanço com relação ao seu tratamento, a conclusão é a de que a sistemática não pecuniária, além de expressamente disposta como lógica preferencial na legislação aplicável, encontra-se mais talhada a atender aos interesses merecedores de tutela nesse ambiente (difusos, coletivos *stricto sensu* ou individuais homogêneos).

6. REFERÊNCIAS

AMORIM, José Roberto Neves et al. *Código Civil comentado*: doutrina e jurisprudência. 4. ed. Barueri: Manole, 2010.

ANDRIGHI, Fátima Nancy. Fundamentos atuais da responsabilidade na ordem civil-constitucional: o papel da jurisprudência na concretização das cláusulas gerais. In: MARTINS, Guilherme (Coord.). *Temas de responsabilidade civil*. Rio de Janeiro: Lumen Juris, 2012.

ARENHART, Sérgio Cruz et al. *Comentários à Lei de Ação Civil Pública*. 2. ed. São Paulo: Thomson Reuters Brasil, 2019.

AZEVEDO, Antonio Junqueira de. Por uma nova categoria na responsabilidade civil: o dano social. In: AZEVEDO, Antonio Junqueira de. *Novos estudos e pareceres de direito privado*. São Paulo: Saraiva, 2009.

BARBOSA, Fernanda Nunes; MULTEDO, Renata Vilela. Reflexões sobre os chamados danos morais coletivos. In: ROSENVALD, Nelson; TEIXEIRA NETO, Felipe (Coords.). *Dano moral coletivo*. Indaiatuba: Foco, 2018.

BARBOZA, Heloisa Helena; MORAES, Maria Celina Bodin de; TEPEDINO, Gustavo (Orgs.). *Código Civil Interpretado Conforme a Constituição da República*. 2. ed. Rio de Janeiro: Renovar, 2012. v. II.

BESSA, Leonardo Roscoe. Dano moral coletivo. *Revista da Direito e Liberdade*, v. 7, n. 3, jul./dez. 2007.

BEVILÁQUA, Clóvis. *Código Civil dos Estados Unidos do Brasil*. Rio de Janeiro: Francisco Alves, 1926. v. 5. t. 2.

BITTAR FILHO, Carlos Alberto. Do dano moral coletivo no atual contexto jurídico brasileiro. *Revista de Direito do Consumidor*, v. 12, out./dez. 1994.

BITTAR, Carlos Alberto. *Reparação civil por danos morais*. 4. ed. São Paulo: Saraiva, 2015, p. 212; e FRANÇA, Rubens Limongi. Reparação do dano moral. *Revista dos Tribunais*, v. 631, maio 1988. GIANDOMENICO, Giovanni di (Coord.). *Il danno risarcibile per lesione di interessi legittimi*. Nápoles: ESI, 2004.

BRAGA NETTO, Felipe Peixoto; FARIAS, Cristiano Chaves de; ROSENVALD, Nelson. *Curso de direito civil*: responsabilidade civil. 4. ed. Salvador: JusPodivm, 2017. v. 3.

CABRAL, Antonio do Passo. *Nulidades no processo moderno*: contraditório, proteção da confiança e validade prima facie dos atos processuais. 2. ed. Rio de Janeiro: Forense, 2010.

CAPITANT, Henri; COLIN, Ambrosio. *Curso elemental de derecho civil*. 2. ed. Madrid: Reus, 1943. t. 3.

CAPUCHO, Fábio Jun. Reparação não pecuniária do dano coletivo. *Migalhas*, 16 nov. 2021. Disponível em: <https://www.migalhas.com.br/coluna/migalhas-de-responsabilidade-civil/354897/reparacao-nao-pecuniaria-do-dano-coletivo>. Acesso em: 15 nov. 2022.

---

119. SCHREIBER, Anderson. Novas tendências da Responsabilidade Civil brasileira. *Revista trimestral de direito civil*, v. 22, abr./jun. 2005, p. 64-66.

CARPENA, Heloisa. Questões atuais sobre o ressarcimento do dano moral coletivo. In: MARTINS, Guilherme Magalhães (Coord.). *Temas de responsabilidade civil*. Rio de Janeiro: Lumen Juris, 2012.

CARRÁ, Bruno Leonardo Câmara. A (in)viabilidade jurídica do dano moral coletivo. In: ROSENVALD, Nelson; TEIXEIRA NETO, Felipe (Coords.). *Dano moral coletivo*. Indaiatuba: Foco, 2018.

CAVALIERI FILHO, Sergio. *Programa de Responsabilidade Civil*. 10. ed. São Paulo: Atlas, 2012.

CIANCI, Mirna. *O valor da reparação moral*. 4. ed. São Paulo: Saraiva, 2013.

COSTA, Adriano Pessoa da; POMPEU, Gina Vidal Marcílio. Corte Interamericana de Direitos Humanos e desmonetarização da responsabilidade civil. *Civilistica.com*, Rio de Janeiro, a. 5, n. 2, 2016.

DANTAS BISNETO, Cícero. A insuficiência do modelo reparatório exclusivamente pecuniário no âmbito das lides familiares. *Revista Nacional de Direito de Família e Sucessões*, n. 31, jul./ago. 2019.

DANTAS BISNETO, Cícero. *Formas não monetárias de reparação do dano moral*: uma análise do dano extrapatrimonial à luz do princípio da reparação adequada. Florianópolis: Tirant Lo Blanch, 2019.

FAJNGOLD, Leonardo. *Dano moral e reparação não pecuniária*: sistemática e parâmetros. São Paulo: Thomson Reuters Brasil, 2021.

FERRAZ, Álvaro; MARINO, Bruno Di. A saga jurisprudencial do dano moral coletivo: tinha razão o ministro Teori. *Conjur*, 31 mar. 2019. Disponível em: <https://www.conjur.com.br/2019-mar-31/opiniao-saga--jurisprudencial-dano-moral-coletivo>. Acesso em: 15 nov. 2022.

GHERSI, Carlos Alberto. *Teoría general de la reparación de daños*. Buenos Aires: Astrea, 1997.

GHERSI, Carlos Alberto. *Cuantificación económica*: valor de la vida humana. Buenos Aires: Astrea, 2002.

GIDE, Carlos. *Compendio d'Economia Política*. 2. ed. Trad. F. Contreiras Rodrigues. Livraria do Globo: Porto Alegre, 1931.

GOMES, Orlando. Tendências modernas na teoria da responsabilidade civil. In: DI FRANCESCO, José Roberto Pacheco (Org.). *Estudos em homenagem ao Professor Silvio Rodrigues*. São Paulo: Saraiva, 1989.

GRINOVER, Ada Pellegrini; NERY JUNIOR, Nelson; WATANABE, Kazuo. *Código Brasileiro de Defesa do Consumidor*: comentado pelos autores do anteprojeto. 10. ed. Rio de Janeiro: Forense, 2011. v. II.

GUTIÉRREZ, Paloma Tapia. *La reparación del daño en forma específica*: el puesto que ocupa entre los medios de tutela del perjudicado. Madrid: Dykinson, 2013.

KONDER, Carlos Nelson; RENTERÍA, Pablo. A funcionalização das relações obrigacionais: interesse do credor e patrimonialidade da prestação. *Civilistica.com*, Rio de Janeiro, a. 1, n. 2, 2012.

LARENZ, Karl. *Derecho de obligaciones*. Trad. Jaime Santos Briz. Madrid: Revista de Derecho Privado, 1958. t. 1.

LÔBO, Paulo. *Direito civil*: obrigações. 7. ed. São Paulo: Saraiva, 2019. v. 2.

MAGALHÃES, Fabiano Pinto de. *A reparação não pecuniária dos danos morais*. Dissertação de Mestrado em Direito Civil. Universidade do Estado do Rio de Janeiro, Rio de Janeiro, 2015.

MARTINS, Guilherme Magalhães. A dimensão coletiva do dano moral nas relações de consumo. In: OLIVEIRA, Andressa Jarletti Gonçalves de; XAVIER, Luciana Pedroso (Orgs.). *Repensando o Direito do Consumidor III* – 25 anos de CDC: conquistas e desafios. Curitiba: OABPR, 2015.

MARTINS-COSTA, Judith. *Comentários ao novo Código Civil*: do inadimplemento das obrigações. Rio de Janeiro: Forense, 2003. v. V. t. II.

MEDEIROS NETO, Xisto Tiago. O dano moral coletivo e o valor da sua reparação. *Revista do Tribunal Superior do Trabalho*, v. 78, n. 4, out./dez. 2012.

MIRANDA, Francisco Cavalcanti Pontes de. *Tratado de Direito Privado*. Rio de Janeiro: Borsoi, 1959. t. XXVI.

MONTEIRO FILHO, Carlos Edison do Rêgo. Subversões hermenêuticas: a Lei da Comissão da Anistia e o direito civil-constitucional. *Civilistica.com*, Rio de Janeiro, a. 5, n. 1, 2016. Disponível em: <https://civilistica.com/subversoes-hermeneuticas/>. Acesso em: 18 nov. 2022.

MONTEIRO FILHO, Carlos Edison do Rêgo. Limites ao princípio da reparação integral no direito brasileiro. *Civilistica.com*, Rio de Janeiro, a. 7, n. 1, 2018.

MONTEIRO FILHO, Carlos Edison do Rêgo. Lesão ao tempo do consumidor no direito brasileiro. *Revista de Direito da Responsabilidade*, a. 2, 2020, p. 160. Disponível em: <https://revistadireitoresponsabilidade.pt/2020/lesao-ao-tempo-do-consumidor-no-direito-brasileiro-carlos-edison-do-rego-monteiro-filho/>. Acesso em: 19 nov. 2022.

MORAES, Maria Celina Bodin de. A caminho de um direito civil constitucional. *Revista dos Tribunais*, a. 17, jul./set. 1993.

MORAES, Maria Celina Bodin de. O direito civil constitucional. In: CAMARGO, Margarida Maria Lacombe (Org.). *1988-1998*: uma década de Constituição. Rio de Janeiro: Renovar, 1998.

MORAES, Maria Celina Bodin de. *Danos à pessoa humana*: uma leitura civil-constitucional dos danos morais. 2. ed. Rio de Janeiro: Processo, 2017.

PEREIRA, Caio Mário da Silva. *Responsabilidade Civil*. 11. ed. Rio de Janeiro: Forense, 2016.

PERLINGIERI, Pietro. *Perfis do Direito Civil*: introdução ao Direito Civil Constitucional. 3. ed. Trad. Maria Cristina De Cicco. Rio de Janeiro: Renovar, 2007.

PINTO, Paulo Mota. *Interesse contratual negativo e interesse contratual positivo*. Coimbra: Coimbra, 2008. v. 2.

REIS, Clayton. *Dano moral*. 4. ed. Rio de Janeiro: Forense, 1998.

RODOTÀ, Stefano. O direito à verdade. Trad. Maria Celina Bodin de Moraes e Fernanda Nunes Barbosa. *Civilistica.com*, Rio de Janeiro, a. 2, n. 3, jul./set. 2013. Disponível em: <http://civilistica.com/o-direito-a-verdade/>. Acesso em: 18 nov. 2022.

ROSENVALD, Nelson. *As funções da responsabilidade civil*: a reparação e a pena civil. 3. ed. São Paulo: Saraiva, 2017.

ROSENVALD, Nelson. O dano moral coletivo como uma pena civil. In: ROSENVALD, Nelson; TEIXEIRA NETO, Felipe (Coords.). *Dano moral coletivo*. Indaiatuba: Foco, 2018.

ROSENVALD, Nelson. Responsabilidade civil: compensar, punir e restituir. *Revista IBERC*, Minas Gerais, v. 2, n. 2, abr./jun. 2019.

SANSEVERINO, Paulo de Tarso Vieira. *Princípio da reparação integral*: indenização no Código Civil. 2. ed. São Paulo: Saraiva, 2010.

SAVI, Sérgio. *Responsabilidade civil e enriquecimento sem causa*. O lucro da intervenção. São Paulo: Atlas, 2012.

SCHREIBER, Anderson. Novas tendências da Responsabilidade Civil brasileira. *Revista trimestral de direito civil*, v. 22, abr./jun. 2005.

SCHREIBER, Anderson. *Novos paradigmas da Responsabilidade Civil*: da erosão dos filtros da reparação à diluição dos danos. 2. ed. São Paulo: Atlas, 2009.

SCHREIBER, Anderson. Notas sobre o dano moral coletivo. In: SCHREIBER, Anderson. *Direito Civil e Constituição*. São Paulo: Atlas, 2013.

SCHREIBER, Anderson. Reparação não pecuniária dos danos morais. In: SCHREIBER, Anderson. *Direito Civil e Constituição*. São Paulo: Atlas, 2013.

SCHREIBER, Anderson. *Manual de direito civil contemporâneo*. São Paulo: Saraiva, 2018.

SCHREIBER, Anderson; TEPEDINO, Gustavo. As penas privadas no direito brasileiro. In: GALDINO, Flavio; SARMENTO, Daniel (Orgs.). *Direitos fundamentais*: estudos em homenagem ao professor Ricardo Lobo Torres. Rio de Janeiro: Renovar, 2006.

NORONHA, Fernando. *Direito das obrigações*. São Paulo: Saraiva, 2003. v. 1.

SEVERO, Sérgio. *Os danos extrapatrimoniais*. São Paulo: Saraiva, 1996.

SILVA, Clóvis Veríssimo do Couto e. O conceito de dano no direito brasileiro e comparado. *Revista de Direito Civil Contemporâneo*, v. 2, jan./mar. 2015.

SILVA, Rodrigo da Guia; TEPEDINO, Gustavo. Notas sobre o dano moral no direito brasileiro. *Revista Brasileira de Direito Civil*, v. 30, out./dez. 2021.

SILVA, Wilson Melo da. *O dano moral e sua reparação*. 3. ed. Rio de Janeiro: Forense, 1983.

THEODORO JÚNIOR, Humberto. *Dano moral*. 2. ed. São Paulo: Juarez de Oliveira, 1999.

VENTURI, Elton; VENTURI, Thaís G. Pascoaloto. O dano moral em suas dimensões coletiva e acidentalmente coletiva. In: ROSENVALD, Nelson; TEIXEIRA NETO, Felipe (Coords.). *Dano moral coletivo*. Indaiatuba: Foco, 2018.

VENZON, Fábio Nesi. Fundo de Defesa de Direitos Difusos: descompasso com a garantia da tutela adequada e efetiva dos direitos coletivos. *Boletim Científico ESMPU*, a. 16, n. 50, jul./dez. 2017.

VINEY, Geneviève. *Traité de droit civil* – les obligations, la responsabilité: conditions. Paris: L.G.D.J., 1982.

VINEY, Geneviève. As tendências do Direito da Responsabilidade Civil. In: TEPEDINO, Gustavo (Org.). *Direito civil contemporâneo*: novos problemas à luz da legalidade constitucional – Anais do Congresso Internacional de Direito Civil-Constitucional da Cidade do Rio de Janeiro. São Paulo: Atlas, 2008.

ZARRA, Maita María Naveira. *El resarcimiento del daño en la responsabilidad civil extracontractual*. Tese de doutorado em Direito. Universidade da Coruña, Coruña, 2004.

ALÉM DA CULPA:
ANÁLISE DA RESPONSABILIDADE SUBJETIVA EM PERSPECTIVA COMPARADA COM OS MODELOS FRANCÊS E INGLÊS

Luiza Azambuja Rodrigues

Bacharel e Mestranda em Direito Civil da UERJ. Pós-graduada. Membro da *Association Henri Capitant des Amis de la Culture Juridique Française* e do Instituto Brasileiro de Direito Civil (IBDCivil). Tabeliã.

Sumário: 1. Introdução – 2. Concepção da responsabilidade subjetiva no direito brasileiro – 3. Influxos dos modelos inglês e francês: aproximações e distinções entre os modelos de responsabilidade; 3.1 Pressupostos; 3.2 Notas gerais sobre as funções; 3.3 Reprovabilidade da conduta: normatização da culpa – 4. O estado da arte: responsabilidade civil subjetiva na atualidade – 5. Conclusão – 6. Referências bibliográficas.

1. INTRODUÇÃO

Il faut réparer le mal, faire qu'il semble n'avoir été qu'un rêve

– Jean Carbonnier, jurista francês

Devemos reparar o mal, fazer parecer que não foi apenas um sonho.[1] A frase de Jean Carbonnier – um dos mais proeminentes juristas franceses do século XX – sintetiza o objetivo da responsabilidade civil. Embora às vezes considerado *desnecessariamente complexo*,[2] raros temas foram objeto de alterações dogmáticas tão profundas quanto este. Por certo, o escalonamento do desenvolvimento industrial e tecnológico em contraponto à necessidade de proteção jurídica da pessoa humana conceberam terreno fértil para o incremento da potencialidade de riscos e danos inerentes à vida em sociedade.[3] Somado a isso, os avanços tecnológicos e a intensificação da globalização colocam o estudo da responsabilidade civil como uma das áreas de maior interesse do direito comparado.[4]

---

1. Tradução livre. CARBONNIER, Jean. *Droit civil*: les obligations. 22. ed. Paris: PUF, 2004. v. II. p. 2253.
2. FABRE-MAGNAN, Muriel. *Droit des obligations, 2*: responsabilité civile et quasi-contrats. 4 ed. Paris: PUF, 2019, p. 131.
3. CASTRONOVO, Carlo. *La nuova responsabilità civile*. Milano: Giuffrè, 2006, p. 100.
4. Gerhard Wagner atribui esse interesse ao fato de que, particularmente nos tempos modernos, um indivíduo pode ser atingido por um acidente em qualquer lugar, seja, por exemplo, durante uma viagem de negócios ou depois de ter adquirido bens em mercados estrangeiros. Outra explicação certamente é que as leis referentes a responsabilidade civil são particularmente suscetíveis ao esforço comparatista, pois os padrões dos casos são quase idênticos, ainda que em sociedades diferentes. (WAGNER, Gerhard. Comparative Tort Law. In: REIMANN,

A entrada em vigor da Constituição da República de 1988 impõe novos desafios aos intérpretes do Direito Civil, tais como a garantia da tutela das situações patrimoniais e existenciais do homem comum a partir da ótica da dignidade da pessoa humana, da funcionalização dos institutos e da predominância das situações existenciais sobre as patrimoniais.[5] Propriedade, Contratos, Obrigações e Família são relidos a partir da ótica constitucional, "redirecionando-os de uma perspectiva fulcrada no patrimônio e na abstração para outra racionalidade que se baseia no valor da dignidade da pessoa humana".[6] É nesse cenário, pois, que se exerce e se pensa o Direito Civil contemporaneamente.

As profundas transformações experimentadas pela realidade – a passos cada vez mais largos –, não permitem à comunidade jurídica confortar-se com a invocação genérica (e usualmente apenas retórica) de princípios de duvidosa juridicidade e do extremo apego à subsunção para a solução das novas provocações.

A pujança do tema da responsabilidade civil revela a sua aplicabilidade em diversas searas do Direito, tal como o Direito das Obrigações, a grande área do Direito de Família e questões relativas à vizinhança, por exemplo. Certamente os questionamentos são infindáveis e sua notória extensão impossibilita uma abordagem exaustiva de cada uma delas no presente trabalho. Assim, longe de se pretender esgotar o tema, o presente estudo enverada esforços na análise dos aspectos gerais do ato ilícito e da culpa na responsabilidade civil, com destaque para a chamada responsabilidade extracontratual ou aquiliana.

Para tanto, partir-se-á da digressão histórica da construção de dois dos principais modelos de responsabilidade civil[7] – o francês e o inglês –, que influenciaram, em diferentes graus, a conformação do assunto em potencialmente todos os países ocidentais, incluindo-se o Brasil.[8] Em seguida, demonstrar-se-á as semelhanças e diferenças entre os modelos, por meio da análise de seus pressupostos, funções e do fenômeno da nor-

Mathias; ZIMMERMANN, Reinhard. *The Oxford Handbook of Comparative Law*. 2nd ed. New York: Oxford University Press, 2019, pp. 995).

5. Gustavo Tepedino afirma que "propriedade, empresa, família, relações contratuais tornam-se institutos funcionalizados à realização dos valores constitucionais, em especial da dignidade da pessoa humana, não mais havendo setores imunes a tal incidência axiológica, espécies de zonas francas para a atuação da autonomia privada. A autonomia privada deixa de configurar um valor em si mesma, e será merecedora de tutela somente se representar, em concreto, a realização de um valor constitucional". TEPEDINO, Gustavo. Normas Constitucionais e Direito Civil na Construção Unitária do Ordenamento. In TEPEDINO, Gustavo. *Temas de Direito Civil* – Tomo III. Rio de Janeiro: Renovar, 2009, p. 5-6.
6. FACHIN, Luiz Edson. *Direito Civil*: sentidos, transformações e fim. Rio de Janeiro: Renovar, 2015, p. 51.
7. Cees Van Dam aponta como representantes das três grandes tradições jurídicas que influenciaram os demais sistemas jurídicos na Europa, os modelos francês, alemão e inglês. O direito consuetudinário influenciou as leis de Chipre, Irlanda e Malta. A lei de responsabilidade civil francesa deixou vestígios na Bélgica, Hungria, Itália, Luxemburgo, Holanda, Polônia, Romênia e Espanha; e a lei de responsabilidade civil alemã está ligada à lei austríaca, búlgara, checa, grega, letã, portuguesa, eslovaca e eslovena. Fora dessa esfera estão os sistemas jurídicos nórdicos intimamente conectados da Dinamarca, Finlândia e Suécia. (DAM, Cees van. *European Tort Law*. 2nd ed. New York: Oxford University Press, 2013, p. 9). No Brasil, percebe-se notória influência dos modelos alemão e francês.
8. É inegável a grande influência e contribuição do direito alemão no estuda da responsabilidade civil. Contudo, no presente trabalho, privilegiar-se-á o estudo do tema em perspectiva comparada com os direitos inglês e francês, em virtude da maior diferenciação entre eles.

matização da culpa. Por fim, provocar-se-á a reflexão sobre a aplicação pelos tribunais da responsabilidade civil subjetiva na atualidade.

2. CONCEPÇÃO DA RESPONSABILIDADE SUBJETIVA NO DIREITO BRASILEIRO

Em que pese a evidente modificação do tema da responsabilidade civil ao longo dos anos[9], ainda hoje afirma-se que a "*teoria da responsabilidade civil não terminou sua evolução*".[10] Trata-se de instituto essencialmente dinâmico,[11] que deve acompanhar *pari passu* o desenvolvimento da sociedade e as concepções políticas e jurídicas vigentes ao seu tempo.[12]

Assim, deve ser dotado de flexibilidade suficiente para oferecer o instrumento pelo qual, em meio a novas técnicas, novas conquistas e novos gêneros de atividade, revele-se hábil a restabelecer o equilíbrio desfeito por ocasião do dano que deve ser considerado, em cada época,[13] em função das condições sociais então vigorantes.[14] Nessa toada, Louis

---

9. Para uma profunda digressão histórica a tempos demasiadamente remotos – que não se pretende explorar aqui –, v. FRANÇA, Rubens Limongi. As raízes da responsabilidade aquiliana. In: *Revista da Academia Brasileira de Letras Jurídicas*. Ano I. n. 1. Rio de Janeiro, 1985, pp. 54-75. O autor recorda que a pena de talião constava do Código de Hamurabi (datado de cerca de 2.200 a. C.), do Código de Manu (aproximadamente do século XIII a.C.) e do Direito Hebraico, referida no Levítico 24:20, um dos livros do Pentateuco: "*Se alguém ferir outra pessoa, desfigurando-a, como fez tal pessoa assim se lhe fará: fratura por fratura, olho por olho, dente por dente. O dano que se causa a alguém, esse também se sofrerá: quem matar um animal doméstico pertencente a outra pessoa dará ao proprietário outro animal. Quem matar uma pessoa será morto*".
10. PEREIRA, Caio Mário da Silva. *Responsabilidade Civil*. Atualizado por Gustavo Tepedino. 12. ed. rev., atual. e ampl. Rio de Janeiro: Forense, 2018, p. XII.
11. Precisa a lição de Stefano Rodotà: "a responsabilidade civil tem sido, em toda a fase recente, o instrumento que permitiu fornecer uma primeira faixa de proteção jurídica a novos bens ou interesses" (RODOTÀ, Stefano. Modelli e funzioni della responsabilità civile. In *Rivista Critica di Diritto Privato*, vol. 3. Napoli: Jovene, 1984, p. 605. Tradução livre).
12. Não à toa, remotamente, num período em que não se reconhecia quaisquer direitos fundamentais aos cidadãos perante o Estado – que por sua vez desempenhava papel de supremacia sobre os particulares –, perdurou a fase da irresponsabilidade civil do ente estatal. Em termos sintéticos, Hely Lopes Meirelles explica a evolução por que passaram as teorias sobre a responsabilidade civil do Estado: "a doutrina da responsabilidade civil da Administração Pública envolveu do conceito de irresponsabilidade para o da responsabilidade com culpa, e deste para o da responsabilidade civilística e desta para a fase da responsabilidade pública, em que nos encontramos" (MEIRELLES, Hely Lopes. *Direito Administrativo Brasileiro*. 36. ed. São Paulo: Malheiros Editores, 2010. pp. 680-681).
13. Como bem apontado por Hespanha, o conhecimento da historicidade dos institutos é premissa indissociável da metodologia civil constitucional, que torna viável uma constante renovação das categorias e normas jurídicas para que se busque a plasticidade do ordenamento à luz do caminho da humanidade no curso da história, *vide*: HESPANHA, António Manuel. *Cultura jurídica europeia*: síntese de um milênio. Florianópolis: Boiteux, 2005. "Historicizar um instituto, dar-lhe uma abordagem histórica, não é traçar um longo histórico em abstrato, que lhe reconheça uma continuidade evolutiva ao longo de séculos, imune e apartado do restante da experiência social. Trata-se, ao contrário, de inseri-lo no grande fluxo da história, de maneira a compreender toda a rica complexidade social na qual ele desempenha – ou desempenhou – a sua função". (KONDER, Carlos Nelson. Apontamentos iniciais sobre a contingencialidade dos institutos de direito civil. In: MONTEIRO FILHO, Carlos Edison do Rêgo; GUEDES, Gisela Sampaio da Cruz Costa; MEIRELES, Rose Melo Vencelau (Orgs.). *Direito Civil*. Rio de Janeiro: Freitas Bastos, 2015, pp. 31-48).
14. DIAS, José de Aguiar. *Da responsabilidade civil*. 11. ed. Rio de Janeiro: Renovar, 2006. p. 25.

Josserand comenta que a palavra *"evolução"* é acanhada em demonstrar o desenvolvimento do instituto, podendo-se falar em verdadeira *"revolução"*, pela rapidez da chegada da responsabilidade civil a novos destinos.[15]

Em tempos modernos, as codificações ocidentais do século XIX consagraram certa *"universalização"* da culpa, fortemente inspiradas pelo Código Civil Napoleônico.[16] O modelo francês – influenciado diretamente pelo jusnaturalismo moderno –, vinculou a responsabilidade civil à finalidade ressarcitória e à culpa.[17] Com efeito, o Código Civil Francês de 1804 baseou-se essencialmente em duas cláusulas gerais que, em seu conjunto, refletiram o princípio básico da culpa (*faute*)[18] como fundamento da responsabilidade civil, pelo que se tornou desnecessária a tipificação dos atos ilícitos civis, tal como havia no direito romano.[19]

O caráter eminentemente principiológico da codificação napoleônica, fulcrado em cláusulas gerais e abertas, não previu um conceito determinado de *faute*, nem condicionou a responsabilidade civil à violação de direitos subjetivos ou de interesses previamente definidos – tal como ocorreria com o modelo alemão – o que permitiu grande plasticidade em sua interpretação, diante da análise de cada caso concreto.[20] É mesmo intuitivo que a jurisprudência – em especial a *Cour de Cassation* – tenha tido protagonismo na construção dos pressupostos da responsabilidade civil, por meio da definição da *faute* e da densificação de paradigmas específicos para a indenização.[21]

De outro lado, no modelo inglês – quase sempre refratário a generalizações – não existe essa mesma cláusula geral. Eminentemente pragmática, a tradição da

---

15. JOSSERAND, Louis. *Evolução da responsabilidade civil*. Trad: Raul Lima. In: *Revista Forense*. São Paulo, n. 456, jun. 1941, p. 548.
16. Sobre a "universalização" da culpa, bem observou João Calvão da Silva que *"em definitivo, a regra da responsabilidade por culpa provada é recolhida pelas legislações por ser conforme ao ideário da Revolução Francesa: à liberdade, pois só a ação nociva é proibida; à igualdade, pois age com culpa quem não se conforma com a lei comum; à fraternidade, pois é moral elementar não prejudicar outrem (alterum non laedere) por sua culpa. Daí o seu valor quase universal"* (SILVA, João Calvão da. *Responsabilidade Civil do Produtor*. Coimbra: Almedina, 1999, p. 365).
17. Vincenzo Zeno-Zencovich mostra que o jusnaturalismo, especialmente influenciado por Hugo Grócio e Samuel Pufendorf, preconizava que a responsabilidade civil teria finalidade reparatória e seria baseada no princípio geral de que a culpa obriga o ressarcimento do dano, diversamente da experiência do direito romano, em que os ilícitos eram típicos. (ZENO-ZENCOVICH, Vincenzo. La responsabilitá civile. In: ALPA, Guido; BONELL, Michael Joachim et all. *Diritto Privato Comparato*: instituti e problemi. Roma: Editori Laterza, 2005, p. 376).
18. Marton reconhece, com desagrado, que, diante da omissão do Código Napoleônico em prever a ilicitude do ato como elemento constitutivo da responsabilidade civil, parte expressiva da doutrina francesa adotou a *faute* em seu sentido subjetivo de reprovabilidade moral ou culpa, o que, no seu ver, seria fortemente criticável, diante da necessidade de se valorizar igualmente o descumprimento de um dever. MARTON, G. *Les fondaments de la responsabilité civile. Revision de la doctrine. Essai dun système unitaire*. Paris: Librarie du Recueil Sirey, 1938, pp. 42-46).
19. O Código Civil Francês de 1804, em especial, nos artigos 1382 e 1383, inspirou-se na doutrina de Jean Domat, que, no século XVII, havia formulado a ideia de *faute* não apenas como um critério da responsabilidade civil, mas como condição de sua existência da responsabilidade ("l n'y a pas de responsabilité sans faute'") (JOURDAIN, Patrice. *Les principes de la responsabilité civile*. Paris: Dalloz, 2000, p.9).
20. DE CUPIS, Adriano. *Il Danno*. Milano: Giuffrè, 1976. p. 5.
21. DAM, Cees van. *European Tort Law*. 2nd ed. New York: Oxford University Press, 2013, p. 9.

Common Law tende a privilegiar a decisão judicial,[22] resultando no caráter fragmentário dos *torts*[23]. O exacerbado fracionamento e a segmentação dos *torts* em várias categorias, ocasionou um déficit de coerência sistemática.[24] Diante disso, atenta doutrina empreendeu grandes esforços sistematizadores para formar um regime de *torts* ou *Tort Law*.[25]

Atribui-se o desenvolvimento da responsabilidade civil no modelo anglo-saxão à consolidação da *negligence*, *tort* que, originariamente, pressupunha a violação (*breach*) de um preciso dever de cuidado (*duty of care*) do qual resultasse um dano (*damage*).[26] Por sua notória plasticidade, a *negligence* absorveu outros *torts*[27] e equiparou-se à cláusula geral de responsabilidade extracontratual, o que permitiu a expansão da responsabilidade civil em diversos setores, tais como nas atividades empresariais.

Do outro lado do Atlântico, a responsabilidade civil no Direito brasileiro convive historicamente com as ideias de culpa e de risco. Em 1912, foi promulgado o Decreto Legislativo 2.681 que, no artigo 17, dispunha sobre a responsabilidade civil das estradas de ferro pelos danos causados aos passageiros[28], com clara inclinação à teoria do risco,

---

22. Arguta a lição de René David ao afirmar que os *writs* demonstram a preponderância do poder do Judiciário sobre o próprio direito material: "O processo seguido nos Tribunais Reais de Westminster varia segundo a maneira como a ação é conduzida. A cada writ corresponde, de fato, um dado processo que determina a sequência dos atos a realizar, a maneira de regular certos incidentes, as possibilidades de representação das partes, as condições de admissão das provas e as modalidades de sua administração, e os meios de fazer executar a decisão. Num determinado processo certas palavras devem ser usadas para designar demandante e demandado; e o emprego das mesmas palavras seria fatal em outro tipo de processo" (DAVID, René. *Os Grandes Sistemas do Direito Contemporâneo*. Trad. de Hermínio Carvalho. 3 ed. São Paulo: Malheiros, 1998, p. 289).
23. Não há tradução correspondente para os *torts* no direito romano-germânico, visto que não significa propriamente ato ilícito, mas sim condutas potencialmente violadoras de responsabilidade extracontratual. Na tradição do *Common Law* exclui-se do âmbito de incidência dos *torts* o que se reconhece, no Brasil, como responsabilidade civil de natureza contratual. A violação a um dever contratual (*breach of contract*) é enquadrada de forma autônoma. Assim, não há duas modalidades de responsabilidade civil. Não se pode perder de vista que a doutrina anglo-saxã reconhece como grande desafio o tratamento dos danos aquilianos verificados em um contrato. Nesse sentido, Grant Gilmore afirmava que cada vez mais o contrato encontra-se sendo reabsorvido na grande corrente dos *torts*. (GILMORE, Grant. *The Death of Contract*. 2. ed. Columbus: Ohio University, 1995, p. 95).
24. Isso explica por que no direito inglês, antes do Século XIX, relegava-se os *torts* a um plano secundário. Lawrence Friedman afirma que os *torts* não passavam de um galho na grande árvore do Direito, ao caracterizá-los como "*a twig on the gret tree of law*". (FRIEDMAN, Lawrence M. Simon. *A Histoy of American Law*. New York: Simon & Schuster, 2005, p. 350).
25. René David esclarece que, apesar das peculiaridades do regime de *torts*, a doutrina logrou êxito em elaborar uma "parte geral", especialmente quanto as causas de exoneração de responsabilidade, a natureza do dano e ao montante da indenização e às ações respectivas. (DAVID, René. *O direito inglês*. São Paulo: Martins Fontes, 2006, p. 109).
26. No século XIX, esse *tort* passou a ser visto como título autônomo para o ressarcimento do dano aquiliano, com base no princípio da responsabilidade por culpa (*no liability without fault*). (ZWEIGERT, Konrad; KÖTZ, Hein. *Introduzione al Diritto Comparato*. Trad. Estella Cigna. Milano: Giuffré, 1995. v. II. p. 299).
27. WAGNER, Gerhard. Comparative Tort Law. In: REIMANN, Mathias; ZIMMERMANN, Reinhard. *The Oxford Handbook of Comparative Law*. 2nd ed. New York: Oxford University Press, 2019, p. 1002.
28. Decreto Legislativo 2.681, de 1712/1912, artigo 17: "As estradas de ferro responderão pelos desastres que nas suas linhas sucederem aos viajantes e de que resulte a morte, ferimento ou lesão corpórea. A culpa será sempre presumida, só se admitindo em contrário alguma das seguintes provas: caso fortuito ou força maior; II – culpa do viajante, não concorrendo culpa da estrada."

ainda que sob a batuta da presunção de culpa das ferrovias[29]. Todavia, o Código Civil de 1916 acolheu a teoria da culpa em seu artigo 159[30] – concebido como princípio geral para as indenizações –, sem se referir à teoria do risco.[31]

Com efeito, a abstenção do Código Civil de 1916 no tratamento da responsabilidade civil objetiva, não inibiu o legislador de elaborar normas em diplomas específicos e esparsos que a consagrassem, tal como no Código de Defesa do Consumidor e na própria Constituição Federal de 1988,[32] que previu a responsabilidade civil objetiva do Estado[33]. Assim, bastaria o dano e o nexo de causalidade de determinada conduta danosa para ensejar o dever de reparação, desde que houvesse previsão normativa de tais hipóteses.

A realidade fática percebida pelo crescente número de ações que chegavam ao Judiciário, tendo como causa de pedir a responsabilidade independente de culpa, empurraram as fronteiras da regra objetiva sobre a subjetiva.[34] Já naquela época, em marcha francamente evolutiva, a doutrina apontava a coexistência de ambas as fontes, sem que

---

29. O texto normativo consagra uma presunção absoluta de culpa, uma vez que as hipóteses de defesa são excludentes de causalidade. Assim, os efeitos gerados são os mesmos da responsabilidade objetiva. Acredita-se que a opção por se valer de uma expressão ligada à culpa e não indicar de forma direta a teoria do risco deve-se pela difícil e resistida convivência entre a responsabilidade civil subjetiva e objetiva. A doutrina, presa a ideia de culpa, não concebia a possibilidade de obrigação indenizatória sem que este elemento subjetivo não estivesse presente.
30. Código Civil de 1916, artigo 159: "Aquele que, por ação ou omissão voluntária, negligência, ou imprudência, violar direito, ou causar prejuízo a outrem, fica obrigado a reparar o dano. A verificação da culpa e a avaliação da responsabilidade regulam-se pelo disposto neste Código, arts. 1.518 a 1.532 e 1.537 a 1.553."
31. De fato, há artigos que acabaram sendo interpretados como hipóteses de responsabilidade civil sem culpa, como é caso dos arts. 1.519, 1.520, parágrafo único, 1.528 e 1.529, todos do Código Civil de 1916.
32. Nesse sentido: "Surge então a denominada teoria do risco administrativo, que culmina a evolução das idéias nessa matéria com a noção de inversão do ônus da prova: em lugar de pretender que a vítima prove a imperfeição do serviço, dela se pede tão-só a prova do nexo causal entre o ato de serviço e o dano, facultando-se ao Poder Público a prova de algumas das excludentes da responsabilidade" MOTA, Maurício Jorge Pereira da. *Responsabilidade civil do Estado legislador.* 1. ed. Rio de Janeiro: Lumen Juris, p. 125. O autor prossegue sua exposição com palavras que acabam por denotar o próprio conceito de teoria do risco: "O problema é visto a partir de uma ótica de Direito Público: como a Administração desenvolve atividades suscetíveis de ensejar danos aos particulares, destas recolhendo benefícios de várias ordens, sustenta-se que deva responder em razão dessas atividades. Aquele que aufere os cômodos deve suportar os correlatos ônus. Não se cogita mais da culpa, nem da razoabilidade na prestação do serviço público, mas apenas da relação ente a causa provinda do Estado e o efeito danoso no agente privado".
33. Em sintonia com a norma constitucional, o Código Civil de 2002 abandonou a orientação subjetivista adotada no art. 15 da codificação anterior, prevendo em seu art. 43 a responsabilidade objetiva das pessoas jurídicas de direito público: "*As pessoas jurídicas de direito público interno são civilmente responsáveis por atos dos seus agentes que nessa qualidade causem danos a terceiros, ressalvado direito regressivo contra os causadores do dano, se houver, por parte destes, culpa ou dolo*".
34. Carlos Edison do Rêgo Monteiro resgata o RE 59.940, precedente do Supremo Tribunal Federal de 30.06.1966, em os pais pleiteavam a indenização pela morte de dois filhos menores causadas, culposamente por uma empresa de ônibus. Apesar dos votos dos Ministros Aliomar Baleeiro e Pedro Chaves pela possibilidade de reconhecimento de danos morais, a indenização foi arbitrada com base em uma visão eminentemente patrimonialista. (MONTEIRO FILHO, Carlos Edison do Rêgo. Artigo 944 do Código Civil: o problema da mitigação do princípio da reparação integral. In: *Revista de Direito da Procuradoria Geral*, n. 63, Rio de Janeiro, 2008, p. 69-71).

houvesse hierarquia entre elas.[35] Assim, a responsabilidade por culpa perdia o *"status de centro do sistema"*.[36]

O Código Civil de 2002 manteve a doutrina subjetiva como fundamento principal da responsabilidade civil, nos termos do artigo 186,[37] escancaradamente influenciado pelo Código Civil francês. Nada obstante, inovou ao consubstanciar um princípio geral para a responsabilidade objetiva, no artigo 927, parágrafo único[38], além de expandir o catálogo de situações regidas pela teoria do risco. Inequivocamente, a responsabilidade civil passou a ter *dúplice fundamento*.[39]

3. INFLUXOS DOS MODELOS INGLÊS E FRANCÊS: APROXIMAÇÕES E DISTINÇÕES ENTRE OS MODELOS DE RESPONSABILIDADE

Em que pese a estruturação da responsabilidade civil subjetiva em tais modelos tenha se dado de forma única e com perspectivas notoriamente distintas, a elogiosa maturidade doutrinária e jurisprudencial de ambas descortinou uma progressiva convergência.

É intuitivo que os desafios atuais imponham uma aproximação na abordagem do tema, sobretudo pela crescente objetivação da responsabilidade civil, seja em razão da expansão das hipóteses em que o dever de reparar é atribuído à conta do risco de determinadas atividades, seja pela alteração da própria noção de culpa, distanciada pouco a pouco da intencionalidade e mais próxima da objetiva desconformidade com o padrão de conduta esperado para a hipótese concreta – culpa normativa.

Para melhor compreensão do tema, analisar-se-ão os pontos de convergência e divergência entre os modelos de responsabilidade francês e inglês e suas repercussões na experiência brasileira.

---

35. Ainda sob a égide do Código Civil de 1916, Gustavo Tepedino afirmava que "Delineia-se, assim, um modelo dualista, convivendo lado a lado a norma geral de responsabilidade civil subjetiva, do art. 159 do Código Civil de 1916, que tem como fonte o ato ilícito, e as normas regularas da responsabilidade objetiva para determinadas atividades, informadas por fonte legislativa que, a cada dia, se torna mais volumosa." Sobre a evolução da responsabilidade civil, a partir das presunções de culpa e, posteriormente, o crescimento das hipóteses de responsabilidade objetiva, v. TEPEDINO, Gustavo. A evolução da responsabilidade civil no direito brasileiro e suas controvérsias na atividade estatal. In: *Temas de Direito Civil*. 3. ed. Rio de Janeiro: Renovar, 2004, p. 193 e ss.
36. MONTEIRO FILHO, Carlos Edison do Rêgo. Artigo 944 do Código Civil: o problema da mitigação do princípio da reparação integral. In: *Revista de Direito da Procuradoria Geral*, n. 63, Rio de Janeiro, 2008, p. 72.
37. Código Civil de 2002, artigo 186: "Aquele que, por ação ou omissão voluntária, negligência ou imprudência, violar direito e causar dano a outrem, ainda que exclusivamente moral, comete ato ilícito."
38. Código Civil 2002, artigo 927: "Aquele que, por ato ilícito (arts. 186 e 187), causar dano a outrem, fica obrigado a repará-lo. Parágrafo único. Haverá obrigação de reparar o dano, independentemente de culpa, nos casos especificados em lei, ou quando a atividade normalmente desenvolvida pelo autor do dano implicar, por sua natureza, risco para os direitos, de outrem."
39. MONTEIRO FILHO, Carlos Edison do Rêgo. Artigo 944 do Código Civil: o problema da mitigação do princípio da reparação integral. In: *Revista de Direito da Procuradoria Geral*, n. 63, Rio de Janeiro, 2008, p. 72.

3.1 Pressupostos

No que tange aos pressupostos da responsabilidade civil subjetiva, verifica-se que na França são pressupostos da responsabilidade civil a *faute*, o dano e o nexo causal. Conceito chave do modelo francês, a *faute* é melhor compreendida no sentido da culpabilidade e não exatamente da culpa, já que abarca dois elementos: um elemento objetivo (violação de um dever) e um elemento subjetivo (a imputabilidade)[40]. Paulatinamente parte da doutrina francesa protagonizou um movimento de objetivação da categoria ao sustentar uma conceção puramente objetiva de *faute*, entendida como o desvio de uma regra de conduta, permitindo-se a responsabilização de pessoas naturais sem a necessidade de verificação do elemento subjetivo.[41]

No centro da controvérsia entre os adeptos da *faute* subjetiva e da *faute* objetiva encontra-se o artigo 489º-2 do novo Código Civil francês, em virtude da possibilidade de um portador de doença mental ser civilmente responsabilizado.[42] Foi exatamente isso que decidiu a Corte de Cassação Francesa ao julgar o caso de um adolescente de 17 anos portador de deficiência mental que matou o jovem Annick, ao absolvê-lo na seara penal, mas reconhecer sua responsabilidade civil e manter a condenação ao pagamento de indenização à mãe da vítima.[43] Sob a égide do Código de Napoleão, percebe-se que não há apenas a determinação dos critérios de aferição da culpa do agente, mas também a análise do desenho dos pressupostos de surgimento de uma pretensão indenizatória e de seus próprios fundamentos.

Assim, a limitação da responsabilidade civil tem de ocorrer por via dos critérios introduzidos pela doutrina e jurisprudência, o que se faz pela análise do nexo de causalidade. Por se tratar de um sistema *damage-oriented*, no modelo francês o que exclui ou pode excluir a indenização é o caráter indireto e não certo do dano.[44]

---

40. WAREMBOURG-AUQUE, Françoise. *Irresponsabilité ou responsabilité civile de l'infans*. In *Revue Trimestrielle de Droit Civil*, 1982, p. 331. É salutar relembrar que a imputabilidade apontada pela doutrina francesa pode não coincidir exatamente com os contornos da imputabilidade com que habitualmente a entendemos. Na verdade, a consideração do elemento subjetivo pode perfeitamente conduzir à ponderação da culpa do agente, aferida em abstrato, pelo que se prescinde da imputabilidade no sentido do discernimento. Segundo Yvonne Lambert-Faivre, a prova da *faute* comporta dois aspectos: a *conduite fautive*, que implica a comparação da conduta a um referente *non fautive* e a imputabilidade desse comportamento ao responsável, entendida como a consciência suscetível de discernir o *fautif* do *non fautif* (LAMBERT-FAIVRE, Yvonne. *L'évolution de la responsabilité civile d'une dette de responsabilité à une créance d'indemnisation*. In *Revue Trimestrielle de Droit Civil*, 1987, pp. 2-3).
41. MAZEAUD, Léon. *La faute objective et la responsabilité sans faute*. In *Recueil Dalloz*, 1985, p. 13 ss. Note-se que o desenvolvimento da noção objetiva do *fait fautif* decorre do incremento das preocupações com a posição da vítima e a necessidade de reparação do dano causado. (WAREMBOURG-AUQUE, Françoise. *Irresponsabilité ou responsabilité civile de l'infans*. In *Revue Trimestrielle de Droit Civil*, 1982, pp. 332 e 337).
42. BARBIERI, Jean François. *Inconscience et responsabilité dans la jurisprudence civile: l'incidence de l'article 489-2 du code civil, après une décennie*. In *La semaine juridique*, 1982, p. 3057.
43. N. de pouvoi: 74-10.238. Publication: Bulletin des arrêts Cour de Cassation Chambre civile, n. 270, p. 218.
44. BANAKAS, Efstathios. *Tortious liability for pure economic loss*: a comparative study. Athens: Hellenic Institute of International and Foreign Law, 1989, pp. 126 e 214. Afirma o autor que no sistema francês o problema dos danos puramente patrimoniais é, sobretudo, um problema de causalidade. Trata-se daquilo que o autor designa por sistema *damage-oriented*, por oposição aos sistemas, como o alemão, *interest-orientated*.

Por outro lado, no modelo anglo-saxão não há, como já referido, uma compreensão unitária, à semelhança do que ocorre no Direito continental, dos pressupostos para a configuração da responsabilidade civil.[45] Em linhas gerais, a maioria dos *torts* exige a culpa, o dano e o nexo causal. Contudo, o *tort* em si é composto de mais dois pressupostos: a própria existência de um dever de cuidado (*a duty of care*) e a causação de danos em decorrência da violação desse dever de cuidado (*damages caused by the breach*). Especialmente em relação ao *tort* da *negligence*, faz-se necessária a verificação da violação de um dever de cuidado previamente existente entre as partes.[46]

Reconhece-se que a negligência delitiva (*tortious negligence*) não foi tratada sob o ponto de vista psicológico, como estado mental. Por isso mesmo, os tribunais anglo-saxões, via de regra, não aceitavam defesas baseadas na insanidade, ou incapacidade mental.[47] Tal tradição foi absorvida pelos demais países da *common law*. Nos Estados Unidos, em 2001, Nancy Knorr causou um acidente porque acreditava que estava sendo perseguida. Em que estivesse em remissão por 7 anos antes do acidente, ela tinha um transtorno delirante, experimentando especificamente delírios de perseguição. Embora as crenças da Sra. Knorr fossem sintomas de sua doença, o Tribunal não considerou essa doença uma defesa e a condenou ao pagamento de indenização de meio milhão de dólares.[48]

Há evidentes aproximações. A *faute* francesa é comparável à combinação inglesa do *duty of care* e *breach of duty*. Em relação ao Brasil, tradicionalmente, apontam-se como pressupostos da responsabilidade civil o dano, a culpa do agente e o nexo de causalidade entre o dano e a culpa.[49]

É benfazeja a reflexão sobre a tendência apontada pela doutrina acerca da necessidade de releitura dos tradicionais pressupostos da responsabilidade civil, com vistas à elaboração de mecanismos que ofereçam novas garantias ao ofendido e garantam o ressarcimento efetivo. Assim, na verificação do dano, a indenização passa a ser medida exclusivamente pela repercussão da lesão na vítima, desconsiderando-se a pessoa ou o patrimônio do ofensor. Já o nexo causal passa a ser flexibilizado pelo conceito de fortuito interno, o que possibilita a reparação da vítima que acabaria por não ser ressarcida. Por fim, em relação a culpa, propõe-se o abandono da concepção subjetiva clássica em favor de conceito normativo, vinculado à ideia de erro de conduta, afastando-se o viés moralizador de comportamentos que tradicionalmente lhe era atribuído.[50]

---

45. Assim, por exemplo, em Ansell v. Waterhouse, de 1817, a Court of the King's Bench declara que é "uma conduta negligente ou intencional da parte demandada, em fazer ou omitir alguma coisa contrária ao dever que a lei elenca sobre ele no caso particular". Desse modo, durante muito tempo, o que se discutiu nos tribunais anglo-saxões foi o estabelecimento, por meio de *cases*, das situações fáticas onde haveria esse dever preexistente.
46. DEAKIN, Simon; JOHNSTON, Angus; MARKESINIS, Basil. *Markesinis and Deakin's Tort Law*. New York: Oxford University Press, 2008, pp. 30 e 113.
47. EPSTEIN, Richard A. A Theory of Strict Liability. In *The Journal of Legal Studies*, v. 2, n. 1, Jan. 1973, p. 152.
48. Ramey v. Knorr, n. 55397-6-I, Court of Appels of Washigton, 2005.
49. PEREIRA, Caio Mário da Silva. *Responsabilidade Civil*. Atualizado por Gustavo Tepedino. 12. ed. rev., atual. e ampl. Rio de Janeiro: Forense, 2018, p. 57.
50. TEPEDINO, Gustavo; TERRA, Aline de Miranda Valverde; GUEDES, Gisela Sampaio da Cruz. *Fundamentos do direito civil*: responsabilidade civil. 2. ed. Rio de Janeiro: Forense, 2021, p. 36.

3.2 Notas gerais sobre as funções

No que se refere as funções da responsabilidade civil, o distanciamento entre os sistemas europeus continentais, como é o caso do francês e do alemão, e o modelo anglo-saxão é patente. Enquanto aqueles priorizam essencialmente a compensação, este preconiza abertamente a função punitiva.[51]

Para franceses, a função da responsabilidade civil é a compensação dos prejuízos sofridos pelas vítimas, conforme reiteradamente salientado pelo Tribunal de Cassação, segundo o qual os danos e juros atribuídos à vítima devem reparar o prejuízo sofrido sem resultar em qualquer perda ou lucro por ele.[52]

Assim, a gravidade do comportamento do autor do dano não é levada em consideração pelo magistrado, que deve considerar o valor do dano, sem que a natureza da culpa possa ter uma influência não especificada sobre o montante da indenização devida ao lesado.[53]

A jurisprudência, portanto, atribui à responsabilidade civil uma simples função reparatória – às vezes qualificada como "compensatória", "restauratória" ou "satisfatória" – e nega-lhe uma função de punição privada.[54] Nessa toada, a função repressiva da reparação é reservada à matéria penal.

Yvonne Lambert-Faivre explica que em matéria civil, "*a ética da responsabilidade impõe a busca da equidade total pela qual a vítima seja integralmente ressarcida pelos danos causados pelo responsável, sem contudo realizar um enriquecimento este fato: o acidente não poderia ser o dado de uma loteria em que perde, ganha. O princípio compensatório exige, portanto, que a indenização não exceda os danos sofridos*".[55] Percebe-se, assim, a preocupação do modelo francês com a proteção da vítima.

De outro lado, o direito inglês dos *torts* preocupa-se predominantemente com a justiça comutativa e a regulação de condutas, com uma abordagem orientada para o mercado e para a liberdade.[56]

---

51. Sobre o tema, cf. DEAKIN, Simon; JOHNSTON, Angus; MARKESINIS, Basil. *Markesinis and Deakin's Tort Law*. New York: Oxford University Press, 2008; e BAR, Christian von. *The Common European Law of Torts*. New York: Oxford University Press, 2005. v. II.
52. Cf. Processo 01.00-200, *Deuxième chambre civile de la Cour de cassation*, 23 janvier 2003, Bulletin n. 20.
53. A Corte julgou a hipótese em que um motorista dirigia desgovernadamente um carro, fazendo manobras altamente arriscadas, durante os testes de uma reparação mecânica. Na ocasião, a despeito de toda negligência na conduta, a condenação se limitou a reparação dos danos causados. Cour de Cassation, Chambre Civile 2, du 8 maio 1964, Publié au Bulletin, n. 356.
54. É benfazeja a lembrança de que há doutrina em sentido diverso na França. Denis Mazeaud, notadamente sublinhou que a lei da responsabilidade civil já continha aspectos punitivos que se expressavam, por um lado, do sistema da cláusula penal, previsto pelo artigo 1152, do Código Civil francês, o que pode levar o autor de um dano a pagar quantias superiores à simples reparação do dano sofrido e, por outro lado, as faculdades de condenação sob pena com o pagamento da indenização reparadora do dano, inserto nos Artigos 33 e seguintes da Lei 91-650, de 9 de julho de 1991, que reforma os procedimentos de execução civil francês.
55. Tradução livre. LAMBERT-FAIVRE, Yvonne. *L'éthique de la responsabilité*, In: *Revue trimestrielle de droit civil*, 1998, p. 1.
56. DAM, Cees van. *European Tort Law*. 2nd ed. New York: Oxford University Press, 2013, pp. 127-129.

Na Inglaterra, a noção de *punitive damages* remonta ao início do século XVIII, como forma de justificar vereditos do júri nos casos de danos físicos. O conceito de danos punitivos foi articulado pela primeira vez por um tribunal inglês em *Wilkes v. Wood*.[57] Na oportunidade, o Tribunal se referiu a esses danos adicionais como "danos exemplares"[58], que foram concedidos para compensar o autor lesado pelos seus danos e punir o infrator.

Não se pode perder de vista, todavia, que em outros sistemas filiados à tradição romanística existe o debate sobre o caráter exemplar da responsabilidade civil. Paolo Gallo sustenta que as penas privadas devem ser aplicadas em quatro hipóteses: i) casos de responsabilidade civil "sem dano", ou seja, sem dano de natureza econômica imediatamente perceptível, como ocorre no vasto setor das lesões aos direitos de personalidade; ii) situações em que o lucro obtido com o ato ilícito é superior ao dano; iii) hipóteses em que a probabilidade de condenação a ressarcir os danos é inferior relativamente à probabilidade de causar danos; iv) crimes de bagatela.[59]

No Brasil, separa-se a responsabilidade civil da responsabilidade criminal. Assim, ao longo da história a responsabilidade civil deixa, gradativamente, de se vincular à punição do agente ofensor, e passa a atender uma função precipuamente reparatória da lesão ao interesse jurídico merecedor de tutela.[60]

Ainda hoje coexistem três correntes, em sede tanto doutrinária como jurisprudencial, sobre a função da indenização do dano moral, quais sejam: i) a compensar/satisfazer o ofendido;[61] ii) punir o ofensor;[62] e (3) tanto satisfazer o ofendido quanto punir o ofensor.[63]

---

57. BELL, Griffin B.; PEARCE, Perry E. *Punitive Damages and the Tort System*, 22 U. Rich. L. Rev. 1, 1987, p. 3. Isso foi corroborado em *House of Lords in Johnson vs Unisys Ltd* (2001).
58. Judith Martins-Costa e Mariana Souza Pargendler apontam que "a figura dos *punitive damages* pode ser apreendida, numa forma introdutória e muito geral, pela ideia de indenização punitiva (e não "dano punitivo", como às vezes se lê). Também chamados *exemplary damages, vindictive damages* ou *smart money*, consistem na soma em dinheiro conferida ao autor de uma ação indenizatória em valor expressivamente superior ao necessário à compensação do dano, tendo em vista a dupla finalidade de punição (*punishment*) e prevenção pela exemplaridade da punição (*deterrence*) opondo-se – nesse aspecto funcional – aos *compensatory damages*, que consistem no montante da indenização compatível ou equivalente ao dano causado, atribuído com o objetivo de ressarcir o prejuízo" (MARTINS-COSTA, Judith. PARGENDLER, Mariana Souza. Usos e abusos da função punitiva (punitive damages e o Direito brasileiro). In: Revista do Centro de Estudos Jurídicos/ CJF. v. 9, n. 28. Brasília: Edição jan./mar., 2005. p. 16).
59. GALLO, Paolo. *Pene private e responsabilità civile*. Milano: Giuffrè, 1996, p.175 e ss.
60. Escorreita análise sobre a reparação integral do dano e suas limitações foi feita por Carlos Edison do Rêgo Monteiro Filho, v: MONTEIRO FILHO, Carlos Edison do Rego Monteiro. Limites ao princípio da reparação integral no direito brasileiro. In *Civilistica.com*, v. 7, n. 1, maio 2018, pp. 1-25.
61. Dentre os autores partidários da tese de que função da reparação do dano moral é somente ressarcitória, v.: MORAES, Maria Celina Bodin de. *Danos à pessoa humana*: uma leitura civil-constitucional dos danos morais. Rio de Janeiro: Renovar, 2003; SEVERO, Sérgio. *Os danos extrapatrimoniais*. São Paulo: Saraiva, 1996; THEODORO JÚNIOR, Humberto. *Dano moral*. 3. ed. atualizada e ampliada. São Paulo: Juarez de Oliveira, 2000.
62. Propugnam a tese punitiva, temos LACERDA, Galeno. Indenização do dano moral (parecer). In *Revista dos Tribunais*, v. 728, jun. 1996, pp. 94-101; Fábio Ulhoa Coelho, por exemplo, admite as indenizações punitivas: "Entendo, portanto, ser cabível no direito brasileiro, mesmo sem lei que a estabeleça em termos gerais ou específicos, a indenização punitiva nos casos em que a conduta do demandado tiver sido particularmente reprovável" (COELHO, Fábio Ulhoa. *Curso de direito civil*: obrigações – responsabilidade civil. 5. ed. São Paulo: Saraiva, 2012. p. 375).
63. São defensores da teoria mista, dentre outros: GAMA, Guilherme Calmon Nogueira da. Critérios para a fixação da reparação do dano moral: abordagem sob a perspectiva civil-constitucional. In: LEITE, Eduardo de Oliveira

De fato, a Constituição da República de 1988 impôs o afastamento da função sancionatória da responsabilidade civil. Isso porque, além de ratificar sua função reparatória, corrobora o objetivo precípuo de proteção da vítima, ao alçar a dignidade da dignidade da pessoa humana como fundamento da República Federativa do Brasil, bem como consagrar o princípio da solidariedade social (art. 1º, III e art. 3º, I). Com isso, o foco da responsabilidade civil deixa de ser o agente causador do dano e passa a ser a vítima, uma vez que o objetivo fundamental não é a repressão de condutas negligentes, mas sim a efetiva reparação de danos.[64]

Contudo, o Superior Tribunal de Justiça entende que reiteradamente que a indenização por danos morais possui tríplice função "a *compensatória*, para mitigar os danos sofridos pela vítima; a *punitiva*, para condenar o autor da prática do ato ilícito lesivo, e a *preventiva*, para dissuadir o cometimento de novos atos ilícitos",[65] revelando a influência de ambos os sistemas aqui tratados em nosso ordenamento jurídico,

3.3 Reprovabilidade da conduta: normatização da culpa

A maturidade jurisprudencial e doutrinária sobre a análise da culpa promoveu mais um ponto de convergência entre os modelos inglês e francês. Assim, passou-se a conceber a culpa sob o viés objetivo ou normativo – assim considerado o fato social, revelador de que o agente descumpriu um dever jurídico quando poderia ter agido de forma diferente.[66]

Originariamente, o Código de Napoleão fundou seu sistema de responsabilidade na teoria subjetiva, que tem a culpa *lato sensu* como elemento nuclear. Assim, para que fizesse *jus* à indenização pelos danos sofridos, impunha-se à vítima a penosa prova da culpa, impregnada por caráter moral, que se revelava na conduta negligente, imprudente ou imperita.

A noção de culpa atrelada à uma moral individual ligada a valores religiosos torna-se, então, insuficiente para atender a nova demanda de danos.[67] A preocupação de se impor uma sanção ao comportamento culposo não mais tutelava as, cada vez mais diversificadas, ofensas sofridas. Exigir do ofendido a difícil – ou mesmo impossível tarefa de provar a culpa do lesante –, nos moldes então consagrados, significaria restringir o

---

(org.). *Grandes temas da atualidade*: dano moral. Rio de Janeiro: Forense, 2002; CAVALIERI FILHO, Sérgio. *Programa de responsabilidade civil*. 10. ed. São Paulo: Atlas, 2012; CAHALI, Yussef Said. *Dano e indenização*. São Paulo: RT, 1980.

64. TEPEDINO, Gustavo; TERRA, Aline de Miranda Valverde; GUEDES, Gisela Sampaio da Cruz. *Fundamentos do direito civil*: responsabilidade civil. 2. ed. Rio de Janeiro: Forense, 2021, p. 36.
65. STJ, REsp 1.440.721/GO, rel. Min. Maria Isabel Gallotti, Quarta Turma, julgado em 11/10/2016, DJe de 11/11/2016.
66. Gerhard Wagner aponta que a concepção objetiva do padrão de conduta é dominante nos principais sistemas jurídicos europeus. WAGNER, Gerhard. Comparative Tort Law. In: REIMANN, Mathias; ZIMMERMANN, Reinhard. *The Oxford Handbook of Comparative Law*. 2nd ed. New York: Oxford University Press, 2019, p. 1014.
67. Com efeito, Cees van Dam aduz que, também na França, a culpa deixou de ter um conteúdo moral, passando a ser um conceito social. (DAM, Cees van. *European Tort Law*. 2nd ed. New York: Oxford University Press, 2013, p. 47).

ressarcimento a raras situações. Ainda, o próprio comportamento da vítima modificou-se e o dano como fatalidade, que deveria ser suportado quando não evidenciada a culpa, passou a ser questionado.[68]

A intensificação das relações sociais e os avanços tecnológicos trouxeram desafios a esta simplória interpretação, impondo-se a conformação de novos instrumentos para o ressarcimento de danos. De fato, os efeitos da era industrial dificultaram, sobremaneira, não apenas a demonstração da culpa, mas a própria identificação do agente causador do dano. Com isso, no século XIX, observou-se que em determinadas hipóteses, tais como acidentes de trabalho, a prova da culpa pela vítima se tornava óbice intransponível a efetiva responsabilização do causador do dano.[69]

Com isso, os Tribunais passaram a expandir as situações de presunção de culpa, que passaram a ser admitidas em situações não previstas em lei, como forma de não recair sobre a *prova diabólica*, como se passou no âmbito da responsabilidade indireta ou por fato de terceiros. A análise da reprovabilidade da conduta desloca-se dos parâmetros da previsibilidade, cognoscibilidade e evitabilidade para a própria omissão do comportamento devido.[70] Neste último, avalia-se a probabilidade e a gravidade do dano, bem como os custos para preveni-lo.[71]

A miríade de fontes da *Common Law,* não possibilitou um desenvolvimento linear da ideia de normatização da culpa. Contudo, o reconhecimento da *strict liability*, visto no julgamento do *House of Lords, de Rylands vs Fletcher* em 1868, utilizou o *tort of nuisance*, permitindo uma responsabilidade por atividades ultra perigosas (*liability*

---

68. Patrice Jourdain esquematiza as causas para a evolução objetiva: 1) transformação radical da sociedade durante o século XIX em virtude da revolução industrial e da mecanização das atividades humanas, provocando uma agravação dos danos, o que foi potencializado no século XX, implicando a produção de prejuízos seriados ou de massa; 2) Ao mesmo tempo em que cresciam as atividades perigosas, o homem passou a aceitar menos os golpes do destino, e com a valorização de pessoa humana, foram feitas maiores exigências ao Estado-providência e a reparação do dano torna-se um direito; 3) A partir de 1870, a doutrina passa a defender a substituição da culpa pela ideia de risco, concentrando-se o objeto da responsabilidade civil na reparação do dano e não mais no comportamento do sujeito. (JOURDAIN, Patrice. *Les principes de la responsabilité civile*. 8. ed. Paris: Dalloz, 2010, pp. 10-11).
69. Cf. SALEILLES, Raymond. *Les acidentes du travail et la responsabilité civile*: essai d'une théorie objetive de la responsabilité délictuekke, Paris: Librairie Nouvelle de Droit et de Jurisprudence, Arthur Rousseau Éditeur, 1897.
70. Guido Alpa e Mario Bessone destacam as diferenças entre as duas correntes fundamentais sobre a culpa: uma que concebe a culpa como um fato exclusivamente psicológico, realçando o aspecto da representação do evento danoso, e outra que concebe a culpa como a simples transgressão da norma. Enquanto a primeira tem como caracteres de identificação a previsibilidade, a cognoscibilidade e a evitabilidade do dano, a segunda tem como ênfase a omissão do conteúdo devido. Daí porque alguns autores falam da noção de culpa "objetiva", o que leva a comparar a conduta do agente com parâmetros como os do bom pai de família ou a diligência exigível no tráfico social. (ALPA, Guido; BESSONE, Mario. *La responsabilità civile*. Milano: Giuffrè Editore, 2001. pp. 243-251)
71. Segundo Deakin, Johnston e Markesinis as três variáveis – (i) probabilidade do dano, (ii) a gravidade do dano e (iii) os custos para a prevenção – são consideradas eficientes do ponto de vista da análise econômica, pois estabelecem um *standard* ótimo de cuidado para se evitar acidentes, partindo do princípio de que a sociedade deve tolerar certos níveis de acidentes quando os custos para os evitar superam os ganhos. DEAKIN, Simon; JOHNSTON, Angus; MARKESINIS, Basil. *Markesinis and Deakin's Tort Law*. New York: Oxford University Press, 2008; e BAR, Christian von. *The Common European Law of Torts*. v. II. New York: Oxford University Press, 2005, p. 224).

for extra hazardous activities) sem que, para isso, fosse necessário examinar qualquer quebra de dever de cuidado, ou intenção dos envolvidos.[72]

Em sintonia, além da defesa do padrão objetivo, o direito americano contribuiu para o desenvolvimento do conceito de negligência ao determiná-lo como "*um comportamento economicamente insalubre no sentido de que o autor do delito deixa de tomar precauções que custariam menos do que os danos assim evitados*".[73] A decisão em *United States vs Caroll Towing* do final da década de 1940 se destaca como o ponto de partida para o que agora se tornou o terreno intelectualmente fértil da análise econômica do direito na responsabilidade civil.[74]

No Brasil, tal fenômeno também pode ser percebido. Apesar de todas as discussões já existentes na França, o Código Civil de 2002 parece ter perdido a oportunidade de positivar a tendência de normatização da culpa já experimentada há décadas pelos franceses. Isso porque o Código brasileiro, apesar de editado 198 anos depois, limitou-se a reproduzir no artigo 186 a cláusula geral de responsabilidade civil subjetiva prevista na codificação francesa.

Aparentemente, o dispositivo denota a conotação psicológica ou subjetiva da culpa, consagrando a ideia de que não há responsabilidade sem culpa, atribuindo-lhe preponderância na etiologia do ato ilícito.[75]

Perceba-se que, na concepção subjetiva ou psicológica da culpa, o foco da responsabilidade civil recai sobre a figura do ofensor, já que imprescindível a análise do estado anímico do agente causador do dano. Assim, recairia sobre a vítima a prova diabólica da culpa do agente. Em razão da dificuldade probatória, era comum que o ofendido não fosse indenizado pelos danos sofridos.

A evolução social escancarou a insuficiência da tradicional visão responsabilidade subjetiva, informada pela teoria da culpa e por um princípio de imputabilidade moral, na tutela das relações jurídicas na sociedade de massa. Com isso, verifica-se perda gradativa da importância da prova da culpa para se reconhecer o direito de reparação da vítima.[76]

A normatização da culpa depende da determinação de um padrão abstrato de comportamento a ser considerado na análise da culpa pelo magistrado, o que se faz por meio da

---

72. Na ocasião, decidiu-se que "[...] e se em consequência de ter agido assim, ou em consequência de uma imperfeição no modo de atuar desse jeito, a água veio a escapar e escorrer para a propriedade do autor, então parece para mim que o que os réus estavam fazendo, eles estavam fazendo por seu risco próprio; e, se no curso do seu agir, surgiu o mal que eu tinha referido, o mal, nomeadamente, do vazamento da agua e sua passagem para a propriedade do autor e lesionando o autor, então em consequência disso, em minha opinião, os réus devem ser responsáveis". (tradução livre). Disponível em: <http://www.bailii.org/uk/cases/UKHL/1868/1.html>. Acesso em: 23.05.2022.
73. Neste precedente, de 1947, o juiz Learned Hand salientou que "possivelmente serve para trazer essa noção em relevo para enunciá-la em termos algébricos: se a probabilidade ser chamado de P; a lesão, L; e o ônus, B; responsabilidade depende se B é menor que L multiplicado por P: ou seja, se B [é menor que] PL." (tradução livre).
74. Cf. POSNER, Richard A. A Theory of Negligence. In *Journal of Legal Studies,* 1972.
75. CHIRONI, Gian Pietro. *La colpa nel diritto civile odierno*: colpa extra-contrattuale. 2. ed. Torino: Fratelli Bocca Editori, 1903. v. 1. p. 35.
76. TEPEDINO, Gustavo; TERRA, Aline de Miranda Valverde; GUEDES, Gisela Sampaio da Cruz. *Fundamentos do direito civil*: responsabilidade civil. 2. ed. Rio de Janeiro: Forense, 2021, p. 39.

regra do *bonus pater familias*, nos sistemas de tradição romano-germânica, correspondente ao *reasonable man*, nos modelos de raízes anglo saxãs. O *bonus pater famílias* é tomado como modelo geral de comportamento, que deve ser colocado nas mesmas circunstâncias externas do autor do dano (culpa *in abstracto*). A doutrina propõe a fixação de *standards* de conduta específicos[77] que irão variar de acordo com cada tipo de atividade, de modo a se aferir o paradigma ideal mais próximo possível dentro de cada ofício desempenhado.[78]

A derrocada da concepção da culpa, em um contexto ligado a moral, como fundamento para a responsabilidade civil inicia, deflagra o processo de flexibilização e demanda novas formulações teóricas para atender a este novo cenário, com destaque para a responsabilidade civil objetiva, fundada na teoria do risco.[79]

O redimensionamento da culpa, por meio da sua verificação sob um viés normativo e não mais psicológico, denota uma conquista do direito brasileiro. Abre-se caminhos para a reparação integral do dano, visto como o objetivo central da responsabilidade civil contemporânea,[80] como forma de garantir a cada vítima o adequado ressarcimento, capaz de abarcar todos os efeitos danosos sofridos.

Com o objetivo de superar a dificuldade probatória que se impunha à vítima, criou-se as presunções de culpa, diante das quais incumbe ao suposto agente provar que não agiu com culpa. Ademais, assistiu-se ao notável desenvolvimento da responsabilidade objetiva, fundada na teoria do risco, criando-se inúmeras hipóteses de responsabilidade sem culpa.[81]

---

77. Percebe-se, aqui, uma aproximação com o sistema fragmentário dos *torts*, em que se atribui a cada especialidade um padrão específico que deve ser observado à luz do caso concreto.
78. Essa recomendação é feita por Maria Celina Bodin de Moraes ao aduzir que: "Através da nova concepção [culpa normativa], existirão tantos modelos de diligência quanto forem os tipos de conduta (profissional, desportiva, na direção de veículos etc.) presentes no contato humano, de modo que os parâmetros, entre os tipos, serão variáveis (e diz-se que foram 'subjetivados' ou relativizados). Isto é o que permite que se estabeleçam padrões – standards – de conduta que exigirão do agente um comportamento judicioso, o qual variará em cada situação, consideradas sua profissão e demais circunstâncias pessoais" (*Danos à pessoa humana*: uma leitura civil-constitucional dos danos morais. Rio de Janeiro: Renovar, 2003, p. 213. No mesmo sentido, SCHREIBER, Anderson. *Novos paradigmas da responsabilidade civil*: da erosão dos filtros da reparação à diluição dos danos. São Paulo: Atlas, 2007, p. 40: "Prendendo-se a uma elevada generalização, tanto o *bonus pater familias* quanto o *reasonable man* tornam-se inúteis à avaliação das novas situações concretas em sua rica multiplicidade. A definição de um padrão único de diligência parece, de todo, incompatível com uma realidade complexa e plural, como a que caracteriza as sociedades contemporâneas. Daí verificar-se, por toda parte, um fenômeno que se poderia designar como fragmentação do modelo de conduta, ou seja, a utilização de parâmetros de comportamento específicos e diferenciados para as mais diversas situações).
79. Nesse sentido, afirma-se que "dentro do critério da responsabilidade fundada na culpa não era possível resolver um sem-número de casos, que a civilização moderna criara ou agravara; imprescindível se tornara, para a solução do problema da responsabilidade extracontratual, afastar-se do elemento moral, da pesquisa psicológica, do íntimo do agente, ou da possibilidade de previsão ou de diligência, para colocar a questão sob um aspecto até então não encarado devidamente, isto é sob o ponto de vista exclusivo da reparação do dano. O fim por atingir é exterior, objetivo, de simples reparação, e não interior e subjetivo, como na imposição da pena." (LIMA, Alvino. *Culpa e risco*. 2. ed. rev. e atual. Atualização Ovídio Rocha Barros Sandoval. São Paulo: Ed. RT, 1999, pp. 115-116).
80. MONTEIRO FILHO, Carlos Edison do Rego Monteiro. Limites ao princípio da reparação integral no direito brasileiro. In *Civilistica.com*, v. 7, n. 1, maio 2018, p. 2.
81. Para valiosa lição sobre a evolução da responsabilidade civil, a partir das presunções de culpa e, posteriormente, o crescimento das hipóteses de responsabilidade objetiva, v. TEPEDINO, Gustavo. A evolução da responsabilidade civil no direito brasileiro e suas controvérsias na atividade estatal. In: *Temas de Direito Civil*. 3. ed. Rio de Janeiro: Renovar, 2004, p. 193 e ss.

4. O ESTADO DA ARTE: RESPONSABILIDADE CIVIL SUBJETIVA NA ATUALIDADE

Por certo, o exame da evolução dos três modelos denota a flexibilidade da responsabilidade civil para a proteção não apenas de direitos absolutos, mas também de direitos relativos, de situações jurídicas e de variados interesses legítimos merecedores de tutela.[82]

Com a perda de preponderância do aspecto subjetivo, a noção de dano injusto passa a circunscrever o âmbito da responsabilidade civil subjetiva.[83] Incumbe à jurisprudência e à doutrina, estabelecer critérios para distinguir o dano indenizável das meras perdas insuscetíveis de reparação.

Além disso, passa-se a vislumbrar inúmeras possibilidades para a proteção de diversificados interesses e bens jurídicos, bem como para a criação de novos direitos e situações subjetivas, tal como se percebe pelos chamados novos danos.[84]

Nesse processo de expansão da responsabilidade civil, as diferenças entre os sistemas típicos (como o anglo-saxão) e atípicos (como o francês) tornam-se ainda mais atenuadas, o que revela a aptidão da responsabilidade civil para, de uma forma geral, proteger interesses qualificados, tais como os constitucionalmente tutelados, e atingir o objetivo precípuo delineado pelo princípio da reparação integral.

Busca-se, em certa medida, a prevalência das situações existenciais sobre as patrimoniais.[85] É preciso, nas palavras de Perlingieri, *"predispor-se a reconstruir o Direito Civil não com uma redução ou um aumento de tutela das situações patrimoniais, mas com uma tutela qualitativamente diversa"*,[86] por meio do abandono da postura patrimonialista herdada do século XIX, em especial do Código Napoleônico, privilegiando o

---

82. Destaque-se a preocupação de Alpa e Bessone de que a principal consequência da ampliação dos limites da responsabilidade jurídica é a impossibilidade de identificar *a priori* todos os singulares interesses merecedores de tutela, que vão sendo alargados, para abarcar direitos subjetivos relativos, bem como expectativas e interesses legítimos. (ALPA, Guido; BESSONE, Mario. *La responsabilità civile*. Milano: Giuffrè Editore, 2001, p.7)
83. Perlingieri e Corsaro asseveram que, para ampliar a esfera dos interesses protegidos, a responsabilidade civil deve ser vista como uma reação ao dano injusto, sendo que tal injustiça define o próprio âmbito da responsabilidade. (PERLINGIERI, Pietro; CORSARO, Luigi. Responsabilità da fatto illecito. In: PERLINGIERI, Pietro. *Manuale di Diritto Civile*. Napoli: Edizione Scientifique Italiane, 2003, p. 618).
84. Sobre o tema, cf.: SCHREIBER, Anderson. *Novos paradigmas da responsabilidade civil*. 3. ed. Rio de Janeiro: Atlas: 2011.
85. "Com o termo, certamente não elegante, 'despatrimonialização', individua-se uma tendência normativa-cultural: se evidencia que no ordenamento se operou uma opção que, lentamente, se vai concretizando, Entre personalismo (superação do individualismo) e patrimonialismo, antes, e do consumismo, depois, como valores" (PERLINGIERI, Pietro. *Perfis do direito civil*: introdução ao direito civil constitucional. Trad. Maria Cristina de Cicco. 3. ed. rev. e ampl. Rio de Janeiro: Renovar, 2002, p. 33). No mesmo sentido: "Não se trata apenas de voltar a reconhecer que o trabalho justifica o patrimônio. Trata-se, isso sim, de ressaltar que a titularidade das coisas não pode ser um fim em si mesmo." (FACHIN, Luiz Edson. *Estatuto jurídico do patrimônio mínimo*. Rio de Janeiro: Renovar, 2001, pp. 305-306).
86. PERLINGIERI, Pietro. *Perfis do direito civil*: introdução ao direito civil constitucional. Trad. Maria Cristina de Cicco. 3. ed., rev. e ampl. Rio de Janeiro: Renovar, 2002, p. 34.

desenvolvimento da pessoa.[87] Contudo, a análise do tema da responsabilidade civil não pode abandonar a análise do perfil patrimonial.[88]

No Brasil, com o texto constitucional posto no ápice do sistema, impõe-se ao intérprete o dever de coesão sistemática na exegese do ordenamento.[89] Assim, o dever de unidade[90] demanda que todas as normas considerem os valores constitucionais, ainda que diversas ou específicas,[91] opondo-se a metodologia civil-constitucional à chamada teoria dos microssistemas.[92] Posta a normativa constitucional no vértice do ordenamento jurídico, os princípios nela presentes se tornam, por conseguinte, as diretrizes para a reconstrução do sistema de direito privado. Em torno dos princípios e valores constitucionais reconstrói-se a unidade do ordenamento jurídico, com vistas a garantir a dignidade da pessoa humana e a solidariedade.[93]

Esse movimento atribui ao intérprete a releitura dos pilares clássico da responsabilidade civil: dano, nexo de causalidade e culpa, responsabilidade civil. Além disso, para

---

87. FACHIN, Luiz Edson. *Estatuto jurídico do patrimônio mínimo*. Rio de Janeiro: Renovar, 2001, p. 59.
88. É oportuno analisar o referido princípio por meio dos perfis existencial e patrimonial, conforme propõe es Carlos Edison do Rêgo Monteiro. Segundo o autor, "em exame sob a perspectiva existencial, os danos extrapatrimoniais são merecedores de tutela privilegiada, estando intrinsecamente ligados à dignidade da pessoa humana, segundo a normativa da Constituição. Erigida a fundamento da República (art. 1º, III), a dignidade da pessoa humana se irradia prioritária e necessariamente por todo o ordenamento e consagra a plena compensação dos danos morais (art. 5º, V e X), fundamento extrapatrimonial da reparação integral. De modo que o sistema traçado pelo constituinte, além de promover, com a necessária prioridade, os valores existenciais, repudia qualquer atentado à sua integridade, forjando assim cláusula geral de tutela que embasa o mecanismo sancionatório a assegurar, em sua totalidade, a compensação dos danos extrapatrimoniais. Noutro giro, a perspectiva patrimonial da reparação integral parece fundamentar-se no direito de propriedade (art. 5º, XXII). A indenização, sob a perspectiva da reparação integral, consiste em expediente pelo qual a vítima procura reaver o patrimônio que efetivamente perdeu ou deixou de lucrar, na exata medida da extensão do dano sofrido" (MONTEIRO FILHO, Carlos Edison do Rego Monteiro. Limites ao princípio da reparação integral no direito brasileiro. In *Civilistica.com*, v. 7, n. 1, mai. 2018, p. 3).
89. "A norma nunca está sozinha, mas existe e exerce sua função dentro do ordenamento, e o seu significado muda com o dinamismo e a complexidade do próprio ordenamento". (PERLINGIERI, Pietro. *O direito civil na legalidade constitucional*. Trad. Maria Cristina De Cicco. Rio de Janeiro: Renovar, 2008, p. 617).
90. "A supremacia hierárquica do texto constitucional impõe não apenas um respeito formal às normas superiores, mas exige que a legislação ordinária seja sempre interpretada e aplicada de forma a garantir a máxima eficácia dos preceitos da Constituição". (KONDER, Carlos Nelson. Desafios da constitucionalização do direito civil. In: FONSECA, Maria Guadalupe Piragibe da; AZAR FILHO, Celso Martins. (Orgs.). *Constituição, Estado e Direito*: reflexões contemporâneas. Rio de Janeiro: Qualitymark, 2008, p. 217).
91. SCHREIBER, Anderson. *Direito civil e Constituição*. Rio de Janeiro: Atlas, 2013, p. 14.
92. "O que o direito civil-constitucional propõe é justamente o oposto dessa fragmentação em microssistemas: a (re)unificação do sistema jurídico em torno dos valores constitucionais, de modo a que cada lei especial seja interpretada e aplicada em conformidade não com uma sua 'lógica própria', mas em conformidade com o projeto de sociedade traçado pelo constituinte". (SCHREIBER, Anderson. *Direito Civil e Constituição*. Rio de Janeiro: Atlas, 2013, p. 14).
93. Na lição de Maria Celina Bodin de Moraes: "Acolher a construção da unidade (hierarquicamente sistematizada) do ordenamento jurídico significa sustentar que seus princípios superiores, isto é, os valores propugnados pela Constituição, estão presentes em todos os recantos do tecido normativo, resultando, em consequência, inaceitável a rígida contraposição direito público x direito privado. Os princípios e valores constitucionais devem estender-se a todas as normas do ordenamento, sob pena de se admitir a concepção de um *mondo in frammenti*, logicamente incompatível com a ideia de sistema unitário" (MORAES, Maria Celina Bodin de. A caminho de um Direito Civil Constitucional. In: *Revista de Direito Civil, Agrário, Imobiliário e Empresarial*, a. 17, n. 65, p. 21-65, jul./set. 1993, p. 24).

atender ao princípio da reparação integral, impõe-se a análise do *an debeatur* (aferição da reparação) quanto do *quantum debeatur* (quantificação da reparação), podendo a indenização ser estipulada, por exemplo, em pecúnia ou *in natura*.[94] Não se pode perder de vista, todavia, que como qualquer princípio, o da reparação integral também se sujeito à ponderação.[95]

A preocupação com a reparação integral também é identificada pelo legislador francês, como corroborado pela Comissão responsável pela elaboração do projeto de reforma do Código Civil da França. Na ocasião, recomendou-se a adoção de um princípio da opção pela vítima, que poderia escolher entre regimes de responsabilidade que lhe fosse mais favorável, como forma de garantir a sua efetiva reparação.[96] De igual modo, ainda que eminentemente liberal e ligado a questões econômicas, identifica-se uma vocação em redimensionar-se a *Tort Law*, de modo que sua aplicação passa a ficar mais próxima das vítimas.

Rumo à constitucionalização do direito civil – que alça a pessoa humana e a sua plena realização existencial a valor supremo –, estrutura e função do direito de propriedade devem ser relidas nas múltiplas situações em que se apresentam. Agora, com a nova batuta constitucional, evidencia-se a linha de ruptura com os moldes do patrimonialismo e do individualismo e se inicia a construção de um direito de propriedade em harmonia com princípios e valores não patrimoniais.[97] É, portanto, a partir da metodologia civil-constitucional que passa a se analisar a responsabilidade civil subjetiva no Brasil, que se preocupa em construir caminho para a efetiva reparação da vítima, por meio do princípio da reparação integral, e não na punição do ofensor.

5. CONCLUSÃO

A responsabilidade civil subjetiva, nos três modelos aqui analisados, revelou que não existe entre eles, atualmente, diferenças insuperáveis. A rigor, a aproximação entre

---

94. Em atenção ao princípio da reparação integral, o STJ determinou a possibilidade de condenação *in pecunia* e *in natura*, como forma de conferir efetividade ao instituto da responsabilidade civil, no caso de publicação de entrevistas com acusações não comprovadas pela Editora Abril (STJ, AgInt no REsp 1.282.134/RS, rel. Min. Antonio Carlos Ferreira, Quarta Turma, julgado em 24/8/2020, DJe de 28/8/2020).
95. Ao fazer essa precisa advertência, Carlos Edison do Rêgo Monteiro Filho cita como exemplo o que ocorre quando prevista no contrato cláusula penal. Nessa situação, ponderando-se autonomia negocial com reparação integral, as perdas e danos prefixadas na multa contratual podem ser exigidas pelo credor independentemente da comprovação do prejuízo efetivamente sofrido, conforme estabelece o artigo 416, caput, do Código Civil (MONTEIRO FILHO, Carlos Edison do Rego Monteiro. Limites ao princípio da reparação integral no direito brasileiro. In *Civilistica.com*, v. 7, n. 1, maio 2018, p. 16).
96. Rapport d'information 558 (2008-2009) de MM. Alain ANZIANI et Laurent BÉTEILLE, fait au nom de la commission des lois, déposé le 15 juillet 2009. Disponível em: <https://www.senat.fr/rap/r08-558/r08-558_mono.html#toc6>. Acesso em: 26.05.2022.
97. Leciona Gustavo Tepedino que "novos parâmetros para a definição da ordem pública, relendo o direito civil à luz da Constituição, de maneira a privilegiar, insista-se ainda uma vez, os valores não patrimoniais e, em particular, a dignidade da pessoa humana, o desenvolvimento da sua personalidade, os direitos sociais e a justiça distributiva, para cujo atendimento deve se voltar a iniciativa econômica privada e as situações jurídicas patrimoniais". (TEPEDINO, Gustavo. Premissas Metodológicas para a Constitucionalização do Direito Civil. In: *Temas de Direito Civil*. Tomo I. Rio de Janeiro: Renovar, 2004, p. 22).

os sistemas decorre da preocupação comum controlar a expansão da responsabilidade civil, garantindo-se a reparação integral dos danos, o que é feito por meio da utilização de categorias próximas, como a culpa em seu sentido normativo e o nexo causal como um juízo de imputação.

Sublinhe-se que a responsabilidade civil é vista em todos os modelos aqui analisados como um instrumento para a proteção não apenas de direitos patrimoniais, mas principalmente de direitos existenciais, de situações jurídicas e de interesses legítimos tutelados dos mais variados, os quais devem ser analisados à luz de circunstâncias concretas e dos valores constitucionais, sobretudo diante da intensidade das modificações sociais. Por certo, a necessidade de proteção e reparação do dano injusto possibilita a criação de novos direitos e situações jurídicas que não podem ser negligenciadas.

Noutro giro, o incremento do risco de que a responsabilidade civil seja expandida de forma caótica e banalizada impõe a observância aos filtros e controles desenvolvidos pelos três modelos e que, apesar de distintos, alcançaram resultados muito semelhantes. De mais a mais, a *faute* francesa, acompanhada dos parâmetros do nexo causal e do dano direto, bem como o *duty of care* e análise da culpa e nexo causal do direito brasileiro, somados pela discussão sobre os direitos e interesses juridicamente protegidos, consubstanciam importantes critérios para a distinção entre o conceito de dano das meras perdas insuscetíveis de reparação.

Registre-se, por fim, que a trajetória percorrida pela responsabilidade civil subjetiva perpassa pela releitura tridimensional dos pressupostos do dano, nexo causal e da culpa. Nessa jornada, a normatização da culpa assume papel fundamental para a garantia da reparação integral e, por conseguinte, para a proteção de interesses merecedores de tutela. Afinal de contas, deve-se reparar o mal de forma efetiva para que não pareça ter sido apenas um pesadelo.

6. REFERÊNCIAS BIBLIOGRÁFICAS

ALPA, Guido; BESSONE, Mario. *La responsabilità civile*. Milano: Giuffrè Editore, 2001.

BANAKAS, Efstathios. *Tortious liability for pure economic loss*: a comparative study. Athens: Hellenic Institute of International and Foreign Law, 1989.

BARBIERI, Jean François. *Inconscience et responsabilité dans la jurisprudence civile: l'incidence de l'article 489-2 du code civil, après une décennie*. In: *La semaine juridique*, 1982.

BELL, Griffin B.; PEARCE, Perry E. *Punitive Damages and the Tort System*, 22 U. Rich. L. Rev. 1, 1987.

CARBONNIER, Jean. *Droit civil*: les obligations. 22 ed. Paris: PUF, 2004. v. II.

CAHALI, Yussef Said. *Dano e indenização*. São Paulo: Ed. RT, 1980.

CASTRONOVO, Carlo. *La nuova responsabilità civile*. Milano: Giuffrè, 2006.

CAVALIERI FILHO, Sérgio. *Programa de responsabilidade civil*. 10. ed. São Paulo: Atlas, 2012

COELHO, Fábio Ulhoa. *Curso de direito civil*: obrigações – responsabilidade civil. 5 ed. São Paulo: Saraiva, 2012.

DAM, Cees van. *European Tort Law*. 2nd ed. New York: Oxford University Press, 2013.

DAVID, René. *Os Grandes Sistemas do Direito Contemporâneo*. Trad. de Hermínio Carvalho. 3 ed. São Paulo: Malheiros, 1998.

DAVID, René. *O direito inglês*. São Paulo: Martins Fontes, 2006.

DE CUPIS, Adriano. *Il Danno*. Milano: Giuffrè, 1976.

DEAKIN, Simon; JOHNSTON, Angus; MARKESINIS, Basil. *Markesinis and Deakin's Tort Law*. New York: Oxford University Press, 2008; e BAR, Christian von. *The Common European Law of Torts*. v. II. New York: Oxford University Press, 2005.

DIAS, José de Aguiar. *Da responsabilidade civil*. 11. ed. Rio de Janeiro: Renovar, 2006.

EPSTEIN, Richard A. A Theory of Strict Liability. In *The Journal of Legal Studies*, v. 2, n. 1, jan. 1973, p. 152.

FABRE-MAGNAN, Muriel. *Droit des obligations, 2*: responsabilité civile et quasi-contrats. 4. ed. Paris: PUF, 2019.

FACHIN, Luiz Edson. *Estatuto jurídico do patrimônio mínimo*. Rio de Janeiro: Renovar, 2001.

FACHIN, Luiz Edson. *Direito Civil*: sentidos, transformações e fim. Rio de Janeiro: Renovar, 2015.

FRANÇA, Rubens Limongi. As raízes da responsabilidade aquiliana. In: *Revista da Academia Brasileira de Letras Jurídicas*. Ano I. n. 1. Rio de Janeiro, 1985.

FRIEDMAN, Lawrence M. Simon. *A Histoy of American Law*. New York: Simon & Schuster, 2005.

GALLO, Paolo. *Pene private e responsabilità civile*. Milano: Giuffrè, 1996.

GAMA, Guilherme Calmon Nogueira da. Critérios para a fixação da reparação do dano moral: abordagem sob a perspectiva civil-constitucional. In: LEITE, Eduardo de Oliveira (Org.). *Grandes temas da atualidade*: dano moral. Rio de Janeiro: Forense, 2002.

GILMORE, Grant. *The Death of Contract*. 2. ed. Columbus: Ohio University, 1995.

HESPANHA, António Manuel. *Cultura jurídica europeia*: síntese de um milênio. Florianópolis: Boiteux, 2005.

JOSSERAND, Louis. *Evolução da responsabilidade civil*. Trad. Raul Lima. In: *Revista Forense*. São Paulo, n. 456, jun. 1941.

JOURDAIN, Patrice. *Les principes de la responsabilité civile*. 8. ed. Paris: Dalloz, 2010.

KONDER, Carlos Nelson. Desafios da constitucionalização do direito civil. In: FONSECA, Maria Guadalupe Piragibe da; AZAR FILHO, Celso Martins. (Orgs.). *Constituição, Estado e Direito*: reflexões contemporâneas. Rio de Janeiro: Qualitymark, 2008.

KONDER, Carlos Nelson. Apontamentos iniciais sobre a contingencialidade dos institutos de direito civil. In: MONTEIRO FILHO, Carlos Edison do Rêgo; GUEDES, Gisela Sampaio da Cruz Costa; MEIRELES, Rose Melo Vencelau (Orgs.). *Direito Civil*. Rio de Janeiro: Freitas Bastos, 2015.

LACERDA, Galeno. Indenização do dano moral (parecer). In: *Revista dos Tribunais*, v. 728, jun. 1996, pp. 94-101

LAMBERT-FAIVRE, Yvonne. *L'évolution de la responsabilité civile d'une dette de responsabilité à une créance d'indemnisation*. In *Revue Trimestrielle de Droit Civil*, 1987.

LAMBERT-FAIVRE, Yvonne. L'éthique de la responsabilité, In *Revue trimestrielle de droit civil*, 1998.

LIMA, Alvino. *Culpa e risco*. 2 ed. rev. e atual. Atualização Ovídio Rocha Barros Sandoval. São Paulo: Ed. RT, 1999,

MARTON, G. *Les fondments de la responsabilité civile. Revision de la doctrine. Essai dun système unitaire*. Paris: Librarie du Recueil Sirey, 1938.

MAZEAUD, León. *La faute objective et la responsabilité sans faute*. In: *Recueil Dalloz*, 1985.

MEIRELLES, Hely Lopes. *Direito Administrativo Brasileiro*. 36. ed. São Paulo: Malheiros Editores, 2010.

MONTEIRO FILHO, Carlos Edison do Rêgo. Artigo 944 do Código Civil: o problema da mitigação do princípio da reparação integral. In: *Revista de Direito da Procuradoria Geral,* n. 63, Rio de Janeiro, 2008.

MONTEIRO FILHO, Carlos Edison do Rêgo. Limites ao princípio da reparação integral no direito brasileiro. In: *Civilistica.com,* v. 7, n. 1, mai. 2018.

MORAES, Maria Celina Bodin de. A caminho de um Direito Civil Constitucional. In: *Revista de Direito Civil, Agrário, Imobiliário e Empresarial,* a. 17, n. 65, p. 21-65, jul./set. 1993.

MORAES, Maria Celina Bodin de. *Danos à pessoa humana*: uma leitura civil-constitucional dos danos morais. Rio de Janeiro: Renovar, 2003, p. 213

MOTA, Maurício Jorge Pereira da. *Responsabilidade civil do Estado legislador.* Rio de Janeiro: Lumen Juris.

PEREIRA, Caio Mário da Silva. *Responsabilidade Civil.* Atualizado por Gustavo Tepedino. 12. ed. rev., atual. e ampl. Rio de Janeiro: Forense, 2018.

PERLINGIERI, Pietro. *Perfis do direito civil*: introdução ao direito civil constitucional. Trad. Maria Cristina de Cicco. 3. ed. rev. e ampl. Rio de Janeiro: Renovar, 2002.

PERLINGIERI, Pietro; CORSARO, Luigi. Responsabilità da fatto illecito. In: PERLINGIERI, Pietro. *Manuale di Diritto Civile.* Napoli: Edizione Scientifique Italiane, 2003.

POSNER, Richard A. A Theory of Negligence. In *Journal of Legal Studies,* 1972.

RODOTÀ, Stefano. Modelli e funzioni della responsabilità civile. In *Rivista Critica di Diritto Privato,* v. 3. Napoli: Jovene, 1984.

SALEILLES, Raymond. *Les acidentes du travail et la responsabilité civile*: essai d'une théorie objetive de la responsabilité délictuekke, Paris: Librairie Nouvelle de Droit et de Jurisprudence, Arthur Rousseau Éditeur, 1897.

SCHREIBER, Anderson. *Novos Paradigmas da Responsabilidade Civil.* 3. ed. Rio de Janeiro: Atlas: 2011.

SCHREIBER, Anderson. *Direito Civil e Constituição.* Rio de Janeiro: Atlas, 2013.

SEVERO, Sérgio. *Os danos extrapatrimoniais.* São Paulo: Saraiva, 1996.

SILVA, João Calvão da. *Responsabilidade Civil do Produtor.* Coimbra: Almedina, 1999.

TEPEDINO, Gustavo. A evolução da responsabilidade civil no direito brasileiro e suas controvérsias na atividade estatal. In: *Temas de Direito Civil.* 3. ed. Rio de Janeiro: Renovar, 2004.

TEPEDINO, Gustavo. Premissas Metodológicas para a Constitucionalização do Direito Civil. In: *Temas de Direito Civil.* Tomo I. Rio de Janeiro: Renovar, 2004.

TEPEDINO, Gustavo. Normas Constitucionais e Direito Civil na Construção Unitária do Ordenamento. In: TEPEDINO, Gustavo. *Temas de Direito Civil* – Tomo III. Rio de Janeiro: Renovar, 2009.

TEPEDINO, Gustavo; TERRA, Aline de Miranda Valverde; GUEDES, Gisela Sampaio da Cruz. *Fundamentos do direito civil*: responsabilidade civil. 2. ed. Rio de Janeiro: Forense, 2021.

THEODORO JÚNIOR, Humberto. *Dano moral.* 3. ed. atualizada e ampliada. São Paulo: Juarez de Oliveira, 2000.

WAGNER, Gerhard. Comparative Tort Law. In: REIMANN, Mathias; ZIMMERMANN, Reinhard. *The Oxford Handbook of Comparative Law.* 2nd ed. New York: Oxford University Press, 2019.

WAREMBOURG-AUQUE, Françoise. *Irresponsabilité ou responsabilité civile de l'infans.* In: *Revue Trimestrielle de Droit Civil,* 1982.

ZWEIGERT, Konrad; KÖTZ, Hein. *Introduzione al Diritto Comparato.* Tradução de Estella Cigna. Milano: Giuffré, 1995. v. II.

OS DIREITOS DE VIZINHANÇA, A RESPONSABILIDADE CIVIL E A TUTELA DO MEIO AMBIENTE

Luiza Lourenço Bianchini

Mestra e Doutoranda em Direito Civil pela Uerj. Juíza Federal.

Sumário: 1. Uma palavra ao homenageado – 2. Antigas limitações ao direito de propriedade – 3. O código civil e a omissão quanto à tutela ambiental – 4. Os direitos de vizinhança como meio de tutela indireta do meio ambiente – 5. O art. 1.278 e o interesse público: importante releitura – 6. Conclusão – 7. Bibliografia.

1. UMA PALAVRA AO HOMENAGEADO

> *"Toi qui viens du fond des temps, nous t'avons exclue de notre histoire. Tu y fus admise à la marge, comme une ressource pour la production matérielle, dont la croissance fut érigée en principe d'émancipation et de civilisation."*[1]

Generosidade é uma das virtudes mais importantes no magistério. O professor bom é aquele que, generosamente, compartilha o seu conhecimento com os alunos, dá-lhes chance de crescimento e os acolhe também nos momentos ruins. O professor Carlos Edison do Rêgo Monteiro Filho é repleto de generosidade. Para além de seu notório conhecimento em direito, de sua fina inteligência, de sua elevada aptidão didática e de sua arguta oratória, o professor Carlos Edison é uma pessoa generosa. Sempre gentil e receptivo, é capaz de extrair o melhor de cada um. Como sua aluna e orientanda desde a graduação, reconheço a sorte de tê-lo encontrado nos corredores da Uerj. E, se for para lhe dizer uma única palavra, que seja esta: gratidão.

O artigo que apresento neste livro em sua (mais do que merecida) homenagem reúne duas áreas de direito civil em que o professor Carlos Edison tem especial destaque: responsabilidade civil e direitos reais. Adentrando o tema do dano ambiental, defendo que os direitos de vizinhança devem se somar à responsabilidade civil como instrumentos de tutela do meio ambiente. Uma leitura constitucionalizada do direito civil não pode deixar de levar em conta a proteção ambiental, tendo em vista o disposto no art. 225 da Constituição. De tal sorte, institutos vetustos como os direitos da vizinhança devem ser revisitados à luz desse interesse, de suma importância nos tempos atuais.

---

1. AZAM, Geneviève. *Lettre à la terre: Et la Terre répond*. Edição digital. Paris: Seuil, 2019, p. 12.

2. ANTIGAS LIMITAÇÕES AO DIREITO DE PROPRIEDADE

Os direitos de vizinhança são considerados uma das limitações mais antigas ao direito de propriedade. Caio Mário da Silva Pereira inicia suas páginas a respeito do tema, nas famosas Instituições de Direito Civil, afirmando que, "mesmo aqueles que sustentam o absolutismo do direito de propriedade costumam apontar as restrições que se lhes impõem no plano dos direitos de vizinhança como princípios amenizadores daquela concepção"[2].

Ao conceituá-los, o autor diz serem os direitos de vizinhança "limitações que as propriedades contíguas reciprocamente se impõem, contendo a ação dos respectivos titulares para que o exercício das faculdades dominiais se contenha na medida do respeito à propriedade de cada um"[3]. A contiguidade entre as propriedades, todavia, não é requisito para se invocarem os direitos de vizinhança.[4] E mesmo a ideia de proximidade deve ser lida de forma abrangente: os direitos de vizinhança incidem quando há interferências entre propriedades, sejam elas contíguas, apenas próximas ou eventualmente distantes. Vizinhança, nesta seara, constitui noção mais ampla que o senso comum.[5]

O Código Civil disciplina a matéria nos arts. 1.277 a 1.313, em capítulo denominado "Direitos de Vizinhança". Tal denominação não deve induzir à percepção de que o código apenas institui direitos subjetivos de um vizinho frente ao outro. As relações de vizinhança ensejam um feixe complexo de situações jurídicas ativas e passivas, nem sempre enquadradas naquela categoria estrita.[6]

A complexidade das relações também se traduz na dificuldade de se diferenciarem tais direitos de outros institutos próximos, como o ato ilícito e o abuso do direito. O ato

---

2. PEREIRA, Caio Mário da Silva. *Instituições de Direito Civil*. 25. ed. Rio de Janeiro: Forense, 2017. v. IV. p. 201.
3. PEREIRA, Caio Mário da Silva. *Instituições de Direito Civil*. 25. ed. Rio de Janeiro: Forense, 2017. v. IV. p. 202.
4. GOMES, Orlando. *Direitos reais*. 21. ed. Rio de Janeiro: Forense, 2012, p. 204; LÔBO, Paulo. Direitos e conflitos de vizinhança. In: *Revista Brasileira de Direito Civil*, v. 1. jul./set. 2014, p. 62; TEPEDINO, Gustavo; MONTEIRO FILHO, Carlos Edison do Rêgo; RENTERIA, Pablo. *Fundamentos do direito civil*: direitos reais. Edição digital. Rio de Janeiro: Forense, 2020, p. 199; VIANA, Marco Aurélio S. *Comentários ao Novo Código Civil*: Dos Direitos Reais. 2. ed. Rio de Janeiro: Forense, 2004. v. XVI. p. 207-208.
5. "Recordemos, inicialmente, que a acepção do vocábulo 'vizinhança' tem na terminologia jurídica uma acepção mais ampla do que na linguagem corrente: não revela apenas a aproximação ou propinquidade dos prédios, mas vai prender-se à ideia de propagação dos fatos ocorridos em prédios próximos ou que com estes tenham relações jurídicas." (PEREIRA, Caio Mário da Silva. *Instituições de Direito Civil*. 25. ed. Rio de Janeiro: Forense, 2017. v. IV. p. 203).
6. "Usualmente, utiliza-se a expressão *direitos de vizinhança* para tratar das situações jurídicas vicinais, ou seja, do complexo de posições jurídicas de um sujeito, ativas ou passivas, que decorrem da relação intersubjetiva formada do fato de serem proprietários ou possuidores de prédios em proximidade tal que o exercício de atividades em um deles pode repercutir no aproveitamento que se faça do outro. A locução induz a certos equívocos, muitos dos quais carregados de debates históricos, que é preciso superar conceitualmente, até mesmo para se ter uma visão desta realidade que seja aderente à realidade dos julgados e, deste modo, ser possível a correção de certas tendências à generalização que podem induzir a conclusões equivocadas. Tal como aparece no Código Civil, a expressão *direitos de vizinhança* aponta, quer para as normas jurídicas que regulam as relações entre os vizinhos, quer para as situações jurídicas subjetivas integrantes de suas esferas jurídicas individuais. *Direitos de vizinhança* denomina, assim, quer o direito objetivo que regula as relações, quer os direitos e deveres que se põe em efeito em decorrência destas." (PENTEADO, Luciano de Camargo. *Direito das coisas*. 3. ed. São Paulo: Revista dos Tribunais, 2014, p. 401). No mesmo sentido, GAMA, Guilherme Calmon Nogueira da. *Direitos reais*. São Paulo: Atlas, 2011, p. 427.

ilícito – tal como concebido no art. 186 do Código Civil[7] – pressupõe o comportamento culposo do agente, o que não ocorre com os direitos de vizinhança. Neste último caso, a responsabilização se afigura de modo objetivo, em razão da lei. Entretanto, a violação às regras de convivência decorrentes dos direitos de vizinhança pode, eventualmente, significar também ato ilícito, como na hipótese de um vizinho que rotineiramente promova, em seu imóvel, festas produtoras de ruídos sonoros acima do previsto em legislação.

O mesmo ocorre com o abuso do direito (CC, art. 187[8]). Consistente no exercício disfuncional de um direito[9], o abuso pode também ser configurado por um ato que, ao mesmo tempo, viole os direitos de vizinhança. Imagine-se a situação de um vizinho que exerça o seu direito de possuir animais de estimação em seu imóvel. Todavia, ao invés de ter um ou dois silenciosos e higiênicos gatos, tem uma matilha com dezenove cães de caça que latem alto e insistentemente todas as horas do dia e da noite, perturbando o bem-estar dos demais vizinhos. A conduta é concomitantemente vedada pelo art. 187 do Código Civil (abuso do direito) e pelo art. 1.277 do mesmo diploma[10] (chamado de cláusula geral dos direitos de vizinhança[11]).

A complexidade dos direitos de vizinhança também é revelada pela sua relação com outras áreas do direito. O administrativo guarda estreita afinidade com a matéria, sendo, desta seara, que se extraem regras a respeito do zoneamento urbano, por exemplo. De acordo com o art. 1.277, parágrafo único, do Código Civil, as interferências dos vizinhos devem ser proibidas levando-se em consideração também as normas que distribuem as edificações em zonas.[12]

---

7. "Art. 186. Aquele que, por ação ou omissão voluntária, negligência ou imprudência, violar direito e causar dano a outrem, ainda que exclusivamente moral, comete ato ilícito."
8. "Art. 187. Também comete ato ilícito o titular de um direito que, ao exercê-lo, excede manifestamente os limites impostos pelo seu fim econômico ou social, pela boa-fé ou pelos bons costumes."
9. "A categoria do abuso do direito surgiu justamente no intuito de reprimir os atos que, embora praticados com estrita observância da lei, violavam o seu espírito. (…) sustenta-se na atualidade a noção de abuso como uma conduta que, embora lícita, mostra-se desconforme com a finalidade que o ordenamento pretende naquela circunstância fática alcançar e promover. Almeja-se com a disciplina do abuso de direito uma valoração axiológica do exercício de determinada situação jurídica subjetiva – não apenas dos direitos subjetivos, mas também dos interesses potestativos, dos poderes jurídicos etc. – à luz dos valores consagrados no ordenamento civil-constitucional." (TEPEDINO, Gustavo; BARBOZA, Heloisa Helena; MORAES, Maria Celina Bodin de. *Código Civil interpretado*: conforma a Constituição da República. 2. ed. Rio de Janeiro: Renovar, 2007. v. 1. p. 345).
10. "Art. 1.277. O proprietário ou o possuidor de um prédio tem o direito de fazer cessar as interferências prejudiciais à segurança, ao sossego e à saúde dos que o habitam, provocadas pela utilização de propriedade vizinha. Parágrafo único. Proíbem-se as interferências considerando-se a natureza da utilização, a localização do prédio, atendidas as normas que distribuem as edificações em zonas, e os limites ordinários de tolerância dos moradores da vizinhança."
11. MONTEIRO FILHO, Carlos Edison do Rêgo. O direito de vizinhança no novo Código Civil. In: *Revista da EMERJ*. Número especial 2004. Anais dos Seminários EMERJ debate o novo Código Civil. Parte. II. jul./2002 a abr./2003. p. 162.
12. "O zoneamento representa importante critério relacionado às normas administrativas existentes em determinada cidade. A legislação municipal divide os bairros em zonas conforme o tipo de atividade, de modo exclusivo ou preponderante, e tal distribuição se baseia na noção de ordenação da cidade em favor do bem comum. Assim, não é possível que um proprietário viole as normas sobre zoneamento e, desse modo, desenvolva atividade imprópria ou inadequada à espécie de zoneamento existente para aquela localidade onde se situa seu imóvel." (GAMA, Guilherme Calmon Nogueira da. *Direitos reais*. São Paulo: Atlas, 2011, p. 433).

Os direitos de vizinhança também se aproximam do direito ambiental. Embora a sua origem seja muito mais recente[13], o direito ambiental veda condutas que também são proibidas pelos direitos de vizinhança. Enquanto aquele protege o meio ambiente de condutas poluidoras, este o faz mediante a proteção do vizinho. Naquele, o enfoque é no direito difuso ao meio ambiente sadio e equilibrado; neste, no sossego, na saúde e na segurança daquele que está no imóvel. Em ambos os casos, proíbem-se comportamentos que gerem poluição.[14]

Como uma das limitações mais antigas ao direito de propriedade, o direito de vizinhança deve ser relido à luz da sua intercessão com os novos ramos do direito, nomeadamente o ambiental.

3. O CÓDIGO CIVIL E A OMISSÃO QUANTO À TUTELA AMBIENTAL

Em que pese a forte conexão com o direito ambiental, os direitos de vizinhança – tal como previstos no Código Civil – não dialogam explicitamente com aquela seara do direito.[15] Uma leitura apressada dos dispositivos do código pode se revelar até mesmo incompatível com o direito ambiental. Como exemplo, citem-se os arts. 1.291[16] e 1.309[17], os quais, num sentido literal, dão a impressão de que a poluição das águas apenas seria proibida na medida em que prejudicasse o seu uso pelo vizinho, quando, pelo direito

---

13. "O 'despertar' na esfera comunitária para os valores ecológicos e até mesmo para uma ética ecológica, em curso desde as décadas de 1960 e 1970 nos EUA e na Europa Ocidental, impulsionou, pouco tempo depois, a consagração de legislações nacionais com propósitos nitidamente ecológicos em tais países. (...) O mesmo se verifica na perspectiva internacional, com a Conferência e a Declaração de Estocolmo sobre 'Meio Ambiente Humano' (1972), organizada no âmbito das Nações Unidas (ONU). A 'migração' dos valores ecológicos para o campo jurídico é fundamental para o devido enfrentamento da atual crise ecológica de magnitude global. (...) O começo de tal 'virada ecológica' do Direito brasileiro deu-se com a edição da Lei da Política Nacional do Meio Ambiente (Lei 6.938/81), consolidando-se com a consagração constitucional dos direitos e valores ecológicos na CF/1988 (art. 225) – como dever de proteção e objetivo do Estado e direito fundamental do indivíduo e da coletividade –, quando, então, a proteção ecológica sedimentou-se no 'coração' do nosso ordenamento jurídico (inclusive como cláusula pétrea da CF/1988)." (SARLET, Ingo Wolfgang; FENSTERSEIFER, Tiago. *Curso de direito ambiental*. Rio de Janeiro: Forense, 2020, p. 74).
14. Veja-se que os exemplos dados pela doutrina ao tratar da violação dos direitos de vizinha referem-se, muitas vezes, à poluição (inclusive sonora). Para ilustrar, confira-se o seguinte trecho: "É imensa a casuística dos tribunais sobre o que se considera uso anormal da propriedade: a fumaça que invade os imóveis vizinhos, a queima de material inflamável, o badalar de sinos de igrejas sem necessidade de culto, a poluição das águas, os odores fortes, o canto alto de aves, as águas não tratadas que facilitam a proliferação de mosquitos transmissores de doenças, a pulverização com inseticidas, a manutenção de fossa junta ao prédio de outrem, o barulho excessivo em bares, festas e cultos religiosos, a prostituição em imóveis residenciais, a guarda e o manuseio de explosivos, produtos químicos e agrotóxicos." (LÔBO, Paulo. Direitos e conflitos de vizinhança. In: *Revista Brasileira de Direito Civil*. jul./set. 2014. v. 1. p. 66)
15. "O Direito civil e, particularmente, o direito de vizinhança, não estão centrados em qualquer fenômeno jurídico particular, mas, sim, dirigem a vida comum dos cidadãos, ou seja, não existe referência pontual sobre o meio ambiente no Código Civil." (LEITE, José Rubens Morato; AYALA, Patryck de Araújo. *Dano ambiental*. 8. ed. Rio de Janeiro: Forense, 2020, p. 148).
16. "Art. 1.291. O possuidor do imóvel superior não poderá poluir as águas indispensáveis às primeiras necessidades da vida dos possuidores dos imóveis inferiores; as demais, que poluir, deverá recuperar, ressarcindo os danos que estes sofrerem, se não for possível a recuperação ou o desvio do curso artificial das águas."
17. "Art. 1.309. São proibidas construções capazes de poluir, ou inutilizar, para uso ordinário, a água do poço, ou nascente alheia, a elas preexistentes."

ambiental, a proibição seria ampla[18]. Ou, ainda, o art. 1.283[19], que, ao tratar das árvores limítrofes, permite o corte de raízes e ramos que invadam o imóvel vizinho, o que, interpretado literalmente, pode ocasionar danos ambientais inadmissíveis pela outra disciplina.[20]

Esse fenômeno se explica pelo silêncio do Código Civil quanto ao tema ambiental. Embora relativamente recente e posterior ao advento do direito ambiental, o código repete, em boa medida, a estrutura e as preocupações atinentes ao diploma anterior, do início do século XX[21], fechando-se aos problemas relativos ao meio ambiente. Uma exceção louvável consiste no § 1º do art. 1.228, que, ao dispor sobre o direito de propriedade, estabelece que este "deve ser exercido em consonância com as suas finalidades econômicas e sociais e de modo que sejam preservados, de conformidade com o estabelecido em lei especial, a flora, a fauna, as belezas naturais, o equilíbrio ecológico e o patrimônio histórico e artístico, bem como evitada a poluição do ar e das águas".

No mais, ao menos no que tange ao meio ambiente, a visão do codificador não destoa daquele do código anterior, de quase um século antes. Preocupa-se com os indivíduos humanos (únicos considerados sujeitos de direito), os bens que estes podem possuir (em geral passíveis de avaliação econômica) e as trocas de tais bens entre esses sujeitos. As terras, as águas, as montanhas são vistas como objeto de apropriação. Os recursos naturais são transformados em meros bens econômicos. Os animais são tratados como coisa, também apropriáveis pelo homem, desconsiderando-se a sua natureza de seres dignos de respeito e consideração, também merecedores de direitos.[22]

---

18. "Ninguém pode poluir as águas que não consome, com prejuízo de terceiros, máxime quando estes forem possuidores de imóveis inferiores. Segundo o Código de Águas (art. 110), os trabalhos para a salubridade das águas serão executados à custa dos infratores, que, além da responsabilidade criminal, se houver, responderão pelas perdas e danos que causarem e pelas multas que lhes forem impostas nos regulamentos administrativos. Regra conexa do Código Civil (art. 1291) estabelece que as águas 'que poluir' o titular do imóvel superior deverão ser por este recuperadas, ressarcindo os danos sofridos pelos titulares dos imóveis inferiores, se não for possível a recuperação ou o desvio do curso artificial das águas. Não há direito a poluir, em desafio ao art. 225 da Constituição. As duas regras hão de ser interpretadas conjugadamente, ou seja, ninguém pode poluir as águas e se o fizer responde pelos deveres de indenização dos danos materiais e morais causados aos prejudicados, de recuperação das águas e de desvio do curso artificial das águas, além de responder administrativa e criminalmente." (LÔBO, Paulo. Direitos e conflitos de vizinhança. In: *Revista Brasileira de Direito Civil*. jul./set. 2014. v.1. p. 75)
19. "Art. 1.283. As raízes e os ramos de árvore, que ultrapassarem a estrema do prédio, poderão ser cortados, até o plano vertical divisório, pelo proprietário do terreno invadido."
20. "O Código Civil mantém antiga regra, anterior ao advento do direito ambiental, autorizativa do corte das raízes e ramos de árvores que ultrapassem o limite do imóvel, pressupondo-se a existência de dano ou risco de dano para o imóvel vizinho. O corte da raiz ou das raízes, que assim ultrapassam os limites, pelo titular do terreno invadido, pode acarretar a morte do vegetal, mas essa é uma possível consequência que a lei desconsidera." (LÔBO, Paulo. Direitos e conflitos de vizinhança. In: *Revista Brasileira de Direito Civil*. jul./set. 2014. v.1. p. 69).
21. A propósito, recordem-se as palavras de Gustavo Tepedino quando da promulgação do Código Civil de 2002: "O novo Código nascerá velho principalmente por não levar em conta a história constitucional brasileira e a corajosa experiência jurisprudencial que protegem a personalidade humana mais do que a propriedade, o ser mais do que o ter, os valores existenciais mais do que os patrimoniais. E é demagógico porque, engenheiro de obras feitas, pretende consagrar direitos que, na verdade, estão tutelados em nossa cultura jurídica pelo menos desde o pacto político de outubro de 1988." (TEPEDINO, Gustavo. O Novo Código Civil: duro golpe na recente experiência constitucional brasileira. Editorial. In: *Revista Trimestral de Direito Civil*. jul./set. 2001. Rio de Janeiro: Padma, 2000.v. 7. p. IV)
22. Sobre o direito dos animais, confira-se LOURENÇO, Daniel Braga. *Direito dos Animais*: Fundamentação e Novas Perspectivas. Porto Alegre: Antonio Fabris, 2008.

O Código dá pouca importância aos interesses extrapatrimoniais, o que, a partir de sua leitura constitucional, vem sendo superado pelos intérpretes. Considerando que a Constituição ocupa o ápice do ordenamento jurídico e confere tutela prioritária à pessoa, como se infere sobretudo do art. 1º, III, da Carta[23], a doutrina defende que os institutos de direito civil sejam relidos à luz desse vetor axiológico.[24] Assim, por exemplo, os direitos da personalidade – aos quais o Código confere uma limitada perspectiva – adquirem uma importância maior com a leitura constitucional da disciplina, uma vez que os interesses extrapatrimoniais passam a se situar numa posição hierarquicamente superior.[25]

O Código não alude aos interesses coletivos. Na maioria das vezes, a sua perspectiva limita-se à relação entre dois indivíduos, numa situação de igualdade. Assim, para ilustrar, no campo da responsabilidade civil, a visão se restringe às vítimas individualmente identificadas, não atinando à possibilidade de danos sofridos por uma coletividade indeterminada de pessoas. A tutela dos interesses difusos e coletivos deve ser buscada em outros diplomas legislativos, como o Código de Defesa do Consumidor (Lei 8.078, de 11 de setembro de 1990)[26] e a Lei de Ação Civil Pública (Lei 7.347, de 24 de julho de 1985)[27], ainda que promulgados anteriormente ao Código Civil.

---

23. "Art. 1º A República Federativa do Brasil, formada pela união indissolúvel dos Estados e Municípios e do Distrito Federal, constitui-se em Estado Democrático de Direito e tem como fundamentos (...) III – a dignidade da pessoa humana; (...)".
24. "Ressalte-se ainda que, também do ponto de vista técnico, o Código já surge obsoleto. Alguns exemplos: os direitos da personalidade foram regulados de maneira tímida e tipificadora, nos arts. 11 a 21, seguindo doutrina que teve os seus dias de glória nos anos 60, desconhecedora da cláusula geral de proteção da pessoa humana que viria a ser corporificada na Lei Maior." (TEPEDINO, Gustavo. O Novo Código Civil: duro golpe na recente experiência constitucional brasileira. Editorial. In: *Revista Trimestral de Direito Civil*. Vol. 7. jul./set. 2001. Rio de Janeiro: Padma, 2000. v. 7. p. IV).
25. "Trata-se, em uma palavra, de estabelecer novos parâmetros para a definição de ordem pública, relendo o direito civil à luz da Constituição, de maneira a privilegiar, insista-se ainda uma vez, os valores não-patrimoniais e, em particular, a dignidade da pessoa humana, o desenvolvimento da sua personalidade, os direitos sociais e a justiça distributiva, para cujo atendimento deve se voltar a iniciativa econômica privada e as situações jurídicas patrimoniais." (TEPEDINO, Gustavo. Premissas Metodológicas para a Constitucionalização do Direito Civil. In: *Revista de Direito do Estado*. Ano 1. n. 2. abr./jun. 2006, p. 53).
26. A respeito dos interesses coletivos, dispõe o Código de Defesa do Consumidor o seguinte: "Art. 81. A defesa dos interesses e direitos dos consumidores e das vítimas poderá ser exercida em juízo individualmente, ou a título coletivo. Parágrafo único. A defesa coletiva será exercida quando se tratar de:
    I – interesses ou direitos difusos, assim entendidos, para efeitos deste código, os transindividuais, de natureza indivisível, de que sejam titulares pessoas indeterminadas e ligadas por circunstâncias de fato;
    II – interesses ou direitos coletivos, assim entendidos, para efeitos deste código, os transindividuais, de natureza indivisível de que seja titular grupo, categoria ou classe de pessoas ligadas entre si ou com a parte contrária por uma relação jurídica base;
    III – interesses ou direitos individuais homogêneos, assim entendidos os decorrentes de origem comum."
27. "Art. 1º Regem-se pelas disposições desta Lei, sem prejuízo da ação popular, as ações de responsabilidade por danos morais e patrimoniais causados: I – ao meio-ambiente; II – ao consumidor; III – a bens e direitos de valor artístico, estético, histórico, turístico e paisagístico; IV – a qualquer outro interesse difuso ou coletivo; V – por infração da ordem econômica; VI – à ordem urbanística; VII – à honra e à dignidade de grupos raciais, étnicos ou religiosos; VIII – ao patrimônio público e social. Parágrafo único. Não será cabível ação civil pública para veicular pretensões que envolvam tributos, contribuições previdenciárias, o Fundo de Garantia do Tempo de Serviço – FGTS ou outros fundos de natureza institucional cujos beneficiários podem ser individualmente determinados."

Nesse sentido, os danos ambientais não são tutelados especificamente pelo Código Civil. Fora as regras gerais de responsabilidade civil – que, exatamente por sua generalidade, aplicam-se também à responsabilidade civil por dano ambiental –, a matéria é disciplinada por outros diplomas legislativos, como a Lei da Política Nacional do Meio Ambiente (Lei 6.938, de 31 de agosto de 1981)[28] e a própria Constituição Federal[29]. Fato é que, como observam José Rubens Morato Leite e Patryck de Araújo Ayala:

> Em sua concepção tradicional, não se pensou em incluir o meio ambiente no Direito civil como bem autônomo, pois as instituições civilistas estão ancoradas no antropocentrismo e não no bem difuso ambiental. Portanto, para utilização das regras civilistas no perfil ambiental, há de fazer uma releitura destas, desvinculando-se do individualismo radical e utilizando-se conjuntamente de todo aparato legal ambiental.[30]

Eis o que se propõe aqui: a releitura dos institutos do direito civil com base também no dever constitucional de proteção ao meio ambiente, a teor do que determina o *caput* do art. 225 da Constituição ("Todos têm direito ao meio ambiente ecologicamente equilibrado, bem de uso comum do povo e essencial à sadia qualidade de vida, impondo-se ao Poder Público e à coletividade o dever de defendê-lo e preservá-lo para as presentes e futuras gerações."). O civilista do século XXI não pode se fechar à problemática ambiental, talvez um dos maiores problemas da civilização de hoje, e tampouco trabalhar com a sua disciplina sem levar em conta o direito ambiental.

Trata-se, afinal, de uma das questões mais candentes na atualidade. A intensa exploração dos recursos naturais pelo homem provoca tamanho impacto ambiental no planeta que muitos cientistas defendem estar-se diante de uma nova era geológica, denominada Antropoceno, caracterizada pelo aumento do efeito da humanidade sobre a Terra.[31] Fala-se, ainda, em crise climática ou mesmo emergência climática, a designar

---

28. A propósito da responsabilidade civil por dano ambiental, dispõe o art. 14 da referida lei, o seguinte: "Art. 14. Sem prejuízo das penalidades definidas pela legislação federal, estadual e municipal, o não cumprimento das medidas necessárias à preservação ou correção dos inconvenientes e danos causados pela degradação da qualidade ambiental sujeitará os transgressores: (...) § 1º Sem obstar a aplicação das penalidades previstas neste artigo, é o poluidor obrigado, independentemente da existência de culpa, a indenizar ou reparar os danos causados ao meio ambiente e a terceiros, afetados por sua atividade. O Ministério Público da União e dos Estados terá legitimidade para propor ação de responsabilidade civil e criminal, por danos causados ao meio ambiente."
29. "Art. 225. Todos têm direito ao meio ambiente ecologicamente equilibrado, bem de uso comum do povo e essencial à sadia qualidade de vida, impondo-se ao Poder Público e à coletividade o dever de defendê-lo e preservá-lo para as presentes e futuras gerações. (...) § 3º As condutas e atividades consideradas lesivas ao meio ambiente sujeitarão os infratores, pessoas físicas ou jurídicas, a sanções penais e administrativas, independentemente da obrigação de reparar os danos causados."
30. LEITE, José Rubens Morato; AYALA, Patryck de Araújo. *Dano ambiental*. 8. ed. Rio de Janeiro: Forense, 2020, p. 147.
31. "A proposta de definir nossa idade geológica como Antropoceno nasce dessa constatação, sugerindo que vivemos uma era determinada por mudanças provocadas pelo ser humano, sendo esse o principal agente das transformações na biosfera e no clima. A ideia foi sugerida, no ano 2000, por Paul Crutzen, em conjunto com o ecologista Eugene Stoermer. O Antropoceno seria a 'Idade dos Humanos' e, na escala geológica de tempo, sucederia ao Holoceno, época em que vivemos e que se iniciou há cerca de 11,65 mil anos (após o último período glacial). O Holoceno é identificado com as condições amenas favoráveis ao desenvolvimento da civilização humana. A formalização do Antropoceno como nova época geológica ainda está em debate." (ROQUE, Tatiana. *O dia que voltamos de Marte*: uma história da ciência e do poder com pistas para um novo presente. São Paulo: Planeta, 2021, p. 259)

o fenômeno de elevação da temperatura no planeta em razão da atuação do próprio homem, o que gera impactos significativos e desastrosos para a vida no globo.[32] Há também quem mencione o fenômeno da sexta extinção em massa, o qual, diferentemente das cinco anteriores, decorre da atividade humana no planeta.[33]

O direito civil não pode ficar alheio a isso.

4. OS DIREITOS DE VIZINHANÇA COMO MEIO DE TUTELA INDIRETA DO MEIO AMBIENTE

Nesse contexto de crise ambiental e considerando-se o mandamento constitucional do art. 225, os direitos de vizinhança podem se revelar um mecanismo de tutela do meio ambiente, a se somar aos outros previstos no ordenamento jurídico. Embora sejam, como dito acima, uma das mais antigas limitações ao direito de propriedade – e, por consequência, muito anteriores ao advento do direito ambiental, que remonta às décadas de 1960 e 1970 –, os direitos de vizinhança se prestam a proteger indiretamente o ambiente, como um reflexo da proteção ao vizinho.[34]

Nesse sentido, José Rubens Morato Leite e Patryck de Araújo Ayala afirmam:

> Note-se que, mesmo antes da expansão do industrialismo e da crise ambiental já existiam regras jurídicas que, em âmbito genérico, podiam, de forma indireta, exercer sua tarefa na relação meio ambiente e lesão interindividual. É o caso do direito de vizinhança, que repousa o seu fundamento na obrigação geral de não prejudicar o vizinho e, por outro lado, na obrigação de suportar dos vizinhos certo número de incômodos. Para Trujillo, a relação de vizinhança constitui um dos poucos mecanismos, dentro da legislação jurídica privada, instituídos anteriormente à crise ambiental.[35]

Os direitos de vizinhança não visam diretamente a tutelar o meio ambiente[36], de titularidade difusa, mas sim a preservar a vizinhança das interferências intoleráveis à propriedade que sejam lesivas da segurança, sossego e saúde. Como tais interferências muitas vezes dizem respeito à perturbação do meio ambiente (como a poluição[37] sonora, do ar, da água etc.), a sua proibição vem proteger, reflexamente, o próprio ambiente. Tanto assim que, como visto acima, muitos dos exemplos de violação ao direito de vizinhança são também vedados pelo direito ambiental:

---

32. Sobre o tema, é imprescindível a leitura de ANGELO, Cláudio. *A espiral da morte*: como a humanidade alterou a máquina do clima. São Paulo: Companhia das Letras, 2016.
33. KOLBERT, Elizabeth. *A sexta extinção*: uma história não natural. Rio de Janeiro: Intrínseca, 2015.
34. LEITE, José Rubens Morato; AYALA, Patryck de Araújo. *Dano ambiental*. 8. ed. Rio de Janeiro: Forense, 2020, p. 146.
35. LEITE, José Rubens Morato; AYALA, Patryck de Araújo. *Dano ambiental*. 8. ed. Rio de Janeiro: Forense, 2020, p. 146.
36. A Lei 6.938, de 31 de agosto de 1981, ao dispor sobre a Política Nacional do Meio Ambiente, conceitua meio ambiente como "o conjunto de condições, leis, influências e interações de ordem física, química e biológica, que permite, abriga e rege a vida em todas as suas formas" (art. 3º, I).
37. Extrai-se da Lei 6.938/81 o seguinte conceito de poluição: "a degradação da qualidade ambiental resultante de atividades que direta ou indiretamente: a) prejudiquem a saúde, a segurança e o bem-estar da população; b) criem condições adversas às atividades sociais e econômicas; c) afetem desfavoravelmente a biota; d) afetem as condições estéticas ou sanitárias do meio ambiente; e) lancem matérias ou energia em desacordo com os padrões ambientais estabelecidos; (...)" (art. 3º, III).

Existem vários incômodos de vizinhança intoleráveis, que têm uma conotação ambiental e lesam o direito do vizinho; é a hipótese, por exemplo da emissão de gases poluentes por uma indústria que afeta particularmente a saúde dos moradores vizinhos; é, também a poluição sonora causada por um estabelecimento comercial que deteriora a qualidade de vida e a saúde dos vizinhos, e muitas outras hipóteses.[38]

Somando-se à tutela coletiva do meio ambiente, exercida apenas pelos entes extraordinariamente legitimados pela legislação processual, os direitos de vizinhança permitem que o cidadão comum, em nome próprio, reivindique judicialmente a proteção do meio ambiente, invocando o seu interesse como vizinho. Portanto, trata-se de um reforço à proteção do bem ambiental, o que concretiza o mandamento previsto no art. 225 da Constituição.[39]

E, também em sintonia com a principiologia do direito ambiental, os direitos de vizinhança autorizam uma tutela preventiva, destinada a evitar a concretização do dano. É o que se extrai do art. 1.280 do Código Civil, segundo o qual "o proprietário ou o possuidor tem direito a exigir do dono do prédio vizinho a demolição, ou a reparação deste, quando ameace ruína, bem como que lhe preste caução pelo dano iminente"[40]. A *ratio* do dispositivo, que deve ser interpretado ampliativamente, vai ao encontro do princípio da prevenção, caríssimo ao direito ambiental.[41] Afinal, considerando que os danos ambientais, assumem, muitas vezes, contornos irreversíveis, o esforço na sua prevenção mostra-se de relevância ainda mais acentuada.[42]

---

38. LEITE, José Rubens Morato; AYALA, Patryck de Araújo. *Dano ambiental*. 8. ed. Rio de Janeiro: Forense, 2020, p. 147.
39. "As regras do direito de vizinhança possuem outro dado positivo inegável, pois abrem as portas do Judiciário aos indivíduos para, diretamente, lidar com questões atinentes à função social da propriedade, pela observância do uso tolerável da propriedade. Ademais, proporciona o exercício da tarefa da cidadania ambiental de forma indireta." (LEITE, José Rubens Morato; AYALA, Patryck de Araújo. *Dano ambiental*. 8. ed. Rio de Janeiro: Forense, 2020, p. 148)
40. Trata-se da chamada ação de dano infecto (cf. PEREIRA, Caio Mário da Silva. *Instituições de Direito Civil*. 25. ed. Rio de Janeiro: Forense, 2017. v. IV. p. 206).
41. "O princípio da prevenção é um dos princípios mais característicos do Direito Ambiental. Além disso, é um dos princípios mais 'antigos' do regime jurídico de proteção ambiental, para além de corresponder inclusive a uma antiga máxima de sabedoria em geral, representada pela conhecida formulação 'melhor prevenir do que remediar'. Com o avanço científico e conhecimentos mais abrangentes sobre os danos decorrentes da poluição e da degradação ambiental, cristalizou-se, especialmente a partir da década de 1960, a ideia a respeito da necessidade de se adotarem medidas no sentido de evitar os danos ambientais já conhecidos." (SARLET, Ingo Wolfgang; FENSTERSEIFER, Tiago. *Curso de direito ambiental*. Rio de Janeiro: Forense, 2020, p. 197). Note-se que tal princípio se diferencia daquela da precaução, também vigente no direito ambiental. A propósito desse segundo princípio, dizem os mesmos autores: "O princípio da precaução, como uma espécie de princípio da prevenção qualificado ou mais desenvolvido, abre caminho para uma nova racionalidade jurídica, mais abrangente e complexa, vinculando a ação humana presente a resultados futuros. (...) O seu conteúdo normativo estabelece, em linhas gerais, que, diante da dúvida e da incerteza científica a respeito da segurança e das consequências do uso de determinada substância ou tecnologia, o operador do sistema jurídico deve ter como fio condutor uma postura precavida, interpretando os institutos jurídicos que regem tais relações sociais com a responsabilidade e a cautela que demanda a importância essencial dos bens jurídicos ameaçados (vida, saúde, qualidade ambiental e até mesmo, em alguns casos, a dignidade da pessoa humana), inclusive em vista das futuras gerações." (SARLET, Ingo Wolfgang; FENSTERSEIFER, Tiago. *Curso de direito ambiental*. Rio de Janeiro: Forense, 2020, p. 199-200).
42. "A irreversibilidade de certos danos ambientais, como a extinção de espécies da fauna e da flora, reforça a relevância de se adotarem medidas preventivas, impedindo e proibindo a adoção de certas práticas antiecológicas." (SARLET, Ingo Wolfgang; FENSTERSEIFER, Tiago. *Curso de direito ambiental*. Rio de Janeiro: Forense, 2020, p. 197).

5. O ART. 1.278 E O INTERESSE PÚBLICO: IMPORTANTE RELEITURA

Como visto, a cláusula geral dos direitos de vizinhança, prevista no art. 1.277 do Código Civil, estabelece que "o proprietário ou o possuidor de um prédio tem o direito de fazer cessar as interferências prejudiciais à segurança, ao sossego e à saúde dos que o habitam, provocadas pela utilização de propriedade vizinha". Nos termos do parágrafo único do referido dispositivo legal, a proibição deve levar em conta "a natureza da utilização, a localização do prédio, atendidas as normas que distribuem as edificações em zonas, e os limites ordinários de tolerância dos moradores da vizinhança".

A seu turno, o artigo seguinte (art. 1.278) vem dizer que essa proibição "não prevalece quando as interferências forem justificadas por interesse público, caso em que o proprietário ou o possuidor, causador delas, pagará ao vizinho indenização cabal". A perspectiva ambiental dos direitos de vizinhança impõe que se detenha nesse dispositivo e na interpretação que a doutrina normalmente lhe confere, a fim de que se proceda a uma necessária releitura em consonância com o art. 225 da Constituição.

A doutrina diz que, em tais artigos, o código acolheu a teoria propugnada por San Tiago Dantas em sua tese de cátedra, apresentada em 1939, à Faculdade Nacional de Direito ("O conflito de vizinhança e sua composição"[43])[44]. Defendendo uma posição conciliatória entre a teoria do uso normal de Ihering[45] e o teoria da necessidade de Bonfante[46], o professor propôs uma teoria mista assim sintetizada:

---

43. DANTAS, F. C. de San Tiago. *O conflito de vizinhança e sua composição*. 2. ed. Rio de Janeiro: Forense, 1972.
44. Entre outros, confira-se MONTEIRO FILHO, Carlos Edison do Rêgo. O direito de vizinhança no novo Código Civil. In: *Revista da EMERJ*. Número especial 2004. Anais dos Seminários EMERJ debate o novo Código Civil. Parte. II. jul./2002 a abr./2003, p.162.
45. "Ihering procurava diferenciar os casos em que a interferência deveria ser suportada daqueles em que deveria ser repelida. Para tanto, propôs um *standard* do uso normal da propriedade, que se subdividia em aspectos ativo e passivo. Sob o aspecto ativo, dever-se-ia perquirir se a utilização dada à propriedade se adequava aos parâmetros já consagrados em determinada região. Por outro lado, sob o aspecto passivo, caberia avaliar a receptividade abstrata do homem médio. Em outras palavras, buscar-se-ia o *grau médio de tolerabilidade*, em determinada época e localidade, considerando-se os *standards* sempre relativos. Tal teoria, consagrada pelo Código Civil Alemão (BGB), influenciou bastante o ordenamento jurídico brasileiro desde o Código de 1916. O Código Civil de 2002, ainda sob a mesma influência, alterou a denominação da seção destinada aos direitos de vizinhança, abandonando a expressão *uso nocivo da propriedade* para empregar a expressão *uso anormal da propriedade*. Adotou, ainda, a terminologia *interferência*, para se afastar da noção de imissão que, vinculada ao aspecto corpóreo, exclui da tutela jurídica os prejuízos imateriais, restringindo o alcance da disciplina do direito de vizinhança." (TEPEDINO, Gustavo; MONTEIRO FILHO, Carlos Edison do Rêgo; RENTERIA, Pablo. *Fundamentos do direito civil*: direitos reais. Edição digital. Rio de Janeiro: Forense, 2020, p. 203, grifos no original).
46. "A terceira teoria consiste na *teoria da necessariedade*, de Bonfante, que surge como contraposição à *teoria do uso normal*. O romanista italiano, na esteira da onda desenvolvimentista do início do Século XX, considerava que o parâmetro do uso normal, (sic) não atentava para o interesse social no desenvolvimento das indústrias em progresso crescente, razão pela qual sua teoria foi considerada uma defesa da propriedade industrial. Segundo o autor, ainda que causasse interferência indevida nas propriedades vizinhas, a atividade, em razão de sua utilidade social, poderia ser mantida por força de uma *necessidade geral do povo*. Desse modo, a fumaça originada da atividade de uma fábrica teria diferente valoração daquela causada por uma lareira." (TEPEDINO, Gustavo; MONTEIRO FILHO, Carlos Edison do Rêgo; RENTERIA, Pablo. *Fundamentos do direito civil*: direitos reais. Edição digital. Rio de Janeiro: Forense, 2020, p. 203-204, grifos no original).

Dois princípios informam o seu sistema [do Código Civil] de direitos de vizinhança:

1º – equilibrar o exercício dos direitos de propriedade vizinhos;

2º – impor a um imóvel certos ônus excepcionais em benefício de outro, quando assim exige o interesse público.

Os direitos de vizinhança, construídos com o emprego do 1º princípio, são gratuitos, e os ônus do proprietário, sobre quem recai o dever correspondente, são encargos ordinários da propriedade.

Os direitos de vizinhança, construídos mediante a aplicação do 2º princípio, são onerosos, e aquele que, *pro bono publico*, suporta dos deveres excepcionais correspondentes, tem o direito de ser indenizado pela verdadeira expropriação parcial de que é alvo o seu direito.[47]

Assim, a doutrina afirma que o Código Civil acolheu o primeiro princípio – da coexistência dos direitos – no seu art. 1.277 e o segundo princípio – da supremacia do interesse público – no dispositivo subsequente, o art. 1.278. Caso o vizinho tenha de suportar, em prol do interesse público, interferências anormais na propriedade, terá o direito de receber indenização. Segundo San Tiago Dantas, a hipótese consubstanciaria uma expropriação parcial do direito. Assim, conclui:

Aos dois grandes princípios ora enunciados, reconduzem-se as normas materiais contidas no Código Civil para composição dos conflitos entre vizinhos. Há casos em que o conflito se compõe pela atribuição de um dever e de um direito fundados no *princípio da coexistência*. Há outros em que se compõe pela atribuição de um dever e um direito fundados no *princípio da supremacia do interesse público*.[48]

San Tiago Dantas identifica o interesse público naquela da agricultura e da indústria, valendo lembrar que a obra data de 1939, muito antes do advento do direito ambiental e numa época de crença otimista no desenvolvimento da sociedade através da industrialização. Diz o autor que o "interesse público é o que tem a sociedade no florescimento da agricultura e das indústrias, as quais o Estado só excepcionalmente exerce, de modo que tutelá-las é cercar de medidas propiciatórias o seu desempenho por particulares"[49].

Hoje, afora as críticas que a doutrina administrativista tece contra o dito princípio da supremacia do interesse público[50], o fato é que este definitivamente não pode ser confundido com o aquele da indústria ou da agricultura. Há de se levar

---

47. DANTAS, F. C. de San Tiago. *O conflito de vizinhança e sua composição*. 2. ed. Rio de Janeiro: Forense, 1972, p. 264-265.
48. DANTAS, F. C. de San Tiago. *O conflito de vizinhança e sua composição*. 2. ed. Rio de Janeiro: Forense, 1972, p. 265.
49. DANTAS, F. C. de San Tiago. *O conflito de vizinhança e sua composição*. 2. ed. Rio de Janeiro: Forense, 1972, p. 265.
50. A título de exemplo, BINENBOJM, Gustavo. *Uma teoria do direito administrativo*: direitos fundamentais, democracia e constitucionalização. 3. ed. Rio de Janeiro: Renovar, 2014. Leia-se o seguinte trecho para ilustrar: "Como corolário de seu caráter aberto, pluralista e compromissório, a Carta da República não admite qualquer definição apriorística acerca da relação de prevalência entre os interesses coletivos e individuais. (…) Portanto, não se há falar em qualquer princípio ou postulado que afirme a primazia *a priori* de uma ordem de interesses sobre outra, qualquer que seja o seu sentido (coletivista ou pluralista)." (p. 88). E ainda: "O que se chamará de *interesse público* é o resultado final desse jogo de ponderações que, conforme as circunstâncias normativas e fáticas, ora apontará para a preponderância relativa do interesse geral, ora determinará a prevalência parcial de interesses individuais." (p. 88).

em conta que progresso[51] não é sinônimo de industrialização e que o bem-estar da sociedade depende de um meio ambiente equilibrado e da sua preservação para as gerações futuras.

Portanto, mostra-se fundamental, que, na aplicação do art. 1.278 do Código Civil, o interesse público que justifique uma interferência anormal na propriedade seja alcançado levando-se em conta todos os interesses envolvidos. Nessa equação, assume especial relevância a proteção do meio ambiente, como determina o art. 225 da Constituição e impõe a crise ambiental em que se vive. Tal interesse se contraporá, muitas vezes, àquele no desenvolvimento da indústria.

Com essas lentes atuais, devem-se ler o referido dispositivo legal e a lição de San Tiago Dantas, que o inspira.

6. CONCLUSÃO

Uma das mais antigas limitações ao direito de propriedade, o direito de vizinhança deve ser, hoje, aplicado levando-se em consideração a tutela do meio ambiente. A interpretação constitucional dos institutos do direito civil impõe também um olhar para a proteção desse interesse, considerando o disposto no art. 225 da Carta. A magnitude da crise ambiental reforça a urgente necessidade desse olhar.

Como visto, os direitos de vizinhança tutelam os interesses do vizinho contra as interferências anormais na propriedade e que sejam lesivas da segurança, sossego e saúde. Ao assim agir, muitas vezes protegem, reflexamente, o bem ambiental. Tanto assim que variados exemplos de lesão aos direitos de vizinhança passam por comportamentos poluidores (do ar, da água etc.). Trata-se de um útil mecanismo que se acrescenta à tutela coletiva do meio ambiente.

Uma importante releitura dos direitos de vizinhança com base no direito ambiental passa pela interpretação do art. 1.278 do Código Civil. Tal dispositivo autoriza, mediante indenização, interferências anormais na propriedade lesivas da segurança, sossego e saúde, desde que sejam justificadas pelo interesse público. A regra foi baseada na lição de San Tiago Dantas, em 1939, antes do advento do direito ambiental, num contexto de forte crença no progresso mediante o desenvolvimento da indústria. Hoje, o interesse público não se confunde com aquele da indústria e deve ser alcançado apenas depois de um processo de ponderação que leve em conta os diversos interesses legítimos. Nesse contexto, a tutela ambiental assume especial relevância, dado o mandamento constitucional e a situação de grave crise em que se vive.

---

51. A própria crença no progresso é algo histórico. Como ressalta Tatiana Roque: "A crença no progresso, bem como seus defensores, está inserida na história. No século 19, a retórica do triunfo, associada a esse ideal, vinha acompanhada, quase sempre, de certa inexorabilidade. Havia um caminho determinado na marcha da humanidade, assim como nas equações que descrevem o movimento." (ROQUE, Tatiana. *O dia que voltamos de Marte*: uma história da ciência e do poder com pistas para um novo presente. São Paulo: Planeta, 2021, p. 148).

7. BIBLIOGRAFIA

ANGELO, Cláudio. *A espiral da morte*: como a humanidade alterou a máquina do clima. São Paulo: Companhia das Letras, 2016.

AZAM, Geneviève. *Lettre à la terre: Et la Terre répond*. Edição digital. Paris: Seuil, 2019.

BINENBOJM, Gustavo. *Uma teoria do direito administrativo*: direitos fundamentais, democracia e constitucionalização. 3. ed. Rio de Janeiro: Renovar, 2014.

DANTAS, F. C. de San Tiago. *O conflito de vizinhança e sua composição*. 2. ed. Rio de Janeiro: Forense, 1972.

GAMA, Guilherme Calmon Nogueira da. *Direitos reais*. São Paulo: Atlas, 2011.

GOMES, Orlando. *Direitos reais*. 21. ed. Rio de Janeiro: Forense, 2012.

KOLBERT, Elizabeth. *A sexta extinção*: uma história não natural. Rio de Janeiro: Intrínseca, 2015.

LEITE, José Rubens Morato; AYALA, Patryck de Araújo. *Dano ambiental*. 8. ed. Rio de Janeiro: Forense, 2020.

LÔBO, Paulo. Direitos e conflitos de vizinhança. In: *Revista Brasileira de Direito Civil*. v. 1, p. 62-87, jul./set. 2014.

MONTEIRO FILHO, Carlos Edison do Rêgo. O direito de vizinhança no novo Código Civil. In: *Revista da EMERJ*. Número especial 2004. Anais dos Seminários EMERJ debate o novo Código Civil. Parte. II. jul./2002 a abr.2003, p. 158-167.

PENTEADO, Luciano de Camargo. *Direito das coisas*. 3. ed. São Paulo: Ed. RT, 2014.

PEREIRA, Caio Mário da Silva. *Instituições de Direito Civil*. 25. edição. Rio de Janeiro: Forense, 2017. v. IV.

ROQUE, Tatiana. *O dia que voltamos de Marte*: uma história da ciência e do poder com pistas para um novo presente. São Paulo: Planeta, 2021.

SARLET, Ingo Wolfgang; FENSTERSEIFER, Tiago. *Curso de direito ambiental*. Rio de Janeiro: Forense, 2020.

TEPEDINO, Gustavo. O Novo Código Civil: duro golpe na recente experiência constitucional brasileira. Editorial. In: *Revista Trimestral de Direito Civil*, v. 7. jul./set. 2001. Rio de Janeiro: Padma, 2000, p. iii-v.

TEPEDINO, Gustavo. Premissas Metodológicas para a Constitucionalização do Direito Civil. In: *Revista de Direito do Estado*. Ano 1. n. 2, p. 37-53, abr./jun. 2006.

TEPEDINO, Gustavo; BARBOZA, Heloisa Helena; MORAES, Maria Celina Bodin de. *Código Civil interpretado*: conforma a Constituição da República. 2. ed. Rio de Janeiro: Renovar, 2007. v. 1.

TEPEDINO, Gustavo; MONTEIRO FILHO, Carlos Edison do Rêgo; RENTERIA, Pablo. *Fundamentos do direito civil*: direitos reais. Edição digital. Rio de Janeiro: Forense, 2020.

VIANA, Marco Aurélio S. *Comentários ao Novo Código Civil*: Dos Direitos Reais.. 2. ed. Rio de Janeiro: Forense, 2004. V XVI.

O PROBLEMA DO CONTRATO INTERVENTOR NO DIREITO BRASILEIRO: UMA HIPÓTESE DA TEORIA DO *EFFICIENT BREACH OF CONTRACT* EM ANÁLISE

Marcelo Bellizze

Mestre em Direito Civil pela Universidade do Estado do Rio de Janeiro UERJ. Auditor da Segunda Comissão Disciplinar do Superior Tribunal de Justiça Desportiva do Futebol. Advogado.

Sumário: 1. Introdução – 2. A *efficient breach theory* no direito contratual estadunidense – 3. A teoria da *efficient breach* e a responsabilidade civil contratual no direito brasileiro – 4. O inadimplemento absoluto e o lucro da intervenção – 5. O lucro da intervenção e o inadimplemento eficiente – 6. Conclusão – 7. Bibliografia.

1. INTRODUÇÃO

O estudo de institutos jurídicos oriundos de ordenamentos jurídicos estrangeiros e a tentativa de importação sempre demandam um olhar técnico e criterioso dos juristas. É necessário, sobretudo, verificar se o determinado instituto, criado e desenvolvido dentro da cultura e da racionalidade de um ordenamento jurídico, compatibiliza-se minimamente com as balizas, princípios e regras básicas de outro sistema jurídico, com características próprias.

Ademais, se a introdução de diversos elementos de diferentes jurisdições do direito romano-germânico já causa inúmeras e relevantes discussões, a aplicação de teorias e institutos advindos da *common law* são ainda mais controversas, ainda que se reconheça a aproximação paulatina dos dois modelos nas mais diversas áreas do Direito.

Imagine-se, então, a seguinte situação: "Athos é dono de uma marcenaria capaz de assumir apenas um grande projeto por vez. Ele é contratado por Porthos para fabricar 100.000 cadeiras, a um preço unitário de $10,00; cumprir o contrato celebrado renderá a Athos um lucro de $2,00 por cadeira (ou um lucro total de $ 200.000). Antes de qualquer trabalho ser iniciado, Aramis demanda de Athos 50.000 mesas, aceitando pagar $ 40,00 por cada uma. Assumindo que o custo de produção da mesa é $ 25,00, a nova proposta renderá a Athos um lucro total de $750.000, mas para auferi-lo ele deverá romper o contrato celebrado com Porthos. No local, há outras marcenarias capazes de produzir cadeiras (como a de D'Artagnan), mas a quebra contratual imporá a Porthos danos de $300.000 (por exemplo, atrasos nos prazos, preços mais altos cobrados por D'Artagnan em face da urgência, danos morais etc...). Apesar de tais prejuízos, o inadimplemento é socialmente desejável porque Athos poderá indenizar todos os danos e ainda reter lucro de $ 450.000"[1].

Esse é o caso ilustrativo de Peter Linzer para exemplificar a teoria do *efficient breach of contract*, que surgiu nos Estados Unidos da América como um desenvolvimento da *Law & Economics* e da teoria econômica do contrato[2]. Robert L. Birmingham, em 1970, foi o primeiro autor a descrever as circunstâncias em que o inadimplemento de contratos seria economicamente eficiente e, à luz da análise econômica do direito, socialmente desejáveis[3]. Posteriormente, Charles Goetz e Robert Scotz consolidaram a expressão e desenvolveram a chamada "*efficient breach theory*"[4], a qual passou a ser estudada mais a fundo, principalmente nos EUA, sob a perspectiva do *Law & Economics*.

Segundo José Eduardo Figueiredo de Andrade Martins, a teoria pode ser definida da seguinte forma:

> "*a efficient breach theory diz que a quebra de um contrato é eficiente e desejável se o ganho da parte culpada pela inadimplência excede seu lucro esperado com o adimplemento, além de exceder os gastos que tem com a compensação pelas perdas e danos da parte contrária. Após todas as operações, ninguém fica em situação pior que a anterior e ao menos uma das partes se encontra em situação melhor, isto é, a quebra pode ser classificada como Pareto superior*"[5].

Portanto, caracterização do inadimplemento eficiente consiste no inadimplemento voluntário do contrato pelo devedor, na qual na qual nenhuma das partes terá prejuízo, enquanto ao menos uma das partes obterá vantagens. Ou seja, mesmo que o devedor que descumpre o contrato indenize o credor da obrigação em pecúnia, ele aufere ganhos ao deliberadamente deixar de cumprir a prestação *in natura*. O credor, por sua vez, se situará em um estado de indiferença acerca do cumprimento execução específica da obrigação, pois terá sido compensado pelo inadimplemento, de modo que sua situação econômica ficará igual a que estaria no caso do adimplemento da obrigação *in natura*.

Os defensores da teoria, a partir de uma concepção de eficiência economia e de moralidade utilitarista, alegam que, se uma melhor alocação de recursos e bens na sociedade pode ser atingida por meio do inadimplemento de obrigações, com a obtenção de vantagens por uma parte e sem que nenhuma parte seja prejudicada, o descumpri-

---

1. LINZER, Peter. "On the amorality of contract remedies – efficiency, equity and the second restatement". In: *Columbia Law Review*, v. 81, n. 1, p. 111-139, jan. 1981, conforme traduzido por FILHO, José Inácio Ferraz de Almeida Prado. A teoria do inadimplemento eficiente (*efficient breach theory*) e os custos de transação. UC Berkeley: Berkeley Program in Law and Economics. Retrieved from https://escholarship.org/uc/item/5tx002n8).
2. MARTINS, José Eduardo Figueiredo de Andrade. *Inadimplemento eficiente do contrato. Quando o Descumprimento do Contrato é Vantajoso para Uma das Partes*. Curitiba: Juruá, 2020, p. 69-76.
3. BIRMINGHAM, Robert. L. Breach of Contract, Damage Measures, and Economic Efficiency, *Articles by Maurer Faculty*, 1970, pp. 273-292.
4. GOETZ, Charles J.; SCOTT, Robert E. Liquidated damages, penalties and the just compensation principle: some notes on an enforcement model and a theory of efficient breach. *Columbia Law Review*, v. 77, 1977, pp. 554-594.
5. MARTINS, op. cit., p. 74-75.

mento de contratos deve ser incentivado, e não desencorajado, vez que esse resultado aprimorado é socialmente desejado[6].

Como se depreende de uma leitura inicial, a delimitação da teoria depende de conceitos fundamentais de economia, direito e até mesmo de ética. Contudo, como bem observou Paulo Mota Pinto, "*o estatuto de tal teoria não é muito claro, oscilando entre a descrição no plano econômico e a prescrição normativa, pretensamente jurídica. Parece que podem distinguir-se duas pretensões em tal teoria: por um lado, uma pretensão descritiva do direito vigente sobre a indenização contratual (variando, evidentemente, consoante a ordem jurídica); por outro lado, uma pretensão (normativa) de ser o fundamento para decisões de casos duvidosos ou uma regra geral a adoptar de jure contendo*"[7].

Pois bem, diante da constatação da imprecisão do estatuto da teoria e também das inúmeras hipóteses em que um inadimplemento pode ser caracterizado como eficiente à luz da teoria ora estudada, o presente artigo se restringirá à análise do que ora se denomina *problema do contrato interventor*. Tal como no exemplo inicialmente mencionado, esse problema ocorre sempre quando, não obstante a vigência de um *primeiro contrato* celebrado entre A e B, um *segundo contrato*, celebrado entre B e C, induz ao descumprimento do primeiro contrato.

Normalmente, tais situações ocorrem quando o primeiro contrato possui alguma cláusula de exclusividade ou quando B não é capaz cumprir os dois contratos paralelamente. Assim, cumprir o segundo contrato significará, mesmo que parcialmente, o descumprimento do primeiro. Naturalmente, para que esse inadimplemento seja eficiente, os ganhos decorrentes do segundo contrato devem superar a indenização ao primeiro que se fará necessária pelo inadimplemento do primeiro contrato.

No que interessa ao presente artigo, interessa inicialmente verificar como a teoria se configura dentro do direito contratual estadunidense, o que demandará um estudo sobre as regras de interesse, responsabilização e disciplina da execução específica da obrigação nesse ordenamento jurídico da *common law*. A partir de tal entendimento, verificar-se-á se a teoria é compatível com o ordenamento jurídico brasileiro, respondendo à indagação fundamental se é possível que um devedor possa deliberadamente descumprir um contrato para obter uma situação mais vantajosa, enquanto, para o devedor, haverá a situação de indiferença.

Em síntese, o objetivo final deste artigo é investigar se é possível um inadimplemento verdadeiramente eficiente no ordenamento jurídico brasileiro na hipótese do contrato interventor, ou se, na verdade, há mecanismos e institutos que podem impedir o descumprimento deliberado do contrato, seja pela execução específica das obrigações, seja por tornar o inadimplemento ineficiente ou neutro do ponto de vista econômico.

---

6. Nesse sentido: BIRMINGHAM, Robert. L. Breach of Contract, Damage Measures, and Economic Efficiency. Articles by Maurer Faculty. Paper 1705. 1970, p. 292.
7. PINTO, Paulo Mota. *Interesse Contratual Negativo e Interesse Contratual Positivo*. Coimbra: Coimbra Editora, 2009. v. 1. p. 376.

2. A *EFFICIENT BREACH THEORY* NO DIREITO CONTRATUAL ESTADUNIDENSE

Estabelecidos os contornos gerais da *efficient breach of contract theory*, nota-se que seu estudo se torna ainda mais complexo quando aplicada a um determinado ordenamento jurídico. Perceba-se que, para um inadimplemento se verificar efetivamente eficiente e o credor, indiferente ao cumprimento por meio de prestação em pecúnia, tudo dependerá das normas jurídicas relativas à responsabilidade civil contratual e à liquidação do dano, assim como as demais formas de compensação econômica do credor do primeiro contrato.

Afinal, se a prestação em dinheiro a esse credor for inferior ao custo total da obrigação, acrescida dos custos de transação, este não estará indiferente ao cumprimento do contrato. Por outro lado, se houver uma indenização superior ao valor da obrigação, o inadimplemento pode se tornar ineficiente, destacando-se que esse cálculo de eficiência do cumprimento do contrato terá que ser feito de antemão pelo devedor que pretende fazer uso da teoria.

Pois bem, a teoria do inadimplemento eficiente do contrato surge dentro de um conjunto normativo bem específico da teoria econômica do contrato estadunidense, adepto da *common law*, como um desenvolvimento da *Law & Economics*[8], isto é, a Análise Econômica do Direito. Nessa perspectiva, o Direito Contratual tem como função incrementar ou pelo menos evitar prejudicar a eficiência econômica, ou seja, contribuir para diminuir os custos de transação, facilitar a circulação de riqueza, mitigar os riscos de modelagem e interpretação de contratos incompletos e incentivar a distribuição ótima de recursos. Para tanto, percebeu-se necessária uma teoria do direito contratual "*baseada em uma regra que seja responsiva ao determinar situações que sejam Pareto eficientes. Assim, a eficiência econômica, aplicada ao Direto Contratual, determina que uma promessa possa ser exigível perante uma Corte caso as partes queiram que assim seja*"[9].

Na tradição do *common law* estadunidense, Lon Fuller e William Perdue identificaram três possíveis interesses que o credor de um determinado inadimplemento pode possuir contra seu devedor, quais sejam, o *expectation damages*, o *reliance damages* e o *restitution damages*, sendo que a cada um deles corresponde uma medida de dano distinta.[10]

O primeiro interesse de danos pela expectativa consiste em colocar o credor na mesma situação que estaria caso o contrato tivesse sido cumprido, de modo a contemplá-lo com todos os lucros que esperava auferir, o que equivale ao dano pelo interesse positivo na tradição romano-germânica do direito privado[11].

---

8. MARTINS, op. cit., p. 69-76.
9. MARTINS, op. cit., p. 71.
10. FULLER, Lon. PERDUE JUNIOR, William M. The Reliance Interest in Contract Damages 1 Yale Law Journal, v. 46, pp. 52-57.
11. Nesse sentido: PINTO, Paulo Mota. *Interesse contratual negativo e interesse contratual positivo*. Coimbra: Coimbra Editora, 2009. v. 1. pp. 368-369.

No segundo caso, o devedor deve compensar o credor com todos os custos que este arcou decorrentes da confiança de que o contrato seria cumprido ou qualquer mudança de status similar. Nessa hipótese, trata-se de não deixar o credor em situação pior do que estaria caso o contrato não tivesse existido.

Por fim, no caso do interesse por *restitution damages*, o devedor deverá restituir todos os benefícios recebidos oriundos do credor, como pagamentos adiantados. Note-se que, nesses dois últimos casos, o interesse é mais facilmente justificável, uma vez que o dano foi efetivamente provocado pelo devedor, enquanto os *expectation damages* levam a uma situação que se assemelha ao dano hipotético ou eventual, ou seja, indeniza-se por um valor que nunca foi de titularidade do credor, mas que representa o montante que se esperava ganhar.

Esses três interesses foram reproduzidos no *Restatement (Second) of Contracts*, o qual reúne uma seleção jurisprudência estadunidense pela *American Law Review* para fins de compilação e estudo, com comentários e exemplos. Confira-se:

> "§ 344. Purposes of Remedies
> Judicial remedies under the rules stated in this Restatement serve to protect one or more of the following interests of a promisee:
> (a) his 'expectation interest,' which is his interest in having the benefit of his bargain by being put in as good a position as he would have been in had the contract been performed,
> (b) his 'reliance interest,' which is his interest in being reimbursed for loss caused by reliance on the contract by being put in as good a position as he would have been in had the contract not been made, or
> (c) his 'restitution interest,' which is his interest in having restored to him any benefit that he has conferred on the other party"[12].

A compreensão desses interesses é fundamental. Note-se que, para que faça sentido a teoria do inadimplemento eficiente, de modo que o credor fique em situação de indiferença, o interesse que deve ser indenizado é o dano pela expectativa (*expectation damages*), uma vez que é o único que permitiria que o credor fosse ressarcido a ponto de ficar na mesma situação em que estaria caso o contrato fosse cumprido. Isso considerado, o *Restatement (Second) of Contracts* oferece parâmetros interpretativos para os casos concretos, que devem ser respeitados pelo credor quando da cobrança de seus interesses:

> § 347. MEASURE OF DAMAGES IN GENERAL
> Subject to the limitations stated in §§350-53, the injured party has a right to damages based on his expectation interest as measured by
> (a) the loss in the value to him of the other party's performance caused by its failure or deficiency, plus
> (b) any other loss, including incidental or consequential loss, caused by the breach, less
> (c) any cost or other loss that he has avoided by not having to perform.

Como se pode ver, a parte prejudicada terá direito aos danos pela expectativa, que serão calculados conforme as alíneas do § 347. Tal montante será acrescido de qualquer

---
12. RESTATEMENT (SECOND) OF CONTRACTS § 344 (1981).

perda que decorra do inadimplemento, diminuindo-se custos evitados por não precisar mais cumprir o contrato.

Finalmente, a aludida compilação contempla os remédios judiciais disponíveis para a eventualidade do inadimplemento. Eis o excerto do § 345:

> "Restatement (Second) § 345 – Judicial Remedies Available
>
> (a) awarding a sum of money due under the contract or as damages,
>
> (b) requiring specific performance or enjoining non-performance,
>
> (c) requiring restoration of a specific thing to prevent unjust enrichment,
>
> (d) awarding a sum of money to prevent unjust enrichment,
>
> (e) declaring the rights of the parties, and
>
> (f) enforcing an arbitration award".

Com efeito, depreende-se que as alíneas "b" e "c" contemplam hipóteses em que a obrigação está sujeita à *property rule*, na qual se requer que o devedor cumpra a obrigação em si, não se admitindo o equivalente em pecúnia como substitutivo. O remédio judicial para esse caso é a *specific performance*, ou prestação específica.

No entanto, nos EUA, a *property rule* é vista como uma exceção. Via de regra, as partes lesadas pelo inadimplemento devem se contentar com o equivalente em dinheiro do valor da obrigação, a denominada *liability rule*. Pode-se verificar que os remédios para essa regra estão previstos nas alíneas "a" e "d" do § 345 do *Restatement (Second) of Contracts*.

Desse modo, uma característica peculiar do sistema jurídico *common law* estadunidense consiste na possibilidade de se ver a prestação principal *in natura* e a prestação pelo equivalente como obrigações alternativas, o que é defendido por alguns estudiosos[13], embora haja posições contrárias a essa ideia[14].

Portanto, verifica-se que a teoria do inadimplemento eficiente surgiu em um ordenamento jurídico que está em linha com a sua *ratio* de maximização da eficiência econômica e, mais do que isso, possui uma disciplina de danos e responsabilização adequada para que a teoria possa se sustentar. Com efeito, os danos pela expectativa (*expectation damages*) e a prevalência da *liability rule* sobre a *property rule* são elementos essenciais do direito contratual estadunidense que permitem a concepção da teoria (ainda que com críticas advindas dos estudiosos da *common law* e do direito romano-germânico) e sua possível aplicação, eis que, para o devedor, em muitas situações, cumprir o contrato ou indenizar pelo equivalente em pecúnia se revelam obrigações alternativas na práticas, enquanto que a indenização pela expectativa possibilitará que o credor termine a relação contratual no estado de indiferença acerca do cumprimento ou não da prestação específica da obrigação.

---

13. Nesse sentido: MARKOVITS, Daniel; SCHWARTZ, Alan. *The myth of efficient breach*. Faculty Scholarship Series, Paper 93, 2010. Disponível em: http://digitalcommons.law.yale.edu/fss_papers/93. Acesso em: 26.6.2022.
14. Nesse sentido, confira-se: MARTINS, op. cit., p. 75.

3. A TEORIA DA *EFFICIENT BREACH* E A RESPONSABILIDADE CIVIL CONTRATUAL NO DIREITO BRASILEIRO

Compreendidas as balizas da teoria no seu ordenamento de origem, nota-se que as regras de responsabilização e de dano no ordenamento jurídico são concepções fundamentais do seu modelo teórico. Ora, o ordenamento que pretenda se valer do *efficient breach* terá que permitir que o devedor que pretenda obter a vantagem seja obrigado a indenizar ou restituir ao credor da obrigação o valor equivalente aos *expectation damages* do direito estadunidense, que, como se viu, pode ser visto como o interesse positivo na tradição romano-germânica. Ademais, a prestação *in natura* e a prestação pelo equivalente devem ser vistas como obrigações alternativas, de modo que o credor não poderá exigir a primeira sobre a segunda e, consequentemente, poderá o devedor optar por cumprir a obrigação como avençada ou pagar em pecúnia o valor correspondente.

Assim, o estudo da eventual compatibilização da *efficient breach theory* no direito brasileiro deve verificar quais os interesses ou, melhor dizendo, as pretensões que o credor pode ter em relação a um devedor inadimplente. Conforme sistematização promovida por Fernando Noronha, as obrigações podem resultar de negócios jurídicos, da ocorrência de danos que devem ser indenizados e, por fim, oriundas da vedação ao enriquecimento sem causa[15]. Trata-se, assim, das obrigações negociais, reparatórias e restitutórias, respectivamente.

A começar pela responsabilidade civil, no direito obrigacional brasileiro, há uma distinção científica fundamental entre o inadimplemento relativo e o absoluto, que marcará a diferença de tratamento para se averiguar o cabimento ou não da teoria do inadimplemento eficiente.

No caso do descumprimento relativo, a prestação ainda é possível de ser cumprida e útil ao credor, incorrendo o devedor em mora (art. 394, do CC). Nesse caso, não parece haver dúvida que a tutela específica da obrigação avençada impedirá qualquer ocorrência de *efficient breach*, tendo em vista que o credor poderá se valer da tutela estatal para satisfação da sua pretensão *in natura* (art. 475, CC e art. 497, do CPC), em nítida contraposição com a predominância da *liability rule* no direito estadunidense.

Portanto, de antemão se percebe que a teoria do *efficient breach of contract* é incompatível com o inadimplemento relativo da obrigação no direito brasileiro. Isso porque a execução específica, nesses casos, sempre estará à disposição do credor. Nesse ponto, há claro contraste com o direito estadunidense, no qual se observa de modo mais recorrente uma obrigação alternativa entre o cumprimento específico ou genérico da obrigação.

Já a hipótese de inadimplemento absoluto demanda uma análise mais atenta. Este ocorre no caso da obrigação se tornar inútil para o credor ou seu cumprimento se tornou impossível, podendo-se pleitear a resolução do contrato (art. 475, CC), a execução pelo

---

15. NORONHA, Fernando. *Direito das obrigações*. São Paulo: Saraiva, 2003. p. 417 e ss. Apud. SCHREIBER SILVA, op. cit., pp. 1-4.

equivalente pecuniário da obrigação ou, em qualquer caso, a indenização por perdas e danos (art. 389, CC).

Pois bem, diante de um descumprimento, absoluto e deliberado a partir de um cálculo de eficiência econômica, o credor seria indenizado mediante a tutela reparatória, na medida do seu dano (art. 944, CC). Apenas pela responsabilidade civil, isto é, utilizando-se apenas a pretensão reparatória do patrimônio do credor, o *efficient breach* poderia se caracterizar sempre que o lucro do devedor com a celebração do segundo contrato exceder a compensação por perdas e danos[16].

Tais hipóteses normalmente ocorrem no que se já se denominou *problema do segundo contrato* ou *problema do contrato interventor*.

Com efeito, a ideia é que um agente dotado de racionalidade econômica sempre irá descumprir um contrato quando puder celebrar outro tão mais vantajoso que ele poderá obter um lucro adicional, mesmo sendo obrigado a indenizar a contraparte do primeiro contrato, incluindo danos acessórios ao descumprimento da obrigação principal, denominados de custos de transação pela ciência econômica.

Pense-se, por exemplo, em um contrato de fornecimento de vacinas para a COVID-19 entre duas pessoas jurídicas de direito privado por um preço X. Antes do fornecimento das vacinas, eclode uma nova pandemia do vírus e o preço dos imunizantes se valoriza exorbitantemente. Diante dos fatos supervenientes, a fornecedora decide vender as vacinas que se destinavam ao cumprimento do contrato para outro comprador por um preço de dez vezes X, suficiente para indenizar as perdas e danos da primeira contratante e ainda auferir um enriquecimento patrimonial expressivo[17].

Partindo-se da premissa que as vacinas não são mais recuperáveis a tempo, o adimplemento da obrigação se tornou impossível e ocorre o inadimplemento absoluto. O credor da obrigação terá direito à resolução contratual (art. 475, CC), a prestação por equivalente e, em ambos os casos ou de forma autônoma, a indenização pelos danos causados, que englobam os danos emergentes e lucros cessantes (art. 389, CC)[18]. No entanto, por mais que se indenize o primeiro comprador por danos emergentes e eventuais lucros cessantes, o devedor que voluntariamente descumpriu o contrato obteve vantagens,

---

16. A questão muda de figura no caso da aplicação de alguma espécie de retirada do lucro da intervenção, como se verá no capítulo seguinte.
17. O exemplo foi imaginado a partir de uma situação fática em escala global, na qual a farmacêutica AstraZeneca vinha descumprindo o contrato de fornecimento de vacinas com a União Europeia, enquanto estava cumprindo fielmente o contrato celebrado com o Reino Unido. Embora não idêntica, a inspiração em uma situação real demonstra a possibilidade da teoria do inadimplemento eficiente ocorrer no mundo real com certa frequência. Nesse sentido, confira-se a reportagem: FRITZ. Karina Nunes. Justiça da Bélgica ordena AstraZeneca fornecer vacina, sob pena de multa. Coluna German Report. Portal: Migalhas, 27.07.2021. Disponível em: https://www.migalhas.com.br/coluna/german-report/349126/justica-ordena-astrazeneca-fornecer-vacina-sob-pena-de-multa. Acesso em: 30 ago. 2021.
18. Embora hipoteticamente possível, ressalve-se que não parece ser cabível a indenização por algum dano moral no exemplo desenvolvido, tendo em vista que se trata de mero inadimplemento numa relação comercial paritária entre pessoas jurídicas.

enquanto o credor foi indenizado por suas perdas e danos, tendo que se resignar a uma suposta situação de indiferença, pelo menos do ponto de vista econômico.

Se a análise do caso parasse por aqui, constatar-se-ia uma hipótese exemplar do problema do contrato interventor sendo resolvido a partir da teoria do inadimplemento eficiente. Contudo, o ordenamento jurídico brasileiro permite que se investigue a aplicação do instituto do enriquecimento sem justa causa ao caso em tela.

4. O INADIMPLEMENTO ABSOLUTO E O LUCRO DA INTERVENÇÃO

O lucro da intervenção é um tema que vem ganhando cada vez mais notoriedade e dedicação dos estudiosos do direito civil ao longo tempo. É certo, no entanto, que a nomenclatura, embora ainda inédita para muitos, parece hábil a resolver antigos e novos problemas com os quais o intérprete e o aplicador do direito podem se deparar.

Conforme lição de Sergio Savi, autor da primeira obra mais densa sobre o tema no Brasil, o *"lucro da intervenção significa o lucro obtido por aquele que, sem autorização, interfere nos direitos ou bens jurídicos de outra pessoa"*[19].

A intervenção, portanto, configura-se a partir da interferência em um bem ou direito que integre a esfera jurídica de outrem sem autorização do seu titular. Esmiuçando a terminologia, a intervenção de um bem ou direito se dá por meio do uso, consumo, fruição, alienação, exploração ou qualquer outra forma de interferência não autorizada[20], enquanto a intervenção de um direito pode ocorrer por meio do seu exercício ou do seu não exercício sem aquiescência do efetivo titular do direito.

Define-se lucro, para fins do estudo do objeto, como o resultado da operação de subtração de receitas menos despesas relacionadas com a intervenção, ou seja, retira-se tudo que se perdeu de tudo que se ganhou e, assim, obtém-se o lucro de determinada intervenção. A palavra lucro sugere também outra importante conclusão, qual seja, o aproveitamento do bem ou direito necessariamente terá que ter uma feição econômica-patrimonial, mesmo que não pecuniária, para se inserir dentro da terminologia lucro da intervenção. Acrescentam Schreiber e Silva que a *"vantagem patrimonial pode assumir qualquer uma das configurações típicas de enriquecimento (incremento do ativo, diminuição do passivo ou poupança de despesas)"*[21].

a. Heterogeneidade e hipóteses de lucro da intervenção

Muitos exemplos podem ser dados para ilustrar o lucro da intervenção, sendo o mais comum é a exploração do direito de imagem de determinado artista ou celebridade sem

---

19. SAVI, Sérgio. *Responsabilidade civil e enriquecimento sem causa: o lucro da intervenção*. São Paulo: Atlas, 2012, p. 5.
20. LINS, Thiago. *O lucro da intervenção e o direito à imagem*. Rio de Janeiro: Lumen Juris, 2016, p. 15.
21. SCHREIBER, Anderson; SILVA, Rodrigo da Guia. Lucro da intervenção: perspectivas de qualificação e quantificação. In: HIRONAKA, Giselda Maria F. Novaes; e SANTOS, Romualdo Baptista dos (Org.). *Direito civil*: estudos – coletânea do XV Encontro dos Grupos de Pesquisa – IBDCIVIL. São Paulo: Blucher, 2018. v. 1.

sua autorização para fins de marketing e propaganda, a partir da qual a empresa aufere lucros com aumento de receita. Em outra hipótese, imagine-se pessoas que invadem um imóvel abandonado e organizam uma festa, na qual cobram ingressos de entrada. Em ambos, o interventor extrai uma vantagem econômica a partir de bem ou direito que não lhe pertence, sem consentimento do seu titular.

Destarte, pode-se pensar em tantas hipóteses de ocorrência do lucro da intervenção quanto a imaginação humana permitir. Carlos Nelson Konder logo constata que a denominação do instituto *"descreve um problema, e não uma solução"* e, em seguida, que *"a pergunta inicial não é se o lucro da intervenção deve ser retirado do patrimônio do agente ofensor e transferido ao titular do direito, mas sim quando e como isso deve acontecer"*[22].

O referido autor, então, destaca a heterogeneidade da situação e descreve pelo menos quatro situações diferentes que ensejariam a aplicação do lucro da intervenção[23]. A primeira seria a hipótese da intervenção consciente de direito alheio, por meio da qual se retira uma vantagem inferior ao dano causado. O exemplo utilizado por Konder cuida da utilização não autorizada de um galpão alheio para realizar uma festa paga. Ao final da festa, os interventores obtêm uma vantagem patrimonial, mas os danos causados ao imóvel em decorrência da festa superam o lucro. Como se verá mais adiante, por força do princípio da subsidiariedade (art. 886 do Código Civil), nesses casos, não será possível cobrar a restituição do lucro do interventor.

O segundo exemplo imaginado consiste na violação consciente de direito alheio que proporciona uma vantagem superior ao dano causado. É o caso das campanhas de *marketing* bem-sucedidas que exploram direitos de imagens de artistas famosos sem sua autorização. A rigor, a empresa obtém lucros sem causar danos ao patrimônio da celebridade, apenas pela utilização indevida da sua imagem.

A terceira hipótese elucidada é a ocorrência de lucro sem danos. Konder exemplifica através de um jóquei que recebe a orientação do dono de determinado cavalo para não participar de dada corrida por receio de provocar uma lesão ao cavalo. O jóquei desrespeita a orientação do dono e furtivamente participa da corrida com o semovente alheio, ganhando a corrida e recebendo a premiação sem lesionar o cavalo. Nesse caso, não houve dano, mas houve lucro obtido a partir da intervenção não consentida do bem alheio.

A quarta possibilidade aventada por Konder estaria na intervenção de bem alheio, com obtenção de vantagem, mas de boa-fé, por acreditar que se tratava de direito próprio ou de ninguém, isto é, *res nullius*. Um exemplo possível é a venda por um sujeito de uma quantidade determinada de gado que acreditava ser de sua propriedade, eis que se encontravam dentro sua propriedade rural. Posteriormente, descobre esse sujeito que aquele terreno e aquele gado pertenciam ao vizinho, mas ele obteve uma vantagem econômica

---

22. KONDER, Carlos Nelson. Dificuldades de uma abordagem unitária do lucro da intervenção. In: *Revista de Direito Civil Contemporâneo*, v. 13, ano 4. São Paulo: Ed. RT, out.-dez. 2017, p. 2.
23. KONDER, op. cit., p. 3-4.

decorrente daqueles bens e direitos. Elucida Konder, em caso semelhante, porém não idêntico, que *"não houve ato ilícito, em sentido técnico, da parte do interventor, tampouco dano da parte do titular do direito, mas obteve-se vantagem a partir de direito alheio"*[24].

Por fim, pode-se ainda considerar uma nova hipótese ainda não aventada pela doutrina, a quinta, na qual a intervenção gera dano e lucro com base em suportes fático-jurídicos distintos, isto é, a mesma situação pode gerar obrigações de indenizar e restituir concomitantemente.

Imagine-se, por exemplo, o caso do artista de um artista apoiador do veganismo que tem sua imagem utilizada em propagandas de carne ou frigoríficos, ou ainda uma celebridade que se tem por pacifista em uma campanha de marketing vinculada a armas e violência. Nesses casos, pode-se cogitar da coexistência de danos morais pela evidente e *"injusta violação a uma situação jurídica subjetiva extrapatrimonial, protegida pelo ordenamento jurídico através da cláusula geral de tutela da personalidade que foi instituída e tem sua fonte na Constituição Federal, em particular e diretamente decorrente do princípio (fundante) da dignidade da pessoa humana (...)"*[25] e, ainda, lucro da intervenção em razão da exploração econômica indevida da imagem do artista.

b. Enquadramento do lucro da intervenção no ordenamento jurídico brasileiro

Antes de aplicar o lucro da intervenção à *efficient breach of contract theory* e ao problema contrato interventor, cumpre examinar o enquadramento jurídico desse instituto no ordenamento jurídico brasileiro. Com efeito, alguns autores que examinaram do lucro da intervenção se utilizam da sistematização realizada por Fernando Noronha com o intuito de justificar a obrigação de restituir a vantagem patrimonial decorrente da intervenção[26]. Como já se apresentou, segundo o autor português, as obrigações podem resultar de negócios jurídicos, da ocorrência de danos que devem ser indenizados e, por fim, oriundas da vedação ao enriquecimento sem causa[27], constituindo-se, assim, em obrigações negociais, reparatórias e restitutórias, respectivamente.

Examinando-se o conceito do lucro da intervenção, nem se cogita da possibilidade de enquadramento na primeira classificação, posto que se há a exploração não autorizada de bem ou direito, não se pode falar em celebração de negócio jurídico.

Já em relação à obrigação reparatória, à primeira vista, poder-se-ia imaginar que seria o enquadramento do fenômeno do lucro da intervenção, e demanda mais investigação acerca da compatibilidade dos institutos. Como se sabe, na responsabilidade civil, diante de um ato ilícito causador de dano, surge a obrigação de indenizar, por meio da qual se pretende colocar a vítima no mesmo *status quo* que estaria caso o dano não tivesse

---

24. KONDER, op. cit. p. 3.
25. MORAES, Maria Celina Bodin de. *Danos à Pessoa Humana: Uma Leitura Civil-Constitucional dos Danos Morais*, 2. ed. revista. Rio de Janeiro: Editora Processo, 2017, pp. 132-133.
26. Nesse sentido: KONDER, op. cit.; e SCHREIBER, SILVA, op. cit.
27. NORONHA, Fernando. *Direito das obrigações*. São Paulo: Saraiva, 2003. p. 417 e ss. Apud. SCHREIBER SILVA, op. cit., pp. 1-4.,

ocorrido. Nessa concepção, a intervenção geraria um dano indenizável, o qual deveria considerar os prejuízos efetivamente causados e, ainda, o lucro obtido pelo interventor.

A primeira opção cogitada seria enquadrar o lucro da intervenção como uma espécie de lucros cessantes presumidos. Essa visão se reflete na redação do inciso II do artigo 210 da Lei de Propriedade Industrial (Lei 9.279/1996). Segundo tal dispositivo, um dos critérios para aferição dos lucros cessantes seriam *"os benefícios que foram auferidos pelo autor da violação do direito"*.

Esse entendimento também pode ser visto em julgados das cortes brasileiras, como no caso Coca-Cola vs. CBF, o REsp 1.335.624/RJ[28]. Nesse julgado, a marca de refrigerantes veiculou uma propaganda com os ex-jogadores Bebeto, Biro-Biro e Dario, em que eles trajavam vestimentas que remetiam ao uniforme da seleção brasileira através de cores e numerações, sem autorização da CBF, detentora dos direitos de exploração de imagens relacionadas à seleção brasileira de futebol. Em razão da exploração indevida dos direitos que não pertenciam à Coca-Cola, reconheceu-se o dever de indenizar a CBF por lucros cessantes, cuja quantificação deveria levar em conta (i) contratos que demais patrocinadoras pagaram à entidade desportiva e (ii) o período em que efetivamente a propaganda circulou.

Ora, embora a questão nitidamente se refira a uma situação de lucro da intervenção – a exploração indevida de bem ou direito que não pertence ao interventor –, o caso foi resolvido através dos lucros cessantes para dirimir o que deveria ser retirado do patrimônio da Coca-Cola, interventora, para a CBF, titular dos direitos de exploração de imagens.

Contudo, essa visão parece desvirtuar a previsão legal do direito brasileiro de que a indenização se mede pela extensão do dano (art. 944 do Código Civil). Em vez de se olhar para a vítima e colocá-la na posição em que estaria se o dano não ocorresse, olhar-se-ia, sem previsão legal, para o infrator a fim colocá-lo na posição que estaria se não tivesse interferido em bem ou direito alheio. A tentativa de enquadramento do lucro da intervenção nos lucros cessantes da responsabilidade civil não parece, portanto, uma boa solução.

Uma alternativa, ainda no âmbito da responsabilidade civil, seria reconhecer, como se tem feito na seara jurisprudencial e doutrinária, que a indenização não tem unicamente o condão de ressarcir os danos causados, mas também teria alguma função punitiva ou pedagógica. Novamente, conquanto notáveis estudiosos sigam essa orientação[29], o teor do art. 944 do Código Civil leva o intérprete à conclusão de que a responsabilidade civil no ordenamento jurídico brasileiro tem função exclusivamente reparatória. Nesse sentido, a doutrina de Carlos Nelson Konder oferece ainda mais alguns argumentos contrários a atribuição de caráter punitivo à responsabilidade civil:

---

28. STJ. REsp 1.335.624/RJ, rel. Min. Ricardo Villas Bôas Cueva, 3ª turma, j. 5.12.2013.
29. Por todos, destaque-se: ROSENVALD, Nelson. *As funções da responsabilidade civil*: a reparação e a pena civil. 3. ed. São Paulo: Saraiva, 2017.

> *"Entretanto, cumpre relembrar que não são poucos os problemas decorrentes da atribuição de uma função punitiva às verbas indenizatória sem a devida previsão legal: uma vez não prevista em lei, a função punitiva significa punição sem prévia cominação, conferindo um cheque em branco para o juiz cível ferir o princípio criminal da tipicidade (nullum crimen, nulla poena sine lege); vários atos geradores também são crimes, o que acarretaria um bis in idem, especialmente com a previsão de sanção pecuniária no direito penal (Lei 9.714/98); tramitando na vara cível, a ação segue os mecanismos processuais (recursais) do direito civil, sem as garantias típicas do procedimento penal; efeito punitivo é mitigado no âmbito civil porque nem sempre o responsável direto é o culpado, como nos casos de seguro de dano; enfim, mistura-se reparação com punição, e enquanto a punição considera dano causado, a responsabilidade civil considera o dano sofrido"*[30].

Destarte, considerando essa interpretação do art. 944 do Código Civil, a responsabilidade civil se revelará insuficiente para englobar todas as hipóteses demonstradas de lucro por intervenção, eis que há casos em que o lucro obtido supera o dano e mesmo situações em que não há qualquer dano, mas há lucro do interventor.

Por essas razões, o lucro da intervenção não pode ser enquadrado no âmbito da responsabilidade civil, isto é, como uma obrigação que deriva da ocorrência de um dano causado.

Por fim, restam as obrigações restitutórias, oriundas da vedação ao enriquecimento sem causa, que encontram seu principal fundamento normativo no art. 884 do Código Civil. A grande vantagem desse enquadramento é a sua adequação à teoria da destinação dos bens, segundo a qual as vantagens decorrentes de um direito pertencem ao seu titular[31]. Consequentemente, a um não titular não é permito que se locuplete por meio da exploração de bem ou direito da esfera jurídica de outrem.

Além disso, outra vantagem é que, como se viu, a vedação ao enriquecimento sem causa abarca, pelo menos em abstrato, todas as hipóteses imaginadas no Capítulo *supra*, vez que a obrigação restitutória se manterá válida sempre que o dano for inferior ao lucro obtido com a intervenção. Essa foi a orientação adotada no Enunciado 620 da VIII Jornada de Direito Civil, nos seguintes termos:

> *"A obrigação de restituir o lucro da intervenção, entendido como a vantagem patrimonial auferida a partir da exploração não autorizada de bem ou direito alheio, fundamenta-se na vedação do enriquecimento sem causa."*

De fato, a discordância acerca do enquadramento jurídico do lucro da intervenção na doutrina e na jurisprudência parece ter decrescido ao longo do tempo. Nesse sentido, o STJ já teve a oportunidade de reconhecer a aplicação do lucro da intervenção como obrigação restitutória na prática, consagrando de vez o instituto e a relevância de seu estudo.

A primeira vez que o lucro da intervenção foi discutido na e. Corte Superior foi no âmbito do REsp 1.552.434/GO[32], julgado pela Segunda Seção do STJ. De forma resumi-

---
30. KONDER, op. cit., p. 5.
31. KONDER, op. cit., p. 5.
32. STJ. REsp 1.552.434/GO. rel. Min. Paulo de Tarso Sanseverino, j. 13.6.2018.

da, a controvérsia residia na possibilidade de incidência de juros moratórios previstas nos contratos de mútuo feneratício celebrados com instituição financeira, no caso de repetição de indébito cobrado. Isso porque as instituições financeiras se utilizavam dos recursos indevidamente cobrados para celebrar outros contratos de mútuos, ampliando, assim, seus lucros. A vantagem obtida com os empréstimos posteriores, isto é, com valores indevidamente cobrados dos empréstimos anteriores, não integra o dano suportado pelos primeiros mutuários. Assim, essa parcela de patrimônio ilegitimamente obtida não teria solução pela simples aplicação da responsabilidade civil.

Resta clara, portanto, a pertinência do tema com o caso narrado, o que foi notado pela Corte. O voto do relator, Ministro Paulo de Tarso Sanseverino, contou com uma ampla digressão sobre o tema, inclusive citando alguns dos autores aqui também referenciados. A despeito de toda a importância conferida ao lucro da intervenção, a tese fixada pelo Tribunal entendeu por não aplicar o lucro da intervenção, na seguinte forma: "*Tese aplicável a todo contrato de mútuo feneratício celebrado com instituição financeira mutuante: "Descabimento da repetição do indébito com os mesmos encargos do contrato*".

O entendimento da Corte foi que a repetição de indébito que utilizasse a taxa contratada acabaria obrigando a instituição financeira a restituir mais do que ela efetivamente auferiu, eis que parte dos juros *"é destinada a cobrir os seus custos operacionais e os riscos da operação de crédito"*, e não somente à obtenção de lucro. Curiosamente, a *ratio decidendi* do julgado foi a justamente preocupação com o enriquecimento sem causa inverso.

No entanto, ressalva-se que a correta compreensão da palavra lucro seria capaz de resolver a questão, posto que este resultaria da operação aritmética de subtração dos juros cobrados menos o que foi dispendido com custos operacionais e riscos. Não obstante, de fato, no caso concreto, parece ser muito difícil a apuração do que foi destinado a lucro e o que foi destinado a despesas, de modo que a postura conservadora da Segunda Seção do STJ se revela compreensível. Evidência disso é a linguagem cuidadosa do voto do Ministro Relator Paulo de Tarso Sanseverino:

> *"Ante esse cenário do lucro da intervenção, torna-se prudente, no presente recurso repetitivo, fixar uma tese que não impeça a evolução da jurisprudência.*
>
> *Nessa esteira, propõe-se uma tese menos abrangente, apenas para eliminar a possibilidade de se determinar a repetição com base nos mesmos encargos praticados pela instituição financeira, pois esses encargos, como já visto, não correspondem ao dano experimentado pela vítima, tampouco ao lucro auferido pelo ofensor"*[33].

Já no recurso especial 1.698.701/RJ[34], a e. Terceira Turma do STJ reconheceu a aplicação do lucro da intervenção em razão do uso não autorizado do nome e imagem da atriz Giovana Antonelli em campanha publicitária. Observe-se que a fundamentação exposta na ementa do julgado, que está em linha com o enquadramento do lucro da intervenção no âmbito do enriquecimento sem justa causa:

---

33. STJ. REsp 1.552.434/GO. Rel. Min. Paulo de Tarso Sanseverino, j. 13.6.2018.
34. STJ. REsp 1.698.701/RJ, rel. Min. Ricardo Villas Bôas Cueva, Terceira Turma, j. 02.10.2018.

"RECURSO ESPECIAL. DIREITO CIVIL. USO INDEVIDO DE IMAGEM. FINS COMERCIAIS. ENRIQUECIMENTO SEM CAUSA. ART. 884 DO CÓDIGO CIVIL. JUSTA CAUSA. AUSÊNCIA. DEVER DE RESTITUIÇÃO. LUCRO DA INTERVENÇÃO. FORMA DE QUANTIFICAÇÃO (...). 2. Ação de indenização proposta por atriz em virtude do uso não autorizado de seu nome e da sua imagem em campanha publicitária. Pedido de reparação dos danos morais e patrimoniais, além da restituição de todos os benefícios econômicos que a ré obteve na venda de seus produtos. 3. Além do dever de reparação dos danos morais e materiais causados pela utilização não autorizada da imagem de pessoa com fins econômicos ou comerciais, nos termos da Súmula 403/STJ, *tem o titular do bem jurídico violado o direito de exigir do violador a restituição do lucro que este obteve às custas daquele*. 4. *De acordo com a maioria da doutrina, o dever de restituição do denominado lucro da intervenção encontra fundamento no instituto do enriquecimento sem causa, atualmente positivado no art. 884 do Código Civil*. 5. O dever de restituição daquilo que é auferido mediante indevida interferência nos direitos ou bens jurídicos de outra pessoa tem a função de preservar a livre disposição de direitos, nos quais estão inseridos os direitos da personalidade, e de inibir a prática de atos contrários ao ordenamento jurídico. 6. A subsidiariedade da ação de enriquecimento sem causa não impede que se promova a cumulação de ações, cada qual disciplinada por um instituto específico do Direito Civil, sendo perfeitamente plausível a formulação de pedido de reparação dos danos mediante a aplicação das regras próprias da responsabilidade civil, limitado ao efetivo prejuízo suportado pela vítima, cumulado com o pleito de restituição do indevidamente auferido, sem justa causa, às custas do demandante. 7. *Para a configuração do enriquecimento sem causa por intervenção, não se faz imprescindível a existência de deslocamento patrimonial, como o empobrecimento do titular do direito violado, bastando a demonstração de que houve enriquecimento do interventor*. 8. Necessidade, na hipótese, de remessa do feito à fase de liquidação de sentença para fins de quantificação do lucro da intervenção, observados os seguintes critérios: a) apuração do quantum debeatur com base no denominado lucro patrimonial; b) delimitação do cálculo ao período no qual se verificou a indevida intervenção no direito de imagem da autora; c) aferição do grau de contribuição de cada uma das partes e d) distribuição do lucro obtido com a intervenção proporcionalmente à contribuição de cada partícipe da relação jurídica"[35] (g.n.).

Assim sendo, não parece haver mais dúvida relevante acerca do correto enquadramento do instituto no ordenamento jurídico brasileiro. Não obstante, tal enquadramento exige que se estude também os requisitos e especificidades do enriquecimento sem causa para a melhor compreensão dos limites do lucro da intervenção.

c. Requisitos para aplicação do lucro da intervenção como enriquecimento sem causa

Como visto, uma vez devidamente situado o instituto do lucro da intervenção como obrigação restitutória, cumpre perquirir as especificidades do enriquecimento sem causa. Segundo a doutrina, pode-se considerar que há quatro requisitos para a configuração do enriquecimento sem causa.

O primeiro é a verificação de um enriquecimento efetivo, que não pode ser futuro ou hipotético. O enriquecimento é um termo amplo, e consiste em um benefício de natureza patrimonial, que pode ocorrer tanto pelo aumento patrimonial, quanto pela perda evitada[36].

---
35. STJ. REsp 1.698.701/RJ, rel. Min. Ricardo Villas Bôas Cueva, Terceira Turma, j. 02.10.2018.
36. MORAES, Renato Duarte Franco de. *Enriquecimento sem causa: e o enriquecimento por intervenção*. São Paulo: Almedina, 2021, p. 197.

Há dois critérios para a mensuração do enriquecimento: o real e o patrimonial. No primeiro, analisa-se objetivamente o que foi acrescido ao patrimônio de determinada pessoa, o valor da vantagem obtida. No segundo, observa-se a diferença entre "*a realidade e a situação hipotética que se verificaria caso o enriquecimento sem causa não tivesse se verificado*"[37]. Ou seja, trata-se da comparação da situação concreta do patrimônio do enriquecido, isto é, "*da diferença entre a variação efetiva no patrimônio do enriquecido e a vantagem hipotética que ocorreria caso não houvesse acontecido o fato gerador do enriquecimento*"[38].

O segundo requisito determina que o enriquecimento se dê às custas de outrem. Daí se extrai uma relevante conclusão que pode parecer contraintuitiva, qual seja, a *contratio sensu*, não é necessária a ocorrência de empobrecimento correlacionado ao enriquecimento sem causa para que este instituto se configure no caso concreto. Ao contrário da responsabilidade civil e da obrigação de indenizar, que têm como pressuposto a existência do dano, a obrigação de restituir prescinde do decréscimo patrimonial, bastando que haja o enriquecimento indevido. As atenções não se voltam para o patrimônio do ofendido, mas sim para o do ofensor. No caso do lucro da intervenção, o enriquecimento às custas de outrem se dá por meio da exploração de direito ou bem alheio sem autorização.

Investigue-se, ainda, a qualificação do enriquecimento, ou seja, a inexistência de justa causa. Em síntese, trata-se de verificar a existência ou não de justo título jurídico para legitimar o enriquecimento. De forma mais técnica, cuida-se de realizar "*juízo de reprovabilidade à luz da tábua axiológica constitucional*" para examinar a justa causa do título, ou seja, sua idoneidade[39].

Por fim, o último requisito é a subsidiariedade do enriquecimento sem causa, conforme estabelecido pelo art. 886 do Código Civil, segundo o qual "*[n]ão caberá a restituição por enriquecimento, se a lei conferir ao lesado outros meios para se ressarcir do prejuízo sofrido*".

Nesse ponto, não se pode afastar de pronto a *actio in rem* verso sempre que outra ação específica for cabível no caso concreto. A melhor interpretação imprime à subsidiariedade um sentido mais estrito, no qual a ação com fundamento no enriquecimento em causa só poderá ser rejeitada pela subsidiariedade "*se por intermédio destas outras pretensões o titular do direito conseguir obter o mesmo ou um resultado mais favorável do que aquele que faria jus se exercesse a pretensão de enriquecimento sem causa*"[40].

Desse modo, não há dúvidas acerca do cabimento da ação de restituição sempre que o lucro do interventor superar o dano causado, ou, como já se viu, quando o lucro intervencional e o dano derivarem de suportes fáticos diferentes.

---

37. MORAES, op. cit., p. 199.
38. SILVA, Rodrigo da Guia. Contornos do enriquecimento sem causa e da responsabilidade civil: estudo a partir da diferença entre lucro da intervenção e lucros cessantes. Civilistica.com – Revista Eletrônica de Direito Civil, v. 5, 2016, p. 12.
39. SILVA, op. cit., p. 16.
40. SAVI, Sérgio. *Responsabilidade civil e enriquecimento sem causa: o lucro da intervenção*. São Paulo: Atlas, 2012, p. 119.

Fixadas as bases pela qual a subsidiariedade do enriquecimento sem causa deve ser compreendida, conclui-se também que é plenamente possível a cumulação das ações indenizatórios e restitutórias, desde que de acordo com os parâmetros expostos acima.

5. O LUCRO DA INTERVENÇÃO E O INADIMPLEMENTO EFICIENTE

Realizadas todas essas considerações acerca do lucro da intervenção, chega a hora de se voltar ao exemplo das vacinas, descrito no Capítulo III. Como se viu, o vendedor das vacinas aproveitou uma nova emergência sanitária e aumento dos preços para descumprir voluntariamente o contrato, certo de que seu lucro com o *contrato interventor* seria de tal monta que lhe permitiria pagar todas as indenizações e ainda obter um lucro adicional, uma aparente perfeita aplicação da *efficient breach theory*.

Sucede que o lucro da intervenção se mostra plenamente possível a incidir nesses casos, tornando o inadimplemento ineficiente, ou pelo menos indiferente do ponto de vista econômico, isto é, o descumprimento do contrato não trará nenhuma vantagem ao devedor.

Partindo-se da premissa que as vacinas não são mais recuperáveis, ocorre o inadimplemento absoluto. O credor da obrigação terá direito à resolução contratual (art. 475, CC), a prestação por equivalente e, em ambos os casos ou de forma autônoma, a indenização pelos danos causados, que englobam os danos materiais e lucros cessantes (art. 389, CC)[41].

Com efeito, considerando que o lucro foi superior ao dano, condição inafastável diante da subsidiariedade do instituto (art. 886, CC), parece-nos que o devedor se enriqueceu ilicitamente às custas do credor (art. 884), o que permite a aplicação do enriquecimento sem causa para restituir o lucro ilegitimamente auferido a partir do segundo contrato, ou *contrato interventor*.

A solução é objeto de controvérsia. Muitos podem considerar que o contrato interventor configuraria um justo título legítimo para a obtenção de enriquecimento.

No entanto, tal análise se limita ao aspecto estrutural da relação jurídica, ou seja, de que as partes são livres para contratar e, portanto, todo contrato seria uma causa lícita para o enriquecimento.

Ocorre que, por meio de uma análise funcional do caso concreto, percebe-se que o lucro obtido com o contrato interventor somente se realizou por meio do consciente e deliberado inadimplemento do primeiro contrato. Não se pode olvidar que o inadimplemento é um ato ilícito de contrariedade ao ordenamento jurídico, do qual o direito não poderia permitir que se extraia benefícios. Afinal, a liberdade de contratar tem como corolário lógico a obrigação de cumprir com o que foi contratado, representada pela expressão *pacta sunt servanda*.

---

41. Embora hipoteticamente possível, ressalve-se que não parece ser cabível a indenização por algum dano moral no exemplo desenvolvido, tendo em vista que se trata de mero inadimplemento numa relação comercial entre pessoas jurídicas isonômicas.

Assim, o inadimplemento deliberado do contrato por mera intenção de contratar com outrem não pode ser entendido como uma justa causa para fins de enriquecimento patrimonial (art. 884 do CC). Como bem observaram Aline de Miranda Valverde Terra e Gisela Sampaio da Cruz Guedes, inexiste um direito potestativo do devedor a optar entre o adimplemento e o inadimplemento, eis que vige no direito brasileiro a força vinculatória dos contratos. Veja-se as valiosas ponderações:

> "Ademais, do ponto de vista meramente estrutural, a aplicação da teoria do enriquecimento sem causa enfrentaria dificuldades. Isso, porque, a rigor, há título jurídico legítimo justificador do incremento patrimonial: o segundo contrato. Não haveria, numa primeira análise meramente estrutural, lucro ilícito se o contratante cumprisse a lei e as disposições do contrato relativas às penalidades pelo inadimplemento. Assim, observadas a lei e as cláusulas contratuais incidentes em caso do inadimplemento, o descumprimento do contrato poderia resultar, ao fim e ao cabo, lucrativo para o inadimplente.
>
> Semelhante raciocínio, todavia, não merece prosperar. Há de se superar análise exclusivamente formal e estrutural da teoria do enriquecimento sem causa em favor de concepção funcional, que abarque não apenas as situações em que o enriquecimento não está calcado em título jurídico, mas também aquelas em que, posto haja título jurídico, ele se afigura ilegítimo, já que a sua constituição só foi possível em razão do deliberado inadimplemento contratual, que não encontra respaldo no direito brasileiro.
>
> Com efeito, os contratos se regem pelo princípio da obrigatoriedade, bem revelado no brocardo *pacta sunt servanda*. O devedor está adstrito ao cumprimento da prestação que lhe incumbe, não ostentando pretenso direito potestativo de optar entre o adimplemento e o inadimplemento com pagamento de perdas e danos. O inadimplemento é risco inerente ao contrato, e como todo risco, é evento incerto, que pode se implementar por ato culposo do devedor. Não pode, todavia, o devedor concretizá-lo dolosamente a fim de obter proveitos econômicos. Embora para fins de indenização não seja relevante se o devedor agiu com dolo ou culpa, para fins de enriquecimento sem causa a distinção assume importância, já que a atuação dolosa torna ilegítimo o lucro auferido, atraindo o regime mais gravoso que o direito civil aplica para quem age de má-fé"[42].

Ressalte-se que tal entendimento já havia sido manifestado por Bernardo Salgado. O autor, além de identificar inúmeros obstáculos ao transplante da teoria do inadimplemento eficiente ao ordenamento jurídico prático, consignou que o lucro da intervenção seria instrumento possível para a remoção do lucro do interventor a depender da demonstração do nexo causal entre o primeiro contrato e o contrato interventor. Confira-se:

> "De nossa parte, não descartaríamos, por completo, a possibilidade de aplicação do *disgorgement*. Em juízo de merecimento de tutela que considere todos os valores envolvidos na relação, parece-nos possível afirmar que o título jurídico que serve de suporte para o enriquecimento não é título que possa ser considerado plenamente justo. Há um segundo contrato, é verdade. Esse segundo contrato, porém, só pôde ser celebrado em razão de voluntário e consciente inadimplemento que o ordenamento jurídico não autoriza nem tolera, razão pela qual, em determinadas circunstâncias, deve ser tachado de injusto.

---

42. TERRA, Aline de Miranda Valverde. GUEDES, Gisela Sampaio da Cruz. Revisitando o Lucro da Intervenção: novas reflexões para problemas antigos. In: TERRA, Aline de Miranda Valverde. GUEDES, Gisela Sampaio da Cruz (Coord.). *Inexecuções das obrigações*: pressupostos, evolução, remédios – v. II. Rio de Janeiro: Processo, 2021, p. 461.

Crucial, então, será avaliar o nexo causal existente entre o primeiro negócio e o segundo. Caso se constate a existência de um verdadeiro amálgama entre o inadimplemento do primeiro contrato e a celebração do subsequente, permitindo-se afirmar a conexão direta e imediata entre os dois eventos, pensamos que não é de se descartar em absoluto a aplicação do *disgorgement of profits*, sem prejuízo de toda análise mais cuidadosa que o instituto merece em sede particular"[43].

Desse modo, conclui-se que o lucro da intervenção, por meio da tutela ressarcitória, revela-se instrumento apto a inviabilizar a ocorrência do inadimplemento eficiente no ordenamento jurídico brasileiro, pelo menos nos casos similares aos tratados nesse artigo, nos quais se verifica o problema do contrato interventor.

6. CONCLUSÃO

O presente artigo, então, observa que a *efficiet breach of contract theory* surge dentro de um contexto normativo de *common law* específico do direito estadunidense, e são vários os elementos que o tornam suscetível de aplicação, que mesmo lá é controversa. A teoria somente se perfaz no caso de aplicação do interesse pela *expectation damages*, colocando o credor na situação econômica que estaria caso o contrato fosse cumprido, e da *liability rule*, que tornam a obrigação genérica de pagamento em pecúnia uma obrigação alternativa à execução específica da obrigação.

Já no direito brasileiro, que se desenvolveu a partir da tradição continental romano-germânica, a situação é outra. No caso do inadimplemento de determinada obrigação ser relativo, isto é, ainda possível e útil ao credor, sempre será possível exigir o cumprimento específico da obrigação, de modo que o devedor não poderá optar voluntariamente entre a prestação genérica e a específica.

Em relação ao inadimplemento absoluto, revela-se que o regime de reparação dos danos pela responsabilidade civil contratual, em tese, poderia permitir a ocorrência do inadimplemento eficiente do contrato, segundo a concepção de seus defensores. Contudo, vislumbra-se a possibilidade de aplicação do lucro da intervenção pelo credor, fundada no enriquecimento sem causa (art. 884 do Código Civil) a determinados casos de um segundo contrato interventor, de modo a tornar o inadimplemento da obrigação ineficiente ou, ao menos, neutro do ponto de vista econômico. Tudo isso a revelar a inaplicabilidade da *efficient breach of contract* no ordenamento jurídico brasileiro a casos similares aos que foram tratados nesse estudo, salvo no caso de convencionada pelas partes uma faculdade do credor cumprir a obrigação específica ou a execução genérica como obrigações alternativas.

Com a finalidade de manter sua objetividade, o presente artigo não teve como pretensão esgotar o tema, mas sim analisar a compatibilidade da teoria do inadimplemento eficiente na hipótese do contrato interventor à luz do direito comparado entre o

---

43. SALGADO, Bernardo. A teoria do inadimplemento eficiente (efficient breach theory) e o ordenamento jurídico brasileiro. In: TERRA, Aline de Miranda Valverde; GUEDES, Gisela Sampaio da Cruz (Coord.). *Inexecução das obrigações. Pressupostos, evolução e remédios*. v. 1. Rio de Janeiro: Processo, 2020. p. 273.

estadunidense e o brasileiro, consideradas suas distintas tradições e culturas jurídicas. O tema ainda merece ser objeto de estudo sob diferentes prismas, como a análise de condutas dos agentes racionais e econômicos, a visão jurídica e moral do que é socialmente desejável e, principalmente, a utilização da teoria como suposta prescrição normativa e sua confrontação com diversos outros institutos, como a boa-fé, a teoria do terceiro cúmplice, entre outros, com a qual o presente artigo procurou contribuir.

7. BIBLIOGRAFIA

ALBANESE, Antonio. *Ingiustizia del profitto e arricchimento senza causa*. Verona: CEDAM, 2005.

ALVIM, Agostinho. *Da inexecução das obrigações e suas consequências*. 5. ed. São Paulo: Saraiva, 1949.

BIRMINGHAM, Robert. L. Breach of Contract, Damage Measures, and Economic Efficiency, *Articles by Maurer Faculty*, 1970.

FAJNGOLD, Leonardo; SALGADO, Bernardo; GUERCHON, Dan. Lucro da intervenção: a disciplina e os julgamentos pioneiros no Superior Tribunal de Justiça. *Revista Brasileira de Direito Civil – RBDCivil*, Belo Horizonte, v. 21, jul./set. 2019.

FILHO, José Inácio Ferraz de Almeida Prado. A teoria do inadimplemento eficiente e os custos de transação. In: *Revista de Direito Mercantil, industrial, econômico e financeiro*, Nova Série, Ano XLVIII, n. 151/152, pp. 240-255, jan./dez. 2009.

FRITZ. Karina Nunes. Justiça da Bélgica ordena AstraZeneca fornecer vacina, sob pena de multa. Coluna German Report. Portal: Migalhas, 27.07.2021. Disponível em: https://www.migalhas.com.br/coluna/german-report/349126/justica-ordena-astrazeneca-fornecer-vacina-sob-pena-de-multa. Acesso em: 30 ago.2021.

FULLER, Lon. PERDUE JUNIOR, William M. The Reliance Interest in Contract Damages 1. *Yale Law Journal*, v. 46.

GUEDES, Gisela da Cruz. *Lucros Cessantes*: do bom senso ao postulado normativo da razoabilidade. São Paulo: Ed. RT, 2011.

GOETZ, Charles J.; SCOTT, Robert E. Liquidated damages, penalties and the just compensation principle: some notes on an enforcement model and a theory of efficient breach. *Columbia Law Review*, v. 77, pp. 554-594, 1977.

KONDER, Carlos Nelson. Dificuldades de uma abordagem unitária do lucro da intervenção. In: *Revista de Direito Civil Contemporâneo*, v. 13, ano 4. São Paulo: Ed. RT, out.-dez. 2017.

KONDER, Carlos Nelson; SAAR, Patrick. A relativização do duplo limite e da subsidiariedade nas ações por enriquecimento sem causa. In: TEPEDINO, Gustavo; TEIXEIRA, Ana Carolina Brochado; ALMEIDA, Vitor (Coord.). *Da dogmática à efetividade do Direito Civil*: Anais do Congresso Internacional de Direito Civil Constitucional – IV Congresso do IBDCIVIL. Belo Horizonte: Fórum, 2017.

LINS, Thiago. *O lucro da intervenção e o direito à imagem*. Rio de Janeiro: Lumen Juris, 2016.

LINZER, Peter. "On the amorality of contract remedies – efficiency, equity and the second restatement". In: *Columbia Law Review*, v. 81, n. 1, p. 111-139, jan. 1981.

Macneil, Ian R. "Efficient Breach of Contract: Circles in the Sky." *Virginia Law Review*, vol. 68, no. 5, 1982, pp. 947-969. JSTOR, https://doi.org/10.2307/1072886. Accessed 26 jun. 2022.

MARKOVITS, Daniel; SCHWARTZ, Alan. *The myth of efficient breach*. Faculty Scholarship Series, Paper 93, 2010. Disponível em: http://digitalcommons.law.yale.edu/fss_papers/93.

MARTINS, José Eduardo Figueiredo de Andrade. *Inadimplemento eficiente do contrato. Quando o Descumprimento do Contrato é Vantajoso para Uma das Partes*. Curitiba: Juruá, 2020.

MORAES, Maria Celina Bodin de. *Danos à Pessoa Humana: Uma Leitura Civil-Constitucional dos Danos Morais*. 2. ed. revista. Rio de Janeiro: Editora Processo, 2017.

MORAES, Renato Duarte Franco de. *Enriquecimento sem causa: e o enriquecimento por intervenção*. São Paulo: Almedina, 2021.

MORAIS, Fernando Vinícius Tavares Magalhães. *Inadimplemento eficiente nos contratos empresariais à luz do direito brasileiro atual*, 2019. Disponível em: https://repositorio.ufmg.br/bitstream/1843/DIRS-BCC-NU3/1/inadimplemento_eficiente_nos_contratos_empresariais___luz_do_direito__brasileiro_atual.pdf.

NORONHA, Fernando. *Direito das obrigações*. São Paulo: Saraiva, 2003.

PELA, Juliana Krueger. "Inadimplemento eficiente" (*efficient breach*) nos contratos empresariais. In: *Caderno do Programa de Pós-Graduação em Direito PPGDir./UFRGS*, Edição digital, Porto Alegre, v. XI, n. 2, 2016.

PINTO, Paulo Mota. *Interesse contratual negativo e interesse contratual positivo*. Coimbra: Coimbra Editora, 2009. v. 1.

ROSENVALD, Nelson. *A Responsabilidade Civil pelo Ilícito Lucrativo*: o disgorgement e a indenização restitutória. Salvador: Editora JusPodivm, 2019.

SALGADO, Bernardo. A teoria do inadimplemento eficiente (efficient breach theory) e o ordenamento jurídico brasileiro. In: TERRA, Aline de Miranda Valverde; GUEDES, Gisela Sampaio da Cruz (Coord.) *Inexecução das obrigações. Pressupostos, evolução e remédios. v. 1*. Rio de Janeiro: Processo, 2020.

SAVI, Sérgio. *Responsabilidade civil e enriquecimento sem causa: o lucro da intervenção*. São Paulo: Atlas, 2012.

SCALISE JR., Ronald. Why no efficient breach in civil law? *The American Journal of Comparative Law*, v. 55, n. 4, 2007.

SCHREIBER, Anderson. *Novos paradigmas da responsabilidade civil: da erosão dos filtros da reparação à diluição dos danos*. 6. ed. São Paulo: Atlas, 2015.

SCHREIBER, Anderson; SILVA, Rodrigo da Guia. Lucro da intervenção: perspectivas de qualificação e quantificação. In: HIRONAKA, Giselda Maria F. Novaes; e SANTOS, Romualdo Baptista dos (Org.). *Direito civil*: estudos – coletânea do XV Encontro dos Grupos de Pesquisa – IBDCIVIL. São Paulo: Blucher, 2018. v. 1.

SILVA, Rodrigo da Guia. Alvorecer do lucro da intervenção na jurisprudência do STJ. *JOTA*, 06 jan. 2019. Acesso em 15.10.2020.

SILVA, Rodrigo da Guia. Contornos do enriquecimento sem causa e da responsabilidade civil: estudo a partir da diferença entre lucro da intervenção e lucros cessantes. *Civilistica.com -- Revista Eletrônica de Direito Civil*, v. 5, 2016.

TERRA, Aline de Miranda Valverde; e GUEDES, Gisela Sampaio da Cruz. Considerações acerca da exclusão do lucro ilícito do patrimônio do agente ofensor. In: *Revista da Faculdade de Direito - RFD-UERJ*. Rio de Janeiro, n. 28, dez. 2015.

TERRA, Aline de Miranda Valverde. GUEDES, Gisela Sampaio da Cruz. Revisitando o Lucro da Intervenção: novas reflexões para problemas antigos. In: TERRA, Aline de Miranda Valverde. GUEDES, Gisela Sampaio da Cruz (Coord.). *Inexecuções das obrigações*: pressupostos, evolução, remédios – v. II. Rio de Janeiro: Processo, 2021.

WILKINSON-RYAN, Tess. Do Liquidated Damages Encourage Breach? A Psychological Experiment. In: *108 Michigan Law Review* 633, 2010. Disponível em: http://ssrn.com/abstract=1299817.

STJ. REsp 1.594.865/RJ, rel. Min. Luis Felipe Salomão, 4ª T., j. 20.06.2017.

STJ. REsp 1.552.434/GO. rel. Min. Paulo de Tarso Sanseverino, j. 13.6.2018.

STJ. REsp 1.335.624/RJ, rel. Min. Ricardo Villas Bôas Cueva, 3ª T., j. 05.12.2013.

STJ. REsp 1.698.701/RJ. rel. Min. Ricardo Villas Bôas Cueva. 3ª T, j. 02.10.2018.

TJSP. Apelação 7155293-9, rel. Des. Pedro Alexandrino Ablas. Órgão julgador: 14ª Câmara de Direito Privado, j. 09.04.2008, Dj. 09.04.2008.

BRASIL. Conselho da Justiça Federal. VIII Jornada de Direito Civil, dias 26 e 27 de abril de 2018. Disponível em: https://www.cjf.jus.br/cjf/corregedoria-da-justica-federal/centro-de-estudos-judiciarios-1/publicacoes-1/jornadas-cej/viii-enunciados-publicacao-site-com-justificativa.pdf. Acesso em: 20.10.2020.

RESTATEMENT (SECOND) OF CONTRACTS § 344 (1981).

A REPARAÇÃO CIVIL DO DANO DA MORTE EM PORTUGAL E ESPANHA: CONTRIBUIÇÕES PARA DO DIREITO DA RESPONSABILIDADE CIVIL NO BRASIL

Marcelo Marques Cabral

Mestre e doutorando em Direito pela Faculdade de Direito do Recife - UFPE. Juiz de Direito - TJPE. Professor da Escola Superior da Magistratura de Pernambuco - Esmape.

Sumário: 1. O dano da morte. Contextualização do tema – 2. Conceito, natureza jurídica e estruturação teórica – 3. O direito de estar vivo e de lutar pela vida – 4. A reparação civil do dano decorrente da morte propriamente dita para vítima. Óbices e refutações; 4.1 Óbice primeiro. Ausência de capacidade jurídica do morto para contrair direitos. Refutações; 4.2 Óbice segundo. Impossibilidade de o direito à reparação se dar no patrimônio do ofendido. Refutações; 4.3 Óbice terceiro. Impossibilidade de se somar duas reparações para os herdeiros do morto ao mesmo tempo. Refutações; 4.4 Óbice quarto. Impossibilidade de reparação e compensação da dor para alguém já falecido – 5. Sobre o tema no direito dos países ibéricos; 5.1 O direito espanhol; 5.2 O direito português; 5.3 Contribuições para a reparação do dano da morte no direito brasileiro – 6. Conclusões – 7. Referências bibliográficas.

1. O DANO DA MORTE. CONTEXTUALIZAÇÃO DO TEMA

A morte sempre se constituiu em um tabu para o ser humano desde os tempos mais longínquos e, lhe dar com ela – ou até com a sua possibilidade -, gerou na psique humana diversos sentimentos desde aqueles da sua aceitação tranquila, máxime quando decorrente de processo natural de envelhecimento e de aparecimento de doenças dele decorrentes, até aqueles sentimentos maiores de repulsa, medo e não aceitação. Com isso, surgiram os mitos e a pluralidade de cultos aos mortos verificados desde as populações Greco-Itálicas e Arianas do oriente até aquelas mais próximas do presente, a exemplo da religião hindu, como conta Fustel de Coulanges.

Os mortos constituíam em espécies de deuses e eram vistos – como se vivos estivessem – sempre a depender das ablações e da adoração dos parentes vivos. Cria-se mesmo que os mortos dependiam de vestuário, vasos, armas etc.; pois sua alma sentia falta do solo pátrio, do túmulo da família, das coisas corpóreas que só os parentes mais próximos poderiam oferecer, sob pena de infernizar os omissos durante o percurso de suas vidas terrenas[1]. O culto ao deus do lar e da família, destarte, era algo impreterível e de extrema necessidade emocional para esses povos.

Evidentemente que cultuar os seus mortos e seus lares condicionavam os sucessores deles, constituídos pela religião, à doce ilusão de que ali permaneceriam vivos, não só em

---

1. COULANGES. Fustel de. *A cidade antiga*. Trad. Fernando de Aguiar. São Paulo: Martins Fontes, 2004, p. 7-15.

memória, mas, em realidade, a aplacar os sentimentos de caráter negativo decorrentes da cessação da vida do ente querido.

As religiões politeístas sobreviventes até os dias atuais e as monoteístas, as quais constituem regra na sociedade ocidental que se vivencia, cada qual com suas idiossincrasias, têm sua visão sobre a morte e o destino dos espíritos, muitas vezes com base nos rituais mais "rudimentares" das "cidades antigas" sem que se possa perceber tão facilmente tal fenômeno de natureza histórico-antropológica.

O Direito não se arvora a construir um conceito de "morte", porém, boa parte dos cultores da medicina e da filosofia no campo da ética, por parte de seus estudiosos, observada sob o ponto de vista biológico, não a enxerga como um fenômeno instantâneo, mas sim enquanto um processo, ou melhor, "uma série de processos", nas precisas palavras da professora de filosofia e teoria geral do direito da USP, Maria Celeste Cordeiro Leite dos Santos, para quem

> Com efeito, levando-se em consideração a diferente resistência vital das células, tecidos, órgãos e sistemas, que integram o corpo à privação de oxigênio, forçoso é admitir que a morte é um verdadeiro 'processo incoativo' que passa por diversos estágios no devir do tempo[2].

Na ciência médica o conceito de morte cerebral, como um método definitivo para se avaliar o momento em que a pessoa de fato já não coexiste entre os vivos, vem sofrendo críticas, posto que da morte surgem efeitos de ordem antropológica, jurídica, social e médica. Aliás, como adverte o professor de bioética Antônio Puca, existem várias correntes conceituais para a própria morte cerebral e adverte:

> O conceito de morte como perda irreparável daquilo que é essencialmente significativo da natureza humana, e o consequente critério clínico (cessação irreversível apenas das funções do cerebelo), parece incompatível com a concepção filosófica que a nosso juízo é mais adequada à realidade do ser humano. O conceito de morte como cessação permanente do funcionamento do organismo humano como um todo parece, pelo contrário, adequado sob o ponto de vista de seus pressupostos ou implicações filosóficas[3].

No contexto do presente escrito, o conceito de morte enquanto uma série de processos que se desenvolvem durante o devir do tempo até o findar-se da vida de forma definitiva, terá importância extrema para se responder as objeções no que respeita à reparação do dano derivado da morte de alguém (isto é, para a própria pessoa vítima de um fato ilícito) e para se estabelecer o critério de titularidade e forma de transmissão deste direito.

Diante disso, é necessário se estabelecer como premissas elementares neste momento a plena possibilidade de reparação da perda da vida em face de ato ilícito praticado por outrem, constituindo-se esse direito enquanto direito da própria vítima em não ser

---

2. SANTOS, Maria Celeste Cordeiro Leite dos. Conceito médico-forense de morte. Disponível em: <http://www.revista.usp.br/rfdusp/article/view/67369>. Acesso em: 24/05/2021, p. 5.
3. PUCA, Antônio. A morte cerebral é a verdadeira morte? Um problema aberto. Disponível em: <http://saocamilo-sp.br/assets/artigo/bioethikos/96/8.pdf>. Acesso em: 24/05/2021, p. 9 e 10.

ceifada do seu bem de maior valor perante o ordenamento jurídico brasileiro – para além da reparação dos familiares legitimados pertinente aos danos sofridos particularmente por estes em razão dos sofrimentos e angustias pelas quais passaram em razão da morte do ente querido (dano moral e existencial indireto ou em ricochete) e que o dano da morte da vítima é por ela própria adquirido e transmitido posteriormente aos seus sucessores, em face da herança, na forma de reparação civil.

2. CONCEITO, NATUREZA JURÍDICA E ESTRUTURAÇÃO TEÓRICA

A reparação civil de um dano necessita da reunião, em cada caso concreto, dos seus pressupostos, os quais, em regra, reúnem-se em três basicamente, a saber: A conduta voluntária (ou exercício de atividade em caso de dano provocado por empresa ou profissional individual), o dano causado a outrem e o nexo causal entre a conduta e o respectivo prejuízo. A culpa, por outro lado, não é requisito, e, muito menos, pressuposto do dever de reparar, pois se trata de fator de imputação deste dever, tal qual o risco nas situações de responsabilidade civil objetiva.

Da morte, entretanto, enquanto fato ilícito, podem resultar várias consequências jurídicas, entre elas:

a) – Os danos patrimoniais aos sucessores da vítima concernentes aos gastos com medicamentos, com médicos e hospitalares, além dos gastos com o funeral da mesma, estes especificamente previstos no artigo 945, inciso I do Código Civil brasileiro.

b) – Também, pelo fato da morte, podem ter resultado danos de índole patrimonial relativos aos gastos com a pensão daqueles que dependiam da vítima, conforme a dicção do artigo 945, inciso II do mesmo Diploma. Trata-se de situações de reparação de danos patrimoniais nas modalidades danos emergentes, na primeira situação aventada, e danos emergentes futuros, na segunda, posto que o autor do fato danoso deverá arcar com tal pensão até uma data aproximada em que a vítima supostamente completaria, por exemplo, sessenta e cinco anos de idade, de acordo com a estimativa média de vida do brasileiro auferida pelos órgãos responsáveis para tanto, por ocasião do momento do julgamento.

c) – Entre os danos ainda de caráter patrimonial, podem ser citados os lucros cessantes, ou seja, aquilo que a vítima tenha deixado de auferir, com relação aos seus ganhos regulares, ao tempo da convalescença frustrada, caso tenha havido esse tempo, isto é, não tendo a morte decorrido de forma "instantânea" ou quase instantânea.

d) – Danos extrapatrimoniais reflexos (dano em ricochete ou danos indiretos) aos parentes e pessoas afetivamente próximas à vítima, podendo se caracterizar como:

d 1) – Dano moral reflexo, ou seja, o dano decorrente da lesão ao estado de saúde física e/ou emocional de todos aqueles ligados de forma afetiva mais profunda com o extinto. Tal dano imaterial, portanto, decorre da lesão à direito da personalidade dessas pessoas que, por consequência, passam a sofrer em razão do fato ilícito morte do extinto.

O dano moral é instantâneo e suas consequências necessariamente não precisam ser protraídas no tempo, tendo a reparação civil deste dano um papel ao menos amenizador sobre a dor, tristezas e amarguras[4].

Nos casos de lesões psíquicas e/ou psicofísicas permanentes ou, ao menos, bastante duradoras durante a vida da vítima indireta, o dano se caracterizará como dano existencial reflexo e não mais como dano moral reflexo.

d.2) – Danos existenciais reflexos por afetação direta e indireta ao projeto de vida ou à vida de relação dos familiares e pessoas afetivamente ligadas ao morto.

Nesta situação, a morte de um ser amado à pessoa a este ligada pode atingi-la de forma tão intensa em sua alma que acarreta, no mais das vezes, transtornos psíquicos sérios de longa duração que frustrem os seus planos em vários campos de sua existência ou causem doenças psicossomáticas que tenham o condão de impedir o regular desenvolvimento dos seus projetos. Da mesma forma, a invalidez de uma pessoa (total ou parcial) poderá gerar para outrem, que lhe é muito próxima, a obrigação diária de cuidado que o impeça de realizar seus projetos idealizados de vida, ante a impossibilidade financeira de terceirizar a prestação desse tipo de atividade. Trata-se daquilo que Carneiro da Frada denominou de "vítimas secundárias" considerando a dimensão relacional do indivíduo[5].

Diante desse contexto, é de se observar que tanto deve ser objeto de reparação compensatória o dano moral reflexo, como, a *fortiori*, o dano existencial de mesma natureza, dado o caráter deletério que tal lesão produz sobre a saúde e a vida humanas, estando o dano moral a produzir efeitos menos densos e protraídos sobre a existência humana, ao passo que o dano existencial ao projeto de vida, ao revés, gera efeitos mais severos e protraídos no tempo com pouca margem para sua suavização ao longo da jornada de uma pessoa na terra.

O dano reflexo, indireto ou em ricochete pode ser um dano de natureza patrimonial (a exemplo do dever de pagar uma pensão decorrente de um ato ilícito perpetrado pelo ofensor aos filhos da vítima) ou um dano de natureza extrapatrimonial (dano moral e dano existencial) e se configura pelo atingimento, de forma reflexa, dos parentes da vítima que faleceu em consequência da agressão a bem jurídico fundamental relacionado à vida desta última e que dela dependiam material, psíquica ou afetivamente.

e) – O dano – morte enquanto dano causado diretamente à própria vítima decorrente de ato ilícito do ofensor e, portanto, um dano inconfundível com os danos

---

4. Comentando sobre o conceito de dano moral e as teorias que tentam descrevê-lo e equacioná-lo, o Professor Carlos Edison do Rêgo Monteiro Filho, adverte que inexiste uma teoria mis exata acerca da definição de tal dano, tendo a jurisprudência trabalhista do TST avaliado cada situação em concreto, inexistindo uma orientação única por matéria, nos moldes de um reconhecimento de uma lesão em abstrato (MONTEIRO FILHO, Carlos Edison do Rêgo. *Rumos contemporâneos do direito civil*. Estudos em perspectiva Civil-Constitucional. Belo Horizonte: Fórum, 2017, p. 99 e 100).
5. FRADA, Manuel A. Carneiro da. Nos 40 anos do Código Civil português. Tutela da personalidade e dano existencial. *Revista do Ministério Público do RS*. Porto Alegre. jan. 2017 – abril. 2017. n. 82. p. 184.

extrapatrimoniais reflexos para terceiros geradores de direitos reparatórios diretos para estes últimos, como já abordado.

3. O DIREITO DE ESTAR VIVO E DE LUTAR PELA VIDA

José Afonso da Silva[6] ensina que a vida humana, objeto do direito assegurado pela Constituição, integra-se de elementos materiais (físicos e psíquicos) e imateriais (espirituais). Para o constitucionalista brasileiro a vida é a intimidade conosco mesmo, saber-se e dar-se conta de si mesmo, um assistir a si mesmo e um tomar posição de si mesmo, constituindo-se ela na fonte primária de todos os demais bens jurídicos, de nada adiantando a Lei Maior assegurar outros direitos como a igualdade e a liberdade se não erigisse a vida num desses direitos. Acentua ainda que no conteúdo do seu conceito estão envolvidos o direito à dignidade da pessoa humana, o direito à privacidade, o direito à integridade físico-corporal, o direito à integridade moral e o direito à existência.

Quanto ao direito à existência pontifica:

> Consiste no direito de estar vivo, de lutar pelo viver, de defender a própria vida, de permanecer vivo. É o direito de não ter interrompido o processo vital senão pela morte espontânea e inevitável. Existir é o movimento espontâneo contrário ao estado de morte. Porque se assegura o direito à vida é que a legislação penal pune todas as formas de interrupção violenta do processo vital. É também por essa razão que se considera legítima a defesa contra qualquer agressão à vida, bem como se reputa legítimo até mesmo tirar a vida a outrem em estado de necessidade de salvação da própria.

Para André Ramos Tavares[7] "é o mais básico de todos os direitos" e também "é o direito humano mais sagrado". Assim como José Afonso, o referido tratadista afigura as duas vertentes do direito à vida relacionadas ao direito de permanecer existente (direito à existência) e ao direito a um adequado nível de vida, cumprindo-se se assegurar a todos o direito de simplesmente permanecer existindo até a sua interrupção por causa e processos naturais.

O artigo Art. 5º da Carta Política brasileira estabelece que: "todos são iguais perante a lei, sem distinção de qualquer natureza, garantindo-se aos brasileiros e aos estrangeiros residentes no País a inviolabilidade do direito à vida, à liberdade, à igualdade, à segurança e à propriedade, nos termos seguintes (...).

Observa-se que o constituinte originário estabeleceu a proteção do direito à vida de forma precedente aos demais direitos que anuncia em seguida, sendo, destarte, constitucionalmente um direito-base para a consagração abstrata e proteção concreta de todos os demais direitos que na ordem axiológica constitucional lhe sucedem.

A vida, em breves palavras, enquanto direito consagrado em diploma legislativo precede o exercício de qualquer outro direito fundamental ou não e tem base constitucional axiológica suprema, impondo ao Estado e à própria sociedade o respeito à

---

6. SILVA, José Afonso da. *Curso de direito constitucional positivo*. São Paulo: Malheiros, 1999, p. 201.
7. TAVARES, André Ramos. *Curso de direito constitucional*. São Paulo: Saraiva, 2007, p. 499.

existência digna do ser humano. Esta existência digna, de sua parte, pressupõe o existir humano, a sua autonomia enquanto indivíduo, o indivíduo enquanto valor intrínseco e enquanto valor social. Assim, o existir simplesmente antecede até mesmo o existir condignamente, urgindo ao Estado e à sociedade, em acepção ampla, propiciar, de forma primaz, a existência humana.

A defesa intransigente da Constituição Republicana do direito à vida revela a necessidade de o legislador atuar no sentido preventivo e repressivo nos casos de sua violação, posto que não se admite a interrupção do existir humano por processos estranhos ao natural embasado em causas não decorrentes de falhas humanas, sejam tais falhas recepcionadas aqui de maneira intencional ou não.

Para tanto, a legislação deve estar equipada com ferramentas hábeis a evitar a interrupção voluntária e ilícita da vida humana e, em não tendo êxito neste intuito, com ferramentas repressivas, estabelecidas no campo do direito penal com a punição do autor do fato ilícito e típico da morte e, no campo civil, mais particularmente, com a reparação do dano à título compensatório e preventivo – em um sentido mais largo da expressão –, englobando a reparação do dano à vida do próprio ofendido pelo fato danoso.

4. A REPARAÇÃO CIVIL DO DANO DECORRENTE DA MORTE PROPRIAMENTE DITA PARA VÍTIMA. ÓBICES E REFUTAÇÕES

Neste espaço serão trabalhados alguns obstáculos postos pela doutrina e jurisprudência nacional e estrangeira à reparação civil do dano-morte, o que vem levando a maioria do direito dos países da Europa Ocidental e da América do Sul a rechaçar o acolhimento da tese ora defendida ou mesmo a silenciar sobre o assunto, dada a complexidade que o envolve.

4.1 Óbice primeiro. Ausência de capacidade jurídica do morto para contrair direitos. Refutações

Como explanado alhures, o fato da morte extingue a personalidade civil da pessoa física, a teor da literalidade do artigo 6º, primeira parte, do Código Civil brasileiro, o qual preconiza: "*A existência da pessoa natural termina com a morte; presume-se esta, quanto aos ausentes, nos casos em que a lei autoriza a abertura de sucessão definitiva*". (Grifado); impossibilitando, de regra, a aquisição de direitos de sua parte e também, por conseguinte, do direito de demandar em juízo. Logo, sem capacidade para a aquisição de direitos de uma maneira geral, poderia o extinto adquirir o direito à reparação compensatória pelo fato da sua própria morte? E, em sendo afirmativa a resposta a esta indagação, quem teria legitimidade para pleitear a reparação em favor do próprio morto?

Antes de se responder à mais alta indagação agora formulada, é necessário estabelecer-se, desde já, conforme pontuado anteriormente, que a morte deve ser entendida como um processo, ainda que pareça acontecer de forma instantânea, ela se desenvolve em fases desde o evento causal até o último acontecimento extintivo da vida humana, sendo irrelevante para a caracterização do dano morte e sua reparação a existência de largo tempo entre a prática do fato ilícito e a sua consumação danosa.

De se registrar que não são apenas os padecimentos decorrentes das dores que ensejam o direito reparatório, mas o fato da perda da vida por si mesmo, posto que se visa a reparação não das dores e sofrimentos e sim da lesão a bem personalíssimo fundamental (vida), como poderia ocorrer a outros bens de *status* fundamental como a integridade física e psíquica, a honra, a privacidade etc.

Decorre, desta feita, o dano de natureza moral para o morto no exato instante do desencadeamento do processo morte, razão pela qual deverá o ofensor ser obrigado a responder por tal lesão à evidência da essencialidade do bem atingido para o ser humano. Assim, insista-se: não se caracteriza o dano moral pelo fato das dores e sofrimentos impingidos ao ofendido, mas pelo fato da extirpação do bem "vida" por si mesmo. Aliás, deixe-se também registrado que as consequências emocionais e/ou psicofísicas têm relevante importância para a fixação do *quantum debeatur* e não por si mesma para caracterização do dano passível de compensação.

Mazeud e Tunc já ensinavam que o dano sofrido pela vítima se estabelece antes de sua morte, por rápido que tenha sido o lapso temporal existente entre esta e os golpes desferidos, passando o valor da reparação por sucessão aos herdeiros.

> El daño se sufre necesariamente por la víctima antes de su muerte. Por rápida que ésta haya sido, entre ella y los golpes asestados ha transcurrido forzosamente, al menos, un instante de razón. Obligatoriamente, los golpes han precedido a la muerte. En ese instante, por breve que haya sido, en que la víctima ya alcanzada no había muerto aún, en esse instante em que su patrimonio existía todavia, se origina el crédito de indemnización; por lo tanto, los herederos lo encuentran en la sucesión[8].

Evidente que na época dos doutrinadores franceses o conceito de dano moral estava por demais ligado à ideia de preço da dor e a outros fatores anímicos do sujeito, como se estabelecia na melhor doutrina estrangeira[9], ideia superada nos dias atuais.

A desconsideração dos irmãos Mazeud e Tunc pelo tempo da morte a fim de se gerar dever reparatório deve ser registrada ainda, *in verbis*:

> Así, haya sido imediata la muerte o haya transcurrido algún tiempo entre las lesiones causadas a la víctima y la muerte que hayan ocasionado, los herederos tienen derecho, con tal carácter, a demandar la reparación del perjuicio originado a su causante tanto por la muerte como por las lesiones[10].

Com base nesse raciocínio, defende-se que o fato gerador da reparação civil por parte do ofensor é a morte e o direito à percepção da verba é incorporado ao patrimônio da vítima no instante da sua morte que se desenvolve como um proces-

---
8. MAZEAUD, Henry y Leon; TUNC, André. *Tratado teórico y prático de la responsabilidad delictual y contractual*. Buenos Aires: Europa-América, 5. ed. Tomo Segundo, 1977. v. II. p. 541.
9. SAVATIER, René. *Traité de la responsabilité civil en droit français*. 10. ed. Paris: LEDJ, 1951. v. II. p. 92.
10. MAZEAUD, Henry y Leon; TUNC, André. *Tratado teórico y prático de la responsabilidad delictual y contractual*. Buenos Aires: Europa-América, 5. ed. Tomo Segundo, 1977. v. II. p. 543.

so de sucessão de fatos concatenados entre si, restando-se superado o argumento da incompossibilidade do extinto possuir capacidade para a aquisição do direito à indenização.

No diapasão do argumento defendido, mostra-se irrelevante o óbice da ausência de personalidade e capacidade jurídicas do defunto, o qual, conquanto tenha de fato encerrado sua vida sobre a terra, não lhe sucedeu o malogro em face dele de maneira imediata; cabendo considerar que a aquisição do direito à reparação pela vítima não se observa pela simples prática do fato ilícito praticado contra ela, haja vista que da prática do fato (lícito ou ilícito) não pode ser gerado o direito a tal título, assim como também essa aquisição não se observa da consumação final da morte, mas do instante inicial do processo evolutivo fatal, independentemente de ter sido aparentemente instantâneo ou mais demorado. Repise-se que, com isso, não se pretende afirmar que o direito surge com a prática do fato ilícito que ensejou a morte, como já se defendeu em boa doutrina portuguesa[11], mas que a própria morte, quando irreversível, cuida-se de consequência do fato que originou o processo causal perpetrado pelo ofensor.

4.2 Óbice segundo. Impossibilidade de o direito à reparação se dar no patrimônio do ofendido. Refutações

O presente obstáculo é consequência do primeiro, já deveras refutado, ou seja, tratando-se a morte de um processo que coordena uma sucessão de fatos e que ela não ocorre de maneira repentina – mas apenas aparentemente repentina –, o direito é originado para o morto no instante mesmo inicial deste processo, quando ainda tinha personalidade e capacidade para a sua aquisição, fazendo-o adquirir ainda em seu patrimônio, e, sendo assim, por conclusão lógica, a reparação compensatória por danos morais traduzida na situação por um valor econômico único, comporá o acervo patrimonial do falecido por ocasião da conclusão do processo da morte fazendo com que os seus herdeiros tenham legitimidade e direito à sua percepção por meio do processo de inventário.

Diante de tal conclusão, deve-se entender que cada herdeiro, na ordem de vocação hereditária, por evidência, não adquirirá um montante individualizado, mas concorrerão ao montante único estabelecido pelo juiz em sentença pertencente ao ofendido direto; portanto, distinguindo-se do montante reparatório a título de dano extrapatrimonial reflexo.

---

11. Como alerta Delfim de Lucena, em 17 de março de 1971, o Supremo Tribunal de Justiça português definiu o momento exato da aquisição do direito de reparação pelo morto o da prática do fato ilícito enquanto ainda a pessoa estava viva e detinha personalidade jurídica. Refuta o autor: "Ora, parece-me de todo em todo reprovável o dizer-se que a obrigação de indemnizar, que tem por fonte a responsabilidade extra-obrigacional subjectiva, já existe num momento em que ainda não está presente um dos pressupostos essenciais dessa mesma responsabilidade: o dano! LUCENA, Delfim Maia de. *Danos não patrimoniais. O dano da morte.* Coimbra: Almedina, 2006, p. 43 e 44. Posteriormente o Tribunal abandonou este entendimento.

4.3 Óbice terceiro. Impossibilidade de se somar duas reparações para os herdeiros do morto ao mesmo tempo. Refutações

Tal óbice, do mesmo modo, não pode ser confirmado em razão de aplicação de puro raciocínio lógico.

Como já bastante discorrido neste escrito, o dano existencial direto para o próprio morto, em razão da lesão *tout court* do seu bem personalíssimo mais precioso e que extingue de vez a sua existência terrena não pode ser confundido com os danos extrapatrimoniais sofridos por seus parentes, os quais ingressam na categoria de dano moral reflexo e até, em determinadas hipóteses concretas, de dano existencial reflexo de afetação direta.

Nessa linha de raciocínio, é inconcebível confundir danos diversos causados a diferentes pessoas, não obstante terem a mesma etiologia causal. O dano existencial direto ao titular do direito à vida, decorrente da subtração desse bem do próprio ofendido, por não se tratar de dano moral dada a total perda da existência humana com efeitos eternos e imutáveis, é inconfundível com os danos reflexos, cujos titulares são aqueles parentes próximos ao falecido que pelo motivo da sua morte padecem de traumas e tristezas profundas, podendo interferir muitas vezes nos projetos de vida da pessoa ligada emocional e afetivamente a ela.

Nitidamente, em resumo, na situação ventilada, os danos decorrentes da morte são diversos e possuem vítimas distintas, embora tenha sua base de reparação civil no fato jurídico morte. Logo, os danos reflexos, seja em que ordem estejam caracterizados, têm os parentes da vítima como titulares da reparação, ao passo que o dano da morte, ocasionada diretamente ao titular do bem, tem este último como pessoa certa e determinada a incorporar ao seu patrimônio a reparação compensatória que na verdade é a expressão econômica da lesão a bem imaterial do ser humano.

4.4 Óbice quarto. Impossibilidade de reparação e compensação da dor para alguém já falecido.

A doutrina no Brasil e na Europa, em geral, sustenta a incompossibilidade fática de se aceitar a reparação civil do dano tanatológico em razão de não se seguir à morte a compensação pela dor sofrida de alguém que já não poderá mais senti-la e, muito menos, o conforto que a reparação civil poderia, hipoteticamente, trazê-la.

Tal entendimento, sem embargo das prestigiosas opiniões sustentadas, não pode ser acolhido, seja em razão da caracterização do dano extrapatrimonial não estar mais atrelada à comprovação de dor ou sofrimento daquele que padeceu em seus bens da personalidade, como já observado alhures, a se considerar o desenvolvimento que a teoria do dano normativo vem ganhando atualmente, seja pelo motivo da diversidade de funções que vem dotando a doutrina hodierna ao instituto da responsabilidade por danos[12].

---

12. Rosenvald, numa linha um pouco distinta da aqui defendida, afirma que o dano-morte se trata de um dano abstrato não revelada por uma consequência direta ao morto, assim a função que se poderia chamar a agir seria de *vindicatory damages*, isto é, com base nas lições de Jason Varuhas, "para ilícitos onde a vindicação

Segundo Manuel Carneiro da Frada[13], "o dano não é qualquer prejuízo sentido ou afirmado por alguém como tal", ele deve afirmar-se por aplicação de critérios normativos e alicerçar-se numa ponderação da ordem jurídica vigente; assim, segundo o autor, para o direito releva tão somente o dano que alguém deva suportar de acordo com as valorações jurídicas.

É de se afirmar que o dano decorrente da morte para a própria vítima se consuma no exato momento de sua morte e tem natureza imaterial de matiz existencial, como explicados linhas acima, nada importando que a vítima tenha tido um longo ou curto período de sofrimento e de padecimentos variados antes do desfecho fatal ou mesmo se a morte lhe ocorreu de forma aparentemente "instantânea".

A doutrina portuguesa – conforme se anotará mais adiante – trata dos danos decorrentes dos padecimentos anteriores ao desfecho morte sob a denominação de "danos intercalares" e, na Itália, a doutrina os denomina de danos pré-morte.

Os danos intercalares seriam aqueles danos imateriais decorrentes das dores e sofrimentos físicos e espirituais que a vítima sofreria entre o momento da lesão e o de sua morte, variáveis de acordo com circunstâncias atinentes à consciência ou não do ofendido do seu estado de morte, se estava ou não em coma, se advieram dores e a sua intensidade respectiva etc., na forma como bem pontuou o autor português Bruno Ferreira[14].

Conforme leciona Nelson Rosenvald, no direito italiano, a corte di cassazione recentemente, na sentença 8580/2019, negou a reparação civil do dano morte propriamente dito, embora tenha contemplado a compensação do 'danno terminale' e a do 'danno catastrofale'. O primeiro tipo de dano seria aquele em que a morte ocorre após um período considerável entre a agressão e o desfecho final causando um dano biológico terminal ao ofendido, enquanto o segundo tipo, abarcaria o dano moral terminal decorrente do sofrimento psicológico da vítima na iminência de perder a própria vida[15].

---

de direitos é a função primária, a indenização é deferida pelo fato da interferência indevida sobre o interesse protegido *per si*". Trata-se, segundo o jurista, de um dano normativo e objetivamente avaliado, conferindo-se um direito pela lesão direta à vítima independente de qualquer sentimento negativo ou impacto psicológico. O ilícito, portanto, impacta não somente um direito do lesado, porém, atinge um interesse que se estabelece como um direito que se afirma abstratamente contra qualquer um da sociedade e de forma concreta contra o ofensor. (ROSENVALD, Nelson. O dano morte: experiência brasileira, portuguesa e os *vindicatory damages*. In. BARBOSA, Mafalda, ROSENVALD, Nelson. MUNIZ, Francisco. *Responsabilidade civil e comunicação*. IV jornada luso-brasileiras de responsabilidade civil. Indaiatuba – SP: Foco, 2021, p. 334 e 335). Por sua vez, Carlos Edison do Rêgo denota a importância, ainda hoje, de a jurisprudência no Brasil realizar as funções compensatórias e também preventiva no direito contemporâneo. (MONTEIRO FILHO, Carlos Edison do Rêgo. *Rumos contemporâneos do direito civil*. Estudos em perspectiva Civil-Constitucional. Belo Horizonte: Fórum, 2017, p. 100).

13. FRADA, Manuel Carneiro da. *Direito Civil. Responsabilidade civil*. O método do caso. Coimbra: Almedina, 2010, p. 89 e 90.
14. FERREIRA, Bruno Bom. *Dano da morte*: compensação dos danos não patrimoniais à luz da evolução da concepção de família. Coimbra: Almedina, 2019, p. 60.
15. ROSENVALD, Nelson. O dano morte: experiência brasileira, portuguesa e os *vindicatory damages*. In. BARBOSA, Mafalda, ROSENVALD, Nelson. MUNIZ, Francisco. *Responsabilidade civil e comunicação*. IV jornada luso-brasileiras de responsabilidade civil. Indaiatuba – SP: Foco, 2021, p. 327 e 328.

A reparação civil do dano-morte não se liga invariavelmente, há de se concluir, a compensar aquilo que o falecido sofreu antes do evento final, sem embrago de tais eventos serem importantes para a fixação do valor da reparação compensatória, porquanto, como já realçado no item 3.0, a morte deve ser vista dentro de uma cadeia concatenada de atos, a formar um procedimento até o desaguar no evento definitivo, inexistindo aquilo que se vem referindo, em prestigiada doutrina, de "morte instantânea".

Nesse diapasão, existindo um período de tempo longo ou curtíssimo entre a vida e a morte, seria despropositado falar-se em "morte instantânea", o que conferiria ao lesado o direito à compensação pela lesão a seu bem personalíssimo de maior valor, fazendo incorporar, no instante da morte – que se cuida de um processo complexo, insista-se! – o direito patrimonial relacionado ao ressarcimento.

Ao desfecho da morte e com o fim completo da existência da pessoa humana, aquilo que foi incorporado ao patrimônio material do titular do bem violado, transmite-se aos herdeiros do *de cujus*, os quais sucederão o morto em seu patrimônio na ordem de vocação hereditária ou testamentária conforme a lei brasileira, o que torna frágil o argumento de o morto não poder ser compensado após a conclusão deste evento danoso.

Em pleno vigor, portanto, encontram-se as funções reparatória e preventiva (em sentido lato do termo) do dano derivado da morte na situação ora comentada.

A reparação do dano morte, dessa maneira, servirá:

1 – Para compensar o lesado pela perda do bem personalíssimo, cujo direito à reparação estabiliza-se em seu patrimônio material até final processo de responsabilidade civil por sentença judicial e de sucessões, a fim de dar cabo, na última hipótese, à formalização da divisão dos bens necessária e decorrente da ação de inventário.

2 – Para prevenir[16] a prática de atos tão atentatórios aos direitos existenciais da pessoa humana, inibindo-se com isso a reiteração da prática nefasta e que caracteriza o fato ilícito, por culpa ou dolo do agente; aliás imprime-se com isso o efeito preventivo geral e especial, já que, ao não se admitir ao próprio titular do bem personalíssimo a reparação civil (*rectius*: compensação) em razão da extinção de sua vida, o ordenamento jurídico poderia criar uma teratologia insuperável de tão somente ser "indenizável" as

---

16. Embora a doutrina atualizada venha ligando a função preventiva da responsabilidade por danos extrapatrimoniais à função punitiva estrita (aquela ligada ao direito anglo-americano relativa aos *punitive damages*) ou ao sentido de prevenir danos antes mesmo que estes ocorram na exata medida da observância dos princípios da prevenção e da precaução, há de se entender, nesta obra, que a função preventiva genérica e especial deve cumprir o seu papel como função atrelada ao ordenamento jurídico como um todo, tendo amplo espaço de inserção no direito penal, ambiental, tributário e administrativo. Sobre o tema, vale conferir as seguintes obras: no Brasil, LOPES, Teresa Ancona. *Princípio da precaução e evolução da responsabilidade civil*. São Paulo: Quatier Latin, 2010; REIS JÚNIOR, Antônio dos. *Função promocional da responsabilidade civil*: Um modelo de estímulos à reparação espontânea dos danos. Indaiatuba: Foco, 2022, entre outras, e, em literatura jurídica estrangeira, especialmente na Espanha: PICAZO, Luis Díez. *Derecho de daños*. Madrid: Civitas Ediciones, 1999, p. 42-48, para quem tanto a função preventiva decorrente da punição quanto a função preventiva de caráter geral e especial, esta última ligada umbilicalmente à função reparatória, guardam especiais contradições, e YZQUIERDO TOLSADA, Mariano. *Responsabilidad civil extracontractual*. Parte General. Delimitación y especies. Elementos. Efectos o consecuencias. Madrid: Dykinson, SL, 2021, p. 678 e 679.

lesões que não provocaram a morte – caso a vítima consiga sobreviver –, porém, não haveria reparação caso essas lesões provocassem a morte do indivíduo e aparentemente de forma instantânea[17].

5. SOBRE O TEMA NO DIREITO DOS PAÍSES IBÉRICOS

O Direito dos países ibéricos, com relação ao tema, é bastante discrepante, existindo ainda muita divergência no Direito espanhol sobre a possibilidade de alguém falecido receber compensação pelo infausto maior em razão da cessação da personalidade da pessoa física com a sua morte, máxime quando se trata daquilo que se vem chamando de "morte instantânea".

Em Portugal, a orientação pela reparabilidade do dano-morte está pacificada em doutrina e jurisprudência, existindo consenso de que a situação está abarcada pelo artigo 496, segunda figura, do Código Civil português, não se podendo afirmar que o assunto está pacificado, por outro lado, embora atualmente exista uma tendência pela tese negativista em Espanha[18].

5.1 O Direito Espanhol

A legislação civil espanhola, como qualquer outra da mesma estirpe, é provida de cláusulas gerais de reparação do dano por fato próprio, de terceiros e das coisas do responsável dependentes[19], inexistindo um sistema de tipificação de ilícitos e de danos indenizáveis como acontece, por exemplo, na Alemanha e na Itália.

Discorrendo sobre o assunto, Yzquierdo Tolsada afirma que o sistema reparatório espanhol é diferente dos sistemas alemão[20] e italiano, os quais preveem um sistema de tipificação dos danos. Assim, segundo o Professor da Universidade de Madrid:

---

17. Tal argumento foi expendido pelo Professor Adriano Vaz Serra por ocasião dos comentários realizados ao acórdão do Supremo Tribunal de Justiça Português, em 12 de fevereiro de 1969, conforme escreveu: '*seria estranho que a situação dos sucessores fosse pior e melhor a do lesante, quando o facto danoso tenha causado a morte imediata do lesado, isto é, que dependesse dessa circunstância o direito dos herdeiros e a responsabilidade do lesante* (este ficaria em melhor situação precisamente quando o seu acto fosse mais grave)'. Apud, LUCENA, Delfim Maia de. *Danos não patrimoniais. O dano da morte.* Coimbra: Almedina, 2006, p. 46 e 47.
18. Observa Dário Vicente que Portugal se resta isolado, quanto ao tema, em relação ao Direito dos outros países europeus. VICENTE, Dário Moura. *Direito comparado.* v. II. *Obrigações.* Coimbra: Almedina, 2019, p. 442 e 443.
19. Artigo 1903 (responsabilidade por fato próprio e por fato de terceiros: filhos, pupilos e curatelados); 1905 (responsabilidade pelo fato do animal); 1907 (responsabilidade do dono do edifício pelos danos decorrentes de sua ruína); 1908 (responsabilidade dos donos das máquinas pelas explosões de substâncias explosivas, pelos vapores excessivos, pelas árvores caídas e pelas emanações de esgotos e depósitos relativos a materiais impactantes) e 1910 (responsabilidade do dono de uma casa pelas coisas dela caídas ou lançadas).
20. Explica o jurista português Dário de Moura Vicente que o primeiro projeto de Código Alemão de 1887 previu um sistema de responsabilidade delitual com fulcro em uma cláusula geral, nos moldes do Direito francês. Contudo, sob a justificativa de evitar os abusos que aconteciam nos tribunais franceses, passou a consagrar, no projeto de 1895, um sistema de tipicidade de ilicitude e direitos que mereceriam proteção jurídica, tendo sido essa a orientação que veio a triunfar no BGB, o qual estabelece três pequenas cláusulas no § 823 (1), § 823 (2), § 826 e diversas disposições especiais nos §§ 824, 825, 831, 832 e 839. VICENTE, Dário Moura. *Direito comparado.* v. II. *Obrigações.* Coimbra: Almedina, 2019, p. 406-408.

Entre nosotros, há llamado la atención Pantaleón (1991, pgs. 1972 y 1988) acerca de las diferentes concepcione sobre el daño extracontratual, cosa que de antiguo há sido polémica. Hay ordenamientos que parten de que no todo daño puede ser indemnizado. Así, en Alemania, el sistema de tipicidade se establece en el § 823 B.G.B., de forma que la responsabilidade aquiliana procede cuando se ha danado la vida, la integridad física, la salud, la libertad, la propriedade u outro derecho. Los daños Morales, cuando sean consecuencia de daños personales, muert o lesiones (§ 253 B.G.B) o en Italia, cuando se encuentre previsto por la ley (art. 2.2059 de su Código civil). La fórmula española es, en cambio, la da cláusula general del art. 1092 C.civ. Sigue nuestro sistema al Código Francés, que no requiere una previa tipifición de espécies, sino que prefere que cualquier daño causado ser objeto de una pretención resarcitoria si en el caso hubo culpa o dolo, o si se dio un adecuado fator de atribución[21].

O artigo 1.092 do Código Civil espanhol dispõe: "El que por acción u omisión causa daño a otro, interviniendo culpa o negligencia, está obligado a reparar el daño causado"[22].

Santos Briz, em 1970, escreveu que na Espanha os danos morais encontravam fundamento no Código Penal espanhol[23] e em Leis esparsas, contudo, a jurisprudência, a partir da sentença de 28 de fevereiro de 1964 do Tribunal Supremo, fundada em orientação doutrinária existente na época, passou a admitir a reparação dos danos morais "puros" e os imateriais decorrentes de diversos sofrimentos e de dores causadas aos cidadãos, com fundamento no artigo 1902 do Código Civil desse país[24].

Tal dispositivo legal, tal qual o artigo 186 do Código Civil do Brasil, cuida da responsabilidade civil extracontratual com fundamento na culpa do causador do dano, estando a exigir a prova do prejuízo causado ao ofendido, a ação ou omissão culposa do agressor e o nexo causal entre a conduta e o resultado danoso por parte do autor da ação civil.

De forma bastante genérica, dispõe o dispositivo em análise apenas os pressupostos de reparação civil e da necessidade da prova do fator de imputação *culpa* do dever de reparar, tratando-se de responsabilidade subjetiva, portanto.

A se considerar a legislação em análise, parte-se do raciocínio de que, em tese, nada obsta o reconhecimento da indenização do dano-morte ante a amplitude da cláusula de responsabilidade civil extracontratual em estudo, o que poderia se fazer supor que inexistem muitas divergências doutrinárias e jurisprudenciais sobre o assunto. Entretanto, não é bem isso que se estabelece no Direito espanhol.

---

21. YZQUIERDO TOLSADA, Mariano. *Responsabilidad civil extracontractual*. Parte General. Delimitación y especies. Elementos. Efectos o consecuencias. Madrid: Dykinson, SL, 2021, p. 185.
22. "Aquele que por ação ou omissão causa dano a outrem, agindo com culpa ou negligência, está obrigado a reparar o dano". Tradução livre.
23. Segundo Díez-Picazo, o Código Penal espanhol de 1848, em seu artigo 15, previu que toda a pessoa responsável por um delito ou falta também o é civilmente, reconhecendo uma doutrina que permeava os códigos dessa natureza no mundo ocidental, de matriz romana, contudo, critica a disposição em um Código punitivo, posto que muitas vezes quem não é responsabilizado perante o Direito Penal, ao revés, poderá sê-lo no Civil. PICAZO, Luis Díez Picazo. *Derecho de daños*. Madrid: Civitas Ediciones, 1999, p. 269-270.
24. BRIZ, Jaime Santos. *La responsabilidad civil*. Derecho Sustantivo y derecho procesal. Madrid: Editorial Montecorvo, 1970, p. 165-167. O autor referido faz uma digressão no tempo sobre a evolução dos conceitos do dano moral e de outros danos extrapatrimoniais na jurisprudência espanhola muito antes de 1964.

Até 1969, escreve Santos Briz[25], a jurisprudência do Superior Tribunal (Sentenças de 20 de dezembro de 1930, 8 de abril de 1936, 8 de janeiro de 1946, 17 de fevereiro de 1956 e de 25 de fevereiro de 1906) tratou do tema, tendo, especificamente, a decisão de 17 de fevereiro de 1956 reconhecido o direito à indenização aos herdeiros pela morte instantânea da genitora, porém, não a título de sucessão por herança, por não ser possível – de acordo com essa visão – o valor da reparação ingressar no patrimônio do autor da herança. Existiria, em razão do argumento, direito a tais herdeiros a título direto de ação.

As sentenças de 8 de fevereiro de 1936 e de 3 de fevereiro de 1940 excluíram os herdeiros do direito à reparação pelo dano da morte, tratando-se da reparação de danos derivada de culpa extracontratual. De seu turno, a sentença de 17 de fevereiro de 1956 fez a distinção entre os prejuízos morais e os patrimoniais, sendo estes relativos aos gastos com velório, tratamento médico e hospitalar. Assim, se a morte não tivesse ocorrido de forma instantânea, o direito reparatório seria transmitido aos herdeiros em razão do falecimento do *de cujos*, ao passo que, inclusive a reparação moral, não poderia transmitir-se aos filhos, por não ter havido a incorporação ao patrimônio do falecido, mas estes poderiam reclamar por direito próprio, em caso de "morte instantânea".

O autor em referência advoga a tese segundo a qual os herdeiros sucedem ao defunto em todos os seus direitos e obrigações pelo só fato de sua morte, com espeque no artigo 651 do Código Civil, contudo, nasceria uma nova ação por direito próprio em favor dos primeiros e não *ex jure hereditatis*, nas hipóteses de morte instantânea, ocorrendo a sucessão quando esta não se evidenciasse a este título[26].

Parece não ser outra a conclusão a que chegou Laura Gázquez ao que conceituou a morte "instantânea" ou "súbita" como aquela que é produzida, aparentemente sem qualquer lapso temporal, de modo que o resultado final e a ação vêm a se confundir em um só instante. Por outro lado, a morte que traz um lapso de tempo é aquela que transcorre entre a ação do agressor, produtora dos primeiros resultados danosos, e o resultado último da morte[27].

Por fim, Alma Maria Rodríguez Guitián[28] assinala que a tendência atual no Direito espanhol seria a de rechaçar o pedido de indenização pela perda da própria vida em razão de: I – o momento da produção do dano coincidir com a extinção da personalidade jurídica, o que impediria a vítima de adquirir o direito reparatório e transmiti-la a outrem; II – a indenização, na hipótese analisada, refere-se a um dano moral, sendo discutível se tal direito poderia ser transmissível *mortis causa*; e, III – a impossibilidade

---

25. BRIZ, Jaime Santos. *La responsabilidad civil*. Derecho Sustantivo y derecho procesal. Madrid: Editorial Montecorvo, 1970, p. 268 e 269.
26. BRIZ, Jaime Santos. *La responsabilidad civil*. Derecho Sustantivo y derecho procesal. Madrid: Editorial Montecorvo, 1970, p. 270.
27. GÁZQUEZ SERRANO, Laura. *La indemnización por causa de muerte*. Madrid: Dykinson, 2000, p. 41.
28. *Apud* ROSENVALD, Nelson. O dano morte: experiência brasileira, portuguesa e os *vindicatory damages*. In. BARBOSA, Mafalda, ROSENVALD, Nelson. MUNIZ, Francisco. *Responsabilidade civil e comunicação*. IV jornada luso-brasileiras de responsabilidade civil. Indaiatuba – SP: Foco, 2021, p. 330.

de se compensar a pessoa falecida com a reparação, o que torna discutível a legitimação dos herdeiros para ingressar com a ação.

Regra geral, tal qual no Brasil, os manuais e cursos de Direito Civil e de Responsabilidade Civil na Espanha[29], hodiernamente, raramente tratam da indenização pelo dano da morte, sempre se referindo aos danos morais, e o que aqui se entende por danos existenciais, enquanto categorias de danos imateriais, omitindo, todavia, o dano decorrente da perda da própria vida na particular catalogação.

Deve-se crer que a omissão tenha razão de ser na pacificação do tema nesse país em face da tese negativista tão propugnada por autores da matéria nos últimos vinte anos ter prevalecido.

5.2 O Direito Português

O Direito Português pacificou a orientação acerca do tema por meio de sua doutrina e jurisprudência, tendo se estabelecido que o dano da morte tem previsão legislativa no artigo 496, n. 2 do Código Civil.

A previsão legal do artigo 496 dispõe de quatro dispositivos, tendo o primeiro deles previsto uma cláusula geral de ressarcimento em dinheiro do dano não patrimonial, previsão esta inexistente sob a égide do Código Civil de 1967[30].

Estabelece o artigo 496:

> 1. Na fixação da indemnização deve atender-se aos danos não patrimoniais que, pela sua gravidade, mereçam a tutela do direito.
>
> 2. Por morte da vítima, o direito à indemnização por danos não patrimoniais cabe, em conjunto, ao cônjuge não separado judicialmente de pessoas e bens e aos filhos ou outros descendentes; na falta destes, aos pais ou outros ascendentes; e, por último aos irmãos ou sobrinhos que os representem.
>
> 3. O montante da indemnização será fixado equitativamente pelo tribunal, tendo em atenção, em qualquer caso, as circunstâncias referidas no artigo 494º; no caso de morte, podem ser atendidos não só os danos não patrimoniais sofridos pela vítima, como os sofridos pelas pessoas com direito a indemnização nos termos número anterior.

Parece mesmo que pela simples análise literal da segunda parte do artigo 496, *supra*, inexistem dúvidas quanto à consagração do direito de reparação do dano da morte no sistema de Direito português, *de lege data*, mas ainda hoje podem se resultar diversas interpretações acerca do assunto, cujas controvérsias cingem-se a questões laterais a reparação, porém, de extrema importância acadêmica e prática.

Admitindo o paradoxo de que um direito surgirá para a pessoa no exato momento da extinção de sua personalidade jurídica, em que ele surge no momento da extinção do suporte jurídico que o embasaria, mas, com respaldo em simples intuição, afirma

---

29. Nesse sentido, conferir: YZQUIERDO TOLSADA, Mariano. *Responsabilidad civil extracontractual*. Parte General. Delimitación y especies. Elementos. Efectos o consecuencias. Madrid: Dykinson, SL, 2021, p. 183-211.
30. FERNANDES, Gabriela Páris. *Comentários ao código civil*. Direito das obrigações. Das obrigações em geral. Lisboa: Universidade Católica Editora, 2021, p. 3349 e 355.

Alberto Gonzaléz que se o direito contempla a indenização por lesões corporais, com maior razão ainda deve admiti-la pela morte provocada por um determinado agressor. Afirma também que a reparação, nesta situação, só poderia ter uma função punitiva[31].

Com esteio em muitas objeções consideradas neste escrito, José de Oliveira Ascenção[32] afirmou que as reparações que visam cobrir um dano pessoal à pessoa do morto consolidam-se para ele como um elemento do seu patrimônio e integram-se, por isso, no seu patrimônio, ainda se o falecido for atingido em seu patrimônio e a morte não for instantânea.

O Professor português pontuou que seria uma contradição considerar fato aquisitivo de um direito o próprio fato extintivo da capacidade de adquirir do *de cuiús*, sendo em vão a tentativa em se considerar a morte como o último momento da vida, porquanto – diz o professor – ou se está vivo ou morto e com a superveniência da morte nada mais se adquire. Dessa forma, não haveria o que se compensar e não sendo a função primária da responsabilidade civil a punição do ofensor, a reparação por tal tipo de dano se restaria impossível, não tendo a morte equivalente por estar fora e acima do tráfego jurídico[33].

Admitida, entretanto, – com a pacificação atual da Doutrina – a reparação do dano decorrente da perda da vida para própria vítima em Portugal, os autores lusitanos passaram a divergir no que atine ao título de aquisição direito de indenização.

Como esclarece Bruno Bom Ferreira[34], três correntes doutrinárias foram estabelecidas em torno do assunto, sendo a primeira delas, defendida por Galvão Telles, Vaz Serra, Luís Menezes Leitão e Antônio Meneses Cordeiro, segundo a qual o direito à indenização do dano-morte é devido ao *de cujos* transmitindo-se *Iuri heredidatis* para os seus herdeiros legais na forma das regras de sucessão previstas nos artigos 2157 e 2133 (sucessão legítima) e artigos 2179 e 2131 (sucessão testamentária).

A segunda corrente, cujos maiores expoentes são Leite Campos, Orlando de Carvalho e Calvão da Silva, defende que tal direito é recebido pelo falecido e transmitido hereditariamente, contudo, já agora não com base na ordem de vocação hereditária, porém com fundamento no artigo 496, n. 2, que estabelece certas pessoas legitimadas para o pleito indenizatório.

Por fim, a terceira corrente, defendida por Antunes Varela, Pires de Lima, Pereira Coelho, Rabindranath Capelo de Souza e Delfin Lucena, advoga a orientação segundo a qual o direito a indenização, na espécie ora trabalhada, é adquirido de forma direta pelas pessoas indicadas no artigo 496, n. 2 do Código Civil.

---

31. GONZÁLEZ, José Alberto. *Código Civil anotado.* v. II. *Direito das obrigações.* Lisboa: Quid iuris – Sociedade Editora Ld, 2021, p. 211 e 212.
32. ASCENÇÃO, José de Oliveira. *Direito civil. Sucessões.* Coimbra: Coimbra editora, 1989, p. 47-51.
33. O jurista português conclui que, pela dicção do artigo 496 do CC, considerado globalmente, apenas seria permitida a reparação dos danos patrimoniais e morais reflexos aos familiares do morto e os extrapatrimoniais decorrentes dos sofrimentos físicos e emocionais acometidos antes da morte e não propriamente aqueles relacionados à própria morte. (ASCENÇÃO, José de Oliveira. *Direito civil. Sucessões.* Coimbra: Coimbra editora, 1989, p. 52).
34. FERREIRA, Bruno Bom. *Dano da morte*: compensação dos danos não patrimoniais à luz da evolução da concepção de família. Coimbra: Almedina, 2019, p. 74 e 75.

Todas essas correntes entendem admissível a reparação do dano da morte em Portugal, porém, por vieses diferentes de solução, no que diz respeito à forma de exercício da ação civil por parte dos legitimados e à forma de aquisição do direito pelos parentes do ofendido.

Antes de mais, insta considerar que os autores atualmente rechaçam todos os argumentos no sentido de impedir a reparação civil em hipóteses que tais, valendo a análise de alguns deles.

Galvão Telles[35], por exemplo, defende o argumento de que pela morte de uma pessoa, em casos de danos extrapatrimoniais, têm direito a ser indenizados o cônjuge, os descendentes, os ascendentes, os irmãos e sobrinhos, pela ordem indicada no n. 2 do artigo 496, cuja transmissibilidade se dá por meio de sucessão do lesado, ao contrário dos danos morais reflexos que seriam indenizados a título direto e próprio dos parentes da vítima.

Arremata dizendo que em caso de morte sem sofrimento – o que em geral diz-se da morte "instantânea" ou "imediata" -, ainda assim o titular do direito à reparação o incorpora em seu patrimônio por ocasião exata de sua morte, porquanto sempre que se causa um dano à integridade física ou à vida de alguém haverá um dano objetivamente sofrido pela pessoa e que merece reparação. Outrossim, pode-se no próprio momento da morte adquirir um direito, a exemplo da situação do seguro de vida não estipulado em favor de terceiro, cujo crédito, conquanto nascido com a morte do segurado, entra em seu patrimônio, comunicando-se ao cônjuge casado sob o regime da comunhão de bens e dali transitando aos herdeiros.

De sua parte, Calvão da Silva[36] afirma que, na forma do n. 2 do artigo 496 do Código Civil, os danos extrapatrimoniais laterais, sofridos pelos parentes da vítima em razão de sua morte, serão indenizados a estes por direito próprio, diferentemente dos danos não patrimoniais sofridos pela própria vítima, a qual percebe o direito à indenização do dano morte, e por ocasião dela, transmitindo-se às pessoas indicadas no n. 2 referido, *iure hereditario*.

Antunes Varela impõe a questão que entende relevante, nos seguintes termos:

> Toda a dúvida está em se saber se o direito à reparação desse dano moral nasce no patrimônio da vítima e se transmite, por via sucessória, aos seus herdeiros ou nasce, por direito próprio, na titularidade das pessoas designadas no n. a do artigo 496º, segundo a ordem e nos termos em que nesta disposição legal são chamadas.

Segundo o autor em referência, em primeiro plano, os trabalhos preparatórios do Código lusitano revelam que a intenção do legislador foi mesmo a de afastar, com a redação do artigo 496, a natureza hereditária do direito à reparação pela perda da vida da vítima decorrente da lesão fatal e, em segundo, a redação desse dispositivo, objetiva-

---

35. TELLES, Inocêncio Galvão. *Direito das sucessões. Noções fundamentais*. Coimbra: Coimbra editora, 1991, p. 95-98.
36. SILVA, João Calvão da. *Responsabilidade civil do produtor*. Coimbra: Almedina,1999, p. 687.

mente considerado, aponta para a indenização por direito próprio. A redação do artigo, portanto, seria direta e objetiva no sentido propugnado pelo autor[37].

Rabindranath Capelo de Souza, em auspiciosa argumentação, e, partindo da mesma premissa sustentada neste trabalho, qual seja a de que a morte não pode ser considerada um fato instantâneo, mas sim um processo, além de o intérprete não poder distinguir onde o legislador não faz distinção – em conformidade com velha regra de interpretação jurídica – admite a reparação do dano da morte, a fim de se afastar o inconveniente de um agressor mais hábil em seu intento de matar não arque com qualquer sanção civil e um outro, menos hábil que o primeiro, assim o possa arcar pelas lesões provocadas sem a consumação da morte do ofendido, o que seria uma contradição[38].

O autor comentado parte de uma interpretação histórica a partir do Projeto Vaz Serra e, ao mesmo tempo, de uma interpretação lógico-sistemática dos dispositivos relativos ao artigo 496 do Código. Assim, afirma que o número 2, relativo ao *caput* do dispositivo geral, não distingue para a ordem de legitimação dos pleiteantes a reparação por danos não patrimoniais. Da mesma forma, os dispositivos legais foram inseridos no capítulo de responsabilidade civil e não no de sucessão; logo, os danos dessa natureza referentes aos sofrimentos e dores padecidos pelos parentes do morto, como também o dano decorrente da morte para a própria vítima, ensejariam indenização das pessoas ali referidas por direito próprio[39].

Considerando que a indenização do dano da morte cumpre uma função punitiva e, por conseguinte, preventiva geral e especial, Delfim Maya de Lucena, posicionou-se no sentido de que, estando morto o lesado no bem vida, o mesmo não adquiriria o direito à reparação por absoluta impropriedade técnica em se falar de compensação a quem teve extinta, pelo fato da perda da vida, a sua personalidade, estando convicto quanto ao fato de que o direito à indenização punitiva pertenceria às pessoas indicadas no n. 2 do artigo 496 por direito próprio. Enfim, argumenta, como o n. 2 citado faz referência à expressão "cabe" e não "transfere-se" ou "transmite-se", tudo está a indicar que às pessoas mencionadas a tal título o legislador atribuiu o direito à reparação *ex novo*[40].

Finalmente, Bruno Ferreira Bom[41] afirma que a morte é um fato jurídico que extingue a personalidade jurídica do lesado e, destarte, o direito à indenização não nasceria na esfera jurídica do titular desse bem, não havendo sentido em conceder o direito de indenização pela perda da vida ao próprio agredido, pois a vítima perderia tal direito no exato momento da morte. Ademais, segundo o autor, não haveria sentido de que "o direito à indemnização pelo dano da morte provocado por fato imputável a terceiro

---

37. VARELA, João de Matos Antunes. *Das obrigações em geral*. Coimbra: Almedina, 2000. v. I. p. 615.
38. SOUSA, Rabindranath Capelo de. *Lições de direito das sucessões*. Coimbra: Coimbra Editora, 1993. v. I. p. 295-297.
39. SOUSA, Rabindranath Capelo de. *Lições de direito das sucessões*. Coimbra: Coimbra Editora, 1993. v. I. p. 297-304.
40. LUCENA, Delfim Maia de. *Danos não patrimoniais. O dano da morte*. Coimbra: Almedina, 2006, p. 66-71.
41. FERREIRA, Bruno Bom. *Dano da morte*: compensação dos danos não patrimoniais à luz da evolução da concepção de família. Coimbra: Almedina, 2019, p. 77-82.

não devesse subordinar-se às regras de sucessão e, por fim, argumenta também que a evolução no conceito de família foi impactado pela evolução social portuguesa, dessa maneira, a Lei 23/2010 de 30 de agosto, conferiu àquele companheiro sobrevivo de uma união de fato o direito à compensação pela morte do outro, não o integrando a qualquer uma das espécies de sucessão legal (legítima ou legitimaria).

No Direito lusitano – faz-se necessário opinar neste espaço -, não existe argumento plausível para se rechaçar o direito à reparação do dano derivado da morte em favor da própria vítima, ante a clarividência do regramento legal bem estabelecido no Código Civil de Portugal, o qual enfatiza a necessidade de a indenização ser fixada com atenção à gravidade do dano (assim disposto no n. 1 do artigo 496), estando óbvio que o dano da morte caracteriza-se como o mais grave dos danos à pessoa humana, entretanto, cabe tecer algumas considerações sobre o aspecto de titularização deste direito e de sua possível transmissão a outrem.

Indubitavelmente, o n. 2 do artigo 496 do dispositivo em estudo parece mesmo conferir o direito à compensação do dano-morte à própria vítima, ante a consagração da expressão "caber" aos parentes da vítima nele selecionados, a indenização por danos não patrimoniais por morte desta última.

Lado outro, a orientação doutrinária de que o direito nasceria no patrimônio do ofendido e seria transmitido, em razão da abertura da sucessão, hereditariamente na forma dos artigos correlacionados e que encontram assento no capítulo relativo à sucessão, não pode ser sustentada, diante do contexto legislativo no qual se encontra o dispositivo referido, ou seja, no capítulo referente à responsabilidade civil.

De mais a mais, entender que os parentes selecionados pelo n. 2 do artigo 496, adquiririam por direito próprio o direito à indenização, como base em uma pretensa, mas contestada função punitiva dos danos extrapatrimoniais como um todo, também não parece coadunar-se com a conclusão a que aqui se chegou da morte enquanto um processo escalonado de acontecimentos, o que resultaria na atecnia da expressão "morte instantânea ou imediata".

Resta-se, dessa arte, induvidoso concluir que o ordenamento jurídico português prevê, de forma inescusável, a reparação do dano derivado da morte, cujo direito nasce na esfera jurídica do seu titular e se transmite por meio da sucessão de herança às pessoas indicadas no n. 2, e na forma desse dispositivo estabelecidas, sendo certo que se fosse para tais pessoas adquirirem o direito a título próprio e *ex novo*, razão não haveria de o n. 3, logo seguinte, distinguir a indenização por direito próprio àqueles que padeceram de forma reflexa pelo dano provocado na esfera jurídica direta de outro, o que enseja concluir a consagração da reparação do dano da morte no artigo 496, 2 e da reparação dos danos laterais ou reflexos para os parentes da vítima, indicados pelo número 3 do artigo em análise.

Não há como confundir, dessa maneira, o dano da morte para o ofendido com aqueles outros laterais nascidos na esfera jurídica dos parentes (dano da morte propriamente dito e danos reflexos ou indiretos da morte resultantes). Pensamento contrário levaria à consagração de um verdadeiro *bis in idem* de reparação a uma mesma categoria de pessoas que receberia por direito próprio a compensação dos danos pela morte da vítima e dos danos extrapatrimoniais reflexos decorrentes do dano direto praticado em fade do falecido.

5.3 Contribuições para a reparação do dano da morte no Direito brasileiro

O direito brasileiro não comportou um dispositivo que preveja a indenização do dano-morte como direito da própria vítima pela lesão ao seu bem personalíssimo maior e tampouco descreveu a forma de aquisição e de transmissão deste direito a seus sucessores de forma direta ou não.

No campo restrito ao direito de responsabilidade civil, os artigos 186, 187 e 927 do Código Civil brasileiro preveem o dever de reparar daquele que causou um dano a outrem por sua culpa, praticando ato ilícito em sentido estrito ou em sentido amplo – nas situações abarcadas pelo abuso de direito, neste último caso. Logo, a cláusula de responsabilidade civil subjetiva extracontratual refere-se a qualquer espécie de dano, seja de responsabilidade extracontratual ou contratual. De sua parte, o parágrafo único do artigo 927 do retromencionado artigo legal, prevê a responsabilidade objetiva nos casos especificados em lei ou quando do exercício de atividade de risco explorada pelo causador do evento danoso, tratando a última hipótese legal da cláusula genérica de responsabilidade pelo risco no cenário do Direito.

Quid iures? Existe espaço para o enquadramento da indenização do dano tanatológico no Direito brasileiro? E, em havendo este espaço, o ofendido adquire o direito à reparação e o transmite de acordo com as forças da herança para os seus sucessores ou estes o adquirem a título próprio e direto?

A grande maioria dos autores nacionais ou não adentra no mérito do tema em estudo, ou, indiretamente, admite apenas a reparação dos danos derivados da morte de alguém apenas a título de danos reflexos, em que o dano foi praticado também indiretamente àqueles parentes da vítima ou aos a ela ligados por laços estreitos de afeto ou, por fim, negam a possibilidade de reparação em tais hipóteses.

O artigo 948, *caput*, parece indicar, de forma genérica, a possibilidade de reparação de todos os danos no cenário jurídico brasileiro, sejam eles materiais ou imateriais, causados à pessoa humana por fato ilícito de outrem, em razão de homicídio, incluindo nesse contexto os danos laterais e diretos decorrentes da morte de um ser humano.

Nesse sentido:

> Art. 948. No caso de homicídio, a indenização consiste, sem excluir outras reparações: I – no pagamento das despesas com o tratamento da vítima, seu funeral e o luto da família; II – na prestação de alimentos às pessoas a quem o morto os devia, levando-se em conta a duração provável da vida da vítima.

O artigo 948, em comentário, expressamente determina a indenização dos danos patrimoniais, existenciais e morais decorrentes de homicídio atinentes aos gastos com o tratamento médico da vítima, seu funeral e outros gastos com o luto familiar, além daqueles relacionados ao pensionamento dos dependentes do morto de acordo com a duração provável de vida dele, e ainda "outros" danos, ao se valer da expressão "sem excluir outras reparações".

Dada a abrangência do dispositivo brasileiro, não há como realizar interpretação restritiva a direito subjetivo quando o legislador assim não o procedeu. Por outras palavras, a restrição a direito subjetivo sem atuação expressa do legislador viola o princípio da reparação integral, previsto na cabeça do artigo 944[42] do mesmo diploma legislativo e o princípio da dignidade humana, por consequência.

Nelson Rosenvald advoga a tese da incongruência de o dispositivo relacionado ao artigo 948 *supra* admitir a compensação dos danos reflexos morais ocasionados aos parentes da vítima de homicídio e, ao mesmo tempo, inadmitir a compensação pela perda da vida da vítima para ela própria, o que deixaria o ofensor em situação mais confortável para ofender mais gravemente a pessoa.

Em suas palavras:

> Todavia, retornando ao caput do artigo 948 do Código Civil, frisa-se na parte final: "sem excluir outras reparações". Surge aqui uma abertura para que os tribunais possam admitir a indenização do dano-morte como um dano autônomo nos casos em que o ilícito ceifou a vida da vítima, tendo como fundamento a ofensa corporal que cessou com a morte. A tessitura da referida norma também permite que eventual indenização alcance o dano pré-morte[43].

Há de se adotar, dessa forma, a posição com a qual inclina-se pela admissão da reparação dos danos reflexos morais ou existenciais aos parentes da vítima, dos danos diretos pré-morte (relativos aos sofrimentos físicos e psíquicos da vítima em espaço de tempo que medeia as agressões e a consumação definitiva do fato jurídico morte) e daqueles diretos decorrentes da morte para o próprio ofendido.

Deve-se se fazer apenas uma importante consideração: os danos pré-morte, ou intercalares do Direito português, não podem se somar ao dano final decorrente da morte, a fim de se evitar, com isso, o *bis in idem* compensatório. Podem, entretanto, servir de fator para aumentar o *quantum debeatur* e interferir no montante final ao qual chegará o Juiz em sua sentença.

A interpretação sistemático-teleológica do ordenamento relativo à responsabilidade por danos no Direito Civil brasileiro, máxime no pertinente as regras dos artigos 186, 927, 944 e 948, parece não permitir uma visão restritiva com relação à indenização do dano-morte.

Ademais, de qualquer maneira, não soaria lógico a interpretação conduzida no sentido de excluir a reparação do dano da morte no direito brasileiro, haja vista a incongruência de se interpretar as normas no sentido de conferir a proteção reparatória

---

42. Art. 944. A indenização mede-se pela extensão do dano.
43. ROSENVALD, Nelson. O dano morte: experiência brasileira, portuguesa e os *vindicatory damages*. In. BARBOSA, Mafalda, ROSENVALD, Nelson. MUNIZ, Francisco. *Responsabilidade civil e comunicação*. IV jornada luso-brasileiras de responsabilidade civil. Indaiatuba – SP: Foco, 2021, p. 331 e 332.

à vítima de lesões corporais não fatais e negar tal tutela jurídica da vítima vilipendiada gravemente por um infausto mais grave e que ultima mesmo a sua existência.

O princípio da reparação integral, cuja base interpretativa e de concretização se estabelece no princípio constitucional da dignidade da pessoa humana, não permite adminículos relacionados à restrição de direito individual subjetivo, quando a lei assim não os consagre de forma explícita, a considerar que a lesão à vida constitui lesão grave à situação existencial do ser humano e, por tal motivo, deve sofrer a reprimenda do ordenamento civil, ainda que já existente no Direito Penal, ante as distintas funções que cada ramo jurídico visa propiciar.

Estabelecida a premissa da permissão legal à indenização do dano da morte no direito brasileiro, insta esclarecer a que título o direito respectivo ingressa no patrimônio da vítima e transmite-se aos parentes do morto.

Ausente a função punitiva da reparação indenizatória por danos patrimoniais e extrapatrimoniais, respectivamente, no direito nacional, serve a premissa de que o Estado está a estabelecer plenamente a função compensatória pelo dano existencial decorrente de morte do ofendido causada por terceiro, sob o raciocínio, por demais estabelecido neste escrito, de que o morto, a par da consolidação da reparação dos danos pré-morte em seu patrimônio jurídico – quando houver tempo suficiente de sentir sofrimentos e angustias mais severas, isto é, nas situações de morte aparentemente não instantânea -, tem direito à indenização pelo só fato da morte, posto que esta se desenvolve diante de um processo causal não imediato e que, por isso mesmo, incorpora-se ao patrimônio do falecido, momentos antes do desfecho final, e a partir de então transmite-se aos herdeiros sucessíveis de acordo com a ordem de vocação hereditária legal e/ou testamentária.

A aplicação das regras de sucessão previstas nos artigos 1784, 1786, 1789, 1798, 1799 e 1829 é cogente, a se considerar a ausência de dispositivo legal brasileiro – tal qual foi visto no item 4.1, relativo ao Código Civil português (art. 496, n. 2) – que preordene uma ordem de sucessão especial e que possa afastar a ordem de vocação hereditária prevista na parte especial relativa ao Direito das Sucessões.

Por fim, impende-se ainda considerar que inobstante a indenização do dano-morte embasar-se na proteção a direito da personalidade, a ordem com assento no artigo 12, em seu parágrafo único, porquanto previsto na parte geral do código e relacionado à proteção aos direitos da personalidade, reveste-se de força de legitimação para requerer a cessação de ofensa aos direitos à memória do morto e a reparação dos danos provocados aos parentes que são atingidos com a lesão à esfera de honorabilidade do parente e da própria família.

Neste sentido, vale a pena transcrever o dispositivo de Lei:

> Art. 12. Pode-se exigir que cesse a ameaça, ou a lesão, a direito da personalidade, e reclamar perdas e danos, sem prejuízo de outras sanções previstas em lei.
>
> Parágrafo único. Em se tratando de morto, terá legitimação para requerer a medida prevista neste artigo o cônjuge sobrevivente, ou qualquer parente em linha reta, ou colateral até o quarto grau.

De observar, ainda, que o texto transcrito trata de danos relacionados à memória do morto, não se referindo à hipótese de reparação de danos decorrentes da morte, tanto é verdade que o entendimento contrário estaria a exigir um dispositivo específico no capítulo destinado à responsabilidade civil, como ocorreu no Direito lusitano, a fim de direcionar a legitimação dos parentes com direito a sucedê-lo na indenização específica.

6. CONCLUSÕES

O dano da morte, como é mais conhecido no direito ibérico ou, o dano tanatológico, como é conhecido no direito italiano, não se trata de tema que sofreu aprofundamento teórico em terras brasileiras, o que ocorreu, por outro lado no direito Ibérico; porém, tal fato não reduz a importância do seu estudo comparado e da necessidade de importação das balizas elementares conceituais para o direito de danos no Brasil.

A partir da orientação axiológico-constitucional regrada pelos princípios da dignidade da pessoa humana e da solidariedade social, é imperativo a interpretação do direito de responsabilidade civil em função da reparação integral dos danos, não se podendo restar dano injusto fora da zona de aplicação do direito reparatório, ainda mais aqueles danos que pela sua gravidade possam usurpar fenomenicamente a pessoa humana de sua existência terrena.

O fato jurídico morte enseja consequências também na responsabilidade por danos e, quando proveniente de fato ilícito (em seu sentido mais amplo), a morte deve ensejar a reparação civil completa e integral ao titular deste direito personalíssimo.

Na Espanha, em um primeiro momento, doutrina e jurisprudência pareciam trilhar por um mesmo caminho, ou seja, pela possibilidade de reparação civil do dano da morte, contudo, atualmente, o direito espanhol vem contemplando as usuais objeções à possibilidade reparatória, máxime aquela que diz respeito à impossibilidade de alguém já morto contrair direito, inclusive reparatório, fazendo coincidir com o fato da extinção da personalidade jurídica a aquisição de um direito.

Lado outro, e em caminho totalmente oposto, a partir da doutrina e da jurisprudência majoritárias construída há algumas décadas, a legislação de Portugal ofereceu o artigo 496, n. 2 ao seu país, de onde vem se extraindo a interpretação da reparabilidade do dano da morte, entretanto, legitimando os parentes elencados no mesmo artigo a ingressar por direito próprio com o pedido de reparação, restando-se assim tal interpretação como a vencedora no direito lusitano.

Ora, a reparação civil do dano-morte, no Brasil, encontra base axiológica hermenêutica na Constituição Federal e no Código Civil, mais precisamente nos artigos 944 e 948, este último expressamente estabelecendo que: "Nos casos de homicídio, a indenização consiste, *sem excluir outras reparações*" (grifado) (...), não conferindo margem a outra conclusão de que toda e qualquer reparação danosa – quer seja patrimonial, quer extrapatrimonial, nos casos de homicídio doloso ou culposo – deve subsistir no direito reparatório nacional.

Na ausência de disciplina específica no Brasil, como ocorreu no direito de Portugal, deve se entender que o direito reparatório em razão do dano tanatológico é incorporado ao patrimônio da vítima durante o período de sua morte, já que, para as finalidades deste estudo, a morte é vista como um procedimento concatenados de atos destinados ao momento final e nunca como um fato único e isolado, sendo a partir da ultimação do processo morte, em consequência, incorporado ao patrimônio do falecido e transferido aos seus herdeiros, que serão titulares de tal direito na forma e na ordem da lei de sucessão hereditária.

7. REFERÊNCIAS BIBLIOGRÁFICAS

ASCENÇÃO, José de Oliveira. *Direito Civil. Sucessões*. Coimbra: Coimbra editora, 1989.

BRIZ, Jaime Santos. *La responsabilidad civil*. Derecho Sustantivo y derecho procesal. Madrid: Editorial Montecorvo, 1970.

FERNANDES, Gabriela Páris. *Comentários ao Código Civil. Direito das obrigações. Das obrigações em geral*. Lisboa: Universidade Católica Editora, 2021.

FERREIRA, Bruno Bom. *Dano da morte*: compensação dos danos não patrimoniais à luz da evolução da concepção de família. Coimbra: Almedina, 2019.

FRADA, Manuel Carneiro da. *Direito Civil. Responsabilidade civil*. O método do caso. Coimbra: Almedina, 2010.

FRADA, Manuel Carneiro da. Carneiro da. Nos 40 anos do código civil português. Tutela da personalidade e dano existencial. *Revista do Ministério Público do RS*. Porto Alegre. jan. 2017, n. 82. p. 175-196, abr. 2017.

GÁZQUEZ SERRANO, Laura. *La indemnización por causa de muerte*. Madrid: Dykinson, 2000.

GONZÁLEZ, José Alberto. *Código civil anotado*. Direito das obrigações. Lisboa: Quid iuris – Sociedade Editora Ld, 2021. v. II.

YZQUIERDO TOLSADA, Mariano. *Responsabilidad civil extracontractual*. Parte General. Delimitación y especies. Elementos. Efectos o consecuencias. Madrid: Dykinson, SL, 2021.

LOPES, Teresa Ancona. *Princípio da precaução e evolução da responsabilidade civil*. São Paulo: Quatier Latin, 2010.

LUCENA, Delfim Maia de. *Danos não patrimoniais. O dano da morte*. Coimbra: Almedina, 2006.

MAZEAUD, Henry y Leon; TUNC, André. *Tratado teórico y prático de la responsabilidade delictual y contractual*. Buenos Aires: Europa-América, 5. ed. Tomo Segundo, 1977. v. II.

MONTEIRO FILHO, Carlos Edison do Rêgo. *Rumos contemporâneos do direito civil*. Estudos em perspectiva Civil-Constitucional. Belo Horizonte: Fórum, 2017.

PICAZO, Luis Díez Picazo. *Derecho de daños*. Madrid: Civitas Ediciones, 1999.

PUCA, Antônio. *A morte cerebral é a verdadeira morte? Um problema aberto*. Disponível em <http://saocamilo-sp.br/assets/artigo/bioethikos/96/8.pdf>. Acesso em 24/05/2021.

REIS JÚNIOR, Antônio dos. *Função promocional da responsabilidade civil*: Um modelo de estímulos à reparação espontânea dos danos. Indaiatuba: Foco, 2022.

ROSENVALD, Nelson. O dano morte: experiência brasileira, portuguesa e os vindicatory damages. In: BARBOSA, Mafalda, ROSENVALD, Nelson. MUNIZ, Francisco. *Responsabilidade civil e comunicação*. IV jornada luso-brasileiras de responsabilidade civil. Indaiatuba – SP: Foco, 2021.

SANTOS, Maria Celeste Cordeiro Leite dos. Conceito médico-forense de morte. Disponível em: <http://www.revista.usp.br/rfdusp/article/view/67369>. Acesso em: 24 maio 2021.

SAVATIER, René. *Traité de la responsabilité civil en droit français*. 10. ed. Paris: LEDJ, 1951. v. II.

SILVA, João Calvão da. *Responsabilidade civil do produtor*. Coimbra: Almedina,1999.

SILVA, José Afonso da. *Curso de direito constitucional positivo*. São Paulo: Malheiros, 1999.

SOUSA, Rabindranath Capelo de. *Lições de direito das sucessões*. Coimbra: Coimbra Editora, 1993. v. I.

TAVARES, André Ramos. *Curso de direito constitucional*. São Paulo: Saraiva, 2007.

TELLES, Inocêncio Galvão. *Direito das sucessões*. Noções fundamentais. Coimbra: Coimbra editora, 1991.

VARELA, João de Matos Antunes. *Das obrigações em geral*. Coimbra: Almedina, 2000. v. I.

VICENTE, Dário Moura. *Direito comparado. v. II. Obrigações*. Coimbra: Almedina, 2019.

TODO MUNDO ODEIA O CHRIS: O PEDIDO DE DESCULPAS COMO FORMA DE REPARAÇÃO NÃO PECUNIÁRIA DO DANO

Maria Carla Moutinho Nery

Doutoranda e Mestre em Direito pela UFPE. Professora da Escola da Magistratura de Pernambuco – ESMAPE. Analista Judiciária do Tribunal de Justiça de Pernambuco. Membro do Instituto Brasileiro de Responsabilidade Civil (IBERC). Membro fundador do Instituto Brasileiro de Direito Civil (IBDCivil). Presidente do Instituto Brasileiro de Direito Contratual (IBDCONT/PE) e-mail: mariacarlamoutinho@gmail.com

Sumário: 1. Introdução – 2. A reconstituição natural no direito português – 3. A reparação não pecuniária no direito brasileiro; 3.1 Aspectos processuais da reparação não pecuniária; 3.2 Em busca de uma possível sistematização da reparação não pecuniária brasileira – 4. Conclusão – 5. Referências.

1. INTRODUÇÃO

Não foi a primeira vez que Will e Jada Smith foram alvo de piadas de gosto duvidoso do Chris Rock em cerimônias de premiação do Oscar. Na cerimônia de 2016, o casal de atores não compareceu à cerimônia do Oscar para protestar pela falta de atores negros na premiação. Na ocasião, Chris Rock afirmou: "Jada boicotar o Oscar é como eu boicotar a calcinha da Rihanna. Eu não fui convidado!". Ainda na mesma cerimônia, o humorista fez uma brincadeira a respeito da ausência de indicação do nome Will Smith para a premiação pelo papel em "Um homem entre gigantes". Na ocasião, Chris Rock: "Não é justo que Will seja tão bom e não tenha sido indicado. Você está certo. Também não é justo que Will tenha recebido US$ 20 milhões por 'As Loucas Aventuras de James West'", filme de 1999 considerado um dos maiores fracassos da carreira de Smith[1].

Além disso, em 2018, depois de Will Smith fazer um post parabenizando Sheree Zampino, mãe de seu primeiro filho, pelo seu aniversário. Chris Rock comentou: "Uau! Você tem uma esposa muito compreensiva", em referência à Jada.

Em 2022, a cerimônia de premiação do Oscar não foi marcada pela tradicional qualidade dos filmes, atores, diretores que compõem a Academia de Artes e Ciências Cinematográficas, mas pelo tapa na cara dado pelo ator Will Smith no colega Chris Rock logo após o comediante ter feito uma piada sobre a calvície da esposa de Will, Jada Smith, que sofre de alopecia. No dia seguinte após o episódio, Will Smith pediu

---

1. O presente artigo não se destina a discutir o binômio responsabilidade civil *verus* liberdade do humor. Sobre esse tema vide: MONTEIRO FILHO, Carlos Edison do Rego e MOUTINHO, Maria Carla. O mérito do riso: limites e possibilidades da liberdade do humor. In: EHRHARDT JÚNIOR, Marcos; LÔBO, Fabíola Albuquerque; ANDRADE, Gustavo (Coord.) Liberdade de expressão e relações privadas. Belo Horizonte: Fórum, 2021. p. 219-235.

desculpas em longo texto publicado em sua conta pessoal do *Instagram* cujos trechos merecem destaque: *"Estou envergonhado e minhas ações não foram indicativas do homem que quero ser. Não há lugar para violência em um mundo de amor e bondade"*. Adiante continuou: *"Eu gostaria também de pedir desculpas à Academia, aos produtores do show, aos convidados e a todos que assistiram ao redor do mundo. Eu gostaria de pedir desculpas à família Williams e à minha família King Richard. Eu me arrependo profundamente que meu comportamento tenha manchado o que está sendo uma incrível jornada para todos nós. Eu sou um trabalho em andamento."* Depois, Will Smith achou por bem aplicar a si uma sanção, ao renunciar à vaga de membro da Academia de Artes e Ciências Cinematográficas de onde era parte desde 2001[2]. A instituição, por sua vez, baniu Smith pelo prazo de 10 anos de todas as cerimônias e eventos por ela promovidos.

Diante destas situações, questiona-se: qual a relevância desse pedido de desculpas? E ainda: a sinceridade do pedido de desculpas faz alguma diferença? Ou este pedido não passa de uma formalidade a ser recomendada pelos advogados para obter uma redução do montante da já certa condenação? Caso o episódio do Oscar tivesse chegado ao Judiciário, o pedido espontâneo, formal e público de desculpas por parte do ator Will Smith teria alguma relevância?

Desde cedo recebemos a lição ética de reconhecer os erros e pedir desculpas. Afinal, esta é uma regra basilar da educação infantil. Mas qual a consequência de tal comportamento no direito? Este tema está sempre na ordem do dia de qualquer estudo sobre as funções da responsabilidade civil, estando a discussão situada entre a compensação e a reparação dos danos. Na esfera patrimonial, a vítima pode sempre voltar ao estado anterior por meio da recomposição do patrimônio mediante indenização. A verba indenizatória, contudo, não é suficiente para reparar integralmente a vítima de danos morais, por ser incapaz de levá-la integralmente ao *status quo ante*, mas apenas compensá-la da dor sofrida.

É neste cenário que se pode encontrar espaço para as variadas formas de reparação não pecuniária dos danos morais, dentre as quais se destaca o pedido de desculpas[3], como meio mais eficiente de levar às vítimas ao estado mais aproximado do anterior ao dano. Longe de esgotar o tema, este trabalho tem por objetivo trazer uma breve análise comparativa da denominada reconstituição natural do direito português em relação à reparação não pecuniária do direito brasileiro com destaque para o pedido de desculpas.

2. A RECONSTITUIÇÃO NATURAL NO DIREITO PORTUGUÊS

Em Portugal, várias nomenclaturas são utilizadas para tratar do tema da reparação não pecuniária, quais sejam: reconstituição natural, restauração natural, reconstituição específica ou reposição natural. Essa variedade de nomes finda por dificultar a pesquisa e

---

2. Disponível em: https://www.folhape.com.br/cultura/nao-foi-a-primeira-vez-que-chris-rock-alfinetou-jada--e-will-smith/221204/. Acesso em: 11 abr.2022.

3. Prefere-se a utilização da nomenclatura pedido de desculpas como forma mais sincera e empática do fim a que se destina, isto é, forma não pecuniária de reparação do dano.

sistematização do tema no direito português, importando ressaltar que a reconstituição natural assemelha-se às diversas formas de reparação não pecuniária do direito brasileiro.

Diferentemente do direito brasileiro, a reconstituição natural portuguesa deve prevalecer em relação à indenização patrimonial dos danos extrapatrimoniais. Nesse contexto, a doutrina portuguesa conceitua a reparação natural como uma forma de levar a vítima – de alguma maneira – a uma situação semelhante a que ela se encontrava antes de sofrer o dano. Nesse sentido, Adriano Vaz Serra alerta ao fato de não ser, fundamentalmente, um retorno preciso e fidedigno do lesado ao estado anterior ao afirmar:

> "não supõe necessariamente que as coisas são repostas com exactidão na situação anterior: é suficiente que se dê a reposição de um estado que tenha para o credor valor igual e natureza igual aos que existiam antes do acontecimento que causou o dano. Com isto, fica satisfeito o seu interesse".[4]

Tudo isso porque a própria legislação lusitana impõe a preferência pela reparação não pecuniária dos danos em relação às demais formas de reparação. Isso se extrai da interpretação conjugada dos artigos 562 e 566 do Código Civil Português. Na Secção VIII, relativa às obrigações de indenizar, determina como princípio geral para reparação de danos o dever do agente causador do dano de viabilizar o retorno da vítima ao *status quo ante* nos seguintes termos: "Artigo 562º (Princípio geral): Quem estiver obrigado a reparar um dano deve reconstituir a situação que existiria, se não se tivesse verificado o evento que obriga à reparação".

Adiante, o art. 566 do Código Civil Português aponta a reconstituição natural como premissa maior para a reparação dos danos, alocando a reparação pecuniária para o campo de subsidiariedade ao dispor: "Art. 566. 1. A indemnização é fixada em dinheiro, sempre que a reconstituição natural não seja possível, não repare integralmente os danos ou seja excessivamente onerosa para o devedor". Assim, no direito português, a reparação não pecuniária é a regra, ficando as indenizações patrimoniais em posição coadjuvante da responsabilização civil por danos provocados a terceiros[5].

Corroborando a doutrina e a legislação lusitanas, o Supremo Tribunal de Justiça Português, ao interpretar o art. 566 do Código Civil Português, aponta a prevalência da reparação natural devendo o intérprete somente se socorrer da reparação pecuniária alternativamente, quando a restauração natural se demonstrar inviável ou extremamente onerosa e desproporcional para o causador do dano. Nesse sentido, o Supremo Tribunal de Justiça português:

> "Para que ocorra a obrigação de indemnizar é condição essencial que ocorra um dano, que se traduz no prejuízo que o facto ilícito culposo causa ao lesado, podendo o dano ser patrimonial ou não patrimonial, consoante seja ou não susceptível de avaliação pecuniária, estabelecendo a lei (cf. art. 566.º,

---

4. SERRA, Adriano Vaz. Obrigação de indemnização. *BMJ*, n. 84, p. 5-301, 1959, p. 132.
5. Nesse sentido, Maita María Naveira Zarra aponta a semelhança entre o Código Civil Português e o BGB da Alemanha: "Se trata básicamente de la solución acogida en Alemania y en Portugal, en donde el §249 del BGB y el art. 562 del CC Por., respectivamente, establecen la preferencia de la reparación específica" (ZARRA, Maita María Naveira. El resarcimiento del daño en la responsabilidad civil extracontractual. Madrid: Editoriales de derecho reunidas, 2006, p. 264).

n.º 1, do CC) a primazia da reconstituição natural, funcionando a reparação através de indemnização monetária como sucedânea, quando a reparação específica se mostre materialmente inviável, não cubra a integridade dos danos e quando se revele demasiado gravosa para o devedor[6].

Nesse contexto, o Supremo Tribunal de Justiça lusitano enxerga a reparação não pecuniária como um preceito primário de indenização que preza pelo retorno da vítima ao *status quo ante*, isto é, a restauração da vítima a uma situação presente antes da ocorrência da lesão. Sobre esse aspecto, a Corte já proclamou: "a lei aponta, claramente, no sentido da indemnização ser feita, prioritariamente, pela reconstituição natural, constituindo o meio ideal de reparação ou compensação dos danos sofridos pelo lesado"[7].

No mesmo sentido, o Tribunal da Relação do Porto destaca não ser uma opção da vítima a escolha entre a reconstituição natural ou a reparação pecuniária, por ter a primeira prevalência em relação à segunda. Segundo a Corte Portuguesa:

"não fica na disponibilidade do lesado optar entre uma das mencionadas formas de indemnização, a ponto de lhe ser facultado exigir do lesante a indemnização em dinheiro em prejuízo da reconstituição natural [...] "esta é também, segundo cremos, a posição maioritária da jurisprudência, como disso são exemplo os Acs. mais recentes do STJ, de 3.5.07 e 30.5.06[8]".

Além disso, para evitar a imposição de uma reparação desproporcional à lesão sofrida, a jurisprudência portuguesa aponta a necessidade de análise do caso concreto para avaliar a viabilidade da reconstituição natural:

"A indagação sobre a restauração natural ou a indemnização equivalente, deve fazer-se casuisticamente, sem perder de vista que se deve atender à melhor forma de satisfazer o interesse do lesado, o qual deve prevalecer sobre o do lesante (...)[9]".

Sendo assim, necessária a análise da extensão do dano e dos meios que devem ser utilizados para devolver à vítima o estado anterior da maneira mais satisfatória para ela, sem se olvidar dos critérios de razoabilidade e proporcionalidade. Isso porque a reconstituição natural não deve onerar o causador do dano a ponto de ser mais gravosa que o próprio dano em si.

Outro ponto merecedor de destaque é a dispensa de pedido expresso de reparação natural, por se tratar de preceito elementar positivado na legislação portuguesa que, na análise do caso concreto, impõe a preferência da reconstituição natural em relação à reparação pecuniária. Nesse sentido o Judiciário lusitano:

"Configurando-se a restauração natural como princípio primário da indemnização, ditada no interesse de ambas as partes, tendo o autor pedido na ação o sucedâneo da indemnização pecuniária, pode o tribunal condenar em termos de reposição natural, sem que tal importe a violação do princípio do

---

6. Supremo Tribunal de Justiça. Processo 17/04.4TBCBR.C1.S1, rel. Garcia Calejo, 1ª Secção, j. 21-04-2010.
7. Supremo Tribunal de Justiça. Processo 7952/09.3TBVNG.P1.S1, rel. Olindo Geraldes, 7ª Secção, j. 24-05-2018.
8. TRP, 3ª S., Ap. 5345/2006-09, rel. Mário Fernandes, j. 18/02/2010.
9. Supremo Tribunal de Justiça. Processo 17/04.4TBCBR.C1.S1, rel. Garcia Calejo, 1ª Secção, j. 21-04-2010.

pedido, encontrando-se, igualmente, a condenação na obrigação de entrega do bem, estritamente, limitada ao valor do pedido formulado, em termos de indemnização em dinheiro.[10]"

Da análise do trecho do julgado, observa-se, ainda, que o valor da reparação natural, se não for parte do pedido, aparentemente, estará limitado ao *quantum* formulado neste. Essa limitação se demonstra incoerente, pois, se estamos diante de uma obrigação cujo conteúdo econômico é impreciso, a limitação poderia inviabilizar o alcance da reparação.

Apesar de o tema ser pouco debatido e estruturado é possível, diante de tudo que foi analisado até aqui, sistematizar alguns critérios em termos de reparação civil não pecuniária: i) a reparação natural prefere à pecuniária, pois no cotejo da legislação portuguesa aliada ao entendimento jurisprudencial depreende-se que a reparação pecuniária é apenas subsidiária, ficando a reconstrução natural como regra basilar para a reparação civil; ii) há a necessidade de análise do caso concreto não só para avaliar a viabilidade da reparação natural, como também para assegurar a cobertura dos danos sofridos para a vítima sem que haja onerosidade excessiva do devedor; iii) a reparação natural é pedido implícito, pois, sendo norma preferencial e expressa da legislação portuguesa, autoriza o julgador a solucionar o litígio de forma a levar a vítima ao estágio mais próximo do anterior ao dano.

3. A REPARAÇÃO NÃO PECUNIÁRIA NO DIREITO BRASILEIRO

A ofensa à direito da personalidade pode ser compensada por meio de indenização (reparação pecuniária) ou reparada por meio da reparação natural, ou seja, por "todas as medidas não dirigidas ao aumento patrimonial do lesado"[11]. Esta última, figura como gênero cujas espécies mais comuns são: direito de resposta da vítima, a publicação da sentença condenatória, a retratação e o pedido de desculpas.

O direito de resposta, regulado pela Lei 13.188/2015, visa assegurar ao ofendido por matéria divulgada nos meios de comunicação social a correção das informações inverídicas de forma gratuita e proporcional ao dano. Já a publicação da sentença condenatória em larga escala é relevante para dar repercussão social mediante a divulgação da condenação em caráter definitivo do causador do dano[12].

Extraída do direito penal, a retratação é tratada como hipótese de extinção da punibilidade nos crimes contra a honra[13], pois implica na retirada, por parte do ofensor,

---

10. Supremo Tribunal de Justiça. Processo 741/03.0TBMMN.E1S1, rel. Helder Roque, 1ª Secção, j. 31-05-2016.
11. FAJNGOLD, Leonardo. *Dano moral e reparação não pecuniária*: sistemática e parâmetros. São Paulo: Thomson Reuters Brasil, 2021.
12. Não cabe aqui fazer analogia com à antiga Lei de Imprensa e, de pronto, afastar a publicação da sentença como meio de reparação do dano, ao argumento da não recepção da aludida lei. O fundamento para acolhimento de tal medida repousa na reparação integral.
13. CP/1940 Art. 143 – O querelado que, antes da sentença, se retrata cabalmente da calúnia ou da difamação, fica isento de pena.
    Parágrafo único. Nos casos em que o querelado tenha praticado a calúnia ou a difamação utilizando-se de meios de comunicação, a retratação dar-se-á, se assim desejar o ofendido, pelos mesmos meios em que se praticou a ofensa.

daquilo que foi dito anteriormente, devendo este esclarecer, de forma completa e livre de dúvidas, a veracidade dos fatos. Assim, por exemplo, caso alguém faça postagem de notícia falsa, o causador do dano pode retratar-se, reconhecendo o equívoco e retificando a informação. Nessa hipótese, o ofensor não se dirige à vítima, mas aos destinatários da notícia falsa publicada anteriormente com o objetivo de corrigi-la e, para ser eficaz, deve ser realizada pela mesma via de publicidade da notícia falsa.

Por outro lado, o pedido de desculpas tem conotação diversa, pois além de ser personalíssimo, no sentido de só poder ser exercido pelo ofensor, traz consigo a intenção deste de buscar o perdão da vítima pelo dano causado por ele. Assim, o destinatário do pedido é o ofendido, independentemente do meio de comunicação utilizado, bastando que a ele seja dirigido e cientificado. Contudo, isso não impede que o pedido de desculpas seja feito de forma pública. Ademais, não importa se, aliado ao pedido de desculpas, houve arrependimento efetivo por parte do causador do dano, ante a subjetividade da conduta cuja averiguação é inviável de ser constatada, bastando que tal pedido seja realizado pelo causador do dano.

Diferentemente do direito português, não existe, na legislação brasileira, uma disposição específica para regrar a reparação natural. Apesar disto, a sua aplicabilidade se extrai do princípio da reparação integral, cujo fundamento é constitucional. Nesse sentido, o homenageado Carlos Edison Monteiro Filho:

> Como se pode inferir, de um lado, em exame sob a perspectiva existencial, os danos extrapatrimoniais são merecedores de tutela privilegiada, estando intrinsecamente ligados à dignidade da pessoa humana, segundo a normativa da Constituição. Erigida a fundamento da República (art. 1º, III), a dignidade da pessoa humana se irradia prioritária e necessariamente por todo o ordenamento e consagra a plena compensação dos danos morais (art. 5º, V e X), fundamento extrapatrimonial da reparação integral. De modo que o sistema traçado pelo constituinte, além de promover, com a necessária prioridade, os valores existenciais, repudia qualquer atentado à sua integridade, forjando assim cláusula geral de tutela que embasa o mecanismo sancionatório a assegurar, em sua totalidade, a compensação dos danos extrapatrimoniais.[14]

Assim, para se atender ao princípio da reparação integral, diante da ocorrência de danos existenciais, é necessária a cumulação de pedidos indenizatórios e compensatórios por parte do sujeito lesado, cabendo à doutrina dar protagonismo às diversas formas de reparação natural como meio de atender ao melhor interesse da vítima, reparando-a integralmente.

Longe de esgotar o debate acerca das funções da responsabilidade civil, importa registrar, ainda, que a retratação e o pedido desculpas podem aparecer tanto na reparação pecuniária (função compensatória) como na reparação natural (função reparatória). Na reparação pecuniária, eles têm i) função compensatória, ii) figuram como elemento de avaliação para a quantificação do dano e iii) interferem diretamente na extensão do prejuízo, servindo como fator de minoração do *quantum* indenizatório. Já na reparação

---

14. MONTEIRO FILHO, C. E. DO R. Limites ao princípio da reparação integral no direito brasileiro. civilistica.com, v. 7, n. 1, p. 1-25, 5 maio 2018.

natural, ao tentar trazer a vítima para o momento fático mais próximo do estado em que ela se encontrava antes do dano acontecer, eles terão função tão somente reparatória.

Coube, portanto, à doutrina brasileira[15] o papel de dar protagonismo à reparação *in natura*, orientando o operador do direito a dar preferência a esta na análise do caso concreto, por ser a forma mais adequada de levar a vítima ao ambiente mais próximo possível do estado anterior ao dano. O pedido de desculpas, por si só, pode se demonstrar muito mais eficiente do que uma compensação financeira, mas não pode ser capaz de afastá-la.

Apesar disso, a visão do judiciário brasileiro é imatura e controvertida, não havendo uma uniformidade na compreensão do tema, sendo possível, inclusive, encontrar decisões que negam a existência do instituto por falta de previsão legal. A maioria das decisões pesquisadas demonstram que o pedido de desculpas, realizado antes do ajuizamento da ação, é utilizado pelo magistrado como um meio de confirmar o dano, isto é, como uma confissão e, em razão disto, representar apenas a desnecessidade de instrução probatória apta a permitir o provimento antecipado de uma ação de cunho indenizatório. Sob este ponto de vista, não há qualquer repercussão positiva para o réu arrependido. Ao invés, isso finda por afugentar as recomendações, por parte dos advogados, no sentido de colaborar para a atenuação do dano. Os julgadores sequer cogitam a possibilidade de utilizar o arrependimento posterior como forma de minoração da dor e, por consequência, do valor da indenização. Confiram-se algumas situações:

Na Apelação Cível 9144592192002826 – TJSP, duas clientes de um centro de compras foram abordadas por seguranças, já no ponto do ônibus, sob suspeita de ter realizado um furto. Mediante a comprovação do pagamento das mercadorias, a gerente da loja pediu desculpas de imediato. A condenação solidária da Loja e do Shopping foi no valor de 40 salários mínimos pelo constrangimento causado. Em grau de recurso, a Loja pediu a redução do valor da indenização, argumentou ter tratado a cliente com urbanidade e, constatado o equívoco, ter se desculpado imediatamente pelo mal-entendido. O recurso não foi provido. Na fundamentação, o Tribunal ressaltou a gravidade do dano pelo constrangimento sofrido no ponto do ônibus, na condução para a sala de segurança da loja e na realização da revista das sacolas, colocando em dúvida a reputação das ofendidas. Apesar de ter sido objeto do pedido recursal, a decisão não deu importância às desculpas ao consignar o seguinte:

> As rés, após o esclarecimento da situação, desculparam-se com as autoras pelo inconveniente causado e as levaram ao Shopping Eldorado, onde elas iriam a outra loja da ré, para adquirir um vestido não disponível na loja do shopping no momento. Entretanto, tal comportamento das rés não as exime da responsabilidade de indenizar as autoras pelos danos morais sofridos, sendo ambas solidariamente responsáveis pelo ocorrido. (Apelação Cível 9144592192002826 – TJSP).

---

15. Por todos: LÔBO, Paulo. *Direito civil: obrigações*. 7. ed. – São Paulo: Saraiva, 2019. v. II. p. 361. DANTAS BISNETO, Cícero. *Formas não monetárias de reparação do dano moral*: uma análise do dano extrapatrimonial à luz do princípio da reparação adequada. Florianópolis: Tirant Lo Blanch, 2019, p. 217.

Não se nega o dever de indenizar das empresas às consumidoras lesadas. No entanto, salta aos olhos o desprezo em relação às desculpas pedidas pelos funcionários em razão do erro cometido como forma de minoração do dano.

No mesmo sentido foi o julgamento da Apelação Cível 70054214358 do TJRS. Na hipótese, duas pessoas compraram bilhetes de viagem de ônibus, contendo a mesma numeração da poltrona. O equívoco na averiguação do bilhete resultou na discussão entre a Vítima e o Motorista do coletivo que pediu a retirada dela do veículo para solucionar o problema no guichê da empresa, dando lugar à outra passageira. Ao final, reconheceu o equívoco e, além de pedir desculpas à autora, retratou-se informando aos demais passageiros o equívoco, pois, na verdade, a outra passageira havia comprado a passagem para o dia seguinte. Após a condenação, a empresa recorreu argumentando ter havido atritos verbais de ambas as partes (Motorista e Passageira), sem qualquer desmoralização. Disse terem sido superadas as palavras rudes do Motorista, no momento da discussão, pelo pedido de desculpas por parte dele. No julgamento do apelo, o Tribunal não levou em consideração nem a retratação nem o pedido de desculpas como atenuante do dano e, ao confundir os conceitos, ressaltou:

> Ora, a retratação do motorista é um forte indício de que houve excesso de sua parte no trato com a autora. O equívoco na verificação das passagens é incontroverso. Não obstante a solução do impasse, pois a autora teria viajado na poltrona 15, conforme adquirido, e a escusa do motorista, é induvidosa a falha na prestação do serviço pela ré, a qual, como dito, responde pelos atos de seus prepostos/empregados (Apelação Cível 70054214358 do TJRS).

Do mesmo modo, no julgamento da Apelação Cível 267039 – RJ, os saques indevidos na conta poupança de um consumidor resultaram na condenação para reparação pecuniária por dano moral. O TRF da 2ª Região não fez qualquer distinção entre retratação e pedido de desculpas e os utilizou como prova do dano, indeferindo o pedido de redução do valor da indenização mesmo diante das desculpas pedidas e da recomposição financeira da vítima pelo Banco antes do ajuizamento da ação. Na ementa, o TRF ressaltou o seguinte:

> A própria CEF reconheceu a responsabilidade pela existência de falha no serviço por ela prestado, tendo não só pedido desculpas pelo transtorno causado, mas, tendo, também, recomposto o valor da poupança (Apelação Cível 267039 RJ – TRF2).

Percebe-se a utilização das desculpas como meio para referendar a prática do dano pelo ofensor.

Por outro lado, situação discrepante foi o julgamento da Apelação Cível 996/99, da Turma Recursal dos Juizados Especiais Cíveis e Criminais do TJDFT. Na hipótese, a vítima sofreu escoriações em razão de uma queda sofrida quando descia do coletivo da empresa ofensora, por imprudência do motorista que não esperou a passageira descer com segurança do veículo. O pedido da vítima era a condenação da empresa de ônibus a realizar um pedido formal e público de desculpas pelo comportamento inadequado do motorista, além do pagamento de verba indenizatória a título de danos materiais ("danos sofridos e despesas realizadas", segundo declarou a vítima). Após a sua condenação, a empresa recorreu sob o argumento de não ser objeto do pedido da vítima a indenização por danos morais. A fundamentação da Turma Recursal foi na contramão do que prega a norma processual, realizando um julgamento totalmente fora do que foi pedido:

> A bem da verdade, há que se reconhecer que não houve um pedido expresso de condenação por danos morais. Entretanto, em face das peculiaridades que cercam os procedimentos nos Juizados Especiais, sobretudo a possibilidade de a parte ajuizar a ação sem estar assistida por advogado, hão que ser mitigados o rigorismo das formas e excesso de tecnicismo inerentes ao Código de Processo Civil. Em sua petição, a autora formulou pedido no sentido de que fosse a ré condenada a realizar um pedido formal e público de desculpas pelo comportamento inadequado de seu funcionário, e ao pagamento da importância de R$ 2.600,00 (dois mil e seiscentos reais), referentes aos danos sofridos e despesas realizadas. Ora, se é certo que, neste tipo de procedimento, não pode o juiz compelir a ré a pedir as desculpas da forma proposta, não menos certo é que, com tal manifestação, inequivocamente, a autora demonstrou sentimentos de vergonha, desrespeito e descaso experimentados publicamente, pela atitude reprovável do motorista da ré que, como disse, "arrancou" bruscamente o veículo, sem esperar que a mesma descesse com segurança, num total desrespeito, o que caracteriza o dano moral.

Salta aos olhos a nulidade da decisão concedida fora do pedido. A consumidora requereu expressamente a retratação formal e pública da empresa e, apesar de não ter sido atendida neste pondo, obteve uma indenização pecuniária da qual não foi objeto nem do pedido nem da valoração da causa. Caso essa ação tivesse sido ajuizada na justiça comum, haveria uma incongruência no recolhimento das custas, pois não houve a quantificação do dano moral na petição inicial.

A informalidade do procedimento obedecido pelos juizados especiais não justifica a decisão, pois a norma procedimental não permite, sob nenhuma hipótese, a concessão de provimento jurisdicional diverso do objeto do pedido. É de se destacar, ainda, como lamentável o comportamento beligerante do Judiciário no sentido de sempre se socorrer da função patrimonialista da responsabilidade civil, tomando como prioritária a solução de litígios extrapatrimoniais por meio de indenização.

Por outro lado, apesar de escassas, é possível encontrar decisões determinando o pedido formal de desculpas ou mesmo utilizando este como forma de minoração do dano, quando espontâneo. A 1ª Câmara Cível do TJRJ, no julgamento da Apelação Cível 22.993/2009, condenou a concessionária de energia elétrica daquele estado, a pagar uma indenização por danos morais à consumidora, por interrupção injusta do fornecimento de energia da residência dela, sem prévia notificação. Além disso, os desembargadores modificaram a decisão de 1º grau para determinar a retratação pública, por parte da empresa de energia, pelos danos causados à consumidora por meio de um pedido formal de desculpas, a ser impresso na fatura seguinte ao trânsito em julgado da decisão. O objeto do pedido da consumidora era a retratação pública da empresa em jornal de grande circulação. No entanto, o relator entendeu ser esta publicação uma retratação meramente formal, sem maiores repercussões, porque destinada a pessoas que não conheciam a ofendida. Em razão disto, achou por bem impor a retratação impressa na fatura de cobrança dos serviços prestados pela empresa de energia à consumidora como meio de alcançar a reparação integral.

Estranhamente, apesar dessa decisão conferida pelo TJRJ, no sentido de dar relevância jurídica ao pedido de desculpas, é possível encontrar julgados no sentido oposto ao que foi ali defendido. No julgamento das Apelações Cíveis 0013047-57.2009.8.19.0087 e 0083280-08.2007.8.19.0004, a mesma empresa de energia foi condenada no pagamento de indenização pecuniária por corte indevido de energia, mas ficou desobrigada de se retratar publicamente ou mesmo de pedir desculpas diretamente às vítimas sob o fundamento de não haver determinação legal para tanto. No voto da Apelação Cível 0013047-57.2009.8.19.0087, a Desembargadora consignou que:

> Por outro lado, a pretensão buscando pedido de desculpas, não encontra amparo legal. Ademais, as consequências do ato ilícito praticado pela ré, já estão sendo reparadas mediante a condenação por danos extrapatrimoniais (Apelação Cível 0013047-57.2009.8.19.0087).

Isso referenda a falta de uniformidade das decisões do Judiciário sobre o tema, pois a discrepância dessas decisões não está restrita a Tribunais de diferentes estados da Federação, mas dentro de um mesmo Tribunal, sobre o mesmo assunto, foi possível encontrar a disparidade no julgamento de pedidos semelhantes.

No Recurso de Revista 200-49.2007.5.17.0006, do TST, um auxiliar de serviços gerais, terceirizado para um supermercado, recebeu indenização por danos morais pela humilhação sofrida, ao ser acusado por um funcionário do hipermercado de comer sorvete sem autorização. Ele e outros colegas, além de terem sido acusados de pegar o sorvete sem pagar, foram impedidos de sair do local pelo supervisor do hipermercado até a chegada do seu substituto, que os liberou. Confira-se trecho da decisão:

> Nem mesmo a conduta legítima do empregado que substituiu o que ofendeu o autor pode ser tida como atenuante, pois nada fez além de sua mais clara obrigação de liberá-los. Atenuante seria um pedido formal de desculpas e uma punição ao tal empregado Alexander, coisa da qual sequer se cogita nestes autos. (Recurso de Revista 200-49.2007.5.17.0006).

A sentença ressaltou não ter a liberação posterior o condão de apagar a dor moral sofrida pelos funcionários que permaneceram detidos por várias horas no supermercado e registrou que o pedido formal de desculpas seria uma atenuante razoável para a hipótese. No entanto, como o pedido não ocorreu, manteve-se a condenação no mesmo patamar.

Já no julgamento do processo 0013092-32.2011.8.17.0480, da 5ª Vara Cível de Caruaru – PE, a Magistrada reconheceu a atenuação da ofensa diante da presença do pedido de desculpas por parte de uma empresa de cinemas. Na hipótese, a transmissão do término filme atrasou em 40 minutos e o os prepostos da empresa se recusaram a devolver o valor dos ingressos aos consumidores. A empresa de cinemas, reconhecendo a prática lesiva, realizou um pedido formal e público de desculpas aos consumidores que se fizeram presentes na aludida sessão tardia. Diante disto, a Magistrada, utilizando a retratação como sinônimo de pedido de desculpas, levou em consideração as desculpas pedidas na valoração do dano e esclareceu:

Ao que tange o pedido formal e público de desculpas, esse merece ponderações. Vislumbrando o direito a reparação do dano, em um ponto de vista constitucional, me parece possível o cumulo de pedidos, prestação pecuniária, mais a retratação formal e em pública da conduta reconhecida como ilícita judicialmente. As lesões que atingem uma pessoa são de naturezas distintas: uma de natureza física, que é aquela que viola a incolumidade corpórea e a saúde mental do indivíduo, tipificada nos Capítulos I a VI, do Título I da Parte Especial do Código Penal; e outra de natureza moral, que atinge (ou pode atingir) os sentimentos mais íntimos do ser humano, como honra, bem-estar, podendo ocasionar sensações ruins, como sofrimento, dor, angústia, humilhação etc. Essa última se diferencia da primeira, na forma de se perceber esses danos, enquanto os físico são visíveis a qualquer pessoa, os morais, são visíveis apenas a vítima, já que lhe atingiu o que há de mais íntimo. A retratação em público por parte da empresa requerida se mostra de forma eficaz para a amortização dos danos do requerente, além do que por outro lado, evita que grandes grupos empresariais resolvam incluir possíveis condenações a título de dano moral como custo operacional, pagando o preço para lesionar direitos.

Percebe-se que o pedido de desculpas, nesta hipótese, foi utilizado de forma a atender tanto os consumidores ofendidos como também à empresa de cinemas que espontaneamente desculpou-se pelos danos por ela gerados.

Sob um outro ponto de vista, a ausência de um pedido de desculpas ou mesmo de uma retratação pública pode ser tomada como causa para ajuizamento de ação indenizatória. Esta foi a conhecida demanda judicial travada entre o comediante Rafinha Bastos e a cantora Wanessa Camargo. A cantora buscou a reparação patrimonial do dano sofrido por não ter conseguido obter do comediante a sua retratação. Rafinha, por sua vez, além de resistir em se retratar, seguiu debochando das vítimas por entender que a liberdade de humor pode se sobrepor aos eventuais danos à personalidade dos satirizados[16].

Diante da dissonância de entendimentos ora demonstrada, ainda não é possível reconhecer a existência de uma jurisprudência a respeito do tema.

3.1 Aspectos processuais da reparação não pecuniária

Outro ponto merecedor de relevância é a análise da possibilidade de condenação de alguma das espécies de reparação natural de ofício pelo magistrado. A questão divide opiniões na doutrina, podendo-se destacar como favoráveis à concessão de ofício da reparação *in natura* Anderson Schreiber[17] e Luiz Roberto Barroso[18]. Para ambos os autores, em textos publicados antes da vigência do CPC/2015, o direito tutelado, na hipótese de lesão à direitos da personalidade, deve buscar a efetiva reparação das lesões suportadas, ficando a indenização como coadjuvante para danos extrapatrimoniais por não reparar a vítima integralmente, mas apenas compensá-la monetariamente. Nesse sentido, os autores entendem não haver ofensa ao princípio da congruência, pois o juiz

---

16. Sobre esse tema vide: MONTEIRO FILHO, Carlos Edison do Rego e MOUTINHO, Maria Carla. O mérito do riso: limites e possibilidades da liberdade do humor. In: EHRHARDT JÚNIOR, Marcos; LÔBO, Fabíola Albuquerque; ANDRADE, Gustavo (Coord.) Liberdade de expressão e relações privadas. Belo Horizonte: Fórum, 2021. p. 219-235.
17. SCHREIBER, Anderson. Reparação Não Pecuniária dos Danos Morais. TEPEDINO, Gustavo e FACHIN, Luiz Edson (Orgs.). *Pensamento Crítico do Direito Civil Brasileiro*. Curitiba: Juruá, 2011, p. 329-346.
18. Supremo Tribunal Federal, Recurso Extraordinário 580.252/MS.

estaria autorizado a flexibilizar os limites deste princípio com vias a alcançar a denominada tutela específica, disposta nos então vigentes arts. 461 e 461A do CPC/1973.

Importante registrar ser o artigo publicado por Anderson Schreiber um marco na doutrina da reparação não pecuniária em prol da efetiva reparação, pois, além de trazer luzes a uma temática pouco debatida no direito brasileiro até então, tornou-se um norte para a sedimentação da doutrina a esse respeito, dando a necessária relevância ao tema. No mesmo sentido, apesar de tratar de temática diversa do objeto deste artigo, o Ministro Barroso, em voto-vista a respeito do sistema carcerário brasileiro, lançou mão de alternativas mais adequadas para a reparação integral dos presos de estabelecimentos prisionais em situação degradante ao substituir o pedido indenizatório de um presidiário por concessão detração de pena, em decorrência de dias vivenciados em condições desumanas em cadeia pública, com fundamento na reserva do possível e na reparação integral. Apesar de louvável e de ter sido proferida no âmbito do direito público, caso o voto-vista tivesse sido vencedor, a solução dada, poderia ser utilizada como "jurisprudência" para referendar decisões prolatadas na seara do direito privado, desviando-se do que efetivamente foi perseguido pelo autor da ação.

Em doutrina mais atual, Cícero Dantas Bisneto[19], em defesa do princípio da reparação adequada, aceita a possibilidade de concessão da tutela específica de ofício desde que respeitado o contraditório prévio, além dos princípios da não surpresa (art. 10 do CPC/2015[20]) e da proporcionalidade, ante a abrangência do artigo 927 do Código Civil.

Em sentido diverso, Leonardo Fajngold aponta a necessidade de observância do princípio da adstrição, não sendo possível ao magistrado conceder tutela diversa da pleiteada pelo lesado. Isso porque se a vítima requereu obrigação de dar (dinheiro) o juiz não está autorizado a convertê-la em tutela específica (obrigação de fazer ou não fazer)[21]. No entanto, se o pedido é reparatório, o magistrado teria maior liberdade para optar pela tutela mais adequada à espécie.

Em referendo, Aline Valverde Terra e Gisela Sampaio Guedes destacam a necessidade de amadurecimento da temática e apontam a vítima como a única pessoa capaz de indicar qual das duas vias (patrimonial ou natural) seria mais adequada para recompor os danos sofridos[22].

De fato, o poder do juiz não deve exceder os limites trazidos pelas partes no pedido, sob pena de nulidade. Isso porque a sistemática atual do CPC/2015 preza pela efetividade

---

19. DANTAS BISNETO, Cícero. *Formas não monetárias de reparação do dano moral*: uma análise do dano extrapatrimonial à luz do princípio da reparação adequada. Florianópolis: Tirant Lo Blanch, 2019.
20. CPC/2015 Art. 10. O juiz não pode decidir, em grau algum de jurisdição, com base em fundamento a respeito do qual não se tenha dado às partes oportunidade de se manifestar, ainda que se trate de matéria sobre a qual deva decidir de ofício.
21. FAJNGOLD, Leonardo. *Dano moral e reparação não pecuniária*: sistemática e parâmetros. São Paulo: Thomson Reuters Brasil, 2021.
22. GUEDES, Gisela Sampaio da Cruz; TERRA, Aline de Miranda Valverde. A repersonalização do direito civil e suas repercussões na responsabilidade civil. In: CORTIANO JUNIOR, Eroulths; EHRHARDT JÚNIOR, Marcos (Coords.). *Transformações no direito privado nos 30 anos da Constituição*: estudos em homenagem a Luiz Edson Fachin. Belo Horizonte: Fórum, 2019, p. 488.]

do contraditório e da ampla defesa (artigos 9º e 10 do CPC/2015[23]), não sendo permitido ao magistrado, portanto, inovar na sentença, isto é, surpreender o réu com uma condenação cujo pronunciamento não foi a ele oportunizado, por não ter constado na petição inicial. Note-se que, para haver reparação em pecúnia, a vítima deve até mesmo indicar qual o valor entendido como compensatório para a sua dor (art. 292, V, CPC/2015[24]). Assim, a imposição da reparação natural não requerida macularia à reparação integral, por não traduzir o pedido da vítima em sua inteireza.

Além disso, alguns parâmetros devem ser levados em consideração a depender do momento processual do caso concreto. No processo de conhecimento, havendo pedido traduzido em obrigação de fazer, o magistrado pode modular a tutela específica como forma de conseguir a solução do litígio da forma menos gravosa ao devedor, em respeito ao princípio da menor onerosidade (art. 805 do CPC/2015[25]). Assim, se o sistema de refrigeração de um hotel joga toda a ventilação quente para dentro da casa da vítima e esta requer a retirada da refrigeração (obrigação de fazer), pode o juiz, sem exceder os limites do pedido, determinar tutela específica menos gravosa à parte ao impor a colocação de paletas para que o ar seja dissipado para outro lugar (obrigação de fazer). Caso haja recusa por parte do autor do dano, o julgador pode, inclusive, determinar a execução do serviço às expensas do devedor (art. 249 do CC/2002[26]). Aqui estaria situada a viabilidade da modulação dos efeitos da tutela específica.

No entanto, caso a obrigação de fazer seja personalíssima, a exemplo do pedido de desculpas, e haja a recusa do devedor, só resta ao julgador converter a obrigação em perdas e danos (art. 247 do CC/2002[27]). Note-se, por oportuno, que a publicação da sentença condenatória não substitui o pedido de desculpas, pois este é obrigação infungível enquanto àquela é obrigação fungível.

Situação diversa ocorre na fase de cumprimento de sentença em que se busca efetivação da tutela específica ou a obtenção de tutela pelo resultado prático equivalente (artigos 497 e 536 do CPC/2015[28]). Nessa fase processual o magistrado, após lançar mão de todas as medidas típicas para ver cumprida a decisão pode se socorrer dos meios

---

23. CPC/2015 Art. 9º Não se proferirá decisão contra uma das partes sem que ela seja previamente ouvida.
24. CPC/2015 Art. 292. O valor da causa constará da petição inicial ou da reconvenção e será: [...] V - na ação indenizatória, inclusive a fundada em dano moral, o valor pretendido;
25. CPC/2015 Art. 805. Quando por vários meios o exequente puder promover a execução, o juiz mandará que se faça pelo modo menos gravoso para o executado. Parágrafo único. Ao executado que alegar ser a medida executiva mais gravosa incumbe indicar outros meios mais eficazes e menos onerosos, sob pena de manutenção dos atos executivos já determinados.
26. CC/2002 Art. 249. Se o fato puder ser executado por terceiro, será livre ao credor mandá-lo executar à custa do devedor, havendo recusa ou mora deste, sem prejuízo da indenização cabível. Parágrafo único. Em caso de urgência, pode o credor, independentemente de autorização judicial, executar ou mandar executar o fato, sendo depois ressarcido.
27. CC/2002 Art. 247. Incorre na obrigação de indenizar perdas e danos o devedor que recusar a prestação a ele só imposta, ou só por ele exequível.
28. CPC/2015 Art. 497. Na ação que tenha por objeto a prestação de fazer ou de não fazer, o juiz, se procedente o pedido, concederá a tutela específica ou determinará providências que assegurem a obtenção de tutela pelo resultado prático equivalente.

atípicos. Assim, pode o juiz, por exemplo, depois de esgotados todos os meios típicos de coerção para obtenção do provimento jurisdicional, consultar a vítima, com fundamento no artigo 10 do CPC/2015, a respeito da viabilidade da publicação da sentença como meio reparatório em substituição ao pedido de desculpas e, havendo aceitação por parte desta, a imposição da permuta da obrigação. Além disso, a obrigação de fazer pode, ainda, transformar-se em obrigação de pagar, pois o incumprimento pode resultar em conversão em perdas e danos. O inverso, no entanto, não é possível, em virtude da ofensa à coisa julgada.

Importa registrar, ainda, que, apesar de o sistema jurídico brasileiro ser incompatível com a condenação da reparação não pecuniária de ofício, é possível ao magistrado intimar o autor, antes do despacho inicial para a citação do réu, para se pronunciar expressamente acerca da reparação natural, podendo haver, inclusive, o aditamento da inicial neste sentido sem ofender o princípio da inércia. Isso se extrai da interpretação sistemática do já referido artigo 10 em conformidade com os artigos 2º, 6º e 321, todos, do CPC/2015[29]. Assim, diante do silêncio da vítima, o magistrado pode, com fundamento nas "irregularidades capazes de dificultar o julgamento de mérito" (art. 321 do CPC/2015) e no dever de cooperação para uma "decisão de mérito justa e efetiva" (art. 6º do CPC/2015) determinar o pronunciamento expresso desta a respeito da reparação não pecuniária, pois a ele incumbe também o dever de proferir decisão que atenda à reparação integral, sem desrespeitar o contraditório efetivo (artigo 9º do CPC/2015).

Merece destaque, também, a indagação a respeito da viabilidade da cumulação dos pedidos reparatório, visto como um meio de apagar o dano sofrido pela vítima, e compensatório, isto é, a imposição de condenação pecuniária. É difícil aceitar a cumulação

---

Parágrafo único. Para a concessão da tutela específica destinada a inibir a prática, a reiteração ou a continuação de um ilícito, ou a sua remoção, é irrelevante a demonstração da ocorrência de dano ou da existência de culpa ou dolo.

CPC/2015 Art. 536. No cumprimento de sentença que reconheça a exigibilidade de obrigação de fazer ou de não fazer, o juiz poderá, de ofício ou a requerimento, para a efetivação da tutela específica ou a obtenção de tutela pelo resultado prático equivalente, determinar as medidas necessárias à satisfação do exequente.

§ 1º Para atender ao disposto no caput, o juiz poderá determinar, entre outras medidas, a imposição de multa, a busca e apreensão, a remoção de pessoas e coisas, o desfazimento de obras e o impedimento de atividade nociva, podendo, caso necessário, requisitar o auxílio de força policial.

§ 2º O mandado de busca e apreensão de pessoas e coisas será cumprido por 2 (dois) oficiais de justiça, observando-se o disposto no art. 846, §§ 1º a 4º, se houver necessidade de arrombamento.

§ 3º O executado incidirá nas penas de litigância de má-fé quando injustificadamente descumprir a ordem judicial, sem prejuízo de sua responsabilização por crime de desobediência.

§ 4º No cumprimento de sentença que reconheça a exigibilidade de obrigação de fazer ou de não fazer, aplica-se o art. 525, no que couber.

29. CPC/2015 Art. 2º O processo começa por iniciativa da parte e se desenvolve por impulso oficial, salvo as exceções previstas em lei.

CPC/2015 Art. 6º Todos os sujeitos do processo devem cooperar entre si para que se obtenha, em tempo razoável, decisão de mérito justa e efetiva.

CPC/2015 Art. 321. O juiz, ao verificar que a petição inicial não preenche os requisitos dos arts. 319 e 320 ou que apresenta defeitos e irregularidades capazes de dificultar o julgamento de mérito, determinará que o autor, no prazo de 15 (quinze) dias, a emende ou a complete, indicando com precisão o que deve ser corrigido ou completado.

de pedidos quando se enxerga a reparação natural como primeira e única via adequada a reparar o dano. Assim, havendo reparação natural, a compensação não teria lugar e, por consequência, a cumulação dos pedidos não seria permitida pois o dinheiro não repara, compensa. No entanto, nem sempre a reparação é capaz de levar a vítima ao *status quo ante* ou mesmo a situação próxima a este estado. Nesses casos, a reparação natural repercute apenas na extensão do dano, reduzindo a dor sofrida sem, contudo, repará-la integralmente.

Apesar de posicionamento em sentido contrário[30], essa interpretação torna a cumulação dos pedidos reparatório e compensatório possível, isto é, a escolha de uma indenização aliada a uma obrigação de fazer (pedido de desculpas, por exemplo), em referendo às cláusulas abertas do direito brasileiro aliado ao princípio da reparação integral. Como dito, somente a vítima é capaz de indicar como a reparação integral do dano sofrido será alcançada, não havendo qualquer proibição legal no sentido de vedar essa cumulação.

Assim, diante da perda de um ente querido, por falha no serviço hospitalar, a família pode pleitear, por exemplo, além do pedido formal de desculpas, uma compensação pecuniária. Do mesmo modo, se um usuário tem o perfil do *Instagram hackeado,* por falha do serviço da companhia de telefonia e da Meta, ele pode pleitear o custeio de ações de marketing bem como a promoção do perfil invadido, como via possível a restituir os seguidores perdidos, além da condenação pecuniária, como forma de compensar a invasão da personalidade eletrônica e a repercussão negativa à reputação do sujeito.

A admissão da cumulação de pedidos não tem por objetivo esvaziar o instituto da reparação natural, mas dar efetividade ao princípio da reparação integral do sistema brasileiro. Sob esse ponto de vista, não se deve retirar da vítima o poder de, no pleno exercício do acesso à justiça, indicar o que melhor atende à reparação integral e pleitear uma indenização aliada a uma das formas de reparação natural.

3.2 Em busca de uma possível sistematização da reparação não pecuniária brasileira

Para encerrar o tópico a respeito da reparação não pecuniária no direito brasileiro, a partir desse breve estudo, é possível eleger alguns parâmetros para a concessão da medida, quais sejam: i) material; ii) formal; iii) de viabilidade; iv) de reparabilidade e v) de proporcionalidade.

O critério material implica na demonstração, por parte da vítima, da existência de um dano extrapatrimonial por ela sofrido. Já o formal decorre da necessidade de formulação de um pedido da vítima no sentido condenar o autor do dano a uma obrigação

---

30. FAJNGOLD, Leonardo. Dano moral e reparação não pecuniária: sistemática e parâmetros. São Paulo: Thomson Reuters Brasil, 2021. O autor entende que a cumulação da reparação natural com a reparação pecuniária implicaria em esvaziar o instituto da reparação natural, vista como meio hábil de levar a vítima ao *status quo ante*. Para o autor, a admissão de uma reparação natural cumulada com uma compensação financeira implicaria em aceitar que o instituto da reparação natural não tem o condão de reparar, mas apenas de compensar.

de fazer (ou de não fazer) pelas razões explanadas acima. Por outro lado, a viabilidade da reparação não pecuniária é essencial, pois o pedido deve ser executável, no sentido de ser possível ao causador do dano cumprir a obrigação perseguida pela vítima. Há, ainda, a exigência da reparabilidade, isto é, a condenação deve levar a vítima à situação mais próxima possível do estado em que ela se encontrava antes da ocorrência do dano. Por fim, a proporcionalidade é fundamental para evitar que a condenação não supere o dano sofrido, onerando em demasia o ofensor. Assim, por exemplo, quando a vítima pede a impressão de um pedido de desculpas em sua conta de energia não leva em consideração a evidente modificação gráfica do padrão da impressão, alterando a produção em larga escala e, portanto, resultando em um prejuízo muito maior para a empresa fornecedora, pois essas desculpas poderiam ser impressas por outras vias sem alterar o resultado prático da pretensão.

4. CONCLUSÃO

Não parece adequado restringir as possibilidades dos sujeitos que sofrem violações de cunho extrapatrimonial às mesmas alternativas postas à disposição daqueles que experimentam danos emergentes e lucros cessantes. Se a natureza dos direitos que não possuem significação patrimonial exata não permite aferir precisamente qual a extensão do prejuízo, nem admite a recomposição ao estado anterior à conduta lesiva, há de se buscar alternativas à recomposição pecuniária do prejuízo, utilizando para tanto todos os meios admitidos em direito.

As necessidades existenciais de cada sujeito de direito não se apresentam de modo uniforme. Valores, objetivos e interesses dependem de diversos fatores e variam no tempo e no espaço. A solução apontada como adequada para um, pode não ser a mais benéfica para outro, pois não há como conceder uma mesma providência jurisdicional a todas as violações sofridas pela sociedade. É em razão disto, inclusive, que a tarifação do montante indenizatório se apresenta inadequada.

Diante da complexidade de nossa sociedade, os modelos abstratos da codificação anterior não se demonstram adequados para as demandas contemporâneas. A postura beligerante do Judiciário de resolver as lides com base em indenizações vultosas não soluciona o problema. Aliás, é sempre incômoda a tarefa de se tentar explicar as razões pelas quais danos que não podem ser quantificados em dinheiro protagonizam discussões acaloradas sobre o *quantum* indenizatório. Isso porque a impossibilidade de quantificação do patrimônio imaterial finda por levar as vítimas ao sentimento de "não haver dinheiro que pague a dor sofrida" e os causadores dos danos à sensação de exagero nas valorações, isto é, à existência de uma verdadeira "indústria do dano moral". A finalidade última do provimento jurisdicional deve ser de apaziguar o conflito e nem sempre o dinheiro pode comprar a paz.

É necessário prestigiar o espaço de discricionariedade conferido ao magistrado e acentuar a responsabilidade deste na busca por alternativas aptas a atender aos interesses da vítima sem, contudo, extrapolar os limites do pedido. Com isso não se pretende, ceifar a temática da reparação não pecuniária, mas dar necessária legitimidade a esta. Cabe à doutrina exercer o seu papel esclarecedor, suscitando o debate e trazendo luzes ao assunto para, assim, auxiliar o Judiciário na confecção de decisões em que se preze pela efetiva e legítima reparação, mediante o reconhecimento das variadas formas de recomposição natural.

O episódio do Oscar dividiu opiniões tanto acerca da punição sofrida por Smith por parte da Academia como pelas provocações sequenciadas de Chris Rock, havendo quem defendesse ter este último merecido o tapa e muito mais. Afinal, as piadas ácidas por ele contadas provocam não só ódio de alguns, mas referendam o clássico jargão *"Todo mundo odeia o Chris"*, título do seriado narrado pelo humorista. De fato, Chris precisava de um limite, porém a reação da vítima foi desproporcional ao dano provocado por ele. Afinal, não se justifica uma agressão. Apesar disso, caso o episódio tivesse sido levado ao Judiciário brasileiro, as desculpas pedidas no dia seguinte ao ocorrido por parte de Smith deveriam ser levadas em consideração seja como medida reparatória em si, seja como redutor do montante da indenização, a depender do pedido realizado pela vítima.

5. REFERÊNCIAS

DANTAS BISNETO, Cícero. *Formas não monetárias de reparação do dano moral*: uma análise do dano extrapatrimonial à luz do princípio da reparação adequada. Florianópolis: Tirant Lo Blanch, 2019.

FAJNGOLD, Leonardo. *Dano moral e reparação não pecuniária*: sistemática e parâmetros. São Paulo: Thomson Reuters Brasil, 2021.

LÔBO, Paulo. *Direito civil: obrigações*. 7. ed. – São Paulo: Saraiva, 2019. v. II.

MONTEIRO FILHO, C. E. DO R. Limites ao princípio da reparação integral no direito brasileiro. civilistica. com, v. 7, n. 1, p. 1-25, 5 maio 2018.

MONTEIRO FILHO, Carlos Edison do Rego e MOUTINHO, Maria Carla. O mérito do riso: limites e possibilidades da liberdade do humor. In: EHRHARDT JÚNIOR, Marcos; LÔBO, Fabíola Albuquerque; ANDRADE, Gustavo (Coord.) Liberdade de expressão e relações privadas. Belo Horizonte: Fórum, 2021.

SCHREIBER, Anderson. Reparação Não Pecuniária dos Danos Morais. In: TEPEDINO, Gustavo e FACHIN, Luiz Edson (Orgs.). *Pensamento Crítico do Direito Civil Brasileiro*. Curitiba: Juruá, 2011.

SERRA, Adriano Vaz. Obrigação de indemnização. *BMJ*, n. 84, p. 5-301, 1959.

ZARRA, Maita María Naveira. *El resarcimiento del daño en la responsabilidad civil extracontractual*. Madrid: Editoriales de derecho reunidas, 2006.

INTERESSE CONTRATUAL POSITIVO E INTERESSE CONTRATUAL NEGATIVO: NOTAS PARA A REPARAÇÃO DE DANOS NA RESPONSABILIDADE CIVIL POR RUPTURA DAS NEGOCIAÇÕES PRELIMINARES À LUZ DOS ORDENAMENTOS JURÍDICOS BRASILEIRO E PORTUGUÊS

Michel Glatt

Bacharel em Direito pela Pontifícia Universidade Católica do Rio de Janeiro. Pós-graduado em Direito Processual Civil pela Pontifícia Universidade Católica do Estado do Rio de Janeiro. Mestrando em Direito Civil pela Universidade do Estado do Rio de Janeiro. Advogado.

Sumário: 1. Introdução – 2. Interesse contratual positivo e interesse contratual negativo: conceituação e desenvolvimento – 3. A composição dos danos no interesse contratual positivo e no interesse contratual negativo e algumas controvérsias acerca da aplicação dos conceitos – 4. A reparação de danos na responsabilidade civil por ruptura das negociações preliminares – 5. Conclusão – 6. Referências bibliográficas.

1. INTRODUÇÃO

Apesar de não serem conceitos mencionados expressamente nos ordenamentos jurídicos brasileiro e português, as noções de interesse contratual positivo e de interesse contratual negativo vêm chamando a atenção da doutrina e jurisprudência de ambos os países e suscitado diversas controvérsias, seja com relação ao conteúdo que lhes subjaz, seja com relação às hipóteses de sua incidência. Trata-se, como argutamente observado, de tema "obscuro e inusitado",[1] que tem fomentado verdadeiro "fascínio" nos mais diversos ordenamentos jurídicos.[2]

Basicamente, as noções de interesse contratual positivo e interesse contratual negativo correspondem a verdadeiras *fórmulas sintéticas* do dano patrimonial indenizável, que buscam indicar a direção da reparação a ser concedida à vítima. Nessa esteira, no interesse contratual positivo, busca-se conduzir o lesado à situação em que estaria se o contrato tivesse sido celebrado e devidamente cumprido, enquanto, no interesse contratual negativo, visa-se a colocar a vítima no estado em que estaria caso não houvesse confiado nas negociações e nelas não tivesse adentrado.

---

1. ASSIS, Araken de. Dano positivo e dano negativo na resolução do contrato. In: *Revista da Associação dos Juízes do Rio Grande do Sul (Ajuris)*. n. 60, março 1994, p. 121.
2. PINTO, Paulo Mota. *Interesse contratual negativo e interesse contratual positivo*. Coimbra: Coimbra Editora, 2008. v. I, pp. 1-8.

Desde a sua formulação por Rudolf von Jhering no século XIX, o *par conceitual* passou por notável desenvolvimento, acompanhando a evolução do próprio Direito das Obrigações e dos princípios a ele incidentes, buscando propiciar soluções a hipóteses lesivas inéditas que vieram a surgir.

Todavia, nota-se a verdadeira existência de um "movimento contínuo em busca de critérios seguros para a definição apriorística das hipóteses lesivas abrangidas individualmente pelos componentes desse par de conceitos, o que, contudo, acabou por criar verdadeiros dogmas quanto às hipóteses de sua aplicação".[3]

De fato, se, quando concebidos, verificava-se uma (praticamente) automática correlação entre o interesse contratual negativo e a celebração de contratos inválidos e entre o interesse contratual positivo e o descumprimento de contratos válidos; após, passou-se a se constatar uma imediata ligação entre o interesse contratual negativo e a responsabilidade pré-contratual, e entre o interesse contratual positivo e o inadimplemento contratual.

Esse raciocínio genuinamente subsuntivo, contudo, parece ser insuficiente e incompatível com a realidade fática em determinados casos. Contemporaneamente, à luz dos valores que permeiam o ordenamento jurídico e do dinamismo e complexidade que envolvem certas relações contratuais atuais, não parece admissível que se adote a mesma solução vislumbrada em período marcado por outra metodologia, deixando-se de se analisar as peculiaridades de cada hipótese concreta.

Em função disso, têm-se sustentado que as situações que levam à reparação de um ou outro interesse "não são rígidas a ponto de permitir que, a partir delas, se possa realizar a classificação de ambos os componentes do par conceitual de forma apriorística". A bem da verdade, o interesse contratual positivo e o interesse contratual negativo consistem em "meros instrumentos à definição da relação jurídica de reparação".[4]

No presente estudo, então, buscar-se-á analisar os conceitos e o desenvolvimento dos conceitos de interesse contratual positivo e de interesse contratual negativo, expondo os elementos que os compõem, bem como as controvérsias existentes acerca de sua aplicação. Após, a partir do exame do tema pela metodologia do direito civil-constitucional e, especialmente, consideradas as premissas que afirmam a historicidade dos institutos e a predominância de seus perfis funcionais sobre os estruturais, buscar-se-á examinar seu emprego na responsabilidade por ruptura das negociações.

2. INTERESSE CONTRATUAL POSITIVO E INTERESSE CONTRATUAL NEGATIVO: CONCEITUAÇÃO E DESENVOLVIMENTO

O desenvolvimento dos conceitos de interesse contratual positivo e interesse contratual negativo é, recorrentemente, atribuído pela doutrina à Rudolph von Jhering, em seu

---

[3]. STEINER, Renata C. *Reparação de danos*: interesse positivo e interesse negativo. São Paulo: Quartier Latin, 2018, p. 23.
[4]. STEINER, Renata C. *Reparação de danos*: interesse positivo e interesse negativo. São Paulo: Quartier Latin, 2018, p. 134.

estudo sobre a *culpa in contrahendo* realizado em 1861.[5] A exposição de Jhering resultou de sua preocupação com a ausência de proteção do destinatário de uma declaração de vontade viciada. Aduz-se, assim, que os conceitos surgiram de um receio do autor "com as soluções da prática – com a vida, e não com o conceito".[6]

A obra de Jhering foi impulsionada por experiência por ele vivenciada. Em certa feita, pretendia-se adquirir um quarto de caixa de charuto, entretanto, na indicação do pedido, apontou-se pela pretensão de receber quatro caixas. Em função do apontamento, o vendedor encaminhara quatro caixas, tendo o comprador rejeitado a entrega, sob o argumento de que desejava montante bastante inferior.[7] Naquela época, essa situação enquadrava-se nos quadrantes do "erro" de acordo com o ordenamento jurídico alemão, que privilegiava a vontade interna em eventual embate com a declaração expressa, e, assim, o vendedor (declaratário) restava desprotegido.[8] Assim, para Jhering, "a injustiça e o desconsolo na prática de um tal resultado é evidente; a parte culposa fica livre, a inocente é vítima da culpa alheia!".[9]

Para o autor alemão, seria contrário ao "sentimento de justiça" a concepção de solução que deixasse de conferir ao declaratário alguma indenização em função da invalidação do negócio. Nesse sentido, haveria, em teoria, duas maneiras de se conceber o interesse do lesado: "segundo uma delas, como o interesse na *manutenção* do contrato, ou seja, no *cumprimento* – aqui o comprador receberia num equivalente em dinheiro tudo aquilo que teria tido em caso de validade do contrato" e, na outra, "como um interesse na *não conclusão* do contrato – aqui receberia o que teria tido se a realidade exterior da conclusão do contrato não tivesse de todo verificado".[10]

---

5. A obra de Rudolph von Jhering foi traduzida do alemão para língua portuguesa por Paulo Mota Pinto: JHERING, Rudolf von. *Culpa in contrahendo ou indemnização em contratos nulos ou não chegados à perfeição*. Coimbra: Almedina, 2008. Em verdade, a atribuição dos conceitos é conferida a Rudolph von Jhering em função de ter o autor aprofundado a sistematização e desenvolvimento do interesse contratual positivo e daquele negativo, ou seja, por ter promovido a "primeira teorização" desses interesses. Entretanto, como relata Paulo Mota Pinto, certa referência ao conteúdo dos conceitos fora feita, antes, por Friedrich Carl von Savigny, que teria plantado uma "semente" quanto à temática. Em seguida aos estudos de Friedrich von Savigny, coube à Fridrich Mommsen – conhecido por sua produção acerca da teoria da diferença – "recolher a semente atirada por Savigny e fazê-la frutificar", tendo o mencionado autor se utilizado das designações no âmbito da impossibilidade das prestações. A respeito da evolução do interesse contratual positivo e interesse contratual negativo na pandectística alemã do século XIX, v. PINTO, Paulo Mota. *Interesse contratual negativo e interesse contratual positivo*. Coimbra: Coimbra Editora, 2008. v. I. p. 150 e ss.
6. JHERING, Rudolf von. *Culpa in contrahendo ou indemnização em contratos nulos ou não chegados à perfeição*. Coimbra: Almedina, 2008, p. VIII.
7. "Peço a um amigo que vai de viagem a Bremen que me encomende no meu fornecedor ¼ de caixa de charutos, mas ele engana-se e encomenda 4 caixas. O remetente tem de suportar os custos do transporte duplamente ou pode exigir o seu ressarcimento ao núncio ou a mim?" (JHERING, Rudolf von. *Culpa in contrahendo ou indemnização em contratos nulos ou não chegados à perfeição*. Coimbra: Almedina, 2008, p. 3).
8. Vigorava, naquele período histórico, a chamada teoria da vontade, pela qual "o conteúdo do contrato era determinado exclusivamente pela perquirição da vontade interna do agente". Essa teoria, posteriormente, veio a ser superada por outros procedimentos hermenêuticos, tais como a teoria da declaração e aquela da confiança, v. TEPEDINO, Gustavo; KONDER, Carlos Nelson; BANDEIRA, Paula Greco. *Fundamentos do direito civil*: contratos. 2 ed. Rio de Janeiro: Forense, 2021. v. 3. p. 22.
9. JHERING, Rudolf von. *Culpa in contrahendo ou indemnização em contratos nulos ou não chegados à perfeição*. Coimbra: Almedina, 2008, p. 2.
10. JHERING, Rudolf von. *Culpa in contrahendo ou indemnização em contratos nulos ou não chegados à perfeição*. Coimbra: Almedina, 2008, pp. 12-13.

Em outros termos, o interesse do credor poderia corresponder à manutenção e cumprimento do contrato, caso em que deveria receber o equivalente às vantagens que teria auferido caso o contrato fosse válido e cumprido, ou à não conclusão do contrato, situação em que o lesado deveria receber as vantagens que teria auferido se não houvesse confiado na celebração de um contrato válido.

Por "razões de síntese", Jhering designou o primeiro daqueles interesses de *interesse contratual positivo* e o segundo de *interesse contratual negativo*. Enquanto o fundamento do interesse contratual positivo estaria na validade do negócio jurídico, o do interesse contratual negativo encontrar-se-ia na sua invalidade. Em suas palavras, "só na medida em que o contrato é válido pode o comprador exigir sua execução, ou, o que é o mesmo, o seu interesse no cumprimento".[11]

Na hipótese por ele tratada, como o contrato seria inválido à luz do Direito Romano, ao lesado caberia ser ressarcido, não tomando-se em comparação com o que obteria com o contrato, mas pelos custos inúteis e lucros que restaram obstados em razão da confiança depositada na conclusão válida daquele negócio. O ressarcimento nessa situação se daria, portanto, pelo interesse negativo.

A verdadeira inovação de Rudolph von Jhering consiste na fundamentação dessa responsabilidade, já que inexistia naquele ordenamento jurídico um enquadramento da responsabilidade civil na fase de formação do contrato.[12] Nessa esteira, buscando desvinculá-la das restrições do sistema de proteção aquiliana do Direito Romano (que impediria a obtenção do resultado de reparação por ele buscado), Jhering reconduziu a *culpa in contrahendo* aos quadrantes da responsabilidade contratual.[13] Assim, a *culpa in contrahendo* seria a culpa contratual em uma vertente específica, e deveria ser incluída em sua sistemática, aplicando-lhe os mesmos princípios.[14]

---

11. JHERING, Rudolf von. *Culpa in contrahendo ou indemnização em contratos nulos ou não chegados à perfeição*. Coimbra: Almedina, 2008, p. 13. Como notou Renata Steiner, Jhering utilizou as mencionadas expressões como uma "razão de síntese", a indicar que elas sintetizam um conteúdo que lhes é anterior e deve ser descortinado. O conteúdo representado pelas expressões já havia sido explorado antes de Jhering, mas ele teve o mérito de efetivamente propor um *nomen iuris* para os conceitos, algo até então inédito, v. STEINER, Renata C. *Reparação de danos*: interesse positivo e interesse negativo. São Paulo: Quartier Latin, 2018, p. 34.
12. Jhering tratou da casuística da *culpa in contrahendo*, agrupando os casos em três causas de invalidade: incapacidade do sujeito, inidoneidade do objeto e falta de firmeza da vontade contratual seja quanto à declaração, seja quanto à vontade, v. PINTO, Paulo Mota. *Interesse contratual negativo e interesse contratual positivo*. Coimbra: Coimbra Editora, 2008. v. I. pp. 176-177.
13. Nas palavras de Jhering, "quem contrata, sai deste modo do círculo de deveres puramente negativo do tráfico extracontratual e entra no positivo da esfera contratual, sai do campo da mera *culpa in faciendo* para o da *culpa in non faciendo*, da *diligentia* positiva, e a primeira e mais geral obrigação que assim assume é a seguinte: aplicar a *diligentia* logo no próprio contratar. Não são apenas as relações contratuais *formadas*, mas antes logo as que estão *em formação* que têm de estar sob a protecção das regras sobre a *culpa*, se não se quiser que o tráfico contratual seja neste aspecto obstaculizado de forma significativa, que cada contraente seja exposto ao perigo de se tornar vítima da negligência alheia" (JHERING, Rudolf von. *Culpa in contrahendo ou indemnização em contratos nulos ou não chegados à perfeição*. Coimbra: Almedina, 2008, p. 32).
14. PINTO, Paulo Mota. *Interesse contratual negativo e interesse contratual positivo*. Coimbra: Coimbra Editora, 2008. v. I, p. 176. Assim, como observa Paulo Mota Pinto, "poucos anos depois das obras de Mommsen e Jhering, a distinção entre interesse negativo e interesse positivo estava já (pelo menos, substancialmente) presente na generalidade da doutrina (mesmo entre quem rejeitava o método da diferença)" (PINTO, Paulo Mota. *Interesse contratual negativo e interesse contratual positivo*. Coimbra: Coimbra Editora, 2008. v. I. p. 181).

Assim, a proposita de criação do *par conceitual* (interesse contratual positivo e interesse contratual negativo)[15] teve o objetivo de demonstrar que a reparação do dano contratual não poderia mais ter um direcionamento único, na medida em que, a depender se causada pelo descumprimento do contrato ou por sua invalidade (ou não conclusão), os interesses reparados deveriam ser distintos.[16] Os conceitos, então, possuem como função definir o dano patrimonial indenizável, qualificando e quantificando a situação hipotética sem o dano.[17]

A palavra "interesse", tal como utilizada por Jhering a partir dos estudos de Friedrich Mommsen, designa uma fórmula comparatista entre situações.[18] De fato, no contexto do século XIX, a palavra interesse (no âmbito da reparação de danos), extraída da expressão *in ter est* (ou, "aquilo que está entre"), era utilizada no âmbito da teoria da diferença, formulada por Mommsen, como sinônimo de dano indenizável. Para o mencionado jurista, o conceito de dano indenizável deveria ser obtido a partir da comparação entre uma situação real, na qual a vítima se encontraria após o evento lesivo, e uma situação hipotética, para a qual ele deve ser reconduzido, como resultado da reparação dos danos sofridos. Foi a partir dessa noção que Jhering identificou os conceitos de interesse contratual negativo e de interesse contratual positivo.

Tal como Mommsen, Jhering, para a elaboração do *par conceitual*, pressupôs a comparação entre duas situações jurídicas, que poderiam ser positivas ou negativas com relação ao contrato – daí as designações interesse *contratual* positivo e interesse *contratual* negativo.

Conforme leciona Paulo Mota Pinto, o conceito de interesse consiste na relação entre o lesado e a situação em que estaria se não fosse o evento lesivo, caracterizado

---

15. A doutrina costuma recorrer a uma miríade de nomenclaturas para referir-se a esse par de conceitos, como: dano positivo e dano negativo; interesse na confiança e interesse na expectativa; dano de confiança e dano de descumprimento; interesse no cumprimento e interesse na confiança. A despeito dos diferentes nomes, confere-se unidade de sentido comum às variadas nomenclaturas, de modo que se trata, unicamente, de uma questão de semântica, v. STEINER, Renata C. *Reparação de danos*: interesse positivo e interesse negativo. São Paulo: Quartier Latin, 2018, p. 32 e PINTO, Paulo Mota. *Interesse contratual negativo e interesse contratual positivo*. Coimbra: Coimbra Editora, 2008. v. II, pp. 853-863. Em função da maior adesão pelas doutrinas brasileira e portuguesa das expressões interesse contratual positivo e interesse contatual negativo, far-se-á uso, neste estudo, delas.
16. Como registra Renata Steiner, Jhering não lidava apenas com a dicotomia entre contratos inválidos e contratos válidos, na medida em que o autor se referia, dentro do conceito de *culpa in contrahendo*, por contratos não formados (e não necessariamente inválidos) como danos causados pela revogação de oferta entre ausentes, pela morte do proponente antes da aceitação, no caso de contratos entre ausentes, e da revogação de uma proposta ao público. Daí se aduzir que a dicotomia era entre contratos válidos e contratos inválidos ou não chegados à perfeição, v. STEINER, Renata C. *Reparação de danos*: interesse positivo e interesse negativo. São Paulo: Quartier Latin, 2018, pp. 94-95.
17. STEINER, Renata C. *Reparação de danos*: interesse positivo e interesse negativo. São Paulo: Quartier Latin, 2018, p. 199.
18. O termo interesse assume múltiplas concepções, seja no Direito como um todo, seja na responsabilidade civil, em particular. Não há, assim, um sentido unívoco desse termo. De modo similar a outras legislações, o Código Civil brasileiro faz mais de cinquenta menções à palavra "interesse", perpassando vários livros da legislação civil. Outros diplomas, como o de Processo Civil, também se utilizam do termo, atribuindo-lhe sentidos diversos. Aliás, no âmbito da responsabilidade civil o termo sequer é expressamente mencionado, malgrado seja uma das principais expressões utilizadas nessa temática.

fundamentalmente (i) pela circunstância positiva do cumprimento, (ii) pelo fato negativo da não conclusão do contrato ou (iii) pela circunstância negativa da falta de suscitação e depósito de confiança[19]. Em outras palavras, o interesse corresponde à relação entre a vítima e uma situação patrimonial que haveria de se verificar na ausência de evento lesivo, sendo que tal situação hipotética variará conforme se busque conduzir a vítima ao estado em que estaria se o contrato houvesse sido regularmente cumprido (interesse positivo) ou ao estado em que estaria caso jamais tivesse depositado confiança e se comprometido com a celebração do contrato (interesse negativo).[20]

Dessa forma, nas palavras de Renata Steiner, pode-se definir o interesse contratual positivo como a "situação hipotética patrimonial na qual o lesado estaria se o contrato houvesse sido integral e adequadamente cumprido". A indenização nesses termos, portanto, pressupõe a recolocação do lesado em um estado *ad quem* com relação ao contrato. O interesse contratual negativo pode ser concebido como a "situação hipotética de recondução do lesado, representada pela situação patrimonial em que ele estaria se nem sequer houvesse cogitado do contrato, ou seja, se não houvesse iniciado contatos negociais". A reparação, sob esse prisma, corresponderá à reconstrução de uma situação hipotética *a quo* com relação ao contrato.[21]

A teoria de Jhering foi muito discutida na doutrina subsequente, tendo-lhe sido dirigidas significativas críticas, sobretudo em função da solução por ele proposta não ter embasamento nas fontes romanas e por ter partido, em sua construção, de um resultado. Apesar disso (e talvez paradoxalmente, como registra Paulo Mota Pinto), a proposição do jurista recebeu "progressiva e inexorável aceitação como princípio geral" e acabou por ter "influência duradora e quase universal" mesmo entre seus críticos.[22]

Com efeito, os estudos de Jhering a esse respeito impulsionaram desenvolvimentos notáveis na disciplina do Direito das Obrigações, em especial no alcance da responsabilidade na fase formativa do contrato e no dever de indenizar, que acabara sendo acompanhada por, igualmente notável, desenvolvimento das noções de interesse contratual positivo e interesse contratual negativo.

Nessa esteira, aduz-se que os conceitos de interesse contratual positivo e interesse contratual negativo passaram por algumas etapas de desenvolvimento em diversos ordenamentos jurídicos (como é o caso do brasileiro e do português), as quais se confundem

---

19. PINTO, Paulo Mota. *Interesse contratual negativo e interesse contratual positivo*. Coimbra: Coimbra Editora, 2008. v. I. p. 842.
20. SILVA, Rodrigo da Guia. Interesse contratual positivo e interesse contratual negativo: influxos da distinção no âmbito da resolução do contrato por inadimplemento. *Revista IBERC*, Minas Gerais, v. 3, n. 1, p. 1-37, jan./abr. 2020, p. 17.
21. STEINER, Renata C. *Reparação de danos*: interesse positivo e interesse negativo. São Paulo: Quartier Latin, 2018, p. 199 e p. 234.
22. PINTO, Paulo Mota. *Interesse contratual negativo e interesse contratual positivo*. Coimbra: Coimbra Editora, 2008. v. I, p. 179-780.

com as próprias transformações havidas com a evolução do Direito das Obrigações, buscando conferir soluções às hipóteses lesivas nele abrangidas.[23]

A primeira fase reside, justamente, na concepção originária de Rudolf von Jhering, em que se buscava a distinção entre os conceitos a partir da dicotomia entre contratos válidos e contratos inválidos ou não chegados à perfeição. Enquanto a violação daqueles apenas outorgaria direito à indenização pelo interesse contratual positivo, a desses somente permitiria a indenização pelo interesse contratual negativo.

Com o desenvolvimento dos estudos acerca da responsabilidade pré-contratual, a partir da identificação de sua caracterização a partir da violação à boa-fé objetiva na fase das negociações preliminares e, assim, com o alargamento das suas hipóteses de incidência, passou-se por uma segunda fase de desenvolvimento do *par conceitual*. Nessa nova fase, o conceito de interesse negativo passa a vincular-se à responsabilidade pré-contratual, abrangendo aí, não só as hipóteses de contratos inválidos ou não chegados à perfeição, como todas aquelas em que, durante a fase das tratativas, identifica-se a violação à confiança detida por uma das partes.[24] Essa circunstância, inclusive, fez com que diversos autores passassem a se referir ao interesse negativo como "interesse na confiança".[25] O interesse contratual positivo, designado alternativamente, nessa fase, de "interesse no cumprimento", permanece vinculado à existência de uma relação jurídica obrigacional e ao descumprimento da prestação.[26]

Contemporaneamente, alude-se que o *par conceitual* passa por uma terceira fase de seu desenvolvimento. Nas duas fases que precederam, havia nítido predomínio da vinculação dos conceitos a hipóteses lesivas específicas, estabelecendo-se verdadeiros dogmas. A partir de uma identificação, *a priori*, da origem do dano, vislumbrava-se a necessidade de indenização pelo interesse negativo nos casos de contratos inválidos ou

---

23. STEINER, Renata C. *Reparação de danos*: interesse positivo e interesse negativo. São Paulo: Quartier Latin, 2018. p. 87.
24. "Desse modo, a intrínseca relação entre invalidade contratual e interesse negativo começa a ser desconstruída, em decorrência de um alargamento no uso da segunda acepção. Identifica-se, por consequência o surgimento de uma nova interconexão, agora, entre a responsabilidade pré-contratual e o interesse negativo. Nesse sentido, diante de uma lesão ocorrida na fase de formação do contrato, a solução para tanto, do ponto de vista indenizatório, deveria perpassar pela análise do interesse contratual negativo" (PEREIRA, Fábio Queiroz. *O ressarcimento do dano pré-contratual*: interesse negativo e interesse positivo. São Paulo: Almedina, 2017, p. 191).
25. "A identificação do interesse negativo ao interesse na confiança é bastante comum em diversos ordenamentos, refletindo-se também com frequência na doutrina brasileira que se dedica ao estudo dos conceitos. Como se viu, essa ligação assume significado específico a partir do reconhecimento da existência de uma relação obrigacional anterior à formação do contrato, preenchida pelos princípios da boa-fé e da confiança" (STEINER, Renata C. *Reparação de danos*: interesse positivo e interesse negativo. São Paulo: Quartier Latin, 2018, pp. 119-120). Ainda nesse sentido: "Nota-se, pois, que a associação do interesse contratual negativo à *culpa in contrahendo* se esbateu na evolução subsequente, designadamente, devido à objectivação da responsabilidade pelo 'dano da confiança.'" (PINTO, Paulo Mota. *Interesse contratual negativo e interesse contratual positivo*. v. I. Coimbra: Coimbra Editora, 2008, p. 192).
26. "À repaginação do interesse negativo como interesse na confiança, contrapõe-se o interesse no cumprimento, designação alterativa ao interesse positivo, vinculado à existência de uma relação jurídica obrigacional voluntária contratual ou negocial e à situação patológica de descumprimento do dever principal que lhe compõe" (STEINER, Renata C. *Reparação de danos*: interesse positivo e interesse negativo. São Paulo: Quartier Latin, 2018, p. 117).

de responsabilidade pré-contratual e a de reparação pelo positivo quando da existência de contratos válidos.

Atualmente, porém, em função da complexidade de situações lesivas que se verificam, seja na formação do contrato, seja em sua execução, e dos interesses que merecem ser tutelados, entende-se que adoção de definições aprioristicas para distinção do interesse contratual positivo e do interesse contratual negativo não se coaduna com a pluralidade inerente ao Direito das Obrigações.[27]

Nesse sentido, "sendo seus conteúdos plurais, seria no mínimo contestável a possibilidade de definição unitária do sentido da indenização devida". Entende-se, desse modo, que, embora não seja incorreta a identificação do interesse contratual negativo à violação da confiança pré-contratual, tampouco a do positivo ao descumprimento contratual, essa vinculação deve ser enxergada de forma relativa, sob pena de violar as regras de reparação de danos de determinados ordenamentos jurídicos.[28]

---

27. STEINER, Renata C. *Reparação de danos*: interesse positivo e interesse negativo. São Paulo: Quartier Latin, 2018, p. 118. Ainda a esse respeito: "Essas novas proposições, que ampliaram as ponderações de indenização baseadas na fórmula dos interesses, apesar de concretizarem um avanço teórico, acabaram por inserir o interesse negativo em uma nova redoma, reduzindo o seu âmbito de aplicação aos problemas da fase de formação do contrato. Tradicionalmente, ainda hoje, acredita-se que em matéria de responsabilidade pré-contratual o ressarcimento deva estar contido nos limites do interesse negativo. No entanto, a referida interligação começa a ser quebrada, pois se verificou, por um lado, que alguns autores começaram a ponderar a possibilidade de resolver problemas pré-contratuais também tendo por base o interesse positivo e, por outro, observou-se o surgimento de construções jurídicas defendendo a ponderação do interesse negativo também em situações marcadas pelo inadimplemento contratual" (PEREIRA, Fábio Queiroz. *O ressarcimento do dano pré-contratual*: interesse negativo e interesse positivo. São Paulo: Almedina, 2017, p. 193).
28. STEINER, Renata C. *Reparação de danos*: interesse positivo e interesse negativo. São Paulo: Quartier Latin, 2018, p. 118. Não se adentrará, por ultrapassar o escopo do presente estudo, nas divergências doutrinárias quanto à identificação do interesse reparável nas hipóteses de descumprimento contratual, sobretudo na resolução do contrato por inadimplemento, apenas cabendo pontuar que existe verdadeiro dissenso na doutrina brasileira a esse respeito. Quanto ao ponto, remete-se, dentre muitos outros, a STEINER, Renata C. *Reparação de danos*: interesse positivo e interesse negativo. São Paulo: Quartier Latin, 2018; SILVA, Rodrigo da Guia. Interesse contratual positivo e interesse contratual negativo: influxos da distinção no âmbito da resolução do contrato por inadimplemento. *Revista IBERC*, Minas Gerais, v. 3, n. 1, p. 1-37, jan./abr. 2020; TERRA, Aline de Miranda Valverde; GUEDES, Gisela Sampaio da Cruz. Resolução por inadimplemento: o retorno ao status quo ante e a coerente indenização pelo interesse negativo. *Civilistica.com*. Rio de Janeiro, a. 9, n. 1, 2020, p. 16. Disponível em: https://civilistica.emnuvens.com.br/redc/article/view/507/381; KONDER, Carlos Nelson; SCHILLER, Cristiano O. S. B. Cláusula penal e indenização à luz da dicotomia entre interesse positivo e negativo: o exemplo do contrato de permuta no local In: GAMA, Guilherme Calmon; NEVES, Thiago (Coords.). *20 anos do Código Civil*: relações privadas no início do século XXI. Indaiatuba, SP: Foco, 2022, pp. 141-156; NANNI, Giovanni Ettore. *Inadimplemento absoluto e resolução contratual*: requisitos e efeitos. São Paulo: Thomson Reuters Brasil, 2021; GUERRA, Alexandre Dartanhan de Mello. Interesse contratual positivo e negativo: reflexões sobre o inadimplemento do contrato e indenização do interesse contratual positivo. *Revista IBERC*, Minas Gerais, v. 2, n. 2, mar.-jun./2019, p. 1-23; AGUIAR JUNIOR, Ruy Rosado. *Extinção dos contratos por incumprimento do devedor*. Rio de Janeiro: AIDE, 2003; MARTINS-COSTA, Judith. Responsabilidade civil contratual. Lucros cessantes. Interesse positivo e interesse negativo. Distinção entre lucros cessantes e lucros hipotéticos. Dever de mitigar o próprio dano. Dano moral e pessoa jurídica. In: LOTUFO, Renan; NANNI, Giovanni Ettore (Coords.). *Temas relevantes do direito civil contemporâneo*: reflexões sobre os 10 anos do Código Civil. São Paulo: Atlas, 2012; ASSIS, Araken de. Dano positivo e dano negativo na resolução do contrato. In: *Revista da Associação dos Juízes do Rio Grande do Sul (Ajuris)*. n. 60, março 1994; SZTAJNBOK, Felipe. A indenização pelo interesse positivo como forma de tutela do interesse do credor nas hipóteses de inadimplemento culposo da obrigação. *Civilística.com*, Rio de Janeiro, a.3, n. 2, jul-dez/2014. Disponível em: http://civilistica.com/a-indenização-pelo-interessepositivo-comoforma-de-tutela-do-interesse-do-credor-nas-hipoteses-de-ina-

Alude-se, dessa forma, à verdadeira autonomização dos conceitos de interesse contratual positivo e interesse contratual negativo em função da grande ampliação na utilização do *par conceitual*. Nessa esteira, as noções passam a ser tomadas "como baliza para variadas contingências contratuais ou pré-contratuais que demandam a ponderação de valores indenizatórios", o que se revela "consonante com a atual compreensão dos interesses como situações jurídicas que se devem tomar como parâmetro para a fixação de um adequado *quantum* apto a restabelecê-las".[29]

Os ordenamentos jurídicos brasileiro e português não trazem, de forma expressa, seja uma conceituação do interesse contratual positivo e do interesse contratual negativo, seja uma menção sequer a "interesse" com sentido de dano ou de parâmetro para a delimitação da indenização.[30] Igualmente, não trazem, expressamente, um direcionamento da reparação para as hipóteses de responsabilidade pré-contratual e por descumprimento contratual.[31] Essas circunstâncias, porém, não impediram seu estudo e acolhimento pela doutrina de ambos os países.

De fato, o Código Civil brasileiro não contém regra textual que aponte para um pensamento comparativo para a definição do alcance da indenização, entretanto se pode obtê-lo, como elucidou Renata Steiner, a partir da função reparatória da responsabilidade civil. Com efeito, no direito civil brasileiro, atribui-se à responsabilidade civil a função precípua de reparar integralmente o dano sofrido pela vítima, recompondo os interesses lesados, como forma de apagar as consequências danosas, na forma estabelecida pelos artigos 402 e 944 do Código Civil. Assim, na medida em que a recomposição dos interesses violados é o objetivo buscado pela reparação do

---

dimplemento-culposo-da-obrigacao/; GUIMARÃES, Paulo Jorge Scartezzini. Responsabilidade civil e interesse contratual positivo e negativo (em caso de descumprimento contratual). In: GUERRA, Alexandre Dartanhan de Mello; BENACCHIO, Marcelo (Coords.). *Responsabilidade civil*. São Paulo: Escola Paulista da Magistratura, 2015, pp. 129-158; SANTOS, Deborah Pereira Pinto dos. *Indenização e resolução contratual*. São Paulo: Almedina, 2022. No capítulo 4 abaixo, se tratará sobre a indenização devida nos casos de ruptura injustificada das tratativas, buscando-se demonstrar a verdadeira impossibilidade de se conceber soluções *a priori* nessa temática, em função da complexidade característica dessa fase do *iter negocial* e da necessidade de se tutelar a vítima, reparando-a de forma a melhor satisfazer seus interesses concretos.

29. PEREIRA, Fábio Queiroz. *O ressarcimento do dano pré-contratual*: interesse negativo e interesse positivo. São Paulo: Almedina, 2017, p. 200.
30. Como registra Paulo Mota Pinto, "é certo que, como já notámos, a lei civil não emprega tais expressões, adoptadas por Jhering por mera 'razão de síntese'. Não se trata, pois, de noções *legais*". E arremata o autor, "e não conhecemos, aliás, nenhuma legislação que o faça" (PINTO, Paulo Mota. *Interesse contratual negativo e interesse contratual positivo*. Coimbra: Coimbra Editora, 2008. v. II. p. 863). Em termos similares: "As expressões 'interesse negativo' e 'interesse positivo' não são mencionadas em nenhum dos 2.046 artigos do Código Civil brasileiro – como na generalidade das outras legislações civis. Não se trata, portanto, de noções legais. Mas o fato de o legislador não ter feito menção a tais expressões não esvazia a sua importância, tão pouco as torna irrelevantes – talvez explique, mas não justifica, o porquê do tema não ter sido, até hoje, enfrentado de forma profunda pela doutrina nacional" (SZTAJNBOK, Felipe. A indenização pelo interesse positivo como forma de tutela do interesse do credor nas hipóteses de inadimplemento culposo da obrigação: análises a partir do AgRg no REsp 1.202.506/RJ e do AgRg no AgRg no AI 1.137.044/RJ. *Civilistica.com*, a. 3, n. 2, 2014, p. 4).
31. Aliás, como se mencionará mais adiante, o Código Civil brasileiro nem mesmo trouxe referência textual à responsabilidade pré-contratual, tendo seu desenvolvimento partido da doutrina, a partir do princípio da boa-fé objetiva. O Código civil português, por sua vez, apesar de não trazer o direcionamento da reparação nos casos de responsabilidade pré-contratual, a consagrou expressamente no art. 227º.

dano material, o lesado deverá ser conduzido à situação em que estaria não fosse a ocorrência do evento lesivo.[32]

Nessa esteira, na doutrina brasileira que já se dedicou aos conceitos, não se encontram resistências à sua aplicabilidade. Embora não seja vasta, a análise doutrinária existente não costuma identificar qualquer obstáculo à sua aplicação. Igualmente, na jurisprudência do Superior Tribunal de Justiça, não raro encontram-se menções ao interesse contratual positivo e ao interesse contratual negativo.

No ordenamento jurídico português, apesar de também não haver referência expressa ao interesse contratual positivo e ao interesse contratual negativo, estabelece-se um princípio geral da função de reparação de danos, bem como definições pormenorizadas da forma de composição da relação jurídica de reparação do dano patrimonial. Nesse sentido, há norma expressa, no artigo 562º do Código Civil português, de que "quem estiver obrigado a reparar um dano deve reconstituir a situação que existiria, se não se tivesse verificado o evento que obriga à reparação".

Além disso, existem alguns dispositivos que remetem aos conceitos de interesse positivo e interesse negativo, como é o caso dos artigos 898º e 908º do Código Civil português, referentes à venda de bens alheios e de bens onerados, em que se distinguem dois sentidos indenizatórios diversos. A depender de algumas variáveis, a indenização deve recolocar o lesado na situação em que estaria "se o contrato fosse válido desde o começo" ou, ao contrário, repará-los dos prejuízos que não teria sofrido "se não houvesse sido celebrado".[33]

Essa ausência de disposição normativa específica, como bem colocado por Paulo Mota Pinto, não permite concluir que "estamos perante uma noção jurídica irrelevante – não só porque ela é usada na *jurisprudência* e na *doutrina*, como porque pode resultar do *desenvolvimento e aplicação das próprias regras gerais* sobre a indemnização previstas na lei civil".[34]

Em vista da inexistência de norma específica conceituando e distinguindo os conceitos de interesse contratual positivo e de interesse contratual negativo, coube à doutrina e jurisprudência desenvolverem o conteúdo por detrás deles, isso é, daquilo que os compõe à luz das regras gerais de responsabilidade civil previstas nos respectivos ordenamentos jurídicos.

3. A COMPOSIÇÃO DOS DANOS NO INTERESSE CONTRATUAL POSITIVO E NO INTERESSE CONTRATUAL NEGATIVO E ALGUMAS CONTROVÉRSIAS ACERCA DA APLICAÇÃO DOS CONCEITOS

Conforme se mencionou, interesse contratual positivo e interesse contratual negativo consistem em fórmulas sintéticas que buscam definir em que situação a vítima deve

---

32. STEINER, Renata C. *Reparação de danos*: interesse positivo e interesse negativo. São Paulo: Quartier Latin, 2018, pp. 147-180.
33. PINTO, Paulo Mota. *Interesse contratual negativo e interesse contratual positivo*. Coimbra: Coimbra Editora, 2008. v. II. p. 864.
34. PINTO, Paulo Mota. *Interesse contratual negativo e interesse contratual positivo*.. Coimbra: Coimbra Editora, 2008. v. II. p. 865.

ser colocada após a concretização de determinado dano, se aquela em que estaria se o contrato fosse integralmente cumprido ou se outra, consistente na que se encontraria caso sequer tivesse ingressado em tratativas para a celebração daquele negócio jurídico. Deve-se, então, estudar quais rubricas devem ser ressarcidas para que se permita colocar a vítima em cada uma dessas situações.

Prevalece, nos ordenamentos jurídicos brasileiro e português, o princípio da reparação integral do dano, pelo qual a indenização consiste, nas palavras de Carlos Edison do Rêgo Monteiro Filho, "em expediente pelo qual a vítima procura reaver o patrimônio que efetivamente perdeu ou deixou de lucrar, na exata medida da extensão do dano sofrido".[35] Se por um lado, a indenização que não cubra a integralidade do dano parece violar o direito de propriedade, por outro, a reparação que que ultrapasse as dimensões do dano pode consistir em enriquecimento sem causa.

Nesse diapasão, as noções de interesse contratual positivo e interesse contratual negativo buscam auxiliar a construir a relação jurídica de reparação, mas não podem alterar ou limitar o alcance da indenização. Sua utilização, desse modo, não pode violar o princípio da reparação integral do dano. Ao revés, os conceitos devem buscar otimizar sua aplicação, permitindo resultados menos discrepantes para situações que demandariam soluções semelhantes.

Nesse sentido, tanto a indenização pelo interesse contratual positivo, quanto a pelo interesse contratual negativo, englobam as duas facetas do dano patrimonial: os danos emergentes e os lucros cessantes.[36]

De acordo com Gisela Sampaio, a distinção entre tais espécies de dano dá-se por critério funcional. Com efeito, apesar de ambas estarem ligadas funcionalmente à reparação do dano, a função do dano emergente é diferente da função dos lucros cessantes. Segundo a jurista, "enquanto o dano emergente existe para que, na reparação, se leve em conta toda a diminuição do patrimônio da vítima, o lucro cessante atua para que se considere também o seu não aumento, porque, no fundamento, pelo menos para efeito de reparação do dano, a diminuição equivale e é tão grave quanto o não aumento".[37]

De fato, os danos emergentes consistem na "diminuição efectiva do património" da vítima, ou seja, naquilo que efetivamente se perdeu em virtude da lesão injusta a um

---

35. MONTEIRO FILHO, Carlos Edison do. Limites ao princípio da reparação integral no direito brasileiro. In: *Civilistica.com*, Rio de Janeiro, a. 7, n. 1, 2018, p. 3. Disponível em: http://civilistica.com/wpcontent/uploads/2018/05/Monteiro-Filho-civilistica.com-a.7.n.1.2018.pdf. Acesso em: 14.05.2022.
36. Tanto a doutrina brasileira, quanto a portuguesa entendem nesse sentido, v., dentre muitos outros, no Brasil, NANNI, Giovanni Ettore. *Inadimplemento absoluto e resolução contratual*: requisitos e efeitos. São Paulo: Thomson Reuters Brasil, 2021, p. 668 e GUEDES, Gisela Sampaio da Cruz. *Lucros cessantes*: do bom-senso ao postulado normativo da razoabilidade. São Paulo: Ed. RT, 2011, p. 141-142; e, em Portugal, VARELA, João de Matos Antunes. *Das obrigações em geral*, v. 2. 5 ed. Coimbra: Almedina, 1992, p. 109 e COSTA, Mário Júlio de Almeida. *Direito das obrigações*. 7 ed. Coimbra: Almedina, 1999, p. 939.
37. GUEDES, Gisela Sampaio da Cruz. *Lucros cessantes*: do bom-senso ao postulado normativo da razoabilidade. São Paulo: Ed. RT, 2011, p. 68.

direito ou interesse tutelado pelo ordenamento.[38] Consistem, não apenas na diminuição do ativo, como também no aumento do passivo, como ocorre no caso "[d]aquele que, em virtude de fato de terceiro, incide em cláusula penal e fica obrigado a pagar, terá sofrido dano emergente, por ver aumentado o seu passivo".[39]

Além do que efetivamente se perdeu, os danos materiais abrangem também o aumento patrimonial que a vítima deixou de haver (os lucros cessantes), caso contrário "não se reporia o ofendido na situação em que se acharia se não houvesse produzido o fato danoso". Na sua determinação, porém, "tem-se de abstrair de tudo que seria apenas possível" e se considerar todo o lucro frustrado "que seria de esperar-se, tomando-se por base o curso normal das coisas e as circunstâncias especiais, determináveis no caso concreto".[40]

A reparação dos lucros cessantes suscita uma série de dúvidas que não se encontram tão presentes na indenização dos danos emergentes.[41] Na medida em que não é possível demonstrar, com exatidão, quanto o lesado deixou de ganhar (ou deixou de *não perder*) por conta do evento danoso, vez que o ganho que seria obtido sequer chegou a se concretizar, a doutrina entende que o que deve se indenizar não é aquilo que certamente lucraria o credor, mas o que *razoavelmente* obteria, como, inclusive, consta do art. 402 do Código Civil.[42]

Diante disso, trabalha-se, quando se trata de lucros cessantes, com o conceito de presunção. Presume-se que o desenrolar dos eventos seguiria seu curso regular, sem que as circunstâncias se alterassem de forma substancial. O intérprete deve, assim, reconstruir a cadeia de eventos com base em juízo de probabilidade, a fim de verificar o que provavelmente teria ganho a vítima, não fosse o evento lesivo. Cabe à vítima comprovar as circunstâncias do caso concreto para demonstrar qual teria sido o desencadear mais provável dos acontecimentos, não fosse a existência do evento danoso.[43]

---

38. JORGE, Fernando Pessoa. *Ensaio sobre os pressupostos da responsabilidade civil.* Coimbra: Almedina, 1999, p. 377.
39. ALVIM, Agostinho. *Da inexecução das obrigações e suas consequências.* 4 ed. São Paulo: Saraiva, 1972, p 191.
40. PONTES DE MIRANDA, Francisco Cavalcanti. *Tratado de Direito Privado*, t. XXVI: 3 ed. Rio de Janeiro: Borsoi, 1971, pp. 46-47. No direito português, a distinção entre dano emergente e lucro cessante também é pertinente, v. VARELA, João de Matos Antunes. *Das obrigações em geral*, v. 1. 10. ed. Coimbra: Almedina, 2000, p. 599; COSTA, Mário Julio de Almeida. *Direito das obrigações*. 10 ed. Coimbra: Almedina, 2006, p. 596.
41. "Mais importante que distinguir entre dano positivo e lucro frustrado é assinalar os limites objetivos até onde pode ir o lucro frustrado e, consequentemente, o dano e a obrigação de o indemnizar. Não é empresa fácil. Enquanto, na verdade, o conceito de dano positivo tem uma base firme, pois se refere sempre a factos passados, o de lucro cessante é dominado pela forte soma de incerteza que resulta de se operar aqui com entidades imaginárias" (FISCHER, Hans Albrecht. *A reparação dos danos no direito civil.* São Paulo: Saraiva, 1938, p. 48-49). "O problema da ressarcibilidade dos lucros cessantes é dos mais complexos na fixação da indenização das perdas e danos" (LENZ, Carlos Eduardo Thompson Flores. Considerações sobre a indenização dos lucros cessantes. *Revista da Procuradoria Geral da República*, n. 4, 1993, p. 90).
42. "A determinação dos lucros cessantes para o efeito de sua completa reparação, como a diminuição potencial do patrimônio da vítima em decorrência do ato ilícito, mostra-se bem mais complexa, exigindo cautela do julgador na sua aferição, com a formulação de um juízo de razoabilidade, conforme delineado no próprio enunciado normativo do art. 402 do CC em sua parte final" (SANSEVERINO, Paulo de Tarso Vieira. *Princípio da reparação integral*: indenização no Código Civil. São Paulo: Saraiva, 2010, pp. 185-186).
43. TEPEDINO, Gustavo; TERRA, Aline de Miranda Valverde; GUEDES, Gisela Sampaio da Cruz. *Fundamentos do direito civil*: responsabilidade civil. 2. ed. Rio de Janeiro: Forense, 2021. v. 4. p. 32.

Aduz-se, deste modo, que, enquanto no que toca aos danos emergentes, deve a vítima demonstrar objetivamente em quanto seu patrimônio se reduziu (ou seja, o quanto diminuiu seu ativo ou o quanto aumentou seu passivo), revelando ao julgador exatamente a extensão dessa faceta do dano, no tocante aos lucros cessantes, eles são objeto, apenas, de presunções e probabilidades, na medida em que não se afigura viável exigir do lesado que comprove (ou mesmo preveja) o que exatamente teria acontecido não fosse a conduta lesiva.[44]

Dessa forma, presume-se que as circunstâncias não se alterariam de forma substancial (seja para melhorar a situação da vítima, seja para piorá-la), mas seguiriam seu curso normal, tendo em vista os antecedentes ou, na ausência desses, outros elementos.[45] Não obstante, é possível que a vítima comprove a existência de razões que fariam com que a *normalidade* não fosse aplicável ao seu caso, pleiteando indenização superior.[46] Nada impede, tampouco, que o autor do dano comprove que a mesma *normalidade* não seria esperada no caso concreto, requerendo a redução do *quantum* indenizatório.

Não se deve confundir a distinção que se faz entre as facetas do dano patrimonial com a diferenciação da composição do interesse contratual positivo e a do interesse contratual negativo: "não só de lucro cessante é composto o interesse positivo, assim como o interesse negativo não se resume a danos emergentes".[47] Como se mencionou, ambos podem compreender danos emergentes e lucros cessantes. A "sutileza", conforme bem notado por Gisela Sampaio da Cruz Guedes, "está em que lucros cessantes com-

---

44. "Na doutrina, predomina o critério da probabilidade da verossimilhança, ou seja, impede que o lucro seja provável, e nesse caso, o lesado nada mais terá que fazer senão demonstrar essa probabilidade, sem a exigência de uma certeza absoluta" (LENZ, Carlos Eduardo Thompson Flores. Considerações sobre a indenização dos lucros cessantes, cit., p. 91).
45. ALVIM, Agostinho. *Da inexecução das obrigações e suas consequências*. 4 ed. São Paulo: Saraiva, 1972, p. 189. E o autor menciona o seguinte exemplo: "Assim, retomando o exemplo do médio: deverá ele provar que seus lucros normais eram tais ou tais, bastando isso para fundamentar seu pedido. Supor que, se não fora o acidente o médico poderia ter deixado de ganhar por motivos fáceis de imaginar, é cair no hipotético, como também seria hipotético, por parte do médico, supor que, se não fora o desastre, poderia ter sido procurado por clientes ricos, portadores de moléstias difíceis, cujo tratamento lhe poderia granjear lucros excepcionais. Estes lucros dependeriam de prova rigorosa, a cargo do credor; da mesma prova, por parte do devedor, dependeria a inexistência dos lucros que normalmente vinham sendo obtidos" (ALVIM, Agostinho. *Da inexecução das obrigações e suas consequências*. 4 ed. São Paulo: Saraiva, 1972, p. 189). "O razoável é aquilo que é esperável, o que é presumível, em razão do andar normal dos acontecimentos. Em outras palavras, pressupondo-se que a economia permaneça nas mesmas condições, é de se cogitar que o mesmo lucro auferido antes do evento se reproduziria no futuro se o evento danoso não tivesse ocorrido. No mesmo sentido, se a curva de ganhos era ascendente ou descendente" (NETTO, Felipe Braga; FARIAS, Cristiano Chaves de; ROSENVALD, Nelson. *Novo tratado de responsabilidade civil*. 2 ed. São Paulo: Saraiva, 2018, p. 265-266).
46. FISCHER, Hans Albrecht. *A reparação dos danos no direito civil*. São Paulo: Saraiva, 1938, p. 57.
47. TERRA, Aline de Miranda Valverde; GUEDES, Gisela Sampaio da Cruz. Resolução por inadimplemento: o retorno ao status quo ante e a coerente indenização pelo interesse negativo. *Civilistica.com*. Rio de Janeiro, a. 9, n. 1, 2020, p. 16. Disponível em: https://civilistica.emnuvens.com.br/redc/article/view/507/381. De igual modo, na doutrina portuguesa: "Os danos negativos, do mesmo modo que os positivos, abrangem tanto os danos emergentes como os lucros cessantes, isto é, tanto o que o lesado perdeu como o que deixou de ganhar (art. 564.º, n. 1)" (TELLES, Inocêncio Galvão. *Direito das Obrigações*. 7 ed. Lisboa: Coimbra Editora, 1997, p. 78).

preendidos na composição do interesse positivo não são os mesmos que compõem o interesse negativo".[48]

Nesse sentido, no interesse negativo, a rubrica mais característica é o dano emergente que consiste, na maior parte das vezes, nas despesas desaproveitadas, ou seja, nos gastos realizados pela vítima e que, diante do evento lesivo, se tornaram inúteis. De fato, é comum que pretensos contratantes realizem despesas na fase de tratativas, a qual, muitas vezes, consiste em processo extenso e custoso.

Contudo, de acordo com a doutrina, nem todas as despesas efetuadas nas negociações preliminares devem ser reparadas. Com efeito, apenas aqueles gastos incorridos após a criação de legítimas expectativas na conclusão do contrato e que, portanto, encontrem-se vinculados à confiança da parte, é que são indenizáveis. Por seu turno, gastos que façam parte do risco inerente à atividade de contratar, a princípio, não devem ser reparados. Ainda, é necessário que se faça uma análise de adequação dos gastos, de modo que apenas devem ser indenizados aqueles que úteis e adequados à finalidade pretendida.[49]

Consistem em exemplos desses gastos, eventuais despesas de viagem e estadia, despesas preparatórias para o recebimento ou para a realização a prestação, custos de envio de documentos ou produtos, contratação de pesquisas e de consultoria. No exemplo fornecido por Jhering, os custos de envio, de retorno e de embalar os charutos que foram vendidos, seriam as despesas que se tornaram inúteis e que não teriam sido feitas se não houvesse a confiança naquele contrato.[50]

---

48. GUEDES, Gisela Sampaio da Cruz. *Lucros cessantes*: do bom-senso ao postulado normativo da razoabilidade. São Paulo: Ed. RT, 2011, p. 142. A esse respeito, confira-se também: "Não se deve confundir *interesse negativo* com lucro cessante, como se ele representasse exclusivamente o que se perdeu. Tanto no interesse negativo, quanto no positivo, indenizam-se o que a parte perdeu e o que ela deixou de ganhar. Contudo, quando a indenização é pelo interesse positivo, inclui-se o que a parte perdeu com a inexecução do contrato e com o que ele lhe geraria de lucro. No interesse negativo, essa previsão de lucro contratual inexiste, de modo que a indenização compreende aquilo que ela perdeu e aquilo que ela deixou de ganhar (oportunidades de outros contratos, perda de chances etc.), abstraindo-se os lucros contratuais que decorreriam da contratação que não foi concluída" (SILVA, Jorge Cesa Ferreira da. Inadimplemento das obrigações. In: REALE, Miguel; MARTINS-COSTA, Judith (Coords.). *Coleção biblioteca de Direito Civil*: estudos em homenagem ao Professor Miguel Reale,.São Paulo: Ed. RT, 2007. v. 6. p. 175).
49. STEINER, Renata C. *Reparação de danos*: interesse positivo e interesse negativo. São Paulo: Quartier Latin, 2018, pp. 236-247. Em sentido similar, leciona Paulo Mota Pinto: "Entre os danos emergentes avultam as *despesas realizadas pelo próprio lesado* – isto é, danos que resultam de uma actuação voluntária do lesado, aplicando recursos (financeiros ou de outro tipo, incluindo a sua força de trabalho) por ter confiado na celebração de um negócio válido ou eficaz, ou no seu cumprimento. A ideia de que os danos emergentes integrantes do interesse contratual negativo podem resultar de despesas resulta, aliás, do próprio Código Civil, quando no artigo 899.º, parte final, em relação ao prejuízo pela celebração do contrato, afirma que se exclui do seu âmbito (recorrendo à classificação das benfeitorias, prevista no art. 216.º) as despesas voluptuárias, pressupondo-se a inclusão em tal dano de outro tipo de despesas, necessárias ou simplesmente úteis" (PINTO, Paulo Mota. *Interesse contratual negativo e interesse contratual positivo*. v. II. Coimbra: Coimbra Editora, 2008, p. 1071).
50. STEINER, Renata C. *Reparação de danos*: interesse positivo e interesse negativo. São Paulo: Quartier Latin, 2018, pp. 248-255. Exemplos similares são fornecidos pela doutrina portuguesa: "São, por exemplo, despesas para preparar a negociação, a conclusão e a execução do contrato, como, por exemplo, com o local de negociação ou a celebração do contrato, a assessoria para a negociação e para a celebração, os emolumentos notariais, registos, a produção de outros documentos relacionados com a celebração do contrato, a obtenção de financiamentos, garantias bancárias ou outras garantias para a celebração ou execução do contrato, com o transporte, embalagem

Embora seja menos comum, o interesse contratual negativo também abrange a reparação dos lucros cessantes, mas estes não devem ser calculados com base no contrato cuja existência está sendo abstraída, ou seja, não correspondem ao que o "lesado razoavelmente deixou de ganhar com aquele negócio em particular, que fora descumprido".[51]

Nessa esteira, os lucros cessantes no interesse contratual negativo abrangem, sobretudo, as oportunidades alternativas que a vítima teria aproveitado caso não tivesse confiado na formação válida do negócio jurídico ou o que se ganharia com o retorno financeiro do capital.[52] Jhering, inclusive, em sua obra, já vislumbrava indenização por lucros em se tratando de interesses negativos, fazendo expressa referência à indenização por receitas que não foram auferidas pelo hotel que deixou de receber hóspedes pelo agendamento equivocado da data da hospedagem.[53]

---

da coisa, a concepção, projecto e produção da coisa objecto do contrato, o seu envio etc." (PINTO, Paulo Mota. *Interesse contratual negativo e interesse contratual positivo*. Coimbra: Coimbra Editora, 2008. v. II. p. 1074-1075).

51. GUEDES, Gisela Sampaio da Cruz. *Lucros cessantes*: do bom-senso ao postulado normativo da razoabilidade. São Paulo: Ed. RT, 2011, p. 146. A doutrina portuguesa também admite a indenização por lucros cessantes em se tratando de interesse contratual negativo, vedando, porém, que se tome como base para seu cálculo o contrato que não fora celebrado: "A inclusão do lucro cessantes no interesse contratual negativo, além de confirmada pela lei, é hoje admitida em geral na nossa doutrina, que incluí aí as *oportunidades perdidas* (*ocasiões alternativas preteridas*) pelo lesado por ter confiado na conclusão válida e eficaz do contrato, ou no seu cumprimento (...) Não é ressarcível, diversamente, o lucro que o lesado teria tirado *do próprio negócio frustrado* (ou a perda de chance de obter esse lucro) que integra já o interesse contratual positivo, aqui residindo um dos pontos centrais da relevância entre interesse negativo e interesse positivo" (PINTO, Paulo Mota. *Interesse contratual negativo e interesse contratual positivo*. Coimbra: Coimbra Editora, 2008. v. II. p. 1092-1095).

52. Para Régis Fichtner, pode se aduzir que, no interesse contratual negativo, "o caso mais frequente é os lucros cessantes correspondentes à perda de outros negócios com terceiros, oferecidos ao contraente durante o desenrolar das negociações contratuais, sendo a prova das perdas decorrentes de tais fatos sempre mais difícil. Além desse caso, pode-se mencionar o de perda de lucros, em virtude do não-investimento de capitais, separados para utilização no contrato planejado" (PEREIRA, Regis Fichtner. *A responsabilidade civil pré-contratual*: teoria geral e responsabilidade pela ruptura das negociações contratuais. Rio de Janeiro: Renovar, 2001, pp. 393-394).

Ainda: "Desta forma, para nós, o conceito de 'interesses negativos' admitiria pretensões vinculadas aos danos emergentes, ou seja, os gastos legítimos e razoáveis realizados durante as tratativas contratuais e os lucros cessantes – aquilo que razoavelmente deixou de lucrar – por confiar na conclusão da tratativa e compreenderia prestações certas devidas por outros negócios jurídicos não concluídos justamente em decorrência das tratativas contratuais em curso relativas ao contrato injustamente frustrado" (ROCHA, Silvio Luis Ferreira da. Interesse contratual negativo. In: GUERRA, Alexandre *et. al.* (Coords.). *Da estrutura à função da responsabilidade civil*: uma homenagem do Instituto Brasileiro de Estudos de Responsabilidade Civil (IBERC) ao Professor Renan Lotufo. Indaiatuba, SP: Foco, 2021, p. 140). E, na doutrina portuguesa: "Particulares cuidados reclama a fixação do *quantum* indemnizável referido aos lucros cessantes. Estes envolvem a consideração das possíveis hipóteses negociais que o sujeito em face de quem se operou a ruptura ilegítima teria se aproveitado se não estivesse envolvido naquelas que foram interrompidas, assim como das vantagens que daí lhe adviriam" (COSTA, Mário Júlio de Almeida. *Responsabilidade civil pela ruptura das negociações preparatórias*. Lisboa: Coimbra Editora, 1984, p. 80). Ainda: "Sob outro prisma, não seria possível distingui-los, por exemplo, sustentando que, em caso de responsabilidade pelo interesse negativo, o ressarcimento deva ser limitado ao dano emergente. Com efeito, mesmo no caso referido, seria necessário ter em conta o lucro cessante. O dano emergente consiste nas despesas que um sujeito efectuou na convicção de que estipulava um negócio válido, enquanto que o lucro cessante se mede em relação à perda de ofertas favoráveis que entretanto aquele sujeito teria podido aceitar" (BENATTI, Francesco. *A responsabilidade pré-contratual* (com correspondência entre os preceitos do direito italiano e do português). Coimbra: Almedina, 1970, p. 166).

53. JHERING, Rudolf von. *Culpa in contrahendo ou indemnização em contratos nulos ou não chegados à perfeição*. Coimbra: Almedina, 2008, p. 15. "Como vimos, foi, aliás, o próprio Jhering a incluir no interesse contratual negativo o lucro cessante, notando que essa inclusão podia levar a, dependendo das circunstâncias concretas

De modo semelhante ao que ocorre com a indenização das despesas tornadas inúteis, somente são reparáveis as oportunidades que foram perdidas por ter a vítima confiado na celebração daquele contrato que não se formou validamente. Dessa forma, "o negócio alternativo que o lesado deixou de concluir deve ser, assim, contemporâneo ao surgimento da confiança legítima; nem anterior à sua formação, nem posterior à sua frustração", não estando em jogo "um mero uso alternativo de recursos realizável a qualquer tempo, portanto, máxime após a frustração da confiança". Entretanto, "não se mostra exigível que a oportunidade perdida tenha conteúdo semelhante àquele do contrato que se frustrou"[54], sendo possível "estar em causa a celebração de um *negócio de tipo diverso*, ou mesmo um empregado alternativo de recursos totalmente *distinto* daquele que corria com o negócio frustrado, como se o lesado, em vez de uma compra e venda, tivesse celebrado um negócio de locação, ou se tivesse utilizado a coisa que venderia, não para vender a terceiro, mas na sua laboração, para fabricar um produto final a vender no mercado".[55]

A grande dificuldade encontra-se na comprovação das oportunidades perdidas pela vítima. É que o lesado deve demonstrar a existência de negócios alternativos, o que, muitas vezes, é inviável, até porque em muitos casos, quando se confia na finalização de determinada contratação, não se mantém buscando outras oportunidades, até para concentrar os gastos.[56]

Nesse sentido, discussão interessante coloca-se a respeito da possibilidade de indenização por perda de uma chance nessas circunstâncias, ou seja, se seria possível conceder uma indenização mesmo se a vítima não tivesse como comprovar a existência de oportunidades alternativas concretas em jogo.

Como lecionam Gustavo Tepedino, Aline Terra e Gisela Sampaio, a responsabilidade por perda de uma chance consiste, não em uma nova categoria de dano, mas em uma nova situação lesiva, que pode gerar dano patrimonial (ou extrapatrimonial) a depender do caso.[57] Corresponde-se aos "casos em que o ato ilícito tira da vítima a oportunidade de obter uma situação futura melhor".[58] Nesses casos, a vantagem que se perdeu não era certa, mas uma mera possibilidade futura, que se inviabilizou em virtude do ato ilícito.

---

da relação e das ocasiões perdidas, equiparar quantitativamente o interesse contratual negativo ao interesse contratual positivo" (PINTO, Paulo Mota. *Interesse contratual negativo e interesse contratual positivo*. v. II. Coimbra: Coimbra Editora, 2008, p. 1092).

54. STEINER, Renata C. *Reparação de danos*: interesse positivo e interesse negativo. São Paulo: Quartier Latin, 2018, p. 253.
55. PINTO, Paulo Mota. *Interesse contratual negativo e interesse contratual positivo*. v. II. Coimbra: Coimbra Editora, 2008, pp. 1093-1094.
56. Essa dificuldade de comprovação das oportunidades perdidas é ressaltada tanto pela doutrina brasileira (v. STEINER, Renata C. *Reparação de danos*: interesse positivo e interesse negativo. São Paulo: Quartier Latin, 2018, p. 250), quanto pela portuguesa (v. PINTO, Paulo Mota. *Interesse contratual negativo e interesse contratual positivo*. v. II. Coimbra: Coimbra Editora, 2008, p. 1101).
57. TEPEDINO, Gustavo; TERRA, Aline de Miranda Valverde; GUEDES, Gisela Sampaio da Cruz. *Fundamentos do direito civil*: responsabilidade civil, v. 4. 2 ed. Rio de Janeiro: Forense, 2021, p. 139.
58. CAVALIERI FILHO, Sérgio. *Programa de responsabilidade civil*. 3. ed. São Paulo: Malheiros, 2002, p. 81.

A reparação, aqui, "repousa em uma probabilidade e uma certeza; que a chance seria realizada, e que a vantagem perdida resultaria em prejuízo".[59]

Se a vantagem esperada poderia ser alcançada ou não, a chance de obtê-la existia concretamente e se perdeu em razão do ilícito. Configura-se, pois, "tal qual qualquer outro interesse que compõe o patrimônio, uma entidade juridicamente avaliável, cuja perda produz um dano ressarcível".[60] E tem natureza de dano emergente e não de lucro cessante, conforme defende Sérgio Savi.[61] Afinal, se o resultado positivo era incerto, a possibilidade de auferi-lo era certa. Assim, o dano pela perda de uma chance consiste "na diminuição imediata do patrimônio jurídico do lesado, já existente no momento da ação".[62]

Quanto à indenização, na responsabilidade pela perda de uma chance, a vítima deve ser indenizada pela chance em si e não pelas vantagens frustradas, porque estas, embora possíveis, não se pode razoavelmente admitir que seriam obtidas.[63] O valor da indenização, portanto, deve ser apurado a partir dos benefícios almejados, mas sempre lhes será inferior, na medida em que a oportunidade de uma vantagem valerá, necessariamente, menos do que a vantagem em si.[64] A "'regra de granito' limita a quantificação das chances perdidas a um valor obrigatoriamente menor do que o valor da vantagem esperada pela vítima".[65] De toda forma, assinala Leonardo Fajngold, "tal como um dano autônomo, incidirá a aplicação do princípio da reparação integral", de modo que "a vítima deverá ser integralmente reparada no limite da oportunidade perdida, até porque 'a indenização mede-se pela extensão do dano'".[66]

Diante dessas noções, discute-se a possibilidade de se conceber a indenização pela perda de uma chance em certas hipóteses envolvendo o interesse negativo. Para Renata Steiner, seria cabível o recurso à perda de uma chance quando se puder comprovar que, em razão da confiança, a parte deixou de procurar negócios alternativos. Ou seja, "desde

---

59. PEREIRA, Caio Mário da Silva. *Responsabilidade civil*. 12. ed. Rio de Janeiro: Forense, 2018, p. 59.
60. GUEDES, Gisela Sampaio da Cruz. *Lucros cessantes*: do bom-senso ao postulado normativo da razoabilidade, cit., p. 103.
61. SAVI, Sérgio. *Responsabilidade civil por perda de uma chance*. São Paulo: Atlas, 2006, p. 11. Também nesse sentido: "Em outras palavras, 'certo não é o bom êxito que a chance descortina, ainda que extremamente provável. Certa é a chance de obtê-lo, o que só por si constituía um ativo, às vezes importante, no patrimônio de quem o perdeu'. Trata-se, portanto, antes de espécie de dano emergente que de lucro cessante" (TEPEDINO, Gustavo; SCHREIBER, Anderson. In: AZEVEDO, Álvaro Villaça (Coord.). *Código Civil comentado*, v. 4. São Paulo: Atlas, 2008, p. 374). Há quem entenda, contudo, que a perda de uma chance se enquadraria como lucros cessantes, como NADER, Paulo. *Curso de direito civil*, v. 7. 3. ed. Rio de Janeiro: Forense, 2010, p. 75.
62. AGUIAR JÚNIOR, Ruy Rosado de. Novos danos na responsabilidade civil. A perda de uma chance. In: SALOMÃO, Luis Felipe; TARTUCE, Flávio (Coords.). *Direito civil*: diálogos entre a doutrina e a jurisprudência. São Paulo: Atlas, 2018, p. 449.
63. A esse respeito, NORONHA, Fernando. *Direito das obrigações*. 4 ed. São Paulo: Saraiva, 2013, p. 720.
64. Nesse sentido, v. AGUIAR JÚNIOR, Ruy Rosado de. Novos danos na responsabilidade civil. A perda de uma chance. In: SALOMÃO, Luis Felipe; TARTUCE, Flávio (Coords.). *Direito civil*: diálogos entre a doutrina e a jurisprudência. São Paulo: Atlas, 2018, p. 452.
65. SILVA, Rafael Peteffi da. *Responsabilidade civil pela perda de uma chance*: uma análise do direito comparado e brasileiro. 3 ed. São Paulo: Atlas, 2013, p. 226.
66. FAJNGOLD, Leonardo. Premissas para aplicação da responsabilidade por perda de uma chance. *Revista de Direito Privado*, São Paulo, v. 69, set. 2016, p. 69.

que provável a existência e tais negócios, mas não certeira a chance de êxito em relação eles". De acordo com a jurista, isso seria possível no caso "de alguém que confia em uma vaga de emprego e, com isso, perde a oportunidade de se submeter a outros processos de contratação pense-se em um jogador de futebol que precisa aproveitar janelas de transferências, ou de um professor universitário em início de semestre ou ano letivo".[67]

Por sua vez, Paulo Mota Pinto sustenta que não são "suficientes meras alegações *genéricas* ou puras *conjecturas*", já que o "carácter hipotético, designadamente, do aproveitamento das alternativas preteridas, correspondentes ao lucro cessante no interesse negativo" será "normalmente um obstáculo a que podem ser determinadas com uma certeza absoluta". Dessa forma, para o jurista português, "parece não bastar para fundar a existência de um dano a prova da *perda de chances* de obtenção de lucros com aplicações alternativas".[68]

A composição da indenização no interesse contratual positivo "não suscita tantas dúvidas quanto a do interesse negativo".[69] Do mesmo modo que no interesse contratual negativo, no positivo, a reparação pode abranger tanto os danos emergentes quanto os lucros cessantes. Entretanto, as facetas do dano patrimonial serão calculadas de acordo com a comutatividade contratual, substituindo-se as prestações devidas nos termos do contrato inadimplido.[70]

---

67. STEINER, Renata C. *Reparação de danos*: interesse positivo e interesse negativo. São Paulo: Quartier Latin, 2018, pp. 256-259. Ruy Rosado de Aguiar Jr. entende que a perda de oportunidades ressarcida no interesse contratual negativo corresponde à perda de uma chance: "Penso que essa perda de oportunidade de celebrar o contrato ou de contratar com outrem corresponde à perda da chance, e, como tal, deve ser indenizada. Se fosse de deferir lucros cessantes, o valor a considerar deveria ser igual ao efetivo ganho que seria obtido com o negócio não realizado, solução que poderia colocar a vítima em posição melhor do que estaria, se concluído o negócio que se frustrou. Além disso, o fundamento da condenação deveria ultrapassar duas situações hipotéticas: em primeiro, se o contrato tivesse sido celebrado (com o co-contratante ou com outrem); em segundo, qual o lucro a ser obtido nesse contrato. Os doutrinadores uniformemente descrevem essa situação como uma perda de oportunidade, bem por isso se vê que é caso típico de indenização pela perda da chance" (AGUIAR JÚNIOR, Ruy Rosado de. Novos danos na responsabilidade civil. A perda de uma chance. In: SALOMÃO, Luis Felipe; TARTUCE, Flávio (Coords.). *Direito civil*: diálogos entre a doutrina e a jurisprudência. São Paulo: Atlas, 2018, p 456).
68. PINTO, Paulo Mota. *Interesse contratual negativo e interesse contratual positivo*. v. II. Coimbra: Coimbra Editora, 2008, p. 1103. Em sentido similar, na doutrina brasileira: "A questão da perda das oportunidades – vista como tipologia de lucros cessantes – demonstra-se mais difícil de valoração no caso concreto, em razão de não se conseguir chegar a valores que correspondam de maneira exata ao prejuízo originado, devendo o intérprete ater-se também ao critério da razoabilidade no momento de fixação do quantum indenizatório. Em acréscimo, não devem ser reparadas meras expectativas, sem um forte lastro, com repercussão no campo da produção de provas" (PEREIRA, Fábio Queiroz. *O ressarcimento do dano pré-contratual*: interesse negativo e interesse positivo. São Paulo: Almedina, 2017, pp. 204-205). Ainda sobre o tema, no Brasil: "O lucro cessante deve, para ser indenizado, fundar-se na perda concreta de um negócio e não, em simples conjecturas (...). Não se justifica, portanto, a indenização de uma 'probabilidade razoável' de realização de um negócio (...). Essa probabilidade razoável de a parte ter realizado um negócio com terceiro é indenizável no direito francês como a *perte d'una chance*, que também constitui dano reparável se o lesado comprovar que a probabilidade da contratação com terceiro era razoável. A provável perda de uma chance não se inclui, contudo, dentro dos lucros cessantes de acordo com o direito alemão, do qual fazem parte apenas os prejuízos decorrentes de uma perda negocial concreta, devidamente comprovada" (FRITZ, Karina Nunes. *Boa-fé objetiva na fase pré-contratual*. Curitiba: Juruá, 2008, pp. 312-313).
69. TERRA, Aline de Miranda Valverde; GUEDES, Gisela Sampaio da Cruz. Resolução por inadimplemento: o retorno ao status quo ante e a coerente indenização pelo interesse negativo. *Civilistica.com*. Rio de Janeiro, a. 9, n. 1, 2020, p. 16. Disponível em: https://civilistica.emnuvens.com.br/redc/article/view/507/381.
70. "Desse modo, a indenização (pelo interesse positivo) tem um *caráter substitutivo*, destinando-se a colocar o lesado na situação em que se encontraria se o contrato fosse exatamente cumprido, por isso mesmo, recon-

Nesse sentido, a composição dos danos no interesse contratual positivo deve corresponder ao "aumento que o patrimônio do credor teria experimentado se o contrato tivesse sido cumprido; é o acréscimo que o contratante, em caso de cumprimento da avença, auferiria com o valor da prestação, descontado o valor da contraprestação, e mais a vantagem decorrente da disponibilidade desse acréscimo, desde o dia previsto para o cumprimento até o da indenização".[71]

Dessa forma, os danos emergentes consistirão, por exemplo, nas despesas decorrentes do inadimplemento da obrigação e nos honorários de advogados para a postulação judicial do cumprimento do contrato. Os lucros cessantes, por seu turno, consistirão naquilo que a vítima razoavelmente deixou de lucrar em função do inadimplemento, isto é, "o que o lesado razoavelmente deixou de ganhar com aquele específico negócio".[72]

Questão que suscita intenso debate na doutrina brasileira e na portuguesa diz respeito à possibilidade de a indenização pelo interesse contratual negativo superar aquela medida pelo interesse contratual positivo.[73]

Com efeito, parcela dos juristas defende que "como a responsabilidade civil não é modo de enriquecer, há que colocar como limite da indenização o interesse contratual positivo", já que o "lesado nunca pode ficar em melhor situação do que estaria se o contrato tivesse sido validamente celebrado".[74] O fundamento por detrás dessa afirmação reside,

---

duzindo-se aos prejuízos que decorrem do não cumprimento definitivo do contrato ou do seu cumprimento tardio ou defeituoso" (MARTINS-COSTA, Judith. Responsabilidade civil contratual. Lucros cessantes. Interesse positivo e interesse negativo. Distinção entre lucros cessantes e lucros hipotéticos. Dever de mitigar o próprio dano. Dano moral e pessoa jurídica. In: LOTUFO, Renan; NANNI, Giovanni Ettore (Coords.). *Temas relevantes do direito civil contemporâneo*: reflexões sobre os 10 anos do Código Civil. São Paulo: Atlas, 2012, p. 565). E no direito português, v.: ALMEIDA COSTA, Mário Júlio. *Direito das obrigações*. 10 ed. Coimbra: Almedina, 2006, p. 598.

71. AGUIAR JUNIOR, Ruy Rosado. *Extinção dos contratos por incumprimento do devedor*. Rio de Janeiro: AIDE, 2003, p. 267.
72. TERRA, Aline de Miranda Valverde; GUEDES, Gisela Sampaio da Cruz. Resolução por inadimplemento: o retorno ao status quo ante e a coerente indenização pelo interesse negativo. *Civilistica.com*. Rio de Janeiro, a. 9, n. 1, 2020, p. 16. Disponível em: https://civilistica.emnuvens.com.br/redc/article/view/507/381.
73. Por outro lado, como registra Rodrigo da Guia Silva, "[n]ão costuma haver maior dissenso em doutrina quanto à possibilidade de o interesse positivo exceder o montante do interesse negativo, em razão da configuração da legítima expectativa do contratante nas vantagens que o contrato concretamente entabulado lhe poderá render" (SILVA, Rodrigo da Guia. Interesse contratual positivo e interesse contratual negativo: influxos da distinção no âmbito da resolução do contrato por inadimplemento. *Revista IBERC*, Minas Gerais, v. 3, n. 1, p. 1-37, jan./abr. 2020, p. 30).
74. ASCENSÃO, José de Oliveira. *Direito civil*: teoria geral, v. 2. 3 ed. São Paulo: Saraiva, 2010, p. 375. Ainda, com esse entendimento na doutrina portuguesa: "(...) [é] razoável que o prejudicado não obtenha uma situação melhor quando impugne o negócio do que quando o não impugne, afigura-se de estabelecer que o interesse negativo não pode exceder o interesse positivo" (SERRA, Adriano Paes da Silva Vaz. Obrigação de indemnização (colocação, fontes, dano, nexo causal, extensão, espécies de indemnização). Direito da abstenção e de remoção. *Separata do Boletim do Ministério da Justiça*, ns. 83 e 84, Lisboa, 1959, pp. 16-17). Também adotando essa posição, no Brasil: "Na falta de regra jurídica que dê limite ao interesse negativo (e. g. Código Civil alemão, §§ 179, alínea 2.ª), é de discutir-se se o interesse negativo pode exceder o positivo. A anulabilidade estaria eliminada, práticamente, se se permitisse que fosse além desse limite. Se é certo que a anulação não deve prejudicar ao outro figurante, também é certo que se não há de sobrecarregar o indenizante. O limite impõe-se, a priori" (PONTES DE MIRANDA, Francisco Cavalcanti. *Tratado de direito privado*, t. IV. 3 ed. Rio de Janeiro: Borsoi, 1970, p. 91). Também: "Não irá, porém, superá-lo, porque não pode queixar-se de um prejuízo maior o contratante que não contava senão com aquele lucro que lhe provinha o contrato, e por outro lado, faltaria qualquer interesse em

além da afirmação de que o lesado não poderia ser colocado em posição mais favorável do que aquela em que se encontraria se o contrato tivesse sido devidamente executado, na circunstância de que o autor do dano não poderia ser obrigado a arcar com valores indenizatórios que superassem as expectativas iniciais de dispêndio.[75]

Por outro lado, parte da doutrina de ambos os países entende pela inexistência de qualquer limitação da indenização pelo interesse contratual negativo. Reconhece-se, nessa esteira, que apesar de ser incomum a reparação pelo interesse contratual negativo superar a do positivo, o princípio da reparação integral vedaria uma limitação *a priori*.[76] Com efeito, aduz-se que "se bem comprovada a circunstância que obriga a indenizar, não se vê razão para negar de forma abstrata e apriorística que a indenização do *interesse negativo* possa superar ou equivaler àquela devida pelo *interesse positivo*".[77] Dessa forma, é possível que, em determinadas situações, "o interesse negativo alcance o positivo e vá além. Desde que devidamente demonstrado em toda a sua extensão, ligado que esteja por um nexo causal direto e imediato, pode e deve ser reparado".[78]

Nessa direção, Paulo Mota Pinto fornece alguns exemplos de situações em que visualiza a possibilidade (e admissibilidade à luz do ordenamento jurídico português) da indenização pelo interesse contratual negativo superar a do positivo. Seriam os casos em que, "por circunstâncias existentes logo no momento da formação do contrato (falta ou vício da vontade) ou devido à evolução posterior (como novas ofertas, ou a evolução do mercado), se venha a revelar que o lesado teria ficado em melhor posição se não tivesse depositado a confiança em causa ou se não tivesse celebrado o contrato, e houvesse antes optado pelas alternativas disponíveis, do que aquela em que estaria se estes tivessem sido, respectivamente, correspondida e cumprido". Além disso, outros motivos, "mesmo apenas de ordem econômica, (...) podem justificar que uma pessoa celebre contratos que importem em custos ou despesas superiores aos benefícios que serão obtidos com esse contrato. É o caso da situação de uma empresa que pretende lançar novos produtos no mercado ou entabular novas relações negociais com uma determinada parte ou estabelecer-se no mercado, e que, para tal, celebra inicialmente contratos que não lhe trazem lucros".[79]

---

não concluir o negócio, se a indenização devesse ser superior ao sacrifício do seu cumprimento" (CHAVES, Antônio. *Responsabilidade pré-contratual*, 2 ed., São Paulo: Lejus, 1997, p. 227). Essa posição foi acolhida, em parte, pelo Código Civil alemão, como registra STEINER, Renata C. *Reparação de danos*: interesse positivo e interesse negativo. São Paulo: Quartier Latin, 2018, p. 255.

75. Os argumentos dessa corrente são sintetizados em PEREIRA, Fábio Queiroz. *O ressarcimento do dano pré-contratual*: interesse negativo e interesse positivo. São Paulo: Almedina, 2017, p. 212.
76. Na doutrina brasileira: "A utilização do parâmetro contratual, por sua vez, não se mostra como subterfúgio à limitação da indenização, nem poderia ser tomada como fundamento suficiente para afastar o fato de que a indenização é medida pela extensão dos danos (art. 944 CC)" (STEINER, Renata C. *Reparação de danos*: interesse positivo e interesse negativo. São Paulo: Quartier Latin, 2018, p. 255).
77. STEINER, Renata C. *Reparação de danos*: interesse positivo e interesse negativo. São Paulo: Quartier Latin, 2018, p. 255.
78. GUEDES, Gisela Sampaio da Cruz. *Lucros cessantes*: do bom-senso ao postulado normativo da razoabilidade. São Paulo: Ed. RT, 2011, p. 148.
79. PINTO, Paulo Mota. *Interesse contratual negativo e interesse contratual positivo*. Coimbra: Coimbra Editora, 2008. v. II. p 1.026.

Entende essa parcela doutrinária, assim, que o interesse negativo pode exceder o positivo, seja em função os danos emergentes, especialmente as despesas com a contratação ou com a preparação do cumprimento, que podem ser superiores ao que a vítima ganharia com a eficácia e cumprimento do contrato, seja em função dos lucros cessantes, em especial das oportunidades alternativas perdidas, que podem ser mais favoráveis do que adviria do contrato com o autor do dano.[80]

Enfim, seja pela vigência do princípio da reparação integral, seja pela inexistência, nos ordenamentos jurídicos brasileiro e português, de qualquer dispositivo legal que limite os valores indenizatórios em se tratando de indenização pelo interesse negativo, afirma-se pela inexistência de limitação *a priori*, já que "desde que devidamente demonstrado em toda a sua extensão, ligado que esteja por um nexo causal direto e imediato, o dano deverá ser reparado em sua integralidade".[81]

Questão bastante menos tormentosa na doutrina diz respeito à possibilidade de cumulação, pela vítima, da indenização pelo interesse contratual positivo com aquela do interesse contratual negativo. Com efeito, existe certo consenso na doutrina brasileira, assim como na portuguesa, quanto à rejeição da cumulação entre os interesses. É que "soaria ilógico admitir que uma condenação judicial buscasse conduzir a vítima simultaneamente a duas situações nitidamente distintas e incompatíveis – a situação referente à hipótese de ausência de celebração do contrato e a situação referente à hipótese de regular adimplemento do contrato".[82]

Além disso, o princípio da reparação integral também parece vedar tal possibilidade, na medida em que não permite que a vítima fique em melhor situação do que aquela em que teria estado se não se tivesse verificado o evento lesivo. Nessa esteira, como colocado por Rodrigo da Guia Silva, o entendimento de que a responsabilidade civil desempenha essencialmente função reparatória permite concluir que "uma indenização pautada cumulativamente no interesse positivo e no negativo findaria por extrapolar o propósito de tão somente conduzir a vítima a uma específica situação hipotética marcada pela ausência do dano".[83]

---

80. PINTO, Paulo Mota. *Interesse contratual negativo e interesse contratual positivo*. Coimbra: Coimbra Editora, 2008. v. II. p. 1027.
81. TERRA, Aline de Miranda Valverde; GUEDES, Gisela Sampaio da Cruz. Resolução por inadimplemento: o retorno ao status quo ante e a coerente indenização pelo interesse negativo. *Civilistica.com*. Rio de Janeiro, a. 9, n. 1, 2020, p. 18-19. Disponível em: https://civilistica.emnuvens.com.br/redc/article/view/507/381.
82. SILVA, Rodrigo da Guia. Interesse contratual positivo e interesse contratual negativo: influxos da distinção no âmbito da resolução do contrato por inadimplemento. *Revista IBERC*, Minas Gerais, v. 3, n. 1, p. 1-37, jan./abr. 2020, p. 28-29. Em idêntico sentido, na doutrina portuguesa: "A incompatibilidade entre o ressarcimento correspondente ao interesse positivo e o correspondente ao interesse negativo tem, antes de mais, um fundamento lógico (de lógica da prática), na medida em que ao lesado não é possível pretender seguir simultaneamente duas vias, do que teria acontecido sem o contrato, ou sem a criação de confiança, e com os efeitos do contrato, ou a correspondência à confiança" (PINTO, Paulo Mota. *Interesse contratual negativo e interesse contratual positivo*. Coimbra: Coimbra Editora, 2008. v. II. pp. 1004-1005).
83. SILVA, Rodrigo da Guia. Interesse contratual positivo e interesse contratual negativo: influxos da distinção no âmbito da resolução do contrato por inadimplemento. *Revista IBERC*, Minas Gerais, v. 3, n. 1, p. 1-37, jan./abr. 2020, p. 29.

Nesse sentido, mostra-se bastante ilustrativa a situação descrita por Renata Steiner, com base em exemplo constante da Thomas Ackermann: suponha-se que alguém é convidado para um jantar e, chegando na data e hora combinados à casa do anfitrião, encontra as portas fechadas. Ao convidado seriam abertas, em tese, duas possibilidades: poderia demandar o ressarcimento das despesas com aluguel de trajes e deslocamento, que se tornaram inúteis (interesse negativo) ou o ressarcimento dos custos que teve para jantar em um restaurante naquela noite (interesse positivo) – sem, contudo, ser ressarcido do aluguel do traje e das despesas com o deslocamento. Entretanto, não seria possível ao convidado se ver ressarcido dos custos de aluguel do traje e das despesas de deslocamento e, também, dos custos de pagamento do jantar substitutivo, pois essa situação não teria, em nenhuma hipótese, possível paralelo na realidade. Isso porque, ou a vítima "não confiou no convite e não teve os gastos, ou sua expectativa se confirmou e os gastos estariam vinculados ao recebimento da prestação (*in casu*, o jantar)".[84]

4. A REPARAÇÃO DE DANOS NA RESPONSABILIDADE CIVIL POR RUPTURA DAS NEGOCIAÇÕES PRELIMINARES

A teoria da *culpa in contrahendo* nasceu umbilicalmente ligada ao conceito de interesse contratual negativo. Como visto, o desenvolvimento da mencionada teoria tem berço em obra publicada em 1861 por Rudolph von Jhering, na qual o autor atentava para a necessidade de tutelar a parte lesada pela atuação culposa da contraparte na formação de um contrato. Contudo, para Jhering, como o negócio não teria sido validamente formado, não seria possível que se colocasse o lesado na situação em que ele estaria acaso a prestação fosse devidamente cumprida, mas apenas no estado anterior à própria entrada dos sujeitos em tratativas.

Ao longo do tempo, a *culpa in contrahendo* foi recebendo novos contornos, sendo a construção de Jhering apenas uma das hipóteses de responsabilidade pré-contratual, sobretudo no Direito brasileiro e no português.[85] O Código Civil brasileiro não trata, de forma expressa, da responsabilidade pré-contratual, assim como não estabelece a incidência da boa-fé objetiva na fase das tratativas, limitando-se o seu artigo 422 a determinar a observação da boa-fé na execução e conclusão do contrato. O Código Civil português, por seu turno, trouxe cláusula geral de responsabilidade na fase formativa do contrato, a qual é vinculada ao princípio da boa-fé (art. 227º).[86]

---

84. STEINER, Renata C. *Reparação de danos*: interesse positivo e interesse negativo. São Paulo: Quartier Latin, 2018, pp. 153-154.
85. Com efeito, Régis Fichtner Pereira elenca quatro hipóteses abarcadas por essa responsabilidade: (i) quando tenha havido a ruptura injustificada das negociações contratuais; (ii) quando durante o desenrolar das negociações um dos contraentes venha a causa danos à pessoa ou aos bens do outro contraente; (iii) quando tenha ocorrido o estabelecido de contrato nulo ou anulável e um dos contraentes conhecia ou deveria conhecer a existência do vício no negócio jurídico; e (iv) quando, mesmo instaurada a relação jurídica contratual, das negociações preparatórias tenham surgido danos a serem indenizados: v. PEREIRA, Regis Fichtner. *A responsabilidade civil pré-contratual*: teoria geral e responsabilidade pela ruptura das negociações contratuais. Rio de Janeiro: Renovar, 2001, pp. 102-103.
86. Art. 227º: "1. Quem negoceia com outrem para conclusão de um contrato deve, tanto nos preliminares como na formação dele, proceder segundo as regras da boa-fé, sob pena de responder pelos danos que culposamente

Com efeito, o *punctum saliens* – na expressão de Gustavo Tepedino[87] – contemporâneo da responsabilidade pré-contratual centra-se na proteção contra a ruptura injustificada das tratativas, hipótese que concentra o maior número de decisões judiciais. O tema localiza-se na *zona gris*[88] entre os dois polos – o da proximidade máxima, caracterizado pelo contrato, e o da distância máxima, decorrente do contato fortuito e aleatório – dos contatos sociais, evidenciando a necessidade de os contornos da autonomia privada serem moldados pela boa-fé.[89]

Tradicionalmente, sob a égide de um liberalismo acentuado, sustentava-se que, na medida em que as negociações preliminares não constituíam fonte de obrigação, nenhuma consequência jurídica poderia advir do rompimento unilateral das tratativas, independentemente da motivação do negociante.[90]

Entretanto, tendo como norte a dignidade da pessoa humana, os valores sociais do trabalho e da livre iniciativa, a solidariedade social – alçados ao ápice do sistema jurídico pela Constituição de 1988 – e a consectária concretização do princípio da boa-fé objetiva, parece que o posicionamento tradicional merece maiores reflexões. De fato, a sistemática contratual, anteriormente marcada pela rigidez patrimonialista e pela prevalência quase que absoluta da

---

causar à outra parte". Entretanto, antes da promulgação do Código Civil português vigente, a doutrina lusitana já reconhecia a responsabilidade por ruptura das negociações, inclusive com fundamento na boa-fé objetiva, v., por exemplo, COSTA, Mário Júlio de Almeida. *Responsabilidade civil pela ruptura das negociações preparatórias*. Lisboa: Coimbra Editora, 1984, pp. 39-40.

87. Nas palavras do autor: "Como já se depreende da designação *culpa in* contrahendo, fundamento do dever de indenizar, na origem, era a culpa, sendo pressuposto, ainda, a celebração do contrato; Nota-se, nessa perspectiva, que a construção da *culpa in contrahendo* não comporta a complexidade das hipóteses abarcadas atualmente no contexto da responsabilidade pré-contratual, cujo *punctum saliens* passou a ser (não já a responsabilidade por erro culposo que gera a invalidade do contrato, mas) a proteção contra a ruptura injustificada das tratativas" (TEPEDINO, Gustavo. Formação progressiva dos contratos e responsabilidade pré-contratual: notas para uma sistematização. In: BENETTI, Giovana et. al. (Orgs.). *Direito, cultura, método: leituras da obra de Judith Martins-Costa*, Rio de Janeiro: Editora GZ, 2019, p. 588). Em sentido similar, destacando a relevância da responsabilidade pela ruptura das tratativas: "O caso de maior repercussão e frequência dessa responsabilidade pré-contratual se relaciona ao término abrupto de uma negociação, antes da celebração do contrato, mas no qual uma das tartes tinha convicção de que o negócio seria concretizado e adotou uma série de medidas nesse sentido" (NEVES, José Roberto de Castro. Responsabilidade pré-contratual. In: BARBOSA, Henrique; SILVA, Jorge Cesa Ferreira da. (Orgs.) *A evolução do direito empresarial e obrigacional*: 18 anos do Código Civil. São Paulo: Quartier Latin, 2021. v. 2. p. 680).

88. Assim chamada pela ausência de nitidez que comumente a acompanha, seja do ponto de vista fático, seja do ponto de vista jurídico, cf. MARTINS-COSTA, Judith. Um aspecto da obrigação de indenizar: notas para uma sistematização dos deveres pré-negociais de proteção no Direito Civil brasileiro. *Revista dos Tribunais*, São Paulo, v. 97, n. 867, p. 11-51, jan. 2008, p. 13.

89. Sobre a necessidade de os contornos da autonomia privada serem moldados pela boa-fé, em especial nas tratativas, ensina Karina Nunes Fritz: "Na ampla fase de preparação do contrato incidem, de um lado, o princípio da liberdade contratual, desdobramento da autonomia privada, assegurando às partes o poder de celebrar ou não o contrato e, de outro, o princípio da boa-fé objetiva, regra ética de conduta a impor aos envolvidos o dever de agir corretamente, com lealdade e honestidade para com o outro, considerando não apenas seus interesses pessoais, mas ainda os interesses da contraparte" (FRITZ, Karina Nunes. *A responsabilidade pré-contratual por ruptura injustificada das negociações*. Civilistica.com. a. 1. n. 2. 2012. Disponível em: http://civilistica.com/wp-content/uploads1/2015/02/Fritz-civilistica.com.a.1.n.2.2012-4.pdf.).

90. Adotando essa posição, no Brasil, por exemplo: SANTOS, J. M. Carvalho. *Código civil interpretado*, v. XV. Rio de Janeiro: Carvino Filho, 1936, pp. 56-57; MENDONÇA, J. X. Carvalho de. *Tratado de direito comercial brasileiro*. 4. ed. Rio de Janeiro: Freitas Bastos, 1947. v. IV. pp. 487-488. Em Portugal, adotam esse entendimento Cunha Gonçalves e Jaime de Gouvea, como registra MENEZES CORDEIRO, António. *Da boa-fé no direito civil*. Coimbra: Almedina, 2001, p. 572.

autonomia privada, foi modificada pelos princípios e valores constitucionais éticos da Carta Magna[91]. Nesse contexto, a autonomia privada deixa de ser um valor em si mesmo[92] e passa a ser concebida como instrumento de promoção dos valores constitucionais[93].

Como dito, em decorrência dos sobreditos princípios constitucionais, desenvolveu-se o princípio da boa-fé objetiva[94], que consiste em "verdadeira tábua de salvação contra as injustiças albergadas pela dogmática tradicional das obrigações"[95], contribuindo para a construção de uma sociedade justa e solidária, impondo, nas relações jurídicas, padrões comportamentais éticos, solidários e pautados na confiança.[96] A boa-fé possui, assim, função harmonizadora, conformando o conteúdo da autonomia privada, exigindo-lhe, a um só tempo, o respeito às expectativas, condições e necessidades dos participantes e o atendimento aos valores constitucionais[97], sem prejuízo da conservação do núcleo da liberdade individual.[98]

---

91. Assim, explica Anderson Schreiber: "Hoje, a ótica é inteiramente diversa: a despersonalização das relações sociais, a perda generalizada de identidade, as graves desigualdades decorrentes da atuação individualista, a expansão dos riscos sociais leva a um sentimento geral de solidariedade, a uma necessidade de pensar no outro. Há uma conscientização crescente e generalizada de que os indivíduos têm o dever de serem solidários, protegendo-se mutuamente. É sob esta lente solidária que o pensamento contemporâneo vê a dignidade humana, como dignidade de cada indivíduo em face também dos demais indivíduos (e não apenas do Estado), como igual dignidade de todas as pessoas, como igual dignidade social (*pari dignitá sociale*)" (SCHREIBER, Anderson. *A proibição de comportamento contraditório*: tutela da confiança e *venire contra factum proprium*. 3 ed. Rio de Janeiro: Renovar, 2012, pp. 49-50).
92. Veja, a respeito, as lições de Pietro Perlingeri: "A autonomia privada não é um valor em si e, sobretudo, não representa um princípio subtraído ao controle de sua correspondência e funcionalização ao sistema das normas constitucionais. Também o poder de autonomia, nas suas heterogêneas manifestações, é submetido aos juízos de licitude e de valor, através dos quais se determina a compatibilidade entre ato e atividade de um lado e o ordenamento globalmente considerado, do outro" (PERLINGIERI, Pietro. *Perfis do Direito civil*: introdução ao direito civil constitucional. 3 ed. Rio de Janeiro: Renovar, 2002, p. 277).
93. Quanto ao tema, lecionam Aline Miranda Valverde Terra, Carlos Nelson Konder e Gisela Sampaio da Cruz Guedes: "A passagem do Estado Social de Direito, voltado à solidariedade, à igualdade, ao respeito à pessoa e à promoção de sua dignidade, altera, de modo significativo, a atuação estatal. Reconhece-se que, em sociedades desiguais, é a intervenção do poder público que garante e promove a liberdade da pessoa humana. A autonomia privada deixa, então, de ser considerada um valor em si mesmo e passa a ser concebida como instrumento de promoção de finalidades constitucionalmente relevantes, como o são, a rigor, na esteira do que propugna a metodologia do Direito Civil-Constitucional" (TERRA, Aline Miranda Valverde; KONDER, Carlos Nelson; GUEDES, Gisela Sampaio da Cruz. Boa-fé, função social e equilíbrio contratual: reflexões a partir de alguns dados empíricos In: *Princípios contratuais aplicados: boa-fé, função social e equilíbrio contratual à luz da jurisprudência*. Indaiatuba, SP: Foco, 2019, p. 2).
94. NEGREIROS, Teresa. *Fundamentos para uma interpretação constitucional do princípio da boa-fé*. Rio de Janeiro: Renovar, 1998, p. 269.
95. SCHREIBER, Anderson. A tríplice transformação do adimplemento: adimplemento substancial, inadimplemento antecipado e outras figuras. *Revista Trimestral de Direito Civil*: RTDC. Rio de Janeiro, n. 32, out./2007, p. 6.
96. Dessa forma, destaca Maria Celina Bodin de Moraes: "Pode-se dizer que o sistema hoje, inclusive no Brasil, se encontra fundado no princípio geral da boa-fé, ainda mais porque ela representa expressão da dignidade humana e da solidariedade social no campo das relações privadas. Neste campo, a concreta exigência de solidariedade, chamada de solidariedade contratual, foi construída com a finalidade de conter o exercício da autonomia privada" (MORAES, Maria Celina Bodin de. *Notas sobre a promessa de doação*. Disponível em: http://civilistica.com/wp-content/uploads/2015/02/Bodin-de-Moraes-civilistica.com-a.2.n.3.2013.pdf, p. 14).
97. Nesse sentido, leciona António Menezes Cordeiro: "A boa-fé tem justamente esse papel: ela traduz, até aos confins da periferia jurídica, os valores fundamentais do sistema; e ela carreia, para os núcleos do sistema, as necessidades e as soluções sentidas e encontradas naquela mesma periferia" (MENEZES CORDEIRO, António. *Tratado de Direito Civil Português*, t. I. 3 ed. Coimbra: Almedina, 2005, p. 404).
98. Nesse sentido, orienta Clóvis do Couto e Silva: "A aplicação do princípio da boa-fé tem, porém, função harmonizadora, conciliando o rigorismo lógico-dedutivo da ciência do direito do século passado com a vida e as exigências

Desse modo, a atuação conforme a boa-fé objetiva (honesta, leal e reta) deve ser adotada pelas partes antes mesmo da formação propriamente dita do contrato; e, nesta medida, já durante a fase das negociações as legítimas expectativas dos envolvidos são merecedoras de tutela pelo ordenamento jurídico, haja vista a confiança derivada pela proximidade do contato social, bem como os investimentos de tempo e os recursos embolsados.

Com o desenvolvimento da noção de obrigação como processo dinâmico e complexo, difundida especialmente por Clóvis do Couto e Silva[99], e com a relevância assumida pelo princípio da boa-fé objetiva – notadamente, pelas três funções por ele desempenhadas no âmbito da relação obrigacional[100] – passou-se a identificar que, na fase das negociações preliminares, há um contato social qualificado pela proximidade entre os agentes em torno de um futuro contrato, gerando deveres de proteção aos legítimos interesses dos envolvidos e de respeito à confiança legitimamente criada.[101] Identifica-se, assim, na fase das negociações, a existência de uma relação jurídica obrigacional de fonte legal sem deveres primários de prestação, que projeta deveres de proteção[102].[103]

éticas atuais, abrindo, por assim dizer, no *hortus conclusus* do sistema do positivismo jurídico, 'janelas para o ético'" (SILVA, Clóvis do Couto e. *A obrigação como processo*. Rio de Janeiro: Editora FGV, 2006, p. 42).

99. Nas lições do autor: "A obrigação vista como processo, compõe-se, em sentido largo, do conjunto de atividades necessárias à satisfação do interesse do credor. Dogmaticamente, contudo, é indispensável distinguir os planos em que se adimple a obrigação. Os atos praticados pelo devedor, bem assim os realizados pelo credor, repercutem no mundo jurídico, nele ingressam e são dispostos e classificados segundo uma ordem, atendendo-se aos conceitos elaborados pela teoria do direito. Esses atos, evidentemente, tendem a um fim. É precisamente a finalidade que determina a concepção da obrigação como processo" (SILVA, Clóvis do Couto e. *A obrigação como processo*. Rio de Janeiro: Editora FGV, 2006, pp. 20-21).
100. Sobre a tripartição funcional da boa-fé objetiva, lecionam Gustavo Tepedino, Heloisa Helena Barboza e Maria Celina Bodin de Moraes: "A fim de contornar a excessiva amplitude do princípio, a doutrina procura dar conteúdo mais preciso à boa-fé objetiva por meio da identificação de três funções essenciais: i) cânon interpretativo-integrativo; ii) norma de criação de deveres jurídicos; e iii) norma de delimitação ao exercício de direitos subjetivos" (TEPEDINO, Gustavo; BARBOZA, Heloisa Helena; MORAES, Maria Celina Bodin de. *Código Civil interpretado conforme a Constituição da República*. 2 ed. Rio de Janeiro: Renovar, 2012. v. II. p. 17).
101. Acerca da relação entre a noção de obrigação como processo e a fase das tratativas, ensina Judith Martins-Costa: "A noção de obrigação como processo veio pôr um foco de luz na fase das tratativas – por longo tempo submergidas em uma espécie de limbo jurídico –, permitindo distinguir entre o contrato (fonte de relação jurídica de onde derivam direitos e obrigações contratuais) e um-não contrato que não é, todavia, um «nada» para o direito: pelo contrário, a fase polimorfa que antecede o nascimento de uma relação contratual pode ser povoada (mormente nas operações comerciais e societárias mais complexas) por diversas figuras com naturezas e eficácias distintas. Por esta razão a fase das tratativas exige cuidadoso juízo de qualificação por parte do intérprete" (MARTINS-COSTA, Judith. *A boa-fé no direito privado*: critérios para a sua aplicação. São Paulo: Marcial Pons, 2015, p. 429).
102. Apesar da necessidade da identificação da relação jurídica concreta para a determinação dos deveres de proteção incidentes no caso, a doutrina costuma, para fins didáticos, agrupá-los. Para Régis Fichtner, por exemplo, há quatro eixos de deveres decorrentes da boa-fé que são fundamentais no comportamento das partes no período pré-contratual, assim como nas demais fases contratuais: o dever de informação, o dever de lealdade ou correção, os deveres de proteção e cuidado e o dever de segredo ou sigilo: v. PEREIRA, Regis Fichtner. *A responsabilidade civil pré-contratual*: teoria geral e responsabilidade pela ruptura das negociações contratuais. Rio de Janeiro: Renovar, 2001, pp. 89-90.
103. MARTINS-COSTA, Judith. Um aspecto da obrigação de indenizar: notas para uma sistematização dos deveres pré-negociais de proteção no Direito Civil brasileiro. *Revista dos Tribunais*, São Paulo, v. 97, n. 867, p. 11-51, jan. 2008, p. 16.

Nesse diapasão, os deveres de proteção, que incidem na relação pré-contratual[104], não se confundem com os deveres de prestação (principais, secundários ou acessórios), oriundos da celebração de determinado contrato, ou, ainda, com os deveres impostos a toda a sociedade indistintamente derivados do postulado do *neminem laedere*.[105] Em verdade, são deveres que, fundados na cláusula geral de boa-fé, possuem a função de reforçar o vínculo de confiança necessário para as tratativas[106]. Tais deveres, inclusive, possuem conteúdo incerto – mas que não pode ser atribuído ao bom senso do magistrado[107] – e somente assumem contornos próprios a partir da identificação da relação jurídica *in concreto*.[108]

Igualmente, apenas a partir da análise da hipótese concreta será possível identificar se determinada ruptura das tratativas merece tutela ou se violou a confiança legitimamente depositada pela contraparte na conclusão do contrato. Isso porque, em princípio, o rompimento das negociações se afigura possível e decorre, inclusive, da liberdade de contratar. Entretanto, em certos casos, é possível que a conduta de uma das partes tenha incutido tamanha confiança na outra[109], a ponto de gerar legítimas expectativas

---

104. A esse respeito, cumpre mencionar o Enunciado n. 25 do Conselho da Justiça Federal: "O art. 422 do Código Civil não inviabiliza a aplicação pelo julgador do princípio da boa-fé nas fases pré-contratual e pós-contratual." Quanto ao ponto, dentre outros, confira-se GUERREIRO, José Alexandre Tavares. A boa-fé nas negociações preliminares. *Revista de Direito Civil* (imobiliário, agrário e empresarial), São Paulo, v. 5, n. 16, pp. 48-52, abr./jun. 1981, p. 51.
105. PEREIRA, Regis Fichtner. *A responsabilidade civil pré-contratual*: teoria geral e responsabilidade pela ruptura das negociações contratuais. Rio de Janeiro: Renovar, 2001, pp. 54-55.
106. Nesse sentido, confira-se: "É para reforçar o vínculo de confiança instrumentalmente necessário ao correto desenrolar das tratativas pré-negociais que se justificam os já mencionados deveres de proteção à esfera jurídica alheia (isto é: não causar danos a quem se «aproximou» pré-contratualmente) e de respeito à confiança investida nas negociações preliminares (informando corretamente, não suscitando falsas representações; não rompendo abruptamente as negociações já avançadas salvo se houver justa causa para tanto)" (MARTINS-COSTA, Judith. *A boa-fé no direito privado*: critérios para a sua aplicação. São Paulo: Marcial Pons, 2015, p. 410).
107. TEPEDINO, Gustavo. Formação progressiva dos contratos e responsabilidade pré-contratual: notas para uma sistematização. *In*: BENETTI, Giovana *et. al.* (Orgs.). *Direito, cultura, método: leituras da obra de Judith Martins-Costa*, Rio de Janeiro: Editora GZ, 2019, p. 595.
108. Sobre o tema, leciona Judith Martins-Costa: "O Código Civil não arrolou quais seriam os deveres pré-contratuais decorrentes da boa-fé cuja violação dá origem à obrigação de reparar, apenas indicando, no art. 422, os critérios ético-jurídicos à luz dos quais as condutas dos negociadores devem ser valoradas. Assim sendo o Código confiou aos seus intérpretes a determinação em concreto daqueles deveres, atendendo às concepções dominantes no tráfico jurídico" (MARTINS-COSTA, Judith. Um aspecto da obrigação de indenizar: notas para uma sistematização dos deveres pré-negociais de proteção no Direito Civil brasileiro. *Revista dos Tribunais*, São Paulo, v. 97, n. 867, p. 11-51, jan. 2008, p. 26). Essa indeterminabilidade em abstrato é nota da própria boa-fé objetiva, como ensina Karl Larenz: "O princípio da 'boa-fé' significa que cada um deve guardar 'fidelidade' à palavra dada e não defraudar a confiança ou abusar dela, já que esta forma a base indispensável de todas as relações humanas, supõe o conduzir-se como cabia esperar de quantos com pensamento honrado intervêm no negócio como contratantes ou nele participando em virtude de outros vínculos jurídicos. Se trata, portanto, de um módulo de 'necessita de concreção', que unicamente nos indica a direção em que temos que buscar a resposta à questão de qual seja conduta exigível em determinadas circunstâncias. Não nos dá uma regra apta para ser simplesmente 'aplicada' a cada caso particular e para ler nela a solução do caso quando concorram determinados pressupostos. Senão que em cada hipótese se exige um juízo valorativo do qual deriva o que o momento e o lugar exijam" (LARENZ, Karl. *Derecho de Obligaciones*, t. I, Madrid: Editorial Revista de Derecho Privado, 1958, pp. 142-143 – trad. livre).
109. Cabe mencionar que, segundo Judith Martins-Costa, o que a boa-fé objetiva visa a tutelar não é qualquer expectativa, mas sim a "confiança investida em virtude de razões que, racionalmente controláveis (ou comprováveis,

acerca da conclusão do ajuste, o que, em consequência, levaria à violação da confiança despertada e à caracterização de uma situação de ruptura indevida.[110]

Nesse contexto, verificar se a ruptura frustrou a confiança legitimamente gerada na outra parte depende de um exame da hipótese concreta, valendo-se do recurso aos usos e costumes do setor, bem como às funções da boa-fé objetiva e suas figuras parcelares[111], a fim de se verificar o grau de comprometimento das partes e a densidade das negociações.[112]

Dessa forma, caso se constate que a ruptura unilateral das tratativas foi, de fato, injustificada e violadora da legítima expectativa despertada, a gerar danos sobre a esfera jurídica da contraparte, entende-se que restará configurada a responsabilidade civil pré-contratual.[113]

---

ou adequadas ao *id quod plerumque accidit*), foram objeto de «investimento de confiança» pelo destinatário do ato ou comportamento ou omissão aptos a gerar essa confiança qualificada" (MARTINS-COSTA, Judith. *A boa-fé no direito privado*: critérios para a sua aplicação. São Paulo: Marcial Pons, 2015, pp. 235-236).

110. Anota-se que Anderson Schreiber entende que o fundamento direto se encontra na proibição do *venire contra factum proprium* (cf. SCHREIBER, Anderson. *A proibição de comportamento contraditório*: tutela da confiança e *venire contra factum proprium*. 3 ed., Rio de Janeiro: Renovar, 2012, p. 250), assim como se posiciona Vera Maria Jacob Fradeira (v. FRADERA, Vera Maria Jacob de. Dano pré-contratual: uma análise comparativa a partir de três sistemas jurídicos, o continental europeu, o latino-americano e o americano do norte. *Revista de Informação Legislativa*, Brasília, v. 34, n. 136, pp. 169-179, out.-dez. 1997). Cristiano Zanetti, por seu turno, entende que o fundamento direto da responsabilidade pela ruptura das negociações se encontra na vedação ao abuso de direito (cf. ZANETTI, Cristiano de Sousa. *Responsabilidade pela ruptura das negociações*. São Paulo: Editora Juarez de Oliveira, 2005, p. 169). Eduardo Tomasevicius Filho, por sua vez, entende que o fundamento pode ser a boa-fé ou o abuso de direito, a depender da ótica sob a qual se visualiza a questão: v. TOMASEVICIUS FILHO, Eduardo. *O princípio da boa-fé no direito civil*. São Paulo: Almedina, 2020, p. 421.

111. Como leciona Carlos Nelson Konder, as figuras parcelares da boa-fé, como o *tu quoque*, a *supressio*, a o *venire contra factum proprium* e o *duty to mitigate loss* podem facilitar o processo argumentativo de fundamentação de decisões baseadas na boa-fé, identificando padrões de conduta já consolidados como abusivos por violação a tais figuras e, nessa medida, trazendo *topoi* idôneos para demonstrar a quebra de confiança antijurídica, como a falta de reciprocidade, de reiteração e a contradição: v. KONDER, Carlos Nelson. Princípios contratuais e exigência de fundamentação das decisões: boa-fé e função social do contrato à luz do CPC/2015. *Revista Opinião Jurídica*. Fortaleza: Unichristus, jul.-dez. 2016, ano 14, n. 19, p. 42.

112. TEPEDINO, Gustavo. Formação progressiva dos contratos e responsabilidade pré-contratual: notas para uma sistematização. In: BENETTI, Giovana et al. (Orgs.). *Direito, cultura, método: leituras da obra de Judith Martins-Costa*, Rio de Janeiro: Editora GZ, 2019, p. 595. Judith Martins-Costa, nessa linha, elenca os seguintes critérios para caracterização de uma situação de ruptura indevida: "(a) como se desenvolvia o relacionamento pré-contratual; (b) eventual habitualidade do procedimento concretizando, assim, prática aditada pelas partes ou uso do tráfico jurídico; (c) a eventual pendência de condições; (d) outros elementos que evidenciem a potencialidade do comportamento da parte demandada a criar a expectativa fundada de que o contrato seria concluído; bem como (e) a inexistência de justa causa para o rompimento" (MARTINS-COSTA, Judith. *A boa-fé no direito privado*: critérios para a sua aplicação. São Paulo: Marcial Pons, 2015, p. 420).

113. Os requisitos para caracterização da responsabilidade civil pré-contratual por ruptura das tratativas são assim elencados por Anderson Schreiber: "Em outras palavras, são requisitos da responsabilidade pré-contratual por ruptura das negociações preliminares: (a) que a ruptura se dê de forma unilateral; (b) que o comportamento anterior da que dá causa à ruptura tenha despertado a legítima expectativa da outra parte de que o contrato seria formado; e (c) que a vítima tenha sofrido dano causado pela ruptura" (SCHREIBER, Anderson. *Manual de direito civil contemporâneo*. São Paulo: Saraiva Educação, 2018, p. 455). Por sua vez, José Roberto de Castro Neves elenca os seguintes elementos da constituição da responsabilidade pela ruptura das negociações: "O entendimento dominante é no sentido de que a configuração da responsabilidade pré-contratual pela imotivada da ruptura das negociações depende da verificação dos seguintes fatos: (i) a efetiva existência de negociações sérias; (ii) a certeza (ou razoável confiança) de que o negócio seria concluído; e (iii) o rompimento imotivado e

As especificidades dessa relação jurídica pré-negocial e dos deveres sobre ela incidentes geram controvérsia na doutrina quanto à natureza da responsabilidade pré-contratual. Basicamente, três são as posições que se contrapõem: a primeira é a de que os danos causados pela ruptura nas negociações ensejam responsabilidade extracontratual[114]; a segunda é a de que a violação aos deveres de proteção pré-contratuais gera responsabilidade contratual[115]; e a terceira é a de que a responsabilidade pré-contratual constitui uma terceira espécie de responsabilidade civil.[116]

Contudo, releva mencionar que os regimes clássicos de responsabilidade civil cada vez mais vêm sofrendo aproximações, seja por conta da unicidade conceitual genérica da responsabilidade civil,[117] dos efeitos semelhantes produzidos por ambas as espécies de responsabilidade (sujeição do agente ao dever de ressarcir os prejuízos causados), seja pela regra imposta pela legislação processual de que a carga probatória deve ser distribuída dinamicamente.[118] Assim, parece plausível afirmar que, para fins de delimitação do *quantum* indenizatório, a qualificação da natureza da responsabilidade pela ruptura das tratativas, de igual modo, consiste em discussão secundária,[119] apesar de ainda

---

surpreendente das tratativas" (NEVES, José Roberto de Castro. Responsabilidade pré-contratual. In: BARBOSA, Henrique; SILVA, Jorge Cesa Ferreira da. (Orgs.) *A evolução do direito empresarial e obrigacional*: 18 anos do Código Civil. São Paulo: Quartier Latin, 2021. v. 2. p. 683).

114. Caio Mário da Silva Pereira, por exemplo, entende pela natureza extracontratual da responsabilidade pré-contratual: "A denominação *culpa in contrahendo* não deve influir na sua classificação. O que a caracteriza é a natureza do comportamento. Em razão deste, ela deve ser classificada como responsabilidade extracontratual ou aquiliana, e não como responsabilidade contratual. Não consiste em infringir uma cláusula ou norma convencional, porém é de se qualificar como ofensa ao princípio geral de não lesar – *neminem laedere*" (PEREIRA, Caio Mário da Silva. *Responsabilidade Civil*. 12 ed. Rio de Janeiro: Forense, 2018, p. 102). Em Portugal, a natureza extracontratual da responsabilidade por ruptura das tratativas é defendida, por exemplo, por COSTA, Mário Júlio de Almeida. *Responsabilidade civil pela ruptura das negociações preparatórias*. Lisboa: Coimbra Editora, 1984, pp. 91-92.

115. No Brasil, entendem pela natureza contratual da responsabilidade por ruptura das negociações, por exemplo, POPP, Carlyle. *Responsabilidade civil pré-negocial*: o rompimento das tratativas. Curitiba: Juruá, 2001, pp. 149-150 e JUNQUEIRA DE AZEVEDO, Antonio. Responsabilidade pré-contratual no Código de Defesa do Consumidor: estudo comparativo com a responsabilidade pré-contratual no direito comum. In: *Revista da Faculdade de Direito da Universidade de São Paulo*. v. 90, 1995, pp. 23-24. Na doutrina portuguesa, advogando pela tese da natureza contratual, dentre outros: PRATA, Ana. *Notas sobre a responsabilidade pré-contratual*. Coimbra: Almedina, 2002, p. 212; MENEZES CORDEIRO, António. *Da boa-fé no direito civil*. Coimbra: Almedina, 2001, p. 585; VARELA, Antunes. *Das obrigações em geral*. 10 ed. Coimbra: Almedina, 2000. v. 1. p. 275.

116. Nesse sentido: PEREIRA, Regis Fichtner. *A responsabilidade civil pré-contratual*: teoria geral e responsabilidade pela ruptura das negociações contratuais. Rio de Janeiro: Renovar, 2001, pp. 273-277.

117. A esse respeito, leciona Carlos Edson do Rêgo Monteiro: "[N]o que tange à natureza dos institutos, dúvidas já não prevalecem sobre a identidade de *ratio* que preside a temática em apreço, daí poder-se afirmar a unidade essencial da responsabilidade civil. De fato, tanto num caso como no outro, o que se verifica é sempre um dano a clamar por reparação" (MONTEIRO FILHO, Carlos Edison do Rêgo. *Responsabilidade contratual e extracontratual*: contrastes e convergências no direito civil contemporâneo. Rio de Janeiro: Processo, 2016, p. 80).

118. TEPEDINO, Gustavo; TERRA, Aline de Miranda Valverde; GUEDES, Gisela Sampaio da Cruz. *Fundamentos do direito civil*: responsabilidade civil. 2. ed. Rio de Janeiro: Forense, 2021. v. 4. pp. 11-18.

119. Nesse sentido, leciona Judith Martins-Costa: "A questão de saber se a responsabilidade pré-contratual – ou pré-negocial – obedece ao regime da responsabilidade extracontratual ou da contratual é tormentosa nos diferentes sistemas. No Brasil, contudo, trata-se, em grande medida, de um falso problema, seja porque no âmbito do CDC verifica-se a unificação dos regimes jurídicos, seja porque no regime geral, do Código Civil, é tradicionalmente forte uma aproximação entre ambos os regimes, embora não chegue a haver unificação"

prevalecer nos tribunais e na doutrina brasileira o entendimento de que há diferenças consequenciais a depender da adoção de um regime ou de outro.[120]

Nesse contexto, durante o período pré-contratual, os contraentes investem tempo, trabalho e, em muitos casos, recursos com vistas ao aperfeiçoamento da relação contratual. Comumente, ademais, deixam de estabelecer relações contratuais com outros integrantes do mercado e, consequentemente, de alocar aqueles recursos em outros negócios. Tais investimentos constituem álea inerente a essa fase e, nessa medida, devem, em princípio, ser arcados por quem optou por negociar. Entretanto, caso caracterizada a ruptura abusiva, com a violação dos deveres de proteção, doutrina e jurisprudência entendem pela necessidade de ressarcimento da vítima.

Rudolph von Jhering, ao formular a teoria da *culpa in contrahendo*, limitava o dano indenizável, nos casos de culpa na formação do contrato, aos interesses negativos. Para o autor, não seria sequer coerente que se indenizasse o lesado, pela formação de um contrato inválido, tomando como parâmetro eventual cumprimento do pacto. A indenização, na verdade, deveria colocar o credor na situação em que ele estaria se não tivesse celebrado um contrato nulo. Por outro lado, por via de exclusão, entendia-se que, após a conclusão de um contrato válido, o lesado, por seu eventual descumprimento, deveria ser indenizado pelos interesses positivos.[121]

No caso da ruptura injustificada, seguindo o caminho trilhado por Jhering[122], aponta-se que, em regra, a tutela da confiança impõe o ressarcimento do lesado de modo a colocá-lo na situação em que estaria se não houvesse ingressado naquela negociação, conduzindo-se as partes ao *status quo ante*.[123] Diz-se, assim, que o prejudicado pela

---

(MARTINS-COSTA, Judith. *A boa-fé no direito privado*: critérios para a sua aplicação. São Paulo: Marcial Pons, 2015, 408, nota-de-rodapé 134).

120. Carlos Nelson Konder identifica os seguintes aspectos que seriam relevantes na distinção dos efeitos entre responsabilidade contratual e extracontratual, pela doutrina majoritária e pela jurisprudência: (i) nos direitos da vítima, (ii) no ônus da prova da culpa, (iii) na solidariedade, (iv) na contagem de juros e atualização monetária, (v) na competência, e (vi) nos prazos prescricionais: cf. KONDER, Carlos Nelson. Boa-fé objetiva, violação positiva do contrato e prescrição: repercussões práticas da contratualização dos deveres anexos no julgamento do REsp 1.277. In: *Revista Trimestral de Direito Civil - RTDC*, v. 50, 2012, pp. 228-231. O Superior Tribunal de Justiça, por exemplo, consolidou o entendimento de que o prazo prescricional para a reparação de danos contratuais é de dez anos, enquanto o para a reparação do ilícito civil, seria de três anos: v. EREsp 1.281.594/SP, Corte Especial, rel. p/ acórdão Min. Felix Fischer, j. 15/05/2019.
121. PEREIRA, Regis Fichtner. *A responsabilidade civil pré-contratual*: teoria geral e responsabilidade pela ruptura das negociações contratuais. Rio de Janeiro: Renovar, 2001, p. 372.
122. A propósito: "A construção teórica da responsabilidade pré-contratual nasce atrelada à noção de interesse contratual negativo. Durante muito tempo, a ciência jurídica repetiu a fórmula apresentada pelo Jhering, e, ao se verificar uma expansão dos confins da responsabilidade pré-contratual o interesse negativo também acompanhou esse fenômeno, como uma constante relacionada aos alcances do quantum indenizatório" (PEREIRA, Fabio Queiroz. *O ressarcimento do dano pré-contratual*: interesse negativo e interesse positivo. São Paulo: Almedina, 2017, p. 192).
123. Vide, por exemplo, dentre inúmeros outros, no Brasil: "A natureza da responsabilidade pela ruptura de negociações contratuais, sem que seja necessário o socorro à analogia, faz com que se chegue à conclusão, no entanto, de que a teoria do interesse negativo é a ela, em princípio, perfeitamente adequada. Nos casos de responsabilidade pela ruptura das negociações contratuais não há ainda contrato estabelecido. Nenhuma das partes adquiriu direito a obter uma prestação. O que vem a ser frustrado pela ruptura das negociações é a sua expectativa na conclusão do contrato. Ocorre que os contraentes não dispõem de um direito ao estabelecimento da relação

quebra injustificada das negociações deve ser ressarcido pelos interesses negativos, que abrangem tanto os danos emergentes – as quantias desembolsadas com vistas à celebração do contrato, após ter sido incutida, pela contraparte, de confiança na estipulação do contrato –, quanto os lucros cessantes – aquilo que o lesado razoavelmente deixou de ganhar por não ter celebrado outros negócios por conta daquelas tratativas específicas ou por não ter investido financeiramente o capital desembolsado.[124]

---

jurídica contratual, o que faz antever que não podem pretender serem indenizados pelas vantagens que o contrato, se estipulado, iria lhes trazer. O que pode ser violado na ruptura injustificada das negociações contratuais é a confiança que o contraente depositou na estipulação do contrato e não obrigação em si de estipulá-lo. A responsabilidade pela ruptura das tratativas somente pode compreender os prejuízos que o contraente sofreu e razão de ter, de boa-fé, confiado na conclusão do contrato. Esses prejuízos se limitam, em princípio, portanto, às despesas em que incorreu durante o desenrolar das tratativas e eventualmente os prejuízos decorrentes da perda de algum outro negócio de que tenha desistido, em virtude de estar negociando o contrato que posteriormente não veio a se estabelecer. A natureza da responsabilidade pela ruptura das negociações contratuais faz com que seja aplicável a esse tipo de responsabilidade no sistema brasileiro, portanto, em princípio, a teoria do interesse negativo, formulada por VON JHERING para a hipótese de constituição de contrato nulo" (PEREIRA, Regis Fichtner. *A responsabilidade civil pré-contratual*: teoria geral e responsabilidade pela ruptura das negociações contratuais. Rio de Janeiro: Renovar, 2001, pp. 377-378). Em sentido similar: "O interesse negativo é o que cabe na responsabilidade pré-negocial, na qual o 'interesse positivo' não é computado para fins de indenização porque esse é o que resultaria da *realização* do negócio. Exclui-se da indenização o interesse positivo pelo simples fato de que as perdas e danos não podem referir-se ao inadimplemento de um contrato que nunca fora concluído, mas tão-somente às perdas que o lesado teve justamente *porque* o contrato não fora concluído" (MARTINS-COSTA, Judith. *Comentários ao novo Código Civil*, v. V, t. II. In: TEIXEIRA, Sálvio de Figueiredo (Coord.). Rio de Janeiro: Forense, 2003, p. 330). Na jurisprudência do Superior Tribunal de Justiça: "2. Em caso de responsabilidade civil pré-contratual, o proponente não pode pretender, a título de reparação de danos, indenização equivalente à vantagem que teria obtido com o próprio negócio jurídico que nunca se concretizou (interesses positivos). 3. Verificada a antijuridicidade no rompimento de tratativas negociais, a responsabilidade civil pré-contratual que se estabelece cobre apenas as despesas realizadas para finalização do negócio jurídico frustrado ou em razão dessa mesma operação. (interesses negativos)" (REsp n. 1.641.868/SP, relator Ministro Moura Ribeiro, Terceira Turma, DJe de 6/9/2018). E, também entre inúmeros outros, em Portugal: "Antecipamos breves considerações sobre a configuração do dano ligado à responsabilidade pré-contratual, caracteristicamente por ruptura das negociações. No caso, a indemnização visa colocar o lesado na situação em que estaria se não tivesse acreditado, sem culpa, na boa-fé ou actuação correcta da contraparte. É o que se chama de *dano negativo* ou *de confiança*. Pode ele assumir relevância, tanto sob o aspecto da afectação de valores já existentes na titularidade do lesado (*dano emergente*), como a respeito de vantagens que o mesmo deixou de auferir, ou porque não celebrou outros negócios que dependiam da conclusão do que se frustrou ou porque a expectativa deste desviou a sua actividade de outras direcções possíveis (*lucro cessante*)" (ALMEIDA COSTA, Mário Julio de. *Direito das obrigações*. 10. ed. Coimbra: Almedina, 2006, p. 310).

124. Entre outros, confira-se o que expõe Enzo Roppo: "Como se mede o ressarcimento devido à parte lesada pelo comportamento incorrecto da contraparte, durante as negociações? Aquela não tem direito à soma equivalente ao interesse contratual positivo (isto é, aos exactos proveitos que conseguiria se o contrato em questão se tivesse formado validamente e tivesse sido regularmente cumprido). Tem direito, sim, à indemnização do *interesse contratual negativo*, correspondente às vantagens que teria obtido somadas aos danos e despesas que teria evitado, se não tivesse iniciado as negociações, depois injustificadamente interrompidas pela contraparte, ou celebrado um contrato inválido (despesas suportadas por causa da condução das negociações e/ou da conclusão do contrato; proveitos que derivariam de ocasiões de negócio, alternativas à malogradamente prosseguida: e abandonadas por causa desta última)" (ROPPO, Enzo. *O contrato*. Coimbra: Almedina, 2009, p. 109). Também o que leciona Judith Martins-Costa: "Se à luz desses parâmetros for configurada a obrigação de indenizar deverá o lesante satisfazer ao lesado o sugestivamente denominado 'interesse da confiança', ou 'prejuízo negativo', referente à situação em que o credor se encontraria, se não tivesse celebrado o contrato, ou entrado em negociações que se viram injustamente frustradas por qualquer dos casos em que pode ocorrer a violação de dever pré-contratual. Ao interesse da confiança acresce – ex vi da fórmula geral de cálculo do art. 402 do CC/2002 – o dano emergente e o lucro cessante proporcionais ao dano pré-negocial, de modo que a obrigação de indenizar compreende 'danos que representem desvalorizações ou perdas patrimoniais e danos que se configurem como não valorização ou

Nesse contexto, aduz-se, tradicionalmente, que a reparação pelos interesses positivos, antes da formação do contrato, violaria a liberdade de não contratar, na medida em que se estaria impondo, por via oblíqua, a sujeição às consequências de um ajuste que não se desejou concluir.[125]

Entretanto, parcela da doutrina sustenta que tal raciocínio (de ressarcir os danos pelo interesse negativo sempre que houver hipótese de ruptura das negociações) se afigura meramente subsuntivo,[126] sendo insuficiente e incompatível com a realidade fática em determinadas ocasiões. Destarte, não parece admissível que, com o dinamismo e complexidade que envolvem a formação de certas relações contratuais contemporâneas, bem como com os valores que devem as permear, adote-se a mesma solução vislumbrada em período marcado por outra metodologia. Os instrumentos jurídicos, embora possam permanecer nominalmente idênticos, desempenham funções que se alteram com o transcorrer das experiências históricas.[127] Dessa forma, em determinadas situ-

---

frustrações de danos'. O que importa é que tais prejuízos derivados da ruptura das negociações se liguem, numa 'relação etiológica' à confiança; quer dizer, devem ter-se verificado depois e por causa da própria confiança do lesado, que alicerça a responsabilização pré-contratual do lesante'" (MARTINS-COSTA, Judith. Um aspecto da obrigação de indenizar: notas para uma sistematização dos deveres pré-negociais de proteção no Direito Civil brasileiro. *Revista dos Tribunais*, São Paulo, v. 97, n. 867, pp. 11-51, jan. 2008).

125. Entre muitos outros: "Contudo, desde logo cumpre afirmar que se se admitir que o valor a indenizar [no caso de responsabilidade pela ruptura das negociações] corresponde ao que aquele que negocia receberia se o contrato houvesse sio celebrado, estar-se-ia, de modo indireto, conferindo-lhe o resultado do mesmo contrato" (LOUREIRO, Francisco Eduardo; BDINE, Hamid. Responsabilidade pela ruptura das negociações. In: GUERRA, Alexandre et al. (Coords.). *Da estrutura à função da responsabilidade civil*: uma homenagem do Instituto Brasileiro de Estudos de Responsabilidade Civil (IBERC) ao Professor Renan Lotufo. Indaiatuba: Foco, 2021, p. 140). Ainda a esse respeito: CHAVES, Antônio. *Responsabilidade pré-contratual*. Rio de Janeiro: Forense, 1959, p. 205. E, no direito português, confira-se: "A responsabilidade pré-contratual e o interesse negativo não constituem dois termos incindíveis. A relevância deste pode existir fora daquela. Afigura-se, todavia, inquestionável a orientação comum de que a obrigação de indemnização por ruptura ilegítima das negociações corresponde ao ressarcimento do interesse negativo ou dano da confiança" (COSTA, Mário Júlio de Almeida. *Responsabilidade civil pela ruptura das negociações preparatórias*. Lisboa: Coimbra Editora, 1984, p. 75). E, na mesma direção: FRADA, Manuel Antonio de Castro Portugal Carneiro da. *Teoria da confiança e responsabilidade civil*. Lisboa: Almedina, 2007, p. 520.

126. Quanto à necessidade de superação da técnica de subsunção, leciona Pietro Perlingieri: "A teoria da interpretação (entendida como unidade de interpretação e qualificação) supera a contraposição entre *fattispecie* abstrata e *fattispecie* concreta, e almeja a máxima valorização das particularidades do fato. Isto, não mediante um procedimento mecânico de subsunção em rígidos (e não completamente correspondentes) esquemas legislativos, mas individuando a normativa mais compatível com os interesses e valores em jogo, segundo a hierarquia que dele propõe o ordenamento e tendo em conta todas as circunstâncias atenuantes e agravantes do caso, de modo a relativizar a decisão sem atentar ao princípio da igualdade. Trata-se de valorar o fato – analisando-o também naquelas condições e modalidades que poderiam parecer marginais ou acessórias –, determinar a normativa do caso concreto à luz das normas e dos princípios, procurando no âmbito do ordenamento a disciplina mais adequada àquela determinada composição de interesses" (PERLINGIERI, Pietro. *O direito civil na legalidade constitucional*. Rio de Janeiro: Renovar, 2008, pp. 657-658).

127. Sobre a relatividade dos institutos, leciona Pietro Perlingieri: "Uma visão moderna, que queira analisar a realidade sem enclausurá-la em esquemas jurídico-formais, requer uma funcionalização dos institutos do direito civil que responda às escolhas de fundo operadas pelos Estados contemporâneos e, em particular, pelas suas Constituições. Dever do jurista e, especialmente do civilista, é 'reler' todo o sistema do código e das leis especiais à luz dos princípios constitucionais e comunitários, de forma a individuar uma nova ordem científica que não freie a aplicação do direito e seja mais aderente às escolhas de fundo da sociedade contemporânea. É necessário desancorar-se dos antigos dogmas, verificando sua relatividade e sua historicidade" (PERLINGIERI, Pietro. *O direito civil na legalidade constitucional*. Rio de Janeiro: Renovar, 2008, pp. 137-138). Acerca da historicidade

ações, é plausível se vislumbrar, durante a fase das tratativas, a depender do modo que se desenvolvam e dos interesses concretos das partes, a possibilidade de se conceber a indenização da vítima pelo interesse contratual positivo.[128]

Com efeito, para Gustavo Tepedino, Aline de Miranda Valverde Terra e Gisela Sampaio da Cruz Guedes seria possível conceber-se o ressarcimento do lesado pelo interesse positivo nos casos de formação progressiva do contrato em que, por exemplo, obrigações sejam gradualmente assumidas durante a fase das tratativas, mesmo que não haja um negócio jurídico fundante as estabelecendo.[129]

Nessa esteira, na prática negocial, o acordo de vontades não ocorre sempre em um momento único e determinado.[130] Com efeito, "é possível que o contrato se forme paulatinamente, através de um processo que a doutrina designa por formação progressiva ou sucessiva do contrato".[131] Nesse sentido, frequentemente se forma de maneira gradativa, por intermédio da interação entre os contraentes, que praticam uma série de atos preparatórios, caracterizados pela troca de informações, consubstanciada, por vezes, em acordos parciais, minutas ou cartas de intenções, e pela negociação das bases da contratação, em contexto no qual realizam uma verdadeira avaliação da conveniência

---

do Direito, ensina António Manuel Hespanha: "(...) o direito existe sempre 'em sociedade' (situado, localizado) e (...) as soluções jurídicas são sempre contingentes em relação a um dado envolvimento (ou ambiente). São, neste sentido, sempre locais" (HESPANHA, António Manuel. *A cultura jurídica europeia*: síntese de um milênio. Coimbra: Almedina, 2012, p. 13).

128. Muito recentemente, inclusive, durante a IX Jornada de Direito Civil, promovida pelo Conselho da Justiça Federal, propôs-se a aprovação de enunciado com a seguinte redação: "No campo da responsabilidade pré-contratual, havendo rompimento imotivado das negociações preliminares, as perdas e danos restringem-se ao interesse negativo do credor". O mencionado enunciado, porém, foi rejeitado em sessão plenária.

129. TEPEDINO, Gustavo; TERRA, Aline de Miranda Valverde; GUEDES, Gisela Sampaio da Cruz. *Fundamentos do direito civil*: responsabilidade civil, v. 4. 2 ed. Rio de Janeiro: Forense, 2021, pp. 23-24. A esse propósito, confira-se as lições de Gustavo Tepedino: "Já o comportamento socialmente típico permite verificar, a partir dos efeitos produzidos pelas tratativas efetivamente levadas a cabo, o conteúdo contratual estabelecido na atividade realizada sem a celebração de negócio jurídico, propiciando a deflagração de indenização por interesses positivos. A atividade contratual precede, por vezes, a celebração do negócio, quando nas tratativas, minutas ou acordos preliminares se desenvolvem vínculos com propósitos definitivos, parciais embora inteiramente aperfeiçoados, a despeito da inexistência ainda do negócio jurídico, cuja celebração se encontra pendente, na dependência da consecução de elementos essenciais, naturais ou acidentais, pretendidos pelas partes (formação contratual progressiva). (...) Na formação progressiva do contrato, no que concerne aos vínculos efetivamente assumidos, mostra-se legítimo reconhecer a existência de relação contratual, a despeito da inocorrência de celebração do negócio jurídico pretendido pelas partes. Em consequência, o descumprimento, nestas fases, relativamente a determinados vínculos, constitui-se em inadimplemento contratual. Basta pensar nos vínculos (definitivos) de confidencialidade e de exclusividade que usualmente se estabelecem durante certa tratativa contratual. Há de se ampliar, portanto, a eficácia do contato social vinculante" (TEPEDINO, Gustavo. O papel da vontade na interpretação dos contratos. *Revista Interdisciplinar de Direito*, v. 16, n. 1, p. 173-189, jun. 2018. Disponível em: http://revistas.faa.edu.br/index.php/FDV/article/view/492).

130. A noção de que a generalidade dos contratos se forma a partir da simples apresentação de proposta e da subsequente aceitação não passa, como bem sintetizado por Carlos Ferreira de Almeida, de uma "ficção", sendo "tempo de a superar, integrando na teoria da formação do contrato toda a variedade que facilmente se descortina na prática dos negócios e que a própria lei afinal a reconhece" (FERREIRA, Carlos Almeida de. *Contratos*: conceito, fontes, formação. 6 ed. Almedina: Lisboa, 2018. v. 2. p. 114).

131. BIANCHINI, Luiza Lourenço. *Contrato preliminar*: conteúdo mínimo e execução. Porto Alegre: Arquipélago Editorial, 2017, p. 48.

e oportunidade.[132] Afigura-se possível, assim, que os agentes, em vez de materializar o contrato em instrumento único, o firmem de maneira progressiva, por meio de vários acordos parciais, em cujo conjunto se observe a mínima unidade de efeitos almejadas pelas partes contratantes.[133]

Nesse sentido, a partir de uma releitura do conceito de contrato, induzida pelo dinamismo social, bem como para justificar a presença de atividades admitidas pelo grupo social e que produzem efeitos jurídicos carecedores de qualificação[134], de modo a concebê-lo não apenas como negócio jurídico bilateral (dependente do encontro de vontades, somado ao preenchimento de pressupostos, elementos e requisitos legalmente estabelecidos)[135], mas como a própria atividade em função da qual se firma o ajuste, ou seja, como a coordenação objetiva de atos ou comportamentos deflagrados por centros de interesses no contato social, é possível visualizar uma série de relações contratuais despidas de negócio jurídico fundante,[136] que podem, inclusive, se formar paulatinamente nas negociações preliminares.

---

132. PEREIRA, Regis Fichtner. *A responsabilidade civil pré-contratual*: teoria geral e responsabilidade pela ruptura das negociações contratuais. Rio de Janeiro: Renovar, 2001, p. 282. Em Portugal, tratando-se dos contratos de formação mais complexa: TELLES, Inocêncio Galvão. *Manual dos contratos em geral*. 4 ed. Lisboa: Coimbra, 2002, pp. 203-204.
133. MARTINS-COSTA, Judith. *A boa-fé no direito privado*: critérios para a sua aplicação. São Paulo: Marcial Pons, 2015, p. 389.
134. A propósito: "A admissão da relação contratual sem negócio permite atribuir tutela jurídica a efeitos socialmente reconhecidos, a partir de qualificação *a posteriori* da função da atividade realizada, estabelecendo-se, desse modo, controle de merecimento de tutela, à luz da legalidade constitucional, acerca de atos praticados sem negócio jurídico de instauração (mas que, nem por isso, podem ser considerados fora da lei), cuja eficácia, de ordinário, é mais restrita do que a gama de efeitos almejados pelo negócio" (TEPEDINO, Gustavo; KONDER, Carlos Nelson; BANDEIRA, Paula Greco. *Fundamentos do direito civil*: contratos. 2 ed. Rio de Janeiro: Forense, 2021. v. 3. p. 23).
135. Sobre a temática, confira-se as lições de Juliana Pedreira da Silva: "As relações jurídicas nascidas de negócio jurídico são identificáveis reunidos os pressupostos, elementos e requisitos do negócio jurídico. (...) Assim, os elementos do negócio jurídico, quais sejam, a declaração de vontade, o objeto e a forma, determinam a existência do negócio; já os requisitos, quais sejam, a capacidade do agente, a licitude, determinação ou determinabilidade do objeto e a prescrição ou não proibição legal da forma, conferem validade ao negócio jurídico; já a eficácia do negócio jurídico dependerá do implemento de condição, termo ou do encargo estabelecido por lei ou pela vontade das partes. Verificados os pressupostos, elementos e requisitos, o negócio jurídico se aperfeiçoa e, ato contínuo, aperfeiçoa-se o contrato nele fundado" (PEDREIRA DA SILVA, Juliana. *Contratos sem negócio jurídico*: crítica das relações contratuais de fato. São Paulo: Atlas, 2011, p. 83).
136. PEDREIRA DA SILVA, Juliana. *Contratos sem Negócio Jurídico*: Crítica das Relações Contratuais de Fato. São Paulo: Atlas, 2011, pp. 15-17. A respeito, tratando das relações contratuais de fato (ou comportamentos sociais típicos): "Após a análise do conceito de contrato, importa ponderar uma figura jurídica para a qual a doutrina e a jurisprudência alemãs, sobretudo, chamaram a atenção. Foi Haupt quem primeiro aprofundou o problema, referindo-se a *relações contratuais de facto* (...). Aliás, esta nomenclatura embora expressiva e muito seguida, não se mostra pacífica. Alguns autores entendem mais adequado o qualificativo de *comportamentos sociais típicos*, porque ele não induz à conclusão errônea de que se trata de processos extrajurídicos e, ao mesmo tempo, salienta o aspecto, adiante considerado, de que a atribuição de relevância jurídica resulta de uma valoração objetiva e não propriamente da vontade negocial dos participantes. Esta nova categoria dogmática tem como um dos seus principais alicerces a ideia de que, na contemporânea civilização de massas, segundo as concepções do tráfico jurídico, existem condutas geradoras de vínculos obrigacionais, fora da emissão de declarações de vontade que se dirijam à produção de tal efeito, antes derivadas de simples ofertas e aceitações de facto. Quer dize, a utilização de bens ou serviços massificados ocasiona algumas vezes comportamentos que, pelo seu significado social típico, produzem as consequências jurídicas de uma caracterizada actuação negociatória, mas que dela se distinguem (...) Decorre da doutrina exposta que a autonomia privada se realiza de duas formas distintas: uma delas é o negócio

Assim, a formação progressiva dos contratos, analisada no âmbito das relações contratuais de fato, "traduz a noção de que a relação contratual vai se definindo progressivamente no tempo, mediante a escolha dos elementos contratuais, como preço, modo de adimplemento, cláusula penal, de sorte que o vínculo contratual se forma no curso do tempo sem que haja vontade negocial, isto é, a manifestação de vontade definitiva na formação do negócio", de modo que diz-se que "há *vontade contratual*, resultante da atividade, capaz de produzir efeitos jurídicos, embora não haja *vontade negocial*. Cuida-se de atividade socialmente típica, a qual, embora desprovida de negócio jurídico fundamente, produz efeitos jurídicos".[137]

Nessa perspectiva, considerando-se a possibilidade, cada vez mais frequente, de formação progressiva do contrato, cujo conteúdo vai se estabelecendo gradualmente, mediante a assunção paulatina de obrigações pelos contraentes no âmbito das tratativas, ao mesmo tempo em que se negociam futuras bases contratuais, é possível que se considere, em relação a certas obrigações, o contrato (ou parte independente dele) já formado, extrapolando-se, assim, a fase pré-contratual.[138]

---

jurídico, designadamente o contrato – no qual a aparência de vontade e as expectativas criadas podem ceder, diante da falta de consciência da declaração ou incapacidade do declarante; a outra reporta-se às relações contratuais fáticas – onde a irrelevância do erro na declaração e das incapacidades se justifica por exigências de segurança, de celeridade e demais condicionalismos do tráfico jurídico. Precisamente, concluem os defensores desta construção que a doutrina da formação do contrato, alicerçada em volta do equilíbrio entre a tutela da confiança do destinatário, se mostra insatisfatória no domínio dos fornecimentos massificados. Só a figura das relações contratuais de facto ou dos comportamentos sociais típicos se revela adequada à sua organização e justa disciplina, em termos de eficiência e igualdade dos utentes" (COSTA, Mário Júlio de Almeida. *Direito das obrigações*. 12 ed. Coimbra: Almedina, 2010, pp. 222-226). A admissibilidade da doutrina das relações contratuais de fato é controvertida em Portugal: Antunes Varela, por exemplo, é contrário à sua admissão à luz do ordenamento jurídico brasileiro (v. VARELA, Antunes. *Das obrigações em geral*. 10 ed. Coimbra: Almedina, 2000. v. I. pp. 222 e ss.); por seu turno, Carlos Alberto da Mota Pinto é favorável à sua admissibilidade (v. PINTO, Carlos Alberto da Mota. *Cessão da posição contratual*. Coimbra: Almedina, 1982, p. 261), assim como António Menezes Cordeiro (v. MENEZES CORDEIRO, António. *Da boa-fé no direito civil*. Coimbra: Almedina, 2001, pp. 555 e ss. e pp. 641 e ss.).

137. BANDEIRA, Paula Greco. *Contrato incompleto*. São Paulo: Atlas, 2015, p. 106. E complementa: "Por outras palavras, existe vontade contratual na atividade, ainda que não haja vontade negocial, a qual há de merecer proteção jurídica. Nessa esteira, em determinados casos, devem-se reconhecer efeitos à atividade contratual em que as partes, embora não tenham manifestado a vontade negocial, isto é, não tenham assinado o contrato, ultimaram diversas negociações e tratativas que se dirigiam a esse fim, nas quais definiram diversos elementos da relação contratual, como preço, coisa, obrigações, penalidades, no mais das vezes com a troca de diversas minutas, assinatura de atas de reunião e compromissos verbais. Tal atividade configura a formação progressiva do contrato, ou seja, o estabelecimento do vínculo contratual gradativamente ao longo do tempo, pela vontade manifestada por meio da atividade, a despeito de inexistir a vontade final na celebração do ajuste. Identifica-se, ainda, em determinados casos, a execução imediata de obrigações ajustadas pelas partes, cujo conteúdo já foi estabelecido definitivamente pelos contratantes, mesmo que não haja negócio jurídico" (BANDEIRA, Paula Greco. *Contrato incompleto*. São Paulo: Atlas, 2015, p. 107).

138. "Assim, como atenta Gustavo Tepedino, a formação progressiva do contrato é caracterizada pela assunção, no curso das tratativas, de obrigações verdadeiramente contratuais, já estabelecidas de modo definitivo pelas partes. Com efeito, nada impede que as partes aprovem alguns pontos e prossigam as negociações com relação aos demais, fazendo com que o acordo seja alcançado gradativamente. Considerando esse fenômeno, Renato Speciale observa que a dicotomia *contrato* e *não contrato* não é mais suficiente para explicar a realidade, sendo certo que ocorre 'a formação de uma terra de ninguém sempre mais ampla, situada entre esses dois polos'. Nessa zona cinzenta, segundo o autor, encontram-se os diversos tipos de acordos pré-contratuais, como as cartas de intenção e os acordos parciais que as partes podem firmar no processo de formação do contrato. Não há, na realidade, uma cisão nítida entre a fase das tratativas e a fase contratual, sendo possível que elas coexistam no

Dito de outro modo, é possível, na fase das negociações preliminares, que se conceba a formação contratual em etapas, de forma que muitos dos vínculos contratuais possam ir se formando gradualmente, com fundamento em comportamentos socialmente típicos, antes da celebração do contrato definitivo.[139] Nessa hipótese, diante das obrigações contratuais já efetivamente assumidas e em relação às quais parece razoável que o contraente possa legitimamente almejar, seria possível, mesmo no caso de ruptura das negociações, cogitar de indenização pelos interesses positivos.[140]

Para tal concepção, segundo os doutrinadores, faz-se necessária a reavaliação da temática a partir da retomada dos estudos das doutrinas dos comportamentos sociais típicos[141] e das atividades sem negócio, que permitem a assunção de vínculos contratuais por meio de uma análise *a posteriori* dos efeitos produzidos pela atividade das partes.[142]

---

processo de formação do contrato, quando, ao lado de obrigações já de conteúdo contratual, as partes continuam as negociações a respeito de outros pontos da operação globalmente considerada" (BIANCHINI, Luiza Lourenço. *Contrato preliminar*: conteúdo mínimo e execução. Porto Alegre: Arquipélago Editorial, 2017, pp. 50-51). Veja-se, na doutrina portuguesa: "Na formação de contratos complexos, especialmente na preparação de contratos internacionais, é frequente a consignação de resultados obtidos e de compromissos sobre o prosseguimento de negociações em documentos para os quais a prática engendrou várias designações, tais como 'carta de intenção', 'acordo de princípio', 'acordo de negociação', 'protocolo de acordo', *'memoraundum of understanding'* e outras que têm em comum sugerir a sua natureza preliminar ou incompleto. São, portanto, em princípio, acordos pré-contratuais (...). Estes acordos surgem em situações em que as partes iniciaram negociações, mas ainda não chegaram a acordo sobre todos os pontos por elas considerados necessários para a conclusão do contrato. O seu conteúdo é variável, podendo incluir a assunção de compromissos sobre o prosseguimento das negociações, a observância de deveres de confidencialidade e de exclusividade e a menção dos aspectos parciais acordados para inclusão em eventuais contratos a celebrar. É frequente que não seja claro se e em que medida as partes se consideram obrigadas. (...) Pode até suceder que certos acordos constantes de documentos com aquelas designações ou algumas das suas cláusulas, mereçam, após as adequadas operações de interpretação, a qualificação como contratos-promessa ou contratos definitivos" (FERREIRA, Carlos Almeida de. *Contratos*: conceito, fontes, formação 6 ed. Almedina: Lisboa, 2018. v. 2. p. 146).

139. TEPEDINO, Gustavo; KONDER, Carlos Nelson; BANDEIRA, Paula Greco. *Fundamentos do direito civil*: contratos. 2. ed. Rio de Janeiro: Forense, 2021. v. 3. p. 24. "A formação progressiva do contrato indica, portanto, que a 'estrada do contrato é percorrida em etapas', a traduzir momento intermediário no *iter* da formação do negócio, entre as tratativas e o contrato final, idôneo a produzir efeitos voltados à conclusão do negócio jurídico desejado pelos contratantes, ou até mesmo efeitos definitivos, essenciais ao contrato que se pretende concluir. Na arguta expressão do Professor Tepedino, o contrato 'se forma aos pedaços', com a progressiva assunção de obrigações pelas partes no decorrer das negociações preliminares. Tal construção doutrinária atende, de forma mais plena, aos interesses dos contratantes na atual realidade contemporânea, em que a formação contratual raramente se opera de maneira instantânea. Revela-se, nessa direção, oportuna a observação de Giovanni Battista Ferri, segundo a qual 'frequentemente pode surgir dúvida se uma certa atividade, embora não constituindo ainda o negócio final, deva ser considerada como tratativa ou se, ao revés, essa não tenha feito surgir um vínculo contratual ao qual se possa atribuir valor, ainda que mínimo, de contrato'. Pode-se afirmar, em síntese que, nesses casos, há vontade contratual que merece tutela jurídica por parte do ordenamento, ainda que não exista contrato, compreendido como negócio jurídico" (BANDEIRA, Paula Greco. *Contrato incompleto*. São Paulo: Atlas, 2015, p. 108).
140. TEPEDINO, Gustavo. Formação progressiva dos contratos e responsabilidade pré-contratual: notas para uma sistematização. In: BENETTI, Giovana et al. (Orgs.). *Direito, cultura, método: leituras da obra de Judith Martins-Costa*, Rio de Janeiro: Editora GZ, 2019, pp. 600-601.
141. Quanto ao tema dos comportamentos sociais típicos, texto de referência foi elaborado por Karl Larenz: LARENZ, Karl. O estabelecimento de relações obrigacionais por meio de comportamento social típico. *Revista Direito GV*. São Paulo: FGV Direito SP, 2006, v. 2, n. 1, pp. 55-63.
142. PEDREIRA DA SILVA, Juliana. *Contratos sem negócio jurídico*: crítica das relações contratuais de fato. São Paulo: Atlas, 2011, *passim*.

Já para outros doutrinadores, tanto brasileiros, quanto portugueses, em certas situações, a confiança gerada pelas tratativas seria de tamanha densidade que se constituiria, aos contraentes, um excepcional dever de contratar.[143] Em outros termos, admitir-se-ia, em certos casos, a partir da interpretação das circunstâncias negociais e do comportamento dos contraentes, que a confiança na conclusão do contrato teria se densificado de tal modo que a liberdade de não contratar deixaria de ser tutelada, não se autorizando mais à parte afastar-se das negociações.[144]

A admissibilidade de um "dever de contratar", porém, é bastante controvertida na doutrina brasileira e na lusitana, existindo parcela doutrinária em ambos os países defendendo a inexistência de um dever de contratar.[145]

Nesse sentido, como registra Karina Nunes Fritz, "no direito brasileiro, a grande maioria dos doutrinadores adota postura contrária à idéia de um direito à contratação, o que extrapola em muito a finalidade da responsabilidade pré-contratual", já que "aceitar o contrário seria admitir a *impossibilidade de ruptura das negociações*, o que contraria não somente o princípio da liberdade contratual, mas também o próprio sentido das negociações – formação do juízo de conveniência acerca do contrato – as quais não são aptas a gerar nenhum dever de prestação, na medida em que o negócio jurídico só efetivamente se concretiza com o acordo de vontade das partes".[146]

Além disso, a "obrigatoriedade da contratação conduziria certamente a grave entrave no comércio, pois as partes sentir-se-iam inseguras e temerosas de iniciar negociações, posto que, em decorrência de eventual comportamento culposo, seriam obrigadas, mesmo contra a própria vontade, a celebrar um contrato inconveniente ou indesejado",

---

143. Uma das maiores dificuldades com relação ao tema, como aponta Carlyle Popp, "está em perceber a evolução de uma fase para outra, pois não se trata de mera ultrapassagem mecânica ou temporal, mas sim, de aspectos aliados, sobretudo, ao comportamento de ambas as partes. (...) Para resolver esse obstáculo deve o intérprete estar atento às peculiaridades concretas, não hesitando em usar o método tópico-sistemático" (POPP, Carlyle. *Responsabilidade civil pré-negocial*: o rompimento das tratativas. Curitiba: Juruá, 2001, pp. 232-233).
144. Trata-se de hipótese que não se confunde com a formulação de uma proposta vinculante ou de um contrato preliminar, as quais, nos termos das legislações, gerariam, a depender de certos requisitos, obrigações legais expressas de seguir com a contratação. Mas de situações em que, mesmo na ausência de proposta ou de pré-contrato, a boa-fé objetiva imporia verdadeiro dever de contratar. Nesses casos, especialmente no de existência de um contrato preliminar, a indenização se pautará pelo interesse contratual positivo, como registra a doutrina: "Diversamente, o contrato preliminar já é como indica a sua denominação um contrato, tendo o efeito de obrigar as partes (ou apenas uma delas, no caso do preliminar unilateral) à celebração do negócio prometido. Nesse caso, o vínculo contratual já está formado, sendo certo que o descumprimento da obrigação de concluir o segundo implica a aplicação das regras relativas à responsabilidade civil contratual, o que, como se viu, não ocorre na fase das tratativas. Dessa forma, na hipótese de inadimplemento da obrigação de celebrar o negócio programado, a parte inocente poderá requerer em juízo, como regra, a execução específica do ajuste, obtendo uma sentença que valerá como a declaração de vontade prometida. Caso a execução específica não seja possível, a conversão em perdas e danos abrangerá não apenas o interesse contratual negativo, mas, também, o interesse contratual positivo, devendo a parte lesada ser posta na situação em que estaria se o contrato prometido tivesse sido celebrado e devidamente cumprido" (BIANCHINI, Luiza Lourenço. *Contrato preliminar*: conteúdo mínimo e execução. Porto Alegre: Arquipélago Editorial, 2017, pp. 104-105).
145. A controvérsia existente a esse respeito, tanto na doutrina portuguesa quanto na brasileira, é sintetizada, com detalhes, em: PRATA, Ana. *Responsabilidade pré-contratual*: uma perspectiva comparada dos direitos brasileiro e português. Coimbra: Almedina, 2018, pp. 218 e ss.
146. FRITZ, Karina Nunes. *Boa-fé objetiva na fase pré-contratual*. Curitiba: Juruá, 2008, pp. 291-292.

sendo que "o mais razoável é, de fato, a imposição de responsabilidade por decorrentes da ruptura, ou seja, daquilo que o lesado perdeu e do que deixou efetivamente de lucrar".[147]

Na doutrina portuguesa, também se encontra posicionamento similar. Mário Júlio de Almeida Costa, por exemplo, defende que "não se oferecem dúvidas quanto a não surgir durante a fase negociatória uma absoluta obrigação de celebração do contrato, quer dizer, sobre a existência de uma radical impossibilidade de ruptura, inclusive traduzida em execução específica".[148]

Para quem entende pela admissibilidade de um dever de contratar, todavia, a interrupção das negociações, nessas hipóteses, poderia ensejar a reparação pelo interesse positivo.[149] O ressarcimento pelo interesse positivo, assim como o pelo interesse

---

147. FRITZ, Karina Nunes. *Boa-fé objetiva na fase pré-contratual.* Curitiba: Juruá, 2008, p. 292.
148. COSTA, Mário Júlio de Almeida. *Responsabilidade civil pela ruptura das negociações preparatórias.* Lisboa: Coimbra Editora, 1984, p. 31.
149. Em Portugal: "Só em casos assumidamente *excepcionais*, quando se possa afirmar a existência de uma verdadeiro dever de conclusão do contrato – ou, de outra perspectiva, um direito a essa conclusão –, a obrigação de indemnização recusando-se a prossegui-las, ou de quem se recusou a celebrar o contrato, poderá corresponder ao interesse positivo (na conclusão do contrato). Em regra, porém, não existe *qualquer dever* de conclusão do contrato, e, antes, pelo contrário, as partes mantêm, durante as negociações até celebrar o contrato, a liberdade de recusar tal celebração, podendo até utilizar esse poder como derradeiro instrumento negocial (no confronto da contraparte e de terceiros, em negociações paralelas). (...) Admitimos, porém, a existência de tais casos, muito excepcionais (mas também já reconhecidos na nossa jurisprudência), em que a indenização se não limita ao interesse negativo, desde que a vinculação pré-contratual se *tenha densificado já ao ponto de ter surgido um verdadeiro dever de conclusão do contrato,* de tal modo que o 'evento que obriga a reparação' passa a ser, justamente, a *não conclusão* do contrato. nesses casos, poderá, pois existir uma indemnização em dinheiro, medida pelo interesse positivo na conclusão" (PINTO, Paulo Mota. *Interesse contratual negativo e interesse contratual positivo.* Coimbra: Coimbra Editora, 2008. v. II. pp. 1346-1347). Ainda: MENEZES CORDEIRO, António. *Tratado de direito civil.* 4 ed. Lisboa: Almedina, 2014. v. II. pp. 291-295 No Brasil, com entendimento similar: "No entanto, é preciso destacar algumas situações em que a confiança é de tal monta, que chega a materializar verdadeira hipótese de dever de contratação. Mesmo que se esteja diante de hipóteses extraordinárias, é preciso ter atenção à possibilidade de as negociações preliminares alcançarem um determinado ponto, que a confiança da parte na contratação só poderá ser adequadamente ressarcida se lhe for conferida uma indenização que tenha por fundamento o interesse contratual positivo, ou seja, o interesse no cumprimento. Imagine que um produtor agrícola tenha direcionado toda a sua produção para uma empresa que se propunha comprá-los. O rompimento das tratativas ocorrido em momento muito próximo à colheita, não pode ser indenizado tendo por consonância os prejuízos efetivamente sofridos. (...) Vê-se, por consequência, que, em casos como esses, a parte rescindente deve cumprir o contrato ou indenizar a contraparte, tendo em consideração os ganhos que seriam auferidos com a conclusão daquela avença" (PEREIRA, Fabio Queiroz. *O ressarcimento do dano pré-contratual*: interesse negativo e interesse positivo. São Paulo: Almedina, 2017, p. 26. Também no Brasil, tratando de um "estágio final" das negociações, "em que razoavelmente as partes esperam a conclusão do negócio", Carlyle Popp aduz que: "Nesse caso, havendo rompimento inopinado das tratativas, será o caso de reparação dos danos emergentes e dos lucros cessantes. Além disso, dependendo da situação concreta, será possível a reparação do interesse positivo e, neste caso, inclusive pode nascer o direito à celebração do contrato. ocorre que, a partir de certo momento no âmbito das negociações, a expectativa das partes se altera. Essa mutação não é fruto do mero querer inconsciente e do desejo de se realizar o negócio jurídico, mas sim, do comportamento da parte contrária. Esta mudança comportamental, aliada ao progresso das tratativas, faz com que de uma obrigação de não fazer, nasça às partes uma obrigação de fazer, ou seja, de celebrar o negócio jurídico. A verdade é que neste momento as negociações atingiram tal estágio, termos negociais foram firmados, minutas realizadas, e pouco a pouco, todos os pontos em que havia divergência foram sanados, que não é mais possível recuar. O direito à realização do negócio já integra a esfera jurídica das partes" (POPP, Carlyle. *Responsabilidade civil pré-negocial*: o rompimento das tratativas. Curitiba: Juruá, 2001, p. 232). Ainda: STEINER, Renata C. *Reparação de danos*: interesse positivo e interesse negativo. São Paulo: Quartier Latin, 2018, pp. 323-328.

negativo, como mencionado, engloba tanto os danos emergentes, quanto os lucros cessantes, pensando-os, porém, a partir da comutatividade contratual. Buscar-se-ia, nessa medida, colocar o lesado não na situação em que estaria se não tivesse ingressado nas negociações, mas na posição em que estaria se aquelas tratativas tivessem sido concluídas e as obrigações contratuais firmadas e cumpridas, conduzindo as partes, assim, a um *status ad quem*.

A propósito, vale o estudo de julgado pioneiro no Brasil sobre a temática da responsabilidade pré-contratual, vulgarmente conhecido como "Caso dos Tomates"[150], em que o Tribunal de Justiça do Rio Grande do Sul determinou a reparação de danos por ruptura injustificada de negociações, utilizando como fundamento justamente o interesse positivo.

No caso, pequenos agricultores gaúchos possuíam relação comercial com a Companhia Industrial de Conservas Alimentícias (Cica), que adquiria, durante muitos anos, a integralidade da safra de tomates por eles produzidos. A Companhia, porém, desistiu de adquirir a safra de determinado período. Diante disso, um dos agricultores ajuizou ação de cobrança pleiteando indenização pelas despesas decorrentes da perda da produção. Após julgamento de total procedência pelo juízo de primeira instância, a Sociedade apelou e a 5ª Câmara Cível, em acórdão de relatoria do então Desembargador Ruy Rosado de Aguiar Júnior, concluiu pelo provimento parcial do recurso, mantendo a condenação da Cica ao pagamento do preço relativo ao excedente da safra, reduzindo, entretanto, o *quantum* indenizatório pela metade, já que parte da produção havia sido, de fato, comercializada, mesmo que para outrem. Apesar de o julgado não fazer menção à distinção entre a indenização pelo interesse positivo ou negativo, entende-se que a indenização conferida se confunde com o cumprimento do contrato de compra e venda dos tomates.[151]

Em Portugal, o Supremo Tribunal de Justiça, em caso bastante comentado pela doutrina, envolvendo financiamento bancário para compra de imóvel que, após ter sido aprovado, foi recusado pelo banco que faria o financiamento sem motivo razoável. Na hipótese, a Corte entendeu que "prestes o contrato a ficar formalmente concluído e só na predita medida imperfeito, é (...) de considerar já existente autêntico dever de conclusão e ser, por isso, de indemnizar o interesse no cumprimento".[152]

5. CONCLUSÃO

Se é possível afirmar que os conceitos de interesse contratual positivo e de interesse contratual negativo surgiram atrelados a hipóteses lesivas específicas, contemporaneamente é igualmente verdadeiro que o par conceitual adquiriu certa autonomia, devendo

---

150. TJRS, Apelação Cível 591028295, 5ª Câmara Cível, rel. Des. Ruy Rosado de Aguiar Júnior, j. 06/06/1991.
151. STEINER, Renata C. *Reparação de danos*: interesse positivo e interesse negativo. São Paulo: Quartier Latin, 2018, pp. 324-325.
152. Supremo Tribunal de Justiça, Proc. 4063/05, de 26/01/2006.

a incidência de um ou outro conceito ser analisada à luz do caso concreto e, assim, do evento danoso particular.

Com efeito, assim como todo conceito jurídico, interesse contratual (positivo e negativo) deve ser aplicado tomando-se em consideração a unidade do ordenamento jurídico e as premissas que afirmam a inexistência de instituto jurídico imune às alterações sociais e que possa ser aplicado, a determinada hipótese, de forma abstrata e dissociada dos demais preceitos normativos.

Nessa esteira, a norma jurídica não traduz unidade lógica isolada empiricamente, ou seja, sua existência não se dá de forma desintegrada do ordenamento jurídico. Ao revés, a norma é sempre fruto de sua colocação dentro do sistema e, assim, nesse ambiente, é que ela exerce sua função.[153]

Essa premissa revela a insuficiência do método subsuntivo, pelo qual "o intérprete se restringiria a reconduzir o fato social à previsão genérica e abstrata, estabelecendo-se, assim, falsa perspectiva binária entre o Direito e a realidade social", e, assim, limitaria "a aplicação do direito ao mero enquadramento do fato (localizado no plano fenomenológico do mundo real) à disposição normativa (localizada no plano deontológico do direito)".[154]

O procedimento hermenêutico, ao revés, é unitário, de modo que interpretação e aplicação constituem momento único, considerando a necessidade de sua adaptação aos valores constitucionais e a dialética contínua entre fato e norma, não se admitindo esse fracionamento.[155] Noutros termos, a interpretação da lei e do fato bem como a

---

[153]. "Se todo instituto jurídico existe e ganha significado dentro de um ordenamento específico, para compreender seu conceito e alcance deve-se ter em mente o todo do qual ele faz parte, analisando-o em relação com os princípios que lhe dão sentido, com os demais institutos que faz fronteira, com as regras que viabilizam sua aplicação e na forma pelo qual é interpretado. Os efeitos de uma norma somente se desenham claramente quando ela é inserida no ordenamento, do qual extrai seu significado e alcance. Neste sentido, já foi dito que o direito não se interpreta 'em tiras' e que o que se interpreta e aplica é ordenamento como um todo, não a norma, 'pois a norma nunca está sozinha, mas existe e exerce sua função dentro do ordenamento, e o seu significado muda com o dinamismo e a complexidade do próprio ordenamento'" (KONDER, Carlos Nelson. Apontamentos iniciais sobre a contingencialidade dos institutos de direito civil. In: MORAES, Carlos Eduardo Guerra de; RIBEIRO, Ricardo Lodi (Coord.). *Direito Civil*. Rio de Janeiro: Freitas Bastos, 2015, p. 34). A esse respeito, também: "Produto de tempos de hipercomplexidade, a multiplicação de novos centros de interesse merecedores de tutela à luz da tábua axiológica traçada pelo constituinte dardejou as pretensões de neutralidade, abstração e universalidade em que se ancorava o direito. Situações não previstas (e não previsíveis) se avolumaram, tornando essencialmente exposta a incapacidade da ciência jurídica de se pretender definitiva. Ao contrário, mostrou-se cada vez mais evidente a permanente mutabilidade do direito, a um só tempo condicionado e condicionante da sociedade. Em síntese, parece correto afirmar que a realidade molda o direito assim como é por ele conformada. A factualidade, segundo Pietro Perlingieri, afigura-se assim 'absolutamente ineliminável do momento cognoscitivo do direito que, como ciência prática, caracteriza-se por moventes não historiográficos ou filosóficos, mas aplicativos', de modo a privilegiar o intérprete com o papel fundamental de suprimir a insuficiência da codificação'" (MONTEIRO FILHO, Carlos Edison do Rêgo. Reflexões metodológicas: a construção do observatório de jurisprudência no âmbito da pesquisa jurídica. *Revista Brasileira de Direito Civil*, v. 9, 2016, p. 16)

[154]. TEPEDINO, Gustavo; OLIVA, Milena Donato. *Fundamentos do direito civil*: teoria geral do direito civil. 2. ed. Rio de Janeiro: Forense, 2021. v. 1. pp. 74-75.

[155]. "Por efeito de tal imperativo, a subsunção – mecanismo silogístico de aplicação da lei ao fato da vida – resta superada. Nas nuances do caso concreto, cabe ao intérprete superar a análise meramente estrutural (o que é?), para privilegiar a funcionalização dos interesses irradiados (para que servem?), por meio de interpretação

qualificação normativa do fato configuram processo indivisível, no qual o problema concreto e o ordenamento jurídico são indissolúveis e compreensíveis, não em fases separadas, mas de forma unitária.[156]

Tais considerações impõem, portanto, ao intérprete levar em consideração a totalidade do ordenamento no momento de interpretar e aplicar os conceitos jurídicos (como interesse positivo e interesse negativo), de modo que a norma do caso concreto seja definida pelas circunstâncias fáticas nas quais pretende seja aplicada.

Dessa forma, considerando-se as transformações pelas quais o processo de formação do contrato tem passado na contemporaneidade, assim como a dinamicidade e complexidade envolvidas nas tratativas, revela-se imprescindível que a identificação do interesse a ser reparado em função da ruptura das negociações preliminares observe a hipótese concreta específica, à luz dos singulares interesses merecedores de tutela.

6. REFERÊNCIAS BIBLIOGRÁFICAS

AGUIAR JÚNIOR, Ruy Rosado de. Novos danos na responsabilidade civil. A perda de uma chance. In: SALOMÃO, Luis Felipe; TARTUCE, Flávio (Coords.). *Direito civil*: diálogos entre a doutrina e a jurisprudência. São Paulo: Atlas, 2018.

AGUIAR JUNIOR, Ruy Rosado. *Extinção dos contratos por incumprimento do devedor*. Rio de Janeiro: AIDE, 2003.

ALVIM, Agostinho. *Da inexecução das obrigações e suas consequências*. 4. ed. São Paulo: Saraiva, 1972.

AMARAL, Francisco. *Direito civil*: introdução. 10. ed. São Paulo: Saraiva, 2018.

ASCENSÃO, José de Oliveira. *Direito civil*: teoria geral. 3 ed. São Paulo: Saraiva, 2010. v. 2.

ASSIS, Araken de. Dano positivo e dano negativo na resolução do contrato. In: *Revista da Associação dos Juízes do Rio Grande do Sul (Ajuris)*. n. 60, março 1994.

BANDEIRA, Paula Greco. *Contrato incompleto*. São Paulo: Atlas, 2015.

BENATTI, Francesco. *A responsabilidade pré-contratual* (com correspondência entre os preceitos do direito italiano e do português). Coimbra: Almedina, 1970.

BIANCHINI, Luiza Lourenço. *Contrato preliminar*: conteúdo mínimo e execução. Porto Alegre: Arquipélago Editorial, 2017.

---

aplicativa dos comandos infraconstitucionais à luz da Carta Magna ou pela aplicação direta dos princípios e valores constitucionais.15-16 A aplicação e a interpretação do Direito constituem, como já assentado, operação unitária e sobreposta" (MONTEIRO FILHO, Carlos Edison do Rêgo. Reflexões metodológicas: a construção do observatório de jurisprudência no âmbito da pesquisa jurídica. *Revista Brasileira de Direito Civil*, v. 9, 2016, p. 13). Ainda a esse respeito: "Compreendido como um todo unitário (embora composto por fontes legislativas potencialmente conflituosas), entende-se que o ordenamento exige um tratamento uno também no que tange à sua interpretação e aplicação. A cada momento em que o intérprete se põe diante de um caso concreto, cumpre-lhe aplicar, não esta regra ou tal princípio, mas a ordem jurídica como um todo (o que equivale a afirmar que nenhuma norma pode ter seu sentido apreendido isoladamente sem a consideração global do sistema). (...) Em outros termos, na metodologia civil-constitucional, o ordenamento apenas se completa quando encontra os próprios elementos do caso; só existe o Direito à luz de certa hipótese fática concreta, com suas peculiaridades e características – ideia que se costuma designar como *ordenamento do caso concreto*" (SOUZA, Eduardo Nunes de. Merecimento de tutela: a nova fronteira da legalidade no direito civil. In: MORAES, Carlos Eduardo Guerra de; RIBEIRO, Ricardo Lodi (coord.). *Direito Civil*. Rio de Janeiro: Freitas Bastos, 2015, p. 77).

156. AMARAL, Francisco. *Direito civil*: introdução. 10 ed. São Paulo: Saraiva, 2018, p. 184.

CAVALIERI FILHO, Sérgio. *Programa de responsabilidade civil*. 3. ed. São Paulo: Malheiros, 2002.

CHAVES, Antônio. *Responsabilidade pré-contratual*. 2. ed. São Paulo: Lejus, 1997.

COSTA, Mário Julio de Almeida. *Direito das obrigações*. 10. ed. Coimbra: Almedina, 2006.

COSTA, Mário Júlio de Almeida. *Responsabilidade civil pela ruptura das negociações preparatórias*. Lisboa: Coimbra Editora, 1984.

FAJNGOLD, Leonardo. Premissas para aplicação da responsabilidade por perda de uma chance. *Revista de Direito Privado*, São Paulo, v. 69, set. 2016.

FERREIRA, Carlos Almeida de. *Contratos*: conceito, fontes, formação. 6 ed. Almedina: Lisboa, 2018. v. 2.

FISCHER, Hans Albrecht. *A reparação dos danos no direito civil*. São Paulo: Saraiva, 1938.

FRADA, Manuel Antonio de Castro Portugal Carneiro da. *Teoria da confiança e responsabilidade civil*. Lisboa: Almedina, 2007.

FRADERA, Vera Maria Jacob de. Dano pré-contratual: uma análise comparativa a partir de três sistemas jurídicos, o continental europeu, o latino-americano e o americano do norte. *Revista de Informação Legislativa*, Brasília, v. 34, n. 136, pp. 169-179, out.-dez. 1997.

FRITZ, Karina Nunes. *A responsabilidade pré-contratual por ruptura injustificada das negociações*. Civilistica. com. a. 1. n. 2. 2012. Disponível em: http://civilistica.com/wp-content/uploads1/2015/02/Fritz-civilistica.com-a.1.n.2.2012-4.pdf.

FRITZ, Karina Nunes. *Boa-fé objetiva na fase pré-contratual*. Curitiba: Juruá, 2008.

GUEDES, Gisela Sampaio da Cruz. *Lucros cessantes*: do bom-senso ao postulado normativo da razoabilidade. São Paulo: Ed. RT, 2011.

GUERRA, Alexandre Dartanhan de Mello. Interesse contratual positivo e negativo: reflexões sobre o inadimplemento do contrato e indenização do interesse contratual positivo. *Revista IBERC*, Minas Gerais, v.2, n. 2, mar.-jun./2019.

GUERREIRO, José Alexandre Tavares. A boa-fé nas negociações preliminares. *Revista de Direito Civil* (imobiliário, agrário e empresarial), São Paulo, v. 5, n. 16, pp. 48-52, abr./jun. 1981.

GUIMARÃES, Paulo Jorge Scartezzini. Responsabilidade civil e interesse contratual positivo e negativo (em caso de descumprimento contratual). In: GUERRA, Alexandre Dartanhan de Mello; BENACCHIO, Marcelo (Coords.). *Responsabilidade civil*. São Paulo: Escola Paulista da Magistratura, 2015.

HESPANHA, António Manuel. *A cultura jurídica europeia*: síntese de um milênio. Coimbra: Almedina, 2012.

JHERING, Rudolf von. *Culpa in contrahendo ou indemnização em contratos nulos ou não chegados à perfeição*. Coimbra: Almedina, 2008.

JORGE, Fernando Pessoa. *Ensaio sobre os pressupostos da responsabilidade civil*. Coimbra: Almedina, 1999.

JUNQUEIRA DE AZEVEDO, Antonio. Responsabilidade pré-contratual no Código de Defesa do Consumidor: estudo comparativo com a responsabilidade pré-contratual no direito comum. In: *Revista da Faculdade de Direito da Universidade de São Paulo*. v. 90, 1995.

KONDER, Carlos Nelson. Apontamentos iniciais sobre a contingencialidade dos institutos de direito civil. In: MORAES, Carlos Eduardo Guerra de; RIBEIRO, Ricardo Lodi (Coord.). *Direito Civil*. Rio de Janeiro: Freitas Bastos, 2015.

KONDER, Carlos Nelson. Boa-fé objetiva, violação positiva do contrato e prescrição: repercussões práticas da contratualização dos deveres anexos no julgamento do REsp 1.277. In: *Revista Trimestral de Direito Civil – RTDC*, v. 50, 2012.

KONDER, Carlos Nelson. Princípios contratuais e exigência de fundamentação das decisões: boa-fé e função social do contrato à luz do CPC/2015. *Revista Opinião Jurídica*. Fortaleza: Unichristus, jul.-dez. 2016, ano 14, n. 19.

KONDER, Carlos Nelson; SCHILLER, Cristiano O. S. B. Cláusula penal e indenização à luz da dicotomia entre interesse positivo e negativo: o exemplo do contrato de permuta no local In: GAMA, Guilherme Calmon; NEVES, Thiago (Coords.). *20 anos do Código Civil*: relações privadas no início do século XXI. Indaiatuba, SP: Foco, 2022.

LARENZ, Karl. *Derecho de Obligaciones*, t. I. Madrid: Editorial Revista de Derecho Privado, 1958.

LARENZ, Karl. O estabelecimento de relações obrigacionais por meio de comportamento social típico. *Revista Direito GV*. São Paulo: FGV Direito SP, v. 2, n. 1, 2006.

LENZ, Carlos Eduardo Thompson Flores. Considerações sobre a indenização dos lucros cessantes. *Revista da Procuradoria Geral da República*, n. 4, 1993.

LOUREIRO, Francisco Eduardo; BDINE, Hamid. Responsabilidade pela ruptura das negociações. In: GUERRA, Alexandre et al. (Coords.). *Da estrutura à função da responsabilidade civil*: uma homenagem do Instituto Brasileiro de Estudos de Responsabilidade Civil (IBERC) ao Professor Renan Lotufo. Indaiatuba: Foco, 2021.

MARTINS-COSTA, Judith. *A boa-fé no direito privado*: critérios para a sua aplicação. São Paulo: Marcial Pons, 2015.

MARTINS-COSTA, Judith. *Comentários ao novo Código Civil*, v. V, t. II. In: TEIXEIRA, Sálvio de Figueiredo (Coord.). Rio de Janeiro: Forense, 2003.

MARTINS-COSTA, Judith. Responsabilidade civil contratual. Lucros cessantes. Interesse positivo e interesse negativo. Distinção entre lucros cessantes e lucros hipotéticos. Dever de mitigar o próprio dano. Dano moral e pessoa jurídica. In: LOTUFO, Renan; NANNI, Giovanni Ettore (Coords.). *Temas relevantes do direito civil contemporâneo*: reflexões sobre os 10 anos do Código Civil. São Paulo: Atlas, 2012.

MARTINS-COSTA, Judith. Um aspecto da obrigação de indenizar: notas para uma sistematização dos deveres pré-negociais de proteção no Direito Civil brasileiro. *Revista dos Tribunais*, São Paulo, v. 97, n. 867, p. 11-51, jan. 2008.

MENDONÇA, J. X. Carvalho de. *Tratado de direito comercial brasileiro*. 4. ed. Rio de Janeiro: Freitas Bastos, 1947. v. IV.

MENEZES CORDEIRO, António. *Da boa-fé no direito civil*. Coimbra: Almedina, 2001.

MENEZES CORDEIRO, António. *Tratado de Direito Civil Português*, t. I. 3 ed. Coimbra: Almedina, 2005.

MENEZES CORDEIRO, António. *Tratado de direito civil*. 4 ed. Lisboa: Almedina, 2014. v. II.

MONTEIRO FILHO, Carlos Edison do Rêgo. Reflexões metodológicas: a construção do observatório de jurisprudência no âmbito da pesquisa jurídica. *Revista Brasileira de Direito Civil*, v. 9, 2016.

MONTEIRO FILHO, Carlos Edison do Rêgo. *Responsabilidade contratual e extracontratual: contrastes e convergências no direito civil contemporâneo*. Rio de Janeiro: Processo, 2016.

MONTEIRO FILHO, Carlos Edison do. Limites ao princípio da reparação integral no direito brasileiro. In: *Civilistica.com*, Rio de Janeiro, a. 7, n. 1, 2018, p. 3. Disponível em: http://civilistica.com/wpcontent/uploads/2018/05/Monteiro-Filho-civilistica.com-a.7.n.1.2018.pdf.

MORAES, Maria Celina Bodin de. *Notas sobre a promessa de doação*. Disponível em: http://civilistica.com/wp-content/uploads/2015/02/Bodin-de-Moraes-civilistica.com-a.2.n.3.2013.pdf.

NADER, Paulo. *Curso de direito civil*. 3. ed. Rio de Janeiro: Forense, 2010. v. 7.

NANNI, Giovanni Ettore. *Inadimplemento absoluto e resolução contratual*: requisitos e efeitos. São Paulo: Thomson Reuters Brasil, 2021.

NEGREIROS, Teresa. *Fundamentos para uma interpretação constitucional do princípio da boa-fé*. Rio de Janeiro: Renovar, 1998.

NETTO, Felipe Braga; FARIAS, Cristiano Chaves de; ROSENVALD, Nelson. *Novo tratado de responsabilidade civil*. 2 ed. São Paulo: Saraiva, 2018.

NEVES, José Roberto de Castro. Responsabilidade pré-contratual. *In*: BARBOSA, Henrique; SILVA, Jorge Cesa Ferreira da. (Orgs.) *A evolução do direito empresarial e obrigacional*: 18 anos do Código Civil. São Paulo: Quartier Latin, 2021. v. 2.

NORONHA, Fernando. *Direito das obrigações*. 4. ed. São Paulo: Saraiva, 2013.

PEDREIRA DA SILVA, Juliana. *Contratos sem negócio jurídico*: crítica das relações contratuais de fato. São Paulo: Atlas, 2011.

PEREIRA, Caio Mário da Silva. *Responsabilidade civil*. 12. ed. Rio de Janeiro: Forense, 2018.

PEREIRA, Fábio Queiroz. *O ressarcimento do dano pré-contratual*: interesse negativo e interesse positivo. São Paulo: Almedina, 2017.

PEREIRA, Regis Fichtner. *A responsabilidade civil pré-contratual*: teoria geral e responsabilidade pela ruptura das negociações contratuais. Rio de Janeiro: Renovar, 2001.

PERLINGIERI, Pietro. *Perfis do Direito civil*: introdução ao direito civil constitucional. 3. ed. Rio de Janeiro: Renovar, 2002.

PERLINGIERI, Pietro. *O direito civil na legalidade constitucional*. Rio de Janeiro: Renovar, 2008.

PINTO, Carlos Alberto da Mota. *Cessão da posição contratual*. Coimbra: Almedina, 1982.

PINTO, Paulo Mota. *Interesse contratual negativo e interesse contratual positivo*. Coimbra: Coimbra Editora, 2008. v. I e II.

PONTES DE MIRANDA, Francisco Cavalcanti. *Tratado de direito privado*, t. IV. 3. ed. Rio de Janeiro: Borsoi, 1970.

PONTES DE MIRANDA, Francisco Cavalcanti. *Tratado de Direito Privado*, t. XXVI. 3 ed. Rio de Janeiro: Borsoi, 1971.

POPP, Carlyle. *Responsabilidade civil pré-negocial*: o rompimento das tratativas. Curitiba: Juruá, 2001.

PRATA, Ana. *Responsabilidade pré-contratual*: uma perspectiva comparada dos direitos brasileiro e português. Coimbra: Almedina, 2018.

PRATA, Ana. *Notas sobre a responsabilidade pré-contratual*. Coimbra: Almedina, 2002.

ROCHA, Silvio Luis Ferreira da. Interesse contratual negativo. In: GUERRA, Alexandre et al. (Coords.). *Da estrutura à função da responsabilidade civil*: uma homenagem do Instituto Brasileiro de Estudos de Responsabilidade Civil (IBERC) ao Professor Renan Lotufo. Indaiatuba: Foco, 2021.

ROPPO, Enzo. *O contrato*. Coimbra: Almedina, 2009.

SANSEVERINO, Paulo de Tarso Vieira. *Princípio da reparação integral*: indenização no Código Civil. São Paulo: Saraiva, 2010.

SANTOS, J. M. Carvalho. *Código civil interpretado*, v. XV. Rio de Janeiro: Carvino Filho, 1936.

SAVI, Sérgio. *Responsabilidade civil por perda de uma chance*. São Paulo: Atlas, 2006.

SCHREIBER, Anderson. *A proibição de comportamento contraditório*: tutela da confiança e *venire contra factum proprium*. 3. ed. Rio de Janeiro: Renovar, 2012.

SCHREIBER, Anderson. A tríplice transformação do adimplemento: adimplemento substancial, inadimplemento antecipado e outras figuras. *Revista Trimestral de Direito Civil*: RTDC. Rio de Janeiro, n. 32, out./2007.

SCHREIBER, Anderson. *Manual de direito civil contemporâneo*. São Paulo: Saraiva Educação, 2018.

SERRA, Adriano Paes da Silva Vaz. Obrigação de indemnização (colocação, fontes, dano, nexo causal, extensão, espécies de indemnização). Direito da abstenção e de remoção. *Separata do Boletim do Ministério da Justiça*, ns. 83 e 84, Lisboa, 1959.

SILVA, Clóvis do Couto e. *A obrigação como processo*. Rio de Janeiro: Editora FGV, 2006.

SILVA, Jorge Cesa Ferreira da. Inadimplemento das obrigações. In: REALE, Miguel; MARTINS-COSTA, Judith (Coords.). *Coleção biblioteca de Direito Civil*: estudos em homenagem ao Professor Miguel Reale, v. 6. São Paulo: Revista dos Tribunais, 2007.

SILVA, Rafael Peteffi da. *Responsabilidade civil pela perda de uma chance*: uma análise do direito comparado e brasileiro. 3. ed. São Paulo: Atlas, 2013.

SILVA, Rodrigo da Guia. Interesse contratual positivo e interesse contratual negativo: influxos da distinção no âmbito da resolução do contrato por inadimplemento. *Revista IBERC*, Minas Gerais, v. 3, n. 1, p. 1-37, jan./abr. 2020.

SOUZA, Eduardo Nunes de. Merecimento de tutela: a nova fronteira da legalidade no direito civil. In: MORAES, Carlos Eduardo Guerra de; RIBEIRO, Ricardo Lodi (Coord.). *Direito Civil*. Rio de Janeiro: Freitas Bastos, 2015.

STEINER, Renata C. *Reparação de danos*: interesse positivo e interesse negativo. São Paulo: Quartier Latin, 2018.

SZTAJNBOK, Felipe. A indenização pelo interesse positivo como forma de tutela do interesse do credor nas hipóteses de inadimplemento culposo da obrigação. *Civilística.com*, Rio de Janeiro, a.3, n. 2, jul.--dez./2014. Disponível em: http://civilistica.com/a-indenização-pelo-interessepositivo-comoforma--de-tutela-do-interesse-do-credor-nas-hipoteses-de-inadimplemento-culposo-da-obrigação/.

TELLES, Inocêncio Galvão. *Direito das Obrigações*. 7. ed. Lisboa: Coimbra Editora, 1997.

TELLES, Inocêncio Galvão. *Manual dos contratos em geral*. 4. ed. Lisboa: Coimbra, 2002.

TEPEDINO, Gustavo. O papel da vontade na interpretação dos contratos. *Revista Interdisciplinar de Direito*, v. 16, n. 1, p. 173-189, jun. 2018. Disponível em: http://revistas.faa.edu.br/index.php/FDV/article/view/492.

TEPEDINO, Gustavo. Formação progressiva dos contratos e responsabilidade pré-contratual: notas para uma sistematização. In: BENETTI, Giovana et al. (Orgs.). *Direito, cultura, método*: leituras da obra de Judith Martins-Costa, Rio de Janeiro: Editora GZ, 2019.

TEPEDINO, Gustavo; BARBOZA, Heloisa Helena; MORAES, Maria Celina Bodin de. *Código Civil interpretado conforme a Constituição da República*. 2 ed. Rio de Janeiro: Renovar, 2012. v. II.

TEPEDINO, Gustavo; KONDER, Carlos Nelson; BANDEIRA, Paula Greco. *Fundamentos do direito civil*: contratos. 2 ed. Rio de Janeiro: Forense, 2021. v. 3.

TEPEDINO, Gustavo; OLIVA, Milena Donato. *Fundamentos do direito civil*: teoria geral do direito civil. 2. ed. Rio de Janeiro: Forense, 2021. v. 1.

TEPEDINO, Gustavo; SCHREIBER, Anderson. In: AZEVEDO, Álvaro Villaça (Coord.). *Código Civil comentado*. São Paulo: Atlas, 2008. v. 4.

TEPEDINO, Gustavo; TERRA, Aline de Miranda Valverde; GUEDES, Gisela Sampaio da Cruz. *Fundamentos do direito civil*: responsabilidade civil. 2 ed. Rio de Janeiro: Forense, 2021. v. 4.

TERRA, Aline de Miranda Valverde; GUEDES, Gisela Sampaio da Cruz. Resolução por inadimplemento: o retorno ao status quo ante e a coerente indenização pelo interesse negativo. *Civilística.com*. Rio de Janeiro, a. 9, n. 1, 2020, p. 16. Disponível em: https://civilistica.emnuvens.com.br/redc/article/view/507/381.

TERRA, Aline Miranda Valverde; KONDER, Carlos Nelson; GUEDES, Gisela Sampaio da Cruz. Boa-fé, função social e equilíbrio contratual: reflexões a partir de alguns dados empíricos In: *Princípios contratuais aplicados: boa-fé, função social e equilíbrio contratual à luz da jurisprudência*. Indaiatuba, SP: Foco, 2019.

TOMASEVICIUS FILHO, Eduardo. *O princípio da boa-fé no direito civil*. São Paulo: Almedina, 2020.

VARELA, João de Matos Antunes. *Das obrigações em geral*. 5. ed. Coimbra: Almedina, 1992. v. 2.

VARELA, João de Matos Antunes. *Das obrigações em geral*. 10. ed. Coimbra: Almedina, 2000. v. 1.

ZANETTI, Cristiano de Sousa. *Responsabilidade pela ruptura das negociações*. São Paulo: Editora Juarez de Oliveira, 2005.

DANO MORAL E INADIMPLEMENTO CONTRATUAL[1]

Milena Donato Oliva

Professora da Faculdade de Direito da Universidade do Estado do Rio de Janeiro – UERJ.
Sócia do Escritório Gustavo Tepedino Advogados – GTA.

Sumário: 1. O dano moral como lesão a interesses extrapatrimoniais – 2. Análise crítica da configuração *in re ipsa* do dano moral – 3. *In re ipsa* às avessas: presunção de que o inadimplemento contratual não gera dano moral – 4. Critérios para a quantificação da compensação pecuniária do dano moral – 5. Referências.

1. O DANO MORAL COMO LESÃO A INTERESSES EXTRAPATRIMONIAIS

A Constituição da República de 1988 colocou uma pá de cal na discussão relativa à viabilidade de autônoma compensação[2] pelos danos morais,[3] de maneira que, atualmente, mostra-se pacífica a possibilidade de sua cumulação com os danos patrimoniais, ainda que oriundos do mesmo fato.[4] Nessa direção, o Código de Defesa do Consumidor elencou como direito básico do consumidor a plena prevenção e reparação dos danos morais e patrimoniais,[5] consagrando o princípio da reparação

---

1. Texto originalmente publicado na Revista de Direito do Consumidor, v. 93, 2014, revisitado e ampliado em homenagem aos vinte e cinco anos de magistério do Professor Doutor Carlos Edison do Rêgo Monteiro Filho, que tem inspirado gerações de alunos e professores com seus preciosos ensinamentos e com seu grande exemplo de comprometimento e dedicação institucional na Faculdade de Direito da Universidade do Estado do Rio de Janeiro – UERJ.
2. Como ressalta Maria Celina Bodin de Moraes, em se tratando de dano moral, deve-se preferir a palavra compensação ao vocábulo indenização, pois "o dano moral não é propriamente indenizável; 'indenizar' é palavra que provém do latim, '*in dene*', que significa devolver (o patrimônio) ao estado anterior, ou seja, eliminar o prejuízo e suas consequências – o que, evidentemente, não é possível no caso de uma lesão de ordem extrapatrimonial. Prefere-se, assim, dizer que o dano moral é *compensável*, embora o próprio texto constitucional, em seu artigo 5º, X, se refira à *indenização* do dano moral" (MORAES, Maria Celina Bodin de. *Dano à pessoa humana*: uma leitura civil-constitucional dos danos morais, Rio de Janeiro: Renovar, 2003, p. 145). V. tb. MONTEIRO FILHO, Carlos Edison do Rêgo, *Elementos de responsabilidade civil por dano moral*, Rio de Janeiro: Renovar, 2000, p. 123-124.
3. V., especialmente, art. 5º, V e X da CRFB/1988. Cf., na doutrina, MONTEIRO FILHO, Carlos Edison do Rêgo. De volta à reparação do dano moral: 30 anos de trajetória entre avanços e retrocessos. In: SCHREIBER, Anderson; MONTEIRO FILHO, Carlos Edison do Rêgo; OLIVA, Milena Donato. *Problemas de direito civil*: homenagem aos 30 anos de cátedra do professor Gustavo Tepedino por seus orientandos e ex-orientandos, Rio de Janeiro: Forense, 2021, p. 564; TEPEDINO, Gustavo, O futuro da responsabilidade civil. In: *Temas de Direito Civil*, t. III, Rio de Janeiro: Renovar, 2009, p. 405.
4. V. Enunciado 37 da Súmula do STJ, *in verbis*: "São cumuláveis as indenizações por dano material e dano moral oriundos do mesmo fato".
5. Art. 6º, CDC: "São direitos básicos do consumidor: (...). VI – a efetiva prevenção e reparação de danos patrimoniais e morais, individuais, coletivos e difusos; (...)". "(...) é possível cumular os danos morais e patrimoniais, tanto em casos contratuais, como extracontratuais. O ressarcimento do dano moral foi assegurado ao consumidor pelo art. 6º, VI, do CDC, mas não se limita ao ressarcimento de danos morais em relações extracontratuais" (MARQUES, Claudia Lima. A Lei 8.078/90 e os direitos básicos do consumidor. In: BENJAMIN, Antônio Herman; MARQUES, Claudia Lima; BESSA, Leonardo Roscoe, *Manual de Direito do Consumidor*. São Paulo: Thomson Reuters Brasil, 2020, edição eletrônica).

integral do consumidor.[6] Também o Código Civil de 2002, em seu art. 186,[7] explicitou a possibilidade de autônoma reparação do dano moral.

Nada obstante, persistem importantes controvérsias, valendo destacar a que permeia a própria definição de dano moral. Existem, basicamente, dois entendimentos fundamentais acerca da configuração do dano moral. De uma parte, sustenta-se que os danos morais se caracterizam pela dor psicológica, isto é, pelos efeitos sofridos na esfera psíquica do indivíduo.[8] Por outro lado, argui-se que o dano moral deve ser apreendido objetivamente,[9] como a lesão a interesse extrapatrimonial,[10] independentemente do íntimo sofrimento que a vítima tenha experimentado em razão do fato danoso, sofrimento este que poderá influir no *quantum debeatur*, mas não no *an debeatur*.[11]

A primeira vertente tem sido designada como subjetiva, por atribuir relevância aos efeitos psíquicos do dano moral sobre a vítima. O segundo entendimento, por sua vez, apresenta conotação objetiva, na medida em que busca caracterizar o dano moral a partir da identificação de lesão objetiva a interesses extrapatrimoniais,[12] independentemente do impacto que o dano tenha causado nos sentimentos da vítima.

---

6. "Como se sabe, de acordo com o art. 6º, VI, do CDC, é direito básico do consumidor a *efetiva prevenção e reparação de danos patrimoniais e morais, individuais, coletivos e difusos*. Sublinhe-se a significativa alusão do legislador à efetividade da tutela, acentuando desse modo não somente a integralidade de eventual indenização – danos emergentes e lucros cessantes – mas, principalmente, a sobreposição conceitual do conteúdo sobre a forma, ou seja, o preceito refuta qualquer classificação formal – espécies de dano ou de ritos – que pudesse sacrificar o resultado reparatório pretendido" (TEPEDINO, Gustavo. A responsabilidade civil por acidentes de consumo na ótica civil-constitucional. In: *Temas de Direito Civil*, t. I, Rio de Janeiro: Renovar, 2008, p. 283). Cf. tb. MIRAGEM, Bruno. *Curso de Direito do Consumidor*, São Paulo: Ed. RT, 2012, p. 179.
7. Art. 186 do Código Civil: "Aquele que, por ação ou omissão voluntária, negligência ou imprudência, violar direito e causar dano a outrem, ainda que exclusivamente moral, comete ato ilícito".
8. "Só se deve reputar como dano moral a dor, o vexame, o sofrimento ou mesmo a humilhação que, fugindo à normalidade, interfira intensamente no comportamento psicológico do indivíduo, chegando a causar-lhe aflição, angústia e desequilíbrio em seu bem-estar" (STJ, REsp 1234549, 3ª T., rel. Min. Massami Uyeda, julg. 1.12.2011); "Para que fique configurado o dever de indenização por danos morais, é necessário que o ato ilícito tenha violado direito de personalidade, provocando dor, sofrimento, abalo psicológico ou humilhação consideráveis à pessoa" (STJ, AgInt nos EDcl no AREsp 1.713.267, 4ª T., rel. Min. Raul Araújo, julg. 24.10.2022); "O dano moral pressupõe dor física ou moral, configurando-se sempre que alguém aflige outrem injustamente, mesmo sem causar prejuízo patrimonial" (STJ, AgInt no AREsp 2.032.000, 2ª T., rel. Min. Francisco Falcão, julg. 19.9.2022). Na doutrina, cf. NUNES Rizzatto, *Curso de direito do consumidor*, São Paulo: Saraiva, 2021, edição eletrônica.
9. Por todos, cf. MORAES, Maria Celina Bodin de. *Danos à pessoa humana*, Rio de Janeiro: Renovar, 2003, p. 130-132.
10. Carlos Edison do Rêgo Monteiro Filho identifica três subteorias acerca da acepção objetiva do dano moral: (i) a primeira delas entende o dano extrapatrimonial como a violação ao patrimônio moral da vítima; (ii) a segunda relaciona o dano extrapatrimonial à lesão a um dos direitos da personalidade; (iii) a terceira, por fim, identifica o dano moral na violação à dignidade da pessoa humana (De volta à reparação do dano moral: 30 anos de trajetória entre avanços e retrocessos. In: SCHREIBER, Anderson; MONTEIRO FILHO, Carlos Edison do Rêgo; OLIVA, Milena Donato. *Problemas de direito civil*: homenagem aos 30 anos de cátedra do professor Gustavo Tepedino por seus orientandos e ex-orientandos, Rio de Janeiro: Forense, 2021, p. 566-567.
11. SCHREIBER, Anderson. *Novos Paradigmas da Responsabilidade Civil*. São Paulo: Atlas, 2009, p. 127-130.
12. "O dano moral tem como causa a *injusta* violação a uma situação jurídica subjetiva extrapatrimonial, protegida pelo ordenamento jurídico através da cláusula geral de tutela da personalidade que foi instituída e tem sua fonte na Constituição Federal" (MORAES, Maria Celina Bodin de. *Danos à pessoa humana*, Rio de Janeiro: Renovar, 2003, p. 132). E remata: "Acentue-se que o dano moral, para ser identificado, não precisa estar vinculado à lesão de algum 'direito subjetivo' da pessoa da vítima, ou causar algum prejuízo a ela. A simples violação de uma

Embora em geral o dano moral venha acompanhado de indignação, dor, revolta, angústia, fato é que esses sentimentos não podem ser reputados inerentes à ideia de dano moral. Caso contrário, chegar-se-á à conclusão de que pessoas incapazes de compreender não são suscetíveis de sofrer certos danos morais, como a violação à sua honra e imagem, por exemplo. E isso seria o mesmo que não assegurar proteção a tais direitos, uma vez que a sua violação ficaria irressarcida.

Apesar de os tribunais, em numerosas ocasiões, adentrarem nos aspectos subjetivos para a análise do dano moral, tem-se verificado movimento importante no sentido de não atribuir à repercussão psicológica caráter preponderante para a configuração do dano moral, justamente para não se negar a proteção de valores extrapatrimoniais quando sua violação não vem necessariamente acompanhada de abalo psicológico. Duas decisões emblemáticas demonstram essa preocupação.

O primeiro caso, julgado pelo STJ no REsp 910.794, consiste em ação ajuizada pelo recém-nascido, seus pais e irmão, em que buscavam receber, além das perdas patrimoniais, compensação pelos danos morais oriundos de o recém-nascido ter tido seu braço amputado por erro médico. O acórdão recorrido abraçou a tese de que o recém-nascido não teria aptidão para sofrer dano moral, pois lhe faltaria capacidade intelectiva para avaliar e sofrer pela perda do braço. O STJ, no entanto, entendeu que o dano moral não pode ser visto como de ordem puramente psíquica, devendo-se tutelar e, conseguintemente, compensar a objetiva lesão à dignidade humana, fundamento central do ordenamento.[13]

O segundo caso consiste no julgado envolvendo a pílula anticoncepcional Microvilar. A Schering do Brasil, fabricante do anticoncepcional, por falha em seu controle produtivo, acabou distribuindo diversas "pílulas de farinha", as quais foram elaboradas apenas para teste de maquinário e por isso não deveriam ter chegado às prateleiras de venda. Entretanto, o produto-teste alcançou indevidamente o mercado de consumo e foi ingerido por várias mulheres, tendo um bom número delas engravidado. Diante disso, houve consumidoras que ajuizaram ação com vistas a obter reparação por dano moral decorrente da gestação indesejada. A Schering do Brasil, em sua defesa, arguiu que a gravidez seria insuscetível de ensejar danos morais, pois o nascimento de um filho não poderia ser reputado dano causador de sofrimento e dor.

O STJ, contudo, entendeu que, independentemente de a gravidez ter propiciado sentimentos de felicidade e alegria para as mães, houve lesão objetiva ao direito existen-

---

situação jurídica subjetiva extrapatrimonial (ou de um 'interesse não patrimonial') em que esteja envolvida a vítima, desde que merecedora de tutela, será suficiente para garantir a reparação" (MORAES, Maria Celina Bodin de. *Danos à Pessoa Humana*, Rio de Janeiro: Renovar, 2003, p. 188).

13. Veja-se a ementa do julgado: "(...) Não merece prosperar o fundamento do acórdão recorrido no sentido de que o recém-nascido não é apto a sofrer o dano moral, por não possuir capacidade intelectiva para avaliá-lo e sofrer os prejuízos psíquicos dele decorrentes. Isso porque o dano moral não pode ser visto tão-somente como de ordem puramente psíquica – dependente das reações emocionais da vítima –, porquanto, na atual ordem jurídica-constitucional, a dignidade é fundamento central dos direitos humanos, devendo ser protegida e, quando violada, sujeita à devida reparação. A respeito do tema, a doutrina consagra entendimento no sentido de que o dano moral pode ser considerado como violação do direito à dignidade, não se restringindo, necessariamente, a alguma reação psíquica. (...)" (STJ, REsp 910794, 1ª T., rel. Min. Denise Arruda, julg. 21.10.2008).

cial da mulher de decidir o momento ideal para engravidar.[14] Dessa forma, na espécie, considerou-se que a consequência da lesão – dor, sofrimento ou mesmo alegria – seria irrelevante para a configuração do dano objetivamente considerado, referente à impossibilidade de autodeterminação da mulher em escolha existencial dessa magnitude.

Depreende-se de tais exemplos que, apesar de a noção subjetiva de dano moral ser muito difundida, adentrando os julgadores com frequência nos sentimentos das vítimas para a verificação da ocorrência do dano moral,[15] tem-se cada vez mais relativizado a importância do abalo psicológico, não mais tido como elemento essencial ao dano moral – embora possa ser levado em conta na sua quantificação –, de maneira a se privilegiar, em importantes casos, a lesão objetiva, independentemente da repercussão psíquica do dano.[16]

Todavia, apesar desse inegável avanço, ainda é possível verificar algumas dificuldades ocasionadas provavelmente pelo demasiado peso conferido à percepção subjetiva do dano moral. Nessa direção, o Enunciado 385 da Súmula do Superior Tribunal de Justiça dispõe que: "Da anotação irregular em cadastro de proteção ao crédito, não cabe indenização por dano moral, quando preexistente legítima inscrição, ressalvado o direito ao cancelamento". Como justificativa para esse enunciado se ressalta que "quem

---

14. Eis a ementa da decisão: "O dever de compensar danos morais, na hipótese, não fica afastado com a alegação de que a gravidez resultante da ineficácia do anticoncepcional trouxe, necessariamente, sentimentos positivos pelo surgimento de uma nova vida, porque o objeto dos autos não é discutir o dom da maternidade. Ao contrário, o produto em questão é um anticoncepcional, cuja única utilidade é a de evitar uma gravidez. A mulher que toma tal medicamento tem a intenção de utilizá-lo como meio a possibilitar sua escolha quanto ao momento de ter filhos, e a falha do remédio, ao frustrar a opção da mulher, dá ensejo à obrigação de compensação pelos danos morais" (STJ, REsp 1.096.325, 3ª T., rel. Min. Nancy Andrighi, julg. 9.12.2008). V. tb. STJ, REsp 866.636, 3ª T., rel. Min. Nancy Andrighi, julg. 29.11.2007; STJ, AgRg no Ag 1.157.605, 3ª T., rel. Min. Vasco Della Giustina, julg. 3.8.2010.
15. Como adverte Maria Celina Bodin de Moraes: "A propósito, não se pode deixar de assinalar a enorme incongruência da jurisprudência nacional, seguida pela doutrina majoritária, no sentido, de um lado, de insistir que o dano moral deve ser definido como dor, vexame, tristeza e humilhação e, de outro lado, de defender a idéia de que as pessoas jurídicas são passíveis de sofrer dano moral. Das duas, uma: ou bem não mais se sustenta aquela definição – e outra, mais ampla, faz-se necessária –, ou bem a pessoa jurídica, pela sua própria natureza, não tem legitimidade para tal tipo de compensação. Neste último sentido, cabe destacar o entendimento do ilustre Ministro Carlos Alberto Menezes Direito, o qual tantas vezes proclamou a ilogicidade da perspectiva dominante e, mesmo após a edição da Súmula no 227, em setembro de 1999, permanece ressalvando sua posição pessoal quando tal situação se apresenta para julgamento" (MORAES, Maria Celina Bodin de. *Danos à pessoa humana*, Rio de Janeiro: Renovar, 2003, p. 192).
16. Há de se ressaltar, nessa esteira, o Enunciado 216 da Súmula do TJRJ, segundo o qual "a tenra idade, a doença mental e outros estados limitadores da consciência de agressão não excluem a incidência do dano moral". Esse enunciado elucida que a capacidade de entender e de sofrer com a lesão não é da essência do dano moral. Dessa sorte, embora vários julgados do TJRJ aludam à dor e ao sofrimento, a investigação do abalo psíquico não é preponderante na deflagração do dano moral, admitindo-se sua verificação e reparação mesmo quando falta capacidade de entendimento. Carlos Edison do Rêgo Monteiro Filho, que distingue o dano da lesão, caracterizando aquele como o efeito desta, ressalta, no que tange aos danos morais, que "o efeito extrapatrimonial tutelado que define o dano moral deve-se apresentar nos moldes do *mal evidente* mencionado na decisão da corte suprema, vale dizer: o efeito é objetivamente apreciável, perceptível de fora para dentro e não o inverso – este, o palco das controvertidas noções de subjetividade e dor" (De volta à reparação do dano moral: 30 anos de trajetória entre avanços e retrocessos. In: SCHREIBER, Anderson; MONTEIRO FILHO, Carlos Edison do Rêgo; OLIVA, Milena Donato. *Problemas de direito civil*: homenagem aos 30 anos de cátedra do professor Gustavo Tepedino por seus orientandos e ex-orientandos, Rio de Janeiro: Forense, 2021, p. 571).

já é registrado como mau pagador não pode se sentir moralmente ofendido por mais uma inscrição do nome como inadimplente em cadastros de proteção ao crédito".[17]

Da mesma forma, em relação à possibilidade de dano moral por inadimplemento contratual, a jurisprudência por vezes tende a adotar como critério o aborrecimento daí decorrente, considerando-o ora como ordinário e, portanto, tolerável, ora como grave a ponto de gerar dano moral. Não bastasse essa excessiva valoração de sentimentos subjetivos dificultar o estabelecimento de parâmetros objetivos para aferição do dano moral, acaba-se por descurar dos interesses extrapatrimoniais que, não raras vezes, são a razão de ser do contrato.

A patrimonialidade ínsita ao vínculo obrigacional não significa que o inadimplemento fique, necessariamente, adstrito ao campo patrimonial. Como é cediço, interesses extrapatrimoniais podem ser a razão preponderante do contrato, nada obstante a patrimonialidade da prestação.[18]

Além disso, o contrato pode garantir o acesso a bens essenciais para uma vida digna, como água e luz, de maneira que o descumprimento do fornecedor acaba por obstar o acesso a condições mínimas para a existência digna. Não por acaso os tribunais se preocupam em estabelecer balizas interpretativas para esses contratos, que considerem a essencialidade dos bens. Por isso que o intérprete deve se preocupar menos com os efeitos do inadimplemento contratual em relação aos sentimentos do contratante e mais em investigar se o descumprimento atingiu interesse extrapatrimonial merecedor de tutela vinculado ao contrato.

Em definitivo, com vistas a se assegurar a proteção dos interesses extrapatrimoniais sempre que lesados, independentemente de outros fatores tais como o abalo psíquico, há de se relativizar a importância da repercussão da lesão nos sentimentos da vítima, a qual não deve ser reputada da essência do dano moral, podendo servir, se for o caso, para auxiliar na quantificação deste.

2. ANÁLISE CRÍTICA DA CONFIGURAÇÃO *IN RE IPSA* DO DANO MORAL

Como questionar que a morte de um filho, a publicação indevida de imagem alheia para fins comerciais, a perda de um braço, entre tantos outros exemplos, gera dano moral? Eis o pensamento largamente difundido no sentido de que o dano moral, em muitos casos, é *in re ipsa*, ou seja, uma vez provado o fato lesivo, demonstrado estará, *ipso facto*, o dano moral.[19]

---

[17]. STJ, REsp 1.002.985/RS, 2ª S., rel. Min. Ari Pargendler, julg. 14.5.2008; STJ, AgRg no REsp 1.057.337/RS, 3ª T., Rel. Min. Sidnei Beneti, julg. 4.9.2008.
[18]. "La natura necessariamente patrimoniale di quest'ultima [prestazione] aveva indotto parte della dottrina a reputare che anche l'interesse del creditore dovesse avere, di riflesso, la medesima natura. (...). Altro è la patrimonialità della prestazione, altro è la natura dell'interesse, che quella tende a realizzare. Vi sono prestazioni patrimoniali che attuano interessi morali, artistici, culturali" (PERLINGIERI, Pietro; Ferroni, L. Situazioni di credito e di debito. In: *Manuale di Diritto Civile*, Napoli: Edizioni Scientifiche Italiane, 1997, p. 221).
[19]. Nessa direção é o Enunciado 403 da Súmula do Superior Tribunal de Justiça, segundo o qual "independe de prova do prejuízo a indenização pela publicação não autorizada de imagem de pessoa com fins econômicos ou

Nessa esteira, entende-se como *in re ipsa* o dano moral oriundo da injusta recusa de cobertura de seguro saúde;[20] da indevida inscrição no cadastro de inadimplentes;[21] da impossibilidade de registro do diploma quando da conclusão do curso;[22] do extravio de correspondência registrada;[23] da morte de pais, filhos ou irmãos.[24]

Em razão da constante associação do dano moral ao sofrimento da vítima, o recurso ao expediente *in re ipsa* tem parecido necessário em numerosas situações. Colhe-se dos aludidos precedentes que, diante de certos acontecimentos, não seria razoável exigir a prova do dano moral, vez que dos fatos seria inequívoco o dissabor experimentado pela vítima. Como se percebe, o mecanismo *in re ipsa* tem por escopo facilitar a reparação por danos morais, pois objetiva afastar discussões que, na prática, poderiam deixar a vítima sem ressarcimento.[25] Com efeito, não é desprezível o peso ainda atribuído pelos tribunais aos sentimentos do ofendido para a caracterização do dano moral, de maneira que, sem o recurso ao *in re ipsa*, dificilmente seria possível a reparação em determinadas hipóteses, como no caso do direito de imagem de pessoas famosas, especialmente quando em algum momento já se expuseram voluntariamente.[26]

---

comerciais". V. tb.: "A jurisprudência do Superior Tribunal de Justiça consolidou-se no sentido de que os danos morais em virtude de violação do direito à imagem decorrem de seu simples uso indevido, sendo prescindível, em tais casos, a comprovação da existência de prejuízo efetivo à honra ou ao bom nome do titular daquele direito, pois o dano é *in re ipsa*" (STJ, AgInt no AgInt no AREsp 1.546.407, 3ª T., Rel. Min. Ricardo Villas Bôas Cueva, julg. 18.5.2020).

20. "Negativa de cobertura de despesas com o tratamento fisioterápico integral e motor, em caráter de urgência, para a recuperação da capacidade respiratória. Recusa indevida. Dano moral *in re ipsa*" (STJ, AgInt no REsp 1.704.987, 4ª T., Rel. Min. Luis Felipe Salomão, julg. 7.11.2019).
21. "A inscrição/manutenção indevida do nome do devedor em cadastro de inadimplente enseja o dano moral *in re ipsa*, ou seja, dano vinculado a própria existência do ato ilícito, cujos resultados são presumidos" (STJ, AgInt no REsp 1.846.222, 4ª T., Rel. Min. Luis Felipe Salomão, julg. 10.8.2020).
22. "Não tendo a instituição de ensino alertado os alunos, entre eles as recorrentes, acerca do risco (depois concretizado) de impossibilidade de registro do diploma quando da conclusão do curso, o dano moral daí decorrente pode – e deve – ser presumido" (STJ, REsp 631204, 3ª T., rel. Min. Nancy Andrighi, julg. 25.11.2008).
23. "O extravio de correspondência registrada acarreta dano moral *in re ipsa*" (STJ, REsp 1.097.266, 4ª T., rel. Min. Luis Felipe Salomão, Rel. para acórdão Min. Raul Araújo julg. 7.2.2013).
24. "A respeito da configuração do dano moral sofrido por filhos casados em decorrência de morte de seus genitores e/ou irmãos, o entendimento desta Corte é de que estes são presumidos, não importando esta circunstância, porquanto os laços afetivos na linha direta e colateral, por óbvio, não desaparecem em face do matrimônio daqueles que perderam seus entes queridos" (STJ, REsp 330.288, 4ª T., rel. Min. Aldir Passarinho Junior, julg. 26.8.2002); STJ, AgRg no AREsp 259.222, 3ª T., rel. Min. Sidnei Beneti, julg. 19.2.2013.
25. "O dano moral, tido como lesão à personalidade, à honra da pessoa, mostra-se às vezes de difícil constatação, por atingir os seus reflexos parte muito íntima do indivíduo - o seu interior. Foi visando, então, a uma ampla reparação que o sistema jurídico chegou à conclusão de não se cogitar da prova do prejuízo para demonstrar a violação do moral humano" (STJ, REsp 617.130, 3ª T., rel. Min. Antônio de Pádua Ribeiro, julg. 17.3.2005).
26. Eis trecho de conhecido julgado que, por unanimidade, negou o ressarcimento por danos morais à famosa atriz por ter entendido que a publicação de sua imagem não poderia ter gerado nenhum tipo de abalo psíquico, dada sua especial beleza: "O dano moral, como é cediço, é aquele que acarreta, para quem o sofre, muita dor, grande tristeza, mágoa profunda, muito constrangimento, vexame, humilhação, sofrimento. Ora, nas circunstâncias do caso concreto, não se percebe de que forma o uso inconsentido da imagem da autora pode ter-lhe acarretado dor, tristeza, mágoa, sofrimento, vexame, humilhação. Pelo contrário, a exibição do seu belo corpo, do qual ela, com justificada razão, certamente muito se orgulha, naturalmente lhe proporcionou muita alegria, júbilo, contentamento, satisfação, exultação, felicidade, que só não foi completa porque faltou o pagamento do valor a quem tem direito pelo uso inconsentido da sua imagem. Só mulher feia pode se sentir humilhada, constrangida, vexada em ver o seu corpo desnudo estampado em jornais ou em revistas. As

Note-se, entretanto, que os tribunais não dispensam a demonstração do dano moral em todo e qualquer caso, esclarecendo que nem sempre este será presumido. A título ilustrativo, exige-se a verificação do dano moral quando oriundo do inadimplemento contratual.[27] Embora em certas hipóteses os tribunais entendam que o inadimplemento contratual ocasiona dano moral *in re ipsa*, como nos casos de indevida interrupção na prestação de serviços essenciais ou na recusa injusta à cobertura de certo tratamento, encontra-se consolidado o entendimento de que o inadimplemento contratual, salvo em situações excepcionais, não gera dano moral, o qual deve ser em concreto demonstrado.

Depreende-se dessa dualidade de tratamentos que a técnica da presunção do dano moral não consiste em imperativo ontológico relacionado à natureza da lesão, mas em mecanismo que visa, em específicas hipóteses, a facilitar a reparação. Diante disso, a primeira dificuldade com a qual se depara o intérprete reside em diferenciar os casos nos quais o dano moral é presumido daqueles em que deve ser concretamente demonstrado. Afinal, se o dano moral é passível de demonstração, por que esta é dispensada em certas situações?

Outro aspecto merecedor de destaque: a construção do dano *in re ipsa* acaba por elucidar que, a rigor, inexiste dualidade entre o fato lesivo e o dano moral. Com efeito, afere-se o dano moral a partir da qualificação do fato lesivo, de modo que, valorado determinado evento como injusto e violador de interesses extrapatrimoniais, identificado está o dano, sem que seja necessária uma segunda operação hermenêutica para justificar a reparação. Trata-se simplesmente de liquidar os danos de acordo com sua extensão, apreendida com base nas peculiaridades da lesão e da vítima no caso concreto.

Em certo sentido, portanto, todo dano moral se configura *in re ipsa*, pois inexiste a prova do dano moral desvinculada da qualificação do ato ofensor, cuidando-se de operação unitária. A etapa que se entende suprimida com a técnica do dano *in re ipsa*, em verdade, seria desnecessária e, pela técnica da presunção, acaba por restringir, no comum dos casos, o montante da liquidação, sem exigir do julgador esforço específico para, ao avaliar as nuances do fato concreto, efetivar a reparação integral.[28]

---

bonitas, não" (TJRJ, Embargos Infringentes 250/99, II Grupo de Câmaras Cíveis, rel. Des. Wilson Marques, julg. 29.9.1999). O Superior Tribunal de Justiça reformou essa decisão por maioria, reconhecendo o dano moral e fixando a compensação em R$ 50.000,00 (cinquenta mil reais) (v. REsp. 270.730, 3ª T., rel. p/ acórdão Min. Nancy Andrighi, julg. 19.12.2000).

27. "[A] decisão recorrida motivou minuciosamente o descabimento da indenização por danos morais, ante a ausência de provas nesse sentido, bem como por força de recente entendimento do STJ no sentido de que o simples inadimplemento contratual, em regra, não configura dano moral indenizável, salvo se houver prova de consequências fáticas capazes de consubstanciar o sofrimento psicológico" (TJRJ, Ap. cív. 00325803520158190202, 4ª T., rel. Des. Maria Helena Pinto Machado, julg. 24.7.2019).

28. "Esta ilação (*in re ipsa*), porém, tem tido como consequência lógica, a ser oportunamente criticada, o entendimento subjacente de que o dano moral sofrido pela vítima seria idêntico a qualquer evento danoso semelhante sofrido por qualquer vítima, porque a medida, nesse caso, é unicamente, a da sensibilidade do juiz, que bem sabe, por fazer parte do gênero humano, quanto mal lhe causaria um dano daquela mesma natureza. Agindo desta forma, porém, ignora-se, em última análise, a individualidade *daquela* vítima, cujo dano, evidentemente, é diferente do dano sofrido por qualquer outra vítima, por mais que os eventos danosos sejam iguais, porque as condições pessoais de cada vítima diferem e, justamente porque diferem, devem ser levadas em conta" (MORAES, Maria Celina Bodin de. *Danos à Pessoa Humana*, Rio de Janeiro: Renovar, 2003, p. 161).

Por isso que a doutrina alerta para a desnecessidade do recurso ao *in re ipsa* quando se adota o conceito objetivo de dano moral.[29] Não se trata apenas da prova do evento materialmente ocorrido, mas da demonstração de que determinado fato, concretamente avaliado e valorado, lesou injustamente interesses extrapatrimoniais tutelados pelo ordenamento jurídico (eis o dano injusto a ser ressarcido).[30] A partir daí, com base nessa mesma operação hermenêutica qualificadora do fato lesivo, a extensão dos danos deve ser (não presumida mas) estabelecida de modo compatível com a singularidade da hipótese em exame.

Em última análise, há de se ter cautela para que o expediente do dano *in re ipsa* não acabe por tipificar hipóteses de dano moral, suprimindo em parte o procedimento de qualificação do fato lesivo e reduzindo, mediante tabelamento quase automático, a liquidação. Com efeito, em matéria de reparação integral, a tipificação pode acabar sendo prejudicial, por desprestigiar o exame das circunstâncias do caso concreto e, com isso, amesquinhar a proteção da vítima.

Dessa maneira, a construção do dano moral *in re ipsa* – embora louvável do ponto de vista prático, porque objetivou, em sua formulação, facilitar a reparação, além de consolidar orientações extraídas a partir de violações reiteradas – não pode suprimir a relevantíssima aferição em concreto do dano moral, que permite aquilatar a extensão do dano a ser liquidado, pois apenas assim se assegurará a plena reparação da vítima, que atente para todas as suas condições pessoais e para as especificidades das circunstâncias em que se dá a lesão.

3. *IN RE IPSA* ÀS AVESSAS: PRESUNÇÃO DE QUE O INADIMPLEMENTO CONTRATUAL NÃO GERA DANO MORAL

Assim como deve ser visto com cautela o entendimento de que em determinadas hipóteses o dano moral se configura *in re ipsa*, também se mostra imprudente aprioristicamente reputar certos eventos como incapazes de ensejarem, em regra, dano moral. Pois é justamente o que ocorre com o inadimplemento contratual.[31]

---

29. "Na teoria do dano *in re ipsa* parece, contudo, residir um grave erro de perspectiva, ligado à própria construção do dano extrapatrimonial e à sua tradicional compreensão como *pretium doloris*. Em outras palavras, a afirmação do caráter *in re ipsa* vem quase sempre vinculada a uma definição consequencialística de dano moral, frequentemente invocada a partir da sua associação com a dor ou o sofrimento. Sob esta ótica, parece mesmo óbvio que a prova do dano deve ser dispensada, na medida em que seria esdrúxulo e, antes disso, ineficaz exigir a demonstração em juízo da repercussão sentimental de um determinado evento sobre a vítima, seja porque a dor e o sofrimento são fatos inteiramente subjetivos, seja porque, nesta condição, são facilmente simuláveis" (SCHREIBER, Anderson. *Novos paradigmas da responsabilidade civil*, São Paulo: Atlas, 2009, p. 197).
30. "O juiz não observa simplesmente a notícia e a partir dela extrai a ilação de que tenha ou não causado dano à honra da vítima. Ao contrário, o juiz observa a notícia e verifica, objetiva e concretamente, se sua veiculação lesa a honra da vítima, perquirindo, por exemplo, se a notícia emprega contra o autor da demanda expressões difamatórias, se alude ao seu caráter, se lhe dirige ofensa pessoal. Eis como se prova a lesão e, portanto, o dano. Se a vítima se lamentará do fato, se sofrerá com ele, ou se lhe demonstrará indiferença são questões subjetivas que podem, no máximo, servir de indícios da intensidade do dano para fins de sua quantificação, mas não interferem tecnicamente na sua aferição" (SCHREIBER, Anderson. *Novos paradigmas da responsabilidade civil*, São Paulo: Atlas, 2009, p. 198-199).
31. Sobre o tema, v. Monteiro Filho, Carlos Edison do Rêgo. De volta à reparação do dano moral: 30 anos de trajetória entre avanços e retrocessos. In: SCHREIBER, Anderson; MONTEIRO FILHO, Carlos Edison do Rêgo; OLIVA,

O Superior Tribunal de Justiça, em reiteradas ocasiões, consignou o entendimento de que o mero inadimplemento contratual, por si só, afigura-se insuscetível de gerar dano moral.[32] A despeito de mostrar-se justa a preocupação subjacente a tal orientação, no sentido de se reconhecer que do inadimplemento contratual não decorre automática e necessariamente dano moral, a argumentação acaba por se desviar para apreensões subjetivas de sentimentos do contratante. Entende-se que o aborrecimento oriundo do inadimplemento se insere na esfera de tolerabilidade, estando todos aqueles que entabulam relações jurídicas sujeitos a esse tipo de evento.[33] Apenas quando o inadimplemento ocasionasse abalo psíquico de fato extraordinário poder-se-ia admitir a condenação por danos morais.[34]

Nessa esteira, a recusa injusta de cobertura do seguro saúde tem sido reputada pelos tribunais como ensejadora de dano moral, por agravar a situação de aflição psicológica do segurado.[35] Assim também a indevida recusa de internação ou prestação de serviços hospitalares, inclusive *home care*, por parte do seguro saúde.[36] Tem-se entendido, ainda, que a ilícita interrupção na prestação de serviços essenciais de água, energia elétrica, telefone e gás configura dano moral.[37]

Como se percebe desses numerosos exemplos,[38] a compreensão apriorística de que o inadimplemento contratual, em regra, mostra-se insuscetível de ocasionar dano

---

Milena Donato. *Problemas de direito civil*: homenagem aos 30 anos de cátedra do professor Gustavo Tepedino por seus orientandos e ex-orientandos, Rio de Janeiro: Forense, 2021, p. 572-577.

32. Por todos, cf. seguinte julgado: "Nos termos da jurisprudência do STJ, o simples inadimplemento contratual, em regra, não configura dano indenizável, devendo haver consequências fáticas capazes de ensejar o dano moral" (STJ, AgInt no AREsp n. 2.112.076, 4ª T., rel. Min. Maria Isabel Gallotti, julg. 28.11.2022).

33. "Todavia, salvo circunstância excepcional que coloque o contratante em situação de extraordinária angústia ou humilhação, não há dano moral. Isso porque, o dissabor inerente à expectativa frustrada decorrente de inadimplemento contratual se insere no cotidiano das relações comerciais e não implica lesão à honra ou violação da dignidade humana" (STJ, REsp 1.129.881, 3ª T., rel. Min. Massami Uyeda, julg. 15.9.2011).

34. "Embora o mero inadimplemento contratual não seja causa para ocorrência de danos morais, é reconhecido o direito à compensação dos danos morais advindos da injusta recusa de cobertura de seguro saúde, pois tal fato agrava a situação de aflição psicológica e de angústia no espírito do segurado, uma vez que, ao pedir a autorização da seguradora, já se encontra em condição de dor, de abalo psicológico e com a saúde debilitada" (STJ, REsp 1.364.775, 3ª T., rel. Min. Nancy Andrighi, julg. 20.6.2013).

35. "A jurisprudência desta Corte Superior possui entendimento de ser cabível indenização por danos morais advindos da injusta recusa de manutenção de cobertura de plano de saúde, visto que o fato agrava a situação de aflição psicológica e de angústia no espírito do segurado" (STJ, AgInt no AREsp 1.828.487, 3ª T., rel. Min. Ricardo Villas Bôas Cueva, julg. 27.9.2021).

36. Enunciado 209 da Súmula do TJRJ: "Enseja dano moral a indevida recusa de internação ou serviços hospitalares, inclusive *home care*, por parte do seguro saúde somente obtidos mediante decisão judicial".

37. Enunciado 192 da Súmula do TJRJ: "A indevida interrupção na prestação de serviços essenciais de água, energia elétrica, telefone e gás configura dano moral". Ao propósito, o STJ consolidou entendimento acerca do que deve ser reputada interrupção indevida, nos seguintes termos: "O Superior Tribunal de Justiça firmou a orientação de que é ilegítimo o corte no fornecimento de serviços públicos essenciais quando: a) a inadimplência do consumidor decorrer de débitos pretéritos; b) o débito originar-se de suposta fraude no medidor de consumo de energia, apurada unilateralmente pela concessionária; e c) inexistente aviso prévio ao consumidor inadimplente" (STJ, AgRg no AREsp 211.514, 2ª T., rel. Min. Herman Benjamin, julg. 18.10.2012).

38. Há ainda outros numerosos exemplos no sentido de que o inadimplemento contratual pode gerar danos morais. Nessa direção, o TJRJ julgou hipótese de não entrega de bolo de casamento e outros itens contratados para a festa (TJRJ, Ap. Cív. 0020917-24.2008.8.19.0206, 4ª CC, rel. Des. Marcelo Lima Buhatem, julg. 16.2.2011); de má qualidade da filmagem e do encadernamento do álbum de casamento (TJRJ, Ap. Cív. 0011598-73.2007.8.19.0042,

moral, é de utilidade duvidosa. Tantas e tão expressivas exceções colocam em xeque a conveniência desse entendimento e clamam para que se altere a perspectiva valorativa, de maneira a que se desloque o foco do inadimplemento para os interesses lesados. Há de se investigar, dessa forma, a repercussão do inadimplemento contratual no que concerne aos interesses extrapatrimoniais do credor, objetivamente apreendidos, sem que seja necessário adentrar, consoante se observou, na esfera psicológica de cada indivíduo.

Mesmo quando o inadimplemento se limita a afetar o patrimônio, pode haver lesão moral subsequente, decorrente dos desdobramentos da perpetuação da falta contratual em relação aos novos interesses existenciais que têm sido cada vez mais reconhecidos.[39] A título ilustrativo, vale mencionar o *direito ao tempo livre*, considerado interesse extrapatrimonial merecedor de tutela especialmente nas relações de consumo. Se o consumidor gasta demasiado tempo para resolver a situação de inadimplemento do fornecedor, perdendo a oportunidade de alocar esse tempo em outros afazeres, entende-se existir dano moral pela lesão objetiva ao (interesse existencial de ter reconhecido seu) direito ao tempo livre.[40]

Ainda no que tange à multiplicidade de situações existenciais, é de se noticiar o emblemático julgamento do Recurso Especial 1.195.995, de 22.3.2011, decorrente de ação ajuizada por um paciente em face do Hospital Albert Einstein pelo fato de um de seus médicos ter realizado exame não solicitado – o anti-HIV, no lugar do anti-HCV, este sim autorizado –, vindo a descobrir, por esse motivo, ser soropositivo. Por maioria, o STJ negou a pretensão do consumidor, por entender, em apertada síntese, que o resultado do exame foi escorreito e teria sido divulgado apenas ao paciente, a possibilitar que este, ao conhecer ser soropositivo, pudesse adotar as medidas necessárias para a preservação da sua saúde.[41]

1ª CC, Rel. Des. Custódio de Barros Tostes, julg. 8.8.2012); de inadimplemento da construtora em entregar a unidade no tempo avençado (TJRJ, Ap. Cív. 0019132-47.2010.8.19.0209, 19ª CC, rel. Des. Ferdinaldo do Nascimento, julg. 24.9.2013; TJRJ Ap. Cív. 0006747-36.2011.8.19.0208, 25ª CC, rel. Des. Mauro Martins, julg. 28.11.2013).

39. Acerca do dano indenizável e dos critérios para a identificação de novos interesses merecedores de tutela, v. SCHREIBER, Anderson. *Novos paradigmas da responsabilidade civil*, São Paulo: Atlas, 2009, p. 79-139.

40. "[V]erifica-se a ofensa à dignidade do consumidor, o qual precisou despender seu tempo livre para solucionar o impasse, frente a desídia dos fornecedores em reconhecer a falha na prestação do serviço. Trata-se de dano passível de reparação segundo a teoria do desvio produtivo do consumidor, consagrada pelo Superior Tribunal de Justiça e que encontra adeptos nos julgados desta Corte" (TJRJ Ap. cív. 00192044320198190007, 7ª CC., rel. Des. Ricardo Couto de Castro, julg. 19.10.2021).

41. Eis a ementa do julgado: "O direito à intimidade, não é absoluto, aliás, como todo e qualquer direito individual. Na verdade, é de se admitir, excepcionalmente, a tangibilidade ao direito à intimidade, em hipóteses em que esta se revele necessária à preservação de um direito maior, seja sob o prisma individual, seja sob o enfoque do interesse público. Tal exame, é certo, não prescinde, em hipótese alguma, da adoção do princípio da dignidade da pessoa humana, como princípio basilar e norteador do Estado Democrático de Direito, e da razoabilidade, como critério axiológico; II – Sob o prisma individual, o direito de o indivíduo não saber que é portador do vírus HIV (caso se entenda que este seja um direito seu, decorrente da sua intimidade), sucumbe, é suplantado por um direito maior, qual seja, o direito à vida, o direito à vida com mais saúde, o direito à vida mais longeva e saudável; III – Mesmo que o indivíduo não tenha interesse ou não queira ter conhecimento sobre a enfermidade que lhe acomete (seja qual for a razão), a informação correta e sigilosa sobre seu estado de saúde dada pelo Hospital ou Laboratório, ainda que de forma involuntária, tal como ocorrera na hipótese dos autos, não tem o condão de afrontar sua intimidade, na medida em que lhe proporciona a proteção a um direito maior; IV – Não se afigura permitido, tão-pouco razoável que o indivíduo, com o desiderato inequívoco de resguardar sua saúde, após recorrer ao seu médico, que lhe determinou a realização de uma série de exames, vir à juízo aduzir justamente que tinha o direito de não saber que é portador de determinada doença, ainda que o conhecimento desta tenha

Em voto vencido, entretanto, a Ministra Nancy Andrighi defendeu que, embora a informação não tenha sido divulgada a terceiros, teria havido lesão à privacidade do consumidor em virtude da realização de exame não solicitado. Em suas palavras: "Neste processo, o direito à intimidade do recorrente foi violado quando da realização de exame não autorizado, o que causou indevida invasão na esfera privada do recorrente (investigação abusiva da vida alheia). É irrelevante, portanto, o fato de que o resultado do exame não foi divulgado a terceiros. Por mais que se possa adotar a presunção de que a constatação da doença pelo recorrido lhe propiciou melhores condições de tratamento, esse fato, por si só, não retira a ilicitude de sua conduta – negligente – de realizar exame não autorizado nem pedido em favor do recorrente. Acrescente-se que a intimidade abrange o livre arbítrio das pessoas em querer saber ou não algo afeto unicamente à sua esfera privada. Vale dizer: todos têm direito de esconder suas fraquezas, sobretudo quando não estão preparadas para encarar a realidade".

Oportuno destacar, neste passo, que a privacidade, mesmo antes do advento da Lei Geral de Proteção de Dados Pessoais – LGPD,[42] já poderia ser compreendida de modo a abranger o poder de decidir sobre quais informações podem ser produzidas sobre si, bem como se delas deseja ter conhecimento.[43] Essa concepção revisitada do conceito de privacidade – que privilegia a construção e controle da própria esfera de dados –, uma vez aplicada ao caso em questão, poderia justificar a ocorrência de dano moral, como entendeu a Ministra Nancy Andrighi, vencida nesse julgamento.[44]

Como se percebe dos numerosos casos submetidos diuturnamente ao Judiciário, o interesse lesado representa o cerne valorativo e assume papel proeminente na configuração do dano moral. O entendimento consagrado no sentido de que apenas excep-

---

se dado de forma involuntária. Tal proceder aproxima-se, em muito, da defesa em juízo da própria torpeza, não merecendo, por isso, guarida do Poder Judiciário; V – No caso dos autos, o exame efetuado pelo Hospital não contém equívoco, o que permite concluir que o abalo psíquico suportado pelo ora recorrente não decorre da conduta do Hospital, mas sim do fato de o recorrente ser portador do vírus HIV, no que o Hospital-recorrido, é certo, não possui qualquer responsabilidade; VI – Sob o enfoque do interesse público, assinala-se que a opção de o paciente se submeter ou não a um tratamento de combate ao vírus HIV, que, ressalte-se, somente se tornou possível e, certamente, mais eficaz graças ao conhecimento da doença, dado por ato involuntário do Hospital, é de seu exclusivo arbítrio. Entretanto, o comportamento destinado a omitir-se sobre o conhecimento da doença, que, em última análise, gera condutas igualmente omissivas quanto à prevenção e disseminação do vírus HIV, vai de encontro aos anseios sociais; VII – Num momento em que o Poder Público, por meio de exaustivas campanhas de saúde, incentiva a feitura do exame anti HIV como uma das principais formas de prevenção e controle da disseminação do vírus HIV, tem-se que o comando emanado desta augusta Corte, de repercussão e abrangência nacional, no sentido de que o cidadão teria o direito subjetivo de não saber que é soropositivo, configuraria indevida sobreposição de um direito individual (que, em si não se sustenta, tal como demonstrado) sobre o interesse público, o que, *data maxima venia*, não se afigura escorreito; VII – Recurso Especial improvido".

42. A proteção de dados pessoais é direito fundamental inserido na Constituição da República pela Emenda Constitucional 115, de 2022, e a Lei Geral de Proteção de Dados Pessoais – LGPD (Lei 13.709/2018) instituiu relevante paradigma normativo acerca da proteção dos dados pessoais da pessoa humana. Sobre a LGPD, cf. FRAZÃO, Ana; OLIVA, Milena Donato; TEPEDINO, Gustavo. *Lei geral de proteção de dados pessoais e suas repercussões no direito brasileiro*. Thomson Reuters Brasil: São Paulo, 2019, *passim*.
43. V., sobre a noção de privacidade na atualidade, RODOTÀ, Stefano. *A vida na sociedade da vigilância*: a privacidade hoje, Rio de Janeiro: Renovar, 2008, *passim*, especialmente p. 92-98.
44. Cf. a importante análise de MULHOLLAND, Caitlin Sampaio. O Direito de não saber como decorrência do direito à intimidade. In: *Civilistica.com*, ano 1, n. 1, 2012.

cionalmente o inadimplemento contratual gera dano moral, portanto, é de duvidosa utilidade, pois não auxilia o intérprete na identificação do interesse lesado e tampouco na valoração acerca da sua ressarcibilidade.

Deve-se, portanto, na esteira de orientação de parte da jurisprudência, atribuir valor relativo a toda compreensão abstrata e apriorística refletida seja na concepção *in re ipsa* do dano moral, seja no seu afastamento também "*in re ipsa*", de modo a se garantir a mais ampla proteção à vítima mediante liquidação dos danos morais que, ao identificar e qualificar o fato lesivo, atente para as especificidades de cada concreta lesão.

4. CRITÉRIOS PARA A QUANTIFICAÇÃO DA COMPENSAÇÃO PECUNIÁRIA DO DANO MORAL

Sem prejuízo de formas não pecuniárias de reparação do dano moral,[45] no que tange aos critérios[46] para a definição da compensação pecuniária a ser direcionada à vítima de danos morais, são usualmente levados em conta pelos magistrados os seguintes aspectos:[47] (i) situação econômica do ofensor e da vítima; (ii) intensidade do sofrimento da vítima; (iii) lucro auferido pelo ofensor; (iv) grau de culpa ou intensidade do dolo do ofensor; (v) condições pessoais do ofendido; e (vi) dimensão do dano.

Nem todos esses critérios, contudo, mostram-se adequados tendo-se em conta (i) o caráter reparatório (e não punitivo) da responsabilidade civil; (ii) a aferição do dano moral de maneira objetiva (e não subjetiva); e (iii) a análise do dano extrapatrimonial de maneira autônoma, sem interferência de fatores econômicos.

---

45. Sobre o tema, v. SCHREIBER, Anderson. *Novos Paradigmas da Responsabilidade Civil*. 2. ed. São Paulo: Atlas, 2009, p. 191 e ss.
46. O Min. Paulo de Tarso Sanseverino, no julgamento do REsp 959.780, ressaltou que, no seu entendimento, "o melhor critério para quantificação da indenização por prejuízos extrapatrimoniais em geral, no atual estágio do Direito brasileiro, é por arbitramento pelo juiz, de forma eqüitativa, com fundamento no postulado da razoabilidade". E remata: "Diante da impossibilidade de uma indenização pecuniária que compense integralmente a ofensa ao bem ou interesse jurídico lesado, a solução é uma reparação com natureza satisfatória, que não guardará uma relação de equivalência precisa com o prejuízo extrapatrimonial, mas que deverá ser pautada pela equidade". Mais adiante: "A autorização legal para o arbitramento eqüitativo não representa a outorga pelo legislador ao juiz de um poder arbitrário, pois a indenização, além de ser fixada com razoabilidade, deve ser devidamente fundamentada com a indicação dos critérios utilizados".
47. Oportuno transcrever os parâmetros outrora trazidos pela Lei de Imprensa (Lei 5.250/1967), constantes no art. 53: "No arbitramento da indenização em reparação do dano moral, o juiz terá em conta, notadamente: I – a intensidade do sofrimento do ofendido, a gravidade, a natureza e repercussão da ofensa e a posição social e política do ofendido; II – a intensidade do dolo ou o grau da culpa do responsável, sua situação econômica e sua condenação anterior em ação criminal ou cível fundada em abuso no exercício da liberdade de manifestação do pensamento e informação; III – a retratação espontânea e cabal, antes da propositura da ação penal ou cível, a publicação ou transmissão da resposta ou pedido de retificação, nos prazos previstos na lei e independentemente de intervenção judicial, e a extensão da reparação por êsse meio obtida pelo ofendido". Como ressalta MONTEIRO FILHO, Carlos Edison do Rêgo: "Todos estes parâmetros, em que pese terem sido destinados a regular determinadas situações previstas especialmente naqueles diplomas [Lei de Imprensa e Código Brasileiro de Telecomunicações], logo tiveram seus âmbitos de incidência bastante alargados, para, através de operações analógicas, alcançarem um sem-número de outros conflitos, em matérias, em princípio, estranhas aos seus domínios" (*Elementos de responsabilidade civil por dano moral*, Rio de Janeiro: Renovar, 2000, p. 138).

Ilustrativamente, o parâmetro que leva em consideração a situação econômica do ofensor acaba por condenar aquele que desfruta de melhor condição econômica a quantia superior comparativamente ao menos favorecido economicamente, em nítido caráter punitivo, que transborda a quantificação baseada no dano sofrido pela vítima.[48]

A consideração do grau de culpa ou da intensidade do dolo do ofensor também possui inequívoco caráter punitivo.[49] A despeito da tendência em favor da função punitiva da responsabilidade civil,[50] deve-se analisar com muita cautela esse propalado caráter sancionatório da responsabilidade civil,[51] especialmente nos casos de responsabilidade objetiva, em que sequer faz sentido analisar grau de culpa ou intensidade do dolo.[52]

Também é passível de crítica o critério da situação econômica da vítima, segundo o qual se compensa menos a quem tem menos, e mais a quem tem mais, supostamente para evitar enriquecimento da vítima às custas da lesão moral sofrida.[53] A vítima menos abastada, portanto, receberia quantia inferior à vítima com melhor condição econômica, como se o patrimônio da vítima pudesse de alguma forma se relacionar com os bens existenciais lesados.[54] De mais a mais, havendo determinação de pagamento oriunda do

---

48. "Na situação econômica do ofensor, manifestam-se as funções preventiva e punitiva da indenização por dano moral, pois, ao mesmo tempo em que se busca desestimular o autor do dano para a prática de novos fatos semelhantes, pune-se o responsável com maior ou menor rigor, conforme sua condição financeira. Assim, se o agente ofensor é uma grande empresa que pratica reiteradamente o mesmo tipo de evento danoso, eleva-se o valor da indenização para que sejam tomadas providências no sentido de evitar a reiteração do fato. Em sentido oposto, se o ofensor é uma pequena empresa, a indenização deve ser reduzida para evitar a sua quebra" (trecho do voto do Min. Paulo de Tarso Sanseverino no REsp 959.780).
49. Extrai-se do trecho do voto do Min. Paulo de Tarso Sanseverino por ocasião do julgamento do REsp 959.780 que: "Na análise da intensidade do dolo ou do grau de culpa, estampa-se a função punitiva da indenização do dano moral, pois a situação passa a ser analisada na perspectiva do ofensor, valorando-se o elemento subjetivo que norteou sua conduta para elevação (dolo intenso) ou atenuação (culpa leve) do seu valor, evidenciando-se claramente a sua natureza penal, em face da maior ou menor reprovação de sua conduta ilícita".
50. A respeito do tema, o STJ tem se posicionado a favor do "caráter punitivo-pedagógico" da condenação em danos morais (v. STJ, EDcl no AgRg no AREsp 540.533, 3ª T., rel. Min. Moura Ribeiro, julg. 3.3.2015; STJ, AgRg no AREsp 633.251, 4ª T., rel. Min. Raul Araújo, julg. 5.5.2015; STJ, REsp 1.895.272, 3ª T., rel. Min. Marco Aurélio Bellizze, julg. 26.4.2022; STJ, AgInt no AREsp 1.965.997, 2ª T., rel. Min. Mauro Campbell Marques, julg. 14.3.2022).
51. Como adverte Anderson Schreiber: "Ao se deixar que o intuito punitivo ingresse no arbitramento do dano moral, aí sim, se está criando base sólida para os argumentos relativos ao enriquecimento sem causa (sem fonte). Do ato ilícito deriva a obrigação de reparar o dano, mas, no sistema brasileiro, não há na lei ou em qualquer outra fonte das obrigações nada que autorize indenização superior ao prejuízo causado. (...). É de se reconhecer, portanto, que haverá enriquecimento sem causa em qualquer quantia superior ao valor do dano atribuída à vítima que, embora tenha direito à reparação integral dos prejuízos sofridos, não tem qualquer razão, jurídica ou moral, para locupletar-se com a eventual punição do ofensor" (Schreiber, Anderson. Arbitramento do Dano Moral no novo Código Civil. In: *Revista Trimestral de Direito Civil – RTDC*, v. 12, p. 13).
52. Assim já advertia Carlos Edison do Rêgo Monteiro Filho em sua obra *Elementos de responsabilidade civil por dano moral*, Rio de Janeiro: Renovar, 2000, p. 153, para quem a função punitiva não seria compatível com a responsabilidade objetiva.
53. Cf. STJ, AgRg no REsp 1.457.651, 4ª T., rel. Min. Luis Felipe Salomão, julg. 4.12.2014; TJMG, Ap. Cív. 10000200318616001, 9ª CC, rel. Des. Márcio Idalmo Santos Miranda, julg. 2.9.2020.
54. Em perspectiva crítica, v. MORAES, Maria Celina Bodin de. *Dano à pessoa humana*: uma leitura civil-constitucional dos danos morais, Rio de Janeiro: Processo, 2017, p. 298-300; MONTEIRO FILHO, Carlos Edison do Rêgo, *Elementos de responsabilidade civil por dano moral*, Rio de Janeiro: Renovar, 2000, p. 150-151.

Poder Judiciário, não haveria, tecnicamente, enriquecimento sem causa, pois a decisão judicial seria o título justificador da transferência patrimonial.[55]

Deve ser afastado como critério de quantificação do dano moral, ainda, eventual lucro econômico obtido pelo ofensor.[56] Com efeito, a vinculação da compensação ao lucro obtido pelo ofensor pode tanto acabar por limitar indevidamente a reparação, em prejuízo da vítima,[57] como por ampliá-la, em nítido caráter punitivo ao ofensor.

O critério da intensidade do sofrimento da vítima deve ser redimensionado para a aferição objetiva da extensão do dano sofrido. O parâmetro da dimensão do dano (aferido objetivamente) é que deve assumir posição de proeminência, tendo em vista a função reparatória da responsabilidade civil. Para aferir a extensão do dano, deve-se levar em consideração as condições pessoais da vítima, bem como eventual conduta mitigadora do dano praticada pelo ofensor.

Assim, por exemplo, a vítima de atropelamento abandonada à própria sorte pelo ofensor no asfalto sofre dano moral diverso da vítima do mesmo atropelamento prontamente socorrida pelo ofensor e encaminhada imediatamente a cuidados médicos. Objetivamente a extensão do dano é distinta, pois o acolhimento e o cuidado prestados no segundo caso têm o condão de diminuir a extensão da lesão extrapatrimonial. Dessa forma, ênfase deve ser concedida não à situação econômica do ofensor, mas sim ao seu comportamento, capaz, muitas vezes, de interferir objetivamente com a extensão do dano moral.[58]

Além disso, são as condições pessoais da vítima, e não as econômicas, que devem ser consideradas pelo magistrado, pois a lesão extrapatrimonial terá repercussões distintas a depender das particularidades pessoais de cada vítima.[59] Exemplificativamente, a amputação da mão de um pianista terá repercussão extrapatrimonial distinta da amputação da mão esquerda de um professor de português destro.[60]

---

55. Além disso, como pontua Anderson Schreiber: "(...) se o valor da indenização corresponde e se limita ao dano sofrido não há enriquecimento sem causa; causa da indenização é o próprio dano. (...). Não há que se trazer à discussão o princípio do enriquecimento sem causa, a não ser que, por algum motivo, a indenização fique além (ou aquém) da extensão do prejuízo" (Schreiber, Anderson. Arbitramento do Dano Moral no novo Código Civil. In: *Revista Trimestral de Direito Civil- RTDC*, v. 12, p. 11).
56. TEPEDINO, Gustavo; TERRA, Aline de Miranda Valverde; GUEDES, Gisela Sampaio da Cruz. *Fundamentos do direito civil*: teoria geral do direito civil. 3. ed. Rio de Janeiro: Forense, 2022, edição eletrônica.
57. "O valor do dano sofrido pelo titular do direito, cuja imagem foi indevidamente incluída em publicação, não está limitado ao lucro que uma das infratoras possa ter auferido, pois o dano do lesado não se confunde com o lucro do infrator, que inclusive pode ter sofrido prejuízo com o negócio" (STJ, REsp 100764, 4ª T., rel. Min. Ruy Rosado de Aguiar Junior, julg. 24.11.1997).
58. "(...). Indenização majorada para reparar a dor da lesão e a omissão de socorro. (...). Deve-se majorar o *quantum* indenizatório de vítima que teve o dedo anelar da mão esquerda lesionado na porta do ônibus e que não foi socorrida pelo motorista. Há maior reprovação na conduta da Ré cujo motorista não prestou socorro a fim de minorar os danos causados. Omissão de socorro revela conduta mais reprovável a repercutir no quantum indenizatório" (TJRJ, Ap. Cív. 00844958920128190021, 27ª C.C., rel. Des. Tereza Cristina Sobral Bittencourt Sampaio, julg. 6.6.2018).
59. V. STJ, REsp 1.002.801, 3ª T., rel. Min. Massami Uyeda, julg. 4.5.2010; TJGO, 00992676520188090109, 3ª T., rel. Itamar de Lima, julg. 27.8.2019; TJMG, Ap. Cív. 10024111854204001, 15ª C.C., rel. Tibúrcio Marques, julg. 21.3.2013.
60. TEPEDINO, Gustavo; TERRA, Aline de Miranda Valverde; GUEDES, Gisela Sampaio da Cruz. *Fundamentos do direito civil*: teoria geral do direito civil. 3. ed. Rio de Janeiro: Forense, 2022, edição eletrônica; Perlingieri, PIETRO. *Perfis do direito civil*, Rio de Janeiro: Renovar, 1997, 3. ed., p. 174; MORAES, Maria Celina Bodin de. *Danos à pessoa humana*, Rio de Janeiro: Renovar, 2003, p. 306-311.

O Superior Tribunal de Justiça tem quantificado a compensação pecuniária devida a título de dano moral a partir do que denomina de método bifásico. Como ressalta o Min. Paulo de Tarso Sanseverino,[61] "na *primeira fase*, arbitra-se o valor básico ou inicial da indenização, considerando-se o interesse jurídico lesado, em conformidade com os precedentes jurisprudenciais acerca da matéria (grupo de casos). Assegura-se, com isso, uma exigência da justiça comutativa que é uma razoável igualdade de tratamento para casos semelhantes, assim como que situações distintas sejam tratadas desigualmente na medida em que se diferenciam".

Ainda de acordo com o Ministro, "na *segunda fase*, procede-se à fixação definitiva da indenização, ajustando-se o seu montante às peculiaridades do caso com base nas suas circunstâncias. Partindo-se, assim, da indenização básica, eleva-se ou reduz-se esse valor de acordo com as circunstâncias particulares do caso (gravidade do fato em si, culpabilidade do agente, culpa concorrente da vítima, condição econômica das partes) até se alcançar o montante definitivo. Procede-se, assim, a um arbitramento efetivamente equitativo, que respeita as peculiaridades do caso".

O método bifásico adotado pelo Superior Tribunal de Justiça busca, na segunda fase, aferir a extensão do dano sofrido a partir das peculiaridades do caso concreto, que interferirão no montante pecuniário alcançado na primeira fase, ajustando-o às especificidades de cada concreta lesão sofrida pela vítima. O importante é que, na esteira do método propugnado pelo STJ, não haja implícito e silencioso tabelamento da fixação do valor a ser atribuído a título de danos morais, sob pena de não se atentar para as circunstâncias do caso concreto, que são decisivas para aferição da real extensão do dano para aquela vítima em questão.

5. REFERÊNCIAS

FRAZÃO, Ana; OLIVA, Milena Donato; TEPEDINO, Gustavo. *Lei geral de proteção de dados pessoais e suas repercussões no direito brasileiro*. Thomson Reuters Brasil: São Paulo, 2019.

MARQUES, Claudia Lima. A Lei 8.078/90 e os direitos básicos do consumidor. In: BENJAMIN, Antônio Herman; MARQUES, Claudia Lima; BESSA, Leonardo Roscoe, *Manual de Direito do Consumidor*. São Paulo: Thomson Reuters Brasil, 2020, edição eletrônica.

MIRAGEM, Bruno. *Curso de Direito do Consumidor*, São Paulo: Ed. RT, 2012.

MONTEIRO FILHO, Carlos Edison do Rêgo. *Elementos de responsabilidade civil por dano moral*. Rio de Janeiro: Renovar, 2000.

Monteiro Filho, Carlos Edison do Rêgo. De volta à reparação do dano moral: 30 anos de trajetória entre avanços e retrocessos. In: SCHREIBER, Anderson;

MONTEIRO FILHO, Carlos Edison do Rêgo; OLIVA, Milena Donato. *Problemas de direito civil*: homenagem aos 30 anos de cátedra do professor Gustavo Tepedino por seus orientandos e ex-orientandos, Rio de Janeiro: Forense, 2021.

MORAES, Maria Celina Bodin de. *Dano à pessoa humana*: uma leitura civil-constitucional dos danos morais, Rio de Janeiro: Renovar, 2003.

---

61. Trecho do voto proferido no âmbito do julgamento do REsp 959.780.

MORAES, Maria Celina Bodin de. *Danos à pessoa humana*. Rio de Janeiro: Renovar, 2003.

MORAES, Maria Celina Bodin de. *Dano à pessoa humana*: uma leitura civil-constitucional dos danos morais, Rio de Janeiro: Processo, 2017.

MULHOLLAND, Caitlin Sampaio. O Direito de não saber como decorrência do direito à intimidade. In: *Civilistica.com*, ano 1, n. 1, 2012.

NUNES, Rizzatto. *Curso de direito do consumidor*, São Paulo: Saraiva, 2021, edição eletrônica.

PERLINGIERI, Pietro. *Perfis do direito civil*. 3. ed. Rio de Janeiro: Renovar, 1997.

PERLINGIERI, Pietro; Ferroni, L. Situazioni di credito e di debito. In: *Manuale di Diritto Civile*, Napoli: Edizioni Scientifiche Italiane, 1997.

RODOTÀ, Stefano. *A vida na sociedade da vigilância*: a privacidade hoje, Rio de Janeiro: Renovar, 2008.

Schreiber, Anderson. Arbitramento do Dano Moral no novo Código Civil. In: *Revista Trimestral de Direito Civil - RTDC*, v. 12.

SCHREIBER, Anderson. *Novos paradigmas da responsabilidade civil*, São Paulo: Atlas, 2009.

TEPEDINO, Gustavo. A responsabilidade civil por acidentes de consumo na ótica civil-constitucional. In: *Temas de Direito Civil*, Rio de Janeiro: Renovar, 2008. t. I.

TEPEDINO, Gustavo, O futuro da responsabilidade civil. In: *Temas de Direito Civil*, Rio de Janeiro: Renovar, 2009. t. III.

TEPEDINO, Gustavo; TERRA, Aline de Miranda Valverde; GUEDES, Gisela Sampaio da Cruz. *Fundamentos do direito civil*: teoria geral do direito civil. 3. ed. Rio de Janeiro: Forense, 2022, edição eletrônica.

A RETRATAÇÃO NA ERA DIGITAL: POTENCIALIDADES E DESAFIOS SOB UMA PERSPECTIVA LUSO-BRASILEIRA

Pedro Machado Bezerra

Mestrando em Direito Civil na Faculdade de Direito da Universidade do Estado do Rio de Janeiro (UERJ). Pós-graduando na Escola da Magistratura do Estado do Rio de Janeiro (EMERJ). Aluno-pesquisador do Núcleo de Pesquisa em Direito Comparado do Observatório de Pesquisas Bryant Garth. Bacharel pela Faculdade Nacional de Direito da Universidade Federal do Rio de Janeiro (FND/UFRJ). Advogado.

Sumário: 1. Introdução – 2. A reparação não pecuniária dos danos morais no Brasil e em Portugal – 3. Potencialidades da retratação frente às lesões à personalidade no ambiente digital – 4. Desafios da utilização da retratação para a reparação dos danos morais na internet no Brasil e em Portugal – 5. Conclusão – 6. Referências bibliográficas.

1. INTRODUÇÃO

A história da humanidade é marcada por diversos episódios em que certas inovações tecnológicas trazem como consequência profundas mudanças na tessitura social. Há exemplos desde a história antiga, quando, com o início da agricultura, o homem gradualmente passou a mudar seus hábitos predominantemente nômades e a se assentar em comunidades cada vez maiores[1] até as diversas revoluções científicas, com destaque, no fim da era moderna, para a Revolução Industrial,[2] que transformou por completo a própria forma de viver e consumir dos seres humanos.[3]

---

1. Friederich Engels retrata a passagem do "estado selvagem" do homem ao seu estado de "barbárie" na pré-história. Para o autor, o homem pré-histórico teria vivido basicamente nos bosques tropicais e subtropicais, se alimentando, majoritariamente, à base de frutos, nozes e raízes. Com o tempo e a necessidade de adaptações, passa gradualmente a diversificar sua alimentação, a usar o fogo e a desenvolver armas, passando à fase da "barbárie", em que, finalmente, com o desenvolvimento da agricultura, cerâmica e domesticação de animais, se assenta em lugares fixos por cada vez mais tempo. (*A origem da família, da propriedade privada e do Estado*. Rio de Janeiro: Editora Vitória, 1964, p. 21-25).
2. Eric Hobsbawm explora os impactos da revolução industrial na civilização europeia do século XVIII, contrastando os avanços tecnológicos, que possibilitavam, em seu exemplo, viagens mais curtas e seguras, com a realidade social cada vez mais brutal enfrentada pelo homem inglês mediano. No segundo capítulo de "Las revoluciones burguesas", introduz sua análise com um trecho escrito por Alexis de Tocqueville (*Journeys to England and Ireland*, J.P. Mayer, 1958, p. 107-108): "Dessa vala suja o maior fluxo da indústria humana fluiria para fertilizar o mundo inteiro. Ouro puro fluiria desse reservatório corrompido. Aqui a humanidade atinge seu desenvolvimento mais completo. Aqui a civilização realiza seus milagres e o homem civilizado se torna quase um selvagem" (*Las revoluciones burguesas*. Madrid: Ediciones Guadarrama, 1971, p. 57, trad. livre). O tema é desenvolvido de forma mais detida pelo autor em *Da revolução industrial inglesa ao imperialismo*; 6. ed. São Paulo: Forense Universitária, 2011, p. 11-21.
3. Em seu livro de maior destaque, o historiador israelense Yuval Noah Harari narra a evolução da história da humanidade a partir da exploração da sua relação com as inovações tecnológicas, que vão alterando por com-

Não foi diferente com o surgimento da Internet, especialmente após a sua difusão, potencializada pelo advento das redes sociais.[4] Hoje, passados mais de 50 anos da primeira conexão[5], é possível perceber com clareza a sua abrangência. No Brasil, aproximadamente 79,1% das pessoas estão conectadas à internet, das quais 95,7% a utilizam para se relacionarem com outras pessoas, através de redes sociais, aplicativos de mensagens ou e-mails.[6] Em Portugal, estes números não são muito diferentes: segundo dados do Instituto Nacional de Estatística (INE), 84,5% das famílias portuguesas possuem acesso à *Internet* e também a utilizam majoritariamente para se comunicarem com outras pessoas.[7]

Assim, não é exagero afirmar que, atualmente, boa parte das relações humanas ocorre em ambientes virtuais – especialmente em redes sociais.[8] Do mesmo modo, pode-se dizer que, junto com essa verdadeira transposição para o mundo digital, as diversas formas de lesões a bens juridicamente tutelados, intrínsecas ao convívio humano em sociedade, também adquiriram novas formas.

Partindo-se da premissa – intrínseca à metodologia do estudo do direito a partir da perspectiva civil-constitucional – de que a realidade jurídica é parte integrante da

---

pleto, de tempos em tempos, a forma que a sociedade se organiza e os hábitos dos seus integrantes. (*Sapiens*: uma breve história da humanidade. Rio de Janeiro: Companhia das Letras, 2020, passim).

4. "Michel de Montaigne se recordava que 'la vie est un mouvement inégal, irrégulier et multiforme' (Essais, Livre III, Chap. III, *De trois commerces*). Este movimento é hoje sempre muito influenciado pela incessante inovação científica e tecnológica. Os ritmos da vida conhecem acelerações e mudanças profundas. A tecnologia libera a vida da antiga escravidão do espaço e do tempo, e isso já é uma realidade para milhões de pessoas. A Internet não é apenas o maior espaço público que a humanidade já conheceu. É um lugar onde a vida muda de qualidade e cor, onde o anonimato e a multiplicação de identidades, o conhecimento e a ubiquidade, a liberdade total e o controle total são possíveis (...). A grande transformação tecnológica muda o arcabouço dos direitos civis e políticos, redesenha o papel do poder público, muda as relações pessoais e sociais e afeta a própria antropologia das pessoas" (RODOTÀ, Stefano. *Una Constituzione per Internet*. Notizie di Politeia, XXII, 82, 2006, p. 177, trad. livre).
5. AMPUDIA, Ronaldo. *Arpanet, o embrião da internet, completa 50 anos*. Folha de S. Paulo, São Paulo, 09 nov. 2019. Disponível em: <https://www1.folha.uol.com.br/tec/2019/11/arpanet-o-embriao-da-internet-completa-50-anos.shtml>. Acesso em: 22 set. 2021.
6. Dados da Pesquisa Nacional por Amostra de Domicílios Contínua – 2018/2019 (PNAD Contínua), divulgados em 29 de abril de 2020 (INSTITUTO BRASILEIRO DE GEOGRAFIA ESTATÍSTICA. *Pesquisa nacional por amostra de domicílios contínua: acesso à internet e posse de telefone móvel celular para uso pessoal 2018/2019*; Rio de Janeiro: IBGE, 2020. Disponível em: <https://biblioteca.ibge.gov.br/visualizacao/livros/liv101794_informativo.pdf>. Acesso: 22 set. 2021).
7. Dados do Inquérito à Utilização de Tecnologias da Informação e da Comunicação pelas Famílias, divulgado em 20 de novembro de 2020 pelo Instituto Nacional de Estatística português (INSTITUTO NACIONAL DE ESTATÍSTICA. Inquérito à Utilização de Tecnologias da Informação e da Comunicação pelas Famílias – 2020. Lisboa: INE, 2020. Disponível em: <https://www.ine.pt/xportal/xmain?xpid=INE&xpgid=ine_destaques&DESTAQUESdest_boui=415621509&DESTAQUESmodo=2>. Acesso em: 05 out. 2021).
8. O Brasil é atualmente país da América Latina com mais usuários do Facebook, aproximadamente 150,12 milhões de pessoas logadas à rede social. Em 2019, aproximadamente 98% dos brasileiros com acesso à internet, usaram-na, em algum momento, para acessar redes sociais. Além disso, em todo o hemisfério ocidental, a população brasileira é a que gasta mais tempo em redes sociais. (Statista Research Department. *Brazil: number of facebook users 2018-2027*. Publicado em: 12 jul. 2022. Disponível em: <https://www.statista.com/statistics/244936/number-of-facebook-users-in-brazil/>. Acesso: 17 jul. 2022). Na mesma proporção, Portugal – um país de aproximadamente 10 milhões de habitantes – ostenta por volta de 7 milhões de usuários do Facebook, sua rede social mais popular. (Statista Research Department. Number of Facebook users in Portugal from 2018 to 2027. Publicado em junho de 2022. <https://www.statista.com/statistics/568824/forecast-of-facebook-user-numbers-in-the-portugal/>. Acesso em: 17 jul. 2022).

realidade social, tendo como ponto de referência a coexistência humana,[9] não há dúvidas de que uma mudança de tal relevo na forma das pessoas se relacionarem possui o condão de afetar diretamente a ciência do direito, enquanto "*conjunto de mecanismos voltados à adequação do comportamento humano à vida associativa*".[10] Uma vez que as redes sociais são espaços essencialmente voltados à convivência humana, são relevantes para o direito as interações sociais que nelas ocorrem.[11]

Neste aspecto, quando se debateu, inicialmente, o tratamento a ser dado às relações virtuais, levou-se em conta a capacidade da Internet e das redes sociais de ampliar o alcance de manifestações individuais e de otimizar as discussões políticas, vislumbrando-se, talvez pela primeira vez na história, a possibilidade de dar voz a qualquer cidadão que estivesse conectado.[12] Neste sentido, foi amplamente noticiado o papel das redes sociais em diversas mobilizações populares ao redor do mundo, da Primavera Árabe[13] aos protestos que eclodiram em 2013 no Brasil.[14] Retratou-se uma ágora virtual, em que a mão erguida parece ter sido substituída pelos botões de postar, curtir e compartilhar, que deveria ser protegida de quaisquer interferências estatais que atentassem à ampla liberdade de expressão por ela proporcionada, em razão do receio da prática de arbitrariedades no seu controle.[15]

---

9. "O direito é ciência social que precisa de cada vez mais aberturas; necessariamente sensível a qualquer modificação da realidade, entendida na sua mais ampla acepção. Ele tem como ponto de referência o homem na sua evolução psicofísica, 'existencial', que se torna história na sua relação com outros homens. A complexidade da vida social implica que a determinação da relevância e do significado da existência deve ser efetuada como existência no âmbito social, ou seja, como 'coexistência'" (PERLINGIERI, Pietro. *Perfis do Direito Civil: Introdução ao Direito Civil Constitucional*. Trad. Maria Cristina De Cicco. 3. ed., rev. e ampl. – Rio de Janeiro: Renovar, 2002, p. 1 e 2).
10. TEPEDINO, Gustavo; OLIVA, Milena Donato. *Fundamentos do direito civil*: teoria geral do direito civil. Rio de Janeiro: Forense, 2020. v. 1. p. 2.
11. "O fato concreto é sempre juridicamente relevante; não sempre, todavia, a norma lhe atribui consequências jurídicas tangíveis, que podem ser individuadas de modo específico e determinado, como o nascimento, a aquisição, a extinção, a modificação de uma situação subjetiva. (...) Cada fato, mesmo aquele aparentemente indiferente para o direito, tem sempre seu aspecto de juridicidade" (PERLINGIERI, Pietro. *Perfis do Direito Civil*: Introdução ao Direito Civil Constitucional, cit., p. 90).
12. Anderson Schreiber cita passagem de Pierre Lévy (Cibercultura, São Paulo: Ed. 34, 1999, p. 167) para aduzir que retratava-se, ao contrário do que se verifica na prática, a internet como "um novo espaço público, onde a livre manifestação das opiniões tenderia a alcançar níveis quase arcadianos" (Marco Civil da Internet: Avanço ou Retrocesso? A Responsabilidade Civil por Dano derivado do Conteúdo Gerado por Terceiro. In: DE LUCCA, Newton; SIMÃO FILHO, Adalberto; LIMA, Cintia Rosa Pereira de (Coords.) *Direito & Internet – Tomo II: Marco Civil da Internet (Lei 12.965/2014)*. São Paulo: Quartier Latin, 2015, p. 277-305). No mesmo sentido, QUEIROZ, João Quinelato de; SOUZA, Eduardo Nunes de. Breves notas sobre a responsabilidade civil dos provedores de aplicações de internet na perspectiva civil-constitucional. In: *Revista de Direito, Governança e Novas Tecnologias*, Porto Alegre, v. 4, n. 2, jul./dez. 2018, p. 61-82.
13. COELHO, Luciana. *A revolução foi, sim, tuitada, mostra estudo*. Folha de S. Paulo, São Paulo, 21 set. 2011. Disponível em: <https://www1.folha.uol.com.br/fsp/tec/tc2109201119.htm>. Acesso: 05 out. 2021.
14. CARVALHO, Nivia. *Redes sociais dão o tom da 'revolta do vinagre'*. O Globo, Rio de Janeiro, 18 jun. 2013. Disponível em: <https://oglobo.globo.com/brasil/redes-sociais-dao-tom-da-revolta-do-vinagre-8728856>. Acesso: 05 out. 2021.
15. A Anistia Internacional, em seu Informe Anual de 2011, considerou que "a internet acaba expondo o desejo dos governos de controlar o acesso à informação. Quando os detentores do poder imaginam que algum conteúdo possa ameaçá-los, eles buscam controlar os usuários da rede, sem hesitar em incorporar a seus métodos a vigilância e a pirataria" (ANISTIA INTERNACIONAL. *Informe 2011 – O estado dos direitos humanos no mundo*. Porto Alegre: Algo Mais Artes Gráficas, 2011, p. 19. Disponível em: <https://anistia.org.br/wp-content/uploads/2014/08/Informe-anual-2011.pdf>. Acesso em: 20 set. 2021).

Esta perspectiva motivou, no Brasil, a proposta de um Marco Civil para a Internet, apresentada à Câmara dos Deputados em 24 de agosto de 2011 e posteriormente aprovada na forma da Lei 12.965, de 23 de abril de 2014.[16] Em razão disso, apesar da ter sido pensado como "*um balizador do respeito aos direitos fundamentais na internet no Brasil*",[17] observou-se uma proteção desproporcional à ampla liberdade de expressão em desfavor da proteção de outros aspectos existenciais da pessoa humana, consubstanciada pela redação do seu artigo 19[18], que estabeleceu um regime de não responsabilização (em regra) dos provedores de internet pelos conteúdos postados por terceiros em suas plataformas.

Em terras portuguesas, o mesmo tratamento à matéria já havia sido dado, através da edição do Decreto-Lei 7, de 7 de janeiro de 2004, que, seguindo a Diretiva europeia sobre o assunto,[19] também estabelece, em seu artigo 14, a ausência de responsabilidade civil dos provedores pela eventual ilicitude dos conteúdos propagados em suas plataformas.[20]

Todavia, aos poucos, verificou-se que, ao contrário do que se aventava, a ampla liberdade oferecida na Internet, possui também um lado patológico: se, por um lado, as manifestações de todos ganharam alcance e publicidade, por outro, as ofensas a direitos existenciais ganharam uma projeção jamais antes vista.[21] Tornaram-se problemas recorrentes o uso de perfis falsos e a divulgação de conteúdos que perpetram discursos de ódio e fake news.

---

16. O anteprojeto apresentado justificou-se pelo seguinte trecho: "Para o Poder Judiciário, a ausência de definição legal específica, em face da realidade diversificada das relações virtuais, tem gerado decisões judiciais conflitantes, e mesmo contraditórias. Não raro, controvérsias simples sobre responsabilidade civil obtêm respostas que, embora direcionadas a assegurar a devida reparação de direitos individuais, podem, em razão das peculiaridades da Internet, colocar em risco as garantias constitucionais de privacidade e liberdade de expressão de toda a sociedade" (BRASIL. Câmara dos Deputados. *Projeto de Lei 2.126/2011*. Estabelece os princípios, garantias, direitos e deveres para o uso da Internet no Brasil. Apresentado em 24 ago. 2011. Disponível em: <https://www.camara.leg.br/proposicoesWeb/prop_mostrarintegra?codteor=912989&filename=PL+2126/2011>.
17. SOUZA, Carlos Affonso; LEMOS, Ronaldo; e BOTTINO, Celina. *Marco Civil da Internet: Jurisprudência comentada*. São Paulo: Editora Revista dos Tribunais, 2017, p. 17 e 18.
18. BRASIL. Art. 19, Marco Civil da Internet, 2014. Com o intuito de assegurar a liberdade de expressão e impedir a censura, o provedor de aplicações de internet somente poderá ser responsabilizado civilmente por danos decorrentes de conteúdo gerado por terceiros se, após ordem judicial específica, não tomar as providências para, no âmbito e nos limites técnicos do seu serviço e dentro do prazo assinalado, tornar indisponível o conteúdo apontado como infringente, ressalvadas as disposições legais em contrário.
19. UNIÃO EUROPEIA, Directiva 2000/31/CE do Parlamento Europeu e do Conselho de 8 de Junho de 2000 relativa a certos aspectos legais dos serviços da sociedade de informação, em especial do comércio electrónico, no mercado interno («Directiva sobre o comércio electrónico»). Disponível em: <https://eur-lex.europa.eu/legal-content/PT/TXT/?uri=celex%3A32000L0031>.
20. PORTUGAL, Artigo 14, Decreto-Lei 7, 2004. 1 – O prestador intermediário de serviços que prossiga apenas a actividade de transmissão de informações em rede, ou de facultar o acesso a uma rede de comunicações, sem estar na origem da transmissão nem ter intervenção no conteúdo das mensagens transmitidas nem na selecção destas ou dos destinatários, é isento de toda a responsabilidade pelas informações transmitidas. 2 – A irresponsabilidade mantém-se ainda que o prestador realize a armazenagem meramente tecnológica das informações no decurso do processo de transmissão, exclusivamente para as finalidades de transmissão e durante o tempo necessário para esta.
21. "No cenário brasileiro, por exemplo, não se pode desconsiderar o amplo volume de manifestações ofensivas (incluindo xingamentos e outras deselegâncias) que povoa as redes sociais" (SCHREIBER, Anderson. *Marco Civil da Internet: Avanço ou Retrocesso? A Responsabilidade Civil por Dano derivado do Conteúdo Gerado por Terceiro*, cit., p. 281).

Diante deste quadro de desproteção da pessoa humana frente à dinâmica (e, por vezes, patológica) convivência virtual, foram tecidas diversas críticas voltadas ao regime de não responsabilização escolhido por ambos os países. Dentre elas, acusou-se o modelo de desconsiderar o papel ativo dos provedores na propagação dos conteúdos veiculados em suas plataformas, de impor retrocessos à proteção da pessoa humana e da inadequação da sua disciplina à evolução histórica da responsabilidade civil e da sua função reparatória.[22]

Apesar desse quadro, vêm sendo buscadas soluções visando a garantir a efetividade da proteção da pessoa no ambiente virtual, em cotejo com a busca de uma prevenção dos danos e da efetiva reparação daqueles efetivamente concretizados. Nesse sentido, a hipótese das modalidades não pecuniárias de reparação civil e, especialmente no âmbito das redes sociais, da retratação, parece ter o potencial de assumir papel central na proteção da pessoa humana na era digital. É justamente a partir dessa concepção que se busca, aqui, examinar, sem qualquer pretensão de esgotar sua discussão, as potencialidades e obstáculos do instrumento da retratação nos sistemas brasileiro e português, confrontando os benefícios que podem advir da sua mais ampla adoção com os desafios a ela inerentes nos dois ordenamentos jurídicos.

2. A REPARAÇÃO NÃO PECUNIÁRIA DOS DANOS MORAIS NO BRASIL E EM PORTUGAL

Nos últimos anos, vêm chamando a atenção de diversos estudiosos os efeitos da evolução da disciplina da responsabilidade civil e da ampliação, tanto qualitativa quanto quantitativa, dos danos ressarcíveis.[23] Nesse sentido, embora a doutrina se divida entre aqueles que veem esse movimento com desconfiança, atribuindo a pecha de "indústria dos danos" ao notável aumento de ações reparatórias ocorrido nas últimas décadas, e aqueles que celebram a maior proteção conferida à pessoa humana, parece ser unânime o protagonismo atingido pela responsabilidade civil nos dias de hoje.[24]

Da mesma forma, também parece ser unânime o descontentamento geral com as compensações dos danos morais ocorridas no âmbito do Poder Judiciário. De um lado, as vítimas recorrentemente reclamam dos baixos valores recebidos a título de compensação monetária pelos danos morais por elas sofridos, sendo comum a crença de que, por vezes, causar danos a terceiros "vale a pena" para o ofensor, que, em relações consumeristas, por exemplo, pode vir a lucrar das suas próprias ofensas.[25] De outro lado,

---

22. Neste sentido, ver: SCHREIBER, Anderson. *Marco Civil da Internet: Avanço ou Retrocesso? A Responsabilidade Civil por Dano derivado do Conteúdo Gerado por Terceiro*, cit., p. 277 a 305. No mesmo sentido, mais recentemente, QUEIROZ, João Quinelato de. *Responsabilidade civil na internet: danos e liberdades à luz do marco civil da internet*. Rio de Janeiro: Processo, 2019, p. 147-154.
23. SCHREIBER, Anderson. *Novos paradigmas da responsabilidade civil*: da erosão dos filtros da reparação à diluição dos danos. São Paulo: Atlas, 2015, p. 82-84.
24. TEPEDINO, Gustavo; TERRA, Aline Miranda Valverde; GUEDES, Gisela Sampaio da Cruz. *Fundamentos do direito civil*: responsabilidade civil. Rio de Janeiro: Forense, 2020. v. 4. p. 57-58.
25. Cogite-se, por exemplo, a situação em que uma companhia aérea deixa de realizar o transporte de diversos passageiros em razão da oportunidade de vender sua passagem por valores exponencialmente mais altos no dia da viagem e, mesmo ressarcindo os passageiros dos danos causados, venha a lucrar com tal prática.

são igualmente conhecidas as críticas às chamadas demandas frívolas e à "indústria do dano civil", que, diante do fenômeno da erosão dos filtros da responsabilidade civil,[26] acabam sendo, às vezes, bem sucedidas, gerando reparações absolutamente descabidas.

Ambos os lados, porém, em suas discussões infindáveis, muitas vezes se furtam a debater a inadequação do remédio comumente dado pelo Poder Judiciário brasileiro aos danos extrapatrimoniais: as compensações exclusivamente pecuniárias.[27]

O ordenamento jurídico brasileiro impõe, todavia, que, especialmente quando se trata de lesões existenciais, se busque em cada caso a melhor forma de proteção à personalidade. Seus institutos passam a ser funcionalizados à realização da dignidade da pessoa humana, verificando-se a evolução do papel, antes sancionatório, da responsabilidade civil, para a sua atual função reparatória,[28] como atesta a Constituição, em seu artigo 5º, XLV,[29] ao vinculá-la à "*obrigação de reparar o dano*".

Assim, uma análise do ordenamento como sistema unitário aponta para a necessidade de uma busca por instrumentos eficazes tanto para fazer cessar as lesões à pessoa nas redes sociais, quanto para garantir a efetiva reparação dos danos causados.[30] Nesse sentido, em se falando de lesões a aspectos existenciais da pessoa humana e de danos extrapatrimoniais, deve-se atentar para a renovação do debate a respeito da busca de soluções não pecuniárias, tanto para fazer cessar a propagação dos danos, quanto para repará-los.[31] Busca-se, com isso, promover a superação do binômio lesão existencial-

---

26. SCHREIBER, Anderson. *Novos paradigmas da responsabilidade civil*, op. cit., passim.
27. "Fosse a forma pecuniária tão eficiente, não haveria expressivo inconformismo com ela, de ambos os polos: há aqueles que questionam os baixos valores fixados pelo Judiciário; e outros se insurgem contra as demandas que serviriam para ampliar a criticável 'indústria do dano moral'. Verdade seja dita, critica-se a forma de aplicação sem se perceber que o problema está na escolha do remédio" (FAJNGOLD, Leonardo. *Dano moral e reparação não pecuniária: sistemática e parâmetros*. São Paulo: Ed. Revista dos Tribunais, 2021, p. 26-27).
28. Para a breve história da evolução da função da responsabilidade civil até a função reparatória, em que se busca a efetiva tutela da dignidade da vítima, enquanto pessoa humana, confira-se: TERRA, Aline Miranda Valverde; GUEDES, Gisela Sampaio da Cruz. Responsabilidade Civil. In: TEPEDINO, Gustavo (Org.), *Fundamentos do Direito Civil*. Rio de Janeiro: Forense, 2020. v. 4. p. 1-3.
29. Art. 5º Todos são iguais perante a lei, sem distinção de qualquer natureza, garantindo-se aos brasileiros e aos estrangeiros residentes no País a inviolabilidade do direito à vida, à liberdade, à igualdade, à segurança e à propriedade, nos termos seguintes: (...) XLV – nenhuma pena passará da pessoa do condenado, podendo a obrigação de reparar o dano e a decretação do perdimento de bens ser, nos termos da lei, estendidas aos sucessores e contra eles executadas, até o limite do valor do patrimônio transferido.
30. "O importante não é fundamentar os direitos do homem, mas protegê-los. Não preciso aduzir aqui que, para protegê-los não basta proclamá-los (...). O problema real que temos de enfrentar, contudo, é o das medidas imaginadas e imagináveis para a efetiva proteção destes direitos" (BOBBIO, Norberto. Presente e futuro dos direitos do homem. In: *A era dos direitos*. Rio de Janeiro: LTC, 2020, p. 36-37). Esclareça-se que se parte da noção de que os "direitos humanos são, em princípio, os mesmos da personalidade; mas deve-se entender que quando se fala dos direitos humanos, referimo-nos aos direitos essenciais do indivíduo em relação ao direito público, quando desejamos protegê-los das arbitrariedades do Estado. Quando examinamos os direitos da personalidade, sem dúvida nos encontramos diante dos mesmos direitos, porém sob o ângulo do direito privado (...), devendo-se, pois, protegê-los frente aos atentados perpetrados por outras pessoas (TEPEDINO, Gustavo. A Tutela da Personalidade no Ordenamento Civil-constitucional Brasileiro. In: *Temas de direito civil*, 2. ed. rev. e atual. Rio de Janeiro: Renovar, 2001, p. 33).
31. "Se é certo que o dano à personalidade da vítima não pode ser inteiramente reparado, isso não isenta o jurista de buscar todos os meios para chegar o mais perto possível de uma reparação integral (...). Ninguém nega que a indenização em pecúnia é resposta insuficiente. Ninguém se empenha, contudo, em buscar novos meios de

-reparação pecuniária, rompendo com as limitações impostas pela mera compensação monetária, partindo-se em direção à adequada reparação da vítima[32], considerando-se as especificidades de cada dano.[33]

Essa perspectiva encontra aparente solo fértil no sistema jurídico português quando se examina o tratamento preferencial dado à "reconstituição natural" dos danos pelo artigo 566, § 1º, do Código Civil português, que estabelece que só haverá indenização pecuniária quando não for possível a reparação específica ou quando ela não for suficiente para reparar integralmente os danos causados.[34] Assim, observa-se na tradição jurídica portuguesa certa preferência pelos meios reparatórios não pecuniários, que já era observada até mesmo antes da edição do Código Civil, em 1966.[35]

Chega-se a falar, em solo português, da existência de um "princípio geral da restauração natural"[36], que só seria excepcionado diante da sua impossibilidade, sendo dever do juiz – e não da parte litigante – a escolha do meio mais adequado para a promoção da reparação integral. Ademais, deve-se sublinhar que, como já julgado pelo Supremo Tribunal de Justiça português, não deveria haver qualquer distinção entre a possibilidade de aplicação da reconstituição natural em face de lesões a interesses patrimoniais ou extrapatrimoniais, sendo os danos decorrentes de ambas as modalidades – patrimoniais ou morais – abarcados pela preferência pela reparação não pecuniária.[37]

---

reparação. A postura revela-se ainda mais grave a partir da constatação de que oferecer à vítima unicamente uma indenização pecuniária não significa apenas atribuir-lhe um remédio insuficiente para reparar o dano moral sofrido, mas também dar margem a uma série de efeitos negativos que decorrem da exclusividade da resposta monetária" (SCHREIBER, Anderson. Reparação não pecuniária de danos morais. In: *Direito civil e constituição*. São Paulo: Atlas, 2013, p. 211).

32. SCHREIBER, Anderson. *Novos paradigmas da responsabilidade civil*, cit. p. 192-195.
33. Pietro Perlingieri defende que cada dano possui suas especificidades, que devem ser levadas em consideração no ato de reparar. Ao abordar a questão, traz exemplos como o da especialidade do dano no ouvido de um esportista que ama nadar ou gosta de ouvir música e do dano na perna de alguém que mora nos últimos andares de um prédio sem elevador (*Perfis do direito civil*: Introdução ao direito civil constitucional, cit., p. 174).
34. PORTUGAL. Artigo 566, § 1º, Código civil, 1966. A indemnização é fixada em dinheiro, sempre que a reconstituição natural não seja possível, não repare integralmente os danos ou seja excessivamente onerosa para o devedor.
35. Já em 1959, Adriano Vaz Serra defendia não só a reparabilidade dos danos não patrimoniais (tema este polêmico por muito tempo tanto em Portugal quanto no Brasil), mas também a possibilidade e preferência da sua reconstituição natural. SERRA, Adriano Vaz. *Reparação do dano não patrimonial*. BMJ, n. 83, fev. 1959, p. 69-111.
36. A expressão foi encontrada em voto condutor de julgamento unânime do Supremo Tribunal de Justiça português, que apreciou demanda reparatória envolvendo pedido indenizatório pela privação de uso de veículo automotor (PORTUGAL. Supremo Tribunal de Justiça. Processo 741/03.0TBMMN.E1.S1. rel. Min. Helder Roque. Julgado em: 31/05/2016. Disponível em: <http://www.dgsi.pt/jstj.nsf/-/83B9707B3E889C0B80257FC40049C1DF>. Acesso em: 01 out. 2021).
37. Esta é inclusive a posição do Supremo Tribunal de Justiça português: "Para que ocorra a obrigação de indemnizar é condição essencial que ocorra um dano, que se traduz no prejuízo que o facto ilícito culposo causa ao lesado, podendo o dano ser patrimonial ou não patrimonial, consoante seja ou não susceptível de avaliação pecuniária, estabelecendo a lei (cf. art. 566.º, n. 1, do CC) a primazia da reconstituição natural, funcionando a reparação através de indemnização monetária como sucedânea, quando a reparação específica se mostre materialmente inviável, não cubra a integridade dos danos e quando se revele demasiado gravosa para o devedor" (PORTUGAL. Supremo Tribunal de Justiça. Processo 17/07.4TBCBR.C1.S1. Rel. Min. Garcia Calejo. Julgado em: 21/04/2010. Disponível em: <http://www.dgsi.pt/jstj.nsf/954f0ce6ad9dd8b980256b5f003fa814/b21f3cb-c83b2d3738025771f002d8199?OpenDocument>. Acesso em: 01 out. 2021).

Apesar disso, parte relevante da doutrina lusitana insiste no argumento de que seria impossível a reconstituição natural dos danos extrapatrimoniais, sendo essa modalidade restrita aos danos de natureza patrimonial. O argumento central consiste na clássica concepção de que os danos morais não são passíveis de reparação, mas tão somente de compensação, não havendo que se falar na aplicabilidade da reparação natural, restrita aos danos patrimoniais, na hipótese de danos morais.[38] Tal posicionamento prospera, de certa forma, na prática dos tribunais portugueses, onde se verifica a timidez da adoção de meios não pecuniários para a reparação dos danos extrapatrimoniais. Em pesquisa quantitativa realizada no âmbito do Tribunal da Relação de Lisboa, verificou-se que, nos anos de 2020 e 2021, 96% das reparações por danos morais pleiteadas foram exclusivamente pecuniárias.[39]

No direito brasileiro, o panorama não é muito diferente. Embora as discussões sobre a viabilidade dos meios não pecuniários de reparação não sejam novas, sendo notáveis inclusive os debates ocorridos sobre o assunto em meados do século passado,[40] e apesar de já haver certo consenso doutrinário a respeito da sua possibilidade,[41] ainda é relativamente tímida a sua adoção pelos tribunais na prática forense.

Ainda assim, há notáveis exemplos da utilização de remédios não pecuniários na história recente dos tribunais brasileiros. A título de exemplo, pode-se recordar do voto-vista proferido pelo Ministro Luís Roberto Barroso nos autos do Recurso Extraordinário 580.252/MS. O caso consistiu em um pedido de compensação por danos morais sofridos por um preso em razão da sua submissão a tratamento degradante no presídio em que se encontrava, em razão da excessiva população carcerária e de problemas estruturais do presídio, como insalubridade e falta de espaço mínimo nas celas. Na ocasião, embora vencido, o Ministro votou por reconhecer o dever de reparar do Estado e por

---

38. Por todos, GERALDES, António Santos Abrantes. *Temas da Reforma do Processo Civil*, III Volume – Procedimento Cautelar Comum. Lisboa: Almedina, 1998, pp. 83-85).
39. Foram analisados 100 processos, julgados no período entre maio de 2020 e novembro de 2021, retirados da base de dados do Tribunal da Relação de Lisboa, dos quais em 96 a discussão versava sobre meios reparatórios exclusivamente pecuniários. Em apenas 4 foi aventada a possibilidade de reparação não pecuniária dos danos morais, notadamente através da retratação em razão de ofensas aos bens jurídicos honra e nome.
40. Orlando Gomes (*Obrigações*, 14. ed., rev. e atual. por Humberto Theodoro Junior, Rio de Janeiro: Editora Forense, 2000, p. 317) e Pontes de Miranda (*Tratado de Direito Privado: parte especial*, tomo 53. São Paulo: Ed. RT, 2012, p. 175), por exemplo, já defendiam, em meados do século XX, a aplicação de formas não pecuniárias de reparação de danos. Em sentido contrário, a favor da prevalência da indenização em pecúnia como meio de compensação por danos morais sofridos, ver MENDONÇA, Manuel Inácio Carvalho de. *Doutrina e prática das obrigações*, tomo II. 4. ed. Rio de Janeiro: Forense, 1956, p. 451. Tayná Bastos de Souza explora a controvérsia histórica com clareza ao tratar do tema em *A reparação não pecuniária dos danos: aplicabilidade no direito brasileiro*. In: SOUZA, Eduardo Nunes de; e SILVA, Rodrigo da Guia. *Controvérsias atuais em responsabilidade civil: estudos de direito civil-constitucional*. São Paulo: Almedina, 2018, p. 523-544.
41. Mais recentemente, em 2015, na VII Jornada de Direito Civil do CJF, foi aprovado o Enunciado 589, que afirma: "A compensação pecuniária não é o único modo de reparar o dano extrapatrimonial, sendo admitida a reparação in natura, na forma de retratação pública ou outro meio" (VII JORNADA DE DIREITO CIVIL. Brasília: Conselho da Justiça Federal, Centro de Estudos Judiciários, 2015, p. 25. Disponível em: <https://www.cjf.jus.br/cjf/corregedoria-da-justica-federal/centro-de-estudos-judiciarios-1/publicacoes-1/jornadas-cej/vii-jornada-direito-civil-2015.pdf>. Acesso: 27 set. 2021).

determinar que a reparação deveria se dar através da remição proporcional da pena do acusado, atribuindo meio não pecuniário de reparação.[42]

No âmbito mais específico das lesões existenciais perpetradas em redes sociais, todavia, vêm sendo verificadas nos últimos anos, ainda que timidamente, algumas decisões determinando obrigações de fazer como meio de reparação, sendo a mais notável delas a retratação, quase sempre combinada com uma compensação pecuniária dos danos sofridos.[43] Em caso notório, julgado pelo Tribunal de Justiça do Distrito Federal em novembro de 2021, reconheceu-se a retratação como meio de reparação eficaz para garantir a integral recomposição da honra da vítima, a respeito de quem foram publicadas informações falsas que a desabonavam. Na ocasião, foi, ainda, julgado improcedente o pedido de reparação *in pecunia*, ao argumento de que a retratação — através da publicação da íntegra da sentença na conta da ofensora no Instagram — era, por si só, suficiente para garantir a reparação integral da vítima.[44]

Justamente nesse ponto chega-se à controversa questão da possibilidade ou impossibilidade de conjugação da modalidade reparatória não pecuniária com a pecuniária em ações de responsabilidade civil. Em Portugal, tendo em vista o sistema de preferência dos meios reparatórios não pecuniários tratado acima, entende-se majoritariamente pela impossibilidade da conjugação dos dois meios, devendo ser determinada a compensação em dinheiro tão somente nos casos em que a reparação não pecuniária for impossível, excessivamente onerosa para o devedor ou ineficaz para reparar integralmente os danos causados.

Nesse sentido é a posição adotada pelo Supremo Tribunal de Justiça português, que entende que "configurando-se a restauração natural como princípio primário da indemnização, ditada no interesse de ambas as partes, tendo o autor pedido na ação o sucedâneo da indemnização pecuniária, pode o tribunal condenar em temos de reposição natural, sem que tal importe a violação do princípio do pedido, encontrando-se, igualmente, a condenação na obrigação de entrega do bem, estritamente, limitada ao valor do pedido formulado, em termos de indemnização em dinheiro".[45]

---

42. BRASIL. Supremo Tribunal Federal. Recurso Extraordinário 580.252/MS. Relator: Ministro Alexandre de Moraes. Julgado em: 16/02/2017. Disponível em: <https://redir.stf.jus.br/paginadorpub/paginador.jsp?docTP=TP&docID=13578623>.
43. A título de exemplo, veja-se os seguintes julgados: BRASIL. Tribunal de Justiça do Estado do Rio de Janeiro. Apelação 0000625-55.2016.8.19.0006. Relator: Des. André Luiz Cidra. Julgado em: 16 set. 2020. Disponível em:<http://www1.tjrj.jus.br/gedcacheweb/default.aspx?UZIP=1&GEDID=0004F6881D9996CB9A1D-286C1F7BD6ECDC32C50D17404C12>. BRASIL. Tribunal de Justiça do Estado do Rio de Janeiro. Apelação 0445116-34.2015.8.19.0001. Relator: Des. Alcides da Fonseca Neto. Julgado em: 26 jun. 2019. Disponível em: <http://www1.tjrj.jus.br/gedcacheweb/default.aspx?UZIP=1&GEDID=0004CE8FE9DE3CEBA228C09E-4D98E98638E9C50A3E491E63&USER=>.
44. BRASIL. Tribunal de Justiça do Distrito Federal e Territórios. Apelação 0712162-16.2020.8.07.0001. Relator: Des. Fabrício Fontoura Bezerra. Julgado em: 24 nov. 2021. Disponível em: <https://pje2i-consultapublica.tjdft.jus.br/consultapublica/ConsultaPublica/DetalheProcessoConsultaPublica/listView.seam?ca=15e3233da50a-a8a2465934f329c18f91f9df79130d5ba526>. Acesso em: 17 de julho de 2022.
45. PORTUGAL. Supremo Tribunal de Justiça. Processo 741/03.0TBMMN.E1.S1. Relator: Min. Helder Roque. Julgado em: 31/05/2016. Disponível em:<http://www.dgsi.pt/jstj.nsf/-/83B9707B3E889C0B80257FC40049C-1DF>. Acesso em: 01 de outubro de 2021.

No direito brasileiro, de outro lado, tanto a jurisprudência, como já mencionado acima, como a doutrina amplamente majoritária admitem a conjugação de meios pecuniários e não pecuniários de reparação dos danos, desde que, somados, seja atingida a medida imposta pelo artigo 944 do Código Civil.[46-47]

Controvérsia um pouco mais acirrada no direito brasileiro é aquela que diz respeito à possibilidade do juiz de determinar medida diversa daquela pedida pelo autor (o que, em Portugal, como citado, é perfeitamente possível). Neste aspecto, divide-se a doutrina brasileira entre os processualistas mais adstritos ao princípio da congruência e aqueles que, como os portugueses, vislumbram a possibilidade de o juiz determinar providência diversa da pedida, desde que restrita à efetiva tutela do direito material em jogo.[48] Dentre estes, destacam-se Luiz Guilherme Marinoni e Sérgio Cruz Arenhart, que afirmam que o juiz está vinculado ao pedido de reparação, e não à modalidade de preferência do autor da ação, devendo escolher o meio mais adequado para que se chegue à reparação integral.[49]

Seja como for, apesar do quadro atual de desenvolvimento incipiente, parece haver espaço para a expansão das modalidades não pecuniárias no direito brasileiro e no português, diante dos benefícios que podem dela advir, tais como o desincentivo a demandas frívolas e uma busca pela efetiva reparação, adequada às circunstâncias específicas de cada caso concreto.

3. POTENCIALIDADES DA RETRATAÇÃO FRENTE ÀS LESÕES À PERSONALIDADE NO AMBIENTE DIGITAL

Ao mesmo tempo em que trouxe benefícios, a digitalização da coexistência humana trouxe novos desafios à tutela da personalidade. Especialmente a partir da invenção e popularização das redes sociais, pessoas que conviviam diariamente com, no máximo algumas dezenas ou centenas de outras pessoas por dia, passaram a falar para milhares, ou até milhões, de qualquer lugar e a qualquer tempo.

Embora se reconheça o potencial dessa nova realidade para a produção de diversos efeitos sociais positivos,[50] não há como deixar de perceber que, da mesma forma,

---

46. BRASIL. Código Civil, artigo 944. A indenização mede-se pela extensão do dano.
47. Para um exame mais detido dos limites da reparação integral, ver: MONTEIRO FILHO, Carlos Edison do Rêgo. Limites ao princípio da reparação integral no direito brasileiro. Civilistica.com. Rio de Janeiro, a. 7, n. 1, 2018. Disponível em: <http://civilistica.com/limites-ao-principio-da-reparacao-integral/>. Data de acesso: 20 de novembro de 2021.
48. Anderson Schreiber expõe a controvérsia entre os processualistas em "Reparação não pecuniária de danos morais". In: SCHREIBER, Anderson. Direito civil e constituição. São Paulo: Atlas, 2013, p. 216 - 217.
49. MARINONI, Luiz Guilherme, e ARENHART, Sérgio Cruz. Curso de Processo Civil, v. 2: Processo de Conhecimento. São Paulo: Revista dos Tribunais, 2007, p. 439.
50. Tome-se como exemplo as iniciativas de mobilização popular em prol de causas humanitárias divulgadas nas redes sociais e a projeção atingida por ativistas, como Greta Thurnberg, que já declarou: "No começo, era só eu e meu cartaz. Depois eu publiquei no Twitter e no Instagram e mais pessoas começaram a aparecer". O início dos seus protestos no parlamento sueco se deu aproximadamente um ano antes da ativista ser indicada ao Prêmio Nobel da Paz e ser convidada a palestrar em eventos como a COP24, a Conferência do Clima da ONU, em dezembro, e

comportamentos sociais indesejados passam a ter seus efeitos potencializados em redes sociais. A ampla publicidade, antes concedida aos poucos que conseguiam mobilizar multidões ou ter acesso aos veículos de comunicação tradicionais – como o rádio, a televisão e o jornal –, tornou-se acessível a todos.

Com isso, o potencial de causar lesões imensuráveis e, por vezes, irreparáveis a aspectos existenciais da pessoa humana também se difundiu.[51] Hoje, sem qualquer controle editorial, conteúdos lesivos à honra de uma ou mais pessoas podem adquirir ampla publicidade fácil e imediatamente, sem que sequer seja dada à vítima qualquer possibilidade de uma resposta que efetivamente atinja a todos os visualizadores. Em meio à instantaneidade dos comentários e compartilhamentos, por vezes até anônimos, nos casos utilização de perfis falsos, por exemplo, os danos a direitos da personalidade se proliferam.

Este quadro mostra-se ainda mais grave, se considerados alguns aspectos particulares das lesões perpetradas nas redes sociais, dentre os quais destacam-se os seguintes: (i) são, em regra, lesões continuadas;[52] (ii) podem ser propagadas com muita velocidade e abrangência, gerando danos diversos (não se confundindo, estes, com a lesão, mas vistos como seus efeitos, em uma relação de causa-consequência[53]);[54] (iii) em especial quando atentam à honra da vítima, podem gerar danos de diversos graus, que não

---

no Fórum Econômico Mundial (***Quem é Greta Thunberg, a ativista de 16 anos que está por trás da greve global pelo clima***. G1, 20 set. 2019. Disponível em: <https://g1.globo.com/natureza/noticia/2019/09/20/quem-e-greta-thunberg-a-jovem-ativista-que-esta-por-tras-da-greve-global-pelo-clima.ghtml>). Acesso: 10 out. 2021.

51. Tome-se como exemplo o recente caso do assassinato do professor francês Samuel Paty, morto por um extremista checheno após ter sido alvo de uma onda de insultos nas redes sociais, dentre os quais se destaca um vídeo, amplamente divulgado, em que o pai de uma aluna o acusa, em meio a xingamentos, de mostrar aos alunos imagens pornográficas em suas aulas (FERNANDES, Daniela. *Por que governo francês está responsabilizando as redes sociais em caso de professor decapitado*. BBC News Brasil, 28 out. 2020. Disponível em: <https://www.bbc.com/portuguese/internacional-54714687>. Acesso: 04 out. 2021).

52. "A novidade primordial introduzida pela realidade virtual nesse contexto diz respeito aos novos padrões de danos gerados pelas lesões a bens jurídicos. Partindo-se da premissa da teoria dos efeitos da lesão, de modo a considerar o dano como efeito da lesão a certo bem jurídico, e não como equivalente à própria lesão, nota-se que a lesão praticada virtualmente possui a capacidade de produzir efeitos – danos, portanto – durante um longo período em razão do desprendimento do espaço temporal proporcionado pela rede. Assim, a mesma lesão à honra praticada virtualmente por meio da publicação de texto difamatório na internet pode gerar diversos danos, tanto patrimoniais como extrapatrimoniais, ao longo do período que o conteúdo lesivo estiver disponível para acesso aos internautas, a se constatar o afastamento temporal do dano em relação à lesão inicial ao bem jurídico honra" (MONTEIRO FILHO, Carlos Edison do Rêgo. AZEVEDO, Gustavo Souza de. A lesão continuada decorrente de publicação em mídia digital. In: EHRHARDT JÚNIOR, Marcos; CATALAN, Marcos; MALHEIROS, Pablo (Coords.). *Direito Civil e Tecnologia*. Belo Horizonte: Fórum, 2020, p. 401).

53. "Dizer-se dano=lesão é bem diferente de se afirmar dano=efeito da lesão. E, como a lesão pode suscitar variados efeitos, a vertente subjetiva parece conduzir a uma definição mais técnica do que seja o dano extrapatrimonial. A lesão a direito da personalidade, ao patrimônio moral ou à dignidade humana pode gerar também efeitos patrimoniais, como se sabe, na forma de danos emergentes e lucros cessantes, donde não se poder tomá-la como sinônima, síntese ou núcleo de definição de dano moral" (MONTEIRO FILHO, Carlos Edson do Rêgo. O conceito de dano moral nas relações de trabalho. Civilistica.com. Rio de Janeiro, a. 3, n. 1, jan.-jun./2014, p. 11).

54. "A evolução tecnológica, que permitiu a socialização virtual, por um lado, potencializa a comunicação e o acesso à informação, mas, como face oposta da mesma moeda, também incrementa as possibilidades lesivas. Isso ocorre, pois o conteúdo, a partir do momento que se publica digitalmente, desprende-se de suas circunstâncias espacial e temporal e passa a ser acessível a qualquer tempo e de qualquer lugar" (MONTEIRO FILHO, Carlos Edison do Rêgo. AZEVEDO, Gustavo Souza de. A lesão continuada decorrente de publicação em mídia digital., p. 399).

necessariamente param de se propagar com a indisponibilidade do conteúdo;[55] e (iv) o ofensor pode ser desconhecido, tornando demasiadamente difícil a efetiva reparação dos danos sofridos pela vítima.

Neste sentido, especificamente no que tange aos danos oriundos de conteúdos lesivos à honra propagados no âmbito de redes sociais, parecem adequadas, principalmente, as alternativas da retratação, esclarecimento, contextualização, dentre outras espécies semelhantes, aqui tratadas em conjunto, pelo nome de "retratação"[56].

Apesar de ainda pouco utilizadas no direito brasileiro, estas alternativas podem ganhar relevância a partir da comprovação da sua eficácia na contenção da propagação dos danos e na reparação dos danos já concretizados[57]. Em especial no âmbito das lesões praticadas em redes sociais, a retratação pode ter papel fundamental na tutela da personalidade, já que possibilita o ataque direto à disseminação do dano mesmo após a determinação da indisponibilidade do conteúdo lesivo. Assim, poder-se-ia combater a propagação dos danos com a divulgação da retratação, a ser publicada na mesma rede social em que se originou a lesão, com "*o destaque, a publicidade, a periodicidade e a dimensão*" semelhantes à da publicação que a ensejou,[58] a partir do uso de tecnologias voltadas ao direcionamento de conteúdo, semelhante às utilizadas em propagandas.

Igual relevância parece ter a função reparatória da retratação para as lesões praticadas nas redes sociais. Não é difícil imaginar que "*a retratação perante a sociedade tem*

---

55. As lesões à honra parecem ter a capacidade de gerar danos diversos que se propagam indefinidamente, mesmo depois de, no caso das redes sociais, tornado indisponível o conteúdo que gerou a lesão inicial. A esta característica é atribuída a imensa dificuldade, quiçá impossibilidade, de reparar tardiamente a honra lesada, levando a Ministra Ellen Gracie a afirmar, nos autos da ADPF 130, que "a busca tardia pela reparação da honra injustamente ultrajada é o esforço correspondente àquele de reunir as plumas de um travesseiro lançadas do alto de um edifício". A título de ilustração, imagine-se um texto atentatório à honra de uma vítima em uma rede social, visto por milhares de pessoas. Ainda que o conteúdo seja tornado indisponível após certo tempo, não será impedida a propagação do seu conteúdo – muitas vezes até inocentemente e com ares de verdade incontestável – através de fotos da tela ("*print screen*"), ou até mesmo de conversas entre pessoas que leram a publicação e pessoas que não leram. A lesão, deste modo, possui o condão de causar danos "primários" e "secundários" (causados pelo compartilhamento, virtual ou não, por terceiros, do conteúdo da primeira lesão, aumentando a sua abrangência), de natureza patrimonial e/ou existencial, a depender do contexto. Os danos "secundários", deste modo, não são impedidos de se propagar pela indisponibilização do conteúdo, que apenas garante que a lesão à honra perca força, uma vez que não haverá novos visualizadores da publicação original.
56. Apesar das singelas diferenças entre os sentidos das expressões, parece ser útil, para fins de clareza, que estes conceitos sejam tratados em conjunto, uma vez que possuem natureza jurídica semelhante (trata-se de obrigações de fazer) a mesma função: fazer cessar a propagação de danos e reparar parcialmente a vítima da forma mais eficaz possível.
57. "Tome-se como exemplo a retratação pública. Além de escapar às contradições do binômio lesão existencial-reparação pecuniária, a condenação à retratação pública tem se mostrado extremamente eficaz em seus efeitos de desestímulo à conduta praticada (a festejada *deterrance* do direito anglo-saxônico). O instrumento pode (e deve) ser aplicado também fora das relações jornalísticas" (SCHREIBER, Anderson. *Reparação não pecuniária de danos morais*, cit., p. 212).
58. Estes são os critérios balizadores da forma e da duração do direito de resposta ou retificação do ofendido em matéria divulgada, publicada ou transmitida por veículo de comunicação social por escrito ou na internet, dispostos no artigo 4º, I, da Lei 13.188/2015, que regula essa matéria no direito brasileiro.

especial relevância na reparação do dano à honra, configurando instrumento eficaz para a reconstrução da reputação do indivíduo no meio social em que se insere"[59].

Por apresentar, aparentemente, esta dupla-função, a retratação parece possuir natureza híbrida na proteção à personalidade, que não seria apresentada pela tradicional indenização em pecúnia: ao mesmo tempo em que ajuda a fazer cessar a propagação dos danos, enquadrando-se como obrigação de fazer a ser legitimamente determinada pelo Poder Judiciário na concessão da tutela específica, detém o condão de reparar a vítima, ao reconstruir a sua reputação no meio social em que está inserida.

Deve-se atentar, porém, aos constantes avanços tecnológicos presentes na contemporaneidade, que trazem a ela novos ingredientes: a velocidade e amplitude da propagação da informação. De um lado, esta característica, quando associada à propagação de danos à pessoa, constitui um grande desafio para a disciplina da responsabilidade civil.[60] De outro lado, esta mesma tecnologia pode – e deve – ser utilizada na busca pela cessação eficaz da proliferação dos danos oriundos de lesão decorrente de conteúdo publicado em redes sociais e na sua efetiva reparação. O direito não pode se furtar de utilizar novas tecnologias na busca pela efetiva tutela e promoção da dignidade da pessoa humana. Nas palavras de Pietro Perlingieri, "*o direito precisa de cada vez mais aberturas; necessariamente sensível a qualquer modificação da sociedade*".[61] Em um mundo digital, portanto, a tutela jurídica deve se adaptar às suas velocidade e amplitude.

Nesse aspecto, a retratação assume papel primordial, especialmente quando aliada a tecnologias de promoção de conteúdos on-line, tais como o overlapping. Essa tecnologia, utilizada primordialmente pelos provedores de aplicações de Internet para promover anúncios em redes sociais, permite que determinadas publicações em redes sociais sejam direcionadas a determinado público-alvo, que pode ser livremente escolhido pelo anunciante com base nos seguintes critérios: localização (estados, municípios, cidades ou países); interesses (aplicativos que usam, os anúncios em que clicam e as contas que seguem); dados demográficos (idade, sexo e idiomas); comportamentos (atividades que as pessoas realizam dentro e fora das redes sociais); públicos personalizados (com base em seus endereços de e-mail ou números de telefone); e/ou públicos semelhantes (pessoas com perfil semelhante àquelas que já interagem com determinada página).[62]

Deste modo, torna-se possível que a atuação do Poder Judiciário na contenção e reparação dos danos morais sofridos a partir de publicações em redes sociais ganhe eficácia justamente a partir de uma nova publicação pelo ofensor – em retratação ao

---

59. SCHREIBER, Anderson. *Reparação não pecuniária de danos morais*, cit., p. 212.
60. "Ao mesmo tempo, porém, não é possível entregar-se à deriva tecnológica, renunciando ao controle contínuo e cuidadoso das inovações tecnológicas. Há tempos a ciência e a técnica não mais encarnam o mito de um progresso sempre benéfico (...). Para as tecnologias da informação também é preciso questionar se tudo o que é tecnicamente possível é socialmente e politicamente aceitável, eticamente admissível, juridicamente lícito" (RODOTÀ, Stefano. *A vida na sociedade de vigilância: a privacidade hoje*. Org., seleção e apresentação de Maria Celina Bodin de Moraes. Rio de Janeiro: Renovar, 2008, p. 142).
61. PERLINGIERI, Pietro. *Perfis do Direito Civil: Introdução ao Direito Civil Constitucional*, cit., p. 1 - 2.
62. Informações retiradas do sítio eletrônico informativo dos serviços de anúncios do Instagram (<https://business.instagram.com/advertising?locale=pt_BR>). Acesso: 15 out. 2021.

conteúdo lesivo publicado –, a ser impulsionada pelo provedor de aplicações de *Internet*, de modo a direcioná-la aos usuários que potencialmente visualizaram a ofensa.

4. DESAFIOS DA UTILIZAÇÃO DA RETRATAÇÃO PARA A REPARAÇÃO DOS DANOS MORAIS NA INTERNET NO BRASIL E EM PORTUGAL

Apesar dos benefícios e do seu potencial de promover uma reparação adequada, a retratação pode apresentar alguns efeitos indesejados, especialmente diante da demora na sua determinação pelo Poder Judiciário. Neste sentido, imagine-se o caso de uma pessoa que, injustamente acusada nas redes sociais de crimes que jamais cometeu, ingressa com uma ação judicial pleiteando em sede liminar a derrubada do conteúdo publicado pelo ofensor e, em sede definitiva, a sua condenação à publicação de uma retratação pública. Após o deferimento da supressão da publicação, todavia, se a decisão definitiva não for prolatada em poucos meses, a retratação pode vir a perder a sua força reparatória, adquirindo efeitos perversos para a própria honra da vítima.

Diante do aspecto extremamente dinâmico das relações humanas na *Internet*, é comum que fatos de grande divulgação sejam rapidamente esquecidos pelo imaginário coletivo quando do surgimento da próxima novidade. Nos casos de lesão à honra, é comum que, após meses de sofrimento, a vítima deseje apenas ser esquecida e não ser mais vinculada de qualquer forma ao fato lesivo, ainda que através de uma retratação.

Assim, faz-se necessária, portanto, a atuação atenta do magistrado às particularidades do caso concreto quando da determinação da retratação do ofensor, de modo que se evite, quando da demora na prestação jurisdicional, "*reagitar os acontecimentos*", como vem sendo observado em alguns julgados no Brasil.[63] Bem como no direito das obrigações, deve-se ter como parâmetro o interesse útil do credor no recebimento da prestação reparatória, de modo que, quando esse não for verificado, seja determinada apenas a compensação pecuniária dos danos sofridos.[64]

---

63. "(...) Ilicitude vislumbrada na publicação de matéria com a divulgação do nome completo, profissão e lotação do demandante, nela referido como criminoso. Lesão imaterial caracterizada. Quantum indenizatório majorado. Retratação que se afigura desnecessária, considerando o tempo decorrido. Medida que apenas reagitaria os acontecimentos. Retirada da aludida publicação das páginas da Internet pertencentes à referida pessoa jurídica, sob pena de multa diária. precedente do C. STJ. Sentença reformada em parte. Recursos conhecidos, provido parcialmente o primeiro e desprovido o segundo" (BRASIL. Tribunal de Justiça do Estado do Rio de Janeiro. Apelação 0366211-54.2011.8.19.0001. Relator: Marcelo Dickstein. Julgado em: 20 jul. 2018. Disponível em: <http://www1.tjrj.jus.br/gedcacheweb/default.aspx?UZIP=1&GEDID=00048E212AE8B846EBB0BE-90775072CF265AC5083B220C43>. Acesso: 07 out. 2021).
64. A retratação deve ser regida pelo princípio da imediatidade, tal como já foi reconhecido pelo STF em relação ao direito de resposta, no âmbito da ADI 5436/DF: "O exercício do direito de resposta é regido pelo princípio da imediatidade (ou da atualidade da resposta). Portanto, a ação que reconhece esse direito encerra procedimento cuja efetividade depende diretamente da celeridade da prestação jurisdicional, o que justifica os prazos estipulados pelos arts. 5º, § 2º; 6º e 7º da Lei nº 13.188/15, os quais não importam em violação do devido processo legal" (BRASIL. Supremo Tribunal Federal. Ação Direta de Inconstitucionalidade 5436/DF. Relator: Ministro Dias Toffoli. Julgado em: 25/05/2021. Disponível em: <https://portal.stf.jus.br/processos/downloadPeca.asp?id=15346516591&ext=.pdf>. Acesso em: 20 de novembro de 2021.).

Outra dificuldade que se impõe à expansão da retratação como meio eficaz de reparação não pecuniária é a dificuldade prática de se controlar o seu conteúdo, de modo a evitar excessos ou mesmo insuficiências, frustrando a eficácia da decisão que a determinou. Neste sentido, parece ser necessária a utilização de parâmetros específicos que possam auxiliar no controle do conteúdo da retratação, tendo-se em mente que o que se quer não é um ato de vingança, uma humilhação do ofensor, mas sim a reparação da honra da vítima perante todos aqueles que tiveram acesso ao conteúdo lesivo.

Neste diapasão, Anderson Schreiber defende que "modalidade [da retratação] (pública ou privada), a extensão e a própria forma da retratação devem ser controladas intensamente pelo Poder Judiciário, que deve estabelecer seus termos de modo minucioso na própria decisão, a fim de evitar a burla à condenação imposta".[65] Os termos da retratação, contudo, devem ter como parâmetro precípuo o princípio da reparação integral, uma vez que se trata aqui de modalidade reparatória, devendo ser restrita a esta função. A retratação não deve se prestar ao papel de punição ao ofensor, através da sua humilhação perante a coletividade, que só geraria novos danos e impediria, naturalmente, qualquer pretensão de pacificação social ou eventual reconciliação das partes.

Por fim, como já citado, verificam-se obstáculos à remodelação da retratação à era digital tanto na legislação brasileira quanto na portuguesa. No Brasil, apesar do crescente alinhamento dos tribunais em direção a um sistema de notificações extrajudiciais para a rápida indisponibilização do conteúdo lesivo antes da edição do Marco Civil da Internet – semelhante ao *notice and takedown* do direito norte-americano[66] – a sua promulgação impôs severos retrocessos no regime de responsabilização do provedor. Como já mencionado, o texto do seu artigo 19 eximiu o provedor de aplicações de Internet[67] da responsabilidade por lesões oriundas de conteúdos compartilhados por terceiros em suas redes, relegando, ainda, a proteção da vítima de danos extrapatrimoniais à busca judicial por tutela específica para a indisponibilidade do conteúdo lesivo.[68]

---

65. SCHREIBER, Anderson. Reparação não pecuniária de danos morais. In: Direito civil e constituição. São Paulo: Atlas, 2013, p. 213.
66. Para uma análise do sistema do *notice and takedown* nos Estados Unidos e de como os tribunais brasileiros vinham caminhando, antes da publicação do Marco Civil da Internet, em direção ao entendimento de que os provedores de aplicações de internet possuiriam responsabilidade indireta e objetiva pelos conteúdos lesivos perpetrados nas redes sociais de sua propriedade, ver QUEIROZ, João Quinelato de. Responsabilidade civil na rede: danos e liberdades à luz do marco civil da internet. Rio de Janeiro: Processo, 2019, p. 87 a 113.
67. Chiara Spadaccini de Teffé ensina que "o provedor de aplicações de internet pode ser compreendido como a pessoa física ou jurídica que fornece um conjunto de funcionalidades que podem ser acessadas através de um terminal conectado à internet". Deste modo, esta é a classificação atribuída pelo Marco Civil da Internet às sociedades proprietárias de redes sociais, nos termos dos seus artigos 5º, VII, e 15 (A responsabilidade civil do provedor de aplicações de internet pelos danos decorrentes de conteúdo gerado por terceiros, de acordo com o Marco Civil da Internet. In: *Revista Fórum de Direito Civil*. Belo Horizonte, v. 4, n. 10, set. a dez., 2015, p. 8).
68. Art. 497, CPC/2015. Na ação que tenha por objeto a prestação de fazer ou de não fazer, o juiz, se procedente o pedido, concederá a tutela específica ou determinará providências que assegurem a obtenção de tutela pelo resultado prático equivalente. Parágrafo único. Para a concessão da tutela específica destinada a inibir a prática, a reiteração ou a continuação de um ilícito, ou a sua remoção, é irrelevante a demonstração da ocorrência de dano ou da existência de culpa ou dolo.

Da mesma forma, em Portugal, o supramencionado artigo 14 do Decreto-lei 7/2004 estabelece que é isento de responsabilidade pelo conteúdo o provedor que exerça apenas a atividade de transmissão de informações na rede "sem estar na origem da transmissão nem ter intervenção no conteúdo das mensagens transmitidas nem na selecção destas ou dos destinatários".

Deste modo, as potencialidades da reparação nas redes sociais a partir da sua vinculação às tecnologias que possibilitariam uma "retratação perfeita" restam, em ambos os sistemas jurídicos, inviabilizadas diante da impossibilidade de responsabilização solidária dos provedores junto ao particular ofensor, dificultando sobremaneira qualquer hipótese de remodelação da tutela reparatória a partir do uso inteligente deste instrumento.

5. CONCLUSÃO

À guisa de conclusão, verifica-se que, embora a retratação tenha potencial para assumir papel central nos pleitos reparatórios referentes a lesões perpetradas em redes sociais, há ainda um caminho tortuoso a seguir para que seu protagonismo seja realmente efetivado. As dificuldades relacionadas à morosidade do Poder Judiciário e à necessidade de efetuação de mudanças legislativas, tanto no Brasil quanto em Portugal, para que se possa atribuir papel ativo aos provedores de aplicações na contenção e na reparação dos danos causados, acabam por inviabilizar a modernização da utilização do instrumento, que possibilitaria a sua renovação.

Ademais, as dificuldades ainda encontradas no controle do próprio conteúdo da retratação e a necessidade de uma atuação mais proativa do Poder Judiciário em relação a este tipo de controle tornam a adoção da retratação como um remédio central ainda mais difícil. Neste sentido, sob uma perspectiva dos papéis institucionais, certos estudiosos chegam a afirmar que este controle não deve ser realizado pelo Judiciário, mas sim por uma instituição autônoma, que detenha a função precípua de regular a Internet.[69]

Todavia, mesmo diante de tal quadro, verifica-se a necessidade de se explorar as possibilidades que surgem a partir de uma retratação renovada na era digital. Não faltam esforços daqueles que se recusam a se conformar com a mercantilização dos danos extrapatrimoniais e que enxergam nessa ideia, talvez romântica,[70] mais um passo possível no caminho para a evolução da disciplina da responsabilidade civil em direção à efetiva tutela da pessoa. Talvez essa busca seja, no fundo, uma utopia, mas ainda assim, uma utopia necessária para a evolução do direito em direção a uma perspectiva solidarista e de proteção à pessoa.

---

69. "As obrigações de transparência eventualmente adotadas devem ser previstas em lei de forma genérica e posteriormente detalhadas por órgãos especializados, que tenham capacidade para contemplar as possibilidades técnicas e as especificidades de diferentes plataformas. No Brasil, um órgão possivelmente competente para a fiscalização desses deveres seria o CGI.br." (BARROSO, Luna Van Brussel. *Liberdade de expressão e democracia na era digital*. Mimeografado, 2022, p. 270).

70. CARRÁ, Bruno Leonardo Câmara; DANTAS BISNETO, Cícero. A reparação in natura e os danos extrapatrimoniais: ou de como transformar uma ideia romântica em realidade. *Revista de Direito Civil Contemporâneo*. v. 24. ano 7. p. 169-205. São Paulo: Ed. RT, jul.-set./2020.

6. REFERÊNCIAS BIBLIOGRÁFICAS

ANTUNES VARELA, João de Matos. *Das Obrigações em Geral, I*. 10. ed. Lisboa: Almedina, 2004.

ALMEIDA COSTA, Mario Julio. *Direito das Obrigações*, 10. ed. Lisboa: Almedina, 2006.

BOBBIO, Norberto. *A era dos direitos*. Rio de Janeiro: LTC, 2020.

BODIN DE MORAES, Maria Celina. *Danos à pessoa humana: uma leitura civil-constitucional dos danos morais*. Rio de Janeiro: Renovar, 2003.

BODIN DE MORAES, Maria Celina. Ampliando os direitos da personalidade. In: *20 Anos da Constituição Cidadã de 1988*. Rio de Janeiro; Forense, 2008.

BODIN DE MORAES, Maria Celina. *Na medida da pessoa humana*: estudos de direito civil constitucional. Rio de Janeiro: Renovar, 2010.

BODIN DE MORAES, Maria Celina; KONDER, Carlos Nelson. *Liberdade de expressão e ato ilícito*. In: Dilemas de direito civil-constitucional. Rio de Janeiro: Renovar, 2012, p. 3-24.

BRASIL. Supremo Tribunal Federal. Recurso Extraordinário 580.252/MS. Rel. Min. Alexandre de Moraes. Julgado em: 16/02/2017. Disponível em: <https://redir.stf.jus.br/paginadorpub/paginador.jsp?docTP=-TP&docID=13578623>. Acesso em: 20 nov. 2021.

BRASIL. Supremo Tribunal Federal. Ação Direta de Inconstitucionalidade 5436/DF. Rel. Min. Dias Toffoli. Julgado em: 25/05/2021. Disponível em: <https://portal.stf.jus.br/processos/downloadPeca.asp?id=15346516591&ext=.pdf>. Acesso em: 20 nov. 2021.

BRASIL. Tribunal de Justiça do Distrito Federal e Territórios. Apelação 0712162-16.2020.8.07.0001. Relator: Des. Fabrício Fontoura Bezerra. Julgado em: 24 nov. 2021. Disponível em: <https://pje2i-consultapublica.tjdft.jus.br/consultapublica/ConsultaPublica/DetalheProcessoConsultaPublica/listView.seam?ca=15e-3233da50aa8a2465934f329c18f91f9df79130d5ba526>. Acesso em: 17 jul. 2022.

BRASIL. Tribunal de Justiça do Estado do Rio de Janeiro. Apelação 0000625-55.2016.8.19.0006. Relator: Des. André Luiz Cidra. Julgado em: 16 set. 2020. Disponível em:<http://www1.tjrj.jus.br/gedcacheweb/default.aspx?UZIP=1&GEDID=0004F6881D9996CB9A1D286C1F7BD6ECDC32C50D17404C12>.

BRASIL. Tribunal de Justiça do Estado do Rio de Janeiro. Apelação 0445116-34.2015.8.19.0001. Rel. Des. Alcides da Fonseca Neto. Julgado em: 26 jun. 2019. Disponível em: <http://www1.tjrj.jus.br/gedcacheweb/default.aspx?UZIP=1&GEDID=0004CE8FE9DE3CEBA228C09E4D98E98638E9C50A3E491E63&USER=>. Acesso em: 20 de novembro de 2021.

BRASIL. Tribunal de Justiça do Estado do Rio de Janeiro. Apelação 0366211-54.2011.8.19.0001. Rel. Marcelo Dickstein. Julgado em: 20 jul. 2018. Disponível em: <http://www1.tjrj.jus.br/gedcacheweb/default.aspx?UZIP=1&GEDID=00048E212AE8B846EBB0BE90775072CF265AC5083B220C43>. Acesso em: 20 nov. 2021.

CARRÁ, Bruno Leonardo Câmara; DANTAS BISNETO, Cícero. A reparação in natura e os danos extrapatrimoniais: ou de como transformar uma ideia romântica em realidade. *Revista de Direito Civil Contemporâneo*. v. 24. ano 7. p. 169-205. São Paulo: Ed. RT, jul.-set./2020.

DANTAS BISNETO, Cícero. *Formas não monetárias de reparação do dano moral*: uma análise do dano extrapatrimonial à luz do princípio da reparação adequada. São Paulo: Tirant Brasil, 2019.

DANTAS BISNETO, Cícero. Reparação não pecuniária de danos extrapatrimoniais. In: *Revista de Direito da Responsabilidade*, ano 2, 2020, p. 653-675.

DANTAS BISNETO, Cícero. Reparação não pecuniária de danos extrapatrimoniais e covid-19. *Migalhas*. Disponível em: <https://www.migalhas.com.br/coluna/migalhas-de-responsabilidade-civil/330385/reparacao-nao-pecuniaria-de-danos-extrapatrimoniais-e-covid-19>.

ENGELS, Friederich. *A origem da família, da propriedade privada e do Estado*. Rio de Janeiro: Editorial Vitória Ltda., 1964.

FAJNGOLD, Leonardo. *Dano moral e reparação não pecuniária*: sistemática e parâmetros. São Paulo: Ed. RT, 2021.

FRAZÃO, Ana. Novo Marco Civil da Internet. A inadequação e os riscos de se impedir que plataformas digitais cumpram o seu papel de fazer uma eficiente curadoria de conteúdos. *Jota*. Disponível em: <https://www.jota.info/opiniao-e-analise/colunas/constituicao-empresa-e-mercado/novo-marco-civil-da-internet-02062021>.

FRAZÃO, Ana. Democracia à venda: a relação entre determinados modelos de negócios e a erosão da democracia e da própria esfera pública. *Jota*. Disponível em: <https://www.jota.info/opiniao-e-analise/colunas/constituicao-empresa-e-mercado/democracia-a-venda-08092021>.

GERALDES, António Santos Abrantes. *Temas da Reforma do Processo Civil*, III Volume – Procedimento Cautelar Comum. Lisboa: Almedina, 1998.

GOMES, Orlando. *Obrigações*. 14. ed., rev. e atual. por Humberto Theodoro Júnior, Rio de Janeiro: Editora Forense, 2000.

GOMES, Orlando. *Responsabilidade civil*. Rio de Janeiro: Editora Forense, 2011.

HARARI, Yuval Noah. *Sapiens*: uma breve história da humanidade. Rio de Janeiro: Companhia das Letras, 2020.

HOBSBAWM, Eric J. *Las revoluciones burguesas*. Madrid: Ed. Guadarrama, 1971.

HOBSBAWM, Eric J. *Da revolução industrial inglesa ao imperialismo*. 6. ed. São Paulo: Forense Universitária, 2011.

INSTITUTO BRASILEIRO DE GEOGRAFIA ESTATÍSTICA. *Pesquisa nacional por amostra de domicílios contínua: acesso à internet e posse de telefone móvel celular para uso pessoal 2018/2019*; Rio de Janeiro: IBGE, 2020. Disponível em: <https://biblioteca.ibge.gov.br/index.php/biblioteca-catalogo?view=detalhes&id=2101705>.

INSTITUTO NACIONAL DE ESTATÍSTICA. *Inquérito à Utilização de Tecnologias da Informação e da Comunicação pelas Famílias – 2020*. Lisboa: INE, 2020. Disponível em: <https://www.ine.pt/xportal/xmain?xpid=INE&xpgid=ine_destaques&DESTAQUESdest_boui=415621509&DESTAQUESmodo=2>.

KONDER, Carlos Nelson; SOUZA, Amanda G. C. de. Onerosidade do acesso às redes sociais. In: *Revista de Direito do Consumidor*, ano 28, v. 121, jan./fev., 2019, p. 185-211.

MARINONI, Luiz Guilherme, e ARENHART, Sérgio Cruz. *Curso de Processo Civil, v. 2*: Processo de Conhecimento. São Paulo: Ed. RT, 2007, p. 439.

MENDONÇA, Manuel Inácio Carvalho de. *Doutrina e prática das obrigações*, tomo II. 4. ed. Rio de Janeiro: Forense, 1956.

MENEZES LEITÃO, Luis Manuel Telles de. *Direito das Obrigações*, I, 12. ed. Lisboa: Almedina, 2015.

MIRANDA, F.C. Pontes de. *Tratado de Direito Privado*: parte especial, tomo 53. São Paulo: Ed. RT, 2012.

MONTEIRO FILHO, Carlos Edison do Rêgo; AZEVEDO, Gustavo Souza de. A lesão continuada decorrente de publicação em mídia digital. In: EHRHARDT JÚNIOR, Marcos; CATALAN, Marcos; MALHEIROS, Pablo (Coords.). *Direito Civil e Tecnologia*. Belo Horizonte: Fórum, 2020.

MONTEIRO FILHO, Carlos Edison do Rêgo. *Elementos da responsabilidade civil por dano moral*. Rio de Janeiro: Renovar, 2000.

MONTEIRO FILHO, Carlos Edison do Rêgo. O conceito de dano moral nas relações de trabalho. *Civilistica.com*. Rio de Janeiro, a. 3, n. 1, jan.-jun./2014.

MONTEIRO FILHO, Carlos Edison do Rêgo. Limites ao princípio da reparação integral no direito brasileiro. *Civilistica.com*. Rio de Janeiro, a. 7, n. 1, 2018. Disponível em: <http://civilistica.com/limites-ao-principio-da-reparacao-integral/>. Data de acesso: 20 nov. 2021.

PEREIRA, Caio Mário da Silva. *Responsabilidade civil*. 11. ed. atualizada por Gustavo Tepedino. Rio de Janeiro: Forense, 2016.

PEREIRA, Caio Mário da Silva. *Instituições do Direito Civil*, v. 1, 32. ed., rev. e atual. por Maria Celina Bodin de Moraes, Rio de Janeiro: Forense, 2019.

PERLINGIERI, Pietro. *Perfis do Direito Civil*: Introdução ao Direito Civil Constitucional. Trad. Maria Cristina De Cicco. 3. ed., rev. e ampl. Rio de Janeiro: Renovar, 2002.

PERLINGIERI, Pietro. *O direito civil na legalidade constitucional*. Trad. Maria Cristina de Cicco. Rio de Janeiro: Renovar, 2008.

PORTUGAL. Supremo Tribunal de Justiça. Processo 7952/09.3TBVNG.P1.S1. Rel. Min. Olindo Geraldes. Julgado em: 24/05/2018. Disponível em: <http://www.dgsi.pt/jstj.nsf/954f0ce6ad9dd8b980256b5f-003fa814/31b13a1463553781802582980049 76bb?OpenDocument>. Acesso: 01 out. 2021.

PORTUGAL. Supremo Tribunal de Justiça. Processo 17/07.4TBCBR.C1.S1. Rel. Min. Garcia Calejo. Julgado em: 21/04/2010. Disponível em: <http://www.dgsi.pt/jstj.nsf/954f0ce6ad9dd8b980256b5f003fa814/b21f3cbc83b2d3738025771f002d8199?OpenDocument>. Acesso: 01 out. 2021.

PORTUGAL. Supremo Tribunal de Justiça. Processo 741/03.0TBMMN.E1.S1. Rel. Min. Helder Roque. Julgado em: 31/05/2016. Disponível em: <http://www.dgsi.pt/jstj.nsf/-/83B9707B3E889C0B80257FC-40049C1DF>. Acesso em: 01 out. 2021.

QUEIROZ, João Quinelato de. A responsabilidade civil dos provedores de aplicações de internet por danos decorrentes de conteúdo gerado por terceiros na perspectiva civil-constitucional. In: SOUZA, Eduardo Nunes de; e SILVA, Rodrigo da Guia. *Controvérsias atuais em responsabilidade civil*: estudos de direito civil-constitucional. São Paulo: Almedina, 2018, p. 433-468.

QUEIROZ, João Quinelato de. *Responsabilidade civil na internet: danos e liberdades à luz do marco civil da internet*. Rio de Janeiro: Processo, 2019.

QUEIROZ, João Quinelato de. Responsabilidade civil solidária entre provedores e autores de conteúdo ofensivo à luz do Marco Civil: critérios objetivos na perspectiva civil constitucional. In: SCHREIBER, Anderson; MORAES, Bruno Terra de; e TEFFÉ, Chiara Spadaccini de (Coords.). *Direito e mídia*: tecnologia e liberdade de expressão. Indaiatuba, SP: Editora Foco, 2020, p. 291-324.

QUEIROZ, João Quinelato de; e SOUZA, Eduardo Nunes de. Breves notas sobre a responsabilidade civil dos provedores de aplicações de internet na perspectiva civil-constitucional. In: *Revista de Direito, Governança e Novas Tecnologias*. Porto Alegre, v. 4, n. 2, jul./dez. 2018, p. 61-82.

RODOTÀ, Stefano. *A vida na sociedade de vigilância: A privacidade hoje*. org., seleção e apresentação de Maria Celina Bodin de Moraes. Rio de Janeiro: Renovar, 2008.

RODOTÀ, Stefano. Una Constituzione per Internet. In: *Notizie di Politeia*, XXII, 82, 2006, p. 177-182.

SCHREIBER, Anderson. *Novos Paradigmas da Responsabilidade Civil*: da erosão dos filtros da reparação à diluição dos danos. 2. ed. São Paulo: Atlas, 2009.

SCHREIBER, Anderson. Reparação não pecuniária de danos morais. In: SCHREIBER, Anderson. *Direito civil e constituição*. São Paulo: Atlas, 2013.

SCHREIBER, Anderson. Marco Civil da Internet: Avanço ou Retrocesso? A Responsabilidade Civil por Dano derivado do Conteúdo Gerado por Terceiro. In: DE LUCCA, Newton; SIMÃO FILHO, Adalberto; LIMA, Cintia Rosa Pereira de (coord.) *Direito & Internet – Tomo II: Marco Civil da Internet (Lei 12.965/2014)*. São Paulo: Quartier Latin, 2015, p. 277-305.

SCHREIBER, Anderson. Responsabilidade civil e direito de família: a proposta da reparação não pecuniária. In: MADALENO, Rolf; e BARBOSA, Eduardo (Coord.). *Responsabilidade civil no direito de família*. São Paulo: Atlas, 2015.

SCHREIBER, Anderson. Liberdade de expressão e tecnologia. In: SCHREIBER, Anderson; MORAES, Bruno Terra de; e TEFFÉ, Chiara Spadaccini de (Coords.). *Direito e mídia*: tecnologia e liberdade de expressão. Indaiatuba, SP: Editora Foco, 2020, p. 1-27.

SILVEIRA, Marina de Paula. As plataformas são intermediárias ou sua matemática é responsável na circulação de conteúdo falso e danoso? *Migalhas*. Publicado em 29 out. 2020. Disponível em: <https://migalhas.uol.com.br/coluna/migalhas-de-responsabilidade-civil/335662/as-plataformas-sao-intermediarias-ou-sua-matematica-e-responsavel-na-circulacao-de-conteudo-falso-e-danoso>.

SOUZA, Carlos Affonso; TEFFÉ, Chiara Spadaccini de. Liberdade de Expressão e o Marco Civil da Internet. In: MARTINHÃO, Maximiliano S. (Coord.). *TIC domicílios 2016: Pesquisa Sobre o Uso das Tecnologias de Informação e Comunicação nos Domicílios Brasileiros*. São Paulo: Comitê Gestor da Internet no Brasil, 2017. Disponível em: <https://cetic.br/media/docs/publicacoes/2/TIC_DOM_2016_LivroEletronico.pdf>.

SOUZA, Carlos Affonso; LEMOS, Ronaldo; BOTTINO, Celina. *Marco Civil da Internet*: Jurisprudência comentada. São Paulo: Ed. RT, 2017.

SOUZA, Tayná Bastos de. A reparação não pecuniária dos danos: aplicabilidade no direito brasileiro. In: SOUZA, Eduardo Nunes de; e SILVA, Rodrigo da Guia. *Controvérsias atuais em responsabilidade civil: estudos de direito civil-constitucional*. São Paulo: Almedina, 2018, p. 523-544.

SERRA, Adriano Vaz. Reparação do dano não patrimonial. *BMJ*, n. 83, fev. 1959, p. 69-111.

STATISTA RESEARCH DEPARTMENT. *Brazil*: number of Facebook users 2018 – 2027. Publicado em 12 jul. 2022. Disponível em: <https://www.statista.com/statistics/244936/number-of-facebook-users-in-brazil/>. Acesso: 17 jul. 2022.

STATISTA RESEARCH DEPARTMENT. *Number of Facebook users in Portugal from 2018 to 2027*. Publicado em junho de 2022. <https://www.statista.com/statistics/568824/forecast-of-facebook-user-numbers-in-the-portugal/> Acesso: 17 jul. 2022.

TEFFÉ, Chiara Spadaccini de. A responsabilidade civil do provedor de aplicações de internet pelos danos decorrentes de conteúdo gerado por terceiros de acordo com o Marco Civil da Internet. In: *Revista Fórum de Direito Civil*. Belo Horizonte, v. 4, n. 10, set./dez., 2015.

TEPEDINO, Gustavo. *Temas de direito civil*. 2. ed. rev. e atual. Rio de Janeiro: Renovar, 2001.

TEPEDINO, Gustavo. Normas Constitucionais e relações de direito civil na experiência brasileira. In: *Temas de direito civil,* tomo II. Rio de Janeiro: Renovar, 2006, p. 21-46.

TEPEDINO, Gustavo; OLIVA, Milena Donato. *Fundamentos do direito civil*: teoria geral do direito civil. Rio de Janeiro: Forense, 2020. v. 1.

TEPEDINO, Gustavo; TERRA, Aline Miranda Valverde; GUEDES, Gisela Sampaio da Cruz. *Fundamentos do direito civil*: responsabilidade civil. Rio de Janeiro: Forense, 2020. v. 4.

REFLEXÕES ACERCA DA POLISSEMIA DA "RESPONSABILIDADE CONTRATUAL"

Rodrigo da Guia Silva[1]

> Doutor e Mestre em Direito Civil pela Universidade do Estado do Rio de Janeiro (UERJ). Ex-Professor Substituto de Direito Civil da Faculdade de Direito da UERJ e da Faculdade Nacional de Direito da Universidade Federal do Rio de Janeiro (UFRJ). Advogado, sócio de Gustavo Tepedino Advogados. *E-mail*: rodrigo.daguiasilva@gmail.com.

Sumário: 1. Introdução – 2. Perspectivas para a compreensão da "responsabilidade contratual" a partir da diferenciação entre a responsabilidade pelo inadimplemento e a responsabilidade civil por danos decorrentes do inadimplemento – 3. Inexistente correlação necessária entre *inadimplemento* e *dano* – 4. Alguns exemplos de aplicações práticas do raciocínio propugnado: diferenciação e cumulatividade entre remédios ao inadimplemento e pretensão indenizatória – 5. Conclusão – 6. Referências bibliográficas.

1. INTRODUÇÃO

A ciência jurídica ressente-se hodiernamente, em maior ou menor grau, de uma fragmentação dos seus pilares fundamentais, a caracterizar o que já se referiu como uma "completa desconexão entre lei, teoria e prática".[2] Nesse contexto, avulta o protagonismo a ser assumido pela doutrina (em colaboração com os demais protagonistas da ciência jurídica)[3] com vistas à superação da mencionada fragmentação, mediante a construção de um "*círculo virtuoso doutrinador colaborativo/magistrado dialógico*",[4] na feliz expressão do homenageado desta obra.

---

1. Agradeço aos Professores Eduardo Nunes de Souza e Rafael Mansur de Oliveira pela incessante disponibilidade para debates e reflexões caríssimas ao presente estudo, bem como pelas revisões críticas do original.
2. "Como resultado do quadro traçado nos parágrafos acima, observa-se a completa desconexão entre lei, teoria e prática. A ciência jurídica, como objeto de estudo, sofreu processo de fragmentação em três sistemas quase herméticos – jurisprudencial, legislativo e doutrinário –, em prejuízo à adequação valorativa e à unidade interior da ordem jurídica, em quadro de crise que desafia o operador do direito contemporâneo *a buscar a junção eficaz entre os fragmentos e construir as pontes capazes de funcionalizá-los ao compromisso de transformação da realidade, promovendo os parâmetros axiológicos do ordenamento*, assentados no desenvolvimento pleno da pessoa e na solidariedade social" (MONTEIRO FILHO, Carlos Edison do Rêgo. Reflexões metodológicas: a construção do observatório de jurisprudência no âmbito da pesquisa jurídica. *Revista Brasileira de Direito Civil*, v. 9, p. 8-30, jul.-set./2016, p. 11. Grifos no original).
3. "No mister de construção da ideia de ordenamento jurídico, essencialmente mutável, relativa e historicamente determinado, concorrem o legislador, o magistrado e o doutrinador, protagonistas da ciência jurídica, a cada momento, em cada parte" (MONTEIRO FILHO, Carlos Edison do Rêgo. Reflexões metodológicas, cit., p. 9). A ressaltar o protagonismo da doutrina, o autor proclama: "(...) defende-se que à doutrina incumbe assumir a responsabilidade pelo processo de reunificação, valendo-se do observatório de jurisprudência como poderosa ferramenta a atuar sobre tais engrenagens" (Ibid., p. 11).
4. "Para a solução de tais questões práticas, exige-se a construção de cultura hermenêutica com destaque para os papeis do observatório, capaz de compilar parâmetros, sistematizar dados e tratar informações, para assim bem orientar a solução dos casos concretos, de modo que, na constante dialética entre fato e texto legal, o magistrado tenha à disposição arcabouço teórico capaz de guiá-lo no sentido da máxima realização da tábua

A propósito, peço vênia para registrar que, desde o início da minha formação acadêmica (i.e., a partir dos momentos iniciais da minha trajetória no bacharelado em Direito na nossa *alma mater* comum, a Faculdade de Direito da Universidade do Estado do Rio de Janeiro – UERJ), tive o privilégio de desfrutar das lições do Professor Carlos Edison do Rêgo Monteiro Filho por intermédio da sua produção bibliográfica e das suas palestras. Posteriormente, na qualidade de integrante do corpo discente do Programa de Pós-Graduação *Stricto Sensu* em Direito da UERJ, tive o privilégio ainda maior de ser seu aluno e contar com as suas generosas contribuições para as reflexões que desenvolvi no âmbito do Mestrado e do Doutorado em Direito Civil. Por tudo isso, e por tanto mais, agradeço profundamente aos coordenadores pelo honroso convite para participar desta mais justa homenagem ao Professor Carlos Edison, de cuja vasta obra destaco, singelamente, a exortação ao reconhecimento e à assunção, pela doutrina, do protagonismo para o diuturno revigoramento interno do sistema jurídico.

Entre tantos outros pontos conformativos dessa árdua tarefa, destaca-se a importância do enfrentamento técnico e criterioso dos conceitos jurídicos, que se afiguram essenciais à boa compreensão e aplicação do direito pelos seus operadores. Trata-se, com efeito, de uma das mais relevantes missões incumbidas à doutrina, cuja atuação na formulação de conceitos e na correlata sistematização do saber jurídico assume particular destaque nos sistemas jurídicos da tradição romano-germânica.[5] Subjaz a essa valorosa tarefa o equacionamento da polissemia (não raramente) presente em vocábulos de todo relevantes para a configuração dogmática das disciplinas em que inseridos.

Exemplo emblemático do quanto mencionado se verifica a respeito dos vocábulos "responsabilidade" e "responsabilidade contratual", cuja depuração conceitual tem sido constantemente impulsionada pela obra do Professor Carlos Edison do Rêgo Monteiro Filho,[6] a justificar, também por isso, que se lhes dedique a especial atenção ora propug-

---

axiológica constitucional. Fecha-se assim o *círculo virtuoso doutrinador colaborativo/magistrado dialógico*, em que o próprio sistema seria capaz de se retroalimentar" (MONTEIRO FILHO, Carlos Edison do Rêgo. Reflexões metodológicas, cit., p. 25. Grifos no original).

5. De fato, trata-se de advertência particularmente cara aos sistemas jurídicos da tradição romano-germânica, nos quais sobressai o papel central da doutrina: "Nos sistemas romano-germânicos entende-se haver uma 'ciência', decorrente do conhecimento do ordenamento, visto como um sistema que, composto pelo corpo de normas contidas em diplomas legislativos diversos, é dotado de algumas características essenciais: a unidade e a coerência. Daí, portanto, ser um direito doutoral, de professores, aqueles que em virtude de estudos aprofundados acerca do sistema, impossíveis de serem realizados no dia a dia por força das demandas cotidianas do julgar, melhor conhecem e, em consequência, melhor elaboram sua interpretação lógica, sistemática e teleológica" (BODIN DE MORAES, Maria Celina. Professores ou juízes?. *Civilistica.com*. Rio de Janeiro, a. 3, n. 2, p. 1-5, 2014, p. 3). A ressaltar que "[i]ncumbe à doutrina o papel de sistematizar" (em lição desenvolvida no contexto da análise das invalides negociais e de todo extensível à generalidade do estudo do direito civil), v. SOUZA, Eduardo Nunes de. *Teoria geral das invalidades do negócio jurídico*: nulidade e anulabilidade no direito civil contemporâneo. São Paulo: Almedina, 2017, p. 286.

6. A título puramente ilustrativo, v., entre inúmeros outros, MONTEIRO FILHO, Carlos Edison do Rêgo. *Elementos de responsabilidade civil por dano moral*. Rio de Janeiro: Renovar, 2000, *passim*; MONTEIRO FILHO, Carlos Edison do Rêgo. *Responsabilidade contratual e extracontratual*: contrastes e convergências no direito civil contemporâneo. Rio de Janeiro: Processo, 2016, *passim*; MONTEIRO FILHO, Carlos Edison do Rêgo (Org.). *Problemas de responsabilidade civil*. Rio de Janeiro: Revan, 2016, *passim*; MONTEIRO FILHO, Carlos Edson do Rêgo. O conceito de dano moral e as relações de trabalho. *Civilistica.com*, a. 3, n. 1, p. 1-15, jan.-jun./2014,

nada. Para tanto, sem perder de vista outras possíveis manifestações do fenômeno, o presente estudo dedicar-se-á a uma específica ocorrência da polissemia em comento, com vistas ao delineamento de balizas para a superação da confusão conceitual em torno da expressão "responsabilidade contratual".[7]

2. PERSPECTIVAS PARA A COMPREENSÃO DA "RESPONSABILIDADE CONTRATUAL" A PARTIR DA DIFERENCIAÇÃO ENTRE A RESPONSABILIDADE PELO INADIMPLEMENTO E A RESPONSABILIDADE CIVIL POR DANOS DECORRENTES DO INADIMPLEMENTO

Não é de hoje que se identifica a existência de expressiva dificuldade de distinção conceitual entre variadas acepções do vocábulo "responsabilidade contratual". Trata-se, a bem da verdade, de dificuldade sentida pela civilística no Brasil e alhures, do que constitui valioso exemplo a advertência de Karl Larenz a respeito da polissemia do vocábulo alemão "*Haftung*"[8] ("responsabilidade", em tradução livre), de influência marcante na civilística brasileira. A propósito de tal advertência, cumpre consignar que a análise pormenorizada dos inúmeros aspectos subjacentes à polissemia da "responsabilidade contratual" não comportaria desenvolvimento adequado no presente estudo, o qual busca colocar-se predominantemente como um convite à reflexão sobre o tema, sem pretensão de fornecimento de conceituações ou conclusões definitivas.

Nesse contexto, pode-se afirmar que algumas possíveis acepções da "responsabilidade contratual" assumem particular destaque. Vale mencionar, de início, a correlação entre a *responsabilidade contratual* e a *responsabilidade patrimonial*, passível de síntese preliminar[9] em torno da ideia de vinculação do patrimônio do devedor (ou de eventual prestador de garantia fidejussória) à satisfação da obrigação. Não por acaso, tal acepção da "responsabilidade (patrimonial)" se associa diretamente ao *princípio da responsabi-*

---

passim; MONTEIRO FILHO, Carlos Edison do Rêgo. Lesão ao tempo: configuração e reparação nas relações de consumo. *Revista da AJURIS*, v. 43, n. 141, p. 87-113, dez./2016, *passim*; MONTEIRO FILHO, Carlos Edison do Rêgo. Subversões hermenêuticas: a Lei da Comissão da Anistia e o direito civil-constitucional. *Civilistica.com*, a. 5, n. 1, p. 1-19, 2016, *passim*; MONTEIRO FILHO, Carlos Edison do Rêgo. Limites ao princípio da reparação integral no direito brasileiro. *Civilistica.com*, a. 7, n. 1, p. 1-25, 2018, *passim*.

7. Sem embargo da possibilidade de obrigações das mais variadas fontes (inclusive as obrigações de fonte negocial não contratual) suscitarem questões relevantes a respeito da *responsabilidade*, o presente estudo pauta-se precipuamente no esforço de compreensão dos possíveis sentidos da *responsabilidade* vinculada às obrigações de fonte contratual. A propósito, para o desenvolvimento da análise a respeito do escopo das fontes das obrigações no direito civil contemporâneo, seja consentido remeter a SILVA, Rodrigo da Guia. *Enriquecimento sem causa*: as obrigações restitutórias no direito civil. 2. ed. São Paulo: Thomson Reuters Brasil, 2022, item 1.2.2.

8. Advertia o autor: "*Der Ausdruck 'Haftung' wird in der Rechtssprache freilich in mehrfacher Bedeutung gebraucht*" (LARENZ, Karl. Lehrbuch des Schuldrechts. I. Band: Allgemeiner Teil. 8. ed. München: C. H. Beck, 1967, p. 16). Em tradução livre: "O termo 'responsabilidade' é utilizado na linguagem jurídica em diversas acepções". Para o desenvolvimento da análise a respeito da polissemia do vocábulo "Haftung" no direito alemão, remete-se, por todos, a ENNECCERUS, Ludwig. In: ENNECCERUS, Ludwig; KIPP, Theodor; WOLFF, Martin. Tratado de derecho civil. Tomo II: Derecho de Obligaciones. v. I. Trad. Blas Pérez González e José Alguer. Barcelona: Bosch, 1947, p. 10 e ss.

9. A *responsabilidade patrimonial* suscita reflexões acentuadamente complexas, ainda carentes de mais detido desenvolvimento pela doutrina civilista.

lidade patrimonial, positivado atualmente no art. 391 do Código Civil e no art. 789 do Código de Processo Civil.[10] Em razão dessa íntima vinculação entre o patrimônio do devedor e a satisfação da obrigação contraída, afirma-se tratar-se da "responsabilidade que acompanha o débito, como a sombra que segue o corpo, na emblemática analogia de Larenz".[11]

Caso venha a se configurar uma situação de inadimplemento contratual (i.e., descumprimento contratual imputável ao devedor),[12] a ordinária vinculação do patrimônio do devedor à satisfação da obrigação (substrato da *responsabilidade patrimonial*) passa a se projetar para os consectários do respectivo inadimplemento. Vale dizer: o patrimônio do devedor (e/ou de eventual prestador de garantia fidejussória) passa a estar vinculado não apenas à prestação tal como originariamente pactuada, mas também aos consectários do seu descumprimento (e.g., juros moratórios).[13] Trata-se do que se poderia referir por *responsabilidade pelo inadimplemento contratual*, cuja íntima correlação com a *responsabilidade patrimonial* poderia ser representada metaforicamente pela forma de verso e anverso de uma mesma moeda – *responsabilidade patrimonial* na fase fisiológica da relação obrigacional, e *responsabilidade pelo inadimplemento contratual* na sua fase patológica.

Afigura-se, possível, ainda, que a conduta do devedor, a par de configurar inadimplemento contratual e deflagrar a *responsabilidade pelo inadimplemento*, incuta ao

---

10. "Ao longo e ao cabo de importante processo civilizatório, consagrou-se o princípio da responsabilidade patrimonial do devedor. Superou-se a antiga ideia romana, prevista na Lei das XII Tábuas, de que, pela satisfação das dívidas, o devedor responde com o seu próprio corpo. (...) Na ordem jurídica vigente, fundada na primazia da dignidade da pessoa humana, põem-se a salvo dos credores a integridade física, a vida, a privacidade e todos os demais atributos da personalidade do devedor. Só se admite a prisão civil na hipótese de descumprimento de obrigação alimentar, em consideração ao risco gerado à subsistência do alimentado. (...) O devedor, em definitivo, responde apenas com o seu patrimônio perante o credor (CC, art. 391 e CPC, art. 789), que, não sendo pago no vencimento, pode requerer, na forma da lei processual, a expropriação de bens do titular do débito para obter a realização do seu direito" (TEPEDINO, Gustavo; MONTEIRO FILHO, Carlos Edison do Rêgo; RENTERIA, Pablo. *Fundamentos do direito civil*. v. 5. Rio de Janeiro: Forense, 2020, p. 387-388). Para o desenvolvimento da análise a respeito do escopo contemporâneo da responsabilidade patrimonial, remete-se, por todos, a PEREIRA, Caio Mário da Silva. *Instituições de direito civil*. v. II. 24. ed. Atual. Guilherme Calmon Nogueira da Gama. Rio de Janeiro: 2011, p. 381 e ss.
11. A expressão remonta à lição de Aline de Miranda Valverde Terra: "Diante da inexecução imputável da prestação devida pode o credor perseguir a satisfação do crédito por meio de medidas coercitivas aplicadas pelo Estado-juiz, a seu requerimento, no exercício da função jurisdicional. Cuida-se, aqui, da responsabilidade que acompanha o débito, como a sombra que segue o corpo, na emblemática analogia de Larenz. De acordo com a concepção corrente, de regra, todo aquele que assume obrigação responde, em caso de inadimplemento absoluto ou relativo, com seu patrimônio. Essa responsabilidade não se confunde, com efeito, com a responsabilidade civil" (TERRA, Aline de Miranda Valverde. Execução pelo equivalente como alternativa à resolução: repercussões sobre a responsabilidade civil. *Revista Brasileira de Direito Civil*, v. 18, p. 49-73, out.-dez./2018, p. 52).
12. Para o desenvolvimento da análise do conceito de inadimplemento, inclusive com a qualificação do *inadimplemento* como *descumprimento imputável ao devedor*, seja consentido remeter a SILVA, Rodrigo da Guia. A força centrípeta do conceito de inadimplemento contratual. *Civilistica.com*, a. 11, n. 3, p. 1-30, 2022, *passim* e, em especial, item 3.
13. É precisamente nesse sentido que se afirma que "[o] elemento responsabilidade (*Haftung*) é representado pela prerrogativa conferida ao credor, ocorrendo inadimplência, de proceder à execução do patrimônio do devedor, para obter satisfação de seu crédito. Da maneira que o devedor se obriga, seu patrimônio responde" (RODRIGUES, Silvio. *Direito civil*. v. 2. 30. ed. São Paulo: Saraiva, 2002, p. 5).

credor danos injustos (ou, segundo a linguagem consagrada no estudo e na prática dos contratos, *perdas e danos*) e com isso, deflagre uma nova obrigação a cargo do devedor – a obrigação de indenizar os danos sofridos pelo credor. Trata-se do que se pode referir por *responsabilidade civil por danos decorrentes do inadimplemento contratual* (ou, sinteticamente, *responsabilidade civil contratual*).

Eis, em apertada síntese, a distinção fundamental entre as principais acepções do vocábulo "responsabilidade" no contexto do inadimplemento contratual,[14] a impor redobrada cautela para que se possa adequadamente superar a corriqueira confusão conceitual entre a *responsabilidade pelo inadimplemento* e a *responsabilidade civil contratual*.[15] Tal distinção fundamental se manifesta, não por acaso, na própria diferenciação entre os ramos do Direito Civil que se ocupam da análise mais detida de cada uma das referidas responsabilidades: a *responsabilidade pelo inadimplemento contratual* é objeto precípuo de estudo do Direito dos Contratos e do Direito das Obrigações, ao passo que a *responsabilidade pelos danos decorrentes do inadimplemento* é objeto precípuo de estudo da Responsabilidade Civil, sem embargo da natural interligação entre tais searas.

Não apenas a *responsabilidade pelo inadimplemento* é conceitualmente distinta da *responsabilidade civil contratual*, como é possível que a primeira se manifeste sem que necessária ou automaticamente também se manifeste a segunda. Afinal, a configuração das perdas e danos (trate-se de inadimplemento absoluto ou de mora)[16] e a subsequente deflagração da obrigação indenizatória a cargo do devedor não se manifestam automaticamente em toda e qualquer hipótese fática de inadimplemento – como a literalidade de variados dispositivos legais (destacadamente, o art. 475 do Código Civil) parece sugerir à primeira vista.[17] Em realidade, apenas se pode cogitar do surgimento do dever de indenizar quando houver dano comprovadamente sofrido pelo credor em decorrência

---

14. Assim também identifica Rafael Mansur de Oliveira: "A expressão responsabilidade contratual, no entanto, é empregada pela doutrina de modo ambíguo, referindo-se ora ao plexo de efeitos do inadimplemento (englobando, por exemplo, a execução forçada da prestação e a resolução contratual), ora ao específico efeito do nascimento do dever de reparar os prejuízos causados pelo incumprimento (responsabilidade civil contratual)" (OLIVEIRA, Rafael Mansur de. *Execução pelo equivalente pecuniário*: natureza e regime jurídico. Dissertação (Mestrado em Direito Civil) – Faculdade de Direito, Universidade do Estado do Rio de Janeiro. Rio de Janeiro, 2021, p. 20).
15. Como já destacado, também na experiência alemã – que influenciou diretamente a civilística brasileira na dogmática das relações obrigacionais –, nota-se similar polissemia no que tange ao vocábulo "*Haftung*" (usualmente traduzido ao português como "responsabilidade"). Fala-se, de uma parte, em "*Haftung*" no sentido de "responsabilidade da pessoa pelos danos (tendo por consequência uma obrigação indenizatória)" – tradução livre do original "*Verantwortlichkeit der Person für Schädigungen (mit der Folge einer Schadensersatzpflicht)*" –; e, de outra parte, em "*Haftung*" no sentido de "submissão do seu patrimônio à intervenção do credor na execução forçada" – tradução livre do original "*Unterworfensein ihres Vermögens unter den Zugriff der Gläubiger in der Zwangsvollstreckung*" –, conforme se depreende da lição de LARENZ, Karl. *Lehrbuch des Schuldrechts. I. Band*: Allgemeiner Teil., cit., p. 16.
16. Afinal, a obrigação de reparar as perdas e danos "(...) tanto pode dizer respeito ao inadimplemento absoluto, como à mora" (ALVIM, Agostinho. *Da inexecução das obrigações e suas consequências*. 3. ed. Rio de Janeiro: Editora Jurídica e Universitária, 1965, p. 20).
17. A crítica foi desenvolvida inicialmente em SILVA, Rodrigo da Guia. *Remédios ao inadimplemento contratual: uma releitura em perspectiva civil-constitucional*. Tese (Doutorado em Direito Civil) – Universidade do Estado do Rio de Janeiro, Rio de Janeiro, 2022, item 3.1.

da conduta lesiva do devedor, diante da impossibilidade de se imaginar a indenização das perdas e danos como uma consequência necessária do inadimplemento.[18]

3. INEXISTENTE CORRELAÇÃO NECESSÁRIA ENTRE *INADIMPLEMENTO* E *DANO*

As precedentes considerações fornecem alicerces úteis para a superação da inadequada tendência, verificada na prática jurisprudencial, de reconhecimento de um suposto direito à indenização de perdas e danos sem a imprescindível comprovação de quais danos (patrimoniais ou extrapatrimoniais) teriam sido efetivamente sofridos pelo credor. Com efeito, por não se promover a necessária análise funcional,[19] muito comumente parece tomar-se o mero fato do inadimplemento contratual como fonte imediata e necessária (ou, implicitamente, como *sinônimo*) de dano.[20] Tal tendência posta-se na contramão da consagrada lição doutrinária a respeito da imprescindibilidade da comprovação do dano para a deflagração do dever de indenizar, qualquer que seja a modalidade de dano reparável (patrimonial ou extrapatrimonial) e qualquer que seja o regime (objetivo ou subjetivo; contratual ou extracontratual)[21] de responsabilidade aplicável à espécie.

Afinal, não existe correlação necessária e automática entre *inadimplemento* e *dano*.[22] O inadimplemento consiste em descumprimento contratual imputável ao devedor, sendo

---

18. "Em síntese, é apenas subsidiariamente, ou em caráter adicional à execução específica ou extinção do vínculo obrigacional (art. 474), que o legislador vem garantir a indenização por perdas e danos. Ao contrário do que sugere a linguagem do art. 389, não se trata, portanto, de uma consequência necessária do inadimplemento" (TEPEDINO, Gustavo; SCHREIBER, Anderson. *Código Civil comentado*. v. IV: direito das obrigações. São Paulo: Atlas, 2008, p. 346).
19. A doutrina já teve oportunidade de ressaltar que "(...) o civilista tem sido historicamente condicionado a qualificar certas obrigações como indenizatórias muito mais em decorrência da sua fonte legal do que em reconhecimento de uma concreta função reparatória" (SOUZA, Eduardo Nunes de. Posfácio à segunda edição. In: SILVA, Rodrigo da Guia. *Enriquecimento sem causa*: as obrigações restitutórias no direito civil. 2. ed. São Paulo: Thomson Reuters Brasil, 2022, p. 390).
20. A título puramente ilustrativo, em hipóteses nas quais as construtoras entregaram ao adquirente vaga de garagem com metragem menor do que a contratada, o Tribunal de Justiça do Estado de São Paulo concluiu que tal hipótese fática "caracteriza inadimplemento contratual e não vício de quantidade, a ensejar pretensão indenizatória, estando sujeita, portanto, a prazo prescricional" (TJSP, AI 2123654-92.2020.8.26.0000, 10ª C.D.Priv., Rel. Des. Elcio Trujillo, julg. 7/7/2020), por entender que se estaria diante de "pretensão indenizatória por perdas e danos decorrentes do vício de quantidade do produto" (TJSP, AI 2115102-75.2019.8.26.0000, 1ª C.D.Priv., rel. Des. Francisco Loureiro, julg. 11/6/2019).
21. Precisamente nesse sentido, alude-se ao dano como "dado imprescindível de qualquer hipótese de responsabilidade civil" (GIARDINA, Francesca. Capitolo terzo: La distinzione tra responsabilità contrattuale e responsabilità extracontrattuale. In: VISINTINI, Giovanna. *Trattato della responsabilità contrattuale* (diretto da). Volume Primo: inadempimento e rimedi. Padova: CEDAM, 2009, p. 77. Tradução livre do original).
22. Eis a enfática lição de Agostinho Alvim: "Como regra geral, devemos ter presente que a inexistência de dano é óbice à pretensão de uma reparação, aliás sem objeto. Ainda mesmo que haja violação de um dever jurídico e que tenha existido culpa e até mesmo dolo por parte do infrator, nenhuma indenização será devida, uma vez que não se tenha verificado prejuízo. Esta regra decorre dos princípios, pois, a responsabilidade, independentemente de dano, redundaria em mera punição do devedor, com invasão da esfera do direito penal" (ALVIM, Agostinho. *Da inexecução das obrigações e suas consequências*, cit., p. 181). Assim também reconhece a doutrina processualista ao tratar do campo de atuação das variadas espécies de tutelas: "As tutelas podem se dirigir contra o ilícito, contra o dano e contra o inadimplemento. O dano não se confunde com o ato contrário ao direito (ilícito). O

certo que a conduta do devedor inadimplente pode vir ou não a causar dano injusto ao credor.[23] Afigura-se inadequada, em suma, eventual presunção de que o inadimplemento automaticamente geraria dano reparável.[24]

Subjaz a essa propugnada ordem de compreensão da matéria o reconhecimento da inexistência de uma suposta relação de continuidade entre o dever de prestar e o dever de indenizar.[25] Tal relação de continuidade alegadamente conceber-se-ia em torno da identidade do interesse tutelado em cada hipótese – como se o mesmo *interesse útil do credor* se prestasse a justificar (em caso de sua violação) a configuração tanto do inadimplemento contratual quanto da responsabilidade civil contratual.[26]

O estágio atual do desenvolvimento da doutrina conduz, contudo, à constatação de não haver identidade necessária ou automática entre os *interesses*[27] cuja frustração desencadeia ora *responsabilidade pelo inadimplemento*, ora a *responsabilidade civil contratual*. Poder-se-ia enunciar, em esforço de síntese: para a configuração do inadimplemento contratual (e, por conseguinte, para a deflagração da responsabilidade

---

fato danoso é consequência eventual, e não necessária, do ilícito. (...) O dano é requisito da tutela ressarcitória, seja na forma específica, seja pelo equivalente ao valor do dano" (MARINONI, Luiz Guilherme; ARENHART, Sérgio Cruz; MITIDIERO, Daniel. *Novo Código de Processo Civil comentado*. 3. ed. São Paulo: Ed. RT, 2017, p. 604).

23. Atenta a tal circunstância, a doutrina ressalta a "impossibilidade de se estabelecer qualquer tipo de correlação necessária entre a verificação de um inadimplemento absoluto e a ocorrência de um dano" (OLIVEIRA, Rafael Mansur de. *Execução pelo equivalente pecuniário*, cit., p. 92).

24. Assim adverte a doutrina: "As execuções forçadas *in natura* e pelo equivalente, bem como a resolução são instrumentos de tutela que se colocam automaticamente à disposição do credor diante do inadimplemento relativo ou absoluto, respectivamente; a responsabilidade civil, no entanto, só lhe será franqueada se do inadimplemento advierem prejuízos" (TERRA, Aline de Miranda Valverde. Execução pelo equivalente como alternativa à resolução, cit., p. 56). Em sentido contrário ao raciocínio ora propugnado, a sustentar que o inadimplemento contratual causa, *per se*, dano reparável (premissa que parece ser adotada pela parcela da doutrina que busca justificar a qualificação da "execução pelo equivalente pecuniário" como pretensão indenizatória), afirma-se: "Descumprido o contrato, o credor lesado deixa de obter o cumprimento da prestação ou do dever contratual violado. A falta de recebimento dessa prestação ou desse dever é, por si só, um prejuízo decorrente da violação contratual" (STEINER, Renata C. Descumprimento contratual: remédios à disposição do credor lesado. In: TERRA, Aline de Miranda Valverde; GUEDES, Gisela Sampaio da Cruz (Coord.). *Inexecução das obrigações*: pressupostos, evolução e remédios. v. II. Rio de Janeiro: Processo, 2021, p. 322).

25. Imperiosa, a propósito, a remissão ao relato crítico fornecido por Rafael Mansur de Oliveira: "(...) a relação de continuidade entre o dever de prestar e o dever de indenizar é usualmente explicada a partir da identificação de um elemento unificador entre os dois deveres: o interesse do credor. Sendo o inadimplemento absoluto caracterizado pela perda do interesse do credor na prestação, e, por outro lado, consubstanciando-se o dano na lesão a um interesse juridicamente protegido, então todo inadimplemento absoluto, por ensejar a lesão ao interesse do credor na prestação, causaria um dano. Haveria, assim, uma vinculação entre a realização do interesse (propiciada pela prestação originária) e a reparação da lesão ao exato mesmo interesse (instrumentalizada pelas perdas e danos) que permitiria conceber uma espécie de continuidade entre os dois momentos – fisiológico e patológico – da relação obrigacional, amparando a conclusão de que a falta da prestação devida configuraria, por si só, um dano" (OLIVEIRA, Rafael Mansur de. *Execução pelo equivalente pecuniário*, cit., p. 86).

26. "Sob o ponto de vista teórico, a principal explicação apresentada pela doutrina para justificar esta relação de continuidade entre o dever de prestar original e o dever de indenizar sucessivo ao inadimplemento absoluto fundamenta-se na identidade do interesse tutelado em ambos os casos" (OLIVEIRA, Rafael Mansur de. *Execução pelo equivalente pecuniário*, cit., p. 79).

27. Para o desenvolvimento da investigação a respeito do sentido do vocábulo "interesse" na doutrina da responsabilidade civil, seja consentido remeter a SILVA, Rodrigo da Guia. Interesse contratual positivo e interesse contratual negativo: influxos da distinção no âmbito da resolução do contrato por inadimplemento. *Revista IBERC*, v. 3, n. 1, p. 1-37, jan.-abr./2020, item 2.

pelo inadimplemento) basta a frustração (imputável ao devedor) do interesse útil do credor; já para a configuração do dano injusto (e, por conseguinte, para a deflagração da responsabilidade civil contratual) exige-se, para além da frustração do interesse útil relevante para a perquirição do (in)adimplemento contratual, "a identificação de um interesse específico, singular, do credor que tenha sido atingido pelo incumprimento".[28]

Trata-se, com as adaptações necessárias, de percepção já de longa data ressaltada pela doutrina em matéria de dano moral (ou dano extrapatrimonial),[29] tendo se consolidado, ilustrativamente, o entendimento de que "do inadimplemento contratual não decorre automática e necessariamente dano moral".[30] Proliferam decisões judiciais nesse sentido, conforme se depreende da jurisprudência do Superior Tribunal de Justiça, a asseverar, por exemplo, no âmbito de pretensões indenizatórias motivadas pelo descumprimento do prazo contratual para a entrega de imóvel, que "o atraso na entrega do imóvel constitui mero inadimplemento contratual, o que, por si só, não gera dano moral indenizável",[31] afigurando-se "necessária a comprovação de circunstâncias específicas que podem configurar a lesão extrapatrimonial".[32] Semelhante conclusão (no sentido de que o inadimplemento contratual não acarreta, *per se*, dano moral) é encontrada, ainda, entre muitos outros, em casos que envolvem pretensão indenizatória motivada por negativa indevida de cobertura por operadora de plano de saúde.[33]

---

28. Conforme ressalta OLIVEIRA, Rafael Mansur de. *Execução pelo equivalente pecuniário*, cit., p. 93-94. O autor arremata: "(...) a ordem jurídica tutela as lesões a *interesses específicos* ou *singulares* – assim qualificados em razão da sua intrínseca vinculação com à esfera pessoal da vítima – por meio da responsabilidade civil. Justamente por isso, impõe-se, diante do inadimplemento, averiguar se tais interesses foram efetivamente impactados pelo incumprimento. Em caso de resposta afirmativa, configura-se o dano injusto, e os referidos interesses se autonomizam em relação ao crédito negocial, passando a ser tutelados no âmbito de um novo direito de crédito, cuja função reside não mais no atendimento a estes interesses, mas sim na reparação da lesão a eles" (Ibid., p. 114. Grifos no original).
29. Já se teve oportunidade de ressaltar que "o direito positivo brasileiro consagrou a utilização de dano moral como sinônimo de dano extrapatrimonial, no sentido de categoria contraposta à do dano patrimonial" (TEPEDINO, Gustavo; SILVA, Rodrigo da Guia. Notas sobre o dano moral no direito brasileiro. *Revista Brasileira de Direito Civil*, v. 30, p. 33-60, out.-dez./2021, p. 48).
30. OLIVA, Milena Donato. Dano moral e inadimplemento contratual nas relações de consumo. *Revista de Direito do Consumidor*, v. 93, p. 13-28, maio-jun./2014, item 3.
31. STJ, AgInt no AREsp 1.987.447/RJ, 3ª T., rel. Min. Moura Ribeiro, julg. 8/8/2022. No mesmo sentido, v., entre outros, STJ, AgInt nos EDcl no REsp 1.955.973/RJ, 3ª T., rel. Min. Nancy Andrighi, julg. 15/8/2022; STJ, AgInt no AREsp 1.995.953/RJ, 4ª T., rel. Min. Antonio Carlos Ferreira, julg. 27/6/2022; STJ, AgInt no AREsp 1.941.686/RJ, 3ª T., rel. Min. Paulo de Tarso Sanseverino, julg. 20/6/2022; e STJ, AgInt no AREsp 1.996.020/SC, 4ª T., rel. Min. Raul Araújo, julg. 20/6/2022.
32. STJ, AgInt no REsp 1.767.876/RJ, 4ª T., rel. Min. Raul Araújo, julg. 27/6/2022.
33. "(...) 1. Nos termos da jurisprudência do Superior Tribunal de Justiça, o descumprimento contratual por parte da operadora de saúde, que culmina em negativa de cobertura para procedimento de saúde, somente enseja reparação a título de danos morais quando houver agravamento da condição de dor, abalo psicológico ou prejuízos à saúde já debilitada do paciente. 2. Na hipótese, deve ser confirmado o v. acórdão, no que tange à ausência do dever de indenizar, por considerar não ter ficado demonstrada situação capaz de colocar em risco a integridade física e psíquica da agravante, bem como de gerar abalo que ultrapasse o mero dissabor decorrente do inadimplemento contratual. (...)" (STJ, AgInt no REsp 1.940.890/SP, 4ª T., rel. Min. Raul Araújo, julg. 13/12/2021). Registre-se, por oportuno, que em tais casos nota-se aparente tendência da jurisprudência do Superior Tribunal de Justiça ao reconhecimento da presunção de dano moral (referida pela noção de dano moral *in re ipsa*) em decorrência da negativa indevida de cobertura de tratamento médico-hospitalar. A propósito, veja-se, ilustrativamente: "(...) 3. A jurisprudência do Superior Tribunal de Justiça consagra entendimento no

Não se trata de afirmar a impossibilidade de a conduta configuradora de inadimplemento contratual causar danos reparáveis – hipótese na qual haver-se-ia de cogitar da própria cumulatividade entre a pretensão indenizatória e os remédios ao inadimplemento.[34] Em realidade, busca-se tão somente ressaltar que o inadimplemento (que não se confunde conceitualmente com o dano) não necessariamente acarreta, por si só, dano injusto.[35]

Levando-se em consideração a circunstância de que tal ordem de advertência já se encontra consideravelmente difundida na seara do dano extrapatrimonial, parece ser chegada a hora de a civilística dar semelhante passo na seara do dano patrimonial.[36] Busca-se, com isso, evitar que a ausência de adequado enfrentamento da polissemia da "responsabilidade contratual" (bem como a ausência de adequada compreensão da operatividade dos remédios ao inadimplemento contratual) finde por produzir a consagração de um sem-fim de hipóteses do que se poderia referir por "danos patrimoniais *in re ipsa*",[37] cuja impropriedade pode ser explicada, guardadas as devidas proporções, pelas críticas que a doutrina de longa data opõe à figura dos chamados "danos morais *in re ipsa*".[38]

---

sentido de que a recusa indevida ou injustificada pela operadora de plano de saúde à cobertura de tratamento médico a que esteja legal ou contratualmente obrigada constitui dano moral presumido, não havendo que se falar em mero inadimplemento contratual. (...)" (STJ, AgInt no AREsp 1.924.110/SP, 3ª T., rel. Min. Ricardo Villas Bôas Cueva, julg. 23/5/2022).

34. Assim elucida a doutrina no âmbito dos vícios redibitórios, em entendimento extensível a outras hipóteses de inadimplemento contratual: "(...) como já se antecipou linhas acima, os remédios são, sim, cumuláveis. E o são porque se trata de objetos distintos, de naturezas distintas. A pretensão indenizatória reveste-se de um caráter autônomo em relação aos demais meios de proteção conferidos ao credor-adquirente. O emprego de uma das medidas de proteção conferidas ao credor-adquirente 'não apaga o dano causado', nem afasta a possibilidade de pleitear-se a reparação civil pelos prejuízos derivados do vício redibitório. É de admitir-se, portanto, a cumulação da pretensão indenizatória com as 'ações edilícias (redibitória e estimatória), seja nas relações civis, seja nas relações de consumo'. Assim, o credor pode valer-se dos meios edilícios autonomamente ou de maneira conjunta com a ação de indenização 'por inadimplemento ou por adimplemento ruim, que inadimplemento é, pois os objetos são diferentes". E essa diversidade de objetos justifica não apenas a possibilidade de cumulação dos remédios, mas também a diversidade de prazos a que seu exercício se submete" (GARCIA, Rebeca dos Santos. *Vícios redibitórios no direito civil brasileiro*: função e estrutura. Dissertação (Mestrado em Direito Civil) – Faculdade de Direito, Universidade do Estado do Rio de Janeiro, 2013, p. 128-129).
35. Por oportuno, cumpre destacar a possibilidade de, a despeito da ausência de prova do dano, o inadimplemento deflagrar certas pretensões a cargo do credor, como já advertia Agostinho Alvim sob a égide do CC/1916: "É imprescindível que exista dano, salvo casos excepcionais. Este princípio está consagrado nos arts. 1059 e 1.060 do Cód. Civ., que partem ambos do pressuposto de um dano, ou prejuízo. É verdade que o primeiro daqueles cânones começa ressalvando exceções. Mas estas dizem respeito aos juros moratórios e à cláusula penal, como assinalam os autores e está na lei (Cód., arts. 927 e 1.064). Poderíamos ajuntar a multa penitencial e as arras penitenciais, institutos estes todos que admitem indenização, independente de dano" (ALVIM, Agostinho. *Da inexecução das obrigações e suas consequências*, cit., p. 180). De todo modo, segundo o autor, mesmo essas hipóteses "[n]ão são propriamente casos de indenização sem dano, e sim de dispensa da alegação de prejuízo" (Ibid., p. 180).
36. Propõe-se o presente cotejo essencialmente em razão da similitude de método de raciocínio quanto à presunção da ocorrência automática de dano em decorrência de determinado evento fático, sem que de tal cotejo se possa extrair qualquer suposta (e inexistente) identidade de natureza dos interesses jurídicos violados na seara dos danos patrimoniais e na seara dos danos extrapatrimoniais.
37. Advertência formulada originalmente em SILVA, Rodrigo da Guia. *Remédios ao inadimplemento contratual*, cit., p. 265.
38. A propósito, já se pôde sustentar: "A formulação da noção de dano (moral) *in re ipsa* encontra-se substancialmente influenciada pela vertente subjetiva de compreensão do dano moral. A afirmação do atributo *in re ipsa* traduzi-

4. ALGUNS EXEMPLOS DE APLICAÇÕES PRÁTICAS DO RACIOCÍNIO PROPUGNADO: DIFERENCIAÇÃO E CUMULATIVIDADE ENTRE REMÉDIOS AO INADIMPLEMENTO E PRETENSÃO INDENIZATÓRIA

Um valioso exemplo de aplicação prática do raciocínio ora propugnado se encontra na disciplina dos vícios redibitórios, que constituem autênticas hipóteses fáticas de inadimplemento contratual.[39] A partir das premissas teóricas anteriormente desenvolvidas, é possível compreender adequadamente a distinção entre o prazo decadencial incidente sobre as denominadas *ações edilícias*[40] (autênticos remédios ao inadimplemento, assegurados ao adquirente pelos arts. 441 e 442 do Código Civil) e o prazo prescricional incidente sobre a pretensão indenizatória deflagrada por eventual dano sofrido pelo adquirente em decorrência do inadimplemento por parte do alienante.[41] Nesse sentido, por exemplo, o Superior Tribunal de Justiça já teve oportunidade de asseverar que "[a]s pretensões indenizatórias decorrentes de vícios redibitórios não são, necessariamente, vinculadas a ação redibitória, sendo possível a formulação de pedidos com natureza diversa, submetidos a prazo prescricional, e não decadencial".[42]

Os prazos decadenciais e prescricionais são não apenas distintos, mas igualmente passíveis de decurso simultâneo. Basta, para tanto, que no mesmo caso concreto uma parte pretenda se valer de remédios deflagrados pelo inadimplemento contratual e de remédios deflagrados pelo dano injusto. Assim, por exemplo, a se imaginar que o adquirente, no âmbito de relação paritária, venha a ser surpreendido, dentro do prazo máximo de que trata o art. 445, § 1º, do Código Civil,[43] por determinado acidente no imóvel em razão de vícios

---

ria, assim, bem-intencionada proposta de solução a obstáculo criado por essa própria linha de entendimento, consistente na dificuldade (quiçá, impossibilidade) de a vítima comprovar concretamente a intensidade de seu sentimento de dor ou sofrimento. A afirmação de que os danos morais se manifestam *in re ipsa* serviria, então, a viabilizar a concessão da tutela reparatória sem a necessidade de se percorrer a *via crucis* da prova do abalo psicológico, sobretudo em hipóteses consideradas particularmente graves pelo julgador. Entretanto, reconhecendo-se a já referida feição objetiva do dano moral, entende-se desnecessário o recurso à atribuição do caráter *in re ipsa*" (TEPEDINO, Gustavo; SILVA, Rodrigo da Guia. Notas sobre o dano moral no direito brasileiro, cit., p. 51). Nesse sentido, v., ainda, TEPEDINO, Gustavo; TERRA, Aline de Miranda Valverde; GUEDES, Gisela Sampaio da Cruz. *Fundamentos do direito civil*. v. 4: responsabilidade civil. Rio de Janeiro: Forense, 2020. p. 43; e OLIVA, Milena Donato. Dano moral e inadimplemento contratual nas relações de consumo, cit., item 2.

39. Para o desenvolvimento da proposta de qualificação funcional dos vícios redibitórios (tal como dos vícios do produto e do serviço, analisados na sequência) como autênticas *fattispecie* de inadimplemento contratual, seja consentido remeter a SILVA, Rodrigo da Guia. A força centrípeta do conceito de inadimplemento contratual, cit., item 5.

40. Denominadas "edilícias" porque "criadas através dos editos dos edis curuis", no âmbito do Direito Romano, conforme relata BENEDUZI, Renato Resende. De concurrentibus actionibus *e o concurso de demandas*, Dissertação (Mestrado em Direito Processual) – Faculdade de Direito, Universidade de São Paulo. São Paulo, 2011, p. 84.

41. Não se trata, contudo, de conclusão incontroversa em doutrina. Em realidade, subjaz à presente temática a histórica controvérsia acerca da indenizabilidade dos denominados "danos *extra rem*" em oposição aos denominados "danos *circa rem*", conforme se buscou analisar em SILVA, Rodrigo da Guia. *Remédios ao inadimplemento contratual*, cit., p. 268, nota de rodapé 967.

42. STJ, AgInt no REsp 1.677.308/DF, 3ª T., rel. Min. Moura Ribeiro, julg. 18/3/2019.

43. "O Código refere ainda a uma terceira hipótese, quando o vício só puder ser conhecido mais tarde, em razão de sua própria natureza, isto é, independentemente da diligência do adquirente. (...) Nesses casos, o legislador estabeleceu duplo sistema de prazos. Em primeiro lugar, os prazos do *caput* [do art. 445 do Código Civil], já examinados, serão contados da data em que foi descoberto o vício, e não da data da transmissão ou da alienação. Para evitar insegurança jurídica, o legislador estabelece prazo máximo dentro do qual essa descoberta deve

construtivos imputáveis ao alienante, impor-se-á o reconhecimento de que esse adquirente poderá se valer de duas (distintas) espécies de remédios, sujeitas a distintos prazos.

De uma parte, o adquirente disporá do prazo decadencial de 1 (um) ano, nos termos do art. 445, *caput*, do Código Civil, para promover a ação redibitória ou a ação estimatória. De outra parte, o referido evento igualmente deflagrará (supondo-se inexistir razão para a postergação do termo inicial do prazo prescricional) o início da fluência do prazo prescricional[44] incidente sobre a pretensão do adquirente à indenização de eventuais danos patrimoniais e extrapatrimoniais efetivamente sofridos. Trata-se, como se percebe, de prazos distintos, incidentes sobre também distintos pleitos potencialmente veiculáveis pela mesma pessoa.[45]

Também a disciplina das relações de consumo fornece valioso exemplo de aplicação das premissas relativas à distinção entre a responsabilidade pelo inadimplemento e a responsabilidade civil contratual. Afinal, a *responsabilidade por vício do produto ou do serviço* consiste, em perspectiva funcional, em autêntica *responsabilidade pelo inadimplemento*,[46] como oportunamente tem destacado a doutrina,[47] ao passo que a

---

ocorrer, que será de cento e oitenta dias para móveis e um ano para imóveis. Assim, para o adquirente poder exercer o direito decorrente da garantia, deve constatar o vício dentro do prazo máximo (cento e oitenta dias ou um ano), que se conta da transmissão ou alienação do bem, e deve exercer o direito nos prazos de trinta dias ou um ano, contados da data da descoberta" (TEPEDINO, Gustavo; KONDER, Carlos Nelson. Contratos: Teoria Geral. In: TEPEDINO, Gustavo; KONDER, Carlos Nelson; BANDEIRA, Paula Greco. *Fundamentos do direito civil*. v. 3: Contratos. 3. ed. Rio de Janeiro: Forense, 2022, p. 128).

44. Tendencialmente, o prazo decenal de que trata o art. 205 do Código Civil, na esteira do entendimento acerca da inaplicabilidade, às pretensões fundadas em responsabilidade civil contratual, do prazo prescricional trienal de que trata o art. 206, § 3º, V, do Código Civil, conforme assentado pela Corte Especial do STJ: "(...) III – A unidade lógica do Código Civil permite extrair que a expressão 'reparação civil' empregada pelo seu art. 206, § 3º, V, refere-se unicamente à responsabilidade civil aquiliana, de modo a não atingir o presente caso, fundado na responsabilidade civil contratual. IV – Corrobora com tal conclusão a bipartição existente entre a responsabilidade civil contratual e extracontratual, advinda da distinção ontológica, estrutural e funcional entre ambas, que obsta o tratamento isonômico. V – O caráter secundário assumido pelas perdas e danos advindas do inadimplemento contratual, impõe seguir a sorte do principal (obrigação anteriormente assumida). Dessa forma, enquanto não prescrita a pretensão central alusiva à execução da obrigação contratual, sujeita ao prazo de 10 anos (caso não exista previsão de prazo diferenciado), não pode estar fulminado pela prescrição o provimento acessório relativo à responsabilidade civil atrelada ao descumprimento do pactuado" (STJ, EREsp 1.281.594/SP, C.E., rel. p/ acórdão Min. Felix Fischer, julg. 15/5/2019). Trata-se, contudo, de entendimento de criticável por variadas razões, como argutamente adverte parcela da doutrina, valendo remeter, por todos, a TEPEDINO, Gustavo. Prazo prescricional aplicável à reparação civil por inadimplemento contratual. *Soluções práticas de direito*. v. I. São Paulo: Ed. RT, 2012, *passim*; e SOUZA, Eduardo Nunes de. Problemas atuais de prescrição extintiva no direito civil: das vicissitudes do prazo ao merecimento de tutela. *Civilistica.com*, a. 10, n. 3, p. 1-55, 2021, item 3.

45. A possibilidade em comento parece decorrer de raciocínio similar àquele que, em matéria de invalidades negociais, reconhece a independência entre a pretensão de ressarcimento e o direito à invalidação (v., nesse sentido, BENETTI, Giovana. *Dolo no direito civil*: uma análise da omissão de informações. São Paulo: Quartier Latin, 2019, p. 387 e ss.), na medida em que, tal como os *remédios ao inadimplemento* não se confundem com *remédios ao dano*, igualmente os *remédios à invalidade* não se confundem com os *remédios ao dano*.

46. A propósito, afirma-se: "Observa-se, com isso, aproximação funcional, no regime do CDC, entre o regime dos vícios e aquele do inadimplemento, que se reflete nas suas consequências jurídicas" (TEPEDINO, Gustavo; KONDER, Carlos Nelson. Contratos: Teoria Geral. In: TEPEDINO, Gustavo; KONDER, Carlos Nelson; BANDEIRA, Paula Greco. *Fundamentos do direito civil*. v. 3: Contratos, cit., p. 129).

47. Ilustrativamente, afirma-se, no que tange aos *vícios de quantidade* (espécie do gênero *vícios do produto*): "Invariavelmente, a venda de algum produto em quantidade ou tamanho menor configura inadimplemento contratual" (BESSA, Leonardo Roscoe. In: BENJAMIN, Antonio Herman V.; MARQUES, Claudia Lima; BESSA,

responsabilidade por fato do produto ou do serviço corresponde a uma autêntica hipótese de *responsabilidade civil*[48] (sem se perder de vista que o CDC não diferencia essa responsabilidade civil conforme seja contratual ou extracontratual a fonte do dever violado em produção de dano ao consumidor).[49]

Tal como verificado na seara das relações paritárias, uma relevante aplicação prática do raciocínio ora exposto encontra-se na compreensão da diferenciação entre o prazo decadencial incidente sobre as prerrogativas deflagradas pelo vício do produto ou do serviço e o prazo prescricional incidente sobre a pretensão indenizatória deflagrada pelo fato do produto ou do serviço no âmbito das relações de consumo.[50] O *vício* do produto ou do serviço, justamente em razão da sua recondução funcional à categoria do inadimplemento contratual, deflagra a incidência de *remédios ao inadimplemento* (como a "substituição do produto por outro da mesma espécie", o "abatimento proporcional do preço" e os demais remédios previstos pelos arts. 18 e ss. do CDC), os quais se sujeitam aos prazos decadenciais previstos pelo art. 26 do CDC. Já o *fato* do produto ou do serviço, passível de recondução ao regime da responsabilidade

---

Leonardo Roscoe. *Manual de direito do consumidor*. 7. ed. São Paulo: Ed. RT, 2016, p. 216). Pertinente à presente investigação, ainda, a assertiva de Bruno Miragem: "(...) os vícios e seu regime de responsabilidade não se confundem com a noção de inadimplemento absoluto da obrigação, mas a um cumprimento parcial, imperfeito, cuja identificação remete às soluções previstas no Código Civil e na legislação, para atendimento do interesse das partes, a princípio, no cumprimento do contrato" (MIRAGEM, Bruno. *Curso de direito do consumidor*. 6. ed. São Paulo: Ed. RT, 2016, p. 650).

48. Justamente por isso, destaca-se o papel central da ocorrência ou não de dano indenizável para a distinção entre o fato do produto ou serviço e o vício do produto ou serviço: "Do vício do produto ou do serviço trataremos mais adiante, mas desde logo é importante distingui-lo do fato do produto ou do serviço. A palavra-chave neste pomo é defeito. Ambos decorrem de um defeito do produto ou do serviço, só que no fato do produto ou do serviço o defeito é tão grave que provoca um acidente que atinge o consumidor, causando-lhe dano material ou moral. É também chamado de defeito de segurança porque compromete a segurança do produto ou serviço, gerando riscos à incolumidade do consumidor ou de terceiro. Vício, por sua vez, é defeito menos grave, circunscrito ao produto ou serviço em si; um defeito que lhe é inerente ou intrínseco. É chamado de vício de adequação porque apenas causa o mau funcionamento, utilização ou fruição do produto ou do serviço; compromete a sua prestabilidade" (CAVALIERI FILHO, Sergio. *Programa de responsabilidade civil*. 12. ed. São Paulo: Atlas, 2015, p. 590). O autor arremata: "(...) fato do produto é um acontecimento externo, que ocorre no mundo exterior, que causa dano material ou moral ao consumidor (ou ambos), mas que decorre de um defeito do produto" (Ibid., p. 591).
49. V., por todos, TEPEDINO, Gustavo. A responsabilidade civil por acidentes de consumo na ótica civil-constitucional. In: *Temas de direito civil*. 4. ed. Rio de Janeiro: Renovar, 2008, p. 280-281.
50. Após relatar a controvérsia identificada a esse propósito, Rebeca dos Santos Garcia sustenta: "Há, contudo, outra linha de entendimento – a nosso ver mais acertada –, no sentido da autonomia do prazo prescricional da pretensão indenizatória. De acordo com essa outra leitura, o prazo para pleitear-se a reparação civil pelos prejuízos decorrentes do vício redibitório não se confunde com os prazos previstos para os remédios edilícios. Não apenas os pressupostos de cada plano de consequências decorrentes dos vícios redibitórios se diferenciam – a começar, e a sublinhar, o elemento culpa. (...) Além disso, o legislador em momento algum, ao tratar dos prazos no regime dos vícios redibitórios, referiu-se à indenização. No caso da pretensão indenizatória, aplica-se o prazo (prescricional) previsto na parte geral do Código Civil. Nessa ordem de ideias, 'embora vencido o prazo da ação redibitória, ainda assim caberia indenização'. Esse entendimento – a nosso ver mais acertado –, no sentido de que o prazo da reparação civil pelos prejuízos derivados do vício redibitório não se confunde com o prazo decadencial a que se sujeitam as ações edilícias, tem prevalecido entre os autores e os tribunais" (GARCIA, Rebeca dos Santos. *Vícios redibitórios no direito civil brasileiro*, cit., p. 159-160).

civil, deflagra a incidência de *remédios ao dano injusto*[51] (notadamente, a reparação pecuniária e/ou não pecuniária), os quais se sujeitam ao prazo prescricional previsto pelo art. 27 do CDC.

Diante da distinção funcional entre *vício* e *fato*, a repercutir na distinção entre os respectivos remédios, compreende-se a possibilidade, *a priori*, de veiculação de pretensão indenizatória pelo consumidor (respeitado o prazo prescricional de que trata o art. 27 do CDC) mesmo após eventual decurso do prazo decadencial pertinente (nos termos do art. 26 do CDC).[52] Essa possibilidade não tem passado de todo despercebida pela jurisprudência do Superior Tribunal de Justiça, da qual se colhe, por exemplo, a identificação da distinção entre os "limites no tempo para o consumidor reclamar de vícios (prazo decadencial previsto no art. 26) e para pleitear indenização pela reparação de danos causados por fato do produto ou do serviço (prazo prescricional indicado no art. 27)".[53]

5. CONCLUSÃO

As precedentes considerações almejaram, a partir de algumas reflexões suscitadas pela polissemia do vocábulo "responsabilidade contratual", investigar diretrizes para a distinção conceitual (e a correlata diferenciação de efeitos práticos) entre o que se buscou referir sinteticamente por *responsabilidade pelo inadimplemento* e *responsabilidade civil contratual*. Ao final do percurso trilhado, espera-se que o presente estudo possa, a par de contribuir (conquanto singelamente) para o aprimoramento da precisão conceitual no estudo dos contratos e da responsabilidade civil, estimular a contínua renovação dos esforços da doutrina para o desempenho do seu protagonismo na depuração dos conceitos e na sistematização da ciência jurídica.

---

51. Poder-se-ia assim resumir o quanto exposto: o remédio deve ser adequado (ao interesse concretamente lesado e, portanto,) à patologia.
52. Idêntica conclusão quanto à distinção entre o prazo decadencial incidente sobre as prerrogativas asseguradas pelos arts. 18 e ss. do CDC (consistentes em autênticos remédios ao inadimplemento) e o prazo prescricional incidente sobre a pretensão indenizatória se faz presente também em decisões que se assentam na incidência do prazo prescricional geral decenal de que trata o art. 205 do Código Civil em detrimento da incidência do prazo prescricional quinquenal do art. 27 do CDC. Nesse sentido, v., ilustrativamente, STJ, REsp 1.819.058/SP, 3ª T., rel. Min. Nancy Andrighi, julg. 3/12/2019.
53. STJ, AgInt no AREsp 738.587/RJ, 4ª T., rel. Min. Marco Buzzi, julg. 6/3/2018. No mesmo sentido, veja-se, ilustrativamente: "(...) 1. O Código de Defesa do Consumidor estabeleceu limites temporais diferentes para a responsabilização civil do fornecedor. O art. 27 prevê o prazo prescricional de 5 (cinco) anos para a pretensão indenizatória pelos danos causados por fato do produto ou do serviço; e o art. 26, o prazo decadencial de 30 (trinta) ou 90 (noventa) dias para a reclamação, conforme se trate de vícios aparentes ou de fácil constatação de produtos ou serviços não duráveis ou duráveis. 2. Segundo a jurisprudência desta Corte, se o produto apresenta vício quanto à quantidade ou qualidade, ou que lhe diminua o valor, estar-se-á diante de vício aparente ou de fácil constatação, de acordo com o art. 26 do Código Consumerista. 3. No caso, decaiu em 90 (noventa) dias o direito de os autores reclamarem da diferença entre a metragem do imóvel veiculada em propaganda e a área do apartamento descrita na promessa de compra e venda. 4. A pretensão de indenização pelos danos morais experimentados pelos autores pode ser ajuizada no prazo prescricional de 5 (cinco) anos" (STJ, REsp 1.488.239/PR, 3ª T., Rel. Min. Ricardo Villas Bôas Cueva, julg. 1/3/2016).

6. REFERÊNCIAS BIBLIOGRÁFICAS

ALVIM, Agostinho. *Da inexecução das obrigações e suas consequências*. 3. ed. Rio de Janeiro: Editora Jurídica e Universitária, 1965.

BENEDUZI, Renato Resende. *De concurrentibus actionibus e o concurso de demandas*, Dissertação (Mestrado em Direito Processual) – Faculdade de Direito, Universidade de São Paulo. São Paulo, 2011.

BENETTI, Giovana. *Dolo no direito civil*: uma análise da omissão de informações. São Paulo: Quartier Latin, 2019.

BESSA, Leonardo Roscoe. In: BENJAMIN, Antonio Herman V.; MARQUES, Claudia Lima; BESSA, Leonardo Roscoe. *Manual de direito do consumidor*. 7. ed. São Paulo: Ed. RT, 2016.

BODIN DE MORAES, Maria Celina. Professores ou juízes?. *Civilistica.com*. Rio de Janeiro, a. 3, n. 2, p. 1-5, 2014.

CAVALIERI FILHO, Sergio. *Programa de responsabilidade civil*. 12. ed. São Paulo: Atlas, 2015.

ENNECCERUS, Ludwig. In: ENNECCERUS, Ludwig; KIPP, Theodor; WOLFF, Martin. *Tratado de derecho civil*. Tomo II: Derecho de Obligaciones. Trad. Blas Pérez González e José Alguer. Barcelona: Bosch, 1947. v. I.

GARCIA, Rebeca dos Santos. *Vícios redibitórios no direito civil brasileiro*: função e estrutura. Dissertação (Mestrado em Direito Civil) – Faculdade de Direito, Universidade do Estado do Rio de Janeiro, 2013.

GIARDINA, Francesca. Capitolo terzo: La distinzione tra responsabilità contrattuale e responsabilità extracontrattuale. In: VISINTINI, Giovanna. *Trattato della responsabilità contrattuale (diretto da)*. Volume Primo: inadempimento e rimedi. Padova: CEDAM, 2009.

LARENZ, Karl. *Lehrbuch des Schuldrechts. I. Band: Allgemeiner Teil*. 8. ed. München: C. H. Beck, 1967.

MARINONI, Luiz Guilherme; ARENHART, Sérgio Cruz; MITIDIERO, Daniel. *Novo Código de Processo Civil comentado*. 3. ed. São Paulo: Ed. RT, 2017.

MIRAGEM, Bruno. *Curso de direito do consumidor*. 6. ed. São Paulo: Ed. RT, 2016.

MONTEIRO FILHO, Carlos Edison do Rêgo. *Elementos de responsabilidade civil por dano moral*. Rio de Janeiro: Renovar, 2000.

MONTEIRO FILHO, Carlos Edison do Rêgo. O conceito de dano moral nas relações de trabalho. *Civilistica.com*, a. 3, n. 1, p. 1-15, jan.-jun./2014.

MONTEIRO FILHO, Carlos Edison do Rêgo. Lesão ao tempo: configuração e reparação nas relações de consumo. *Revista da AJURIS*, v. 43, n. 141, p. 87-113, dez./2016.

MONTEIRO FILHO, Carlos Edison do Rêgo (Org.). *Problemas de responsabilidade civil*. Rio de Janeiro: Revan, 2016.

MONTEIRO FILHO, Carlos Edison do Rêgo. Reflexões metodológicas: a construção do observatório de jurisprudência no âmbito da pesquisa jurídica. *Revista Brasileira de Direito Civil*, v. 9, p. 8-30, jul.-set./2016.

MONTEIRO FILHO, Carlos Edison do Rêgo. *Responsabilidade contratual e extracontratual*: contrastes e convergências no direito civil contemporâneo. Rio de Janeiro: Processo, 2016.

MONTEIRO FILHO, Carlos Edison do Rêgo. Subversões hermenêuticas: a Lei da Comissão da Anistia e o direito civil-constitucional. *Civilistica.com*, a. 5, n. 1, p. 1-19, 2016.

MONTEIRO FILHO, Carlos Edison do Rêgo. Limites ao princípio da reparação integral no direito brasileiro. *Civilistica.com*, a. 7, n. 1, p. 1-25, 2018.

OLIVA, Milena Donato. Dano moral e inadimplemento contratual nas relações de consumo. *Revista de Direito do Consumidor*, v. 93, p. 13-28, maio-jun./2014.

OLIVEIRA, Rafael Mansur de. *Execução pelo equivalente pecuniário*: natureza e regime jurídico. Dissertação (Mestrado em Direito Civil) – Faculdade de Direito, Universidade do Estado do Rio de Janeiro. Rio de Janeiro, 2021.

PEREIRA, Caio Mário da Silva. *Instituições de direito civil*. 24. ed. Atual. Guilherme Calmon Nogueira da Gama. Rio de Janeiro: 2011. v. II.

RODRIGUES, Silvio. *Direito civil*. 30. ed. São Paulo: Saraiva, 2002. v. 2.

SILVA, Rodrigo da Guia. Interesse contratual positivo e interesse contratual negativo: influxos da distinção no âmbito da resolução do contrato por inadimplemento. *Revista IBERC*, v. 3, n. 1, p. 1-37, jan.-abr./2020.

SILVA, Rodrigo da Guia. A força centrípeta do conceito de inadimplemento contratual. *Civilistica.com*, a. 11, n. 3, p. 1-30, 2022.

SILVA, Rodrigo da Guia. *Remédios ao inadimplemento contratual: uma releitura em perspectiva civil-constitucional*. Tese (Doutorado em Direito Civil) – Universidade do Estado do Rio de Janeiro, Rio de Janeiro, 2022.

SOUZA, Eduardo Nunes de. *Teoria geral das invalidades do negócio jurídico*: nulidade e anulabilidade no direito civil contemporâneo. São Paulo: Almedina, 2017.

SOUZA, Eduardo Nunes de. Problemas atuais de prescrição extintiva no direito civil: das vicissitudes do prazo ao merecimento de tutela. *Civilistica.com*, a. 10, n. 3, p. 1-55, 2021.

STEINER, Renata C. Descumprimento contratual: remédios à disposição do credor lesado. In: TERRA, Aline de Miranda Valverde; GUEDES, Gisela Sampaio da Cruz (Coord.). *Inexecução das obrigações*: pressupostos, evolução e remédios. Rio de Janeiro: Processo, 2021. v. II.

TEPEDINO, Gustavo. A responsabilidade civil por acidentes de consumo na ótica civil-constitucional. In: *Temas de direito civil*. 4. ed. Rio de Janeiro: Renovar, 2008.

TEPEDINO, Gustavo. Prazo prescricional aplicável à reparação civil por inadimplemento contratual. *Soluções práticas de direito*. São Paulo: Ed. RT, 2012. v. I.

TEPEDINO, Gustavo; KONDER, Carlos Nelson. Contratos: Teoria Geral. In: TEPEDINO, Gustavo; KONDER, Carlos Nelson; BANDEIRA, Paula Greco. *Fundamentos do direito civil*. v. 3: Contratos. 3. ed. Rio de Janeiro: Forense, 2022.

TEPEDINO, Gustavo; MONTEIRO FILHO, Carlos Edison do Rêgo; RENTERIA, Pablo. *Fundamentos do direito civil*. Rio de Janeiro: Forense, 2020. v. 5.

TEPEDINO, Gustavo; SCHREIBER, Anderson. *Código Civil comentado*. v. IV: direito das obrigações. São Paulo: Atlas, 2008.

TEPEDINO, Gustavo; SILVA, Rodrigo da Guia. Notas sobre o dano moral no direito brasileiro. *Revista Brasileira de Direito Civil*, v. 30, p. 33-60, out.-dez./2021.

TEPEDINO, Gustavo; TERRA, Aline de Miranda Valverde; GUEDES, Gisela Sampaio da Cruz. *Fundamentos do direito civil*. v. 4: responsabilidade civil. Rio de Janeiro: Forense, 2020.

TERRA, Aline de Miranda Valverde. Execução pelo equivalente como alternativa à resolução: repercussões sobre a responsabilidade civil. *Revista Brasileira de Direito Civil*, v. 18, p. 49-73, out.-dez./2018.

PREVENÇÃO E PRECAUÇÃO: O PROJETO DE REFORMA DO CÓDIGO CIVIL FRANCÊS COMO REFERÊNCIA PARA A RECONFIGURAÇÃO FUNCIONAL DA RESPONSABILIDADE CIVIL

Rodrigo de Almeida Távora

Doutorando em Direito Civil e Mestre em Direito Público pela Universidade do Estado do Rio de Janeiro – UERJ. Procurador do Estado do Rio de Janeiro. Membro do Instituto Brasileiro de Estudos de Responsabilidade Civil – IBERC. Advogado.

Sumário: 1. Introdução – 2. O projeto de reforma do código civil francês – 3. O princípio da prevenção – 4. O princípio da precaução – 5. A análise dos princípios da prevenção e da precaução à luz da dogmática civil-constitucional brasileira – 6. Ampliação funcional da responsabilidade civil – 7. A aplicação dos princípios da prevenção e da precaução pelos tribunais no Brasil – 8. Conclusão – 9. Referências bibliográficas.

1. INTRODUÇÃO

A sociedade contemporânea é marcada pelo crescente dinamismo[1]. As relações sociais, impulsionadas por um modelo econômico que busca incessantemente a eficiência e a produção gradual de riqueza, são cada vez mais complexas e não se enquadram inteiramente em padrões normativos preestabelecidos.

Novas tecnologias surgem rotineiramente e modificam substancialmente a vida em sociedade. Algumas inovações tecnológicas são inclusive absolutamente disruptivas e exigem um tratamento normativo igualmente inovador para que as relações jurídicas daí advindas sejam adequadamente disciplinadas.

Esse ambiente econômico de permanente inovação tecnológica e crescente desenvolvimento acarreta, por sua vez, a ampliação de riscos. Conforme assinala Ulrich Beck, *a produção social de riqueza é acompanhada sistematicamente pela produção social de riscos*[2].

Nesse cenário, ganha relevo a análise dos princípios da prevenção e precaução. Esses princípios, ao lado da regulação estatal, constituem ferramentas dogmáticas úteis e necessárias ao enfrentamento dos riscos gerados pela sociedade contemporânea, pois

---

1. Zygmunt Bauman qualifica essa sociedade de "líquido-moderna". Conforme assinala o Autor *numa sociedade líquido-moderna, as realizações individuais não podem solidificar-se em posses permanentes porque, em um piscar de olhos, os ativos se transformam em passivos, e as capacidades, em incapacidades. As condições de ação e as estratégias de reação envelhecem rapidamente e se tornam obsoletas antes de os atores terem uma chance de aprendê-las efetivamente.* BAUMAN, Zygmunt. *Vida líquida.* Trad. Carlos Alberto Medeiros. Rio de Janeiro: Jorge Zahar, 2007.
2. BECK, Ulrich. *Sociedade de risco.* Trad. Sebastião Nascimento. São Paulo: Editora 34, 2010, p.23.

pressupõem um atuar igualmente dinâmico do direito de forma a mitigar a ocorrência de danos.

Com o propósito de fomentar o debate sobre a aplicação dos princípios da prevenção e precaução no cenário nacional e a perspectiva de ampliação funcional da responsabilidade civil, o presente ensaio buscará examinar o projeto de reforma do Código Civil francês que, dentre outras inovações, abriga a prevenção dentre os princípios que regem a responsabilidade civil.

Serão igualmente examinados alguns aportes teóricos da doutrina francesa sobre os princípios da prevenção e precaução para, a seguir, promover a sua análise à luz da dogmática civil constitucional brasileira, sugerindo-se, ao final, a ampliação funcional da responsabilidade civil.

2. O PROJETO DE REFORMA DO CÓDIGO CIVIL FRANCÊS

Tramita no Senado francês o Projeto de Lei 678 que tem por objeto a reforma da responsabilidade civil[3]. Mais precisamente, esse projeto, registrado na Presidência do Senado em 29 de julho de 2020, busca reformar o Código Civil francês de forma a conferir um tratamento mais amplo e sistemático à responsabilidade civil.

Conforme se extrai da exposição de motivos do projeto, os dispositivos existentes no Código Civil não mais retratam com exatidão o regime da responsabilidade civil atualmente aplicável pelos tribunais. Esse regime foi substancialmente aprimorado pela jurisprudência consolidada ao longo de dois séculos de forma a melhor assegurar a reparação de danos, destacando-se, nesse ponto, o papel de relevo da Corte de Cassação[4].

As modificações veiculadas no Projeto de Lei 678, por outro lado, foram precedidas de intensas reflexões no próprio Parlamento sobre a reforma do regime da responsabilidade civil. Destacam-se nesse ponto o denominado "avant-projet Catala" de 2005, coordenado pelos Professores Pierre Catala e Geneviève Viney, e o denominado "avant-projet Terré" de 2008, coordenado pelo Professor François Terré, que resultaram posteriormente em 28 (vinte e oito) recomendações apresentadas pelo Senado para a reforma da responsabilidade civil.

O Projeto de Lei 678 incorpora os temas mais consensuais propostos para a reforma do regime da responsabilidade civil[5], sugerindo-se, com isso, uma significativa reforma

---

3. FRANÇA. Projeto de Lei 678 (Senado). Disponível em: <https://www.senat.fr/leg/ppl19-678.html>. Acesso em: 9 ago. 2022.
4. (...) *ce régime, enrichi par plus de deux siècles de jurisprudence des juridictions judiciaires et, notamment, de solutions prétoriennes de la Cour de cassation, a connu des changements profonds destinés à mieux assurer la réparation des victimes de dommages. Il en résulte un corpus de règles écrites qui ne reflète plus, aujourd'hui, la réalité de la responsabilité civile organisée par le droit français.* FRANÇA. Exposição de motivos do Projeto de Lei 678 (Senado). Disponível em: <https://www.senat.fr/leg/ppl19-678.html>. Acesso em: 9 ago. 2022.
5. *Les rapporteurs ont entendu dégager les axes les plus consensuels de la réforme, écartant certains sujets bloquants.* FRANÇA. Exposição de motivos do Projeto de Lei 678 (Senado). Disponível em: <https://www.senat.fr/leg/ppl19-678.html>. Acesso em: 9 ago. 2022.

do texto do Código Civil com a inserção de inúmeros dispositivos em um subtítulo renomeado de forma a conferir tratamento específico e sistemático à responsabilidade civil[6].

No que diz respeito mais especificamente ao exame do tema proposto no presente ensaio, destacam-se 3 (três) novos dispositivos que o projeto busca introduzir no Código Civil: (i) art. 1235 que consagra a distinção entre dano e prejuízo; (ii) art. 1236 que reconhece ser objeto de tutela o dano futuro; e, (iii) art. 1268 que disciplina medidas para a prevenção do dano.

O art. 1235, com a redação sugerida pelo projeto, dispõe que é objeto de reparação todo prejuízo certo resultante de um dano e consistente na lesão de um interesse lícito, patrimonial ou extrapatrimonial[7]. Esse dispositivo consagra no direito positivo a distinção preconizada pela doutrina entre a lesão ocorrida no campo fático e a sua consequência prejudicial. Conforme evidencia a exposição de motivos do projeto, o objetivo foi distinguir o dano, que emerge do fato, do prejuízo, que revela uma violação aos interesses patrimoniais ou extrapatrimoniais[8].

O art. 1236, por sua vez, amplia o espectro da responsabilidade civil de forma a alcançar prejuízos futuros. O dano futuro é reparável quando é a extensão certa e direta de um estado atual de coisas[9]. E o art. 1268, em subseção intitulada "a prevenção de dano e a cessação de ilicitude", prescreve medidas que podem ser adotadas pelos juízes para prevenir a ocorrência de danos ou para cessar a situação de ilicitude a que o ofendido está exposto[10].

Da análise conjunta desses três dispositivos, observa-se que o Projeto de Lei 678 pressupõe o reconhecimento do princípio da prevenção no novo regime de responsabilidade civil proposto. Embora a prevenção não seja qualificada textualmente como princípio no art. 1268, o comando normativo ali estabelecido, ao estatuir abstratamente a adoção de medidas preventivas a um número indistinto de situações concretas, de

---

6. *2º Le sous-titre II du même titre III est ainsi modifié: a) L'intitulé du sous-titre II est ainsi rédigé: «La responsabilité civile »*; FRANÇA. Exposição de motivos do Projeto de Lei 678 (Senado). Disponível em: <https://www.senat.fr/leg/ppl19-678.html>. Acesso em: 9 ago. 2022.
7. Art. 1235. – Est réparable tout préjudice certain résultant d'un dommage et consistant en la lésion d'un intérêt licite, patrimonial ou extrapatrimonial. FRANÇA. Projeto de Lei 678 (Senado). Disponível em: <https://www.senat.fr/leg/ppl19-678.html>. Acesso em: 9 ago. 2022.
8. *L'article 1235 définit le préjudice réparable en consacrant la distinction entre dommage et préjudice, longtemps suggérée par la doctrine. Ainsi, en 2003, dans son rapport sur l'indemnisation du dommage corporel, le groupe de travail dirigé par Yvonne LAMBERT-FAIVRE, professeur émérite à l'Université Jean Moulin (Lyon III), distinguait le dommage qui «relève du fait, de l'événement qui est constatable, objectif, qui appartient au domaine du fait et non du droit», du préjudice qui « relève quant à lui du droit en ce qu'il exprime une atteinte aux intérêts patrimoniaux ou extrapatrimoniaux du demandeur ».* Exposição de motivos do Projeto de Lei 678 (Senado). Disponível em: <https://www.senat.fr/leg/ppl19-678.html>. Acesso em: 9 ago. 2022.
9. Art. 1236. – Le préjudice futur est réparable lorsqu'il est la prolongation certaine et directe d'un état de choses actuel. FRANÇA. Projeto de Lei 678 (Senado). Disponível em: <https://www.senat.fr/leg/ppl19-678.html>. Acesso em: 9 ago. 2022.
10. Art. 1268. – En matière extracontractuelle, indépendamment de la réparation du préjudice éventuellement subi, le juge peut prescrire les mesures raisonnables propres à prévenir le dommage ou faire cesser le trouble illicite auquel est exposé le demandeur. FRANÇA. Projeto de Lei 678 (Senado). Disponível em: <https://www.senat.fr/leg/ppl19-678.html>. Acesso em: 9 ago. 2022.

forma a evitar a ocorrência de danos ou cessar um quadro fático de ilicitude, reconhece indiscutivelmente o princípio da prevenção no seio da responsabilidade civil.

Essa premissa é reforçada ao se constatar que esse novo regime de responsabilidade civil dissocia os momentos caracterizados pela lesão ocorrida no campo fático e pela respectiva consequência prejudicial (art. 1235), assim como estabelece a plena reparação de danos futuros (art. 1236). Essas modificações permitem que a responsabilidade civil discipline todas as situações atuais e futuras que possam ensejar a ocorrência de danos, legitimando ainda mais a adoção das medidas preventivas estabelecidas no art. 1268. Ao lado da clássica função de reparação do dano, o novo regime da responsabilidade civil pressupõe igualmente que sejam adotadas medidas com o objetivo de evitar a própria ocorrência do dano.

A sistematização proposta pelo Projeto de Lei 678 revela-se mais consentânea com a necessidade de disciplina normativa das inúmeras situações de risco geradas pela sociedade contemporânea e que impõem um atuar preventivo em sede de responsabilidade civil e alinha-se à busca de pleno respeito à integridade dos direitos, especialmente os de natureza não patrimonial. Além disso, a sistematização proposta confere maior unidade ao sistema jurídico ao evitar a dispersão de várias normas numa multiplicidade de valores singulares e desconexos, permitindo que sejam reconduzidas aos princípios considerados fundamentais[11].

3. O PRINCÍPIO DA PREVENÇÃO

O item precedente teve por escopo evidenciar o acolhimento do princípio da prevenção no novo regime de responsabilidade civil proposto pelo Projeto de Lei 678. Como demonstrado, algumas inovações veiculadas pelo referido projeto resultam de orientações consolidadas na jurisprudência, com destaque para a atuação da Corte de Cassação. O princípio da prevenção, em particular, foi reconhecido em alguns precedentes da Corte, destacando-se os casos em que dito princípio orientou a resolução de demandas envolvendo ameaças à vida privada e à concorrência.

Amparados no preceito estabelecido no artigo 9º do Código Civil[12], que estabelece a possibilidade de adoção de medidas preventivas para impedir ou cessar a prática de atos atentatórios à vida privada, os juízes que integram a Corte de Cassação admitem que a tutela jurisdicional ocorra mesmo em hipóteses em que não haja a demonstra-

---

11. Vide sobre o ponto CANARIS, Claus-Wilhelm. *Pensamento sistemático e conceito de sistema na ciência do direito*. 3.ed. Trad. António Menezes Cordeiro. Lisboa: Fundação Calouste Gulbenkian, 2002, p. 279-280: "As características do conceito geral do sistema são a ordem e a unidade. Eles encontram a sua correspondência jurídica nas ideias da adequação valorativa e da unidade interior do Direito. (...) A função do sistema na Ciência do Direito reside, por consequência, em traduzir e desenvolver a adequação valorativa e a unidade interior da ordem jurídica".
12. Article 9. Chacun a droit au respect de sa vie privée. Les juges peuvent, sans préjudice de la réparation du dommage subi, prescrire toutes mesures, telles que séquestre, saisie et autres, propres à empêcher ou faire cesser une atteinte à l'intimité de la vie privée: ces mesures peuvent, s'il y a urgence, être ordonnées en référé. FRANÇA. Código Civil. Disponível em: <https://www.legifrance.gouv.fr/codes/id/LEGITEXT000006070721/>. Acesso em: 9 ago. 2022.

ção efetiva do prejuízo, que pode ser apenas virtual[13]. Da mesma forma, na esfera do direito de concorrência, admite-se a intervenção jurisdicional mesmo sem a efetiva demonstração do prejuízo, presumindo-se a sua ocorrência para fazer cessar um ato de concorrência desleal[14].

Em apoio aos precedentes judiciais acima citados, parte da doutrina francesa desenvolveu expressiva construção teórica que permite a compreensão do princípio da prevenção no âmbito da responsabilidade civil. Dentre os aportes teóricos existentes, sobressai inicialmente a obra da Professora Geneviève Viney, intitulada *Le déclin de la responsabilité individuelle*, que evidencia o processo de profunda modificação do regime da responsabilidade civil, acarretando o declínio da responsabilidade individual e a ascensão da socialização na reparação de danos.

Nessa relevante obra do direito francês, a Professora Geneviève Viney, ao investigar as causas da transformação da responsabilidade civil, aponta, de um lado, o prodigioso desenvolvimento de técnicas de produção e de exploração de riquezas naturais[15]. E, de outro, constata que as atividades humanas são dominadas pela crescente influência de corpos coletivos dentro dos quais o indivíduo tende a se identificar com uma engrenagem anônima[16].

Essas mesmas causas, originariamente identificadas no processo da crescente socialização na reparação dos danos, encontram-se atualmente presentes em escala ainda mais acentuada, justificando, por semelhantes razões, a adoção de um novo paradigma funcional para a responsabilidade civil. Conforme apontado na introdução do presente ensaio, o ambiente econômico de permanente inovação tecnológica e crescente desenvolvimento acarreta a ampliação de riscos. E esses riscos já não são satisfatoriamente mitigados apenas com a socialização dos riscos, impondo-se, adicionalmente, a adoção de medidas inibitórias orientadas pelo princípio da prevenção.

Em outra obra que se tornou referência sobre responsabilidade civil no direito francês, a Professora Geneviève Viney igualmente destaca que a gravidade e a natureza quase

---

13. Nesse sentido é o magistério de Christophe Quézel-Ambrunaz: *La jurisprudence repare parfois un préjudice qui n´apparaît que virtuel ou impersonnel. Ainsi, la Cour de cassation admettrait que l´indemnisation pour atteinte à la vie privée se fasse sans préjudice, peut-être dans une optique de peine privée*. QUÉZEL-AMBRUNAZ, Christophe. *Essai sur la causalité en droit de la responsabilité civile*. Paris: Dalloz, 2010, p. 250.
14. Conforme assinala Christophe Quézel-Ambrunaz: *De même, em matière de concurrence, il est admis "qu´um trouble comercial s´infère nécessairement d´um acte de concurrence déloyale". Il ne s´agit pas ici en réalité d´absence de préjudice, mais de présomption de préjudice. Lorsque le préjudice est présumé, il est déduit de la faute; tout se passe comme si le fait défectueux contenait à la fois le préjudice et la causalité*. QUÉZEL-AMBRUNAZ, Christophe. *Essai sur la causalité en droit de la responsabilité civile*. Paris: Dalloz, 2010, p. 250/251.
15. *Certaines expliquent la socialisation dans son acception la plus générale qui n´est pas propre à la responsabilité. Se rangent parmi elles le développement prodigieux des techniques de production et d´exploitation des richesses naturelles, l´approfondissement des connaissances humaines et leur utilisation pratique que engendre tout naturellement l´association sans laquelle la réunion des moyens nécessaires demeurerait impossible*. VINEY, Geneviève. *Le déclin de la responsabilité individuelle*. Paris: Libraire Génerale de Droit et Jurisprudence, 1965, p. 4.
16. *L´ensemble des activités humaines se trouve ainsi dominé par l´influence grandissante des corps collectifs au sein desquels l´individu tend à s´identifier à um rouage anonyme*. VINEY, Geneviève. *Le déclin de la responsabilité individuelle*. Paris: Libraire Génerale de Droit et Jurisprudence, 1965, p. 4.

irreversíveis dos danos advindos de determinados riscos, a exemplo daqueles associados ao meio ambiente e à saúde, acentuaram o papel central da prevenção[17]. Aponta, inclusive, que há Autores críticos da própria primazia da função indenizatória no âmbito da responsabilidade civil, elevando a prevenção ao centro do direito da responsabilidade, afastando, assim, a acepção que relega à prevenção uma função unicamente acessória[18].

Outra interessante obra busca evidenciar que o direito positivo francês já comporta sanções preventivas no âmbito da responsabilidade civil[19]. O regime de responsabilidade civil positivado já apresentaria, sob essa ótica, inúmeras prescrições com o intuito de prevenir a ocorrência de danos. E a atuação preventiva se justificaria nessas hipóteses apenas em decorrência da existência do risco de dano[20].

As premissas extraídas dessas obras revelam a premência de se reconhecer um campo próprio de incidência do princípio da prevenção de modo a amplificar funcionalmente o espectro da responsabilidade civil e, com isso, possibilitar a criação de instrumentos aptos ao enfrentamento dos riscos gerados pela sociedade contemporânea e a consequente mitigação dos danos deles advindos.

Essa perspectiva inovadora, no entanto, encontra resistência dentre os doutrinadores mais apegados à origem conceitual da responsabilidade civil que a associa de forma indissociável à função de reparação de danos. Ao abordarem as teorias tradicionais sobre responsabilidade civil, esclarecem Geneviève Viney e Patrice Jourdain que a importância do dano varia de acordo com o fundamento que se reconheça à responsabilidade, sendo secundária para os defensores da responsabilidade fundada na culpa e mais acentuada para os que estruturam a responsabilidade no risco. Mas, em ambos os casos, o dano é apontado como necessário por fazer surgir um dever de reparação com base nas regras de responsabilidade civil[21].

---

17. *La prise de conscience, à la suite de certaines catastrophes qui ont profondément marqué l'opinion publique française, de la gravité et du caractère quasiment irréversible des conséquences de certains dommages, notamment des atteintes à l'environnement ou à la santé humaine, a mis l'accent sur le rôle essentiel de la prévention, qui fait d'ailleurs l'objet de réglementations de plus en plus détaillées et contraignantes émanant tant des autorités nationales que communautaires.* VINEY, Geneviève. Introduction à la responsabilité. Paris: LGDJ, 2019, p. 170.
18. *(...) cette vision des choses a été remise en cause par un auteur qui, se réclamant d'un courant philosophique dont l'initiateur a été Hans Jonas, a vertement critiqué cette primauté qui, constate-t-elle, fait de la responsabilité un instrument uniquement "curatif", tourné vers le passé et, par conséquent, inadapté à la lutte contre les grandes catastrophes entraînant des conséquences irréversibles. Elle a donc préconisé de placer la prévention au centre du droit de la responsabilité (...).* VINEY, Geneviève. Introduction à la responsabilité. Paris: LGDJ, 2019, p. 170-171.
19. *Les sanctions préventives existent en droit positif. Les qualifier ainsi et les penser au sein du droit de la responsabilité civile amène à reconceptualiser ce dernier à partir de ses effets et sous l'égide d'une théorie de la mise em effet des normes.* SINTEZ, Cyril. La sanction préventive en droit de la responsabilité civile: contribution à la théorie de l'interprétation et de la mise en effet des normes. Paris: Dalloz, 2011, p. 451.
20. *En la seule présence d'un risque de dommage, il existe de nombreuses hypothèses où l'illicéité du fait potentiellement à l'origine d'un dommage n'a pas à être rapportée. Par exemple, il s'agit d'anticiper le dommage qui résulterait de la publication future d'un livre qui contiendrait des propos diffamants.* SINTEZ, Cyril. La sanction préventive en droit de la responsabilité civile: contribution à la théorie de l'interprétation et de la mise en effet des normes. Paris: Dalloz, 2011, p. 451.
21. *L'importance relative accordée au dommage parmi les conditions de la responsabilité civile varie en fonction du fondement que chacun assigne à cette institution. À la différence des partisans de la responsabilité pour faute qui font au préjudice une place relativement secondaire, le considérant davantage une "occasion" de responsabilité que*

É necessário, assim, suplantar essa resistência doutrinária de forma a construir dogmaticamente um novo padrão funcional para a responsabilidade civil. A nova realidade social, que produz inúmeros riscos cujas consequências não são satisfatoriamente tuteladas pelos instrumentos repressivos tradicionais da responsabilidade civil, revela ser necessária a modificação de paradigma com a adição de medidas preventivas que busquem evitar ou mitigar a própria ocorrência do dano. Conforme assinala Catherine Thibierge, essa alteração de paradigma permitirá que a responsabilidade jurídica alcance a plenitude do termo *responsabilidade*[22]. E o Projeto de Lei 678, como visto, oferece suporte adequado para essa quebra de paradigma.

4. O PRINCÍPIO DA PRECAUÇÃO

O direito francês também apresenta relevantes reflexões sobre o princípio da precaução que, no entanto, não encontra abrigo explícito no projeto de reforma do regime da responsabilidade civil (Projeto de Lei 678). A despeito da falta de perspectiva de sua inserção formal no bojo do Código Civil, o exame do princípio da precaução também se faz necessário para a compreensão mais abrangente da perspectiva de prevenção de danos que deve constituir o novo paradigma funcional que se pretende reconhecer para a responsabilidade civil.

Inicialmente, mostra-se relevante a apresentação da distinção conceitual entre prevenção e precaução. E, para tanto, será examinado o relatório específico sobre o princípio da precaução elaborado pelos Professores Philippe Kourilsky e Geneviève Viney e que foi endereçado ao Primeiro-Ministro francês com recomendações para, dentre outras medidas, promover modificações no regime jurídico da responsabilidade civil[23].

De acordo com esse relatório, muito embora os princípios da prevenção da precaução sejam duas facetas da prudência que deve ser observada em situações que possam causar danos, a prevenção se mostra presente em situações em que seja possível antever riscos e os danos a eles associados enquanto a precaução se opera no universo da incerteza. Mais precisamente, enquanto a prevenção se direciona para a disciplina de riscos concretos e conhecíveis, a precaução objetiva limitar riscos ainda hipotéticos ou potenciais[24].

---

  comme l'une de ses "données fondamentales", ceux qui fondent la responsabilité sur le "risque" ou la "garantie" le placent au premier rang. Néanmoins, les auteurs s'accordent sur la necessite d'un dommage pour faire apparaître un dette de réparation sur le fondement de règles de responsabilité civile. VINEY, Geneviève; JOURDAIN, Patrice. *Traité de Droit Civil*: les conditions de la responsabilité. Paris: Lextenso éditions, 2013, p. 5.

22. *Il s'agit de répondre à l'emergence de nouveaux dommages et de dépasser les limites actuelles de notre responsabilité civile, non par une remise en cause des fondements antérieurs, mais par un extension de ceux-ci, selon la dynamique du changement de paradigme qui permettra à la responsabilité juridique de recouvrir la plénitude du terme 'responsabilité'*. THIBIERGE, Catherine. Livres propos sur l'évolution du droit de la responsabilité (vers un élargissement de la fonction de la responsabilité civile?). *Revue Trimestrielle de Droit Civil* 3. Paris. Junho/setembro/1999.

23. KOURILSKY, Philippe; VINEY, Geneviève. *Le príncipe de précaution*. Rapport au Premier Ministre. Paris, 1999. Disponível em: <https://www.vie-publique.fr/rapport/26392-le-principe-de-precaution-rapport-au-premier-ministre>. Acesso em: 9 ago. 2022.

24. *La précaution vise à limiter les risques encore hypothétiques, ou potentiels, tandis que la prévention s'attache à contrôler les risques avérés. Précaution et prévention sont deux facetes de la prudence qui s'impose dans*

O relatório igualmente identifica a origem dos debates sobre o princípio da precaução na década de 80 por ocasião das discussões associadas aos riscos ambientais, consagrando-se posteriormente na Conferência das Nações Unidas sobre o Meio Ambiente e o Desenvolvimento realizada na cidade do Rio de Janeiro no ano de 1992 (Rio 92). Aponta, de igual sorte, que a França foi o primeiro país a acolher o princípio da precaução no âmbito do direito positivo, mais precisamente por intermédio de dispositivo acrescido ao Código Rural que estabelece a possibilidade de adoção de medidas destinadas à prevenção de danos graves e irreversíveis ao meio ambiente[25].

O princípio da prevenção também encontra abrigo expresso no Código de Meio Ambiente francês[26] e na Carta do Meio Ambiente (Lei Constitucional de 1º de março de 2005)[27] e, a partir da sua consolidação nesses textos normativos, diversos precedentes o apresentam como elemento central para a resolução de conflitos envolvendo matéria ambiental[28].

Interessante caso em que o princípio da precaução foi abordado fora da área ambiental foi julgado pela Corte de Cassação no ano de 2006. O caso envolveu a análise da conduta de um laboratório farmacêutico que, diante da possibilidade de um dos seus

---

toutes les situations suscetibles de créer des dommages. La précaution se distingue de la prévention du fait qu'elle opere en univers incertain, ce qui exige des modalités particulières. KOURILSKY, Philippe; VINEY, Geneviève. Le príncipe de précaution. Rapport au Premier Ministre. Paris, 1999. Disponível em: <https://www.vie-publique.fr/rapport/26392-le-principe-de-precaution-rapport-au-premier-ministre>. Acesso em: 9 ago. 2022.

25. Le principe de précaution est apparu au cours des années 1980, à l'occasion de débats relatifs aux problèmes internationaux d'environnement, avant de recevoir une consécration publique en 1992, à l'occasion de la Conférence de Rio. La France est le premier pays à l'avoir inscrit dans son droit interne. La loi du 2 Février 1995, dite loi Barnier, em fournit une définition, insérée à l'article L.200-1 du code rural qui dispose que "l'absence de certitudes, compte tenu des connaissances scientifiques et techniques du moment, ne doit pas retarder l'adoption de mesures effectives et proportionnées visant à prévenir un risque de dommages graves et irréversibles à l'environnement à un coût économiquement acceptable. KOURILSKY, Philippe; VINEY, Geneviève. Le príncipe de précaution. Rapport au Premier Ministre. Paris, 1999. Disponível em: <https://www.vie-publique.fr/rapport/26392-le-principe-de--precaution-rapport-au-premier-ministre>. Acesso em: 9 ago. 2022.

26. Article L110-1, II, 1º. Le principe de précaution, selon lequel l'absence de certitudes, compte tenu des connaissances scientifiques et techniques du moment, ne doit pas retarder l'adoption de mesures effectives et proportionnées visant à prévenir un risque de dommages graves et irréversibles à l'environnement à un coût économiquement acceptable; Disponível em: <https:// www.legifrance.gouv.fr/codes/article_lc/LEGIARTI000043975398>. Acesso em: 9 ago. 2022.

27. Article 5. Lorsque la réalisation d'un dommage, bien qu'incertaine en l'état des connaissances scientifiques, pourrait affecter de manière grave et irréversible l'environnement, les autorités publiques veillent, par application du principe de précaution et dans leurs domaines d'attributions, à la mise en oeuvre de procédures d'évaluation des risques et à l'adoption de mesures provisoires et proportionnées afin de parer à la réalisation du dommage. Disponível em: <https://www.legifrance.gouv.fr/contenu/menu/droit-national-en-vigueur/constitution/charte-de-l-environnement>. Acesso em: 9 ago. 2022.

28. Cite-se, entre outros precedentes, o seguinte: "Selon l'article L.110-1 II 1º du code de l'environnement le principe de précaution est celui selon lequel l'absence de certitudes, compte tenu des connaissances scientifiques et techniques du moment, ne doit pas retarder l'adoption de mesures effectives et proportionnées visant à prévenir un risque de dommages graves et irréversibles à l'environnement à un coût économiquement acceptable. Il s'ensuit qu'une cour d'appel a pu exclure la faute des propriétaires d'un forage en retenant à bon droit que dès lors que le risque de pollution d'un captage d'eaux minérales par ce forage situé en aval avait été formellement exclu par l'expert judiciaire, le principe de précaution ne pouvait trouver application". Pourvoi 08-19.108. Troisième chambre civile. Cour de Cassation, 3 de março de 2010.

produtos causar riscos à saúde, ainda que em caráter meramente potencial, manteve a sua comercialização.

Tratava-se, mais especificamente, do medicamento denominado "distilbène", que foi prescrito regularmente na França entre 1940 e 1977 para mulheres grávidas a fim de prevenir partos prematuros. Descobriu-se mais tarde, no entanto, que esse produto poderia causar câncer de útero ou de vagina. Muito embora no momento de comercialização do produto ainda não houvesse trabalhos científicos que atestassem de forma irrefutável a correlação entre a utilização do medicamento e a ocorrência de câncer[29], informações associadas a experimentos com animais e o aumento do número de casos de câncer revelaram, segundo a Corte de Cassação, um estado de dúvida que exigia uma atuação preventiva do laboratório associada a um dever de vigilância[30].

A despeito de sua origem associada aos riscos ambientais, o princípio da precaução revela, assim, uma capacidade de expansão do seu campo de incidência, podendo ser igualmente aplicável em outras situações envolvendo riscos ainda hipotéticos ou potenciais. Conforme apontam os Professores Philippe Kourilsky e Geneviève Viney, o princípio da precaução pode ser aplicado em temas envolvendo, por exemplo, alimentação e saúde[31], e, para além de melhorar a segurança, pode constituir um pilar para o desenvolvimento econômico sustentável[32].

De fato, o desenvolvimento econômico sustentável pressupõe o desejável equilíbrio entre inovação e conservação. E, conforme acentua Mireille Delmas-Marty, o princípio da precaução permite a existência desse equilíbrio de forma dinâmica e gradual e não

---

29. O laboratório tenta, em seu recurso, circunscrever a aplicação do princípio da precaução a situações em que existam informações científicas claras sobre a existência do risco, tese essa rechaçada pelo Tribunal ao reconhecer um dever de vigilância na hipótese dadas as demais informações existentes no momento de comercialização do medicamento. Veja-se a respeito o seguinte trecho: *que le principe de précaution qui impose d'anticiper et de prévenir les risques d'un produit suppose un contexte d'incertitude scientifique et une représentation scientifique suffisante des risques potentiels; que la responsabilité d'un laboratoire, fabricant et distributeur de médicaments, pour défaut de vigilance dans sa gestion du risque découlant du principe actif du produit, suppose à tout le moins que les connaissances scientifiques de l'époque aient fait apparaître l'existence d'un risque pour l'homme scientifiquement plausible c'est-à-dire admis par une partie significative de la communauté scientifique.* Pourvoi 04-16.179, Première chambre civile, Cour de Cassation, 7 de março de 2006.
30. *En l'état de doutes portant sur l'innocuité d'un produit, d'études expérimentales et d'observations cliniques qui contre-indiqueraient son utilisation, la société qui le fabriquait et qui n'avait pris aucune mesure devant des résultats discordants quant aux avantages et inconvénients, a manqué à son obligation de vigilance.* Pourvoi 04-16.179, Première chambre civile, Cour de Cassation, 7 de março 2006.
31. *Toutefois, le contenu de cet énoncé n´est pas exclusivement applicable aux questions d´environnement. Le principe de précaution d´ailleurs est de plus en plus solvent invoqué à l´occasion de problèmes relatifs à l´alimentation et à la santé.* KOURILSKY, Philippe; VINEY, Geneviève. *Le príncipe de précaution*. Rapport au Premier Ministre. Paris, 1999. Disponível em: <https://www.vie-publique.fr/rapport/26392-le-principe-de-precaution-rapport-au-premier-ministre>. Acesso em: 9 ago. 2022.
32. *Le principe de précaution a connu un succés d´opinion si notable que son usage en est devenu parfois incantatoire. Il est considéré par certains comme une avancée majeure du droit qui, non seulement est susceptible d´améliorer la sécurité, mais peut encore constituer un pilier du développement économique durable et servir de rempart contre les débordements de la technique et du productivisme.* KOURILSKY, Philippe; VINEY, Geneviève. *Le príncipe de précaution*. Rapport au Premier Ministre. Paris, 1999. Disponível em: <https://www.vie-publique.fr/rapport/26392-le-principe-de-precaution-rapport-au-premier-ministre>. Acesso em: 9 ago. 2022.

apenas de maneira estática[33]. Como descreve Émilie Gaillard, o princípio da precaução reforça o dever de prudência e de vigilância e se insere como elemento necessário no âmbito do processo de metamorfose do direito da responsabilidade causado pela sociedade de risco[34].

Não obstante essa leitura mais transversal do princípio da precaução, há significativa resistência por parte da doutrina francesa em associar dito princípio ao regime da responsabilidade civil, uma vez que a obrigação de reparação não se mostra presente e determinável em tais situações[35].

Essa crítica, no entanto, não deve subsistir, uma vez que a incorporação do princípio da precaução no âmbito da responsabilidade civil não tem o condão de desnaturar os seus pressupostos. Assim como sugerido em relação ao princípio da prevenção, o princípio da precaução também deve ser inserido em um contexto funcional mais amplo da responsabilidade civil de modo a permitir o enfrentamento dos riscos produzidos pela sociedade contemporânea.

Encerrado o breve percurso de investigação no direito francês, que revela um caminho promissor para o desenvolvimento dos princípios da prevenção e da precaução, busca-se no tópico seguinte avaliar tais princípios à luz da dogmática civil constitucional brasileira.

5. A ANÁLISE DOS PRINCÍPIOS DA PREVENÇÃO E DA PRECAUÇÃO À LUZ DA DOGMÁTICA CIVIL-CONSTITUCIONAL BRASILEIRA

A Constituição da República, centrada no princípio da dignidade humana, pressupõe a construção de uma sociedade livre, justa e solidária que busque a redução das desigualdades sociais e elimine todas as formas de discriminação[36]. O princípio constitucional da solidariedade impõe, de forma ampla, deveres sociais em prol da construção de

---

33. (...) *il faut concilier l'esprit d'innovation et l'esprit de conservation. Telle est précisément la fonction du principe dit de précaution quand il fonctionne comme un régulateur, par ajustement et réajustement, afin de rendre possible un équilibre non pas statique mais dynamique.* DELMAS-MARTY, Mireille. Le principe de précaution et le paradoxe de l'anthropocène. In: D'AMBROSIO, Luca; GIUDICELLI-DELAGE, Geneviève; MANACORDA, Stefano. (Org.). Principe de précaution et métaporphoses de la responsabilité. Paris: Mare & Martin, 2018, p. 16.
34. *L'avènement du principe de précaution {conduit} à un renforcement du devoir de prudence et de vigilance pesant sur les producteurs comme sur toute personne. Il relève d'un processos de métamorphose du droit de la responsabilité intimement lié à l'entrée dans la société du risque.* GAILLARD, Émilie. Le principe de précaution en droit civil français: dynamiques systémiques de métamorphoses. In: D'AMBROSIO, Luca; GIUDICELLI-DELAGE, Geneviève; MANACORDA, Stefano. (Org.). Principe de précaution et métaporphoses de la responsabilité. Paris: Mare & Martin, 2018, p. 126-127.
35. *Cette sanction du principe de précaution pose problème: la responsabilité civile produit une obligation de réparation. Or, cette obligation n'apparaît guère déterminable, ni dans son montant, ni dans les parties au rapport obligatoire, lorsque l'existence d'un préjudice n'est pas encore acquise. À défaut de causalité avérée, les situations de précaution ne contiennent qu'un "risque de causalité". Le principe de précaution semble donc incompatible avec la responsabilité civile.* QUÉZEL-AMBRUNAZ, Christophe. *Essai sur la causalité en droit de la responsabilité civile.* Paris: Dalloz, 2010, p. 407.
36. BRASIL. [Constituição (1988)]. Art. 1º, Inciso III, e Art. 3º, Incisos I, II e IV. In: BRASIL. *Constituição da República Federativa do Brasil.* Brasília, DF: Senado Federal, Coordenação de Edições Técnicas, 2020. Disponível em: <https://www2.senado.leg.br/bdsf/bitstream/handle/id/566968/CF88_EC105_livro.pdf>. Acesso em: 12 dez. 2021.

uma sociedade menos desigual e mais inclusiva, possibilitando que todos os indivíduos desfrutem de *igual dignidade social*[37].

Os deveres decorrentes do princípio da solidariedade são aqueles que devem orientar a prática de todos os atos e negócios jurídicos que possam, em alguma medida, acarretar impactos sociais significativos sobre a vida das pessoas. A cooperação social advinda do princípio da solidariedade envolve, por outro lado, o compromisso entre gerações distintas de forma a possibilitar o desenvolvimento sustentável das pessoas no âmbito da sociedade[38]. Não se compreende mais uma concepção de curto prazo pautada exclusivamente na busca da satisfação de interesses individuais que não estejam em sintonia com a realidade que lhes é subjacente[39].

A visão que outorga amplo espaço ao exercício discricionário e ilimitado da autonomia da vontade, fruto principalmente das construções doutrinárias surgidas a partir do século XIX, cede espaço à concepção moldada pelo atual projeto civil-constitucional que identifica a dignidade humana como epicentro axiológico do sistema jurídico, funcionalizando institutos de direito privado de forma a assegurar existência digna às pessoas[40]. A autonomia privada não se revela mais irrestrita. O ordenamento jurídico a funcionaliza de forma a legitimar ações que tenham como pressuposto a realização de valores constitucionais que apresentam a pessoa como elemento central[41]. Ao lado da

---

37. Conforme esclarece Perlingieri, *os princípios da solidariedade e da igualdade são instrumentos e resultados da atuação da dignidade social do cidadão e uma das interpretações mais avançadas é aquela que define a noção de igual dignidade social como o instrumento que confere a cada um o direito ao 'respeito' inerente à qualidade de homem, assim como a pretensão de ser colocado em condições idôneas a exercer as próprias aptidões pessoais, assumindo a posição a estas correspondentes.* PERLINGIERI, Pietro. *Perfis do direito civil.* Tradução de Maria Cristina de Cicco. Rio de Janeiro: Renovar, 2002, p. 37.
38. Nesse sentido destaca Monteiro Filho que *a partir do substrato da solidariedade, estabelece-se não só o direito de respeito à coletividade, como também o dever de cooperação entre as gerações presentes para com as gerações futuras.* MONTEIRO FILHO, Carlos Edison do Rêgo. Lesão ao tempo: configuração e reparação nas relações de consumo. *Revista da AJURIS*, Porto Alegre, v. 43, n. 141, p. 87-113, 2017. Disponível em: <http://www.mpsp.mp.br/portal/page/portal/documentacao_e_divulgacao/doc_biblioteca/bibli_servicos_produtos/bibli_informativo/bibli_inf_2006/Rev-AJURIS_141.04.pdf>. Acesso em: 9 ago. 2022.
39. Barboza e Almeida, após invocarem a lição de Miguel Reale de que é preciso recolocar o direito no "mundo real", assinalam que o direito deve se voltar *para as pessoas reais existentes no mundo dos fatos, e não mais sujeitos ideais, titulares abstratos de direitos equitativamente atribuídos e assegurados, com base numa igualdade formal* (BARBOZA; ALMEIDA, 2017). BARBOZA, Heloisa Helena; ALMEIDA, Vitor. A tutela das vulnerabilidades na legalidade constitucional. In: TEPEDINO, Gustavo; TEIXEIRA, Ana Carolina Brochado; ALMEIDA, Vitor. (Org.). *Da dogmática à efetividade do Direito Civil*: Anais do Congresso Internacional de Direito Civil Constitucional (IV Congresso do IBDCIVIL). Belo Horizonte: Fórum, 2017. p. 37-50.
40. Ao discorrer sobre a autonomia privada, Perlingieri, reconhecendo a atual hierarquia constitucional dos valores, assevera que *a liberdade não se identifica com a iniciativa econômica: a liberdade da pessoa, e a consequente responsabilidade, ultrapassa e subordina a si mesma a iniciativa econômica.* PERLINGIERI, Pietro. *Perfis do direito civil.* Tradução de Maria Cristina de Cicco. Rio de Janeiro: Renovar, 2002, p. 17.
41. Ao discorrer sobre a funcionalização dos institutos de direito civil, esclarece Tepedino que a reflexão sobre o tema *interfere diretamente na teoria dos atos e negócios jurídicos, no sentido de superar a abordagem meramente estática de seus elementos estruturais – forma e conteúdo –, para se alcançar a função – o porquê e para quê – em modo a se identificar a legitimidade objetiva da alteração propiciada pela autonomia privada nas relações jurídicas preexistentes.* TEPEDINO, Gustavo. Esboço de uma classificação funcional dos atos jurídicos. *Revista Brasileira de Direito Civil*, Rio de Janeiro, v. 1, n. 1, p. 8-37, jul./set. 2014, p. 12. Disponível em: <https://rbdcivil.ibdcivil.org.br/rbdc/article/view/129/125>. Acesso em: 9 ago. 2022.

função protetivo-repressiva, deve ser conferida crescente relevância à função promocional do ordenamento[42].

Nesse contexto, observa-se claramente que os institutos jurídicos deverão ser funcionalizados de forma a evitar a ocorrência de danos que atentem contra direitos fundamentais. A função promocional preconizada pelo projeto civil-constitucional impõe que sejam avaliadas preventivamente todas as situações de risco de forma a evitar a ocorrência de danos, assim como a cooperação social advinda do princípio da solidariedade exige que as atividades econômicas não sejam desenvolvidas apenas sob uma perspectiva individual, devendo, ao revés, ser orientadas em favor do desenvolvimento sustentável.

O regime da responsabilidade civil, em particular, não pode se revelar refém de conceitos que impeçam a expansão da capacidade protetiva desse relevante segmento do direito. Ao lado da função que objetiva a recomposição patrimonial, a responsabilidade civil deve incorporar progressivamente os princípios da prevenção e da precaução de forma a desempenhar uma nova função que busque mitigar ou mesmo evitar a ocorrência de danos, destacadamente quando esses danos atingem direitos fundamentais[43].

As medidas protetivas do regime da responsabilidade civil devem alcançar todas as situações que possam acarretar violações a interesses juridicamente protegidos, ainda que haja apenas a configuração de uma ameaça associada a riscos potenciais. E essa ampliação funcional da responsabilidade civil ganhará ainda mais relevo quando se tratar de violação a direitos inerentes à pessoa[44].

Observa-se, assim, que o projeto civil-constitucional brasileiro revela a necessidade da atuação preventiva na tutela de direitos fundamentais no âmbito do regime de responsabilidade civil, o que poderá ser satisfeito com a progressiva incorporação dos princípios da prevenção e precaução.

---

42. Ao abordar a função promocional do ordenamento, Bobbio destaca que *a técnica do encorajamento visa não apenas a tutelar, mas também a provocar o exercício dos atos conformes*, e, *a introdução da técnica do encorajamento reflete uma verdadeira transformação na função do sistema normativo em seu todo e no modo de realizar o controle social*. BOBBIO, Norberto. *Da estrutura à função*: novos estudos de teoria do direito. Tradução de Daniela Beccaccia Versiani. São Paulo: Manoele, 2007, p. 15.
43. Em sentido similar é o magistério de Thaís Goveia Pascoaloto Venturi: *Logo, torna-se necessário descobrir novos contornos que se prestem a fundamentar a aplicação da responsabilidade civil sob perspectivas sensivelmente distintas daquelas até então observadas, sobretudo no que diz respeito ao seu aspecto preventivo; não sendo aceitável, diante de uma sociedade globalizada e hiperexposta a danos graves e irreversíveis, que se restrinja a aplicação do instituto exclusivamente pelo seu viés reparatório*. VENTURI, Thaís Goveia Pascoaloto. *Responsabilidade civil preventiva*: a proteção contra a violação dos direitos e a tutela inibitória material. São Paulo: Malheiros, 2014, p. 47.
44. Conforme anota Pietro Perlingieri, uma vez considerada a personalidade humana como um interesse juridicamente protegido e relevante para o ordenamento, a responsabilidade civil se estende também a todas as violações dos comportamentos subjetivos nos quais pode se realizar a pessoa. PERLINGIERI, Pietro. *O direito civil na legalidade constitucional*. Trad. Maria Cristina De Cicco. Rio de Janeiro: Renovar, 2008, p. 766.

6. AMPLIAÇÃO FUNCIONAL DA RESPONSABILIDADE CIVIL

Pietro Perlingieri evidencia que o fato jurídico *deve ser estudado nos dois perfis que concorrem para individuar sua natureza: a estrutura (como é) e a função (para que serve)*. Esclarece ainda *na identificação da função dever-se-á considerar os princípios e valores do ordenamento que a cada vez permitem proceder à valoração do fato*[45].

Evidenciado o projeto civil-constitucional brasileiro no item precedente, com destaque para a dignidade da pessoa como epicentro axiológico do sistema jurídico e a solidariedade como princípio que pressupõe o compromisso entre gerações distintas de forma a possibilitar o desenvolvimento sustentável das pessoas no âmbito da sociedade, a responsabilidade civil não deve ter como função exclusiva a de reequilibrar os interesses lesados pelo evento danoso.

A responsabilidade civil deve também servir como instrumento que possibilite evitar ou mitigar a própria ocorrência de violações a interesses juridicamente protegidos. E o caminho dogmático indicado para uma proposta de efetiva mitigação de danos associa-se à adesão aos princípios da prevenção e da precaução, o primeiro aplicável às hipóteses em que seja possível delimitar a extensão dos riscos envolvidos e o segundo observável quando essa tarefa ainda não se revelar factível.

A incidência dos preceitos normativos centrais que orientam o projeto civil-constitucional brasileiro sobre o contexto fático atual, dotado de elevada complexidade e onde se observa um aumento exponencial de riscos, impõe a ampliação funcional da responsabilidade civil de forma que esse importante segmento do direito não mais se circunscreva à reparação de danos. Conforme assinala Nelson Rosenvald, o sistema de responsabilidade civil não pode manter uma neutralidade perante valores juridicamente relevantes em um dado momento histórico e social[46].

No que se refere especificamente ao princípio da prevenção, há mesmo quem reconheça um papel ainda mais amplo no âmbito da responsabilidade civil. Nesse sentido, Thaís Goveia Pascoaloto Venturi afirma que, além da já mencionada ampliação funcional, o princípio da prevenção teria a aptidão de refundar o regime de responsabilidade civil, legitimando-o no contexto da sociedade contemporânea[47].

Teresa Ancona Lopes, por sua vez, apresenta os princípios da prevenção e da precaução dentro do que seria a função preventiva, em sentido lato, da responsabilidade

---

45. PERLINGIERI, Pietro. *O direito civil na legalidade constitucional*. Trad. Maria Cristina De Cicco. Rio de Janeiro: Renovar, 2008, p. 642-643.
46. ROSENVALD, Nelson. *As funções da responsabilidade civil*: a reparação e a pena civil. 3. ed. São Paulo: Saraiva, 2017, p. 99.
47. Nesse sentido afirma Thaís Goveia Pascoaloto Venturi que *objetiva-se sustentar a necessidade de uma possível sistematização da prevenção no direito da responsabilidade civil, que só se torna viável a partir do reconhecimento de que, muito mais que funcionalizar o instituto, a prevenção, na verdade, o refundamenta, legitimando-o no contexto da sociedade atual*. VENTURI, Thaís Goveia Pascoaloto. *Responsabilidade civil preventiva*: a proteção contra a violação dos direitos e a tutela inibitória material. São Paulo: Malheiros, 2014, p. 89.

civil. A responsabilidade civil passaria, assim, a apresentar 3 (três) funções distintas: (i) compensatória; (ii) dissuasória; e, (iii) preventiva[48].

Os princípios da prevenção e da precaução, dentro dessa nova perspectiva funcional da responsabilidade civil, irão legitimar a adoção de mecanismos inibitórios com o objetivo de evitar ou fazer cessar uma situação lesiva, assim como deverão orientar a adoção de condutas preventivas pelos indivíduos que sejam aptas a diminuir a chance de ocorrência de danos.

Nessa última hipótese, há um significativo espaço de conformação dos princípios da prevenção e precaução no âmbito das relações contratuais, uma vez que, identificados os riscos concretos ou potenciais associados a uma determinada atividade econômica, abre-se a oportunidade de criação de mecanismos contratuais preventivos que busquem mitigar ou mesmo eliminar a ocorrência de danos.

As medidas contratuais associadas ao princípio da prevenção, de um lado, poderão ser mais facilmente delimitadas, pois vinculam-se a riscos identificáveis, havendo, inclusive, inúmeras regras existentes na esfera da regulação estatal, a exemplo da disciplina ambiental, que poderão ser facilmente amplificadas contratualmente de forma a criar mecanismos mais precisos de eliminação ou mitigação de danos.

As medidas associadas ao princípio da precaução, por outro lado, impõem um desafio ainda maior à estruturação dos contratos dada a impossibilidade de mapeamento objetivo de riscos. As medidas contratuais preventivas, nessa perspectiva, deverão revelar uma preocupação sistêmica associada ao desenvolvimento da atividade econômica que constitui o objeto do contrato, uma vez que não se revela possível a atuação de forma casuística em razão da absoluta inexistência de um ponto focal de risco.

Apresenta-se como medida preventiva nesse ambiente, por exemplo, o fomento contratual à diversidade de raças e igualdade de gênero na configuração do quadro de recursos humanos como forma de mitigação de riscos associados a situações de discriminação racial e assédio[49]. Da mesma forma, disposições contratuais que assegurem melhores condições econômicas aos integrantes da cadeia produtiva de fornecedores de produtos e serviços também poderão evitar riscos associados a práticas degradantes

---

48. *O princípio da precaução, que tem por fundamento ético a prudência e jurídico a obrigação geral de segurança, deverá, doravante, fazer parte da responsabilidade civil, e esse ramo do direito passa a ter três funções: a função compensatória (reparação integral); a função dissuasória (deterrence), que aparece através das indenizações pesadas contra o autor do dano (essa função é chamada preventiva ainda hoje); a função preventiva, em sentido lato, englobando os princípios da precaução e da prevenção, pela qual haverá a antecipação de riscos e danos.* LOPEZ, Teresa Ancona. *Princípio da precaução e evolução da responsabilidade civil.* São Paulo: Quartier Latin, 2010, p. 17.
49. A partir de uma proposta que distingue regras de *compliance* e de sustentabilidade, Stavros Gadinis e Amelia Miazad evidenciam como uma intervenção mais sistêmica, associada por exemplo à representação das mulheres em funções de liderança, pode apresentar resultados associados à mitigação de riscos de assédio e discriminação. *Turning to gender in the workplace, compliance focuses on sexual harassment and discrimination, while sustainability looks at issues such as women's representation in leadership roles. In all these cases, the deeper motives are shared.* GADINIS, Stravos; MIAZAD, Amelia. *Corporate law and social risk.* Vanderbilt Law Review. Nashville, 2020. Disponível em: <https://ssrn.com/abstract=3441375 or http://dx.doi.org/10.2139/ssrn.3441375>. Acesso em: 9 ago. 2022.

de trabalho, gerando efeitos econômicos sistêmicos que irão favorecer o respeito aos direitos sociais[50].

O próprio resultado advindo de tais práticas contratuais, por si só, já servirá de estímulo para a sua adoção, pois a mitigação de riscos é um dos objetivos reiteradamente perseguidos no desempenho de atividades econômicas de forma a elevar a sua atratividade e captação de recursos financeiros. No entanto, como elemento adicional de estímulo, deve ser reconhecida a possibilidade de se atenuar eventuais indenizações decorrentes dos danos ocorridos a despeito da efetiva adoção de medidas preventivas.

Mais precisamente, nas hipóteses em que houver a efetiva adoção de medidas preventivas e, mesmo assim, não for possível evitar a ocorrência do evento danoso, o *quantum* indenizatório deverá ser equitativamente reduzido com base no preceito estabelecido no parágrafo único do art. 944 do Código Civil[51], avaliando-se em concreto as despesas associadas às medidas preventivas adotadas. A dosimetria do *quantum* indenizatório de eventuais reparações supervenientes servirá, assim, de estímulo adicional à adoção de condutas preventivas em observância aos princípios da prevenção e da precaução. E, caso não tenham sido adotadas medidas preventivas, não haverá qualquer decréscimo do valor da indenização.

O parâmetro ora sugerido não tem o propósito de condicionar a reparação à verificação do grau de culpa daqueles que deixaram de adotar medidas preventivas, até mesmo porque existem hipóteses que ensejam a aplicação do regime da responsabilidade objetiva[52]. Em verdade, deverá ser empreendida uma avaliação da conduta específica sobre a adoção ou não de medidas preventivas de forma a avaliar a quantificação da reparação a ser fixada.

Com isso, os princípios da prevenção e da precaução, inseridos em uma nova perspectiva funcional que deve ser reconhecida à responsabilidade civil, poderão servir como instrumentos hábeis à efetiva mitigação de riscos e redução de danos.

---

50. Conforme destaca Simone Faustini *quando a priorização da redução dos custos se sobrepõe a outros parâmetros, os aspectos sociais deixam de ser analisados na contratação dos fornecedores, gerando um ambiente de negócios que favorece a violação de direitos humanos, por falta de políticas e procedimentos de controle de redes complexas de fornecedores*. FAUSTINI, Simone. *Sustentabilidade na cadeia de valor*: conceitos, estratégias e práticas. Curitiba: Appris, 2006.
51. Art. 944. A indenização mede-se pela extensão do dano. Parágrafo único. Se houver excessiva desproporção entre a gravidade da culpa e o dano, poderá o juiz reduzir, eqüitativamente, a indenização desenvolvida pelo autor do dano implicar, por sua natureza, risco para os direitos de outrem. BRASIL. Código Civil. Disponível em: <http://www.planalto.gov.br/ccivil_03/leis/2002/l10406compilada.htm>. Acesso em: 9 ago. 2022.
52. Ao comentar o preceito veiculado no parágrafo único do art.944 do Código Civil, esclarece Carlos Edison do Rêgo Monteiro Filho que *a interpretação contemporânea a ser dada à norma recomenda que se proceda à análise da "conduta" do ofensor, e não propriamente à análise do grau de sua culpa, para os efeitos do cálculo do quantum. Dessa forma, afasta-se o risco de uma contradição incompatível com a noção de unidade do sistema que representa o ordenamento jurídico: o paradoxo de o agente causador que agiu com culpa ser beneficiado com a redução ao passo que aquele que age sem qualquer culpa (ou em grau zero, como ora se propõe) vir a ser obrigado à reparação integral*. MONTEIRO FILHO, Carlos Edison do Rêgo. *Artigo 944 do Código Civil*: o problema da mitigação do princípio da reparação integral. Rio de Janeiro: Revista de Direito da Procuradoria Geral do Estado, 2008, p. 81-82.

7. A APLICAÇÃO DOS PRINCÍPIOS DA PREVENÇÃO E DA PRECAUÇÃO PELOS TRIBUNAIS NO BRASIL

Os princípios da prevenção e da precaução já foram expressamente invocados em inúmeras oportunidades pelo Superior Tribunal de Justiça e Supremo Tribunal Federal dentre os fundamentos normativos determinantes para a resolução de controvérsias envolvendo a existência de riscos associados a danos ambientais e à saúde.

No âmbito do Superior Tribunal de Justiça, a maior parte dos precedentes associa-se à incidência dos princípios da prevenção e da precaução de forma a justificar a atuação preventiva em matéria ambiental. Em hipótese envolvendo regularização fundiária em unidade de conservação, por exemplo, reconheceu o STJ que a *jurisdição ambiental realmente adequada não se exerce a um passo atrás, mas a um passo à frente da deterioração ou destruição do meio ambiente* e que, em matéria de meio ambiente, *a atuação mais eficaz, efetiva e eficiente do Estado vem a ser chegar antes da perda ecológica, celeridade inspirada nos princípios da prevenção, precaução e in dubio pro natura*[53].

A prevenção igualmente orientou o julgamento realizado pelo STJ em que foi reconhecida a relevância da realização do denominado *recall* que, inspirado no preceito estabelecido no § 1º do art. 10 do Código de Defesa do Consumidor[54], objetiva *informar o consumidor sobre defeito em um produto ou serviço já introduzido no mercado* de forma a *minorar eventuais riscos que o defeito apresentado possa oferecer à saúde e vida dos consumidores*[55].

No Supremo Tribunal Federal, os princípios da prevenção e da precaução são reiteradamente invocados como elementos normativos para a resolução de questões envolvendo a proteção à vida, à saúde e ao meio ambiente. Em recurso onde se discutiu a possibilidade de imposição, ao concessionário de serviço público de distribuição de energia elétrica, de obrigação de reduzir o campo eletromagnético das linhas de transmissão em razão de eventuais efeitos nocivos à saúde da população, reconheceu o Tribunal que *o princípio da precaução é um critério de gestão de risco a ser aplicado sempre que existirem incertezas científicas sobre a possibilidade de um produto, evento ou serviço desequilibrar o meio ambiente ou atingir a saúde dos cidadãos, o que exige que o estado analise os riscos, avalie os custos das medidas de prevenção e, ao final, execute as ações necessárias, as quais serão decorrentes de decisões universais, não discriminatórias, motivadas, coerentes e proporcionais*[56].

Em julgamento mais recente, envolvendo a análise de constitucionalidade da Medida Provisória 966/2020, que *dispõe sobre a responsabilização de agentes públicos, por ação e omissão pertinentes a atos relacionados com a pandemia da COVID-19*, após

---

53. Agravo interno no Agravo em Recurso Especial 1.656.657/MG, 2ª Turma, rel. Min. Herman Benjamin.
54. § 1º O fornecedor de produtos e serviços que, posteriormente à sua introdução no mercado de consumo, tiver conhecimento da periculosidade que apresentem, deverá comunicar o fato imediatamente às autoridades competentes e aos consumidores, mediante anúncios publicitários.
55. Recurso Especial 1.838.184/RS, 4ª Turma, rel. Min. Luis Felipe Salomão.
56. Recurso Extraordinário 627.189/SP, Tribunal Pleno, rel. Min. Dias Toffoli.

reiterar que *em matéria de proteção à vida, à saúde e ao meio ambiente, as decisões adotadas pelo Poder Público sujeitam-se aos princípios constitucionais da prevenção e da precaução*, o Tribunal reconheceu que a conduta dos agentes público durante o período da pandemia deve igualmente ser balizada pelos princípios da prevenção e da precaução. Mais especificamente, de acordo com o Tribunal, *se há alguma dúvida sobre o impacto real que uma determinada substância, um determinado produto, ou uma determinada atuação vai provocar na saúde e na vida das pessoas, o princípio da precaução e o princípio da prevenção recomendam a autocontenção*[57].

Esses precedentes revelam, de forma inquestionável, o acolhimento dos princípios da prevenção e da precaução como elementos normativos pelos Tribunais Superiores. Ainda que não se observe uma desejável sistematização desses princípios nos precedentes citados, o seu reconhecimento de forma abrangente reforça a legitimidade de uma leitura mais transversal de forma a inseri-los em uma nova perspectiva funcional que deve ser reconhecida à responsabilidade civil.

8. CONCLUSÃO

No presente ensaio, buscou-se apresentar uma reflexão crítica sobre os princípios da prevenção e da precaução no enfrentamento dos inúmeros riscos gerados pela sociedade contemporânea e que não são satisfatoriamente disciplinados pelo atual regime da responsabilidade civil.

Como proposição inicial para a realização dessa reflexão, examinou-se o projeto de reforma do Código Civil francês que busca conferir um tratamento mais amplo e sistemático à responsabilidade civil, abrigando a prevenção dentre os princípios que a regem. O projeto busca assegurar que a responsabilidade civil discipline todas as situações atuais e futuras que possam ensejar a ocorrência de danos. Entre as inovações propostas, há a possibilidade de os juízes adotarem medidas com o propósito específico de prevenir a ocorrência de danos ou fazer cessar a situação de ilicitude, alinhando-se à busca de pleno respeito à integridade dos direitos.

Em seguida, foram apresentados alguns aportes teóricos franceses que permitem a melhor compreensão do princípio da prevenção no âmbito da responsabilidade civil. Essa produção teórica evidencia o processo de profunda modificação do regime da responsabilidade civil e a necessidade de adoção de um novo paradigma funcional que, por sua vez, poderá ser efetivado a partir do projeto de reforma do Código Civil examinado.

Empreendeu-se, a seguir, o exame do princípio da precaução. Embora não abrigado textualmente no projeto de reforma do Código Civil, foram também apresentadas reflexões da doutrina francesa sobre o tema, dada a conexão conceitual com o contexto funcional mais amplo da responsabilidade civil de modo a permitir o enfrentamento dos riscos produzidos pela sociedade contemporânea.

---

57. ADI 6.421/DF, Tribunal Pleno, rel. Min. Luís Roberto Barroso.

Encerrado o breve percurso de investigação dos princípios da prevenção e da precaução no direito francês, buscou-se contextualizar o tema no cenário jurídico brasileiro. Para tanto, examinou-se o projeto civil constitucional brasileiro e os valores centrais que o fundamentam, demonstrando-se, a partir desse exame, que os institutos jurídicos deverão ser funcionalizados de forma a evitar a ocorrência de danos que atentem contra direitos fundamentais.

Nesse esteio, ao lado da função que objetiva a recomposição patrimonial, a responsabilidade civil deve incorporar progressivamente os princípios da prevenção e da precaução de forma a desempenhar uma nova função promocional que busque mitigar ou mesmo evitar a ocorrência de danos, destacadamente quando se tratar de violação a direitos inerentes à pessoa.

Como última etapa do trabalho, foi sugerida a adoção de uma nova perspectiva funcional da responsabilidade civil a partir da gradual incorporação dos princípios da prevenção e da precaução. Essa nova perspectiva funcional busca, de um lado, instrumentalizar a responsabilidade civil de mecanismos inibitórios com o objetivo de evitar ou fazer cessar uma situação lesiva, e, de outro, pretende introduzir prescrições preventivas de comportamento que sejam aptas a diminuir a chance de ocorrência de danos.

Esse perfil inovador da responsabilidade civil encontra no Brasil o arcabouço jurídico necessário para o seu promissor desenvolvimento. A atuação preventiva se impõe como medida necessária para que sejam mitigados os atos atentatórios a interesses juridicamente protegidos, especialmente no cenário brasileiro, caracterizado por um quadro de profundas desigualdades socioeconômicas, de expressiva vulnerabilidade existencial e de exclusão.

9. REFERÊNCIAS BIBLIOGRÁFICAS

BARBOZA, Heloisa Helena; ALMEIDA, Vitor. A tutela das vulnerabilidades na legalidade constitucional. In: TEPEDINO, Gustavo; TEIXEIRA, Ana Carolina Brochado; ALMEIDA, Vitor. (Org.). *Da dogmática à efetividade do Direito Civil*: Anais do Congresso Internacional de Direito Civil Constitucional (IV Congresso do IBDCIVIL). Belo Horizonte: Fórum, 2017.

BAUMAN, Zygmunt. *Vida líquida*. Trad. Carlos Alberto Medeiros. Rio de Janeiro: Jorge Zahar, 2007.

BECK, Ulrich. *Sociedade de risco*. Trad. Sebastião Nascimento. São Paulo: Editora 34, 2010.

BOBBIO, Norberto. *Da estrutura à função*: novos estudos de teoria do direito. Trad. Daniela Beccaccia Versiani. São Paulo: Manoele, 2007.

BRASIL. Código Civil. Disponível em: <http://www.planalto.gov.br/ccivil_03/leis/2002/l10406compilada.htm>. Acesso em: 12 dez. 2021.

BRASIL. [Constituição (1988)]. Art. 1º, Inciso III, e Art. 3º, Incisos I, II e IV. In: BRASIL. *Constituição da República Federativa do Brasil*. Brasília, DF: Senado Federal, Coordenação de Edições Técnicas, 2020. Disponível em: <https://www2.senado.leg.br/bdsf/bitstream/handle/id/566968/CF88_EC105_livro.pdf>. Acesso em: 12 dez. 2021

CANARIS, Claus-Wilhelm. *Pensamento sistemático e conceito de sistema na ciência do direito*. 3. ed. Trad. António Menezes Cordeiro. Lisboa: Fundação Calouste Gulbenkian, 2002.

DELMAS-MARTY, Mireille. Le principe de précaution et le paradoxe de l´anthropocène. In: D´AMBROSIO, Luca; GIUDICELLI-DELAGE, Geneviève; MANACORDA, Stefano. (Org.). *Principe de précaution et métaporphoses de la responsabilité*. Paris: Mare & Martin, 2018.

FAUSTINI, Simone. *Sustentabilidade na cadeia de valor*: conceitos, estratégias e práticas. Curitiba: Appris, 2006.

FRANÇA. *Código Civil*. Disponível em: <https://www.legifrance.gouv.fr/codes/id/LEGITEXT000006070721/>. Acesso em: 12 dez. 2021.

FRANÇA. *Código de Meio Ambiente*. Disponível em: <https:// www.legifrance.gouv.fr/codes/article_lc/LEGIARTI000043975398>. Acesso em: 12 dez. 2021.

FRANÇA. *Carta do Meio Ambiente* (Lei Constitucional de 1º de março de 2005). Disponível em: <https://www.legifrance.gouv.fr/contenu/menu/droit-national-en-vigueur/constitution/charte-de-l-environnement>. Acesso em: 12 dez. 2021.

FRANÇA. *Projeto de Lei 678* (Senado). Disponível em: <https://www.senat.fr/leg/ppl19-678.html>. Acesso em: 12 dez. 2021.

KOURILSKY, Philippe; VINEY, Geneviève. *Le príncipe de précaution*. Rapport au Premier Ministre. Paris, 1999. Disponível em: <https://www.vie-publique.fr/rapport/26392-le-principe-de-precaution-rapport-au-premier-ministre>. Acesso em: 11 out. 2021.

GADINIS, Stravos; MIAZAD, Amelia. *Corporate law and social risk*. Vanderbilt Law Review. Nashville, 2020. Disponível em: <https://ssrn.com/abstract=3441375 or http://dx.doi.org/10.2139/ssrn.3441375>. Acesso em: 12 dez. 2021.

GAILLARD, Émilie. Le principe de précaution en droit civil français: dynamiques systémiques de métamorphoses. In: D´AMBROSIO, Luca; GIUDICELLI-DELAGE, Geneviève; MANACORDA, Stefano. (Org.). *Principe de précaution et métaporphoses de la responsabilité*. Paris: Mare & Martin, 2018.

LOPEZ, Teresa Ancona. *Princípio da precaução e evolução da responsabilidade civil*. São Paulo: Quartier Latin, 2010.

MONTEIRO FILHO, Carlos Edison do Rêgo. Lesão ao tempo: configuração e reparação nas relações de consumo. *Revista da AJURIS*, Porto Alegre, v. 43, n. 141, p. 87-113, 2017. Disponível em: <http://www.mpsp.mp.br/portal/page/portal/documentacao_e_divulgacao/doc_biblioteca/bibli_servicos_produtos/bibli_informativo/bibli_inf_2006/Rev-AJURIS_141.04.pdf>. Acesso em: 11 out. 2021.

MONTEIRO FILHO, Carlos Edison do Rêgo. *Artigo 944 do Código Civil*: o problema da mitigação do princípio da reparação integral. Rio de Janeiro: Revista de Direito da Procuradoria Geral do Estado, 2008.

PERLINGIERI, Pietro. *O direito civil na legalidade constitucional*. Trad. Maria Cristina De Cicco. Rio de Janeiro: Renovar, 2008.

PERLINGIERI, Pietro. *Perfis do direito civil*. Trad. Maria Cristina de Cicco. Rio de Janeiro: Renovar, 2002.

QUÉZEL-AMBRUNAZ, Christophe. *Essai sur la causalité en droit de la responsabilité civile*. Paris: Dalloz, 2010.

ROSENVALD, Nelson. *As funções da responsabilidade civil*: a reparação e a pena civil. 3. ed. São Paulo: Saraiva, 2017.

SINTEZ, Cyril. *La sanction préventive en droit de la responsabilité civile*: contribution à la théorie de l´interprétation et de la mise en effet des normes. Paris: Dalloz, 2011.

TEPEDINO, Gustavo. Esboço de uma classificação funcional dos atos jurídicos. *Revista Brasileira de Direito Civil*, Rio de Janeiro, v. 1, n. 1, p. 8-37, jul./set. 2014. Disponível em: <https://rbdcivil.ibdcivil.org.br/rbdc/article/view/129/125>. Acesso em: 3 jun. 2021.

THIBIERGE, Catherine. Livres propos sur l´évolution du droit de la responsabilité (vers un élargissement de la fonction de la responsabilité civile?). *Revue Trimestrielle de Droit Civil* 3. Paris. Junho/setembro/1999.

VENTURI, Thaís Goveia Pascoaloto. *Responsabilidade civil preventiva*: a proteção contra a violação dos direitos e a tutela inibitória material. São Paulo: Malheiros, 2014.

VINEY, Geneviève. *Introduction à la responsabilité*. Paris: LGDJ, 2019.

VINEY, Geneviève. *Le déclin de la responsabilité individuelle*. Paris: Libraire Génerale de Droit et Jurisprudence, 1965.

VINEY, Geneviève; JOURDAIN, Patrice. *Traité de Droit Civil*: les conditions de la responsabilité. Paris: Lextenso éditions, 2013.

O "QUASE" NA VISÃO DO DIREITO BRASILEIRO E ITALIANO: OS CHAMADOS NOVOS DANOS E A CHANCE COMO BEM JURÍDICO PASSÍVEL DE TUTELA

Simone Cohn Dana

Bacharel e Mestranda em Direito Civil pela Universidade do Estado do Rio de Janeiro (UERJ).

Sumário: 1. Introdução – 2. Os chamados "novos danos ressarcíveis"; 2.1 O efeito do giro de perspectiva da responsabilidade civil: extensão da tutela da pessoa humana ao instituto; 2.2 A expansão dos chamados *"novos danos ressarcíveis"*; 2.3 A (in) aplicabilidade da lesão à chance como novo dano ressarcível – 3. Lesão à chance no direito brasileiro; 3.1 Natureza jurídica do dano gerado pela lesão à chance; 3.1.1 Perda da chance x lucros cessantes; 3.1.2 Perda da chance x danos emergentes; 3.1.3 Perda da chance x dano extrapatrimonial; 3.1.4 A teoria dos efeitos da lesão; 3.2 Requisitos para a configuração da lesão – 4. Lesão à chance no direito italiano; 4.1 Breve evolução histórica do instituto; 4.2 Método de quantificação do dano – 5. Observatório jurisprudencial: a percentualização da chance em perspectiva do direito comparado – 6. Conclusão – 7. Referências bibliográficas.

1. INTRODUÇÃO

"É o quase que me incomoda, que me entristece, que me mata trazendo tudo que poderia ter sido e não foi. Basta pensar nas oportunidades que escaparam pelos dedos, nas chances que se perdem por medo, nas ideias que nunca sairão do papel por essa maldita mania de viver no outono".

(WESTPHAL, Sarah).

"*Aquilo que poderia ter sido e não foi...*". Essa é a definição de *chance* no poema intitulado "Quase", de Sarah Westphal. Perpassando ao âmbito da probabilidade e da estatística, nota-se a *chance* como a probabilidade de ocorrência de um evento dividida pela probabilidade da não ocorrência do mesmo evento. Já na análise da etimologia da palavra, o vocábulo *chance* vem da língua francesa "*chance*", que significa sorte, risco, possibilidade; originário do francês antigo, "*cheance*", que significa "queda dos dados", "acidente" e influenciado pelo vocábulo em latim "*cadentia*", que remonta "àquilo que cai".

Diante dos múltiplos conceitos de "chance" em diferentes esferas, vem à tona a questão da tutela da chance pelo ordenamento jurídico brasileiro. Seria a chance, ou melhor, a perda da chance, passível de tutela autônoma pelo ordenamento jurídico? Hipóteses como a de um paciente que, em vez de permanecer internado, recebe alta indevidamente e falece[1]; um participante de um *reality show*, que, por erro do programa

---

1. TJRJ, Apel. 0008480-50.2011.8.19.0042, 25ª Câmara Cível, rel. JDS Isabela Pessanha Chagas, j. 25.4.2018, DJe 26.4.2018.

na contagem de pontos, é eliminado e deixa de concorrer ao prêmio final[2]; um investidor que tem suas ações vendidas antecipadamente, sem autorização, e perde a oportunidade de obter melhor vantagem[3], dentre tantos outros casos, são passíveis de indenização na seara da responsabilidade civil?

Se não é possível determinar com certeza qual teria sido o resultado dos eventos dos quais se esperava a obtenção de vantagem, pode-se falar em dano certo e passível de indenização?

O ponto em comum a todos esses casos é que o incidente atingiu o interesse do demandante sobre um evento aleatório. A vítima tinha uma expectativa de obtenção de vantagem ou de afastamento de prejuízo e essa expectativa foi frustrada por fato imputável ao ofensor.

Como não era possível, contudo, afirmar inequivocamente que, sem o ato do ofensor, a vantagem seria obtida, o Direito ignorava o dano diverso da perda da vantagem em si, em outras palavras, a perda da oportunidade de obter aquela vantagem, a perda da chance.

A teoria da perda da chance se desenvolveu no Direito europeu no decorrer do século XIX, na tentativa de reparar danos que detinha a vítima na supressão de oportunidades antes do ato lesivo[4]. O seu inaugurar deu-se especificamente na França, conhecida como *"perte d'une chance"*.

Na Itália, alguns autores como Adriano De Cupis e Maurizio Bocchiola comentaram julgados franceses e demonstraram entendimento favorável à aplicação da teoria da perda da chance, mesmo diante da inicial resistência de diversos juristas ao tema[5].

O jurista Adriano De Cupis, inclusive, é considerado, por alguns autores, o responsável pelo início da correta compreensão da teoria na Itália, visualizando um dano independentemente de seu resultado final, ao enquadrá-lo na categoria de dano emergente, mas não lucros cessantes, o que afasta as objeções à incerteza do dano[6].

---

2. STJ, REsp 1.757.936/SP, 3ª T., rel. Min. Ricardo Villas Bôas Cueva, j. 20.8.2019, DJe 28.8.2019.
3. STJ, REsp 1.540.153/RS, 4ª T., rel. Min. Luis Felipe Salomão, j. 17.4.2018, DJe 6.6.2018.
4. "Talvez tenha sido o Direito francês o primeiro a admitir a indenização das chances culposamente perdidas". (COUTO E SILVA, Clóvis Veríssimo do. O conceito de dano no direito brasileiro e comparado. In: FRADERA, Vera Maria Jacob de (Org.). *O direito privado brasileiro na visão de Clóvis do Couto*. Porto Alegre: Livraria do Advogado, 1977, p. 222).
5. DE CUPIS, Adriano. *Il danno: teoria generale dela responsabilità civile*, v. 2, Milano: Giuffrè, 1966, pp. 263-265.
6. Segundo Sérgio Savi, "Adriano De Cupis foi, em nosso sentir, o responsável pelo início da correta compreensão da teoria da responsabilidade civil por perda de uma chance no Direito Italiano. Este autor conseguiu visualizar um dano independente do resultado final, enquadrando a chance perdida no conceito de dano emergente e não de lucro cessante, como vinha sendo feito pelos autores que o antecederam. (...) O grande mérito de Adriano De Cupis não está apenas em reconhecer o valor patrimonial da chance de vitória por si só considerada, mas, principalmente, de enquadrá-la como uma espécie de dano emergente, o que afastaria as objeções acerca da incerteza do dano, que influenciaram negativamente os trabalhos dos autores que o precederam". (SAVI, Sérgio. *Responsabilidade civil por perda de uma chance*. São Paulo: Atlas, 2006, pp. 10-11).

Ao Brasil a teoria chegou na década de 1990, diante de julgado de relatoria do Desembargador Ruy Rosado de Aguiar Junior, do Tribunal de Justiça do Estado do Rio Grande do Sul[7]. O caso tratou de ação indenizatória de danos decorrentes de erro médico em que o Tribunal, embora tenha reconhecido a aplicabilidade ao ordenamento pátrio da teoria da perda da chance, negou-a no caso concreto.

No Superior Tribunal de Justiça, o primeiro e emblemático caso julgado pelo Tribunal foi o REsp 788.459/BA[8], que trata do *Show do Milhão*.

Em suma, uma participante do programa *Show do Milhão*, transmitido pelo SBT, garantiu o direito à indenização após ter se recusado a responder à questão final, conhecida como a "pergunta do milhão", por estar mal formulada e não haver alternativa certa.

A questão era a seguinte: "A Constituição reconhece direitos aos índios de quanto do território brasileiro?". De acordo com os advogados da participante, a "pergunta do milhão" foi extraída da Enciclopédia Barsa, mas não da Constituição Federal, como afirmava o programa televisivo.

No caso, o Tribunal de Justiça da Bahia havia mantido a decisão de primeira instância que condenara a empresa responsável pelo programa ao pagamento no valor de R$ 500.000,00 (quinhentos mil reais) – valor que a participante teria ganhado complementarmente se acertasse a pergunta final.

No âmbito do Superior Tribunal de Justiça, contudo, o acórdão foi reformado pela Quarta Turma, valendo-se da aplicação da teoria da perda da chance. Na ocasião, entendeu-se, acertadamente, que, na realidade, a participante não perdeu o valor total do prêmio, mas a *chance* de ganhar o prêmio. Isso porque não se pode garantir que, fosse outra a pergunta formulada, a participante teria indicado a alternativa correta. Por essa razão, o colegiado reduziu o *quantum* indenizatório a R$ 125.000,00 (cento e vinte e cinco mil reais), o que corresponde à probabilidade de a participante acertar a alternativa correta (1/4 do prêmio total).

O caso exposto foi um divisor de águas na jurisprudência brasileira e trouxe diversos debates no Superior Tribunal de Justiça a respeito da aplicabilidade da teoria da perda da chance no ordenamento jurídico brasileiro. Questões como o cálculo das indenizações, as modalidades de aplicação da teoria e a própria natureza da lesão à chance são alvo de discussões na jurisprudência brasileira e serão estudadas neste trabalho.

---

7. "Cirurgia seletiva para correção de miopia, resultando névoa no olho operado e hipermetropia. Responsabilidade reconhecida, apesar de não se tratar, no caso, de obrigação de resultado e de indenização por perda de uma chance" (TJRS, Ap. Civ. 598069996, rel. Des. Ruy Rosado de Aguiar Júnior, julg. 12.6.1990).
8. "RECURSO ESPECIAL. INDENIZAÇÃO. IMPROPRIEDADE DE PERGUNTA FORMULADA EM PROGRAMA DE TELEVISÃO. PERDA DA OPORTUNIDADE. 1. O questionamento, em programa de perguntas e respostas, pela televisão, sem viabilidade lógica, uma vez que a Constituição Federal não indica percentual relativo às terras reservadas aos índios, acarreta, como decidido pelas instâncias ordinárias, a impossibilidade da prestação por culpa do devedor, impondo o dever de ressarcir o participante pelo que razoavelmente haja deixado de lucrar, pela perda da oportunidade. 2. Recurso conhecido e, em parte, provido" (STJ, REsp 788.459/BA, rel. Min. Fernando Gonçalves, 4ª T., j. 18.11.05, DJe 13.3.2006).

2. OS CHAMADOS "NOVOS DANOS RESSARCÍVEIS"

2.1 O efeito do giro de perspectiva da responsabilidade civil: extensão da tutela da pessoa humana ao instituto

A Constituição Federal de 1988 inovou ao trazer profundas mudanças ao regime da responsabilidade civil. Sob a égide dos princípios constitucionais da solidariedade social e da justiça distributiva, capitulados no art. 3º, incisos I e III da Constituição, e fundada no valor da dignidade da pessoa humana, previsto no art. 1º, inciso III do texto constitucional, consolidou-se, definitivamente, a perspectiva solidarista da responsabilidade civil.

Nesse cenário, o Código Civil de 2002 aplicou a orientação constitucional, implementando relevantes alterações na disciplina da responsabilidade civil e desenvolvendo a teoria da responsabilidade civil objetiva[9]. Diversas situações, antes regidas e vinculadas à culpa passaram a prescindir de sua verificação, fundadas usualmente na teoria do risco da atividade e em teorias que expandem o conceito jurídico de nexo causal, em homenagem à axiologia constitucional.

Note-se que, antes desse giro no instituto da responsabilidade civil, era necessário à vítima a demonstração da culpa *lato sensu* do ofensor e a demonstração do nexo de causalidade entre a conduta e o dano, consideradas, muitas vezes, provas diabólicas – a essas duas barreiras, portanto, já se chamou *filtros de responsabilidade civil*[10], por funcionarem como meio seletivo de demandas que receberiam acolhimento jurisdicional.

Ademais, a principal inovação trazida pelo texto legal encontra-se no parágrafo único, do art. 927, do CC/02, instituidor da cláusula geral de responsabilidade civil objetiva para as atividades de risco, cabendo, dessa forma, ao Poder Judiciário, a discricionariedade para definir suas hipóteses de incidência. Deve-se notar apenas que tal cláusula geral de responsabilidade objetiva é aplicável quando a natureza da atividade considerada implique riscos aos direitos de outrem e nas hipóteses legais específicas, mas não como meros riscos de viver, já que, como diria Guimarães Rosa: *"viver é muito perigoso"*[11].

---

9. V. MORAES, Maria Celina Bodin de. Risco, solidariedade e responsabilidade objetiva, *Revista dos Tribunais*, v. 854, São Paulo: Ed. RT, dez./ 2006, pp. 22-24.

10. Nesse sentido, elucida Anderson Schreiber: "O sistema de responsabilidade civil consagrado pelas grandes codificações ancorava-se em três pilares: culpa, dano e nexo causal. Na prática judicial, isto significava que a vítima de um dano precisava, além de evidenciar seu prejuízo, superar duas sólidas barreiras para obter indenização: (i) a demonstração da culpa do ofensor, e (ii) a demonstração do nexo de causalidade entre a conduta culposa do ofensor e o dano. Estas duas barreiras – prova da culpa e a prova do nexo causal – chegaram a ser chamadas *filtros da responsabilidade civil* ou *filtros da reparação,* por funcionarem exatamente como óbices capazes de promover a seleção das demandas de ressarcimento que deveriam merecer acolhida jurisdicional. Aos olhos da época, parecia evidente que se, por qualquer catástrofe, estes filtros se rompessem, o Poder Judiciário seria inundado com um volume incalculável de pedidos de reparação". (SCHREIBER, Anderson. *Novos paradigmas da responsabilidade civil: da erosão dos filtros da reparação à diluição dos danos*, 2. ed., São Paulo: Atlas, 2009, p. 10).

11. ROSA, João Guimarães, 1908-1967. *Grande sertão: veredas* – "O diabo na rua, no meio do redemoinho...", 22. ed., São Paulo: Companhia das Letras, 2019, p. 19.

Destaque-se que, em última análise, a nova concepção do instituto busca privilegiar a tutela da vítima. Nesse sentido, lecionam Gustavo Tepedino, Aline de Miranda Valverde Terra e Gisela Sampaio da Cruz Guedes:

> A rigor, é a tutela prioritária da vítima, prevista em sede constitucional, que impõe a ampliação dos mecanismos de imputação de responsabilidade, incrementando suas chances de obter o ressarcimento pelo dano sofrido. Não se trata, pois, de fundamentar a teoria da responsabilidade civil na culpa ou risco; trata-se, sim, de reconhecer, tanto numa quanto noutro, processos técnicos diversos voltados à reparação dos danos sofridos[12].

Nesse contexto, o fenômeno conhecido como a "objetivação" da responsabilidade civil, também inovou na concepção clássica de "culpa", que passou a ser vista objetivamente, diante de certos "standards" de condutas – padrões de conduta considerados socialmente aceitos em situações particulares nos mesmos termos da examinada. O conceito passa a ser o da *culpa normativa*, que se distancia da aferição das intenções e da esfera subjetiva do agente causador do dano.

Com efeito, alude-se assim à *erosão dos filtros da responsabilidade civil*, isto é, de relativa perda de importância da prova da culpa e do nexo de causalidade. A culpa diante de sua perspectiva normativa, não mais intrinsicamente relacionada ao subjetivismo do ofensor; e, o nexo de causalidade, que vem sendo presumido sempre que se afigura difícil a demonstração de qual dos agentes especificamente considerados partiu a conduta lesiva[13]. Assim, como resultado dessa tendência, tem-se a expansão dos danos ressarcíveis, que será mais bem elucidado no próximo item.

2.2 A expansão dos chamados *"novos danos ressarcíveis"*

A partir dessa nova perspectiva da responsabilidade civil, impulsionada pelas mudanças sociais, avanços tecnológicos e novos modelos de negócios, diante da dissociação entre ilicitude (art. 186, CC/02) e o dever de indenizar (art. 927, CC/02), o significado jurídico do elemento "dano" passou a ser analisado com vistas à premissa axiológica de superação do individualismo e socialização dos direitos[14].

---

12. TEPEDINO, Gustavo; TERRA, Aline de Miranda Valverde; GUEDES, Gisela Sampaio da Cruz. *Fundamentos do direito civil, v. 4: responsabilidade civil*, 2. ed., Rio de Janeiro: Forense, 2021, p. 7.
13. A respeito do nexo causal, aduz Eduardo Nunes de Souza: "Particularmente em matéria de reparação civil, crescem por toda parte propostas doutrinárias que insistem na imputação do dever de indenizar a determinados agentes, a despeito de uma evidente ausência dos respectivos requisitos autorizadores da responsabilidade civil. Fala-se, nesse sentido, em responsabilidade sem nexo causal e até mesmo em responsabilidade sem dano, muito embora nenhuma previsão legislativa específica assim autorize". (SOUZA, Eduardo Nunes de. *Nexo causal e culpa na responsabilidade civil: subsídios para uma necessária distinção conceitual*, In: civilistica.com, a. 7, n. 3, 2018, p. 7).
14. TOLOMEI, Carlos Young. A noção de ato ilícito e a teoria do risco na perspectiva do novo Código Civil, In: TEPEDINO, Gustavo (Coord.). *O Código Civil na perspectiva civil-constitucional*. Rio de Janeiro: Renovar, 2013, p. 406. No mesmo sentido, leciona Stefano Rodotà: "a responsabilidade civil tem sido, em toda fase recente, o instrumento que permitiu fornecer uma primeira faixa de proteção jurídica a novos bens ou interesses" (Modelli e funzioni della responsabilità civile, *Rivista Critica di Diritto Privato*, v. 3. Napoli: Jovene, 1984, p. 605. Tradução livre).

A necessidade de rompimento da lógica patrimonialista sugere uma expansão dos danos relevantes, o que começou a ser buscado, no século passado, sob a ótica do "dano moral". Se, por um lado, a indenização passa a ser medida exclusivamente pela extensão do dano a partir do princípio da reparação integral (art. 944, CC/02)[15], por outro, como ponto essencial ao estudo que se pretende desenvolver, identificam-se os "novos danos".

Stefano Rodotá já advertia que a multiplicação de novas figuras de danos poderia ter como únicas barreiras a imaginação do intérprete e a evolução da jurisprudência[16]. Do mesmo modo, pontua Orlando Gomes, a respeito do "giro conceitual do ato ilícito para o dano injusto"[17], que há diversos danos provenientes de condutas culposas que não se mostram como ato ilícito capazes de ensejar igualmente a devida reparação civil. Como bem sinaliza a doutrina italiana, "*la vita quotidiana offre all'osservatore anche il più distratto lo spettacolo di una serie molteplice e varia di danni*"[18].

Nesse sentido, a discussão sobre a tutela reparatória funda-se, não mais na violação a certa lei, mas no descumprimento de valores tutelados pelo ordenamento jurídico de modo a verificar, em análise concreta, se o interesse violado é merecedor de tutela[19].

A constatação parte da premissa teórica de que os bens jurídicos traduzem coisas que podem constituir objeto de direitos, resultando, necessariamente, de processo de individuação, que determine parcela autônoma sobre a qual recaia interesse jurídico subjetivo cuja tutela justifique sua qualificação como bem jurídico[20]. Admite-se, desse modo, uma infinidade de bens jurídicos à luz da função a qual se destinam nas relações jurídicas, portanto, inúmeras são também as hipóteses de lesão que se pode observar

---

15. Nesse sentido, leciona Carlos Edison do Rêgo Monteiro Filho: "Com efeito, mercê de sua estrutura aberta, observa-se que a reparação integral não procura regrar determinado comportamento nem tampouco estabelecer parâmetros para a incidência de determinada normativa. Em rigor, traduz pilar essencial da responsabilidade civil, verdadeiro mandado de otimização, que visa a promover a reparação completa da vítima, na medida da extensão dos danos sofridos" (MONTEIRO FILHO, Carlos Edison do Rêgo. O princípio da reparação integral e sua exceção no Direito Brasileiro. In: *Rumos contemporâneos do direito civil*: estudos em perspectiva civil-constitucional. Belo Horizonte: Fórum, 2017). V. também MONTEIRO, Carlos Edison do Rêgo. Limites ao princípio da reparação integral no direito brasileiro. In: *civilistica.com*, a.7, n.º 1, 2018, pp. 5-6.
16. RODOTÀ, Stefano. *Il problema della Responsabilità Civile*, Milano: Giuffre, 1967, p. 23.
17. GOMES, Orlando. Tendências modernas da reparação de danos. In: *Estudos em homenagem ao Professor Silvio Rodrigues*. Rio de Janeiro: Forense, 1980, p. 293.
18. DE CUPIS, Adriano. *Il Danno – Teoria generale della responsabilità civile*. Milano: Giuffrè, 1951, p. 5. Em tradução livre: "a vida cotidiana oferece ao mais distraído observador o espetáculo mais variado de danos".
19. "É justamente nesse ponto, quando já se verificou que não há ilicitude nem abuso de nenhuma das partes, e ainda assim um novo juízo valorativo precisa incidir sobre tais atos (de modo a decidir qual deles irá prevalecer), que se revela especialmente útil o juízo de merecimento de tutela. Trata-se de verdadeiros *hard cases*, nos quais a decisão buscará proteger primordialmente o ato que se reputar mais promovedor dos valores do ordenamento, e apenas por via transversa negará tutela jurídica ao outro ato, apenas na medida em que for inevitável que ambos convivam". (SOUZA, Eduardo Nunes de. Merecimento de tutela: a nova fronteira da legalidade no Direito Civil, In *Revista de Direito Privado*, ano 15, v. 58, abr.-jun./2014, p. 95).
20. TEPEDINO, Gustavo. Livro (eletrônico) e o perfil funcional dos bens jurídicos na experiência brasileira. In: VICENTE, Dário Moreira; VIEIRA, José Alberto Coelho; CASIMIRO, Sofia de Vasconcelos; SILVA, Ana Maria Pereira da (Orgs.). *Estudos de Direito Intelectual em homenagem ao Prof. Doutor José de Oliveira Ascensão*. Coimbra: Almedina, 2015, item 1.

às situações jurídicas, apontando a via ressarcitória como remédio[21]. Em larga medida, o reconhecimento dos novos bens jurídicos se associa aos *novos danos ressarcíveis*.

Nesse contexto, a nomenclatura "novos danos" não parece ser a mais adequada, uma vez que a novidade não se encontra nas categorias de danos já consagradas no direito brasileiro (danos patrimonial e extrapatrimonial), mas no reconhecimento e qualificação de novas hipóteses fáticas à luz dessas categorias. Vale dizer, a expressão não possui conteúdo técnico – a novidade é apenas quanto ao reconhecimento de possibilidade de ressarcimento por lesão injusta a bem que tradicionalmente não possuía tutela jurídica[22]. Vale destacar, nesse âmbito, o entendimento de Aline de Miranda Valverde Terra:

> Portanto, *tertium non datur*: ou a lesão ocorre no patrimônio da vítima, a acarretar dano patrimonial, ou há lesão à dignidade da pessoa humana, a gerar dano moral. Qualquer lesão, portanto, reconduzir-se-á, necessariamente, a uma dessas duas espécies de dano, e apenas a análise do caso concreto poderá indicar se se trata de uma e/ou outra categoria. Isso porque, como se verá adiante, o mesmo evento pode causar uma ou outra espécie de dano, ou mesmo ambas, concomitantemente, consoante a(s) lesão(ões) provocada(s) na vítima[23].

É inegável, portanto, que o exponencial crescimento das pretensões indenizatórias não pode ter como justificativa a suposta expansão das espécies de danos, já que as categorias se mantêm como as já consagradas no ordenamento jurídico: dano patrimonial, decorrente de prejuízo financeiro causado a bem jurídico que compõe o patrimônio da pessoa, que se subdivide ainda em danos emergentes, isto é, o prejuízo direto, o que efetivamente se perdeu; e, os lucros cessantes[24], entendido como aquilo que se deixou de lucrar em razão do evento danoso; e, o dano moral, que se refere à ofensa ou violação aos bens de ordem moral, ligados intrinsicamente à dignidade da pessoa humana e aos direitos da personalidade.

Nesse panorama, Anderson Schreiber alude a duas linhas de expansão da ressarcibilidade do dano: em primeiro lugar, sob a ótica quantitativa, o aumento exponencial dos pedidos ressarcitórios; e, em segundo lugar, sob a ótica qualitativa, justamente, a

---

21. "As mais diversas hipóteses de lesão a situações jurídicas subjetivas (estas, como visto, renovadas e diversificadas ao se adotar o prisma funcional) podem ter como remédio a via ressarcitória. Desse modo, o reconhecimento dos novos bens jurídicos se associa, em larga medida, à identificação dos novos danos ressarcíveis". (TEPEDINO, Gustavo; SILVA, Rodrigo da Guia. Novos bens jurídicos, novos danos ressarcíveis: análise dos danos decorrentes da privação do uso. In: *Revista de Direito do Consumidor*, v. 129, mai./jun.2020, p. 6). No mesmo sentido: "Desse modo, as novas possibilidades tecnológicas transformam a teoria dos bens, a partir dos novos centros de interesse que suscitam a incidência jurídica nos espaços de liberdade privada". (TEPEDINO, Gustavo. Liberdades, tecnologia e teoria da interpretação. *Revista Forense*, v. 419, 2014, p. 419).
22. V. TEPEDINO, Gustavo; SILVA, Rodrigo da Guia. Novos bens jurídicos, novos danos ressarcíveis: análise dos danos decorrentes da privação do uso. In: *Revista de Direito do Consumidor*, v. 129, maio/jun.2020, pp. 133-156 e PAMPLONA, Rodolfo. Novos danos na responsabilidade civil, p. 433-435. In: *Direito Civil*: diálogos entre a doutrina e a jurisprudência, São Paulo: Atlas, 2018, pp. 417-438.
23. TERRA, Aline de Miranda Valverde, Danos autônomos ou novos suportes fáticos de danos? Considerações acerca da privação do uso e da perda do tempo nas relações de consumo, p. 207-208. In: KNOERR, Viviane Coêlho de Séllos; FERREIRA, Keila Pacheco; STELZER, Joana (Orgs.). *Direito, Globalização e Responsabilidade nas Relações de Consumo*, 2015, pp. 205-222.
24. Ver, sobre o tema, GUEDES, Gisela Sampaio da Cruz. *Lucros Cessantes*: do bom-senso ao postulado normativo da razoabilidade, São Paulo: Ed. RT, 2011.

expansão de novos interesses jurídicos (não previstos pelo legislador e, até mesmo, não previsíveis), considerados merecedores de tutela à luz do sistema, por estarem intrinsicamente relacionados à dignidade da pessoa humana e aos direitos da personalidade.

Sob esta ordem de ideias, deve-se ressaltar que, por mais digno que seja a expansão do dever de reparar, para a configuração do ressarcimento da vítima, é necessária a presença do efetivo dano e do nexo de causalidade entre a conduta lesiva e o evento danoso. Além disso, o Código Civil se mostra insuficiente para estabelecer critérios para a solução do problema da reparação, portanto, é indispensável a busca por parâmetros pautados nos princípios e valores constitucionais[25], plenamente compatível com a premissa metodológica do Direito Civil Constitucional, que traduz que os institutos do ordenamento devem ser lidos à luz da axiologia constitucional[26].

Diante dessas premissas, o presente trabalho ocupar-se-á de dois eixos principais: a (in)aplicabilidade da lesão à chance como um novo dano ressarcível ao lado das perspectivas práticas e teóricas do instituto no Direito brasileiro e Direito italiano.

2.3 A (in) aplicabilidade da lesão à chance como novo dano ressarcível

"A teoria da perda de uma chance (perte d'une chance) visa à responsabilização do agente causador não de um dano emergente, tampouco de lucros cessantes, mas de algo intermediário entre um e outro (...)". Esse foi o posicionamento levantado pelo Superior Tribunal de Justiça, no julgamento do REsp 1.190.180/RS, que tratou da perda da chance provocada por advogado[27]. Na ocasião, o relator Ministro Luis Felipe Salomão menciona o dano pela perda da chance como uma terceira modalidade entre lucros cessantes e dano emergente.

No mesmo sentido é o julgamento do REsp 1.210.732/SC[28], de relatoria do Ministro Luis Felipe Salomão. Trata-se de indenização pleiteada por advogado em face da

---

25. TEPEDINO, Gustavo; TERRA, Aline de Miranda Valverde; GUEDES, Gisela Sampaio da Cruz. *Fundamentos do direito civil, v. 4*: responsabilidade civil, 2. ed., Rio de Janeiro: Forense, 2021, p. 60.
26. TEPEDINO, Gustavo. Normas constitucionais e direito civil na construção unitária do ordenamento. In: *Temas de Direito Civil*, t. III, Rio de Janeiro: Renovar, 2009, p. 1. Leciona Pietro Perlingieri: "seja na aplicação dita indireta – que sempre acontecerá quando existir na legislação ordinária uma normativa específica, ou cláusulas gerais ou princípios expressos –, seja na aplicação dita direta – assim definida pela ausência de intermediação de qualquer enunciado normativo ordinário –, a norma constitucional acaba sempre por ser utilizada. O que importa não é tanto estabelecer se em um caso concreto se dê aplicação direta ou indireta (distinção nem sempre fácil), mas sim, confirmar a eficácia, com ou sem uma específica normativa ordinária, da norma constitucional respeito às relações pessoas e socioeconômicas". (PERLINGIERI, Pietro. *O direito civil na legalidade constitucional*, Rio de Janeiro: Renovar, 2008, pp. 589-590).
27. STJ, REsp 1.190.180/RS, 4ª T., rel. Min. Luis Felipe Salomão, j. 16.11.2010, DJe 22.11.2010.
28. STJ, REsp 1.210.732/SC, 4ª T., rel. Min. Luis Felipe Salomão, j. 2.10.2012, DJe 15.3.2013. Ainda no mesmo entendimento, confira-se STJ, 4ª T., REsp 1.540.153/RS, rel. Min. Luis Felipe Salomão, j. 17.4.2018, DJe 6.6.2018 e STJ, REsp 1.254.141, 3ª T., rel. Min. Nancy Andrighi, j. 4.12.2012, DJe 20.3.2012. Ainda a respeito do entendimento proferido pelo STJ, confira-se o Informativo 456: "A teoria de perda de uma chance (perte d'une chance) dá suporte à responsabilização do agente causador, não de dano emergente ou lucros cessantes, mas sim de algo que intermedia um e outro: a perda da possibilidade de buscar posição jurídica mais vantajosa que muito provavelmente alcançaria se não fosse o ato ilícito praticado. Dessa forma, se razoável, séria e real, mas não fluida ou hipotética, a perda da chance é tida por lesão às justas expectativas do indivíduo, então frustradas".

Empresa Brasileira de Correios e Telégrafos por atraso na entrega de petição enviada por Sedex, em que foi reconhecida a perda da chance como modalidade intermediária entre as categorias de dano já consagradas pelo ordenamento jurídico.

Não obstante tal posicionamento do Superior Tribunal de Justiça em diversos julgados, o entendimento como terceiro gênero não se mostra consolidado em sua jurisprudência, em razão de, em muitos casos que envolvem a perda da chance na seara médica, o Tribunal atribuir indenização a título de danos morais[29].

Além do posicionamento exarado pelo Tribunal em inúmeros julgados, há forte corrente doutrinária que identifica a perda da chance como terceiro gênero de indenização. À guisa ainda de exemplo na jurisprudência, a 20ª Câmara Cível do Tribunal de Justiça do Estado do Rio de Janeiro assim se manifestou a respeito da teoria: *"é uma nova concepção de dano indenizável, pelo qual se admite a reparabilidade, independentemente da certeza de um resultado final, da subtração de uma oportunidade futura"*[30].

Os defensores desse entendimento sustentam essa ser a maneira mais eficiente de resolver toda a perplexidade que a identificação do nexo causal pode suscitar[31].

Note-se que Silvio de Savo Venosa também compreende a perda da chance como terceira espécie, para quem: *"a denominada 'perda de chance' pode ser considerada uma terceira modalidade nesse patamar, a meio caminho entre o dano emergente e o lucro cessante"*[32].

Com todo o respeito, não nos parece ser esse o entendimento mais acertado. Isso porque, conforme elucidado no capítulo anterior, a chance como interesse passível de tutela não ultrapassa as categorias de danos já delineadas no direito brasileiro (danos patrimonial e extrapatrimonial), mas trata da qualificação do dano em uma análise detida ao caso concreto à luz dessas categorias.

A bem da verdade, a lesão à chance pode ser vista como um prejuízo de natureza patrimonial ou extrapatrimonial, como entendem Carlos Edison do Rêgo Monteiro Filho e Vynicius Pereira Guimarães:

> Com efeito, deve-se reconhecer que é possível identificar na chance perdida ora um prejuízo de natureza patrimonial, que, por ser desprendido ao dano final, será identificado sempre como dano

---

29. A título de exemplo, v. STJ, 3ª T., Resp 1.291.247/RJ, rel. Min. Paulo de Tarso Sanseverino. j. 19.8.2014, DJe 1.10.2014.
30. TJRJ, Apel. 00042206220068190087, 20ª Câmara Cível, rel. Des. Teresa de Andrade Castro Neves, j. 4.8.2010, DJe 12.8.2010.
31. CAVALIERI FILHO, Sergio. *Programa de Responsabilidade Civil*, 11. ed., São Paulo: Atlas, 2014, p. 101.
32. VENOSA, Silvio de Savo. *Direito civil: obrigações e responsabilidade civil*, 17. ed., São Paulo: Atlas, 2017. Esse também é o entendimento esboçado por Cristiano Chaves de Farias, que afirma: "A perda de uma chance, assim, é uma nova concepção de dano indenizável, pelo qual se admite a reparabilidade, independentemente da certeza de um resultado final, da subtração de uma oportunidade futura. E preciso cuidado, porém, para não confundir a perda de uma chance com os lucros cessantes (espécie de dano patrimonial, consistente na perda certa e incontroversa de um bem jurídico que iria se incorporar ao patrimônio do titular)" (FARIAS, Cristiano Chaves de. *A teoria da perda de uma chance aplicada ao direito de família: utilizar com moderação*. VI Congresso Brasileiro de Direito de Família, 2007).

emergente; ora um dano de cunho existencial. Tal fenômeno pode ser melhor compreendido sob a perspectiva da identificação do dano como efeito da lesão, na chamada teoria dos efeitos da lesão, segundo a qual o dano traduz efeito da lesão e sua qualificação decorre das consequências produzidas na vítima e não necessariamente da natureza do interesse juridicamente tutelado[33].

Conclui-se, dessa forma, que, apesar de haver a possibilidade de enquadramento da chance perdida como cunho patrimonial ou extrapatrimonial, apenas a análise do caso concreto permitirá a classificação como uma das espécies de dano já consagradas no ordenamento, o que será melhor elucidado no próximo capítulo (notadamente, o item 3.1.4).

3. LESÃO À CHANCE NO DIREITO BRASILEIRO

3.1 Natureza jurídica do dano gerado pela lesão à chance

Como analisado, a responsabilidade civil pela perda da chance teve sua origem do Direito francês e, posteriormente, passou a ser adotada nos demais ordenamentos como o italiano, outros abrangidos pelo *Common Law* e o pátrio.

No Brasil, a teoria encontrou resistência a ser reconhecida pela doutrina e pela jurisprudência, adquirindo maior aplicabilidade especialmente após o multicitado caso do *Show do Milhão*. Assim, os tribunais pátrios passaram a aplicar a teoria, mesmo diante da ausência de dispositivo expresso admitindo a sua aplicação.

Note-se, contudo, que, embora esteja diante de crescente aceitação da teoria, os magistrados não têm aplicado o instituto de maneira uniforme, observando-se casos de responsabilidade civil pela perda da chance como modalidade de dano emergente, outros como lucros cessantes, outros como dano extrapatrimonial e, ainda, outros como modalidade autônoma de dano – já analisada no capítulo 2.3 – inclusive sendo a posição adotada em diversos julgados pelo Superior Tribunal de Justiça.

De modo a ilustrar as diferenças entre as categorias, imagine-se o seguinte exemplo hipotético: suponha que o corredor Ayrton Senna, logo antes de ser campeão mundial pela primeira vez, restando apenas três corridas para o alcance do feito, com uma probabilidade consagrada e efetiva de 81% de chance de conquistar o campeonato, houvesse sofrido um atropelamento por um sujeito logo após obtenção da probabilidade consumada.

Suponha ainda que haveria uma série de danos, uma vez que o atleta ficaria internado no hospital por dois meses, não podendo voltar a correr. No caso, evidente que haveria algumas lesões relacionadas à chance, e outras não. As despesas médicas, por exemplo, se caracterizam como *danos emergentes* – que em nada se relacionam com a chance, como será exposto no item 3.1.2 abaixo.

---

33. MONTEIRO FILHO, Carlos Edison do Rêgo; GUIMARÃES, Vynicius Pereira. Teoria da responsabilidade civil pela perda da chance: natureza do dano e aplicabilidade à seara médica, *Revista IBERC*, v. 5, n.1, pp. 29-59, jan./abr. 2022.

Por sua vez, diante do percentual de 81% de chance de ser campeão, entende-se que haveria a perda de uma chance de ordem patrimonial, uma vez que o atleta deixaria de receber o prêmio de milhões de dólares, isto é, a lesão seria efetivamente de ordem patrimonial.

Em relação às questões extrapatrimoniais, suponha-se que Ayrton teria obtido uma cicatriz facial expressiva pelo resto da vida – o que pode ser uma questão específica atinente ao dano moral, além de o próprio fato de permanecer acamado por dois meses, o que atingiria a dignidade da pessoa humana.

Na esfera da chance do ponto de vista extrapatrimonial, inclusive, nota-se a chance que Ayrton teria de se consagrar mundialmente como campeão de *Fórmula 1*. Sendo o campeonato uma possibilidade de obtenção de elevado prestígio na careira profissional, o acidente seria barreira expressiva que incorreria também em lesão na esfera extrapatrimonial de Ayrton, pela perda da possibilidade de obtenção do prestígio e reconhecimento mundial em sua carreira.

A partir do exemplo em mente, buscar-se-á uma tentativa de sistematização da natureza jurídica da chance perdida, diferenciando-a (i) do dano emergente; (ii) dos lucros cessantes e (iii) dos danos extrapatrimoniais, trazendo os principais argumentos doutrinários e jurisprudenciais para a classificação[34].

3.1.1 Perda da chance x Lucros cessantes

Dentro da perspectiva de reparação da chance perdida como espécie de dano patrimonial, há quem interprete como espécie de lucros cessantes. Para o autor José de Aguiar Dias, a perda da chance seria dificilmente objeto de reparação, já que não se conseguiria fazer prova do prejuízo final em si. Diante do entendimento, o doutrinador acaba abordando o instituto como lucros cessantes:

> Esse arresto (...) deixou de decretar uma responsabilidade que, de sua própria leitura, nos parece irrecusável, porque não há advogado digno desse título que não avalie a gravidade da fala de não preparar o recurso. Contudo – e é o que sucederá na maioria dos casos – o autor não fizera prova do prejuízo e, nessas condições, não obstante reconhecida a responsabilidade, não seria, realmente, possível uma condenação[35].

Entendimentos nesse sentido também são comuns na jurisprudência. Exemplificativamente, no REsp 1.591.178/RJ, de relatoria do Ministro Ricardo Villas Bôas Cueva, foi negada a reparação por perda de uma chance, afirmando estar afastada a indenização por lucros cessantes. Nas palavras do relator: *"não indicam existir situação de real possibilidade de êxito capaz de autorizar a aplicação, no caso, da teoria da perda de uma chance, não havendo falar, portanto, na existência de lucros cessantes a serem indenizados"*[36].

---

34. Note-se que há quem defenda a natureza jurídica da chance perdida como categoria de dano autônomo ou terceira modalidade de dano, contudo a posição foi criticada no capítulo 2.3 acima.
35. AGUIAR DIAS, José de. *Da responsabilidade civil*, 10 ed., Rio de Janeiro: Forense, 1995, p. 296.
36. STJ, 3ª T., REsp 1.591.178/RJ, rel. Min. Ricardo Villas Bôas Cueva, j. 25.4.2017, DJe 2.5.2017.

É necessário, contudo, reconhecer que entre os institutos da perda de uma chance e dos lucros cessantes há inegáveis diferenças, principalmente, para que a reparação da chance em si não se torne inviável[37].

Embora, em ambos os institutos, não se possa afirmar com certeza qual será o resultado final do evento danoso, eles não se confundem. Em primeiro lugar, os lucros cessantes, definidos pelo art. 402, do Código Civil de 2002, são aquilo que o ofendido razoavelmente deixou de lucrar por fato imputável ao ofensor. O indivíduo busca a indenização pela perda de algo que apresentava uma certeza de atribuição futura, diante da probabilidade objetiva e do conjunto fático-probatório apresentado[38].

Por outro lado, a reparação pela perda de uma chance consiste, não na indenização do benefício perdido (o dano em si considerado), mas na perda de oportunidade de alcance da vantagem pretendida. Não há, portanto, a necessidade de prova da probabilidade objetiva, mas da existência do nexo causal entre a conduta do ofensor e a perda da oportunidade de recebimento de determinada vantagem.

Eis, portanto, a diferença entre as espécies de responsabilidade civil. Apesar de ambas tratarem de uma vantagem futura esperada, para a caracterização do lucro cessante, é previsível que a vítima viesse a obter vantagem na ordem normal dos fatores, como se a chance fosse tão séria e real a ponto de não ser chamada de chance[39]. No caso do dano causado pela perda da chance, estar-se-ia mais distante de alcançar o resultado, já que diversos outros fatores poderiam implicar em sua frustração.

Assim, em que pesem os argumentos para esse ponto de perspectiva, caracterizar as hipóteses de perda de uma chance na sistemática dos lucros cessantes seria o mesmo que negar a chance como interesse passível de tutela autônoma[40].

---

37. Nesse mesmo sentido, explica Gisela Sampaio da Cruz que "No mais das vezes, para o provimento do pedido indenizatório, exigia-se que o cliente provasse que se o recurso tivesse sido tempestivamente interposto teria sido, com absoluta certeza, provido. Por outras palavras: impunha-se à vítima o pesado ônus de provar que a sentença desfavorável se reverteria a seu favor em segunda instância. Ora, mas se esta prova pudesse ser realizada, então não se estaria apenas diante de uma hipótese de perda de uma chance, mas, sim, de lucro cessante, ou de dano emergente, caso o cliente prejudicado fosse, em realidade, réu da ação em que se pleiteava a indenização. É justamente a impossibilidade de se definir se o resultado final seria obtido que caracteriza a chamada perda de uma chance" (GUEDES, Gisela Sampaio da Cruz, *Lucros Cessantes*: do bom-senso ao postulado normativo da razoabilidade, São Paulo: Ed. RT, 2011, p. 104).
38. "O lucro cessante, por sua vez, deve ser comprovado pelos dados anteriores, plausível, verossímel, não se indenizando o prejuízo ou lucro cessante eventual, hipotético ou apenas provável. Evidentemente, a aplicação do critério objetivo é mais fácil no cálculo do dano emergente do que no lucro cessante, devendo ser concedida certa liberdade ao juiz para atender a todas as circunstâncias de fato no cálculo da indenização, podendo ainda recorrer ao auxílio de peritos" (ALVIM, Agostinho. *Da inexecução das obrigações e suas consequências*. Editora Jurídica e Universitária, 1965, p.176), Ainda assim: "Deve haver, em relação aos lucros cessantes, uma probabilidade objetiva que decorra da normalidade das coisas e das circunstâncias do caso" (SAVI, Sérgio. *Responsabilidade civil por perda de uma chance*, São Paulo: Atlas, 2006, p 480).
39. V. MONTEIRO FILHO, Carlos Edison do Rêgo; GUIMARÃES, Vynicius Pereira. Teoria da responsabilidade civil pela perda da chance: natureza do dano e aplicabilidade à seara médica, *Revista IBERC*, v. 5, n.1, pp. 29-59, jan./abr. 2022.
40. É interessante notar que a negativa da responsabilidade civil pela perda de uma chance como lucro cessante ocorreu no caso paradigmático do show do milhão, em que o STJ entendeu não haver lucro cessante, indenizando as chances perdidas em seu valor proporcional.

3.1.2 Perda da chance x Danos emergentes

Alguns autores defendem que a perda de uma chance se refere a uma subespécie de dano emergente, na seara do dano patrimonial. Segundo o entendimento, a lesão à chance configuraria um dano atual e certo, que acarreta a diminuição imediata do patrimônio do ofendido. Em outras palavras, compreende-se a chance como um bem já existente no patrimônio da vítima e, portanto, configura-se dano emergente, ou seja, dano gerado sobre aquilo que efetivamente se perdeu. Sergio Savi, ao assim se posicionar, esclarece que:

> Ao se inserir a perda da chance no conceito de dano emergente, elimina-se o problema da certeza do dano, tendo em vista que, ao contrário de se pretender indenizar o prejuízo decorrente da perda do resultado útil esperado, indeniza-se a perda da chance de obter o resultado útil esperado. (....). Assim, não se concede a indenização pela vantagem perdida, mas sim pela perda da possibilidade de conseguir vantagem. Isto é, faz-se uma distinção entre resultado perdido e a chance de consegui-lo[41].

Para tornar mais palpável a classificação, destaque-se julgado do Tribunal de Justiça de São Paulo, proferido pela 25ª Câmara de Direito Privado, em que foi conferida a indenização por perda de uma chance a título de dano emergente. Na ocasião, entendeu-se que *"na perda de uma chance o dano e entendido como emergente e não como lucros cessantes: no momento do ato ilícito essa chance já se fazia presente no patrimônio do autor, sendo algo que ele efetivamente perdeu no momento do ilícito, e não algo que ele deixou de lucrar"*[42].

Ao se inserir o conceito de perda de uma chance à modalidade de dano emergente, elimina-se a problemática atinente à certeza do dano, já que se desvinculou a chance perdida do dano final[43].

Embora o reconhecimento da perda de uma chance como dano emergente reconheça um interesse digno de tutela própria, o entendimento se mostra insuficiente na medida que nada impede que a violação à chance decorra de um dano de natureza extrapatrimonial.

---

41. SAVI, Sérgio. *Responsabilidade civil pela perda de uma chance*, 3 ed., São Paulo: Atlas, 2012, p. 122. De modo semelhante, parecem se posicionar o autor Miguel Maria de Serpa Lopes: "Tem-se entendido pela admissibilidade do ressarcimento em tais casos, quando a possibilidade de obter lucro ou evitar prejuízo era muito fundada, isto e, quando mais do que a possibilidade havia uma probabilidade suficiente, é de se admitir que o responsável indenize essa frustração. Tal indenização, porém, se refere à própria chance" (SERPA LOPES, Miguel Maria de. *Curso de Direito Civil, v. II*: Obrigações em Geral. Rio de Janeiro: Freitas Bastos, 2000, p. 391). No mesmo sentido, v. ALVIM, Agostinho. *Da inexecução das obrigações e suas consequências*, 5. ed., São Paulo: Saraiva, 1980, p. 194 e PEREIRA, Caio Mário da Silva, *Responsabilidade Civil*, Rio de Janeiro, Forense: 2002, p. 42).
42. TJSP, Apel. 00747493620058260576, 25ª Câmara de Direito Privado, rel. Des. Antônio Benedito Ribeiro, j. 17.3.2011, DJe n/a.
43. Note-se o entendimento de Sérgio Savi, para quem "Ao se inserir a perda e chance no conceito de dano emergente, elimina-se o problema da certeza do dano, tendo em vista que, ao contrário de se pretender indenizar o prejuízo decorrente da perda do resultado útil esperado (...) indeniza-se a perda da chance de obter o resultado útil esperado (...) Ou seja, não estamos diante de uma hipótese de lucros cessantes em razão da vitória futura que restou frustrada, mas de dano emergente em razão da atual possibilidade de vitória que deixou de existir". (SAVI, Sérgio. *Responsabilidade civil pela perda de uma chance*, 3. ed., São Paulo: Atlas, 2012, p. 112).

Além disso, ao considerar que a chance perdida configuraria dano emergente, haveria de se conceder indenização pelo valor total da vantagem esperada, já que esta modalidade de dano, que encontra respaldo no art. 402 do Código Civil de 2002, prevê a reparação integral do que fora perdido.[44] Consequentemente, restaria desfigurada a responsabilidade civil pela perda da chance, que prevê a reparação proporcional à porcentagem da chance de realização do evento e aferição de vantagem.

3.1.3 Perda da chance x Dano extrapatrimonial

Outra vertente a qual se implanta o instituto em comento é a aplicabilidade exclusivamente como dano de cunho extrapatrimonial[45]. Algumas decisões têm entendido que as chances perdidas, por não fazerem parte do patrimônio do indivíduo, constituem dor ou desconforto, devendo ser indenizadas a título de dano extrapatrimonial[46]. A esse respeito, observa Rafael Peteffi Silva que:

> Alguns julgados brasileiros parecem estar confundindo as hipóteses em que a perda de uma chance deve ser considerada como integrante da categoria de danos extrapatrimoniais com as hipóteses em que a chance perdida e um dano com evidente valor de mercado e, portanto, de natureza patrimonial[47].

Contudo, deve-se entender que esse não parece ser o posicionamento mais acertado, em razão de que a lesão à chance também pode dar origem a um dano material, a depender da vantagem perdida. Nesse diapasão é o Enunciado 444 da V Jornada de Direito Civil do Conselho de Justiça Federal: "a responsabilidade civil pela perda da chance não se limita à categoria de danos extrapatrimoniais, pois, conforme as circunstâncias do caso concreto, a chance perdida pode apresentar também a natureza jurídica de dano patrimonial".

Ressalta-se que a perda de uma chance pode configurar-se como dano extrapatrimonial, mas não apenas e exclusivamente nessa categoria. Daniel Carnaúba, nesse sentido, elucida que:

---

44. Nesse sentido, leciona Carlos Edison do Rêgo Monteiro Filho: "Com efeito, mercê de sua estrutura aberta, observa-se que a reparação integral não procura regrar determinado comportamento nem tampouco estabelecer parâmetros para a incidência de determinada normativa. Em rigor, traduz pilar essencial da responsabilidade civil, verdadeiro mandado de otimização, que visa a promover a reparação completa da vítima, na medida da extensão dos danos sofridos" (MONTEIRO FILHO, Carlos Edison do Rêgo. O princípio da reparação integral e sua exceção no Direito Brasileiro. In: *Rumos contemporâneos do direito civil*: estudos em perspectiva civil-constitucional. Belo Horizonte: Fórum, 2017). V. também MONTEIRO, Carlos Edison do Rêgo. Limites ao princípio da reparação integral no direito brasileiro. In: *civilistica.com*, a.7, n. 1, 2018, pp. 5-6.
45. SANTOS, Antonio Jeová. *Dano moral indenizável*, 3ª ed., São Paulo: Método, 2001, pp. 113-114.
46. Nesse entendimento, v. TJSP, Apel. 1006668-29.2015.8.26.0071, 25ª Câmara Extraordinária de Direito Privado, rel. Des. Melo Bueno, j. 29.6.2017, DJe 3.7.2017.
47. SILVA, Rafael Peteffi da. *Responsabilidade civil pela perda de uma chance*: uma análise do direito comparado e brasileiro. 2. ed. São Paulo: Atlas, 2009. p. 209.

A chance perdida não pertence necessariamente a esta ou àquela categoria. A perda da chance representará um dano patrimonial ou moral à vítima, a depender do caráter patrimonial ou extrapatrimonial do resultado que poderia ser obtido por meio dela[48].

Em suma, a lesão à chance pode ser verificada tanto como dano de cunho patrimonial, quanto de cunho extrapatrimonial, a depender da natureza dos interesses concretamente afetados. Em outros termos, quando a oportunidade perdida tiver conteúdo patrimonial, remonta-se a dano patrimonial (dano emergente); quando a oportunidade perdida obtiver teor existencial, remete-se a dano de natureza extrapatrimonial, o que será melhor elucidado no tópico a seguir.

Nessa linha Ana Cláudia Correia do Amaral assevera que:

Quando a vítima se encontra em um processo aleatório na defesa ou na busca de um objetivo que se apresenta como um interesse de caráter extrapatrimonial, o dano pela perda da chance será dano de natureza extrapatrimonial. Ao contrário, quando o lesado se insere em um processo aleatório e visa, ao final dele, obter uma vantagem que lhe trará acréscimo evidentemente patrimonial ou, então, que evitará sofrer uma diminuição significativa em seu patrimônio, o dano causado pela interrupção da sequência de acontecimentos, que prive o indivíduo da chance da qual ele já desfrutava, terá natureza de dano patrimonial e como tal deverá ser ressarcido[49].

3.1.4   A teoria dos efeitos da lesão

A natureza do interesse lesado não condiciona a natureza do dano da chance perdida. Pela teoria dos efeitos da lesão, a chance perdida será caracterizada como dano de cunho material ou moral a partir do efeito produzido concretamente à vítima[50].

Desse modo, a teoria dos efeitos da lesão propõe que a lesão à chance pode gerar dano material, dano moral ou até mesmo ambos. Verifique-se o entendimento de Carlos Edison do Rêgo Monteiro Filho:

Isto é, dizer-se dano=lesão é bem diferente de se afirmar dano=efeito da lesão. E, como a lesão pode suscitar varados efeitos, a vertente que ora se propõe – teoria dos efeitos da lesão – parece conduzir a uma definição mais técnica do que seja o dano extrapatrimonial[51].

Na mesma perspectiva, assenta Gisela Sampaio da Cruz, ao ressaltar que a perda de uma chance configuraria "*uma nova situação lesiva da qual pode originar um dano patrimonial ou extrapatrimonial, a depender dos interesses em jogo*"[52].

---

48. CARNAÚBA, Daniel. *Responsabilidade civil pela perda de uma chance*: a álea e a técnica. São Paulo: Método, 2013, p. 170.
49. AMARAL, Ana Cláudia Corrêa Zuin Mattos do. *Responsabilidade civil pela perda de uma chance*: natureza jurídica e quantificação do dano. Curitiba: Juruá, 2015, p. 127.
50. MONTEIRO FILHO, Carlos Edison do Rêgo; GUIMARÃES, Vynicius Pereira. Teoria da responsabilidade civil pela perda da chance: natureza do dano e aplicabilidade à seara médica, *Revista IBERC*, v. 5, n.1, pp. 29-59, jan./abr. 2022.
51. MONTEIRO FILHO, Carlos Edison do Rêgo. *Responsabilidade contratual extracontratual*: contrastes e convergências no direito civil contemporâneo. Rio de Janeiro: Processo, 2016, p. 130.
52. GUEDES, Gisela Sampaio da Cruz, *Lucros Cessantes*: do bom-senso ao postulado normativo da razoabilidade, São Paulo: Ed. RT, 2011. p. 125.

Note-se que o próprio Superior Tribunal de Justiça, no julgamento do REsp 1.079.185/MG, reconheceu que a perda da chance se aplica tanto aos danos materiais quanto aos danos morais[53].

Retomando o exemplo do atleta Ayrton Senna elucidado anteriormente, ilustrativamente, a lesão à chance poderá originar um dano de caráter patrimonial, uma vez que o atleta deixou de receber o prêmio de milhões de dólares, bem como dano extrapatrimonial, diante da suposta cicatriz facial expressiva pelo resto da vida ou o próprio fato de ter ficado acamado por dois meses, o que atinge a dignidade da pessoa humana.

Ainda na esfera da chance do ponto de vista extrapatrimonial, inclusive, nota-se o dano extrapatrimonial pela lesão à chance que Ayrton teria de se consagrar mundialmente como campeão de Fórmula 1.

3.2 Requisitos para a configuração da lesão

Independentemente dos entendimentos exarados a respeito da natureza jurídica do instituto, é imprescindível uma aplicação ponderada da responsabilidade civil pela perda de uma chance no Direito brasileiro, levando-se em conta diversos fatores, notadamente para que haja uma correta quantificação do prejuízo a ser reparado.

Em primeiro lugar, atenta-se para a seriedade e certeza da chance a ser reparada. Somente haverá dano ressarcível se a chance perdida permitir ser um interesse juridicamente tutelável, isto é, que seja real e séria para ganhar contornos jurídicos a ponto de ser passível de tutela pelo ordenamento.

A doutrina e a jurisprudência são muito claras quanto a esse ponto. Fernando Noronha assim explica:

> Não se admitem as expectativas incertas ou pouco prováveis, que são repudiadas pelo nosso direito. Com efeito, a chance a ser indenizada deve ser algo que certamente viria a ocorrer, mas cuja concretização restou frustrada em virtude do fato danoso[54].

Sérgio Savi conclui em sua obra que "não é, portanto, qualquer chance perdida que pode ser levada em consideração pelo ordenamento jurídico para fins de indenização. Apenas naqueles casos em que a chance for considerada séria e real"[55].

---

53. Confira-se a ementa do julgado: "(...). Não se trata, portanto, de reparar a perda de uma simples esperança subjetiva, nem tampouco de conferir ao lesado a integralidade do que esperava ter caso obtivesse êxito ao usufruir plenamente de sua chance. A perda da chance se aplica tanto aos danos materiais quanto aos danos morais. A hipótese revela, no entanto, que os danos materiais ora pleiteados já tinham sido objeto de ações autônomas e que o dano moral não pode ser majorado por deficiência na fundamentação do recurso especial. (...)" (STJ, REsp 1.079.185/MG, 3ª T., rel. Min. Nancy Andrighi, j. 11.11.2018, DJe 4.8.2009).
54. NORONHA, Fernando. Responsabilidade por perda de chances. *Revista de Direito Privado*, v. 23, São Paulo: Ed. RT, jul.-set./2005, pp. 28-29.
55. SAVI, Sérgio. *Responsabilidade civil por perda de uma chance*. São Paulo: Atlas, 2006, p. 60.

Ainda no mesmo sentido, posiciona-se Sergio Cavalieri Filho, para quem se faz "preciso que se trate de uma chance séria e real, que proporcione ao lesado efetivas condições pessoais de concorrer à situação futura esperada"[56].

Destaque-se que o Superior Tribunal de Justiça, em seu informativo 456, explicita que "*se razoável, séria e real, mas não fluida ou hipotética, a perda da chance é tida por lesão às justas expectativas do indivíduo, então frustradas*".

Segundo Anderson Schreiber, para falar-se de chance perdida, é preciso verificar se a oportunidade realmente existiria não fosse a intervenção do ofensor. Nesse sentido:

> Para se falar em perda da chance, é preciso demonstrar que 'está em curso um processo que propicia a uma pessoa a oportunidade de vir a obter no futuro algo benéfico', sendo de se provar, ainda, que 'esse processo foi interrompido por um determinado fato antijurídico e, por isso, a oportunidade ficou irremediavelmente destruída'. A chance perdida integraria a esfera jurídica da vítima, não fosse o fato gerador da responsabilidade. Em outras palavras: o normal desenrolar dos fatos conduziria ao gozo da oportunidade, que não dependia de outras condições que não as que já estavam presentes no caso concreto[57].

É interessante destacar decisão, proferida pela 3ª Turma do Superior Tribunal de Justiça, em que se entendeu que "*a teoria da perda de uma chance incide em situações de responsabilidade contratual e extracontratual, desde que séria e real a possibilidade de êxito, o que afasta qualquer reparação no caso de uma simples esperança subjetiva ou mera expectativa aleatória*"[58].

Além desse pressuposto, ressalta-se que a indenização pela lesão à chance deve sempre ser um valor inferior à vantagem que seria aferida. O ressarcimento deve ser fixado no valor da oportunidade perdida, mas não da vantagem em si esperada. Sobre a temática, afirma Rafael Peteffi Silva:

> Esse tipo de chance perdida possui um valor próprio. Assim, um bilhete de loteria representa nada mais do que a chance de ganhar determinado prêmio, e não se questiona que ele tenha determinado preço. É verdade que nem sempre é tão fácil de se determinar o valor da chance perdida, mas isso não pode ser motivo para se negar a indenização de um dano existente[59].

Desse modo, caberá ao aplicador do direito utilizar-se de critérios para a quantificação da lesão à chance de modo a não constituir enriquecimento ilícito à vítima, tampouco o suporte de dano injusto pelo ofendido, buscando o princípio da razoabilidade[60].

---

56. CAVALIERI FILHO, Sergio. *Programa de responsabilidade civil*. 11. ed., São Paulo: Atlas, 2014, p. 98. V, também: VAZ, Marcella Campinho. A reparação pela perda de uma chance, In: SOUZA, Eduardo Nunes de; SILVA, Rodrigo da Guia (Coord.), *Controvérsias atuais em responsabilidade civil*, São Paulo: Almedina, 2018, pp. 259-296.
57. SCHREIBER, Anderson. A perda da chance na jurisprudência do Superior Tribunal de Justiça. In: SCHREIBER, Anderson. *Direito civil e Constituição*. São Paulo: Atlas, 2013, p. 197.
58. STJ, REsp 614.266/MG, 3ª T., rel. Min. Ricardo Villas Bôas Cueva, j. 18.12.2012, DJe 2.8.2013.
59. SILVA, Rafael Peteffi da. *Responsabilidade civil pela perda de uma chance*: uma análise do direito comparado e brasileiro. 2. ed. São Paulo: Atlas, 2009. p. 14. No mesmo sentido, v. TEPEDINO, Gustavo; SCHREIBER, Anderson. In: AZEVEDO, Álvaro Villaça (Coord.), *Código Civil Comentado*, v. 4, São Paulo: Atlas, 2008, p. 374.
60. V. TEPEDINO, Gustavo. Teoria da interpretação e relações privadas: a razoabilidade e o papel do juiz na promoção dos valores constitucionais. In: TEPEDINO, Gustavo; MENEZES, Joyceane Bezerra de. *Autonomia*

Uma vez constatada a chance séria e real, está presente o *an debeatur*. Em seguida, deve-se buscar a probabilidade de a chance ter produzido o resultado esperado para que seja extraído o *quantum debeatur*.

Se o caso tratar de hipótese em que há o indicativo do percentual aplicável à chance perdida – como foi o caso paradigmático do *Show do Milhão* –, o julgador projeta o valor sob o percentual alcançado.

Contudo, se o caso tratar de hipótese em que não seja possível essa mensuração, o cálculo será mais complicado. Sérgio Savi estabelece que, nesses casos, a liquidação do dano será feita por arbitramento[61]. Por outro lado, Nuno Santos Rocha entende que, nessas situações, o tribunal julgará por meio da equidade[62].

Um último pressuposto, por vezes, indicado pela doutrina remete ao percentual superior a 50% de probabilidade de ocorrer a vantagem esperada – frustrada pela perda de uma chance. Sérgio Savi, inspirado na doutrina italiana, assevera que:

> Somente será possível admitir a indenização da chance perdida quando a vítima demonstrar que a probabilidade de conseguir a vantagem esperada era superior a 50% (cinquenta por cento). Caso contrário, deve-se considerar não produzida a prova da existência do dano, e o juiz será obrigado a julgar improcedente o pedido de indenização. Assim, feita a prova de que a vítima tinha mais de 50% de chances de conseguir a vantagem esperada, demonstrado está o an debeatur faltando, somente, quantificar esse dano (quantum debeatur)[63].

Parte da doutrina, contudo, não sustenta a aplicabilidade rígida desse percentual, conforme é o entendimento de Gisela Sampaio Da Cruz Guedes, o que nos parece mais acertado:

> Chega-se a soluções nada equânimes, como, por exemplo, a de se admitir a indenização quando o lesado tem a seu favor 51% de chance de atingir o resultado final, negando-a, em caso idêntico, quando a vítima tem apenas 2% a menos, quer dizer, diante de 49% de chance de o lesado obter a vantagem esperada. Daí se vê que este critério é, no mínimo, bastante questionável[64].

Note-se, portanto, que esse critério, é no mínimo, bastante questionável. O Enunciado 444 da V Jornada de Direito Civil prevê que "*a chance deve ser séria e real, não ficando adstrita a percentuais aprioristicos*". Como bem nota a doutrina, a probabilidade deve

---

privada, liberdade existencial e direitos fundamentais, Belo Horizonte: Fórum, 2019.
61. SAVI, Sérgio. *Responsabilidade civil por perda de uma chance*. São Paulo: Atlas, 2006, p. 68.
62. "O quantum de indenização resultará assim como 'a utilidade econômica realizável diminuída de um coeficiente de redução proporcional ao grau de possibilidade de consegui-la'. Caso não seja possível proceder-se a esta operação, o tribunal julgará através do recurso à equidade"; ROCHA, Nuno Santos. *A perda da chance como uma nova espécie de dano*. Coimbra: Almedina, 2017, p. 67.
63. SAVI, Sérgio. *Responsabilidade civil por perda de uma chance*. São Paulo: Atlas, 2006, pp.101-102.
64. GUEDES, Gisela Sampaio da Cruz. *Lucros Cessantes*: do bom-senso ao postulado normativo da razoabilidade, São Paulo: Ed. RT, 2011, p. 120. No mesmo sentido, v. Anderson Schreiber: "Vale dizer: para que tenha aplicação a teoria da perda da chance, não é necessário que haja uma alta probabilidade de ganho, superior a 50% ou a qualquer outro patamar. Mesmo chances reduzidas de sucesso (25%, por exemplo) podem dar ensejo à indenização" (A perda da chance na jurisprudência do Superior Tribunal de Justiça. In: SCHREIBER, Anderson. *Direito civil e Constituição*. São Paulo: Atlas, 2013, p. 197).

ser avaliada *in concreto*, porque chances pouco prováveis podem gerar um dano a ser ressarcido, enquanto chances muito prováveis podem não ter valor jurídico relevante.

4. LESÃO À CHANCE NO DIREITO ITALIANO

4.1 Breve evolução histórica do instituto

Como elucidado, após o reconhecimento do instituto no Direito francês, outros países europeus, dentre eles, a Itália, reconheceram a perda da chance como passível de tutela jurídica. A jurisprudência passou a acatar a teoria a partir de seu *leading case* – tal qual o *Show do Milhão* no Brasil – julgado em 19.11.1983[65].

No caso em tela, a empresa denominada "Stefer" abriu contratação para novos funcionários, submetendo-os a exames médicos. Após os resultados dos exames, alguns candidatos foram impedidos de prosseguirem com o processo seletivo.

Em primeiro grau, o juiz reconheceu o direito dos autores de serem admitidos sob a condição de que superassem as provas que não fizeram, condenando a Stefer a indenizá-los pela perda da chance. Posteriormente, o Tribunal de Roma reformou a sentença, argumentando que a chance perdida não seria dano reparável, por se tratar de mero dano em potencial.

A Corte de Cassazione, contudo, confirmou a sentença de primeiro grau que havia reconhecido aos trabalhadores o dano da perda da chance, consistente na perda da possibilidade de conseguir o emprego, em razão de não terem se submetido às demais provas necessárias à admissão.

Em outras palavras, note-se que a indenização se refere não à perda do emprego (a vantagem em si considerada), mas a perda da possibilidade de obtenção do emprego (a chance em si considerada).

Nesse sentido, assim como ocorreu na França, a Itália reconheceu a possibilidade de indenização pela lesão à chance. A diferença entre os sistemas é que, enquanto na França, a perda de uma chance é vista como modalidade autônoma de dano, na Itália, classifica-se como dano emergente, por entender que integra o patrimônio do indivíduo.

Assim como na França, a doutrina e jurisprudência italianas passaram a visualizar o dano consistente na perda da oportunidade de obter vantagem ou de evitar um prejuízo. Ao invés, portanto, de se enquadrar como lucros cessantes, passou-se a visualizá-la como dano emergente, superando o problema da certeza do dano.

---

65. "Uma empresa denominada Stefer convocou alguns trabalhadores para participar de um processo seletivo para a contratação de motorista que iam compor o seu quadro de funcionários. Após terem se submetido a diversos exames médicos, alguns candidatos ao emprego foram impedidos pela Stefer de participar das demais provas (de direção e de cultura elementar) que seriam necessárias à conclusão do processo de admissão. (...) A Corte di Cassazione cassou a decisão do apelo e confirmou a sentença de primeiro grau de jurisdição que havia reconhecido aos trabalhadores o dano da perda da chance, consistente na perda da possibilidade de conseguir o emprego em razão de não terem feito as demais provas necessárias à admissão". (PETRELLI, Patrizia. Causalità e Perdita di Chances. In: *I grandi Orientamenti della Giurisprudenza Civile e Comerciale*, Padova: CEDAM, 1999, p. 303).

Adriano De Cupis, um dos primeiros autores a compreender a teoria como dano emergente[66], fixou ainda importantes premissas ao instituto, apontando que a chance de obtenção da vantagem terá sempre valor menor que a própria vantagem em si considerada, o que reflete no *quantum* indenizatório. Ademais, aduz que nem todas as chances são indenizáveis, em comparação aos requisitos de seriedade da chance no Direito brasileiro.

Segundo De Cupis, as simples esperanças aleatórias não são passíveis de indenização, como o exemplo do indivíduo que costumava jogar em jogos de azar e morre. A chance de vitória nos jogos não pode ser compreendida como séria, sendo irrelevante na seara da responsabilidade civil[67].

4.2 Método de quantificação do dano

No que tange aos limites de aplicação da teoria, o ordenamento jurídico italiano também exige que a chance seja séria e real. Segundo Maurizio Bocchiola, os critérios estarão presentes se a probabilidade de obtenção da vantagem esperada for superior a 50% (cinquenta por cento)[68]. Caso contrário, deve ser julgado improcedente o pedido indenizatório[69].

A Corte de Cassação italiana, em alguns julgados adotou a postura, considerando que o requisito que a vítima deveria provar que possuía, pelo menos, 50% de probabilidade de alcançar a vantagem esperada[70].

Esse posicionamento rígido relacionado à demonstração da probabilidade superior a 50% (cinquenta por cento) de conseguir a vantagem esperada, contudo, não reflete o entendimento doutrinário e jurisprudencial italianos atualmente[71].

---

66. Em tradução livre: "A vitória é absolutamente incerta, mas a possibilidade de vitória, que o credor pretendia garantir, já existe, talvez em proporções reduzidas, no momento em que ocorre o destino pelo qual fica excluído: de modo que já não está na presença de uma perda de lucro devido à vitória futura impedida, mas um dano emergente devido à atual possibilidade frustrada de vitória" (DE CUPIS, Adriano. *Il danno*: teoria generale dela responsabilità civile, v. 2. Milano: Giuffrè, 1966, p. 264).
67. SAVI, Sérgio. *Responsabilidade civil pela perda de uma chance*, 3. Ed., São Paulo: Atlas, 2012, p. 122, p. 12.
68. Comparativamente ao Brasil, Rafael Peteffi da Silva afirma que "parece-nos bastante compreensível que o direito italiano tenha ficado isolado nesse entendimento, já que existem inúmeros casos em que se pode identificar, com razoável grau de certeza, que a vítima tenha perdido, por exemplo, 20%, 30% ou 40% das chances de alcançar determinado objetivo. Nessas hipóteses, não teríamos nenhum argumento sólido para negar o provimento destas ações de indenização" (SILVA, Rafael Peteffi da. *Responsabilidade civil pela perda de uma chance*: uma análise do direito comparado e brasileiro. 2. Ed. São Paulo: Atlas, 2009. P. 142).
69. "La possibilità di risultato positivo possa dirsi dimostrata ai fini probatori suddetti solo ove il danneggiato dimostri che tale percentuale era superiore al 50%". Em tradução livre, "a possibilidade de resultado positivo pode ser considerada demonstrada para os efeitos probatórios acima mencionados somente se o lesado provar que esse percentual foi superior a 50%". (BOCCHIOLA, Maurizio. Perdita di uma chance e certeza del dano, In: *Riv. trim. dir. proc. civ.*, 1976, 1, p. 100).
70. CHINDEMI, Domenico. *Il Danno da Perdita di Chance*. 2. ed. Milão: Giuffrè, 2010, pp. 40-41.
71. OLIVA, Milena Donato; COSTA, André Brandão Nery. Notas sobre o dano da perda da chance, In: COELHO, Fábio Ulhoa; TEPEDINO, Gustavo; LEMES, Selma Ferreira (Coord.), *A evolução do Direito no século XXI. Seus princípios e valores (ESG, Liberdade, Regulação, Igualdade e Segurança Jurídica)*, Homenagem ao Professor Arnoldo Wald, São Paulo: Editora IASP, 2022, 3. v., p. 426).

É evidente que, no direito italiano contemporâneo, substituiu-se o critério do percentual arbitrário de 50% (cinquenta por cento) pela caracterização da chance como "séria, apreciável e consistente" – tal como no Direito brasileiro.

Essa mudança de paradigma na definição dos critérios aplicáveis à responsabilidade civil pela perda da chance ocorreu com a decisão da Corte de Cassação italiana, no ano de 2014, a partir do julgamento da Sentença 7195/2014, da Seção II. Civil, Suprema Corte de Cassação.

5. OBSERVATÓRIO JURISPRUDENCIAL: A PERCENTUALIZAÇÃO DA CHANCE EM PERSPECTIVA DO DIREITO COMPARADO

De modo a tornar mais palpável e prática a aplicabilidade da teoria pela perda de uma chance no Direito brasileiro e no Direito italiano, far-se-á uma comparação especificamente quanto à necessidade – ou desnecessidade – da percentualização da chance. Em outros termos, a partir da análise de alguns julgados, será feito um comparativo a respeito dos requisitos da seriedade e expressividade da chance serem medidos em percentual.

Note-se que, em primeiro lugar, no Direito italiano, prevalecia o entendimento de que o requisito da seriedade é preenchido por uma chance acima de 50% (cinquenta por cento). Destaque-se, a título de exemplo, o julgado italiano Cass. civ., sez. lav., 19 dicembre 1985, n. 6506.

Na ocasião, um candidato, Baroncini, havia participado de dois concursos distintos realizadas pelo órgão intitulado Enel e, tendo passado no segundo, havia sido contratado.

Posteriormente, foi informado ao candidato o êxito na prova escrita do primeiro concurso. Contudo, teria sido proibido de participar da prova oral daquele concurso, porque já seria funcionário da Enel em razão da contratação após o segundo concurso.

Baroncini havia requerido a condenação da Enel para indenizá-lo pelos danos sofridos pela exclusão ilegítima do concurso, argumentando que, em decorrência do comportamento ilegítimo da entidade, havia sofrido danos que poderiam ser compensados quanto à possibilidade "de alcançar um resultado útil".

Na ocasião, a Corte entendeu que seria suficiente, para efeitos da prova exigida para obter a indenização, a comprovação de que a chance perdida era superior a 50% (cinquenta por cento), grau que foi alcançado pelo demandante, pois, no caso, 73% (setenta e três por cento) dos candidatos admitidos passaram no exame oral.

Faz-se necessário ressaltar, contudo, que, embora diversos julgados proferidos pelos Tribunais italianos defendam a aplicação do percentual acima de 50% (cinquenta por cento) como requisito para a seriedade da chance, nas decisões mais recentes da jurisprudência italiana, substituiu-se o critério do percentual arbitrário de 50% (cinquenta por cento) pela caracterização da chance como "séria, apreciável e consistente" – assim como no Direito brasileiro.

Alguns julgados mais recentes também têm defendido a aplicação do critério da equidade – diante de casos em que a chance seria inferior ao percentual de 50% (cinquenta por cento).

Ilustrativamente, tem-se a Sentença 7195/2014, da seção II. Civil, Suprema Corte de Cassação[72]. O julgado diz respeito a um paciente portador de patologia grave que, na sequência de uma intervenção médica incorreta, veio a falecer após dois anos. Dado o estado de saúde do paciente, era quase inevitável que a doença progredisse para o evento letal. No entanto, de acordo com estatísticas colhidas, foi estabelecido que o paciente teria cerca de 41% (quarenta e um por cento) de probabilidade de sobreviver por cinco anos se a cirurgia fosse realizada corretamente.

Nesse contexto, o cônjuge da ofendida ajuizou ação requerendo a indenização pela perda da chance de sobrevivência e/ou a aceleração da morte da esposa. Em primeira instância e na Corte de Apelação, entendeu-se que não havia que se falar em indenização pela perda da chance, uma vez que, diante da aplicação da regra *più probabile che non*", o paciente possuía menos de 50% (cinquenta por cento) de chance de maior expectativa de vida em razão do tratamento terapêutico correto.

Contudo, a Corte de Cassação entendeu em sentido contrário, afirmando que, no caso, o prejuízo alegado não foi representado pelo evento "morte do paciente", mas pela perda da chance que tinha de sobreviver ou de evitar uma morte prematura, reconhecendo-se o direito à indenização. A decisão incidiu sobre a noção de dano por perda da chance de sobrevivência no momento da determinação do dano e não na avaliação probabilística relativa à fase de identificação do nexo de causalidade.

No tocante ao Direito brasileiro, conforme demonstrado no item 3.2 do presente trabalho, um pressuposto também indicado, por vezes, remete ao percentual superior a 50% (cinquenta por cento) de probabilidade de ocorrer a vantagem esperada – frustrada pela perda de uma chance. Por outro lado, há quem entenda que o critério da seriedade da chance não pode ser aferido por percentuais – doutrina com a qual concordamos.

À guisa de exemplo, elucida-se o recente precedente do Superior Tribunal de Justiça – REsp 1.877.375/RS[73], julgado pela 3ª Turma, de relatoria da Ministra Nancy Andrighi, em que se considerou o percentual de probabilidade acima de 50% (cinquenta por cento) apenas para a fixação do *quantum debeatur*, mas não do *an debeatur*.

O caso tratava de responsabilidade civil por perda da chance em virtude de falha na prestação de serviços advocatícios caracterizada pela ausência de qualquer atuação em demanda de prestação de contas, culminando com a condenação dos clientes ao pagamento de vultosa quantia.

Na hipótese, concluiu-se que se encontrariam cristalizados os requisitos indispensáveis à configuração da responsabilidade civil pela perda de uma chance, porque a incontroversa desídia dos réus – que deixaram a ação de prestação de contas tramitar

---

72. Cass., 26 Marzo, 2014, n. 7195/2014.
73. REsp 1.877.375/RS, 3ª T., rel. Min. Nancy Andrighi, j. 8.3.2022, DJe 15.3.2022.

por quase três anos sem qualquer intervenção, culminando com a condenação dos autores ao pagamento de vultosa quantia – retirou a chance real e séria de obterem uma prestação jurisdicional que lhes fosse mais favorável.

Em seguida, para a fixação do *quantum* indenizatório, considerou-se: (i) o interesse jurídico lesado, (ii) o elevado grau de culpa dos réus, (iii) a probabilidade de 50% (cinquenta por cento) de sucesso na referida demanda, (iv) a demonstração do dano efetivo, consubstanciado na condenação dos autores ao pagamento de R$ 947.904,20 (novecentos e quarenta e sete mil, novecentos e quatro reais e vinte centavos) em virtude da desídia dos causídicos.

Nesse sentido, foi possível a análise da aplicabilidade no Direito italiano e Direito brasileiro do percentual como critério de seriedade e expressividade da chance.

6. CONCLUSÃO

Ao longo desse artigo, buscou-se elucidar, em primeiro lugar, a (in) aplicabilidade da lesão à chance como "novo dano" ou nova modalidade de dano no ordenamento jurídico. Em seguida, foram delineados os principais tópicos atinentes ao tema da responsabilidade civil pela perda de uma chance – distante do esgotamento de suas controvérsias.

Em perspectiva de comparação com o Direito italiano, demonstrou-se que a aproximação da perda de uma chance com as espécies de dano emergente e dano extrapatrimonial deve ser enxergada à luz da teoria dos efeitos da lesão, aduzindo que, em verdade, a lesão à chance pode advir tanto como dano emergente como quanto dano extrapatrimonial, a partir do efeito *in concreto* na vítima.

Por fim, de modo a tratar mais palpável as convergências entre Direito italiano e brasileiro, buscou-se analisar a percentualização como requisito de seriedade e expressividade da chance em análise detida ao caso concreto.

7. REFERÊNCIAS BIBLIOGRÁFICAS

AGUIAR DIAS, José de. *Da responsabilidade civil*. 10 ed. Rio de Janeiro: Forense, 1995.

ALVIM, Agostinho. *Da inexecução das obrigações e suas consequências*. Editora Jurídica e Universitária, 1965.

AMARAL, Ana Cláudia Corrêa Zuin Mattos do. *Responsabilidade civil pela perda de uma chance*: natureza jurídica e quantificação do dano. Curitiba: Juruá, 2015.

BOCHIOLA, Maurizio. Perdita di uma chance e certeza del dano. In: *Riv. trim. dir. proc. civ.*, 1976, 1.

CARNAÚBA, Daniel. *Responsabilidade civil pela perda de uma chance*: a álea e a técnica. São Paulo: Método, 2013.

CAVALIERI FILHO, Sergio. *Programa de responsabilidade civil*. 11. ed. São Paulo: Atlas, 2014.

CHINDEMI, Domenico. *Il Danno da Perdita di Chance*. 2. ed. Milão: Giuffrè, 2010.

COUTO E SILVA, Clóvis Veríssimo do. O conceito de dano no direito brasileiro e comparado. In: FRADERA, Vera Maria Jacob de (Org.). *O direito privado brasileiro na visão de Clóvis do Couto*. Porto Alegre: Livraria do Advogado, 1977.

CUPIS, Adriano de. *Il Danno*: Teoria generale della responsabilità civile. Milano: Giuffrè, 1951.

DE CUPIS, Adriano. *Il danno*: teoria generale dela responsabilità civile. Milano: Giuffrè, 1966. v. 2.

FARIAS, Cristiano Chaves de. *A teoria da perda de uma chance aplicada ao direito de família: utilizar com moderação*. VI Congresso Brasileiro de Direito de Família, 2007.

GOMES, Orlando. Tendências modernas da reparação de danos. In: *Estudos em homenagem ao Professor Silvio Rodrigues*. Rio de Janeiro: Forense, 1980.

GUEDES, Gisela Sampaio da Cruz. *Lucros Cessantes*: do bom-senso ao postulado normativo da razoabilidade. São Paulo: Ed. RT, 2011.

LALOU, Henri. *La responsabilité civile*: príncipes élémentaires et applications pratiques. Paris: Dalloz, 1928.

MAZEAUD, Henri; MAZEAUD, Léon; TUNC, André. *Traité théorique et pratique de la responsabilité civile délictuelle et contractuelle*, t. 1, Paris: Montachrestien, 1965.

MONTEIRO FILHO, Carlos Edison do Rêgo. O princípio da reparação integral e sua exceção no Direito Brasileiro. In: *Rumos contemporâneos do direito civil: estudos em perspectiva civil-constitucional*. Belo Horizonte: Fórum, 2017.

MONTEIRO FILHO, Carlos Edison do Rêgo. *Responsabilidade contratual extracontratual*: contrastes e convergências no direito civil contemporâneo. Rio de Janeiro: Processo, 2016.

MONTEIRO FILHO, Carlos Edison do Rêgo; GUIMARÃES, Vynicius Pereira. Teoria da responsabilidade civil pela perda da chance: natureza do dano e aplicabilidade à seara médica. *Revista IBERC*, v. 5, n.1.

MONTEIRO, Carlos Edison do Rêgo. Limites ao princípio da reparação integral no direito brasileiro. In: *civilistica.com*, a. 7, n. 1, 2018.

MORAES, Maria Celina Bodin de. Risco, solidariedade e responsabilidade objetiva. *Revista dos Tribunais*, v. 854, São Paulo: Ed. RT, dez./ 2006.

NORONHA, Fernando. Responsabilidade por perda de chances. *Revista de Direito Privado*, v. 23, São Paulo: Ed. RT, jul.-set./ 2005.

OLIVA, Milena Donato; COSTA, André Brandão Nery. Notas sobre o dano da perda da chance, In: COELHO, Fábio Ulhoa; TEPEDINO, Gustavo; LEMES, Selma Ferreira (Coord.). *A evolução do Direito no século XXI. Seus princípios e valores (ESG, Liberdade, Regulação, Igualdade e Segurança Jurídica),* Homenagem ao Professor Arnoldo Wald, São Paulo: Editora IASP, 2022. 3. v.

PAMPLONA, Rodolfo. Novos danos na responsabilidade civil, p. 433-435. In: *Direito Civil*: diálogos entre a doutrina e a jurisprudência, São Paulo: Atlas, 2018.

PEREIRA, Caio Mário da Silva. *Responsabilidade Civil*. Rio de Janeiro: Forense, 2002.

PERLINGIERI, Pietro. *O direito civil na legalidade constitucional*. Rio de Janeiro: Renovar, 2008.

PETRELLI, Patrizia. Causalità e Perdita di Chances. In: *I grandi Orientamenti della Giurisprudenza Civile e Comerciale*, Padova: CEDAM, 1999.

ROCHA, Nuno Santos. *A perda da chance como uma nova espécie de dano*. Coimbra: Almedina, 2017.

RODOTÀ, Stefano. *Il problema della Responsabilità Civile*, Milano: Giuffre, 1967.

RODOTÀ, Stefano. Modelli e funzioni della responsabilità civile. *Rivista Critica di Diritto Privato*, v. 3. Napoli: Jovene, 1984.

ROSA, João Guimarães, 1908-1967. *Grande sertão: veredas* – "O diabo na rua, no meio do redemoinho...", 22. ed., São Paulo: Companhia das Letras, 2019.

SANTOS, Antonio Jeová. *Dano moral indenizável*. 3. ed. São Paulo: Método, 2001.

SAVI, Sérgio. *Responsabilidade civil pela perda de uma chance*. 3 ed. São Paulo: Atlas, 2012.

SAVI, Sérgio. *Responsabilidade civil por perda de uma chance*. São Paulo: Atlas, 2006.

SCHREIBER, Anderson. A perda da chance na jurisprudência do Superior Tribunal de Justiça. In: SCHREIBER, Anderson. *Direito civil e Constituição*. São Paulo: Atlas, 2013.

SCHREIBER, Anderson. *Novos paradigmas da responsabilidade civil*: da erosão dos filtros da reparação à diluição dos danos. 2. ed. São Paulo: Atlas, 2009.

SERPA LOPES, Miguel Maria de. *Curso de Direito Civil, v. II*: Obrigações em Geral. Rio de Janeiro: Freitas Bastos, 2000.

SILVA, Rafael Peteffi da. *Responsabilidade civil pela perda de uma chance*: uma análise do direito comparado e brasileiro. 2. ed. São Paulo: Atlas, 2009.

SOUZA, Eduardo Nunes de. Merecimento de tutela: a nova fronteira da legalidade no Direito Civil. In: *Revista de Direito Privado*, ano 15, v. 58, abr.-jun./2014.

SOUZA, Eduardo Nunes de. *Nexo causal e culpa na responsabilidade civil*: subsídios para uma necessária distinção conceitual. In: civilistica.com, a. 7, n. 3, 2018.

TEPEDINO, Gustavo. Liberdades, tecnologia e teoria da interpretação. *Revista Forense*, v. 419, 2014.

TEPEDINO, Gustavo. Livro (eletrônico) e o perfil funcional dos bens jurídicos na experiência brasileira. In: VICENTE, Dário Moreira; VIEIRA, José Alberto Coelho; CASIMIRO, Sofia de Vasconcelos; SILVA, Ana Maria Pereira da (Orgs.). *Estudos de Direito Intelectual em homenagem ao Prof. Doutor José de Oliveira Ascensão*. Coimbra: Almedina, 2015.

TEPEDINO, Gustavo. Normas constitucionais e direito civil na construção unitária do ordenamento. In: *Temas de Direito Civil*, t. III, Rio de Janeiro: Renovar, 2009.

TEPEDINO, Gustavo. Teoria da interpretação e relações privadas: a razoabilidade e o papel do juiz na promoção dos valores constitucionais. In: TEPEDINO, Gustavo; MENEZES, Joyceane Bezerra de. *Autonomia privada, liberdade existencial e direitos fundamentais*, Belo Horizonte: Fórum, 2019.

TEPEDINO, Gustavo; SCHREIBER, Anderson. In: AZEVEDO, Álvaro Villaça (Coord.). *Código Civil Comentado*. São Paulo: Atlas, 2008. v. 4.

TEPEDINO, Gustavo; SILVA, Rodrigo da Guia. Novos bens jurídicos, novos danos ressarcíveis: análise dos danos decorrentes da privação do uso. In: *Revista de Direito do Consumidor*, v. 129, maio/jun.2020.

TEPEDINO, Gustavo; TERRA, Aline de Miranda Valverde; GUEDES, Gisela Sampaio da Cruz. *Fundamentos do direito civil, v. 4*: responsabilidade civil. 2. ed. Rio de Janeiro: Forense, 2021.

TERRA, Aline de Miranda Valverde, Danos autônomos ou novos suportes fáticos de danos? Considerações acerca da privação do uso e da perda do tempo nas relações de consumo, p. 207-208. In: KNOERR, Viviane Coêlho de Séllos; FERREIRA, Keila Pacheco; STELZER, Joana (Orgs.). *Direito, Globalização e Responsabilidade nas Relações de Consumo*, 2015, v.

TOLOMEI, Carlos Young. A noção de ato ilícito e a teoria do risco na perspectiva do novo Código Civil. In: TEPEDINO, Gustavo (Coord.). *O Código Civil na perspectiva civil-constitucional*. Rio de Janeiro: Renovar, 2013.

VAZ, Marcella Campinho. A reparação pela perda de uma chance. In: SOUZA, Eduardo Nunes de; SILVA, Rodrigo da Guia (Coord.). *Controvérsias atuais em responsabilidade civil*, São Paulo: Almedina, 2018.

VENOSA, Silvio de Savo. *Direito civil*: obrigações e responsabilidade civil. 17. ed. São Paulo: Atlas, 2017.

AS ESPÉCIES DE RESPONSABILIDADE CIVIL NO BRASIL E EM PORTUGAL – DIVERGÊNCIAS NA REGULAÇÃO DE CADA TIPO E A QUESTÃO DA RESPONSABILIDADE PRÉ-CONTRATUAL

Victor Guita Campinho

Mestrando em Direito Empresarial pela Universidade do Estado do Rio de Janeiro. Advogado

Sumário: 1. Introdução – 2. Espécies da responsabilidade civil – a. Extracontratual – b. Contratual – 3. Pontos de divergência – responsabilidade contratual e extracontratual – a. Brasil – b. Portugal – 4. Responsabilidade pré-contratual – 5. Conclusão – 6. Referências.

1. INTRODUÇÃO

A regulação da responsabilidade civil funda-se, historicamente, em dois pressupostos básicos almejados pelo legislador: reprimir a violação de um dever jurídico que represente um ilícito e reparar de forma integral o dano causado a outrem em decorrência de tal violação ao dever jurídico.[1]

Dentro deste escopo, a doutrina contemporânea passou a comumente classificar a responsabilidade civil em dois grupos distintos, com base na fonte da obrigação violada que dera ensejo à responsabilidade de reparação. Caso a responsabilidade civil tenha origem na violação de um dever legalmente imposto, classifica-se tal responsabilidade como extracontratual ou aquiliana; caso, por outro lado, a responsabilidade origine-se da violação de uma disposição contratual, isto é, tenha sua fonte na declaração de vontade do agente, está-se diante de uma situação e responsabilidade civil contratual.[2]

Trata-se a classificação acima da tese dualista, que segrega a responsabilidade civil em dois tipos, a partir da fonte da obrigação que a originou.

No Brasil, a responsabilidade contratual está regulada nos artigos 389 a 420 do Código Civil Brasileiro. Já a responsabilidade extracontratual está prevista nos artigos 186 a 188 e, notadamente, 927 a 954 do Código Civil.

Em igual sentido, o Direito português também segregou as disposições legais aplicáveis a cada tipo de responsabilidade, regulando a responsabilidade extracontratual

---

1. CAVALIERI FILHO, Sérgio. *Programa de responsabilidade civil.* 15. ed. Barueri: Atlas, 2022, p. 25-26.
2. MONTEIRO FILHO, Carlos Edison do Rêgo. *Responsabilidade Contratual e Extracontratual: contrastes e convergências no direito civil contemporâneo.* Rio de Janeiro: Processo, 2016, p. 7-8.

nos artigos 483 a 510 e a responsabilidade contratual nos artigos 798 a 816 do Código Civil Português.[3]

Nada obstante, tanto cá, quanto lá, há disposições previstas nos artigos atinentes a um tipo de responsabilidade civil que se aplicam ao outro, reduzindo-se as distinções entre cada um dos regimes[4].

Em que pese a aproximação de ambos os regimes, o fato é que a distinção não é meramente teórica ou despropositada, mas possui consequências práticas na aplicação de cada um dos regimes.

Em paralelo à responsabilidade contratual e extracontratual, há aqueles que sustentam existir, ainda, uma terceira espécie de responsabilidade civil, consistente na responsabilidade pré-contratual[5]. A caracterização da responsabilidade pré-contratual como um terceiro tipo de responsabilidade civil não é pacífica e é objeto de oposição por autores que nela enxergam um desdobramento da responsabilidade aquiliana ou que a classificam como integrante da responsabilidade contratual.

O enquadramento da responsabilidade pré-contratual como uma subespécie da responsabilidade aquiliana ou da responsabilidade contratual, ou a sua definição como uma terceira espécie de responsabilidade, autônoma e independente em relação às demais poderá afetar a aplicação prática do regime da responsabilidade civil em casos concretos.

Conforme mencionado, o ordenamento jurídico, no Brasil e em Portugal, previu regras específicas aplicáveis à responsabilidade contratual e à responsabilidade extracontratual. Ao se enquadrar a responsabilidade pré-contratual em uma dessas duas espécies, atrai-se para as situações de responsabilidade pré-contratual o regramento especificamente previsto para a espécie em questão. Por outro lado, caso se conclua que a responsabilidade pré-contratual constitui espécie autônoma, a aplicação dos parâmetros e o regramento para hipóteses de responsabilidade pré-contratual poderá incorporar elementos da responsabilidade contratual e da responsabilidade extracontratual, conforme se entenda mais adequado em relação a cada elemento específico.

O objeto do presente artigo é apresentar o regime e distinções aplicáveis a cada tipo de responsabilidade civil no Direito brasileiro e português, comparando-se seus pressupostos e os respectivos efeitos práticos, e analisar o entendimento, bastante controvertido em ambos os países, tanto em doutrina, quanto jurisprudencialmente, acerca da classificação da responsabilidade pré-contratual, destacando as divergências ao longo

---

3. Santos Junior indica que, no Direito Português, o regime da responsabilidade civil seria dualista, mas que a responsabilidade civil em si tem natureza unitária (JUNIOR, SANTOS. *Da Responsabilidade Civil de terceiro por lesão do direito de crédito*. Coimbra: Almedina, 2003, p. 203-204.
4. Em relação ao Direito Português, a aplicabilidade de certas disposições da responsabilidade extracontratual ao regime da responsabilidade contratual e a convergência dos regimes é objeto de nota por parte de Mario Julio de Almeida Costa (COSTA, MARIO JULIO DE ALMEIDA. *Direito das Obrigações*. 12. ed. Coimbra: Almedina, 2013, p. 542).

   Já no Brasil, a convergência de certas disposições atinentes a cada tipo de responsabilidade é destacada por CAVALIERI FILHO, SÉRGIO. *Programa de Responsabilidade Civil*, cit. p. 26.)
5. COSTA, MARIO JULIO DE ALMEIDA. *Direito das obrigações*. Cit. p. 540.

do tempo e o descolamento entre o entendimento dominante na doutrina portuguesa e brasileira, que não são equivalentes, bem como a aplicação jurisprudencial em cada país.

2. ESPÉCIES DA RESPONSABILIDADE CIVIL

a. Extracontratual

A responsabilidade extracontratual encontra seu fundamento na violação a um dever legalmente imposto. A principal característica distintiva em relação à responsabilidade contratual é, portanto, a fonte da obrigação violada que deu origem ao dever de reparação ao lesado.

Funda-se a responsabilidade extracontratual no dever geral de cuidado que todo indivíduo deve ter em seus atos e na obrigação de não causar dano a outrem.

Não há, nesta espécie de responsabilidade, uma relação prévia entre o devedor da obrigação reparatória e o lesado.

A relação jurídica entre o devedor e a vítima surge exatamente no momento em que o devedor pratica um ato ilícito e deste ato advém um dano à vítima.

Por se tratar de uma relação originada a partir de um dano indevido causado a um terceiro pelo agente que pratica um ato ilícito, a função precípua desta modalidade de responsabilidade civil, em sua perspectiva clássica, é a de reparar na maior extensão possível o dano causado, retornando a vítima do dano ao *status quo ante*.

Tem-se, portanto, que o objetivo clássico primordial da responsabilidade civil extracontratual é estritamente reparatório em seu sentido literal, isto é, o agente causador do dano deve indenizar a vítima em montante tal que seu patrimônio seja recomposto na mesma medida da lesão sofrida.[6-7]

Ultrapassada a questão, cumpre tratar brevemente dos pressupostos clássicos da responsabilidade extracontratual.

O primeiro deles é o dano. Ausente qualquer dano, não há que se falar em responsabilidade civil extracontratual. Não basta, portanto, a verificação de uma conduta

---

6. A respeito, é válida a lição de Orlando Gomes, que divide a responsabilidade do agente em relação à vítima entre a "reposição natural", isto é, restituição do bem eventualmente danificado ao exato estado anterior ou substituição por outro bem com o qual guarde identidade, caso se trate de bem fungível, e a indenização propriamente dita, que consiste na reparação por substituição; não sendo possível restituir o bem ou repô-lo, deve-se indenizar a vítima com uma quantia em dinheiro que represente a mesma medida de valor do bem. (GOMES, ORLANDO. *Obrigações*. 12. ed. Rio de Janeiro: Forense, 1999, p. 285).
7. Com a evolução das obrigações de indenizar para hipóteses de perda de uma chance e, notadamente, danos extrapatrimoniais, que se aplicam à responsabilidade civil aquiliana, a função da indenização, nestes casos, também assume um caráter compensatório, e não meramente reparatório no sentido de retornar o lesado ao *status quo ante*, uma vez que o racional passa a ser compensar de forma pecuniária um ato potencial futuro e incerto, mas com algum grau de concretude que permitisse uma expectativa legítima pelo lesado, ou um dano não pecuniário, respectivamente.

ilícita por parte do agente, ainda que culposa, para que dela se origine algum dever de indenização; faz-se necessária a demonstração do dano efetivo sofrido pela vítima.

O segundo pressuposto é o nexo causal. Para que surja a obrigação de indenizar por parte do agente, é necessário que o dano causado tenha sua origem direta e imediata no ato ilícito praticado por ele praticado[8].

Por fim, o terceiro pressuposto clássico apresentado para a responsabilidade civil extracontratual é a culpa. Isto é, o dano deve decorrer de forma direta e imediata de um ato ilícito praticado de forma culposa ou dolosa pelo agente causador.

O elemento da culpabilidade, embora classicamente ligado à responsabilidade civil, tem sido amplamente mitigado ao longo dos últimos anos, com a incorporação de inúmeras hipóteses de responsabilidade civil objetiva nos diferentes diplomas legais e a partir da incorporação da teoria do risco como pressuposto da responsabilidade civil, fundamentando inúmeras circunstâncias em que a responsabilidade passa a ser objetiva por parte daquele que obtém proveito econômico da atividade geradora do risco.

Desta feita, muitos autores apontam que o elemento culpa no âmbito da responsabilidade civil extracontratual, ao ser relativizado, aproxima a responsabilidade aquiliana da contratual.

Nada obstante, em que pese a superação da culpa como um elemento imperativo à responsabilidade civil, ainda consiste em um dos aspectos a serem apurados nas diversas situações em que subsiste a responsabilidade subjetiva.

b. Contratual

A responsabilidade contratual, a seu turno, tem seu fundamento na declaração de vontade do agente, o qual se compromete à prática de determinado ato. O dever jurídico preexistente não decorre, portanto, de previsão legal, mas sim da assunção voluntária por parte do agente da obrigação de praticar determinado ato.

Há, neste tipo de responsabilidade civil, uma relação jurídica preexistente entre as partes, e é dela que decorre o dano e a eventual obrigação de indenizar.

Ao contrário da responsabilidade extracontratual, a relação jurídica entre as partes não se inicia a partir da prática do ato ilícito pelo agente e da verificação de um dano causado por tal ato ilícito. Ao revés, a responsabilidade civil só existe, nesta modalidade, justamente porque as partes voluntariamente constituíram uma relação jurídica prévia entre si, determinando uma série de obrigações para cada uma delas.

---

8. Para uma análise detida das teorias do nexo de causalidade, sua evolução e a adoção da teoria da causalidade direta e imediata no ordenamento jurídico brasileiro, ver. MONTEIRO FILHO, CARLOS EDISON DO RÊGO. *Responsabilidade Contratual e Extracontratual: contrastes e convergências no direito civil contemporâneo.* cit. p. 96-109.

Na responsabilidade contratual, o dano decorre do mero inadimplemento da obrigação contratada.

Não é necessário, pois, demonstrar-se objetivamente um decréscimo patrimonial da vítima, o prejuízo emergente do ato ilícito, mas o mero descumprimento da obrigação contratada já constitui esse prejuízo.

A função precípua é garantir o integral cumprimento das obrigações avençadas e, em caso de descumprimento, compensar a vítima pelo dano.

Isto posto, a responsabilidade civil contratual não objetiva retornar a vítima ao *status quo ante*, uma vez que não decorre de uma lesão a um bem jurídico pré-existente da vítima, mas sim promover uma compensação por não ter a vítima obtido a contraprestação contratada junto ao ofensor.

Os pressupostos da responsabilidade civil contratual são os mesmos três pressupostos da responsabilidade civil extracontratual, mas há ainda o pressuposto da existência prévia de um contrato válido.

Para que haja responsabilidade contratual, é indispensável que, em primeiro lugar, exista um contrato válido entre o devedor e o credor. Portanto, caso inexista contrato ou negócio jurídico decorrente da manifestação de vontade, não há, por óbvio, que se falar em responsabilidade contratual. Da mesma forma, caso o contrato seja nulo, não há que se falar em responsabilidade contratual decorrente do seu inadimplemento.

Além da existência do negócio jurídico prévio e válido, é necessária a verificação do inadimplemento de uma obrigação avençada entre as partes, da qual decorrerá o dano sofrido pela vítima.

Também é necessário que haja a avaliação do nexo de causalidade para fins da determinação da extensão do dano, isto é, o dano deverá decorrer de forma direta e imediata daquele inadimplemento contratual para que enseje a responsabilidade civil da parte inadimplente.

Por fim, há também na responsabilidade contratual o pressuposto da culpa do agente. No entanto, na responsabilidade contratual essa culpa é presumida. Isto é, verificado o inadimplemento da obrigação contratada, presume-se que tal inadimplemento decorre de culpa ou dolo da parte inadimplente, não sendo necessário à contraparte comprovar tal culpabilidade. Caberá à própria parte inadimplente, para que possa se exonerar da responsabilidade civil, comprovar que o inadimplemento não decorreu de qualquer ação culposa de sua parte, mas sim em virtude de algum evento que não seria imputável ao devedor e ao qual não poderia ele resistir, como em situações de caso fortuito ou força maior. Desta forma, há, na responsabilidade civil contratual, a inversão do ônus da prova em relação à culpabilidade.

Desta distinção teórica e quanto à origem de cada modalidade de responsabilidade civil advêm algumas divergências quanto à aplicação prática de cada um dos regimes, as quais serão objeto de análise no capítulo subsequente.

3. PONTOS DE DIVERGÊNCIA – RESPONSABILIDADE CONTRATUAL E EXTRACONTRATUAL

a. Brasil

No Brasil, embora a doutrina aponte recorrentemente que a distinção entre a responsabilidade contratual e extracontratual vem sendo constantemente mitigada[9], notadamente por regimes legais especiais que atribuem para determinadas relações de natureza contratual elementos que classicamente seriam aplicáveis à responsabilidade civil extracontratual e vice-versa, restringindo-se, assim, paulatinamente, o campo de incidência das regras gerais que distinguem a aplicação prática de ambos os tipos de responsabilidade civil, há, ainda, elementos distintivos que merecem nota.

(i) Prova e culpabilidade. Como é usual nos variados ordenamentos jurídicos, adotou-se, no Brasil, uma diferenciação no campo da prova da responsabilidade. Na responsabilidade aquiliana, a vítima da lesão deve demonstrar a existência de todos os elementos da responsabilidade civil, isto é, dano, nexo causal e a culpa. Já no âmbito da responsabilidade contratual, a culpa é presumida, uma vez que o mero desvio em relação àquilo que foi pactuado já seria suficiente para ensejar uma presunção de culpa. Neste caso, é o acusado que deverá demonstrar que não inadimpliu o contratado ou, ainda que tenha inadimplido, o fez em virtude de alguma hipótese de excludente de responsabilidade, como caso fortuito, força maior, estado de necessidade, legítima defesa ou fato de terceiro.[10] Como justificativa para tratamento distinto na prova da culpa do infrator, apresenta-se a diferença no fundamento de cada tipo de responsabilidade civil, isto é, tendo em vista que na responsabilidade extracontratual o fundamento é a violação ao dever geral de cuidado, da qual advém um dano a um terceiro, haveria necessidade de o lesado comprovar que o infrator agiu com culpa, violando esse dever geral. Já na responsabilidade contratual, como o fundamento é o inadimplemento de uma prestação com a qual a parte se comprometeu, o comportamento esperado do devedor não é o mero dever geral de cuidado, mas sim uma atuação proativa e, até mesmo, um esforço para cumprir aquela obrigação contratada[11].

(ii) Solidariedade. O Código Civil Brasileiro estipula, como regra geral para a responsabilidade aquiliana, a solidariedade entre os coautores do ilícito[12]. Já na responsabilidade contratual, a solidariedade entre os devedores deve ser expressamente prevista no contrato ou decorrer de dispositivo legal específico aplicável àquela espécie de relação obrigacional, não podendo ser presumida[13].

Tal se justifica pelo fato de que, ao contratar, as pessoas se obrigam apenas àquilo que contrataram. Se há definição da parcela devida por cada contratante, não cabe estender a parcela de outrem sem que haja previsão expressa autorizativa para tal.

(iii) Prescrição. Embora o artigo 206 tenha estipulado, em seu § 3º, inciso V, o prazo trienal para prescrição quanto à pretensão de reparação civil, o entendimento do Superior Tribunal de Justiça é

---

9. WALD, ARNOLDO. *Direito Civil Direito das Obrigações e Teoria Geral dos Contratos*. v. II. 18. ed., São Paulo: Saraiva, 2009, p. 150: "Na realidade, a doutrina moderna tende a unificar as duas responsabilidades (contratual e extracontratual), e a própria jurisprudência brasileira, em matéria de transporte e nas relações profissionais, tem recorrido ora aos princípios da responsabilidade profissional, ora às normas reguladoras da responsabilidade delitual".
10. PEREIRA, CAIO MÁRIO DA SILVA. *Responsabilidade Civil*. Cit. p. 332-333.
11. MONTEIRO FILHO, CARLOS EDISON DO RÊGO. *Responsabilidade Contratual e Extracontratual: contrastes e convergências no direito civil contemporâneo*. Cit. p. 32; Gomes, Orlando. *Obrigações*. Cit, p. 144-145.
12. Art. 942. Os bens do responsável pela ofensa ou violação do direito de outrem ficam sujeitos à reparação do dano causado; e, se a ofensa tiver mais de um autor, todos responderão solidariamente pela reparação. Parágrafo único. São solidariamente responsáveis com os autores os co-autores e as pessoas designadas no art. 932.
13. Art. 265. A solidariedade não se presume; resulta da lei ou da vontade das partes.

atualmente pacífico, a despeito das críticas em doutrina,[14] no sentido de que, para as hipóteses de responsabilidade civil contratual, aplica-se o prazo prescricional geral de 10 anos, aplicável àquelas hipóteses que não tenham sido expressamente reguladas pela Lei.

Nesse sentido foi a decisão da Corte Especial do STJ no âmbito de embargos de divergência em Recurso Especial, de n. 1.281.594 - SP (2011/0211890-7), cujo Acórdão data de 15 de maio de 2019.[15]

A nosso ver, não se justifica o tratamento diferenciado, em especial por conferir prazo mais largo à responsabilidade contratual. Em abstrato, pode-se imaginar situações em que aquele que sofre um dano decorrente de ilícito extracontratual venha a demorar um maior tempo para descobrir o dano ou o autor. Já no caso da responsabilidade contratual, havendo prazo definido para o adimplemento e sendo a obrigação inadimplida, a parte tem imediato conhecimento de tal inadimplemento – ou ao menos todos os meios necessários para tê-lo. Destarte, não vislumbramos justificativa teórica que pudesse embasar uma opção do legislador por um prazo maior para a responsabilidade civil contratual.

Ademais, em sendo a redação do dispositivo legal bastante genérica, referindo-se apenas a "reparação civil", parece-nos assistir razão àqueles que defendem estarem englobados no dispositivo os casos de responsabilidade aquiliana e contratual.

(iv) Capacidade. Em virtude de ser pressuposto da responsabilidade contratual a existência de um contrato válido, para que um sujeito possa ser civilmente responsável pelo inadimplemento da obrigação contratada, é necessário que tal sujeito tenha capacidade para contratar validamente a obrigação em questão. Portanto, para a responsabilidade contratual, faz-se necessário apurar a capacidade do devedor.

Já na responsabilidade extracontratual, não há necessidade de se apurar a capacidade do ofensor. Tal desnecessidade está positivada no artigo 928 do Código Civil Brasileiro[16].

(v) Mora. Na responsabilidade contratual, havendo prazo definido para o cumprimento de uma obrigação líquida, o seu inadimplemento constitui de pleno direito o devedor em mora, passando a incidir, a partir do inadimplemento, a correção monetária e os juros.[17]

Se, por outro lado, a obrigação não for líquida ou se não houver termo para o cumprimento, a mora constitui-se a partir da interpelação, judicial ou extrajudicial, ou, inexistindo interpelação prévia, da citação inicial[18].

---

14. Monteiro Filho, Carlos Edison do Rêgo. *Responsabilidade Contratual e Extracontratual: contrastes e convergências no direito civil contemporâneo.* Cit. p. 71;
    Tepedino, Gustavo; Barboza, Heloisa Helena; Moraes, Maria Celina Bodin de. *Código Civil Interpretado Conforme a Constituição da República.* Rio de Janeiro: Renovar, 2004, p. 407.
15. "III - A unidade lógica do Código Civil permite extrair que a expressão "reparação civil" empregada pelo seu art. 206, § 3º, V, refere-se unicamente à responsabilidade civil aquiliana, de modo a não atingir o presente caso, fundado na responsabilidade civil contratual.
    (...)
    V - O caráter secundário assumido pelas perdas e danos advindas do inadimplemento contratual, impõe seguir a sorte do principal (obrigação anteriormente assumida). Dessa forma, enquanto não prescrita a pretensão central alusiva à execução da obrigação contratual, sujeita ao prazo de 10 anos (caso não exista previsão de prazo diferenciado), não pode estar fulminado pela prescrição o provimento acessório relativo à responsabilidade civil atrelada ao descumprimento do pactuado. VI - Versando o presente caso sobre responsabilidade civil decorrente de possível descumprimento de contrato de compra e venda e prestação de serviço entre empresas, está sujeito à prescrição decenal (art. 205, do Código Civil)."
    O entendimento foi mantido em decisão recente proferida no âmbito REsp 1539333 / RS, julgado em 8 de fevereiro de 2022.
16. Art. 928. O incapaz responde pelos prejuízos que causar, se as pessoas por ele responsáveis não tiverem obrigação de fazê-lo ou não dispuserem de meios suficientes.
    Parágrafo único. A indenização prevista neste artigo, que deverá ser eqüitativa, não terá lugar se privar do necessário o incapaz ou as pessoas que dele dependem.
17. Art. 397. O inadimplemento da obrigação, positiva e líquida, no seu termo, constitui de pleno direito em mora o devedor.
18. Art. 397. Parágrafo único. Não havendo termo, a mora se constitui mediante interpelação judicial ou extrajudicial.
    Art. 405. Contam-se os juros de mora desde a citação inicial.

Na responsabilidade extracontratual, a mora é constituída a partir da data da prática do ato ilícito, passando a fluírem os juros desta data.[19]

(vi) Foro. Na responsabilidade civil contratual, o STJ vinha aplicando, no âmbito do Código de Processo Civil anterior, o entendimento de que será competente o foro do local onde a obrigação deveria ser cumprida, por se tratar do foro competente para se pleitear o efetivo cumprimento da obrigação[20]. Considerando que o dispositivo legal do Código de Processo Civil atualmente vigente[21] reproduz o dispositivo anterior[22], não há motivo para crer que o entendimento será alterado.

Não se aplica a regra acima no caso de eleição de foro pelas partes do negócio jurídico[23]. A possibilidade de eleição do foro, por óbvio, aplica-se apenas à hipótese de responsabilidade contratual.

Já no âmbito da responsabilidade extracontratual, o Código de Processo Civil estipula como foro competente o do lugar do ato ou fato que deu origem à ação de reparação do dano (art. 53, IV, "a").

Há inúmeras exceções às regras de competência, que estipulam foros mais privilegiados e favoráveis à vítima, como, por exemplo, no caso de vítima de violência doméstica (art. 53, I, "d") ou de violação a disposições do estatuto do idoso (art. 53, III, "e").

Em face das distinções acima, é possível constatar que, a despeito da existência de uma série de regimes especiais que excepcionam a regra geral para determinadas relações contratuais ou para determinadas situações de responsabilidade extracontratual, há, ainda, diferenças práticas relevantes na aplicação geral dos regimes de responsabilidade civil contratual e extracontratual.

Em geral, tais divergências são consequência lógica do fundamento que origina a responsabilidade reparatória em cada um dos casos.

b. Portugal

Também no Direito português há impactos sobre o regime jurídico geral aplicável à responsabilidade civil a depender da sua classificação como contratual ou extracontratual.

Embora haja hipóteses específicas e expressamente reguladas em que a regra geral não se aplicará, nos demais casos costuma-se apontar as seguintes diferenças:

---

19. Art. 398. Nas obrigações provenientes de ato ilícito, considera-se o devedor em mora, desde que o praticou.
20. REsp 1.394.183 – MT (2013/0229185-0), julgado em 7 de maio de 2015.
21. "Art. 53 É competente o foro:
    (...)
    III - do lugar:
    (...)
    d) onde a obrigação deve ser satisfeita, para a ação em que se lhe exigir o cumprimento".
22. "Art. 100: É competente o foro:
    (...)
    IV. do lugar:
    (...)
    d) onde a obrigação deve ser satisfeita, para a ação em que se lhe exigir o cumprimento".
23. Art. 63. As partes podem modificar a competência em razão do valor e do território, elegendo foro onde será proposta ação oriunda de direitos e obrigações.
    § 1º A eleição de foro só produz efeito quando constar de instrumento escrito e aludir expressamente a determinado negócio jurídico.

(i) Culpabilidade. Em linha com o que se verifica no Direito brasileiro, na responsabilidade contratual, a culpa é presumida no caso de descumprimento ou cumprimento defeituoso da obrigação avençada, conforme o item 1 do artigo 799[24]. Já na responsabilidade extracontratual, a culpa não é presumida, cabendo ao lesado comprovar a culpa do autor[25]. Nada obstante, conforme aponta Mario Júlio de Almeida Costa, há diversos preceitos legais que constituem a presunção de culpa do ofensor para situações específicas de responsabilidade extracontratual.

Como exemplo, o autor cita a responsabilidade das pessoas obrigadas pela vigilância de outras (art. 491), dos danos causados por edifícios ou obras que venham a ruir por vício de construção ou defeito de conservação (art. 492), danos causados por coisas ou animais, ou ainda em virtude de atividades perigosas por sua natureza (artigo 493) e danos causados por acidentes de veículo conduzidos por conta de outrem (exercício profissional da direção veicular)[26].

(ii) Solidariedade. No regime jurídico português, a solidariedade entre os causadores do dano é a regra geral no caso de responsabilidade extracontratual[27]. Já na responsabilidade contratual, apenas haverá solidariedade passiva no caso de a obrigação violada ter natureza solidária em virtude de previsão legal específica ou da vontade das partes[28].

(iii) Redução Equitativa da Indenização. Há discussão em doutrina quanto à possibilidade de aplicação da limitação do valor da indenização devida em caso de a responsabilidade estar fundada em mera culpa (redução equitativa da indenização) à responsabilidade contratual.

No âmbito da responsabilidade extracontratual, não há dúvidas ser aplicável a possibilidade de redução do montante da indenização em patamar inferior ao dano causado, conforme disposto no artigo 494[29].

---

24. *"ARTIGO 799º*
    (Presunção de culpa e apreciação desta)
    Incumbe ao devedor provar que a falta de cumprimento ou o cumprimento defeituoso da obrigação não procede de culpa sua.
    A culpa é apreciada nos termos aplicáveis à responsabilidade civil."
25. *"ARTIGO 487º (Culpa)*
    É ao lesado que incumbe provar a culpa do autor da lesão, salvo havendo presunção legal de culpa.
    A culpa é apreciada, na falta de outro critério legal, pela diligência de um bom pai de família, em face das circunstâncias de cada caso."
26. COSTA, MARIO JÚLIO DE ALMEIDA. *Direito das Obrigações*. Cit. p. 543.
27. *"ARTIGO 497º*
    (Responsabilidade solidária)
    Se forem várias as pessoas responsáveis pelos danos, é solidária a sua responsabilidade.
    O direito de regresso entre os responsáveis existe na medida das respectivas culpas e das consequências que delas advieram, presumindo-se iguais as culpas das pessoas responsáveis."
    "ARTIGO 507º
    (Responsabilidade solidária)
    Se a responsabilidade pelo risco recair sobre várias pessoas, todas respondem solidariamente pelos danos, mesmo que haja culpa de alguma ou algumas.
    Nas relações entre os diferentes responsáveis, a obrigação de indemnizar reparte-se de harmonia com o interesse de cada um na utilização do veículo; mas, se houver culpa de algum ou alguns, apenas os culpados respondem, sendo aplicável quanto ao direito de regresso, entre eles, ou em relação a eles, o disposto no nº 2 do artigo 497º".
28. *"ARTIGO 513º*
    (Fontes da solidariedade)
    A solidariedade de devedores ou credores só existe quando resulte da lei ou da vontade das partes."
29. ARTIGO 494º
    (Limitação da indemnização no caso de mera culpa)

Já no âmbito da responsabilidade contratual, inexiste previsão legal a respeito. A maioria da doutrina entende não ser extensível a previsão do artigo 494 do Código Civil Português à responsabilidade contratual, por ser incompatível com as legítimas expectativas do contratante lesado[30].

(iv) Prescrição. Em relação à prescrição da pretensão ao direito de indenização decorrente de responsabilidade civil, há uma discussão em doutrina e na jurisprudência portuguesa. De um lado, há quem sustente que a prescrição no âmbito da responsabilidade extracontratual está sujeita a um prazo geral ordinário de 3 anos, previsto no artigo 498 do Código Civil Português, além de outras situações em que há prazos específicos previstos em lei. Já no âmbito da responsabilidade contratual, o prazo prescricional seria exclusivamente o prazo ordinário de 20 anos previsto no artigo 309 do Código Civil Português. De outro lado, há aqueles que sustentam a extensão do prazo de três anos do artigo 498 também às situações de responsabilidade contratual.

Hodiernamente, parece ter prevalecido a tese contrária à extensão do prazo prescricional de três anos para a responsabilidade contratual. No âmbito jurisprudencial, a tese contrária à extensão foi, por exemplo, adotada pelo Supremo Tribunal de Justiça Português proferidos no âmbito dos Acórdãos referentes aos Processos 065509, cujo Acórdão foi proferido em 17 de fevereiro de 1976; 087375, cujo Acórdão data de 24 de outubro de 1995; 99B298, cujo Acórdão data de 18 de maio de 1999; 304/17.3T8BRG.G1.S1, cujo Acórdão data de 25 de outubro de 2018; e 359/10.1TVLSB.L1.S1, cujo Acórdão data de 2 de dezembro de 2020. Em sentido contrário, houve decisão do Supremo Tribunal de Justiça português no âmbito do Processo 063826, de 18 de fevereiro de 1972. Em doutrina, opõem-se à extensão do prazo trienal, por exemplo, Antunes Varela[31] e Mário Júlio de Almeida Costa[32]. Já em sentido favorável à extensão é a opinião de Pedro de Albuquerque[33].

(v) Capacidade e Imputabilidade. No âmbito da responsabilidade aquiliana, são considerados inimputáveis aqueles que, no momento em que o fato ocorreu estavam incapacitados de entender ou querer, salvo se tiver se colocado culposamente neste estado, os menores de sete anos e os interditos por questões psíquicas[34].

Já para a responsabilidade contratual, há necessidade de que o contraente da obrigação seja capaz. Nesse sentido, são incapazes os menores de 18 anos, salvo nas hipóteses de exceção expressa, o interdito e os inabilitados, de cujos atos devem ser autorizados pelo curador ou judicialmente. Tendo em vista que, para a responsabilidade contratual é pressuposto a existência de um contrato válido, caso o contrato tenha sido celebrado por uma parte que não dispunha de capacidade jurídica para celebrá-lo, a eventual violação a uma obrigação contratada não ensejará necessariamente a responsabilidade do contraente, uma vez que o contrato em questão não será válido.

Quando a responsabilidade se fundar na mera culpa, poderá a indemnização ser fixada, equitativamente, em montante inferior ao que corresponderia aos danos causados, desde que o grau de culpabilidade do agente, a situação económica deste e do lesado e as demais circunstâncias do caso o justifiquem.

30. COSTA, MARIO JÚLIO DE ALMEIDA. *Direito das Obrigações*. Cit. p. 543;
ANTUNES, VARELA. *Das Obrigações em Geral*. Coimbra: Almedina. 10. ed. v. I. p. 913-914.
Em sentido contrário, sustentando ser extensível a disposição do artigo 494 à responsabilidade civil contratual, ver JORGE, F. PESSOA, *Ensaio sobre os pressupostos da responsabilidade civil*. Coimbra: Almedina, 1999, p. 365-366.
31. ANTUNES, VARELA. *Das Obrigações em Geral*. Cit. p. 628.
32. COSTA, MARIO JÚLIO DE ALMEIDA. Direito das Obrigações. Cit. p. 544.
33. DE ALBUQUERQUE, PEDRO. *A aplicação do prazo prescricional do nº 1 do Código Civil à responsabilidade contratual* In Revista da Ordem dos Advogados (ROA), Ano 49, v. III, Dezembro de 1989, p. 793 e seguintes.
34. ARTIGO 488º (Imputabilidade)
Não responde pelas consequências do facto danoso quem, no momento em que o facto ocorreu, estava, por qualquer causa, incapacitado de entender ou querer, salvo se o agente se colocou culposamente nesse estado, sendo este transitório.
Presume-se falta de imputabilidade nos menores de sete anos e nos interditos por anomalia psíquica.

(vi) Mora. Na responsabilidade extracontratual há um regime específico de constituição em mora do devedor[35], não aplicável à responsabilidade civil contratual.

(vii) Indenização suplementar. O ordenamento jurídico português admite a concessão de indenização suplementar, para além dos juros legais previstos, caso a vítima do dano prove que a mora no pagamento do valor devido lhe causou dano superior aos juros legais devidos, na hipótese de responsabilidade civil decorrente de fato ilícito ou pelo risco. Isto é, a possibilidade de incidência desse dispositivo referente à indenização suplementar (item 3 do artigo 806)[36] apenas será verificada nas hipóteses de responsabilidade aquiliana, não se estendendo à responsabilidade civil contratual, em relação à qual, na hipótese de mora, incidirão apenas os juros legais ou convencionais.

(viii) Foro. Na responsabilidade contratual, o Código de Processo Civil estipula que a competência geral do foro para exigir a indenização pelo inadimplemento de obrigação contratada será a do *"domicílio do réu, podendo o credor optar pelo tribunal do lugar em que a obrigação deveria ser cumprida, quando o réu seja pessoa coletiva ou quando, situando-se o domicílio do credor na área metropolitana de Lisboa ou do Porto, o réu tenha domicílio na mesma área metropolitana"* (art. 71, 1). Já na responsabilidade civil aquiliana, o tribunal competente será o do local onde o ato ilícito que ensejou a responsabilidade civil ocorreu (art. 71, 2).

Diante das especificidades das disposições aplicáveis a cada tipo de responsabilidade civil no âmbito do Direito português, resta claro que a distinção entre responsabilidade civil contratual e extracontratual não consiste em uma distinção meramente teórica, sem consequências práticas. Ao revés, a identificação e definição do tipo de responsabilidade civil – se aquiliana ou contratual – terá implicações práticas, que poderão afetar a solução de determinados litígios.

A título de exemplo, têm-se inúmeros precedentes do Supremo Tribunal de Justiça em que se discute a natureza da responsabilidade médica, a fim de aferir se as eventuais vítimas de danos decorrentes de erro médico aproveitam do prazo prescricional de 20

---

35. ARTIGO 805º
    (Momento da constituição em mora)
    1. O devedor só fica constituído em mora depois de ter sido judicial ou extrajudicialmente interpelado para cumprir.
    Há, porém, mora do devedor, independentemente de interpelação:
    a) Se a obrigação tiver prazo certo;
    b) Se a obrigação provier de facto ilícito;
    c) Se o próprio devedor impedir a interpelação, considerando-se interpelado, neste caso, na data em que normalmente o teria sido.
    3. Se o crédito for ilíquido, não há mora enquanto se não tornar líquido, salvo se a falta de liquidez for imputável ao devedor; tratando-se, porém, de responsabilidade por facto ilícito ou pelo risco, o devedor constitui-se em mora desde a citação, a menos que já haja então mora, nos termos da primeira parte deste número.
36. ARTIGO 806º
    (Obrigações pecuniárias)
    1. Na obrigação pecuniária a indemnização corresponde aos juros a contar do dia da constituição em mora. 2. Os juros devidos são os juros legais, salvo se antes da mora for devido um juro mais elevado ou as partes houverem estipulado um juro moratório diferente do legal.
    3. Pode, no entanto, o credor provar que a mora lhe causou dano superior aos juros referidos no número anterior e exigir a indemnização suplementar correspondente, quando se trate de responsabilidade por facto ilícito ou pelo risco.

anos e, eventualmente, da própria presunção de culpabilidade[37], facilitando-se, assim, sua indenização. No caso da responsabilidade do hospital ou clínica contratada, há concordância de que a responsabilidade será contratual; já em relação ao médico em si, há situações em que se entendeu ser a responsabilidade de natureza contratual e outras de natureza extracontratual, afetando-se, assim, a solução em relação aos aspectos acima mencionados.[38]

Isto posto, em que pese a identidade em muitos aspectos, há, ainda, efetiva e inegável utilidade na distinção da natureza da responsabilidade civil entre aquiliana e contratual no âmbito do Direito português.

É interessante notar, por fim, que muitas das distinções no regime aplicável a cada tipo de responsabilidade civil no Direito português encontram identidade no Direito brasileiro, o que reforça o entendimento de que tais distinções são consequência lógica do fundamento da responsabilidade reparatória em cada caso.

4. RESPONSABILIDADE PRÉ-CONTRATUAL

Sistematizadas as regras aplicáveis à responsabilidade contratual e extracontratual no Brasil e em Portugal, e demonstradas as diferenças na aplicação prática de certos conceitos e regras em relação a cada modalidade, cumpre passarmos à análise da responsabilidade pré-contratual.

O fundamento teórico da responsabilidade pré-contratual reside na tutela da confiança e no princípio da boa-fé objetiva[39] como parâmetro a nortear a atuação das partes durante todo o processo que dá ensejo à realização da relação contratual, desde a etapa de negociação, passando pela própria celebração do contrato, o cumprimento das obrigações avençadas e até mesmo na fase pós-contratual[40].

Nas relações humanas e comerciais, a formação dos negócios jurídicos passa por uma etapa de formação da vontade das partes. Esse processo poderá ser quase que imediato, como no caso de uma pessoa que está caminhando na rua, passa em frente a uma loja de utilidades que vende algum objeto do qual ela está precisando, lembra-se

---

37. A respeito da responsabilidade do médico e da presunção de culpabilidade, vale registrar a assertiva de Carlos Roberto Gonçalves, referenciando Savatier, no sentido de que a responsabilidade do médico não é de curar, mas sim de proceder de acordo com as regras e métodos da profissão. Desta feita, por se tratar de obrigação de meio, e não de resultado, o mero fato de não se obter a cura não seria suficiente para a responsabilização do médico. (GONÇALVES, CARLOS ROBERTO. Responsabilidade Civil. 9. ed. São Paulo: Saraiva, 2005, p. 369-371).
38. A respeito da discussão e implicações práticas, é válido mencionar os julgados abaixo:
No processo 453/13.7T2AVR.P1.S1, cujo Acórdão é datado de 31 de março de 2022, o Relator, Ferreira Lopes, concluiu que, no caso concreto, estava-se diante de uma hipótese de responsabilidade médica extracontratual, não incidindo a presunção de culpa do médico em questão.
Já no Processo 359/10.1TVLSB.L1.S1, cujo acórdão data de 2 de dezembro de 2020, a Relatora, Maria Clara Sottomayor reconheceu, naquele caso, que a responsabilidade médica teria natureza contratual incidindo o prazo prescricional de 20 anos, além da inversão do ônus da prova.
39. SCHREIBER. ANDERSON. *A proibição do Comportamento Contraditório*. Rio de Janeiro: Renovar, 2005. p. 240-241.
40. CAVALIERI FILHO, SÉRGIO. *Programa de Responsabilidade Civil*. 15. ed. Barueri: Atlas, 2022, p. 361.

da necessidade de comprá-lo, entra, adquire o objeto e vai embora. Por outro lado, em muitos outros casos, o processo de formação de vontade e de negociação entre as partes até que seja de fato contratado algo é prolongado no tempo, podendo levar meses.

Nesta etapa, ainda não há uma relação contratual formada entre as partes e nem um vínculo formal entre elas referente ao objeto principal sobre o qual se pretende contratar. No entanto, muitas vezes, já há a prática de diversos atos por ambas as partes que indicam um interesse mútuo em potencialmente contratar, os quais, inclusive, podem gerar custos financeiros e não financeiros às partes, e que geram legítimas expectativas para ambas as partes, se não quanto ao desfecho da transação em si, ao menos quanto ao comportamento da outra parte no âmbito da negociação.

Um exemplo bastante ilustrativo do acima são as negociações para aquisição do controle societário ou operações de reorganização societária envolvendo sociedades de grupos econômicos distintos. Usualmente, neste tipo de operação, há uma etapa inicial em que se verifica a eventual existência de interesse pelas partes em avançar com o negócio, parâmetros básicos das condições de negócio que seriam aceitáveis para ambas, dentre outros aspectos preliminares. Havendo evolução nas tratativas, passa-se a uma etapa de modelagem da estrutura a ser adotada, a qual já envolve a contratação de assessores jurídicos e financeiros, há recorrentes discussões entre as partes sobre a estrutura a ser adotada, impactos fiscais, regulatórios e comerciais de cada estrutura possível, condução de processos de auditoria por parte do interessado na aquisição, a fim de verificar a condição econômica e outros aspectos comerciais e jurídicos da sociedade-alvo, troca de minutas de contrato e negociação dos principais parâmetros, dentre outros.

Muitas vezes, neste tipo de negociação há, inclusive, a celebração de outros contratos acessórios, regulando a conduta das partes no processo de negociação, como, por exemplo, acordos de confidencialidade, tanto a respeito do negócio em si, quanto em relação às informações da sociedade-alvo disponibilizadas ao potencial comprador, acordos de exclusividade ou preferência, por meio dos quais o potencial vendedor se compromete a, respectivamente, enquanto estiverem em curso as negociações e dentro de um prazo limite, não procurar ou receber outras propostas ou, em caso de recebimento de proposta mais vantajosa de um terceiro, informar ao potencial comprador, para que tenha a possibilidade de cobrir os termos propostos pelo terceiro ao longo da negociação, dentre outros.

Nestes casos, é bastante nítido que, embora inexista ainda uma relação contratual ou um negócio jurídico firmado em relação ao objeto principal, já existe uma relação jurídica entre as partes que deve ser objeto de tutela, por gerar expectativas legítimas para elas. Por óbvio as partes não estão obrigadas a contratar caso não se chegue a um acordo quanto aos termos principais do negócio, ou caso o potencial comprador identifique uma série de problemas na sociedade-alvo durante o processo de auditoria, por exemplo. Haverá, decerto, inúmeros motivos legítimos hábeis a justificar a não concretização do negócio sem que isso importe uma violação à boa-fé objetiva ou dê ensejo a uma pretensão reparatória pela potencial contraparte do negócio.

No entanto, outros casos há em que as expectativas geradas devem ser objeto de proteção. Não seria admissível, no exemplo acima, que parte vendedora intencionalmente dificultasse o processo de auditoria pela parte compradora, de forma a lhe gerar maiores custos para a conclusão desse processo. Igualmente, não parece ser aceitável que, após todo esse processo de negociação, dos custos dele decorrentes para o potencial comprador, de se chegar a uma versão final do contrato a ser celebrado entre as partes após uma série de rodadas de negociação entre as partes e seus respectivos assessores financeiros e jurídicos, uma das partes simplesmente se negar a celebrar o contrato sem que tenha havido alteração substancial dos termos negociados durante o processo, ou pretender alterar de última hora as condições principais do negócio e não aceitar celebrá-lo caso a contraparte não aceite as novas condições impostas, sem que tenha havido uma modificação material nas circunstâncias do negócio ou na conjuntura em que tal negócio se encontra.

Ainda que não se possa obrigar a parte a celebrar o contrato, faz-se necessária a reparação da contraparte pelos danos decorrentes do comportamento de uma das partes.[41] A responsabilidade pré-contratual funda-se, portanto, no reconhecimento de que, na fase de negociação das condições do contrato, já há um vínculo mais ou menos forte formado entre as partes, com uma finalidade em comum objetivamente verificável. Já se constitui, portanto, uma relação jurídica entre as partes, ainda que não contratual.[42] A natureza jurídica dessa relação é objeto de controvérsia doutrinária.

Por um lado, não se trata de uma relação contratual e da obrigação de cumprir uma prestação específica avençada pelas partes.

Por outro, a relação jurídica nesse caso também não parece se encaixar precisamente nos parâmetros da responsabilidade civil puramente extracontratual, uma vez que o seu fundamento e a obrigação da parte não residem em um dever absoluto, abstrato e geral de cuidado e de não causar dano a outro.

A relação entre as partes não surge a partir da prática de um ato ilícito por uma delas que acarretou um dano para a outra, com a qual não possuía relação prévia. Na realidade, a relação surge a partir da intenção comum – e prática de atos concretos nesse sentido – de contratar. Essa relação é criadora de deveres autônomos que devem ser observados pelas partes, corolários da boa-fé objetiva, que deverão nortear as ações[43]. E é o descumprimento desses deveres, constituídos a partir do início da relação pré-contratual entre as partes, os quais o infrator detém exclusivamente perante a vítima do dano, que gera a responsabilidade pela reparação do dano.

No Brasil, por exemplo, não houve positivação específica das obrigações pré-contratuais ou da responsabilidade pré-contratual[44]. Já em Portugal, pelo contrário, o Código

---

41. CHAVES, ANTONIO. *Responsabilidade Pré-Contratual*. 2. ed. São Paulo. Lejus, 1997. p. 102.
42. PEREIRA, REGIS FICHTNER. *A Responsabilidade Civil Pré-Contratual – Teoria geral e responsabilidade pela ruptura das negociações contratuais*. Rio de Janeiro: Renovar, 2001. p. 52-53
43. PEREIRA, REGIS FICHTNER. *A Responsabilidade Civil Pré-Contratual – Teoria geral e responsabilidade pela ruptura das negociações contratuais*. Rio de Janeiro: Renovar, 2001. p. 54-53.
44. No direito brasileiro, fundamenta-se, de forma geral, a responsabilidade pré-contratual no artigo 422.

Civil Português estipulou, no seu artigo 227, que, durante a fase de negociação, as partes devem se pautar pelas regras da boa-fé, e atribuiu à responsabilidade pré-contratual o prazo prescricional relativo à responsabilidade aquiliana. Nada obstante, trata-se da única regra prevista no Código Civil Português atinente à responsabilidade pré-contratual.

A discussão acerca da natureza jurídica da responsabilidade pré-contratual, longe de se tratar de mera questão teórica, tem, como se pode ver das considerações do capítulo III acima, implicações práticas.

A sua classificação como responsabilidade aquiliana atrairá as características e normas aplicáveis a esse tipo de responsabilidade. Caso se entenda ser a responsabilidade pré-contratual análoga à contratual, faria sentido aplicar-lhe as mesmas disposições e princípios aplicáveis à responsabilidade contratual. Por outro lado, sendo classificada como um *tertium genus*, autônomo em relação às duas classificações tradicionais, seria possível buscar um tratamento específico para determinadas questões atinentes à apuração e aplicação da responsabilidade pré-contratual, bem como aplicar certos parâmetros da responsabilidade contratual e outros da extracontratual, por analogia, conforme se enquadrasse melhor a cada um dos aspectos da responsabilidade pré-contratual.[45]

A corrente que sustenta ser a responsabilidade pré-contratual uma modalidade da responsabilidade contratual surgiu muito mais de uma necessidade prática do direito alemão[46] do que de uma análise quanto à identidade dos pressupostos destas hipóteses de responsabilidade. Nada obstante, em outros ordenamentos jurídicos, também há autorizadas vozes que sustentam ser a natureza desse tipo de responsabilidade a natureza contratual. Isso porque a obrigação advinda dessa relação liga-se diretamente ao processo de celebração de um contrato e se refere a um dever específico relativo a um terceiro definido, e não um dever absoluto e geral. Assim, defendem que os preceitos da responsabilidade contratual seriam mais adequados à resolução dos problemas de responsabilidade pré-contratual[47].

---

45. Vale mencionar ainda as correntes que classificam a responsabilidade pré-contratual como uma hipótese de enriquecimento sem causa e uma hipótese de *responsabilidade legal*.
   Com relação ao enriquecimento sem causa, a dificuldade maior na aplicação está em comprovar o enriquecimento da contraparte. Na maior parte dos casos, há um empobrecimento da uma das partes, mas não o correlato enriquecimento. Nada obstante, aponta-se que essa tese tem sido utilizada com maior frequência no direito inglês para justificar a responsabilidade pré-contratual.
   Já na teoria de que se trata de uma natureza legal, entende-se que a discussão sobre ser a responsabilidade pré-contratual de natureza aquiliana ou contratual é obsoleta. Tal responsabilidade deveria ser classificada como um dever legal imposto para as partes na condução do processo de negociação. (FILHO, EDUARDO TOMASEVICIUS. *O Princípio da Boa-Fé no Direito Civil*. Ob. Cit. p.467-468.)
46. FILHO, EDUARDO TOMASEVICIUS. *O Princípio da Boa-Fé no Direito Civil*. Ob. Cit. p.464.;
   PEREIRA, REGIS FICHTNER. *A Responsabilidade Civil Pré-Contratual – Teoria geral e responsabilidade pela ruptura das negociações contratuais*. Ob. Cit. p. 215-216.
   No entanto, como aponta o autor, a teoria já foi abandonada no direito Alemão, em que pese o tratamento e disciplina da matéria ser o da responsabilidade por descumprimento obrigacional, dada a inadequação do regime da responsabilidade aquiliana no ordenamento alemão para as situações de responsabilidade pré-contratual e a inexistência de um regime autônomo. (p. 249-250).
47. ANTUNES, VARELA. *Das Obrigações em Geral*. Cit. p. 271-272.

Na doutrina portuguesa, a filiação à linha que atribui natureza de responsabilidade contratual à responsabilidade pré-contratual encontra grande vulto em sede doutrinária, perfilhando-se a ela nomes de alto relevo, como Mota Pinto, Menezes Cordeiro e Antunes Varela.

Já na linha da atribuição da natureza de responsabilidade aquiliana para as situações de responsabilidade pré-contratual, aponta-se que a responsabilidade, neste caso, não está fundada no inadimplemento de uma cláusula contratual, mas sim no princípio geral de não prejudicar outrem. A culpa seria, nessa hipótese, aquiliana e não contratual[48].

Mario Julio de Almeia Costa, por seu turno, analisa as características práticas relativas a cada tipo de responsabilidade civil e conclui que a responsabilidade extracontratual teria um regime mais adequado e compatível com as situações de responsabilidade pré-contratual[49].

No direito português, como mais um elemento a reforçar a tese da responsabilidade pré-contratual como modalidade integrante da responsabilidade aquiliana, poder-se-ia ainda apontar que a Lei institui expressamente um padrão de conduta a ser observado pelas partes, consistindo, portanto, em um dever legal. Desse modo, o desvio desse padrão representará um ato ilícito pelo responsável, decorrente da violação direta da disposição legal, e não de uma obrigação negocial.

Na doutrina brasileira, ao contrário do que se verifica em Portugal, é essa tese da natureza aquiliana da responsabilidade pré-contratual que tem prevalecido[50].

Por fim, em contraposição às duas teses de enquadramento da responsabilidade pré-contratual dentro de uma das espécies tradicionais de responsabilidade civil, há aqueles que entendem ser a responsabilidade pré-contratual uma espécie *sui generis*, e que, por conseguinte, demanda tratamento diferente da responsabilidade aquiliana e contratual.

Para essa linha, a responsabilidade pré-contratual não pode ser equiparada à contratual, uma vez que seu fundamento não reside no inadimplemento de uma obrigação voluntariamente constituída pelas partes. Não pode, por outro lado, ser equiparada à responsabilidade aquiliana, pois não decorre de um dever geral de cuidado, abstrato e

---

48. PEREIRA, CAIO MÁRIO DA SILVA. *Responsabilidade Civil*. Ob. Cit. p. 104.
    É esta também a posição de Orlando Gomes, conforme parecer citado no âmbito do voto do Ministro Relator que deu origem ao Acórdão proferido pelo STJ no REsp nº 49.564 - SP (1994/0016723-7), de 17 de fevereiro de 2005:
    "*Como visto, o direito brasileiro encontra-se entre as legislações que não a consignaram explicitamente, devendo, pois, acompanhá-las na fundamentação da responsabilidade precontratual. Tal é a razão do entendimento de que entre nós a responsabilidade precontratual se rege pelas regras da responsabilidade extracontratual. Apóia-se, portanto, no art. 159 do Código Civil toda pretensão de quem seja prejudicado pela rutura de tratativas para a conclusão de um contrato. Inequivocamente. Romper sem justificativa as negociações preliminares que se estão desenvolvendo na formação de um contrato é uma ação que obriga o agente a reparar o dano. Entendem os doutores, finalmente, não ser necessário que a rutura seja intencional, bastando ser injustificada, arbitrária, culposa.*"
49. COSTA, MARIO JULIO DE ALMEIDA. *Responsabilidade civil pela ruptura das negociações preparatórias de um contrato*. Coimbra: Coimbra Ed., 1989.
50. Filho. Eduardo Tomasevicius. *O Princípio da Boa-Fé no Direito Civil*. São Paulo: Almedina, 2020, p.467-464.

absoluto, mas sim de uma relação jurídica constituída com uma contraparte específica. Essa relação, embora não consista em uma obrigação de cumprir com uma prestação avençada, impõe deveres de conduta positivos, baseados na boa-fé objetiva.[51]

Na aplicação prática, em que pese a posição majoritária da doutrina portuguesa que atribui à responsabilidade pré-contratual natureza de responsabilidade contratual, o tema não parece estar plenamente pacificado em sede jurisprudencial. O Supremo Tribunal de Justiça, por exemplo, tem adotado posições distintas.

Nesse sentido, é relevante mencionar a decisão proferida no âmbito do Processo 153/13.8TCGMR.P1.S1, em Acórdão datado de 7 de novembro de 2019, no qual a Conselheira Relatora expressamente afirma que não se pode identificar a responsabilidade pré-contratual com a responsabilidade contratual.[52]

Já no âmbito do Processo 2096/15.1T8LSB.L1, julgado em 10 de dezembro de 2019, adotou-se a posição de que a responsabilidade pré-contratual configuraria uma responsabilidade obrigacional, atraindo a presunção de culpa típica da responsabilidade contratual.

No Brasil, do mesmo modo, o entendimento jurisprudencial variou nos últimos anos.

Uma decisão usualmente referenciada como a decisão paradigmática no âmbito da responsabilidade pré-contratual foi a decisão proferida pela 10ª Câmara Cível do Tribunal de Justiça do Rio de Janeiro no âmbito da apelação Cível 34.607/2003. Naquela ocasião, o tratamento dado ao ato que ensejou a responsabilidade pré-contratual foi de abuso de direito (direito de se retirar da negociação), equiparado, portanto, ao ato ilícito, objeto da responsabilidade aquiliana[53].

---

51. No Brasil, ver: Pereira, Regis Fichtner. *A Responsabilidade Civil Pré-Contratual – Teoria geral e responsabilidade pela ruptura das negociações contratuais*. Ob. Cit. p. 247-277.
    Em Portugal, ver: Frada, Manuel A. Carneiro da. *Uma "Terceira Via" no Direito da Responsabilidade Civil? O Problema da imputação dos danos causados a terceiros por auditores de sociedades*. Coimbra: Almedina, 1997. p. 17-38.
52. "*Não pode acompanhar-se plenamente estas afirmações nas quais, praticamente, se identifica a responsabilidade pré-contratual com a responsabilidade contratual.*
    (...)
    *VII. Suscita-se a questão da natureza da responsabilidade pré-contratual. Tradicionalmente, a doutrina qualifica-a como responsabilidade obrigacional ou como responsabilidade delitual. Autores há que a consideram exemplo de uma terceira via de responsabilidade, orientação que permite aplicar o regime de uma ou outra daquelas categorias de responsabilidade civil, em função do problema em causa. **Convocar-se-ia o regime da presunção de culpa do art. 799º, nº 1, assim como, quanto à responsabilidade por actos de auxiliares, o disposto no art. 800º, nº 1. Diversamente, para além da sujeição ao regime de prescrição do art. 498º, por expressa remissão do nº 2 do preceito, tornam-se ainda aplicáveis a possibilidade de redução da indemnização em caso de mera culpa, prevista no art. 494º, e o regime de solidariedade do art. 497º.*" (grifamos)
53. "*Também se equipara ao ato ilícito o abuso de direito, traduzido pelo fato de seu titular, ao exercê-lo, ultrapassar, de maneira manifesta, os limites de sua função social e econômica, e os da boa-fé. Aquele que, na fase preliminar do contrato, se comporta de maneira convincente a incutir na outra a certeza de que celebrará e, depois, se retira, está a abusar de seu direito de interromper as negociações, e por isto deverá responder, a teor do que dispõem os artigos 186, 187 e 927 do novo Código Civil.*"

No âmbito STJ, há precedentes que se alinham às diferentes correntes.

Por ocasião do julgamento do REsp 1. 367.955 - SP (2011/0262391-7), cujo Acórdão data de 18 de março de 2014, o Ministro Relator afirma que, por estar o fundamento da responsabilidade pré-contratual, qual seja, a boa-fé, previsto no artigo 422 do Código Civil Brasileiro, que cuida dos contratos, teria havido uma opção do legislador teria sido por atribuir a esse tipo de responsabilidade a natureza contratual.[54]

Já no âmbito do REsp 1.309.972 - SP (2012/0020945-1), julgado em 27 de abril de 2017, o Ministro Relator expressamente classifica a natureza pré-contratual como se tratando de uma terceira via.[55]

Não há, desta feita, uma corrente amplamente dominante.

Se no âmbito doutrinário a corrente que enquadra a responsabilidade pré-contratual como modalidade de responsabilidade contratual vem prevalecendo em Portugal, no Brasil, historicamente prevalece justamente a corrente inversa, com um crescimento recente da corrente que entende se tratar a responsabilidade pré-contratual de uma "terceira via". Em jurisprudência, também não há um entendimento pacificado.

A nosso ver, a corrente que entende a responsabilidade pré-contratual como uma modalidade diversa dos dois tipos tradicionais parece mais acertada.

Para além de os pressupostos da responsabilidade pré-contratual não se enquadrarem nos pressupostos clássicos da responsabilidade contratual e da aquiliana, o endereçamento de certas questões poderá demandar a aplicação de regras aplicáveis aos diferentes tipos de responsabilidade, conforme o caso, sob pena de haver distorções na resolução da questão.

A título de exemplo, com relação à questão da culpabilidade, parece-nos que faria sentido aplicar o mesmo conceito geral da responsabilidade aquiliana, sendo o ônus probatório da culpa incidente sobre aquele que alegou a violação do padrão de conduta esperado por uma das partes no processo de negociação. Já quanto à questão da capacidade, embora não seja pressuposto da responsabilidade pré-contratual um contrato válido,

---

54. "Porém, em relação ao direito pátrio, entende o referido autor que a responsabilidade é contratual, devido à previsão da boa-fé objetiva no art. 422 do Código Civil de 2002, litteris:
    Art. 422. Os contratantes são obrigados a guardar, assim na conclusão do contrato, como em sua execução, os princípios de probidade e boa-fé.
    Esse dispositivo está previsto no Título V, "dos Contratos em Geral", não no Título III, que trata dos "atos ilícitos", especificamente, dos ilícitos absolutos.
    Então, por opção legislativa, a responsabilidade civil decorrente de ruptura de tratativas tem natureza contratual. Cabe acrescentar que não há diferença ontológica entre responsabilidade civil contratual e extracontratual. A diferença, no direito pátrio, situa-se exclusivamente no plano dos efeitos jurídicos, conforme tive a oportunidade de esclarecer na obra supracitada.
    De todo modo, tratando-se de responsabilidade contratual, aplica-se o entendimento desta Corte no sentido de que os juros de mora incidem a partir da citação."
55. "5. Voltando ao caso dos autos, o que ocorreu, a meu juízo, é situação típica de responsabilidade por quebra da confiança. Não se fala aqui em responsabilidade contratual, nem mesmo na genérica responsabilidade extracontratual, mas na terceira pista aventada por Canaris."

parece-nos que, nesse caso, se uma das partes for incapaz, também não seria cabível a sua responsabilização neste caso, uma vez que, ainda que o contrato fosse celebrado, seria inválido e o seu descumprimento não importaria a responsabilização da parte incapaz.

No mesmo sentido, no que diz respeito ao foro, considerando que ainda não há contrato celebrado e obrigação a ser cumprida, parece-nos que o adequado é a aplicação do foro geral da responsabilidade extracontratual, isto é, do local do ato ou fato que deu origem à ação de reparação.

Outra discussão interessante é quanto à solidariedade.

No caso da solidariedade, haverá hipóteses em que nos mais adequada a aplicação da mesma lógica da responsabilidade contratual e outras em que seria mais adequada a aplicação da lógica da responsabilidade aquiliana.

Caso haja a negociação de um contrato por duas partes, sendo que uma das partes é composta por múltiplos agentes, a violação do padrão de conduta esperado que dê ensejo à responsabilidade contratual por um único agente integrante desta parte não deve ensejar a responsabilidade solidária dos demais agentes, ainda que tal comportamento venha a prejudicar a própria celebração do contrato em si.

Um exemplo do caso acima poderia ser na negociação da venda de um pequeno prédio para uma construtora que deseja construir um grande empreendimento no local. Suponha que neste prédio haja três apartamentos, com proprietários diferentes. O interesse da construtora é apenas na aquisição do prédio como um todo e a negociação deve se dar com os três proprietários em conjunto. Caso dois proprietários conduzam a negociação de forma hígida e tenham interesse em efetivamente celebrar o contrato ao final das tratativas, mas um dos proprietários simplesmente se recuse a celebrar o contrato ao final de negociações que pareciam bem-sucedidas, sem qualquer justo motivo aparente. Não haveria que se falar, nesse caso, em solidariedade passiva dos três proprietários em uma eventual responsabilidade pré-contratual, embora nenhum dos três vá celebrar o contrato com a construtora se um deles se recusar a fazê-lo.

Já no caso de haver a violação por mais de um agente integrante do polo da negociação, parece-nos que seria adequada a solução da responsabilidade aquiliana, aplicando-se a responsabilidade solidária entre ambos os agentes infratores em relação aos danos decorrentes de sua conduta. No exemplo acima, se dois dos proprietários atuam de forma contrária aos padrões de boa-fé esperados, vindo a frustrar um negócio que já era dado como certo pelas partes, em sua etapa final, havendo a obrigação de indenizar a construtora em virtude dos danos causados, ambos os proprietários deveriam responder solidariamente pela totalidade dos danos.

A partir das ponderações acima, parece-nos necessário reconhecer que o enquadramento da responsabilidade pré-contratual como uma hipótese que se encaixe precisamente na modalidade de responsabilidade aquiliana ou de responsabilidade contratual, com a atração de todo o regramento pertinente a cada uma delas, não é o tratamento mais adequado, seja do ponto de vista conceitual, seja sob a ótica das consequências práticas da aplicação de cada uma das modalidades de responsabilidade civil.

5. CONCLUSÃO

Conforme se demonstrou no presente artigo, embora tenha se reduzido ao longo dos anos, com base principalmente em leis especiais que aplicam parâmetros distintos e específicos para determinadas situações de responsabilidade civil, a dicotomia no tratamento entre a responsabilidade aquiliana e a responsabilidade contratual ainda subsiste nos ordenamentos jurídicos brasileiro e português.

A partir da análise das diferenças práticas na aplicação de cada modalidade de responsabilidade, é possível perceber que boa parte das distinções de tratamento se reproduzem no Brasil e em Portugal. Isto posto, embora haja especificidades e regras particulares a cada ordenamento, os tratamentos para cada modalidade seguem, via de regra, um mesmo padrão.

Todavia, ao contrário do que ocorre no âmbito da responsabilidade contratual e extracontratual, o enquadramento e tratamento da responsabilidade pré-contratual dá ensejo a divergências muito mais intensas, seja dentro de cada país, com divergências em doutrina e na jurisprudência, seja no que tange às correntes majoritárias em cada um deles. O que se pode concluir a partir dessa análise é que, para fins práticos, o enquadramento da responsabilidade pré-contratual como parte integrante de uma ou outra modalidade dos tipos clássicos de responsabilidade civil não parece atrair o tratamento mais adequado para uma série de hipóteses.

Além disso, também se verifica que a divergência quanto à natureza da responsabilidade pré-contratual pode ensejar o tratamento distinto para casos similares, conforme o julgador enquadre a responsabilidade pré-contratual como um ou outro tipo de responsabilidade, ou, ainda, como uma "terceira via" autônoma, prejudicando, assim, a segurança jurídica.

É premente, portanto, que se proceda a uma uniformização do entendimento quanto à natureza da responsabilidade pré-contratual, sendo, a nosso ver, a forma mais adequada e conveniente para isso que seja criado um regramento específico aplicável a essas hipóteses, sem atrelá-la integralmente às regras de responsabilidade civil aquiliana ou contratual.

6. REFERÊNCIAS

ANTUNES, VARELA. *Das obrigações em geral*. Coimbra: Almedina. 10. ed. v. I. p. 913-914.

CAVALIERI FILHO, Sérgio. *Programa de Responsabilidade Civil*. 15. ed. Barueri: Atlas, 2022.

CHAVES, Antonio. *Responsabilidade pré-contratual*. 2. ed. São Paulo. Lejus, 1997.

COSTA, Mario Julio de Almeida. *Responsabilidade civil pela ruptura das negociações preparatórias de um contrato*. Coimbra: Coimbra Ed., 1989.

COSTA, Mario Julio de Almeida. *Direito das Obrigações*. 12. ed. Coimbra: Almedina, 2013.

DE ALBUQUERQUE, Pedro. A aplicação do prazo prescricional do n. 1 do Código Civil à responsabilidade contratual. In: *Revista da Ordem dos Advogados* (ROA), Ano 49, v. III, dez. 1989.

FRADA, Manuel A. Carneiro da. *Uma "Terceira Via" no Direito da Responsabilidade Civil? O Problema da imputação dos danos causados a terceiros por auditores de sociedades.* Coimbra: Almedina, 1997.

GOMES, Orlando. *Obrigações.* 12. ed. Rio de Janeiro: Forense, 1999.

GONÇALVES, Carlos Roberto. Responsabilidade Civil. 9. ed. São Paulo: Saraiva, 2005.

JORGE, F. Pessoa, *Ensaio sobre os pressupostos da responsabilidade civil.* Coimbra: Almedina, 1999.

JUNIOR, SANTOS. *Da Responsabilidade Civil de terceiro por lesão do direito de crédito.* Coimbra: Almedina, 2003.

MONTEIRO FILHO, Carlos Edison do Rêgo. *Responsabilidade Contratual e Extracontratual: contrastes e convergências no direito civil contemporâneo.* Rio de Janeiro: Processo, 2016.

PEREIRA, Regis Fichtner. *A Responsabilidade Civil Pré-Contratual* – Teoria geral e responsabilidade pela ruptura das negociações contratuais. Rio de Janeiro: Renovar, 2001.

SCHREIBER, Anderson. *A proibição do Comportamento Contraditório.* Rio de Janeiro: Renovar, 2005.

TEPEDINO, Gustavo; BARBOZA, Heloisa Helena; MORAES, Maria Celina Bodin de. *Código Civil Interpretado Conforme a Constituição da República.* Rio de Janeiro: Renovar, 2004.]

TOMASEVICIUS FILHO, Eduardo. *O princípio da boa-fé no Direito Civil.* São Paulo: Almedina, 2020.

WALD, ARNOLDO. *Direito Civil Direito das Obrigações e Teoria Geral dos Contratos.* 18. ed. São Paulo: Saraiva, 2009. v. II.

O TERMO INICIAL DOS JUROS DE MORA SOBRE A INDENIZAÇÃO POR DANOS MORAIS

Vladimir Mucury Cardoso

Doutorando e Mestre em Direito Civil pela UERJ. Professor de Direito Civil da PUC-Rio. Advogado.

Sumário: 1. Introdução – 2. Mora e disciplina dos juros moratórios no direito brasileiro – 3. As hipóteses de termo inicial dos juros de mora sobre a indenização por danos morais na jurisprudência do STJ – 4. O critério do momento do arbitramento da indenização – 5. Juros de mora nos casos de responsabilidade civil contratual; 5.1 Constituição em mora e possibilidade de fluência dos juros desde antes da citação; 5.2. Justifica-se que o termo inicial dos juros da mora seja distinto conforme se trate de responsabilidade civil contratual ou aquiliana? – 6. Síntese conclusiva – 7. Referências bibliográficas.

1. INTRODUÇÃO

Parece ser possível afirmar que sobram incertezas a respeito da difícil tarefa de quantificar a indenização por danos morais.[1] Afinal, se a indenização visa a reparar o dano patrimonial, ou seja, eliminá-lo por meio da recomposição patrimonial do prejudicado,[2] no caso dos danos existenciais o escopo da indenização é antes o de compensar a vítima pela violação sofrida,[3] na medida em que o dano em si se mostra, em geral, irreparável, ao menos em dinheiro. Espera-se que a indenização conceda à vítima uma vantagem pecuniária hábil a compensar o dano experimentado, ainda que não seja possível falar em equivalência entre o dano extrapatrimonial e a indenização.[4]

---

1. A expansão do dano moral no Brasil, a partir do advento da Constituição de 1988, fez com que se elevassem "muitas vozes discordantes, no que tange à sua conceituação, à sua valoração e, principalmente, à sua quantificação, problema este último que remete à função (ou funções, conforme a existência ou não, ao lado da função compensatória, de uma função punitiva) desempenhada pela sua reparação". Incumbe, deste modo, ao juiz "analisar e sopesar a matéria de fato", a fim de que, atento à equidade, à prudência e ao equilíbrio, possa, valer-se dos "critérios preestabelecidos, na lei, na doutrina ou na própria jurisprudência" como norte para "a (complexíssima) tarefa de quantificar, nos seus mais diversos aspectos, os danos à pessoa humana" (MORAES, Maria Celina Bodin de. *Danos à pessoa humana*: uma leitura civil-constitucional dos danos morais. Rio de Janeiro: Renovar, 2003, p. 269-270).
2. Afinal, indenizar "significa, como se sabe, *eliminar o dano*" [grifos no original] (JORGE, Fernando Pessoa. *Ensaio sobre os pressupostos da responsabilidade civil*. reimpressão. Coimbra: Almedina, 1999, p. 371.
3. MONTEIRO FILHO, Carlos Edison do Rêgo. *Elementos de responsabilidade civil por dano moral*. Rio de Janeiro: Renovar, 2000, p. 123-124.
4. A indenização do dano moral justifica-se "como uma satisfação pecuniária – com base no pagamento de quantia em dinheiro como um lenimento para mitigar ou, de algum modo, suavizar a dor sofrida (o chamado 'dinheiro da dor') – e como uma satisfação moral, através da sanção (não ainda punitiva) ao ofensor, que, de outro modo, não seria responsabilizado pelo dano que causou" (MORAES, Maria Celina Bodin de. *Danos à pessoa humana*: uma leitura civil-constitucional dos danos morais. Rio de Janeiro: Renovar, 2003, p. 268).

Deste modo, se a indenização por danos materiais é pautada pela extensão do dano e reflete o princípio da reparação integral, o mesmo não se pode dizer a respeito dos danos morais, em que pese a necessidade de proporcionalidade entre a gravidade do dano extrapatrimonial e o valor da indenização. A definição do *quantum* indenizatório mostra-se, assim, tarefa desafiadora sobre a qual se debruçam a doutrina e a jurisprudência, em busca de critérios que possam norteá-la, nem sempre, porém, com sucesso. É preciso que a indenização seja bastante para compensar o dano, mas não exagerada a ponto de promover um enriquecimento indevido da vítima do ilícito. As suas circunstâncias pessoais, diante disso, não podem ser ignoradas. Mas e as do causador do dano, devem ou não ser levadas em consideração? O seu grau de culpa constitui critério adequado à definição do valor da indenização? Seria correto, por outro lado, admitir que a indenização cumpra também uma função punitiva,[5] a influenciar o seu arbitramento? Parece certo, apenas, que são muitas as dúvidas e divergências a respeito do assunto.[6]

Neste cenário, talvez venha sendo atribuída pouca atenção a um aspecto secundário que, todavia, pode ter relevante impacto, na prática, na definição do valor a ser percebido pela vítima: os juros de mora incidentes a indenização. Em matéria de juros, porém, também são muitas as questões ainda pendentes de pacificação tanto na doutrina quanto na jurisprudência. Nem mesmo a respeito da taxa legal de juros se tem certeza, sendo certo que a jurisprudência não chegou a se consolidar totalmente a esse respeito e a orientação adotada pelo STJ está sendo rediscutida.[7]

---

5. Sobre uma eventual função punitiva da responsabilidade civil, v. MORAES, Maria Celina Bodin de. *Na medida da pessoa humana*: estudos de direito civil. Rio de Janeiro: Renovar, 2010, p. 331. No mesmo sentido, já se afirmou que "a introdução da dignidade da pessoa humana no ápice do ordenamento jurídico e como fim último da responsabilidade civil encerrou, de vez, a suposta função punitiva que residia na responsabilidade civil para que a função indenizatória assumisse protagonismo definitivo: importa é que a vítima permaneça indene, que o dano seja ressarcido e não que a indenização retribua ao ofensor o que ele tenha causado a terceiros" (QUINELATO, João; KORKMAZ, Maria Regina Rigolon. Funções punitivas e preventiva da responsabilidade civil: (in)compatibilidades com a responsabilidade civil brasileira. *In*: TEPEDINO, Gustavo; SILVA, Rodrigo da Guia. *Relações patrimoniais*: contratos, titularidades e responsabilidade civil. Belo Horizonte: Forum, 2021, pp. 275-307, p. 279). Cf., ainda, SCHREIBER, Anderson. *Novos paradigmas da responsabilidade civil*: da erosão dos filtros da reparação à diluição dos danos. São Paulo: Atlas, 2007, p. 212.
6. Acerca dos diversos critérios para fixação do valor da indenização por danos morais, v. MONTEIRO FILHO, Carlos Edison do Rêgo. *Elementos de responsabilidade civil por dano moral*. Rio de Janeiro: Renovar, 2000, pp. 136-165; MORAES, Maria Celina Bodin de. *Danos à pessoa humana*: uma leitura civil-constitucional dos danos morais. Rio de Janeiro: Renovar, 2003, pp. 265-318; e BERNARDO, Wesley de Oliveira Louzada. *Dano moral*: critérios de fixação do valor. Rio de Janeiro: Renovar, 2005, pp. 117-193.
7. Pouco depois da entrada em vigor do Código Civil de 2002, instituiu-se divergência a respeito da interpretação do seu art. 406, que disciplina a taxa legal de juros. Uma corrente defendia que esta passava a ser a taxa Selic, tendo em vista o art. 13 da Lei nº. 9.065/95, ao passo que outros entendiam que a melhor interpretação daquele dispositivo indicava na direção da taxa do § 1º do art. 161 do Código Tributário Nacional (para uma visão aprofundada desse debate no contexto na época da edição do Código Civil, v. MATTIETTO, Leonardo. Os juros legais e o art. 406 do código civil. *Revista Trimestral de Direito Civil*. v. 15, jul./set. 2003, pp. 89-106.). Esta segunda alternativa acabou adotada na I Jornada de Direito Civil, cujo enunciado 20 dispõe: "A taxa de juros moratórios a que se refere o art. 406 é a do art. 161, § 1º, do Código Tributário Nacional, ou seja, um por cento ao mês". Os Tribunais dos Estados aderiram, em geral, à interpretação deste enunciado, porém, no STJ, instaurou-se divergência que acabou dirimida em sentido contrário, optando-se, por unanimidade, pela Selic (STJ, EREsp. 727.842/SP, rel. Min. Teori Albino Zavascki, Corte Especial, j. 08.09.2008, DJe 20.11.2008). A mesma tese prevaleceu no Tema Repetitivo 112: "[a] taxa de juros moratórios a que se refere o art. 406 do CC/2002 é a taxa referencial do

Nesse contexto, pretende-se enfrentar um problema particular, qual seja, o termo inicial dos juros moratórios incidentes sobre a indenização por danos morais. Como se verá em seguida, a matéria é, em si, complexa e repleta de incertezas.

Nesse contexto, cuida-se, em primeiro plano, da disciplina dos juros no direito brasileiro, a partir das formas de constituição do devedor em mora. Em seguida, passa-se em revista as três hipóteses de que a jurisprudência do STJ cogita para o termo inicial dos juros legais sobre indenizações por danos morais. Critica-se, então, o critério do momento do arbitramento da indenização e, por fim, discute-se o *dies a* quo dos juros de mora no âmbito da responsabilidade civil contratual, sob duas perspectivas: primeiro, tendo em vista a possibilidade de fluência dos juros desde antes da citação, em particular caso haja interpelação pessoal do devedor pelo credor da indenização, com atenção ao problema da iliquidez da dívida; e, finalmente, frente à ausência de justificativa para o tratamento diferenciado, conforme se trate de responsabilidade civil contratual ou aquiliana, sugerindo-se a adoção do critério do art. 398 do Código Civil para todas as hipóteses de responsabilidade civil por danos extrapatrimoniais.

2. MORA E DISCIPLINA DOS JUROS MORATÓRIOS NO DIREITO BRASILEIRO

Costuma-se dividir os juros, quanto ao seu aspecto funcional, entre remuneratórios (ou compensatórios) e moratórios. Aqueles têm por ambiente natural o contrato de mútuo e outras formas de financiamento,[8] ao passo que estes últimos encontram lugar no âmbito do inadimplemento das obrigações pecuniárias ou das que tenham sido convertidas em moeda, como explicita o art. 407 do Código Civil.

Sistema Especial de Liquidação e Custódia – SELIC" (decorrente do julgamento do REsp. 1.110.547/PE, rel. Min. Castro Meira, Primeira Seção, j. 22.04.2009, DJe 04.05.2009). Nada obstante, a jurisprudência revela-se oscilante a respeito da matéria, não apenas no âmbito dos Tribunais dos Estados, parte dos quais não chegou a adotar integralmente aquela orientação (v. REISDORFER, Renata Carlos Steiner. Taxa legal de juros no Brasil: a saga continua. In: *Migalhas*, 22 jun. 2021. <https://www.migalhas.com.br/coluna/migalhas-de-responsabilidade-civil/347387/taxa-legal-de-juros-no-brasil-a-saga-continua>. Acesso 31.07.2022), como também no próprio STJ, como demonstra o Recurso Especial 1.081.149, que discute "a incidência ou não da Taxa Selic nas dívidas civis, especialmente quando relacionadas a reparações de danos contratuais e extracontratuais, tendo em vista os diferentes marcos iniciais dos juros moratórios e da correção monetária embutidos na Selic". O processo chegou a ser afetado à Corte Especial, com sugestão do relator, Min. Luis Felipe Salomão, de alteração da orientação do STJ no sentido de substituir a Selic pela taxa do § 1º do art. 161 do CTN, mas acabou desafetado e restituído à Quarta Turma daquele Tribunal, tendo sido, em seguida, sobrestado para aguardar o julgamento do Recurso Especial 1.795.982, este afetado à Corte Especial em 26.10.2021 e ainda pendente de apreciação. Mais recentemente, a questão voltou a ser discutida em outro recurso, oportunidade em que se afirmou: "[n]ão incidem, no caso, juros de mora legais, tendo em vista previsão contratual expressa", ressalva o acórdão. "De qualquer forma", prossegue, "os juros referidos pelo art. 406 do CC/02 não correspondem à Taxa SELIC, mas sim, àqueles de 1% ao mês, previstos no art. 161, § 1º, do CTN". Passa-se, então, a uma análise abrangente do problema, sem se descuidar dos precedentes do STJ sem sentido contrário, para, diante disso, defender-se "que ao menos no âmbito do direito civil" a orientação "precisa ser revista". (STJ, REsp. 1.943.335/RS, rel. Min. Moura Ribeiro, Terceira Turma, j. 14.12.2021, DJe 17.12.2021).

8. São eles os "frutos civis do valor empregado" (SCAVONE JUNIOR, Luiz Antonio. Juros no direito brasileiro. São Paulo: Revista dos Tribunais, 2003, p. 83).

Assim, embora haja certa controvérsia a esse respeito,[9] parece-nos que os juros moratórios exercem função indenizatória, na medida em que são devidos a título de perdas e danos em razão da mora no pagamento de dívida de dinheiro ou de outra natureza que tenha sido convertida em moeda.[10] O art. 404 do Código Civil é, com efeito, explícito ao dispor que "[a]s perdas e danos, nas obrigações de pagamento em dinheiro, serão pagas com atualização monetária segundo índices oficiais regularmente estabelecidos, abrangendo juros, custas e honorários de advogado, sem prejuízo da pena convencional". O art. 407, por seu turno, a par de fazer presumir a obrigação de pagar os juros independentemente de prejuízo, cuida de estendê-la, além das "dívidas em dinheiro", "às prestações de outra natureza, uma vez que lhes esteja fixado o valor pecuniário por sentença judicial, arbitramento, ou acordo entre as partes".

Nesse contexto, a determinação do termo inicial dos juros de mora deve partir da premissa fundamental de que se o pressuposto fático da sua incidência é a mora nas obrigações pecuniárias ou em outras obrigações que tenham sido convertidas em moeda, o termo inicial dos juros moratórios deve, necessariamente, coincidir com a constituição do devedor em mora.[11] Afinal, "[a] constituição em mora tem como função precisamente assinalar o momento a partir do qual incidem os efeitos da mora, dentre os quais sobrelevam os juros".[12]

---

9. A doutrina, em geral, reconhece nos juros de mora uma função punitiva e uma função reparatória, mas não há unanimidade a esse respeito. TEPEDINO e VIEGAS afirmam que os juros de mora teriam, por um lado, a função de indenizar a vítima do inadimplemento, "privada, indevidamente, do capital de que poderia dispor". Por outro lado, "alude-se ao aspecto punitivo dos juros de mora, associado à vedação ao enriquecimento sem causa. Assume-se, como premissa, que a disponibilidade do capital representa lucro, de modo que, se é alheio o capital, tal lucro deve ser revertido àquele que legitimamente deveria tê-lo auferido" (TEPEDINO, Gustavo; VIÉGAS, Francisco. Notas sobre o termo inicial dos juros de mora e o artigo 407 do Código Civil. *Scientia Iuris*, Londrina, v. 21, n. 1, p.55-86, mar. 2017. DOI: 10.5433/2178-8189.2017v21n1p55. ISSN: 2178-8189, p. 59-60). GOMES, por outro lado, argumenta que "todo juro de mora é compensatório de dano", presumido pela lei "sempre que há inadimplemento de dívida pecuniária ou daquelas cujo valor em dinheiro está fixado" (GOMES, Orlando. Obrigações. 17. ed. Rio de Janeiro: Forense, 2008, p. 188). Trata-se, afirma o mesmo autor, de "indenização específica, devida em consequência de retardamento culposo no cumprimento da obrigação" (cit., p. 207). Em sentido contrário, sustenta-se que "[o]s juros moratórios constituem pena pelo atraso". Ou seja, "não se incluem nem se confundem com a indenização por perdas e danos" (LÔBO, Paulo Luiz Netto. Teoria geral das obrigações. São Paulo: Saraiva, 2005, p. 290). BUCAR e PIRES, neste mesmo sentido, rejeitam categoricamente a possibilidade de uma função indenizatória para os juros de mora, cuja admissão implicaria, a seu ver, uma aproximação funcional indevida com os juros remuneratórios (BUCAR, Daniel; PIRES, Caio Ribeiro. Juros moratórios na teoria do inadimplemento: em busca de sua função e disciplina no direito civil. In: TERRA, Aline de Miranda Valverde; GUEDES, Gisela Sampaio da Cruz (Coord.). *Inexecução das obrigações*: pressupostos, evolução e remédios. Rio de Janeiro: Processo, 2020, pp. 451-480. v. I. p. 457-467).
10. Neste sentido: "Os juros de mora associam-se, em regra, à responsabilidade civil, na medida em que compõem a indenização devida pela privação do capital correspondente ao descumprimento de dever jurídico – legal ou convencional" (TEPEDINO, Gustavo; VIÉGAS, Francisco. Notas sobre o termo inicial dos juros de mora e o artigo 407 do Código Civil. Scientia Iuris, Londrina, v. 21, n. 1, p.55-86, mar. 2017. DOI: 10.5433/2178-8189.2017v21n1p55. ISSN: 2178-8189, p. 57)
11. O art. 806º do Código Civil de Portugal contém norma explícita nesse sentido, ao dispor, no seu item 1, que "[n]a obrigação pecuniária a indemnização corresponde aos juros *a contar do dia da constituição em mora*" [grifamos].
12. TEPEDINO, Gustavo; VIÉGAS, Francisco. Notas sobre o termo inicial dos juros de mora e o artigo 407 do Código Civil. *Scientia Iuris*, Londrina, v. 21, n. 1, p. 55-86, mar. 2017. DOI: 10.5433/2178-8189.2017v21n1p55. ISSN: 2178-8189, p. 77.

Reconhecem-se duas espécies de mora, tendo em vista a forma de constituição do devedor em mora: *ex re* e *ex persona*. Há mora *ex re* quando a constituição do devedor em mora independente da provocação do credor, o que se dá, em geral, nos casos de obrigação positiva e líquida com termo certo (art. 397 do Código Civil) e de obrigação proveniente de ato ilícito (art. 398).[13] Neste caso, assentou-se a compreensão de que "[o]s juros moratórios fluem a partir do evento danoso", segundo a Súmula 54 do STJ. A mora *ex persona*, por sua vez, refere-se àqueles casos em que a constituição em mora se condiciona à interpelação pessoal do devedor, por iniciativa do credor. Dá-se, em princípio, nas obrigações ilíquidas (art. 397, *a contrario senso*) e naquelas sem prazo certo (art. 397, parágrafo único).[14]

Demanda especial atenção, nesse contexto, a norma do art. 405 do Código Civil, que se limita a afirmar: "[c]ontam-se os juros de mora desde a citação inicial". O problema desta regra consiste na sua oposição aos arts. 397 e 398 do mesmo código, os quais estabelecem momentos distintos para a constituição do devedor em mora, a importar a incidência dos juros moratórios desde momento diverso. A adequada interpretação do art. 405, portanto, exige a sua correta harmonização com as diversas normativas pertinentes à constituição em mora.[15]

O art. 240 do CPC, nesse panorama, salienta que "[a] citação válida", além de outros efeitos, "constitui em mora o devedor, ressalvado o disposto nos arts. 397 e 398" do Código Civil, conferindo ao art. 405 conteúdo nitidamente residual.[16] Pode-se, assim, dizer que se contam os juros de mora desde a citação inicial *apenas* se não houver outro fato anterior que implique a sua prévia incidência no caso concreto, tais como o vencimento de dívida positiva e líquida com prazo certo,[17] a prática de ato ilícito ou a interpelação pessoal do devedor. Já se decidiu, nesta linha, que o art. 405 do Código Civil

---

13. O caso das obrigações negativas mostra-se mais complexo do que pode, a uma primeira vista, aparentar, porém, foge ao escopo do presente estudo, em virtude do caráter positivo da obrigação de indenizar. Seja, pois, consentido remeter, a esse respeito, a TEPEDINO, Gustavo; VIÉGAS, Francisco. Notas sobre o termo inicial dos juros de mora e o artigo 407 do Código Civil. *Scientia Iuris*, Londrina, v. 21, n. 1, p. 55-86, mar. 2017. DOI: 10.5433/2178-8189.2017v21n1p55. ISSN: 2178-8189, p. 63-65.
14. Sobre as hipóteses de mora *ex re* e *ex persona*, v. TEPEDINO, Gustavo; e SCHREIBER, Anderson. *Fundamentos do direito civil. v. 2*: Obrigações. Rio de Janeiro: Forense, 2020, pp. 320-323.
15. Afinal, como ensina PERLINGIERI, "sem 'confundir a norma com o artigo de lei visto na sua exterioridade', ela é sempre fruto da sua colocação no âmbito do sistema. A norma nunca está sozinha, mas existe e exerce a sua função dentro do ordenamento, e o seu significado muda com o dinamismo e a complexidade do próprio ordenamento" (PERLINGIERI, Pietro. *O direito civil na legalidade constitucional*. Rio de Janeiro: Renovar, 2008, p. 617). Daí a necessidade de observar-se, no âmbito da interpretação, a unidade do ordenamento jurídico, a tornar "insustentável o vetusto processo hermenêutico silogístico conhecido como subsunção, que pressupõe a dualidade inexistente entre a norma jurídica (premissa maior) e a hipótese fática (premissa menor). A norma jurídica é um *posterius* e não um *prius* em relação ao processo interpretativo. Resulta da valoração do fato concreto, à luz de todo o ordenamento que, traduzindo-se na atividade interpretativa, exige ponderação no exame das peculiaridades do objeto cognitivo. São tais peculiaridades que produzem, a um só tempo e dialeticamente, a interpretação (norma interpretada) e a qualificação (fato qualificado)" (TEPEDINO, Gustavo. *Temas de direito civil*. Tomo III. Rio de Janeiro: Renovar, 2009, p. 428).
16. Trata-se de norma "geral e supletiva, pois o termo inicial da fluência dos juros será diferente, de acordo com a norma específica que o determinar" (LÔBO, Paulo Luiz Netto. *Teoria geral das obrigações*. São Paulo: Saraiva, 2005, p. 291).
17. Neste sentido, o STJ já decidiu que os juros de mora incidentes sobre mensalidades escolares incidem a partir do vencimento de cada parcela, considerando tratar-se de hipótese de mora *ex re*, a afastar a norma do art. 405

"deve ser interpretado à luz do ordenamento jurídico, tendo aplicação residual para casos de mora *ex persona*, nas hipóteses de obrigações ilíquidas ou sem termo certo, se ainda não houve a prévia constituição em mora por outra forma legalmente admitida".[18]

No mesmo sentido dispõe o enunciado 428 da V Jornada de Direito Civil:

"Os juros de mora, nas obrigações negociais, fluem a partir do advento do termo da prestação, estando a incidência do disposto no art. 405 da codificação limitada às hipóteses em que a citação representa o papel de notificação do devedor ou àquelas em que o objeto da prestação não tem liquidez".

É preciso certa cautela, portanto, com a afirmação pura e simples de que o termo inicial dos juros de mora corresponde, sem maiores cogitações, à data da citação quando se tratar de responsabilidade civil contratual. Ainda que esta seja a regra geral, é preciso identificar, em cada caso concreto, se houve ou não outro motivo para a aplicação dos juros de mora antes daquele marco temporal.

3. AS HIPÓTESES DE TERMO INICIAL DOS JUROS DE MORA SOBRE A INDENIZAÇÃO POR DANOS MORAIS NA JURISPRUDÊNCIA DO STJ

Nesse contexto, afirma-se, em geral, que "[n]os casos de responsabilidade contratual, os juros de mora incidem a partir da citação",[19] enquanto "devem incidir desde o evento danoso" quando se trata de responsabilidade extracontratual.[20] No mesmo sentido dispõe o Tema Repetitivo 440 do STJ, segundo o qual, "[o]s juros moratórios incidem a partir da data do fato, no tocante aos valores devidos a título de dano material e moral" decorrentes de acidente ambiental.

A par de a distinção mostrar-se, em si, discutível,[21] quando se trata de indenização por danos morais, outro aspecto acaba incorporado ao debate: a sua iliquidez. Já se defendeu, com efeito, que os juros de mora fluiriam, apenas, a partir do arbitramento da indenização, sob a justificativa de que a "indenização por dano moral puro (prejuízo, por definição, extrapatrimonial) somente passa a ter expressão em dinheiro a partir da decisão judicial que a arbitrou". Sendo assim, "a ausência de seu pagamento desde a data do ilícito não pode ser considerada como omissão imputável ao devedor, para o efeito de tê-lo em mora", afinal, "mesmo que o quisesse, não teria como satisfazer obrigação decorrente de dano moral, sem base de cálculo, não traduzida em dinheiro por sentença judicial, arbitramento ou acordo". Haveria, portanto, segundo tal linha de pensamento, coincidência entre o termo inicial da correção monetária e dos juros moratórios: a "data do julgamento em que foi arbitrada a indenização".[22]

---

do Código Civil (STJ, Resp. 1.513.262/SP, rel. Min. Ricardo Villas Bôas Cueva, Terceira Turma, j. 18.08.2015, DJe 26.08.2015).
18. STJ, REsp. 1.354.934/RS, rel. Min. Luís Felipe Salomão, Quarta Turma, j. 20/08/2013, DJe 25.09.2013.
19. STJ, AgInt. no AREsp. 1.900.623/RJ, rel. Min. Raul Araújo, Quarta Turma, j. 15.03.2022, DJe 24.03.2022.
20. STJ, REsp. 1.929.288/TO, rel. Min. Nancy Andrighi, Terceira Turma, j. 22.02.2022, DJe 24.02.2022.
21. Vide item 4.2, *infra*.
22. STJ, REsp. 903.258/RS, rel. Min. Maria Isabel Gallotti, Quarta Turma, j. 21.06.2011, DJe 17.11.2011.

Pode-se, pois, dizer que se extrai da jurisprudência do STJ três soluções distintas para o problema do termo inicial dos juros de mora, em matéria de indenização por danos morais. A primeira consiste na data do ato ilícito: seria a solução aplicável, apenas, aos casos de responsabilidade civil aquiliana, por força da norma do art. 398 do Código Civil, com a qual se harmoniza a Súmula 54 do STJ. A segunda, a vigorar nos casos de responsabilidade civil contratual, é a da data da citação, em linha com a norma do art. 405 do Código Civil e com o art. 240 do CPC. A terceira corresponde à da data do arbitramento do valor da indenização, tendo em vista a iliquidez da obrigação de indenizar o dano extrapatrimonial – até a sua definição por decisão judicial ou transação entre as partes. As duas últimas merecem, a nosso ver, análise mais cuidadosa.

4. O CRITÉRIO DO MOMENTO DO ARBITRAMENTO DA INDENIZAÇÃO

Já se anotou que a controvérsia a respeito do termo inicial dos juros de mora incidentes sobre verba indenizatória é antiga. AGUIAR DIAS assevera que "sempre se considerou que a indenização é devida desde o momento do dano". Sublinha, todavia, que há também quem defenda que os juros se contam desde a citação, "porque só nesse momento o responsável tem ciência de que o fato produziu dano"; quem entenda que os juros "só fluem do momento em que é fixado *quantum* de sua responsabilidade"; e, por fim, quem sustente a incidência dos juros desde o fato danoso, porquanto a sentença tem efeito declaratório e não "atributivo", pois "não cria um direito, porque este é preexistente". Afinal, "o direito à satisfação nasce com o dano e não com a sentença".[23]

Embora as ponderações a respeito da inviabilidade da satisfação do crédito pelo devedor antes do arbitramento da indenização por decisão judicial, como o será em regra, ou por transação entre as partes, como pode acontecer, sejam razoáveis, a conclusão a que se chegou no acórdão acima referido[24] esbarra na alternativa adotada pelo Código Civil, no sentido de flexibilizar a necessidade de liquidez da dívida para efeito de mora quando se trata de obrigação decorrente de ato ilícito.

É verdade que, em regra, a exigibilidade da prestação, que pressupõe a sua liquidez, é requisito da mora do devedor – daí a regra *in illiquidis non fit mora*.[25] O art. 398 do Código Civil, contudo, exerceu uma opção de política legislativa, dissociando, neste caso, a mora da liquidez da obrigação indenizatória, sem distinguir os danos materiais

---

23. AGUIAR DIAS, José de. *Da responsabilidade civil*. 4. ed. Rio de Janeiro: Forense, 1960. v. II. p. 815-816.
24. STJ, REsp. 903.258/RS, rel. Min. Maria Isabel Gallotti, Quarta Turma, j. 21.06.2011, DJe 17.11.2011.
25. A doutrina, em geral, indica como requisitos da mora a exigibilidade da prestação, a sua certeza e a sua liquidez. Esta "advém, como requisito, do considerado de que não seria exequível a prestação ilíquida, isto é: de conteúdo não determinado ou não conhecido" (CORDEIRO, Antonio Menezes. *Tratado de direito civil português*. Coimbra: Almedina, 2010 v. II. t. IV. p. 121). Não falta, entretanto, quem identifique a liquidez como pressuposto da exigibilidade da prestação, que seria, portanto, o verdadeiro requisito essencial da mora. Assim: "A *exigibilidade imediata* pressupõe ainda a liquidez e a certeza. Para que se diga em mora, é necessário, pois, e antes de tudo, que exista uma dívida, e que esta seja certa, a saber, decorra de obrigação (convencional ou não) uma prestação determinada. (...) Certa é a prestação caracterizada por seus elementos específicos. *Líquida* quando, além da certeza do débito, está apurado o seu montante ou individuada a prestação" (PEREIRA, Caio Mário da Silva. *Instituições de direito civil*. v. 2. 28. ed. Rio de Janeiro: Forense, 2016, p. 292).

dos existenciais. A norma em questão, portanto, opõe-se frontalmente à orientação sob exame, em que pese a relevância dos argumentos que lhe dão suporte.

Em muitas hipóteses de danos materiais, por outro lado, tampouco é possível ao devedor pagar a indenização na data do ilícito, em razão da necessidade da sua liquidação. Nem por isso afasta-se a incidência dos juros desde o fato danoso. Há, reconhece-se, diferença na forma de fixação do valor da indenização num caso e noutro. Se o dano é patrimonial, o estabelecimento do *quantum* indenizatório condiciona-se à apuração da extensão do dano, medida, em regra, mais objetiva, embora nem sempre fácil. Já se o dano é extrapatrimonial, a indenização será, simplesmente, arbitrada pelo julgador, com certo grau de subjetividade, ainda que com atenção a critérios mais ou menos precisos construídos pela doutrina e pela jurisprudência. Isto, porém, não autoriza, parece-nos, a distinção pretendida, sobretudo na ausência de determinação legal nesse sentido – e na presença de norma expressa em sentido contrário.

TEPEDINO e VIÉGAS observam que o ponto de vista que acabou prevalecendo no acórdão em tela busca "apoio dogmático" em "interpretação enviesada do art. 407 do Código Civil", que reproduziu, quase integralmente, o texto do art. 1.064 do Código Civil de 1916, salvo no tocante à expressão "desde que", substituída por "uma vez que", sem, portanto, resolver a "já vetusta" controvérsia a respeito da natureza causal ou temporal da locução.[26] Examinando o desenvolvimento do projeto daquele código ao longo da sua tramitação, os autores chegam à conclusão de que a incorporação da parte final ao art. 1.064 tinha o exclusivo objetivo de deixar claro que os juros legais aplicam-se não só às obrigações pecuniárias como, também, às de outra natureza que tenham sido convertidas em moeda. "Seu objeto", asseveram, "jamais foi a fixação de termo inicial dos juros de mora". O que se pretendia era "esclarecer que a incidência dos juros não estaria restrita às obrigações de dinheiro, estendendo-se também às de outra natureza, o que somete seria possível, à evidência, por meio da fixação do seu valor pecuniário", como chegou a salientar Clovis Bevilaqua, ainda que parte da doutrina da época se posicionasse em sentido contrário.[27]

Mais grave ainda, a orientação sob análise divorcia a data inicial dos juros moratórios da efetiva constituição do devedor em mora,[28] incorrendo, deste modo, em equívoco fundamental a impedir que os juros de mora cumpram, corretamente, a sua

---

26. TEPEDINO, Gustavo; VIÉGAS, Francisco. Notas sobre o termo inicial dos juros de mora e o artigo 407 do Código Civil. *Scientia Iuris*, Londrina, v. 21, n. 1, p. 55-86, mar. 2017. DOI: 10.5433/2178-8189.2017v21n1p55. ISSN: 2178-8189, p. 71.
27. TEPEDINO, Gustavo; VIÉGAS, Francisco. Notas sobre o termo inicial dos juros de mora e o artigo 407 do Código Civil. *Scientia Iuris*, Londrina, v. 21, n. 1, p. 55-86, mar. 2017. DOI: 10.5433/2178-8189.2017v21n1p55. ISSN: 2178-8189, p. 75.
28. Como se sublinhou em doutrina, "considerar que o aludido artigo [407 do Código Civil] veicula nova previsão de termo inicial [dos juros moratórios] iria de encontro com a sistemática adotada pelo Código, apartando, injustificadamente, o momento da constituição em mora do termo inicial dos juros moratórios. Isso porque a liquidação – por sentença, arbitramento ou acordo – não guarda pertinência com a constituição em mora" (TEPEDINO, Gustavo; VIÉGAS, Francisco. Notas sobre o termo inicial dos juros de mora e o artigo 407 do Código Civil. *Scientia Iuris*, Londrina, v. 21, n. 1, p. 55-86, mar. 2017. DOI: 10.5433/2178-8189.2017v21n1p55. ISSN: 2178-8189, p. 76).

função indenizatória no tocante aos danos extrapatrimoniais – neste caso, a indenização fixada em juízo deve cumprir a função de compensar o dano existencial, ao passo que os juros de mora servirão para reparar o prejuízo decorrente da demora na satisfação do crédito indenizatório, tendo por marco temporal a data do ilícito, por força do art. 398 do Código Civil. Já se ponderou, a propósito, que:

> Aparentemente é razoável dizer-se que se o devedor ignora o *quantum debeatur*, não pode ser punido com juros moratórios. Aparentemente apenas, porque, se ao contrário de diligenciar o cumprimento da obrigação, opõe resistência à pretensão do credor, não pode ser beneficiado com a dilação até o termo do litígio, para pagar os juros moratórios somente após a sentença de liquidação.[29]

O próprio STJ, em julgado posterior, opôs-se à orientação que prevaleceu no acórdão sob análise, oportunidade em que o Tribunal salientou que:

> O fato de, no caso de dano moral puro, a quantificação do valor da indenização, objeto da condenação judicial, só se dar após o pronunciamento judicial, em nada altera a existência da mora do devedor, configurada desde o evento danoso. A adoção de orientação diversa, ademais, ou seja, de que o início da fluência dos juros moratórios se iniciasse a partir do trânsito em julgado, incentivaria o recorrismo por parte do devedor e tornaria o lesado, cujo dano sofrido já tinha o devedor obrigação de reparar desde a data do ato ilícito, obrigado a suportar delongas decorrentes do andamento do processo e, mesmo de eventuais manobras processuais protelatórias, no sentido de adiar a incidência de juros moratórios.[30]

A questão do termo inicial dos juros de mora voltou a ser apreciada pelo STJ em outro recurso, desta vez envolvendo não indenização por danos morais, mas diferenças de aluguéis devidas no âmbito de ação renovatória de locação.[31] Decidiu-se que os juros de mora fluem, neste caso, a partir da data que tenha sido fixada na própria sentença, quando for o caso, uma vez que se trataria, então, de mora *ex re*. Na ausência de estipulação de data na sentença, os juros correm a partir da "data da intimação do devedor – prevista no art. 523 do CPC/2015 – para pagamento no âmbito da fase de cumprimento de sentença (mora *ex persona*)".

O acórdão pondera que a sentença que julga procedente a ação renovatória tem conteúdo constitutivo – uma vez que cria novo contrato de locação, cujo início se dá imediatamente depois do fim da vigência do contrato anterior – e, normalmente, também condenatório, na medida em que estabelece novo valor para o aluguel, aplicável desde o início da vigência do novo contrato, o que costuma ocorrer muito antes do trânsito em julgado da sentença. Deste modo, se o novo aluguel é inferior ao anterior, caberá ao locatário exigir do locador as diferenças. Caso contrário, o crédito das diferenças caberá ao locador.

---

29. PEREIRA, Caio Mário da Silva. *Instituições de direito civil*. 28. ed. Rio de Janeiro: Forense, 2016. v. II. p. 125.
30. STJ, REsp. 1.132.866/SP, rel. Min. Maria Isabel Gallotti, rel. p/ acórdão Min. Sidnei Beneti, Segunda Seção, j. 23.11.2011, DJe 03/09/2012. Cf., ainda, STJ, REsp. 1.479.864/SP, rel. Min. Paulo de Tarso Sanseverino, Terceira Turma, j. 20.03.2018, DJe 11.05.2018.
31. STJ, REsp. 1.929.806/SP, rel. Min. Nancy Andrighi, Terceira Turma, j. 07.12.2021, DJe 13.12.2021.

Ressalta, por outro lado, que o termo inicial dos juros de mora coincide com "o momento a partir do qual é possível considerar o devedor em mora". Ocorre que, neste caso, a citação não terá o efeito de constituir o devedor em mora, por duas razões: (i) o novo aluguel é inexigível, em regra, no momento da citação, tendo em vista que a ação deve ser proposta ao menos seis meses antes do término do contrato que se pretende renovar, sob pena de decadência (§ 5º do art. 51 da Lei 8.245/91), quando ainda está em vigor o aluguel contratado e não aquele que virá a ser fixado judicialmente; e (ii) não pode haver mora se a dívida não é certa, líquida e exigível, e, na espécie, "ainda não é possível saber quem será o credor e quem será o devedor das diferenças, se existentes".

Este caso, contudo, não guarda identidade com a hipótese de indenização por danos extrapatrimoniais. A uma, porque a flexibilização do elemento liquidez no tocante à mora nas obrigações decorrentes de ato ilícito consiste em expressa e excepcional opção legislativa pela "mora presumida",[32] inconfundível com a situação das partes em ação renovatória de locação.[33] A duas, porque, neste caso, a par da iliquidez, também a incerteza da obrigação impede a configuração da mora. Nesta hipótese, portanto, impõe-se a observância da regra segundo a qual não há mora enquanto a obrigação não se torna exigível, haja vista a ausência de norma especial em sentido contrário, presente, porém, no tocante ao dever de indenizar decorrente da prática de ato ilícito.

5. JUROS DE MORA NOS CASOS DE RESPONSABILIDADE CIVIL CONTRATUAL

Afastada, portanto, a terceira hipótese aventada pela jurisprudência do STJ – a data do arbitramento da indenização – para o termo inicial dos juros de mora, restam as duas primeiras, aplicáveis, como visto, a situações, em princípio, distintas: em se tratando de responsabilidade civil aquiliana, os juros correriam a partir da data da prática do ato ilícito, de acordo com o art. 398 do Código Civil, do qual é reflexo a Súmula 54 do STJ; em se tratando de responsabilidade civil contratual, esta seria a data da citação, em conformidade com o art. 405 do Código Civil e o art. 240 do CPC.

Esta última opção deve, entretanto, ser vista com ressalvas. A uma, porque a norma que se extrai desses dispositivos legais tem natureza residual, conforme já se pontuou, de modo que, mesmo nos casos de responsabilidade civil contratual, *nem sempre* os juros devem fluir somente a partir da citação. A duas, porque esta alternativa parece ferir, em algumas circunstâncias, o princípio da isonomia, atribuindo a situações substancialmente idênticas soluções distintas, e a tutela constitucional da pessoa humana.

5.1 Constituição em mora e possibilidade de fluência dos juros desde antes da citação

O termo inicial dos juros de mora deve, necessariamente, como já se teve oportunidade de defender, coincidir com a constituição do devedor em mora, uma vez que

---

32. ALVIM, Agostinho. *Da inexecução das obrigações*. 4. ed. São Paulo: Saraiva, 1972, p. 136.
33. Sublinhe-se, além do exposto, que, em se tratando de diferenças em favor do locador, não se poderia cogitar que a sua citação constituísse em mora o locatário, autor, e não réu, da ação renovatória.

esta – a mora – corresponde ao pressuposto fático de incidência dos juros moratórios, cuja função é a reparação dos danos decorrentes do atraso na satisfação do crédito pecuniário ou de outra natureza que tenha sido convertido em moeda. É preciso, portanto, atenção às diversas possibilidades distintas de constituição em mora admitidas pelo ordenamento jurídico.

Dá-se, nesse contexto, a mora *ex re* naquelas hipóteses nas quais se dispensa a interpelação pessoal do devedor. Em especial, é o que ocorre nos casos de obrigação positiva e líquida com termo certo, consoante estipula o art. 397 do Código Civil, em que prevalece a regra *dies interpellat pro homine*, e de obrigação proveniente de ato ilícito, à luz do art. 398 do Código Civil. A primeira hipótese afigura-se incompatível com a indenização por danos morais, na medida em que a obrigação será, sempre, ilíquida, até que seja arbitrado o *quantum debeatur* pela decisão judicial ou por acordo entre as partes, e não terá, de ordinário, prazo certo para cumprimento. A segunda hipótese aparenta distanciar-se da responsabilidade contratual, referindo-se à responsabilidade civil extracontratual, conforme a interpretação que vem sendo atribuída pelo STJ.[34]

Pode-se, assim, dizer que, em geral, a constituição do devedor em mora, na hipótese de dano moral no âmbito da responsabilidade civil contratual, condiciona-se à interpelação pessoal do causador do dano – trata-se, portanto, de mora *ex persona* e não *ex re*, na forma do parágrafo único do art. 397 do Código Civil, segundo o qual "[n]ão havendo termo, a mora se constitui mediante interpelação judicial ou extrajudicial".

Nem por isso os juros terão início, sempre, na data da citação. Isso porque a norma do art. 405 do Código Civil, já se salientou, tem natureza *residual*, devendo ser interpretada em conjunto com o restante do ordenamento, em especial com os demais dispositivos legais que estabelecem momentos distintos para a constituição do devedor em mora. Nada obsta, com efeito, que a interpelação pessoal do causador do dano anteceda a citação, especialmente nos casos de responsabilidade civil contratual, que pressupõe a preexistência de relação obrigacional entre as partes.

Não é difícil imaginar que o contratante que tenha sofrido dano extrapatrimonial em razão do inadimplemento de uma obrigação dirija ao seu parceiro contratual notificação reivindicando a compensação devida, antes da propositura de ação indenizatória. É possível, igualmente, que o próprio regulamento contratual já contenha previsão a esse respeito, em especial quando a natureza da relação contratual induza a possibilidade de danos existenciais, estabelecendo, eventualmente, procedimento extrajudicial para a reparação.

O referido parágrafo único do art. 397 do Código Civil evidencia que a interpelação pessoal que constitui o devedor em mora pode se dar sob a forma judicial ou extrajudicial, de modo que a citação não tem exclusividade na constituição do devedor em mora na modalidade *ex persona*. No mesmo sentido, o art. 240 do CPC ressalva "o disposto nos

---

34. O tema é objeto de maiores considerações no item 4.2, *infra*.

arts. 397 e 398" do Código Civil ao atribuir à citação o efeito de constitui o devedor em mora, reforçando o conteúdo residual do art. 405 do Código Civil.

Sendo assim, contam-se os juros de mora desde a citação inicial *apenas* se não houver outro fato anterior que implique a sua prévia incidência no caso concreto, em particular, a interpelação pessoal do devedor por ato de iniciativa da vítima do dano, ocorrida antes da citação.

Em se tratando de danos extrapatrimoniais, entretanto, o início, desde logo, da fluência dos juros de mora parece esbarrar em outro obstáculo: a iliquidez da obrigação de indenizar. A objeção, a nosso ver, tampouco tem procedência, uma vez que, em se tratando, especificamente, de dever de indenizar, a liquidez da obrigação não é, a título excepcional, exigida para constituição do devedor em mora.

Evidencia-o a norma do art. 398, como também a do próprio art. 405 do Código Civil. Com efeito, assim como a obrigação de indenizar não será, comumente, líquida na data do fato causador do dano, tampouco o será na data da citação, nem, do mesmo modo, na da interpelação pessoal eventualmente dirigida pelo credor ao causador do dano antes da propositura da ação. Percebe-se, assim, que o ordenamento jurídico pátrio flexibiliza o pressuposto da liquidez para efeito de constituição do devedor em mora, quando se trata de indenização por danos.

Tal peculiaridade é explícita no Código Civil português. O seu art. 805º, com efeito, estipula que "[o] devedor só fica constituído em mora depois de ter sido judicial ou extrajudicialmente interpelado para cumprir" (1), salvo se (a) "a obrigação tiver prazo certo"; (b) "a obrigação provier de facto ilícito"; e (c) "o próprio devedor impedir a interpelação, considerando-se interpelado, neste caso, na data em que normalmente o teria sido" (2). O item (3) do citado dispositivo legal, entretanto, salienta que:

> Se o crédito for ilíquido, não há mora enquanto se não tornar líquido, salvo se a falta de liquidez for imputável ao devedor; tratando-se, porém, de responsabilidade por facto ilícito ou pelo risco, o devedor constitui-se em mora desde a citação, *a menos que já haja então mora, nos termos da primeira parte deste número*".

Ressalva-se, pois, a possibilidade de constituição do devedor em mora antes mesmo da citação do caso de responsabilidade civil, nada obstante a natural iliquidez da obrigação.[35]

PEREIRA, no mesmo sentido, tratando do brocardo *in illiquidis non fit mora* no direito brasileiro, sublinha:

> O Código Civil de 2002, entretanto, ameniza a rigidez da parêmia, admitindo hipótese em que, não obstante a iliquidez da obrigação, a mora ocorre. Assim é que, ao tratar da liquidação das obrigações,

---

35. Nessa linha, afirma-se em doutrina: "no mesmo âmbito das obrigações ilíquidas, tratando-se 'de responsabilidade por facto ilícito ou pelo risco', o devedor constitui-se em mora a partir da citação, a menos que já se encontre moroso de harmonia com o preceito antes referido (art. 805.º, n. 3, 2ª parte)", cuidando-se de ressaltar que a mesma regra "vale também para a responsabilidade civil por facto lícito" (COSTA, Mário Júlio de Almeida. *Direito das obrigações*. 8. ed. Coimbra: Almedina, 2000, p. 970-971).

estatui a fluência dos juros moratórios, nas *obrigações ilíquidas*, desde a inicial (Código Civil de 2002, art. 405). Também nas obrigações decorrentes de crime correm juros, e compostos, desde o tempo deste. Em ambas as hipóteses é manifesta a iliquidez, e, não obstante, são devidos os juros de mora, o que significa que, num e noutro, consagra o Direito positivo a incidência da mora, independentemente da liquidez da obrigação.[36] [grifos no original]

Em doutrina também já se observou que, tratando-se de mora *ex personae*, os juros correm desde a "interpelação judicial ou extrajudicial para o cumprimento da dívida" ou, ainda, "na ausência de interpelação", desde a citação. "Seja como for", frisa-se, evidenciando que a iliquidez nem sempre impede a constituição do devedor em mora:

> "cuidando-se de obrigação ilíquida, não se saberá em nenhum desses momentos, evidentemente, o valor sobre o qual incidirão os juros, mas tão logo o montante seja definido por sentença judicial, arbitramento ou acordo, os juros de mora passam a ser devidos pelo inteiro período da mora".[37]

A jurisprudência, por outro prisma, já afirmou que:

> (...) se o pressuposto da constituição da mora fosse a liquidez da dívida, o legislador não teria editado o art. 398 do Código Civil, segundo o qual a mora nas obrigações por ato ilícito (= responsabilidade civil extracontratual) se inicia no momento em que praticado, pois, com muito maior razão nessa modalidade de responsabilização, o prejuízo mostra-se, amiúde, completamente ilíquido.
>
> Logo, inexiste, no ordenamento jurídico brasileiro, *regra absoluta* que leve à conclusão universal de que liquidez do débito e mora no pagamento do débito se confundem e se condicionam reciprocamente como se irmãos siameses fossem.[38] [grifos no original]

Em se tratando de obrigação de indenizar, portanto, em qualquer hipótese, o devedor será constituído em mora antes da liquidação da obrigação, ao menos na maior parte dos casos. A iliquidez, portanto, não deve ser empecilho à aplicação da norma do parágrafo único do art. 397 do Código Civil, como forma de admitir a fluência dos juros de mora sobre a indenização por danos morais desde antes da citação, de modo a tornar a afirmação, pura e simples, de que o termo inicial dos juros moratórios corresponde à data da citação nos casos de responsabilidade civil contratual ao menos imprecisa. Ainda que isto possa ser verdadeiro em grande parte dos casos, talvez, na maioria deles, não é possível, a nosso ver, adotá-la como uma regra rígida, que não admita exceções.

5.2. Justifica-se que o termo inicial dos juros da mora seja distinto conforme se trate de responsabilidade civil contratual ou aquiliana?

O STJ, como se viu, tem entendimento firmado no sentido de que o *dies a quo* dos juros de mora é diferente, conforme se trate de responsabilidade civil contratual ou aquiliana. Neste caso, os juros fluem desde o evento danoso, naquele, apenas a partir

---

36. PEREIRA, Caio Mário da Silva. *Instituições de direito civil*. v. 2. 28. ed. Rio de Janeiro: Forense, 2016, p. 293.
37. TEPEDINO, Gustavo; TERRA, Aline de Miranda Valverde; GUEDES, Gisela Sampaio da Cruz. *Fundamentos do direito civil*. Rio de Janeiro: Forense, 2020. v. 4. p. 16-17.
38. STJ, REsp. 1.361.800/SP, rel. Min. Raul Araújo, rel. p/ ac. Min. Sidnei Beneti, Corte Especial, j. 21.05.2014, DJe de 14.10.2014, voto-vogal do Min. Herman Benjamin.

da citação. Além de imprecisa, conforme já se pode afirmar, tal interpretação provoca resultados inadequados, ao menos em alguns casos, impondo distinção que, a nosso ver, não se justifica diante da relevância do interesse tutelado e do princípio da isonomia, uma vez que implica tratamentos díspares a situações substancialmente idênticas.

Mostra-se paradigmático, neste sentido, o acórdão do STJ proferido em embargos de divergência interpostos contra acórdão já anteriormente mencionado, no qual prevalecera a terceira hipótese de termo inicial dos juros de mora, já examinada acima, qual seja, a da data do arbitramento da indenização.[39]

O caso envolve hipótese de responsabilidade civil hospitalar, em razão de infecção contraída pelo autor da ação quando recém-nascido, da qual decorreram sequelas graves, permanentes e irreversíveis. O hospital foi, em primeira instância, condenado ao pagamento de indenização, fixando-se o termo inicial dos juros da mora na data da citação. Em grau de recurso, porém, o TJRS anotou que "os juros de mora anteriores à data da sentença e posteriores ao evento danoso, em princípio, já estão embutidos no montante arbitrado, devendo incidir somente a partir da decisão", sustentando, nada obstante, não haver negativa de vigência à Súmula 54 do STJ. Em apreciação de embargos de declaração, o Tribunal reforçou que os juros de mora deveriam fluir a partir da fixação do *quantum* indenizatório, em orientação que acabou prevalecendo no julgamento do recurso especial.

A inadequação deste acórdão ao entendimento anterior do STJ, no sentido, seja consentido repisar, de que os juros correm desde a citação ou do evento danoso, conforme se trate, respectivamente, de responsabilidade civil contratual ou aquiliana, é, portanto, evidente. Daí a oposição de embargos de divergência, os quais foram conhecidos pela Corte Especial, porém, desprovidos, em que pese a dissonância na interpretação da norma jurídica que fixa o termo inicial dos juros de mora.

Isso porque os acórdãos indicados pelo embargante como paradigmas tratavam de responsabilidade civil extracontratual, motivo pelo qual aplicavam a Súmula 54 do STJ e estipulavam a fluência dos juros a partir do evento danoso. Já o acórdão embargado considerou que o caso concreto envolveria responsabilidade civil contratual, decorrente do descumprimento do contrato celebrado entre o hospital e os genitores da vítima, hipótese, portanto, distinta daquelas dos acórdãos eleitos como paradigmas, a obstar, no entendimento da Corte, o provimento dos embargos de divergência.[40]

---

39. STJ, EREsp. 903.258/RS, rel. Min. Ari Pargendler, Corte Especial, j. 15.05.2013, DJe 29.05.2013.
40. O acórdão afirma, com efeito, que "[o] acórdão embargado reconheceu o vínculo contratual da relação entre o autor da ação e o hospital, atribuindo a este a responsabilidade pela indenização dos danos resultantes dos maus serviços prestados. Se aceito esse pressuposto, como seja, o da responsabilidade contratual, estaria aberta a via dos embargos de divergência para que prevalecesse a jurisprudência iterativa do Superior Tribunal de Justiça no sentido de que os juros moratórios, nesse caso, fluem a partir da citação. Não foi esse o caminho seguido. Os presentes embargos de divergência se orientaram no sentido de caracterizar a responsabilidade pelos maus serviços hospitalares como espécie de responsabilidade extracontratual, cujo regime dos juros moratórios é aquele da Súmula 54 do Superior Tribunal de Justiça. Estes, portanto, os seus limites. (...) O inadimplemento da obrigação não pode ser confundido com o ato ilícito absoluto cujos deveres genéricos não decorrem de relações anteriores entre aquele que lesa e o lesado. Por isso, Aguiar Dias situa a responsabilidade do hospital em relação ao paciente entre as hipóteses de responsabilidade contratual".

Opostos embargos de declaração, chegou-se a defender que, "dada a notoriedade da divergência instalada a partir do julgamento da Quarta Turma, absolutamente isolado, como dito, seria o caso até mesmo de dispensar o cotejo analítico das teses dissonantes". Observou-se, ainda, que o acórdão embargado se apresenta em "franca dissidência com a jurisprudência pacífica do STJ – que não elege como marco inicial de fluência de juros a data do arbitramento da indenização, nem na responsabilidade contratual nem na extracontratual". Além disso, defendeu-se que na hipótese concreta não haveria "razão para considerar tratar-se de responsabilidade contratual, pois não há contrato celebrado entre o hospital e um recém-nascido", propondo-se o provimento dos embargos de declaração para se acolher os embargos de divergência e fixar como termo inicial dos juros de mora a data do fato danoso.[41] Este entendimento, contudo, não prevaleceu, tendo sido rejeitados os embargos de declaração.[42]

Em novos embargos de declaração, o embargante, mais uma vez, não foi bem-sucedido, em que pesem os dois votos divergentes então proferidos.[43] O improvimento dos embargos de divergência deveu-se, todavia, a questão processual, atinente aos requisitos específicos desta modalidade recursal. Em alguns votos proferidos no julgamento se chegou a reconhecer que, na hipótese, a jurisprudência do STJ indica a fluência dos juros a partir da citação e não do arbitramento da indenização, entendimento este adotado, naquela Corte, de forma isolada, tendo sido rejeitado, posteriormente, em outros julgamentos, já acima referidos.[44]

Chamam atenção, de todo modo, ao menos dois acórdãos invocados pelo embargante como paradigmas. O primeiro deles versa sobre erro médico em cirurgia plástica realizada em hospital-escola (empresa pública federal). Prevaleceu a orientação de que, na ausência de relação contratual entre o estabelecimento hospitalar e a vítima, trata-se de responsabilidade civil aquiliana, a atrair a incidência do art. 398 do Código Civil e da Súmula 54 do STJ, ensejando a incidência dos juros de mora a partir do evento danoso.[45] O segundo trata de negligência médica que levou à morte, durante o parto ocorrido em hospital municipal, o filho da autora da ação. Também aqui se reconheceu a natureza aquiliana da responsabilidade civil, reformando-se o acórdão recorrido a fim de que os juros de mora corressem a partir do evento danoso.[46]

Em geral, como se vê, o STJ vem considerando que há relação contratual entre o paciente e o estabelecimento hospitalar quando se trata de nosocômio privado, ao passo que não existe relação contratual quando se trata de hospital público. E isto conduz a relevante – e, a nosso ver, indevida – distinção na hipótese de dano decorrente do aten-

---

41. Voto-vista do Ministro Luis Felipe Salomão.
42. STJ, EDcl no EREsp. 903.258/RS, rel. Min. Ari Pargendler, rel. p/ acórdão Min. João Otávio de Noronha, Corte Especial, j. 06.05.2015, DJe 11.06.2015.
43. STJ, EDcl nos EDcl no EREsp. 903.258/RS, rel. Min. Nancy Andrighi, Corte Especial, j. 16.05.2018, DJe 26.06.2018.
44. STJ, REsp. 1.132.866/SP, rel. Min. Maria Isabel Gallotti, rel. p/ acórdão Min. Sidnei Beneti, Segunda Seção, j. 23.11.2011, DJe 03/09/2012; e STJ, REsp. 1.479.864/SP, rel. Min. Paulo de Tarso Sanseverino, Terceira Turma, j. 20.03.2018, DJe 11.05.2018.
45. STJ, AgRg no AgRg no REsp. 1.057.210/RS, rel. Min. Mauro Campbell Marques, Segunda Turma, j. 19.03.2009, DJe 16/04/2009.
46. STJ, REsp. 1.024.693/RS, rel. Min. Eliana Calmon, Segunda Turma, j. 06.08.2009, DJe 21/08/2009.

dimento médico ou dos serviços hospitalares: no caso de instituição pública de saúde, a ausência de relação contratual faz com que os juros da mora corram desde o evento danoso, ao passo que na hipótese de estabelecimento particular, os juros fluem, apenas, desde a citação. A natureza pública ou privada do hospital, portanto, é o que determina, na jurisprudência do STJ, o termo inicial dos juros de mora incidentes sobre a indenização por danos extrapatrimoniais, em que pese ser a mesma a natureza da atividade desempenhada e do dano provocado pela falha na prestação do serviço.

Parece-nos que a orientação adotada pela jurisprudência do STJ, neste cenário, viola tanto o princípio constitucional da isonomia,[47] quanto a própria cláusula de tutela da pessoa humana. O primeiro porque confere soluções distintas a hipóteses substancialmente idênticas – a natureza pública ou privada do estabelecimento hospitalar não nos parece, com efeito, um critério distintivo adequado a definir o momento do início da fluência dos juros da mora, na medida em que tanto uns quanto outros dedicam-se à prestação dos mesmos serviços médico-hospitalares. Além disso, a extensão, os efeitos e a natureza dos danos existenciais decorrentes da falha na prestação desses serviços tampouco dependem de se tratar de hospital público ou privado.

O segundo, porque concede aos pacientes da rede privada de saúde tutela insuficiente, uma vez que posterga, sem razão, a data inicial da fluência dos juros para momento posterior, eventualmente muito posterior, ao da efetiva lesão, em prejuízo, sobretudo, daquelas vítimas que, seja em razão das suas circunstâncias socioeconômicas, seja em razão das consequências da própria lesão, não podem buscar de maneira célere a reparação do dano.

Atribui-se, ademais, deste modo, tratamento privilegiado às instituições privadas de saúde, uma vez que o Estado, ao responder pelos danos provocados pelo atendimento inadequado nos hospitais públicos, é levado a suportar os juros de mora desde a ocorrência do dano, ao contrário dos particulares, que respondem pelos encargos moratórios apenas a partir da citação.

Além disso, parece-nos que a orientação em discussão parte de uma visão excessivamente rigorosa da distinção entre a responsabilidade civil aquiliana e a contratual. Isto porque a responsabilidade civil contratual faz-se presente quando o dano decorre do inadimplemento de uma obrigação.[48] Não basta, parece-nos, a prévia existência de relação obrigacional entre as partes. É preciso mais: que o dano corresponda ao resultado do não pagamento tempestivo da dívida.[49] Não se configura, propriamente,

---

47. Compreendida como a necessidade de "tratar igualmente os iguais e desigualmente os desiguais, na medida da sua desigualdade" (MENDES, Gilmar Ferreira. *Curso de direito constitucional*. 5. ed. São Paulo: Saraiva, 2010, p. 221).
48. Segundo GONÇALVES, "na responsabilidade extracontratual, o agente infringe um dever legal, e, na contratual, descumpre o avençado, tornando-se inadimplente. Nesta, existe uma convenção prévia entre as partes, que não foi cumprida", ao contrário daquela. Salienta, ainda, que "a responsabilidade contratual abrange também o inadimplemento ou mora relativos a qualquer obrigação, ainda que proveniente de um negócio unilateral (como o testamento, a procuração ou a promessa de recompensa) ou da lei (como a obrigação de alimentos)" (GONÇALVES, Carlos Roberto. *Responsabilidade civil*. 9. ed. São Paulo: Saraiva, 2005, p. 26-27.
49. "Se preexiste um vínculo obrigacional *e o dever de indenizar é consequência do inadimplemento*, temos a responsabilidade contratual, também chamada de ilícito contratual ou relativo" (CAVALIERI FILHO, Sérgio. *Programa de responsabilidade civil*. 3. ed. São Paulo: Malheiros, 2002, p. 32) [grifamos].

a responsabilidade civil contratual se o dano não resulta da inexecução da obrigação, nada obstante a preexistência de vínculo jurídico entre as partes.[50]

Não bastasse isso, a doutrina vem, e não de hoje, chamando atenção para o fato de que "a dicotomia entre responsabilidade contratual e extracontratual perde, cada vez mais, a importância de outrora". A aproximação entre os dois sistemas "é reforçada não apenas pela unidade conceitual genérica de responsabilidade civil e pelos idênticos efeitos produzidos por ambas as espécies (...), mas também pela dinâmica distribuição da carga probatória", a relativizar a principal diferença tradicionalmente invocada, relativa ao ônus da prova da culpa do causador do dano, exigível da vítima apenas na hipótese de responsabilidade civil aquiliana.[51]

No Brasil, o advento do Código de Defesa do Consumidor constitui relevante marco indicativo no sentido da superação dessa "tradicional dicotomia", na medida em que conferiu "tratamento unitário à responsabilidade do fornecedor por acidentes de consumo", seguindo "os passos do direito comunitário europeu e do direito norte-americano" de modo a abandonar "a clássica distinção entre responsabilidade contratual e extracontratual".[52]

Por outro lado, o direito à indenização por danos extrapatrimoniais resulta, diretamente, da violação à cláusula constitucional de tutela da pessoa humana, prevista no inc. III do art. 1º da Constituição da República, da qual são reflexos os objetivos arrolados no art. 3º e a garantia fundamental dos incs. V e X do art. 5º do Texto Supremo.[53] O fato de o dano decorrer da violação de um dever geral (ato ilícito) ou de uma obrigação (inadimplemento) mostra-se, assim, irrelevante quando se trata de lesão à pessoa humana.

Ademais, a relevância do bem jurídico tutelado – a pessoa humana e sua dignidade – importa que a proteção conferida à vítima seja a mais ampla e completa possível,[54] de

---

50. A afirmação, a nosso ver, não se choca com a constatação de que "já não se pode afirmar que a responsabilidade contratual nasce necessariamente da violação de dever preexistente específico, estipulado por convenção entre as partes, em contraposição à responsabilidade extracontratual, que se origina da infração à lei ou a princípio geral de direito", tendo em vista, em especial, os deveres instrumentais decorrentes do princípio da boa-fé objetiva, cuja infração produz responsabilidade civil de natureza contratual, em que pese não constituam *deveres de prestação*. Tanto é assim, que os autores asseguram que a distinção em causa "deixa, assim, de tomar por base a fonte do dever violado – autonomia privada ou lei, respectivamente –, e passa a se assentar na preexistência de relação contratual válida entre as partes, *bem como no fato de o dano resultar do descumprimento de dever oriundo daquele vínculo, independentemente de este dever decorrer de fonte autônoma ou heterônoma*" [grifamos]. E concluem: "para a configuração da responsabilidade contratual, mostra-se mais e mais reduzida a importância da origem do dever violado, vale dizer, se se trata de dever de conduta decorrente da boa-fé objetiva imposto pela sistemática obrigacional, ou de dever de prestação estabelecido a partir da autonomia privada dos contratantes. O que releva é que o dano resulte do inadimplemento absoluto ou relativo da prestação, independentemente da classificação do dever cuja inexecução conduziu ao resultado danoso" (TEPEDINO, Gustavo; TERRA, Aline de Miranda Valverde; GUEDES, Gisela Sampaio da Cruz. *Fundamentos do direito civil*. Rio de Janeiro: Forense, 2020. v. 4. p. 12-13).
51. TEPEDINO, Gustavo; TERRA, Aline de Miranda Valverde; GUEDES, Gisela Sampaio da Cruz. *Fundamentos do direito civil*. Rio de Janeiro: Forense, 2020. v. 4. p. 13.
52. SANSEVERINO, Paulo de Tarso Vieira. *Responsabilidade civil no Código do Consumidor e a defesa do fornecedor*. São Paulo: Saraiva, 2002, p. 198.
53. A respeito da "cláusula geral de tutela do dano moral", com assento constitucional, cf. MONTEIRO FILHO, Carlos Edison do Rêgo. *Elementos de responsabilidade civil por dano moral*. Rio de Janeiro: Renovar, 2000, pp. 76-81.
54. "(...) é efetivamente o princípio da dignidade humana, princípio fundante do nosso Estado Democrático de Direito, que institui e encima, como foi visto, a cláusula geral de tutela da personalidade humana, segundo a qual as situações jurídicas subjetivas não-patrimoniais merecem proteção especial no ordenamento nacional, seja

forma que postergar o início da fluência dos juros de mora até a data da citação apenas em virtude da preexistência de relação obrigacional entre as partes parece criar uma distinção que não encontra fundamento constitucional.

O problema não passou despercebido no voto-vista proferido naquele julgamento pelo Ministro Luis Felipe Salomão. Na ocasião, observou-se:

> (...) a diferenciação entre obrigação contratual e extracontratual só tem relevância para a fixação da mora quando estiver em análise a própria obrigação contratualmente estabelecida, porque é especificamente em relação a ela que há, eventualmente, liquidez, certeza e termo certo de adimplemento, atributos que constituem o cerne da diferenciação legal.
>
> Porém, em se tratando de responsabilidade civil, é outra a ótica empregada para a fixação do termo inicial de contagem de juros, porque a base de incidência desse encargo não é a obrigação contratual que foi descumprida, mas uma nova obrigação nascida exatamente desse descumprimento, que é a obrigação de indenizar. É sobre o valor apurado relativo ao dano sofrido que incidirão os juros moratórios, e não na obrigação anteriormente violada.

Também não se deixou de notar que a distinção em foco acaba produzindo "situações que tangenciam o absurdo". Exemplifica-se:

> Por exemplo, em um acidente automobilístico envolvendo contrato de transporte, pode haver vítimas passageiros (com uma relação contratual, portanto) e vítimas externas (sem vínculo contratual); situação parecida ocorre em acidentes aéreos, em que há vítimas do interior da aeronave e vítimas terrestres.
>
> Não parece razoável tratar de forma diferente essas duas categorias de lesados (contratantes e não contratantes), levando-se em conta apenas a existência de uma relação contratual subjacente, pois pode conduzir à solução de que, do mesmo fato, existiriam dois valores diferentes de indenização, porque em um caso os juros incidiriam desde o evento danoso e em outro, somente a partir da citação.
>
> No caso de morte por acidentes aéreos, os beneficiários da indenização são os familiares da vítima, os quais, na verdade, nunca celebraram nenhum contrato com a companhia aérea, e cotidianamente lhes são conferidos os direitos decorrentes de uma "responsabilidade contratual", diferenciando-os dos familiares de vítimas terrestres, que são regidas pelas normas alusivas à "responsabilidade extracontratual".

No próprio caso em julgamento, salienta-se, a relação contratual foi estabelecida entre o hospital e os pais do autor, já que este era, então, recém-nascido. Não haveria, porém, sublinha o voto-vista, "razão, lógica ou jurídica, para tratar de forma diferenciada a própria vítima do erro médico – o filho – e os pais, por danos reflexos, pois se trata do mesmo evento, de uma mesma conduta e, por consequência, de idêntico grau de responsabilidade do autor do dano". Por este motivo, o voto foi no sentido de dar-se provimento aos embargos de declaração e aos embargos de divergência, a fim de estipular-se o *dies a quo* dos juros de mora na data do evento lesivo, na forma do art. 398

---

através de prevenção, seja mediante reparação, a mais ampla possível, dos danos a elas causados. A reparação do dano moral transforma-se, então, na contrapartida do princípio da dignidade humana: é o reverso da medalha. (...) O dano moral tem como causa a *injusta* violação a uma situação subjetiva extrapatrimonial, protegida pelo ordenamento jurídico através da cláusula geral de tutela da personalidade que foi instituída e tem sua fonte na Constituição Federal, em particular e diretamente decorrente do princípio (fundante) da dignidade da pessoa humana (também identificado com o princípio geral de respeito à dignidade humana)" (MORAES, Maria Celina Bodin de. *Danos à pessoa humana*: uma leitura civil-constitucional dos danos morais. Rio de Janeiro: Renovar, 2003, p. 132-133).

do Código Civil e da Súmula 54 do STJ, defendendo que "para efeitos de cômputo dos juros moratórios, a indenização por dano moral, em linha de princípio, deve sempre ser considerada como extracontratual".

A matéria também já foi abordada em doutrina. De início, ressaltou-se que "a rigor, a definição do termo *a quo* [dos juros de mora] não é estabelecida com base na classificação da responsabilidade (em contratual e extracontratual), mas em razão da forma pela qual a mora é constituída". Critica-se, em seguida, a jurisprudência do STJ referente a acidentes ferroviários, que admite a incidência dos juros moratórios apenas a partir da citação quando se trata da queda de passageiro nos trilhos do trem, mas desde o evento danoso quando se trata de atropelamento de pedestre por composição ferroviária. Essas decisões "distinguem situações que o Código de Defesa do Consumidor equiparou ao submeter ao mesmo regime todas as vítimas de acidentes de consumo". Além disso, assegura-se:

> De todo modo, em reforço à previsão consumerista, não parece haver razão legítima que sustente o estabelecimento de termos iniciais diversos para o passageiro que efetivamente contratou o serviço de transporte (citação) e para o *bystander* (evento danoso), a resultar em tratamento mais favorável a este último, que contará com maior período de juros a seu favor. Afinal, se o legislador consumerista equiparou o regime jurídico aplicável a ambas as situações – e o fez tendo em vista a origem comum do dano (fato do produto ou do serviço) – o termo inicial para a fluência dos juros de mora também deveria ser o mesmo.[55]

De fato, assim como não parece razoável que a vítima de erro médico ou de defeito do serviço hospitalar faça jus aos juros de mora desde o evento danoso ou desde a citação em virtude, tão somente, da natureza pública ou privada do estabelecimento de saúde, tampouco se justifica que sejam tratadas de forma distintas vítimas de acidentes ferroviários, mais uma vez, apenas em razão da natureza contratual ou aquiliana da responsabilidade civil, que decorreria da celebração de contrato de transporte (caso do passageiro) ou não (caso do pedestre atropelado na linha férrea).

A par da superação da dicotomia em questão pela legislação consumerista, impede-o o princípio da isonomia e a cláusula de tutela da pessoa humana, ao menos quando se trata de danos de natureza existencial. Os juros, neste caso, devem, a nosso ver, incidir sempre desde a data do fato lesivo, tanto na hipótese de responsabilidade civil aquiliana quanto na contratual, atribuindo-se ao art. 398 do Código Civil interpretação extensiva, mais consentânea com a unidade do ordenamento jurídico e com os princípios e valores fundamentais da Constituição da República.

6. SÍNTESE CONCLUSIVA

A controvertida questão do termo inicial dos juros de mora sobre as indenizações por danos morais precisa ser examinada à luz de uma premissa fundamental: a de que o pressuposto fático da incidência dos juros moratórios é a mora nas obrigações pecuniárias ou que tenham sido convertidas em moeda. Sendo assim, o termo inicial dos juros

---

55. TEPEDINO, Gustavo; TERRA, Aline de Miranda Valverde; GUEDES, Gisela Sampaio da Cruz. *Fundamentos do direito civil*. Rio de Janeiro: Forense, 2020. v. 4. p. 16-17.

de mora deve coincidir com a constituição do devedor em mora. Cumpre, portanto, observar as normas dos arts. 397 e 398 do Código Civil, conforme se trate de mora *ex re* ou de mora *ex persona*, atribuindo-se ao art. 405 do Código Civil aplicação residual, em linha com o art. 240 do CPC.

Os juros devem, pois, fluir, em linha de princípio, desde a data de vencimento da dívida positiva e líquida com prazo certo, ou da prática do ato ilícito causador do dano ou, ainda, da interpelação pessoal do devedor. Os juros terão início na data da citação apenas se não houver prévia constituição do devedor em mora.

No tocante ao dever de reparar danos extrapatrimoniais, todavia, colhem-se da jurisprudência do STJ três soluções distintas. A primeira consiste na data do ato ilícito: seria a solução aplicável, apenas, aos casos de responsabilidade civil aquiliana, por força da norma do art. 398 do Código Civil, com a qual se harmoniza a Súmula 54 do STJ. A segunda, a vigorar nos casos de responsabilidade civil contratual, é a da data da citação, em linha com a norma do art. 405 do Código Civil e com o art. 240 do CPC. A terceira corresponde à da data do arbitramento do valor da indenização, tendo em vista a iliquidez da obrigação de indenizar o dano extrapatrimonial. As duas últimas, contudo, merecem, a nosso ver, ser revisitadas.

Embora as ponderações a respeito da inviabilidade da satisfação do crédito pelo devedor antes do arbitramento da indenização, por decisão judicial ou acordo entre as partes, sejam razoáveis, postergar à data da liquidação do dever de indenizar o início da incidência dos juros de mora encontra obstáculo na alternativa adotada pelo art. 398 do Código Civil, no sentido de flexibilizar a necessidade de liquidez da dívida para efeito de mora quando se trata de obrigação decorrente de ato ilícito.

Além disso, tal orientação divorcia a data inicial dos juros moratórios da efetiva constituição do devedor em mora. Desta forma, incorre em equívoco fundamental a impedir que os juros moratórios satisfaçam, corretamente, a sua função indenizatória no tocante aos danos extrapatrimoniais – a indenização fixada em juízo deve cumprir a função de compensar o dano existencial, ao passo que os juros de mora servem para reparar o prejuízo decorrente da demora na satisfação do crédito indenizatório, tendo por marco temporal a data do ilícito, por força do art. 398 do Código Civil. É, pois, de ser deixada de lado, como parecer ser o entendimento atual do STJ.

Por outro lado, a segunda solução nos parece, também, criticável. Em primeiro prisma, porque a afirmação de que o *dies a quo* dos juros de mora na responsabilidade contratual corresponde à data da citação afigura-se, no mínimo, imprecisa. Ainda que possa não ser frequente, é de se admitir a fluência dos juros antes da citação, se houver, no caso concreto, a prévia constituição do devedor em mora, em especial, na hipótese de interpelação pessoal do autor do dano.

A natural iliquidez da obrigação de indenizar não constitui óbice a tal conclusão, porquanto, em se tratando de indenização por danos, a constituição do devedor em mora ocorrerá usualmente antes da liquidação da obrigação, segundo as opções adotadas pelo legislador nos arts. 398 e 405 do Código Civil. A liquidez da obrigação, portanto, não constitui, no direito brasileiro, requisito essencial e intransponível à constituição do devedor em mora quando se trata do dever de indenizar.

Em segundo lugar, esta linha de raciocínio provoca resultados inadequados, impondo distinção que não se justifica diante da relevância do interesse tutelado e do princípio da isonomia. Confere, com efeito, soluções distintas a hipóteses substancialmente idênticas – a natureza pública ou privada do estabelecimento hospitalar ou a circunstância de se tratar de passageiro ou de pedestre atravessando a linha férrea, por exemplo, não nos parecem critérios distintivos adequados a definir o momento do início da fluência dos juros da mora.

Além disso, parece-nos que tal entendimento aferra-se a uma visão excessivamente rigorosa da distinção entre a responsabilidade civil aquiliana e a contratual. A responsabilidade civil contratual configura-se quando o dano decorre do inadimplemento de uma obrigação. Não basta a prévia existência de relação obrigacional entre as partes. É preciso que o dano seja consequência da inexecução tempestiva da dívida – seja um dever de prestação, propriamente dito, seja um dever anexo imposto pelo princípio da boa-fé objetiva. Não se trata, pois, de responsabilidade civil contratual se o dano não resulta da inexecução da obrigação, nada obstante a preexistência do vínculo.

Reforça esta conclusão o esmaecimento da antiga dicotomia responsabilidade contratual – aquiliana, promovida, no Brasil, sobretudo, mas não apenas, a partir do Código de Defesa do Consumidor, que a deixou de lado ao tratar da responsabilidade do fornecedor pelos acidentes de consumo.

Por outro prisma, o direito à indenização por danos extrapatrimoniais resulta, diretamente, da violação à cláusula constitucional de tutela da pessoa humana, prevista no inc. III do art. 1º, no art. 3º e nos incs. V e X do art. 5º da Constituição da República. O fato de o dano decorrer da violação de um dever geral (ato ilícito) ou de uma obrigação (inadimplemento) mostra-se, assim, irrelevante quando se trata de lesão à pessoa humana, a exigir que a proteção conferida à vítima seja a mais ampla e completa possível. Adiar o início da fluência dos juros de mora até a data da citação apenas em virtude da preexistência de relação obrigacional entre as partes parece, nesse contexto, criar uma distinção (entre as duas espécies de responsabilidade civil – aquiliana e contratual) que não encontra fundamento constitucional.

7. REFERÊNCIAS BIBLIOGRÁFICAS

AGUIAR DIAS, José de. *Da responsabilidade civil*. 4 ed. Rio de Janeiro: Forense, 1960. v. II.

ALVIM, Agostinho. *Da inexecução das obrigações*. 4. ed. São Paulo: Saraiva, 1972.

BERNARDO, Wesley de Oliveira Louzada. *Dano moral*: critérios de fixação do valor. Rio de Janeiro: Renovar, 2005.

BUCAR, Daniel; PIRES, Caio Ribeiro. Juros moratórios na teoria do inadimplemento: em busca de sua função e disciplina no direito civil. In: TERRA, Aline de Miranda Valverde; GUEDES, Gisela Sampaio da Cruz (Coord.). *Inexecução das obrigações*: pressupostos, evolução e remédios. Rio de Janeiro: Processo, 2020. v. I. p. 451-480.

CAVALIERI FILHO, Sérgio. *Programa de responsabilidade civil*. 3. ed. São Paulo: Malheiros, 2002.

CORDEIRO, Antonio Menezes. *Tratado de direito civil português*. Coimbra: Almedina, 2010. v. II. t. IV.

COSTA, Mário Júlio de Almeida. *Direito das obrigações*. 8. ed. Coimbra: Almedina, 2000.

GOMES, Orlando. *Obrigações*. 17. ed. Rio de Janeiro: Forense, 2008.

GONÇALVES, Carlos Roberto. *Responsabilidade civil*. 9. ed. São Paulo: Saraiva, 2005.

JORGE, Fernando Pessoa. *Ensaio sobre os pressupostos da responsabilidade civil*. reimpressão. Coimbra: Almedina, 1999.

LÔBO, Paulo Luiz Netto. *Teoria geral das obrigações*. São Paulo: Saraiva, 2005.

MATTIETTO, Leonardo. Os juros legais e o art. 406 do código civil. *Revista Trimestral de Direito Civil*. v. 15, jul./set. 2003, p. 89-106.

MENDES, Gilmar Ferreira. *Curso de direito constitucional*. 5. ed. São Paulo: Saraiva, 2010.

MONTEIRO FILHO, Carlos Edison do Rêgo. *Elementos de responsabilidade civil por dano moral*. Rio de Janeiro: Renovar, 2000.

MORAES, Maria Celina Bodin de. *Danos à pessoa humana*: uma leitura civil-constitucional dos danos morais. Rio de Janeiro: Renovar, 2003.

MORAES, Maria Celina Bodin de. *Na medida da pessoa humana*: estudos de direito civil. Rio de Janeiro: Renovar, 2010.

PEREIRA, Caio Mário da Silva. *Instituições de direito civil*. 28. ed. Rio de Janeiro: Forense, 2016. v. II.

PERLINGIERI, Pietro. *O direito civil na legalidade constitucional*. Rio de Janeiro: Renovar, 2008.

QUINELATO, João; KORKMAZ, Maria Regina Rigolon. Funções punitivas e preventiva da responsabilidade civil: (in)compatibilidades com a responsabilidade civil brasileira. *In*: TEPEDINO, Gustavo; SILVA, Rodrigo da Guia. *Relações patrimoniais*: contratos, titularidades e responsabilidade civil. Belo Horizonte: Forum, 2021, p. 275-307.

REISDORFER, Renata Carlos Steiner. Taxa legal de juros no Brasil: a saga continua, *Migalhas*. Disponível em: <https://www.migalhas.com.br/coluna/migalhas-de-responsabilidade-civil/347387/taxa-legal-de-juros-no-brasil-a-saga-continua>. Acesso em: 08.04.2022.

SANSEVERINO, Paulo de Tarso Vieira. *Responsabilidade civil no Código do Consumidor e a defesa do fornecedor*. São Paulo: Saraiva, 2002.

SCAVONE JUNIOR, Luiz Antonio. *Juros no direito brasileiro*. São Paulo: Ed. RT, 2003.

SCHREIBER, Anderson. *Novos paradigmas da responsabilidade civil*: da erosão dos filtros da reparação à diluição dos danos. São Paulo: Atlas, 2007.

TEPEDINO, Gustavo. *Temas de direito civil*. Tomo III. Rio de Janeiro: Renovar, 2009.

TEPEDINO, Gustavo; SCHREIBER, Anderson. *Fundamentos do direito civil. v. 2*: obrigações. Rio de Janeiro: Forense, 2020.

TEPEDINO, Gustavo; TERRA, Aline de Miranda Valverde; GUEDES, Gisela Sampaio da Cruz. *Fundamentos do direito civil*. Rio de Janeiro: Forense, 2020. v. 4.

TEPEDINO, Gustavo; VIÉGAS, Francisco. Notas sobre o termo inicial dos juros de mora e o artigo 407 do Código Civil. *Scientia Iuris*, Londrina, v. 21, n. 1, p. 55-86, mar. 2017. DOI: 10.5433/2178-8189.2017v21n1p55. ISSN: 2178-8189.